ACCESO GRATIS *a la Lectura en la Nube*

Para visualizar el libro electrónico en la nube de lectura envíe junto a su nombre y apellidos una fotografía del código de barras situado en la contraportada del libro y otra del ticket de compra a la dirección:

ebooktirant@tirant.com

En un máximo de 72 horas laborables le enviaremos el código de acceso con sus instrucciones.

DERECHO LABORAL DE DAÑOS
(Indemnizaciones por daños y perjuicios en las relaciones laborales)

Procedimiento de selección de originales, ver página web:
www.tirant.net/index.php/editorial/procedimiento-de-seleccion-de-originales

DERECHO LABORAL DE DAÑOS

(Indemnizaciones por daños y perjuicios en las relaciones laborales)

JESÚS R. MERCADER UGUINA
Catedrático de Derecho del Trabajo y de la Seguridad Social de la Universidad Carlos III de Madrid

tirant lo blanch
Valencia, 2025

En caso de erratas y actualizaciones, la Editorial Tirant lo Blanch publicará la pertinente corrección en la página web www.tirant.com.

EDITA: TIRANT LO BLANCH
C/ Artes Gráficas, 14 - 46010 - Valencia
TELFS.: 96/361 00 48 - 50
FAX: 96/369 41 51
Email: tlb@tirant.com
www.tirant.com
Librería virtual: www.tirant.es
DEPÓSITO LEGAL: V-2722-2025
ISBN: 978-84-1095-707-7

Si tiene alguna queja o sugerencia, envíenos un mail a: *atencioncliente@tirant.com.* En caso de no ser atendida su sugerencia, por favor, lea en *www.tirant.net/index.php/empresa/politicas-de-empresa* nuestro procedimiento de quejas.

Responsabilidad Social Corporativa: http://www.tirant.net/Docs/RSCTirant.pdf

Para mi hijo, Jaime Rafael Mercader Martínez, ejemplo diario de valores y de compromiso con el servicio público.

Para Sergio Ponce Rodríguez, extraordinaria persona y excelente abogado que nos dejó demasiado pronto.

Índice

Capítulo 2

DAÑOS PRECONTRACTUALES

Capítulo 3

CUESTIONES INDEMNIZATORIAS EN RELACIONES PERILABORALES

Capítulo 4

DAÑOS DERIVADOS DEL INCUMPLIMIENTO DE LAS OBLIGACIONES EMPRESARIALES

Capítulo 5

DAÑOS DERIVADOS DEL RETRASO EN EL CUMPLIMIENTO DE LAS OBLIGACIONES EMPRESARIALES

Capítulo 6

LAS INDEMNIZACIONES POR EXTINCIÓN DEL CONTRATO DE TRABAJO (I). PRINCIPIOS GENERALES

Capítulo 7

INDEMNIZACIONES DERIVADAS DE LA EXTINCIÓN DEL CONTRATO DE TRABAJO (II): LA EXTINCIÓN POR DECISIÓN UNILATERAL DEL EMPRESARIO

Capítulo 8

INDEMNIZACIONES DERIVADAS DE LA EXTINCIÓN DEL CONTRATO DE TRABAJO (III): POR VOLUNTAD UNILATERAL DEL TRABAJADOR; VOLUNTAD CONCURRENTE DE AMBAS PARTES Y POR DESAPARICIÓN O INCAPACIDAD DE LAS PARTES

Capítulo 9

DAÑOS CAUSADOS POR EL TRABAJADOR A LA EMPRESA

Capítulo 11

LA RESPONSABILIDAD DEL EMPRESARIO FRENTE A TERCEROS POR ACTOS DEL TRABAJADOR A SU SERVICIO (II). LA RESPONSABILIDAD CIVIL SUBSIDIARIA DERIVADA DE DELITO

Capítulo 12
LAS INDEMNIZACIONES POR VULNERACIÓN DE DERECHOS FUNDAMENTALES (I). CRITERIOS DE DETERMINACIÓN

Capítulo 13

LAS INDEMNIZACIONES POR VULNERACIÓN DE DERECHOS FUNDAMENTALES (II). SINGULARIDADES EN LOS DERECHOS FUNDAMENTALES INESPECÍFICOS

Capítulo 14
DAÑOS EN LAS RELACIONES COLECTIVAS DE TRABAJO

Capítulo 15
DAÑOS Y DERECHO DE HUELGA

Capítulo 16

LA REPARACIÓN DEL DAÑO DERIVADO DEL ACCIDENTE DE TRABAJO (I). ACCIDENTE DE TRABAJO, SEGURIDAD SOCIAL Y RESPONSABILIDAD OBJETIVA

Capítulo 17

EL SISTEMA DE REPARACIÓN DEL ACCIDENTE DE TRABAJO (II). EL RECARGO DE PRESTACIONES Y SU NATURALEZA MUTABLE

Capítulo 18

LA REPARACIÓN DEL DAÑO DERIVADO DEL ACCIDENTE DE TRABAJO (III). LA INDEMNIZACIÓN CIVIL "ADICIONAL" POR ACCIDENTE DE TRABAJO

Capítulo 19

LA REPARACIÓN DEL DAÑO DERIVADO DEL ACCIDENTE DE TRABAJO (IV). LA CUANTIFICACIÓN DEL DAÑO A TRAVÉS DEL SISTEMA PARA LA VALORACIÓN DE LOS DAÑOS Y PERJUICIOS CAUSADOS A LAS PERSONAS EN ACCIDENTES DE CIRCULACIÓN

Capítulo 20
LA RESPONSABILIDAD DE TERCEROS EN EL ACCIDENTE DE TRABAJO

Capítulo 21

LA DIMENSIÓN LABORAL DE LA RESPONSABILIDAD CIVIL POR DAÑOS MASIVOS. EL AMIANTO

Capítulo 22

DAÑOS DERIVADOS DEL CAMBIO TECNOLÓGICO

Capítulo 23

EL ASEGURAMIENTO DE LA RESPONSABILIDAD EMPRESARIAL

PRÓLOGO

1

Decir que Jesús R. Mercader Uguina es un excelente analista de los problemas del Derecho social de nuestro tiempo y de las realidades socioeconómicas sobre las que sus soluciones jurídicas se asientan es, a estas alturas, una verdad reconocida tanto en el ámbito académico como en el profesional. Este *Derecho laboral de daños (Indemnizaciones por daños y perjuicios en las relaciones laborales)* lo demuestra con creces, pues constituye nada menos que la reconstrucción del edificio normativo del Derecho del trabajo y de la seguridad social, de sus instituciones propias, desde el Derecho de daños como sistema racional y lógico de normas y principios que regulan la responsabilidad jurídica de quien o quienes los causan con la finalidad de reparar o compensar los perjuicios sufridos por las víctimas, restaurando, en la medida de lo posible, la situación anterior al daño. El Derecho de daños es inseparable de su función normativa resarcitoria; también lo es de sus nuevas funciones normativas disuasoria y punitiva. Estas funciones se introducen ya en las primeras páginas del libro y lo recorren de principio a fin. Constituyen uno de los núcleos conceptuales que el autor examina con especial atención crítica, al advertir que las indemnizaciones disuasorias y punitivas exceden la finalidad estrictamente reparadora de la obligación resarcitoria, incluso en su versión integral (artículo 1106 del Código Civil), incorporando elementos propios de una función ejemplarizante o sancionadora, de una "justicia correctiva".

Ha sido una decisión afortunada del profesor Mercader, que merece celebrarse, ofrecer la ordenación sistemática de tantas y tan centrales instituciones del ordenamiento laboral y de seguridad social en este libro. A la configuración de ese Derecho como sistema, objetivo que por sí solo justifica esta magnífica publicación, añade Mercader la lectura rica y atenta de su evolución en el tiempo y de su proyección futura. El Derecho de daños —y, en primer término, sus mecanismos de atribución de responsabilidad jurídica— ha experimentado una profunda transformación como consecuencia de los cambios en los modelos de negocio empresariales, cada vez más complejos y anónimos, sustentados en dinámicas de descentralización productiva y en cadenas de responsabilidad interempresarial, que han contribuido a hacer más intrincado su propio territorio. Esa complejidad se ve agravada por las tensiones estructurales entre, por un lado, la necesidad de confidencialidad en la gestión empresarial de la información —esencial para preservar ventajas competitivas, secretos industriales o algoritmos empleados en la toma de decisiones automatizadas— y, por otro, las crecientes exigencias de transparencia y trazabilidad, impulsadas tanto por demandas sociales como por obligaciones jurídicas orientadas a la identificación de responsabilidades jurídicas y a la protección efectiva de los daños. En paralelo, el Derecho de daños afronta desafíos inéditos en un contexto marcado por la era digital avanzada, la inteligencia artificial, el cambio energético y climático, y la aparición de riesgos globales capaces de generar daños masivos de salud, ambientales y tecnológicos. Es un Derecho cargado de futuro. En las actuales sociedades de riesgos sin fronteras, los nuevos riesgos, dice bien J. Mercader, "suponen posibilidades de autodestrucción colectiva.

Ese porvenir ya no lo es, está aquí. En tiempos de incertidumbre e inseguridad generalizadas —quizá no del todo ajenas a un desarrollo del conocimiento tan vasto como aún insuficiente—, la responsabilidad jurídica por los daños y perjuicios causados por otros se alza como una herramienta consolidada en la cultura jurídica europea, que adquiere una funcionalidad renovada para ordenar las necesidades actuales y futuras en beneficio de sus víctimas. La supervivencia de categorías jurídicas basales y estructurales, como la responsabilidad civil, en sus distintas configuraciones tipológicas, trasciende su mera continuidad normativa. Su persistencia, marcada por su impronta civilizatoria, garantiza la función esencial de brindar "justicia" frente al daño que debe ser reparado, una función que se reconfigura ante los desafíos de la producción técnica moderna.

Ante la creciente demanda ciudadana de seguridad y de conocimiento, de investigación —"evidencia"— científica y de divulgación de sus resultados, a la postre de mayor y mejor protección de las personas en los imparables procesos de cambio social, el Derecho de daños ha cobrado una renovada legitimidad social, que se proyecta sobre sus categorías tradicionales, los espacios asegurables y las formulas futuras de aseguramiento. "La responsabilidad corre pareja a la seguridad", afirma el autor.

No podía este *Derecho laboral de daños* llegar en momento mas oportuno. No solo por tratar una materia tan apasionante como los daños causados por el empleo de la robótica en la industria, por los nanomateriales o por el despliegue de sistemas IA en la producción y el trabajo, en que J. Mercader demuestra su ejemplar capacidad investigadora, ofrece el cuadro normativo europeo completo y las bases sobre las que se sustentará su desarrollo futuro. Si una de las operaciones jurídico-políticas centrales en la construcción del Estado de Derecho liberal, fue la asignación de personalidad jurídica al Estado de la mano de la dogmática iuspublicista europea del siglo XIX, la atribución de personalidad jurídica a los robots, o a determinados robots en función de sus capacidades de actuación y decisión, es un objetivo futuro realizable. Sea un humano responsable del robot, o en el futuro el propio robot, la responsabilidad jurídica funcionará para responder de los daños y perjuicios causados por el actuaciones u omisiones del robot, y podrá dar origen no solo a responsabilidades objetivas, sino a nuevas "culpas" de los robots ("*in codificando*", "*in educando*", "*in curando*"). El control del riesgo, del "alto riesgo" en concreto, con sus consiguientes garantías y responsabilidades, es la fuerza de primer orden que mueve la regulación del Reglamento (UE) 2024/1689, de inteligencia artificial, y justifica el establecimiento de límites del uso de los sistemas de IA en ámbitos laborales, a cuyo mando ha de estar una persona humana, el "operador" del sistema, y de la imposición de sanciones administrativas frente a sus incumplimientos, sin avanzar en un sistema resarcitorio de los daños causados por las infracciones de los operadores.

El lector encontrará en este libro, entre tantas respuestas a problemas de primera magnitud, las razones de la insuficiente regulación europea de la responsabilidad por los daños causados por los sistemas de IA. La imposición de una responsabilidad objetiva por riesgo como regla, sin prescindir de la culpa del operador causante del daño como título de imputación del daño sujeto a reparación, probablemente se ajuste a la socialización de la actividad potencialmente dañosa, pudiendo insertarse el sistema resarcitorio en una obligación de aseguramiento del riesgo y disponer la creación de fondos de seguro y de garantía específicos.

2

Con ser lo dicho importante, la significación principal de este *Derecho laboral de daños* reside en su construcción dogmática sistemática, que va mas allá de la importación de los análisis civilistas y penalistas de la responsabilidad civil por daños, lo que, por lo demás, Mercader hace admirablemente, destacando su elevado "grado de evolución conceptual y de construcción jurídica", para exponer la singularidad irresistible del Derecho del trabajo y su función primigenia de protección de las personas que trabajan en régimen de subordinación jurídica. Se trata de un *Derecho de daños* que incorpora la especificidad laboral, de las relaciones jurídicas laborales en toda su complejidad, como piedra angular de la configuración de su arquitectura conceptual integral y coherente. La complementación del Derecho civil y penal se integra en el sistema normativo indemnizatorio de daños y perjuicios en las relaciones laborales, y no al revés —la denuncia de supuestas injerencias del Derecho civil no es propia de una concepción madura del Derecho del trabajo—, manteniendo la especificidad de este ámbito de la realidad social que arroja un régimen diferenciado del Derecho común de responsabilidad civil. La justificación objetiva de la especialidad alcanza al Derecho del trabajo individual y colectivo, y al de la seguridad social.

Con la perspectiva del ordenamiento laboral, a diferencia de los análisis fragmentados existentes, la singularidad de esta obra reside en su propuesta de una dogmática integral del Derecho laboral de daños, que, en esa concepción global, no contaba con precedentes en nuestra doctrina. El autor señala abiertamente ese déficit —el Derecho de daños no ha ocupado especialmente a la doctrina laboralista, ha sido objeto tradicionalmente de acercamientos concretos, pero no de un tratamiento general— y acomete la tarea de remediarlo, ofreciendo una construcción doctrinal completa e inédita, que constituye un instrumento fundamental para la comprensión y aplicación de esta área del Derecho social. Señala también que los "espacios del derecho de daños con proyección laboral son enormes y en ellos se plantean complejos problemas jurídicos [...]", y creciendo, tanto los espacios, como su complejidad jurídica.

Su título no puede estar mejor escogido para reflejar esa operación intelectual de configuración de un *Derecho laboral de daños*, pues, lo remacha su autor, los daños han de ser reales, sean patrimoniales o morales; en el caso de la responsabilidad contractual, la obligación de resarcimiento no surge del incumplimiento contractual, sino de los daños reales producidos, como en la responsabilidad extracontractual es necesaria la causación antijurídica de un daño, con independencia de cual sea el título de su imputación a quien lo haya causado, o en las formas objetivas de responsabilidad por riesgo. La prueba del daño, de su nexo causal con la conducta dañosa, y de su cuantía, es de importancia decisiva, salvo que la ley presuma automáticamente la existencia de ciertos daños, como los morales unidos a la vulneración de derechos fundamentales (art. 183.1 de la Ley Reguladora de la Jurisdicción social) u objetive su cuantía mediante indemnizaciones tasadas (art. 56.1 del Estatuto de los Trabajadores.

Para dar cuenta cabal de la riqueza temática del libro, compuesto nada menos que por veintitrés densos capítulos, basta la consulta de su índice, que, por sí solo, revela la meticulosa organización y la amplitud de las cuestiones abordadas. Ni el orden de disposición de los capítulos es casual, ni la exposición pormenorizada de cada tema es fortuita; por el contrario, su meticulosa sistematización dota a la obra de una teoría general coherente. El discurso emprende caminos diferentes, con sentidos jurídicos discernibles según los sujetos responsables y el tipo de responsabilidad jurídica que contraen frente a los daños y perjuicios ocasionados, si bien todos sus capítulos, con un formato próximo, responden a la finalidad de precisión del fundamento de la obligación de indemnizar los daños causados en los distintos ámbitos de las relaciones laborales, individuales y colectivas, y su alcance. Su tratamiento sustantivo se fusiona con maestría con su necesaria dimensión procesal, partiendo de la determinación de la competencia del orden jurisdiccional social o civil, de la carga de la prueba, y el análisis riguroso de los plazos de prescripción de acciones y su interrupción, elementos esenciales para su conocimiento institucional completo y de utilidad práctica indiscutible.

Su contenido es fruto de la investigación rigurosa de cuantas cuestiones se relacionan con las indemnizaciones por daños y perjuicios en las relaciones laborales, con la visión agotadora que caracteriza al profesor Mercader, mas allá de las categorías tradicionales de responsabilidad civil. La técnica reparadora es el eje de gravitación de la construcción, erigiéndose en el valor capital de su análisis, que se materializa en un *corpus* doctrinal articulado que permite comprender la especificidad de las responsabilidades y de los daños en contextos laborales y las particularidades de sus regímenes resarcitorios.

Puede darse por seguro el feliz advenimiento de este *Derecho laboral de daños*, cuyo mérito reside no solo en su originalidad, sino en la sistematización completa de un ámbito material, donde, hasta ahora, predominaban aproximaciones parciales o dispersas, y llena, por ello, un vacío de nuestra doctrina.

3

La importancia objetiva del *Derecho laboral de daños* es pertinentemente advertida por su autor, un Derecho que bebe, naturalmente, en el Código Civil y en la jurisprudencia y dogmática iuscivilistas de responsabilidad por daños —con un grado de elaboración "infinitamente superior al laboral"— y se construye en el eje de coordenadas de sus principios, pero cuya consideración de satélite en su órbita no haría justicia a la significación de las previsiones del ordenamiento laboral y de sus interpretaciones jurisprudenciales y judiciales. Esa significación de sistema de ordenación propio merece ser conocida y reconocida por la doctrina civilista en sus respuestas "singularmente laborales".

Quedan muy lejanos los tiempos de la industrialización en que el Derecho del trabajo hubo de luchar por encontrar un puesto al sol en el imperio del Derecho civil codificado, como Derecho nacido de la nueva desigualdad socio-económica, especializado en la atención de necesidades disruptivas y en la disposición de soluciones críticas, esenciales para producir y trabajar y para organizar la sociedad del capitalismo industrial que el Derecho civil existencialmente no procuraba, hasta que se produjo su inserción en la economía de mercado. El legislador ha generado regímenes jurídicos diferenciados en materia de responsabilidad civil, vinculados a sectores específicos, siguiendo una lógica disgregadora contraria al paradigma codificador, y dando lugar a ordenaciones singulares que coexisten con el modelo clásico de responsabilidad por incumplimiento y por hecho ilícito de los artículos 1101 y 1902 y siguientes del Código Civil.

Este *Derecho laboral de daños* sistematiza sus singularidades técnicas (la responsabilidad obligacional, los ámbitos de la responsabilidad extracontractual, el daño moral, la responsabilidad objetiva, los particulares regímenes indemnizatorios, el Derecho colectivo de daños, o la distribución social de los daños a través de la seguridad social) que sostienen su autonomía científica, aunque esa autonomía no esté, naturalmente, en la memoria colectiva del iuscivilismo, ni siquiera en la del iuslaboralismo, que ha concebido tradicionalmente la responsabilidad civil como una técnica complementaria o "adicional" a los mecanismos propios del ordenamiento laboral, como si estos no se asentaran en aquella matriz originaria. En ese marco, el recurso a acciones de responsabilidad civil no ha dejado de operar con un cierto carácter de huida del Derecho del trabajo y del orden social de la jurisdicción, para obtener una mayor o mas completa reparación de los daños patrimoniales y extrapatrimoniales padecidos por los trabajadores que la que su Derecho les depara, sometido a prestaciones cuantificadas *ex ante* y a indemnizaciones indiferenciadas y homogéneas, ajenas a las concretas circunstancias personales y familiares y de toda índole de las personas dañadas, no siempre "adecuadas", ni efectivas, proporcionadas y disuasorias para la reparación y evitación de los daños. Es proverbial expresión de esa visión ancilar y evasiva el recurso a la acción de responsabilidad civil "adicional" por negligencia, culpa o dolo empresarial con el fin de reparar íntegramente los daños ilícitamente causados por los accidentes del trabajo, legalmente posibilitada por de seguridad social y laborales (art. 168.3 de la LGSS y art. 42.1 y 3 de la LPRL).

Es mérito indiscutible del libro de Mercader dar testimonio de la autonomía científica del Derecho laboral de daños, y hacerlo con todo rigor, al margen de los afanes autonomistas propios de otras épocas, integrando la jurisprudencia y doctrina civil. La vinculación de esa responsabilidad civil contractual al incumplimiento por el empresario de su deber legal intransferible de garantizar la seguridad y salud de los trabajadores a su servicio u obligación de prevención de sus riesgos en el trabajo (arts. 14.2 y 15 de la LPRL), y la imposición de la carga de la prueba al deudor de seguridad de la adopción de las medidas necesarias para prevenir o evitar el riesgo (art. 96 de la LJS), testimonio irrebatible de que la huida del Derecho del trabajo no se produce. La indemnización es "adicional", levanta la limitación indemnizatoria para completar la reparación tasada de los perjuicios padecidos por el trabajador por las prestaciones de seguridad social, y así se califica. Pero es una indemnización de daños laborales, comprendida en su Derecho propio, aunque la fuerza irresistible de los sistemas de baremación legal haya conducido a la jurisdicción social a aplicar en estos casos, con carácter orientativo, el previsto en el Título IV de la Ley sobre responsabilidad civil y seguro en la circulación de vehículos a motor, texto refundido aprobado por Real Decreto-Legislativo 8/2004, de 29 de diciembre, en la redacción dada por la Ley 35/2015, de 22 de septiembre, para la valoración de los daños personales o corporales, físicos y morales, con la finalidad de reducir la disparidad de criterios judiciales en la determinación de las cuantías indemnizatorias. El recurso judicial al baremo no es irrazonable, ante el imperdonable silencio del legislador de seguridad social, aunque dicho baremo se base, a su vez, en una responsabilidad cuasiobjetiva y haya establecido "criterios objetivados para la reparación del daño, con la consiguiente restricción de sus posibilidades de individualización, configurando así un sistema de compensación pecuniaria en favor de las víctimas, basado en el sometimiento de los perjuicios económicos derivados del daño personal a topes o límites cuantitativos" (STC 181/2000, de 29 de junio, FFJJ 14 y 15). El valor orientativo del baremo permite un mayor resarcimiento de la victima en busca de la reparación de los daños morales, debiendo motivar el órgano judicial la separación del baremo.

No puede perderse de vista la razón de la declaración de inconstitucionalidad parcial del "Sistema para la valoración de los daños y perjuicios causados a las personas en accidentes de circulación" dictada en la sentencia citada, y trasladada al ordenamiento de seguridad social y a su regulación de los accidentes de trabajo. En un sistema legal que tiene en cuenta el dolo y la imprudencia temeraria de la víctima para excluir la calificación de accidente de trabajo, resulta arbitrario (art. 9.3 CE) imponerle la carga de asumir parte del daño que le ha sido causado por la conducta antijurídica del empresario, pues el sistema valorativo utilizaría "el título de imputación de la culpa siempre en sentido favorable o beneficioso para quien, incurriendo en un ilícito, produjo el daño personal y los consiguientes perjuicios económicos a él anudados; máxime cuando la conducta antijurídica determinante del daño lesiona o menoscaba bienes de tanta relevancia constitucional como son la integridad física y moral de las personas, reconocidos en el art. 15 de la Constitución", y el derecho fundamental a la tutela judicial efectiva, de su artículo 24, al resultar la persona afectada desposeída de toda acción para reclamar y acreditar el daño y su resarcimiento (STC 181/2000, FFJJ 17 y 20).

El capitulo 19 de este libro es absolutamente imprescindible para la comprensión ajustada de la significación del "recurso al baremo", facultativo, orientativo, íntegro, y motivado, por los órganos de la jurisdicción social. Recuerda muy oportunamente Mercader la falta de un sistema propio de valoración de daños derivados de accidentes de trabajo y de enfermedades profesionales por causa del incumplimiento por el Gobierno del mandato de la DF 5ª de la LJS. Y los efectos de la STC 181/2000 en el sistema baremado de valoración de daños no patrimoniales, una de las sentencias vértice de la jurisprudencia constitucional en el Derecho de daños y en su principio de reparación integral. Y describe, exhaustivamente y con toda precisión, los criterios de cálculo de las indemnizaciones por muerte, secuelas y lesiones temporales a partir de los perjuicios personales y patrimoniales y el modo operativo de fijación de la indemnización final con el juego en la indemnización de las prestaciones de seguridad social y de sus mejoras voluntarias por el empresario que reparen los mismos perjuicios y sin descuento del recargo, lo que el autor crítica, pues el recargo puede funcionar como una indemnización resarcitoria, punitiva cuando su aplicación, excluida exclusión del importe total de la reparación del daño, arroje una indemnización total superior al daño reparado.

Afinadísimo es el estudio jurisprudencial de Mercader de los particulares problemas de la responsabilidad por accidentes de trabajo en relaciones interempresariales de contratación y subcontratación de obras y servicios, incluidos el recargo de prestaciones, a la luz del concepto legal de empresario infractor, y la esfera de poder o ámbito de disposición de cada empresa y su consiguiente responsabilidad civil, en que la ley laboral no establece "responsabilidad solidaria alguna". No tengo que señalar sus relevantes efectos para las empresas y trabajadores implicados en los procesos de descentralización productiva.

4

Las técnicas de la responsabilidad civil por daños, y los valores éticos de su función resarcitoria, de justicia y convivencia social, están en la raíz estructural o acompañan el incumplimiento de las obligaciones que el Derecho del trabajo y de la seguridad social impone al empleador, a la empresa, lo que no significa, naturalmente, que el Derecho del trabajo y de la seguridad social se disuelva en un Derecho de reparación de daños.

La lectura del índice de la obra de Mercader pone de manifiesto las obligaciones indemnizatorias del empresario fundadas en incumplimientos y morosidad culpables en el cumplimiento de sus obligaciones contractuales y causantes de perjuicios reales a los trabajadores (en la contratación, sobre tiempo de trabajo, derechos de conciliación de la vida laboral y familiar y derecho a la desconexión de las personas trabajadoras, modificaciones sustanciales ilícitas, ejercicio ilegítimo de los poderes contractuales empresariales, mora retributiva y en el cumplimiento de otras obligaciones empresariales), en la extinción contractual (por los diferentes tipos de despidos, por voluntad de la persona trabajadora, por extinción de contratos temporales, por desaparición del empresario), en los accidentes de trabajo y enfermedades profesionales.

A esa responsabilidad contractual precede el análisis de la responsabilidad extracontractual del empresario o de quien va a ocupar esa posición, contractual existiendo un pacto previo, en la causación de daños precontractuales y en las relaciones que Mercader llama "perilaborales" o "en las fronteras laborales", que deberían ser objeto de contratos de trabajo o que solo lo son por aproximación a analogía.

Naturalmente, en un *Derecho laboral de daños* no podía faltar la responsabilidad extracontractual por culpa presunta y contractual objetiva del empresario por actos de las personas trabajadoras a su servicio "en el ejercicio de sus funciones", ni su responsabilidad civil subsidiaria, objetiva, derivada de delitos de terceros en sus establecimientos y de delitos cometidos por sus trabajadores "en el desempeño de sus obligaciones y servicios", sustanciada ante la jurisdicción penal o civil, que cuentan con regulaciones específicas en los Códigos Civil y Penal (arts. 1903 y 1904 y 120, respectivamente), y que, por tal razón, han sido objeto de las preocupaciones permanentes de la doctrina laboralista clásica. Mercader acota e ilustra esta "responsabilidad vicarial", objetivada, en beneficio de la garantía de indemnidad de las víctimas.

Un libro riguroso, agotador de su materia, no hubiera podido desconocer la responsabilidad empresarial por vulneración de derechos fundamentales, integrantes de la dignidad y libertad de las personas trabajadoras, y su resarcimiento, las indemnizaciones, y sus cuantías, "del daño moral unido a la vulneración del derecho fundamental, como de los daños y perjuicios adicionales derivados..." (art. 183.1 de la LJS); su sistema resarcitorio "*in integrum*", que, estando en juego nada menos que la vigencia de los derechos fundamentales en las empresas, "incorpora notables singularidades" ante las dificultades probatorias, y no solo, de los daños morales.

Los daños en las relaciones colectivas de trabajo, territorio recorrido por los derechos fundamentales de libertad sindical y huelga de los trabajadores y de los sindicatos, ocupan espacios propios. La fundamentación dogmática de la responsabilidad de los sindicatos comienza por ligarse a la cuestión de su personalidad jurídica conforme a la Ley Orgánica de Libertad Sindical y a sus singulares reglas, sin que su ausencia desmonte la imputación de responsabilidad por daños.

Obviamente, este *Derecho laboral de daños* no podía dejar de lado el de la seguridad social, y el lugar adelantado y rupturista que en la técnica de la responsabilidad empresarial objetiva por riesgos en el trabajo, sin intervención de culpa o negligencia en la causa de los daños, ha ocupado históricamente y ocupa el accidente de trabajo, en la "objetivación de la siniestralidad en el riesgo", que conduce a la objetivación del daño, regulación rupturista exigida por la necesidad de atemperar una inseguridad excepcional y nueva provocada por la industrialización, que produjo la coincidencia excepcional, histórica, luminosamente explicada por Dupeyroux, de las condiciones de asalariado, indigente y accidentado en una misma persona, y nos ha dejado un legado conceptual y normativo vivo, con sus virtudes y defectos, entre estos, crecientes con el tiempo, la frustración del principio de consideración conjunta de las contingencias, legalmente proclamado en nuestro ordenamiento jurídico de seguridad social nada menos que desde 1963. Tan es así que Mercader dedica a esto y al tratamiento jurídico completo, sistemático y crítico de la responsabilidad por accidentes de trabajo, componente capital e indispensable de un Derecho laboral de daños, los capítulos 16 a 20 y 23 de su libro.

Las razones de la responsabilidad empresarial por daños nos devuelve la imagen real de la estructura del ordenamiento laboral, sin que la remisión, reproductibilidad, atemperación, o excepción de esa técnica basal, ni, como es patente, su especial regulación codificada, aniquile su autonomía o arrastre al Derecho del trabajo a mimetizarse en la periferia del Derecho civil en un estatuto de mero "particularismo", como ya había puesto de manifiesto la doctrina laboralista contractualista de primera hora —obviamente, la autonomista tuitiva— y defendido con ardor por la continuadora de la segunda mitad del pasado siglo con ánimo de rescatar a la disciplina laboral de las erróneas concepciones comunitaria personalista y corporativa de las relaciones de trabajo y plena conciencia de su autonomía en las décadas de crecimiento económico tras la segunda guerra mundial y la derrota de los regímenes totalitarios.

Este *Derecho laboral de daños* da cuenta de las singularidades y de los "criterios vanguardistas" de la jurisprudencia social en la cuantificación de daños morales por vulneración de derechos fundamentales, a lo largo de la evolución ajetreada de las soluciones de su doctrina. La tutela reparadora de la vulneración empresarial o por terceros de los derechos fundamentales de los trabajadores ha de ser adecuada y, empujada por la jurisprudencia constitucional, presume el daño moral en esa vulneración, otorgando carácter automático a su indemnización ante las dificultades de objetivación de los daños y de su reparación. Esa presunción del daño moral ha sido después acogida, en el ámbito de la discriminación prohibida, por la Ley 15/2002, de 12 de julio, integral para la igualdad de trato y no discriminación, en su artículo 27, que declara igualmente responsables del daño causado a "las personas empleadoras o prestadoras de bienes y servicios cuando la discriminación, incluido el acoso, se produzca en su ámbito de organización o dirección" y no hayan cumplido las obligaciones de aplicación de medidas para detectar, prevenir y poner fin a las situaciones discriminatorias.

El autor revela que las soluciones laborales, y su lógica resarcitoria, asaltan "a los especialistas procedentes del derecho de daños, a los que resulta difícil de entender el complejo entramado de lo social en esta materia". Precisamente por ello, este libro cumple cabalmente con la finalidad de hacer comprensible ese entramado social a quienes provienen del derecho de daños, ofreciendo así una herramienta imprescindible no solo para laboralistas, sino también para todos los especialistas y personas interesadas en una comprensión más profunda de este Derecho, tan esencial en nuestro tiempo. Como dijo Gierke cerrando el siglo XIX, y también podemos leer en textos actuales sobre la empresa, "el derecho privado ha de ser social o no será"; "la empresa del futuro será social o no será", en palabras de A. Cortina.

Jesús Mercader ha puesto su mejor capacidad analítica y crítica al servicio de la integración de los principios de reparación de los daños con las particularidades del trabajo y de su regulación jurídica propia, que conjuga perfectamente con la civil y la penal en la unidad de ordenamientos jurídicos intercomunicados y progresivamente complejos.

No se aventura Mercader en un mero empeño científico no desprovisto de riesgos, sino que lo lleva a término con sistema y rigor en una frecuentación continua de las categorías civilistas y penalistas y de sus jurisprudencias, sin que ello reste fuerza de atracción e innovación a su *Derecho laboral de daños* en la creación de su sistema propio; al contrario, lo enriquece lo ancla en categorías compartidas, a las que confiere una configuración laboral singular y coherente. Esa es la cualidad distintiva de un libro de excepcional calidad técnica, que, por la ambición de su planteamiento y la riqueza de su contenido, ocupa ya un lugar central en la reflexión contemporánea sobre la responsabilidad civil por daños en el ámbito laboral ampliamente considerado.

5

En su obra, Mercader construye el principio de responsabilidad por daños como eje estructural del Derecho social, partiendo de su tradicional división en responsabilidad contractual, central en el sistema laboral contractual, y extracontractual o aquiliana, basada en el principio ulpinianeo del *neminem laedere,* cuando los daños se producen "aguas abajo de la relación laboral". Avisa de que la línea divisoria entre una y otra es aún mas frágil en el ámbito de las relaciones laborales y, con precisión terminológica y conceptual, cuestiona la tendencia a atribuir naturaleza contractual a cualesquiera daños producidos existiendo contrato de trabajo, aunque el daño no provenga del contrato y su causa se identifique en ilícitos empresariales producidos en ámbito de control empresarial, pero al margen de aquel. Con la estimable consecuencia de que la calificación jurídica de la responsabilidad civil empresarial se proyecta inmediatamente en las atribuciones jurisdiccionales de los órdenes social y civil. Y analiza el avance de la responsabilidad contractual y extracontractual hacia formas de responsabilidad casi objetiva o propiamente objetiva, fundadas en el riesgo, que han ido desplazando —y en cierto modo transformando— la noción tradicional de culpa y la exigencia de diligencia, convertidas ahora en categorías extraordinarias. Se trata, más que de una mera sustitución, de un proceso progresivo de conversión del modelo culpabilístico en un régimen centrado en la imputación por riesgo, que ha erosionado la centralidad de la culpa como título de atribución del daño en los sistemas codificados del Derecho continental europeo. La presunción *iuris tantum* de la culpa y la inversión de la carga de la prueba al demandado culminaron este proceso.

Se adentra el autor con autoridad en la naturaleza de los daños y en el trazado de una nueva frontera, la que separa los daños patrimoniales (daño emergente y lucro cesante o "sueños de ganancia") y extrapatrimoniales. Entre estos ocupa un lugar propio el que denomina "controvertido reino de los daños morales", expresión que revela tanto su centralidad en el actual sistema indemnizatorio laboral, como las tensiones, cambiantes y persistentes, que continúa generando, desde el mero intento de su definición hasta su acreditación probatoria, pasando por su configuración dogmática y la cuantificación de sus montantes indemnizatorios. En efecto, Mercader no elude —y esa es una de las fortalezas de su obra— los dilemas que supone convertir en pilar del sistema laboral de daños un tipo de daño cuya identificación y cuantificación siguen envueltas en incertidumbres, particularmente en el contexto de su baremación judicial.

Y advierte de los límites del sistema resarcitorio al referirse a la reparación íntegra del daño como una garantía inefectiva, un principio general —el de indemnidad o inmunidad— que, pese a su fuerza orientadora, rara vez se materializa plenamente en el orden jurídico. No rehúye Mercader calificar de "ilusión" el principio de reparación íntegra del daño consagrado en el artículo 1106 del Código Civil, "una aspiración de máximos", una "poderosa idea que se asienta en las tierras movedizas de la realidad". En ese tránsito —descenso o acaso ascenso— de un principio vertebral del Derecho de daños hacia el terreno incierto de la ilusión jurídica, que también envuelve al lucro cesante —"muy poco explorado en el mundo laboral"—, se revela la tensión estructural entre la justicia íntegra y la reparación jurídicamente posible, que suele o puede agotarse en una compensación "por equivalente".

El problema de la inefectividad de la técnica reparadora no reside únicamente en las dificultades probatorias de los daños y su cuantía. Es el propio Derecho de daños —y su aplicación judicial— el que ha contribuido a restringir el principio de reparación íntegra, mediante fórmulas como la mencionada indemnización por equivalente, los complejos métodos de valoración del daño moral, la incierta estimación del lucro cesante futuro y la reconocida irreparabilidad de ciertos daños, como las lesiones graves o la muerte. Hasta el punto de que, para autores que Mercader cita, "hablar de reparación completa es una petición de principio".

A ello se suman presunciones legales sobre la existencia o no de perjuicios resarcibles, y límites normativos a través de técnicas de objetivación, baremación o tarificación de los daños y de sus indemnizaciones, que condicionan tanto el reconocimiento del daño, de todos los daños, materiales e inmateriales, como la cuantía de las indemnizaciones. Son mecanismos que el Derecho social ha integrado de forma estructural en ámbitos tan nucleares como las prestaciones por accidentes —desde la Ley de Accidentes de Trabajo de 1900— o las indemnizaciones por extinción contractual, especialmente en los supuestos paradigmáticos de despido disciplinario ilegítimo, desde el primer Estatuto de los Trabajadores de 1980, que cerró el largo tiempo de arbitrio judicial. Las indemnizaciones legales por extinción del contrato de trabajo son, advierte Mercader, una "especie de cláusula penal fijada *ope legis*, en la que no cabe moderación ni agravamiento" judicial. En los casos de pérdida ilícita del puesto de trabajo, estos mecanismos de "normalización indemnizatoria" tienen, junto a sus ventajas de reconocimiento automático del daño y de su indemnización, basado únicamente en los años de servicios de la persona trabajadora —no, necesariamente, en su antigüedad—, el efecto impeditivo de reclamaciones de indemnizaciones de mayor cuantía "en caso de probarse daños superiores a los tenidos en cuenta por el legislador". La fijación por la norma laboral del *quantum* indemnizatorio tiene lugar en otros muchos casos de perjuicios para los trabajadores resultantes de incumplimientos (extinción causal del contrato por la persona trabajadora), pero también de decisiones lícitas empresariales (modificaciones sustanciales, despidos económicos).

La fijación tasada e imperativa de las indemnizaciones por la ley ha contribuido a erosionar la credibilidad del principio de reparación íntegra. De ahí que cierta doctrina judicial de suplicación haya admitido, en casos excepcionales de despido improcedente con notoria exigüidad indemnizatoria y evidente ilegalidad, fraude de ley o abuso de derecho en la decisión empresarial extintiva, la posibilidad de que la parte trabajadora reclame en el proceso —por la vía del art. 282.2.b) de la LJS— una reparación complementaria debidamente cuantificada en los términos legales, no obstante ser tasada la regulación legal indemnizatoria del artículo 56.1 del ET, sin resquicio alguno a la excepción, a la individualización. Mercader evidencia el desajuste entre la estrecha norma procesal de la LJS y el contenido del artículo 1101 del Código Civil si se acreditan daños derivados de la no readmisión o de la readmisión irregular. Una acción adicional de responsabilidad civil podría acaso ofrecer, dentro del Derecho laboral de daños un cauce más adecuado para responder a situaciones en las que la lógica tasada de la indemnización se muestra insuficiente. La intervención del legislador democrático, presupuesto de la Constitución, y la preservación de la división funcional del poder público, premisa esencial de la democracia constitucional, resolvería la polémica interpretativa.

Mercader no se aleja de esta posición. Relata el debate en torno a la exigencia de indemnizaciones adecuadas para reparar los despidos sin causa, conforme al Convenio 158 de la OIT y la Carta Social Europea, y su impacto en el sistema legal de objetivación indemnizatoria, en su "automatismo casi absoluto". Introduce en la discusión las decisiones del Comité Europeo de Derechos Sociales, que respondieron a las reclamaciones colectivas de UGT-CEC y CCOO, señalando que las indemnizaciones máximas legales no son adecuadas ni suficientemente elevadas para disuadir al empleador de despedir sin causa o con causa insuficiente, siendo además muy limitada la posibilidad de una indemnización adicional civil según el artículo 281.2 b) de la LJS. La conclusión jurídica de Mercader es que este debate podría conducir al legislador a reformar el sistema indemnizatorio, incorporando circunstancias personales de las personas trabajadoras despedidas (edad, formación, sexo, "o incluso la renta").

No puede afirmarse sin reservas que la concreción judicial de la responsabilidad por daños ofrezca siempre mejores resultados. Las técnicas de objetivación de la responsabilidad y baremación de las indemnizaciones, aun cuestionadas, han ofrecido históricamente ventajas prácticas para la parte débil del contrato —como la presunción del daño, la irrelevancia de su prueba en ciertos supuestos o la certidumbre en su cuantificación—, que explican su persistencia. Frente a la imprevisibilidad judicial, los sistemas de indemnizaciones tasadas prestan abrigo al esfuerzo de garantizar marcos de certeza, estabilidad y uniformidad en la solución de los conflictos relativos a la valoración de los daños laborales. Pero esa persistencia resulta hoy crecientemente problemática ante las exigencias actuales de reparación integral de los daños.

6

En un Derecho de tan plurales y complejas piezas busca Mercader proporcionar seguridad jurídica y encuadrar técnicamente las categorías jurídicas orientadas a la reparación de las víctimas. Los capítulos 12 y 13 se ocupan de las vulneraciones de derechos fundamentales, laborales e inespecíficos, a partir del principio jurisprudencial de automaticidad en el reconocimiento del daño moral.

Ya ha sido objeto de referencia el fenómeno —"la técnica de los baremos orientativos"— por el cual determinados baremos legales, concebidos para finalidades específicas, acaban proyectándose sobre ámbitos diversos, ajenos a su lógica institucional de origen, con carácter orientativo o imperativo, ante las dificultades de la discrecionalidad judicial en la valoración de daños no patrimoniales.

Dice el al autor que "la nostalgia de los criterios tarifados ha llevado a que los Tribunales hayan quedado atrapados por la utilización del criterio orientador de las sanciones pecuniarias previstas por la LISOS para las infracciones...", para cuantificar los daños morales producidos por esas vulneraciones de derechos fundamentales, con el abandono de esa condición orientadora para convertir en imperativos los mínimos sancionadores de la LISOS, y con, en su opinión, la inevitable transmutación del daño sufrido por la víctima en infracción y su reparación en sanción pública de la empresa causante del daño, medido según la calificación de la gravedad de su infracción. Esta operación, que ha contado con el beneplácito de la jurisprudencia constitucional por su racionalidad y proporcionalidad sancionadora, se ha debido a la doctrina judicial y, singularmente, a la jurisprudencia del Tribunal Supremo.

Mercader ofrece una crítica sólida y rigurosa desde su propia lógica argumentativa del uso por los tribunales sociales de las sanciones previstas en la LISOS como criterio "prevalente" y, en parte, obligatorio para cuantificar el daño moral. A su juicio, esta práctica, competencia de los órganos judiciales de instancia del orden social, frente a la que Mercader no oculta su desconfianza, introduce una "confusión de sangres entre la lógica reparadora y la sancionadora", dotando a la reparación de una "faz punitiva" que distorsiona su naturaleza. La preocupación por la posible vulneración del principio constitucional *ne bis in ídem*, si la empresa infractora ha sido sancionada con la misma multa que sirve de base de cálculo de la indemnización, y por la desnaturalización del rol judicial, que asumiría el del inspector de trabajo, atraviesa su análisis con el rigor técnico que le es propio. Mercader tampoco aplaude el establecimiento de un sistema de indemnizaciones punitivas, que "pudiera chocar con el art. 25.1 CE".

Consecuente con su crítica de la traslación automática del sistema sancionador de la LISOS al ámbito resarcitorio, Mercader propone una reconstrucción del prudente arbitrio judicial "sobre nuevas bases", reivindicando la valoración del daño como una función jurisdiccional esencial, que admite un margen de discrecionalidad, pero no de arbitrariedad, y que debe guiarse siempre por "criterios imperativos" resultantes del propio daño, para garantizar respuestas proporcionales, razonables y ajustadas al caso.

Cabe preguntarse —y esta obra invita expresamente a hacerlo—, si esa dimensión disuasoria y preventiva de la indemnización no responde también a exigencias normativas ineludibles. La Directiva 2006/54/CE, relativa a la aplicación del principio de igualdad de oportunidades e igualdad de trato entre hombres y mujeres en asuntos de empleo y ocupación, ordena a los Estados "garantizar la indemnización o la reparación [...] real y efectiva del perjuicio sufrido por una persona a causa de una discriminación por razón de su sexo, de manera disuasoria y proporcional al perjuicio sufrido", sin que esa indemnización o reparación pueda estar "limitada por un tope máximo fijado *a priori*", salvo que el empresario pueda probar que el único perjuicio sufrido por el o la demandante por causa discriminatoria "sea la negativa a tomar en consideración su solicitud de trabajo (art. 18). Las directivas antidiscriminatorias reclaman de los Estados la aprobación de regímenes sancionadores del incumplimiento de sus normas de ejecución que incluyan sanciones efectivas, proporcionadas y disuasorias, "que podrán incluir la indemnización a la víctima" (art. 25 de la Directiva 2006/54/CE). Por su parte, el Tribunal de Justicia ha insistido en que las indemnizaciones por vulneración de derechos fundamentales, del derecho a la no discriminación por sexo, deben ser efectivas, proporcionadas y disuasorias, de modo que aseguren la plena eficacia de las normas europeas, y ha advertido contra los sistemas de cuantificación automática que puedan vaciar de contenido los principios de tutela judicial y de igualdad; ha interpretado que el artículo 18 de la Directiva 2006/54 obliga a los Estados, si eligen la forma de reparación pecuniaria, a establecer disposiciones que aseguren el pago a las víctimas de "una indemnización que cubra *íntegramente* dicho perjuicio"; y que el artículo 25 de dicha Directiva permite a los Estados adoptar "medidas que establezcan el abono de daños punitivos a la víctima de una discriminación por razón de sexo, pero no lo impone" (STJUE de 17 de diciembre 2015, asunto C-407/14, *Arjona Camacho*). La indemnización por daños causados por la vulneración empresarial de derechos fundamentales trasciende su tradicional función resarcitoria para ejercer funciones disuasorias y, si los Estados las incorporan preventivas adicionales y punitivas, lo que no es nuestro caso, y se redefine como un instrumento central de tutela sustancial de los derechos fundamentales de las personas trabajadoras.

La Ley 15/2022, de igualdad de trato y no discriminación, refuerza expresamente la reparación de los daños morales, exigiendo su valoración más allá de los parámetros sancionadores de la LISOS y atendiendo a la gravedad del daño y a la concurrencia de factores agravantes, como la intersección de causas de discriminación (art. 27.1), aunque paradójicamente su primera aplicación haya conllevado la rebaja judicial de la indemnización

Esta evolución normativa y jurisprudencial plantea desafíos interpretativos, pero también abre un espacio fecundo para repensar las categorías clásicas.

Las fisuras también se han abierto en nuestra jurisprudencia. La amplitud de la horquilla cuantitativa sancionadora prevista para una misma infracción por la LISOS ha llevado al Tribunal Supremo a adoptar criterios de personalización de las indemnizaciones, con la consecuencia, advertida por Mercader, de un "lento pero progresivo debilitamiento del sistema de indemnizaciones tasadas".

Desde la doctrina, se abre paso la idea de que la lógica estrictamente resarcitoria no basta para responder a los fines preventivos del Derecho de daños en el ámbito laboral, particularmente cuando están en juego derechos fundamentales. La lógica estrictamente reparadora, sin dejar de ser esencial, parece llamada a convivir con criterios que refuercen la eficacia de la protección frente a daños especialmente graves, resultado de conductas lesivas igualmente cualificadas por su gravedad. El debate está abierto, y el lector encontrará en las páginas de este libro no solo una síntesis técnica ejemplar, sino también una construcción doctrinal sólida, que interpela al lector y enriquece la reflexión jurídica.

7

Si tradicionalmente el Derecho laboral de daños se ha referido a la responsabilidad civil del empleador por los daños sufridos por el trabajador, hay en este *Derecho laboral de daños* un desarrollo doctrinal completo, que trata los daños causados por las personas trabajadoras a la empresa, por los sindicatos a empresas, afiliados y afiliadas, a terceros y entre si, y por las representaciones legales de los trabajadores, sindicales y unitarias, con sus consiguientes responsabilidades y calificación de su naturaleza jurídica.

El carácter sinalagmático del contrato de trabajo se expresa en la existencia de deberes correlativos, que vinculan a ambas partes en una dinámica de reciprocidad funcional y jurídica. Afirmar la responsabilidad civil de las personas trabajadoras, "con carácter general," por incumplimientos contractuales, precontractuales y postcontractuales causantes de daños acreditados a la empresa, es, en principio, una obviedad. No lo es tanto al insertarse la prestación de servicios retribuidos de quienes trabajan por cuenta ajena dentro del ámbito de organización y dirección del empresario, siendo su trabajo por cuenta ajena y dependiente, subordinado. La ley laboral no excepciona la exigencia de responsabilidad civil, contractual y extracontractual, a las personas trabajadoras que incumplan sus obligaciones contractuales con dolo, culpa o morosidad o causen daño a la empresa con culpa o negligencia con independencia o al margen de su contrato. Lo que sí hace la ley laboral, el Estatuto de los Trabajadores, es otorgar relevancia especial al juego de esa responsabilidad en el incumplimiento de obligaciones contractuales de los trabajadores de especial significado y pertinencia para la satisfacción de los intereses empresariales, como las obligaciones de no hacer competencia desleal a la empresa, de dedicación plena y de permanencia en ella, de confidencialidad de sus secretos relativos a su actividad y negocios, y de preaviso en caso de dimisión de la persona trabajadora. En lo demás, cabe la bilateralidad en el tratamiento de la responsabilidad civil de ambas partes por incumplimientos contractuales, si bien el ejercicio comparativo con la responsabilidad civil del empresario, desde la pura técnica reparadora, pone de manifiesto las dificultades de la equiparación por el desequilibrio de intereses patrimoniales, la razón tutelar del ordenamiento laboral, la singular naturaleza de la prestación de hacer personalísima de aquellos y su inserción en el ámbito organizativo y directivo de la empresa, y, si se quisiera acudir al lenguaje constitucional, por el estándar de proporcionalidad; por lo que H. Sinzheimer denominó "la democratización" del contrato de trabajo subordinado. Con minuciosidad y orden trae J. Mercader al primer plano de su análisis decisiones de la jurisdicción social que practican la moderación de los efectos indemnizatorios de la responsabilidad por incumplimiento contractual de los trabajadores, que lo es por los daños y perjuicios realmente causados y probados, incluso de los específicamente pactados en cláusulas penales, cuya utilización el autor recomienda suscribir por razones de seguridad jurídica.

Transita el *Derecho laboral de daños* con pie firme el terreno de la cláusulas penales, en el que señala las cuestiones especialmente controvertidas por la jurisdicción social y su seguimiento o separación de la doctrina jurisprudencial civil, así sobre la facultad del órgano judicial social moderadora de la pena convenida en supuestos de cumplimiento parcial o irregular de la obligación pactada por el deudor, conforme a las previsiones del art. 1154 del Código Civil. "En la jurisdicción social, el principio de autonomía de la voluntad no opera con carácter absoluto y cede ante el criterio de proporcionalidad". Reside la confortabilidad de estas cláusulas en la innecesariedad de probar la existencia y cuantía de los daños reales, sustituidos por la pena convencional, que ofrece seguridad jurídica, aunque con matizaciones funcionales en razón de la protección de los trabajadores y la naturaleza de su prestación de hacer. El principio de proporcionalidad camina en ocasiones con el de la prueba de los daños y perjuicios ocasionados por el trabajador a su empresa. Para muestra un botón: la cuantía de las cláusulas penales en pactos de no competencia postcontractual. Las cláusulas convencionales colectivas de fijación del plazo de preaviso en la dimisión de los trabajadores y de la cantidad detraíble por las empresas por su incumplimiento, sin necesidad de probar el daño, desempeñan la función de las cláusulas penales.

La cuestión clave, precisa Mercader, está en el incumplimiento del "deber laboral de trabajar diligentemente" [art. 5.a) ET], que es donde "con mayor crudeza se plantea el debate sobre el exacto alcance de la responsabilidad indemnizatoria del trabajador", pues en ese deber contractual se refleja paradigmáticamente el trabajo "en régimen de ajenidad", que traslada al empresario "los riesgos derivados de la prestación de los servicios a los que se obliga el trabajador, entre estos, los posibles errores o descuidos del trabajador". El autor narra la controversia doctrinal, defiende la compatibilidad de la responsabilidad sancionadora y contractual del trabajador y expone las "matizaciones" que vienen de la jurisprudencia y doctrina judicial social para desencadenar la aplicación del artículo 1101 del Código Civil a los trabajadores: los incumplimientos contractuales han de ser dolosos o culposos graves, con mayor gravedad de la culpa que la que justifica las causas del despido disciplinario. Es dudoso en la jurisprudencia que el alcance indemnizatorio del artículo 1106 del Código Civil comprenda el lucro cesante en caso de responsabilidad de los trabajadores, pudiendo ser moderado judicialmente de acuerdo a los artículos 1103 y1107 del Código Civil.

No deja el autor de llevar su despliegue argumental a ámbitos laborales especiales, como el deportivo, el artístico, el de los altos directivos o de los directivos altos, mediadores mercantiles, abogados, o al incumplimiento por los trabajadores de normas legales en el transporte terrestre.

La escala tiene siempre importancia, y el libro, de muy considerable y merecida extensión, gravita sobre las responsabilidades empresariales por daños. Solo uno de sus capítulos, el 9, versa sobre "Los daños causados por el trabajador a la empresa", sin perjuicio de que los daños culposos o delictivos de los trabajadores a terceros, que activan la responsabilidad extracontractual, "vicarial" u objetiva, de sus empresarios frente a aquellos, o singularmente de las empresas de trabajo temporal respecto de los trabajadores cedidos, reaparezcan, de manera sistemática y completa, en los dos capítulos sucesivos, el 10 y el 11, sobre "La responsabilidad del empresario frente a terceros por actos del trabajador a su servicio".

La responsabilidad del sindicato y de las representaciones legales de los trabajadores es abordada en el capítulo 14, sobre "Daños en las relaciones colectivas", que también trata la responsabilidad por comportamientos lesivos del derecho fundamental de libertad sindical protagonizados por las empresas y por los sindicatos; en el capítulo 15, tras exponer la causación de daños como efecto natural del ejercicio del derecho fundamental de huelga y la responsabilidad empresarial por obstaculizar ese derecho, contempla específicamente los daños materiales o inmateriales acreditados, siempre innecesarios, desproporcionados, ocasionados en el patrimonio de las empresas durante la huelga abusiva o ilegal por los sindicatos convocantes, los miembros del comité de huelga, los trabajadores huelguistas o por miembro indeterminado de piquete de huelguistas, también los daños a terceros por los efectos de la huelga, ejemplarmente en el sector aéreo, de los que responde el empresario, salvo circunstancias extraordinarias eximentes de esa responsabilidad empresarial. La sistematización es mas que elocuente.

8

Este *Derecho laboral de daños* ofrece un tratamiento exhaustivo de su materia en las numerosas normas que se dan cita para atribuir responsabilidades e indemnizaciones por daños en las relaciones laborales; desde luego, del orden civil y penal, y las propias del ordenamiento laboral y de seguridad social, además, naturalmente, de las constitucionales. Cuando la cuestión lo exige, el análisis se amplía al Derecho de la Unión Europea, a las normas del Consejo de Europa, y de la OIT. Recurre al Derecho comparado y al Derecho histórico, particularmente valiosos para comprender el desarrollo normativo de los daños y sus indemnizaciones en instituciones clave, como el despido o la huelga, o la responsabilidad civil empresarial frente a terceros por actos de sus trabajadores y subsidiaria, en defecto del responsable principal, derivada del delito cometido por aquellos.

A ello se suma el dominio técnico excepcional de su autor, tanto en la interpretación normativa como en el manejo de las categorías conceptuales forjadas por la doctrina científica. Cada capítulo se abre con una útil relación bibliográfica. Pero lo que singulariza especialmente esta obra es el conocimiento profundo y acabado de la jurisprudencia constitucional, europea, y del Tribunal Supremo, así como de la doctrina judicial, tanto en los órdenes civil y penal como en el social, en ocasiones acompañada de la cita de los comentaristas de las sentencias. Están invocadas todas las sentencias que deben serlo, tanto del Tribunal Constitucional como del Tribunal de Justicia de la Unión Europea, y las innumerables de las distintas Salas del Tribunal Supremo, pues es este un territorio del decisionismo jurisprudencial, en el que Mercader fondea con destreza en la jurisprudencia civil y penal, no solo en la social. Es excelente el manejo de la doctrina judicial de suplicación, de gran relieve en la fijación de cánones interpretativos sobre cuestiones capitales: desde las indemnizaciones "adicionales" por despido improcedente en casos excepcionales, orientadas a dar cumplimiento a la exigencia de adecuación del artículo 24.b) de la Carta Social Europea, revisada, y producto del control difuso de convencionalidad, hasta la consolidación por la Sala de lo Social del Tribunal Supremo de la doctrina de suplicación que excluyó el daño moral en los despidos nulos que no lesionan derechos fundamentales, ni causan discriminación.

Mercader reconstruye el recorrido jurisprudencial de los distintos órdenes jurisdiccionales, atendiendo a sus soluciones, cambios de criterio y giros de orientación —algunos de los cuales han precedido o incluso impulsado reformas legales o podrán hacerlo en el futuro—, ilustrando con ello la dimensión evolutiva y dialógica del *Derecho laboral de daños.*

Su estructura expositiva conjuga con acierto el enfoque normativo y doctrinal, junto con el análisis de los principales supuestos jurisprudenciales y sus concretos hechos, que enriquecen el tratamiento de las cuestiones planteadas. Incorpora, además, una arquitectura editorial cuidadosamente concebida: párrafos numerados en cada capítulo y una inteligente combinación de tipografías de diferentes dimensiones para jerarquizar la información esencial, la complementaria y la puramente casuística, lo que facilita notablemente la lectura, la consulta y la obtención de resultados provechosos. Confiesa Mercader su voluntad de abordar todo asunto "que suscite un importante número de interrogantes prácticos", pero lo cierto es que no rehúye ninguno y acomete con una admirable voluntad de exhaustividad todas las materias que, conforme a una concepción doctrinal exigente de un Derecho laboral de daños, deben entenderse comprendidas en su ámbito, incluyendo los temas "atribulados" y lo no tan atribulados. Se trata, en definitiva, de un libro axial, de la extensión y profundidad propias de un tratado, cuya materia y ambición alcanzan el objetivo de erigirse en un completo Derecho de daños en las relaciones laborales.

De la lectura de la obra de Mercader el lector obtendrá no solo el conocimiento objetivo y acabado del *Derecho laboral de daños,* sino también de las numerosas propuestas interpretativas del autor sobre la observancia de la técnica reparadora, sus exigencias y sus límites, que, en ocasiones, son explícitas y, en otras, se integran en el análisis y en sus conclusiones. Con honestidad intelectual, nunca las oculta. No faltan ocasiones en que no toma partido, bien porque considera que la controversia carece de verdadero interés, o porque estima zanjada la polémica. En todo caso, J. Mercader siempre presenta con rigor y equilibrio las opiniones contrarias a las suyas, en todo momento expone abiertamente los territorios "de controversia", lo que enriquece el debate y permite al lector formarse una visión crítica y fundamentada de sus proposiciones jurídicas. En alguna ocasión especial, se preocupa por señalar que su postura, disidente de otras que cuentan con fuerte apoyo en la doctrina científica y en la de los tribunales, coincide con la que considera la mejor doctrina, siendo esta la sostenida por el llorado Aurelio Desdentado, a quien reconoce su deuda y homenajea con elocuentes y repetidas referencias a sus posiciones doctrinales. No puedo dejar de hacer también explícito mi propio reconocimiento a Aurelio Desdentado, cuya figura representa, para toda una generación, y espero que también para las siguientes, un ejemplo de integridad personal, lucidez jurídica y magisterio sereno.

9

Hará bien el lector en aceptar la invitación del autor a dar un "paseo por esta materia", acompañándole en su recorrido, en el ejercicio de su gusto por el análisis minucioso de cada pieza. Nadie podrá desdeñar la seriedad y calidad de las discusiones abiertas en torno a tan numerosas cuestiones, ni dejar de formar o mantener sus propias opiniones. El autor no baja la guardia crítica en numerosos asuntos de la responsabilidad por daños en el ámbito laboral a partir de la idea institucional rectora de su finalidad reparadora, ni lo hará el lector, igualmente crítico con ciertas perspectivas y argumentos del autor y con sus concretas tomas de posición, necesidad crítica propia de toda tarea intelectual y del avance del conocimiento científico que a todos beneficia y es una dimensión esencial de la democracia y del modelo civilizatorio europeo.

La lectura sucesiva de los veintitrés capítulos del *Derecho laboral de daños* proporciona, obviamente, la necesaria visión y valoración de una obra completa y de tratamiento completo de su objeto, material y procesal. Así, por no citar sino algunos ejemplos, reaparece la Carta Social Europea, revisada, en el capítulo 8, en el tratamiento de la jubilación forzosa del trabajador, impuesta por convenio colectivo bajo la salvaguarda de la disposición adicional 10ª.1 del Estatuto de los Trabajadores, como causa de extinción del contrato de trabajo en el marco de una política de empleo empresarial de relevo generacional, cuya legitimidad ha sido convalidada por el Tribunal Constitucional y por el Tribunal de Justicia, con límites. Con meticulosidad desgrana el autor el juicio de convencionalidad llevado a cabo por la Sala de lo Social del Tribunal Superior de Justicia de Cataluña en el caso y el voto particular a su sentencia, con contundencia afirma los límites de ese control en la Constitución y en el Derecho de la Unión Europea, en las decisiones de los Tribunales citados por tanto, y con exhaustividad repasa las decisiones del Comité Europeo de Derechos Sociales. La poderosa significación de la edad, mas cuando la vida humana se ha prolongado hasta edades avanzadas sin la debida adecuación del ordenamiento jurídico a esa realidad, reabre el debate acerca de si puede considerarse justa causa de despido el cumplimiento de una determinada edad, incluso avanzada —aunque la regulación de la disposición estatutaria obedezca expresamente al objetivo de "favorecer la prolongación de la vida laboral" al fijar la edad de jubilación convencional en 68 años—, y de si la causa no es justificada, sino discriminatoria. El artículo 24.a) de la Carta reconoce el derecho de los trabajadores a no ser despidos sin "razones válidas para ello relacionadas con sus aptitudes y su conducta, o basadas en las necesidades de funcionamiento de la empresa", y confluye en su redacción con el artículo 4 del Convenio 158 OIT.

Nada deja de ser atendido en la responsabilidad empresarial por daños a terceros —capítulos 10 y 11—, ni siquiera la responsabilidad del empresario propietario de un vehículo y no conductor, tampoco la responsabilidad de la empresa usuaria por la acción dañosa del trabajador cedido, o la falta de responsabilidad de la empresa comitente por la causación de daño por el contratista independiente, y su responsabilidad directa, por falta de relación jerárquica de dependencia o subordinación con aquélla, y sus excepciones por la presencia de elementos de control, vigilancia o dirección por el comitente del contratista en las tareas encargadas por aquel. En esta lógica se inserta la responsabilidad del empresario por el incumplimiento de sus obligaciones contractuales con terceros con causa en la huelga de sus trabajadores. La huelga ni es una fuerza mayor ni un hecho fortuito, con la consecuencia de que no exonera de la responsabilidad contractual por hecho ajeno del empresario deudor

Por no hacer esta relación mas larga, debe el lector prestar cuidadosa atención a la "visión integral" del sistema de responsabilidad empresarial por riesgo por accidente de trabajo, y sus subsistemas reparador, mediante prestaciones públicas sanitarias y económicas tarifadas de seguridad social para la reparación de los daños —con excepciones, exclusivamente— patrimoniales, recargadas si ha habido incumplimiento empresarial de la normativa de seguridad y salud, y punitivo (sanciones administrativas y penales), a su formación histórica, y a la completísima caracterización conceptual que le dedica el autor. La tasa del recargo de prestaciones no se proyecta en los daños, sino en la gravedad de la infracción, con lo que el interés doctrinal se traslada a su "problemática coordinación" con las demás vías reparadoras y a su "oscura naturaleza". La limitación de la reparación integra del daño que el sistema de seguridad social produce conduce a la posibilidad de buscar esa reparación a través de acciones de responsabilidad civil o penal, interviniendo culpa o dolo del empresario. En su vertiente procesal, nada se deja al azar en la acción judicial de reclamación del recargo de prestaciones por accidente de trabajo por falta de adopción de medidas de seguridad social por el empresario y el procedimiento administrativo de imposición del recargo, o en la acción de responsabilidad indemnizatoria de daños y perjuicios derivados del accidente de trabajo y su interrupción por la solicitud del recargo o por la impugnación de su denegación por el trabajador.

Es magnífico el capítulo último del libro sobre el aseguramiento público obligatorio de la responsabilidad empresarial por riesgos profesionales, o, en el título de Mercader, "la protección social de las contingencias profesionales como seguro de responsabilidad empresarial", y los voluntarios de las mejoras convencionales empresariales y de responsabilidad civil de explotación de industrias o de empresas, con específica atención al aseguramiento de contratistas y subcontratistas. El libro se cierra con una de sus preocupaciones constantes: el carácter sancionador y la finalidad preventiva de la indemnización adicional por mora en concepto de los intereses devengados por las aseguradoras por incumplimiento de su obligación de indemnizar.

Aunque el libro está construido como un *continuum* lógico-jurídico, que se desarrolla con coherencia desde el primer capítulo hasta el último, esa arquitectura no impide la posibilidad de una lectura fragmentada. Cada capítulo, epígrafe y apartado puede ser abordado de forma autónoma, sin que el lector pierda la comprensión ni la profundidad de la cuestión tratada, gracias a la cuidada parcelación sistemática de la obra y al tratamiento riguroso de cada materia, atendida siempre en su entidad propia, pero sin perder de vista su inserción en el conjunto doctrinal y argumental que vertebra la obra.. Ha quedado demostrado en la jubilación forzosa convencional como causa de despido. ¿Acaso no merecerá atención particular, en el capítulo 7, la cuestión acotada a las posibles indemnizaciones derivadas del incumplimiento del deber empresarial de audiencia previa al despido disciplinario, resultante del Convenio 158 de la OIT y del control de convencionalidad de la Sala de lo Social del Tribunal Supremo? ¿O a la responsabilidad empresarial objetiva adicional por las mejoras voluntarias de las prestaciones de seguridad social por accidente de trabajo del capítulo 16?

Los ejemplos serían interminables.

10

Son estremecedoras las cifras que Mercader proporciona sobre los daños masivos producidos por el amianto, siendo el mayor número de víctimas las personas trabajadoras expuestas al mineral. Avisa de los riesgos de la exposición al silestone, sin disponer aún de una base empírica suficientemente consolidada que le permita ofrecer datos cuantitativos sobre los efectos lesivos ya constatados y su evolución previsible. Listadas varias enfermedades profesionales relacionadas con la inhalación de fibras de amianto, además de la asbestosis, con el cuidado característico que Mercader emplea en el tratamiento de la jurisprudencia y doctrina judicial, aparecen las dificultades de la imputación de responsabilidades empresariales, pues los efectos de la exposición al amianto tienen largos períodos de latencia, hecho que no aminora la gravedad del incumplimiento empresarial por mas que, hace décadas, no hubiera conocimiento de los problemas de salud, ni aminora el recargo de prestaciones. Dice Mercader que la existencia de culpa empresarial se afirma "en la totalidad de los pronunciamientos del Tribunal Supremo". Esta exhaustiva indagación no se queda ahí, prosigue el análisis de los pronunciamientos judiciales sobre daños producidos por el amianto a pasivos domésticos y ambientales. Demanda Mercader la necesaria implantación del fondo de compensación para las víctimas del amianto.

11

Nada en este libro, de considerable extensión, es prescindible, menos insignificante aunque esté en los márgenes del sistema, o en su letra pequeña para quien desee mayor profundidad; todo está tratado con la debida proporción y sólidamente argumentado. Mercader no ahorra la complejidad de las materias y aborda de frente los problemas. Hace gala de su condición de escritor claro, logrando que la densidad conceptual y el sostenido análisis jurisprudencial y casuístico no obstaculicen la lectura de una obra enjundiosa, provechosa tanto para la investigación como con fines docentes. Desde 2017, el profesor Mercader dirige el Máster Universitario en Responsabilidad Civil de la Universidad Carlos III de Madrid, y desde entonces ha ido gestando esta obra que refleja su labor docente de excelencia.

En fin, este *Derecho laboral de daños*, único en su especie, es un libro brillante, sumamente inteligente, de nivel técnico excepcional, y de utilidad tan obvia que no precisa mayor explicación. No es solo expresión del impulso intelectual y del compromiso constante de J. Mercader con la investigación jurídica, que ha afrontado en esta ocasión una tarea de tal envergadura que solo su firme convicción de su necesidad podía sostener su elaboración hasta completarla, sino también de un Derecho del trabajo y de la seguridad social, de un Derecho social, que revela su potencial ordenador en el terreno de la responsabilidad civil por daños, una técnica profundamente enraizada en su propia estructura normativa como el libro pone de manifiesto. Estoy convencida de que este *Derecho laboral de daños* tendrá la amplia repercusión que merece en la comunidad de laboralistas, civilistas y otros especialistas en Derecho de daños, y que contribuirá a la transmisión del conocimiento a las nuevas generaciones y a su proyección en la sociedad.

Agradezco al profesor Mercader su generosa invitación a prologar este libro, incluso sin conocer si mis convicciones coincidirían con las suyas. Ha sido un verdadero honor escribirlo, y una oportunidad única para dialogar con una obra tan rigurosa y rica como intelectualmente estimulante.

María Emilia Casas Baamonde
Catedrática de Derecho del Trabajo y de la Seguridad Social
Universidad Complutense de Madrid
Presidenta emérita del Tribunal Constitucional

ABREVIATURAS

AP	Audiencia Provincial.
ATC	Auto del Tribunal Constitucional.
CC	Código Civil.
C de c.	Código de Comercio.
CE	Constitución Española.
CEDH	Convenio Europeo para la Protección de los Derechos Humanos y Libertades Fundamentales de 4 de noviembre de 1950, ratificado por España con fecha 26 de septiembre de 1979 (BOE de 10 de octubre de 1979).
CDFUE	Carta de los derechos fundamentales de la Unión Europea (DOCE de 18 de diciembre de 2000).
CES	Consejo Económico y Social.
CP	Código Penal.
CSE	Carta Social Europea revisada. Instrumento de Ratificación de la Carta Social Europea (revisada), hecha en Estrasburgo el 3 de mayo de 1996 (BOE de 11 de junio de 2021).
CEDS	Comité Europeo de Derechos Sociales.
EBEP	Real Decreto Legislativo 5/2015, de 30 de octubre, por el que se aprueba el texto refundido de la Ley del Estatuto Básico del Empleado Público (BOE de 31 de octubre).
ET	Real Decreto Legislativo 2/2015, de 23 de octubre, por el que se aprueba el texto refundido de la Ley del Estatuto de los Trabajadores (BOE de 24 de octubre).
INGESA	Instituto Nacional de Gestión Sanitaria.
INSS	Instituto Nacional de la Seguridad Social.
LC	Real Decreto Legislativo 1/2020, de 5 de mayo, por el que se aprueba el texto refundido de la Ley Concursal (BOE de 7 de mayo).
LCS	Ley 50/1980, de 8 de octubre, de Contrato de Seguro (BOE de 17 de octubre).
LCSP	Ley 9/2017, de 8 de noviembre, de Contratos del Sector Público, por la que se transponen al ordenamiento jurídico español las Directivas del Parlamento Europeo y del Consejo 2014/23/UE y 2014/24/UE, de 26 de febrero de 2014 (BOE 9 de noviembre).
LCT	Ley de Contrato de Trabajo, texto refundido Libro I aprobado por Decreto de 26 de enero de 1944 y Libro II aprobado por Decreto de 31 de marzo de 1944 (derogado).

LEC	L. 1/2000, de 7 de enero, de Enjuiciamiento Civil (BOE de 8 de enero).
LECr	Real Decreto de 14 de septiembre de 1882 por el que se aprueba la Ley de Enjuiciamiento Criminal (Gac, 17 de septiembre de 1882).
LETA	L. 20/2007, de 11 de julio, del Estatuto del Trabajo Autónomo (BOE de 12 de julio).
LETT	L. 14/1994, de 1 de junio, por la que se regulan las Empresas de Trabajo Temporal (BOE de 2 de junio).
LGC	L. 27/1999, de 16 de julio, de Cooperativas (BOE de 17 de julio).
LGD	RDLeg. 1/2013, de 29 de noviembre, por el que se aprueba el Texto Refundido de la Ley General de derechos de las personas con discapacidad y de su inclusión social (BOE de 3 de diciembre).
LGSS	Real Decreto Legislativo 8/2015, de 30 de octubre, por el que se aprueba el texto refundido de la Ley General de la Seguridad Social (BOE de 31 de octubre).
LIRPF	Ley 35/2006, de 28 de noviembre, del Impuesto sobre la Renta de las Personas Físicas y de modificación parcial de las leyes de los Impuestos sobre Sociedades, sobre la Renta de no Residentes y sobre el Patrimonio (BOE de 29 de noviembre).
LISOS	RDLeg. 5/2000, de 4 de agosto, por el que se aprueba el texto refundido de la Ley de Infracciones y sanciones del orden social (BOE de 8 de agosto).
LJCA	L. 29/1998, de 13 de julio, reguladora de la jurisdicción contencioso-administrativa (BOE de 14 de julio).
LJS	L. 36/2011, de 10 de octubre, reguladora de la jurisdicción social (BOE de 11 de octubre).
LO	Ley Orgánica.
LOE	LO 4/2000, de 11 de enero, de derechos y libertades de los extranjeros en España (BOE de 12 y 24 de enero).
LOGP	Ley Orgánica 1/1979, General Penitenciaria (BOE de 5 de octubre).
LOPJ	Ley Orgánica 6/1985, de 1 de julio, del Poder Judicial (BOE de 2 de julio).
LOIMH	LO. 3/2007, de 22 de marzo, para la igualdad efectiva de mujeres y hombres (BOE de 23 de marzo).
LOITSS	Ley 23/2015, de 21 de julio, Ordenadora del Sistema de Inspección de Trabajo y Seguridad Social (BOE de 22 de julio).
LOLS	LO. 11/1985, de 2 de agosto, de Libertad Sindical (BOE de 8 de agosto).

LOPD	LO. 3/2018, de 5 de diciembre, de protección de datos personales y garantía de derechos digitales (BOE de 6 de diciembre).
LOPJ	LO. 6/1985, de 1 de julio, del Poder Judicial (BOE 2 de julio).
LOTC	LO. 2/1979, de 3 de octubre, del Tribunal Constitucional (BOE de 5 de octubre).
LP	L. 24/2015, de 24 de julio, de Patentes (BOE de 25 de julio).
LPAC	Ley 39/2015, de 1 de octubre, del Procedimiento Administrativo Común de las Administraciones Públicas (BOE de 2 de octubre).
LPL	Ley de Procedimiento Laboral (derogado)..
LPRL	Ley 31/1995, de 8 de noviembre, de Prevención de Riesgos Laborales (BOE de 10 de noviembre).
LRJSP	Ley 40/2015, de 1 de octubre, de Régimen Jurídico del Sector Público (BOE de 2 de octubre).
LSE	Ley 1/2019, de 20 de febrero, regula los secretos empresariales (BOE de 21 de febrero).
LSC	Ley 32/2006, de 18 de octubre, reguladora de la subcontratación en el Sector de la Construcción (BOE de 19 de octubre).
LSCap	Real Decreto Legislativo 1/2010, de 2 de julio, por el que se aprueba el texto refundido de la Ley de Sociedades de Capital (BOE de 3 de julio).
LRCSCVM	Real Decreto Legislativo 8/2004, de 29 de octubre, por el que se aprueba el texto refundido de la Ley sobre responsabilidad civil y seguro en la circulación de vehículos a motor, en la redacción dada por la Ley 35/2015, de 22 de septiembre.
LTD	Ley 10/2021, de 9 de julio, de trabajo a distancia.
PERC	Principios Europeos de Responsabilidad Civil
PEDC	Principios Europeos del Derecho de Contratos
RD.	Real Decreto.
RPD	RD 625/1985, por el que se desarrolla la Ley 31/1984, de 2 de agosto, de protección por desempleo (BOE de 7 de mayo).
RDLRT	RDL 17/1977, de 4 de marzo, sobre relaciones de trabajo (BOE de 9 de marzo).
RETT	Reglamento de las Empresas de Trabajo Temporal (Real Decreto 417/2015, de 29 de mayo).
RGLC	RD 2064/1995, de 22 de diciembre, por el que se aprueba el Reglamento General sobre Cotización y Liquidación de otros Derechos de la Seguridad Social (BOE de 25 de enero de 1996).
RGPD	Reglamento (UE) 2016/679 del Parlamento Europeo y del Consejo de 27 de abril de 2016 relativo a la protección de las personas físicas en lo que respecta al tratamiento de datos personales y a la

	libre circulación de estos datos y por el que se deroga la Directiva 95/46/CE.
RIA	Reglamento (UE) 2024/1689 del Parlamento Europeo y del Consejo, de 13 de junio de 2024, por el que se establecen normas armonizadas en materia de inteligencia artificial y por el que se modifican los Reglamentos (CE) n.° 300/2008, (UE) n.° 167/2013, (UE) n.° 168/2013, (UE) 2018/858, (UE) 2018/1139 y (UE) 2019/2144 y las Directivas 2014/90/UE, (UE) 2016/797 y (UE) 2020/1828 (Reglamento de Inteligencia Artificial).
RLIRPF	Real Decreto 439/2007, de 30 de marzo, por el que se aprueba el Reglamento del Impuesto sobre la Renta de las Personas Físicas
RPS	RD 928/1998, de 14 de mayo, por el que se aprueba el Reglamento general sobre procedimientos para la imposición de sanciones por infracciones de orden social y para los expedientes liquidatorios de cuotas de la Seguridad Social (BOE de 3 de junio).
RSP	RD 39/1997, de 17 de enero, por el que se aprueba el Reglamento de los Servicios de Prevención (BOE de 31 de enero).
SAP	Sentencia de la Audiencia Provincial
SJS	Sentencia del Juzgado de lo Social.
SMAC	Servicio de Mediación, Arbitraje y Conciliación.
SOA	Seguro Obligatorio del Automóvil.
STJUE	Sentencia del Tribunal de Justicia Unión Europea.
STC	Sentencia del Tribunal Constitucional.
STCT	Sentencia del Tribunal Central de Trabajo.
STS	Sentencia del Tribunal Supremo, Sala de lo Social.
STS (Civil)	Sentencia del Tribunal Supremo, Sala de lo Civil.
STS (CA)	Sentencia del Tribunal Supremo, Sala de lo Contencioso-Administrativo.
STSJ	Sentencia del Tribunal Superior de Justicia, Sala de lo Social (con necesaria referencia a la Comunidad Autónoma).
TEDH	Tribunal Europeo de Derechos Humanos.
TFUE	Tratado de Funcionamiento de la Unión Europea. Tratado de Lisboa por el que se modifican el Tratado de la Unión Europea y el Tratado constitutivo de la Comunidad Europea, firmado en Lisboa el 13 de diciembre de 2007.
TGSS	Tesorería General de la Seguridad Social.
TJUE	Tribunal de Justicia de la Unión Europea.
TS	Tribunal Supremo.
TSJ	Tribunal Superior de Justicia.

AGRADECIMIENTOS

La presente obra, *"Derecho laboral de daños"*, es el resultado de un largo proceso. Su elaboración se inició a finales de 2017 como consecuencia de la puesta en marcha del Máster en Responsabilidad Civil de la Universidad Carlos III de Madrid y de la impartición de la asignatura "La responsabilidad civil por daños en las relaciones laborales". Muchos han sido los estudiantes que han pasado por las aulas de este Máster. Su implicación, interés y compromiso han sido fundamentales a la hora de abordar el reto que supone una obra de estas características. Su diversidad, en cuanto a procedencia y culturas jurídicas, me ha permitido profundizar y fortalecer mis conocimientos en múltiples aspectos de una materia que hace frontera, por no decir que invade, los espacios del Derecho Civil. Por ello, creo que no es extraño, que un cierto sentimiento de intrusismo, en los términos de Wagensberg, haya merodeado mi pensamiento al lanzarme al estudio de estos singulares espacios. Utilizaré como excusa mi obsesivo deseo de alcanzar siempre la visión más amplia posible de lo jurídico, una idea que, por otra parte, ha sido constante a lo largo de toda mi trayectoria investigadora.

Para andar por los senderos de una geografía sinuosa y en muchos casos inexplorada, es imprescindible tener sólidas cartas de navegación. Afortunadamente, el Derecho Civil español ha tenido y tiene grandes maestros con una obra de una calidad insuperable. En ella se encuentran las bases dogmáticas fundamentales de las que la que, obligatoriamente, se debe nutrir cualquier análisis en esta materia. La doctrina laboral española también ha realizado aportaciones fundamentales para la comprensión global de esta materia. Las contribuciones de Aurelio Desdentado a esta materia son esenciales. Su influencia en mi particular acercamiento a la misma (como a todas cuantas materias laborales he abordado) se encuentra fuera de toda duda. Desde los trabajos del Maestro Manuel Alonso Olea, pasando por las brillantes reflexiones de María Fernanda Fernández y las aportaciones esenciales de Carlos Alfonso Mellado, Antonio Sempere y Carolina San Martín, la exploración del Derecho de Daños en clave laboral ha sido una constante a lo largo de la conformación de nuestra disciplina. En los últimos años, creo que merece todo el reconocimiento la obra y las reflexiones que, en este campo, ha realizado Cristóbal Molina.

Como digo, mi curiosidad por los terrenos fronterizos ha sido una constante. A lo largo de estos casi ocho años de lecturas y reflexiones, han sido muchas las personas que han tenido que soportar mis inquietudes y desazones. Lugar muy destacado ocupan mis queridos compañeros del área de Derecho Civil de la Universidad Carlos III de Madrid y responsables conmigo de la Dirección del Máster en Responsabilidad Civil, María José Santos Morón y Pedro del Olmo. Gracias por su paciencia. Gracias también a José Antonio Badillo, profesional reconocido en este campo y compañero en tareas docentes, que leyó y realizó valiosas sugerencias en relación con aspectos tan importantes como el baremo de accidentes de tráfico o las fórmulas de aseguramiento.

En el terreno académico la lista de agradecimientos es, también, larga y empieza por mi querido Maestro el Profesor de la Villa ejemplo para mí en todos los planos de la vida. Debo agradecer a Francisco Gómez Abelleira la lectura íntegra de esta obra y las valiosísimas reflexiones que me ha trasladado. Mi agradecimiento se extiende a aquellos queridos amigos con los que comenté aspectos parciales o puntos concretos de esta obra, especial mención merece, Ignacio García-Perrote. Extiendo ese agradecimiento a Ana de la Puebla, Ana Belén Muñoz, Pablo Gimeno, Amanda Moreno Patricia Nieto, Cristina Aragón y Daniel Pérez del Prado.

En el campo profesional tampoco me ha faltado compañía. Trabajar en Uría Menéndez es un auténtico lujo tanto en el plano personal como en el intelectual y los compañeros con los que comparto esta experiencia multiplican ese lujo de manera exponencial. Mario Barrios soporta a diario mis "neuras" jurídicas (espero que solo esas, aunque tengo dudas) y a lo largo de estos años ha mostrado siempre indulgente resignación. Este libro, al igual que yo mismo en muchos ámbitos de la vida, se ha beneficiado de la inteligencia y de la excepcional claridad intelectual de Sergio Ponce, amigo siempre y referente que, terriblemente, nos dejó demasiado pronto. Mi agradecimiento se extiende también a los restantes socios del área laboral en España (Juan Reyes, Ana Alós, Raúl Boo y Daniel Cerrutti) y a los abogados de las oficinas de Madrid, Barcelona, Valencia y Bilbao. De todos ellos tengo la suerte de aprender a diario.

Especial gratitud merece la Profesora Casas Baamonde que me ha regalado con el prólogo de esta obra. Admirada Maestra del Derecho con la que tanto aprendí durante mi paso por el Tribunal Constitucional, ha sido y sigue siendo para mí un ejemplo constante en lo jurídico y en lo personal.

Por muchas personas que nos rodeen, como dice Rilke, "somos soledad", pero esa realidad es más soportable al lado de aquellos que comparten nuestra vida o nuestra lucha. Mi familia a lo largo de estos años me ha proporcionado el equilibrio necesario para no desaparecer absorto por el cielo de los conceptos al que por naturaleza tiendo. A María del Mar, mi mujer, le agradezco todo y, en particular, su apoyo sin condiciones. Sus baños de realidad y que siempre ha estado ahí con el rumbo firme por fuertes que fueran los vientos y duros los temporales. Mis muy queridos hijos, Irene y Jaime, son para mí un ejemplo de vida porque creo que retratan bien con sus actividades profesionales la idea de solidaridad y el compromiso con los más altos valores sociales, una desde la cooperación internacional y otro desde el Ejército. A Jaime, como lo hice con Irene en una de mis primeras obras, le dedico este trabajo.

Alguna vez oí decir que los trabajos no se terminan, se abandonan. Esa sensación tengo yo con el que el lector tiene ahora en sus manos. Por ello espero en los próximos años seguir ahondando, definiendo y puliendo sus perfiles. En todo caso, creo que este espacio debe ser fructífero para que otros investigadores sigan ahondando en él. Un terreno que, estoy seguro, irá cobrando, con el tiempo, más y más protagonismo en nuestra área de trabajo e investigación.

Madrid/Tres Cantos, 9 de junio de 2025

Capítulo 1

LA GEOGRAFÍA DE LOS DAÑOS EN EL DERECHO SOCIAL

Bibliografía: ALFONSO MELLADO, C. A. *Indemnizaciones entre empresarios y trabajadores antes y durante el desarrollo de la relación laboral*, Tirant lo Blanch, 1994. Id. "*La responsabilidad civil por daños en las relaciones colectivas de trabajo*", en AA.VV., *La responsabilidad civil por daños en las relaciones laborales. XXII Congreso Nacional de Derecho del Trabajo y Seguridad Social.* Madrid, Ediciones Cinca, 2013. Id. "*Obligación del trabajador de indemnizar daños a su empleador: jurisprudencia social en la materia*", en AA.VV., E*l Estatuto de los Trabajadores en la jurisprudencia del Tribunal Supremo. Estudios dedicados al Catedrático y Magistrado Antonio Martín Valverde*, Madrid, Tecnos, 2015, pp. 673-684. DE ÁNGEL YAGÜEZ, R., *Algunas previsiones sobre el futuro de la responsabilidad civil (con especial atención a la reparación del daño)*, Madrid, Civitas, 1995. DÍEZ-PICAZO, L., *Derecho de Daños*, Madrid, Civitas, 1999. DÍEZ-PICAZO, L. y GULLÓN, A., *Sistema de Derecho Civil*, Vol. II, Edit. Tecnos, Madrid, 2001. FISCHER, H. A., *Los daños civiles y su reparación*, Madrid, Librería General de Victoriano Suárez, GÓMEZ LIGUERRE, C., *Concepto de daño moral*, en F. Gómez Pomar, I. Marín García (Dir.), *El daño moral y su cuantificación*, Barcelona, Bosch, 2017, pp. 29-67. HART, H. L. A. *El concepto de Derecho*, México, Editora Nacional, 1980. LARENZ, K., *Derecho de Obligaciones*, Tomo I, Madrid, Editorial Revista de Derecho Privado, 1959. LLAMAS POMBO, E., *De nuevo sobre el llamado daño moral. Algunos apuntes para la reflexión*, en Santos Morón, M. J., Mercader Uguina, J. R., Del Olmo, P. (Dir.), *Nuevos retos del Derecho de daños en Iberoamérica*, Valencia, Tirant lo Blanch, 2020, pp. 23-43. MELLA MÉNDEZ, L., *El precontrato de trabajo*, Madrid, Reus, 2010. Id. *La responsabilidad civil por daños en el contrato de trabajo*, en AA.VV., *La responsabilidad civil por daños en las relaciones laborales: XXIII Congreso Nacional de Derecho del Trabajo y de la Seguridad Social*, Madrid, Cinca, 2013, pp. 161-254. MERCADER UGUINA, J. R, *Derechos fundamentales, indemnización por daños morales y prudente arbitrio del juzgador en su determinación: una tormenta perfecta*, Revista Galega de Dereito Social, 2022, nº 15, pp. 9-44. Id. *La Ley de Infracciones y Sanciones como "baremo": funciones y disfunciones en la determinación de los daños morales derivados de la vulneración de derechos fundamentales*, Trabajo y Derecho, 2024, nº 112 (versión electrónica). MOLINA NAVARRETE, C. *Indemnizaciones disuasorias, nueva garantía de efectividad de la tutela social: entre retórica judicial y prácticas innovadoras*, Albacete, Bomarzo, 2019. Id. *Nuevos fragmentos de "justicia resarcitoria" en el orden social: persistentes lagunas y antinomias*, CEF. Trabajo y Seguridad Social, 2018, nº 421. PINTOS AGER, J., *Baremos, seguros y Derecho de daños*, Madrid, Civitas, 2000. SALVADOR CODERCH, P. y CASTIÑEIRA PALOU, M. T., *Prevenir y castigar*, Madrid, Marcial Pons, 1997. SANTORO PASARELLI, F., *Nociones de Derecho del Trabajo*, Madrid, Instituto de Estudios Políticos, 1963. SEMPERE NAVARRO, A., SAN MARTÍN MAZZUCCONI, C., *La indemnización por daños y perjuicios en el contrato de trabajo*, Pamplona, Aranzadi Thomson Reuter, 2003. YZQUIERDO TOLSADA, M., S*istema de responsabilidad civil, contractual y extracontractual*, Madrid, Dykinson, 2017, 3ª ed.

I. El resarcimiento de los daños en lo laboral: una geografía compleja y en expansión

1. No es, ni ha sido, sin duda, la construcción dogmática del Derecho de daños uno de los temas que más ha ocupado a los laboralistas. Al margen de algunas muy cualificadas excepciones, la cuestión del resarcimiento daños producidos en el marco del Derecho social, entendido éste como realidad que comprende el amplio conjunto de materias en las que se integran el derecho individual, colectivo, la prevención de riesgos laborales y las distintas formas de protección social, ha sido objeto de puntuales acercamientos, pero no de un tratamiento global. No obstante, la expansión que está viviendo esta materia y la que, seguramente, está llamada a vivir como consecuencia de las profundas transformaciones tecnológicas que están llamadas a producirse en el futuro próximo, recomienda emprender una expedición por la geografía de este complejo y agreste territorio.

2. Para A. Ross el término "responsabilidad" esconde dos significados. Así, "ser responsable de" tiene dos sentidos: el primero es "tener responsabilidad de", que no es otra cosa que ser responsable de rendir cuentas (responsabilidad como rol); el segundo es "ser responsable de" en sentido estricto, es decir, "poder ser condenado o ser susceptible de padecer imputación de la responsabilidad" (responsabilidad como sanción). En esta segunda dimensión, como la más acreditada doctrina civil ha señalado "responsabilidad significa la sujeción a una persona que vulnera un deber de conducta impuesto en interés de otro sujeto a la obligación de reparar un daño producido" (Díez-Picazo y Gullón, 1983: 611).

3. Aunque esta categoría se declina en plural, lo cierto es que la responsabilidad se concentra en el sentido de "obligación de indemnizar". En este sentido hablan de responsabilidad, entre otros los arts. 1102, 1103, 1107, 1591 o 1903 y siguientes del Código Civil (CC), mientras que en los arts. 1101 y 1902 del CC se emplea con idéntico significado la terminología "estar sujeto u obligado a indemnizar o reparar el daño o los daños y perjuicios causados".

El art. 10:101 de los Principles of European Tort Law (PETL) establece que: "la indemnización es un pago en dinero para compensar a la víctima, es decir, para reestablecerla, en la medida en que el dinero pueda hacerlo, en la posición que hubiera obtenido si el ilícito por el que reclama no se hubiera producido".

4. En lo laboral, la responsabilidad indemnizatoria es un efecto previsto en el ordenamiento jurídico ante diversas situaciones que resulta predicable tanto del empleador persona física, como de la persona jurídica que detentan la titularidad de la organización empleadora, así como en no pocas ocasiones a terceros no empleadores que han intervenido, bien en la formación de la voluntad incumplidora del empleador persona jurídica, bien han actuado en concurso con el empleador en la producción del resultado dañoso o del perjuicio.

En este amplio territorio, para el resarcimiento de los daños distintos de la extinción contractual, "las reglas aplicables suelen ser las propias del derecho común, las del ordenamiento civil, normalmente discurren en forma de acciones de responsabilidad contractual, amparadas en el art. 1101 del CC, aunque también, si bien más raramente bajo la forma de acciones de responsabilidad extracontractual amparadas en los arts. 1902 y siguientes del CC" (Alfonso Mellado, 2015: 673). O, por expresarlo de otro modo, "en el Derecho del Trabajo se aplica el régimen general de la responsabilidad civil, si bien con particularidades propias. Con todo, estas últimas no dan lugar a un nuevo tipo de responsabilidad, diferente y acumulable al civil, sino que ambos tipos de responsabilidad —laboral y civil— son las dos caras de la misma moneda" (Mella Méndez, 2013)

La reparación de los daños en el ámbito de las relaciones laborales es una parcela de intersección entre varios sectores del ordenamiento jurídico, lo que explica la complejidad. Y es que, "las indemnizaciones se sitúan en el marco de la responsabilidad civil, que no es institución exclusiva del Derecho Civil, sino común a cualquier ordenamiento que contemple relaciones que puedan tener consecuencias patrimoniales o daños de cualquier tipo y, por tanto, también al Derecho del trabajo" (Alfonso Mellado, 1994: 12).

5. Lo cierto es que esta materia había permanecido oscurecida, probablemente, debido a la ausencia de "una auténtica cultura indemnizatoria en el orden social" tras "décadas de arraigo del sistema de tarificación, que creaba las condiciones para abocar a aplicaciones deficitarias" (Molina Navarrete, 2019: 28). Esto es, las indemnizaciones de daños y perjuicios quedaban sepultadas bajo una regulación legalmente definida en cuanto a sus efectos en torno a dos instituciones troncales: extinción del contrato y accidente de trabajo.

Una mayor cultura jurídica está propiciando también "la contemplación de la técnica reparadora como posibilidad ante un cúmulo de supuestos que tiempo atrás hubieran desembocado en una sanción administrativa (ahora no descartada), en una mera protesta interna (siempre posible) o en la simple frustración; lo mismo cabe decir cuando pensamos en la empresa como perjudicada: la sanción disciplinaria, despido inclusive, ha sido durante mucho tiempo la única reacción ante el perjuicio causado Proferir insultos en público, desviar clientela, alterar unilateralmente las fechas vacacionales, desacreditar con falsedades al trabajador, impedir la asistencia a acciones de mejora profesional, vulnerar derechos básicos de la contraparte y una larga lista de comportamientos (...) son ahora ejemplos de problemas frente a los cuales se reclama por los daños padecidos" (Sempere/San Martín, 2011: 29:30).

Los espacios del derecho de daños con proyección laboral son enormes y en ellos se plantean complejos problemas jurídicos que imponen, necesariamente, el recurso al análisis de las proyecciones civiles que tales situaciones comportan. Es obvio decir que la necesidad de tener presente a la doctrina civil es esencial y que su grado de evolución conceptual y de construcción jurídica es infinitamente superior al laboral. El Derecho laboral de daños, si adoptamos ese concepto para englobar el conjunto de problemas que se plantean en esta rama del ordenamiento jurídico, puede, no obstante, aportar nuevas miradas a los civilistas en relación con construcciones y respuestas que resultan singularmente laborales.

II. Las funciones normativas del Derecho de daños

6. Cuáles sean las funciones que cumple el Derecho de daños constituye el necesario presupuesto del que debe partirse para abordar su análisis. Tanto en el derecho laboral como en el civil aparecen tres criterios potenciales a la hora de concretar sus finalidades: la función reparadora (la más clásica), la función preventiva y la más novedosa y discutida función punitiva. Tres funciones que, como señala De Ángel (1995: 231-232), pueden perfectamente coexistir pues "si se desgaja el fenómeno de los daños la idea de responsabilidad en su acepción clásica no hay ningún inconveniente en admitir que la función indemnizatoria, la punitiva y la de prevención o disuasión perfectamente compatibles, sin que quepa atribuir a ninguna de ellas superioridad sobre las otras".

1. Función reparadora

7. La finalidad de la indemnización de los daños y perjuicios es la reparación del daño producido a otras personas; reparación que es siempre de naturaleza pecuniaria y que persigue dejar al sujeto perjudicado resarcido de las consecuencias dañosas causadas por el incumplimiento de la obligación o por la realización del acto ilícito. No se trata de defender ni reintegrar los derechos lesionados, sino de reparar económicamente los efectos de dicha lesión. Esta finalidad reparadora o resarcitoria puede, a su vez, desdoblarse en dos grandes objetivos: procurar la satisfacción (relativa) del perjudicado y actuar como medida preventiva y disuasoria de ulteriores comportamientos dañosos por parte del infractor. Al tiempo, constituye también una medida ejemplarizante para la sociedad que es testigo de las consecuencias de tal conducta perjudicial.

Porque es un remedio de derecho privado, los criterios que permiten determinar cuándo un daño ha de resarcirse por otro (imputación subjetiva) y cuál debe ser la extensión del resarcimiento (imputación objetiva) buscan la realización de la justicia entre iguales. Y porque su finalidad es la compensación del daño concretamente sufrido por el demandante lo que limitaría la posibilidad de modular el alcance de la indemnización más allá del daño, ya sea con fines de prevención o sanción, ya de reintegración de derechos absolutos. Es, por tanto, exclusivamente el daño concretamente sufrido la fuente y el límite de la responsabilidad civil que se demanda. Y puesto que se trata de una responsabilidad patrimonial y en su exigencia ha de evitarse el abuso, debe incentivarse en el perjudicado un comportamiento económicamente razonable que minimice la extensión del daño, excluyéndose a este fin el resarcimiento de la pérdida razonablemente evitable.

En el ámbito de la doctrina civil se ha suscitado el debate en torno a la finalidad que debe cumplir la responsabilidad civil. Un sector defiende que su finalidad no es "preventivo punitiva" sino que es meramente compensatoria o indemnizatoria (Pantaleón). Para este autor, "la función de la responsabilidad extracontractual no es una función preventivo-punitiva. Aquel a cuyo cargo nace la obligación de indemnizar el daño, puede sentirse tan 'castigado' como aquel a quien se impone una multa o una pena privada; y la 'amenaza' de tener que indemnizar puede, en algunos casos, influir en la conducta de los sujetos, induciéndoles a actuar de forma cuidadosa; pero la función normativa de la responsabilidad extracontractual en nuestro Derecho no es preventivo-punitiva, sino compensatoria o resarcitoria"

2. *La función preventiva*

8. El art. 10:101 de los PETL establecen que

"la indemnización es un pago en dinero para compensar a la víctima, es decir, para reestablecerla, en la medida en que el dinero pueda hacerlo, en la posición que hubiera obtenido si el ilícito por el que reclama no se hubiera producido. La indemnización también contribuye a la finalidad de prevenir el daño".

De igual modo el art. 183.2 de la LJS señala que:

> *"El tribunal se pronunciará sobre la cuantía del daño, determinándolo prudencialmente cuando la prueba de su importe exacto resulte demasiado difícil o costosa, para resarcir suficientemente a la víctima y restablecer a ésta, en la medida de lo posible, en la integridad de su situación anterior a la lesión, así como para contribuir a la finalidad de prevenir el daño".*

9. Un cualificado sector de la doctrina civil ha defendido el papel de la responsabilidad civil como instrumento disuasorio (Salvador y Castiñeira, 1997: 10-11). Estos autores han señalado que:

> "Esta distinción [entre prevenir y castigar] es cardinal para nosotros porque desmonta, esperemos que, de una vez por todas, el argumento principal de la doctrina civilista más tradicional que niega que el Derecho civil pueda prevenir nada porque ni es Derecho sancionador ni se aplica judicialmente en el curso de un proceso dotado de suficientes garantías para el demandado (…). El derecho español vigente de la responsabilidad civil previene además de compensar por más que en la práctica— y en esto estamos acuerdo con la mayoría— haga ambas cosas demasiado poco y muy mal (…)— cuando los arts. 1.902 y ss. del CC se aplican como reglas de Derecho privado que son, entonces previenen y compensan a un tiempo; conviene hacer hincapié en que una explicación cabal del Derecho civil de daños no resulta posible si se asume reductivamente, primero, que su función básica —por no decir exclusiva— es compensar daños y segundo, que el Derecho civil ni debe ni puede tratar de evitarlos o prevenirlos porque semejante función corresponde al Derecho penal o al administrativo sancionador".

10. Desde el análisis económico del Derecho es posible apuntar ciertos argumentos sobre la base no exclusivamente resarcitoria, sino también preventiva, de la responsabilidad civil. De este modo, y partiendo de que la responsabilidad por culpa se refiere, tanto desde un punto de vista económico como jurídico, al control del nivel de diligencia, mediante el recurso a este instrumento se proporcionan estímulos materiales para adaptar el gasto de evitación del daño a las exigencias de diligencias postuladas y ello con el fin de escapar al gravamen de los costes del daño. Por esta vía, "si el causante no alcanza su nivel óptimo de cuidado, cargará con todo el coste: si alcanzara justo dicho nivel, no responde de nada; si lo sobrepasa, tampoco responde, pero incurrirá en un coste adicional innecesario. Por tanto, la responsabilidad por culpa, si el nivel de cuidado debido se hace coincidir con el óptimo para el causante, incentiva a este a adoptarlo" (Gómez y Pastor, 1989: 517). Resumiendo, para generar conductas eficientes, la responsabilidad civil debe imponer a quienes están en mejores condiciones de evitar un accidente, adoptando medidas de precaución al mínimo coste, la obligación de reparar todo daño derivado del mismo. La responsabilidad civil conmina al causante con el deber de indemnizar el daño como un gravamen que, por tanto, hace menos apetecible para éste la actividad generadora de riesgo. De este modo, se generan incentivos para que quienes desempeñan actividades peligrosas minimicen los costes directos del accidente (Pintos Alguer, 2000: 60).

3. La función punitiva: La máscara sancionadora tras la indemnización de daños

11. Díez-Picazo (1999: 44) es rotundo cuando afirma que "la función punitiva estuvo en los orígenes de las normas que hoy denominamos de responsabilidad civil extracontractual, pero hay que entender que en la actualidad es por completo ajeno a ellas". De igual forma, Sánchez Calero (1993: 5), ha hablado de la pérdida de "la función de la indemnización de su carácter de pena privada a cargo del causante del daño y su sustitución por una función puramente de resarcimiento o de compensación de los efectos de ese daño". Pero lo cierto es que, como hemos visto, la función preventiva se encuentra instalada dentro de los fundamentos de la responsabilidad por daños. Siendo esto así es justo preguntarse por esta otra dimensión punitiva o sancionadora. Aunque pueden existir ciertas analogías.

> Así lo entiende Hart (1980: 35) cuando dice que "existe también alguna analogía (a pesar de las muchas e importantes diferencias) entre tales órdenes generales (sanciones) y las normas que regulan la responsabilidad extracontractual, cuyo objetivo primordial es resarcir a los individuos los daños sufridos como consecuencia de la conducta de otros. También aquí se dice que las reglas que determinan qué tipos de conducta constituyen ilícitos civiles que dan lugar a acciones judiciales, imponen a las personas, con prescindencia de sus deseos "deberes (u obligaciones") de abstenerse de tal conducta. A ese comportamiento se lo denomina "violación de un deber" y a la indemnización u otros remedios jurídicos "sanción".

La doctrina civil ha puesto de relieve el difícil encaje en nuestro derecho del problema de los llamados daños punitivos (Díez-Picazo, 1999: 44-47). Este autor destaca, en primer lugar, la necesidad de respetar las garantías constitucionales previstas para las penas y subraya también la radical distinción entre la función punitiva y la atribución al damnificado de sumas superiores al daño, pues entonces no se está reparando éste, sino enriqueciendo a aquél, y las normas sobre responsabilidad no pueden llegar más allá del daño efectivamente producido. Advierte que "si se considera justo obtener de un hecho ilícito exacciones, multas o cosa parecida, más allá del importe del daño efectivamente causado, lo justo es que esas sumas vayan a parar a manos del común o lo que es lo mismo del Tesoro Público" (Díez-Picazo, 1999: 46). El sentido de las indemnizaciones punitivas es incorporar a la sanción civil las finalidades típicas de la sanción penal, pero esta justificación desaparece cuando ya existe un sistema de represión penal o administrativo sobre la misma infracción.

12. Sin embargo, en los últimos años se viene abriendo paso la necesidad de construir un "Derecho Social de Daños" cuyo objetivo es "ir más allá de la clásica función reparadora, para integrar una función preventivo-disuasoria, cuando en juego están derechos humanos —civiles y sociales— del trabajador, no solo como productor, sino también como persona" (Molina Navarrete, 2019: 12). Por otro lado, la emergencia de las indemnizaciones vinculadas a la vulneración de derechos fundamentales ha venido a poner sobre la mesa la función punitiva de estas. De ello parece ser consciente el Tribunal Supremo y en la ya citada STS de 20 de abril de 2022 (Rº 2391/2019), que profundiza en el alma dual reparador y preventivo en el que se mueven estas indemnizaciones. Sobre esta base afirma que "en multitud de ocasiones el recurso a la utilización de los elementos que ofrece la cuantificación de las sanciones de la LISOS no resulta, por sí mismo, suficiente para cumplir con relativa precisión la doble función de resarcir el daño y de servir de elemento disuasorio para impedir futuras vulneraciones del derecho fundamental. Ello es debido a que la horquilla de la cuantificación de las sanciones en la LISOS para un mismo tipo de falta (leve, grave, muy grave) resulta ser excesivamente amplía".

13. La LISOS está en el centro mismo del modelo e incorpora soluciones que, no por consolidadas, resultan menos arriesgadas. La sustitución y la tentación del automatismo acaban provocando una deriva peligrosa, que se advierte en la tendencia a recurrir a la hora de fijar la reparación a la escala de las multas que la LISOS prevé para las correspondientes infracciones administrativas, con lo que, como agudamente puso de manifiesto Desdentado, se confunde la función de reparación con la función represiva, abriendo la puerta de las indemnizaciones punitivas en concurrencia con el régimen de sanciones penales y administrativas, con el consiguiente riesgo de infracción del principio "non bis in idem", si el infractor ha sido ya sancionado con la misma multa que ahora se toma como elemento decisivo de cálculo de la indemnización. La duplicidad de sanciones viola el principio de previsibilidad de la sanción: "la suma de la pluralidad de sanciones crea una sanción ajena al juicio de proporcionalidad realizado por el legislador y materializa la imposición de una sanción no prevista legalmente". La remisión a la LISOS produce también un efecto singular: transforma la lógica del juez en la de Inspector de Trabajo.

Además, como con acierto se ha señalado, "a menudo se esconden unos daños punitivos bajo la apariencia de una indemnización por daño moral. Es decir, no se reputa explícitamente el carácter punitivo de una parte de la "indemnización", pero ésta se calcula más sobre la base del reproche de la conducta del responsable que sobre la verdadera entidad del daño padecido por la víctima". Son los que he llamado "daños punitivos escondidos" (Llamas, 2020: 29).

14. Resulta intuitivo pensar que la indemnización de los daños cumple también en los supuestos de vulneración de derechos fundamentales una "función correctiva, catártica, restauradora del orden jurídico y social alterado por el causante y responsable de los daños y, por tanto, análoga a la punitiva". A esta función de justicia correctiva hacía alusión la STSJ Cataluña 14 de noviembre de 2013 (Rº 3194/2013), que en caso de discriminación indirecta por razón de la antigüedad establecía que la reparación del daño "ha de ser correctiva, en tanto que la satisfacción del derecho vulnerado viene dada por las consecuencias que sobre el causante provoque la compensación por el sufrimiento producido). Sin lugar a dudas, ciertas conductas discriminatorias son supuestos de hecho paradigmáticos de aplicación del principio de justicia correctiva, como son los casos de violencia de género o sexual, los de acoso sexual o por razón de sexo o incluso los de discriminaciones directas intencionales. En tanto que comportamientos dolosos a éstos les es aplicable la idea de que «el principio [...] de retribución, en cuya virtud quien ha causado un daño —y sobre todo, quien lo ha causado a ciencia y conciencia— ha de pagar por ello está presente en todas las culturas históricas y contemporáneas".

Se abre, en este punto, un nuevo frente de duda en relación con el alcance y contenido de esa indemnización con funciones preventivas. La cuestión se proyecta sobre el tradicional debate sobre la admisibilidad en nuestro derecho del sistema de daños punitivos que parecía haber quedado zanjado tras la STJUE 17 de diciembre 2015 (C 407-14), Arjona Camacho que entendió que, la Directiva 2006/54/CE, del Parlamento Europeo y del Consejo, de 5 de julio de 2006, relativa a la aplicación del principio de igualdad de oportunidades e igualdad de trato entre hombres y mujeres en asuntos de empleo y ocupación, a falta de disposición en el ordenamiento español que permita el abono de daños punitivos, no prevé que el juez nacional pueda condenar por sí mismo al autor de una discriminación al abono de tales daños. El efecto disuasorio real buscado por la normativa comunitaria no implica la concesión a la víctima de una discriminación por razón de sexo de una indemnización en concepto de daños punitivos, que va más allá de la reparación íntegra de los perjuicios efectivamente sufridos y es una medida sancionadora.

Aunque algunos pronunciamientos en suplicación parecen confirmar esta línea, como por ejemplo, la STSJ Castilla La Mancha 21 de diciembre de 2017 (Rº 1401/2017), en la que se afirmaba que no cabe una "indemnización preventiva adicional", en consonancia con la Sentencia del TJUE de 17 de diciembre 2015, que establece que en el derecho social español no existen indemnizaciones punitivas con carácter general", lo cierto es que otros admiten un incremento indemnizatorio ("indemnización preventiva adicional") vinculado a dichos fines como la STSJ del País Vasco de 17 de julio de 2018 (Rº 128/2018) y ello con el objetivo de "evitar futuras prácticas de acoso moral". Más lejos llega la STSJ Andalucía, Sevilla, 19 de mayo de 2022 (Rº 2453/2020), que directamente afirma: "la finalidad de la condena indemnizatoria por vulneración de derechos fundamentales prevista en el art. 183 LJS es doble, una resarcitoria y otra compensatoria, la cuantía deber ser de tal entidad que sea disuasoria de futuras conductas pues no hay que olvidar que las indemnizaciones por daños y perjuicios ex art. 183 LJS son unos daños punitivos o "punitive damage" (...)". Los daños punitivos, como resume Salvador Coderch, "se imponen para prevenir, pero también para castigar y enseñar; para prevenir tanto como para retribuir y expresar indignación —dicho positivamente: reafirmar la confianza en el derecho violado y hacer justicia-". Existe, pues, un nuevo territorio de controversia.

III. La responsabilidad contractual como pilar del sistema laboral: ¿Hay espacios para lo extracontractual?

1. *Las frágiles bases de una distinción*

15. Dice Ángel Yágüez que la distinción entre responsabilidad contractual y extracontractual "se funda sobre bases muy frágiles y se encuentra hoy, además, sometida a profunda revisión, si no en abierta crisis". Efectivamente, las razones que llevan a gran parte de la doctrina más moderna a sugerir la convergencia entre la responsabilidad civil contractual y extracontractual y, como desideratum, la unificación de los dos regímenes normativos del resarcimiento es, de acuerdo con Yzquierdo Tolsada (2017: 105-108), de distinto orden.

> "Unas de orden sustantivo e incluso de justicia material, según las cuales la existencia de dos regímenes sustancialmente distintos estaría justificada en el seno de una economía

> poco desarrollada, pero no en un estado de las relaciones sociales de la sociedad postindustrial en el que la constante exposición a los riesgos de la vida diaria reclama una cada vez más vigorosa defensa de la persona: indemnizar al acreedor o víctima significa dejarles indemnes, es decir, colocarlos en la misma situación en que se encontraban antes de la causación del daño. Otras razones son de orden sistemático, dado que, por inspiración del Código Civil francés, es muy habitual encontrar la materia de la responsabilidad contractual contenida en la parte que los cuerpos legales dedican a los efectos de las obligaciones, mientras que la responsabilidad extracontractual suele venir desarrollada en sede de las fuentes de las obligaciones. Por último, no faltan razones de simple orden práctico: son muy abundantes los casos puros, en los que basta con verificar la existencia o no de una relación obligatoria previa entre el causante del daño y el dañado para calificar la responsabilidad; pero no son pocos los supuestos en los que puede discutirse ante qué tipo de responsabilidad nos encontramos, como ocurre en la llamada "zona mixta o fronteriza" entre las dos esferas de responsabilidad civil".

16. El problema surge porque en nuestro Derecho hay dos regímenes jurídicos diferenciados para estos dos tipos de responsabilidad. En principio, la distinción es dogmáticamente clara: en la responsabilidad contractual el hecho dañoso se ha producido precisamente como resultado de un incumplimiento de un contrato y viene a menoscabar precisamente a un acreedor que se encontraba determinado con anterioridad, mientras que en la responsabilidad extracontractual el daño y la obligación de resarcir afectan a personas que no estaban vinculadas por una relación previa (Yzquierdo Tolsada, 2017: 108-109). La dificultad de la distinción aparece en los llamados "casos difíciles" en los que el hecho dañoso se sitúa en una zona común a las dos responsabilidades: los daños personales producidos en la ejecución de un contrato de transporte de personas o en la prestación de servicios profesionales médicos y los daños a las cosas en los contratos que tienen por objeto la cesión del uso o el cuidado de éstas. En estos casos se dice que el daño se produce por un hecho que es a la vez un incumplimiento de una obligación contractual y una infracción del deber general de no dañar a nadie (Díez-Picazo, 1999: 250-258).

2. *Más allá de la responsabilidad contractual: la responsabilidad obligacional en materia laboral*

A) Bases de la responsabilidad contractual

17. La responsabilidad se considerará contractual cuando a la preexistencia de un vínculo o relación jurídica de esa índole entre personas determinadas, se une la producción, por una a la otra, de un daño que se manifiesta como la violación de aquel vínculo y, por lo tanto, cuando concurren:

(i) Un elemento objetivo: el daño ha de resultar del incumplimiento o deficiente cumplimiento del estipulado contractual (o relación precedente análoga al contrato), creado por las partes e integrado conforme al art. 1258 del CC.

(ii) Otro elemento subjetivo: la relación de obligación en la que se localiza el incumplimiento o deficiente cumplimiento ha de mediar, precisamente, entre quien causa el daño y quien lo recibe. En la responsabilidad contractual, el contrato debe vincular al responsable con la víctima, lo que es consecuencia del principio de relatividad de los contratos (art. 1257 del CC).

La responsabilidad laboral contractual surge del incumplimiento de las obligaciones que las partes asumen en virtud de su relación jurídico-laboral y que derivan de su contrato de trabajo o de otras normas reguladoras de aquella, ya estatales (ET u otras normas laborales), ya convencionales (convenio colectivo, pacto de empresa o informal). Ciertamente, esta relación bilateral puede regularse, aparte de por las cláusulas del contrato de trabajo, por otras normas de carácter general y de todas ellas pueden nacer obligaciones para ambas partes.

En el ámbito laboral existe una norma específica que no está en la enumeración de los arts. 1 y del 1089 CC: el convenio colectivo, lo que significa que frente a los dos poderes normativos del esquema general (el poder normativo del Estado, el poder espontáneo y difuso de la propia sociedad a través de la costumbre), el Derecho del Trabajo reconoce también el poder de los grupos sociales en la regulación de las condiciones de trabajo a través de una institución específica: la negociación colectiva en sus diversas formas.

Esa importancia de la autonomía colectiva responde a varias causas. La primera refleja un rasgo fundamental y constitutivo del derecho del trabajo: el desigual poder contractual de empresarios y trabajadores; el sindicato y su consecuencia normativa —el convenio colectivo— viene a compensar el menor poder contractual de los trabajadores. De ahí que, pese a las continuas propuestas de "individualización" de las relaciones laborales, el contrato individual, que no es fuente de Derecho, tenga un papel regulador muy reducido, salvo para categorías especiales de trabajadores con una situación privilegiada en términos de negociación. El convenio colectivo ha ocupado el lugar del contrato en la determinación de las condiciones de trabajo.

18. Probablemente, en casos como el laboral, sería más propio hablar de, en expresión de Díez-Picazo (1999: 264), "responsabilidad obligacional" más que de propiamente "contractual". Y ello en la medida en que "se ha querido ampliar el campo de aplicación de la responsabilidad contractual englobando en ella los daños que puedan surgir como consecuencia del desarrollo de obligaciones de carácter no contractual, pero previamente existentes entre las partes como vínculos jurídicos. Siempre que hay un ligamen o vínculo jurídico, cualquiera que sea su fuente, se piensa que no estamos ante responsabilidad extracontractual (...) De este modo, la llamada responsabilidad contractual pasaría a ser una responsabilidad obligacional si se puede llamar así. Esta tesis tiene a su favor el hecho de que los preceptos del Código Civil (ar. 1101 y ss del CC) hablan abstractamente de obligación, sin referencia ninguna a la fuente de esta".

B) El carácter bidireccional de la responsabilidad contractual

19. Ciertamente, aunque la posición clásica y mayoritaria de los tribunales laborales ha sido la de aceptar pacíficamente el juego de la responsabilidad civil indemnizatoria para ambas partes del contrato, sin plantearse ninguna excepción o matiz respecto del trabajador, una posición minoritaria y casi radical niega la exigencia de dicha responsabilidad al trabajador, en cuanto en el Derecho del Trabajo rige un sistema sancionador propio. Así las cosas, según esta posición, a falta de tal previsión, solo cabe exigir una indemnización de daños y perjuicios cuando no es posible el ejercicio del referido poder, o sea, cuando no existe un contrato en vigor. En sentido positivo, la indemnización solo procede por daños causados en los momentos previos al nacimiento del contrato (tratos preliminares y precontrato) o en los coincidentes o posteriores a su extinción (falta de preaviso o incumplimiento de un pacto de permanencia o de no competencia postcontractual). Aunque no tan excluyente como la recién expuesta, otra posición jurisprudencial —actualmente mayoritaria— sí admite el juego de la responsabilidad civil ante un incumplimiento laboral del trabajador que no tenga prevista una indemnización laboral específica, pero exige para ello la concurrencia de una culpa o negligencia de aquel cualificada o especialmente grave

Aun superados todos esos obstáculos, admitida la posibilidad de que trabajador y empleador se reclamen recíprocamente la indemnización por los correspondientes daños padecidos de contrario e incluso aceptada su dilucidación ante los órganos judiciales especialistas en contiendas laborales, la confusión existente sobre el particular dista mucho de desaparecer.

Como resume Goerlich (2011), "el hecho de que la sanción disciplinaria o el despido resulten procedentes no implica automáticamente su triunfo (responsabilidad por daños de trabajador). El carácter procedente del despido no equivale a la existencia de responsabilidad indemnizatoria.

Diferente exigencia de culpabilidad: la que se requiere para condenar al trabajador al resarcimiento de daños excede la que exige el art. 54.1 del ET para admitir la procedencia del despido. Del mismo modo, difícilmente puede prosperar la acción si la empresa deja pasar los presuntos errores del trabajador sin amonestar ni sancionar para, luego, pedir el resarcimiento de daños".

En todo caso, de probarse, la indemnización no tendrá tope alguno, sino que deberá compensar la totalidad de los daños causados, que comprenden, conforme al art. 1106 del CC, tanto el valor de la pérdida sufrida como el de la ganancia dejada de obtener, sin perjuicio de que, de no mediar dolo del trabajador, la responsabilidad solo alcanzará a los daños previsibles y que sean consecuencia necesaria del incumplimiento del deber de diligencia, pudiendo moderarse la cuantía de la indemnización por el órgano judicial conforme a los arts. 1103 y 1107 del CC (Alfonso Mellado, 1994: 62).

3. *Los espacios extracontractuales en lo laboral*

A) La "vis atractiva" del ordenamiento y la jurisdicción social

20. El Tribunal Supremo señala que "es doctrina pacífica y constante, tanto jurisprudencial como científica, la que determina que para una declaración de una responsabilidad extracontractual plasmada en el art. 1902 del CC, es preciso que concurran los siguientes requisitos: "a) Una acción u omisión culposa o negligente, b) La producción de un daño efectivo y evaluable pecuniariamente, y c) Un nexo causal entre dicho acto humano y el resultado dañino". En ocasiones, el Tribunal Supremo sustituye los términos "culposa o negligente" del primer requisito por "ilícita". La STS (Civil) de 7 de diciembre de 2000 (RJ 9438) señala que "toda responsabilidad derivada de un acto ilícito, según constante y pacífica jurisprudencia, exige ineludiblemente los siguientes requisitos: a) Una acción u omisión ilícita, b) La realidad y constatación de un daño, c) Un nexo causal entre ambos requisitos".

Otras veces, se dice, como en la STS (Civil) de 29 de julio de 2010 (RJ 6946), que "toda obligación, derivada de un acto ilícito, según constante y, también, pacífica jurisprudencia exige ineludiblemente los siguientes requisitos: a) Una acción u omisión ilícita, b) La realidad y constatación de un daño causado, c) La culpabilidad, que en ciertos casos se deriva del aserto, que si ha habido daño ha habido culpa y d) Un nexo causal entre el primer y segundo requisitos".

21. Las líquidas fronteras entre lo contractual y lo extracontractual quedan aún más desdibujadas en el ámbito laboral. La típica diversidad en materia de prescripción de las acciones de responsabilidad civil contractual y extracontractual en lo civil, ha sido esgrimida tradicionalmente como uno de los puntos esenciales que distinguen al régimen jurídico de una y otra responsabilidades. Por esta misma razón, los partidarios de unificar o de acercar, en la medida de lo posible, las reglas aplicables a ambos tipos de responsabilidad civil han postulado la unificación del plazo de prescripción en materia de responsabilidad civil. La unificación de los plazos de prescripción en materia de responsabilidad civil es la tendencia que se ha recogido, dentro de una pretensión unificadora todavía más ambiciosa, tanto en los Principios Europeos del Derecho de Contratos (en adelante, PECL), como en el Proyecto de un Marco Común de Referencia (en adelante, DCFR).

En el ámbito laboral todas las acciones vinculadas con la relación laboral quedan sometidas a un plazo uniforme de prescripción. Según el art. 59.1 del ET, "las acciones derivadas del contrato de trabajo que no tengan señalado plazo especial prescribirán al año de su terminación". La aplicación de tal regla especial desplaza la general del art. 1964 del CC, que prevé cinco años. Si la acción se interpone para reclamar percepciones económicas o para el cumplimiento de obligaciones de tracto único, el diez a quo del citado plazo computa desde el día en que la acción pudo ser ejercitada (art. 59.2 del ET). Ello supone que el ejercicio efectivo de la acción depende de que se conozca la dimensión exacta del daño, para lo que este debe haber cesado, pues en otro caso el órgano jurisdiccional de instancia no está en condiciones de cuantificar la correspondiente indemnización. Así, cuando se trata de daños continuados o de aparición sucesiva, "el cómputo del plazo de prescripción no se inicia hasta la producción del definitivo resultado, cuando no es posible fraccionar en etapas diferentes o hechos diferenciados la serie proseguida, al entender que solo con ella el perjudicado está en condiciones de valorar, en su conjunto, las consecuencias dañosas y de cifrar el importe de las indemnizaciones que puede reclamar por concurrir una situación jurídica de aptitud plena para el ejercicio de las acciones".

B) Los espacios de la jurisdicción civil y penal

22. Por otro lado, el conocimiento de las acciones de reclamación de daños y perjuicios entre las partes del contrato corresponde a los órganos jurisdiccionales del orden social. En efecto, estos conocerán de las cuestiones litigiosas que se promuevan "entre empresarios y trabajadores como consecuencia del contrato de trabajo" y en el ejercicio "de los demás derechos y obligaciones en el ámbito de la relación de trabajo" (art. 2.a) de la LJS). Queda claro que también pertenece a esta jurisdicción, entre otros, el conocimiento de las acciones que puedan ejercitar los trabajadores contra el empresario, o contra aquellos a quienes se les atribuya responsabilidad por los daños originados en el ámbito de la prestación de servicios, o que tengan su causa "en accidentes de trabajo o enfermedades profesionales, incluida la acción directa contra la aseguradora y sin perjuicio de la acción de repetición que pudiera corresponder ante el orden competente" [letra b) artículo citado].

El art. 9.2 de la LOPJ define al orden civil como un orden de competencia general, que conoce de las "materias que le son propias" y de todas las cuestiones que no estén atribuidas a otros órdenes jurisdiccionales, lo que determina que sea el orden con competencia general en el Derecho Privado (civil y mercantil), con excepción de la parte de aquél que no queda bajo la jurisdicción del orden social.

23. La responsabilidad extracontractual ocupa espacios propios que lo conectan con lo laboral, bien por nacer al margen del contrato de trabajo pero bajo la esfera de control empresarial, bien cuando se procede a perimetrar y definir su radio de acción en casos en los que "se toma la decisión de política legislativa de alejar del ordenamiento jurídico laboral a relaciones de producción en las que no es difícil ver las notas que caracterizan al trabajo asalariado" (Palomeque y Álvarez de la Rosa, 2022: 498). En el primer supuesto, encajaría aquellos daños causados por una parte del contrato de trabajo a un tercero ajeno al mismo o viceversa, así como los daños entre las propias partes del contrato, pero con base en el incumplimiento de obligaciones ajenas a las derivadas de aquel. Pero en torno al modelo típico de contrato de trabajo orbitan una serie de relaciones en las que se puede proyectar este tipo de responsabilidad. Son las que en este estudio hemos calificado de relaciones perilaborales. En estos casos, la competencia del orden civil aparece con nitidez y los problemas relativos a los plazos de prescripción renacen.

24. Como también aparece, en el caso de la responsabilidad extracontractual exigible por vulneración de deberes externos a la relación laboral (art. 1902 del CC), derivada típicamente de actos de los empleados que generen perjuicios a terceros y de los que deba responder el empresario (art. 1903.4 del CC).

Como señaló Santoro Pasarelli (1963: 69-70) "es curioso que la primera afirmación de un riesgo del dador, por un perjuicio que se verifica en el curso del trabajo, se ha tenido, más que en relación interna entre las partes de la relación laboral, respecto de terceros dañados por culpa del trabajador "en el ejercicio de las competencias" a él encomendadas por el dador" (...) "Como la subordinación justificaba la responsabilidad del dador hacia los terceros, así también se podría creer que justificase la reversión sobre el dador del riesgo de trabajo que incidía sobre el trabajador".

25. Pero los daños empresariales pueden producirse aguas abajo de la relación laboral y en este caso la extracontratualidad brilla en toda su intensidad y, como decimos, la competencia de la jurisdicción civil no es controvertida. En el caso del amianto los afectados o perjudicados son en muchos casos aquellas personas que, no siendo empleados de la fábrica de la demandada, inhalaron las fibras de amianto causantes de su enfermedad o de los procesos patológicos para su salud al estar en contacto con los trabajadores de la fábrica. Normalmente se ha tratado de los cónyuges de los trabajadores o de otros familiares que convivían con ellos que tenían contacto con la ropa laboral, impregnada de fibras de amianto, y que se encargaban de su limpieza hasta que con los años, se impuso el sistema de doble taquilla en la fábrica y se encargó del lavado de la ropa de trabajo, pues antes los trabajadores llevaban la ropa de trabajo a su casa para su lavado: los denominados "pasivos domésticos" o "afectados por la exposición doméstica". E, igualmente, las personas que han habitado en las poblaciones cercanas a las fábricas de este material o que han desarrollado su vida laboral en estos municipios, y que han contraído determinadas enfermedades o patologías relacionadas con la inhalación de las fibras de amianto: los pasivos ambientales o afectados por la exposición ambiental.

26. De igual modo, si el daño, a pesar de haberse producido con ocasión del contrato, no ha sido causado por el incumplimiento de éste, sino por la violación del deber general de no causar daño a otro (art. 1902 del CC), el perjudicado podrá ampararse solamente en las normas de la responsabilidad extracontractual. En estos casos, aunque exista una relación laboral subyacente, no hay ninguna relación entre el contrato y el daño extracontractual causado. Como agudamente se ha dicho, "cuando el empresario atropella al trabajador es una manera de hablar: lo que ha ocurrido realmente es que un conductor ha atropellado a un peatón" (Del Olmo, 2024). Es importante retener esta idea de la coexistencia de responsabilidades que son completamente independientes entre sí. Sánchez Vázquez llamaba de yuxtaposición de responsabilidades y que son los daños causados "con ocasión del contrato"; es decir, no son daños causados por el incumplimiento del contrato que —por casualidad— une a demandante y demandado.

27. La jurisdicción penal también encuentra sus espacios en el caso de la responsabilidad subsidiaria derivada de delito ex art. 120.3 y 4 del CP. La responsabilidad civil derivada de delito se vertebra en dos supuestos. Por un lado, la situación que contempla el art. 120.3° del CP, su vinculación lo es exclusivamente con el delito, y no con su autor, y cuyos presupuestos son que aquél se haya cometido en el establecimiento dirigido por persona o empresa contra la cual se va a declarar esta responsabilidad, y que tal persona o empresa o alguno de sus dependientes, haya realizado alguna "infracción de los reglamentos de policía o alguna disposición de la autoridad". Por otro, el supuesto contemplado en el art. 120.4° del CP que surge como consecuencia de los delitos cometidos por los empleados o dependientes, representantes o gestores en el desempeño de sus funciones o servicios, a cargo de sus principales (personas naturales o jurídicas dedicadas a cualquier género de industria o comercio).

IV. Daño emergente, lucro cesante y el reinado del daño moral

1. *Los daños: funciones y tipos*

28. Larenz (1958: 193) señala que "daño es el menoscabo que a consecuencia de un acaecimiento o evento determinado sufre una persona ya en sus bienes vitales o naturales, ya en su propiedad o en su patrimonio".

El daño cumple tres funciones básicas (Gómez Ligüerre, 2003: 33). En primer lugar, "es el requisito básico de aplicación de las reglas de responsabilidad, pues sin la existencia previa de un daño no se pone en funcionamiento el sector del ordenamiento que contiene reglas relativas a su reparación y compensación". Cumple, en segundo lugar, "la función de determinar de qué debe responder el agente dañoso". Por último y, en tercer lugar, "precisa en cuánto debe cifrarse su responsabilidad". El daño es así necesario "para que nazca la obligación de reparar y, a la vez, determina su contenido y la magnitud de la responsabilidad".

Establece el art. 1106 del CC que:

> *"La indemnización de daños y perjuicios comprende, no sólo el valor de la pérdida que haya sufrido, sino también el de la ganancia que haya dejado de obtener el acreedor, salvas las disposiciones contenidas en los artículos siguientes".*

29. Según la jurisprudencia, la noción de daño puede ser entendida desde una doble perspectiva de daño evento o lesión de un interés jurídicamente protegido o daño indemnizable que deriva de dicha lesión, tanto si es directamente evaluable en dinero (daño patrimonial) como si no lo es (daño moral o no patrimonial) (Martín Casals y Solé Feliu, 2010: 2046).

30. Todo el daño producido, que, para ser compensado, debe ser jurídicamente relevante (por afectar a intereses protegidos), injusto (en cuanto que la víctima no tenga el deber de soportarlo) y cierto (no hipotético o mero futurible). Ese daño comprende:

> (i) Los daños patrimoniales que, a su vez, integran el daño emergente (gastos razonables provocados por la conducta, aunque se admite como tal la pérdida de oportunidades), y el lucro cesante (pérdida de la ganancia que se habría obtenido de no producirse el daño, aunque debe tratarse de ganancias previsibles y sobre bases reales). Se trata de daños "para los que existe un mercado de intercambio que permite valorar objetivamente el impacto económico del bien o derecho afectado", son "daños a bienes reemplazables" (Gómez Ligüerre, 2003: 36).
>
> (ii) Los daños extrapatrimoniales, entendiendo por tales los que afectan a la persona en su cuerpo, mente, sentidos, afectividad o imagen. Suelen ser daños de apreciación subjetiva por lo que son difíciles de identificar, especialmente en cuanto al carácter de importancia que deben tener para dar lugar a la reparación. Se trata, por contraposición a los patrimoniales, de daños que "afectan a bienes o derechos que carecen de un mercado que valore las consecuencias del accidente y, por tanto, que permitan valorar económicamente las consecuencias del desastre", respecto de ellos, "no existe un mercado de bienes sustitutivos a las lesiones corporales o la muerte de la víctima del daño" (Gómez Ligüerre, 2003: 36).

Como resume la STS (Civil) de 27 de julio de 2006 (Rº 4466/1999):

> Atendiendo a su origen, el daño causado a los bienes o derechos de una persona puede ser calificado como daño patrimonial, si se refiere a su patrimonio pecuniario; daño biológico, si se refiere a su integridad física; o daño moral, si se refiere al conjunto de derechos y bienes de la personalidad que integran el llamado patrimonio moral (...).
>
> Sin embargo, en un contexto valorativo encaminado a la fijación del importe de la indemnización que procede establecer para compensar el daño, la dicotomía entre daños patrimoniales y morales tiene especial relevancia un marco tipológico distinto, seguido por la jurisprudencia para huir del riesgo de la llamada falacia (o «prejuicio») patrimonialista (según la cual no sería moral cualquier daño que afecte directa o indirectamente al patrimonio).
>
> Resulta, así, que los daños originados en el ámbito del patrimonio económico de una persona pueden ser no sólo patrimoniales, sino también morales (...); los que afectan a su patrimonio biológico pueden ser de carácter moral o de carácter patrimonial (...); y los daños producidos en el ámbito del patrimonio moral, que son los que aquí interesan, pueden ser de naturaleza patrimonial (llamados a veces daños patrimoniales indirectos o daños morales impropios) y no sólo moral (...).

2. *Los patrimoniales: Daño emergente y lucro cesante*

A) Daño emergente

31. Como señala Díez-Picazo (1999: 322) dentro del daño emergente "se comprenden las pérdidas efectivamente sufridas que deben medirse en el valor común del mercado del bien sobre el que recaigan y las disminuciones de valor económico que por vía refleja se puedan producir".

B) Lucro cesante

32. La determinación del lucro cesante, en cuanto que éste, como acertadamente señaló Fischer, "participa de todas las vaguedades e incertidumbres propias de los conceptos imaginarios. Teniendo en cuenta que el lucro cesante representa la ganancia que el perjudicado habría ingresado en su patrimonio de no haber tenido lugar el hecho dañoso, la determinación de su existencia requiere reconstruir, de algún modo, los acontecimientos que, en ausencia de aquél, se habrían desarrollado". Es la búsqueda de los "sueños de ganancia".

En la partida del lucro cesante se comprende la pérdida o disminución de la capacidad de trabajo que, en ocasiones, va aparejada a las lesiones personales (tanto físicas, como mentales) y que presupone, junto con éstas, la pérdida o disminución de la capacidad para obtener la remuneración que se venía obteniendo regularmente (Díez-Picazo, 1999: 324).

La dificultad de determinación del lucro cesante o de las ganancias dejadas de obtener no se agota en la complejidad del juicio apreciativo, sino que aumenta cuando se plantean demandas en las que, bajo la apariencia de lucro cesante, se esconden realmente las denominadas "pérdidas de probabilidades o de oportunidades". Un terreno muy poco explorado en el mundo laboral.

3. *El controvertido reino de los daños morales*

A) Un intento infructuoso de definición del daño moral

33. Son indemnizables no solo los daños materiales y físicos sino también los daños morales cuya naturaleza es extrapatrimonial porque consiste en la privación del ejercicio de uno o más derechos de contenido no patrimonial. Por mucho que en nuestro ordenamiento el art. 1902 del CC proclame la obligación de indemnizar "cualquier daño" en general (a diferencia de Alemania e Italia, donde el daño "no patrimonial" sólo se indemniza en los casos especialmente previstos en la ley), ello no nos exime de la necesidad de precisar qué es el daño moral.

Efectivamente, el art. 2059 Código civil italiano dice que "el daño no patrimonial debe ser resarcido sólo en los casos determinados en la ley". Y el § 823 BGB establece que: "El que dolosa o culposamente lesiona injustamente la vida, el cuerpo, la salud, la libertad, la propiedad o cualquier derecho de otra persona, está obligado para con ella al resarcimiento del daño causado por esto". En el caso del art. 496 Código civil portugués: "Daños no patrimoniales... 3° El montante de la indemnización será fijado equitativamente por el tribunal, teniendo en cuenta las circunstancias aludidas en el art. 494...)

34. Aunque entre los civilistas es frecuente definirlo en negativo ("perjuicio que ni implica una pérdida de dinero, ni falta de ganancia, que no entraña ninguna consecuencia pecuniaria ni disminución del patrimonio de la víctima"), la jurisprudencia de la Sala Cuarta del Tribunal Supremo ha descrito el daño moral como "aquel que está representado por el impacto o sufrimiento psíquico o espiritual que en la persona pueden desencadenar ciertas conductas, actividades o, incluso, resultados, tanto si implican una agresión directa a bienes materiales, como al acervo extrapatrimonial de la personalidad, siendo el infringido a la dignidad y a la estima moral, así como el referido al prestigio".

35. Más extensamente la STS (Civil) de 27 de julio de 2006 (R° 4466/1999), ha señalado que:

"Atendiendo a su origen, el daño causado a los bienes o derechos de una persona puede ser calificado como daño patrimonial, si se refiere a su patrimonio pecuniario; daño biológico, si se refiere a su integridad física; o daño moral, si se refiere al conjunto de derechos y bienes de la personalidad que integran el llamado patrimonio moral.

Desde esta perspectiva u otra análoga, —defendida por buena parte de la doctrina-no es inexacto calificar como daño moral el que tiene relación con la imposibilidad del ejercicio de los derechos fundamentales, integrados en el ámbito de la personalidad, como es el derecho la tutela judicial efectiva. Esta Sala no ha rehuido en ocasiones, en un contexto descriptivo de su implicación con ese derecho fundamental, aplicar esta calificación a supuestos de frustración de acciones procesales (...).

Sin embargo, en un contexto valorativo encaminado a la fijación del importe de la indemnización que procede establecer para compensar el daño, la dicotomía entre daños patrimoniales y morales tiene especial relevancia un marco tipológico distinto, seguido por la jurisprudencia para huir del riesgo de la llamada falacia (o «prejuicio») patrimonialista (según la cual no sería moral cualquier daño que afecte directa o indirectamente al patrimonio).

Desde esta nueva perspectiva, deben ser calificados como daños morales (figura borrosa, relativa e imprecisa (...) producto de un «descubrimiento jurisprudencial» que se inicia en la STS de 6 de diciembre de 1912), cualesquiera que sean los derechos o bienes sobre los que directamente recaiga la acción dañosa (y de que éstos pertenezcan a personas jurídicas), aquellos que no son susceptibles de ser evaluados patrimonialmente por consistir en un menoscabo cuya sustancia puede recaer no sólo en el ámbito moral estricto, sino también en el ámbito psicofísico de la persona y consiste, paradigmáticamente, en los sufrimientos, padecimientos o menoscabos experimentados que no tienen directa o secuencialmente una traducción económica (...), incluyendo los que tienen su causa en el incumplimiento contractual (...) y los que afectan a la parte social del patrimonio moral de la persona incidiendo en la esfera de su honor, reputación y consideración.

Resulta, así, que los daños originados en el ámbito del patrimonio económico de una persona pueden ser no sólo patrimoniales, sino también morales (...); los que afectan a su patrimonio biológico pueden ser de carácter moral o de carácter patrimonial (como admite expresamente el sistema de tasación legal de los daños corporales derivados del uso y circulación de vehículos de motor: artículo 1.2 de la Ley de Responsabilidad civil y seguro en la circulación de vehículos de motor); y los daños producidos en el ámbito del patrimonio moral, que son los que aquí interesan, pueden ser de naturaleza patrimonial (llamados a veces daños patrimoniales indirectos o daños morales impropios) y no sólo moral (según admite implícitamente el artículo 9.3 de la Ley Orgánica de Protección civil del derecho al honor, a la intimidad personal y a la propia imagen)".

Daños que, continúa el referido pronunciamiento, poseen una distinta valoración que los patrimoniales.

"El mayor margen de discrecionalidad en la determinación del importe de la indemnización correspondiente a la producción de daños morales, y el menor en el caso de la correspondiente a los daños patrimoniales, está en relación con su respectiva naturaleza, aunque, en puridad, no depende directamente de ella, sino más bien de la certeza que se tiene en cuanto a su producción. No es lo mismo, por ejemplo, en el ámbito estricto del daño patrimonial, la valoración del daño emergente (que puede sujetarse a pautas de certeza en la prueba cuyo desconocimiento equivale a la negación misma del derecho a la tutela judicial) que la del lucro cesante, pues la de este último únicamente puede establecerse mediante una presunción de cómo se habrían sucedido los acontecimientos en el caso de no haber tenido lugar el suceso dañoso (...). Un mismo daño patrimonial, como ocurre con la pérdida de retribuciones por incapacidad, debe ser objeto de criterios muy distintos de valoración según se refiera a un período determinado y conocido de incapacidad o bien a la incapacidad de una persona durante su vida futura.

El daño moral, en cuanto no haya sido objeto de un sistema de tasación legal, dado que no puede calcularse directa ni indirectamente mediante referencias pecuniarias, únicamente puede ser evaluado con criterios amplios de discrecionalidad judicial, según la jurisprudencia inveteradamente viene poniendo de manifiesto. Esta circunstancia diluye en cierta medida la relevancia para el cálculo del quantum [cuantía] indemnizatorio de la mayor o menor probabilidad del resultado impedido por la acción dañosa, en los casos de frustración de derechos, intereses o expectativas.

El daño patrimonial, sin embargo, aun cuando sea incierto por no ser posible concretar su importe con referencia a hechos objetivos, por depender de acontecimientos futuros, sí admite referencias pecuniarias, y por ello no debe ser apreciado con los criterios de discrecionalidad propios de los criterios de compensación aplicables al daño moral, como si de éste se tratase, sino mediante una valoración prospectiva fundada en la previsión razonable de acontecimientos futuros y, en ocasiones, mediante una valoración probabilística de las posibilidades de alcanzar un determinado resultado económico que se presenta como incierto. Esto ocurre cuando el daño ha consistido en la privación irreversible de la posibilidad de obtenerlo, es decir, en la pérdida de oportunidades para el que lo padece".

36. Todo lo cual, como resume la STS (Penal) de 24 de noviembre de 2022 (Rº 59/2021), "no empece reconocer la dificultad, casi ontológica, que concurre a la hora de justificar el montante indemnizatorio en supuestos de daño moral. Este no se encuentra sometido a normas preestablecidas de valoración. Lo que se traduce en el reconocimiento de una amplia libertad de determinación a favor de los órganos de la instancia siempre que lo dispuesto se base en razones socialmente compartidas". Un daño, en suma, bajo sospecha porque, como denunciaba Díez-Picazo, con demasiada frecuencia se utiliza como un "concepto comodín", que lo mismo vale para un roto que para un descosido (2008: 80).

B) El enriquecimiento de los daños morales en la Ley sobre Responsabilidad Civil y Seguro en la Circulación de Vehículos a Motor y más allá

37. No obstante, lo cierto es que el texto refundido de la Ley sobre Responsabilidad Civil y Seguro en la Circulación de Vehículos a Motor, aprobado por el Real Decreto Legislativo 8/2004, de 29 de octubre (en adelante LRCSCVM), ha realizado un esfuerzo de precisión a la hora de definir los daños morales que inescindiblemente se encuentran unidos a cualquiera de las situaciones definidas normativamente: fallecimiento de familiares, secuelas o lesiones temporales. El art. 33.3 de la LRCSCVM establece que "el principio de la reparación íntegra rige no sólo las consecuencias patrimoniales del daño corporal sino también las morales o extrapatrimoniales e implica en este caso compensar, mediante cuantías socialmente suficientes y razonables que respeten la dignidad de las víctimas, todo perjuicio relevante de acuerdo con su intensidad"

Así, el daño moral queda cuantificado por pérdida de calidad de vida (art. 51, 54, 137, 138 de la LRCSCVM), por el perjuicio estético (art. 101-102 de la LRCSCVM), por operaciones quirúrgicas (art. 140 de la LRCSCVM). A los «grandes lesionados», como pueden ser las víctimas afectadas por una tetraplejia, se les reconoce, de forma complementaria: «Daños morales complementarios por perjuicio psicofísico, orgánico y sensorial» (art. 105 de la LRCSCVM) «Daños morales complementarios por perjuicio estético» (art. 106 de la LRCSCVM) Se añade, incluso, el daño moral que sufren los familiares cuidadores de la víctima (art. 110.1)

Incluso el daño moral alcanza fronteras que van más allá del baremo. La STS (Civil) de 8 de abril de 2016, reconoce el daño moral no ligado a un daño corporal de forma que, una vez acreditada o no discutida su existencia en el caso concreto, podrá ser resarcido separadamente.

Se trata de los daños causados con motivo del vuelco y naufragio del Costa Concordia. Aunque quedan fuera del ámbito de aplicación imperativo del denominado Baremo, éste se aplica como criterio orientador del juez en el ejercicio de esa labor valorativa. Los daños morales no corporales, o no ligados al daño psicofísico, consistentes en "la zozobra, ansiedad y angustia y enorme estrés vividos durante la noche del 13 enero 2012 en aguas italianas", son objeto de resarcimiento, pues como dice la sentencia "la utilización de las reglas del Baremo como criterios orientadores, es decir, para cuantificar las indemnizaciones por los perjuicios causados a las personas como consecuencia del daño corporal no ocasionado por un hecho de la circulación, no excluye la indemnización por separado de los daños morales que no sean consecuencia del referido daño corporal; requisito, este último, que elimina por hipótesis la posibilidad de una doble indemnización por el mismo daño moral".

38. Pero su reinado también alcanza a los daños derivados de la vulneración de derechos fundamentales donde su aplicación es automática. (Extensamente tratados en los Capítulos 12 y 13 de esta obra).

V. Deformación y disolución del concepto de culpa: La extensión de la "cuasiobjetividad"

39. El principio de la responsabilidad por culpa o subjetiva ha sido afirmado con carácter general. En este sistema basado en la culpa, la atención del legislador se dirigía hacia el dañador; era su conducta consciente y voluntaria la que se tomaba en consideración, como fuente del daño y subsiguiente reparación. Por otra parte, la idea de castigo acompañaba inevitablemente a esta concepción. La filosofía dominante de la "no responsabilidad sin culpa" se introdujo en los sistemas legales romano-alemanes del continente, en el sistema del Common Law, aunque por procedimientos diferentes en los distintos casos. Pese a la conciencia de la complejidad que representa acudir a todo criterio subjetivo pues, como decía García Goyena:

"Así, el campo y la escala de la culpa ó negligencia son vastísimos, y no podrán encerrarse en las leyes, por muy minuciosas que sean: cada caso deberá decidirse por las circunstancias particulares del hecho y las de las personas".

La fundamentación dogmática de los sistemas basados en el Derecho romano estaba en la idea de "reparación por daños causados" (dolo aut culpa). Sobre esta base el art. 1104 del CC vino a establecer que:

"La culpa o negligencia del deudor consiste en la omisión de aquella diligencia que exija la naturaleza de la obligación y corresponda a las circunstancias de las personas, del tiempo y lugar. Cuando la obligación no exprese la diligencia que ha de prestarse en su cumplimiento, se exigirá la que correspondería a un buen padre de familia".

En la misma línea el art. 1903.7 del CC señala que:

"La responsabilidad de que trata este artículo cesará cuando las personas en él mencionadas prueben que emplearon toda la diligencia de un buen padre de familia para prevenir el daño"

40. La diligencia del buen padre de familia se identifica, tradicionalmente, con la diligencia media que las personas normales suelen adoptar en el tipo de asuntos de que se trate. No basta, pues, con señalar como criterio el de la diligencia media, sino que éste debe ser puesto en relación con el sector del tráfico en que la persona tomada en consideración (en nuestro caso, el empresario) realiza su actividad. La teoría del agotamiento de la diligencia tiene dos caras: por un lado, la violación de una norma reglamentaria equivale a culpa; por otro lado, el cumplimiento de toda la normativa aplicable al caso no equivale a diligencia.

Una persona responde con base en la culpa por la violación intencional o negligente del estándar de conducta exigible (art. 4:101 PETL) (1) El estándar de conducta exigible es el de una persona razonable que se halle en las mismas circunstancias y depende, en particular, de la naturaleza y el valor del interés protegido de que se trate, de la peligrosidad de la actividad, de la pericia exigible a la persona que la lleva a cabo, de la previsibilidad del daño, de la relación de proximidad o de especial confianza entre las personas implicadas, así como de la disponibilidad y del coste de las medidas de precaución y de los métodos alternativo (art. 4: 102 PETL)

"La culpa es la infracción de un deber de conducta impuesto para la protección de otros" (Díez-Picazo). De modo que, como señala la STS (Civil) de 15 de marzo de 2021 (Rº 1235/2018), "la culpa es el título ordinario de imputación del daño, que permite su endoso o transferencia desde el patrimonio de la víctima que lo padece al del sujeto causante como excepción a la regla latina casum sentit dominus, conforme a la cual la víctima ha de pechar con los daños que personalmente sufra en la lotería de la vida. Sobre tal base se construye el art. 1902 del CC, que obliga a reparar el daño causado por culpa o negligencia, como igualmente lo hacen los códigos francés, italiano, alemán o portugués".

41. El criterio de responsabilidad por culpa ha sufrido un lento y progresivo deterioro hasta hacer difícilmente apreciables sus precisos contornos. Se ha dicho, no sin fundamento, que la culpa es como un talismán mágico;

una vez que se establece, la parte lesionada merece cualquier compensación careciendo de importancia si la culpa es grande y las consecuencias nimias o viceversa. Cualquier grado de culpa atribuido a alguien justifica la total compensación al demandante, sobre todo teniendo en cuenta que éste nunca se va a culpabilizar a sí mismo. De igual modo, se ha considerado que el principio de culpabilidad no es un principio moral, porque el demandado puede ser negligente sin ser moralmente culpable y viceversa. Ni desde el punto de vista legal, ni desde la perspectiva de la moralidad es la culpabilidad la única base sobre la que una persona puede ser llamada a compensar a otra. Finalmente, se considera que la justicia puede requerir la compensación, aunque no exista culpa.

42. Dicha evolución ha supuesto una radical transformación consistente en el avance hacia la responsabilidad objetiva en menoscabo de la responsabilidad por culpa, bien mediante la apertura del nexo causal, o bien a través de la remoción de los requisitos que afectan a la prueba. Este proceso se exterioriza a través de distintas vías:

43. Una primera línea de tendencia manifiesta la relajación del criterio culpabilístico a través del juego de la inversión de la carga de la prueba contra el demandado, cuya culpa se presume iuris tantum.

Dentro del proceso de deformación de la noción de culpa los tribunales han venido considerando como situaciones de culpa errores moralmente insignificantes, dándose por satisfechos con la existencia de simples "polvos de culpa" (en expresión que ha utilizado la doctrina francesa: poussières de fautes), con el objetivo de facilitar la reparación, pero nótese que por esta vía reaparece, aunque desde una notable debilidad, el recurso a la culpa como criterio de imputación subjetivo de responsabilidad.

La materialización de esta línea de tendencia puede hallarse, en cuanto al tema que nos ocupa, en los pronunciamientos judiciales que proceden a efectuar una elevación del nivel de diligencia debida con el fin de derivar la correspondiente responsabilidad. En esta general propensión a la responsabilidad cuasiobjetiva, que traslada las exigencias al sujeto que desarrolla la actividad productiva o industrial —eventualmente causante del daño—, se espera una diligencia por encima de la que con carácter general fijan las normas del Derecho objetivo; y esos reforzados niveles de diligencia son fundamentalmente los que establece la técnica y se derivan de la aplicación de la mejor tecnología disponible.

En otras palabras: ya no basta con la acreditación de un nivel medio de diligencia para exonerarse de responsabilidad extracontractual, sino que se exige una diligencia extraordinaria, lo que termina dando lugar a que prácticamente todo daño resulte imputable a una quiebra en la diligencia debida. La cobertura formal de esta interpretación es la inversión de la carga de la prueba, de modo que realmente opera una presunción «iuris tantum» de que toda acción u omisión generadora de un daño es siempre culpable, correspondiendo al agente del daño acreditar su comportamiento suficientemente diligente. Podría decirse, entonces, que los extremos se tocan, y que llevando el subjetivismo al límite se llega materialmente a un sistema de corte cuasiobjetivo (Sempere/San Martín, 2011: 22).

El fundamento de la responsabilidad por hecho ajeno se ha venido residenciando tradicionalmente en los deberes que tiene el empresario de elegir de manera adecuada a sus colaboradores y de supervisar el desempeño de su actividad laboral (culpa in eligendo e in vigilando). No obstante, lo cierto es que en la práctica este tipo de responsabilidad sigue la tendencia general de la responsabilidad extracontractual hacia su objetivación, siendo altamente improbable que los tribunales reconozcan que el empleador ha aplicado la diligencia suficiente como para quedar exonerado de las consecuencias dañosas de los actos de sus empleados.

44. Es así cómo se ha destacado la inequívoca evolución de la responsabilidad hacia la objetivación de la culpa mediante la exigencia de una diligencia especial agravada de acuerdo con la naturaleza del producto y el estado de la técnica, los cánones sociales y las circunstancias del caso, que excede del mero cumplimiento de las normativas reglamentarias de seguridad del producto, y por tanto del estándar objetivo de seguridad. Esa responsabilidad se objetiva hasta el punto de resultar insuficiente no sólo ya la ausencia de culpa o negligencia, sino que tampoco cabe exonerarse con el cumplimiento de la legalidad objetiva, ni siquiera observando lo que específicamente pudiera establecerse en la autorización administrativa si la hubiere. Es necesario ir más allá, sobrepasar el nivel de diligencia que marcan las normas jurídicas y actos administrativos y actuar de acuerdo con lo que exija el estado de la técnica y los conocimientos científicos.

45. Igualmente, dentro de la devaluación del criterio de culpa cabe incluir el recurso al criterio de la culpa in vigilando como módulo de imputación de responsabilidad. Este criterio presenta una especial importancia en el ámbito empresarial ya que opera sobre una realidad económica compleja en la que el gran tamaño de las empresas requiere, paralelamente, de grandes organizaciones, articulando las relaciones entre empresario y trabajador de forma distinta a aquella que caracterizó los orígenes de la revolución industrial. En la actualidad, como gráficamente se ha expresado, el empresario ya no conoce personalmente muchas veces a sus trabajadores. Por ello, el recurso a la culpa in vigilando no deja de resultar una forma eufemística de consolidar un criterio de responsabilidad objetiva.

46. Las características de las tecnologías digitales emergentes, como la IA, el internet de las cosas y la robótica, ponen en entredicho aspectos de los marcos de responsabilidad civil nacionales y de la Unión. Algunas de estas características pueden dificultar la determinación de la relación causal entre los daños y un comportamiento humano, que es uno de los elementos necesarios para presentar una reclamación por responsabilidad subjetiva, de conformidad con las normas nacionales. Esto significa que, en las reclamaciones basadas en las normativas nacionales de responsabilidad civil, la cuestión probatoria puede ser gravosa o excesivamente onerosa y, por lo tanto, es posible que las víctimas no reciban una compensación adecuada". Como doctrinalmente se ha apuntado, la responsabilidad objetiva puede perder peso frente a estas nuevas realidades y dar lugar al nacimiento de otras "culpas" de los robots: "in codificando"; "in educando"; "in curando" o la "culpa del robot" (Ercilla, 2018: 77).

Igualmente, la inversión de la carga de la prueba resulta un criterio de asignación de riesgos sociales altamente discutible. "Afirmar que haya de ser el litigante que genera riesgo quien haya siempre de pechar con la obligación de acreditar que actuó con diligencia es consagrar un discutible criterio al que podrán realizarse un sinfín de objeciones bien fundadas. Por ejemplo, que quien crea riesgo también beneficia la sociedad, proporcionando puestos de trabajo, riqueza, etc. y que dicho riesgo está asumido por una sociedad que se resiste a renunciar a un determinado nivel de vida o bien estar" (Ormazabal Sánchez, 2004: 148).

La Directiva (UE) 2024/2853 del Parlamento Europeo y del Consejo, de 23 de octubre de 2024, sobre responsabilidad por los daños causados por productos defectuosos y por la que se deroga la Directiva 85/374/CEE del Consejo, es contundente al afirmar en su Considerando (2) que "la responsabilidad objetiva de los operadores económicos sigue siendo el único medio de abordar adecuadamente el problema de un reparto justo del riesgo inherente a la producción técnica moderna"

VI. La ilusión de la reparación íntegra del daño

1. La relatividad del principio de reparación íntegra del daño

47. En España, rige el principio general de la indemnización integral del daño ("restitutio in integrum") que viene recogido en el art. 1106 del CC. La reparación integral es una aspiración de máximos: debe repararse todo el daño sufrido. Pero esta poderosa idea se asienta en las tierras movedizas de la realidad. Cuando de daños patrimoniales se trata, es posible realizar, en todo caso, dada su posibilidad de traducción a un equivalente pecuniario, una apreciación concreta y precisa del perjuicio sufrido por el titular del interés afectado, apreciación que permite determinar el resarcimiento necesario, ya sea en forma específica, ya por equivalente, para lograr la justa equivalencia entre éste y el daño y, consecuentemente, para alcanzar la tan deseada reparación integral. Pero ello, no siempre ocurre así.

De manera certera se ha dicho que "el principio de reparación integral (...) es muy difícil de realizar en la práctica. Las dificultades de prueba, por un lado, y la imposibilidad de reparar bienes para los que no existe sustituto en el mercado, por otro, provocan un alejamiento de los postulados de la reparación integral. Estas dificultades han llevado a negar la vigencia de los postulados de la reparación integral" (Gómez Ligüerre, 2003: 35).

Esta virtualidad es más teórica que práctica como puso de manifiesto gráficamente en el voto particular del magistrado del Tribunal Constitucional, Sr. Mendizábal Allende, formuló a la STC 181/2000, de 29 de junio, en la que afirmó: "(...) nuestra Constitución no contiene ninguna regla ni principio alguno que imponga la reparación total de los daños y perjuicios en los casos de indemnización cuya fuente fueren actos y omisiones ilícitos o en que intervenga cualquier género de culpa o negligencia (art. 1089 CC) como tampoco existen en el resto del ordenamiento jurídico. Se trata de un desideratum, algo que se ve como deseable aún a sabiendas de la imposibilidad de hacerlo realidad y, por ello, con plena conciencia de su talante utópico, como muestra la lectura sosegada de la jurisprudencia de nuestro Tribunal Supremo. No hay más reparación total que la «restitutio in integrum» cuando resulta viable. Las indemnizaciones en dinero son siempre aproximativas, nunca exactas por diversos motivos, el primero y principal la diferencia entre valor y precio; otro muy importante también, la concurrencia de elementos inmateriales, como el valor afectivo o el dolor moral y en fin la dificultad de probar no sólo el daño emergente sino el lucro cesante que ha obligado en ocasiones a utilizar el método estadístico, exacto en los grandes números, pero impreciso en el caso individual. En definitiva, se trata de una tendencia al modo weberiano que presiona para la aproximación al "tipo" ideal con la sospecha de que no será alcanzado jamás, un ejemplo entre muchos de la eterna aporía de Aquiles y la tortuga".

48. En ocasiones el ordenamiento viene a establecer límites a esta situación y limita la reparación a unas determinadas cuantías precisamente definidas en las que es el legislador el que efectúa un cálculo abstracto de la cuantía de la reparación. Es el legislador el que fija el pago de la cantidad determinada que de satisfacción a todos los perjuicios que se derivan de la pérdida del empleo, tanto materiales (pérdida de salario y puesto de trabajo) como inmateriales (pérdida de oportunidad de ejercitar la actividad profesional, de prestigio e imagen en el mercado laboral).

En otros casos, "hablar de reparación completa es una petición de principio. La "reparación íntegra" significa tener un módulo de referencia o de comparación y ese módulo "no es ni siquiera imaginable, pues la propia naturaleza del daño experimentado por la víctima (daño inmaterial) significa que la determinación de su "equivalente" en dinero será siempre por estimación o apreciación aproximativa, cualquiera que sea su montante o su cuantía" (De Ángel, 1995: 59). No extraña, que Calabresi refiriéndose a los daños personales haya manifestado que "la completa compensación es una ilusión".

2. *La tarificación indemnizatoria*

49. El Derecho del Trabajo prevé expresamente la obligación de indemnizar a la contraparte los daños derivados del incumplimiento de una obligación contractual y fija para ello una determinada cantidad. En tales casos, cabe estar a lo previsto en la regla laboral, en cuanto solo cabe aplicar una norma y la específica desplaza a la general en su aplicación (art. 1101 del CC). Un supuesto típico es el del despido ilícito, respecto del que el legislador laboral fija la concreta indemnización que el empresario tiene que abonar al trabajador, sin necesidad de que este pruebe los daños y perjuicios causados por tal decisión empresarial. Sin duda, tal fijación legal, objetiva y automática de los daños y su correspondiente indemnización favorece a la parte débil del contrato, aunque también ha servido para negar la reclamación de una cuantía mayor en caso de probarse daños superiores a los tenidos en cuenta por el legislador (pérdida ilícita del puesto de trabajo).

Aunque, "el hecho de que las indemnizaciones por daños se encuentren tasadas o no, constituye un elemento circunstancial que no debe afectar a la construcción dogmática de los supuestos de responsabilidad patrimonial" (Senra Biedma, 2002: 55), lo cierto es que uso introduce una serie de factores de modulación en el sistema de responsabilidad por daños y transforma y deforma en alguna medida su lógica. Pese a ello su uso en las instituciones centrales de Derecho laboral de daños es una constante histórica.

50. La Ley de Accidentes de Trabajo de 1900 optó por un sistema de responsabilidad empresarial tasado y asegurable, abriendo así un camino (el de la indemnización cerrada) característico de las normas sociales. En la actualidad y de manera resumida, las prestaciones de la Seguridad Social, funcionan con un sistema de valoración legal de los daños centrada en los daños patrimoniales, exceso de gastos asistencia sanitaria y lucro cesante por pérdida o reducción de la capacidad de ganancia, y presta escasa atención a los restantes daños. La cobertura de este sistema es además limitada. La segunda vía, el recargo de prestaciones, no tiene un sistema propio de valoración de daños y funciona como un incremento automático de una parte de las prestaciones de la Seguridad Social, ponderando sólo la concurrencia en el accidente de una infracción de las medidas de seguridad imputable al empresario. La tercera vía la indemnización civil adicional carece de una regulación específica para la valoración del daño y se rige por los criterios generales de reparación íntegra, prueba del daño y discrecionalidad judicial en la valoración de los daños no patrimoniales. La dificultad de esta valoración en los daños no patrimoniales ha llevado a los tribunales laborales a recurrir a fórmulas objetivadas, como los baremos utilizados para los accidentes de circulación, su cuantificación.

También en otros señalados supuestos de actuación patronal irregular (despido improcedente, traslados gravosos, incumplimientos que legitiman la extinción causal del contrato de trabajo, omisión del preaviso extintivo, pago salarial demorado, etc.) la norma laboral ha precisado el alcance de la indemnización, al igual que sucede con algunos casos de conducta empresarial ajustada a Derecho pero perjudicial para el trabajador (ciertas modificaciones sustanciales de las condiciones de trabajo, despidos colectivos o por causas objetivas, etc.); ciertos pactos adyacentes al contrato de trabajo también incorporan la cuantía en que se estiman los perjuicios derivados de su infracción.

El deber de indemnizar en los casos que, como consecuencia de una actuación empresarial, se produce la terminación del contrato de trabajo tiene en nuestro sistema carácter imperativo y tasado. Ello implica, en primer lugar, que se trata de normas de derecho mínimo necesario y que por tanto son indisponibles para el trabajador, pero pueden ser objeto de mejora en acuerdo individual o colectivo. El carácter tasado implica que con el pago de la cantidad determinada legalmente se da satisfacción a todos los perjuicios que se derivan de la pérdida del empleo, tanto materiales (pérdida de salario y puesto de trabajo) como inmateriales (pérdida de oportunidad de ejercitar la actividad profesional, de prestigio e imagen en el mercado laboral). En consecuencia, ni el empresario puede pretender el pago de una cantidad menor ni el trabajador reclamar una mayor tratando de acreditar el daño efectivamente sufrido.

En consecuencia, ni el empresario puede pretender el pago de una cantidad menor ni el trabajador reclamar una mayor tratando de acreditar el daño efectivamente sufrido. De modo que, como expresa la STC 6/1984, de 24 de enero:

> "la indemnización a cargo de las empresas se calcula en función del tiempo de duración de la relación laboral y del número de sus trabajadores, lo que evidencia que no guarda una relación de identidad con los perjuicios que pueda sufrir el trabajador como consecuencia del despido improcedente y de que el empresario opte por la no readmisión. Se trata de una indemnización *ex lege*, valorada en función de los criterios mencionados, que no toma en consideración de forma expresa el tiempo necesario, o la dificultad para encontrar otro puesto de trabajo, ni se calcula en función de estos datos. En consecuencia, debemos concluir que la indemnización a cargo de la empresa se concibe como una cantidad que sustituye a la indemnización de daños y perjuicios, y que opera (si bien ex lege) de modo similar a la cláusula penal en los contratos cuando no se le da otro carácter, es decir, como una suma que ha de abonar el empresario al trabajador como consecuencia de despido sin causa legal, la cual cumple una función sustitutoria del resarcimiento de perjuicios, aunque no se calcula en función de los mismos".
>
> Esta situación se ha mantenido pacífica, salvo algún debate abierto en los noventa en relación el art. 50 del ET, ha cobrado nuevos bríos en los últimos años. Lo cierto es que la única posibilidad que normativamente se ofrece es la indemnización adicional por no readmisión o readmisión irregular contenida en el art. 281.2. b) de la LJS un mandato que, como se ha señalado, resulta poco claro y ha producido una mínima litigiosidad, porque es muy poco habitual su reclamación ante los juzgados de lo social, probablemente por su extrema ambigüedad puesto que expresión "podrá" del art. sugiere una opción potestativa del juez, que choca frontalmente con lo dispuesto en el art. 1101 del CC en los supuestos en los que se acrediten perjuicios provocados por la no readmisión o por la readmisión irregular.

No hace falta recordar, pese a ello, que estamos en un tiempo en que el modelo de indemnizaciones tasadas se observa con desconfianza. Dicho modelo indemnizatorio es rígido y no graduable en relación a diversos parámetros (como la antigüedad en el empleo). Se niega, además, cualquier posibilidad al juzgador de tomar en cuenta las circunstancias concretas de cada caso, algo que para el Tribunal Constitucional italiano es necesario para poder "personalizar" el daño sufrido por la parte trabajadora y adoptar la decisión que se estime más adecuada sobre la cuantía resarcitoria. El debate está abierto tras la reclamación colectiva presentada por UGT-CEC ante el Comité Europeo de Derechos Sociales en la que se alega que la legislación española sobre despidos individuales sin causa justificada (art. 56 ET y art. 110 LJS) y la legislación posterior contravienen el art. 24 de la Carta Social Europea revisada (derecho a la protección en caso de terminación del empleo) al prever un sistema de cálculo predeterminado legalmente que no permite modular la indemnización legalmente prevista o evaluada para reflejar el daño íntegro sufrido, ni garantiza su efecto disuasorio

51. La tasación laboral de las indemnizaciones impide en ocasiones el efectivo resarcimiento íntegro de los perjuicios realmente sufridos; por eso hay quienes proponen que la fijación laboral de consecuencias indemnizatorias para ciertos incumplimientos del contrato de trabajo no cierre la puerta a posibles indemnizaciones adicionales de naturaleza civil. También es verdad que la baremación del montante indemnizatorio se acompaña en casos muy emblemáticos (como el despido improcedente) de una ficción legal (existe perjuicio merecedor de reparación) que en ciertos casos (si no hay perjuicio real) conduce a una percepción superflua (desde la pura técnica reparadora)

3. La normalización indemnizatoria: La técnica de los baremos orientativos

52. La DF 5ª de la LJS vino en disponer que:

> *"En el plazo de seis meses a partir de la entrada en vigor de esta Ley, el Gobierno adoptará las medidas necesarias para aprobar un sistema de valoración de daños derivados de accidentes de trabajo y de enfermedades profesionales, mediante un sistema específico de baremo de indemnizaciones actualizables anualmente, para la compensación objetiva de dichos daños en tanto las víctimas o sus beneficiarios no acrediten daños superiores".*

La unificación de la tutela jurisdiccional por daños derivados de accidentes de trabajo y de enfermedades profesionales en la LJS se acompaña de la intención de establecer un sistema específico de baremación de las indemnizaciones. Pero tal sistema no lo establece la propia Ley, sino que se dio orden al Gobierno para que adopte las medidas necesarias para aprobar un sistema de valoración de daños, con un baremo específico de indemnizaciones. El sistema habría de responder a la exigencia de actualización anual y, en consonancia con la doctrina constitucional (STC 181/2000), debería dejar abierta la posibilidad de que la víctima o sus beneficiarios acreditasen daños de importe superior al fijado en el baremo, en cuyo caso habría de prevalecer el efectivamente acreditado sobre el teóricamente baremado.

Pero pasado el tiempo, nos encontramos ante una experiencia completamente frustrada. Probablemente, la mayor dificultad para alumbrar un sistema propio de baremación de los daños personales por accidentes de trabajo no radique tanto en las cuantías, cuanto en la necesidad de replantear el entero sistema de las responsabilidades y del resarcimiento de las víctimas, lo que implica repensar instituciones como el recargo de prestaciones, la relación entre prestaciones de seguridad social e indemnización adicional por culpa, entre otros temas de gran calado (Desdentado, 2009).

53. Frustrada la expectativa de un sistema específico de valoración de daños derivados de accidentes de trabajo y de enfermedades profesionales, los perjudicados y los órganos jurisdiccionales del orden social siguen acudiendo con un proclamado carácter orientativo que en la práctica deviene en exclusivo, al sistema legal de tasación de los daños a las personas con motivo de la circulación, conocido como baremo. El mismo se encuentra establecido en texto refundido de la LRCSCVM.

El sistema de la LRCSCVM se puso en cuestión desde la perspectiva de la protección constitucional del derecho a la vida, a la integridad física, el derecho a la igualdad ante la ley y a la tutela judicial efectiva (arts. 14, 15 y 24.1 CE), desde el principio constitucional de interdicción de la arbitrariedad (art. 9.3 CE) y desde el respeto al contenido reservado por la Constitución a la función jurisdiccional (art. 117.3 CE). Finalmente, como es bien conocido, el Tribunal Constitucional se pronunció, por vez primera, respecto de todas estas cuestiones en su STC 181/2000, de 29 de junio, en la que resolvía diez cuestiones acumuladas de inconstitucionalidad en relación con el baremo de daños personales. De acuerdo con esta doctrina, la primera exigencia que la Constitución impone al legislador que quiera establecer un baremo es la de que, si éste no se aprueba con carácter de Derecho común, las diferencias que imponga, en términos indemnizatorios, respecto del régimen general de responsabilidad (presidido por el principio de reparación integral) deben tener alguna justificación racional en su conjunto. Debe tratarse, por consiguiente, de un régimen especial que, de algún modo abstracto y general, justifique entre sus especialidades una estimación baremada de los daños distinta de la que correspondería en aplicación del Derecho común.

54. El recurso al baremo es optativo para el juez social, que puede aplicarlo o no. Así, como recuerda la STS de 12 de septiembre de 2017 (Rº 1855/2015), esta utilización se revela como orientadora, "Respecto de los accidentes de trabajo no existen criterios legales para la valoración del daño, siendo la única regla la de la razonabilidad y proporcionalidad, que queda en manos de la interpretación y aplicación por parte del juez. Por ello hay que admitir la utilización de diversos criterios y, entre ellos, el del Baremo (...), cuya utilización creciente en la práctica judicial es claramente constatable"

Pero lo cierto es que la tendencia jurisprudencial es a reforzar su uso imperativo y proyectar su uso imperativo para los accidentes de tráfico a los accidentes laborales.

Si el accidente en el que se dirimen otras responsabilidades es calificado como hecho de la circulación, no hay discusión alguna, porque en este caso el sistema se aplica con carácter vinculante, al disponerlo así el art. 1.4 de la LRCSCVM: «Los daños y perjuicios causados a las personas como consecuencia del daño corporal ocasionado por hechos de la circulación regulados en esta Ley se cuantificarán en todo caso con arreglo a los criterios del Título IV y dentro de los límites indemnizatorios fijados en el Anexo». El art. 32 de la LRCSCVM, añade que «Este sistema tiene por objeto valorar todos los perjuicios causados a las personas como consecuencia del daño corporal ocasionado por hechos de la circulación regulados en esta Ley».

Así, como veremos en su momento, la jurisprudencia del Tribunal Supremo viene precisando que "si para el cálculo de la indemnización se recurre al baremo como base valorativa de los daños corporales, el mismo ha de ser aplicado correctamente y en su integridad, y no de manera fragmentaria en los aspectos que las partes consideren más favorables a sus intereses, con lo que se pondría en riesgo la coherencia interna del resultado valorativo y se perderían las ventajas de sencillez, igualdad de trato, seguridad y previsibilidad que implica la utilización de las reglas del sistema tabular" (Palomo, 2023). De modo que el juzgador debería razonar su aplicación del baremo y su apartamiento de él, para lo que debe hacer una aplicación vertebrada de los daños y perjuicios a indemnizar, atribuyendo a cada uno un valor determinado y razonando las modificaciones que considere necesario establecer.

55. Esta misma técnica originalmente orientativa se ha utilizado en la reparación de los daños morales derivados de la vulneración de los derechos fundamentales. En este caso, se ha utiliza un baremo orientativo atípico adoptado por la interpretación de jueces y Tribunales: la Ley de Infracciones y Sanciones del Orden Social. Ciertamente, "la normalización judicial de una técnica sucedánea de la tarificación legislativa" a través del "baremo sancionador de la LISOS (Molina Navarrete, 2019: 19), resulta una realidad absolutamente consolidada en la práctica de nuestros Tribunales que se constata con la lectura de cualquier pronunciamiento que establezca una indemnización por daños morales. Pese a su fuerte arraigo, el recurso a esta fórmula parte en su lógica de una petición de principio: una construcción de las indemnizaciones por daños morales que mira a la lógica sancionadora pública.

Como señalara la STS de 5 de octubre de 2017 (Rº 2497/2015) el recurso a "la LISOS actúa como parámetro orientador, pero ello no significa que haya que examinar el asunto desde la misma óptica que cuando se está imponiendo una sanción administrativa (legalidad, tipicidad, non bis in ídem, etc.)". En suma, ha seguido diciendo la doctrina de la Sala que "con la utilización de los elementos que ofrece la cuantificación de las sanciones de la LISOS, no estamos haciendo una aplicación sistemática y directa de la misma, sino que nos ceñimos a la razonabilidad que algunas de esas cifras ofrecen para la solución del caso, atendida a la gravedad de la vulneración del derecho fundamental". Un parámetro cuantificador que fue calificado igualmente de "idóneo y razonable" en la STS (Social) de 8 de julio de

2014 (Rº 282/13) pero que también está incorporando progresivamente elementos que vienen a dotarlo de imperatividad.

4. *Las indemnizaciones indefinidas y no limitadas*

56. Pero traspasado el umbral de la plena o relativa determinación de las indemnizaciones, los espacios de indefinición se multiplican y reaparece en escena la intervención prudencial del juzgador a la hora de la determinación de la cuantía de las indemnizaciones. Un escenario por naturaleza incierto e inseguro y que puede llevar a paradójicos resultados. Varios ejemplos lo ponen de manifiesto.

57. A los efectos de fijar la cuantía indemnizatoria en caso de incumplimiento del precontrato no existen en la normativa laboral parámetros o criterios de referencia, lo que, como ha señalado el Tribunal Supremo, en la STS (Social) de 15 de marzo de 1991 (RJ 4167), puede llevar a una indemnización que supere cuantitativamente la establecida en el caso paradigmático del despido.

> "Ello puede suponer que "el incumplimiento del precontrato, al ser determinante del cese en un empleo estable, para ponerse a disposición de la nueva empresa, puede producir efectos mucho más onerosos que el incumplimiento del contrato una vez iniciado, pues al no otorgarse el proyectado tras el cese voluntario en el anterior, queda el trabajador sin la protección del Seguro de Desempleo, con cese, además, en la situación de alta en la Seguridad Social, de consecuencias imprevisibles para el mismo y su familia. Así ha de reconocerse que los efectos del incumplimiento del contrato por parte de la empresa en el Estatuto de los Trabajadores, no tienen en el incumplimiento del precontrato otro valor que el de un punto de referencia, meramente orientativo, para, en unión de otros factores, de mayor relieve, determinar los efectos del incumplimiento a tenor de los artículos 1101 y concordantes del Código Civil".

58. La ausencia de punto de referencia indemnizatorio también se produce en la determinación del lucro cesante en las situaciones de reingreso irregular en situaciones de excedencia. Es doctrina constante de nuestro Tribunal Supremo que la misma debe comprender el lucro cesante derivado de la ganancia dejada de obtener por no devengarse salarios. La demora en la reincorporación impide al trabajador prestar sus servicios y consiguientemente devengar derecho a los salarios correspondientes, lo que le ocasiona un daño equivalente al valor de dichos salarios. En base a este argumento se ha consolidado la doctrina jurisprudencial según la cual la cuantía de la indemnización en un importe equivalente al de los salarios dejados de percibir a causa de la mora empresarial.

> Al respecto, traer a colación la sentencia de la Sala Cuarta del Tribunal Supremo de 4 de febrero de 2015 (Rº 148/14), considera que el daño o perjuicio a indemnizar se presume por la mera constatación de que el trabajador no obtuvo 'ganancias por su trabajo', y debe ser compensado con los salarios correspondientes 'desde que se reclamó judicialmente el derecho a la citada reincorporación'; esta fijación de la indemnización por vía de presunción —continúa la misma sentencia— admitiría la prueba en contrario de la existencia del daño si la empresa demostrare el hecho impeditivo de la obtención por parte del trabajador de ganancias por su trabajo por cuantía equivalente al salario que hubiera percibido de haberse producido la reincorporación de manera tempestiva' (...)", ganancias que, obviamente, no cabe equiparar a las percibidas antes de producirse el despido o, en este caso, antes de constituirse en mora la empresa al desatender la obligación de reincorporar a la demandante una vez finalizada la situación de excedencia voluntaria, siendo, por tanto, compatibles y, además, efectivamente compaginadas en su momento con la retribución que dejó de lucrar por la irregular actuación de su empleador.

Hace años, Desdentado llamaba a una intervención del legislador en el sentido de controlar los límites indemnizatorios en esta materia, "sería conveniente fijar un límite a las indemnizaciones: no es razonable que la indemnización por retraso en la reincorporación del excedente finalmente reingresado pueda ser en ocasiones superior a la indemnización por despido improcedente que ese trabajador hubiera percibido".

59. En algunos casos, la determinación del lucro cesante es el resultado de un cálculo probabilístico. Algún concreto supuesto viene a ponerlo de manifiesto. La certeza de que exista una "pérdida real de ingresos", al menos inicialmente, teniendo en cuenta la posible protección social a que pueda tener derecho el trabajador. El TSJ lo expresa así: "La pérdida objetiva será la diferencia bruta entre el salario percibido y las cotizaciones que acompañan al mismo y la prestación sustitutiva del salario (desempleo, jubilación, etc.), incluyendo las cotizaciones anexas, valorando además el tiempo que puede tardarse en acceder a cada prestación o la duración máxima establecida legalmente para ella".

Existen innumerables incumplimientos de los deberes contractuales de las partes que no tienen prevista indemnización alguna en la normativa laboral, con lo que, de observarse los requisitos exigidos por el Código Civil y la jurisprudencia (conducta incumplidora, daños y relación de causalidad), podrá reclamarse la correspondiente indemnización civil de daños y perjuicios cuya cuantía queda a la determinación de los Tribunales. Se ha solicitado, a efectos de aportar seguridad jurídica, sería deseable que el legislador laboral elaborase unas reglas de aplicación general sobre el régimen jurídico de estas indemnizaciones, evitando así criterios contradictorios entre los tribunales laborales. Pero esto no deja de ser voz que clama en el desierto.

VII. Cláusulas penales y liquidación anticipada de los daños

1. *Las fuentes de las cláusulas penales*

60. Una fórmula que permite la implantación de una obligación del empresario no sólo para que cumpla en su tiempo, aunque ésta sea la finalidad primordial, sino también para que, en el caso de que no lo haya hecho, cumpla cuanto antes, de forma tal que el derecho se disfrute lo más cerca posible del núcleo temporal inicialmente fijado, o de lo contrario, la cantidad sigue subiendo automáticamente. Junto a esta primera finalidad, existe otra que aparece implícita, pero que se deduce claramente de la aplicación como complementarias de las normas del Código Civil: la finalidad que se ha llamado "liquidatoria", en cuanto que la cantidad fijada permite establecer anticipadamente el montante de la indemnización por daños y perjuicios que al trabajador pueda corresponderle reclamar, y liberándole de la carga de probar el daño. La función sancionadora, pues, es inescindible y característica de la cláusula penal, y la acompaña siempre, cualquiera que sea la finalidad adicional que las partes puedan perseguir; sin ella, se dice, la propia institución quedaría desvirtuada.

A) Cláusulas penales contractuales

61. El ordenamiento laboral se ha construido sobre la idea o supuesto de base de la debilidad del trabajador individualmente considerado, constituyendo su propósito, precisamente, constituir un contrapeso que equilibra la desigualdad de poder que es inherente a la relación de trabajo. Abandonar por completo la determinación de las condiciones al contrato de trabajo tuvo terribles consecuencias en los momentos iniciales de formación del ordenamiento laboral al convertirse el mismo en instrumento de regulación de las condiciones de la prestación de servicios en un contexto de completa asimetría. Es en este momento en el que se construye la idea del contrato de trabajo como "máscara que encubre el poder unilateral del empresario" (Kahn Freund, 1987: 28-29) o, por expresarlo de otro modo, la concepción del contrato de trabajo como institución unilateral.

El significado de la autonomía privada como instrumento de autoconfiguración de las relaciones jurídicas por los particulares conforme a su voluntad parte de un modelo de partes “normalmente iguales” en el tráfico jurídico y que actualmente la libertad de contrato, solo en el caso de una relación de fuerzas aproximadamente equilibrada de las partes contratantes, sirve como medio de un equilibrio adecuado de intereses. Es evidente que, en la actualidad, importantes sectores de población laboral se encuentran en una importante posición de debilidad contractual, lo que continúa exigiendo equilibrar la paridad distorsionada. La conservación, por tanto, de una regla que limite el poder de disposición de las partes en este contexto sigue resultando necesario y, tanto más, cuando se trata de un tema tan sensible como es la liquidación previa de los daños.

Con todo, las partes de un contrato de trabajo quieren evitar la aplicación del régimen indemnizatorio civil y pactan una cláusula penal resarcitoria, la especialidad que deriva del Derecho del Trabajo también se aplica a esta última. Más claramente, si las partes acuerdan una cláusula penal que fija el montante de la indemnización a percibir por una de ellas ante el incumplimiento contractual de la otra, ya no cabe aplicar el art. 1101 del CC, sino los arts. 1152 a 1155 del CC, que prevén el régimen jurídico de aquella.

Salvo pacto en contrario, la función liquidadora de los daños y perjuicios que asume la cláusula penal (arts. 1152 y 1153 del CC) impide que el deudor pueda obtener un resarcimiento adicional mediante la indemnización de daños y perjuicios. Esto significa que con el cumplimiento de la cláusula penal se elimina la responsabilidad nacida de una eventual reclamación de daños y perjuicios: «sólo excepcionalmente opera la función cumulativa, cuando se ha pactado expresamente que el acreedor pueda exigir la indemnización de los daños y perjuicios causados y probados y, además, la pena pactada como cláusula penal».

B) Cláusulas penales establecidas en convenio

62. Existen casos en los que es el propio convenio el que implanta una verdadera y propia cláusula penal que, en términos generales, implica la existencia de un pacto accesorio, añadido a la obligación principal —en el caso, procurar el disfrute de las vacaciones en la fecha prevista— “en virtud del cual se estipula una indemnización por daños y perjuicios”, que habrá de satisfacerse por el contratante deudor “para los supuestos concretos que se determinen, de incumplimiento total, cumplimiento irregular o simple retraso”, vinculándose, de entre las diversas modalidades de incumplimiento, al simple retraso (Fernández López. 1984).

C) Cláusulas penales legales

63. Es cierto, como ha señalado la doctrina, que el campo típico en el que se origina la cláusula penal es el de la voluntad de las partes; sin embargo, no faltan voces que afirman la posibilidad de que las obligaciones con cláusula penal nazcan ope legis (Lobato de Blas, 1974: 119). En este último sentido, la obligación de velar por la seguridad y salud en el trabajo debería entenderse implícita en el contrato de trabajo: el empresario es «deudor de seguridad» y, correlativamente, el trabajador es «acreedor de seguridad»; sólo así podría entenderse que la cláusula penal (implícita en el contrato) pudiera calificarse como "de origen legal".

2. *Equilibrios tuitivos y modulación por el juez*

64. Pues bien, el art. 1154 del CC prevé que "el Juez modificará equitativamente la pena" solo cuando "la obligación principal hubiera sido en parte o irregularmente cumplida por el deudor". Así, parece claro que, en caso de incumplimiento total, no existe posibilidad de moderación de la cláusula penal, pues, de efectuarse esta, el juez estaría cambiando la valoración de los daños que las partes pactaron libremente. Con todo, en el ámbito del Derecho del Trabajo, la posición doctrinal y jurisprudencial mayoritaria estima que, aun en caso de incumplimiento total de la obligación, si la indemnización es abusiva, el órgano jurisdiccional puede y debe modificarla en aras a la protección de los intereses de las partes, especialmente del trabajador, pues, generalmente, tal cláusula es fijada a iniciativa del empresario.

De este modo, "el hecho de que habitualmente" se pacten cláusulas de cuantía elevada, especialmente en determinados ámbitos (por ejemplo, en los precontratos del deporte), "no quiere decir, en absoluto, que los tribunales laborales, cuando tengan que decidir sobre su validez, vayan a aceptarlas". De hecho, es frecuente que los órganos jurisdiccionales apliquen la inicialmente restrictiva facultad modificativa prevista en el art. 1154 del CC a la cláusula penal que resulta claramente desorbitada y lesiva para los intereses de una de las partes, en orden a rebajarla sustancialmente.

65. Otro tanto sucede con la cláusula penal pactada para indemnizar al empresario los daños derivados del incumplimiento de un pacto de no competencia postcontractual por el trabajador. Para alguna sentencia, "al tratarse de una cláusula penal en el ámbito laboral, la jurisdicción es competente para graduar la cantidad que la empresa" deba percibir y, en ocasiones, aquella actúa para rebajar la generalmente elevada cuantía pactada y que debe ser satisfecha por el trabajador. Además, los tribunales laborales mantienen una interpretación restrictiva de lo pactado en la cláusula penal, de modo que, si se acuerda una determinada indemnización para el supuesto de que el trabajador incumpla su obligación, no cabe después aumentar la misma con otros conceptos no previstos expresamente. Como se verá, tal posición ha sido recientemente defendida por el Tribunal Supremo para el caso de inobservancia de un pacto de no competencia postcontractual, respecto del cual se considera que el trabajador no queda obligado a devolver la compensación recibida durante la vigencia del contrato si la misma no se incluyó en la mencionada cláusula penal. Esta posición parte de la necesidad de atender a las peculiaridades del Derecho del Trabajo a la hora de aplicar al mismo las normas del ámbito civil, pues el resolver el supuesto de que se trate "aplicando los esquemas propios de los contratos civiles supone una descontextualización que, necesariamente, lleva a una solución insatisfactoria.

VIII. Desindividualización y socialización en el Derecho de daños

66. Bajo este título ("Desindividualización y socialización en el Derecho de daños") Díez-Picazo (1999: 159) analizaba una serie de cuestiones en los que los eventos dañosos, como explicaba, "son difícilmente imputables, si la imputación se realiza rigurosamente, a un individuo aislado y más bien tienen que serlo algún conjunto más o menos numerosos de individuos". Cabe apreciar una serie de supuestos que poseen singularidades laborales en los que aparece con nitidez el presupuesto señalado.

1. Daños causados por el ejercicio de derechos colectivos laborales

67. Como ha recordado Alfonso Mellado (2013: 85), "la reclamación de daños relacionados con los derechos colectivos laborales no ha sido frecuente hasta hace poco e incluso, en gran parte, sigue siendo infrecuente". Las razones, como expone el referido autor son múltiples y pesan en ella desde consideraciones de política social hasta, en ocasiones, la dificultad de individualizar al sujeto causante de los daños. No obstante, la normativa y la jurisprudencia vienen subrayando el carácter bidireccional de la proyección del derecho de daños en este terreno y la normativa especial, léase la Ley Orgánica de Libertad Sindical (LOLS), contiene normas específicas en esta materia.

Uno de los temas más complejos a la hora de atribuir responsabilidades en el ámbito de las relaciones colectivas son los problemas de identificación del causante del daño, pues generalmente han coincidido conductas de los sujetos colectivos y otras de los sujetos individuales, y no es claro en ocasiones a cuál de ellas imputar los daños y este elemento de imputación es esencial en estas reclamaciones. Incluso aunque pudiesen identificarse las conductas causantes de los daños, cuando se producen por actuaciones individuales aparece el problema esencial de determinar si de las mismas responde el sujeto colectivo, en cuyo caso, sí es un sindicato, existe un régimen específico, el art. 5.2 de la LOLS, que excepciona y excluye la aplicación de las reglas civiles de responsabilidad por actos de terceros y cuya aplicación no siempre es clara.

2. *Las relaciones interempresariales como fuente de responsabilidad*

68. En muchas ocasiones en el establecimiento de las condiciones conforme a las cuales se presta el trabajo concurren diversos empleadores y también es frecuente que el trabajador no preste solo su actividad, sino en compañía de otras personas vinculadas por relaciones contractuales de distinto signo. Desde el momento en que todos ellos se entrecruzan en el desarrollo de una actividad productiva organizada y que esa organización arrastre el establecimiento de medidas de prevención de riesgos laborales que se pueden producir surge, de inmediato, el problema de la clase o especie de obligación que pudiera vincularlos.

En determinadas situaciones pueden existir supuestos en los que ciertos sujetos aparentemente ajenos a la relación contractual aparecen como responsables, pero lo hacen porque asumen la posición del empleador. Se trata de aquellos casos en los que el papel del empresario en el vínculo contractual lo ocuparía no una persona sino varias, el llamado “empresario complejo” (Morales Ortega, 2004: 113). En estos supuestos (empresas de grupo, franquicias, uniones temporales de empresa, etc…), la atribución de responsabilidad a todos ellos es porque, sus propias decisiones organizativas y contractuales de hacen compartir estructuralmente el rol de empresario en el contrato desde el momento en que entre ellas se reparten poderes que identifican el papel del empresario en el contrato laboral. La imputación de responsabilidad residiría en que todos ellos son empresarios y, por tanto, todos responden del deber de protección.

La imputación de responsabilidades al empresario, que es quien recibe la prestación laboral del trabajador, resultaría en muchas ocasiones ineficaz cuando éste resultara insolvente; incluso resultaría un estímulo a la actuación fraudulenta si las responsabilidades se circunscriben exclusivamente a quien desde la perspectiva contractual en términos jurídicos es el empresario. Por ello, para reforzar las garantías del trabajador y de la propia Seguridad Social en orden a hacer efectivas las responsabilidades atribuidas a terceros, se ha producido una extensión legal de la responsabilidad a otros sujetos. Estos sujetos, ajenos en principio a la relación contractual laboral entre empresario y trabajador, comparten, en unos casos, la misma responsabilidad y con el mismo carácter (responsabilidad solidaria), colocándose de esa manera en posición de responsables principales; en otros, no comparten la misma posición deudora del principal responsable, sino que la responsabilidad del tercero sólo es exigible cuando el responsable principal ha sido declarado insolvente (responsabilidad subsidiaria).

3. Efectos dañosos con pluralidad de perjudicados

69. La idea del control sobre las actuaciones actuales sobre el futuro tiene un primer estándar de control: los denominados riesgos del desarrollo. Son riesgos de desarrollo los causados por un defecto de un producto que no era reconocible a la luz del estado de los conocimientos científicos y técnicos existentes en el momento de la comercialización del producto de que se trate. Se caracterizan por ser imprevisibles y de efectos sobrevenidos. El elemento clave de la excepción de riesgos de desarrollo es el estado de la ciencia y de la técnica.

Gráficamente, se comprende la envergadura de estos riesgos si se recurre al ejemplo paradigmático del amianto. Es aceptado, en general, por la comunidad científica que ha de transcurrir un tiempo mínimo necesario entre la exposición al amianto y la aparición de enfermedades relacionadas con dicha exposición. Para la asbestosis se calcula un periodo superior a los 20 años y para el mesotelioma un periodo de 20 a 50 años, con un promedio superior a los 30 años. Hasta comienzos de los años 80 no se reguló por el Derecho las condiciones en que debían realizarse los trabajos en los que se manipula el amianto. Sin embargo, con anterioridad, durante un largo periodo, hubo un gran número de trabajadores expuestos a niveles altamente peligrosos de amianto.

Los procedimientos derivados de la exposición al amianto han sido de tres tipos: (i) Sobre determinación de contingencia de enfermedad profesional en procesos sobre prestaciones de Seguridad Social. (ii) Sobre recargo de prestaciones de Seguridad Social por falta de medidas de seguridad en materia de prevención de riesgos. (iii) Sobre responsabilidad civil en reclamación de indemnización de daños y perjuicios causados al trabajador por adquirir enfermedad profesional en el trabajo frente a la empresa.

La cuestión que se suscitó era la de si el empresario era responsable civilmente por los daños sobre la salud de trabajadores causados en la franja temporal en la que la exposición a tal sustancia se permitía por el Derecho. La respuesta fue positiva pues se consideró que estábamos en el ámbito de la responsabilidad por riesgo o cuasi objetiva que se proyecta sobre actividades empresariales Como señala la Sala de lo Social del Tribunal Supremo en la STS de 1 de febrero de 2012 (Rº 1655/2011): *"la existencia de una normativa que obligaba a la empresa a tomar medidas que, aun de carácter genérico en ocasiones, venían establecidas para evitar una contaminación que en aquellos momentos ya se conocía como posible, y el hecho de que la empresa no haya acreditado haberla cumplido conforme a las exigencias contenidas en tales normas, obliga a entender que la enfermedad contraída por el demandante deriva de aquel incumplimiento empresarial y por lo mismo que las consecuencias nocivas le son imputables a título de culpa a quien incumplió tal normativa"*. De este modo, "si la relación de causalidad se ha establecido con carácter general, bastará demostrar que cada demandante concreto se encontraba en situación de ser alcanzado por aquella causa para que se pueda presumir la causalidad y corresponda al demandado la carga de la prueba de la exclusión" (Díez-Picazo, 1999: 168).

70. La interposición de demandas o pretensiones de forma separada puede llevar consigo el riesgo de pronunciamientos separados en estos casos. Ello explica que se estén abriendo paso fórmulas de distinto tipo para canalizar acciones de carácter colectivo para este tipo de situaciones.

A título de ejemplo, el art. 80.1 del RGPD establece que:

> *"el interesado tendrá derecho a dar mandato a una entidad, organización o asociación sin ánimo de lucro que haya sido correctamente constituida con arreglo al Derecho de un Estado miembro, cuyos objetivos estatutarios sean de interés público y que actúe en el ámbito de la protección de los derechos y libertades de los interesados en materia de protección de sus datos personales, para que presente en su nombre la reclamación, y ejerza en su nombre los derechos contemplados en los artículos 77, 78 y 79, y el derecho a ser indemnizado mencionado en el artículo 82 si así lo establece el Derecho del Estado miembro".*

71. En la actualidad, el régimen de acciones colectivas en el orden civil está previsto en el artículo 11 de la LEC. Son acciones que ejercita una asociación en nombre de la colectividad afectada por un mismo hecho dañoso, siempre que se trate de consumidores y usuarios (no en otro caso). En el ámbito laboral el art. 17.2 de la LJS establece que: *"Los sindicatos con* *implantación suficiente en el ámbito del conflicto están legitimados para accionar en cualquier proceso en el que estén en juego intereses colectivos de los trabajadores, siempre que exista un vínculo entre dicho sindicato y el objeto del pleito de que se trate; podrán igualmente personarse y ser tenidos por parte en dichos procesos, sin que tal intervención haga detener o retroceder el curso de las actuaciones".*

Por su parte, el llamado en el art. 86 bis LJS «procedimiento testigo» regula una técnica de gestión de litigios con idéntico objeto y misma parte demandada. Las finalidades de esta técnica son las mismas que las de la acumulación de procesos: evitar resoluciones contradictorias en pleitos análogos y economizar recursos. En la jurisdicción social, la técnica se concibe como subsidiaria de la acumulación: se impone el procedimiento testigo cuando las acciones no fueran susceptibles de acumulación o no se hubiera podido llevar a cabo la acumulación. La imposición del procedimiento testigo corresponde al órgano jurisdiccional cuando se tramiten ante él una pluralidad de procesos con idéntico objeto y misma parte demandada. «Pluralidad de procesos» parece exigir más de dos, máxime si se tiene en cuenta que el procedimiento testigo puede ser más de un proceso y habida cuenta de los efectos negativos que produce en los procedimientos suspendidos.

4. La distribución social de los daños y la Seguridad Social

72. Como es sabido, en materia de accidentes de trabajo y enfermedades profesionales el empresario tiene una obligación reparadora, objetiva, que cumple compensando los daños causados al trabajador en los términos legalmente establecidos. Dicha responsabilidad es absolutamente ajena a cualquier tipo de culpa o negligencia, lo que permite garantizar una eficaz protección al trabajador ante la evidencia de que numerosos accidentes se deben a casos fortuitos, por lo que la protección del daño sólo se consigue objetivando la responsabilidad.

73. Como ha señalado Desdentado, "existe una responsabilidad del empresario por los accidentes de trabajo, que no se ha socializado a través del sistema público de Seguridad Social, sino que se ha asegurado obligatoriamente dentro de ese sistema, aunque sólo hasta el límite de la reparación consistente en las prestaciones legales. La Seguridad Social sigue "asegurando" una responsabilidad empresarial objetiva y limitada, la misma que cubría el Seguro de Accidentes de Trabajo, lo que ocurre es que lo que hasta 1967 era claro y manifiesto, desde entonces está oscurecido por el velo retórico de una socialización imperfecta. Pero lo que importa es la realidad de las instituciones y no las declaraciones programáticas".

74. El segundo dato que hay que tener en cuenta es que, al menos desde que nació en 1967 el actual sistema de Seguridad Social, ha desaparecido la regla de inmunidad: las prestaciones de la Seguridad Social son compatibles con las indemnizaciones derivadas de la responsabilidad "civil" del empresario. De una responsabilidad única, tasada y excluyente, se ha pasado a una responsabilidad abierta a la acumulación.

Doctrinas como la de la compatibilidad de las prestaciones laborales y las generosamente aplicadas indemnizaciones civiles hallan su fundamento sociológico en un prejuicio judicial según el cual las prestaciones económicas previstas legalmente para los supuestos de accidente de trabajo o enfermedad profesional resultan, dado el tipo de daño producido insuficientes. A ello se añade la idea de que no hay razones que justifiquen que el daño moral, absolutamente típico en cuantas actividades afectan a la vida e integridad física de terceros, no se incluya en la compensación económica que se obtiene a través de las prestaciones de la Seguridad Social dado que éstas, en cuanto que responden a la lógica de la responsabilidad objetiva, sólo alcanzan al daño normal, abstractamente previsible, que deriva del accidente de trabajo.

Quizá esa percepción de que las prestaciones de la Seguridad Social resultan, en la inmensa mayoría de los casos, insuficientes para reparar el perjuicio causado al trabajador, es una de las causas que justifica las previsiones del art. 168.3 de la LGSS, que expresamente reconoce al trabajador accidentado la posibilidad de exigir las indemnizaciones que correspondan a los presuntos responsables civil o criminalmente, posibilidad que el trabajador puede hacer efectiva sin que ello afecte o perjudique su derecho a percibir las correspondientes prestaciones de la Seguridad Social.

IX. Los espacios asegurables e inasegurables en lo laboral. Las fórmulas alternativas

1. *Larga vida a la responsabilidad civil en lo laboral*

75. El auge de los sistemas de aseguramiento ha sido considerado la causa del ocaso de la responsabilidad civil. Como señala De Ángel, "todo induce a vaticinar que llegará el día en que la mayor parte de los daños que podamos causar con nuestro comportamiento, van a encontrarse cubiertos por una póliza de seguro, de manera que ya no habrá ejercicio de acciones de responsabilidad civil, salvo en la subrogación que compete a las compañías aseguradoras, sino en acciones derivadas del contrato de seguro".

En lo laboral existen grandes espacios objeto de aseguramiento, tanto obligatorio como voluntario, pero son todavía muchos los territorios que quedan al margen de la posibilidad de aseguramiento.

76. En el caso de los accidentes de trabajo cabe encontrar un primer nivel básico y obligatorio de cobertura de la responsabilidad patrimonial garantizado para todos los trabajadores e integrado en el marco del sistema público de Seguridad Social. Un segundo nivel complementario y voluntario," que garantiza la percepción de prestaciones trabajadores de aquellas empresas que lo asumen de forma voluntaria a través de seguros colectivos y que vienen establecidos a través de convenios colectivos". Y, en fin, "también de forma voluntaria queda abierta la posibilidad de que el empresario contrate un seguro de daños para dar cobertura a las indemnizaciones suplementarias derivadas de las reclamaciones de responsabilidad civil derivados del accidente de trabajo" (Correa, 2008: 107).

Pero, sin embargo, resultan inasegurables las sanciones administrativas; o el recargo de prestaciones. El art. 164.2 de la LGSS contiene una prohibición específica de aseguramiento a tenor del cual "la responsabilidad del pago del recargo establecido en el apartado anterior recaerá directamente sobre el empresario infractor y no podrá ser objeto de seguro alguno, siendo nulo de pleno derecho cualquier pacto o contrato que se realice para cubrirla, compensarla o transmitirla".

77. Desde una perspectiva voluntaria el seguro de responsabilidad civil empresarial, cubre únicamente la responsabilidad civil extracontractual, excluyendo la contractual. La responsabilidad civil que se exige al empresario-asegurado como consecuencia del ejercicio de una actividad económica organizada o empresarial es, generalmente, de carácter extracontractual, dado que entre empresario y perjudicado no existirá, frecuentemente, un vínculo contractual. Entre las responsabilidades civiles cubiertas mediante esta modalidad de seguro destacan la del principal por actos de sus dependientes prevista en el art. 1903.4º del CC.

Carecen de aseguramiento las reclamaciones por incumplimiento de las obligaciones generales del empresario. En efecto, los incumplimientos del empresario de sus obligaciones generales en materia laboral, contractuales o extracontractuales, relativas al pago de los salarios, afiliación a la Seguridad Social, altas y bajas de los trabajadores, cotizaciones o incumplimientos de convenios, suelen excluirse de la cobertura de la póliza de responsabilidad civil patronal, por entenderse que no son daños personales y que constituyen riesgos que debe asumir el empresario, como parte de su riesgo económico empresarial.

78. La pérdida del empleo del trabajador se encuentra asegurada a través de la prestación por desempleo. Como es sabido el art. 263 de la LGSS establece dos niveles de protección, el contributivo y el asistencial, ambos de carácter público y obligatorio. La finalidad del nivel contributivo de protección es la de «proporcionar prestaciones sustitutivas de las rentas salariales dejadas de percibir como consecuencia de la pérdida de un empleo anterior o de la reducción de la jornada». El carácter contributivo de la prestación se observa fundamentalmente en la regulación de los siguientes elementos básicos: requisitos de acceso o para su concesión, reglas determinantes de la duración y elementos condicionantes de la cuantía. El nivel asistencial de protección por desempleo tiene como objetivo garantizar protección económica a aquellos que muestran insuficiencia de medios.

Pero no lo está la indemnización por despido. Así se ha evaluado la posibilidad de implantación de un sistema de seguro para la financiación del despido en España. La Ley 35/2010, de 17 de septiembre, preveía en su DA 10 la creación de un fondo de capitalización similar al existente en Austria cuyo objetivo era incrementar la estabilidad en el empleo y fomentar la movilidad laboral, así como la formación para el empleo a lo largo de toda la vida laboral. En el denominado «Fondo austriaco», establecido por Ley Federal sobre la Previsión Empresarial de los Trabajadores (Bundesgesetz über die betriebliche Mitarbeitervorsorge), el trabajador cuenta con un sistema de indemnización por despido que funciona como un fondo de ahorro, que puede mantener, aunque cambie de trabajo y que el Estado incentiva utilizar como complemento a la pensión pública. Esta "hucha" o "mochila", como la definen en Austria, se va llenando con la aportación mensual de la empresa. La cotización está fijada en el 1,53% del salario bruto (incluidas pagas extraordinarias). El trabajador que tiene derecho a percibir la indemnización/capital al extinguirse la relación laboral puede elegir entre el cobro en efectivo del capital, el mantenimiento de la cuenta en la Caja donde está depositado, la transferencia del capital a la Caja donde esté adherida su nueva empresa o la transferencia del mismo a una Caja de Pensiones o a una compañía de seguros. También se puede disponer de la indemnización o capital cuando el trabajador alcanza la edad de jubilación o cuando transcurren, al menos, cinco años sin efectuar cotizaciones a una Caja de Previsión Empresarial.

2. *¿Seguros del futuro?*

79. Alterini ponía de manifiesto que, en el futuro, "cada uno estará precisado a cuidar de sí mismo, a estimar cuánto vale su vida, su salud, sus bienes y a proveer por su cuenta exclusiva algún mecanismo para que alguien (que no sea quien los causó) se haga cargo de los daños. Quienes estén en situación de hacerlo, nos decía, tomarán una póliza de seguro por accidentes personales (first-party insurance): si llegan a sufrir daños, el problema pasará a sus aseguradoras que pagarán los siniestros con arreglo al forfait contratado, y luego arreglarán cuentas con quienes los causaron, o con las aseguradoras de éstos (third-party insurance)" (Citado por Llamas, 2020: 43)

80. La Resolución del Parlamento Europeo, de 16 de febrero de 2017, con recomendaciones destinadas a la Comisión sobre normas de Derecho civil sobre robótica recomendaba que, cuando realice una evaluación de impacto de su futuro instrumento legislativo, se explore, analice y considere las implicaciones de todas las posibles soluciones jurídicas, tales como: a) establecer un régimen de seguro obligatorio en los casos en que sea pertinente y necesario para categorías específicas de robots, similar al existente para los automóviles, en el que los fabricantes o los propietarios de robots estarían obligados a suscribir un contrato de seguro por los posibles daños y perjuicios causados por sus robots.

3. *La fórmula de la indemnización a través de "Fondos"*

81. Como señala De Ángel otro rasgo saliente del régimen de responsabilidad civil en nuestros días es el constituido por la fórmula de reparación de daños a través de "fondos" establecidos para resarcir perjuicios de singular naturaleza. Se trata "de una fórmula de relativa socialización de los daños, en la medida en que una clase o colectividad de eventuales causantes de daños adquiere, normalmente por imperativo legal, el deber de indemnizar a las víctimas de acuerdo con las reglas que vienen impuestas por la propia constitución del Fondo" (De Ángel, 1995: 86).

Es el caso de la Ley 21/2022, de 19 de octubre, por la que se crea el fondo de compensación para las víctimas del amianto ("FCVA"). El objetivo principal del FCVA es proporcionar una compensación económica a las personas que han desarrollado enfermedades relacionadas con el amianto como resultado de su trabajo en lugares donde se utilizaba este material. Serán beneficiarias de la reparación íntegra a cargo del Fondo de Compensación para las Víctimas del Amianto por los daños y perjuicios sobre la salud resultantes de una exposición al amianto padecidos en ámbito laboral, doméstico o ambiental en España: a) Las personas que hayan obtenido el reconocimiento de una enfermedad profesional ocasionada por el amianto. b) Las personas con una enfermedad que no pueda ser reconocida como profesional, pero de la cual se haya determinado o pueda determinarse que su causa principal o coadyuvante haya sido su exposición al amianto. c) Las personas causahabientes de los beneficiarios mencionados en las letras anteriores, en los términos que se determinen reglamentariamente. El diagnóstico y la valoración de la enfermedad, su calificación y revisión, así como la determinación de su causa o del fallecimiento se realizarán por los equipos de valoración que se determinen reglamentariamente.

82. Pero como también señala De Ángel "no es infrecuente la constitución de fondos de indemnización en casos en que no se prevé la contienda judicial (o precisamente en hipótesis en que esa contienda se deshecha como indeseable tanto por el causante del daño por las propias víctimas), esto es, en circunstancias en las que la finalidad reparadora se contempla desde un punto de vista rigurosamente extrajudicial" (De Ángel, 1995: 90).

Capítulo 2

DAÑOS PRECONTRACTUALES

Bibliografía: ALAMEDA CASTILLO, M. T., *Estadios previos al contrato de trabajo y discriminación*, Pamplona, Aranzadi, 2014. ALFARO ÁGUILA-REAL, J., *Introducción: función económica de las cláusulas penales en el marco del cumplimiento de los contratos*, Almacén del Derecho, Ago 14, 2017. ALFONSO MELLADO, C. A., *Indemnizaciones entre empresarios y trabajadores antes y durante el desarrollo de la relación laboral*, Valencia, Tirant lo Blanch, 1994. ALZAGA RUIZ, I. *La relación laboral de los artistas*, Madrid, CES, 2001. Id, *Los tratos preliminares y el precontrato de trabajo: Un estudio sobre su concepto, las consecuencias derivadas de su incumplimiento y la jurisdicción competente para conocer de los litigios nacidos de las actividades preparatorias del contrato de trabajo*, Documentación Laboral, 2001, nº 65, pp. 65 a 92. Id. *Los tratos preliminares en el sector taurino: ¿existe responsabilidad in contrahendo? Comentario a la Sentencia del Juzgado de lo Social núm. 1 de Cádiz de 12 de febrero de 2008)*, Revista Aranzadi de Derecho de Deporte y Entretenimiento, 2008, núm. 23. Id. *La indemnización por daños y perjuicios en los supuestos de incumplimiento del precontrato de trabajo*, Revista Española de Derecho del Trabajo, 2016, nº 183, pp. 87-116. ASÚA GONZÁLEZ, C, *La culpa in contrahendo (Tratamiento en el Derecho alemán y presencia en otros ordenamientos)*, Bilbao, 1989. CARDENAL CARRO, M.: *Las denominadas listas de espera para la contratación, especialmente en el organismo autónomo de Correos y Telégrafos*, Aranzadi Social, 1998-V. I. CARRASCO PEREA, A., *Derecho de contratos*, Pamplona, Aranzadi, 2017, 2ª ed., pp. 97-117. CASTRO Y BRAVO, F., *La promesa de contrato (algunas notas para su estudio)*, ADC, 1950, III, pp, 1133-1186. FERNÁNDEZ-COSTALES MUÑIZ, J., *¿Precontrato o contrato de trabajo? Una delimitación siempre difícil*, Revista Española de Derecho del Trabajo, 1999, nº 95, pp. 445-452. FERNÁNDEZ DOMÍNGUEZ, J. J. *La delimitación entre deportista aficionado y profesional. Importancia sustancial y procesal de la calificación. Incumplimiento del precontrato y aplicabilidad de su cláusula penal*, PJ, 1992, nº 25, pp. 145-150. GONZÁLEZ-POSADA MARTÍNEZ, E., *La perfección del contrato de trabajo como origen de derechos y obligaciones*, Poder Judicial, 1986, nº 1, pp. 131-136. GARCÍA RUBIO, M P. *La responsabilidad contractual en el Derecho español*, Madrid 1991. GARCÍA RUBIO, M. P. y. OTERO CRESPO, M., *La responsabilidad precontractual en el Derecho contractual europeo*, Indret. 2010, nº 4. HURTADO GONZÁLEZ, L. *Artistas en espectáculos públicos: régimen laboral, propiedad intelectual y Seguridad Social*, La Ley, Madrid, 2006. IGLESIAS CABERO, M., *La cláusula penal en el contrato de trabajo*, Actualidad Laboral, 1985, nº 12, pp. 673-681. LASAOSA IRIGOYEN, E., *Competencia jurisdiccional en las cuestiones litigiosas derivadas de los estadios previos a la contratación laboral*, Revista Española de Derecho del Trabajo, 1999, nº 98, pp. 905-922. LIMÓN LUQUE, M. A. y ESPÍN SÁEZ, M., *La extinción del contrato de trabajo previa al inicio de la prestación efectiva de trabajo ¿constituye despido?*, Aranzadi Social, 2003, nº 12, pp. 51-79. LLAMAS POMBO, E. *Una reflexión sobre la ruptura injustificada de los tratos preliminares*, Práctica de Derecho de Daños, 2021, nº 148, 1 de julio de 2021. LÓPEZ CUMBRE, L., *El plazo de prescripción del precontrato laboral*, Análisis GA_P, 2020, Abril. MARTÍNEZ GIRÓN, J., *El precontrato de trabajo en la jurisprudencia*, Revista Española de Derecho del Trabajo, 1984, nº 19, pp. 447 a 455. Id. *El precontrato de trabajo, límites normativos y práctica judicial*, Actualidad Laboral, 1994, nº 42, pp. 657 a 667. MARTÍNEZ SALDAÑA, D., *La cuantificación de los daños y perjuicios materiales y morales en el incumplimiento de un precontrato de trabajo*, Nueva Revista Española de Derecho del Trabajo, 2024, nº 278. MELLA MÉNDEZ, *El precontrato de trabajo*, Madrid, Reus, 2010. Id. *La responsabilidad civil por daños en el contrato de trabajo, en AA.VV., La responsabilidad civil por daños en las relaciones laborales*: XXIII Congreso Nacional de Derecho del Trabajo y de la Seguridad Social, Madrid,

Cinca, 2013, pp. 161-254. PANTALEÓN PRIETO, F., *Responsabilidad precontractual: propuestas de regulación para un futuro Código Latinoamericano de Contratos* ADC, tomo LXIV, 2011, fasc. III. ROQUETA BUJ, R., *El trabajo de los artistas*, Valencia, Tirant lo Blanch, 1995. SÁNCHEZ-RODAS NAVARRO, C., *El precontrato de trabajo: régimen jurídico*, Pamplona, Aranzadi, 2010. SEMPERE NAVARRO, A. V., *La preparación del contrato de trabajo*, Documentación Laboral, 1991, nº 34, pp. 13-65. VALDES DAL-RE, F., *Tratos preliminares y condiciones de trabajo*, Revista de Política Social, 1976, nº 111, pp. 112-117.

I. Marco de la responsabilidad precontractual

1. Por regla general, el acuerdo de voluntades (en definitiva, la celebración del contrato) se logra de un modo rápido y sencillo, sin que haya habido discusión entre el empresario y el trabajador, tal y como ocurre cuando una persona se limita a aceptar la propuesta que otra persona le hace. Sin embargo, en ocasiones las partes, antes de decidirse a contratar, mantienen negociaciones o conversaciones más o menos prolongadas durante las cuales discuten propuestas y el acuerdo de voluntades, de producirse, es el resultado de tratos preliminares o tratos previos.

La constelación de casos que pueden ser incluidos dentro de las situaciones precontractuales es muy variada y cabe su diferenciación a tenor del fin específico que cada acto persiga directamente en el *iter* formativo del contrato.

> "Todos estos supuestos de ruptura de los tratos preliminares constituyen una verdadera encrucijada metafísica para el civilista: si por hipótesis nos encontramos en una fase previa al concurso entre la oferta y la aceptación que permite hablar de consentimiento contractual y, por tanto, de contrato y de toda clase de obligaciones; y si desde los viejos postulados liberales que presiden nuestra teoría general de las obligaciones y contratos, ¡«sólo el consentimiento obliga»; ¿cómo es posible que podamos imputar una responsabilidad a quien todavía no ha consentido, no se ha obligado?" (Llamas Pombo, 2021).

2. Las indemnizaciones que se plantean en estos estadios previos poseen rasgos característicos. Como ha señalado Mella Méndez (2013: 174-175), por un lado, derivan de "figuras jurídicas de no siempre fácil distinción: meros tratos preliminares, un precontrato o un verdadero contrato de trabajo sometido a condición suspensiva. La distinción de dichas figuras no siempre resulta clara, pero siempre es importante, pues de ella puede depender el alcance de la indemnización o el orden jurisdiccional competente". Por otro lado, se trata de figuras que no se encuentran "previstas expresamente en el Derecho del Trabajo. A la hora del cálculo de la indemnización se atenderá al criterio del órgano jurisdiccional y a los diferentes tipos de daños". Y, en fin, de definen por su "carácter bidireccional, en el sentido, de que pueden ser exigidas por cualquiera de las partes, si bien la mayoría de reclamaciones son del trabajador, en cuanto el que suele incumplir su obligación es el empresario".

II. Daños derivados de la ruptura de tratos preliminares

1. Delimitación conceptual

3. Los tratos preliminares pueden consistir, bien en conversaciones iniciales destinadas a conocer las intenciones de las partes, delimitar los temas de discusión o remover los eventuales obstáculos que se presenten, bien en manifestaciones escritas que tienden a fijar el resultado de la negociación y el esquema del futuro contrato. Puede resultar difícil establecer la línea divisoria entre lo que son meros tratos preliminares o acuerdos de intenciones, con lo que, en una segunda fase, se denomina precontrato.

Como, a título de ejemplo, dice la STSJ de Cataluña de 8 de marzo de 2010 (Rº 1377/2009), aun cuando las negociaciones avanzaron bastante hasta el punto de manejarse cifras y fechas, la oferta no se plasmó en datos concretos emitidos por persona competente dentro de la empresa demandada (los mensajes de la responsable de Recursos Humanos no contienen datos concretos) y difícilmente cabe hablar de la existencia de un precontrato entre las partes.

4. En los tratos preliminares nos encontramos ante sólo esbozos, insinuaciones y manifestaciones de voluntad hacia un fin común, mientras que el precontrato viene caracterizado por la concreción de unos elementos suficientemente determinantes para la constitución de un contrato definitivo, a la espera exclusivamente de la aceptación de la otra parte.

En 2007, el actor, rejoneador de toros, suscribió con la empresa demandada un documento, por el que se comprometía a tomar parte en una corrida como rejoneador para la lidia y muerte de dos reses el 10 de junio de 2007. En el documento no se concretaba la remuneración a percibir por el rejoneador y su cuadrilla, ni las reses que se lidiarían esa tarde, pues no se había llegado a un acuerdo al respecto, aunque sí se reflejaban otros extremos como el lugar y la fecha de la corrida o las consecuencias derivadas de la suspensión de la corrida por fuerza mayor. El 4 de junio de 2007, el apoderado del rejoneador remitió burofax a la empresa y solicitó que se acordase de mutuo acuerdo la ganadería actuante y los honorarios a percibir por su representado. En términos similares se remitió un nuevo burofax el 8 de junio de 2007. La empresa contestó por correo ordinario y concretó los dos extremos mencionados: la ganadería y la remuneración acordada, pero no consta en autos que el rejoneador recibiera esta última carta. La empresa puso en conocimiento de la Comisión de Seguimiento, Vigilancia y Control del Convenio Colectivo Nacional Taurino que el rejoneador no se presentó en la plaza de toros el día acordado y denunció incumplimiento del contrato de trabajo suscrito entre las partes. Por su parte, el actor solicita del juzgado que se declare la inexistencia de vínculo laboral entre él y la empresa demandada, así como que el documento suscrito entre ambos no tiene la consideración de contrato de trabajo al carecer de los elementos esenciales que lo conforman.

Concluye el Juzgado de lo Social núm. 1 de Cádiz de 12 de febrero de 2008 que (Un excelente comentario de Alzaga Ruiz, 2008):

«En el documento que se nos presenta, a la firma de este no quedaban determinados dos elementos que consideramos esenciales, por una parte, el precio o retribución [...] y la ganadería a la que pertenecían las reses a rejonear [...]. Por otra parte, la falta de acreditación por parte de la demandada de la alegación que efectúa de que el demandante conocía el precio concertado de 8.000 euros y la ganadería, nos lleva a concluir que estamos ante unos tratos preliminares sin que se haya perfeccionado contrato alguno entre las partes, por la falta de aceptación de éstos por la otra parte, lo que implicaría que no ha existido incumplimiento contractual alguno al no existir contrato de trabajo perfeccionado faltando la formalización de elementos esenciales [...]». En base a lo anterior, el juzgador estima la demanda interpuesta por el rejoneador y declara que «no existe contrato laboral perfeccionado entre las partes con las consecuencias jurídicas que ello implicare», esto es, como regla general, la incompatibilidad de interponer reclamaciones derivadas del alejamiento de posiciones no las conversaciones previas a la celebración de un contrato, a no ser que haya existido una conducta dolosa o culposa de alguna de las partes, extremo que no ha quedado acreditado en el presente supuesto.

2. *Negociaciones para la celebración de un futuro contrato y exigencia de buena fe*

5. La mera circunstancia de entablar negociaciones con miras a celebrar en el futuro un determinado contrato no crea entre los sujetos una verdadera relación jurídica. Pero la puesta en contacto que esas negociaciones o tratos entraña sí le somete la buena fe (arts. 7.1 y 1258 del CC).

Como recordó el Tribunal Supremo (Social), en su Sentencia de 2 de mayo de 1984 (RJ 2950/1984), "faltando el concierto de voluntades referido a elementos básicos del contrato, éste no ha nacido, de acuerdo con los arts. 1254 y 1258 del CC en relación con el 1262 CC, ni han quedado por consiguiente vinculadas aquellas partes que de haberse conseguido tal confluencia hubieran sido contratantes, compatible todo ello con la obligación de indemnizar que haya podido surgir para la empresa y en favor del trabajador a consecuencia de los tratos preliminares (...)".

Es cierto que las partes, del mismo modo que son libres de entablar negociaciones dirigidas a la formación de los contratos, también lo son para, una vez iniciadas, abandonarlas en cualquier momento, sin responder por ello. Sin embargo, quienes intervienen en los llamados tratos previos han de acomodar su comportamiento a la buena fe (arts. 7.1 y 1258 del CC), esto es, al modelo de conducta admisible en la situación de que se trate. La buena fe opera como un imperativo que condiciona y, al fin, limita aquella libertad. Su incumplimiento engendra en el infractor una responsabilidad precontractual o culpa «*in contrahendo*» que le obliga a reparar los daños y perjuicios que haya ocasionado al otro.

> Los Principios Europeos del Derecho de Contratos (PECL) aplican explícitamente el principio de buena fe a las negociaciones precontractuales y sus consecuencias. El art. 2:301 PECL relativo a «Negociaciones contrarias a la buena fe» establece: 1) Las partes tienen libertad para negociar y no son responsables en caso de no llegar a un acuerdo. 2) Sin embargo, la parte que hubiere negociado o roto las negociaciones de manera contraria a las exigencias de la buena fe, será responsable de las pérdidas causadas a la otra parte. 3) En especial es contrario a la buena fe que una parte entable negociaciones o prosiga con ellas si no tiene intención alguna de llegar a un acuerdo con la otra parte.

6. Como con su habitual agudeza señala Pantaleón (2011: 907): "la mera confianza en que la otra parte cumplirá lo pactado sin la forma legalmente exigida no basta: el que libremente confía en una «palabra de caballero», en vez de confiar en el Derecho, tendrá que conformarse si, a la postre, el «caballero» no cumple su palabra no formalizada conforme a Derecho. Y el que desee una protección mayor para sus gastos e inversiones precontractuales, que trate de acordarla de antemano con aquél con quien va a iniciar o mantiene las negociaciones. Si no lo hace así, o no lo consigue, gastará e invertirá a su propio riesgo". Pero, "excepcionalmente, la solución habrá de ser la contraria cuando concurran circunstancias que justifiquen una «confianza cualificada» de la otra parte en que el contrato finalmente se formalizaría".

Un ejemplo del alcance del deber de buena fe en los tratos preliminares de la relación laboral y de las consecuencias de su incumplimiento lo ofrece el siguiente supuesto:

> Argentaria tenía previsto contratar tres personas para ocupar puestos de trabajo en "activos inmobiliarios" en Baleares. Dña Rosa fue una de las personas seleccionadas restando sólo formalizar la relación por escrito. Convencida de que la contratación tendría lugar, procedió apresuradamente a liquidar el negocio de venta al por menor de ropa infantil que venía explotando en persona. La empresa, finalmente, no formalizó la contratación. La trabajadora solicita una indemnización de daños y perjuicios. La empresa sostiene que el hecho de haber creado en la actora la expectativa firme de ser seleccionada no basta para generar culpa extracontractual, argumentando que en un proceso de selección es mínima diligencia exigible al candidato de no tenerse por seleccionado hasta que se produzca una comunicación positiva de la empresa y, en el presente caso, no se produjo. La sentencia de instancia no otorga indemnización por el concepto de lucro cesante, sino por las pérdidas que acarreó la liquidación apresurada del negocio que atendía personalmente y del que se desprendió movida por la necesidad, ya que su mantenimiento resultaría incompatible con el desempeño del esperado nuevo empleo, así como por los daños morales causados.

7. Considera la Sentencia del Tribunal Superior de Justicia de Islas Baleares de 10 de marzo de 1997 (AS\1997\1007) que:

> La mera circunstancia de entablar negociaciones con miras de celebrar en el futuro un determinado contrato —en el caso presente, intervenir en un proceso de selección de personal para desempeñar puestos de trabajo— no crea entre los sujetos una verdadera relación jurídica. Pero la puesta en contacto que esas negociaciones o tratos entraña, sí les somete recíprocamente a respetar durante dicha fase preliminar ciertos deberes que emanan del general de actuar en toda relación social con arreglo a los dictados de la buena fe (arts. 7.1 y 1258 CC), cuyo incumplimiento engendra en el infractor una responsabilidad precontractual o culpa *in contrahendo"* que le obliga a reparar los daños y perjuicios que haya ocasionado al otro.
>
> En el supuesto litigioso se declara probado que «Argentaria» tenía el propósito de contratar a tres personas para un determinado departamento de la empresa en Palma de Mallorca; que la actora fue una de las personas seleccionadas restando sólo formalizar la relación por escrito; que, sin embargo, definitivamente no se le contrató, sin que ninguna de las codemandadas le avisara de ello; y que la actora, convencida de que la contratación tendría lugar, procedió apresuradamente a liquidar el negocio de venta al por menor de ropa infantil que venía explotando en persona. Se sigue de aquí que las empresas codemandadas suscitaron en la demandante la creencia firme y fundada de que se le adjudicaría uno de los puestos de trabajo; y aunque ciertamente el dato no conllevaba el deber jurídico de celebrar el contrato laboral, tenían, con arreglo a la buena fe, el de no lesionar la confianza que habían provocado en la otra parte de que se celebraría, lo que exigía de ellas que tan pronto se tomó la decisión de no contratar a la actora, con toda probabilidad porque las plazas ofertadas se redujeron finalmente a dos, debieron comunicarle de inmediato a la interesada para que su legítima expectativa se desvaneciera. No lo hicieron y tal omisión les obliga, por virtud de lo que dispone el art. 1902 del CC, a indemnizar los daños y perjuicios que derivaron de su desidia (...).

3. *Requisitos para el nacimiento de la obligación de indemnizar los daños derivados de la ruptura injustificada de los tratos preliminares*

8. Es unánime la jurisprudencia del orden civil que requiere los siguientes requisitos para el nacimiento de la obligación de indemnizar los daños derivados de la ruptura injustificada de los tratos preliminares (Llamas Pombo, 2021):

(i) Debe existir objetivamente una razonable situación de confianza en la celebración del contrato.

(ii) Es crucial el carácter injustificado de la ruptura. La ruptura no requiere invocar justa causa, pero ha de ajustarse, por imperativo de lo dispuesto en los arts. 7.1 y 1258 del CC, a la buena fe en sentido objetivo que, consistente en el deber de observar un comportamiento honesto y leal, ajustado a los cánones éticos imperantes, integra las relaciones contractuales y se requiere en el ejercicio de los derechos.

(iii) Debe producirse un resultado dañoso efectivo.

(iv) Ha de objetivarse una relación de causalidad entre la ruptura injustificada y daño cuyo resarcimiento se exige.

En 2021, Madrid Destino publicó una oferta de empleo para cubrir un puesto de técnico especialista en comunicación, bajo un contrato de obra o servicio con una duración estimada de dos años. La trabajadora fue seleccionada en noviembre del mismo año, pero no se le indicó la fecha de inicio hasta enero de 2022. Mientras tanto, la demandante renunció a su puesto en el Canal de Isabel II, donde trabajaba previamente. En 2022, entró en vigor el Real Decreto-ley 32/2021, que derogaba los contratos de obra, imposibilitando que se celebraran bajo las condiciones ofertadas inicialmente. Así, Madrid Destino ajustó la duración del contrato de la trabajadora a seis meses, lo que motivó la demanda en la que solicitaba la nulidad del despido o su improcedencia. Además, solicitó una indemnización por los 18 meses restantes hasta completar los dos años ofertados. Entiende la STSJ Madrid de 30 de mayo de 2024 (Rº 141/2024), que la empresa no está obligada a mantener las condiciones ofertadas en el anuncio de empleo si durante el proceso entra en vigor una norma que afecta al contrato. La empresa no pudo respetar el plazo de dos años inicialmente previsto, pues ello supondría incumplir el marco legal vigente. Se dio un caso, en definitiva, de "causa de fuerza mayor derivada de la reforma legislativa de tal contrato de obra que impedía que se suscribiera tal contrato por un plazo superior. Por un lado, como hemos indicado la oferta de empleo, que no precontrato, indicaba una duración "estimada" sin fecha cierta de comienzo de la prestación de servicios y por otro lado en todo caso la demandada estaba vinculada por la legalidad existente a la fecha de la suscripción del contrato, sin que esa oferta de empleo pueda vincularle hasta el extremo de hacerle incurrir en una ilegalidad".

4. La naturaleza contractual o extracontractual de los daños

9. Cuestión controvertida es la naturaleza contractual o extracontractual de estos daños. La más cualificada doctrina (Pantaleón, 2011) parte de esta segunda consideración dado que la generalidad de los sistemas de responsabilidad extracontractual de los ordenamientos jurídicos latinoamericanos está basada en «sistemas de cláusula general» o de numerus apertus de los daños potencialmente indemnizables y no en «sistemas de tipificación» o numerus clausus como el alemán.

Característica del Derecho alemán es la construcción, incorporada a los apartados (2) y (3) del § 311 BGB en la profunda reforma del año 2002, de que los deberes precontractuales de conducta integran una relación obligatoria preexistente, nacida ex lege entre quienes inician negociaciones contractuales, preparan un contrato o entablan un contacto negocial análogo; y nacida, incluso, para con cierta categoría de personas que no van a ser parte del contrato de que se trata.

10. La responsabilidad se fundamenta en el art. 1902 del CC y se encontrará limitada a restituir la situación patrimonial anterior al inicio de los tratos preliminares de quien ha sufrido el daño. No debe ponerse en modo alguno en cuestión que quienes se proponen iniciar o mantienen negociaciones para la celebración de un contrato puedan celebrar acuerdos, jurídicamente vinculantes, en los que pacten expresamente o de los que quepa deducir el contenido de sus deberes de conducta en las futuras negociaciones, e incluso determinen las consecuencias de su eventual incumplimiento. La consiguiente responsabilidad por daños será, cuando así suceda, de naturaleza obviamente contractual (Pantaleón, 2011).

11. En la jurisprudencia de la Sala de lo Civil del del Tribunal supremo parece predominar también esa concepción extracontractual de la culpa *in contrahendo*, que casi siempre se apoya en el art. 1902 del CC, aunque no han faltado pronunciamientos proclives a la naturaleza contractual. La Sala de lo Social, sin embargo, acude con frecuencia al fundamento contractual. Como recuerda García Rubio, la citada STS (Social) de 2 de mayo de 1984 (RJ 2950/1984), considera que "los tratos preliminares que, conforme a la doctrina más general, vienen a ser como el elemento objetivo de una relación jurídica precontractual o prenegocial de características propias y específicas". Este párrafo de la sentencia, al aludir a la "relación jurídica prenegocial", opta por la tesis contractual, pues no se debe olvidar, dice la autora, que "en nuestro Derecho el término "responsabilidad precontractual" no es sinónimo de responsabilidad nacida del incumplimiento de un contrato, sino la forma de denominar cualquier relación obligatoria preexistente nazca ésta del contrato, del cuasicontrato o de la ley". En la misma línea, la STS (Social) de 30 de octubre de 1988 (RJ 8183/1988), habla de "relación jurídica precontractual o prenegocial originadora de culpa in contrahendo, declarando de expresa aplicación los arts. 1101 y 1103 del CC.

5. *Daño resarcible. Extensión del «interés contractual negativo»*

12. La doctrina se ha centrado en el interés negativo. Como vuelve a precisar Pantaleón (2011: 907):

> "la indemnización procedente será la que procure dejar al perjudicado por la infracción del deber en la situación en la que se habría encontrado si las negociaciones desleales no se hubiesen iniciado, o si no hubiese llegado a confiar legítimamente en la segura celebración del contrato: una indemnización en la medida del denominado «interés de confianza» o «interés contractual negativo» del perjudicado". Y ello porque "poner a cargo del infractor del deber una indemnización en la medida del denominado «interés en el cumplimiento» o «interés contractual positivo» del perjudicado, que es la dirigida a dejarle en la situación en la que se habría encontrado si el contrato se hubiera celebrado

y cumplido —y la medida indemnizatoria que se compadecería con la errónea tesis de que la lealtad en las negociaciones puede llegar a imponer el deber de no romperlas cuando han alcanzado cierto estadio—, comportaría una injustificable limitación de la libertad de (no) contratar del infractor del deber de lealtad: una injustificable compulsión a contratar".

La indemnización en la medida del interés de confianza puede incluir, además del concepto «gastos, inversiones o desinversiones que han devenido inútiles o perjudiciales», el concepto «oportunidades perdidas de haber celebrado contratos alternativos con terceros».

6. *La ausencia de regulación normativa para los tratos preliminares laborales*

13. El derogado art. 15.3 de la LCT establecía que "*si el empresario exigiese previamente a un trabajador determinado que se le presente para ver si le conviene, en caso de duda, deberá suplirle los gastos hechos justificadamente al efecto, y ello, aunque no llegue a celebrarse el oportuno contrato de trabajo*".

El referido precepto recogía un supuesto indemnizatorio con ocasión de la ruptura de los «tratos preliminares». Este precepto recogía una auténtica responsabilidad patrimonial ex lege (Sempere, 1991: 40). No obstante, para Valdés, quedaría "adicionalmente abierta la acción del art. 1.902 CC, requiriendo la indemnización del «interés contractual negativo» dado que los posibles daños no quedarían enteramente cubiertos con lo dispuesto en el art. 15.3 LCT (Valdés Dal Re, 1976: 113). Se trataba de un supuesto de reparación de daños reales, concretamente, los gastos que hubiesen sido necesarios y justificar la persona llamada, que serán apreciados a falta de acuerdo por el órgano judicial. La responsabilidad surgía cuando se solicitaba la presencia de un trabajador concreto, no en aquellos casos en los que había existido una convocatoria genérica a la que podrían presentarse varios candidatos (Alzaga Ruiz, 2001).

14. En la actualidad, las normas laborales no regulan estas situaciones. Por ello debe entenderse aplicable el régimen civil por lo que los tratos preliminares al contrato de trabajo darán derecho a resarcir los daños reales que una de las partes haya sufrido por un comportamiento doloso o culposo de la otra y ello con independencia de que los tratos se hayan mantenido por el empresario con un trabajador concreto o con una pluralidad, pues en realidad en ese caso, con cada trabajador ha existido esa relación preliminar.

7. *Prueba de los daños*

15. La condición necesaria para obtener la condena al resarcimiento de los daños en caso de transgresión del deber de buena fe en los tratos preliminares o del incumplimiento de una oferta de empleo es que los daños soportados sean debidamente alegados y probados.

La empresa demandada había realizado una entrevista de trabajo con la demandante y le había comunicado por teléfono su intención de incorporarse a la empresa. Dicha incorporación no llegó a producirse demandando la interesada la condena a la empresa por incumplimiento de la oferta de contrato y el pago de una indemnización en concepto de daños y perjuicios causados por el incumplimiento de la promesa de contrato de trabajo. Se solicitaba una indemnización por una cantidad equivalente a un despido improcedente y las correspondientes a las prestaciones por desempleo a las que la demandante habría tenido derecho, tanto contributivas como asistenciales.

La STSJ Andalucía/Granada, de 24 de septiembre de 2002 (Rº 668/2002) señala que la determinación de tales daños indemnizables exige que los mismos estén completamente acreditados, es decir, que no basta la alegación de unos posibles daños y perjuicios causados, sino que éstos respondan a una realidad evidente. La sentencia rechaza la indemnización por una cantidad equivalente a un despido improcedente y las prestaciones por desempleo a las que tendría derecho, tanto contributivas como asistenciales. Y ello dado que el art. 1107 del CC establece que *"los daños y perjuicios de que responde el deudor de buena fe son los previstos o que se hayan podido prever al tiempo de constituirse la obligación y que sean consecuencia necesaria de su falta de cumplimiento"*, entre los que no pueden englobarse ni la cantidad equivalente a la indemnización por despido en otra empresa, ni las prestaciones por desempleo ya que las cotizaciones efectuadas en la anterior empresa perviven y le serán estimadas a la actora en el caso de que con posterioridad a los hechos se encuentre en situación legal de desempleo.

III. Daños en procesos de selección

1. *Indemnizaciones derivadas de actuaciones discriminatorias en procesos de selección*

A) El proceso de selección para ocupar un puesto de trabajo forma parte, sin duda, de los tratos o actuaciones previas a la contratación

16. La participación del trabajador en un proceso de selección no implica, si no va a acompañado de otro tipo de declaraciones o compromisos, ninguna obligación para las partes. Sin embargo, la exclusión del trabajador del proceso selectivo o su descarte para la posible contratación, cuando tal decisión está motivada en razones discriminatorias o lesivas de un derecho fundamental, puede generar a favor del trabajador el derecho a una indemnización por lesión producida.

En este sentido se pronuncia la STSJ de la Comunidad de Valencia, de 22 de octubre de 1998 (Rº 3117/1998) que aprecia discriminación por razón de sexo en el proceso de selección y contratación desarrollado en un Ayuntamiento y confirma la condena al resarcimiento en favor de la demandante en concepto de indemnización por la vulneración de la prohibición de discriminar en el acceso al empleo.

Por su parte, la STSJ Canarias de 22 de diciembre de 2008 (Rº 980/2007) resuelve un supuesto en el que la demandante, reuniendo los requisitos exigidos en la oferta de empleo para un puesto de peón de construcción, y resultando seleccionado por el servicio de empleo junto con otros cuatro candidatos para ser entrevistados por la empresa, fue rechazada por ésta alegando "no disponer la obra donde se necesita personal de baños para mujeres". La sentencia de instancia declaró que la conducta empresarial atenta contra el principio de igualdad de sexos en el acceso al empleo, por ser discriminatoria contra las mujeres y condena a la empresa a poner fin a estas prácticas, dando igualdad de trato e idénticas oportunidades a los hombres y mujeres que deseen incorporarse a su plantilla. La sentencia de suplicación resuelve el recurso de la trabajadora condenando a la empresa al pago de una indemnización por lucro cesante en cuantía equivalente a los salarios dejados de percibir. En concepto de indemnización por daños morales interesa la actora 6000 € atendiendo a la situación de angustia e incertidumbre que, en las circunstancias de especial dificultad para acceder al empleo, máxime atendiendo a que la actora había de atender a dos hijos, le ocasionó el hecho de ser rechazada por ser mujer. Aceptando los parámetros expuestos y a la función, no simbólica, sino reparadora y disuasoria de la indemnización la Sala estimó proporcionada.

B) Ejemplos en la jurisprudencia comunitaria

17. También en el ámbito de la jurisdicción europea se han emitido pronunciamientos que, tras constatar la discriminación en el acceso al empleo, se han pronunciado sobre la indemnización a favor del demandante como compensación por el daño derivado de la discriminación. En este sentido, la STCE de 10 de abril de 1984 (Asunto 14/1983) abordó el caso de dos trabajadoras que habían sido excluidas de un proceso de selección por razón de su sexo y en su lugar el empresario contrató a varones con menor cualificación. Planteada la demanda ante un tribunal alemán, el órgano jurisdiccional declaró la existencia de la discriminación y, aplicando el parágrafo 611 bis.2 BGB condenó al empresario al reembolso de los gastos de desplazamiento de una de las solicitantes (7,20 marcos). Al Tribunal europeo se le plantea la compatibilidad de aquel precepto del Código Civil alemán con la Directiva 76/207/del Consejo, de 9 de febrero de 1976, relativa a la puesta en práctica del principio de igualdad de trato entre hombres y mujeres. El Tribunal comunitario sostiene que cuando un Estado miembro escoge sancionar la violación en cuestión mediante la concesión de una indemnización, ésta debe ser, para asegurar su eficacia y su efecto disuasorio, en todo caso, adecuada en relación a los perjuicios sufridos y debe, por tanto, ir más allá de una indemnización puramente simbólica (vgr. gastos ocasionados por la candidatura).

A su vez, la STUE de 22 de abril de 1997 (Asunto C-180/95) analiza la demanda suscitada por el trabajador que respondió a una oferta de empleo en la que la empresa ofrecía un puesto de colaborador de Dirección. La empresa no respondió a la carta del interesado que interpuso una demanda alegando haber sufrido una discriminación, dado que la oferta de empleo se dirigía manifiestamente a las mujeres, y solicitando una indemnización. El tribunal nacional planteó al Tribunal europeo si una disposición que limita la cuantía máxima de la indemnización que se concede, en caso de discriminación, a aquellos candidatos que, de no haber tenido lugar la discriminación tampoco hubieran obtenido la plaza, debido a la mejor cualificación del candidato contratado, atentaba contra la Directiva 76/207/CEE. El TJCE entendió que tal limitación es compatible con la directiva. Sin embargo, el Tribunal advierte que tal limitación de la indemnización no es adecuada al derecho europeo si el trabajador, en ausencia de discriminación, habría obtenido el puesto de trabajo. Además, el Tribunal de Justicia señaló que no es acorde con el derecho europeo someter el derecho a la indemnización de los daños derivados de una discriminación en el proceso de selección y contratación a la condición de que la conducta hubiera sido culpable.

2. *Daños por falta de contratación de los trabajadores incluidos en bolsas de empleo*

A) Los compromisos de contratación ligados a bolsas de empleo

18. En el sector privado, la inclusión de personas en una lista de espera o bolsa de trabajo para la contratación futura no determina en modo alguno la concreción de una obligación empresarial para proceder a realizar de modo inexorable sus contrataciones futuras conforme a la lista de espera constituida. Se trata de una mera manifestación de intenciones, generadora de una expectativa de derecho cuyo incumplimiento es jurídicamente irrelevante porque aquella declaración no es un precontrato. No obstante, también puede considerarse que las personas incluidas en la lista conocen y aceptan formar parte de ella y se comprometen a ponerse a disposición del empleador si éste les anuncia la posibilidad de que ocupen una vacante. Desde esta perspectiva, los integrantes de la lista de espera o bolsa de empleo tienen una situación jurídica expectante, jurídicamente protegible (Alzaga, 2016).

19. En esta línea, existen pronunciamientos judiciales que apuntan a la consideración precontractual de la situación de los trabajadores incluidos en una bolsa de trabajo cuando el convenio colectivo de aplicación establece la obligación de acudir a la misma según un orden de antigüedad que no se respeta al producirse la contratación de personas que ocupaban en las listas una posición inferior a la de la demandante. En estos casos, hay pérdida efectiva de empleo y no de una mera expectativa de ocupación por lo que puede proceder una indemnización por los daños y perjuicios que sufra el trabajador no contratado.

> La inclusión en la bolsa de empleo obliga a ambas partes al cumplimiento de lo acordado. De este modo, la falta de puesta a disposición del trabajador cuando la empresa procede a su llamamiento para iniciar la prestación de servicios, determina la imposibilidad de reclamar una indemnización en concepto de daños y perjuicios (STSJ de Cantabria de 4 de mayo de 2007, Rº 364/2007).

Como aclaró el Tribunal Supremo, en SSTS (Social) 24 de junio y 22 de octubre de 2009 (Rº 3412/2008 y Rº 3742/2008, respectivamente), resulta necesario para la reparación del daño la alegación y acreditación de éste. No basta, por tanto, con probar la exclusión de la lista o bolsa de contratación y la no ocupación para entender que existe un daño indemnizable. Como señalan los referidos pronunciamientos, la "posibilidad de acordar el efecto indemnizatorio por el simple incumplimiento es una doctrina que se refiere a supuestos excepcionales, en los que el incumplimiento determina "por sí mismo" un daño o perjuicio, una frustración en la economía de la parte, en su interés material o moral. Pero este criterio no puede generalizarse, porque "la jurisprudencia es reiterada en el sentido de que la indemnización exige la constancia de la existencia de daños y perjuicios y la prueba de los mismos". Los daños deben pues quedar acreditados, tanto en su existencia como en su cuantía (STSJ Cantabria de 31 de julio de 2008, Rº 632/2008).

B) Prueba del daño causado

20. Parece claro que el trabajador debe probar el daño causado relacionado con la pérdida de empleo a causa de la contratación de otras personas con menor derecho; ahora bien, es evidente la dificultad de aquel para aportar las pruebas relativas a la puntuación de cada uno de los trabajadores de la lista y su contratación, por lo que la empresa demandada no se puede limitar a indicar que el trabajador demandante "no ha acreditado el derecho a ser contratado" con base en el orden que ocupaba en la lista y el daño causado por la contratación de otras personas, sino que aquella debe probar que esto último no se ha producido, pues es quien está en posición de poder hacerlo por su control o proximidad a la prueba (Cardenal Carro, 2007).

En todo caso, como ha establecido la STS (Social) de 22 de octubre de 2009 (Rº 3412/2008), el daño ha de ser efectivo:

> "Es cierto que la reparación del daño exige la alegación y acreditación de éste, que, según precisa la sentencia de contraste, ha de realizarse con criterios objetivos que en este caso han tener en cuenta "los salarios dejados de percibir por mor del decaimiento de las listas de contratación, aunque exclusivamente limitados a los periodos en que hubiesen sido contratados trabajadores con inferior preferencia en tales listas...y en el reconocimiento de tal privación contractual a los efectos —económicos— del cómputo de ese tramo temporal como de trabajo". Y es así, porque el daño, que es elemento constitutivo necesario de la reparación, ha de ser efectivo y no se produce por la simple exclusión de la lista y la falta de empleo, sino que tiene que ponderar también la pérdida efectiva de las oportunidades de trabajo y no la de una mera expectativa de ocupación. Sólo hay pérdida efectiva de empleo cuando se ha producido la contratación de personas que ocupaban en las listas una posición inferior a la de la demandante.
>
> Esta exigencia de acreditación del daño ha sido establecida con reiteración por la Sala Primera de esta Tribunal y por esta Sala. Así la sentencia de la Sala Primera de 26 de octubre de 2005 señala que la doctrina que mantiene la posibilidad de acordar el efecto indemnizatorio por el simple incumplimiento es una doctrina que se refiere a supuestos excepcionales, en los que el incumplimiento determina «por sí mismo» un daño o perjuicio, una frustración en la economía de la parte, en su interés material o moral. Pero este criterio no puede generalizarse, porque "la jurisprudencia es reiterada en el sentido de que la indemnización exige la constancia de la existencia de daños y perjuicios y la prueba de los mismos". De esta forma —sigue diciendo la sentencia citada— "la cuestión relativa a la existencia o no de daños y perjuicios es de mero hecho".
>
> En el mismo sentido se ha pronunciado esta Sala en la doctrina que recoge la sentencia de 12 de diciembre de 2007, que cita otras muchas, entre ellas las de 22 de junio de 1996, 9 de noviembre de 1998, 28 de febrero de 2000 y que, en síntesis, señala que no basta con que quede acreditada la vulneración de un derecho fundamental; es preciso para que haya condena a la indemnización que "en primer lugar, el demandante alegue adecuadamente en su demanda las bases y elementos clave de la indemnización que reclama, que justifique suficientemente que la misma corresponde ser aplicada al supuesto concreto de que se trate, dando las pertinentes razones que avalen y respalden dicha decisión, y en segundo lugar que queden acreditados, cuando menos, indicios o puntos de apoyo suficientes en los que se pueda asentar una condena de tal clase".

C) Cuantía de los daños

21. La determinación de la cuantía de los daños deberá realizarse con criterios objetivos que podrán, en su caso, tener en cuenta "los salarios dejados de percibir por mor del decaimiento de las listas de contratación, aunque exclusivamente limitados a los períodos en que hubiesen sido contratados trabajadores con inferior preferencia en tales listas [...] y en el reconocimiento de tal privación contractual a los efectos económicos del cómputo de ese tramo temporal como de trabajo" [STS de 22 de octubre de 2009 (Rº 3412/2008). En el mismo sentido, SSTS (Social) de 1 de diciembre de 2009 (Rº 3743/2008) y de 19 de julio de 2010 (Rº 540/2009)]. Se ha considerado que el daño, en estos casos, incluye el lucro cesante o las ganancias frustradas "por los salarios que debería de haber percibido la trabajadora en función de lo establecido en el convenio colectivo para un puesto de trabajo o categoría equivalente, a computar desde la fecha de efectos de la frustrada contratación, por ser este el dato objetivo que permite presumir cuál hubiera sido el beneficio que habría obtenido la actora" [STSJ de Cantabria de 23 de abril de 2008 (Rº 280/2008)].

La misma solución se viene aplicando cuando, tras un despido colectivo, se crea una bolsa de empleo con los afectados por el despido comprometiéndose la empresa a contratar a los trabajadores de la bolsa con preferencia a la contratación de externos. El incumplimiento de dicho pacto genera a favor de trabajador que, formando parte de la bolsa de empleo, no ha sido contratado, el derecho a la indemnización por los salarios correspondientes al periodo en que fue contratado un trabajador externo (SSTSJ Madrid de 28 febrero 2018, Rº 5619/2017 y de 27 julio de 2018, Rº 522/17).

D) Posibilidad de detraer de la indemnización la prestación por desempleo

22. Cuestión especialmente controvertida es la relativa a si es posible detraer de la indemnización que comprende la cantidad correspondiente al salario dejado de percibir durante el tiempo en que el trabajador no fue contratado, las cantidades percibidas durante dicho periodo en concepto de prestación por desempleo.

La STS (Social) de 28 de noviembre de 2011 (Rº 188/2011) respondió negativamente. Entiende el Tribunal Supremo que al privarse al trabajador de la ocupación durante ese tiempo, el mismo experimenta un doble perjuicio: por un lado, se ha visto obligado a solicitar una prestación que de otra forma no habría tenido que pedir, consumiendo tiempo de tal prestación o subsidio, tiempo que verá restado del de otras a las que pudiera tener derecho en el futuro; y por otro, la percepción correspondiente durante ese tiempo por la situación de desempleo es cuantitativamente menor que la que le habría correspondido por el salario del que se vio privado por la conducta de la empresa. Por ello, la deducción de tales prestaciones vendría a suponer que sería la empresa la verdadera beneficiaria de las mismas, al ver minorado de esta forma el importe indemnizatorio a cuyo pago fue condenada, a cargo, precisamente, de lo percibido por el trabajador como prestación de desempleo.

> Aplican la misma doctrina las SSTS de 2 abril de 2019 (Rº 433/2018) y de 4 abril de 2019 (Rº 682/2018) en relación a supuestos en los que la empresa incumplió un acuerdo alcanzado en el marco de un despido colectivo conforme al cual se creó una bolsa de empleo a la que podían adscribirse los trabajadores despedidos, comprometiéndose la empresa a ofertar las vacantes que se produjeran en la misma

23. Cuestión distinta es la del posible enriquecimiento injusto del trabajador, que habría percibido en concepto de indemnización el salario correspondiente a ese periodo y las prestaciones de desempleo que ya le han sido abonadas. En este caso, deben calificarse como indebidas esas prestaciones de desempleo al ser incompatibles con el trabajo (art. 282.2 de la LGSS) —y, consiguientemente, con el salario correspondiente a esa actividad de la que indebidamente se le privó—, procediendo la correspondiente devolución, a cuyo fin deberá ponerse el hecho en conocimiento del correspondiente Servicio Público de Empleo.

E) Plazo de prescripción de la acción

24. Particulares problemas ha planteado el cómputo del plazo de prescripción de la acción de daños y perjuicios por exclusión indebida de una bolsa de empleo. El Tribunal Supremo ha señalado al respecto que el cómputo del plazo para el ejercicio de dicha acción se inicia el día en que la sentencia que reconoce el derecho del trabajador a ser incluido en dicha bolsa adquiere firmeza (STS (Social) de 1 de octubre de 2019 (Rº 1209/2017). La anterior STS (Social) de 10 de enero de 2018 (Rº 3994/2015) ya se había enfrentado a dicho problema, aunque la falta de contradicción impidió al Tribunal dar una solución unificada en aquel pronunciamiento.

IV. Daños derivados del incumplimiento empresarial del precontrato de trabajo: El interés positivo

1. Calificación jurídica del precontrato

A) La compleja naturaleza jurídica del precontrato

25. El precontrato se concibe como una figura jurídica independiente que supone la creación de un vínculo jurídico obligatorio entre las partes, con propia causa. La esencia del llamado precontrato, contrato preliminar o preparatorio es la de constituir un contrato por virtud del cual las partes se obligan a celebrar posteriormente un nuevo contrato (el llamado contrato definitivo) que, de momento, no quieren o no pueden celebrar, por lo que la expresada figura contractual del llamado precontrato consiste en un «quedar obligado a obligarse». Se trataría de «un contrato consensual no regulado o atípico, cuyo objeto es un contrato futuro o definitivo, cuya celebración extinguirá la obligación nacida de la obligación preliminar».

26. La naturaleza jurídica del precontrato exige que en él se halla prefigurada una relación jurídica, con sus elementos básicos, cuya efectividad o puesta en vigor se deja a voluntad de una de las partes o de ambas. El precontrato, en tal sentido, es el final de los tratos preliminares, no una fase de ellos. En realidad, cuando los elementos básicos del contrato proyectado no están determinados en el llamado precontrato, se está dentro del ámbito de la formación progresiva del primero, que no existe jurídicamente mientras tanto. En tal ámbito, las partes son libres de llegar a acuerdos vinculantes para ellas, pero no para exigirse obviamente el cumplimiento de lo que todavía no existe, y pueden desistir de sus tratos.

> Como resume López Cumbre (2020), existen diversas posiciones en esta materia. Las tesis tradicionales sobre el precontrato lo configuran como un contrato en virtud del cual las partes quedan obligadas a celebrar en un momento posterior un nuevo contrato, esto es, el contrato definitivo hasta ahora meramente proyectado, emitiendo en su momento las necesarias declaraciones de voluntad. Bien es cierto que, frente a esta tesis tradicional, existe otra más crítica que cuestiona la propia existencia de la figura del precontrato considerando que la mayor parte de ellos son, en realidad, contratos. "Si un precontrato es perfecto y contiene todos los elementos esenciales y accidentales del acuerdo en cuestión, este precontrato no puede ser judicialmente ejecutado mediante la ejecución de una sedicente condena a emitir una declaración de voluntad [...] pues, si el precontrato es perfecto, la sentencia que lo haya declarado así será declarativa de la existencia del contrato o de condena a su cumplimiento" (Carrasco Perera). Finalmente, en una línea intermedia, el Tribunal Supremo en alguno de sus antiguos pronunciamientos (STS, Sala de lo Civil, de 13 de diciembre de 1989, Ar. 8824) considera que del precontrato surge efectivamente una obligación para las partes, por lo que es ya un contrato, pero no se trata de la obligación de contratar en el futuro o de emitir de nuevo un consentimiento contractual, sino de una obligación de colaborar o de cooperar para establecer el contrato definitivo. De acuerdo con esta teoría, el negocio precontractual establece unas líneas directrices o unos criterios básicos que las partes deben desarrollar en un momento posterior.

27. Si se sigue la doctrina tradicional y se entiende que el objeto del contrato preliminar no es el propio del contrato que habrá de celebrarse, sino la conclusión de éste, es decir, un *facere* consistente en asentir o en prestarse a cuanto sea preciso para dar vida al contrato que se promete estipular en el futuro, estaríamos en presencia de de una obligación inejecutable, puesto que la prestación futura del consentimiento es un acto estrictamente personal y no directamente coercible, al que se aplica la regla según la cual *nemo ad factum praecise cogi potest.* Por consiguiente, el incumplimiento de la obligación dimanante del precontrato deberá producir como única consecuencia el nacimiento de un deber de indemnizar los daños y perjuicios que con ello se ocasionen a la otra parte.

B) Responsabilidad por incumplimiento del precontrato de trabajo

28. Existe cierta uniformidad doctrinal y jurisprudencial sobre la responsabilidad derivada del incumplimiento de un precontrato de trabajo. En tales casos de incumplimiento por el empresario de un precontrato, de una promesa de contrato o de pactos previos con análoga finalidad, o incluso de incumplimiento de un contrato de trabajo cuya prestación de servicios no se ha hecho efectiva, pueden formularse las pertinentes reclamaciones de indemnización de daños y perjuicios, por lo que debe acudirse a lo dispuesto en el art. 1124 del CC, esto es, opción entre exigir el cumplimiento de la obligación de hacer o solicitar la resolución con el resarcimiento de los daños en ambos casos.

> D. Ricardo superó un proceso selectivo para ocupar un puesto en el departamento de cocina de la residencia de mayores de Ribadeo. El 5 de junio de 2019 el actor, remitió a CLECE S.A. correo electrónico en el que solicitaba que por la entidad demandada se le enviase un precontrato a los efectos de poder presentarla en el Ministerio de Defensa, entidad para la que estaba prestando servicios en ese momento, y poder solicitar la correspondiente excedencia. En dicho correo se indicaba que la fecha de contratación tendría que ser 15 días después de la solicitud de la excedencia formulada. El 5 de junio de 2019 CLECE envía al actor un documento en el que consta lo siguiente: "Que CLECE S.A tiene intención de celebrar un contrato de trabajo con D. Ricardo con las siguientes condiciones: El contrato será de carácter eventual y a jornada completa. La fecha de incorporación se producirá el 23 de junio de 2019. La relación laboral, incluido el periodo de prueba y la retribución salarial anual, se regirá por el IV Convenio Colectivo de residencia privadas de la tercera edad de Galicia". No consta que el Ministerio de Defensa concediera al actor la excedencia solicitada". El día 23 de junio de 2019 no se celebró el contrato entre las partes La demanda que dio lugar a las presentes actuaciones sobre reclamación de cantidad fue desestimada en la instancia absolviendo a la empresa demandada de las pretensiones en su contra deducidas.

La Sentencia del Tribunal Superior de Justicia de Galicia de 20 de mayo de 2022 (Rº 4659/2021), precisa que:

> Los hechos posteriores indican, efectivamente, la existencia del concurso de ambas voluntades, la de la empresa y la del trabajador en orden a ese futuro contrato de trabajo

cuyas condiciones esenciales, jornada, salarios, modalidad contractual, convenio colectivo aplicable, fecha de incorporación y centro de trabajo estaban ya definidos a principios de junio y que incluso se fue perfeccionando en los días posteriores, hasta incluso acercándose la fecha de inicio, el mismo horario. Es pues clara la existencia de un precontrato entre las partes, es decir, de la existencia de un concurso de voluntades a los efectos de suscribir un contrato de trabajo, lo que determina la responsabilidad contractual de la empresa, pues el incumplimiento del precontrato da lugar a la indemnización por daños y perjuicios.

El incumplimiento del precontrato conecta directamente con la jurisprudencia referida a cuándo puede entenderse que existe imposibilidad de cumplir una obligación, materia ésta recogida en la sentencia de la Sala Primera del Tribunal Supremo de 5 de junio de 2014 (R° 733/2012). En este caso, no se han declarado probados hechos que puedan determinar cuál fue la causa del incumplimiento empresarial del referido precontrato, de modo que no pueden analizarse si realmente existió una causa de imposibilidad que pueda exonerar a la empresa de su responsabilidad. Es así que procede estimar la pretensión de la demanda por el importe reclamado, atendido a su importe, que se corresponde con el importe de los salarios dejados de percibir durante cuatro meses a razón de 1.460,92 euros al mes, más la liquidación de haberes conforme a lo establecido en los arts. 1101 y 1106 del CC en relación al RD 38/2019 de 1 de febrero, que modifica el Reglamento de adquisición y pérdida de la condición de militar y situaciones administrativas de los militares profesionales aprobado por RD. 1111/2015 de 11 de diciembre de 2015 que cita la parte recurrente, así como las tablas salariales del convenio colectivo de residencias de la Tercera Edad (DOG N° 70 de 11 de abril de 2018), lo que supone el importe total de 6.408,01€.

29. El conocimiento de tales acciones corresponde al orden social de la jurisdicción cuya competencia se extiende no sólo al contrato de trabajo ya celebrado y a todas sus incidencias, incluida la extinción del vínculo contractual, sino también a las fases previas a la contratación laboral y al cumplimiento de obligaciones laborales con posterioridad a la ruptura del vínculo.

La STS (Civil) de 21 de mayo de 2009 (R° 1782/2004) señala que "sea cual fuere la naturaleza del pacto celebrado entre las partes, no puede negarse su contenido social. Tanto si estamos ante un precontrato, también llamado contrato preliminar o preparatorio, o "pactum de contrahendo", por el cual las partes se obligan a celebrar posteriormente un nuevo contrato (el llamado contrato definitivo) que, de momento, no quieren o no pueden celebrar Sentencias de 8 de mayo (RJ 2008/2959) y de 16 de diciembre de 2008 (RJ 2009/290)—, como si nos hallamos ante unos pactos preliminares, por los que las partes únicamente están negociando las condiciones de un contrato futuro, los elementos personales y reales de dicho pacto se hallan regulados por la legislación laboral. Y ello aún con mayor razón si se llegase a considerar la oferta y posterior aceptación como un contrato perfeccionado, puesto que nos hallaríamos sin duda ante un contrato de trabajo. Lo que es innegable es que, en este pleito, la acción es ejercitada por quien en dicha relación negocial estaba en la posición de empleado o persona susceptible de ser empleada, frente a un empleador o posible empleador, en reclamación de una cantidad a establecer en ejecución de sentencia cuya determinación del importe se hallaría ligada a la expectativa del salario o remuneración que se le había ofrecido a cambio de la prestación de sus servicios profesionales". De ahí que se reconozca la competencia del orden social que se extiende no solo a las cuestiones que se refieran al cumplimiento del ya perfeccionado, sino a todas las cuestiones relacionadas directamente con dicha modalidad contractual".

2. *Daños derivados del incumplimiento empresarial del precontrato*

30. Aunque es más frecuente que sea el trabajador quien demanda a la empresa por la falta de cumplimiento, no es extraño que, en ocasiones, sea éste quien soporta la reclamación de la empresa cuando, llegado el momento de dar cumplimiento a lo pactado en el precontrato, es el trabajador quien se muestra renuente.

No obstante, los casos más reiterados son aquellos de reclamación del trabajador por incumplimiento empresarial del precontrato, el éxito de la acción del trabajador queda supeditado al cumplimiento previo de la suya, esto es, haberse puesto a disposición del empresario. No cabe, por tanto, reclamar al empresario una indemnización de daños y perjuicios cuando la propia conducta del trabajador es decisiva para frustrar el cumplimiento del precontrato [STSJ Madrid de 5 de marzo de 2012 (Rº 2684/2011) y STSJ Cantabria de 16 de abril de 2007 (Rº 221/2007)]. Es el carácter sinalagmático del precontrato de trabajo el que permite defender la obligación del trabajador de puesta a disposición.

31. Cumplida dicha condición, el trabajador podría optar por exigir el cumplimiento de la obligación. Lo cierto es, como ha señalado Alzaga (2016) que:

> "la posibilidad de cumplimiento en forma específica se ve notablemente disminuida al tratarse de obligaciones de hacer con prestación configurada como personalísima. Por ello, si el empresario no realiza voluntaria y personalmente la prestación de hacer a la que se obligó —contratar al trabajador— éste podrá optar por el cumplimiento forzoso o por equivalencia. O, dicho, en otros términos, en virtud de la máxima *nemo precisse potest cogi ad factum*, si el empresario se niega al cumplimiento *in natura* de lo pactado, incorporando al trabajador a su organización, éste podrá reclamar exclusivamente la resolución y consiguiente indemnización por daños y perjuicios".

Añade, igualmente Alzaga (2016) que "si el trabajador opta por la resolución del precontrato, en virtud de lo dispuesto en los arts. 1101 y 1103 del CC, el empresario estará obligado al pago de la indemnización por daños y perjuicios causados al trabajador. Al dar entrada al resarcimiento de daños y perjuicios, se produce un cambio en el objeto de la obligación, ya que la prestación no será específica sino por equivalencia".

32. En todo caso, la existencia de los daños y su cuantía deberá probarse.

33. A los efectos de fijar la cuantía indemnizatoria en caso de incumplimiento del precontrato no existen en la normativa laboral parámetros o criterios de referencia sin que resulten aplicables, como ha señalado el Tribunal Supremo, en la STS (Social) de 15 de marzo de 1991 (RJ 4167):

> "criterios indemnizatorios extraídos de los imperantes en la normativa reguladora del contrato de trabajo para los incumplimientos en una relación ya establecida". Ello puede suponer que "el incumplimiento del precontrato, al ser determinante del cese en un empleo estable, para ponerse a disposición de la nueva empresa, puede producir efectos mucho más onerosos que el incumplimiento del contrato una vez iniciado, pues al no otorgarse el proyectado tras el cese voluntario en el anterior, queda el trabajador sin la protección del Seguro de Desempleo, con cese, además, en la situación de alta en la Seguridad Social, de consecuencias imprevisibles para el mismo y su familia. Así ha de reconocerse que los efectos del incumplimiento del contrato por parte de la empresa en el Estatuto de los Trabajadores, no tienen en el incumplimiento del precontrato otro valor que el de un punto de referencia, meramente orientativo, para, en unión de otros factores, de mayor relieve, determinar los efectos del incumplimiento a tenor de los artículos 1101 y concordantes del Código Civil".

En todo caso, como señaló la STSJ Madrid de 24 de abril de 2015 (Rº 928/2014), "no hay impedimento legal para reclamar una indemnización por daños y perjuicios, derivada del incumplimiento de las condiciones pactadas en el precontrato". Daños que, conforme recapitula la citada sentencia, pueden alcanzar al daño emergente —se concreta en los gastos efectivamente sufridos por el trabajador y, en su caso, la pérdida del empleo anterior en la confianza de la nueva contratación (lo que aquí no consta que acontezca)—, al lucro cesante, —como ganancia futura dejada de percibir-y, adicionalmente, a los daños morales que el perjudicado alegue y acredite.

3. Daño emergente

34. En la mayoría de los supuestos, el daño emergente se encuentra relacionado con el abandono de un puesto de trabajo anterior o con el cierre de un negocio propio tras la celebración de un precontrato de trabajo y la generación de unas expectativas concretas, esto es, de una creencia firme y fundada del trabajador de que va a ser contratado por otro empleador. Entre los daños emergentes pueden incluirse los siguientes:

A) Compensación por la pérdida de retribución

35. La indemnización habrá de compensar los daños económicos derivados de la pérdida del salario anterior desde el momento en que el trabajador cesa en su puesto hasta que el futuro empleador le comunica que no le va a contratar.

En este sentido se pronuncia la STSJ Islas Canarias/Las Palmas, de 25 de septiembre de 2001 (Rº 694/1999). En ella se ejercitaba acción indemnizatoria por incumplimiento de precontrato y se solicitaba, con carácter principal, el resarcimiento en cuantía equivalente a los salarios pactados para dos años en el precontrato y, subsidiariamente, en la cuantía correspondiente a los salarios dejados de percibir, así como a la indemnización por despido improcedente correspondiente a su relación laboral con la empresa para la que prestaba servicios con anterioridad, a las prestaciones por desempleo correspondientes a la cobertura que tenía lucrada el demandante y, finalmente, a los gastos de traslado y mudanza al lugar en que habría de prestar sus servicios. El Letrado de la empresa recurrente sostiene, para el caso de no estimarse los motivos de recurso articulados, que la indemnización no podría ser superior a la señalada en las condiciones de contratación para el supuesto de desistimiento

Este último argumento es rechazado por la sentencia de suplicación con cita de la STS 15 de marzo de 1991 (RJ 4167). Pero tampoco la sentencia admite la imposición de un cumplimiento por equivalencia que es a lo que se llegaría de aceptarse la tesis del actor pretendiendo los salarios de las dos primeras anualidades. Por todo ello, la sentencia desestima el recurso y confirma la decisión de instancia que estableció una indemnización que tuvo en cuenta los salarios dejados de percibir, indemnización por despido improcedente correspondiente a su relación laboral con la empresa para la que prestaba servicios con anterioridad, prestaciones por desempleo correspondientes a la cobertura que tiene lucrada el actor y gastos de traslado y mudanza al lugar en que habría de prestar sus servicios.

La STSJ Madrid de 24 de abril de 2015 (Rº 928/2014), aborda el siguiente supuesto:

Un trabajador venía prestando sus servicios en otra empresa y en la que causó baja cuando convino con una empresa alemana la celebración de un contrato para que éste prestara sus servicios como director de ventas internacional en la sede de Sao Paulo, con una duración de dos años, sin que se hiciera constar en la oferta que el contrato quedaría sometido a un periodo de prueba, como tampoco se incluyó cláusula alguna de blindaje o resarcitoria en caso de incumplimiento del mismo. Mientras se tramita por la empresa alemana el visado y el permiso de residencia en Brasil, se celebra entre las mismas partes un contrato temporal para la prestación de los servicios ofertados y aceptados en el precontrato, con una duración de dos meses, en el que si se introduce un periodo de prueba de un mes, que fue superado. A la finalización de este contrato temporal la empresa alemana comunica al trabajador que no van a continuar la relación laboral porque han perdido la confianza en él. Con la finalización del contrato a los dos meses de su iniciación el trabajador pierde sus expectativas de trabajar para la empresa demandada durante dos años, plazo éste que sin duda influyó decisivamente en que aceptara el nuevo trabajo y causara baja voluntaria en el anterior. El trabajador presenta la correspondiente demanda de daños y perjuicios.

La sentencia considera que:

"el daño emergente se concreta en los gastos efectivamente sufridos por el trabajador y, en su caso, la pérdida del empleo anterior en la confianza de la nueva contratación". Sobre esta base considera la Sala que parece más adecuado fijar la indemnización, como ha hecho la juzgadora a quo, teniendo en cuenta la pérdida del empleo anterior por la confianza de la nueva contratación pactada para dos años, sin que proceda efectuar descuento alguno por la retribución que el demandante ha recibido por su trabajo por parte de esta empleadora que no tiene naturaleza indemnizatoria sino salarial, máxime cuando de haber continuado en su anterior empresa igualmente habría percibido su retribución durante el mismo periodo. Tampoco puede atenderse la pretensión de la recurrente respecto de que la indemnización se fije atendiendo a la extinción del contrato con ella suscrito, como si se tratase de un despido improcedente, porque los perjuicios derivan del incumplimiento del plazo pactado en el precontrato que fue el que determinó al demandante a dejar su anterior empleo y, finalmente tampoco procede tomar en consideración que este empleo pudo haberlo perdido el trabajador por distintas circunstancias que indica la recurrente, porque no estaban presentes cuando extinguió su relación laboral anterior, por todo lo cual el recurso se desestima".

B) Compensación por la pérdida de beneficios adicionales

36. El daño emergente derivado del abandono del anterior puesto de trabajo ha de tener en cuenta, en ocasiones, perjuicios adicionales ocasionados al trabajador (además de la pérdida de retribución), como puede ser la pérdida de determinados beneficios económicos de que disfrutaba.

Es el caso, por ejemplo, del supuesto contemplado en la STSJ Galicia de 3 de mayo de 2001 (Rº 4264/1997) En este caso, el demandante trabajaba para Caixa Vigo con un contrato indefinido. En fecha determinada suscribió con la entidad Credipas un precontrato para prestar servicios en A Coruña, acuerdo que motivó su despido de Caixa Vigo. En la fecha pactada para el inicio de la prestación de servicios, Credipas le requirió para que se incorporase en un centro de trabajo de Madrid, requerimiento que motivó la reclamación de trabajador por incumplimiento de precontrato. El daño derivado del incumplimiento empresarial se extiende, conforme a la sentencia citada, no solo al que deriva de la pérdida del puesto de trabajo sino también a la diferencia de los tipos de interés que el trabajador tenía pactados con su anterior empleadora por un crédito hipotecario en el que la indemnización reconocida al trabajador por incumplimiento empresarial del precontrato incluye, junto con la cantidad correspondiente al daño derivado de la pérdida de su anterior puesto de trabajo, una determinada cantidad en concepto de diferencia de tipos de interés que el actor debía soportar para la amortización del préstamo hipotecario que tenía concertado con su anterior empleadora.

C) Compensación por la pérdida de prestaciones sociales

37. Puede ocurrir que el trabajador abandone voluntariamente su puesto de trabajo tras la celebración de un precontrato de trabajo que posteriormente se incumple y que el trabajador no tenga derecho a la percepción de la prestación por desempleo. En este sentido, la STSJ Castilla La Mancha de 8 de julio de 2004 (Rº 639/2003) reconoce al trabajador una indemnización por el incumplimiento de precontrato en la que se incluye, tal y como solicitaba el trabajador en su demanda, la compensación correspondiente por no haber podido acceder a la prestación de desempleo, al haber cesado el trabajador voluntariamente en su anterior puesto de trabajo.

D) Compensación por gastos derivados

38. Cabe preguntarse por la inclusión de otros perjuicios en el concepto de daño emergente, tales como los gastos derivados de un traslado o mudanza. Así, la indemnización puede incluir los daños y perjuicios sufridos por el demandante como consecuencia de haberse trasladado desde su ciudad de residencia hasta España, y verse obligado a regresar nuevamente a su país al cabo de unos meses ante la falta de contratación por la empresa demandada.

STSJ Madrid, de 10 de noviembre de 2010 (Rº 3306/2010). En similares términos, incluyendo también en el daño resarcible los gastos de desplazamiento y estancia en España, la STSJ Madrid de 28 de enero de 2011 (Rº 2778/2010) condena a la empresa a su resarcimiento cuantificando tales daños en la cantidad equivalente al salario diario que el trabajador habría percibido durante los días de estancia en España.

En principio, el empresario incumplidor del precontrato laboral habrá de hacer frente a estos gastos, salvo que los mismos estén expresamente atribuidos al trabajador por ley o acuerdo entre las partes. Tampoco procede el abono de los gastos realizados por el trabajador en un curso formativo o de habilitación profesional cuando no consta que a su finalización la demandante fuera a resultar contratada.

4. Lucro cesante

A) Dificultades de prueba del lucro cesante

39. Aunque es relativamente sencillo probar el daño emergente, no sucede lo mismo con el lucro cesante. Como señaló la STSJ Madrid de 31 de octubre de 2014 (Rº 191/2014), la determinación conceptual del objeto o contenido indemnizatorio pertinente al lucro cesante queda referenciado, prima facie, en la frustración de la relación contractual proyectada, esto es, en las consecuencias indemnizatorias previstas o previsibles de la falta de realización o entrada en vigor del contrato definitivo, y de la ganancia dejada de obtener por este concepto. Aunque como también se ocupara de precisar la STSJ Madrid de 28 enero de 2011 (Rº 2778/2010), "el lucro cesante, como ganancia futura dejada de percibir, no queda más remedio que fijarlo, discrecionalmente por el órgano judicial, que puede llevar a cabo su valoración teniendo en cuenta bien los salarios que habría percibido, bien la indemnización por despido en función del tiempo que habría trabajado".

40. La doctrina judicial no es unánime al identificar los criterios que pueden servir de referencia para calcular la extensión del daño. Se aprecian, en este sentido, al menos dos criterios judiciales.

Así, por una parte, en ocasiones se ha cuantificado el lucro cesante en función de los salarios dejados de percibir en la relación contractual que se frustra como consecuencia del incumplimiento del precontrato.

A estos efectos, un factor determinante en el cálculo de la indemnización por lucro cesante es la duración del contrato que no llegó a formalizarse, pues de esa manera es sencillo determinar el importe de los salarios dejados de percibir.

B) El contrato prometido era de duración determinada o tenía un compromiso temporal de mantenimiento

41. La indemnización habrá de tener en cuenta la duración del contrato, sin que quepa tomar en consideración hipotéticas posteriores prórrogas a ese inicial contrato.

La STSJ Madrid de 31 de enero de 2011 (Rº 4509/2010), señala que "respecto al montante de los daños y perjuicios no puede ser cifrado en las ganancias dejadas de obtener durante dos años, puesto que en el precontrato se estipulaba la duración de un año renovable; pero no hay por qué dar por sentado que en efecto esa renovación se produciría, por lo que se ha de reducir la indemnización 12.000 euros, importe del salario de un año de contrato". También la STSJ Andalucía/Málaga, de 28 de enero de 2000 (Rº 1623/1999), aplica el mismo criterio, cuantificando la indemnización por los daños derivados del incumplimiento del precontrato "en el importe de los salarios dejados de percibir (según la retribución prevista en el precontrato) entre la fecha en que la actora trató de incorporarse al trabajo (17 de octubre de 1997) y la de finalización del plazo pactado en el precontrato (4 de febrero de 1998)".

En el mismo sentido, la STSJ Navarra, de 9 de enero de 2013 (Rº 290/2012) condena a un club ciclista, que incumplió su compromiso de incorporar a un deportista para una determinada temporada, al abono del salario pactado por las partes para la temporada de la contratación, "cantidad que hubiera debido percibir de llevarse a pleno y final efecto la contratación comprometida". Por su parte, la STSJ Aragón, de 9 de octubre de 2018 (Rº 485/2018) aborda un supuesto en el que las partes habían celebrado un precontrato en el que quedaron fijadas las condiciones del trabajo (funciones a desempeñar y remuneración, así como una garantía de duración mínima de un año). Iniciada la prestación de servicios el trabajador fue objeto de despido, reconocido como improcedente en conciliación, y demandó a la empresa por incumplimiento del precontrato. La sentencia estima el recurso del trabajador por considerar acreditado el incumplimiento del precontrato y condena a la empresa al abono, en concepto de indemnización por daños y perjuicios, de los salarios dejados de percibir por el trabajador hasta el final del año de duración mínima del contrato pactado, computando a tales efectos el número de días que faltaban desde el despido hasta el cumplimiento del año pactado como duración mínima del contrato.

Lo que en ningún caso cabe compensar, ni por tanto procede incluir en la indemnización que se reconozca a favor del trabajador, son las cantidades correspondientes en concepto de cotización a la Seguridad Social porque "no es posible para el trabajador cotizar por un periodo que no ha trabajado, ni desde luego de haber existido dicha contratación habría supuesto merma alguna de su patrimonio por ser de cuenta de la empleadora" (STSJ Castilla y León/Burgos, de 3 de junio de 2010 (Rº 301/2010) y STSJ Andalucía/Málaga, de 28 de enero de 2000 (Rº 1623/1999).

La limitación temporal de la indemnización a percibir por los salarios dejados de percibir también puede venir determinada por la duración del permiso de residencia y trabajo (STSJ Castilla y León/Burgos, de 2 de febrero de 2006, Rº 1077/2005).

C) El contrato comprometido era indefinido

42. Resulta imposible calcular la indemnización tomando en consideración su duración exacta, pues ésta se desconoce. La posición jurisprudencial mayoritaria defiende que la indemnización, en estos supuestos, no podrá incluir la cuantía íntegra de los salarios dejados de percibir durante el tiempo previsible de duración del contrato de trabajo. El criterio indemnizatorio a seguir sería entonces el del despido improcedente, en la medida en que “la prestación de dar, que sustituye por equivalencia a la específica de hacer, es objeto de tasación estricta, que, por ministerio de la ley, obedece al cálculo regido por los módulos de antigüedad y cuantía de los devengos, según la fórmula del art. 56 ET” (STSJ Asturias de 20 de noviembre de 1998, Rº 658/1997).

No es este, sin embargo, un criterio unánime en la doctrina de suplicación pues en ocasiones se ha señalado que no resulta lógico que la no contratación genere una indemnización por despido y se ha fijado como alternativa una indemnización calculada en función de los salarios que se hubiesen percibido desde la fecha en que debió iniciarse la prestación de servicios hasta la fecha de celebración del juicio (STSJ Madrid de 1 de octubre de 2002 (Rº 2673/2002).

D) Hallazgo de un nuevo empleo y salario percibido en este segundo puesto de trabajo

43. Nuestros Tribunales han venido defendiendo que, en estos supuestos, habrá de compararse el salario que hubiera percibido el trabajador de haberse celebrado el precontrato frustrado y el del nuevo empleo (STSJ de Madrid de 23 de marzo de 1992 (Rº 923/1991). Si aquél fuese superior a éste, el trabajador tendría derecho a una indemnización por lucro cesante de cuantía igual a la diferencia entre ambos. Por el contrario, si el salario finalmente percibido por el trabajador fuese superior al que consta en la promesa de contrato, no tendría derecho a indemnización alguna por este concepto. La prueba de que el salario percibido es inferior al que hubiera percibido el trabajador de haberse dado cumplimiento al precontrato recae sobre el demandante (STSJ de Cantabria de 23 de julio de 2008, Rº 603/2008).

Alguna sentencia más restrictiva entiende que, en estos casos, el trabajador sólo tiene derecho al percibo de la indemnización por lucro cesante hasta el momento en que encontró un nuevo empleo y niega desde ese momento que tenga derecho a su percibo. En concreto, la indemnización por este concepto puede ser equivalente al resultado de multiplicar el salario diario anterior por el número de días transcurridos entre el incumplimiento y una nueva contratación (STSJ Cataluña de 23 de mayo de 2008, Rº 1574/2007). Más sencillo es el cálculo de la indemnización por el lucro cesante cuando el incumplimiento del precontrato consiste en un retraso injustificado de la contratación, en cuyo caso, la indemnización se cuantifica en los salarios dejados de percibir desde la fecha en que el demandante debió ser contratado y la fecha en que finalmente suscribió el contrato (STSJ Asturias de 18 de febrero de 2005 (Rº 15/2004).

E) Expectativa de beneficio o ganancia íntegra del negocio proyectado

44. Frente a estos pronunciamientos, se ha señalado que no es válido como criterio de cuantificación del daño por lucro cesante, sin prueba de la relación causal al respecto, la expectativa de beneficio o ganancia íntegra del negocio proyectado que queda fuera del alcance contractual del precontrato celebrado y, en consecuencia, del daño contractual indemnizable por este concepto.

> En este sentido, la STSJ Madrid de 28 de enero de 2011 (Rº 2778/2010), precisó que: "Por lo que se refiere a reclamaciones de trabajadores frente a empresarios por ruptura de precontrato, los Tribunales no se ponen de acuerdo en el sistema idóneo para cuantificar los daños, y es verdad que en algunas ocasiones se ha cuantificado según los salarios dejados de percibir. Sin embargo, ello presenta una alta dosis de imprecisión respecto de la fecha *ad quem* para dicho cálculo. (...)". Ciertamente, pues cuando se acude al módulo salarial, es decir, al "equivalente de los salarios que hubiera percibido de haberse puesto en práctica el contrato, se trata de perjuicios no absolutamente ciertos, sino razonablemente esperados, pues es evidente que la ejecución misma del contrato, en todo o en parte, depende de otras causas (fallecimiento del trabajador, dimisión, etc.) de naturaleza incierta".

Esta línea judicial apela a la prueba y cuantificación de los daños reales. En su virtud, la indemnización se fija en cada caso, sin los parámetros preconcebidos del criterio anterior. El lucro cesante, como ganancia futura dejada de percibir, no queda más remedio que fijarlo discrecionalmente por el órgano judicial, que puede llevar a cabo su valoración teniendo en cuenta bien los salarios que habría percibido el trabajador, bien la indemnización por despido en función del tiempo que habría trabajado. Ahora bien, respecto del parámetro salarial, el Tribunal Supremo aclara que debe modularse considerando que el trabajador se ha visto exonerado de su propia prestación.

En este sentido, la STSJ Madrid de 30 de junio de 2010 (Rº 4681/2009). Por su parte, la STSJ Madrid de 28 de enero de 2011 (Rº 2778/2010) considera que:

> "En relación con el lucro cesante, el absoluto desconocimiento del idioma castellano por parte del actor y su especialidad no acorde con lo que se requería en la peluquería, aun no siendo óbice para su contratación en las condiciones en que se hizo la oferta, sin duda habría dado lugar a la válida extinción del contrato durante el período de prueba", de modo que la indemnización fijada para compensar el tiempo que el trabajador pasó en España esperando su contratación (apenas cinco días) cubría también este daño

F) Apartamiento temporal de la carrera profesional

45. Que el incumplimiento del precontrato genera en el trabajador, efecto que se produce en particular en el ámbito deportivo, donde la contratación de trabajadores está sometida a determinados periodos temporales.

La STSJ Navarra de 9 de enero de 2013 (Rº 290/2012) condena al club ciclista que incumplió su precontrato con un ciclista a la indemnización de 55.000 euros, añadidos a la cantidad correspondiente a los salarios que se hubieran percibido de formalizarse el contrato, en concepto de daños y perjuicios a su carrera deportiva. Este concepto indemnizatorio, apunta la sentencia, "se basa en el hecho de las circunstancias —particularmente temporales— de la negativa a la contratación por parte de la demandada situaron al actor en la circunstancia de ver imposibilitada la práctica profesional del ciclismo durante la temporada de 2011. Es decir, que no solamente no se le iba a pagar el salario comprometido, sino que el actor se iba a ver privado de toda posibilidad de obtener cualquier retribución por el ejercicio profesional del ciclismo, al colocársele en una situación en que su contratación se hacía imposible por cualquier equipo profesional, siendo así que efectivamente no obtuvo ninguna contratación profesional y que, además, hubo de acceder a la continuación de su vida deportiva en un equipo no profesional que no le proporcionaba ninguna retribución más allá de la cobertura de ciertos gastos, a fin de poder continuar su actividad deportiva y tener así alguna opción futura de regresar a la profesionalidad que, de otro modo, podría verse definitivamente vedada".

5. Daños morales

A) Daños morales derivados del precontrato de trabajo

46. En su caso, la indemnización por incumplimiento del precontrato puede incluir el daño moral sufrido por el trabajador. El daño moral que se pretende sea indemnizado ha de ser de cierta entidad y causar un dolor cierto y grave al trabajador, al no comprender «la mera molestia, disgusto o contrariedad o incomodidades».

Los daños morales deben ser alegados y probados por el demandante. Han de acreditarse y no se presumen como indefectiblemente derivados de la ruptura de un precontrato (Alzaga, 2016). Por ello, si en la demanda por incumplimiento del precontrato no se solicita indemnización por daño moral, este concepto no resultará indemnizado, en virtud del principio de justicia rogada.

Como señala la STSJ Castilla y León/Burgos de 3 de junio de 2010 (Rº 301/2010), "no necesariamente la falta de perfeccionamiento de una oferta de trabajo concertada, ha de implicar daño moral, ni puede condenarse a un resarcimiento de este tipo de daños si no han sido probados, por cuanto la obligación de indemnizar no es consecuencia necesaria del incumplimiento, y precisa para que nazca y sea exigible, que se demuestre la realidad de los daños que se aducen, sin que pueda derivarse la misma de supuestos meramente posibles, pero de resultados inseguros y desprovistos de certidumbre, pues en tal caso, la indemnización perdería su natural carácter, adquiriendo el tinte de sanción. De manera tal que el daño moral ha de ser no sólo alegado sino probado. Y la falta de prueba conlleva que no proceda el pago de indemnización alguna por tal concepto".

B) Cuantificación

47. La alegación debe ir acompañada de una base fáctica «mínima, objetiva, que delimite los perfiles y elementos de la indemnización» solicitada, puesto que, como señala la STSJ Madrid de 28 de junio de 2005, Rº 2040/2005), "los daños psíquicos y morales son medibles, no en vano hay pruebas psicológicas objetivas que permiten su valoración (psicometría). No puede aceptarse por la Sala la estimación subjetiva de la existencia de un daño moral, pues tal lesión es susceptible de ser objetivamente acreditada", sin perjuicio de lo cual, el juez dispone de una cierta discrecionalidad valorativa para cuantificar tales daños.

6. El plazo de prescripción del precontrato laboral

48. Se plantea si el plazo de prescripción que se le ha de aplicar es el derivado de la legislación civil o el de la legislación laboral. En el primer caso, deberá aplicarse el art. 1964 del CC, que en su actual redacción establece que las acciones personales que no tengan plazo especial prescribirán a los cinco años desde que pueda exigirse el cumplimiento. Mas si se acudiera al plazo de prescripción propio de las acciones laborales, éste sería de un año, de acuerdo con lo previsto en el art. 59 del ET. En atención a este último, «1. Las acciones derivadas del contrato de trabajo que no tengan señalado plazo especial prescribirán al año de su terminación. A estos efectos, se considerará terminado el contrato: *a*) [e]l día en que expire el tiempo de duración convenido o fijado por disposición legal o Convenio Colectivo; *b*) [e]l día en que termine la prestación de servicios continuados, cuando se haya dado esta continuidad por virtud de prórroga expresa o tácita. 2. Si la acción se ejercita para exigir percepciones económicas o para el cumplimiento de obligaciones de tracto único, que no puedan tener lugar después de extinguido el contrato, el plazo de un año se computará desde el día en que la acción pudiera ejercitarse…».

La STS (Social) de 22 de julio del 2020 (Rº 4134/2017), parte de la existencia de una promesa de contrato firmada e incumplida. Precisamente por ello se plantea si el plazo de prescripción que se le ha de aplicar es el derivado de la legislación civil o el de la legislación laboral, optando el Tribunal por la laboral. El argumento que permite mantener la aplicación de la prescripción civil y no laboral es que la acción que se ejercita no deriva de un contrato de trabajo, que no se firmó ni ejecutó, por lo que procede aplicar la legislación civil y entender que el art. 1101 del CC impone la obligación de indemnizar los daños y perjuicios causados a quienes con ocasión del cumplimiento de sus obligaciones incurran en dolo, negligencia o morosidad, siendo el plazo de prescripción aplicable el plazo general de quince años de las acciones personales que prevé el art. 1964 del CC. Sin embargo, la remisión al plazo de prescripción de las acciones derivadas del contrato de trabajo vendría avalada por la declaración expresa de competencia del orden social para la resolución de este tipo de controversias al hallarse las promesas de contrato de trabajo incorporadas en el ámbito laboral. En este sentido, la prescripción deberá ser de un año, tal y como apunta el art. 59 del ET ya citado. Y ésta es precisamente la solución por la que opta la Sala de lo Social en la sentencia analizada, pues:

> "Ninguna duda cabe de la naturaleza jurídica laboral del pacto suscrito por las partes que se califica como precontrato, o promesa de contrato, inmersas en el área del derecho del trabajo, por lo que cualquier cuestión planteada sobre el mismo ha de someterse a la jurisdicción social, por lo que la determinación del plazo de prescripción nos conduce al art. 59.1 del ET, que dispone: "Las acciones derivadas del contrato de trabajo que no tengan señalado plazo especial prescribirán al año de su terminación".

V. Incorporación de cláusulas penales y daños precontractuales

1. *Fundamento y finalidades*

49. La posibilidad de acordar este tipo de cláusulas halla su fundamento en el principio general de la autonomía de la voluntad consagrado en el art. 1.255 del CC. Las cláusulas penales suponen el sometimiento del deudor a la obligación de pagar una cantidad de dinero no relacionada con los daños que causa su incumplimiento al acreedor, constituyen la expresión más acabada de un "precio" por el incumplimiento que un acreedor y un deudor pactaron anteriormente. La cláusula penal permite acercar el contrato al modelo del contrato autoejecutable (Alfaro, 2017).

Las cláusulas penales facilitan la liquidación de los daños sufridos por el acreedor como consecuencia del incumplimiento. En este sentido, determinan anticipadamente los daños que ambos contratantes consideran que sufriría el acreedor en caso de incumplimiento por el deudor. De ahí que, salvo pacto en contrario, la pena sustituya la indemnización de daños y perjuicios derivados del incumplimiento (art. 1152.1 del CC) en el sentido de que, si los daños sufridos por el acreedor superan el importe de la cláusula penal, el acreedor no puede reclamarlos.

En esta misma dirección, la cláusula penal reduce los costes probatorios del acreedor. El acreedor a cuyo favor se ha pactado la cláusula penal no necesita probar que se le han originado daños como consecuencia del comportamiento del deudor por ninguna cuantía. Como señala STS (Civil) de 13 de julio de 2006 (RJ 2006\4507),

> "la función esencial de la cláusula penal —aparte de su función general coercitiva— es la función liquidadora de los daños y perjuicios que haya podido producir el incumplimiento o el cumplimiento defectuoso de la obligación principal, sustituyendo a la indemnización sin necesidad de probar tales daños y perjuicios; sólo excepcionalmente opera la función cumulativa, cuando se ha pactado expresamente que el acreedor pueda exigir la indemnización de los daños y perjuicios causados y probados, y, además, la pena pactada como cláusula penal".

La cláusula penal opera como mecanismo que modifica convencionalmente las reglas legales relativas a la responsabilidad contractual para, normalmente, agravarla.

En principio, sólo procede el pago de la pena en las mismas circunstancias en que procedería el pago de la indemnización de daños y perjuicios y, por tanto, si el acreedor prueba que el incumplimiento o el cumplimiento defectuoso se produjo de forma objetiva y subjetivamente imputable al deudor. A estos efectos, no obstante, debe tenerse en cuenta que del tenor del art. 1101 del CC se deduce que para que el incumplimiento causalmente imputable al deudor dé lugar a la indemnización de daños y perjuicios no se requiere necesariamente que haya actuado con dolo o culpa —salvo previsión contractual específica en este sentido— bastando la situación de morosidad o la contravención del tenor de la obligación que no pueda quedar amparada en la previsión del art. 1105 del CC (caso fortuito o fuerza mayor).

2. *Desequilibrio contractual y cláusula penal*

50. La exigibilidad de este tipo de cláusulas, una vez acreditado el incumplimiento de la oferta de contrato o de precontrato al que se anudan, ha suscitado diversos problemas prácticos. Por un lado, el referido a su validez o legitimidad. Por otro, acreditado este primer extremo, la existencia o no de una facultad moderadora del juez sobre la cuantía fijada en las mismas como compensación por daños derivados del incumplimiento del precontrato.

Se suscribe un precontrato de trabajo mediante el cual trabajador y empresa se comprometían a llevar a cabo un contrato eventual de seis meses de duración, para desarrollar tareas como comercial junior, estableciéndose el período de prueba y la retribución a percibir, entre otros extremos. En el punto 5° del precontrato se especificaba: "En el supuesto de que el presente precontrato se resolviera por no incorporación a la empresa el Sr. X indemnizará a la sociedad "Y", SL en la cantidad de 3000 euros. En caso de que la entidad "Y", SL no contratase en la fecha prevista al Sr. X, ésta indemnizará al Sr. X con la cantidad de 3000 euros". El día anterior a su incorporación la empresa "Y", SL remitió una carta por correo certificado al Sr. X en la que se recordaba que se le esperaba para su incorporación al día siguiente. Llegado el pactado el Sr. X no se presentó a firmar el contrato. Con esta misma fecha la empresa demandada remitió al actor un telegrama por el que se le comunicaba que se había incumplido el compromiso. Ese mismo día el Sr. X comenzó a prestar servicios para otra empresa. Presentada la correspondiente demanda por la empresa "Y", SL, la sentencia la estimó condenando al Sr. X a abonar a la empresa la cantidad de 3000 euros. El trabajador se opone alegando que la cláusula penal establecida en el contrato se ha realizado con manifiesto abuso de derecho por el empleador y por tanto es nula, y, en consecuencia, que los daños y perjuicios ocasionados a consecuencia del incumplimiento por la no incorporación del trabajador habrán de acreditarse por la demandante sin que pueda tenerse por válida la fijada en el precontrato. La sentencia de instancia rechaza la nulidad o carácter abusivo de la cláusula por considerar que la misma se estipuló en términos de completa igualdad para las partes sin que se aprecie tampoco desproporción en la retribución.

51. La STSJ Madrid de 21 de enero de 2008 (R° 4855/2007), considera que "no se aprecia abuso de derecho porque la cláusula se estipula en términos de completa igualdad para las partes", sin que exista:

"desproporción con la retribución, como se alega, pues se había pactado una remuneración de 12.374,25 € anuales más el 5% del margen bruto sobre los clientes aportados por su gestión personal". El citado compromiso engendra, por tanto, obligaciones recíprocas para ambas partes (respectivamente, dar trabajo y ponerse a disposición del empleador) y su incumplimiento, dada la incoercibilidad de la mayor parte de las obligaciones de hacer, se traduciría, en su caso, por regla general, en una reclamación de daños y perjuicios en los términos que previenen los arts. 1101 a 1107 CC.

La sentencia añade que:

"En el presente supuesto, las partes han pactado una cláusula penal, en virtud de la cual la pena sustituye a la indemnización de daños y perjuicios y al abono de intereses, al no haberse pactado otra cosa. Como señala STS (Civil) de 13 de julio de 2006 (RJ 2006, 4507), la función esencial de la cláusula penal —aparte de su función general coercitiva— es la función liquidadora de los daños y perjuicios que haya podido producir el incumplimiento o el cumplimiento defectuoso de la obligación principal, sustituyendo a la indemnización sin necesidad de probar tales daños y perjuicios; sólo excepcionalmente opera la función cumulativa, cuando se ha pactado expresamente que el acreedor pueda exigir la indemnización de los daños y perjuicios causados y probados, y, además, la pena pactada como cláusula penal".

La Sala rechaza la pretendida necesidad de la prueba de los perjuicios, ya que las partes han pactado un precontrato en el que han incluido una cláusula penal regulada en los arts. 1152 a 1155 CC:

"La cláusula 5ª del precontrato puede hacerse efectiva por ser exigible conforme a las disposiciones del Código Civil (art. 1152 del CC). En efecto, siguiendo la doctrina de STS (Sala 1ª) 20-12-2006 (RJ 388), "en el caso presente el deudor —hoy recurrente— ha contravenido el tenor de la obligación asumida (art. 1101 del CC) al no incorporarse a la empresa el 8 de enero, a lo que se comprometió contractualmente, sin que el fracaso de dicho objetivo constituya un suceso que no hubiera podido preverse (art. 1105 del CC), por lo que surge la obligación de indemnizar los daños y perjuicios causados, que queda sustituida por la aplicación de la cláusula penal incorporada a la estipulación 5ª del contrato". Del tenor del art. 1101 del CC se deduce que para que el incumplimiento causalmente imputable al deudor dé lugar a la indemnización de daños y perjuicios no se requiere necesariamente que haya actuado con dolo o culpa —salvo previsión contractual específica en este sentido— bastando la situación de morosidad o la contravención del tenor de la obligación que no pueda quedar amparada en la previsión del art. 1105 CC (caso fortuito o fuerza mayor).

Continúa señalando la Sentencia, que es cierto que la cláusula penal, dado su carácter sancionador, debe ser objeto de interpretación restrictiva y así lo ha proclamado la jurisprudencia de la Sala 1ª del Tribunal Supremo, pero también lo es que la misma jurisprudencia atribuye a la sala de instancia la interpretación y calificación de los contratos, la cual ha de mantenerse en casación salvo en los casos en que resulte ilógica, absurda o contraria a derecho, interpretación que se extiende a todas las cláusulas contractuales entre las que se integra la cláusula penal. La interpretación llevada a cabo por el Juzgado en el caso presente se ajusta perfectamente a la literalidad de la cláusula en cuestión incorporada a la estipulación 5ª del contrato (art. 1281.1 del CC) sin extenderla a más de lo previsto por las partes, por lo que debe ser ratificada".

Razona, por último, el trabajador que se ha infringido el art. 1103 en relación con el 1107 del CC, aduciendo que la indemnización de daños y perjuicios debe moderarse debiendo tenerse en cuenta las circunstancias del trabajador, experiencia, cualificación profesional, salario, contrato, etc. y siendo así que el trabajador carecía de experiencia, su salario bruto no era elevado, el contrato era de seis meses de duración y se fijaba un período de prueba de 30 días laborables, llega el recurrente a la conclusión de que la cuantía de la cláusula penal es muy elevada en proporción a las condiciones laborales por lo que —a su juicio— el art. 1103 del CC faculta al juez para moderar la pena sustituyéndola por otra más equitativa de menor cuantía. Dicha argumentación también es rechazada:

"Tampoco en este caso es posible compartir la opinión del recurrente, pues como antes se dijo la cláusula penal sustituye a la indemnización de daños y perjuicios, por lo que los artículos citados 1103 y 1107 CC, relativos a la moderación de la responsabilidad en caso de negligencia o buena fe del deudor no resultan aplicables. Lo es, en cambio, el art. 1154 CC, pero este precepto solamente prevé la modificación equitativa de la pena cuando la obligación principal haya sido parcial o irregularmente cumplida por el deudor, lo que no es el caso, ya que el incumplimiento ha sido total, al no incorporarse definitivamente el trabajador a la empresa, no tratándose de un mero retraso. La ya citada STS 20-12-06 (RJ 2007, 388) declara al respecto que la moderación procede cuando se ha incumplido en parte la total obligación para la que la pena se previó, de modo que como afirma la doctrina, "la finalidad del precepto no reside en si se debe rebajar equitativamente una pena excesivamente elevada, sino que las partes al pactar la pena pensaron en el caso del incumplimiento total y evaluaron la pena en función de esta hipótesis". En caso de incumplimiento total, no existe posibilidad de moderación de la cláusula, y lo que solicita el recurrente es más bien una corrección de lo que libremente pactaron las partes valorando el importe de los perjuicios en una cuantía que tanto se podía aplicar al incumplimiento de una parte como al de la otra.

52. También la STSJ de Cantabria de 4 de marzo de 2004 (Rº 1135/2003) considera perfectamente válida y no abusiva la cláusula pactada en la medida en que se acomodaba a las circunstancias del incumplimiento previsto (proceso mínimo de selección que resultó inefectivo con defraudación de las expectativas y necesidad de nueva selección), y su cuantía resultaba proporcionada ya que se trataba de tres meses de salario. Excluye además la sentencia la posibilidad de considerar dicha cláusula como un contrato de adhesión teniendo en cuenta que "el demandado es persona de alta cualificación profesional con capacidad de comprender las circunstancias que en la misma se señalaban y también las consecuencias de su incumplimiento".

En la STSJ de Valencia de 3 de junio de 2008 (Rº 3450/2007), se cuestionaba la exigibilidad de la cláusula penal (fijada en el abono de 200.000€ al trabajador en caso de que no se produjese la contratación o si, producida ésta, se despedía al trabajador antes del transcurso de cinco años). En este caso, la empresa no llegó a contratar al trabajador dado que en el transcurso del plazo fijado para el efectivo inicio de la prestación de servicios el trabajador fue demandado en vía penal por la empresa por delito de estafa y apropiación indebida, junto con el gerente que había suscrito el precontrato en representación de la empresa. El trabajador demanda a la empresa reclamando el abono de la cantidad fijada en la cláusula penal. El Tribunal señala la plena validez del precontrato suscrito entre las partes, pero advierte que:

"para que surja la obligación empresarial de abonar la cantidad pactada en concepto de indemnización, sería necesario que el incumplimiento de la obligación asumida por la empresa demandada de perfeccionar el contrato de trabajo, fuera imputable a ella y se pudiera calificar de injustificado". En el caso debatido, la sala entiende que se ha producido una alteración trascendente e imprevisible de las circunstancias que fueron tenidas en cuenta por las partes como necesarias para el desarrollo del precontrato, de modo que, aun no desconociendo que la aplicación de la doctrina de la modificación sobrevenida de las circunstancias en el ámbito del Derecho del Trabajo es muy controvertida, concluye que resulta de aplicación el principio "rebus sic stantibus" como excepción al principio "pacta sunt servanda"; y que, dadas las circunstancias concurrentes, no cabe exigir a la empresa el cumplimiento de lo acordado con el demandante, por lo que éste carece de acción para reclamar la indemnización pactada para el caso de incumplimiento del precontrato"

En el caso resuelto por la STS (Civil) de 5 de febrero de 2013 (Rº 1440/2010) se declara, sin embargo, la nulidad de la cláusula penal, si bien en este caso la nulidad alcanza igualmente al propio precontrato.

El origen de proceso se encontraba en la demanda del Fútbol Club Barcelona contra un jugador, en su día menor de edad, en reclamación de la suma de 3.489.000 €, en concepto de la cláusula penal pactada en el precontrato de fecha 22 de abril de 2002, al haberse integrado en la plantilla del Real Club Deportivo Espanyol, S.A.D. incumpliendo los compromisos pactados en dicho precontrato. La Sentencia de primera instancia estimó parcialmente la demanda condenando a la parte demandada abonar a la actora la suma de 30.000 €, en concepto de indemnización por extinción anticipada del precontrato de fecha 22 de abril de 2002, y de 500.000 € en concepto de indemnización por aplicación de la cláusula penal contenida en el citado precontrato de fecha 22 de abril de 2002.

El Tribunal Supremo declara la nulidad del precontrato de trabajo con la consiguiente nulidad de la cláusula penal prevista en el pacto quinto de dicho precontrato, por resultar contrario a los límites inherentes al orden público en materia de contratación de menores, especialmente en lo referente a tutela del interés superior del menor en la decisión personal sobre su futuro profesional como aspecto o presupuesto del desarrollo de su libre personalidad. Ámbito fundamental que el precontrato vulnera o menoscaba pues el interés del menor, que debería ser la piedra angular e informadora de la reglamentación dispuesta en su conjunto, resulta ignorado ante una cláusula penal de tamaña envergadura que impide, como si de un contrato se tratase, dado sus plenos efectos obligacionales, la libre elección que sólo el menor debe decidir por sí mismo.

Estas consideraciones, termina señalando,

"se hacen sin perjuicio del derecho que pudiera asistirle a este club para la reclamación de daños y perjuicios a otras entidades por la vía que resulte pertinente, pero no al menor con base al citado precontrato. Del mismo modo, tampoco se cuestiona por esta Sala la procedencia de la indemnización prevista en la rescisión del contrato del menor de jugador no profesional pues la indemnización contemplada en dicha cláusula, que en realidad lo es de resolución contractual o de desistimiento unilateral, cobra sentido en una actividad formativa del menor por los gastos ocasionados en la misma".

3. *La posibilidad de que el juez modere el contenido de la cláusula penal*

53. La posibilidad de que el juez modere el contenido de la cláusula penal, imponiendo a la parte incumplidora del precontrato una indemnización en cuantía inferior a la prevista expresamente entre las partes, es una cuestión especialmente controvertida en el ámbito social de la jurisdicción.

En este sentido, a efectos de delimitar los supuestos en que cabe moderación judicial de la cláusula penal, se ha señalado que, conforme a la doctrina de la Sala Civil del Tribunal Supremo cuando la cláusula penal está establecida para un determinado incumplimiento, aunque fuera parcial o irregular, no puede aplicarse la facultad moderadora de art. 1154 del CC si se produce exactamente la infracción prevista; o por decirlo con otras palabras, que la moderación procede cuando se hubiera cumplido en parte o irregularmente la obligación para cuyo incumplimiento total la pena se estableció, de modo que, como afirma la doctrina, la finalidad del repetido artículo no reside en resolver la cuestión de si se debe rebajar equitativamente una pena por resultar excesivamente elevada, sino en interpretar que las partes, al pactar la pena, pensaron en un incumplimiento distinto del producido. La STS (Civil) de 10 de marzo de 2014 (Rº 343/2012), fija como doctrina jurisprudencial que "en los contratos por negociación, en los que expresamente se prevea una pena convencional para el caso del desistimiento unilateral de las partes, la valoración o alcance patrimonial de la pena establecida no puede ser objeto de la facultad judicial de moderación, cuestión que pertenece al principio de autonomía de la voluntad de las partes".

Frente a la jurisdicción civil, en la que se rechaza con carácter general la posibilidad de moderación judicial de las cláusulas penales, los tribunales del orden social vienen aplicando el principio de proporcionalidad y, en aquellos casos en que la cláusula penal se considera excesiva, modulan su contenido y proceden a reducir la cuantía indemnizatoria pactada.

El juez tiene un margen de libertad para modificar la pena a su prudente arbitrio, pero no para decidir sobre la modificación, pues el citado precepto legal es de carácter imperativo y de obligada observancia (Iglesias Cabero, 1985).

Aplicando esta doctrina, la STSJ Cataluña de 7 de octubre de 2015 (Rº 3975/2015) procede a moderar la cuantía de la pena pactada entre las partes, por considerar que dicha pena estaba prevista para el caso de impago de salarios por el club deportivo al deportista y, sin embargo, lo acontecido fue que no se llegaron a prestar servicios porque el club no consiguió la licencia deportiva para el trabajador, produciéndose así una situación ciertamente anómala, en el que el trabajador no ha llegado siquiera a realizar la prestación laboral, ni obtener la licencia federativa, ni a ser dado de alta por el club, ni a entrenar ni a jugar con el equipo, situación, concluye la sentencia, constitutiva de un incumplimiento irregular que permite la moderación de la pena pactada para sustituirla por la cuantía del salario dejado de percibir.

VI. Incumplimientos contractuales de los que derivan daños antes del inicio de la prestación laboral:

1. Indemnizaciones derivadas del incumplimiento de contrato antes de que se haya iniciado la prestación efectiva de servicios

A) La extinción del contrato de trabajo previa al inicio de la prestación efectiva de trabajo

54. El incumplimiento total antes del inicio efectivo de la prestación incluye aquellos incumplimientos nacidos desde la perfección del negocio jurídico y antes de la consumación del mismo. Debe así diferenciarse entre el contrato perfeccionado y el consumado, que solo existe mediante el cumplimiento de sus obligaciones por las partes contratantes.

En la STS (Social) 30 de abril de 1991 (RJ 1991\3396), el actor no ocupó el puesto de jefe de personal ni de recepción en ningún momento, no acudió ni un solo día a su trabajo y ni siquiera conocía al personal de la empresa, sin que hubiese acreditado durante el juicio que durante el período de tiempo que va de abril a diciembre, fecha en que se sitúa su cese, realizase cualquier tipo de actividad laboral para la empresa, y que por ello es preciso concluir que no tuvo el actor en ningún momento relación laboral con alguna de las empresas demandadas. Lo que en la demanda se solicitaba era que se declarase la nulidad, o en su caso la improcedencia, de un supuesto despido.

La sentencia rechaza que el incumplimiento empresarial de contrato antes de que se haya iniciado la prestación efectiva de servicios deba ser impugnada y reparada por los medios previstos para el despido. Así la "siempre quedaría en pie el hecho de que el actor no tomó posesión de su cargo ni desempeñó en ningún momento las jefaturas de recepción o personal, lo que significa que no ha llegado a haber prestación de servicios sino únicamente un compromiso que, en el supuesto de haber resultado incumplido por culpa del empresario, podría ser determinante de una indemnización de daños y perjuicios, pero que nunca podría producir los efectos legales de un despido, al no haber llegado a consumarse la relación laboral".

Por su parte la STS (Social) 21 de febrero de 1991 (RJ 1991\859), señala que en "los supuestos de rescisión unilateral del contrato de trabajo por voluntad del empresario, ha diferenciado los casos de despido de los de incumplimiento contractual, admitiendo la existencia de unos u otros según sean las circunstancias concurrentes en cada uno de ellos, siendo claro que en el presente supuesto se ha producido un incumplimiento contractual, al no haberse consumado o ejecutado el contrato laboral concertado entre las partes, pues la prestación de servicios no se inició ni se hizo efectiva en ningún momento".

55. Con bastante claridad se pronunciaría la STS (Social) 30 de marzo 1995, al admitir que:

«el despido es la decisión unilateral del empresario que extingue la relación laboral, viva y vigente hasta entonces, que le unía al trabajador despedido. Por ello, para que el

> despido pueda producirse es de todo punto necesario que opere sobre una relación de trabajo existente hasta ese momento, es decir que la decisión extintiva en que el mismo consiste rompa y ponga fin a un vínculo laboral que era real y efectivo hasta ese momento. Así el art. 49.11 del ET tipifica al despido como uno de los supuestos de extinción del contrato de trabajo. Si no existe relación laboral, tampoco puede existir despido. Podrá hablarse en tales casos de incumplimiento por el empresario de un precontrato, de una promesa de contrato o de pactos previos con análoga finalidad, o incluso de incumplimiento de un contrato de trabajo cuya prestación de servicios no se ha hecho efectiva en ningún momento ni ha llegado a tener virtualidad, los cuales incumplimientos pueden servir de base a las pertinentes reclamaciones de indemnización de daños y perjuicios; pero ni en tales casos existe despido alguno, ni estos incumplimientos pueden justificar la interposición de una acción de despido»

Como vemos, jurisprudencialmente, los problemas del contrato perfeccionado, pero no cumplido "ab initio" se resuelven mediante la fijación de indemnizaciones por los daños causados, equiparando el supuesto, en la práctica, a los incumplimientos de precontratos y ofertas de contrato.

B) La inaplicación del régimen del despido. Fundamentos doctrinales

56. La doctrina ha encontrado diversas razones para negar la aplicación del régimen previsto en el despido (Alfonso Mellado, 1994: 55): (i) La justificación se encontraría en que el régimen sustantivo y adjetivo del despido está pensando en un contrato de trabajo que ha generado una efectiva prestación de servicios. En este sentido, el ET cuantifica las indemnizaciones en base a los años de servicio y, además, resultaría de aplicación la normativa general sobre despido. (ii) De aplicarse ésta, ello podría conducir a indemnizaciones muy bajas a la vista de que ni siquiera ha existido tiempo de prestación de servicios. (iii) Puede conducir a problemas en cuanto a la posibilidad de acceder al desempleo por no existir causa legal específica determinada legalmente para esta situación.

2. *La extinción por incumplimiento total antes del inicio de la prestación efectiva de trabajo como forma especial de extinción del contrato de trabajo artístico,*

A) La extinción por incumplimiento total antes del inicio de la prestación efectiva de trabajo El art. 10.4 del RD 1435/1985

57. El art. 10.4 del RD 1435/1985, por el que se regula la relación laboral de los artistas en espectáculos públicos, contempla un supuesto peculiar de extinción del contrato de trabajo. Señala el citado precepto que "*El* *incumplimiento del contrato por el empresario o por el artista, que conlleve la inejecución total de la prestación artística, se regirá por lo establecido al respecto en el Código Civil. Por inejecución total se entenderán aquellos supuestos en los que ni siquiera hubiera empezado a realizarse el trabajo que constituye la prestación pactada*".

58. Se trata de una causa de extinción regida, por expresa previsión normativa, por lo dispuesto en el Código Civil. Según nuestros tribunales, la particularidad de la citada causa radica en la remisión expresa efectuada a su regulación por el Código Civil, con la finalidad de precisar el derecho material aplicable, dadas las especiales características de la relación.

Tal remisión no alcanza, sin embargo, a excluir la competencia de orden de la jurisdicción social para conocer de las reclamaciones derivadas de este supuesto, ya que compete a los jueces y tribunales de dicho orden resolver los conflictos que surjan entre los artistas en espectáculos públicos y las empresas como consecuencia del contrato de trabajo. Así el art. 11 del RD. 1435/1985 precisa que: "*Los conflictos que surjan entre las personas trabajadoras y las empresas como consecuencia del contrato de trabajo serán competencia de los jueces y tribunales del orden jurisdiccional social*".

El art. 10.4 del RD 1435/1985 entiende por inejecución total «aquellos supuestos en los que ni siquiera hubiera empezado a realizarse el trabajo que constituye la prestación pactada». Es decir, aquellos supuestos en los que se ha producido la coincidencia de las declaraciones de voluntad recíproca y sucesiva del artista y del empresario, que generan el acto jurídico bilateral de perfección del negocio, pero nada más. Se ha emitido por una de las partes una oferta de actuación en un espectáculo público o grabación para su posterior difusión entre el mismo y la otra la ha aceptado, pero no se ha materializado ningún intercambio de prestaciones, el contrato no se ha consumado (Alzaga, 2001).

B) Reclamación de daños y perjuicios

59. Junto a la posibilidad de exigir el cumplimiento exacto del programa prestacional pactado y/o la resolución del vínculo jurídico, el Derecho cuida también de las consecuencias, fundamentalmente patrimoniales, que pueden derivarse en ambos supuestos. En este sentido, el art. 1124 del CC permite a las partes exigir, junto al cumplimiento íntegro de la prestación o la resolución de la obligación, el resarcimiento, en ambos casos, de daños y perjuicios.

Estarán cubiertos, no solo los daños emergentes, sino también el lucro cesante y, en uno y otro caso, tanto los daños y perjuicios materiales como los morales por pérdida o deterioro de la imagen pública. Unos como otros, deberán ser daños reales, pues el resarcimiento no deriva del mero incumplimiento, sino de la existencia de aquellos, por lo que no cabrá incluir en la indemnización daños hipotéticos y futuros, dependientes de circunstancias meramente aleatorias. De modo que no habrá lugar a indemnización si éstos no se prueban.

C) La fijación discrecional por el juez

60. La indemnización que proceda, de no haber acuerdo entre las partes, será fijada discrecionalmente por el órgano judicial, sin que sea un criterio automático la pérdida del salario pactado. En relación con el cálculo de la indemnización en estos casos, resuelve la STS (Social) de 19 de junio de 1990 (RJ 6437/1990).

> La sentencia de instancia, estimando parcialmente la demanda de la actora, declaró resuelto su contrato de trabajo con la empresa cinematográfica CINETECNICA, S. A., al haber incumplido ésta una cláusula del contrato suscrito entre las partes que afectaba decisivamente a las características del trabajo artístico concertado. Considera, sin embargo, la sentencia que no había comenzado la ejecución del contrato y que no se había acreditado que los perjuicios efectivamente sufridos como consecuencia de la resolución tuvieran el valor del total de la retribución pactada, por lo que valora en 1.000.000 ptas. la indemnización de daños procedente y, deduciendo de esta cantidad la ya percibida de 400.000 ptas., condena a la demandada al abono de 600.000 ptas.
>
> El recurso que interpone la trabajadora denuncia en el primer motivo la interpretación errónea del art. 1124 del Código Civil en relación con el art. 10.4 del Real Decreto 1435/1985, de 1 de agosto, por el que se regula la relación laboral especial de los artistas en espectáculos públicos, argumentando, en síntesis, que tratándose de un contrato por tiempo cierto el perjuicio producido consiste en la pérdida de la retribución pactada y que ésta ha quedado acreditada en los hechos probados en el importe fijado en el contrato suscrito por las partes. Este razonamiento no puede compartirse. Es cierto que el art. 1124 del Código Civil, al que remite el art. 10.4 del Real Decreto 1435/1985 en los supuestos de incumplimiento que conlleve la inejecución del contrato, establece que el perjudicado podrá escoger entre exigir el cumplimiento o la resolución de la obligación, con el resarcimiento de los daños y abono de intereses en ambos casos y que, según el art. 1106 del mismo Código, la indemnización comprende no sólo el valor de la pérdida que haya sufrido, sino también el de la ganancia que haya dejado de obtener el acreedor. El recurrente identifica a estos efectos, la ganancia frustrada con la falta de abono de la retribución que hubiera obtenido de haberse ejecutado el contrato. La falta de recepción de la prestación que se había pactado como debida por la otra parte constituye, sin duda, un efecto derivado de la resolución, pero, como ha destacado la doctrina científica, cuando se trata de obligaciones recíprocas el problema es más complejo. En efecto en este tipo de obligaciones el valor objetivo de cada prestación no coincide con el interés de la parte que ha de recibirla, pues ésta queda a su vez exonerada de la que debía realizar en cumplimiento de sus obligaciones, lo que disminuye aquel valor en términos reales de interés dentro de la economía del contrato. Ello crea una especial dificultad en la determinación de los perjuicios en estos casos obligando a una ponderación a la vista de las

circunstancias concurrentes en cada supuesto y en el presente el juzgador ha estimado que la actora no acredita que el perjuicio real sea igual al de la retribución pactada (...)".

D) Indemnización por daños morales

61. Los daños morales se manifiestan, entre otros factores, en la pérdida de prestigio o deterioro de la imagen del trabajador o en los trastornos de ansiedad derivados de la preocupación o incertidumbre sobre su futuro profesional. Por ello, la STSJ Comunidad Valenciana de 25 de noviembre de 1999 (Rº 65/1999), en el caso de un conflicto entre un promotor artístico y cantante, entre los daños indemnizables, una vez alegados y acreditados, se incluye la "pérdida de prestigio y el deterioro de imagen" que para un trabajador —como, por ejemplo, el del mundo del espectáculo— puede suponer el no acceder al puesto prometido y quedar en situación de paro forzoso por causa del citado incumplimiento empresarial, así como el daño derivado de la incertidumbre sobre la efectiva ejecución del contrato, con los consiguientes desvelos, temores y preocupaciones, sin poder despejar sus dudas. La sentencia resalta la falta de referencia específica alguna en la normativa legal, convencional o contractual, a la forma de efectuar la valoración de estos daños no propiamente patrimoniales, situación ésta, de carencia de parámetros o módulos objetivos, ante la cual el Tribunal Supremo ha optado por efectuar una valoración global que derive de una apreciación racional, aunque no matemática, debiendo ponderarse todas las circunstancias concurrentes.

Capítulo 3

CUESTIONES INDEMNIZATORIAS EN RELACIONES PERILABORALES

Bibliografía: ALEMÁN PÁEZ, F., *Prostitución masculina y trabajo sexual: comentario a la STSJ de Cataluña, de 11 de noviembre de 2019,* Jurisdicción social: Revista de la Comisión de lo Social de Juezas y Jueces para la Democracia, 2020, nº 210, pp. 19-44. ALONSO OLEA, M., *Trabajos amistosos, benévolos o de buena vecindad. Trabajos familiares* [En torno al artículo 1.3.d) y e)], Revista Española de Derecho del Trabajo, 2000, I, pp. 83-89. ALONSO OLEA, M., CASAS BAAMONDE, M. E., *Derecho del Trabajo,* Madrid, Civitas, 1999, 17ª ed. ALONSO OLEA, M., BARREIRO GONZÁLEZ, G., E*l estatuto de los trabajadores. Texto actualizado, comentario, jurisprudencia,* Madrid, Civitas, 1991, 2ª ed. BARRIOS BAUDOR, G. L.; "Indemnización por daños y perjuicios a favor del trabajador económicamente dependiente", Aranzadi Doctrinal, núm. 9/2018. CASTRO ARGÜELLES, M. A. y GARCÍA MURCIA, J., La extinción de los contra*tos de trabajo por nulidad del concurso-oposición: ¿acción de nulidad, causa técnica, fuerza mayor?,* Aranzadi Social, 2000, V, pp. 605-616. DÍAZ RODRÍGUEZ, J. M., *El contrato de trabajo en las Administraciones Públicas ante la anulación del procedimiento de selección (I y II),* Actualidad Laboral, 2002, nº 1, pp. 39-61 y 63-86, respectivamente. DANS ÁLVAREZ DE SOTOMAYOR, L., L*a reclamación de daños y perjuicios por la extinción del contrato del agente de seguros autónomo económicamente dependiente,* Comunicación presentada al XXIII Congreso Nacional de Derecho del Trabajo y de la Seguridad Social, Asociación Española de Derecho del Trabajo y de la Seguridad Social, Girona 16 y 17 de mayo de 2013, Madrid, Cinca, 2013 (texto en pdf). DÍEZ-PICAZO, L., *Derecho de Daños,* Madrid, Civitas, 2000. ESCRIBANO GUTIÉRREZ, J., *Responsabilidad civil y trabajo realizado a título de buena vecindad.* Revista Doctrinal Aranzadi Social, 2003 nº 19, paraf. 71. GONZÁLEZ ORTEGA, S., *Las becas: ¿Formación, inserción, prácticas profesionales o trabajo asalariado?,* en CRUZ VILLALÓN (Ed.)., *Trabajo subordinado y trabajo autónomo en la delimitación de fronteras del Derecho del Trabajo.* Estudios en Homenaje al Profesor José Cabrera Bazán, Madrid, Tecnos/Junta de Andalucía, 1999, pp. 123 a 135. GUTIÉRREZ SOLAR-CALVO, B., *Repercusiones de la declaración de nulidad del concurso para la provisión de plazas laborales en la Administración Pública en la contratación celebrada a su amparo (Comentario a la STS 4ª, de 10 de marzo de 1999),* Relaciones Laborales, 1999, I, pp. 797-802. Id. Indemnizaciones por extinción del contrato de los autónomos económicamente dependientes: las dificultades de un sistema de compensaciones no tasadas, Aranzadi Social, 2010, paraf. 34. LARENZ, K., Derecho de obligaciones, Madrid, Edersa, 1958. LÓPEZ BERMEJO, O., *Condena a daños y perjuicios por salarios dejados de percibir en casos de nulidad de extinción acordada por el Organismo de Trabajo Penitenciario y formación para el Empleo, en el marco de una relación laboral especial de los penados,* Revista de Jurisprudencia Laboral, 2023, nº 10. MARTÍN CASALS, M., SOLÉ FELIU, J., *Artículo 1902,* en Domínguez Luelmo, A. (Dir.), Comentarios al Código Civil, Valladolid, Lex Nova, 2010, pp. 2046-2055. MOLINA NAVARRETE, C., GARCÍA JIMÉNEZ, M., *Comentario al artículo 15,* en J. L. Monereo Pérez, J. A. Fernández Avilés (Dir.,), *El Estatuto del Trabajador autónomo. Comentario a la Ley 20/2007, de 11 de julio, del Estatuto del Trabajo Autónomo,* Granada, Comares, 2009, 183-194. PALOMEQUE LÓPEZ, M. C., *Validez del contrato,* en AA.VV., *Comentarios a las Leyes Laborales. El Estatuto de los Trabajadores,* t. III. Madrid, Edersa, 1985, pp. 25 a 50. PÉREZ CONESA, M. C., *Novatada y responsabilidad por culpa «in vigilando». Sentencia del Tribunal Supremo de 14 de mayo de 2010,* Revista Doctrinal Aranzadi Civil-Mercantil, 2010, nº 7.

I. Indemnizaciones en las fronteras laborales: La responsabilidad extracontractual como regla

1. *Las relaciones perilaborales*

1. Cuando hablamos de “perilaboralidad” nos estamos refiriendo a aquellas situaciones que, pese a sus paralelismos con las laborales, se sitúan extramuros de éstas. El Derecho del trabajo es el Derecho del trabajo dependiente; pero a su lado se encuentran las llamadas “zonas grises”, supuestos genéricos de trabajos no dependientes que tienden a ser excluidos del Derecho del trabajo pese a sus identidades.

El art. 1 del ET define el trabajo subordinado estándar, la relación laboral común, por lo que necesita de un art. 2 para definir las relaciones laborales especiales. Para precisar más, la oposición se produce con los números 1, 2, 4 y 5 del art. 1, pues contiene las exclusiones al trabajo subordinado. En estos casos, “se toma la decisión de política legislativa de alejar del ordenamiento jurídico laboral a relaciones de producción en las que no es difícil ver las notas que caracterizan al trabajo asalariado” (Palomeque y Álvarez de la Rosa, 2022: 498).

Las «irradiaciones» del Derecho del Trabajo, es decir, su posible aplicación más allá de las fronteras del trabajo dependiente, se encuentran siempre presentes, pero, estas relaciones están fuera de su radio de acción. Y es que muchas de estas situaciones se sitúan en el marco del trabajo “para subordinado” o de los “falsos autónomos”. Se trata, en muchos casos, de fraudes o de “deslaboralizaciones” o, si mejor se prefiere, de actividades “bajo sospecha” desde la perspectiva laboral. En este marco se encuadra el denominado en otros países trabajo “parasubordinato”, que incluye al trabajador autónomo con prestación continuada y vinculada, la de obligarse a una ejecución de obra —por lo común con sus propios medios y a su riesgo— que por prestarse siempre a la misma empresa —normalmente monopolista— genera una dependencia económica que le incapacita para negociar en igualdad de condiciones: ahí se encuentran el contrato de agencia con o sin representación, los gestores de estaciones de servicio, los socios de cooperativas, etc.

Aunque no todo el espacio de los daños perilaborales está cubierto por la responsabilidad extracontractual, una parte muy importante de los eventos dañosos que se producen en este espacio caen de lleno en este ámbito por lo que resulta necesario detenernos, brevemente, en el análisis de sus elementos configuradores y definidores de este tipo de responsabilidad.

2. Elementos de la responsabilidad extracontractual

2. Dice el art. 1902 del CC:

> *"El que por acción u omisión causa daño a otro, interviniendo culpa o negligencia, está obligado a reparar el daño causado".*

El referido precepto contiene una cláusula general que obliga al resarcimiento del daño injusto. Esta cláusula general debe entenderse en sentido amplio, de modo que establece un sistema atípico, por el que todo daño debe ser resarcido, salvo aquellos en que intervenga alguna circunstancia excluyente de la responsabilidad.

La STS (Civil) de 29 de julio de 2010 (RJ 6946), ha considerado que "toda obligación, derivada de un acto ilícito, según constante y, también, pacífica jurisprudencia exige ineludiblemente los siguientes requisitos: a) Una acción u omisión ilícita, b) La realidad y constatación de un daño causado, c) La culpabilidad, que en ciertos casos se deriva del aserto, que si ha habido daño ha habido culpa y d) Un nexo causal entre el primer y segundo requisitos".

A) Acción u omisión

3. El art. 1902 del CC, para poner en aplicación el conjunto de consecuencias jurídicas que en el mismo se prevén, es decir, el derecho a recibir indemnización y el deber de satisfacerla, requiere que, por acción u omisión, se cause un daño a otro. Se establece, de este modo, un régimen de responsabilidad por hecho propio, que excluye del sistema de responsabilidad los hechos naturales que causen daños (Díez-Picazo, 1999: 288). Puede tratarse de una conducta activa u omisiva si bien, en relación con estas últimas solo se consideran relevantes aquellas que se producen en contra de un deber de actuar (Díez-Picazo, 1999: 288-290), siempre que la realización de la conducta omitida hubiera evitado o disminuido sustancialmente el daño.

B) Daño

4. Los daños y perjuicios —de carácter patrimonial— no conocen más división interna que la bien conocida y tradicional entre daño emergente y lucro cesante. Los daños y perjuicios, en Derecho español, comprenden la pérdida sufrida o experimentada y la ganancia o utilidad dejada de obtener (art. 1106 del CC). Están situados ambos elementos en pie de igualdad como categoría. También son indemnizables los daños morales.

Como resume la STS (Civil) de 27 de julio de 2006, citada:

> "El mayor margen de discrecionalidad en la determinación del importe de la indemnización correspondiente a la producción de daños morales, y el menor en el caso de la correspondiente a los daños patrimoniales, está en relación con su respectiva naturaleza, aunque, en puridad, no depende directamente de ella, sino más bien de la certeza que se tiene en cuanto a su producción. No es lo mismo, por ejemplo, en el ámbito estricto del daño patrimonial, la valoración del daño emergente (que puede sujetarse a pautas de certeza en la prueba cuyo desconocimiento equivale a la negación misma del derecho a la tutela judicial) que la del lucro cesante, pues la de este último únicamente puede establecerse mediante una presunción de cómo se habrían sucedido los acontecimientos en el caso de no haber tenido lugar el suceso dañoso (...). Un mismo daño patrimonial, como ocurre con la pérdida de retribuciones por incapacidad, debe ser objeto de criterios muy distintos de valoración según se refiera a un período determinado y conocido de incapacidad o bien a la incapacidad de una persona durante su vida futura.
>
> El daño moral, en cuanto no haya sido objeto de un sistema de tasación legal, dado que no puede calcularse directa ni indirectamente mediante referencias pecuniarias, únicamente puede ser evaluado con criterios amplios de discrecionalidad judicial, según la jurisprudencia inveteradamente viene poniendo de manifiesto. Esta circunstancia diluye en cierta medida la relevancia para el cálculo del quantum [cuantía] indemnizatorio de la mayor o menor probabilidad del resultado impedido por la acción dañosa, en los casos de frustración de derechos, intereses o expectativas.
>
> El daño patrimonial, sin embargo, aun cuando sea incierto por no ser posible concretar su importe con referencia a hechos objetivos, por depender de acontecimientos futuros, sí admite referencias pecuniarias, y por ello no debe ser apreciado con los criterios de discrecionalidad propios de los criterios de compensación aplicables al daño moral, como si de éste se tratase, sino mediante una valoración prospectiva fundada en la previsión razonable de acontecimientos futuros y, en ocasiones, mediante una valoración probabilística de las posibilidades de alcanzar un determinado resultado económico que se presenta como incierto. Esto ocurre cuando el daño ha consistido en la privación irreversible de la posibilidad de obtenerlo, es decir, en la pérdida de oportunidades para el que lo padece".

C) Causalidad e imputación objetiva

5. Como señala Díez-Picazo (1999: 331), "el concepto de causa y el de causalidad se utilizan en materia de responsabilidad civil, parla tratar, básicamente, de dar respuesta a dos tipos de problemas: el primero es encontrar alguna razón por la cual el daño pueda ligarse con una determinada persona, de manera que se pongan a cargo de ésta, haciéndola responsable, las consecuencias indemnizatorias, para lo cual utiliza el concepto de causa el art. 1902 del CC al imponer el deber de indemnizar a «el que causa daño a otro»; en segundo lugar, se trata de relacionar, a la inversa de lo que hacíamos anteriormente, al daño con la persona, pues el precepto, remarcando el uso de la palabra causa, dice que se indemniza «el daño causado»".

La doctrina del Tribunal Supremo viene manteniendo un doble enfoque material y jurídico que ha sido defendido por la doctrina (Pantaleón, 1991: 1981-1988). El referido criterio lleva consigo la necesidad de establecer, en primer lugar, la existencia del nexo de causalidad desde el punto de vista físico (causalidad de hecho) de acuerdo con la regla de equivalencia de las condiciones, según el cual "es causa todo aquello que no pueda suprimirse imaginariamente sin que desaparezca el efecto". Este criterio se complementa con otro de carácter jurídico (causalidad jurídica o imputación objetiva), cuyo fin consiste en establecer "si el resultado dañoso producido es o no objetivamente atribuible al agente, en el sentido de que pueda ponerse jurídicamente a su cargo". El Tribunal Supremo acude como criterio básico al criterio de causalidad adecuada (Martín Casals y Solé Feliu, 2010: 2050).

> Los PERC establecen en su art. 3:101: Conditio sine qua non que "Una actividad o conducta (en adelante, actividad) es causa del daño de la víctima si, de haber faltado tal actividad, el daño no se hubiera producido". Art. 3:201: Alcance de la responsabilidad: "Si una actividad es causa en el sentido de la sección 1 de este capítulo, la cuestión de si puede ser imputada a una persona y en qué medida depende de factores como los siguientes: a) La previsibilidad del daño para una persona razonable en el momento de producirse la actividad, considerando, en especial, la cercanía en el tiempo y en el espacio entre la actividad dañosa y su consecuencia, o la magnitud del daño en relación con las consecuencias normales de tal actividad. b) La naturaleza y valor del interés protegido (art. 2:102) c) El fundamento de la responsabilidad (art. 1:101). d) El alcance de los riesgos ordinarios de la vida. e) El fin de protección de la norma que ha sido violada

Tal y como resume la STS (Civil) de 26 de enero de 2007 (Rº 533/2000):

> "(...) no basta la causalidad física, sino que es preciso que conste una acción u omisión atribuible al que se pretende responsable —o por quién se debe responder— determinante, en exclusiva o en unión de otras causas, siempre con certeza, o en un juicio de probabilidad cualificada, según las circunstancias concurrentes —entre ellas la entidad del riesgo—, del resultado dañoso producido. Asimismo señala la Sentencia de 26 de enero de 2006 —recogiendo la doctrina de la de 16 de mayo de 2001— que "esta Sala se basa en la doctrina jurisprudencial de la causalidad adecuada o eficiente para determinar la existencia de relación o enlace entre la acción u omisión —causa— y el daño o perjuicio resultante —efecto—, pero siempre termina afirmando que opta decididamente por soluciones y criterios que permitan valorar en cada caso el acto antecedente que se presente como causa tiene virtualidad suficiente para que del mismo se derive, como consecuencia necesaria, el efecto dañoso producido, y que la determinación del nexo causal debe inspirarse en la valoración de las conductas o circunstancias que el buen sentido señale en cada caso como índice de responsabilidad, dentro del infinito encadenamiento de causas y efectos, con abstracción de todo exclusivismo doctrinal".

6. En el sistema resarcitorio de daños, con base en culpa extracontractual, del art. 1902 del Código Civil, es preciso que se pruebe la existencia del nexo causal, correspondiendo la carga de la prueba al perjudicado que ejercita la acción (art. 217.2 de la LEC).

De modo que, como vuelve a precisar la citada STS (Civil) de 26 de enero de 2007:

> "Constituye doctrina de esta Sala que para la imputación de la responsabilidad cualquiera que sea el criterio que se utilice (subjetivo u objetivo), es requisito indispensable la determinación del nexo causal entre la conducta de la gente y la producción del daño (...), el cual ha de basarse en una certeza probatoria que no puede quedar desvirtuada por una posible aplicación de la teoría del riesgo, la objetivación de la responsabilidad o la inversión de la carga de la prueba (...). Es preciso la existencia de una prueba terminante (...)".

D) Culpa como criterio de imputación subjetiva

7. Como señala Díez-Picazo (1999: 351):

> "En la tradición que procede de la codificación, para que exista obligación de indemnizar un daño extracontractual no es suficiente haberlo causado. Se requiere que en el comportamiento antecedente a la producción del daño, al que éste ha de imputarse objetivamente, se pueda encontrar culpa o negligencia. Se trata de un momento ideal que puede calificarse como de «imputación subjetiva» y que trata de establecer un nexo que enlaza el hecho con la personalidad del autor. No sólo ha sido causado, sino que existen razones para imputarlo, que lo relacionan con la conciencia del causante. En ello existe implícito un reproche. El autor es responsable porque no hizo aquello que era necesario, pues si lo hubiera hecho, el daño no hubiera ocurrido. Existe un juicio de valor sobre lo que podría llamarse la conducta adecuada ante una situación de riesgo o peligro y la comparación entre esa conducta que se toma como modelo y la conducta concreta de la que esta última no sale favorecida".

8. Como aclara la STS (Civil) de 10 de julio de 2003 (Rº 3293/1997):

> "La concepción clásica de la culpa se apoya invariablemente como elemento indispensable en la omisión de la diligencia exigible al agente. La posición moderna, en cambio, caracteriza la culpa por notas distintas de esa falta de diligencia y llega a hablar de una culpa social o culpa sin culpabilidad. El sentido clásico de la culpa civil parte de identificarla con negligencia, concepto que se opone al de diligencia; basado todo ello en un criterio subjetivo. La culpa es desviación de un modelo ideal de conducta: modelo representado, unas veces por la «fides» o «bona fides», y otra por la «diligentia» de un «pater familias» cuidadoso.
>
> En la culpa el elemento intelectual del dolo (previsión efectiva) queda sustituida por el de «previsibilidad», o sea, la posibilidad de prever, y el elemento volitivo queda reemplazado por una conducta negligente: no se ha creado efectivamente el efecto, pero se ha debido mostrar mayor diligencia para evitarlo.

La previsibilidad del resultado es el presupuesto lógico y psicológico de la evitabilidad del mismo (...). La diligencia exigible ha de determinarse en principio según la clase de actividad de que se trate y de la que puede y debe esperarse de persona normalmente razonable y sensata perteneciente a la esfera técnica del caso".

Y añade:

"La medida de la diligencia exigible es variable para cada caso; según el art. 1104 del Código Civil, dependerá de la naturaleza de la obligación y ha de corresponder a las circunstancias de las personas, del tiempo y del lugar. Según el mismo artículo que cuando la obligación no exprese la diligencia que ha de prestarse en su cumplimiento, se exigirá la que correspondería a un buen padre de familia. Es, pues, una medida que atiende a un criterio objetivo y abstracto. Exigible según las circunstancias es la diligencia que dentro de la vida social puede ser exigida en la situación concreta a persona razonable y sensata correspondiente al sector del tráfico o de la vida social cualificados por la clase de actividad a enjuiciar. Según este criterio objetivo, ha de resolverse la cuestión de sí el agente ha obrado con el cuidado, atención o perseverancia exigibles, con la reflexión necesaria y el sacrificio de tiempo precisos. Al respecto no es pues decisivo la individualidad del agente, sino las circunstancias que determinarán la medida necesaria de diligencia y cautela. Apunta también a un criterio de valoración de la culpa civil la facultad de moderación de la responsabilidad que procede de diligencia, concedida a los Tribunales según los casos por el art. 1103 del Código Civil. Pero también ha de tenerse en cuenta un aspecto subjetivo, en cuanto al sujeto que obra le es posible prever las circunstancias del caso concreto".

9. En el marco del art. 1902 del CC, la carga de prueba de la culpa recae sobre el actor, pero como resume Yzquierdo Tolsada (2021: 279-280), cabe diferenciar distintos supuestos:

(i) *Responsabilidad por culpa probada*. En responsabilidad civil, los daños producidos en las actividades ordinarias, usuales o habituales de la vida se han de evaluar en términos de culpa probada.

(ii) *Responsabilidad por culpa presunta*. Los daños causados en actividades anormalmente peligrosas, esto es, que comportan un riesgo considerablemente elevado por su frecuencia, alcance o gravedad, también se rigen por la regla de la culpa, pero cuanto mayor sea el peligro, mayor deberá ser el nivel de diligencia exigible, que a veces conducirá a exigir una pericia extrema. Y además, ese agotamiento de la diligencia a quien controla o gestiona la actividad en cuestión podrá justificar la inversión de la carga de la prueba, o lo que es lo mismo, podremos estar ante casos de responsabilidad por culpa presunta.

No obstante, es importante tener presente, como ha señalado la STS (Civil) de 2 de marzo de 2006 (Rº 2654/1999) que "la jurisprudencia no ha aceptado la inversión de la carga de la prueba más que en supuestos de riesgos extraordinarios, daño desproporcionado o falta de colaboración del causante del daño especialmente obligada a ella por sus circunstancias profesionales o de otra índole".

(iii) *Responsabilidad objetiva o sin culpa*. Finalmente, "tenemos aquellas actividades gobernadas por la regla de la responsabilidad basada en el riesgo, por sí solo y al margen de cualquier otro factor. Aquí ya no es que se suavice el rigor probatorio. No es que al actor le haga falta poco esfuerzo para que la culpa del demandado se tenga por probada, sino que directamente se prescinde de la culpa como elemento de la responsabilidad. Pero para que así sea, es preciso que el legislador haya atribuido este régimen a la concreta y específica actividad" (Yzquierdo Tolsada, 2021).

El texto legal que de forma más clara reconoce la responsabilidad sin culpa es el art. 120 de la Ley 48/1960, de 21 de julio, sobre Navegación Aérea, cuando establece que: "La razón de indemnizar tiene su base objetiva en el accidente o daño y procederá, hasta los límites de responsabilidad que en este capítulo se establecen, en cualquier supuesto, incluso en el de accidente fortuito y aun cuando el transportista, operador o sus empleados justifiquen que obraron con la debida diligencia".

II. Situaciones de economía sumergida y responsabilidad extracontractual

1. Economía sumergida y fraude laboral

10. La economía sumergida es una lacra que debilita nuestra economía, afecta a los derechos de los profesionales (asalariados o autónomos) y socava gravemente la sostenibilidad financiera de nuestro sistema de pensiones. Los trabajos sumergidos son muchas veces ilegales en sí mismos, por lo que su ocultamiento es presupuesto de su continuidad. Suele tratarse de pequeños trabajos marginales, intermitentes y, casi siempre, a cargo de quienes trabajan para sí mismos, sin relación laboral con empleadores, aunque, llegado el caso, puedan convertirse en empleadores silenciosos de otras personas en la misma o parecida situación. Precisamente por ello, las situaciones de empleo irregular deben ser objeto de una permanente persecución por parte de los poderes públicos.

2. Los daños producidos en el desarrollo de este particular tipo de actividades son susceptibles de quedar subsumidos en el ámbito de la responsabilidad extracontractual

11. El siguiente supuesto ayuda a comprender la situación y los problemas asociados desde la perspectiva del derecho de daños:

D. MRC era titular de una concesión minera denominada «El Salmón», sita en la localidad de Herrera de Pisuerga, en la provincia de Palencia. La mina no se encontraba en explotación, carecía de los correspondientes permisos administrativos y, por tanto, no podía estar debidamente controlada por los organismos oficiales. D. MRC había facilitado trabajo al hijo Dña MPR. No se conoce con exactitud qué tipo de trabajo era, toda vez que se trataba de una mina que no estaba en explotación y no había en ella personal especializado que pudiera controlar su estado de conservación. Se trataba de un trabajo indiferenciado, escasamente relevante, que se realizó a través de lo que conocemos como economía sumergida. El día 22 de octubre de 2020 el hijo de Dña MPR, dentro de la mina, sufrió un accidente que le provocó un hemotórax o hemorragia pulmonar y la muerte subsiguiente. No llega a saberse si obedeció a deficiencias de la estructura de la mina o a una defectuosa actuación por parte de la víctima. Sólo se sabe que se produjo en el interior de la mina. D. MRC no llevó al hijo Dña MPR de forma inmediata a un centro hospitalario y transportó el cadáver del fallecido a una carretera cercana dejándolo abandonado en la calzada para tratar de simular un accidente de circulación. La madre del fallecido, presentó una demanda de indemnización de daños y perjuicios en el Juzgado de Primera Instancia de Ponferrada el único fundamento de la demanda consistía en situar la imprudencia del demandado en no haber llevado al hijo de la actora de forma inmediata a un centro, hospitalario para que fuera allí atendido, invocando, además, las manipulaciones que el demandado, para evitarse problemas con la Inspección de Trabajo, había realizado, transportando el cadáver del fallecido a la carretera de Ponferrada-La Espina y dejándolo abandonado en la calzada para tratar de simular un accidente de circulación

12. La STS (Civil) de 22 de enero de 1996 (Rº 1950/1992), establece dos tipos de consideraciones. La primera de ellas es la corroboración del criterio que había mantenido la Audiencia: "correspondía al titular de la explotación la inversión de la carga de la prueba, esto es, que la producción del accidente se hubiera originado por un evento de fuerza mayor o caso fortuito, o producido por culpa o negligencia del operario". La segunda es que, aunque se insista en la idea de que la aplicación del art. 1902 del CC requiere forzosamente un "reproche culpabilístico", se piensa que este condicionante no es ajeno al caso de autos y que se encuentra reflejado en los datos fácticos ya mencionados. Concretamente, en el hecho de que la prestación de trabajo se efectuó fuera de toda norma laboral, que la mina se encontraba sin permiso de explotación y que las condiciones de trabajo no podían ser controladas debidamente por organismos oficiales, así como en el hecho de que tampoco existía personal especializado en la empresa que llevara a cabo las actividades necesarias para comprobar el estado de conservación de las instalaciones. Todo ello —dice la sentencia— significa "una situación de deficiencia en la explotación minera de que se trata, la cual es imputable, desde luego, al titular de la misma y representa un comportamiento culposo o, cuando menos, negligente».

13. Como señala Díez-Picazo (1999: 20-26), comentando el referido pronunciamiento:

"Puede señalarse que un enjuiciamiento más correcto del asunto en cuestión tendría que haberse manifestado sobre cuál era la relación jurídica existente entre el demandado y la víctima del accidente. Se trata, evidentemente de un trabajo de economía sumergida, que no parece privar a la relación contractual de su condición de relación laboral. A partir de este dato se podría cuestionar si se trataba de un accidente de trabajo en sentido estricto (...)" Es verdad asimismo que al tratarse de economía sumergida, el régimen general de la Seguridad Social no podía funcionar, pero puede discutirse si debía funcionar la definición de accidente de trabajo y la responsabilidad del empresario, que funciona con las mismas causas de exoneración que, curiosamente, la sentencia acoge, es decir, fuerza mayor extraña al trabajo y dolo o imprudencia temeraria del trabajador accidentado. La segunda posibilidad es que no se tratara de un contrato laboral en sentido estricto, sino de un contrato regido por el Derecho común, lo cual hubiera debido llevar al tribunal a examinar, para determinar la negligencia del demandado, si éste había cumplido los deberes de diligencia que ex fide bona y de acuerdo con el art. 1.258 CC la relación contractual imponía, es decir, los deberes de información necesarios para ejecutar la prestación convenida, que en el caso concreto comportaba una información sobre la situación de la mina y de sus instalaciones; y los deberes de protección que competen a todo contratante para evitar que en la ejecución de obligaciones contractuales pueda el deudor experimentar lesiones en su integridad física. Tal vez, por estos caminos, se hubiera podido llegar a una solución similar a la que la sentencia adopta, la cual, situándose en el art. 1902 CC, complica la cuestión concreta a resolver y el entendimiento general de la responsabilidad civil extracontractual".

III. Trabajos de benevolencia y buena vecindad y daños

1. *Concepto de trabajos de benevolencia y buena vecindad*

14. Establece el Estatuto de los Trabajadores que quedan excluidos de su ámbito de aplicación los trabajos realizados a título de amistad, benevolencia o buena vecindad (art. 1.3 d) del ET). La exclusión, en este caso, obedece a que no concurre un acuerdo para intercambiar trabajo por retribución, sino un nexo fundado en un título genuinamente gratuito. Por ello, el fundamento de la exclusión se ha ubicado en la ausencia de *animus laborandi* en quien presta el servicio y en la falta de *animus obligandi* tanto en quien recibe el servicio como en quien lo presta (Alonso Olea, 2000). Se trata de figuras, por tanto, próximas a la donación. Con todo, las proximidades y analogías con las formas laborales de prestación de servicios recomiendan acercarnos a este particular terreno desde la perspectiva del derecho de daños.

2. *Accidente fortuito desarrollando trabajos de buena vecindad*

15. Particular interés reviste en esta materia la STS (Civil) de 16 de mayo de 2003 (Rº 2931/1997), (con comentario de Escribano Gutiérrez, 2003).

En el caso se produce la prestación de un servicio (la poda de un árbol) en el marco de una relación de buena vecindad, excluida, y así lo entienden los implicados, de todo carácter laboral. Como consecuencia de dicha prestación resulta un accidente fortuito (así lo reconocen también las partes en el relato de los hechos), como consecuencia del cual el prestador del servicio sufre graves heridas que le incapacitan de manera permanente para el desempeño del que, hasta ese momento, era su trabajo habitual. En ésta se parte, desde un principio, de la propia consideración de las partes implicadas en la prestación de servicios de que entre ellas en absoluto concurre ningún tipo de relación laboral. El perjudicado acude, por tanto, directamente a la jurisdicción civil, para que ésta decida sobre la obligación del receptor de los servicios gratuitos de afrontar las consecuencias del riesgo que dicha prestación implicaba. Se pretende la aplicación al caso enjuiciado de los arts. 1101 y 1104 del CC. A tenor de ambos artículos el receptor de la prestación, en cuanto beneficiario de dicha actividad, se encontraría obligado a prestar la diligencia requerida a un buen padre de familia. Una vez aceptada la aplicación de los arts. 1101 y 1104, y de constatarse que el demandado incurrió en dicha negligencia, habría de aplicarse el art. 1902 del CC. En virtud de este precepto, el demandado estaría obligado a reparar el daño ocasionado en la persona del prestador del servicio.

El Juzgado que se encargó de resolver en primera instancia basa su resolución en el hecho de que el demandante no ha probado que haya existido culpa o negligencia por parte del demandado. La Audiencia Provincial mantiene en los mismos términos la posición del Juzgado, obviando la causa de la prestación y centrándose en el hecho de que no se probó la negligencia del demandado. En ambos casos se admite la posibilidad de que en el supuesto de hecho pudiera haber concurrido una culpa extracontractual, si bien la no aportación de medios de prueba oportunos de la misma le lleva a excluirla.

La STS (Civil) de 16 de mayo de 2003 (Rº 2931/1997), concluye que:

> "(...) se carece del sustrato indispensable de una precedente base negocial o pactada entre los interesados que posibilitara acceder al juego del art. 1101 del CC al tratarse de una conducta emanada del actor en amor a una buena relación de vecindad con el propietario del árbol, cuya poda determinó la caída del demandante, por lo que, además, y por ello, es hasta insólito plantear que no se asumió la cobertura propia de una relación laboral asegurando el riesgo inmanente, y sin que, tampoco sea aplicable el art. 1902 en sede aquiliana, pues, el componente culpabilístico en la persona que se le imputa la responsabilidad en absoluto existió ni, por ende, tan siquiera coadyuvó su comportamiento al desgraciado suceso, y sin que, por último, sea predicable esa inversión de la carga de la prueba que cede ante el vacío de la figura extracontractual demandada y, ni tampoco en un remoto atisbo de relevancia jurídica cupiera imaginar un tracto cuasi contractual impulsivo de un comportamiento tendente a impedir un efecto de nocividad en los intereses ajenos del propietario ausente, con el juego convergente del art. 1902 en relación con la figura tipificada en los arts. 1888 y ss. Desgraciado accidente, pues, que si en el plano moral podría conmover a su compensación reparadora, en un inexpresivo campo de connotación ética, es indiscutible que está envuelto en una total irrelevancia para su idoneidad legal y correspondiente tutela judicial.

3. Daños en trabajos de voluntariado

16. En determinadas organizaciones sin ánimo de lucro como ciertas fundaciones, ONGs, etc, la participación de auxiliares se vehicula a través de voluntariado, sin que exista una vinculación contractual entre éstos y la organización, gozando los auxiliares de un elevado grado de autonomía. El trabajo voluntario es, por definición, un trabajo gratuito o no lucrativo, lo cual no es contradictorio con la posibilidad de que el voluntario reciba compensación económica por los gastos realizados con ocasión de la prestación del servicio. El supuesto típico en el que se lleva a cabo la prestación de trabajo gratuito es el regulado en la actualidad por la Ley 45/2015, de Voluntariado.

A) Novatada y responsabilidad por culpa «in vigilando»

17. Un supuesto de interés es el resuelto por la STS (Civil) de 14 de mayo de 2010 (Rº 1346/2006) (Un interesante comentario, Pérez Conesa, 2010).

> Don Daniel colaboró durante un período de tiempo en labores de voluntariado en Cruz Roja Española. En el desarrollo de las mismas, el día 30 de julio de 1995, fecha en que era menor de edad, cumplió la orden de acudir junto con otros compañeros a un pantalán para achicar agua de las lanchas de salvamento pertenecientes a la mencionada institución humanitaria. Dichas labores se realizarían bajo la supervisión de un marinero que estaba realizando el servicio militar, también voluntario de la Cruz Roja. Con ánimo de gastar una novatada, el marinero voluntario empujó a Don Daniel desde el pantalán y le tiró al agua, ocasionándole, como consecuencia de ello, diversas lesiones. Transcurridos varios años desde que sucediera este acontecimiento, a Don Daniel se le diagnosticó denervación del nervio peroneo común con atrofia de músculos tibiales, se le intervino quirúrgicamente y le quedaron lesiones permanentes. Los citados hechos que dieron lugar a que Don Daniel interpusiera una demanda de juicio ordinario contra Cruz Roja Española y Mapfre Industrial S.A. para que se declarara su derecho a percibir, en concepto de indemnización por los daños y perjuicios sufridos, la cantidad de 198.101,02 euros y se condenara a las demandadas a pagar solidariamente la expresada cantidad. Además, y sólo con relación a Mapfre Industrial S.A., a pagar el interés previsto en el art. 20 de la LCS. La demanda se funda en la aplicación al supuesto contemplado del art. 1903 en relación con el art. 1902, ambos del Código Civil.

La Sentencia de Instancia desestimó la demanda al considerar que se trataba de una novatada causada a un voluntario por otro voluntario, fuera de sus funciones laborales o en el ámbito del servicio en el que estaba empleado, y como tal imprevisible para quienes deben responder en beneficio de los perjudicados. Entiende la Sentencia que tampoco se puede hablar de una responsabilidad "in vigilando" ni "in eligiendo" en la medida en que no se ha acreditado que el agresor realizara comportamientos similares con anterioridad de los que pudiera desprenderse la previsibilidad de hechos futuros semejantes. Recurrida en apelación por la parte actora, la sentencia de la Audiencia Provincial de Asturias desestimó el recurso y confirmó la Sentencia de Primera Instancia.

18. La STS (Civil) de 14 de mayo de 2010 declara haber lugar al recurso de casación, casa la Sentencia de la Audiencia, revoca la dictada en Primera Instancia y estima en parte la demanda formulada frente a Cruz Roja Española y Mapfre Industrial S.A., a quienes condena al pago de una indemnización de 57.836,58 euros, más los intereses. La sentencia concluye lo siguiente:

> "(...) la resolución del recurso se contrae a verificar la significación jurídica dada por el tribunal de instancia a los hechos consignados en la sentencia recurrida, para lo cual se debe partir de lo que la doctrina jurisprudencial exige para que se pueda declarar la responsabilidad por hecho ajeno regulada en el art. 1903 del CC (...) Y si bien es cierto que una novatada, en ocasiones, como la enjuiciada, puede causar lesiones o secuelas graves a quien la sufre, no encaja exactamente entre las tareas que fueron encomendadas al agresor por la Cruz Roja (si así fuera estaríamos en el ámbito del art. 1902 del CC), también lo es que se ha desconocido por la demandada lo que el art. 6:102 de los Principios de Derecho Europeo de responsabilidad civil denomina "el estándar de conducta que le era exigible en la supervisión", citado en la Sentencia de 6 de marzo de 2007, o, lo que es lo mismo, se ha infringido el deber de vigilancia de las actividades llevadas a cabo por uno de sus voluntarios, militar o no, en el desarrollo y cumplimiento de la función que le había sido encomendada de achicar agua de los botes de la propia Cruz Roja, que estaban en el pantalán listos y a su disposición, puesto que los daños susceptibles de generar una responsabilidad civil no se han de producir necesariamente dentro del ámbito espacial concreto y delimitado del empleador, sino también en lugares donde se proyecten los deberes de vigilancia y atención. Lo cierto es que el menor no pudo realizar su trabajo al haber sido empujado de forma intencionada por el agresor y que esta persona no actuaba de forma autónoma sino sometido al cuidado y dirección de los mandos de la demandada, a cuyo cargo estaba el procurar las medidas apropiadas para que la orden de trabajo se cumplimentara en la forma para la que habían sido instruidos sus empleados, sin riesgo alguno para ellos, lo que no hizo. Como consecuencia de ello y en virtud de la concurrencia de un nexo causal entre ambos elementos, se produjo el resultado dañoso, susceptible de generar una responsabilidad civil por hecho de otro, en aplicación del art. 1903 del Código Civil, que presupone una presunción de culpa que únicamente desaparece cuando las personas en él mencionadas prueben que emplearon toda la diligencia de un buen padre de familia para prevenir el daño, en este caso la diligencia dirigida a evitar sucesos como el acontecido, en un medio previsible como en el que acontece".

B) Responsabilidad por ausencia de medidas de seguridad en trabajos voluntarios

19. La Sentencia de la Audiencia Provincial de Zaragoza de 26 de septiembre de 2000 (Rº 768/1994), confirmada por la STS (Civil) de 15 de octubre de 2007 (Rº 4943/2000), nos ayuda a definir el problema:

D. Rodolfo sufrió un accidente, a consecuencia del cual sufrió lesiones por las que el INSS le reconoció invalidez permanente absoluta para todo trabajo, al caer a la calle desde el tejado del comedor de la escuela taller de la Fundación laboral "LIGUERRE DE CINCA", en la localidad de Cinca (Huesca), con motivo de encontrarse arreglando, junto a otro compañero, la chimenea de la estufa. El lesionado demandante era trabajador, con la categoría de oficial de la empresa de Zaragoza «Construcciones Auxiliar de Ferrocarriles, S.A». (C.A.F.) estaba afiliado a la Unión General de Trabajadores, era secretario de la Sección Sindical de UGT de la citada empresa, y miembro electo de su comité de empresa. Para la realización de las referidas actividades UGT solicitó la colaboración de los afiliados de la Sección Sindical de CAF (a la que pertenecía el actor), lo mismo que a otros afiliados de otras empresas, que igualmente colaboraban. A los afiliados a las Secciones Sindicales de las empresas, que se trasladaban para las anteriores tareas a Ligüerre de Cinca, se les abonaba por UGT los gastos de gasolina y comida, aunque los trabajos no son retribuidos (voluntarios).

La Sentencia de la Audiencia Provincial de Zaragoza concluyó que tres son los requisitos que han de concurrir para que surja la obligación de resarcir por acto propio:

1) Que se haya cometido una acción u omisión voluntaria que haya provocado un daño. 2) Que como consecuencia de una acción u omisión se haya producido un daño. 3Â°) Que el daño sea consecuencia de la conducta llevada a cabo por el sujeto imputable (relación de causalidad) Aplicando a los anteriores hechos el art. 1902 del Código Civil, resulta que la Fundación Ligüerre de Cinca, en la realización de su objeto social (apartados a y b) del art. 7 de los Estatutos la recuperación y rehabilitación integral y la realización de las obras de construcción, reparación, restauración, acondicionamiento y mantenimiento de las edificaciones del casco urbano de la localidad de Ligüerre de Cinca y del núcleo urbano de Mesón de Ligüerre para destinarlos a usos sociales, culturales, deportivos, recreativos y de ocio) como promotora de una obra de construcción crea un riesgo. Primer presupuesto de responsabilidad extracontractual (...) Para la realización de la misma utilizó a los afiliados de las secciones sindicales de UGT de las empresas (como el actor y sus cuatro compañeros de CAF), con los cuales no estaban vinculados por contrato laboral —nota de dependencia y retribución— pero sí que éstos se habían comprometido con la UGT a subir a Ligüerre para realizar aquellas labores de construcción, aunque les abonaba el transporte y es proporcionándoles comida y alojamiento, se beneficiaba de su trabajo. La organización de la realización de las obras, dichas corresponde a su Promotora, quien pudo haber celebrado un seguro de responsabilidad civil de daños, en previsión de que aquellas personas que UGT llevaba a Ligüerre a trabajar pudieran lesionarse. El riesgo creado es mayor cuando se emplea a quienes pertenecen a otro sector laboral. En el caso de autos, el contenido de la posición décima del pliego de la parte actora dice: Que si el demandante tuvo el accidente es porque no era especialista en chimeneas, ni tenía preparación para ello, ni existía personal encargado competente que dirigiera los trabajos encomendados. Por tanto, hubo conducta negligente y culposa de la Fundación, dueño de la obra, que ordena un trabajo a persona carente de toda garantía técnica, demás la Fundación, a través de su encargado, aun en la forma de actuar en las tareas de mantenimiento de la chimenea de la estufa de referencia, incurrió en negligencia, pues en el caso de grave riesgo como el que nos ocupa, de trabajar en un tejado, que es necesario adoptar medidas previsoras, como uso de casco, de cinturón de seguridad, que no existían, y para los que debía haber anclajes en el edificio, emplear

> andamios para acceder al tejado y a la chimenea, si era necesario, o redes; no existieron tales medidas, lo que determina dicha culpa.

La sentencia condena a las demandadas Unión General de Trabajadores de España (UGT) y Fundación laboral Ligüerre de Cinca a abonar solidariamente la indemnización.

IV. Indemnizaciones de daños y perjuicios en prácticas no laborales

1. Becas y prácticas no laborales

20. Aunque las becas y las prácticas formativas poseen un carácter claramente formativo, las mismas no constituyen propiamente una relación de trabajo. Pese a ello, el uso irregular que de las mismas hacen las empresas, encomendando a los becarios o estudiantes tareas propiamente laborales al margen de cualquier finalidad formativa, constituye una frecuente fuente de fraude. A ello se añade la diversidad de fórmulas a través de las que las empresas, mediante programas de becas formativas de variada tipología, incorporan estudiantes para la realización de prácticas (González Ortega, 1999).

Típicamente los daños producidos durante estas actividades se proyectarán sobre el terreno extracontractual. Ello, no obstante, la poderosa vis atractiva del ordenamiento laboral ha llevado a considerar que determinadas actuaciones pueden llegar a quedar subsumidas en la esfera de lo contractual cuando median comportamientos fraudulentos en su uso. En definitiva, la fisiología de las prácticas formativas es educativa, solo en la patología aparece la faz laboral.

2. Daños durante el desarrollo de prácticas de enfermería

21. La Audiencia Provincial de Zaragoza de 27 de noviembre de 2020 (Rº 830/2020), se enfrentó a la siguiente cuestión:

> Reclama el demandante, indemnización de daños y perjuicios derivados del accidente sufrido el 6-10-2015 cuando al extraer sangre de un paciente se pinchó y contrajo el virus de la hepatitis C. Suceso que ocurrió en el desarrollo de las prácticas del tercer curso de enfermería, como alumno de la universidad San Jorge y en el Hospital Quirón con el que dicha universidad tenía un concierto para la realización de las prácticas obligatorias para la obtención del grado de enfermería. Demanda a la Universidad, a la titular del centro hospitalario y a la aseguradora del centro académico (Zurich). Acciona en base a

los arts. 1902 y 1903 CC culpa extracontractual. Y reclama 89.079,15 Euros por varios conceptos. Días de lesión, secuelas y gastos, así como daño moral.

Las demandadas oponen la prescripción de la acción, al no haberse interrumpido el plazo prescriptorio del año. Y en cuanto al fondo del asunto, ausencia de culpa alguna, imputando la causa del evento dañoso al propio perjudicado. Subsidiariamente, niegan los perjuicios, pues estuvo asintomático y no ha probado con elementos objetivos el daño moral. La sentencia de primera instancia desestima la demanda. Respecto a la Clínica Quirón por prescripción de la acción. Y en cuanto a la Universidad S. Jorge y Zurich por entender que en su actuar no ha existido omisión culposa alguna. Recurre la parte actora. Impugna la prescripción respecto a Quirón. Y en cuanto al fondo reitera la ausencia de previsión de ambas entidades que de consuno prestaban formación al alumno contagiado. No debía de habérsele ofrecido una extracción sanguínea de un paciente de riesgo y no se cumplió el protocolo de toma de prueba de la fuente del contagio.

La Audiencia Provincial de Zaragoza, Sección 5ª, Sentencia 960/2020, de 27 de noviembre (Rº 830/2020) señala que la relación del alumno con la clínica Quirón no es propiamente extracontractual. Tampoco laboral. Realiza sus actividades en el entorno y contexto de un acuerdo o negocio jurídico entre la Universidad en la que estudia y el centro sanitario que colabora con aquélla en una extensión jurídica también, de la vinculación negocial del alumno con el centro sanitario. Colaborador del centro educativo que le provee la formación para el grado de enfermería (...) La sentencia considera que "la única responsable es la clínica o centro de realización de las prácticas". "El convenio de colaboración entre el centro académico y el centro de ejecución de las prácticas no alcanza al detalle de la autorización o prohibición de actuaciones sobre determinado tipo de pacientes. Pero, más aún, en este caso, la Universidad carecía de control sobre el protocolo de custodia de muestras en caso de accidentes como el que nos ocupa". La cuantía indemnizatoria por daño moral se fija en 6.000 euros. El genotipo se averiguó en octubre de 2016. Casi un año de esa incertidumbre cuya indemnización ha de compartirse con la causa relevante del pinchazo. El resto de conceptos indemnizables, los gastos han de individualizarse. No los correspondientes a los gastos de matrícula, pues ni se aprecia ni se expone el nexo causal con el evento dañoso. Tuvo que pagarles, porque quería estudiar, no como consecuencia de este suceso. Los gastos médicos (consulta y análisis), se desconoce por qué razón no la cubrió el seguro (que sí lo hizo del resto de tratamiento, alrededor de 60.000 Euros). Sus asistencias de la fase final de la terapia y de su comprobación, en una cuantía razonable, por lo que procede su abono. No se discute su utilidad (1.415, 42€) y forma parte del tratamiento médico.

Si bien el becario no está incluido en el ámbito de aplicación de la Ley de Prevención de Riesgos Laborales, no hay duda, en cambio, respecto a que si la entidad convocante proporciona al becario los medios e instalaciones necesarias para llevar a cabo su labor, esos medios e instalaciones deberán ser adecuados, pues si no lo fueran y el becario sufriera un accidente como consecuencia de una actuación dolosa, culposa o negligente de la entidad convocante de la ayuda, tendrá derecho a la correspondiente reparación del daño causado.

El empresario del centro de trabajo donde el becario desarrolla su actividad (cuando éste no sea coincidente con el anterior), como responsable de las condiciones de ejecución del trabajo en todo lo relacionado con la protección de la seguridad y la salud de quienes allí prestan servicios, debería atender determinadas necesidades en materia preventiva; así, dado que el becario se integra de alguna manera en la estructura de la empresa, aunque ello sea a efectos formativos, ésta debería tenerlo en cuenta a efectos de la evaluación de riesgos y otras cuestiones preventivas, por ejemplo, información sobre los riesgos inherentes al centro de trabajo y los específicos de la actividad a desempeñar, como pudieran ser, por ejemplo, medidas de emergencia o equipos de protección individual.

3. *Falso becario e indemnización por vulneración de la garantía de indemnidad*

22. Un supuesto bien diferente es el representado por la Sentencia del Tribunal Superior de Justicia de Galicia de 29 de enero de 2021 (Rº 2799/2020), que declara nulo el despido de un becario llevado a cabo por la Administración Pública y el derecho a ser indemnizado por daños y perjuicios, por considerar que se ocultaba una relación laboral bajo la figura del becario. Datos esenciales para la calificación como laboral de la relación entre las partes eran que las labores encomendadas al becario se llevan a cabo con total autonomía, no había programa formativo, la formación consistía en realizar las tareas asignadas por la Jefa de laboratorio y el horario de las prácticas coincidía con el de todo el personal.

El segundo de los motivos del recurso se centra en discutir la vulneración de la garantía de indemnidad que estimó el juzgador de primera instancia, al considerar que la no renovación de la prórroga de la beca en el año 2019 es consecuencia de una represalia por haber ejercitado una acción judicial anterior en defensa de sus derechos laborales. Sentado que la empresa incurrió en una falta muy grave por el trato desfavorable dispensado al trabajador recurrente, no renovándole la prórroga de su bolsa de empleo sin justificación alguna, y que conforme al art. 40.1. c) de LISOS las faltas muy graves se sancionan: c) Las muy graves con multa, en su grado mínimo, de 6.251 a 25.000 euros; en su grado medio de 25.001 a 100.005 euros; y en su grado máximo de 100.006 euros a 187.515 euros. Pues bien, teniendo en cuenta que la cuantía fijada por la Magistrada asciende a dos mensualidades de salario, es claro que procede mantener como muy adecuada la cuantía indemnizatoria establecida en la sentencia de instancia.

V. Daños y perjuicios por salarios dejados de percibir en casos de nulidad de extinción en el marco de una relación laboral especial de los penados

1. *La dudosa calificación jurídico laboral del trabajo de los reclusos*

23. Varias peculiaridades significativas registra la prestación de servicios de los penados en instituciones penitenciarias: el lugar de trabajo (que obliga a la ordenación del trabajo con arreglo a principios y reglas penitenciarias), el hecho de que el trabajo se preste básicamente con fines de reinserción social (sin estar por ello completamente ausente el legítimo fin lucrativo del empleador, que abona una retribución por los servicios prestados) y la debilitación que conoce el presupuesto de la voluntariedad. Todos estos factores han llevado a un sector de la doctrina a discutir la calificación jurídico laboral del trabajo de los reclusos.

La Ley Orgánica 1/1979, General Penitenciaria (LOGP) contempla hasta seis modalidades de trabajo para la población reclusa (art. 27 de la LOGP). Solo una de ellas posee carácter laboral. Sin embargo, todas ellas vienen sujetas a diversos principios (art. 26 de la LOGP) como no supeditarse a los intereses económicos de la Administración, preparar a los internos para las condiciones normales del trabajo libre, compatibilizar las aspiraciones laborales de los recluidos con la organización y seguridad del establecimiento, etc.

2. *Acción de indemnización por daños y perjuicios ocasionados por el organismo autónomo «Trabajo Penitenciario y Formación para el Empleo»*

24. La STS (Social) de 19 de septiembre de 2023 (Rº 3351/2022) (Comentario de López Bermejo, 2023), viene a resolver el encaje legal que en el orden jurisdiccional social tiene una acción de indemnización por daños y perjuicios ocasionados por organismo autónomo «Trabajo Penitenciario y Formación para el Empleo».

El referido organismo (actuando como empleador) resuelve extinguir la relación laboral especial con el trabajador penado. Tal decisión, tras ser impugnada por el afectado, se declara judicialmente como no ajustada a las exigencias formales del derecho administrativo a una resolución motivada y justificada, provocando la nulidad de la extinción con la readmisión del demandante. No resultado posible acudir a la regulación prevista en el Estatuto de los Trabajadores para el despido disciplinario (entre ellos el abono de salarios de tramitación en caso de nulidad), se plantea si los órganos judiciales pueden examinar la legalidad del cese decidido por la Administración empleadora y que en casos de nulidad del acto, además de las consecuencias legales administrativas —la readmisión del actor—, conocer de otra acción consistente en la indemnización de daños y perjuicios.

El Tribunal Supremo considera que:

> "aunque no juegue aquí la categoría formal del despido ni sus normas específicas, resulta indudable que nos encontramos ante una terminación de la relación de trabajo por voluntad del empleador y que la misma no es ajustada a Derecho. El Convenio 158 OIT sobre terminación de la relación de trabajo habilita para obviar sus prescripciones respecto de categorías limitadas de personas empleadas respecto de las cuales se presenten problemas especiales que revistan cierta importancia habida cuenta de las condiciones de empleo particulares de los trabajadores interesados o de la dimensión o naturaleza de la empresa que los emplea (art. 2.5), pero ello requiere una expresa decisión que nuestro Estado no ha asumido. El art. 10 se inclina por la readmisión en los casos en que la terminación del contrato por decisión patronal se considere injustificada, apareciendo como alternativa "la facultad de ordenar el pago de una indemnización adecuada u otra reparación que se considere apropiada". En términos similares, la Carta Social Europea (art. 24.b) proclama "el derecho de los trabajadores despedidos sin razón válida a una indemnización adecuada o a otra reparación apropiada".

En este caso,

> "no se trata de aquilatar el alcance de una indemnización por cese contrario a Derecho y privación del derecho a seguir prestando la actividad. Lo que sucede es que la decisión extintiva y contraria a Derecho comporta la readmisión, siendo las consecuencias de esta vía las que aparecen controvertidas". Desde esta perspectiva consideramos indiscutible que cuando los textos internacionales, al igual que las normas internas, optan por la readmisión de la persona despedida "está presuponiendo que se produce una restitutio in integrum, es decir, se procura que no persistan en la realidad los perjuicios derivados de la ilícita y censurada extinción del contrato, que queda privada de sus efectos".

Si bien no cabe aplicar las consecuencias propias del despido improcedente, sea de forma explícita o implícita, entiende el Tribunal Supremo, esto no supone que ello no lleve consigo determinadas consecuencias resarcitorias si bien las mismas no necesariamente deben depurarse a través del cauce de la responsabilidad patrimonial de la Administración. Y ello dado que: "la adopción de decisiones empresariales de repercusión laboral (aquí, el cese del empleado) está sujeta a las reglas propias del ente que ocupa tal posición (mercantiles, administrativas, universitarias, civiles, cooperativas, etc.) y ello no descarta que sobre la relación laboral operen bloques normativos de otro tipo". Dicho abiertamente: "las consecuencias de haber adoptado una decisión contraria a Derecho como es la terminación de la relación laboral sin invocación de causa adecuada no son necesariamente las de la legislación sobre procedimiento administrativo".

La decisión legislativa de proyectar el molde de la relación laboral (un negocio de Derecho Privado) sobre las tareas de los penados concuerda mejor con la traslación de los principios y reglas propias del Derecho de Obligaciones. Desde luego, el deber de reparar el daño causado ocupa un lugar central en ese ámbito. Continúa señalando la STS (Social) de 19 de septiembre de 2023, citada:

> "Como pone de relieve nuestra STS de 11 diciembre 2012, los casos como el ahora afrontado son "supuestos extintivos cercanos a lo que se denomina despido disciplinario en el ámbito de la relación laboral ordinaria, pero que aquí ni tienen asignada tal denominación, ni llevan aparejado el mismo procedimiento para la adopción de la decisión empresarial, ni tampoco comportan una calificación jurídica y efectos como los del despido disciplinario del ET". "Esa proximidad ontológica con el despido", señala la sentencia, "actúa asimismo como un importante resorte a la hora de determinar las consecuencias de la readmisión a que nos venimos refiriendo".

En conclusión, "no es posible aplicar las normas y la construcción sobre los salarios de tramitación que acompañan a los casos de readmisión tras un despido improcedente (art. 56.2 del ET). Pero sí debe compensarse los daños y perjuicios ocasionados a la persona privada de forma ilícita de su empleo. Que su monto concuerde, de manera indiciaria y general, con el equivalente salarial frustrado parece razonable, sostenible en una aplicación analógica de aquellas normas" (art. 4.1 del CC).

VI. Indemnizaciones en supuestos de nulidad contractual

1. Efectos indemnizatorios del contrato nulo

25. Como señala la mejor doctrina (Alonso Olea y Casas Baamonde, 1999: 203), los casos de ejercicio de acciones de nulidad invocadas por una de las partes, apenas existen, pues la regulación del contrato de trabajo pone a disposición de las partes otros mecanismos, si no de gran pureza en su adecuación a estos supuestos de hecho, sí de efectos similares y más expeditivos y eficaces (resolución del período de prueba, dimisión del trabajador, despido por el empresario); por ello, la mayoría de los supuestos de nulidad afectan a la celebración y no a la ejecución del contrato de trabajo.

El efecto es que el contrato nulo no produce efectos (quod nullum est, nullum producit effectum), pero el art. 9.1 del ET precisa que "si el trabajador tuviera asignadas condiciones o retribuciones especiales en virtud de contraprestaciones establecidas en la parte no válida del contrato, el órgano de la jurisdicción social que a instancia de parte declare la nulidad hará el debido pronunciamiento sobre la subsistencia o supresión en todo o en parte de dichas condiciones o retribuciones".

Atendiendo a la normativa, para la fijación de la remuneración en caso de nulidad del contrato ha de seguirse el salario y emolumentos que hubiesen correspondido en condiciones laborales "ordinarias" con todo su significado y amplitud (para evitar el enriquecimiento injusto del empresario favorecido por la prestación de servicios en situación ilegal).

El derecho del trabajador a la remuneración consiguiente al trabajo prestado en el seno de un contrato de trabajo nulo venía exceptuado de forma expresa por el art. 55 de la LCT, cuando la "nulidad proviniera de voluntad maliciosa del trabajador", sanción a su dolo contractual, pues no se puede pensar que se haya querido premiar ni condonar el dolo ni, mucho menos, que sean exigibles remuneraciones e indemnizaciones sustitutivas, aunque los servicios se hayan prestado, si el contrato es nulo por ilicitud de causa o por ser su objeto contrario a las leyes o las buenas costumbres; las buenas costumbres (Alonso Olea y Barreiro González, 1991). Aunque el art. 9.2 del ET no haya incorporado esa excepción, sin embargo, debe considerarse en vigor por aplicación de los arts. 1305 y 1306 CC (Palomeque, 1985).

2. Conducta dolosa de alguna de las partes que, conociendo antes de suscribir el contrato su nulidad, lo oculta a la otra

26. En estos casos, la conducta dolosa da derecho a indemnización a la parte que sufre sus efectos. Como señala Alfonso Mellado (1994: 59), "esta situación, aunque inhabitual, puede darse; piénsese en organismo o empresas que deliberadamente incumplen sistema de selección de personal establecidos legal o convencionalmente que limitan su libertad contractual; si este incumplimiento genera la contratación de un trabajador que no pudiera conocer normalmente la irregularidad de la actuación empresarial, y si esa contratación se ve anulada, no parece que pueda excluirse la posibilidad de que al contratado de buena fe se le compense, por la empresa que actuó dolosamente, los gastos que la contratación le haya generado".

3. Un supuesto particular: la anulación del concurso de adjudicación de plaza laboral

27. Discutida ha sido la posible exclusión de la calificación como despido de aquella situación en que se encuentra el contrato de trabajo celebrado por una Administración Pública cuando el concurso oposición realizado para proveer dicha plaza es anulado por decisión de la jurisdicción contencioso-administrativa.

El Tribunal Supremo había señalado que el efecto inmediato de la anulación del concurso es la nulidad del contrato celebrado a su amparo en sus SSTS (Social) de 29 de marzo de 1994 (Rº 1673/1993) y 5 de octubre de 1994 (Rº 3790/1993). De conformidad con el art. 9 del ET el contrato hay que considerarlo nulo, aunque los efectos de tal nulidad se produzcan "ex nunc" pues se han consumado ya tanto el trabajo prestado como su retribución. En consecuencia, a la Administración, tras la sentencia firme anulatoria del concurso, le basta con comunicar al trabajador la nulidad de tal contrato y si éste pretende impugnar tal decisión, el control judicial se limitará a la comprobación de la conexión y dependencia entre el contrato y el acto anulado.

No obstante, la STS (Social) de 10 de marzo de 1999 (Rº 2138/1998), modificó su doctrina al considerar que de la declaración de nulidad del concurso deriva la extinción del contrato o contratos de trabajo celebrados al amparo de las bases anuladas. Es decir, siendo la validez del concurso una circunstancia objetivamente necesaria para el cumplimiento de la finalidad del contrato de trabajo, su falta de validez, o nulidad, se convierte en una causa de extinción del contrato equiparable, aunque no idéntica, a la fuerza mayor. Ello implica que la Administración debe utilizar, para la extinción del contrato, bien la vía del art. 51 del ET, bien la del art. 52.c) del ET si los trabajadores afectados no superan los umbrales numéricos previstos en aquél, siguiendo para ello el procedimiento de comunicación y puesta a disposición de indemnización previsto en el art. 53 ET. La tesis contenida en la sentencia ha sido reiterada por las SSTS (Social) de 5 de octubre de 1999 (Rº 2773/1999) y de 5 de julio de 2000 (Rº 3115/1999). La solución se desplaza hacia las indemnizaciones automáticas y tasadas previstas para algunas causas del art. 49 del ET y concordantes

La sentencia cuenta con un voto particular discrepante que sostiene la primera de las tesis a que se ha hecho referencia en el texto, señalando, incluso, la posibilidad de aplicación de indemnizaciones si la actuación administrativa anulada hubiese producidos perjuicios al trabajador. También son esenciales las diferencias en el plano de los efectos, que en el caso de nulidad se limitan, en principio, a los previstos en el art. 9.2 del ET: mantenimiento por parte del trabajador del derecho al salario por el trabajo prestado. Esto no significa que no puedan aplicarse otras indemnizaciones si la actuación administrativa anulada hubiese producido un perjuicio al trabajador afectado. Pero, aparte de los supuestos en que la causa de nulidad puede ser imputable al trabajador, estas indemnizaciones deben seguir el régimen normal de la responsabilidad por daños sin desplazarse hacia las indemnizaciones automáticas y tasadas previstas para algunas causas del art. 49 del Estatuto de los Trabajadores y concordantes; preceptos cuya aplicación puede tener, por otra parte, inconvenientes prácticos importantes, como muestra el presente caso, en el que de configurarse el supuesto como fuerza mayor sería necesaria la tramitación de un expediente de regulación del empleo por imperativo del art. 51.12 del ET.

4. *Otro supuesto más particular: Nulidad del contrato y prostitución voluntaria por cuenta ajena que se realiza simultáneamente con otras actividades completamente accesorias*

28. Veamos ahora un supuesto singular:

> El demandante era un hombre de nacionalidad brasileña, sin permiso de trabajo, que fue contratado por una empresa, con la categoría de "masajista", para realizar "masajes, servicios sexuales o ambos". Antes del inicio de la relación, la empresa hacía una entrevista a cada candidato a masajista, les explicaba las condiciones del puesto y les preguntaba qué tipo de servicios sexuales estaban dispuestos a ofrecer a los clientes. La empresa se publicitaba por internet y tenía arrendado un piso con la categoría administrativa de "motel de dos estrellas", donde se realizaban los servicios. La empresa contactaba con los clientes, fijaba con ellos el precio del servicio y procedía al cobro. El demandante trabajaba en el piso en jornada de ocho horas, con una retribución que alcanzaba el 42% del precio del servicio realizado a cada cliente. Al finalizar cada servicio, el demandante tenía la obligación de limpiar la habitación. En un determinado momento, la empresa comunica al demandante y al resto de masajistas que "pueden disfrutar de un mes de vacaciones aprovechando que van a hacer obras en el local". El demandante volvió al piso pasado el mes, pero se lo encontró cerrado. El piso no se volvió a abrir, sin que el demandante recibiera ninguna explicación ni comunicación al respecto. Presentada demanda por despido, esta fue estimada por la Sentencia del Juzgado de lo Social nº 32 de Barcelona, de 10 de diciembre de 2018, que reconoce la existencia de una relación laboral, declara el despido improcedente y, no siendo posible optar por la readmisión debido a la falta de permiso de trabajo, condena a la empresa a pagar la cantidad de 4.031,72 euros en concepto de indemnización por despido improcedente y de 16.859,92 euros en concepto de salarios de trámite. Recurrida la sentencia, el Tribunal Superior de Justicia de Cataluña estima el recurso y absuelve a la empresa. La empresa había alegado que no existía relación laboral "puesto que se trató de la prestación exclusiva de servicios sexuales, que no pueden ser válido objeto de contrato de trabajo". La sentencia acepta este argumento.

29. La STSJ de Cataluña, de 11 de noviembre de 2019 (Rº 3647/2019) (con comentario de Alemán Páez, 2020), considera que el objeto del contrato es ilícito, no porque el trabajo sexual deba considerarse contrario a la moral ni porque dicho trabajo deba ser objeto de estigma o intrínsecamente indigno, sino porque su prestación en régimen de subordinación, con sujeción a órdenes, instrucciones sobre el con quién, cómo, cuándo y dónde de dicha prestación, sujetando a la potestad disciplinaria la desobediencia de las órdenes del empresario, resulta contraria a la dignidad humana.

Un contrato de trabajo totalmente nulo por resultar su objeto ilícito (prestación de servicios sexuales en régimen de subordinación y dependencia) por ser contrario a la dignidad, no solo ha de comportar la acción para exigir la remuneración correspondiente, sino que también ha de generar la correspondiente acción para tutelar los derechos fundamentales vulnerados, particularmente la dignidad y la libertad sexual, que a su vez forma parte del derecho a la intimidad. Ahora bien, cabe recordar que, en el contrato de trabajo totalmente nulo, el trabajador no gozará de la acción de despido, pues no puede extinguirse una relación jurídica que resulta ser nula. En suma, en los casos de trabajo sexual prestado en régimen de subordinación y ajenidad, con las notas propias del contrato laboral, el trabajador ha de gozar de acción para pedir la nulidad del contrato y acción para la tutela de los derechos fundamentales, pero no acción por despido. A su vez, la indemnización debe contemplar un componente disuasorio. Para ello, dicha indemnización habría de resultar, como mínimo, de igual cuantía que la que correspondería en su caso por despido, incluidos los salarios de trámite. Sin embargo, en el caso, la pretensión de tutela de derechos fundamentales, a la vista del escrito de demanda, no se ejercita en este pleito, que se limita a la acción de despido, por lo que la Sala no puede entrar a conocer de la misma.

V. Indemnización por daños y perjuicios a favor del trabajador económicamente dependiente

1. Extinción del contrato de TRADE e indemnización de daños y perjuicios

30. El trabajador autónomo económicamente dependiente (TRADE) se trata de una figura específica entre los trabajadores autónomos, que cuenta con un régimen jurídico propio y diferenciado, y que se sitúa en la frontera entre el trabajo autónomo y el dependiente, si bien la Ley realiza una definición exhaustiva de la figura y se cuida de recalcar que se trata en todo caso de un trabajador autónomo y por lo tanto no le resulta de aplicación la legislación laboral, sin perjuicio de que se declare la competencia del orden jurisdiccional social para conocer de las cuestiones litigiosas relativas a tales trabajadores. Dentro de su régimen jurídico plantea especiales problemas la determinación de la correspondiente indemnización a favor de los TRADE en los supuestos de extinción de sus respectivos contratos profesionales.

31. Con la finalidad de aportar algún criterio de solución o, en su defecto, de orientación respecto a la cuantificación de los daños y perjuicios, el art. 15.2,3 y 4 de la Ley 20/2007, de 11 de julio (en adelante, LETA) disponen que:

> *"2. Cuando la resolución contractual se produzca por la voluntad de una de las partes fundada en un incumplimiento contractual de la otra, quien resuelva el contrato tendrá derecho a percibir la correspondiente indemnización por los daños y perjuicios ocasionados.*
>
> *3. Cuando la resolución del contrato se produzca por voluntad del cliente sin causa justificada, el trabajador autónomo económicamente dependiente tendrá derecho a percibir la indemnización prevista en el apartado anterior.*
>
> *Si la resolución se produce por desistimiento del trabajador autónomo económicamente dependiente, y sin perjuicio del preaviso previsto en el párrafo d) del apartado 1 del presente artículo, el cliente podrá ser indemnizado cuando dicho desistimiento le ocasione un perjuicio importante que paralice o perturbe el normal desarrollo de su actividad.*
>
> *4. Cuando la parte que tenga derecho a la indemnización sea el trabajador autónomo económicamente dependiente, la cuantía de la indemnización será la fijada en el contrato individual o en el acuerdo de interés profesional que resulte de aplicación. En los casos en que no estén regulados, a los efectos de determinar su cuantía se tomarán en consideración, entre otros factores, el tiempo restante previsto de duración del contrato, la gravedad del incumplimiento del cliente, las inversiones y gastos anticipados por el trabajador autónomo económicamente dependiente vinculados a la ejecución de la actividad profesional contratada y el plazo de preaviso otorgado por el cliente sobre la fecha de extinción del contrato".*

A) Finalización del contrato por desistimiento del TRADE

32. En caso de que la finalización de la relación se produzca por desistimiento del TRADE, la norma exige el cumplimiento del preaviso pactado o el que fije la costumbre y prevé la posibilidad de que el cliente sea indemnizado. En general, cuando la voluntaria terminación de la relación se produzca en interés exclusivo del denunciante, éste asume, por regla general, el deber de dejar a la otra parte indemne de los daños y perjuicios que como consecuencia de la extinción se produzcan. Esto es lo que ocurre, por ejemplo, en el caso del dueño que decida desistir de una obra contratada, debiendo indemnizar "al contratista de todos sus gastos, trabajo y utilidad que pudiera obtener de ella" (art. 1594 del CC).

La peculiaridad en el caso del TRADE es que su deber indemnizatorio no alcanza a cualquier daño, sino que queda limitado a aquellos que le supongan al cliente "un perjuicio importante que paralice o perturbe el normal desarrollo de su actividad" (art. 15.3 de la LETA). En la lógica civil, las mismas consecuencias deberían aplicarse cuando quien desiste es el cliente. El art. 15.3 de la LETA matiza, sin embargo, estos efectos. Así, en estos casos, el deber indemnizatorio del cliente tiene un mayor alcance en la medida en que se extiende a "los daños y perjuicios ocasionados" al

TRADE, sin mayores exigencias de gravedad. La norma no exige al cliente el respeto de un preaviso, pero esta exigencia podría extraerse del régimen común del desistimiento en la medida en que debe ser hecho de buena fe y ésta puede imponer, en algunos casos, la existencia de un plazo de preaviso.

B) La extinción por decisión de una de las partes fundada en el incumplimiento grave de la otra

33. También contempla el art. 15.2 de la LETA la extinción por decisión de una de las partes fundada en el incumplimiento grave de la otra. En estos casos no se exige preaviso y se prevé el derecho de quien resuelve a obtener una indemnización por los daños y perjuicios. Incumplimiento grave del cliente puede ser, entre otros, un retraso en el abono de las cantidades pactadas o su impago, la negativa a permitir la interrupción de la actividad durante el plazo previsto en el art. 14 de la LETA o cualesquiera otros incumplimientos graves de sus deberes contractuales. La LETA parece atribuir directamente al autónomo la facultad de resolver per se el contrato, a diferencia del ET, que solo concede la facultad de solicitar al juez la resolución del contrato, y a diferencia de lo establecido en el art. 1124 del CC.

Por su parte, los incumplimientos del trabajador autónomo que pueden justificar la resolución por el cliente con derecho a indemnización pueden consistir, entre otros posibles, en el incumplimiento o cumplimiento defectuoso de la prestación del servicio u obra contratada, en la falta de cumplimiento de sus obligaciones fiscales o de sus deberes en materia preventiva, como ocurría en el supuesto resuelto por la STSJ Cataluña de 25 de febrero de 2005 (Rº 8649/2004). Una modalidad que se corresponde con la "justa causa" de los arts. 1582 y 1586 del CC.

C) Resolución del contrato que se produce por voluntad del cliente sin causa justificada:

a) Indemnización no tasada y papel del pacto en su determinación

34. El art. 15.4 de la LETA establece que "cuando la parte que tenga derecho a la indemnización sea el trabajador autónomo económicamente dependiente la indemnización extintiva será la fijada en el contrato individual o en el acuerdo de interés profesional". Ello elimina la inseguridad jurídica en relación con esta cuestión, permitiendo a las partes contratantes cuantificar el importe de la indemnización en caso de extinción del contrato por voluntad del cliente sin causa justificada. Estos pactos indemnizatorios, individuales o colectivos, por extinción sin causa van referidos a esta concreta situación "pero pueden extenderse a toda causa extintiva" y, aunque el art. 15.4 de la LETA remite solo a la fijación de la cuantía indemnizatoria "es evidente que igualmente pueden fijar los criterios sobre los cuales determinarla, acogiendo o no los criterios que aporta el legislador con carácter subsidiario" (Molina y García Jiménez, 2009: 193).

35. En lugar de tasar la cuantía de la indemnización, tal y como hacen el CC (art. 1584) y el ET (art. 56), el legislador ha optado por dejar el importe de la misma a lo pactado en el contrato individual o en el acuerdo de interés profesional y, en defecto de previsión al respecto, por objetivizar los criterios que habrán de tenerse en cuenta para valorar el daño.

> Como causa justificativa de la extinción del contrato, en lo que interesa en el presente asunto, se recoge en el art. 17 del mencionado AIP que serán causas de extinción del contrato: "la transgresión de la buena fe contractual o el abuso de confianza en el desempeño de las funciones y actividades encomendadas". En cuanto al abono de la indemnización que tiene derecho a percibir el transportista en caso de que se declare la ausencia justificada para proceder a la extinción del contrato, el art. 18 del expresado AIP prevé que se tome como referencia la cuantía de la indemnización que se estableciese por la legislación laboral vigente en el momento del cese para la extinción sin causa de los trabajadores por cuenta ajena de régimen común. Asimismo, se dispone que, para realizar dicho cálculo, se tome como módulo retributivo únicamente las cantidades a las que se hace referencia en el art. 13, es decir las vinculadas a la modalidad de transporte asignada. Además, se establece que la base para el cálculo vendría determinada por el promedio resultante de las cantidades netas antedichas que hayan sido percibidas por el transportista autónomo a lo largo del último año natural de prestación de servicios. Para el caso de que hubiera prestado servicios en un periodo inferior, se promediarán las cantidades percibidas en dicho período elevándolas a su valor promedio anual. La STSJ Cataluña de 24 de mayo de 2016 (Rº 1216/2016) concluye que al derivar el incumplimiento del servicio asignado al trabajador de una causa a él no imputable como es la convocatoria de huelga y falta de previsión de empresa sobre el desabastecimiento a los clientes; en orden a la indemnización se tiene en cuenta la antigüedad expresamente reconocida en el contrato de TRADE suscrito.

36. Como decimos el art. 15.4 de la LETA establece una regla subsidiaria respecto de los pactos. De este modo, en defecto de regulación expresa, la indemnización dependerá de la determinación judicial, teniendo en cuenta, "entre otros" dice el referido precepto, los factores siguientes: el tiempo restante previsto de duración del contrato, la gravedad del incumplimiento del cliente, las inversiones y gastos anticipados por el trabajador autónomo económicamente dependiente vinculados a la ejecución de la actividad profesional contratada y el plazo de preaviso otorgado por el cliente sobre la fecha de extinción del contrato. Uno de estos factores es la gravedad del incumplimiento del cliente, lo que puede abrir una vía para los daños punitivos.

Así pues, de nuevo se traslada la carga al órgano judicial para que sea este mismo quien concrete, en cada caso, el alcance de dicha prestación. Sin duda, en aras a una mayor seguridad jurídica e igualdad en la aplicación de la ley, hubiera sido recomendable que se fijaran unas cantidades mínimas a partir de las cuales pudiera entrar la libre valoración del juez en función de los datos fácticos existentes en cada supuesto.

En fecha 1 de enero de 2009 el demandante suscribió con Marcrexteam SL (empresa con la que FEDEFARMA contrató el servicio de transporte de sus mercancías, géneros y documentos) un contrato de prestación de servicios de trabajador autónomo económicamente dependiente, que se da por reproducido, en el que Marcrexteam SL reconocía que el demandante realizaba para dicha empresa una actividad económica y lucrativa de forma habitual, personal, directa y predominante, y percibía de él más del 75% de sus ingresos por rendimientos de actividades profesionales. Se pactó como fecha de entrada en vigor del contrato el día 1 de enero de 2009, así como que tuviera una duración de cuatro meses, prorrogables tácitamente por períodos de cuatro meses hasta la fecha de 31 de diciembre de 2009 a falta de preaviso comunicado con 30 días de antelación. Asimismo, se acordó que llegada dicha fecha el contrato se renovaría mediante pacto expreso por mutuo acuerdo entre las partes sin aplicación de tácita reconducción. Como causa de extinción se hace referencia en la cláusula quinta letra d) del referido contrato, al desistimiento del cliente, habiendo de respetar un plazo de preaviso de 30 días. Asimismo, se pactó que en caso de incumplimiento del preaviso sería necesario satisfacer al actor una indemnización consistente en el 5% de la facturación del TRADE en el último año. En la cláusula sexta, referida al cálculo de la indemnización, se prevé que en caso de resolución del contrato por voluntad del cliente, sin causa justificada, éste debería satisfacer al TRADE la indemnización pactada que se cuantifica en el 1% de la facturación del último año relativa a la prestación de servicios

La sentencia de instancia rechaza como criterio para la determinación del importe de la indemnización el que habían fijado expresamente las partes en los dos contratos que formalmente suscribieron y correspondientes a los ejercicios 2010 y 2011 que la señalaban en importe del 5% de la facturación "del último año" y reflexiona que no es elemento a considerar para la determinación del daño la inversión de debió realizar el TRADE para atender la exigencia productiva porque esta se reduce a la furgoneta con la que realizaba la prestación de servicios y como esta fue adquirida en 1999 ya estaba más que amortizada. Finalmente, tras considerar como elemento susceptible de compensación el dilatado periodo en que bajo diversa concreción jurídica de la vinculación realizó el actor las labores de transporte para la empresa principal, luego absuelta, utiliza para su determinación, en el libre criterio discrecional del que es titular, el siguiente: 5% de la facturación, sin IVA ni retención a cuenta de IRPF (sic), del ejercicio de 2012 (38.363,07 euros) por cada uno de los ocho años que le restaban para alcanzar la edad de jubilación. Así finalmente la fija en la suma de 14.864,14 euros.

b) Determinación judicial de la indemnización

37. La STSJ Cataluña de 27 de febrero de 2014 (Rº 6256/2013), concluye que el art. 15.4 de la LETA, "otorga al órgano judicial que conozca del conflicto criterio de discrecionalidad reglada y en consideración a determinados criterios o elementos que expresamente cita, entre los que sin duda no se encuentra el que utiliza el magistrado sentenciador de número de años que restan para la jubilación y sí, por contra, el del número de años de vigencia del contrato. Pero otorga la discrecionalidad de forma subsidiaria a que no concurra criterio principal que no es otro que los criterios no se encuentren fijados en el contrato individual suscrito por las partes. Y como en el presente caso el criterio se fijó por las partes de forma expresa en pacto que luego, por acuerdo tácito, se prorroga y que sirve como presupuesto para el reconocimiento del derecho a este, que no es otro que el del 5% de la facturación del ejercicio de 2012 (38.363,07 euros), al mismo habrá de estarse.

Como ha señalado Molina y García Jiménez (2009: 194), "el carácter no cerrado de este listado abre otras posibilidades. Así, por ejemplo, la de atender al tiempo de prestación de servicios del TRADE, de modo que se puedan introducir el típico criterio laboral de la "antigüedad en la prestación de servicios", dado que la característica básica de este contrato es el de la continuidad en la vinculación. O, por ejemplo, añaden los citados autores, "el de las expectativas u oportunidades reales de recolocación en el sector en el que se trabaja"

El problema radica en que se ha pasado de una situación de inseguridad jurídica (en el Proyecto de LETA) a otra de indemnización extintiva pactada en contrato individual (en la LETA). Si partimos, como lo hace la propia LETA, de la existencia de una desigualdad material entre el TRADE y el cliente, parece inevitable que en los contratos suscritos entre éstos se fijen indemnizaciones extintivas exiguas, que eliminan virtualmente la garantía esencial de estabilidad en la prestación de servicios que persigue la instauración de estas indemnizaciones.

38. En cuanto a la posibilidad de aplicar analógicamente a estos supuestos la indemnización tasada establecida por el art. 56.1.a) del ET, las SSTSJ Cataluña 4 octubre 2010 (Rº 522/2010) y STSJ Asturias 19 febrero 2010 (Rº 1776/2009) han señalado que:

> "El art. 15.4 de la LETA establece los criterios que se deben tener en cuenta para calcular esta indemnización, que son distintos de la indemnización tasada del art. 56 del Estatuto de los Trabajadores de modo que la norma legal en modo alguno ha pretendido

fijar una indemnización tasada en estos supuestos y no hay identidad de razón porque se trata de dos supuestos esencialmente distintos, no siendo dable equiparar, a estos efectos, los trabajadores por cuenta ajena a los TRADE, los cuales no perciben salario".

c) *Fiscalidad de la indemnización*

39. La Dirección General de Tributos ha concluido que, en el caso de la extinción de la relación de un trabajador autónomo dependiente, cuyo régimen legal es distinto del establecido para un trabajador en régimen de dependencia laboral, y dado que el Estatuto de los Trabajadores no establece ninguna indemnización que haga referencia a la extinción de dicha relación, la indemnización que resulte exigible por el trabajador autónomo dependiente se encontrará plenamente sujeta y no exenta de tributación por el IRPF (Consulta Vinculante V1228-12, de 4 de junio). Y esto es así, porque la dependencia económica propia de este trabajador autónomo en ningún caso implica dependencia organizativa ni ajenidad. Además, atendiendo a la naturaleza de la indemnización, ésta debe calificarse como rendimiento de la actividad económica.

Descartada la aplicación de la exención, se plantea la posibilidad de aplicar la reducción prevista en el art. 32.1 de la LIRPF para los rendimientos con un período de generación superior a dos años o para aquéllos calificados reglamentariamente como obtenidos de forma notoriamente irregular en el tiempo. La propia DGT en su Consulta Vinculante V2208-13, de 5 de julio, descarta la existencia de un periodo de generación, dado que la misma surge ex-novo al declarar el cliente extinguido el contrato. Del mismo modo, el órgano consultivo rechaza la aplicación de los supuestos de rendimientos "obtenidos de forma notoriamente irregular en el tiempo", previstos en los párrafos b) y d) del art. 25.1 del RIRPF ("indemnizaciones y ayudas por cese de actividades económicas" e "indemnizaciones percibidas en sustitución de derechos económicos de duración indefinida").

2. *TRADE y su conexión con el contrato de agencia. La indemnización por clientela*

40. El régimen común que para los TRADE contiene la LETA queda sometido a ciertas especialidades en dos casos: autónomos del sector del transporte y agentes de comercio. Así, la DA 11ª de la LETA ha incluido a los transportistas titulares de vehículos de servicio público como posibles sujetos susceptibles de mantener una relación de trabajo autónomo económicamente dependiente. Por su parte, la DA 19ª se refiere a los agentes mercantiles. La LETA establece que en los supuestos de agentes comerciales que, actuando como intermediarios independientes, se encarguen de manera continuada o estable y a cambio de remuneración, de promover actos u operaciones de comercio por cuenta ajena, o a promoverlos y concluirlos por cuenta y en nombre ajenos, a los efectos de ser considerados trabajadores autónomos económicamente dependientes, no les será de aplicación el requisito de asumir el riesgo y ventura de tales operaciones, contemplado en el art. 11.2 e). De este modo se permite mantener la condición de trabajador autónomo económicamente dependiente mientras se mantiene una relación de agencia mercantil (En relación con los agentes de seguros, Dans Álvarez de Sotomayor, 2013).

41. De no existir previsión contractual sobre las eventuales indemnizaciones debidas con ocasión de la extinción anticipada del contrato de agencia en régimen de TRADE, ni una cláusula al respecto en el acuerdo de interés profesional que le fuera aplicable al agente de seguros, la reclamación por los daños y perjuicios derivados de la resolución del contrato se regirá, supletoriamente, por la normativa sobre extinción de la agencia mercantil, contenida en el Capítulo III de la Ley 12/1992, de 27 mayo, sobre contrato de agencia. Nos estamos refiriendo, más concretamente, al art. 28 Ley 12/1992, relativo a la indemnización por clientela; y al art. 29 Ley 12/1992, atinente a la incorrectamente denominada «indemnización de daños y perjuicios». Y todo ello, sin que quepa dudar de la plena aplicabilidad de la normativa común sobre reclamación de daños y perjuicios, ex arts. 1101 y siguientes del CC.

Capítulo 4

DAÑOS DERIVADOS DEL INCUMPLIMIENTO DE LAS OBLIGACIONES EMPRESARIALES

Bibliografía. ALCÁZAR ORTIZ, DE VAL TENA, A. L., *Incumplimiento empresarial de la obligación de contratar al relevista y responsabilidad civil*: en AA.VV., *La responsabilidad civil por daños en las relaciones laborales. XXII Congreso Nacional de Derecho del Trabajo y Seguridad Social.* Madrid, Ediciones Cinca, 2013 (documento en pdf). ALFONSO MELLADO, *Indemnizaciones entre empresarios y trabajadores antes y durante el desarrollo de la relación laboral*, Tirant lo Blanch, 1994. ARAGÓN GÓMEZ, C., *Una jubilación parcial mal gestionada puede salir muy cara a la empresa*, El Foro de Labos, 28 de mayo de 2019. BALLESTER PASTOR, M. A., *Preparación adecuada y efectividad de la norma a través de la indemnización laboral*, en Saura Súcar, M., Salinas Molina, F. (Coord.), *Principios esenciales del derecho del trabajo*, Barcelona, Huygens Editorial 2017, pp. 1-19. CARRASCO PERERA, A., *Comentario al art. 1105 del Código Civil*, en Albaladejo, M., (Dir.), Comentarios al Código Civil y Compilaciones Forales, Tomo XV, Vol. 1º, Madrid, Edersa, 1989. DEL OLMO, P., *Concurrencia y yuxtaposición de responsabilidades: dos posiciones extremas*, Almacén del Derecho, 27 de mayo de 2024. DE CUPIS, A., *El daño*, Barcelona, Bosch, 1975. DÍEZ-PICAZO, L., *Fundamentos de Derecho Civil Patrimonial II, Las relaciones obligatorias*, Madrid, Thomson-Civitas, 2003. FERNÁNDEZ PRIETO, M., *Incumplimiento empresarial de la obligación de contratar al relevista y responsabilidad civil*, en AA.VV., *La responsabilidad civil por daños en las relaciones laborales. XXII Congreso Nacional de Derecho del Trabajo y Seguridad Social.* Madrid, Ediciones Cinca, 2013. (documento en pdf). GÓMEZ POMAR, F., *El incumplimiento contractual en Derecho español*, InDret 3/2007 LLAMAS POMBO, E., *Artículo 1101*, en Domínguez Luelmo, A., (Dir.), *Comentarios al Código Civil*, Valladolid, Lex Nova, 2010, pp. 104-1209. LÓPEZ CUMBRE, L., *Indemnización en materia de salud laboral y doctrina europea: no procede en todo caso, especialmente cuando ya existe sanción económica contra la empresa*, GA_P, 2024, julio. MELLA MÉNDEZ, L., *La responsabilidad civil por daños en el contrato de trabajo*, en AA.VV., *La responsabilidad civil por daños en las relaciones laborales: XXIII Congreso Nacional de Derecho del Trabajo y de la Seguridad Social*, Madrid, Cinca, 2013, pp. 161-254. MIQUEL GONZÁLEZ, "*La responsabilidad contractual y extracontractual; distinción y consecuencias*", en CGPJ, Madrid, 1994. NIETO ROJAS, P., *Permiso parental y negativa empresarial al disfrute. A propósito de la STSJ Cataluña 26/04/2024*, El Foro de Labos, 17 de septiembre de 2024. PANTALEÓN PRIETO, F., *Comentario al artículo 1902 del Código civil*, en PAZ ARES, C., DIEZ-PICAZO, L. BERCOVITZ, R., CODERCH, S. (Coord.), Comentarios al Código Civil, Secretaría General Técnica, Centro de Publicaciones, Ministerio de Justicia, 1991. Id., "El sistema de responsabilidad contractual (Materiales para un debate)", Anuario de Derecho civil, 1991, pp. 1019-1091. Id. *Comentario a la Sentencia de 19 de junio de 1984*, en Cuadernos Civitas de Jurisprudencia Civil, 1984, nº 6, pp. 1876-1878. PRECIADO DOMENECH, C. H, *Los derechos digitales de las personas trabajadoras. Aspectos laborales de la LO 3/2018, de 5 de diciembre de Protección de Datos y Garantía de los Derechos digitales*, Pamplona, Aranzadi, 2019. SÁNCHEZ VÁZQUEZ, J., *La denominada acumulación de responsabilidades contractual y aquiliana*, Revista de Derecho Privado, 1972, vol. 56, nº 10, pp. 965-986. SEMPERE NAVARRO, A., SAN MARTÍN MAZZUCCONI, C., *La indemnización por daños y perjuicios en el contrato de trabajo*, Pamplona, Aranzadi Thomson Reuter, 2003. SENRA BIEDMA, R., *Las responsabilidades civiles por las extralimitaciones del poder de dirección del empresario*, en AA.VV., *Los límites de los poderes empresariales y las responsabilidades por su utilización ilegítima*, Granada, Comares, 2002, pp. 53-115. SOLÉ FELIU, J., *El* *daño moral por infracción contractual: principios, modelos y derecho español*, InDret, 2009, nº 1. TODOLÍ, A., *El Supremo confirma que la negativa empresarial a la concreción horaria por razón de conciliación implica daños y perjuicios (STS 26 de abril 2023)*, Argumentos de Derecho Laboral, 15 de junio de 2023. VIQUEIRA PÉREZ, C., *Límites a la adaptación de jornada para la conciliación de la vida familiar (art. 34.8 ET)*, Revista de Jurisprudencia Laboral, 2021, nº 4.

I. Presupuestos de la responsabilidad contractual

1. Fundamentos

1. En el ámbito laboral, siempre que se trate de daños derivados del quebrantamiento de deberes vinculados al contrato de trabajo, las normas civiles a aplicar en defecto de las específicas laborales serán las que regulan la responsabilidad contractual.

Dentro de las mismas encontramos una doble vía para obtener satisfacción ante un cumplimiento incorrecto de la prestación pactada: de un lado, la dirigida a obtener el cumplimiento forzoso de la misma (arts. 1098 y 1099 del CC), que, en el caso de obligaciones sinalagmáticas, tiene como alternativa la posible resolución contractual (art. 1124 del CC); de otro, la relacionada con la obtención de la reparación de los daños derivados de incumplimiento o cumplimiento defectuoso (arts. 1101 y 1124.2 del CC). La aplicación de estas reglas viene confirmada por la específica regulación codificada de prestaciones que presentan características estructurales comunes con lo que hoy conocemos como contrato de trabajo: la disciplina del transporte (art. 1602 del CC), del mandato (art. 1718 del CC) o del depósito (arts. 1767 y 1679 del CC).

Esta regulación muestra cómo en las relaciones continuadas de servicios la doble vía no incluye la exigencia del cumplimiento forzoso por quien los presta: se constriñe a la posibilidad de resolver el contrato, embrión del que nacerá más adelante su derecho a obtener la reparación de los daños que el incumplimiento le haya producido. A tenor del art. 1101 del CC:

> *"Quedan sujetos a la indemnización de los daños y perjuicios causados los que en el cumplimiento de sus obligaciones incurrieren en dolo, negligencia o morosidad, y los que de cualquier modo contravinieren al tenor de aquéllas".*

2. La indemnización de daños y perjuicios se concibe como un remedio monetario que cabe para cualquier contrato y para cualquier clase de incumplimiento (retraso, cumplimiento parcial o defectuoso, etc.) En términos muy amplios y abstractos es la cantidad de dinero que resarce a la parte perjudicada de los efectos negativos derivados del incumplimiento.

Se trata de la indemnización del interés contractual positivo o de cumplimiento o del daño a la expectativa. La indemnización de daños y perjuicios no está limitada legalmente por ningún importe, tampoco por el precio contractual.

> El art. 9:502 de los PEDC establece que: "El cálculo de la indemnización de daños y perjuicios se hará de forma que se coloque al perjudicado en una posición lo más próxima posible a la que hubiera disfrutado de haberse ejecutado correctamente el contrato. La indemnización por daños comprende las pérdidas efectivamente sufridas por la parte perjudicada y las ganancias que haya dejado de obtener".

3. En la misma línea la Sala de lo Social del Tribunal Supremo en su STS (Social) de 18 de mayo de 1987 (RJ\1987\3727), ha sentado que:

> "El tema de la indemnización de daños y perjuicios determinada por el incumplimiento culpable (doloso o culposo) y aun el no culpable (cuando así viene dispuesto en el ordenamiento), por cuanto respecta a la reparación de la lesión que sufra el trabajador (material y moral), aparte de los supuestos tipificados con precisión en el Derecho del Trabajo, ha determinado jurisprudencia de esta Sala. En ella se exige, para viabilizar el resarcimiento pretendido, la simultaneidad de determinados requisitos que singularizados para este conflicto pueden resumirse así:
>
> 1. La realidad de una situación generadora de daños y perjuicios (...).
> 2. Su cabal acreditamiento en el proceso que se inicie instando su resarcimiento.
> 3. Un probado incumplimiento de la contraparte, determinante de aquella situación.
> 4. La relación causal, clara y directa, entre este incumplimiento y aquel daño.
>
> (...)
>
> Y ello en aplicación de lo que dispone el art. 1.101 del Código Civil, con carácter general".

De manera unánime, doctrina y jurisprudencia exige para la responsabilidad contractual, la concurrencia de los siguientes elementos (Llamas Pombo, 2010: 1206): (i) Preexistencia de una obligación entre las partes; (ii) Incumplimiento de la misma; (iii) por culpa, negligencia o falta de diligencia del deudor, añadiendo frecuentemente la expresión "no debido a caso fortuito o fuerza mayor"; (iv) realidad de los perjuicios y, (v) nexo causal eficiente.

2. *Requisitos para la existencia de responsabilidad contractual*

A) Preexistencia de una obligación entre las partes

4. El ámbito objetivo de aplicación de la responsabilidad contractual incluye el incumplimiento de la generalidad de deberes contractuales, al margen de su carácter principal o accesorio, o de que su origen se encuentre en la ley o en el ejercicio de la autonomía de la voluntad de los contratantes. Según la doctrina de la Sala de lo Civil del Tribunal Supremo, la responsabilidad contractual pura existe cuando el hecho determinante del daño se presenta como infracción de una de las obligaciones pactadas. Buen ejemplo de ello es la STS (Civil) de 19 de junio de 1984 (RJ\1984\3250):

> "sólo y únicamente se presenta como infracción de unas obligaciones pactadas, de tal suerte que el determinar el incumplimiento de la obligación dependa íntegramente de la misma, siendo inimaginable su encuadramiento dentro del general deber de no dañar a otro". Esto significa, en una formulación clásica, que para excluir la concurrencia con la responsabilidad aquiliana es preciso que el hecho del que deriva el daño actúe "dentro de la rigurosa órbita de lo pactado".

En líneas generales puede decirse que los intereses protegidos por la responsabilidad contractual hacen referencia a los deberes asumidos en el contrato, bien explícitamente, bien por aplicación de las fuentes de integración del mismo conforme al art. 1258 del CC.

El sistema de responsabilidad contractual nace del incumplimiento de toda obligación existente entre las partes de una relación jurídica. La existencia de ésta última y no la existencia de un contrato es el elemento que da entrada a la aplicación de las previsiones de esta vía de resarcimiento de los daños. Cuando preexista a la producción del daño resarcible un deber jurídico entre dos sujetos será la responsabilidad contractual la aplicable al caso (Pantaleón, 1984: 1876-1878), para que entren en juego las normas de la responsabilidad contractual no es imprescindible que exista un previo contrato entre dañante y dañado y que no basta que exista un previo contrato entre dañante y dañado.

El contenido del contrato está integrado, según el art. 1258 del CC, no sólo por lo expresamente pactado, sino por todas las consecuencias que se deriven conforme a la buena fe, al uso y la ley. Se ha dicho que "la responsabilidad contractual hace referencia a los deberes asumidos en el contrato bien explícitamente bien por aplicación de las fuentes de la integración del mismo conforme al art. 1258" (Miquel, 1994: 61) y esto es más claro en un contrato como el de trabajo en el que la heterointegración del contenido contractual es claramente dominante.

5. Por ello, en materia laboral se ha afirmado que: "la responsabilidad laboral contractual surge del incumplimiento de las obligaciones que las partes asumen en virtud de la relación jurídico-laboral y que derivan de un contrato de trabajo o de otras normas reguladoras de aquella, ya estatales (ET u otras normas laborales), ya convencionales (convenio colectivo, pacto de empresa o informal)" (Mella Méndez, 2013: 163). Se trata de un "pancontractualismo" que lleva a que "todo cuanto, con carácter de derecho necesario absoluto o de derecho necesario relativo, se encuentra determinado en la ley o en el convenio colectivo como obligación del empleador, por lo que el incumplimiento de esas obligaciones de carácter legal o convencional, supone el incumplimiento de obligaciones contractuales" (críticamente, Senra Biedma, 2002: 57).

En el ámbito laboral existe una norma específica que no está en la enumeración de los arts. 1 y del 1089 del CC: el convenio colectivo, lo que significa que frente a los dos poderes normativos del esquema general (el poder normativo del Estado, el poder espontáneo y difuso de la propia sociedad a través de la costumbre), el Derecho del Trabajo reconoce también el poder de los grupos sociales en la regulación de las condiciones de trabajo a través de una institución específica: la negociación colectiva en sus diversas formas.

Esa importancia de la autonomía colectiva responde a varias causas. La primera refleja un rasgo fundamental y constitutivo del derecho del trabajo: el desigual poder contractual de empresarios y trabajadores; el sindicato y su consecuencia normativa —el convenio colectivo— viene a compensar el menor poder contractual de los trabajadores. De ahí que, pese a las continuas propuestas de "individualización" de las relaciones laborales, el contrato individual, que no es fuente de Derecho, tenga un papel regulador muy reducido, salvo para categorías especiales de trabajadores con una situación privilegiada en términos de negociación (directivos, técnicos con cualificaciones escasas en el mercado de trabajo, deportistas profesionales y artistas de élite). El convenio colectivo ha ocupado el lugar del contrato en la determinación de las condiciones de trabajo.

En suma, los intereses protegidos por la responsabilidad contractual derivan no sólo de las obligaciones pactadas en el contrato sino también de las contempladas en las fuentes reguladoras, esto es, en la Ley o en el convenio colectivo.

Probablemente, en casos como el laboral, sería más propio hablar de, en expresión de Díez-Picazo, "responsabilidad obligacional" más que de propiamente "contractual". Y ello en la medida en que "se ha querido ampliar el campo de aplicación de la responsabilidad contractual englobando en ella los daños que puedan surgir como consecuencia del desarrollo de obligaciones de carácter no contractual, pero previamente existentes entre las partes como vínculos jurídicos. Siempre que hay un ligamen o vínculo jurídico, cualquiera que sea su fuente, se piensa que no estamos ante responsabilidad extracontractual (...) De este modo, la llamada responsabilidad contractual pasaría a ser una responsabilidad obligacional si se puede llamar así. Esta tesis tiene a su favor el hecho de que los preceptos del Código Civil (art. 1101 y ss del CC) hablan abstractamente de obligación, sin referencia ninguna a la fuente de esta".

B) Incumplimiento obligacional:

6. En el origen de toda responsabilidad obligacional ha de haber siempre un incumplimiento o, utilizando la terminología del art. 1101 del CC, alguna suerte de contravención de la obligación o de desviación del programa contractual en cualquiera de sus modalidades: "Los que incumplan lo que de modo libre habían previamente convenido, por haber incurrido en dolo, negligencia o morosidad, quedan sujetos a la indemnización de daños y perjuicios". El sistema de responsabilidad contractual nace del incumplimiento de toda obligación existente entre las partes de una relación jurídica. La existencia de ésta última y no la existencia de un contrato es el elemento que da entrada a la aplicación de las previsiones de esta vía de resarcimiento de los daños. Cuando preexista a la producción del daño resarcible un deber jurídico entre dos sujetos será la responsabilidad contractual la aplicable al caso.

En el sistema jurídico español la noción de incumplimiento puede entenderse como la resultante de combinar dos elementos conceptualmente diversos: la materialidad del incumplimiento o falta de cooperación —en amplio sentido— del contratante y la imputación de tal incumplimiento a una de las partes contractuales. Debe precisarse que el término imputación se emplea aquí no como sinónimo de reproche o atribución subjetiva de responsabilidad, sino simplemente como equivalente al factor o conjunto de factores que permiten que la materialidad de la ausencia de resultado cooperativo en la relación contractual se ponga a cargo de un contratante. En principio, incumplimiento en este plano vendría dado por cualquier falta de realización, realización irregular, defectuosa o incompleta de las conductas (prestaciones, si se prefiere) asumidas contractualmente. En definitiva, cualquier desviación del programa contractual, en las palabras de Pantaleón. Se acoge así un concepto de incumplimiento que se acerca más a la idea de insatisfacción del acreedor o lesión del derecho de crédito que al de ilícito civil (Díez-Picazo, 1993: 647).

7. Es importante, con todo, tener presente que en el ámbito de las relaciones laborales el contrato de trabajo se encuentra expuesto a numerosas situaciones de incumplimiento, muy diversas entre sí y que no se concretan solo en el incumplimiento total de la obligación, "sino en múltiples obligaciones de incumplimiento parcial" (Alfonso Mellado, 1994: 15) o defectuoso de las mismas, procedentes de cualquiera de las partes y que pueden tener consecuencias patrimoniales y personales de muy distinto tipo.

Esta vinculación al contrato de trabajo se observa desde una perspectiva amplia y extensiva, comprendiendo no sólo la transgresión de deberes expresamente contemplados en el negocio jurídico individual (a veces entendido como documento, más que como institución) sino también los que se prevén en sus normas reguladoras, incluidas las fases pre y post contractuales, dado que la razón de ser de las mismas sigue siendo el contrato de trabajo.

El derecho necesario (absoluto o relativo) contenido en las normas laborales, tanto heterónomas como procedentes de la autonomía colectiva, suponen mandatos para el empleador situados por encima del contrato de trabajo, al que, en cualquier caso, se imponen. La transgresión del derecho necesario establecido legal o convencionalmente a favor del trabajador, si además provoca un daño a éste, "conlleva la correlativa obligación de resarcimiento que, de no hallarse cuantificada en la norma, se concretará en alcance económico de acuerdo con las reglas generales de determinación de la indemnización" (Senra Biedma, 2002: 85).

La empresa Iteuve Euskadi, SA, con fecha 10 de octubre de 1994, hizo público en el tablón de anuncios lo siguiente: "Por la presente le comunicamos a todo el personal que está interesado en la plaza de supervisor a cubrir en Iteuve Euskadi, SA se apunte en el presente comunicado". Efectuado el proceso de selección entre los peticionarios de los centros de trabajo de Arrigorriaga y Zamudio, se nombró a dos personas como nuevos mecánicos supervisores de la estación de Arrigorriaga. El por el Juzgado de lo Social núm. 2 de Bizkaia se dictó Sentencia en materia de conflicto colectivo declarando la nulidad de la convocatoria de las plazas de mecánico-supervisor hecha por la empresa al no ser conforme a lo dispuesto en el art. 11 del Convenio Colectivo del Personal Laboral al Servicio de la Comunidad Autónoma de Euskadi fijando una indemnización por daños y perjuicios para los reclamantes. El recurso interpuesto por los trabajadores. alega como motivo único la infracción de los arts. 1106, 1107 del CC en relación con los arts. 1101 al 1112 del mismo precepto (en los que obviamente se incluyen los que se dicen infringidos); relacionado en el recurso con los arts. 45 CE, 4.2 b) del ET y 44 del mismo ET.

Se trata de una acción por la que reclaman daños y perjuicios por —según los demandantes— el quebranto al derecho de promoción profesional y económica de los actores, que cifran en la cuantía de 1.544.956 ptas. cada uno de ellos, por haberse declarado nulo el anuncio de la provisión de plaza de supervisor a cubrir en la demandada «Iteuve Euskadi, SA» y el proceso de selección para lo cual fueron seleccionados los señores S. y N. La convocatoria se declaró nula por esta Jurisdicción Social en sentencia del Juzgado núm. 2 de Bilbao y confirmada por la Sentencia de esta Sala de 8 de octubre de 1996. La sentencia de instancia estima parcialmente la reclamación y condena a la empresa al abono de 79.958 ptas. a cada uno de ellos, como 5 por 100 de las diferencias salariales.

Los recurrentes basan toda su argumentación a tener derecho a la indemnización de daños y perjuicios en la cuantía de la demanda en que tenía derecho a participar en la convocatoria de mecánico supervisor y al ser anulada aquélla se les ha causado el perjuicio reclamado bajo tres aspectos que aluden: 1) que no pueden ejercer el derecho a la promoción en el trabajo; 2) que existe una actitud de discriminación; y 3) que les sea retribuida la indemnización por diferencia de categoría entre la plaza convocada y la suya, y también en el futuro.

La STSJ País Vasco de 4 de abril de 2000 (Rº 2961/1998), precisa por lo que respecta a los daños y perjuicios que el incumplimiento del contrato por sí solo no implica la acreditación de un perjuicio al efecto de revelar de la prueba de los mismos. Al efecto, se expuso lo siguiente: «... Por lo que respecta a la infracción del art. 1101 del CC, el motivo debe prosperar por lo siguiente: 1º Como se ha dicho tal precepto se refiere a las indemnizaciones de daños y perjuicios derivados de la relación contractual, pero siempre que se demuestre que ha existido dolo, negligencia o morosidad por parte del empleador en la relación contractual con los trabajadores. Y hemos demostrado —con la doctrina del TS— que no todo incumplimiento de un contrato —en este caso de un Convenio— tiene relevancia indemnizatoria, pues debe demostrarse que tal resarcimiento lo es por haberse producido un lucro cesante o un daño emergente. 2º No se ha probado que los actores no pudieran haber participado en la convocatoria que se declaró nula, ni que antes de la adjudicación de la plaza hubieran reclamado sobre la misma; ni que los daños que reclaman sean consecuencia de la vulneración del derecho a la promoción profesional o económica de los actores, ni que la cantidad que se reclama en la demanda y la que se concede en la sentencia sea como consecuencia de aquella convocatoria que ya ha pasado en el tiempo y cuando se efectúa la reclamación conciliatoria (19 de junio de 1997) o la reclamación judicial (21 de julio de 1997), estuviera vigente el Convenio Colectivo; 3º En fin, que tampoco por la sentencia se ha entrado a valorar la conducta del empresario en cuanto a los requisitos de negligencia o incumplimiento de las obligaciones del Convenio Colectivo ocasionaran los perjuicios que se reclaman y, como ha dicho la Doctrina, tiene que haber una prueba cumplida del lucro cesante en el tiempo y en el espacio, es decir, que además de haberse declarado nula la convocatoria que, a consecuencia de ella, no hubieran podido presentarse a la plaza los actores y que, por ello no accedieron todos a la misma plaza, pues es evidente que, como razona la sentencia, no todos ocuparían la misma. De tal suerte, que el daño es más hipotético y se encuentra signado por lo que pudo ser si alguno de ellos se hubiera presentado y no le hubieran admitido, en cuyo caso, es posible que se valorase no la reclamación de una diferencia salarial sobre la plaza que se convoca sino los perjuicios sobre su no admisión. Es inadmisible para la prueba de los daños únicamente la alusión de la intención de haberse podido presentar a una convocatoria que reuniera los requisitos del Convenio y no tener en cuenta la no participación en la que se anuló. No hay, por tanto, una relación causa-efecto entre la nulidad de la Convocatoria y los posibles perjuicios que de ella se pudieran derivar si, como no se ha probado, los actores no participaron en la misma y que, aunque no se tiene en cuenta en la sentencia de instancia, pudiera dar lugar a la declaración de falta de acción. En consecuencia, debe estimarse el motivo y revocar la sentencia de instancia desestimando la demanda y absolviendo a la demandada de los pedimentos contenidos en ella...».

8. Y es que, como señalara la STSJ Islas Canarias (Las Palmas) de 28 abril 2010 (Rº 1702/2007): en la medida en que los derechos reconocidos en los convenios colectivos se incorporan al contrato de trabajo, su inobservancia puede dar lugar a una reclamación de daños y perjuicios "vinculada al incumplimiento de una obligación nacida del contrato de trabajo".

En el referido pronunciamiento, nos movemos en el terreno del daño moral subjetivo, y para solucionar el motivo planteado hay que partir de los siguientes datos: (i) El actor era Vigilante nocturno. (ii) Solicitó una prejubilación pactada convencionalmente y tuvo que esperar unos tres años para obtenerla a través de los tribunales. (ii) Durante todo ese tiempo el actor se vio privado del ocio o descanso de la prejubilación y obligado a continuar la prestación de servicios en horario nocturno. Estima la Sala que esa pretensión frustrada de disfrute del ocio que la prejubilación supone puede ser integrada en el ámbito del daño moral subjetivo, siendo el comportamiento de la demandada el causante de dicho daño que privó al trabajador del disfrute de los placeres y del ocio, personales, familiares y sociales, por lo que debe ser reparado en una cuantía que la Sala, a falta de más especificación por parte del trabajador, concreta en 6.000 €.

9. La responsabilidad contractual que genera indemnización por daños y perjuicios requiere, como presupuesto esencial, el incumplimiento de una obligación inherente al contrato. Desde tal punto de vista, quedan excluidas aquellas indemnizaciones que el ordenamiento laboral contempla como vinculadas a conductas que no constituyen incumplimientos sino mero ejercicio de facultades y derechos reconocidos por las normas. Se trata de cantidades económicas que vienen prefijadas en la ley y que tienen por objetivo compensar los costes que para el trabajador supone el acatamiento de ciertas órdenes empresariales, o incluso el mero desarrollo normal de la prestación.

Las órdenes de movilidad geográfica ajustadas a las prescripciones del art. 40 del ET generan para el trabajador el derecho a percibir una compensación por los gastos que su cambio de lugar de trabajo y residencia le supongan, al tiempo que le permiten optar, si así lo considera oportuno, por la extinción indemnizada de su contrato de trabajo. Igualmente, es el caso de las dietas, pluses de distancia, quebrantos de moneda, etc... pues tienen una naturaleza distinta, respondiendo al desarrollo normal de la relación de trabajo. Se trata simplemente de supuestos en el que el ordenamiento impone al empresario el coste de una compensación de daños que el propio legislador permite infligir al trabajador (compensación o anticipación de gastos por la prestación normal de trabajo). Se trata, por tanto, de la utilización adecuada por parte del empresario de un instrumento de gestión del trabajo que el ordenamiento le proporciona.

En suma, los deberes asignados al empleador por normas laborales, tomando como presupuesto la existencia de un vínculo de trabajo individual, han de considerarse contractuales de modo que la eventual infracción generará responsabilidad de tal naturaleza.

C) La exigencia de culpa contractual

10. La consideración de la culpa como un reproche personalísimo que conecta la autonomía de la voluntad con la responsabilidad de la persona y que presupone un actuar incorrecto se vincula de forma inmediata con la pauta de diligencia exigible objetivamente para reconocer e impedir el daño que amenaza a los demás por el hipotético comportamiento de alguien que interviene en él. Se trata en definitiva de precisar el estándar o criterio de referencia social al que debe atenerse, en nuestro caso, el empresario como canon de comparación necesario para determinar si ha existido un comportamiento culposo).

Pues, como señala De Cupis (1975:187), "se puede afirmar que hay culpa cuando no se ha empleado aquella tensión de las facultades mentales que habrían permitido prever el daño previsible, al igual que aun habiendo previsto el daño, no se ha impreso a la propia energía volitiva aquella orientación que, con la finalidad de evitarlo, habría sido necesaria".

Del tenor literal del art. 1101 del CC, pero también de los arts. 1103, 1104 y 1105 del CC, se deduce con claridad que la obligación de indemnizar daños y perjuicios solo puede entrar en funcionamiento cuando, además, del incumplimiento y del daño derivado del mismo existe un elemento de imputación. Elemento que, además, en nuestro derecho, se configura clásicamente con un marcado carácter subjetivo: el dolo o la culpa, o en términos genéricos, la culpa del deudor.

11. En el sistema contractual español existen dos tipos de criterios de imputación del incumplimiento en sentido material a un contratante:

(i) Dolo: para el dolo como forma de imputación del incumplimiento en sentido material basta con que la parte contractual se aparte conscientemente las conductas contractuales que pesaban sobre ella. No hace falta ninguna intención o ánimo especial. Incumplimiento doloso sería, en esta visión, incumplimiento consciente y voluntario, que no precisa de intención especial de causar daño, ni malicia, fraude o mala fe cualificada.

(ii) Culpa o negligencia: para esta forma de imputación basta con que la parte contractual incumplidora no haya ajustado su comportamiento, previo o simultáneo a las conductas contractuales, a las medidas de cuidado, precaución, atención o desenvolvimiento que son exigidas por el contrato y/o las normas imperativas o dispositivas aplicables, los usos y la buena fe.

12. Este criterio de referencia se recoge en el art. 1104 del CC, que se remite a la diligencia de un buen padre de familia como canon de conducta.

"La culpa o negligencia del deudor consiste en la omisión de aquella diligencia que exija la naturaleza de la obligación y corresponda a las circunstancias de las personas, del tiempo y del lugar. Cuando la obligación no exprese la diligencia que ha de prestarse en su cumplimiento, se exigirá la que correspondería a un buen padre de familia".

Este criterio es un modelo objetivo o abstracto, puesto que el comportamiento debido por el deudor no se determina con arreglo a sus aptitudes personales, sino con arreglo a un modelo externo a su persona. No se obtiene en consideración a la individualidad, inclinaciones personales, cualidades y costumbres del responsable, sino en atención a las exigencias del tráfico, habida cuenta de la diligencia que las gentes capaces y conscientes del círculo profesional del agente consideran suficiente para la circunstancia en cuestión. Según destaca la doctrina, este carácter objetivo no es incompatible con otro de sus rasgos principales, la elasticidad, que permite dar cabida, en la valoración de la conducta, a las diversas circunstancias en que ésta se produce. La diligencia del buen padre de familia se identifica, tradicionalmente, con la diligencia media que las personas normales suelen adoptar en el tipo de asuntos de que se trate (Carrasco, 1989: 608).

13. La STS (Social) 14 de abril de 2014 (Rº 1665/2013), resuelve sobre un interesante supuesto. En el asunto examinado los demandantes reclaman por el daño sufrido, al verse privado durante los años 2007, 2008 y 2009 del derecho al descanso entre jornadas como independiente del descanso semanal, sin que se produzca un solapamiento entre uno y otro. Tal solapamiento se ha venido produciendo al establecer la demandada los calendarios laborales, fijando turnos de trabajo, sin tener en cuenta que en determinadas semanas se producía un solapamiento parcial o total, entre las doce horas de descanso entre jornadas y el día y medio ininterrumpido de descanso semanal. En concreto, en el supuesto examinado, se ha producido un solapamiento de horas de descanso durante los años 2007, 2008 y 2009. La sentencia concluye que:

> "(...) tal déficit de descanso, al que legítimamente tenía derecho el actor, le ha causado un daño moral, al verse obligado a trabajar sin respetar el periodo mínimo de descanso semanal establecido con carácter imperativo en el art. 37 del ET en relación con el descanso entre jornadas fijado en el art. 34.3 de dicho texto legal, no disponiendo de dicho tiempo, no solo para recuperarse del cansancio y esfuerzo que conlleva todo trabajo, sino también para disfrutar de dicho ocio y poder compatibilizar su vida familiar, laboral y personal. Se cumple así el primer requisito exigido por el art. 1101 del Código Civil para que proceda la indemnización de daños y perjuicios.
>
> Procede el examen del segundo requisito, la concurrencia de culpa o negligencia en el causante del daño. La empresa Alcampo SA ha venido confeccionando los turnos de trabajo, sin tener en cuenta el contenido imperativo de los artículos 34.3 y 37 del ET y 32 del Convenio Colectivo de Grandes Almacenes para los años 2006 a 2008, produciéndose un solapamiento de los descansos semanal y diario de los trabajadores durante determinadas semanas del año, sin que pueda entenderse que la empresa desconocía la existencia de tal derecho al descanso, pues la fijación del mismo aparece con carácter imperativo y sin haber sufrido variación alguna en el ET y también

en el Convenio Colectivo aplicable. A mayor abundamiento, tras dictarse sentencia el 7 de mayo de 2007, en el conflicto colectivo planteado ante la Audiencia Nacional por el Sindicato CCOO, apareció tal derecho reconocido de forma contundente por la sentencia —la sentencia no crea dicho derecho, pues éste ya existía, únicamente lo reconoce en virtud de la pretensión contenida en la demanda— que declaró el derecho de los trabajadores afectados por el conflicto colectivo a que el descanso semanal de día y medio sea real y efectivo, debiendo disfrutarse de acuerdo con el sistema que sea pertinente según los casos de los cuatro previstos en el art. 32.10 del Convenio Colectivo de Grandes Almacenes para los años 2006 a 2008, no pudiendo quedar neutralizado mediante el método de solapar, computando dentro del día y medio del que queda compuesto, las doce horas de descanso diario, de manera tal que uno y otro descansos, siendo ambos reales y efectivos, se disfruten de manera diferenciada e independiente el uno y el otro, condenando a la demandada a estar y pasar por dicha declaración. Por lo tanto, la conducta de la empresa ha de calificarse de negligente, al desconocer el derecho de los trabajadores a disfrutar el descanso en la forma anteriormente consignada, persistiendo en el solapamiento del citado descanso, con posterioridad a que recayera sentencia de la Audiencia Nacional estableciendo la forma en la que debían disfrutar los descansos.

Finalmente existe relación de causalidad entre el daño causado y la actuación empresarial, por lo que procede la indemnización de daños y perjuicios reclamada".

D) Relación de causalidad

14. La existencia de un daño resarcible exige siempre el establecimiento de un nexo causal entre la conducta del incumplimiento contractual y dicho daño.

Un buen ejemplo de la jurisprudencia española que ilustra este criterio es el "caso Peñaranda" [resuelto por la STS (Civil) de 22 de febrero de 1946 (RJ 1946, 253)]: unos obreros se encontraban trabajando un domingo, con lo cual el empresario transgredía la normativa en materia de descanso dominical, en su fábrica situada cerca de un polvorín, que vino a estallar precisamente aquel día, ocasionando la muerte de varios trabajadores.

Aunque esta vieja STS no ofrece una motivación demasiado precisa, sí podemos encontrar una implícita aplicación del análisis en dos pasos de la relación de causalidad: (i) Análisis fáctico. Si la empresa no hubiera incumplido la norma del descanso dominical, la explosión del polvorín no habría afectado a trabajadores de su empresa. Es condición sine qua non del daño. (ii) Análisis jurídico. La ratio legis de la norma que obligaba al descanso dominical podía ser el respeto de una regla de la religión católica y/o garantizar un día de descanso a todos los trabajadores, pero en ningún caso reducir el riesgo de accidentes ni menos aún de explosiones en polvorines, entre otras cosas, porque accidentes y explosiones no se producen con especial frecuencia en domingos.

E) Realidad de los perjuicios

15. Como expresó la STS (Civil) de 8 de octubre de 1984 (RJ\1984\4761),

> "[La indemnización de daños y perjuicios] no va ineludiblemente ligada o es consecuencia necesaria del incumplimiento contractual, siendo preciso demostrar la existencia real de aquéllos para que dicha obligación nazca y sea exigible, correspondiendo la apreciación de su certeza al juzgador de instancia, sin que pueda derivarse la misma de supuestos meramente posibles, pero de resultados inseguros y desprovistos de certidumbre, no pudiendo, de otra parte, condenarse al pago de indemnización difiriendo para ejecución de sentencia el hecho incierto de que los perjuicios lleguen a tener realidad, pues el condenar a eso hay que hacerlo sobre la base de su efectividad acreditada".

Por eso, para la existencia de la responsabilidad contractual, es necesario probar plenamente la existencia y realidad de los daños, cuyo concepto queda definido en el art. 1106 del CC.

> *"La indemnización de daños y perjuicios comprende, no sólo el valor de la pérdida que haya sufrido, sino también el de la ganancia que haya dejado de obtener el acreedor, salvas las disposiciones contenidas en los artículos siguientes".*

El art. 1106 del CC no excluye la posibilidad de indemnizar el daño moral por incumplimiento contractual; una primera condición que debe concurrir para hacer efectiva dicha indemnización es que el daño, además de ser suficientemente relevante o de tener cierta entidad, vaya más allá de las meras molestias o frustraciones típicamente asociadas a todo incumplimiento contractual. Por decirlo de algún modo, el perjuicio tiene que constituir un "plus" o "añadir algo" a la simple incomodidad o al malestar que todo acreedor experimenta habitualmente ante el incumplimiento de su deudor contractual (Sole Feliu, 2009).

16. El art. 1107 del CC es el precepto empleado en responsabilidad contractual para determinar la extensión del daño resarcible en caso de incumplimiento contractual por parte del deudor de buena fe. La regla de la previsibilidad constituye, no obstante, un término ciertamente equívoco. El referido precepto señala que:

> *"Los daños y perjuicios de que responde el deudor de buena fe son los previstos o que se hayan podido prever al tiempo de constituirse la obligación y que sean consecuencia necesaria de su falta de cumplimiento".*

La condena al pago de daños y perjuicios a cargo de la parte que incumple su deber contractual exige que se pruebe la existencia de los daños en cuestión, pues ni estos se presumen ni la indemnización es automática a partir de la constatación del incumplimiento de la parte deudora. El responsable de desplegar tal actividad probatoria es el demandante, a quien se le exige probar la certeza de los hechos de los que ordinariamente se desprenda, según las normas jurídicas a ellos aplicables, el efecto jurídico correspondiente a las pretensiones de su demanda (art. 217.2 de la LEC). Sin embargo, cuando es el trabajador el que demanda se flexibiliza la carga de la prueba, lo que obliga al empresario (demandado) a realizar cierta actividad probatoria respecto de la justificación y razonabilidad de sus actos.

3. *La prevalencia de la acción de responsabilidad contractual*

17. Como doctrinalmente se ha señalado, "si el daño causado a la otra parte contratante es el efecto del incumplimiento de una simple obligación contractual, el perjudicado sólo podrá acogerse a las normas de la responsabilidad contractual". "Si el daño, a pesar de haberse producido con ocasión del contrato, no ha sido causado por el incumplimiento de éste, sino por la violación del deber general de no causar daño a otro, el perjudicado podrá ampararse solamente en las normas de la responsabilidad delictual" (Sánchez Vázquez, 1971).

En estos casos no hay ninguna relación entre el contrato y el daño extracontractual causado. En el clásico ejemplo del empresario que atropella al trabajador a la salida del trabajo no estamos en presencia de responsabilidad contractual alguna, como agudamente señala Del Olmo (2024): "lo que ha ocurrido realmente es que un conductor ha atropellado a un peatón". Es importante retener esta idea de la coexistencia de responsabilidades que son completamente independientes entre sí. Sánchez Vázquez hablaba, propiamente, de yuxtaposición de responsabilidades situaciones en las que nos encontramos ante daños causados "con ocasión del contrato"; es decir, no son daños causados por el incumplimiento del contrato (Del Olmo, 2024).

> La Sala de lo Social del Tribunal Supremo ha mantenido reiteradamente "la teoría de que la responsabilidad civil del empresario es la responsabilidad subjetiva y culpabilística en su sentido más clásico y tradicional, es necesario reconsiderar la cuestión para llegar a la conclusión de que la exigencia de responsabilidad necesariamente ha de calificarse como contractual, si el daño es consecuencia del incumplimiento contractual; y que tan solo merece la consideración extracontractual, cuando el contrato ha sido únicamente el antecedente causal del daño, cuya obligación de evitarlo excede de la estricta órbita contractual, hasta el punto de que los perjuicios causados serían igualmente indemnizables sin la existencia de contrato" (STS (Social) de 6 de junio de 2013, Rº 3306/2012).

4. *Plazo de prescripción de las acciones*

18. El trabajador tiene reconocido el derecho al ejercicio individual de las acciones derivadas de su contrato de trabajo (art. 4.2 g) del ET).

Tal reclamación deberá efectuarse dentro de un determinado período de tiempo, transcurrido el cual se extingue el propio derecho, ya por haber prescrito, ya por haber caducado la acción contra el acto que lo haya violado.

A) Prevalencia de la regla laboral

19. El plazo de prescripción propio de las acciones laborales, éste sería de un año, de acuerdo con lo previsto en el art. 59.1 del ET. En atención a este último,

> *"Las acciones derivadas del contrato de trabajo que no tengan señalado plazo especial prescribirán al año de su terminación. A estos efectos, se considerará terminado el contrato:*
>
> *a) [e]l día en que expire el tiempo de duración convenido o fijado por disposición legal o Convenio Colectivo;*
>
> *b) [e]l día en que termine la prestación de servicios continuados, cuando se haya dado esta continuidad por virtud de prórroga expresa o tácita".*

B) Díes a quo del plazo de prescripción

20. La aplicación de tal regla especial desplaza la general del art. 1.964 del CC (Mella Méndez, 2013: 164), según la cual,

> *"las acciones personales que no tengan plazo especial prescriben a los cinco años desde que pueda exigirse el cumplimiento de la obligación. En las obligaciones continuadas de hacer o no hacer, el plazo comenzará cada vez que se incumplan".*

Ello supone que el ejercicio efectivo de la acción depende de que se conozca la dimensión exacta del daño, para lo que este debe haber cesado, pues en otro caso el órgano jurisdiccional de instancia no está en condiciones de cuantificar la correspondiente indemnización.

Como resume la STS (Social) de 9 de febrero de 2023 (R° 2827/2019):

> "Las acciones de resarcimientos de los daños y perjuicios no son acciones en las que se reclame un salario, los cuales se devengan mes a mes y en ellos una acción declarativa no podía interrumpir la prescripción. Por el contrario, en la reclamación de indemnización de daños y perjuicios se está demandando la reparación de un daño que viene determinado por el lucro cesante que, en términos de nuestra jurisprudencia, está en función de la situación de empleo del trabajador y de sus percepciones en esta situación que se vayan produciendo a lo largo de todo el tiempo en que la misma ha pervivido. En definitiva, se ha dicho que "la acción resarcitoria no puede entenderse nacida hasta que queda sin efecto la situación a la que se vincula la existencia de los daños".

En el caso, la parte actora impugnó una convocatoria en la que se resolvió que la plaza que se convocaba y por la que la parte actora concursaba quedaba desierta (año 2010). La sentencia que estimó la pretensión, y lo que declaró es que, de cumplir la parte actora las exigencias formales de la convocatoria, debería serle adjudicada la plaza. Esta decisión judicial se confirmó por el TSJ, en sentencia de 30 de marzo de 2015, desestimando que se pudiera hacer una declaración de adjudicación definitiva sin cumplir esos requerimientos previos. Esto es, la adjudicación definitiva no se produjo hasta que, en ejecución definitiva de la sentencia y previo cumplimiento de las bases de la convocatoria, la demandada emitió la resolución de adjudicación, el 31 de enero de 2017, con los efectos que en ella se fijaron. Esta fecha es la que pretendía hacer valer la parte actora en su demanda como día inicial del plazo en el que pudo ejercitar la acción y, atendiendo a la doctrina expuesta, es la que se fija por las circunstancias que en este caso han concurrido. Y ello porque solo a partir de entonces pudo conocer los reales perjuicios que la conducta de la demandada le había ocasionado.

C) Díes a quo en el caso de daños continuados o de aparición sucesiva

21. Cuando se trata de daños continuados o de aparición sucesiva, “el cómputo del plazo de prescripción no se inicia hasta la producción del definitivo resultado, cuando no es posible fraccionar en etapas diferentes o hechos diferenciados la serie proseguida, al entender que solo con ella el perjudicado está en condiciones de valorar, en su conjunto, las consecuencias dañosas y de cifrar el importe de las indemnizaciones que puede reclamar por concurrir una situación jurídica de aptitud plena para el ejercicio de las acciones”, tal y como resume la STS (Social) de 10 de junio de 2009 (Rº 1333/2008). Este criterio jurisprudencial sigue la denominada “teoría de la realización”, que establece que la acción nace cuando se puede ejercitar eficazmente a todos los efectos y no desde el momento del nacimiento del derecho (doctrina de la actio nata), tal y como expresa la STS (Social) de 23 de abril de 2012 (Rº 753/2011).

5. Competencia del orden social

22. La actual regulación unifica en el orden social las acciones que puedan ejercitar los trabajadores o sus causahabientes contra el empresario o contra aquellos a quienes se les atribuya legal, convencional o contractualmente responsabilidad por los daños originados en el ámbito de la prestación de servicios o que tengan su causa en accidentes de trabajo o enfermedades profesionales, incluida la acción directa contra la aseguradora y sin perjuicio de la acción de repetición que pudiera corresponder ante el orden competente (art. 2.b) de la LJS).

II. Incumplimientos empresariales en la contratación: La obligación de contratar al relevista y responsabilidad civil

1. Precisiones sobre la jubilación anticipada

23. Los trabajadores pueden acceder a la jubilación parcial anticipada siempre que la empresa celebre, con carácter simultáneo, un contrato de relevo en los términos previstos en el art. 12.7 del ET y se cumplan los requisitos relacionados en el art. 215.2 de la LGSS. Pues bien, el precepto estatutario exige, entre otras cosas, que el contrato de relevo se celebre con un trabajador en situación de desempleo o que tuviese concertado con la empresa un contrato de duración determinada.

2. Incumplimiento empresarial de la obligación de contratar al relevista y responsabilidad civil

24. La STS (Social) de 4 de abril de 2019 (Rº 1014/2017), analiza si una empresa puede resultar responsable de los daños y perjuicios causados a un empleado con ocasión de su jubilación parcial, cuando dicha pensión es denegada por el INSS por defectos en la contratación del relevista que invalidan el contrato de relevo.

En este concreto supuesto, la actora trabajaba como limpiadora en una empresa especializada en la prestación de servicios de gestión, operación y mantenimiento integral de edificios e inmuebles. Con fecha 3-12-2012, las partes acordaron la novación de la jornada de trabajo, al objeto de que la empleada pudiera acceder a la pensión de jubilación parcial. Además, con el fin de cubrir la jornada dejada vacante por ésta, la empresa formalizó un contrato de relevo con una empleada que figuraba inscrita en el SEPE como demandante de empleo, desde el día 28-11-2012.

La trabajadora relevada solicitó la pensión de jubilación parcial y, cuatro meses después, el INSS emitió resolución denegando dicha solicitud, por cuanto la empresa había suscrito un contrato de relevo con quien no era desempleado ni tenía concertado previamente con la empresa un contrato de duración determinada. Y es que, ciertamente, la trabajadora relevista sí estaba inscrita en el SEPE como demandante de empleo, pero figuraba al tiempo dada de alta en el régimen especial de empleados de hogar, donde no causó baja hasta el 18-4-2013 (si bien, con efectos del 31 de octubre anterior, con ocasión de un error de su empleador).

Con motivo de la denegación de la pensión por parte del INSS, la empresa notifica a la trabajadora la obligación de retornar a las condiciones anteriores. Y frente a esto, la trabajadora interpone demanda ante el Juzgado de lo Social, reclamando a la empresa los daños y perjuicios sufridos por los menores ingresos obtenidos durante el período de diciembre de 2012 a mayo de 2013 (esto es, el período comprendido entre la solicitud de la pensión de jubilación y la resolución de la entidad gestora).

Siguiendo el criterio de las SSTS 6 de octubre 2011 (Rº 4410/2010); 24 de septiembre 2013 (Rº 2520/2012); 17 de noviembre 2014 (Rº 3309/2013); y 23 de junio 2015 (Rº 3280/2014), la jurisprudencia ha reconocido la posibilidad de que las irregularidades en la celebración del contrato de relevo, al igual que pueden privar al trabajador relevado de derechos, generan la responsabilidad de la empresa frente al mismo. De hecho, apunta, esta responsabilidad se ha concretado en las tres últimas sentencias citadas en supuestos diferentes al que nos ocupa, pues se trataba de irregularidades cometidas después de celebrarse el contrato de relevo, esto es durante su ejecución (un profundo análisis de estos temas puede encontrarse en Fernández Prieto, 2013, Alcázar y Del Val, 2013 y Aragón Gómez, 2019).

La empresa no puede alegar que carece de culpa en las irregularidades cometidas al celebrarse el contrato de relevo, porque, conforme al art. 1104 del CC:

> "debió probar que obró con la diligencia debida, y que no le era imputable el vicio que hacía inapropiado el contrato de relevo para el fin perseguido. Su obligación hacía de la relación contractual que tenía con el trabajador relevado, deber de celebrar un contrato de relevo válido que incumplió, al no hacer uno correcto». Por este motivo, entiende el TS que «le era imputable el defecto y era él quien debía probar que obró con la diligencia debida por cuanto como fue quien contrató al trabajador relevista, a él le son imputables los vicios del contrato que celebró y las consecuencias de su falta de idoneidad".

En este caso la empresa «no ha probado su falta de culpa, sino que, además, consta que no obró con la diligencia debida, pues, cualquier buen padre de familia, entendida esa expresión como buen gerente de una empresa, comprueba la inscripción del relevista como demandante de empleo y que no se encuentre de alta en un régimen de la Seguridad Social, cosa que no hizo, lo que resulta imputable a la recurrente».

El Tribunal Supremo advierte que los vicios del contrato de relevo y las consecuencias de su falta de idoneidad son imputables a la empresa, en la medida en que no obró con la diligencia debida, pues no verificó que la trabajadora relevista estuviese inscrita como demandante de empleo y no se encontrase dada de alta en ningún régimen de la Seguridad Social. En este concreto supuesto, la reparación del daño se cuantificó en 6.714,95 €; un importe que representa la diferencia entre: a) el salario bruto percibido por la trabajadora durante el período que prestó servicios a tiempo parcial (a la espera de la resolución del INSS) y el que hubiera cobrado de seguir trabajando a jornada completa; y b) la cotización relativa a dicho período

III. Daños derivados de incumplimientos empresariales en materia de jornada

1. *Excesos de jornada y reparación de daños en la doctrina del TJUE*

25. El art. 6 de la Directiva 2003/88, de 4 de noviembre, relativa a determinados aspectos de la ordenación del tiempo de trabajo, dispone lo siguiente:

> *"Los Estados miembros adoptarán las medidas necesarias para que, en función de las necesidades de protección de la seguridad y de la salud de los trabajadores: a) se limite la duración del tiempo de trabajo semanal por medio de disposiciones legales, reglamentarias o administrativas o de convenios colectivos o acuerdos celebrados entre interlocutores sociales; b) la duración media del trabajo no exceda de 48 horas, incluidas las horas extraordinarias, por cada período de siete días".*

26. La Sentencia del Tribunal de Justicia de la Unión Europea de 14 de octubre de 2010, C-243/09, referida a un bombero alemán, concluyó que la mera constatación de que se ha sobrepasado la duración media máxima de trabajo semanal establecida en el art. 6, letra b), de la Directiva 2003/88 confiere al trabajador un derecho a reparación. Primero, debido al efecto directo del que está dotada tal regla. Y, segundo, la circunstancia de que tal exceso de tiempo de trabajo afecta ipso facto a la salud del trabajador. La circunstancia de que tal trabajador no sufra como consecuencia de este incumplimiento ningún perjuicio específico distinto del que se deriva de la infracción de dicho art. 6, letra b), carece de relevancia a estos efectos. Señala la sentencia que:

> "(...) el hecho de que se sobrepase la duración media máxima de trabajo semanal fijada en el art. 6, letra b), de la Directiva 2003/88 constituye en sí mismo una infracción de esta disposición, sin que resulte necesario, además, demostrar la existencia de un perjuicio específico. Así pues, al no existir ninguna medida de Derecho interno que materialice la facultad de establecer excepciones contemplada en el art. 22, apartado 1, párrafo primero, de esta Directiva, el concepto de «perjuicio» contenido en esta disposición carece de toda relevancia de cara a la interpretación y la aplicación de dicho art. 6, letra b).
>
> En realidad, (...), al perseguir la Directiva 2003/88 el objetivo de garantizar la seguridad y la salud de los trabajadores mediante el reconocimiento de un descanso suficiente, el legislador de la Unión ha considerado que el hecho de sobrepasar la duración media máxima de trabajo semanal fijada en dicho art. 6, letra b), en la medida en que priva al trabajador de este descanso, le causa, por sí mismo, un perjuicio por cuanto, de este modo, ve mermadas su seguridad y su salud.
>
> De lo anterior se deduce que una normativa nacional como la analizada en el litigio principal y que contemplaba, respecto de un trabajador que prestaba sus servicios como bombero en un servicio de intervención, un tiempo de trabajo que excedía del tope máximo fijado en el art. 6, letra b), de la Directiva 2003/88, constituye una infracción de

esta disposición, sin que sea necesario acreditar, igualmente, la existencia de un perjuicio específico sufrido por ese trabajador.

2. *Incumplimiento empresarial de la evaluación de la salud en el trabajo nocturno antes de la incorporación a la empresa*

27. Por su parte, el art. 9.1 a) de la Directiva 2003/88, establece que los Estados miembros adoptarán las medidas necesarias a) para que los trabajadores nocturnos disfruten de una evaluación gratuita de su salud antes de su incorporación al trabajo y, posteriormente, a intervalos regulares, y b) para que los trabajadores nocturnos que padezcan problemas de salud cuya relación con la prestación de un trabajo nocturno esté reconocida sean trasladados, cuando ello sea posible, a un trabajo diurno para el que sean aptos.

28. La Sentencia del Tribunal de Justicia de la Unión Europea de 20 de junio del 2024, C-367/23, EA, resuelve un litigio que nace como consecuencia de una demanda de indemnización por incumplimiento de la empresa (sector vigilancia y seguridad) de sus obligaciones en materia de evaluación de la salud de los trabajadores nocturnos (un comentario a este pronunciamiento, López Cumbre, 2024). El trabajador efectúa servicios en la empresa como agente de seguridad contra incendios y de asistencia a personas. Solicita al tribunal laboral (francés) la resolución judicial de su contrato de trabajo, así como el abono de una indemnización por daños y perjuicios por parte de la empresa. el trabajador estima que la mera constatación del incumplimiento de las disposiciones protectoras en materia de seguimiento médico reforzado del trabajo nocturno genera un derecho de reparación en beneficio del trabajador afectado y que, al desestimar su pretensión de indemnización, los tribunales habían infringido no sólo la legislación nacional, sino el precitado art. 9 de la Directiva 2003/88.

El tribunal remitente cuestiona al Tribunal de Justicia sobre si el mero incumplimiento por parte del empresario de las medidas nacionales destinadas a garantizar la evaluación médica de los trabajadores nocturnos (establecida en el art. 9.1 a) de la Directiva 2003/88) confiere como tal un derecho de reparación, sin que se exija probar la existencia de un perjuicio específico derivado. La sentencia concluye que, en este caso, no existe responsabilidad con base en los siguientes argumentos:

"El Derecho nacional aplicable establece normas específicas que permiten imponer multas en caso de infracción por el empresario y estas normas específicas contribuyen, a su vez, a asegurar la efectividad del derecho a la evaluación de su salud del que se beneficia un trabajador nocturno en virtud de tal disposición. Por su parte, tales normas, que tienen esencialmente una finalidad punitiva, no están supeditadas a la existencia de un daño. De este modo, aunque dichas normas punitivas y las que rigen la responsabilidad contractual o cuasidelictual, como las controvertidas, sean complementarias en la medida en que ambas incitan a respetar la referida disposición del Derecho de la Unión, no por ello dejan de tener funciones bien distintas.

A diferencia de las exigencias derivadas del tiempo de descanso, la falta de la visita médica que debe preceder a la incorporación a un trabajo nocturno y del seguimiento periódico posterior a tal incorporación exigidos «no conlleva inevitablemente un perjuicio para la salud del trabajador afectado ni, por lo tanto, un daño indemnizable a su favor. En efecto, la posible aparición de tal daño depende, en particular, de la situación de salud de cada trabajador y de la evolución concreta de ésta. A este respecto, también es preciso recordar, como ya ha declarado el Tribunal de Justicia, que las tareas efectuadas en horario nocturno pueden ser diferentes en términos de dificultad y de estrés (...).

Por consiguiente, se trata de una normativa nacional en virtud de la cual, en caso de infracción por parte del empresario de las disposiciones nacionales que establecen que los trabajadores nocturnos disfruten de una evaluación gratuita de su salud antes de su incorporación y, posteriormente, a intervalos regulares, el derecho del trabajador nocturno afectado a obtener una reparación por dicha infracción está supeditado al requisito de que éste pruebe que el perjuicio que se le ha causado no se opone al Derecho europeo en los términos expresados. Refuerza así esta doctrina la tesis tradicional sobre la exigencia de probar el daño y su alcance ante la petición de indemnización económica derivada de él".

3. Daños por el incumplimiento de los descansos interjornadas

29. Como norma general, según establece el Estatuto de los Trabajadores que los empleados deben disfrutar de los siguientes descansos: (i) Un descanso diario de 12 horas entre el final de una jornada y el comienzo de la siguiente y, (ii) Uno semanal, de al menos un día y medio ininterrumpido (si bien la mayoría de los Convenios Colectivos establecen dos días) a disfrutar entre una semana de trabajo y la siguiente. Este descanso puede ser acumulado en períodos de 14 días. Para empezar a computar el descanso semanal, han de haber transcurrido 12 horas desde el final de la jornada de trabajo (el descanso diario); en resumen, sus empleados deben disfrutar de 48 horas de descanso entre una semana y la siguiente de trabajo (12 horas de descanso diario entre jornadas + 36 horas del descanso semanal) o, como en la mayoría de los Convenios Colectivos de 60 horas (12 del descanso diario + 48 horas del descanso semanal).

30. La STS (Social) 14 de abril de 2014 (Rº 1665/2013), resuelve sobre un interesante supuesto que hemos analizado páginas atrás y al que nos remitimos. En relación con el mismo supuesto, la STS (Social) de 30 de marzo de 2016 (Rº 2348/20149), constata, igualmente, un incumplimiento por parte de la empresa de las disposiciones relativas al descanso semanal, por lo que acaba condenando a la empresa a abonar un total de 125.632 euros en concepto de daños y perjuicios a repartir entre los 46 trabajadores que interpusieron la demanda. A modo orientativo, esto corresponde a una indemnización de entre 2.000 y 3.000 euros por trabajador, indemnización que es totalmente compatible con la sanción que pudiera imponer la Inspección de Trabajo.

Hay varios aspectos relevantes en estas sentencias, como ha destacado Ballester Pastor (2017:11), que destaca los tres siguientes factores diferenciales de estos pronunciamientos:

(i) La sentencia reconoce la procedencia de daños morales por simple ilegalidad, sin necesidad de que concurra vulneración de derechos fundamentales. Y para ello hace referencia expresa al art. 1101 del CC, lo que no es demasiado frecuente en la jurisdicción social;

(ii) Acepta como parámetro para la cuantificación del daño moral el de los salarios correspondientes a las horas de solapamiento, porque no se cuestionó por la contraparte. El criterio del Tribunal Supremo, por tanto, es el de la no corrección de la indemnización que había sido demandada y reconocida en primera instancia, al no concurrir desproporción o arbitrariedad;

(iii) Lo más llamativo del procedimiento de unificación ante el Tribunal Supremo es que, en la sentencia de contraste, que obedecía a idéntico supuesto, el criterio utilizado por el juez de instancia le llevó a reconocer una indemnización de solo 1.000 euros. La STS de 14 de abril de 2014 se enfrentó, pues, no solo a la aplicación de una indemnización por los daños morales como consecuencia de una actuación ilegal, sino que también se enfrentó a la diversificación de indemnizaciones ante situaciones iguales por aplicación de criterios diferentes por parte de los varios juzgadores de instancia

31. En la misma línea, se han pronunciado en suplicación diversas sentencias. Veamos algún caso que va en la misma dirección.

Tres trabajadores demandantes prestaban sus servicios para la Consellería de Traballo e Benestar, en la Residencia Mixta de Maiores de Ferrol, realizando su jornada de trabajo en régimen de turnos de mañana, tarde y noche conforme a los cuadrantes individuales que les eran asignados. Por Sentencia del TSJ de Galicia de 9-10-2012, confirmada por la del Tribunal Supremo, de 23-10-2013, se declaró el derecho de los trabajadores a turnos incluidos en el ámbito de aplicación del Convenio Colectivo Único para el Personal Laboral de la Xunta de Galicia, a que «el descanso semanal sea real y efectivo, no pudiendo dicho descanso semanal quedar parcialmente neutralizado mediante el solapamiento con el descanso diario de 12 horas establecido en el art. 34.4 del Estatuto de los Trabajadores, de forma que ambos descansos sean reales y efectivos, y se disfruten de manera diferenciada e independiente el uno del otro. La jornada de trabajo de los trabajadores, como consecuencia del solapamiento con los descansos de 12 horas después de cada día de trabajo, y de 48 horas de descanso semanal, o de 36 horas de descanso derivado de trabajo en festivo.

La STSJ Galicia 29 de julio de 2016 (Rº 495/2016) considera que:

> "tal déficit de descanso, al que legítimamente tenían derecho los actores, le ha causado un daño moral, al verse obligados a trabajar sin respetar el periodo mínimo de descanso semanal establecido con carácter imperativo en el art. 37 del ET en relación con el descanso entre jornadas fijado en el art. 34.3 de dicho texto legal, no disponiendo de dicho tiempo, no solo para recuperarse del cansancio y esfuerzo que conlleva todo trabajo, sino también para disfrutar de dicho ocio y poder compatibilizar su vida familiar, laboral y personal. Se cumple así el primer requisito exigido por el art. 1101 del Código Civil para que proceda la indemnización de daños y perjuicios».
>
> Por lo tanto, la conducta de la empresa ha de calificarse de negligente, al desconocer el derecho de los trabajadores a disfrutar el descanso en la forma anteriormente consignada, persistiendo en el solapamiento del citado descanso, con posterioridad a que recayera sentencia. En este sentido, el TSJ considera que el incumplimiento de la obligación de conceder el descanso, que ya no puede cumplirse de forma específica, determina la obligación de indemnizar. En todo caso, el Tribunal establece que no procede retribuirlo, ni como horas extras, ni como complemento de disponibilidad, ya que no se dan ninguno de los requisitos previstos para el percibido de dichas retribuciones, ni tampoco por el valor de la hora ordinaria. Por el contrario, la Sala efectúa el cálculo de la indemnización a razón de 5 € cada hora de descanso solapado, redondeado al alza el valor hora conforme al salario mínimo interprofesional de 2016 (756,70 € al mes incluido el prorrateo de pagas extraordinarias), por ser más beneficioso para los trabajadores. En consecuencia, el Tribunal condena a la empresa al abono, en concepto de indemnización de daños y perjuicios, de las cantidades de 1.545 euros, 1.710 euros y 240 euros, para cada uno de los tres trabajadores (...)".

4. *Indemnización derivada del incumplimiento de las medidas de conciliación de la vida laboral y familiar*

A) La dimensión constitucional de los derechos en juego

32. En los últimos años la jurisprudencia ha venido subrayando la dimensión constitucional de los derechos en juego. El art. 4.2.c) del ET incluye expresamente el derecho de la persona trabajadora a no ser discriminado por razón de sexo, incluido el trato desfavorable dispensado a mujeres u hombres por el ejercicio de los derechos de conciliación o corresponsabilidad de la vida familiar y laboral. La STC 26/2011, de 14 de marzo, afirma que "la dimensión constitucional de todas aquellas medidas normativas tendentes a facilitar la compatibilidad de la vida laboral y familiar de los trabajadores, tanto desde la perspectiva del derecho a la no discriminación por razón de sexo o por razón de las circunstancias personales (art. 14 de la CE) como desde la del mandato de protección a la familia y a la infancia (art. 39 de la CE), ha de prevalecer y servir de orientación para la solución de cualquier duda interpretativa en cada caso concreto (...)". Por su parte, la STS de 20 de julio de 2000 (Rº 3799/99), argumentó: "en la aplicación de las reducciones de jornada que establece el art. 37.5 del ET, ha de partirse de la base de que tal precepto forma parte del desarrollo del mandato constitucional (art. 39 CE que establece la protección a la familia y a la infancia). Finalidad que ha de prevalecer y servir de orientación para la solución de cualquier duda interpretativa". Una doctrina que sigue siendo utilizada como pone de manifiesto la STS (Social) de 25 de abril de 2018 (Rº. 2152/2016), que la cita en apoyo.

B) Falta de adaptación de las condiciones de trabajo por razones de conciliación e indemnización de daños

33. El art. 34.8 del ET del prevé el derecho a solicitar adaptaciones de la duración y distribución de la jornada de trabajo, en la ordenación del tiempo de trabajo y en la forma de prestación, incluida la prestación de su trabajo a distancia, para hacer efectivo su derecho a la conciliación de la vida familiar y laboral. Dichas adaptaciones deberán ser razonables y proporcionadas en relación con las necesidades de la persona trabajadora y con las necesidades organizativas o productivas de la empresa.

La posibilidad de solicitar una indemnización paralela junto a la acción de adaptación del tiempo de trabajo por razones familiares es incuestionable. Así de rotunda es la STSJ de Castilla y León de 26 de octubre de 2020 (Rº 478/2020) en la que además de avalar la petición de adaptación de jornada de una trabajadora, reconoce su derecho a una indemnización por daños morales. Para alcanzar tal resultado, la sentencia subraya que estamos ante un derecho laboral reforzado por su dimensión constitucional que debe ser analizado en cada caso, con la máxima cautela judicial de acuerdo con la «debida diligencia» en materia de reparación integral. Por tanto, la negativa o limitación empresarial al disfrute del derecho a la conciliación laboral y familiar cuando no existen razones justificadas puede generar daños que, de ser reclamados, han de ser resarcidos.

La STSJ Aragón de 19 de enero de 2021 (Rº 637/2020) establece el derecho a percibir una indemnización de 1.500 euros por el daño moral derivado de los perjuicios ocasionados por la negativa de la empresa, que no negoció con la trabajadora ni presentó alternativa alguna a los términos de disfrute propuestos por aquella Y de esa infracción del art. 34.8 ET deviene el derecho a obtener una indemnización por daños morales para la que no es preciso que exista *"una discriminación u otro derecho fundamental infringido* porque *"es innegable la producción de perjuicios a la trabajadora por una negativa de la empresa que, se insiste, se produjo sin la previa negociación y presentación de alternativas que exige la ley"* (Un comentario a este pronunciamiento puede encontrarse en Viqueira Pérez, 2021).

En un supuesto de adaptación del tiempo de trabajo por razones familiares, la STSJ de Castilla y León de 26 de octubre de 2020 (Rº 478/2020) entiende que la cantidad de 3.125 euros solicitada debe considerarse desde luego proporcionada. Y esto en atención a la demora (durante varios meses) en la efectividad de la medida por la injustificada negativa empresarial a aceptarla, en conexión con la LISOS (art. 7.5 y 40.1.b), que es un referente objetivo y razonable convalidado por el Tribunal Constitucional.

La STSJ Madrid 21 de noviembre de 2022 (Rº 189/2022), reconoce como razonable el importe de 2000 euros, bajo el criterio de que "se ha producido una vulneración del derecho fundamental a la igualdad compeliéndose a la trabajadora, con la negativa de la empresa a accionar en vía judicial con la contrariedad que ello comporta.

También en un supuesto de adaptación del tiempo de trabajo por razones familiares, el rechazo injustificado del teletrabajo da derecho a daños morales. La STSJ de Galicia de 3 de febrero de 2022 (Rº 5108/2021) confirma la condena a 3.000 euros de indemnización por daños morales a favor de un trabajador porque la empresa rechazó sin justificación suficiente la solicitud de la trabajadora.

Lo mismo orientación se aprecia en la STSJ Madrid de 27 de enero de 2023 (Rº 1254/2022), que considera que la falta de adaptación da lugar a una indemnización por los perjuicios sufridos y el daño moral. 1000 euros, con cita de los arts. 7.5 y 40.1.b), de la LISOS y el art. 183, de la LJS.

34. La anterior tendencia ha sido subrayada por la STS (Social) de 25 de abril de 2023 (Rº 1040/2020) (un comentario a la misma Todolí, 2023), el supuesto de hecho es el siguiente:

> Como consecuencia de la contratación de un nuevo servicio para el departamento en el que prestaba servicios la trabajadora, esta se veía impedida a mantener la concreción horaria de la reducción de jornada que disfrutaba con anterioridad al nuevo horario comercial impuesto por el nuevo cliente, por lo que solicitó su cambio a otro servicio distinto una vez recibida la comunicación por parte de la empresa. La empresa denegó su petición argumentando que, si cambiaba de servicio a la trabajadora, tendría que trasladar a su vez a un trabajador del nuevo servicio al que reasignara a la trabajadora al servicio en el que venía prestaba servicios. El problema para los derechos de conciliación de la trabajadora venía representado por el horario de entrada por la tarde de su hijo al centro educativo en el que cursaba sus estudios: el niño entraba a las 15,30H, horario que la trabajadora podía atender con su concreción horaria anterior, pero no con la que se le pretendía asignar, al comenzar a trabajar a las 15 horas. La empresa también denegó la solicitud del marido de la trabajadora —empleado en la misma empresa— para adaptar la finalización de su horario de trabajo a las 15H y que pudiera él cubrir la necesidad de conciliación que tenía la familia, siéndole también denegado por razones de «dimensionamiento en el turno con relación a la actividad del servicio.
>
> El Juzgado de lo social, en la instancia, estimó la demanda y declaró el derecho de la trabajadora actora a prestar sus servicios con la concreción horaria solicitada en la demanda, condenando además a la empresa a abonar a la empleada una indemnización, decisión que, atendidas las circunstancias, refrenda el Tribunal Supremo en este pronunciamiento teniendo en cuenta que el derecho a la indemnización está justificado.

A juicio de la STS (Social) de 25 de abril de 2023 (Rº 1040/2020), ese perjuicio indemnizable se le produjo durante más de dos años, hasta que se dictó la sentencia que reconoció su derecho, tiempo en el que no pudo llevar a su hijo al colegio en horario de tarde. Añade el tribunal que la empresa podría haberse exonerado de esos daños y perjuicios "si hubiera dado cumplimiento, al menos provisional, a la medida propuesta por (la trabajadora) pero, como no procedió a ese cumplimiento provisional, no puede quedar exonerada de unos daños y perjuicios que, en efecto, se produjeron. Como la propia STS reconoce, el supuesto de hecho sobre el que resuelve "guarda estrecha relación" con el anterior y alcanza, también, la misma conclusión.

C) Indemnización por vulneración de su derecho al permiso parental

35. La modificación o denegación de la empresa del permiso parental infringe el art. 48 bis del ET, y el derecho a la no discriminación. Así lo ha entendido la STSJ de Cataluña de 26 de abril 2024 (Rº 7066/2023) (con el comentario de Nieto Rojas, 2024, que aquí seguimos).

Un padre solicitó el disfrute del permiso parental, sin derecho a sueldo desde el 1 a 31 de agosto y posteriormente ampliado a 3 de septiembre de 2023, atendiendo a la petición de la empresa que debían ser periodos semanales. La empresa (vía telefónica) le concedió parcialmente el permiso solicitado ajustándolo a dos semanas comprendidas entre el 31 de julio a 13 de agosto de 2023, denegándoles las restantes arguyendo razones de organización empresarial. Disconforme con la decisión, interpone demanda que fue desestimada en instancia por el JS que conoció del asunto. Plantea el trabajador un recurso de suplicación en base a un motivo único de recurso, que se formula al amparo del apartado c) del art. 193 LRJS, mediante el cual se denuncia la vulneración del derecho fundamental a no sufrir discriminación por el ejercicio de los derechos de conciliación, así como la conculcación de otros preceptos legales. El recurso concluye solicitando que se revoque la sentencia recurrida, se estime íntegramente la demanda y se declare su derecho a disfrutar del permiso parental peticionado y a percibir en concepto de indemnización por daños y perjuicios la suma inicialmente reclamada, condenando a la empresa a estar y pasar por tales pronunciamientos declarativos y de condena.

La STSJ de Cataluña de 26 de abril 2024, considera que la negativa empresarial, dada el elevado volumen de plantilla de la empresa, ha conculcado el derecho del demandante a no sufrir discriminación por trato desfavorable por el ejercicio de sus derechos de conciliación y corresponsabilidad de la vida familiar y laboral (arts. 14 de la CE y 4.2, c) del ET), debiendo ser declarada la decisión denegatoria empresarial como nula de pleno derecho. Señala el pronunciamiento analizado que "constituyen factores que agravan el incumplimiento patronal la negligencia e informalidad en la denegación del permiso parental —de forma verbal—, prescindiendo del mínimo esfuerzo para justificar esta denegación, actuaciones claramente despreciativas de los derechos de conciliación y que resultan totalmente inapropiadas para una gran compañía como la demandada, con una plantilla considerable de trabajadores y con una cifra de negocio propia de cualquier empresa integrante del IBEX-35. Por consiguiente, teniendo en cuenta las consideraciones anteriores, es bastante evidente que la cuantificación del daño moral irrogado no puede situarse en la cuantía mínima del art. 40.1, c) LISOS". Además, al importe que pudiera reconocerse por daño moral, debe agregarse otra partida resarcitoria por el daño patrimonial irrogado al trabajador demandante y que deriva del retardo injustificado del disfrute del permiso, retardo que finalmente se traduce en imposibilidad de goce del permiso en el último período solicitado, con las cargas personales y patrimoniales que de ello derivan, condenándose a la compañía demandada a abonar la indemnización de 20.000 euros por los conceptos compensatorios y resarcitorios.

D) Procedimiento para el ejercicio de los derechos de conciliación de la vida personal, familiar y laboral y la imperativa cuantificación de los daños y perjuicios

36. El art. 139.1 a) de la LJS en relación con el procedimiento para el ejercicio de los derechos de conciliación de la vida personal, familiar y laboral, establece que: "en la demanda del derecho a la medida de conciliación podrá acumularse la acción de daños y perjuicios causados al trabajador, exclusivamente por los derivados de la negativa del derecho o de la demora en la efectividad de la medida, de los que el empresario podrá exonerarse si hubiere dado cumplimiento, al menos provisional, a la medida propuesta por el trabajador". Por su parte, el art. 139.2 de la LJS señala que este procedimiento "será aplicable igualmente al ejercicio de los derechos de la trabajadora víctima de violencia de género establecidos en la ley, a la reducción de la jornada de trabajo con disminución proporcional del salario y a la reordenación del tiempo de trabajo, a través de la adaptación del horario, de la aplicación del horario flexible o de otras formas de ordenación del tiempo de trabajo que se utilicen en la empresa. Podrá acumularse a la referida demanda la acción de daños y perjuicios directamente causados a la trabajadora por la negativa o demora del derecho".

37. En caso de haber acumulado a la demanda la reclamación de daños y perjuicios, la sentencia habrá de pronunciarse sobre los mismos. Debe tenerse en cuenta que el precepto no establece un reconocimiento automático del derecho a obtener una indemnización por el mero hecho de que se estime la pretensión del trabajador, sino que requiere que el demandante alegue en su demanda las bases y los elementos claves de la indemnización que reclama que justifique suficientemente la misma y que queden acreditados, cuando menos, indicios o puntos de apoyo suficientes (STSJ Cataluña de 29 octubre de 2013, Rº 1530/2013).

Precisamente, al analizar sobre la conexión de este derecho con la vulneración de derechos fundamentales, la STS (Social) 23 de febrero de 2022 (Rº 4322/2019), recordó las exigencias de su concreción y su suficiencia, y los criterios a considerar para su cuantificación. Señalando que no debe confundirse con la que marca el art. 139 de la LJS que atiende a los daños materiales que la conducta del empleador haya podido provocar al no poder disponer el trabajador de la adaptación de las condiciones de trabajo que interesaba y que le ha podido generar determinados daños que, lógicamente habrá de acreditar.

5. Derecho a la desconexión

38. El art. 88 de la Ley Orgánica de Protección de Datos y Garantía de los Derechos digitales abre flancos de interés y ya ha suscitado interesantes y muy sugerentes reflexiones como la que deriva del hecho de que el derecho a la desconexión se encuentre expresamente excluido, en la DF 1ª LOPD, del listado de disposiciones que poseen carácter orgánico. Una regulación por ley ordinaria que no ha impedido a cualificados autores considerar que "el derecho a la desconexión se nos muestra como una garantía del derecho a la intimidad, es decir una regulación del ejercicio de la intimidad que por vía de ley ordinaria disciplina la forma y el tiempo de ejercitar el derecho fundamental en el seno de la relación laboral fuera del tiempo de trabajo. Ello nos decanta a concluir que su vulneración supone una vulneración de la intimidad, por lo que el despido como represalia por no "conectarse" y responder a requerimientos de la empresa fuera del horario laboral habría de considerarse un despido con vulneración de derechos fundamentales" (Preciado Domenech, 2019).

39. Una interpretación que cabe sostener pero que, a nuestro juicio, excede del valor concedido por el legislador al citado derecho al que, entre otras cuestiones, ha privado de régimen sancionador alguno para sus eventuales incumplimientos. Esta parece la línea seguida por algunos Tribunales hasta el momento

> D. Ramón El actor prestaba servicios para la empresa demandada, dedicada actividades de contabilidad, teneduría de libros, auditoría y asesoría fiscal, en virtud de un contrato indefinido y a tiempo completo, con jornada de 08:30 a 17:30 horas, con una hora para comer. A partir del 20-3-2020, y a consecuencia del Estado de alarma decretado por el Gobierno para la gestión de la crisis sanitaria ocasionada por el COVID-19, los trabajadores de la empresa demandada pasaron a prestar servicios bajo la modalidad de teletrabajo. Durante el año 2020, el actor remitió a la empresa un total de 10.971 correos electrónicos, muchos de ellos fuera de su horario habitual de trabajo o en fin de semana. El 8-2-21 el actor inició un proceso de IT por estrés laboral e interpuso denuncia ante la ITSS por vulneración de su derecho a la desconexión digital (art. 88 LOPD). El 9-12-2021 el actor interpone demanda en la que solicita la resolución indemnizada de su contrato de trabajo y el abono de una indemnización adicional por daños y perjuicios por importe de 120.000 euros (...)

La STSJ Cataluña de 5 de mayo de 2023 (Rº 7704/2022), confirma en suplicación la sentencia de instancia. Recuerda que el derecho a la desconexión digital trata de garantizar el respeto del tiempo de descanso, permisos y vacaciones, así como la intimidad personal y familiar del trabajador. Y, aunque se trate de un derecho fundamental para el Derecho de la Unión Europea (art. 31.2 CDFUE), no es un derecho fundamental de los recogidos en la CE, puesto que esta limitación del tiempo de trabajo y el derecho al descanso aparecen recogidos solo dentro de los principios rectores de la política social y económica. Por tanto, no cabe su invocación vinculada directa y necesariamente a una lesión de derechos fundamentales a la vida y a la integridad física y a la intimidad, aunque sí podrá fundamentar una eventual responsabilidad civil en caso de contingencia profesional y de la acreditación de nexo causal entre la conducta de la empresa y el daño causado.

40. Sin fundamentar las razones, la STSJ Galicia de 4 de marzo de 2024 (Rº 5647/2023), condena a Securitas por vulnerar la desconexión digital y la intimidad del trabajador en el caso de un trabajador que recibió comunicaciones con órdenes de trabajo a su correo personal y también WhatsApp de una academia de formación y de Quirón prevención, casi siempre fuera de su horario laboral. Había comunicado su deseo de hacer efectiva la desconexión digital y no había firmado autorización para la cesión de datos a terceros. Se impone una indemnización de 1.000 euros por daños morales de 300 euros vinculada a la vulneración del derecho a la desconexión.

6. Incumplimientos empresariales vinculados con el disfrute del derecho a vacaciones

A) El carácter de "principio social" del derecho a vacaciones

41. Tradicionalmente, se viene entendiendo el periodo vacacional como un supuesto de interrupción del contrato de trabajo, que tiene como finalidad la de proporcionar un periodo de descanso anual remunerado, en el que el trabajador pueda recuperarse del desgaste psicofísico que origina el desarrollo de la actividad laboral. Ahora bien, la citada concepción debe ser revisada en la actualidad a la luz del contenido de la STC 192/2003, de 27 de octubre, en la que se analiza el despido de un trabajador por prestar servicios durante su periodo vacacional. Para esta Sentencia, la concepción según la cual el sentido principal de las vacaciones no es otro que la reposición de energías para la reanudación de la prestación laboral, supone reducir la persona del trabajador a un mero factor de producción y negar durante aquel período su libertad para desplegar su propia personalidad del modo que estime más conveniente. Tal concepción resultaría contraria a los principios de dignidad de la persona y libre desarrollo de su personalidad. Por su parte, la STJUE 16 de marzo de 2006, C-131/04 y C-257/04, Asuntos Robinson Steele y otros, afirma el derecho a vacaciones anuales retribuidas como un principio del derecho social comunitario a fin de garantizar la seguridad y salud de los trabajadores frente al que no son admisibles ningún tipo de excepciones.

B) El incumplimiento de la obligación empresarial de comunicar a los trabajadores la fecha de disfrute de sus vacaciones

42. El incumplimiento de la obligación empresarial de comunicar a los trabajadores la fecha de disfrute de sus vacaciones al menos con dos meses de anticipación, no permite sin más la reclamación de una indemnización de daños y perjuicios, sino que es necesario que el trabajador acredite los perjuicios efectivamente sufridos por ese incumplimiento.

En el caso resuelto por la STSJ Aragón 18 de junio de 2008 (Rº 458/2008),

> "El art. 60 del Convenio Colectivo del TUZSA establece que los trabajadores que no puedan iniciar el periodo vacacional por encontrarse en situación de incapacidad temporal, podrán disfrutar sus vacaciones en febrero o noviembre de ese año o del siguiente. Sin embargo, si el superior del actor, que era el competente para conceder las vacaciones, autorizó su disfrute del 4 al 19-10-2007, forzoso es concluir que se trató de una fijación del periodo vacacional de mutuo acuerdo por el trabajador y la empresa, lo que razonablemente indujo al trabajador a contratar el viaje a Egipto. Si posteriormente la empresa cambió de criterio, impidiéndole disfrutar de este periodo vacacional, lo que obligó a cancelar el viaje, no cabe sino concluir que concurrió un incumplimiento contractual empresarial que, "ex" art. 1101 y concordantes del Código Civil, obliga a indemnizar el daño causado.
>
> En cuanto a su cuantificación, el Juzgado de lo Social condena a la empresa a indemnizar al trabajador por el importe de 6.135 euros en concepto de precio del viaje programado, que el demandante perdió, y un total de 500 euros en concepto de daños morales, calculando 100 euros por cada una de las cinco personas que se quedaron sin viaje".

C) Indemnización por daños por denegar un disfrute fraccionado de vacaciones cuando la trabajadora que lo solicitó había acreditado necesidades especiales de conciliación

43. La STSJ Galicia de 29 de mayo de 2023 (Rº 853/2023), condena a la empresa a pagar una indemnización de 3.000 euros en concepto de daños y perjuicios por denegar un disfrute fraccionado de vacaciones cuando la trabajadora que lo solicitó había acreditado necesidades especiales de conciliación. En el caso, la trabajadora demostró una necesidad de conciliación real, fundamentada en la enfermedad de su hijo, que requería fraccionar en tres periodos las vacaciones en lugar de dos. La empresa, por su parte, no consiguió probar que existieran dificultades de cualquier índole que impidieran conceder el fraccionamiento vacacional solicitado. En suma:

> "(...) invertida la carga de la prueba, esos indicios de vulneración no se han revertido, porque la medida pedida está basada en necesidades reales y por el contrario nada ha acreditado la empresa en relación a que ese fraccionamiento alteraba gravemente su sistema de organización. La empresa negó lo pedido escudándose en el Convenio, pero el Convenio permite el fraccionamiento; entonces, debió negociar y ofrecer la posibilidad de alternativas o debió alegar razones objetivas que justificarán su negativa o, como ya se ha dicho, que lo pedido era desproporcionado, que no estaba basado en necesidades reales o suficientes".

D) Indemnización por daños morales sufridos por el trabajador como consecuencia de la interrupción de sus vacaciones

44. La empresa tiene obligación de indemnizar al actor los perjuicios causados que van más allá del abono de los gastos de desplazamiento generados y del derecho a disfrutar los días de vacaciones adeudados.

El trabajador tenía fijadas las vacaciones en el mes de diciembre de 2015, del 8.12.15 en adelante. El 10.12.15 se le notifica por la empresa una modificación de las vacaciones en la que se señala que los días 14 y 17 de diciembre ha de acudir al curso de formación anual de reciclaje de forma presencial, debiendo realizar ese curso online los días 15 y 16. Este curso es impartido por una empresa ajena a la mercantil demandada, empresa que fija las fechas concretas de su realización, a dicho curso fueron convocados el actor y otros trabajadores de la mercantil. El trabajador acude al curso sin exponer circunstancia alguna que lo imposibilite. El trabajador en el periodo vacacional se encontraba en Astorga, lugar del que es natural, debiendo desplazarse al curso realizando al efecto un gasto de 235,60 euros. El padre del demandante fallece el 26.3.16. En su demanda, Don Pedro Jesús reclamaba además 3000 euros de indemnización por los daños morales sufridos como consecuencia de la interrupción de sus vacaciones para realizar el curso de formación que le ordenó la empresa, indicando que se habían vulnerado sus derechos fundamentales, en concreto el derecho a la no discriminación del art. 14 CE, a la integridad moral del art. 15 CE, y a la garantía de indemnidad, incidiendo en que se vio obligado a dejar a su padre enfermo para realizar ese curso. También solicitaba la imposición de una multa a la demandada por incomparecencia al acto de conciliación previa estando debidamente citada, y la condena en costas. La decisión judicial rechaza la indemnización de daños y perjuicios porque no se ha vulnerado ningún derecho fundamental de los que invoca el trabajador, subrayando que no se ha demostrado que la empresa conociese que el actor vivía esas circunstancias (enfermedad grave de su padre con el que se encontraba en Astorga en sus vacaciones), dado que nada manifestó, acreditándose por el contrario que recibió la comunicación empresarial y decidió cumplirla sin alegar causa que le impidiera hacerlo, y conocía perfectamente que el curso de reciclaje de primeros auxilios es anual y obligatorio estando ya avanzado el año para realizarlo, y ante la comunicación a la empresa el actor simplemente accedió a acudir al curso durante sus vacaciones

La STSJ País Vasco de 10 de enero de 2017 (Rº 2395/2016), muestra su conformidad con la sentencia recurrida que afirma que la empresa no conocía la situación personal del actor (su padre estaba enfermo de gravedad en Astorga, y se hallaba en dicha localidad), cuando le ordenó incorporarse a un curso de formación, que obligatoriamente se ha de realizar anualmente, fijando las fechas concretas de realización la empresa que lo imparte, como también coincidimos con la instancia en que no hubo lesión de derechos fundamentales en esa interrupción del periodo vacacional cuya única causa era realizar el curso obligatorio anual de reciclaje, y que llevó a cabo al igual que otros empleados (...).

"Ahora bien, en demanda y en el acto de juicio, al igual que en el recurso, los perjuicios sufridos no solamente se vinculan a la lesión de derechos fundamentales, también a la interrupción en sí de las vacaciones, máxime cuando la empresa no reconoció al actor el derecho a disfrutar de esos días de vacaciones en los que hubo de realizar el curso de formación en otras fechas, no siendo hasta el acto de juicio cuando por primera vez le reconoce ese derecho. Por ello, y sin perjuicio de considerar que la separación del actor esos días de vacaciones de su padre enfermo es una circunstancia sin duda muy dolorosa pero que no es posible tomar en cuenta a efectos indemnizatorios por ser completamente desconocida por la empresa (que es quien ha de indemnizar al trabajador) desde el momento en que el actor no la manifestó, en todo caso en aplicación del art. 1101 del Código Civil entendemos que la demandada tiene obligación de indemnizar al actor los perjuicios causados que van más allá del abono de los gastos de desplazamiento generados y del derecho a disfrutar esos días de vacaciones en otras fechas, conclusión que apoyamos en la STS de 30 de marzo de 2016 (Rº 2348/2014), pues en este supuesto como en el contemplado por el Alto Tribunal en la referida sentencia, la empresa actuó negligentemente porque conocía que el actor tenía sus vacaciones concedidas esos días, derecho al descanso del trabajador que se vio alterado siendo la responsabilidad última de la demandada (que no se borra porque haya encomendado la formación a otra empresa que fija las fechas para realizarla), máxime cuando ha obligado al trabajador a litigar para reclamar los gastos de desplazamiento y los días de vacaciones "adeudados", que es obvio que sabía que le correspondían".

En atención a las circunstancias relatadas y a los parámetros indemnizatorios ofrecidos por el actor (que hemos descartado, según hemos explicado), partiendo siempre de la dificultad de acertar en esta materia tan particular, acogemos parcialmente el motivo al considerar que el actor debe ser indemnizado con el salario que corresponde a cada uno de los días de vacaciones que no disfrutó en diciembre de 2015, ascendiendo el monto indemnizatorio por los daños morales sufridos (conforme al salario del trabajador contenido en el hecho probado primero de la sentencia, 96,53 euros salario día) a 386,12 euros.

E) Resarcimiento de las vacaciones a los herederos del trabajador fallecido

45. La STJUE 6 de noviembre de 2018 (C-569/16) confirma que, según el Derecho de la Unión, el fallecimiento de un trabajador no extingue su derecho a vacaciones anuales retribuidas. Señala, además, que los herederos de un trabajador fallecido pueden reclamar una compensación económica por las vacaciones anuales retribuidas no disfrutadas por este. En la hipótesis de que el Derecho nacional excluya tal posibilidad y resulte, por tanto, incompatible con el Derecho de la Unión, los herederos podrán invocar directamente el Derecho de la Unión tanto frente a un empleador público como frente a un empresario privado. De especial importancia resulta la conclusión en este segundo aspecto, en la medida que la sentencia afirma la eficacia entre particulares del art. 31.2 de la CDFUE («Todo trabajador tiene derecho (...) a un período de vacaciones anuales retribuidas»). Para alcanzar dicha conclusión argumenta que:

> «El derecho a un período de vacaciones anuales retribuidas que el art. 31.2 de la CDFUE reconoce a todo trabajador se caracteriza porque su existencia ha sido establecida de forma imperativa y a la vez incondicional, por cuanto, efectivamente, no requiere ser concretado por disposiciones del Derecho de la Unión o del Derecho nacional, las cuales únicamente deberán precisar la duración exacta de las vacaciones anuales y, en su caso, ciertos requisitos para el ejercicio del derecho. De ello se sigue que dicha disposición es suficiente por sí sola para conferir a los trabajadores un derecho que puede ser invocado como tal en un litigio con su empresario relativo a una situación cubierta por el Derecho de la Unión y comprendida, por tanto, en el ámbito de aplicación de la Carta (...)».

IV. Modificaciones sustanciales ilícitas e indemnización de daños

46. Si el empresario hace un uso desviado de su facultad de modificar sustancialmente las condiciones de trabajo el trabajador podrá impugnar la medida y si hubiera sufrido perjuicios y pudiera acreditarlos, también reclamará la indemnización correspondiente. Piénsese que tanto los traslados y desplazamientos (art. 40 del ET) como cualquier otra modificación de condiciones de carácter sustancial (art. 41 del ET) son medidas ejecutivas en el plazo estipulado legalmente con independencia de su impugnación judicial, por lo que es posible que aunque el juez termine declarando la injustificación o nulidad de la modificación y el consiguiente derecho del trabajador a ser repuesto en sus condiciones de trabajo originales, este último haya debido empezar a prestar servicios en las nuevas condiciones, con los consiguientes gastos y trastornos que ello haya podido provocarle. La sentencia que declare injustificada la medida reconocerá el derecho del trabajador a ser repuesto en sus anteriores condiciones de trabajo, así como al abono de los daños y perjuicios que la decisión empresarial hubiera podido ocasionar durante el tiempo en que ha producido efectos (art. 138.7 de la LJS).

47. La posibilidad de reclamar indemnizaciones por daños y perjuicios sin solicitar la resolución del contrato resulta viable por aplicación del art. 1101 del CC. Presupuesto de la reclamación, en el contexto que estamos tratando, es que el empresario imponga *contra legem* una modificación sustancial de condiciones de trabajo (Cruz/Gordillo, 2015); por el contrario, si la modificación se realiza siguiendo los requisitos materiales y procedimentales del art. 41 del ET, no cabe reclamar indemnización alguna por esta vía.

El alcance de esta indemnización puede extenderse a las consecuencias negativas de la orden empresarial tanto en lo que suponen de lucro cesante como de daño emergente. El lucro cesante es el más fácil de apreciar y cuantificar, entre otras razones porque encontraría un fundamento directo en el ordenamiento laboral, en concreto en el art. 30 del ET; este lucro cesante vendría a consistir básicamente en la obtención de ingresos inferiores a los iniciales, como consecuencia del cambio ilícito de condiciones (STSJ del País Vasco 20 de julio de 1999, Rº 941/1999). Pero también es posible acreditar la existencia de un daño emergente, como expresamente establece la STSJ de Cataluña 24 de octubre de 2008 (Rº 4274/2007), cuando acepta la reclamación del trabajador «por el desembolso realizado como gasto de inscripción en un curso que no pudo realizar y el perjuicio producido, al haber visto cercenado su derecho a formarse profesionalmente, que generaría nuevas perspectivas de progresión en el empleo y su retribución».

La STSJ Canarias/Las Palmas de 29 de febrero de 2000 (Rº 522/1998) conoce de un caso de traslado arbitrario de un pediatra del Servicio Canario de Salud, quien reclamó en concepto de lucro cesante el importe de las guardias médicas no realizadas. El tribunal le reconoce una indemnización por cuantía equivalente al importe de las guardias médicas no efectuadas y que de haber estado en su puesto de trabajo habría efectuado y cobrado.

48. En tal caso, cuando el empresario no procediere a reintegrar al trabajador en sus anteriores condiciones de trabajo o lo hiciere de modo irregular, el trabajador podrá solicitar la ejecución del fallo ante el Juzgado de lo Social y la extinción del contrato por causa de lo previsto en la letra c) del apartado 1 del art. 50 del ET, conforme a lo establecido en los arts. 279-281 del LJS (art. 138.8 de la LJS).

49. Es nula la decisión empresarial adoptada en fraude de Ley, eludiendo las normas relativas al período de consultas establecido en los arts. 40.2, 41.4 y 47 del ET, así como cuando tenga como móvil alguna de las causas de discriminación previstas en la Constitución y en la Ley, o se produzca con violación de derechos fundamentales y libertades públicas del trabajador, incluidos, en su caso, los demás supuestos que comportan la declaración de nulidad del despido en el art. 108.2 LJS (art. 138.7 de la LJS). La nulidad comporta la reposición del trabajador en sus anteriores condiciones de trabajo, y lógicamente debe comportar la posibilidad de abonar daños y perjuicios al trabajador. La ejecución, en este caso, se efectuará en los propios términos de la sentencia (reposición obligatoria), salvo que el trabajador opte por la extinción del contrato por causa de lo previsto en el art. 50.1. c) del ET e inste la ejecución conforme a los arts. 279-281 LJS (art. 138.9 de la LJS).

V. Ejercicio excesivo del poder disciplinario: Órdenes ilegales y revocación de sanciones

1. Órdenes ilegales

50. El acatamiento de las órdenes e instrucciones emitidas por el empresario en el ejercicio de su poder de dirección puede implicar para el trabajador a quien van dirigidas un perjuicio determinado. Ese perjuicio, sin embargo, sólo resultará indemnizable si deriva de un uso desviado del poder de dirección, porque únicamente en tal caso existirá responsabilidad empresarial por incumplimiento de los deberes inherentes al contrato.

Piénsese por ejemplo en un cambio de puesto de trabajo que resulta anulado judicialmente por considerarse ilícito, y que mientras fue efectivo implicó para el trabajador una pérdida de los complementos vinculados a su puesto de trabajo de origen, así como una depresión. Otro ejemplo podría ser el de un concurso de traslados resuelto ilegalmente, obligando al trabajador a permanecer en una plaza y residencia no querida y distinta de aquella a la que tiene derecho, con los consiguientes trastorno patrimoniales y extrapatrimoniales que ello pudiera originarle (Sempere/San Martín, 2011: 146-147).

51. En estos casos, presupuesto necesario de la acción indemnizatoria es la ilicitud del acto empresarial en que se funda la reclamación del resarcimiento de daños. De este modo, la acción no puede considerarse nacida, ni iniciarse el cómputo de la prescripción, hasta el momento en que la licitud de la orden empresarial haya sido reconocida y declarada por la pertinente resolución judicial firme, pues sólo a partir de ese momento queda sin efecto la situación creada por la empresa a la que el trabajador vincula la producción de los años y procede efectuar su concreción o cuantificación de cara a la adecuada configuración procesal de su pretensión indemnizatoria.

El siguiente ejemplo es clarificador. Se trata de una acción de indemnización de daños y perjuicios iniciada por un trabajador y derivada del cambio de puesto de trabajo ordenado por la empresa que fue más tarde anulado por resolución judicial. Procede determinar el dies a quo a partir del cual debe computarse el plazo de prescripción.

La STS (Social) de 3 de octubre de 1995 (Rº 749/1995), declara que el plazo para proceder a la reclamación indemnizatoria es de un año a contar desde el día en que pudo ejercitarse, y que el ejercicio de la acción requiere como presupuestos: (i) el reconocimiento judicial por sentencia firme de la ilicitud del acto del que dimana; y (ii) el cese de los daños, para poder cuantificarlos en su integridad (ya que el órgano judicial debe determinar expresamente el «quantum» indemnizatorio en la sentencia, sin que pueda reservarse tal determinación para la ejecución. Como señalan Sempere y San Martín (2011: 147), "en razón de estos elementos, puede decirse que el plazo de prescripción de la acción de reclamación de daños y perjuicios no empieza a correr sino hasta que queda sin efecto la situación a la que se vincula la existencia de los daños, es decir, desde que el trabajador es repuesto en sus condiciones de trabajo originales".

2. *Efectos de la revocación de la sanción*

52. Al resultar la potestad sancionadora del empresario un "sistema de penas privadas" que gozan de eficacia inmediata, el empresario puede extralimitarse, tanto cuando se excede en la sanción impuesta, como cuando utiliza su poder de manera desviada. En aquellos casos en los que impuesta la sanción procede judicialmente su revocación, ello supone un verdadero juicio de legalidad con la conclusión de la falta de subsunción del comportamiento imputado al trabajador en ninguna previsión normativa de conducta sancionable, con la consiguiente estimación de la demanda y la total desaparición de la sanción y de sus efectos, lo que supone la reposición al trabajador en la situación precedente a ser sancionado, con la consiguiente reparación de las restantes consecuencias de la misma. No es extraño, pues, que los órganos jurisdiccionales se hayan enfrentado a reclamaciones de daño por este motivo.

El art. 115.1.b) de la LJS señala que, cuando la sentencia revoque totalmente la sanción (por no acreditarse los hechos imputados o no ser estos constitutivos de falta), también se condenará "al empresario al pago de los salarios que hubieran dejado de abonarse en cumplimiento de la sanción". En tales casos, el reconocimiento de este daño económico debe hacerse de oficio por el órgano jurisdiccional, sin necesidad de previa petición de parte ni prueba del mismo, pues deriva automáticamente de la declaración de ilicitud de la sanción.

La cuantía de los salarios "deberá ser equivalente a la que hubiese percibido de haber continuado activo en su puesto de trabajo habitual (con inclusión por tanto de cualquier complemento que se hubiese devengado en condiciones normales), para lo que deberá acudirse cuando resulte imposible determinarla con exactitud, al promedio de lo percibido en meses anteriores" (Alfonso Mellado, 1994: 87).

53. La imposición de una sanción posteriormente declarada ilegal puede haber generado una serie de daños y perjuicios adicionales al trabajador injustamente sancionado. Si ello es así, y siempre que quede suficientemente demostrado el nexo causal entre el ejercicio irregular del poder disciplinario y las consecuencias perjudiciales para el trabajador, este último podría reclamar al empresario la correspondiente indemnización.

La STSJ Cataluña de 11 de mayo de 1999 (AS 1999/2225) conoce del caso de dos médicos que, tras obtener la revocación de una sanción impuesta por haber denunciado públicamente las irregularidades del servicio, solicitaron una indemnización por daños morales en compensación por el desprestigio profesional que aquélla les había supuesto. Aunque en la instancia fue estimada su pretensión, el Tribunal Superior redujo la indemnización por entender que la suspensión de empleo y sueldo no había sido lo suficientemente prolongada como para crear una situación de angustia personal y familiar. Otro elemento tenido en cuenta en este caso fue la "pérdida de conocimiento experimental actualizado".

> Reclaman los actores en su inicial escrito de demanda el «resarcimiento económico de los daños ocasionados» por la anulada sanción empresarial; estimándose en su integridad los de carácter «material» (integrados por las cantidades dejadas de percibir «en concepto de especial dedicación» y «horas extraordinarias») y, en parte, los que se pretenden como «daños morales», al no ser considerados como tales «la no prórroga del contrato de trabajo» del cónyuge del señor U. ni la encomienda de «labores de igual salario pero de inferior categoría», pero sí «el hecho de apartar a los actores laboralmente durante más de ocho meses (con lo que ello supone de pérdida de conocimiento experimental actualizado y de prestigio en toda la profesión médica)», la «suspensión de sueldo llevada a cabo durante dos meses» (por la angustia y zozobra que generó tanto en los actores como en sus familias, además de obligarles a tomar medidas excepcionales económicas obvias); y el «que para defender un derecho constitucional... se vieran obligados a un esfuerzo tensional y mental perdurado en el tiempo..."

VI. las nuevas fronteras de la responsabilidad empresarial derivadas de incumplimiento de las obligaciones en materia de diligencia debida

54. La Directiva (UE) 2024/1760 del Parlamento Europeo y del Consejo, de 13 de junio de 2024, sobre diligencia debida de las empresas en materia de sostenibilidad y por la que se modifican la Directiva (UE) 2019/1937 y el Reglamento (UE) 2023/2859, establece obligaciones vinculantes de diligencia debida que implican que las empresas a las que se aplique deban identificar, valorar, prevenir, monitorizar, mitigar, eliminar y reparar, en su caso, los efectos adversos sobre los derechos humanos y el medio ambiente potenciales o causados por sus actividades empresariales.

El incumplimiento de esas obligaciones puede suponer la imposición de sanciones por una autoridad nacional de supervisión que se establecerá en cada Estado miembro y la reclamación de responsabilidad civil a las empresas por los daños causados a terceros. Este régimen de obligaciones vinculantes y de responsabilidades administrativas y civiles suponen un cambio fundamental respecto del marco hasta ahora existente que estaba formado por estándares voluntarios de mercado, instrumentos internacionales de soft law, normas adoptadas por algunos Estados miembros y normas de la Unión Europea.

La Directiva dedica su art. 29 al régimen de la responsabilidad civil de la sociedad. Los requisitos que han de concurrir para la imputación de responsabilidad a la sociedad conforme a la directiva. Estos requisitos son:

(i) El incumplimiento por la sociedad de las obligaciones previstas en los arts. 7 y 8 de la propuesta (resumidamente, el incumplimiento del deber de prevenir y, si no fuera posible, mitigar, los posibles impactos adversos causados por la sociedad en las materias ambientales y sociales acotadas en la directiva, y de la obligación de remoción de los efectos de esos impactos adversos que han sido o hubieran debido ser identificados en cumplimiento de la diligencia debida respecto a la sostenibilidad ambiental o social).

(ii) Ese incumplimiento ha de referirse a un derecho, obligación o prohibición de los enumerados en el Anexo I que tienen por objeto proteger a la personas físicas o jurídicas. En el Anexo I se enumeran distintas violaciones de derechos y prohibiciones incluidas en los acuerdos internacionales sobre derechos humanos, así como violaciones de objetivos y prohibiciones reconocidos internacionalmente incluidos en convenios medioambientales.

(iii) Que el incumplimiento por la sociedad sea doloso o culposo.

(iv) La existencia del daño. La delimitación de la noción de daño causado a una persona física se remite al derecho nacional; se citan como ejemplos en el Considerando (79) de la Directiva "la muerte, las lesiones físicas o psicológicas, la privación de libertad personal, la pérdida de dignidad humana o los daños a los bienes de la persona".

En todo caso, "la sociedad no responderá de los daños en los casos en los que estos han sido causados únicamente por sus socios comerciales en la cadena de actividades de la empresa" (art. 29.1 b). De igual modo, precisa el art. 29.5 que "la responsabilidad civil por daños de las empresas derivada de la presente disposición se entenderá sin perjuicio de la responsabilidad civil de sus filiales o de cualquier socio comercial directo o indirecto en la cadena de actividades de la empresa. Cuando los daños hayan sido causados conjuntamente por la empresa y su filial, socio comercial directo o socio comercial indirecto, serán responsables solidariamente, sin perjuicio de las disposiciones del Derecho nacional relativas a las condiciones de la responsabilidad solidaria y a los derechos de repetición".

(v) La existencia de nexo causal entre el incumplimiento por la sociedad del proceso de diligencia debida y el daño.

El principio de indemnización íntegra del daño sufrido se expresa en el art. 29.2 al decir que la persona física o jurídica dañada por el acto dañoso de la empresa "tendrá derecho a una indemnización íntegra por los daños sufridos, de conformidad con el Derecho nacional". Si bien dicho resultado queda moderado por el hecho de que, señale, dicha indemnización "no conllevará una compensación excesiva, ya sea mediante indemnizaciones punitivas, múltiples o de otro tipo".

Consciente, sin duda, de su importancia la Directiva dedica una especial atención a los aspectos siguientes de la prescripción de la acción resarcitoria (art. 29.3.a), para cuya interpretación resulta útil acudir al Considerando (85) que precisa que: "Los plazos de prescripción para presentar demandas de responsabilidad civil por daños y perjuicios deben ser de al menos cinco años, y en ningún caso inferiores al plazo de prescripción establecido en los regímenes nacionales generales de responsabilidad civil". El cómputo del plazo se iniciará cuando la infracción haya cesado y el reclamante conozca o pueda razonablemente conocer (i) la conducta y el hecho de que constituye una infracción; (ii) el hecho de que la infracción le causó un daño; y (iii) la identidad del infractor.

No obstante, la Propuesta de Directiva del Parlamento Europeo y del Consejo por la que se modifican las Directivas 2006/43/CE, 2013/34/UE, (UE) 2022/2464 y (UE) 2024/1760 en lo que atañe a determinados requisitos de información y diligencia debida en materia de sostenibilidad empresarial de 26 de febrero de 2025, viene a introducir importantes cambios en la redacción del art. 29. La misma elimina el régimen específico de responsabilidad a escala de la UE que figura en la Directiva. Al mismo tiempo, en consonancia con el objetivo fundamental de la Directiva de garantizar la protección de las víctimas frente a las violaciones de los derechos humanos y los daños medioambientales derivados de las operaciones empresariales, las modificaciones propuestas mantienen el derecho a una indemnización íntegra en caso de que una empresa sea considerada responsable por no haber cumplido los requisitos de diligencia debida previstos en la presente Directiva de conformidad con la legislación nacional y cuando dicho incumplimiento haya causado daños, protegiendo al mismo tiempo a las empresas frente a indemnizaciones excesivas.

Capítulo 5

DAÑOS DERIVADOS DEL RETRASO EN EL CUMPLIMIENTO DE LAS OBLIGACIONES EMPRESARIALES

Bibliografía. BARREIRO GONZÁLEZ, G., *El interés por mora en el pago del salario (criterios jurisprudenciales sobre el art. 29.3 del Estatuto de los Trabajadores,* Mes a Mes, 1999, nº 42, pp. 13-20. BENET ESCOLANO, J., *La figura jurídica de la excedencia voluntaria,* Valencia, Tirant lo Blanch, 2015. Casanova Asencio, A. S.: *Retraso, mora y Nachfrist en la modernización del Derecho de obligaciones,* Thomson Reuters Aranzadi, Cizur Menor, 2021. CASTIÑEIRA, J., *Indemnización por mora del empresario en el pago de la retribución,* Revista de Política Social, 1972, nº 95, pp. 303 a 306; DESDENTADO BONETE, A., *La determinación de la indemnización por cumplimiento tardío de la obligación de reincorporar al trabajador excedente. Sentencia de 21 de enero de 1997,* en AA.VV. El pensamiento jurídico de Rafael Martínez Emperador, Madrid, CGPJ, 1997, pp. 267 y ss. DÍEZ-PICAZO, L., *Fundamentos de Derecho Civil Patrimonial II, Las relaciones obligatorias,* Madrid, Thomson-Civitas, 2003. Díez-Picazo Giménez, G.: *La mora y la responsabilidad contractual,* Madrid, Civitas, 1996. FERNÁNDEZ LÓPEZ, M. F., *Retroactividad del convenio y cláusula penal en materia de vacaciones,* RPS, 1984, nº 144, pp. 289 a 300. Id. *La indemnización por retraso en el pago del salario,* RL, 1984, nº 0, pp. 533 a 577. JUANES FRAGA, E., *Derecho al salario sin prestación de servicios,* en VILLA GIL (Dir.)., *Estudios sobre el salario,* ACARL, 1993, pp. 135-162. MARÍN GARCÍA, I., *La liquidación anticipada del daño, Análisis económico de la cláusula penal,* Madrid, BOE, 2017. MARTÍNEZ MOYA, J., *Intereses moratorios y procesales en la ejecución social: compatibles, pero autónomos e independientes en su aplicación. Los moratorios deben ser pedidos para ser concedidos,* Revista de Jurisprudencia Laboral. 2023, nº 6. MIÑAMBRES PUIG, C., GARCÍA PIÑEIRO, N., *La reincorporación tardía del excedente voluntario: la compensación procedente por los perjuicios causados,* Revista de la Facultad de Derecho de la Universidad Complutense, 1999, nº 22, pp. 365-388. MONTOYA MELGAR, A., *La mora en el pago del salario,* RPS. 1964, nº 64, pp. 93 a 116. NOGUEIRA GUASTAVINO, M., *Cómputo del dies a quo de la indemnización de daños y perjuicios por cumplimiento empresarial tardío de la obligación de reingreso del excedente voluntario. (Comentario a la STS (Social) de unificación de doctrina de 15 de enero de 1997, dictada en Sala General, Ponente Excmo Sr. D. Rafael Martínez Emperador),* El Derecho, 1997, nº 608. RODRÍGUEZ SAÑUDO, F. *Interrupciones de la actividad de la empresa y derecho al salario,* Publicaciones de la Universidad de Sevilla, 1975. SEMPERE NAVARRO, A., SAN MARTÍN MAZZUCCONI, C., *La indemnización por daños y perjuicios en el contrato de trabajo,* Pamplona, Aranzadi Thomson Reuter, 2003. SUÁREZ GONZÁLEZ, F. *La equívoca suspensión del contrato de trabajo por excedencia voluntaria,* en AA.VV., *El Estatuto de los Trabajadores en la jurisprudencia del Tribunal Supremo. Estudios dedicados al Catedrático y Magistrado Antonio Martín Valverde,* Madrid, Tecnos, 2015, pp. 450-459.

I. La mora debendi empresarial

1. En la relación de trabajo existen ciertas obligaciones en las que el tiempo previsto para que se desarrollen constituye un dato de extraordinaria relevancia; pues resulta del todo necesario que se cumplan en un determinado momento del día, del mes o del año, o, de lo contrario, "queda parcialmente frustrado el interés del respectivo acreedor, que sufre algún tipo de perjuicio por el retraso, aunque hipotéticamente siga aún interesado en el mantenimiento de la mutua relación" (Fernández López, 1984: 292).

Surgen, de este modo, en el ámbito laboral distintas situaciones constitutivas de generar mora "solvendi" y "accipiendi" por parte del empresario. Un concepto el de "mora", y la consiguiente realidad a la que da nombre, que tiene su fundamento en las normas jurídicas civiles y que ha sido recibida en el Derecho del trabajo en la medida en que los esquemas y las construcciones civilistas han sido acogidos en la elaboración de la teoría de las obligaciones laborales (Montoya, 1964: 93).

Así, la expresión «mora en el pago del salario» hace mención a la situación jurídica que surge del cumplimiento impuntual de una obligación; en el caso que nos ocupa, la impuntualidad va referida a la obligación retributiva a cargo del empresario. El cumplimiento tardío por parte del empresario de la obligación de pago de una cantidad de dinero genera a favor del trabajador el derecho a ser indemnizado por los perjuicios que este retraso le pueda ocasionar mediante la percepción de una cantidad (un interés) que incrementa la cuantía inicial con la finalidad de resarcir el lucro cesante que deviene del retraso.

2. A diferencia de la mora en el pago del salario, la mora en el cumplimiento de las restantes obligaciones quedaría remitida al régimen general de la mora previsto en el art. 1100 del CC que establece:

> *"Incurren en mora los obligados a entregar o a hacer alguna cosa desde que el acreedor les exija judicial o extrajudicialmente el cumplimiento de su obligación. No será, sin embargo, necesaria la intimación del acreedor para que la mora exista: 1.° Cuando la obligación o la ley lo declaren así expresamente. 2.° Cuando de su naturaleza y circunstancias resulte que la designación de la época en que había de entregarse la cosa o hacerse el servicio, fue motivo determinante para establecer la obligación. En las obligaciones recíprocas ninguno de los obligados incurre en mora si el otro no cumple o no se allana a cumplir debidamente lo que le incumbe. Desde que uno de los obligados cumple su obligación, empieza la mora para el otro".*

3. El deudor sólo se constituye en mora cuanto se cumplen los siguientes presupuestos (Díez-Picazo, 1993: 626-634):

(i) Existe una obligación con un contenido positivo. En Derecho civil la mora es definida como el «retraso injustificado del deudor en las obligaciones de hacer o dar». El incumplimiento de una obligación negativa o de no hacer origina el incumplimiento definitivo de la obligación y, en consecuencia, el resarcimiento de los daños y perjuicios causados, pero va perpetua la obligación.

(ii) La obligación es exigible. Hasta que la obligación no deviene exigible, de nada se puede responsabilizar a la persona del obligado, puesto que a nada estaba obligado por un incumplimiento que no está jurídicamente calificado como tal.

(ii) El cumplimiento de la obligación es todavía posible y útil para el acreedor,

(iv) Hay culpabilidad del deudor en el retraso. Hay que entender que en esta materia rigen las mismas reglas que en la disciplina general de la responsabilidad contractual. Es decir, para exonerarse de la responsabilidad por mora, el deudor tendrá que probar la concurrencia de caso fortuito o de fuerza mayor.

(v) Se ha producido la interpelación del acreedor, salvo en los casos en que, ésta se dispensa por la ley. El art. 1100 del CC especifica el contenido de la interpelación y la forma en que debe ser realizada. Dice desde que el acreedor exija judicial o extrajudicialmente el cumplimiento de la obligación" y acto seguido aparece de denominación de este acto: "No será, sin embargo, necesaria la intimación.". La interpelación es un presupuesto necesario para la determinación del incumplimiento, para calificar de ilícita la infracción del deudor (Díez-Picazo Giménez, 1994). La intimación se trata de una declaración de voluntad unilateral y recepticia dirigida por el acreedor al deudor o a una persona legitimada para recibirla. Se trata de un acto en el cual se valora una modificación o alteración de una situación jurídica anterior, mediante una declaración de voluntad, en el cual se tiene en cuenta la voluntad de producir la modificación, si bien los efectos se consideran producidos y configurados ex lege, es decir, que no podrán quedar al arbitrio del declarante.

4. Así ocurre en relación con otras obligaciones del empresario, especialmente con las vinculadas al disfrute de derechos tales como las vacaciones o el descanso semanal, en las que también el tiempo de disfrute tiene relevancia para el trabajador acreedor por razones extralaborales (como en el caso del salario), aunque con un nivel de perentoriedad que no se liga a la propia subsistencia, sino a la existencia de pautas sociales de comportamiento que hacen a determinados días de la semana, o del año, según los casos, más aptos que otros para cumplir la función de proveer al complejo conjunto de necesidades que se encubren tras estas instituciones.

Conforme a lo dispuesto en el art. 46.5 del ET, el trabajador que después de agotado el período de excedencia voluntaria solicitase el reingreso al servicio activo, tendrá derecho preferente a obtenerlo, incumbiendo a la empresa el correlativo deber, siempre que existiera o se produjera vacante en su plantilla, de igual o similar categoría que la ostentada por aquel y disponible al respecto. Esta obligación, cuando mediara dicha petición y concurriera el requisito indicado, ha de ser atendida por el empresario con inmediatez, por lo que, de no hacerlo, habrá de entenderse que incurre en mora, tal como resulta de lo dispuesto por el art. 1100 del CC, precepto que precisa el momento desde que opera, refiriéndose a aquel en que fuera exigido, judicial o extrajudicialmente, el cumplimiento de la correspondiente obligación.

Por su parte, el art. 30 del ET contempla un supuesto típico de "mora accipiendi". El deudor (en este caso el trabajador) se encuentra perfectamente dispuesto para ejecutar su prestación y ésta es objetivamente realizable, de forma que su concreta materialización solo depende del comportamiento del acreedor. La falta de colaboración de éste determina que esa pretensión no se realice como estaba previsto. La norma es clara al determinar, en este caso, que el empresario está obligado a continuar abonando el salario durante todo el tiempo que el trabajador se ve obstaculizado en la realización de su trabajo, prohibiendo totalmente la compensación del mismo con el que fuera posible realizar en otro momento.

El retraso en el cumplimiento de estas obligaciones —fijadas, según los casos, por la ley, el convenio o el acuerdo individual— sería un retraso jurídicamente relevante, al traducirse en una infracción de un precepto convencional o contractual, quedando su régimen jurídico remitido a una normativa general que es, normalmente, resarcitoria de los daños causados. El fundamento de la responsabilidad que se deriva en estos casos lo encontramos en el art. 1101 del CC: "Quedan sujetos a la indemnización de los daños y perjuicios causados los que en el cumplimiento de sus obligaciones incurren en dolo, negligencia o morosidad".

II. La indemnización por retraso en el pago del salario: *Los recargos por mora*

5. Particular interés le ha merecido al legislador el tema del retraso empresarial en relación con el salario; es ya tradicional en nuestro Derecho del Trabajo la existencia de un régimen propio para la mora en el pago del salario, que es más duro que el correlativo civil para las obligaciones dinerarias y que trata, paralelamente, de compeler al cumplimiento puntual al mismo tiempo que de resarcir los daños que al trabajador haya podido ocasionar el retardo. Debe subrayarse que la función de compulsión al cumplimiento es casi tan intensa o más que la resarcitoria; se trata de que el deudor cumpla en su tiempo, y a ello va dirigido todo el régimen de la institución (Fernández López, 1984: 292).

Desde el ámbito de la dogmática civil, la doctrina tradicional, a partir del Derecho Común, consideró que la mora en las obligaciones de dinero produce siempre un daño al acreedor. Este daño es un lucro cesante y arranca de la idea de que todo poseedor de dinero puede, en un sistema de mínimas posibilidades financieras, colocarlo a interés y obtener determinados réditos, que son siempre, en caso de falta de pago, un lucro cesante. Por eso se admitió que el deudor debe al acreedor el interés del dinero, como intereses moratorios, no obstante la prohibición general que en aquella época regía sobre pago de intereses. Esta es la solución que entre nosotros acoge el art. 1108 del CC. De este modo, la obligación pecuniaria es una suerte de obligación privilegiada, en la medida en que el acreedor no necesita demostrar el daño producido, pues se entiende que en este tipo de obligaciones el retraso, en virtud del sistema financiero, produce daño siempre (Díez-Picazo, 2008: 676-678).

1. *El carácter indemnizatorio del recargo por mora en el abono del salario. El artículo 29.3 del ET*

6. El retraso en el pago del salario, además de constituir infracción administrativa y, en su caso, causa de resolución del contrato por voluntad del trabajador, determina que la cuantía salarial adeudada se incremente con un interés de mora. Dicho interés por mora en el pago de los salarios es del 10% de lo adeudado (art. 29.3 del ET) Los intereses moratorios han de ser pedidos oportunamente en el proceso declarativo laboral, y establecidos, en su caso, en la sentencia condenatoria que se dicte.

Es decir, si el trabajador que reclama salarios frente al empresario pretende que se le abonen con el interés por demora del 10 por 100 que establece el art. 29.3 del ET (o el tipo superior establecido por pacto individual o colectivo), deberá pedirlo en la demanda, y la condena a su pago, en su caso, constituirá un pronunciamiento más de la sentencia que se dicte en el correspondiente proceso declarativo. Este recargo tiene un carácter indemnizatorio, no sancionador: la institución laboral del recargo por mora se relaciona con las reglas civiles que obligan a indemnizar al acreedor por los daños y perjuicios causados por morosidad del deudor.

Como resumen la STS de 17 de mayo de 2022 (Rº 563/2019), dicta que los intereses moratorios sustantivos:

> "indemnizan al acreedor de una obligación dineraria que ha sufrido un retraso en el pago. Sirven para corregir la pérdida de poder adquisitivo de la moneda y el perjuicio consistente en la no disposición patrimonial de la cantidad debida en el tiempo exigible.

Su finalidad es reponer al acreedor a la situación patrimonial en que se encontraría de haberse satisfecho la deuda puntualmente. Es necesario que se trate de una deuda vencida, líquida y exigible. En relación con el requisito de liquidez, la sentencia de la Sala Civil del TS de 22 de marzo de 1997, R° 1136/1993, con cita de la de 4 mayo 1984, explica que la deuda es líquida cuando para su fijación basta "una simple operación matemática a partir de datos fijados de antemano". Los intereses moratorios sustantivos se devengan a favor del acreedor desde que el deudor incurre en mora en el cumplimiento de una obligación (art. 1108 del CC). La constitución en mora afecta a los obligados a entregar o hacer alguna cosa desde que el acreedor les exija judicial o extrajudicialmente el cumplimiento de su obligación (art. 1100 del CC). Se calculan conforme a lo convenido y, en defecto de pacto, con el interés legal del dinero (art. 1108 del CC). Si se trata de una deuda salarial, el interés por mora es del "el diez por ciento de lo adeudado" (art. 29.3 del ET). La interposición de una demanda que contiene una petición de condena al cumplimiento de la obligación dineraria, determina el devengo del interés moratorio".

7. Con anterioridad, la jurisprudencia y el propio Tribunal Supremo entendía que no procedía su aplicación si el principal de la deuda era "problemático y controvertido" por haber una "comprensible oposición de la empresa a dicha deuda". Se entendía que dichos intereses tenían una naturaleza fundamentalmente sancionadora. En consecuencia, se solía aplicar el tipo del 10% de forma global, es decir, sobre el total de la deuda, sin tener en cuenta ningún tipo de consideración temporal. Sin embargo, en los últimos años el Tribunal Supremo ha enterrado por completo dicha interpretación.

8. Así, la STS (Social) de 17 de junio de 2014 (R° 1315/2013), sostiene, en interpretación del art. 29.3 del ET que regula el recargo por mora del 10%, que, tratándose de concretas deudas salariales, la solución ofrecida por el legislador opera de forma objetiva, sin tener en cuenta ni la posible razonabilidad de la oposición empresarial a su pago, ni que en los concretos periodos económicos esa cifra —10%— sea superior o inferior a la inflación. Y ello es así tanto porque el mandato legal se expresa de forma imperativa y sin condicionamiento cuanto por el importante elemento interpretativo al que alude la sentencia relativo a los trabajos parlamentarios previos. Por tanto, rige el criterio de objetiva y automática aplicación de los intereses para toda clase de deudas laborales tratándose de créditos estrictamente salariales, se presente o no "comprensible" la oposición de la empresa a la deuda y con independencia de si la cuestión es o no razonablemente controvertida.

a) No cabe duda que el interés referido por el art. 1108 CC tiene una naturaleza claramente indemnizatoria, lo que se pone de manifiesto en el hecho de que su importe se limite al legal del dinero, garantizando así la cuando menos legal —ya que no real— «actualización» del débito que haya de satisfacerse, fuese o no discutible su posible devengo.

Por el contrario, aparentemente, en el contexto económico actual —escasamente inflacionario y próximo a la deflación—, el interés fijado por el art. 29.3 ET [diez por ciento de lo adeudado] parece que apunta más directamente —o de forma complementaria— a una finalidad sancionadora para el empresario incumplidor. Pero lo cierto es que a la fecha en que el primitivo Estatuto de los Trabajadores fue promulgado, con el mismo texto que el vigente a fecha de hoy, los datos oficiales proclamaron una inflación considerablemente más alta [15,592 para 1979; y 15,213% para 1980], aunque el interés legal del dinero fuese en las mismas fechas bastante menor [4%], lo que excluye que en el ánimo del legislador pudiera haber influido aquella intención «sancionadora», sino más bien ofrecer una cierta seguridad jurídica y una compensación por demora que superase la civil.

Es más, a esta interpretación llevan los trabajos parlamentarios, pues si bien el Proyecto de Ley era una simple remisión al régimen del Código Civil [«El interés por mora en el pago del salario será el exigible en las obligaciones civiles»], el texto ofrecido por el dictamen de la Comisión —con mejora de los derechos de los trabajadores, al decir de la enmienda 21 de CD— ya hacía referencia a que en caso de mora en el pago del salario «el empresario deberá indemnizar al trabajador» en la cantidad que se fijase en convenio colectivo o en su caso la jurisdicción competente, «que tendrá en cuenta el importe de la remuneración, cargas familiares y causas que hubieran motivado el retraso». Pero lo cierto es que el texto definitivamente aprobado —tras la enmienda 509 del PCE— fue la de establecer la cantidad fija del diez por ciento de lo adeudado, que es la consecuencia que en la actualidad sigue vigente.

b) Por ello, de igual modo nuestra más reciente doctrina se inclina por la aplicación flexible del interés «indemnizatorio» del Código Civil como regla general en toda clase de deudas laborales, de manera tal que el mismo se devengue siempre desde la reclamación del débito, cualquiera que éste sea y siempre que haya prosperado [bien en todo o bien en parte], en la misma forma la convicción actual de la Sala es que tratándose de concretas deudas salariales la solución ofrecida por el legislador —ex art. 29.3 ET— ha de operar también de forma objetiva, sin tener en cuenta ni la posible razonabilidad de la oposición empresarial a su pago, ni que en los concretos periodos económicos esa cifra —diez por ciento— sea superior o inferior a la inflación. Y ello es así —consideramos—, tanto porque el mandato legal se expresa de forma imperativa y sin condicionamiento alguno [«El interés por mora en el pago del salario será el diez por ciento de lo adeudado»]; cuanto por el importante elemento interpretativo —ya aludido— que significan los trabajos parlamentarios previos «para desentrañar el alcance y sentido de las normas» (SSTC 108/1986, de 29 de julio, FJ 13 y otras), en los que claramente se pone de manifiesto —en este sentido, la Enmienda 21, de CD— la intención de mejorar para los trabajadores el régimen civil común de la mora en el incumplimiento de las obligaciones, que contemplaba un interés legal más bajo que la inflación y que además se aplicaba con todas las limitaciones que ofrecía la interpretación tradicional de la regla «in iliiquidis»; y muy probablemente se hizo así por atender a los valores en juego —la relevancia vital que el salario tiene para el trabajador— y por considerar que no sólo era aconsejable ofrecer seguridad jurídica, sino de alguna manera limitar controversias que pudieran comprometer el sustento del empleado.

9. Esta misma doctrina es aplicada en las STS 21 de enero de 2015 (Rº 304/13), —incremento salarial previsto en el convenio colectivo— 14 de noviembre de 2014 (Rº 2977/13) y 24 de febrero de 2015 (Rº 547/14), —reclamación de cantidad por diferencias salariales por el desempeño de funciones de superior categoría— que reiteran que tratándose de créditos estrictamente salariales han de ser compensados con el interés referido en el art. 29.3 ET, que opera de forma objetiva, con independencia de la oposición de la empresa a la deuda.

En suma, la "regla general" es el "carácter objetivo y automático" de la mora salarial del art. 29.3 del ET. Dicha regla, ha entendido el Tribunal Supremo, puede ser alterada en "supuestos excepcionalmente complejos". Entre ellos se cuentan, por ejemplo, el contemplado en la STS (Social) de 29 de marzo de 2023 (Rº 3266/2020) (y los en ella relatados), en el que la empresa se había limitado a cumplir con los mandatos de una Ley, por lo que su ulterior declaración de inconstitucionalidad no comportaba que el abono retroactivo de los salarios afectados llevase aparejado tal incremento. También es un supuesto excepcional el resuelto, por ejemplo, por la STS (Social) de 14 de febrero de 2023 (Rº 152/2020), en el que existían normas de control del gasto público.

Según esta interpretación, se deberá calcular el tipo de interés del 10% anual sobre la totalidad de la deuda tomando como dies a quo o momento inicial aquel en el que las prestaciones de carácter salarial debieron ser pagadas al trabajador. Asimismo, el dies ad quem o momento en el que finalizará el devengo de estos intereses será la fecha de la sentencia que confirma el derecho a la percepción de la cantidad reclamada.

2. *Sobre la aplicación del art. 1108 del CC a las deudas económicas no salariales*

10. El incumplimiento de la puntualidad del pago del salario puede generar en los trabajadores una serie de gastos, por ejemplo, bancarios, ya sea por devolución de la mensualidad de la hipoteca, intereses por descubierto, etc., estos gastos que la empresa debe responder y por lo tanto entendemos que serían reclamables en el mismo proceso laboral donde se reclamen los salarios, en base al art. 1101 del CC. En el supuesto de que los créditos reclamados no ostenten naturaleza salarial han de indemnizarse en el porcentaje previsto en el Código Civil. A tal efecto el art. 1108 del CC establece que:

> *"Si la obligación consistiere en el pago de una cantidad de dinero, y el deudor incurriere en mora, la indemnización de daños y perjuicios, no habiendo pacto en contrario, consistirá en el pago de los intereses convenidos, y a falta de convenio, en el interés legal".*

11. Tradicionalmente, el Tribunal Supremo había establecido que, para compensar al acreedor por el retraso en el abono de su indemnización, lo procedente era actualizar la cuantía indemnizatoria con los últimos parámetros aprobados, generalmente, para los accidentes de tráfico. Sin embargo, en los últimos años, el Tribunal Supremo ha rectificado su doctrina anterior.

12. La STS 2 de febrero de 2015 (Rº 395/14), dictada a propósito de la indemnización de daños y perjuicios consecuencia de un accidente de trabajo, por lesiones permanentes, incluidos daños morales, concede el interés legal moratorio de los arts. 1101 y 1108 del CC, sobre la íntegra cantidad objeto de condena en concepto de principal, desde la fecha de la interpelación judicial hasta la fecha de la sentencia de instancia revocada en suplicación. El interés de demora no trata de conservar el valor nominal consignado en la resolución judicial sino de indemnizar al acreedor impagado el lucro cesante, dándole lo que hubiera podido obtener en circunstancias normales de la cantidad líquida que se le adeuda. La flexibilidad aplicativa ha de tenerse en cuenta en el campo del Derecho del Trabajo, y dado los intereses en juego —afectantes a valores de singular trascendencia— imponen una interpretación pro operario. Estas singularidades del ordenamiento laboral justifican que, en el ámbito de la jurisdicción social, la interpretación de los arts. 1101 y 1108 del CC atienda a un automatismo, de manera que la regla general en la materia ha de ser —supuestos exorbitantes aparte— la de que las deudas en favor del trabajador generan intereses a favor de este desde la interpelación judicial. Se trata de una deuda de valor, y los intereses que median entre la consolidación de secuelas y la reclamación en vía judicial no son propiamente moratorios, sino más bien indemnizatorios por lo que procede su abono en la forma dicha.

3. Intereses moratorios sustantivos e intereses moratorios procesales

13. La regulación de los intereses procesales se encuentra recogida en los arts. 251 de la LJS y 576 de la LEC.

El art. 251.2 de la LJS dispone:

> *"En cuanto a los intereses de la mora procesal se estará a lo dispuesto en el artículo 576 de la Ley de Enjuiciamiento Civil. No obstante, transcurridos tres meses del despacho de la ejecución sin que el ejecutado cumpliere en su integridad la obligación, si se apreciase falta de diligencia en el cumplimiento de la ejecutoria, se hubiere incumplido la obligación de manifestar bienes o se hubieren ocultado elementos patrimoniales trascendentes en dicha manifestación, podrá incrementarse el interés legal a abonar en dos puntos"*

El art. 576.1 y 3 de la LEC establece:

> *"1. Desde que fuere dictada en primera instancia, toda sentencia o resolución que condene al pago de una cantidad de dinero líquida determinará, en favor del acreedor, el devengo de un interés anual igual al del interés legal del dinero incrementado en dos puntos o el que corresponda por pacto de las partes o por disposición especial de la ley.*
>
> *3. Lo establecido en los anteriores apartados será de aplicación a todo tipo de resoluciones judiciales de cualquier orden jurisdiccional [...]"*

14. Los intereses procesales se devengan automáticamente, por disponerlo el art. 576 de la LEC, al que remite el 251 LJS. Una cuestión planteada y resuelta en la STS (Social) de 17 de mayo de 2022 (Rº 563/2019), distingue entre los intereses moratorios sustantivos y los intereses moratorios procesales.

La STS (Social) de 8 de junio de 2009 (Rº 2873/2008), explica que la finalidad de los intereses procesales es "paliar los perjuicios derivados de los abusos con los recursos [...] y aminorar los efectos del retraso en el pago efectivo [...] sin que sea necesario que la liquidez sea anterior a la sentencia, por lo que dicho precepto (el art. 921 de la LEC de 1881) es aplicable a las deudas resarcitorias". Por su parte, la STS (Social) de 21 de enero de 2016 (Rº 2126/2014), argumenta que los intereses procesales cumplen una doble función: "se resarce con ellos en sentido amplio el perjuicio que para quien ha vencido en el juicio se deriva de "la demora en ejecución de una sentencia judicial favorable" [...] protegiendo así "el interés en obtener satisfacción material de su pretensión... sin el deterioro de la depreciación monetaria" [...] y por otra parte, "el abono de los intereses, tiene también un alcance disuasorio de la interposición de recursos infundados, como pone de relieve el recargo de dos puntos sobre el interés legal del dinero".

Se devengan a favor del demandante desde que se dicta una sentencia o resolución judicial que condena al pago de una cantidad de dinero líquida. Se calculan conforme al interés legal del dinero incrementado en dos puntos o el que corresponda por pacto de las partes o por disposición especial de la ley (art. 576.1 de la LEC).

15. Sobre la prescripción del plazo para solicitar los intereses procesales, la STS (Social) de 24 de diciembre de 2014 (Rº 2999/2013), ha precisado que "aunque no se hubieren pedido explícitamente los intereses, una vez solicitada "la ejecución de sentencia favorable y firme sobre reclamación de cantidad" (según los términos empleados por la sentencia impugnada), habrían de entenderse incluidos en dicha petición los intereses devengados a partir de la misma (...), ya que tales intereses se incorporan automáticamente a la deuda en cuanto operan ex lege".

III. Retrasos jurídicamente relevantes vinculados con el disfrute del derecho a vacaciones

16. Como hemos señalado fuera de las especialidades que presenta la mora en material salarial, deberemos acudir con carácter general a la regla del art. 1100 del CC para apreciar la existencia de mora. En el caso de las vacaciones existen dos criterios especialmente conflictivos. Como ha señalado Fernández López (1984: 294), "por una parte, la necesidad de previa reclamación del acreedor para que el deudor quede constituido en mora y, por otra parte, la necesidad de que el retraso, para que sea jurídicamente relevante, sea debido a culpa del deudor". De ambos, "este último parece ser de difícil excusa en su aplicación a la relación laboral —salvo que se aceptase un régimen de perentoriedad en las vacaciones similar al que caracteriza al salario, lo que sería difícil—, pero sí podría manejarse flexiblemente el primero" y ello debido "a la trascendencia que el tiempo de disfrute de vacaciones tiene en la relación laboral".

1. Imposibilidad de disfrutar las vacaciones

17. Como ha señalado Fernández López una vez determinado el período de vacaciones, la obstaculización a su efectivo disfrute (puesto en conexión este dato con la imposibilidad de una negativa a trabajar fundada en este previo incumplimiento), "suponen un fenómeno de cumplimiento defectuoso del empresario deudor que se acerca a la institución de la mora en una obligación aparentemente mixta de dar y hacer (art. 1100 del CC). Es decir, no se trataría de un mero retardo jurídicamente irrelevante, es una situación en la que el retardo atrae una responsabilidad sobre el deudor, aunque el cumplimiento de su obligación siga siendo posible y permanezca el interés del acreedor en él" (Fernández López, 1984: 294).

En 2016, tras su despido improcedente, el trabajador presentó demanda reclamando una indemnización de daños y perjuicios derivados del incumplimiento contractual por no haber podido disfrutar en 2014, de las vacaciones, de 72 días de descanso semanal mínimo de día y medio, ni de festivos, siendo estimada su demanda en primera instancia. La cuestión que se plantea es, si al haber vulnerado el empresario el derecho del trabajador al disfrute de las vacaciones, los días de descanso semanal y de festivos, cabe o no sustituir esta obligación por el resarcimiento de daños y perjuicios que esta omisión le ha causado. Contra la sentencia de instancia que estimó parcialmente la demanda de indemnización de daños y perjuicios derivados de incumplimiento contractual, al amparo del art. 1101 del CC, condenando a la empresa en concepto de principal a abonar al trabajador 3028,86 € por vacaciones no disfrutadas del año 2014, por 72 días de descanso semanal mínimo de un día y medio tampoco disfrutados y por 9 festivos no disfrutados y trabajados, recurre aquella en suplicación. La STSJ Castilla y León (Burgos) de 23 de marzo de 2017 (Rº 154/2017), "el hecho de que por parte del empresario se vulnere el derecho al descanso del trabajador bien en extenso como son las vacaciones o en el limitado como son los días semanales de descanso y festivos, que no debemos olvidar que se tratan de derechos constitucionales, art. 40.2 de nuestra Norma Suprema, supone por sí sólo que el perjuicio, sin mayor prueba específica, se entienda producido por el daño que naturalmente produce a la salud física y psíquica de un trabajador la ausencia de dichas interrupciones laborales retribuidas, obligaciones incumplidas por el empresario que le imponen los arts. 37 y 38 del ET.

2. *Cláusula convencional penal en materia de vacaciones. Pena moratoria*

18. La pena moratoria es aquélla prevista en una estipulación que determina un quantum para el caso de retraso en el cumplimiento de la obligación principal por parte del deudor, no para el caso de cualquier otra clase de cumplimiento inexacto o defectuoso ni tampoco para el caso de incumplimiento total. El esquema de fijación de la cuantía puede variar: una determinada cantidad por unidad de tiempo, un porcentaje de interés sobre una suma de dinero o, incluso, un descuento en el precio a favor del acreedor de la obligación de entrega (Marín García, 2017).

Sin embargo, por las peculiaridades que presenta, la pena moratoria merece un tratamiento diferenciado respecto de la pena sustitutiva o compensatoria, a pesar incluso de que la pena sustituya a la indemnización de daños y perjuicios ocasionados por el cumplimiento tardío ex art. 1152 del CC.

Por otro lado, con arreglo al art. 1153 del CC y siempre que los contratantes así lo hayan acordado, la pena moratoria puede acumularse a la indemnización de daños y perjuicios en vez de sustituirla. Por ello, a pesar de que el Código Civil español no disciplina la pena moratoria, la regulación de esta figura se residencia en los arts. 1152 a 1155 del CC en tanto que otra modalidad más de cláusula penal.

La pena moratoria sustitutiva, estipulada por los contratantes para el simple retraso en sustitución de la reparación ordinaria, es compatible y, por tanto, acumulable con aquellos remedios que protegen al acreedor contra una lesión distinta de su derecho de crédito, esto es, cualquier otra clase de incumplimiento inexacto o defectuoso o bien el incumplimiento total. Así, el cumplimiento forzoso de la obligación principal —ya sea in natura o por equivalente pecuniario—, y la indemnización de los daños y perjuicios ocasionados por incumplimientos de la obligación principal son diferentes del retraso.

> Se plantea la interpretación que haya de darse a un convenio colectivo de empresa, en una de cuyas cláusulas «se establece una cantidad de XXX euros diarios por cada día de retraso en el disfrute de las vacaciones, a partir de los cuatro meses y quince días, con el tope máximo de un mes, en el bien entendido que, de sobrepasarse los quince días de margen, éstos también serán cobrados en concepto de penalización»

19. El convenio ha implantado una verdadera y propia cláusula penal que, en términos generales, implica la existencia de un pacto accesorio, añadido a la obligación principal —en el caso, procurar el disfrute de las vacaciones en la fecha prevista— «en virtud del cual se estipula una indemnización por daños y perjuicios», que habrá de satisfacerse por el contratante deudor «para los supuestos concretos que se determinen, de incumplimiento total, cumplimiento irregular o simple retraso», vinculándose, de entre las diversas modalidades de incumplimiento, al simple retraso (Fernández López, 1984: 294).

IV. Indemnización de daños por negativa al reingreso en la excedencia voluntaria

1. Excedencia y derecho al reingreso

20. Las excedencias voluntarias constituyen un foco constante de conflictividad en las empresas. Muchos trabajadores piden una excedencia voluntaria para emprender otros proyectos, para trabajar en otra empresa o, en fin, realizar actividades personales de distinto tipo (viajar, estudiar, etc.). Por una parte, el desconocimiento por parte de los empleados de los derechos que les confiere esta figura y por otra la escasa atención a veces prestada por las empresas a las solicitudes de reingreso y las respuestas poco claras, producen litigios de modo permanente.

Como es sabido, la excedencia voluntaria no da derecho al trabajador a la reserva del puesto de trabajo. El art. 46.5 del ET le reconoce únicamente un derecho preferente al reingreso en las vacantes de igual o similar categoría a la suya que hubiera o se produjeran en la empresa. De este modo, el reingreso está condicionado por la existencia de vacantes. Cuando no existan tales vacantes, el trabajador continúa conservando una expectativa de reingreso que no puede ser desconocida por el empresario. El derecho preferente al reingreso que se concede al excedente supone, en realidad, una débil garantía que contrasta claramente con la reserva del puesto de trabajo prevista en la excedencia forzosa. La no reserva de puesto de trabajo para el excedente voluntario significa que este sólo posee una expectativa o derecho potencial, condicionado a la existencia de vacante en la empresa.

El art. 46.5 del ET le reconoce únicamente un derecho preferente al reingreso en las vacantes de igual o similar categoría a la suya que hubiera o se produjeran en la empresa. Esta circunstancia hace que se planteen numerosos litigios en aquellos casos en los que los excedentes voluntarios se incorporan tardiamente al trabajo y reclaman una indemnización de los daños y perjuicios sufridos.

De acuerdo con lo establecido en el art. 46.2 ET, a Don Juan V. le fue concedida la excedencia voluntaria por un período de cinco años. Años después el actor solicitó su reincorporación a su puesto de trabajo en Cajacanarias una vez agotada la excedencia, petición que fue denegada por la demandada alegando inexistencia en esos momentos de plazas vacantes de igual o similar categoría a la suya y estar cubiertas las necesidades de personal. El actor reiteró periódicamente su petición de ingreso en fechas: 15 de enero de 2016 y 8 de enero de 2017. Un trabajador fue ascendido por Acuerdo del Órgano Rector al grupo profesional al que pertenece D. Juan V., produciéndose en la misma fecha y posteriormente otras 2 contrataciones por nuevo ingreso y por ascensos, a esa misma categoría. El trabajador demanda a la empresa por retraso o incorporación tardía existiendo vacantes y solicita una indemnización por los daños y perjuicios que ello le ha ocasionado

2. *La mora empresarial en el deber de reingreso del trabajador excedente*

21. Conforme a lo dispuesto en el art. 46.5 del ET, el trabajador que, después de agotado el período de excedencia voluntaria, solicitase el reingreso al servicio activo, tendrá derecho preferente a obtenerlo, incumbiendo a la empresa el correlativo deber, siempre que existiera o se produjera vacante en su plantilla, de igual o similar categoría que la ostentada por aquel y disponible al respecto. Esta obligación, cuando mediara dicha petición y concurriera el requisito indicado, ha de ser atendida por el empresario con inmediatez, por lo que, de no hacerlo, habrá de entenderse que incurre en mora, tal como resulta de lo dispuesto por el art. 1100 del CC, precepto que precisa el momento desde que opera, refiriéndolo a aquel en que fuera exigido, judicial o extrajudicialmente, el cumplimiento de la correspondiente obligación.

Como ha señalado la doctrina, cuando se solicita el reingreso, la jurisprudencia ha introducido una distinción, "que parece artificiosa" (Suárez González, 2015: 457), según sea la conducta de la empresa ante la petición de reingreso. La STS (Social) de 22 de noviembre de 2007 (Rº 2364/2006) precisa que:

> "se distingue, claramente, entre las situaciones de negativa rotunda e irrevocable de la empresa al reingreso solicitado por el trabajador, lo que viene suponer la voluntad de ruptura del vínculo jurídico-laboral que mantiene con el mismo y las de simple omisión de respuesta a la solicitud de reingreso o de aplazamiento de este último para el momento en que se produzca vacante adecuada para la categoría y puesto de trabajo a desempeñar por el trabajador excedente. Para el primer supuesto, se entiende por la Sala, que la acción a ejercitar es la de despido, en tanto que para el segundo de los supuestos expuestos se considera que la acción a ejercitar es la del reconocimiento del derecho al reingreso]

22. De este modo, si el empresario responde a la petición de reingreso con una negativa abierta, clara y terminante, en realidad se está ante una ruptura unilateral del contrato de trabajo, por lo que el trabajador deberá accionar por despido, con las consecuencias indemnizatorias que, en su caso, se vinculan a esta figura (STS (Social) de 7 de octubre de 2022, Rº 293/2020). En este caso se aplica el plazo de caducidad de la acción de despido del art. 59.3 del ET.

Tal negativa se equipara al despido improcedente y la indemnización que corresponde y debe calcularse en función de la retribución que debía percibir el trabajador si reingresara y no la que regía en la fecha de la excedencia, criterio que se ha aplicado en las SSTS (Social) de 28 de octubre de 1998 (Rº 599/1998), 26 de junio de 1998 (Rº 3044/1997), 12 de marzo de 2003 (Rº 2757/2002) y 19 de diciembre de 2011 (Rº. 218/2011), que señalan que:

> "Es cierto que en las presentes actuaciones la declaración de despido improcedente no se produce a raíz de la materialización de una vacante sino de una posición terminante adoptada por la empresa negando de plano la conservación de la expectativa cualesquiera que puedan ser los acontecimientos o previsiones de futuro, lo que determina en el trabajador excedente una posición idéntica a la que ocupa el trabajador al que se deniega el reingreso existiendo una vacante actual, al menos en cuanto a los parámetros que servirán para modular el daño causado, que se origina desde el momento en que la empresa sustituye el devenir circunstancial por su propia autoridad y con un contenido negativo haciendo inoperante el art. 46.5 del Estatuto de los Trabajadores. Deberá ser la retribución que a partir de ese momento debiera percibir y no la que rigiera en el pasado la que deberá servir para establecer el montante indemnizatorio".

23. Pero si la empresa no contestase o negase el reingreso aduciendo falta de vacantes, y el trabajador tuviese conocimiento de que se han producido contrataciones en puesto de trabajo de categoría similar al suyo, la negativa empresarial a la petición de reingreso aun cuando alegase simple desconocimiento del mencionado derecho pero sin negar la persistencia de la relación de trabajo, aunque con voluntad de que se conserve en suspenso el trabajador excedente puede ejercitar la acción de reingreso. En este caso, sería la producción de vacante, conocida además por el trabajador, la que pondría en marcha el "tracto" prescriptivo, cuyo plazo pasa a ser ahora el de un año que, con carácter general, establece el art. 59.2 del ET.

En este caso, puede ejercitar conjuntamente la acción declarativa de reconocimiento del derecho al reingreso y otra resarcitoria por los daños y perjuicios causados por la mora injustificada en la reincorporación al trabajo. No obstante, el trabajador podrá reservar el planteamiento de la pretensión indemnizatoria para otro proceso independiente, al tratarse de acciones diferentes que, pese a su evidente relación, tienen distinta naturaleza y finalidad. O por expresarlo en los términos de la STS (Social) de 27 de septiembre de 1990 (RJ\1990\7055), cuando señala que:

> "La acción de indemnización de daños y perjuicios comporta un planteamiento jurídico distinto al que es propio de la pretensión judicial referida al reconocimiento del derecho a la reincorporación al puesto de trabajo, después de una excedencia voluntaria disfrutada (...) Esta distinta naturaleza de una y otra acciones procesales y el diferente objetivo que ambas persiguen, determina la exigencia de presupuestos derivados para su respectivo ejercicio y conlleva, asimismo, la producción tendente a la recuperación del puesto de trabajo, cuando es denegada la reincorporación laboral, se asimila a la de despido y produce los efectos propios de esta última, sin embargo, la acción de indemnización de daños y perjuicios, por dilación injustificada en la empleadora al proceder al reingreso del trabajador excedente, se identifica, en cambio, con la típica acción resarcitoria por incursión en dolo, negligencia o morosidad en el cumplimiento de las obligaciones y, lógicamente, se subordina a la disciplina jurídica de la misma".

3. *Momento de producción del daño*

A) «Dies a quo» para el cálculo de la indemnización

24. La acción indemnizatoria por daños y perjuicios se encuentra sujeta al plazo de prescripción de un año al aplicarse por analogía lo establecido en el art. 59.2 del ET.

Teniendo en cuenta que la indemnización por los daños y perjuicios derivados de la readmisión tardía del trabajador se calcula tomando como referencia los salarios dejados de percibir, es sumamente importante clarificar desde qué fecha se computan dichos salarios: bien la de la producción de la vacante y consiguiente nacimiento de la obligación de readmitir al trabajador si éste así lo solicitó, bien la fecha de la reclamación judicial o extrajudicial de readmisión por parte del excedente. En otras palabras, "a partir de que día incurre la empresa en mora en el cumplimiento del deber de reincorporar al excedente voluntario a su puesto de trabajo y está obligada a indemnizar por los daños y perjuicios causados por esa acción", como expresa la STS (Social) de 28 de mayo de 2008 (Rº 563/2007).

25. Tras varios años de vaivenes jurisprudenciales sobre este punto en la STS (Social) de 21 de enero de 1997 (Rº 2004/96), dictada por el Pleno de la Sala, vino a clarificar la cuestión relativa al "dies a quo" para el cálculo de la indemnización.

> Para alcanzar el resultado la sentencia parte de la necesidad de la interpelación en el caso de la obligación de reingreso desde la excedencia. La sentencia considera aplicable la regla general del párrafo primero del art. 1.100 del CC: el empresario deudor incurre en mora desde que, siendo exigible la obligación, es requerido por el trabajador excedente para que proceda al reingreso. No considera la sentencia aplicable al caso ninguna de las excepciones del párrafo segundo del art. 1100 del CC. Acto seguido suscita si la mora comienza a correr desde el momento en que se produce la vacante que reúne los requisitos indicados o desde el posterior en que se inicia el trámite preceptivo de evitación del proceso. Para mantener lo primero "habría que entender que la petición de reingreso, aún previa a la producción de la vacante, constituiría por sí sola interpelación suficiente; para lo segundo, por el contrario, que la referida petición carecería del valor indicado, haciendo necesaria, por tanto, interpelación posterior al cumplimiento en la referida *conditio iuris*, cuál sería la papeleta de conciliación o la reclamación previa".

En ella se distinguen dos situaciones posibles según la cronología de los hechos: una primera situación sería aquella en la que el trabajador solicita su reincorporación a la empresa —bien tras la finalización de su excedencia o incluso justo antes de que ello ocurra— y posteriormente se produce una vacante en igual o similar categoría a la suya; y una segunda situación vendría constituida por la solicitud de reingreso del trabajador con posterioridad a la existencia de la vacante.

a) *Si el excedente solicita su reincorporación cuando existe vacante idónea*

26. El "dies a quo" coincide con la fecha de solicitud de reincorporación, desde la cual el empresario se constituye en mora. Se produce a la vez la exigibilidad de la obligación y la interpelación. La obligación es exigible porque se cumplen las dos condiciones necesarias para ello: la existencia de vacante y la solicitud de reingreso del excedente. Pero esta última vale a la vez como interpelación, porque en este caso "estaba cumplida la *conditio iuris* a la que la ley subordina el nacimiento de la obligación empresarial de que se trata" y desde ese momento comienza la mora con la obligación de indemnizar los daños causados por el retraso.

b) Si el excedente solicita su reincorporación cuando aún no existe vacante idónea, y ésta se produce con posterioridad

27. La petición de reingreso efectuada en momento en que no existe vacante idónea disponible, no constituye interpelación eficaz para constituir a su empresario en mora, dado que el derecho al reingreso no es aún exigible, haciendo necesaria interpelación posterior que sería la de una nueva solicitud al empresario para la readmisión, y en su defecto la presentación de la papeleta de conciliación o la reclamación administrativa previa a la reclamación judicial, y dicha fecha sería también el "dies a quo" para el cálculo de la indemnización en este caso. Para la sentencia la petición de reingreso, "aunque obliga al empresario a informar sobre las vicisitudes de la plantilla que afecten al excedente", no produce "un desplazamiento de la responsabilidad en la gestión del propio interés que exima al trabajador de efectuar la interpelación, pues ésta tiene que operar cuando la obligación es exigible".

B) «Dies ad quem» para el cálculo de la indemnización

28. Tan importante como la fecha inicial del período indemnizatorio es la fecha final o "dies ad quem". Sobre el mismo existen varios criterios manejados en la doctrina judicial: bien la fecha de celebración del juicio, bien la fecha de la sentencia, bien la de readmisión efectiva del trabajador. Sin embargo, parece que la fecha por la que se decanta el Tribunal Supremo es la de la firmeza de la sentencia que declara el derecho a la readmisión. Criterio seguido en STS (Social) de 23 de diciembre de 1997 (Rº 2362/1997), aunque no entra a analizarlo.

4. Daños derivados de la reincorporación tardía

A) Aplicación de las reglas generales de responsabilidad contractual

29. El fundamento jurídico de la indemnización no se consagra en la legislación laboral, sino en el art. 1101 del CC y art. 1106 del CC sobre la obligación genérica de indemnizar. Aunque en principio sigue en pie la regla general de que el perjudicado ha de acreditar los daños sufridos, en la práctica los tribunales no son exigentes en este punto, y suelen presumir «iuris tantum» que, si el empresario no reincorpora tempestivamente al trabajador excedente, los daños existen y por tanto dan lugar a una indemnización de daños y perjuicios.

B) Daño emergente

30. La indemnización comprende el daño emergente, consistente en la reducción de su antigüedad. Respecto del perjuicio sobre la antigüedad en la empresa, suele resarcirse reconociendo a efectos de su cómputo el tiempo que el empresario se retrasó en cumplir la obligación de readmisión. No se trata de una indemnización sino del mero resarcimiento de un daño a través del reconocimiento de un derecho (Sempere/San Martín, 2003: 138-139). La STS (Social) de 13 mayo 1988 (RJ 3623), concluyó que: la indemnización de daños y perjuicios "no tiene por qué reducirse a indemnizaciones a tanto alzado, cuando es evidente que uno de los perjuicios causados se traduce en una pérdida de antigüedad, que queda plenamente saldada, otorgándola".

C) Lucro cesante

31. Igualmente, comprende el lucro cesante derivado de la ganancia dejada de obtener por no devengarse salarios. La demora en la reincorporación impide al trabajador prestar sus servicios y consiguientemente devengar derecho a los salarios correspondientes, lo que le ocasiona un daño equivalente al valor de dichos salarios. En base a este argumento se ha consolidado la doctrina jurisprudencial según la cual la cuantía de la indemnización se fija en un importe equivalente al de los salarios dejados de percibir a causa de la mora empresarial.

Al respecto, traer a colación la STS (Social) de 4 de febrero de 2015 (Rº 148/14), a cuyo tenor: "(...) se deberá recordar la doctrina de esta Sala al respecto entre cuyos exponentes cabe citar la STS de 14 de marzo de 1995 (R 1300/1994) resumida en los siguientes términos: 'Abordando directamente el concreto tema litigioso aquí planteado, (...), considera que el daño o perjuicio a indemnizar se presume por la mera constatación de que el trabajador no obtuvo ganancias por su trabajo, y debe ser compensado con los salarios correspondientes desde que se reclamó judicialmente el derecho a la citada reincorporación; esta fijación de la indemnización por vía de presunción —continúa la misma sentencia— admitiría la prueba en contrario de la existencia del daño si la empresa demostrare el hecho impeditivo de la obtención por parte del trabajador de ganancias por su trabajo por cuantía equivalente al salario que hubiera percibido de haberse producido la reincorporación de manera tempestiva (...)", ganancias que, obviamente, no cabe equiparar a las percibidas antes de producirse el despido o, en este caso, antes de constituirse en mora la empresa al desatender la obligación de reincorporar a la demandante una vez finalizada la situación de excedencia voluntaria, siendo, por tanto, compatibles y, además, efectivamente compaginadas en su momento con la retribución que dejó de lucrar por la irregular actuación de su empleador. La aludida sentencia concluye así: *"(...) La doctrina jurisprudencial expuesta puede ser resumida en los siguientes puntos: 1) se presume que la reincorporación tardía del trabajador excedente da lugar a una indemnización de daños y perjuicios; 2) la cuantía de la indemnización se cifra en principio en los salarios dejados de percibir a causa de la conducta de incumplimiento de la empresa desde la conciliación o reclamación administrativa previas a la reclamación judicial, o desde este última si por una u otra razón se ha interpuesto antes; 3) corresponde al trabajador la acreditación de daños y perjuicios superiores que considere se han producido; y 4) corresponde al empresario la acreditación de los hechos impeditivos de las indemnizaciones reclamadas"*.

32. Desdentado (1997: 280) llamaba a una intervención del legislador en el sentido de controlar los límites indemnizatorios en esta materia,

> "Sería conveniente fijar un límite a las indemnizaciones: no es razonable que la indemnización por retraso en la reincorporación del excedente finalmente reingresado pueda ser en ocasiones superior a la indemnización por despido improcedente que ese trabajador hubiera percibido".

Recientemente, la STSJ Cataluña de 22 de mayo de 2024 concede una indemnización adicional de 46.728,24 euros, en un supuesto de trabajador, con contrato indefinido, que, después de un año de excedencia, solicita una prórroga de doce meses, momento en el que la empresa procede a despedirlo disciplinariamente por bajo rendimiento. La indemnización adicional se cuantifica por el montante económico que deja de percibir durante el año de prórroga de la excedencia.

D) Modo de acreditar los daños y perjuicios

33. La doctrina jurisprudencial ha venido aplicando un criterio de carácter corrector ponderando las especiales dificultades probatorias de determinados hechos y la posición de las partes ante los medios de prueba. En concreto, en materia de reincorporación de la excedencia, la norma distributiva de la carga de la prueba no responde a unos principios inflexibles, sino que se deben adaptar a cada caso según la naturaleza de los hechos afirmados o negados y la disponibilidad o facilidad para probar que tenga cada parte, tal y como recordó la STS (Social) de 6 de octubre de 2005 (R° 3876/2004), puesto que para la aplicación de las reglas de carga de la prueba el Tribunal debe tener presente la disponibilidad y facilidad probatoria que corresponde a cada una de las partes del litigio (art. 217.6 de la LEC).

La referida presunción sólo alcanza a los daños derivados de la pérdida de los salarios que habrían podido devengarse si se hubiera producido la readmisión en el momento oportuno. Si se acumulan ambas acciones solo es posible la reclamación actual del lucro cesante anterior —hasta la presentación de la demanda con las acciones acumuladas—; "para los daños posteriores, que se producirían previsiblemente hasta la readmisión, habría que ejercitar una acción de futuro que, aunque pudiera tener encaje en el art. 220 de la LEC, no respondería a la reacción frente a un daño actual en términos que justificasen el inicio de la prescripción", tal y como entiende la STS (Social) de 10 de junio de 2009 (Rº 1333/2008).

34. No obstante, dicha presunción puede quebrarse tanto por el trabajador como por el empresario. El trabajador puede acreditar daños y perjuicios superiores que entienda se le han producido; el empresario puede probar la existencia de un hecho impeditivo para esta indemnización lo que se concreta en un único supuesto, cual es que durante el período de incumplimiento el trabajador obtuviera ganancias por su trabajo por cuantía equivalente al salario que habría percibido de haberse producido la reincorporación de manera tempestiva, sin embargo, es criterio jurisprudencial que ni la percepción de las prestaciones de Seguridad Social ni de seguros de ningún tipo merman la cuantía indemnizatoria. Todo esto, por supuesto, ha de hacerse valer en la instancia y no dejarlo para la fase de ejecución.

5. Plazo de prescripción de la acción

A) Plazo para solicitar la reparación del daño

35. Cuestión distinta de cuál sea el período de referencia para el cálculo de la indemnización, es la determinación del plazo de que dispone el trabajador para reclamar judicialmente.

36. De acuerdo con lo establecido en el art. 59.2 del ET, el cómputo de la prescripción ha de realizarse a partir de la fecha en que la acción pudo ejercitarse, que es aquélla en que, tras la declaración judicial del derecho al reingreso o la condena a la empresa demandada a reincorporar al trabajador, se establece el carácter ilícito del daño y se puede determinar su alcance. El plazo de prescripción comienza a correr a partir del momento en que con la sentencia que impone la obligación de reincorporación queda establecida la ilicitud de la negativa de la empresa a readmitir y se delimita el daño cuya reparación se reclama.

Si bien algún pronunciamiento ha señalado, entre otras la STS (Social) de 20 de noviembre de 1998 (Rº 3034/1997), que "la acción de resarcimiento pudo ejercitarse desde el momento en que se actualiza el perjuicio —es decir, con el transcurso de cada mensualidad de salario— y que la acción declarativa no interrumpe el plazo de prescripción". Lo cierto es que, como precisa la STS (Social) de 10 de junio de 2009 (Rº 1333/2008), lo que se reclama no es un salario que se devengue mensualmente, sino la reparación de un daño que tiene un proceso de formación sucesiva (los denominados "daños continuados") y que, al determinarse en función de un lucro cesante que está en función de la situación de empleo del trabajador y de sus percepciones en esta situación, se va produciendo "a lo largo de todo el tiempo en que dicha situación ha pervivido". En realidad, este razonamiento permite que, en la práctica, el plazo prescriptivo no se calcule tomando como referencia su «dies a quo» sino su «dies ad quem», de modo que, presentada la papeleta de conciliación o la reclamación administrativa previa, se compute un año hacia atrás, y sean los daños generados en ese período los únicos por los cuales puede reclamarse la indemnización, habiendo prescrito los producidos con anterioridad (Sempere/San Martín, 2003: 142).

Como recuerda la STS (Social) de 10 de junio de 2009 (Rº 1333/2008), "esta conclusión es una consecuencia de la doctrina de la actio nata, que sostiene que no pueden comenzar a contarse los plazos de prescripción si las acciones no han nacido todavía. Es cierto que la acción para pedir la reincorporación surge en el momento en que, existiendo vacante y habiéndose formulado la solicitud, la empresa no procede acordar el reingreso. Pero aquí no estamos ante una acción de reincorporación, sino ante una acción para solicitar la reparación del daño producido por la negativa a readmitir, cuya prescripción se conecta en el art. 1968.2 del Código Civil con el momento del conocimiento daño. Puede objetarse que el daño —entendido como el lucro cesante derivado de la pérdida de los salarios— comienza a producirse desde la negativa al reingreso. Pero hay que tener en cuenta que se trata de lo que la doctrina de la Sala 1ª de este Tribunal conoce como daños continuados o de producción sucesiva respecto a los que "el cómputo del plazo de prescripción no se inicia hasta la producción del definitivo resultado, cuando no es posible fraccionar en etapas diferentes o hechos diferenciados la serie proseguida" (sentencias de 25 de junio de 1990, 11 de febrero de 2002 y 28 de enero de 2004). También cabe oponer que a la acción para pedir la reincorporación el trabajador se puede acumular la acción para reclamar la reparación de los daños producidos. Esa acumulación sería, en principio, posible. Pero hay que tener en cuenta que con ella se fraccionaría artificialmente el daño en la medida en que sólo sería posible la reclamación actual del lucro cesante anterior a su ejercicio. Para los daños posteriores, que se producirán previsiblemente hasta la readmisión, habría que ejercitar una acción de futuro que, aunque pudiera tener encaje en el art. 220 de la Ley de Enjuiciamiento Civil, no respondería a la reacción frente a un daño actual en términos que justificasen el inicio de la prescripción".

37. Dado que cabe que la acción de daños y perjuicios se ejercite con posterioridad a la de readmisión, a falta de previsiones específicas, ha de volverse al plazo de un año de prescripción del art. 59.2 ET, que, en principio, empieza a correr desde la declaración judicial del incumplimiento empresarial (Sempere/San Martín, 2003: 142).

B) Interrupción del plazo de prescripción

38. Es importante tener presente que la acción declarativa de reingreso no interrumpe la prescripción del plazo para solicitar la indemnización de daños. Por ello, la acción indemnizatoria podrá entenderse prescrita respecto de la totalidad o una parte de la cuantía reclamada, cuando el plazo de un año haya transcurrido por inacción del trabajador excedente que la ha dejado de ejercer de manera consciente. Y ello porque para que opere la interrupción prevista en el art. 1973 del CC, ambas acciones habrían de coincidir en objeto y causa de pedir (Benet Escolano, 2015: 392 y 396).

V. La mora accipiendi

1. Contenido de la mora accipiendi

39. El art. 30 del ET establece que: «si el trabajador no pudiera prestar sus servicios una vez vigente el contrato porque el empresario se retrasare en darle trabajo por impedimentos imputables al mismo y no al trabajador, éste conservará el derecho a su salario, sin que pueda hacérsele compensar el que perdió con otro trabajo realizado en otro tiempo». Como ha señalado la STSJ Madrid de 16 de diciembre de 2021 (Rº 574/2021), "esta norma, ciertamente peculiar, apenas es aplicada en la práctica".

La regla prevista en este artículo es una excepción a la sinalagmaticidad del contrato pues parte del presupuesto en el que se da por cumplida la obligación contractual por parte del trabajador cuando éste se pone a disposición del empleador, momento a partir del cual se devenga el salario como obligación del trabajador. Visto en clave civil, podríamos afirmar también que el art. 30 del ET no hace otra cosa que trasladar al ámbito laboral, una de las consecuencias propias de la mora accipiendi, en los términos contemplados en el art. 1124 del CC: cuando una de las partes incumple sus obligaciones contractuales la otra puede exigir el cumplimiento.

Nos enfrentamos a una situación de incumplimiento de parte del empleador, frente a una situación previa de cumplimiento de parte del trabajador, en la medida en que éste cumple a partir del instante en que se pone a disposición del empleador. El incumplimiento consiste básicamente en no darle ocupación efectiva al trabajador, deber del empleador contemplado en el art. 4.2 a) del ET.

40. El art. 30 del ET no es sino el reverso del art. 4.2.a) del ET, es uno de los efectos jurídicos, no el único, contemplado por la legislación laboral: el derecho a la percepción del salario cuando el empresario no da trabajo a su empleado. En líneas generales el resultado, el derecho al salario, no debería suscitar mayores problemas de identificación, de modo que la principal dificultad aplicativa del precepto se produce en lo que refiere a la determinación fáctica del presupuesto de hecho que da lugar a ese específico tratamiento jurídico.

2. *La función indemnizatoria del art. 30 ET*

41. Algunas decisiones judiciales han entendido que dicho precepto incorpora indemnizaciones de resarcimiento de perjuicios y no, propiamente, salarios. Es el caso de las SSTS (Social) de 16 de septiembre de 1986 (RJ 4985) y 26 de enero de 1998 (RJ 222). Así lo expresa el primero de los pronunciamientos citados cuando señala que:

> "Que es tal su naturaleza y finalidad no puede dudarse, en función de sus alegaciones de hecho y de derecho, claramente indicativas de que se ampara en supuesto de culpa contractual; y, en definitiva, reguladora del mismo es la norma específica que contiene el art. 30 del Estatuto de los Trabajadores, que no entraña sino concreta adaptación al campo de la relación laboral de lo reglado por los arts. 1101 y concordantes del Código Civil y que ha sido correctamente aplicado por el Magistrado; porque evidenciado queda que el contrato de trabajo de la actora no dejó de estar vigente por la unilateral y antijurídica decisión de la demandada; y que la no prestación de trabajo efectivo sólo se produjo por impedimentos a ella imputables. No son, en consecuencia, procedentes los motivos segundo y tercero del recurso que (...) sostiene, (...), al mantener que el citado art. 30 fue aplicado indebidamente; sin que se haya violado el 56.1.°, b) del mismo Estatuto: no es éste de aplicación al caso, puesto que regula una de las consecuencias del despido improcedente, hecho que no se ha producido. Lo que ocurre es que al incumplimiento contractual culposo que contempla el art. 30 se dan por él unas consecuencias equivalentes, dejando así legalmente cuantificado el importe de la indemnización a que el trabajador tiene derecho en tal caso".

No obstante, doctrinalmente se ha señalado que la retribución que se debe al trabajador es estrictamente de naturaleza salarial y no indemnizatoria (Juanes Fraga, 1993: 156-157). Así se desprende del propio tenor literal del art. 30 del ET, de su ubicación sistemática en la Sección 4ª del Capítulo II ET, relativa a "salario y garantías salariales", así como del art. 26.2 del ET que no relaciona esta retribución entre las que no tienen carácter salarial y, si bien es cierto que el art. 26.1 del ET tampoco lo incluye nominalmente dentro de la definición legal de salario, no hay inconveniente en completar ésta con el art. 30 del ET, de tal forma que puede concebirse el salario como la obligación recíproca de la prestación de trabajo o de la puesta a disposición para el trabajo.

42. Pese a tales razonamientos, el art. 30 del ET ha sido aplicado como fórmula indemnizatoria por los Tribunales Superiores de Justicia (STSJ de Andalucía de 25 de enero de 2018, Rº 1430/2017, o la de Canarias de 25 de septiembre de 2018, Rº. 1106/2017), no solo en los casos de falta de ocupación efectiva (por ejemplo, SSTSJ Andalucía 14 de julio de 2009, Rº 1425/08), sino en aquellos en los que se modifica el salario y la jornada de forma imputable al empresario, pues la finalidad de este precepto es proteger al trabajador, en cuanto al devengo de su salario, si se mantiene dispuesto a trabajar y la efectiva realización del trabajo solo depende del comportamiento del empresario.

En esta línea, la STSJ Madrid de 16 de diciembre de 2021 (Rº 574/2021), ha considerado conforme a derecho el reconocimiento de una indemnización por daños, equivalente a los salarios del período en el que un Ayuntamiento debió contratar a tiempo completo y únicamente lo hizo a tiempo parcial (imposibilitando, por tanto, que el trabajador prestara servicios a jornada completa), ya que el daño ha existido —a saber, la falta de percepción de los salarios en tal periodo— y se ha producido por culpa imputable a la empresa.

La STSJ de Galicia de 11 de noviembre de 2019 (Rº 2207/2019) entiende que la presencia de la celebración de un contrato de relevo a jornada parcial en fraude de ley determina "un perjuicio para el trabajador demandante pues se vio impedido a seguir trabajando a tiempo completo percibiendo el salario correspondiente al mismo, lo que permite, conforme al art. 30 del ET que tenga derecho al salario que debería haber percibido, lo que no es otra cosa que una indemnización por daños y perjuicios que trata de reparar el daño causado en sus exactos términos.

Capítulo 6

LAS INDEMNIZACIONES POR EXTINCIÓN DEL CONTRATO DE TRABAJO (I). PRINCIPIOS GENERALES

Bibliografía: ALFONSO MELLADO, C. A., *Indemnizaciones entre empresarios y trabajadores antes y durante el desarrollo de la relación laboral*, Valencia, Tirant lo Blanch, 1994. ALONSO OLEA, M. *El despido*, Madrid, IEP, 1957. Id. *Derecho del Trabajo*, Madrid, UCM, 1983, 9ª ed. ALONSO OLEA, M., CASAS BAAMONDE, M. E., *Derecho del trabajo*, Madrid, Civitas, 2009, 26ª ed. ÁLVAREZ DE LA ROSA, M. *Pactos indemnizatorios en la extinción de contratos de trabajo*, Madrid, Civitas, 1990. BAYÓN CHACÓN, G., *La indemnización expropiatoria en el despido sin causa*, RT, 1966, nº 1, pp. 53 a 71. DESDENTADO BONETE, A., *Muerte y despido*, La Ley, 24 de julio de 2003. Id. en "Paz Menéndez Sebastián entrevista a Aurelio Desdentado Bonete", Diálogos Jurídicos, 2020, Vol. 5, pp. 257-272. DÍEZ-PICAZO, L., GULLÓN, A., *Sistema de Derecho Civil*, Madrid, Tecnos, 1982, I. DÍEZ-PICAZO, L., *Fundamentos de Derecho Civil Patrimonial*, Madrid, Civitas, 1993. DURÁN LÓPEZ, F., *Sobre la eficacia extintiva del acto de despido y sobre los salarios e indemnizaciones debidos en virtud del mismo. Comentario a las sentencias del TS 4ª de 7 de diciembre de 1990 y 13 de marzo de 1991*, Relaciones Laborales, 1991, I, pp. 357-373. GIMENO DÍAZ DE ATAURI, P., *El coste del despido y otras formas de terminación del contrato de trabajo por iniciativa empresarial: un análisis jurídico y económico*, Valladolid, Lex Nova, 2014. MARTÍNEZ BENÍTEZ, G., GONZÁLEZ FELGUEROSO, A., *Fiscalidad laboral. El personal de la empresa y su fiscalidad*, Pamplona, Aranzadi, 2015, 2ª ed. MATORRAS DÍAZ-CANEJA, A., L*as percepciones extrasalariales (Estudio del régimen laboral, fiscal y de seguridad social aplicada)*, Madrid, Mc Graw Hill, 1999. MERCADER UGUINA, J. R, L*os principios de aplicación del Derecho del Trabajo: Formación, decadencia y crisis*, Valencia, Tirant lo Blanch, 2014. Id. *El concurso en busca de su alma social: la tutela de los créditos laborales*, Documentación Laboral, 2023, nº 130, pp. 53-66. MERCADER UGUINA, J. R., DOMÍNGUEZ ARROYO, M., *El embargo de las indemnizaciones por despido: problemas prácticos*, Trabajo y Derecho, 2020, nº 70 (versión electrónica). MOLERO MANGLANO, C.; *El contrato de alta dirección*, Madrid, Civitas, 2011. MONTOYA MELGAR, A., *El despido improcedente y sus efectos*, AA.VV., Estudios sobre el despido disciplinario, Madrid, Acarl, 1992, 2ª ed., pp. 501 a 534. NUNEZ SAMPER, A., *De la libertad de despido a la propiedad en el empleo*, Cuadernos de Política Social, 1952, nº 16, pp. 49 a 67. OLIET GIL, B., *La fijación de las indemnizaciones*, en AA.VV., *Diecisiete lecciones sobre, fuerza mayor, crisis de trabajo, reconversión y desempleo*, Madrid, FDUM, 1970, pp. 195-221. PÁEZ ESCÁMEZ, R., *La clasificación del crédito laboral en el concurso de acreedores*, https://www.abogacia.es PEDRAJAS MORENO, A., *El embargo sobre retribuciones*, Valencia, Tirant lo Blanch, 1998. SALA FRANCO, T., LAHERA FORTEZA, J., *Las indemnizaciones a favor de las empresas y de los trabajadores en el contrato de trabajo*, Valencia, Tirant lo Blanch, 2013. SAN CRISTÓBAL VILLANUEVA, Juan Manuel; *Los pactos indemnizatorios en el contrato de alta dirección y sus límites en el ámbito de la Administración pública*. Revista de Información Laboral, 2009, nº 1. SENRA BIEDMA, R. *Las responsabilidades civiles por las extralimitaciones del poder de dirección del empresario*, en AA.VV., *Los límites de los poderes empresariales y las responsabilidades por su utilización ilegítima*, Granada, Comares, 2002, pp. 53-115. TALENS VISCONTI, E., Tratado de Derecho concursal laboral, Valencia, Tirant lo Blanch, 2023.

I. La indemnización como efecto accesorio de la extinción del contrato de trabajo

1. Por extinción del contrato de trabajo entendemos, "la terminación del vínculo que liga a las partes con la consiguiente cesación definitiva de las obligaciones de ambas" (Alonso Olea, 1985: 329). El efecto fundamental de la extinción del contrato de trabajo es, naturalmente, el de la extinción de las obligaciones de trabajador y empresario que constituyen el objeto y la cesación definitiva de las prestaciones de ambos. Ello supone: (i) Una ruptura definitiva del contrato de trabajo, sin posibilidad de reanudación de la relación salvo en virtud de un contrato nuevo; (ii) Una ruptura o cesación del contrato válido y eficaz, sin comprender, por tanto, las declaraciones de ineficacia de los contratos originariamente nulos, ni de los contratos ya extintivos (Alonso Olea/Casas Baamonde, 2009: 565).

2. El art. 49 del ET disciplina la extinción del contrato de trabajo tomando como base la existencia de determinados hechos a los que dota de una relevancia jurídica capaz de "virtualizar eficazmente la ruptura legal de un contrato válidamente celebrado". Esta extinción o cesación definitiva del contrato de trabajo válido puede producirse (Alonso Olea/Casas Baamonde, 2009: 565): (i) Por voluntad unilateral del empresario; (ii) Por voluntad unilateral del trabajador; (iii) Por voluntad concurrente de ambas partes y, (iv) Por desaparición o incapacidad de las partes.

De las trece causas que enumera el art. 49 del ET sólo se regulan cuatro: la resolución del contrato a instancia del trabajador por incumplimiento del empresario (art. 50), el despido colectivo por causas económicas, tecnológicas y por fuerza mayor (art. 51), la extinción por causas objetivas (arts. 52 y 53) y el despido disciplinario (arts. 54 a 57). Algo similar ocurre con la LJS, en la que sólo se contienen normas sobre el despido disciplinario (arts. 103 a 113) y la extinción por causas objetivas (arts. 120 a 123), con una referencia más sustantiva que procesal al despido colectivo (art. 124). Esta técnica de ordenación fragmentaria produce importantes lagunas con los lógicos problemas de integración tanto en el plano sustantivo como en el procesal.

De la extinción derivan, además, otros posibles efectos accesorios, el más importante de los cuales son las indemnizaciones que entre sí puedan deberse las partes precisamente como consecuencia de la extinción.

3. La extinción opera *ex nunc* a partir del momento en que entre en juego la causa extintiva o de la denuncia o declaración resolutoria en que se base. El acto empresarial de despido, por ejemplo, despliega una eficacia extintiva inmediata, de forma que tan sólo cabe otorgar a la declaración judicial de nulidad o improcedencia del acto extintivo el valor afirmativo de una ilicitud ya producida en el acto mismo del despido, con lo que los efectos de esa declaración se retrotraerán a la fecha de imposición del despido por el empleador.

Un supuesto particular se plantea si el trabajador fallece antes de que se produzca la readmisión tras un despido nulo. En este caso, sus herederos tendrán que percibir los salarios que no cobró desde su cese hasta la defunción y, además, la indemnización por despido improcedente. Así lo ha establecido el Tribunal Supremo en la STS (Social) de 13 de febrero de 2019 (Rº 705/2017), al equiparar la imposibilidad de readmisión en casos de despido nulo con el despido improcedente. Se trata de un supuesto en el que el trabajador despedido fallece antes de que se dicte sentencia sobre el carácter de su cese y ya no es posible la readmisión al puesto de trabajo. Su especialidad con respecto a otros casos similares recae en que en este supuesto el despido fue después declarado nulo y no improcedente dada la situación de la empresa. Anteriores pronunciamientos de la Sala se habían centrado en supuestos en que el despido se declaraba improcedente y, no obstante, concurría la muerte o la incapacidad permanente del trabajador que hacían imposible la readmisión (STS (Social) 13 de mayo de 2003, Rº 813/2002) (Comentada por Desdentado, 2003), ratificada por la STS (Social) de 28 de enero de 2013 (Rº 149/2012). Señala la STS (Social) de 13 de febrero de 2019 cuando se declara el despido nulo y se extingue la relación laboral por una incapacidad permanente que impide al trabajador toda posibilidad de mantener una relación laboral "se condenaba al abono de una indemnización al ser la readmisión improcedente". Por tanto, el fallo confirma que "igualmente se ha de mantener cuando el trabajador ha fallecido en el ínterin del procedimiento". El Tribunal Supremo determina, de acuerdo a la LJS que, puesto que existe "imposibilidad acreditada de readmisión material o legal", no se puede distinguir entre los casos en los que la sentencia declara el despido nulo, de aquellos en que se califica de improcedente. "La controversia no radica en esta calificación, sino en la imposibilidad de readmisión".

II. Principios generales de las indemnizaciones por extinción del contrato de trabajo

4. Proceden las indemnizaciones por extinción del contrato de trabajo en diversos supuestos que vienen caracterizados, todos ellos por una serie de reglas de general aplicación, todas ellas conforman una suerte de "teoría general" (Álvarez de la Rosa, 1990: 18) necesaria para abordar su estudio.

1. El fundamento legal de las obligaciones de indemnizar

5. Como ha señalado Fernández López (2005: 48), "la normativa contractual española está llena de preceptos que recuerdan la necesidad de las partes que extinguen contratos de compensar a la contraparte por los perjuicios generados por la extinción y por los que sean conexos con ella, en tanto que reconducibles al principio *neminem laedere*, y que se manifiestan en el principio general consagrado en el art. 1902 del CC y en el específico art. 1101 del CC".

La fuente legal de todas obligaciones de indemnizar es el fundamento último de la reparación del daño causado, tanto si éste (pérdida del puesto de trabajo) se origina por incumplimiento contractual, como si nace de la imposibilidad sobrevenida por muerte, jubilación, invalidez o desaparición de la personalidad del empresario o del propio trabajador (Álvarez de la Rosa, 1990: 18).

6. El sistema establecido por el legislador es único para toda una serie de supuestos en que el contrato termina directa o indirectamente por un acto del empresario sin que sea responsable el trabajador. Imposibilidad sobrevenida por muerte, invalidez, jubilación o desaparición de la personalidad jurídica del empresario (art. 49.1 g) del ET), por fuerza mayor (art. 49.1 h) y art. 51.7 del ET), por despido colectivo fundado en causas económicas, técnicas, organizativas o de producción (art. 49.1 i) del ET). Así, en el despido objetivo procedente (art. 53.1.b) del ET), en el despido disciplinario u objetivo improcedente (art. 56.1 del ET) y en las resoluciones por decisión del trabajador ante la movilidad geográfica (art. 40.1 del ET) o ante determinados supuestos de modificación sustancial de condiciones de trabajo (art. 41.3 del ET) se sigue exactamente el mismo esquema. También en la extinción de contratos temporales con derecho a indemnización (art. 49.1 c) del ET) o la decisión de la trabajadora que se vea obligada a abandonar definitivamente su puesto de trabajo como consecuencia de ser víctima de violencia de género o de violencia sexual (art. 49.1 m) del ET).

7. Pero lo cierto es que "no todos los tipos de extinción son fuentes legales de la obligación de indemnizar o, aún mejor, fundamento en los que la Ley asienta un remedio indemnizatorio" (Álvarez de la Rosa, 1990: 14). El mutuo acuerdo, el término final, la condición resolutoria, la dimisión, la muerte, la invalidez extintiva y la jubilación del trabajador son causas por las que termina la relación obligatoria y no llevan aparejada legalmente indemnización.

8. En todo caso, como ha señalado el Tribunal Constitucional, "es al legislador a quien le compete concretar, en función de las circunstancias económicas y sociales concurrentes, el alcance de los efectos que derivan de la declaración de improcedencia de un despido en orden a la readmisión del trabajador o a la extinción definitiva del contrato laboral y, por tanto, a quien compete articular el ejercicio de las facultades empresariales y la protección de los derechos del trabajador".

Ciertamente, hay que insistir en que la regulación de las relaciones de trabajo se ha deferido por la Constitución al legislador (STC 20/1994, de 27 de enero), a quién corresponde, con un amplio margen de decisión, la fijación de los efectos de la extinción del contrato de trabajo (AATC 429/1983, de 28 de septiembre y 57/1985, de 24 de enero).

Como se ha señalado, "estas decisiones de política social y económica entroncan con la potestad del Estado de ordenar la economía (art. 35, 38 y 53 de la CE) y, por consiguiente, tienen un marco flexible de adaptación por el legislador ordinario que posee opciones diversas igualmente válidas. Las indemnizaciones son algo más que la simple plasmación de un criterio legislativo a la hora de aplicar el principio general de indemnización por incumplimiento del art. 1101 del CC e incluso van más allá del resarcimiento de daños y perjuicios derivados de la resolución por incumplimiento en las obligaciones bilaterales a que se refiere el art. 1124 del CC. Tampoco las indemnizaciones actúan en una dirección exclusivamente sancionadora o punitiva y nada tienen que ver con efectos relacionados con una cierta visión expropiatoria. Se trata, en resumen, de una decisión de política social que el legislador ha tomado teniendo como punto de referencia un dato objetivo: las consecuencias de la imposibilidad de prestación de trabajo" (Álvarez de la Rosa, 1990: 20-21).

9. Agudamente Desdentado (2020: 262), precisa que "el daño consiste en la pérdida de empleo y no cabe duda de que la forma más completa de repararlo, al menos desde una perspectiva jurídica, sería la readmisión forzosa y el abono de los salarios dejados de percibir. Pero es una medida que tiene dificultades difícilmente superables como solución general, entre ellas la libertad de salida de los vínculos de carácter personal, por lo que suele reservarse para los casos de despidos que merecen una especial reprobación. Se recurre, por tanto, a la indemnización. Sin embargo, también hay aquí problemas, porque en el momento de la calificación del despido no se conoce la extensión del daño, ni éste sería imputable en su totalidad al empresario, mientras que, por otra parte, hay que coordinar la reparación con el efecto disuasorio que impone la primera función y con la protección pública del desempleo que también interviene en la reparación".

Durante el período franquista y partiendo de una concepción institucional de la estabilidad en el empleo la doctrina llegó a configurar jurídicamente este derecho como un verdadero derecho real de propiedad sobre el empleo atribuido al trabajador y, consiguientemente, al despido sin causa como una expropiación del puesto de trabajo o de la situación del trabajador en la empresa (Bayón Chacón, 1966). Es decir, se consideraba al empleo como un bien jurídico sobre el cual el trabajador ostentaba un derecho de propiedad. En España esta concepción fue seguida por Núñez Samper (1952): "Hay que pensar que la única propiedad que efectivamente pueden poseer los trabajadores es su puesto de trabajo, su empleo".

10. Doctrinalmente también se ha afirmado que el fundamento de la existencia de la obligación legal de abonar estas indemnizaciones se encuentra en la presunción iuris et de iure de perjuicio que el empresario causa con su ilegítima conducta al trabajador, presunción iuris et de iure, independiente, por tanto, del daño real producido. Esta sería la razón por la que, además, si el despedido encuentra pronta colocación no pierde el derecho a ser indemnizado (Montoya, 1992: 523).

11. Como señaló la STS (Social) de 23 de octubre de 1990 (RJ 7709):

"en su regulación del despido y con respecto al que merezca la calificación de improcedente —cual es el caso, pues así fue reconocida en conciliación—, se aparta de lo establecido por los arts. 1.106 y siguientes del Código Civil y consagra un régimen específico de resarcimiento, opcional entre la readmisión y la indemnización en metálico, fijando esta última de manera objetiva y tasada, según los términos que establece el art. 56 del Estatuto de los Trabajadores, que contiene determinadas reglas, cuya aplicación produce la exacta cuantificación de aquélla, sin que el Juzgador pueda valorar de otro modo los daños y perjuicios causados por dicho despido improcedente, incrementando o disminuyendo la cantidad que resulta del baremo establecido; sistema este que, como declara la Sentencia de la Sala de 18 de julio de 1985, puede unas veces beneficiar y otras perjudicar al trabajador, quien, por una parte, se halla liberado de acreditar los daños y perjuicios sufridos, pues su existencia se encuentra amparada con presunción *iuris et de iure*, y, de otra, queda privado de acreditar que los daños y perjuicios que sufre alcanzan dimensión económica superior a la que resulta de las precisas reglas de valoración que contiene dicho art. 56. (...) No es legalmente posible, por tanto, en función de un despido improcedente, traer a colación la variedad de perjuicios causados, para pretender un incremento de la indemnización que la Ley marca para cifrar otra ajena a aquélla, pues dichos perjuicios, en toda su variedad, son considerados por el art. 56 cuando establece las reglas para su cuantificación. Sólo si el régimen legal hubiera sido mejorado por Convenio Colectivo cabría el incremento de tal indemnización".

12. A lo que añadía la STS (Social) de 31 de mayo de 2006 (Rº 5310/2004) que:

"Una razón más cabe aducir en favor de la no acumulación de las disposiciones del régimen especial del resarcimiento del despido establecido en la legislación laboral con las del régimen común de la responsabilidad civil contractual. Nos referimos al contenido netamente distinto de las normas de resarcimiento en uno y otro sector del ordenamiento (...) Mientras el resarcimiento civil tiene en cuenta, en principio, el daño emergente y el lucro cesante efectivamente producidos por una actuación antijurídica (arts. 1106 y siguientes CC), el resarcimiento por despido tiene en cuenta de un lado el daño injusto efectivamente producido (aunque este factor no ha de concurrir necesariamente, en cuanto en el ordenamiento español se indemnizan o compensan los despidos económicos procedentes), y de otro lado el coste de reinserción en el mercado de empleo o en otra actividad profesional, un coste que suele aumentar con el paso del tiempo, y que se calcula por ello en función de la antigüedad en la empresa. En este contexto se reserva una posición de segundo orden al lucro cesante, posición secundaria acentuada por cierto en la nueva regulación de la materia contenida en la Ley 45/2002. Dicho lucro cesante es de evaluación muy difícil en un mercado de trabajo tan complejo como el actual; un reflejo del mismo, inevitablemente impreciso y rudimentario, se encuentra en los llamados "salarios de tramitación".

2. *Las indemnizaciones se encuentran tasadas*

13. La función de esta indemnización es la de resarcir la pérdida del empleo. Pero su carácter tasado impide reconocer en ella "el valor de restitución en su integridad que a veces se ha pretendido atribuirle, pues se trata de una compensación de contenido tasado y previamente fijado por la ley, sin que le sean aplicables los criterios civiles de cuantificación del daño, ni exigible la necesidad de probanza de los daños y perjuicios" (STS (Social) de 7 de diciembre de 1990 (RJ 9760) (Comentario de Durán López, 1991).

14. El carácter tasado implica que con el pago de la cantidad determinada legalmente se da satisfacción a todos los perjuicios que se derivan de la pérdida del empleo, tanto materiales (pérdida de salario y puesto de trabajo) como inmateriales (pérdida de oportunidad de ejercitar la actividad profesional, de prestigio e imagen en el mercado laboral). En consecuencia, ni el empresario puede pretender el pago de una cantidad menor ni el trabajador reclamar una mayor tratando de acreditar el daño efectivamente sufrido. De modo que, como expresa la STC 6/1984, de 24 de enero:

> "la indemnización a cargo de las empresas se calcula en función del tiempo de duración de la relación laboral y del número de sus trabajadores, lo que evidencia que no guarda una relación de identidad con los perjuicios que pueda sufrir el trabajador como consecuencia del despido improcedente y de que el empresario opte por la no readmisión. Se trata de una indemnización *ex lege*, valorada en función de los criterios mencionados, que no toma en consideración de forma expresa el tiempo necesario, o la dificultad para encontrar otro puesto de trabajo, ni se calcula en función de estos datos. En consecuencia, debemos concluir que la indemnización a cargo de la empresa se concibe como una cantidad que sustituye a la indemnización de daños y perjuicios, y que opera (si bien ex lege) de modo similar a la cláusula penal en los contratos cuando no se le da otro carácter, es decir, como una suma que ha de abonar el empresario al trabajador como consecuencia de despido sin causa legal, la cual cumple una función sustitutoria del resarcimiento de perjuicios, aunque no se calcula en función de los mismos".

El Auto del Tribunal Constitucional 43/2014, de 12 de febrero:

"En nuestro ordenamiento, siempre con respeto a estas exigencias, la determinación de esa reacción o protección queda dentro, por lo ya dicho, del ámbito de configuración del legislador, quien legítimamente puede disponer que, en los despidos declarados improcedentes, el empresario quede sujeto a la opción entre readmitir al trabajador o abonarle una indemnización adecuada, posibilidad esta última largamente reconocida en nuestro ordenamiento laboral (STC 103/1990, de 4 de junio). Ya en la STC 20/1994, de 27 de enero, afirmamos que uno de los aspectos básicos del derecho al trabajo era "[l]a reacción frente a la decisión unilateral del empresario prescindiendo de los servicios del trabajador, abstracción hecha del procedimiento para ello como factor formal de garantía y de las consecuencias que acarree legalmente, y en especial las económicas (indemnización)". Por lo que se refiere específicamente a esa opción indemnizatoria, a la luz de lo indicado ha de entenderse que, dentro de ese margen de actuación conferido a la ley por la propia Constitución, se integra la facultad del legislador de decidir el establecimiento de una indemnización con elementos de cálculo tasados, la determinación de los factores a considerar y su valor numérico, así como su posible modificación normativa en un momento determinado.(...) Pues bien, con un razonamiento análogo al seguido en la propia STC 181/2000, no es posible afirmar que la opción del legislador en favor de un sistema legal de indemnización tasada por despido se encuentre falta de fundamento, en atención a las razones que pueden justificar objetivamente la elección de este sistema: en concreto, la eliminación de las dificultades de prueba de los daños por parte del trabajador, o la unificación de los criterios a aplicar por el Juez y la simplificación del cálculo judicial, así como la certeza y seguridad jurídica".

15. Este sistema de baremación puede unas veces beneficiar y otras perjudicar al trabajador pero dicho modelo resulta ser el más equitativo al atender exclusivamente a la pérdida del puesto de trabajo y no a la eventual privación de derechos sociales. Y ello porque, como se ha dicho (Senra Biedma, 2002: 89), "la indemnización tasada por despido, solo está indemnizando el hecho inmediato de la pérdida de trabajo por una causa ajena al trabajador, y nada más. En consecuencia, todos los daños que, por la misma causa se produzcan y que superen el ámbito de la estricta pérdida del puesto de trabajo, habrán de ser indemnizados".

La STS (Social) 31 de enero de 2001 (RJ 2137) se dicta a propósito de un conflicto colectivo relacionado con el régimen de previsión del personal de una entidad bancaria, planteándose en concreto si, en los supuestos en que la relación laboral de los empleados se extingue por causas distintas a la jubilación, muerte o invalidez permanente del trabajador, éste tiene o no algún derecho de rescate, transferencia o movilización del fondo constituido para la cobertura de tales contingencias. La Sentencia precisa que el régimen de previsión del personal pactado en la empresa tiene naturaleza de mejora voluntaria y directa de las prestaciones de Seguridad Social. Respecto a la específica cuestión controvertida, el Tribunal concluye que la pérdida de los derechos económicos o de previsión social de los trabajadores en los supuestos de cese anticipado no resulta compatible con el plan o régimen de previsión de la empresa diseñado en su Reglamento regulador —en él se declara su carácter de "prestación definida", la irrevocabilidad de las aportaciones del promotor y el cálculo de éstas conforme a criterios de capitalización individual—, afirmando asimismo que dicha solución "resulta ser la más equitativa en un régimen de indemnización tasada de despido, como el español, que atiende en el cálculo de la misma a la pérdida del puesto de trabajo y no a la eventual privación de derechos sociales como los cuestionados en este proceso". Finalmente, el Tribunal Supremo señala que, por aplicación analógica de la legislación común sobre planes de pensiones, los partícipes que cesan anticipadamente al servicio de la entidad pueden rescatar o movilizar sus derechos consolidados en los supuestos y condiciones previstos en dicha legislación.

16. Lo anteriormente descrito no quiere decir que el legislador no haya tenido en cuenta una graduación de los perjuicios. Justamente lo contrario, la norma trata los supuestos de manera diferente y parece claro que las indemnizaciones se estructuran con fundamento en los perjuicios que causan, ahora bien, esa no constituye la razón de ser de la Ley, pero una vez tomada no cabe al operador atribuir una u otra indemnización en razón del perjuicio infringido (Álvarez de la Rosa, 1990: 22-23 y Cruz Villalón, 1983: 327-333).

En el caso del despido disciplinario u objetivo calificado como improcedente (art. 56 ET), el Juez ha de condenar al empleador a que opte entre el abono de la indemnización marcada en la ley (indemnización equivalente a treinta y tres días de salario por año de servicio, prorrateándose por meses los períodos de tiempo inferiores a un año, hasta un máximo de veinticuatro mensualidades) o la readmisión del trabajador, en las condiciones que regían antes del despido. La condena incluirá, según los casos, también el abono de los salarios de tramitación. El art. 53.1 b) del ET exige en el caso del despido por causas objetivas que el empresario ponga a disposición del trabajador, simultáneamente a la entrega de la comunicación escrita, la indemnización de veinte días de salario por año de servicio, prorrateándose por meses los períodos de tiempo inferiores a un año y con un máximo de doce mensualidades.

En el caso de los despidos colectivos, el empresario, simultáneamente a la adopción de la decisión extintiva, deberá abonar a los trabajadores afectados la indemnización de veinte días de salario por año de servicio, prorrateándose por meses los períodos de tiempo inferiores a un año, con un máximo de doce mensualidades, salvo que, en virtud de pacto individual o colectivo, se haya fijado una cuantía superior (art. 51.4 del ET).

La expiración del tiempo convenido o realización de la obra o servicio contratado (art. 49.1 c) del ET), da lugar, a la finalización de contrato, excepto en los contratos formativos y el contrato de duración determinada por causa de sustitución, la persona trabajadora tendrá derecho a recibir una indemnización de cuantía equivalente a la parte proporcional de la cantidad que resultaría de abonar doce días de salario por cada año de servicio, o la establecida, en su caso, en la normativa específica que sea de aplicación.

También la muerte, jubilación o incapacidad del empresario generan derecho a una indemnización para el trabajador en los términos establecidos por el art. 49.1g) del ET. Es necesario, no obstante, precisar que el fallecimiento, jubilación o incapacidad del empresario persona física no determina, por sí solas, la extinción de los contratos de trabajo. Para ello, es necesario que se produzca, además, la cesación sin sucesión del negocio o actividad empresarial. En tal caso, al cumplirse ambos requisitos, no se precisa autorización administrativa y, conforme a lo dispuesto en el ET, el trabajador «tendrá derecho al abono de una cantidad equivalente a un mes de salario».

El traslado de centro de trabajo (art. 40.1 del ET) otorga al trabajador el derecho a la extinción de su contrato, con una indemnización de 20 días de salario por año de servicio, prorrateándose por meses los períodos de tiempo inferiores a un año y con un máximo de 12 mensualidades (art. 40.1 ET). Lo mismo ocurre en el caso de la rescisión del contrato por modificación de jornada, horario o régimen de trabajo a turnos que perjudiquen al trabajador (art. 41.3 del ET). En este caso, notificada la modificación, y sin perjuicio de la ejecutividad de la misma transcurridos los treinta días del plazo de efectividad, el trabajador afectado puede optar por resolver el contrato y percibir una indemnización de 20 días de salario por año de servicio prorrateándose por meses los períodos inferiores a un año y con un máximo de 9 meses.

El art. 50 del ET regula la extinción del contrato de trabajo por incumplimiento del empresario, que se relaciona como tal causa extintiva en el art. 49.1 j) del ET indicando las «causas justas» para que el trabajador pueda «solicitar la extinción del contrato» y estableciendo que, en tales casos, el trabajador "tendrá derecho a las indemnizaciones señaladas para el despido improcedente" (art. 50.2 del ET).

17. De esta forma, indemnizada la extinción no puede el trabajador pretender la reclamación de daños superiores derivados del despido.

El criterio de la indemnización tasada puede crear situaciones paradójicas, porque la reparación de daños por otros incumplimientos empresariales no está tasada. Así, por ejemplo, la indemnización por la ruptura de un precontrato de trabajo puede determinar una indemnización superior a la que se hubiera producido si contratado el trabajador se procede a su despido. En este sentido, la STS (Social) de 15 de marzo de 1991 (RJ 4167), que reconoce a favor del trabajador una indemnización de más de diecisiete millones por los daños derivados del incumplimiento empresarial de un precontrato de trabajo. La sentencia rechaza la alegación del recurrente basada en que no puede admitirse que la ruptura del precontrato genere efectos más onerosos que un despido, señalando que "el incumplimiento del precontrato, al ser determinante del cese en el empleo estable, para ponerse a disposición de la nueva empresa, puede producir efectos mucho más onerosos que el incumplimiento del contrato una vez iniciado, pues al no otorgarse el proyectado tras el cese voluntario en el anterior, queda el trabajador sin la protección del seguro de desempleo" (Alfonso Mellado, 1994: 45-53).

18. Las indemnizaciones excluyen cualquier otra por la misma causa.

La cuestión que se suscita en STS (Social) de 20 de septiembre de 2012 (Rº 3705/2011) es la relativa a determinar si es o no compatible la indemnización por despido improcedente y la declaración de incapacidad permanente total para la profesión habitual. La Sala recuerda doctrina previa —SSTS (Social) de 4 de mayo de 2005 (Rº 1899/04); 28 de junio de 2006 (Rº 428/05)— conforme a la cual, con carácter general, media compatibilidad entre dichas percepciones, porque las indemnizaciones no reparan el mismo daño: la indemnización por despido cubre el daño producido por privación injusta del empleo, que tenía ese carácter en el momento que se acordó, mientras que los efectos económicos de la declarada incapacidad permanente total resarcen los daños que han limitado de forma permanente la capacidad de trabajo no sólo en lo que afecta a su empleo en la empresa, sino respecto a todos los empleos de su profesión de habitual, de ahí que nos sea dable apreciar enriquecimiento injusto. Dicho posicionamiento ha sido cuestionado doctrinalmente en la medida en que la referida solución quiebra el principio de indemnización tasada para un solo caso, pues la misma exposición lógica justifica el nacimiento de responsabilidad en cualquier caso de pluriofensividad, sin que quede claro por qué otras fuentes de obligaciones no gozan de este privilegio (Gimeno Díaz de Atauri, 2014: 277).

Es decir, no admiten que se compense el daño causado íntegramente cuando se demuestre que sea superior tasado y, además, tampoco admiten que se incorpore a la indemnización un daño distinto por la misma causa (Senra Biedma, 2002: 85).

Se ha rechazado también la posible actualización de la indemnización y de los salarios de trámite por los incrementos retributivos posteriores al despido, "pues el incremento posterior no afecta a la indemnización del despido fijada en la sentencia, ni a los salarios de tramitación o sustanciación devengados después de la misma" y ello porque "las cantidades indicadas son compensaciones o indemnizaciones tasadas, previamente fijadas por la ley y no *restitutio in integrum* y permanecen inalterables como tales indemnizaciones de daños y perjuicios" (SSTS (Social) de 7 de diciembre de 1990 (RJ 9760), 12 de abril de 1993 (RJ 2922).

19. Aunque según sea la razón de la pérdida del empleo el ordenamiento laboral contempla un tipo concreto de indemnización que, en algunos casos, puede incluso alcanzar un "aspecto punitivo, de disuasión" (Álvarez de la Rosa, 1990: 19). Hay supuestos indemnizatorios en los que se sanciona "la injusticia de la resolución sin causa y queriendo dar al castigo un valor preventivo y ejemplar para evitar la repetición del injusto" (Alonso Olea y Casas Baamonde, 1989: 441).

La tasación laboral de las indemnizaciones impide en ocasiones el efectivo resarcimiento íntegro de los perjuicios realmente sufridos; por eso se ha propuesto que, tal y como analizaremos en el capítulo siguiente, la acción laboral de consecuencias indemnizatorias para ciertos incumplimientos del contrato de trabajo no cierre la puerta a posibles indemnizaciones adicionales de naturaleza civil.

3. Las indemnizaciones legales son indisponibles "in peius"

20. Las causas de extinción del contrato, el procedimiento establecido y la estructura indemnizatoria construida por el ET, "constituyen un bloque indisponible para las partes". No cabe exclusión voluntaria de la Ley aplicable (art. 6.2 del CC), tanto desde la perspectiva del pacto individual como del convenio colectivo". Ahora bien, "esta estructura extintiva, amplia y, en buena medida flexible, supone un ius cogens que vincula en su indisponibilidad, pero no para su alteración mejorada o para la transacción" (Álvarez de la Rosa, 1990: 38-39).

Con carácter general, establece el art. 6.2 del CC que:

> *"La exclusión voluntaria de la ley aplicable y la renuncia a los derechos en ella reconocidos solo serán válidas cuando no contraríen el interés o el orden público ni perjudiquen a terceros"*

El Código se refiere a la exclusión voluntaria de la Ley aplicable como supuesto distinto de la renuncia de derechos, aunque el tratamiento sea igual para ambos. La exclusión de la ley aplicable alude al derecho objetivo mientras que la renuncia de derechos, a los subjetivos.

21. La regla del art. 6.2 del CC viene, de alguna manera, a recoger la vieja tradición de la llamada renuncia a la ley, lo que explica que se la coloque en paralelo y al lado de la renuncia de los derechos. De este modo, parece que existen dos formas de renuncia: "la de los derechos que han sido ya adquiridos, y la renuncia de la ley entendida como voluntad de no llegar a adquirir aquellos derechos que por la normal aplicación de la ley se tendrían o se llegarían a tener" La exclusión voluntaria de la ley aplicable, esta declaración de voluntad contraria a la aplicación de la ley a un supuesto concreto, advierten Díez-Picazo y Gullón (1982: 228), sólo puede comprenderse debidamente poniéndola en relación con la distinción entre derecho dispositivo e imperativo; para que una ley aplicable pueda excluirse voluntariamente, debe ser dispositiva y no imperativa o prohibitiva.

El juego de límites entre la inderogabilidad normativa y la indisponibilidad de derechos encuentra un terreno particular en el art. 3.5 del ET. El mismo establece que:

> *"Los trabajadores no podrán disponer válidamente, antes o después de su adquisición, de los derechos que tengan reconocidos por disposiciones legales de derecho necesario. Tampoco podrán disponer válidamente de los derechos reconocidos como indisponibles por convenio colectivo"*

22. La indisponibilidad implica la prohibición de negocios jurídicos dispositivos, unilaterales o bilaterales, mediante los cuales se produce un cambio en la situación jurídica preexistente provocando como consecuencia la transferencia, modificación o extinción de un derecho (Sobre su complejidad, Mercader, 2014).

23. La STS (Social) de 21 de enero de 1988 (RJ 32), ya dejó sentado que "el supuesto de extinción del contrato por causas tecnológicas o económicas y de fuerza mayor, la indemnización de 20 días por año de servicio con un máximo de doce meses, es mínima y de derecho necesario, no pudiendo los trabajadores ni sus representantes disponer de ella ni transigir estableciendo tope inferior a la indicada de modo que la indemnización sea menor que la que ella arroje". Es indisponible este mínimo de derecho necesario para los representantes de los trabajadores en los acuerdos sobre estas causas y para los propios trabajadores individualmente considerados.

Una empresa del sector de alimentación incluye en los contratos de trabajo indefinidos suscritos una cláusula según la cual el contrato se extinguirá automáticamente en el momento de finalización o resolución anticipada del acuerdo alcanzado con el cliente para la fabricación de los productos encargados por éste ("marca blanca"). De modo que: "ambas partes acuerdan al amparo del art. 49.1.b) ET que el presente contrato se extinguirá automáticamente en el momento de finalización o resolución anticipada del citado acuerdo, siempre que éste no fuese prorrogado, renovado o adjudicado nuevamente a la empresa. La empresa se compromete a notificar al trabajador dicha circunstancia tan pronto tenga constancia fehaciente de la misma. Ambas partes acuerdan asimismo que la extinción por tal causa genera derecho a una indemnización para el trabajador de nueve días por año trabajado con un mínimo de trescientos euros".

La STS (Social) 3 de febrero de 2010 (Rº 1715/2009), señala que "Son, por tanto, contratos de trabajo de duración indefinida sometidos a condición resolutoria, consistente ésta en el mantenimiento mismo de una actividad concreta de la empresa. Y es en la circunstancia que ha de actuar como causa para la resolución del contrato en donde se da una clara incongruencia con la naturaleza indefinida pactada y querida por las partes, pues si de lo que se trataba era de contratar trabajadores por tiempo indefinido —aun cuando la motivación por la que la empresa amplia, en su caso, la plantilla, se hallara en la obtención de más pedidos— la afectación que la eventual pérdida de algún cliente o pedido pudiera tener sobre el vínculo contractual no podía ser sino la que, para supuestos de dicha etiología, prescribe el art. 52 c) del Estatuto de los trabajadores, siempre que concurran en su momento los requisitos legales allí establecidos. La previsión en el contrato indefinido de un descenso del volumen de actividad de la empresa, además de estar mal expresada por ceñirla a un determinado producto en cuya elaboración no se conoce si tiene incidencia la concreta función del trabajador contratado, se hace en la cláusula en cuestión con la finalidad de eludir los efectos económicos previstos en la ley, sustituyendo aquéllos por una indemnización de parámetros cuantificadores completamente distintos y notoriamente inferiores. Se desnaturaliza así el contrato de trabajo de duración indeterminada y, por ello, la cláusula resulta abusiva, como declara la sentencia de instancia".

24. Particulares perfiles adoptada la solución alcanzada por la STS (Social) de 22 de abril del 2014 (Rº 1197/2013).

La cuestión es la de si un alto cargo cuyo contrato se extingue por desistimiento del empresario tiene o no derecho a la indemnización de siete días de salario por año de servicio hasta un máximo de seis mensualidades, a que se refiere el art. 11.2 del RD. 1382/1985, de 1 de agosto, regulador de la relación laboral especial de alta dirección, habida cuenta de que en su contrato figura una cláusula que dice así: "*El presente contrato podrá extinguirse por decisión unilateral del directivo contratado con preaviso mínimo de tres meses. Igualmente podrá extinguirse por decisión unilateral de la Sociedad con el mismo tiempo de preaviso, sin derecho a indemnización*".

El art. 11.1 del RD. 1382/1995, de 1 de agosto, por el que se regula la relación laboral especial de alta dirección, establece que "el contrato de trabajo podrá extinguirse por desistimiento del empresario, comunicado por escrito, debiendo mediar un preaviso en los términos fijados en el art. 10.1 (es decir, de tres meses o de hasta seis meses si así se establece por escrito en los contratos indefinidos o de duración superior a cinco años)", que "el alto directivo tendrá derecho en estos casos a las indemnizaciones pactadas en el contrato; a falta de pacto la indemnización será equivalente a siete días del salario en metálico por año de servicio con el límite de seis mensualidades", y que "en los supuestos de incumplimiento total o parcial del preaviso, el alto directivo tendrá derecho a una indemnización equivalente a los salarios correspondientes a la duración del período incumplido".

Comienza señalando la Sala que "es conveniente subrayar que, (...), la decisión de esta sentencia no se basa en el principio de indisponibilidad tal como está formulado en el art. 3.5 del ET, que para nada se menciona ni en el párrafo transcrito ni en ningún otro lugar de la sentencia, sino en la necesaria "sujeción a las normas de este Real Decreto" a la que está sometida la voluntad de las partes, porque así lo establece su art. 3.1. La cuestión, pues, se reduce básicamente a interpretar si el art. 11 del RD 1382/85 permite o no que las partes pacten la extinción "ad nutum" por voluntad unilateral del empresario sin derecho del trabajador a indemnización alguna". Pues bien, a juicio de la Sala, la interpretación más lógica del art. 11.1, párrafo segundo del RD. 1382/1985, en sí mismo considerado, es que no lo permite.

El precepto en cuestión se compone de tres elementos normativos, que son los siguientes:

a) El legislador confiere directamente al alto directivo un derecho no condicionado a recibir una indemnización cuando su contrato se extinga por voluntad unilateral del empresario sin necesidad de justa causa alguna (desistimiento, dice el precepto con toda propiedad): "El alto directivo tendrá derecho en estos casos a las indemnizaciones..."

b) El legislador no establece directamente la cuantía de dichas indemnizaciones, sino que se remite a la que pacten las partes: "... pactadas en el contrato".

c) El legislador establece una norma subsidiaria para el caso de que las partes no hayan pactado dicha cuantía: "a falta de pacto la indemnización será equivalente a siete días de salario en metálico por año de servicio con el límite de seis mensualidades".

Dada esa estructura y ese contenido del precepto, "no parece lógico interpretar que el legislador permita un pacto —como el del caso de autos cuyo contenido no se limite a fijar una cuantía diferente a esa subsidiaria, sino que consista, lisa y llanamente, en eliminar toda indemnización. Si fuera así, el legislador incurriría en una palmaria contradicción con lo que él mismo establece en primer lugar y de manera terminante: el alto directivo "tendrá derecho". Cabrán, pues, modulaciones varias de ese derecho, pero no su completa ablación".

Dicho lo anterior "que es lo esencial" a juicio de la Sala, se añaden algunos argumentos adicionales. Se dice, así, que:

> "Hay un párrafo del Preámbulo del RD 1382/1985 que es bastante clarificador de la voluntas legislatoris en el sentido que estamos propugnando. Tras aludir a que esta relación especial "se caracteriza por la confianza recíproca que debe existir entre las partes", añade: "Precisamente por estas características de la relación que une al directivo con la Empresa se ha optado por proporcionar un amplio margen al pacto entre las partes de esta relación, como elemento de configuración del contenido de la misma, correspondiendo a la norma por su parte el fijar el esquema básico de la materia a tratar en el contrato, profundizando más en cuestiones, como por ejemplo, las relativas a las causas y efectos de extinción de contrato, respecto de las que se ha considerado debía existir un tratamiento normativo más completo, al ser menos susceptibles de acuerdos entre partes". Es decir que, tras recordar que el sentido de esta relación especial es dar "un amplio margen al pacto entre las partes", añade, a modo de matización a esa idea básica, que la norma tiene un cometido regulador doble: fijar el esquema básico de la materia a tratar en el contrato y "profundizar" en algunas cuestiones, como las relativas a los efectos de la extinción del contrato (uno de cuyos principales efectos es, obviamente, la indemnización) "respecto de las que se ha considerado debía existir un tratamiento normativo más completo, al ser menos susceptible de acuerdo entre partes". Pues bien, no parece lógico interpretar que ese tratamiento normativo "más completo" (contenido, en parte, en el art. 11.1) —que el legislador justifica porque, en su opinión (acertada o no), se trata de una cuestión menos susceptible de acuerdo entre las partes— pueda consistir, paradójicamente, en permitir que las partes sean absolutamente autónomas para pactar que no exista ninguna indemnización, siendo así que la indemnización es un efecto típico de casi todas las extinciones contractuales en materia laboral, incluidas las objetivas por justa causa e incluso la extinción debida a la mera llegada del término en los contratos temporales.

Finalmente, y con expresa referencia al Derecho general de los contratos, y con cita expresa de los arts. 1107 y 1587 del CC, se concluye que: "es claro que el perjuicio que sufre un trabajador —en este caso alto cargo-por la pérdida de su trabajo es una consecuencia necesaria del desistimiento (que, como decimos, es, en definitiva, una falta de cumplimiento total para el futuro, poniendo fin a un contrato antes de la llegada del término pactado) por parte del empleador, perjuicio que debería ser siempre indemnizado. El libre desistimiento sin causa y sin indemnización alguna no parece cohonestar muy bien con ese otro principio general del derecho de los contratos que dice que "el cumplimiento de los contratos no puede dejarse al arbitrio de uno de los contratantes" (art. 1256 CC), pues no hay mayor incumplimiento que poner fin a un contrato sin causa y sin indemnización alguna".

El voto particular que acompaña a la sentencia considera, por su parte, que no puede entenderse que ese acuerdo expreso sea contrario a la ley, y ello, esencialmente, por las siguientes razones:

a) porque aquí no resultan de aplicación los principios de indisponibilidad, norma mínima de derecho necesario —absoluto o relativo—, o norma más favorable o beneficiosa que, según el art. 3 del Estatuto de los Trabajadores, constituyen fuentes de la relación laboral común, en ningún caso de la especial de alta dirección;

b) porque, a diferencia de lo que sucedía en nuestra sentencia de 24-2-2009 (R. 900/2008), en la que declaramos nula la cláusula contractual de un contrato de alta dirección que establecía la indemnización en cuantía neta, por suponer en el caso la vulneración de la legalidad tributaria, aquí, la indemnización prevista en el art. 11.2 del RD no se configura como una norma imperativa sino dispositiva o incluso accesoria, supletoria o complementaria ("...a falta de pacto...") de la autonomía de la voluntad;

y c) porque, en fin, es ese mismo precepto del RD 1382/1985 el que, al remitirse a la voluntad concurrente de las partes respecto a la cuantía de la indemnización ("tendrá derecho en estos casos a las indemnizaciones pactadas en el contrato"), está admitiendo implícitamente la posibilidad de que ésta sea "cero", contemplando también (ahora de forma expresa) que sólo en el caso de que nada se hubiera acordado al respecto ("a falta de pacto") procedería la que ese mismo Reglamento dispone con carácter, no sólo mínimo, sino esencialmente supletorio del silencio de las partes sobre ese extremo.

Late detrás del referido pronunciamiento el debate sobre la existencia real de una situación de simetría contractual en las relaciones de alta dirección. El legislador dotó de especialidad a la citada relación al construir el mismo sobre la base de un modelo de partes normalmente iguales en el tráfico jurídico. La autonomía de la voluntad, solo sirve en el caso de una relación de fuerzas aproximadamente equilibrada pero cuando esa paridad aparece distorsionada, surge, inevitablemente, la duda.

Pero si esto puede ser así, ¿cuál es la razón para concluir un contrato de alta dirección? Como termina señalando el voto particular que acompaña a la sentencia: "la relevancia y primacía del principio de la autonomía de la voluntad es una característica exclusiva de la relación laboral especial de los altos directivos, y como consta pactado que el desistimiento empresarial sería "sin derecho a indemnización", y ese acuerdo no tiene vicio alguno, no afecta a normas imperativas, de policía o de orden público y no perjudica a terceros, es perfectamente válido y eficaz, tratándose, como se trata sin duda, de un verdadero alto directivo".

4. Su determinación parte de un cálculo abstracto del daño

25. En la doctrina y en la jurisprudencia civil se ha hablado de un sistema de "cálculo abstracto del daño", en aquellos casos en que, dada la naturaleza del negocio y de las condiciones económicas generales, puede considerarse que existe un daño mínimo, de manera que la regla legal exonera al demandante de toda carga de un cálculo posterior. Como se ha señalado, el cálculo abstracto exige una norma de derecho material que, al mismo tiempo que exonera al demandante de la prueba, establezca el criterio del daño mínimo. En nuestro derecho, es sin duda un sistema de cálculo abstracto contenido en el art. 1108 del CC, que, para las obligaciones pecuniarias, hace equivaler la indemnización de daños y perjuicios a los intereses. Pero también se han considerado reglas de cálculo abstracto las reglas aplicables en materia de contrato de trabajo, en los que la extinción no se traduce en una liquidación de daños real, sino en una cantidad de dinero equivalente a los días de trabajo previstos en la norma (Díez-Picazo, 1993: 684).

26. La totalidad de supuestos que el ET prevé de cálculos de indemnizaciones por razón de extinción del contrato de trabajo, la discrecionalidad del magistrado ha desaparecido por completo, rompiéndose el vínculo formal con nuestra legislación histórica.

> La indemnización debida será siempre de «F» días de salario por año de servicio prorrateándose por meses los períodos inferiores a un año y con un máximo de «N» meses. Esquemáticamente puede, por tanto, expresarse como la menor de dos cantidades, el producto de tres factores (tiempo de servicio, salario diario y el multiplicador fijado por ley o factor indemnizatorio) y un determinado tope, fijado como un número de mensualidades de salario.

Señala Desdentado (2020: 262) que:

> "El criterio de cálculo de la indemnización opera mediante una fórmula que relaciona el salario con la antigüedad del trabajador y con un multiplicador que solo depende de una decisión política, que puede inspirarse en consideraciones muy diversas. Por otra parte, hay que tener en cuenta que la antigüedad, aunque puede considerar en algunos casos la pérdida del capital humano específico de la empresa, tampoco guarda relación efectiva con el daño. De esta manera, el sistema funciona en la práctica de forma muy aleatoria. Si la antigüedad es alta y la pérdida de empleo es de corta duración, se puede obtener bastante más de lo que se ha perdido. Pero, si la antigüedad es reducida y la pérdida de empleo se prolonga en el tiempo, el efecto reparador es prácticamente nulo. En nuestro sistema hay, por tanto, una clara desigualdad ante el despido. Los trabajadores jóvenes y los temporales son los perjudicados y esto es algo que explica la preferencia empresarial por el contrato temporal y en su momento por el llamado despido exprés (despido con reconocimiento inmediato de su improcedencia y pago de la indemnización). Aunque una contratación temporal se declare abusiva, la indemnización será muy reducida si la duración del contrato también lo es".

Como ha señalado Gimeno, la antigüedad mide, precisamente por esto, el daño emergente. El despido supone la pérdida de activos inmateriales (también otros diferentes del capital humano "no aprovechable", como vínculos sociales y pertenencia. Queda menos "huérfano" (un daño moral) el que "pierde un empleo en el que lleva un año que el que lleva media vida en la empresa, con independencia de lo que tarde en encontrar otro empleo" (Gimeno Díaz de Atauri, 2014: 329).

De estos elementos, tanto el factor indemnizatorio como el tope máximo —fijado discrecionalmente por el legislador— tienen una determinación clara. Sin embargo, surgen problemas en relación a la determinación del salario diario y del tiempo de servicio.

27. El salario computable (que se fijará en el proceso por despido) debe ser el que legalmente corresponda al trabajador en el momento del despido y no el inferior que realmente percibiera (STS (Social) de 27 de diciembre de 2010, Rº 1751/2010), sin que puedan aplicarse ni reclamarse incrementos posteriores pactados en convenio, dado el carácter compensatorio o indemnizatorio y tasado de la indemnización (SSTS (Social) de 7 de diciembre de 1990, RJ 1990/9760 y 12 de abril de 1993, Rº 1857/1992).

No obstante, si el trabajador disfrutara, en el momento del despido, de una suspensión por nacimiento, adopción, guarda o acogimiento a tiempo parcial, o de una jornada reducida por lactancia, por cuidado de hijos o de familiares, o para el cuidado del menor a su cargo afectado por cáncer (tumores malignos, melanomas y carcinomas), o por cualquier otra enfermedad grave, que implique un ingreso hospitalario de larga duración y requiera la necesidad de su cuidado directo, continuo y permanente, o de una reducción de jornada por tratarse de una trabajadora víctima de violencia de género o de una víctima del terrorismo, el salario a tener en cuenta será el que hubiera correspondido al trabajador sin considerar la reducción de jornada (DA 19 del ET).

Por lo que se refiere al salario computable a efectos de calcular la indemnización, hay algunas fórmulas retributivas que plantean problemas. En general, para calcular la indemnización se toman en cuenta todas las percepciones salariales del trabajador, en dinero o en especie percibidas en el mes anterior al despido. Las retribuciones de devengo superior al mes o de cuantía irregular (lo que incluye el llamado salario variable) se computan en la proporción que corresponda. Así ocurre con las pagas extras, con los pluses y complementos percibidos de forma irregular y con las comisiones, bonos, opciones sobre acciones, etc. Respecto a las horas extraordinarias, se suele calcular el promedio, y el salario en especie se cuantifica para incluirlo en la indemnización. No se toman en cuenta, sin embargo, las percepciones extrasalariales y no se computan los incentivos si no se han alcanzado los objetivos previstos.

28. Para el cálculo del salario diario debe partirse del salario en términos anuales y dividirlo entre 365 (o en su caso 366 con los matices de la STS (Social) de 27 de febrero de 2020, Rº 3230/2017), y no entre 360 (que sería el equivalente a dividir el salario mensual entre 30), según ha establecido la jurisprudencia.

También se plantean problemas respecto al tiempo de servicios prestados. A estos efectos, debe diferenciarse entre antigüedad reconocida y servicios prestados. Lo relevante para la indemnización son los servicios prestados de manera que la antigüedad reconocida al trabajador solo se computa si expresamente se pactó o si procede su cómputo por haber existido sucesión empresarial (STS (Social) de 8 de marzo de 1993, Rº 29/1992). En caso de que el trabajador haya estado vinculado a la empresa con contratos temporales, incluso a través de ETT, estos se computan a efectos de calcular la antigüedad.

Como ha señalado la STS (Social) de 30 de julio de 2020 (Rº 324/2018), la indemnización por despido improcedente de los trabajadores fijos discontinuos debe calcularse con base en los periodos de actividad, en los que el trabajador haya prestado efectivamente servicios, no debiendo computarse los períodos de inactividad o entre campañas. Además, este sistema de cálculo no puede calificarse como discriminatorio dado que, a diferencia de los trabajadores a tiempo completo, los fijos discontinuos disponen de oportunidades de pluriempleo, que justifica el régimen indemnizatorio.

> La variable relativa a los años de servicio no puede incluir los períodos de inactividad del trabajador fijo discontinuo porque en ellos no realiza dicha prestación de servicios. Conforme al tenor literal de la norma, esos períodos no deben computarse a efectos indemnizatorios. La indemnización por despido constituye una compensación por la extinción del contrato que tiene naturaleza extrasalarial y que se calcula sobre la base del tiempo de servicio, con los topes legales. Durante los periodos de inactividad no se produce dicha prestación de servicios, por lo que no puede computarse con esta finalidad.

29. El prorrateo por meses de los períodos inferiores a un año supone tener que contar un mes completo adicional por el tiempo de servicio que exceda del último mes completo tomado en cuenta, sin que puedan tomarse en consideración en ningún caso los días. Así, el Tribunal Supremo ha afirmado que «sea cual fuere el número de días servido a partir del último mes completo, el prorrateo ha de hacerse "por meses", esto es, como si se hubiera trabajado la totalidad del mes, fórmula ésta elegida por el legislador que se presenta como adecuada y simple y, por otra parte, de escasa trascendencia económica a favor del trabajador» (SSTS de 31 de octubre de 2007, Rº 4181/2006 y de 11 de febrero de 2009, Rº 450/2008, entre otras).

5. Las indemnizaciones legales constituyen normas de derecho necesario relativo: Los pactos indemnizatorios de mejora

30. El alcance de la voluntad de las partes para afectar a la estructura de las causas de extinción es, como ha señalado Álvarez de la Rosa (1990: 50), bien preciso: "puede mejorarse, pero no alterarse creando causas nuevas, desapareciendo garantías procedimentales o disminuyendo las indemnizaciones"

31. Cuando se trata de pactos individuales incorporados al contrato de trabajo, inicialmente o durante el desarrollo de la relación laboral, se suelen denominar cláusulas de blindaje. El blindaje sirve no solo para mejorar las indemnizaciones y hacer más atractiva la contratación, sino que se configura como una medida de "persuasión o defensa, [que] trata de reforzar la posición del trabajador frente a una resolución unilateral del contrato, por parte del empresario, no amparada por una causa de despido disciplinario" (San Cristóbal, 2009).

Típicas en el ámbito de la alta dirección, Molero (2011: 711-713) las ha clasificado en dos grupos: propias y las impropias. Las primeras son, simple y llanamente, las que establecen una cuantía predeterminada por importe superior al establecido en la relación especial de alta dirección a excepción del deber de preaviso. En caso de querer incluirse el preaviso en dicho blindaje —entendiendo además con ello que se está optando de forma anticipada por la extinción de la relación en el mismo momento de su comunicación— deberá pactarse de forma expresa y, en todo caso, la cuantía total del blindaje no puede ser inferior a la suma mínima legal por ambos conceptos. Otra fórmula de blindaje sería la impropia, donde se le reconocen al trabajador conceptos adicionales a la indemnización legal: más mensualidades de las legalmente reconocidas, una antigüedad superior a la real, el derecho a una pensión compensatoria, la inclusión del salario en especie, o incluso el pacto de un preaviso superior al legal (si bien la naturaleza indemnizatoria o salarial del preaviso también ha sido discutida).

Los pactos indemnizatorios "pueden referirse a todas o a alguna de las causas extintivas que llevan unida la indemnización y a todas o a alguna de las partes de la fórmula de cálculo o solo al resultado final. Pueden referirse a una indemnización conjunta y global o a un cálculo indemnizatorio que sea común a cualquiera de las causas de extinción o particular a alguna de ellas" (Álvarez de la Rosa, 1990: 50).

Son válidos también los pactos de mejora de la indemnización por extinción del contrato pactados después de producirse la extinción, con carácter transaccional y, por tanto, con la finalidad de poner fin a la controversia generada por la extinción.

III. Efectos vinculados de las indemnizaciones derivadas de la extinción del contrato de trabajo

1. Su consideración como partidas extrasalariales

32. El art. 26.2 del ET precisa que "no tendrán la consideración de salario (...) las indemnizaciones correspondientes a traslados, suspensiones o despidos". Se trata de partidas que tienen como nota común que la causa de su abono no es el trabajo, de modo que, al no retribuir la prestación efectiva de servicios, desaparecido el sinalagma trabajo-salario, se consideran extrasalariales. En estos casos, su objeto es compensar bien la pérdida del trabajo, bien alteraciones significativas en el mismo. De tal calificación se extraen importantes consecuencias que definen una serie de factores que dotan a las mismas de singularidades en el terreno de la responsabilidad empresarial en el supuesto de subcontratación de obras y servicios, en el terreno del derecho concursal, así como a efectos de tributación y de cotización a la seguridad social (Matorras, 1999: 246-247).

Pese a que la norma solo prevé expresamente la exclusión de las "indemnizaciones por despido", la exclusión legal no se limita a las indemnizaciones por despido disciplinario, sino que también deben entenderse incluidas en la categoría de percepciones extrasalariales todas las indemnizaciones que se abonen por cualquier causa en virtud de la cual el trabajador deba ser indemnizado. O por expresarlo como Alonso Olea y Casas Baamonde (2009: 487), "despido tiene aquí un concepto vulgar, y más que vulgar amplísimo, de extinción del contrato por cualquier causa en virtud de la cual el trabajador deba ser indemnizado".

2. Alcance de la responsabilidad solidaria en las contratas de obras y servicios

33. El art. 42.2 del ET establece el régimen de responsabilidad del empresario principal en caso de contratas de la propia actividad y se refiere a deudas de naturaleza salarial contraídas por los contratistas y subcontratistas con sus trabajadores y a deudas referidas a la Seguridad Social. En ambos casos, se trata de deudas generadas durante la vigencia de la contrata.

El art. 42.2 del ET se refiere expresamente a la responsabilidad por obligaciones de naturaleza salarial y precisa que la responsabilidad solidaria del empresario principal por las deudas contraídas por los contratistas y subcontratistas "durante el año siguiente a la finalización del encargo". La doctrina de suplicación había optado por una interpretación amplia e incluía en esta responsabilidad todas las obligaciones de naturaleza retributiva, tanto salariales como extrasalariales. Sin embargo, el TS ha aplicado una interpretación rigurosa del ámbito de responsabilidad del empresario principal y ha señalado que el art. 42.2 del ET reduce el ámbito de la responsabilidad solidaria a las obligaciones salariales, lo que obliga a interpretar dicho precepto conforme al art. 26.2 del ET. De este modo, la responsabilidad del empresario principal alcanza a todas las deudas que deben considerarse como salario, excluyéndose, sensu contrario, aquellos conceptos de naturaleza extrasalarial, fundamentalmente listados, que no agotados, en el art. 26.2 del ET: indemnizaciones por traslados (compensación de gastos, en realidad), suspensiones o despidos.

34. Obsérvese el matiz que aporta el art. 7.2 de la Ley 32/2006, de 18 de octubre, reguladora de la subcontratación en el Sector de la Construcción (LSC). Como señala Gómez Abelleira, la diferencia con el art. 42.2 del ET es evidente dado que en este caso supuesto del art. 7.2 de la LSC hay un incumplimiento propio, mientras que en el precepto estatutario la empresa principal puede no haber incurrido en incumplimiento normativo alguno. Dicho precepto establece —en su respectivo ámbito de aplicación— que "sin perjuicio de otras responsabilidades establecidas en la legislación social, el incumplimiento de las obligaciones de acreditación y registro exigidas en el art. 4.2, o del régimen de subcontratación establecido en el art. 5, determinará la responsabilidad solidaria del subcontratista que hubiera contratado incurriendo en dichos incumplimientos y del correspondiente contratista respecto de las obligaciones laborales y de Seguridad Social derivadas de la ejecución del contrato acordado que correspondan al subcontratista responsable del incumplimiento en el ámbito de ejecución de su contrato, cualquiera que fuera la actividad de dichas empresas". Por lo que, en este caso, sí quedan incluidas en este ámbito las indemnizaciones por traslados, suspensiones o despidos.

3. La tutela de las indemnizaciones por extinción o finalización del contrato frente a situaciones de insolvencia empresarial

35. El reconocimiento de la condición de privilegiadas de las indemnizaciones laborales es una consecuencia de los compromisos adquiridos por España como signataria del convenio 173 de la OIT, en el que se protege con un privilegio o con una institución de garantía las indemnizaciones por fin de servicios adeudadas al trabajador con motivo de la terminación de la relación de trabajo.

A) Las indemnizaciones como deudas de la masa

36. Las deudas de la masa son aquellas que surgen, en principio, después de declarado el concurso, porque en definitiva se ligan con la actuación de sus órganos. La simple calificación de una deuda como "prededucible" implica que se abone con prioridad casi absoluta. La Sentencia del Tribunal Supremo (Civil) de 2 de marzo de 2021 (Rº 3257/2018) recuerda que para que un crédito se considere contra la masa es necesario que pueda merecer esta consideración de acuerdo con la enumeración establecida en la legislación concursal, que ha de interpretarse de forma restrictiva, porque su «preferencia de cobro» merma en la práctica las posibilidades de cobro de los créditos concursales, en función de los cuales y para cuya satisfacción se abrió el concurso (STS (Civil) de 11 de febrero de 2013, Rº 1994/2010).

37. La catalogación por la administración concursal de un crédito como contra la masa va a otorgar al acreedor del mismo un notable privilegio, cuando: por un lado, su pago se efectuará de manera inmediata o a la fecha de su vencimiento (art. 245.1 y 2 LC)

> En el caso del pago de los créditos contra la masa en caso de insuficiencia de la masa activa, se establece que aquellos que no sean imprescindibles para la liquidación de la masa activa se satisfarán por el orden establecido en el art. 242.1 LC. No obstante, el art. 250.4 LC realiza una salvedad al establecer que, en este caso: "tendrán prelación sobre los créditos del art. 242.1. 2.º los créditos por salarios e indemnizaciones por despido o extinción de los contratos de trabajo generados tras la declaración del concurso en la cuantía que resulte de multiplicar el triple del salario mínimo interprofesional por el número de días de salario pendientes de pago".

38. La enumeración de los mismos se contiene en el art. 242 de la LC dentro de cual, y por lo que a los créditos laborales se refiere, encontramos: en el nº 1 el denominado superprivilegio salarial, referido a los créditos por salarios correspondientes a los últimos treinta días de trabajo efectivo realizado antes de la declaración de concurso y en cuantía que no supere el doble del salario mínimo interprofesional. No se incluyen dentro del mismo, por tanto, ni conceptos retributivos de carácter extrasalarial, ni de naturaleza indemnizatoria —como los salarios de tramitación—, ni indemnizaciones de ningún tipo.

De acuerdo con lo establecido en el art. 242.1. 11º de la LC, tienen también la consideración de créditos contra la masa:" (…) los créditos laborales devengados después de la declaración de concurso, las indemnizaciones por despido o extinción de los contratos de trabajo, así como los recargos sobre las prestaciones por incumplimiento de las obligaciones en materia de salud laboral, hasta que el juez acuerde el cese de la actividad profesional o empresarial, o declare la conclusión del concurso". Se contempla todo tipo de crédito laboral, ya presenten las prestaciones que lo integran carácter salarial, extrasalarial, indemnizatorio, si bien con un doble condicionante: que el crédito se haya generado una vez haya sido declarado en concurso, y que derive del ejercicio de la actividad profesional o empresarial del deudor, y no de otras actuaciones ajenas a la misma.

39. En cualquier caso, los genéricos términos empleados en el art. 242.1.11 de la LC han generado serios problemas interpretativos, particularmente afectantes a dos situaciones concretas. La primera de ellas viene referida a la catalogación como crédito contra la masa de la indemnización extintiva fijada en resolución judicial posterior a la declaración de concurso pero que deriva de un despido anterior a ésta, controversia resuelta en la STS de 28 de junio de 2017 (Rº 540/2015), con arreglo a la cual hemos de diferenciar tres situaciones posibles (Páez Escámez, 2021):

(i) La primera hace referencia al caso de despido posterior a la declaración de concurso, supuesto en el cual los créditos por indemnización y/o salarios de tramitación reflejados en la sentencia que catalogue al mismo como improcedente o nulo serán en todo caso contra la masa.

(ii) En la segunda encontramos el supuesto de despido anterior al concurso, declarado improcedente en sentencia posterior que a su vez procede a extinguir la relación laboral a la fecha del despido consecuencia de haberse formulado opción en tal sentido —ya del empresario, ya del FOGASA—, supuesto éste en que el crédito indemnizatorio del trabajador se entiende producido antes del concurso y por ende catalogable como meramente privilegiado.

(iii) En tercer y último término el caso de despido igualmente anterior al concurso, declarado improcedente en sentencia —ya anterior, ya posterior—, y que finalmente deriva en un auto de extinción de la relación laboral dictado tras la declaración de concurso en incidente de no readmisión, supuesto especial éste último en el que se considera que tanto la indemnización correspondiente como los salarios de tramitación posteriores a la declaración de concurso son créditos contra la masa, entre tanto los salarios de tramitación anteriores serían catalogables como crédito con privilegio general.

La segunda situación anteriormente aludida incide en la catalogación de la indemnización extintiva otorgada al trabajador ex art. 50 del ET, cuando los incumplimientos empresariales que determinan la misma son anteriores a la declaración de concurso. En esta sede, la STS (Civil) 13 de julio de 2016 (Rº 413/2014) zanja toda polémica disciplinando sobre el particular que el nacimiento del crédito indemnizatorio del trabajador tiene lugar al tiempo de dictarse la sentencia firme que declara extinguida la relación laboral, y no cuando se produce el incumplimiento del empleador ni cuando se interpone la demanda por el trabajador. Consecuentemente, dictada la sentencia con posterioridad a la declaración de concurso, la indemnización extintiva fijada en la misma se habrá de considerar un crédito contra la masa.

B) Créditos concursales

40. Los créditos que se incluyen dentro de esta segunda categoría general se catalogan a efectos del concurso en el art. 269.1 de la LC en privilegiados, ordinarios y subordinados. Indicar de comienzo que son sólo éstos, y no los créditos contra la masa, los que han de reflejarse en la lista de acreedores aneja al informe de la administración concursal (art. 293 de la LC), y que se verán seriamente afectados en caso de no ser incluidos en la misma (art. 299 de la LC).

De acuerdo con lo establecido en el art. 280.1 de la LC tienen la consideración de créditos con privilegio general:

> *"Los créditos anteriores a la declaración de concurso por (...) indemnizaciones derivadas de la extinción de los contratos, en la cuantía correspondiente al mínimo legal calculada sobre una base que no supere el triple del salario mínimo interprofesional".*

En cuantía correspondiente "con el mínimo legal" por tanto no es privilegiada la parte que exceda, tampoco las mejoras contenidas en Convenio Colectivo. La STS (Civil) de 9 de abril del 2019 (Rº 999/2016), integró en la categoría de créditos preferentes los créditos por salarios y los créditos por indemnización como elementos autónomos en la aplicación del límite del «triple de salario mínimo interprofesional» Ello tiene como consecuencia que no puede calcularse la indemnización sobre el "número de días de salario pendientes de pago", sino sobre el número de días correspondientes "al mínimo legal" de la indemnización, evitando así que pueda incorporarse en este privilegio una indemnización superior a la legal, aunque cada día se calcule sobre el triple del salario mínimo interprofesional

C) La tutela por el Fondo de Garantía Salarial

41. No cabe olvidar que las indemnizaciones por extinción del contrato de trabajo están bajo la cobertura parcial del Fondo de Garantía Salarial el cual satisfará una compensación en los términos establecidos en el art. 33.2 del ET:

El Fondo de Garantía Salarial abonará indemnizaciones reconocidas como consecuencia de sentencia, auto, acto de conciliación judicial o resolución administrativa a favor de los trabajadores a causa de despido o extinción de los contratos conforme a los arts. 50, 51, 52, 40.1 y 41.3 del ET, y de extinción de contratos conforme a los arts. 181 y 182 del Real Decreto Legislativo 1/2020, de 5 de mayo, por el que se aprueba el texto refundido de la Ley Concursal, y al art. 11.2 del RD. 1620/2011, de 14 de noviembre, por el que se regula la relación laboral de carácter especial del servicio del hogar familiar, así como las indemnizaciones por extinción de contratos temporales o de duración determinada en los casos que legalmente procedan (art. 33.2 del ET).

En todos los casos, con el límite máximo de una anualidad, excepto en el supuesto del art. 41.3 de esta norma, en que el límite máximo será de 9 mensualidades y en el del art. 11.2 del Real Decreto 1620/2011, de 14 de noviembre, en que el límite será de 6 mensualidades, sin que el salario diario, base del cálculo, pueda exceder del doble del salario mínimo interprofesional, incluyendo la parte proporcional de las pagas extraordinarias.

El importe de la indemnización, a los solos efectos de abono por el Fondo de Garantía Salarial para los casos de despido o extinción de los contratos conforme a los arts. 50 y 56 del ET, se calculará sobre la base de treinta días por año de servicio, con el límite fijado en el párrafo anterior.

42. Se excluyen del ámbito de protección del Fondo de Garantía Salarial:

(i) Las indemnizaciones reconocidas en conciliación administrativa, salvo las derivadas del expediente de regulación de empleo, en cuanto que lo acordado en la misma sólo tiene fuerza ejecutiva entre las partes intervinientes.

(ii) La cuantía indemnizatoria prevista en convenio colectivo para la expiración del tiempo convenido cuando ésta exceda de la máxima (12 días por año de servicio) establecida legalmente en el art. 49.1 c) del ET.

(iii) La compensación por falta de preaviso (STS (Social) de 2 de febrero de 2010 (Rº 1587/2009) y 10 de febrero de 2010, Rº 1908/2009), que se justifica dado que:

"El art. 53 ET, bajo la rúbrica «Forma y efecto de la extinción por causas objetivas», distingue entre los efectos de la extinción (apartado b)» Poner a disposición del trabajador simultáneamente a la entrega de la comunicación escrita, la indemnización por veinte días de año de servicio» y (apartado c) «La concesión de un plazo de preaviso de quince días». Se distingue pues, claramente, lo que es la indemnización y lo que es un concepto diferenciado de preaviso, cuya naturaleza no se define pero, que en todo caso tendría un carácter más próximo al salarial, y prueba de ello es que en caso de revocación de la sentencia extintiva de la relación laboral el trabajador tendría que devolver la indemnización, pero no la cantidad que hubiera podido percibir por el preaviso, según establece el apdo. 2, 123, Ley de Jurisdicción Social, al prescribir que «Cuando se declara improcedente o nula la decisión extintiva se condenará al empresario en los términos previstos para el despido disciplinario, sin que los salarios de tramitación puedan deducirse de los correspondientes al periodo de preaviso".

4. *La indemnización como bien ganancial en cuantía proporcional al tiempo de duración del matrimonio*

A) Breve consideración de la sociedad de gananciales

43. La sociedad de gananciales es un régimen económico matrimonial que regula la titularidad de los bienes y las obligaciones económicas entre los cónyuges durante el matrimonio, en atención al art. 1344 del CC "mediante la sociedad de gananciales se hacen comunes para los cónyuges las ganancias o beneficios obtenidos indistintamente por cualquiera de ellos, que les serán atribuidos por mitad al disolverse aquella". Rige en defecto de pacto en capitulaciones matrimoniales, cuando éstas sean ineficaces o cuando así lo hubieren pactado en ellas los cónyuges. El régimen de sociedad de gananciales se regula en los arts. 1344 a 1410 del CC.

La sociedad de gananciales puede definirse como una sociedad interna, sin personalidad jurídica, cuyo patrimonio pertenece en común a los cónyuges, de acuerdo con un régimen específico que responde, aun con sus especialidades, a la técnica de la comunidad. Lo que determina el régimen de gananciales es que se hacen comunes para los cónyuges las ganancias o beneficios obtenidos indistintamente por cualquiera de ellos, que les son atribuidos por mitad al disolverse aquélla (art. 1344 del CC). De forma que mientras se mantenga dicho régimen, esas ganancias se afectan a las finalidades comunes del matrimonio (art. 1362 del CC). La característica principal de este régimen es la de que, junto a los bienes propios del marido y de la mujer, existe una masa ganancial compuesta por todos los bienes adquiridos, constante matrimonio, a título oneroso o en virtud del trabajo de los cónyuges, así como de las rentas e intereses tanto de los bienes comunes o gananciales cuanto de los bienes propios de cualquiera de los cónyuges

B) La ganancialidad o no de la indemnización por despido

44. La STS (Civil) de 3 de julio de 2019 (Rº 3860/2016), resuelve el conflicto originado cuando, en el procedimiento de liquidación de la sociedad de gananciales tramitado tras el divorcio de los litigantes, ambos discrepan acerca del carácter ganancial o privativo de algunas cantidades ingresadas constante el matrimonio, entre otras la indemnización por despido cobrada por el esposo.

El trabajador causó alta en la empresa el 16 de septiembre de 2002. La pareja contrajo matrimonio el 16 de octubre de 2010. La indemnización la percibió el 20 de septiembre de 2011. Finalmente, la sentencia de divorcio se dictó el 9 de octubre de 2013. En primera y en segunda instancia se llega a la misma conclusión: la cantidad de 26.368,03 euros percibida en concepto de indemnización por despido tiene carácter ganancial y, por lo tanto, se considera como un crédito de la sociedad de gananciales frente al ex cónyuge. La sentencia del juzgado incluye como crédito de la sociedad de gananciales frente al esposo la indemnización por despido «y ello al ser evidente que debe formar parte del activo de la sociedad de gananciales al ser percibida después de contraer matrimonio y antes de su disolución». De igual modo, la Audiencia en fase de recurso considera que la indemnización por despido ha sido percibida estando vigente el régimen de gananciales, resultando aplicable, por tanto, lo previsto en el art. 1347.1 del CC (son bienes gananciales «los obtenidos por el trabajo o la industria de cualquiera de los cónyuges»). No ha de restarse, en consecuencia, la cantidad correspondiente a los años en que no existía ni el matrimonio ni la sociedad de gananciales toda vez que la indemnización por despido debe ser admitida como un todo indivisible aun cuando para su cuantificación se acuda a una serie de circunstancias concurrentes o baremos, entre ellos el tiempo trabajado.

45. El Tribunal Supremo estima parcialmente el recurso de casación interpuesto por el esposo y dictamina que la indemnización por despido "cobrada en virtud del despido en la empresa donde trabajaba un esposo debe ser considerada ganancial porque tiene su causa en un contrato de trabajo desarrollado a lo largo de la vida del matrimonio" pero únicamente "por los años trabajados durante la vigencia del régimen de gananciales; en consecuencia, no tienen carácter ganancial las cantidades correspondientes a los años en que no existía la sociedad de gananciales".

La propia sentencia analizada se refiere a la STS (Civil) de 5 de octubre de 2016 (Rº 2613/2014) y a la STS (Civil) de 18 de marzo de 2008 (Rº 82/2001). Esta última, en concreto, explica que:

"El carácter ganancial de las indemnizaciones por despido, sea o no improcedente, ha sido discutido tanto por la doctrina como por la jurisprudencia. A favor de su naturaleza ganancial se argumenta que se trata de sustituciones del salario y al tener éste tal naturaleza, en virtud de lo dispuesto en el art. 1347.1 CC, la compensación de la capacidad personal del trabajo, etc., tiene naturaleza ganancial. Por el contrario, a favor de su carácter privativo se alude a la naturaleza de "derecho inherente a la persona" que tendría el derecho al trabajo, de acuerdo con el Art. 1356,5 CC y la consiguiente naturaleza indemnizatoria por la pérdida de un derecho cuando se ha producido un despido, por lo que este derecho estaría incluido en el art. 1346.6 CC.

La Sentencia de 26 junio 2007 resume los criterios utilizados por la Sala en relación a la naturaleza ganancial o privativa de determinadas ganancias obtenidas por uno de los cónyuges vigente el régimen económico. En relación con la indemnización por despido improcedente causada antes de la disolución del régimen, dicha sentencia, con cita de la de 29 junio 2005, señala que "El resumen de la doctrina de esta Sala lleva a la conclusión que existen dos elementos cuya concurrencia permite declarar que una determinada prestación relacionada con los ingresos salariales, directos o indirectos, deba tener la naturaleza de bien ganancial o, por el contrario, queda excluida de la sociedad y formará parte de los bienes privativos de quien la percibió. Estos dos elementos son: a) la fecha de percepción de estos emolumentos: si se adquirieron durante la sociedad de gananciales, tendrán esta consideración, mientras que si se adquieren con posterioridad a la fecha de la disolución, deben tener la consideración de bienes privativos de quien los percibe; b) debe distinguirse entre el derecho a cobrar estas prestaciones que debe ser considerado como un componente de los derechos de la personalidad y que, por esto mismo, no son bienes gananciales porque son intransmisibles (...), mientras que los rendimientos de estos bienes devengados durante la vigencia de la sociedad de gananciales, tendrán este carácter (...)". Esta es la doctrina que debe aplicarse si bien está matizada en la forma que se expresa a continuación.

Efectivamente, debe distinguirse entre lo que se debe considerar el derecho al trabajo, que permite obtener un empleo en el mercado laboral y que constituye el título en cuya virtud el cónyuge accede al mercado de trabajo y desarrolla allí sus capacidades laborales, del beneficio que se va a obtener con el ejercicio del derecho al trabajo. El primero es un bien privativo por tratarse de un "derecho inherente a la persona", incluido en el art. 1346.5 del CC, mientras que el segundo va a ser un bien ganancial, incluido en el art. 1347.1 del CC. Si ello no resulta dudoso en lo que a los salarios se refiere, puede plantear mayores dificultades cuando se trata de "ganancias" obtenidas en virtud de un contrato de trabajo que se acaba y cuya extinción genera una indemnización debido a las causas establecidas en la legislación laboral. Es entonces cuando se ha considerado que la indemnización va a sustituir la pérdida de un derecho privativo, por ser inherente a la persona, como es el derecho al trabajo y por ello dicha indemnización no debe tener la condición de ganancial, sino que es un bien privativo, por aplicación del principio de la subrogación. Pero este argumento no resulta convincente, puesto que el derecho al trabajo permanece incólume, ya que el trabajador despedido sigue en el mercado de trabajo y puede contratar su fuerza laboral inmediatamente después del despido; en realidad lo que ocurre es que la indemnización por despido constituye una compensación por el incumplimiento del contrato y por ello mismo va a tener la misma consideración que todas las demás ganancias derivadas del contrato, siempre que se hayan producido vigente la sociedad de gananciales. El derecho que permite el ejercicio de la fuerza de trabajo no se ha lesionado en absoluto; lo único que ha quedado vulnerado de alguna manera es la efectiva obtención de las ganancias originadas por la inversión de este capital humano, que es lo que según el art. 1347.1 CC resulta ganancial".

46. La solución que contrasta con la alcanzada por algunas sentencias dictadas de la misma Sala de semejante factura. La STS (Civil) de 29 de junio de 2005 (R° 48/1999), en un caso de indemnización por despido improcedente, se califica como bien privativo, "la indemnización se adquiere tras la extinción de la sociedad de gananciales y no pertenece retroactivamente a ésta, sino que es un bien propio de la persona que lo adquiere" En el mismo sentido, la STS (Civil) de 18 de junio de 2008 (R° 997/2001), en el caso de una indemnización por despido que se cobra 8 años después de la liquidación de la sociedad de gananciales.

C) Sobre la ganancialidad o no de otras indemnizaciones

47. La STS (Civil) de 18 de junio de 2008 (R° 997/2001), resumió la doctrina jurisprudencial sobre la calificación de pensiones de jubilación, indemnización por baja anticipada, planes de pensiones, indemnizaciones obtenidas por una póliza de seguros e indemnización por despido improcedente:

"El resumen de la doctrina de esta Sala lleva a la conclusión de que existen dos elementos cuya concurrencia permite declarar que una determinada prestación relacionada con los ingresos salariales, directos o indirectos, deba tener la naturaleza de bien ganancial o, por el contrario, queda excluida de la sociedad y formará parte de los bienes privativos de quien la percibió. Estos dos elementos son: a) la fecha de percepción de estos emolumentos: si se adquirieron durante la sociedad de gananciales, tendrán esta consideración, mientras que si se adquieren con posterioridad a la fecha de la disolución, deben tener la consideración de bienes privativos de quien los percibe; b) debe distinguirse entre el derecho a cobrar estas prestaciones que debe ser considerado como un componente de los derechos de la personalidad y que, por esto mismo, no son bienes gananciales porque son intransmisibles (sentencias de 25 marzo 1988 y 22 diciembre 1999), mientras que los rendimientos de estos bienes devengados durante la vigencia de la sociedad de gananciales, tendrán este carácter (sentencia de 20 diciembre 2003)".

48. La STS (Civil) de 14 de diciembre de 2017 (Rº 1045/2015), no dudó en considerar como bien privativo la indemnización percibida por el trabajador a cargo de la empresa en un supuesto de incapacidad permanente. El Pleno de la Sala se pronunciaba por primera vez sobre el carácter ganancial o privativo de una indemnización por incapacidad permanente absoluta percibida por el esposo antes del divorcio, con base en una póliza colectiva suscrita por la empresa donde éste trabajaba. La sentencia dictada considera que la referida indemnización ha de tener carácter privativo, por las siguientes razones:

(i) En ausencia de norma expresa sobre el carácter privativo o ganancial de determinado bien o derecho, la resolución de los conflictos que se susciten debe atender a la naturaleza del derecho y al fundamento por el que se reconoce, aplicando los criterios que la ley tiene en cuenta para supuestos semejantes.

(ii) La invalidez permanente es la situación del trabajador que, después de haber estado sometido al tratamiento prescrito y de haber sido dado de alta médicamente, presenta reducciones anatómicas o funcionales graves, susceptibles de determinación objetiva y previsiblemente definitivas, que disminuyan o anulen su capacidad laboral.

(iii) En consecuencia, por su propia naturaleza y función, la titularidad de esta pensión guarda una estrecha conexión con la personalidad (es inherente a la persona, art. 1346.5.º CC) y con el concepto de resarcimiento de daños personales (art. 1346.6.º CC, con independencia de que hayan sido "inferidos" por otra persona, sean consecuencia de un accidente o procedan de una enfermedad común.

(iv) Con independencia de que el pago de las cuotas del seguro lo realizara la empresa para la que trabajaba el beneficiario, el hecho generador de la indemnización es la contingencia de un acontecimiento estrictamente personal, la pérdida de unas facultades personales que en cuanto tales no pertenecen a la sociedad. Que la sociedad se aproveche de los rendimientos procedentes del ejercicio de la capacidad de trabajo no convierte a la sociedad en titular de esa capacidad.

5. Cotización y fiscalidad de las indemnizaciones por extinción de la relación laboral

A) Su carácter no cotizable

49. Establece el art. 147.2 c) de la LGSS que:

> "Las indemnizaciones por despido o cese del trabajador estarán exentas en la cuantía establecida con carácter obligatorio en el texto refundido de la Ley del Estatuto de los Trabajadores, en su normativa de desarrollo o, en su caso, en la normativa reguladora de la ejecución de sentencias, sin que pueda considerarse como tal la establecida en virtud de convenio, pacto o contrato.
>
> Cuando se extinga el contrato de trabajo con anterioridad al acto de conciliación, estarán exentas las indemnizaciones por despido que no excedan de la que hubiera correspondido en el caso de que este hubiera sido declarado improcedente, y no se trate de extinciones de mutuo acuerdo en el marco de planes o sistemas colectivos de bajas incentivadas.
>
> Sin perjuicio de lo dispuesto en los párrafos anteriores, en los supuestos de despido o cese como consecuencia de despidos colectivos, tramitados de conformidad con lo dispuesto en el art. 51 del texto refundido de la Ley del Estatuto de los Trabajadores, o producidos por las causas previstas en el art. 52.c) del citado texto refundido, siempre que en ambos casos se deban a causas económicas, técnicas, organizativas, de producción o por fuerza mayor, quedará exenta la parte de indemnización percibida que no supere los límites establecidos con carácter obligatorio en el mencionado Estatuto para el despido improcedente".

B) La fiscalidad de las indemnizaciones por extinción de la relación laboral

50. El art. 7 e) de la Ley 35/2006, de 28 de noviembre, del Impuesto sobre la Renta de las Personas Físicas y de modificación parcial de las leyes de los Impuestos sobre Sociedades, sobre la Renta de no Residentes y sobre el Patrimonio (LIRPF) establece que están exentas las siguientes rentas:

> "e) Las indemnizaciones por despido o cese del trabajador, en la cuantía establecida con carácter obligatorio en el Estatuto de los Trabajadores, en su normativa de desarrollo o, en su caso, en la normativa reguladora de la ejecución de sentencias, sin que pueda considerarse como tal la establecida en virtud de convenio, pacto o contrato.
>
> Sin perjuicio de lo dispuesto en el párrafo anterior, en los supuestos de despidos colectivos realizados de conformidad con lo dispuesto en el art. 51 del Estatuto de los Trabajadores, o producidos por las causas previstas en la letra c) del art. 52 del citado Estatuto, siempre que, en ambos casos, se deban a causas económicas, técnicas, organizativas, de producción o por fuerza mayor, quedará exenta la parte de indemnización percibida que no supere los límites establecidos con carácter obligatorio en el mencionado Estatuto para el despido improcedente.
>
> El importe de la indemnización exenta a que se refiere esta letra tendrá como límite la cantidad de 180.000 euros".

No tendrán la consideración de indemnizaciones establecidas en virtud de convenio, pacto o contrato, las acordadas en el acto de conciliación ante el Servicio administrativo al que se refiere el artículo 63 de la Ley 36/2011, de 10 de octubre, reguladora de la jurisdicción social.

51. Dicha exención alcanza a las indemnizaciones por despido o cese del trabajador, con los siguientes límites: (i) Hasta la cuantía establecida como obligatoria en el Estatuto de los Trabajadores, en sus normas reglamentarias de desarrollo, o en su caso, en la normativa reguladora de la ejecución de sentencias. (ii) No obstante, el importe de la indemnización exenta tendrá como límite máximo la cantidad de 180.000 euros. Por tanto, aunque la indemnización total no exceda de lo estipulado en el Estatuto de los Trabajadores o en sus normas de desarrollo, si se superan los 180.000 euros, el exceso estará sometido tributación, con las excepciones que establece la Disposición transitoria 22.3 de la LIRPF.

52. Cuando el importe de la indemnización que se perciba supere la cuantía que, en cada caso, tenga el carácter de obligatoria o el límite máximo de 180.000 euros, el exceso no está exento del IRPF y deberá declararse como rendimiento del trabajo personal, sin perjuicio de que pueda resultar aplicable, en su caso, la reducción legalmente establecida para rendimientos del trabajo generados en un plazo superior a dos años.

El salario pactado en cualquier convenio o contrato se entiende siempre bruto, por lo que le son de aplicación las correspondientes retenciones y descuentos fiscales y de seguridad social. En la práctica, se suele denominar «pacto de salario neto» a aquel en el que las partes determinan una cantidad (indemnizatoria) que debe abonarse al trabajador libre de impuestos y de cotizaciones. Se trata de pactos frecuentes en ámbitos concretos como el de deportistas, altos directivos y expatriados. La STS (Social) de 24 de febrero de 2009 (Rº 900/2008) se pronuncia en contra de la validez de este pacto, aunque sentencias posteriores, como la STSJ Andalucía/Granada 11 de octubre de 2017 (Rº 552/2017) o la STSJ País Vasco 24 de enero de 2023 (Rº 1497/2022), lo aceptan, la primera con el argumento de que caben las elevaciones a bruto que sean procedentes «para respetar aquella cuantía neta», y la segunda atribuyendo al trabajador la responsabilidad tributaria frente a la Administración pero imputando a la empleadora la responsabilidad frente al trabajador por el abono de la cuantía de la cuota tributaria.

53. Solo están exentas las indemnizaciones reconocidas en acto de conciliación o en resolución judicial. La nueva redacción del art. 7 e) de la LIRPF viene a confirmar el criterio ya establecido por la DGT y deja claro que: "No tendrán la consideración de indemnizaciones establecidas en virtud de convenio, pacto o contrato, las acordadas en el acto de conciliación ante el Servicio administrativo al que se refiere el artículo 63 de la Ley 36/2011, de 10 de octubre, reguladora de la jurisdicción social".

El art. 1 del Real Decreto 439/2007, de 30 de marzo, por el que se aprueba el Reglamento del Impuesto sobre la Renta de las Personas Físicas (RIRPF) establece que:

> "El disfrute de la exención prevista en el art. 7.e) de la Ley 35/2006, de 28 de noviembre, del Impuesto sobre la Renta de las Personas Físicas y de modificación parcial de las leyes de los Impuestos sobre Sociedades, sobre la Renta de no Residentes y sobre el Patrimonio quedará condicionado a la real efectiva desvinculación del trabajador con la empresa. Se presumirá, salvo prueba en contrario, que no se da dicha desvinculación cuando en los tres años siguientes al despido o cese el trabajador vuelva a prestar servicios a la misma empresa o a otra empresa vinculada a aquélla en los términos previstos en el art. 18 de la Ley 27/2014, de 27 de noviembre, del Impuesto sobre Sociedades".

54. Por tanto, de las causas previstas en el art. 49 del ET como determinantes de la extinción de la relación laboral, no todas posibilitan la aplicación de la exención: es preciso que la causa extintiva sea el despido o cese del trabajador.

No se consideran amparadas por la exención, estando por tanto plenamente sujetas al impuesto y debiendo declararse íntegramente:

(i) Las indemnizaciones establecidas en virtud de convenio, pacto o contrato.

(ii) En general, las cantidades que, en su caso, se perciban como consecuencia de la extinción del contrato de trabajo, por cualquier causa distinta del despido o cese del trabajador o para la que no esté establecido con carácter obligatorio en el Estatuto de los Trabajadores ni en sus normas de desarrollo el derecho del trabajador a percibir indemnización. Entre estos supuestos, cabe mencionar los siguientes: La extinción, a su término, de los contratos de trabajo temporales o de duración determinada o por realización de la obra o servicio objeto del contrato previstos en el art. 49.1 c) del ET por no producirse en los mismos despido o extinción por voluntad del trabajador (cese). Los despidos disciplinarios que sean calificados como procedentes. La extinción del contrato por voluntad del trabajador (cese) que no esté motivado por ninguna de las causas a que se refieren los arts. 41.3 y 50 del ET.

En este sentido, la DGT ha excluido la posibilidad de aplicar la exención en aquellos casos en los que el trabajador percibe una indemnización por causas distintas al despido o cese, incluyendo entre esas causas distintas los supuestos de extinción del contrato de trabajo por expiración del tiempo convenido o por finalización de la obra o servicio (así, por ejemplo, en contestación a consultas números V1123/2011, Vo533/2010 y Vo511/2008), o los casos de suspensión de la relación (Vo153/2011) o los de indemnización por traslado a otro centro de trabajo (Vo153/2011): aunque en estos supuestos el ET reconozca el derecho a la percepción de una indemnización, no se trataría de una renta exenta a efectos fiscales o al menos no en aplicación del art. 7.e) de la LIRPF. En su respuesta (Consulta V0262-21, de 16 de febrero de 2021), Hacienda recuerda que en los casos de extinción del contrato de trabajo por expiración del tiempo convenido o por finalización de la obra o servicio, aunque exista derecho a percibir indemnización, no se trata de una renta exenta.

55. Se consideran exentas del IRPF por responder a la naturaleza de reparadoras del daño causado, ex art. 7 d) de la LIRPF ("Las indemnizaciones como consecuencia de responsabilidad civil por daños personales, en la cuantía legal o judicialmente reconocida"). Esta cuestión permite que también puedan considerarse exentas las indemnizaciones por responsabilidad civil por daños morales o contra el honor, como ocurre cuando se produce, entre otras: (i) discriminación sexual sufrida en la empresa y reconocida por sentencia judicial (TEAC 28-9-09); (ii) vulneración de derechos fundamentales a la integridad moral y de libertad sindical (DGT CV 12-6-18); o (iii) implantación injustificada por el empleador de una modificación sustancial de las condiciones de trabajo que ha sido acordada entre las partes en una avenencia aprobada por el letrado de la Administración de Justicia por decreto que pone fin al procedimiento ordinario (DGT CV 7-12-21).

C) Su embargabilidad

56. Una cuestión que suscita un importante número de interrogantes prácticos es la relativa a si las indemnizaciones por despido pueden ser objeto de embargo (Mercader y Domínguez, 2020). Las órdenes de embargo procedentes de autoridades judiciales o administrativas ponen en muchas ocasiones esta cuestión sobre la mesa. Una cuestión que no posee una respuesta ni unitaria ni clara porque como gráficamente expresó en su día Pedrajas (1998: 173)": "realmente, el vacío legal es total a la hora de buscar una solución al dilema planteado, y cabe encontrar argumentos a favor de una u otra posición, por lo que, una vez más, estamos ante una cuestión precisada de mayor clarificación por parte del legislador".

Para dar respuesta a tan atribulado tema es necesario partir del texto del art. 607.1 de la Ley de Enjuiciamiento Civil, a cuyo tenor: "Es inembargable el salario, sueldo, pensión, retribución o su equivalente, que no exceda de la cuantía señalada para el salario mínimo interprofesional" y del art. 27.2 del ET que preceptúa que: "El salario mínimo interprofesional, en su cuantía, es inembargable". Dentro de las variadas razones que justifican de esta declaración legal de inembargabilidad, como recordará la STC 113/1989, de 22 de junio, "destaca la social de impedir que la ejecución forzosa destruya por completo la vida económica del ejecutado y se ponga en peligro su subsistencia personal y la de su familia y, a tal fin, la ley establece normas de inembargabilidad de salarios y pensiones que son, en muchas ocasiones, la única fuente de ingresos económicos de gran número de ciudadanos".

Pero, definidos los fines, queda el texto de la Ley y los problemas prácticos que su interpretación lleva consigo. La duda se cierne en relación con la cuestión de si las indemnizaciones por despido poseen un valor "equivalente" a "salario, sueldo, pensión, retribución".

57. Para algunos autores la respuesta debe ser positiva en la medida en que legislación adjetiva "no parte de una noción estricta de salario, en el sentido laboral del término, sino de una enumeración amplia que concluye con la expresión "o su equivalente" en la que pueden tener perfecto encaje estas partidas que, especialmente, en el caso de los ceses están en función del trabajo desarrollado durante años. Un sólido argumento en favor de esta solución es el tratamiento que el art. 33 del ET da a estas indemnizaciones a las que alcanza la protección del FOGASA. Estaríamos dentro de la teoría del "salario diferido" que con frecuencia se viene predicando en relación con la naturaleza de este tipo de indemnizaciones" (Pedrajas, 172).

Junto a la referida línea interpretativa se sitúa otra que dirige su mirada a la naturaleza de esas indemnizaciones y, en concreto, a la valoración de si las mismas son "equivalentes" a partidas retributivas que resultan totalmente inembargables o embargables de acuerdo con la escala contenida en el art. 607 de la LEC. La respuesta para esta línea de pensamiento es negativa y, por ende, las indemnizaciones por despido deben considerase embargables en todo su contenido.

Esta interpretación se apoya en que este tipo de percepciones económicas tiene reconocida ex lege su naturaleza extrasalarial. Así el art. 26.2 del ET señala que:

> *"No tendrán la consideración de salario las cantidades percibidas por el trabajador en concepto de indemnizaciones o suplidos por los gastos realizados como consecuencia de su actividad laboral, las prestaciones e indemnizaciones de la Seguridad Social y las indemnizaciones correspondientes a traslados, suspensiones o despidos".*

Una exclusión sin duda razonable si tenemos en cuenta que no cabe entender que las mismas remuneren servicios del trabajador, ya que una vez extinguida la relación laboral, éstos dejan de prestarse.

La función de esta indemnización es la de resarcir la pérdida del empleo lo que explica que las mismas se encuentren de alguna forma ligadas a esta situación previa (antigüedad, salario del trabajador), pero esto no debe llevarnos al equívoco de considerarlas salario diferido, pues el recurso a tales criterios de cuantificación responde a que el daño resarcible se fija por el legislador en una cantidad mayor o menor en función del tiempo de prestación de servicios, debido a la entidad de la lesión del derecho a la estabilidad en el empleo que es presumiblemente superior cuanto más prolongada haya sido la vinculación a la empresa y cuanto mayor haya sido su salario.

58. Finalmente, la Subdirección General de Tributos, en diversas consultas vinculantes, ha venido interpretando que el art. 607 de la LEC sólo resulta aplicable a los ingresos en la medida en que estos tengan la consideración de sueldos, salarios y pensiones. En base a lo dispuesto en los apartados primero y segundo del art. 26 del ET, que definen lo que se entiende por salario, se concluye que los límites de embargabilidad previstos en la LEC, se aplicarían exclusivamente a las percepciones que tuvieran la consideración de salario de acuerdo con lo previsto en la norma estatutaria. Por tanto, la indemnización por rescisión, en su caso, no tendría la consideración de salario y, en consecuencia, no se beneficiaría de los límites de embargabilidad recogidos en el art. 607 de la LEC, mientras que se considerará salario, y por tanto sujeto a los límites de embargabilidad, la totalidad de las percepciones económicas que retribuyan el trabajo efectivo, o los periodos de descanso computables como trabajo.

En respuesta a la Consulta Vinculante V3255-20 de 30 de octubre de 2020, Tributos aclara que la indemnización por rescisión, no tiene la consideración de salario y, en consecuencia, no se beneficiará de los límites de embargabilidad recogidos en el art. 607 de la LEC.

La indemnización por rescisión, no tiene la consideración de salario y, en consecuencia, no se beneficiará de los límites de embargabilidad recogidos en el art. 607 de la LEC, mientras que se considerará salario, y por tanto sujeto a los límites de embargabilidad del art. 607 de la LEC, la totalidad de las percepciones económicas que retribuyan el trabajo efectivo, o los periodos de descanso computables como trabajo.

En relación al art. 607 de la LEC se declaran embargables los sueldos, salarios y pensiones, pero no se hace alusión a las indemnizaciones. De esta forma, los límites de embargabilidad son aplicables a los ingresos en la medida en que estos tengan la consideración de sueldos, salarios y pensiones. Si bien dichos conceptos no son determinados por la normativa tributaria.

De tal suerte que para su determinación en virtud del sistema de fuentes del art. 7.2 de la LGT hay que remitirse a la normativa laboral. Las grandes cuestiones a dilucidar cuando se trata de determinar el tratamiento fiscal en el IRPF de las indemnizaciones pagadas por la extinción de la relación laboral: (i) si esa indemnización queda exenta de tributación por el IRPF, y (ii) si, en caso negativo, esa indemnización puede tener derecho, en las condiciones y con los límites establecidos en el art. 18.2 de la LIRPF y su desarrollo reglamentario, a la reducción por irregularidad a efectos de su integración en base imponible. El marco normativo de la exención establecida para las indemnizaciones por la extinción de la relación laboral viene integrado por dos normas: el art. 7.e) de la LIRPF y el art. 1 del RIRPF.

Capítulo 7

INDEMNIZACIONES DERIVADAS DE LA EXTINCIÓN DEL CONTRATO DE TRABAJO (II): LA EXTINCIÓN POR DECISIÓN UNILATERAL DEL EMPRESARIO

Bibliografía: ALONSO OLEA, M. *El despido,* Madrid, IEP, 1957. Id. *Derecho del Trabajo,* Madrid, UCM, 1983, 9ª ed. ALONSO OLEA, M., CASAS BAAMONDE, M. E., *Derecho del Trabajo,* Madrid, Civitas, 2009, 26ª ed. ALARCÓN Y HORCAS, *Código de trabajo,* Reus, Madrid, 1927. BALLESTER PASTOR, I., *El reconocimiento del cobro de una indemnización por despido superior a 33 días en cumplimiento del Convenio nº 158 de la OIT y del art. 24º de la Carta Social europea: ¿un cambio de paradigma?,* Revista de Jurisprudencia Laboral, 2023, nº 2. BERNAL MARTÍN, S., *Pago de salarios durante la tramitación del recurso contra sentencia que declara injusto el despido,* RDP, 1952, nº 1, pp. 88 a 96. CASTÁN TOBEÑAS, J., *Derecho civil español, común y foral,* Madrid, Reus, 1984, IV. BODAS MARTÍN, R., *Ejecución de sentencias firmes de despido colectivo,* en AA.VV., *Procedimiento Laboral,* Madrid, Francis Lefbvre, 2024, pp. 1228-1310. CASAS BAAMONDE, M. E., *Indemnización adicional por daños y perjuicios en despido sin causa y exigüidad de la indemnización legal tasada. Y sobre la aplicación directa del artículo 24 de la Carta Social Europea (revisada) y la orfandad del arbitrio judicial en la fijación de la indemnización adecuada por despido inválido,* Revista de Jurisprudencia Laboral, 2024, nº 5. DESDENTADO BONETE, A., DE LA PUEBLA PINILLA, A, *Despido y jurisprudencia. La extinción del contrato de trabajo en la unificación de doctrina,* Valladolid, Lex Nova, 2002. DURÁN LÓPEZ, F., *Sobre la eficacia extintiva del acto de despido y sobre los salarios e indemnizaciones debidos en virtud del mismo (Comentario a las sentencias del TS 4ª de 7 de diciembre de 1990 y 13 de marzo de 1991),* Relaciones Laborales, 1991, I, pp. 357 a 373. FERNÁNDEZ LÓPEZ, F., *El cálculo de la indemnización por despido improcedente (día de salario y jornada reducida),* RPS, 1983, nº 139, pp. 231 a 246. Id. *Indemnizaciones tasadas por daños con ocasión de la extinción del contrato de trabajo.* Revista de Derecho Social 29/2005. FUSTÉ MIQUELA, J. M., L*a indemnización en el despido por causas empresariales y su posible disponibilidad,* RL, 2001, II, pp. 523 a 540. GALLART FOLCH, A., *Derecho español del trabajo,* Barcelona, Labor, 1936. GARCÍA LÓPEZ, R., *Consideraciones en torno a la figura del despido,* Revista de Política Social, 1984, nº 143, pp. 47-91. GARATE CASTRO, J., *Los salarios de tramitación. Un estudio de las percepciones salariales unidas a la declaración de improcedencia o nulidad del despido,* Madrid, Acarl, 1994. GIL Y GIL, J. L., *La indemnización por despido improcedente,* en Gil y Gil, J. L., del Valle, J. M. (Coord.), El *despido disciplinario. Homenaje al Profesor Juan Antonio Sagardoy Bengoechea,* Madrid, Ediciones Cinca, 2009, pp. 403 a 437. GIMENO DÍAZ DE ATAURI, P., *El coste del despido y otras formas de terminación del contrato de trabajo por iniciativa empresarial: un análisis jurídico y económico,* Valladolid, Lex Nova, 2014, Cap. IV.I. GODINO DE FRUTOS, A., "*La indemnización por despido improcedente ante la Carta Social Europea revisada: control de convencionalidad y posible reforma legislativa*", en Trabajo y Derecho, 2023, núm. 98. GODINO REYES, M. *El acuerdo en el período de consultas en los despidos colectivos. La edad como criterio de diferenciación indemnizatoria,* en Abad Tejerina, P., Saez Carbó R. (Dir.), En torno al Estatuto de los Trabajadores. Un Homenaje a D. Juan Antonio Sagardoy, Madrid, Sepin, 2023, pp. 374-

377. GORELLI HERNÁNDEZ, J., El *coste económico del despido o el precio de la arbitrariedad,* Sevilla, CARL, 2010. Id. R*azones para un cambio en la indemnización por despido improcedente",* en IUSLabor, 2023, núm. 1, pp. 6 ss. LAVADO MOLINA M., *Régimen jurídico de los salarios de tramitación en los procesos por despido,* Revista de Política Social, 1977, nº. 115, pp. 83 a 138. MARÍN MORAL, I., *La indemnización por despido,* Pamplona, Thomson Aranzadi, 2006. MARTÍN VALVERDE, A., *El período de prueba en el contrato de trabajo,* Madrid. Montecorvo, 1976. MOLINA NAVARRETE, C., *Protección contra el despido injusto en la Carta Social Europea: nueva aurora de su sinergia con el Convenio 158 OIT,* en Salcedo Beltrán, C. (dir.), La Carta Social Europea: Pilar de recuperación y sostenibilidad del modelo social europeo. Homenaje al Profesor José Vida, Soria, Tirant lo Blanch, Valencia, 2021, pp. 145 ss. Id. *«Aperturas» de las indemnizaciones «tasadas» por incumplimientos laborales e irrupción de su «efecto disuasorio»: entre dogmática (teorización) y pragmática (estudio de casos típicos),* Revista de Trabajo y Seguridad Social. CEF, 2024, nº 483, pp. 17-48. PEREA MONTES, T., *El aplazamiento de la indemnización correspondiente a la extinción objetiva, en el marco de un despido colectivo,* Revista General de Derecho del Trabajo y Seguridad Social (Iustel), 2016, nº 42. PÉREZ ESPINOSA, F., *El preaviso en la extinción del contrato de trabajo,* Madrid, Montecorvo, 1980. RODRÍGUEZ FERNÁNDEZ, M. L., *El incidente de no readmisión,* Madrid, Ministerio de Justicia, 1989. E. ROJO TORRECILLA, *El trabajo no es una mera mercancía. Las aportaciones del Tribunal Constitucional italiano en su sentencia de 26 de septiembre de 2018 (y de algunos Conseil de Prud'hommes franceses),* en http://www.eduardorojotorrecilla. RODRÍGUEZ-PIÑERO, M., *El régimen jurídico del despido y el RD de 22 de julio de 1928,* RPS, 1967, nº 74, pp. 23 a 77. Id. (1967b) *El despido en el Derecho de la II República,* en AA.VV., *Homenaje al Profesor Gimenez Fernandez,* Sevilla, Facultad de Derecho, 1967, II, pp. 441 a 507. RODRÍGUEZ SANZ DE GALDEANO, B., *La ineficacia de la regulación legal del despido y su necesaria reconsideración a la luz de la normativa internacional,* en Labos, 2021, nº 3, pp. 60 ss. ROMERO BURILLO, A. M., *¿Es discriminatorio acordar una indemnización por despido inferior para personas trabajadoras mayores de 60 años? A propósito de la STS 24 de enero de 2023,* Revista de Derecho Laboral vLex, 2023, nº 8. SERRANO OLIVARES, R., A propósito del carácter indisponible de la indemnización por despido, AS, 1999, II, pp. 2700 a 2710. SUÁREZ GONZÁLEZ, F., *La terminación del contrato de trabajo,* Bolonia, Publ. R.C.E. de Bolonia, 1967.

I. La compleja construcción de la indemnización por despido

1. El despido se justifica a través de sus causas, nuestro ordenamiento jurídico no reconoce el despido ad nutum o sin causa, salvo la excepción aparente del contrato durante el período de prueba. Sin embargo, el ordenamiento tiene que enfrentarse con el hecho posible de que el empresario despida, es decir, unilateralmente manifieste la decisión de dar por terminada la relación laboral, sin más, esto es, sin alegación ni prueba de causa, o con alegación y prueba de alguna que ordenamiento, no considere suficiente para producir un efecto tan drástico sobre el contrato, o sin guardar la forma mandada para la exteriorización de la voluntad de despedir. En estos casos, el ordenamiento jurídico reacciona no solo teniendo el despido por ilegítimo o antijurídico, sino extrayendo la alternativa propia de la antijuridicidad, esto es; (i) bien privando al acto de la consecuencia normal, decretando la improcedencia o nulidad del despido, (ii) bien adicionando al acto consecuencias adicionales no queridas por su autor, configuradas como indemnizaciones compensatorias.

2. Es importante tener presente que las reglas del despido disciplinario (arts. 54-56 del ET) se han convertido en el "centro de gravedad" de toda la extinción del contrato de trabajo bien por remisión expresa, como ocurre parcialmente en la resolución del contrato (art. 50.2 del ET) y en la extinción por causas objetivas (arts. 53.3 y 53.5 del ET), o bien por la fuerza atractiva institucional que otorga a esas reglas un carácter de regulación común, al menos para las causas invocadas por el empresario.

La STS 26 de febrero de 1990 (RJ 1912) se abordó el problema, precisando que

> "La noción de despido —declara el Tribunal— no se identifica con la de despido disciplinario —mera especie de un género común—, sino que comprende toda extinción del contrato de trabajo por voluntad del empleador y, aunque en sentido estricto y desde una perspectiva causal, este concepto genérico de despido podría limitarse, como ha indicado la doctrina científica, a los supuestos contemplados en los números 8, 9, 11 y 12 del art. 49 del Estatuto de los Trabajadores, en la práctica hay que concluir que cuando el empresario declara extinguido el contrato por éstas o algunas de las restantes causas previstas en el artículo citado y el trabajador reacciona frente a esta decisión alegando la inexistencia o insuficiencia de la causa invocada lo que, en definitiva se debate es la concurrencia o no de una extinción sin base legal, es decir, de un despido por la sola voluntad del empresario, que también se produce, como es obvio, si la relación se considera extinguida sin alegación de causa. Por ello, a falta de normas específicas, como las que se prevén para la extinción por causas objetivas y para la derivada de causas económicas, tecnológicas y por fuerza mayor, han de aplicarse en aquellos supuestos, con las adaptaciones necesarias, las normas contenidas en los artículos 55 y 56 del Estatuto de los Trabajadores y en la sección segunda del Título II, Libro II de la Ley de Procedimiento Laboral, como por lo demás se desprende con claridad de un examen de este Título...".

3. La transformación que ello origina en el propio concepto material de despido, que no sólo es ya la extinción del contrato de trabajo por voluntad del empresario fundada en un incumplimiento contractual del trabajador, como quiso el Estatuto de los Trabajadores, sino, además de ella, toda extinción ilícita del contrato adoptada por decisión del empleador (García López, 1984). De ahí la enorme importancia del régimen indemnizatorio asociado al mismo.

II. Bases históricas. La relativa autonomía del modelo civil de indemnización de daños

1. La composición dual de la indemnización por despido: Indemnización de daños y salarios de tramitación

A) Indemnización de daños y despido

4. En el Derecho español (civil y mercantil) se aceptó el principio de que los arrendamientos de servicios de duración indefinida cualquiera de las partes, patrono o trabajador (criado, jornalero, etc...) podría romper libremente el contrato. Frente al trabajador, el empresario tenía derecho potestativo, de ejercicio discrecional de modo que el primero estaba obligado a sufrir las consecuencias de los actos extintivos patronales.

Se ha dicho que el despido corresponde en la técnica civilista a la resolución por incumplimiento de una de las partes, en este caso, el trabajador (Suárez González, 1967: 72). El marco de referencia conceptual necesario a la hora de determinar la indemnización por despido se situó en el art. 1124 CC, según el cual:

> *"La facultad de resolver las obligaciones se entiende implícita en las recíprocas, para el caso de que uno de los obligados no cumpliere lo que le incumbe.*
>
> *El perjudicado podrá escoger entre exigir el cumplimiento o la resolución de la obligación, con el resarcimiento de daños y abono de intereses en ambos casos. También podrá pedir la resolución, aun después de haber optado por el cumplimiento, cuando éste resultare imposible.*
>
> *El Tribunal decretará la resolución que se reclame, a no haber causas justificadas que le autoricen para señalar plazo".*

5. En el art. 1124 del CC, el incumplimiento grave de una de las prestaciones se equipará al cumplimiento de una condición resolutoria: el incumplimiento resolutorio afecta a la eficacia del contrato si la parte *in bonis* ejercita la acción de resolución. El principal añadido de la aplicación del art. 1124 del CC al régimen de la condición reside en la posibilidad de acumular, en la mayoría de supuestos, una pretensión indemnizatoria, al no solo haberse producido la eventualidad que supone la pérdida de eficacia del contrato, sino también un incumplimiento contractual generador de responsabilidad (art. 1101 del CC).

B) Primeros modelos indemnizatorios

6. El origen de la normativa sobre indemnizaciones asociadas a la terminación del contrato "sólo en tiempos muy remotos utilizó los sistemas civiles de cálculo (que no de responsabilidad), tendiendo en todo momento a facilitar la tarea del Juez a la hora de establecer su cuantía" (Fernández López, 2005).

En algunos casos, se procedía a cuantificar la indemnización a abonar al trabajador con ocasión de la extinción por voluntad del empresario:

> La regla establecida en el Código Civil en su art. 1584, preveía que: *"el criado doméstico destinado al servicio personal de su amo, o de la familia de éste, por tiempo determinado, puede despedirse y ser despedido antes de expirar el término; pero, si el amo despide al criado sin justa causa, debe indemnizarle pagándole el salario devengado y el de quince días más"*. El texto es el mismo que el del art. 1526 del Proyecto de Código Civil de España de 1851, se fundamenta, de acuerdo con los comentarios de García Goyena, en el que hecho de *"la indemnización correspondiente al salario de quince días (…) se han creído bastantes para que un buen criado encuentro un nuevo amo"*.
>
> Por su parte, y en relación con lo establecido en el art. 1586 CC (*"Los criados de labranza, menestrales, artesanos y demás trabajadores asalariados por cierto término para cierta obra, no pueden despedirse ni ser despedidos antes del cumplimiento del contrato, sin justa causa"*), la jurisprudencia del Tribunal Supremo de principios del siglo pasado admitió la posibilidad de que aun el arrendamiento de servicios contratados sin tiempo de terminado pudiera dar lugar a una indemnización de perjuicios conforme al principio que sienta el art. 1101 CC, siempre que se demostrase la existencia de aquellos (Castán Tobeñas, 1984: 481). De modo que, mediando justa causa en el despido, no procedía la indemnización.
>
> En las «Bases para un Proyecto de Ley de Contrato de Trabajo» que al Instituto —un año apenas tras su creación (Real Decreto de 23 de abril de 1903) se presentaron el 20 de abril de 1904, figura una base XXV *"tanto el patrono como el obrero han de indemnizar a la otra parte de los perjuicios que le irroguen por el incumplimiento de las obligaciones contraídas"*. En definitiva, la regla civil de resarcimiento de los daños con prueba de los mismos que reiteran las pautas de los arts. 1101 y sobre todo 1107 CC. El apartado XX precisaba que en caso de que el empresario despidiese al obrero sin respetar el plazo de preaviso obligatorio de ocho días debería abonar el salario correspondiente a esos ocho días.

7. No obstante, con carácter general, la jurisprudencia actuaba en términos muy desiguales, progresivamente inició un proceso de reducción de la referida discrecionalidad, y en base a cláusulas contractuales individuales, pactos colectivos y, sobre todo, invocando la costumbre local o profesional, aceptó el deber de preaviso. En el caso de las indemnizaciones, materializaba está línea de actuación el art. 27 Ley de 17 de julio de 1911, de aprendizaje, que referido a la rescisión del contrato establecía: "En todos estos casos, si no se llegase a un acuerdo, fijará la indemnización que proceda los Tribunales llamados a entender en los contratos de trabajo. Cuando hubiere acuerdo, se consignará en el contrato".

Se pregunta Alarcón qué puede pedir el trabajador injustamente despedido, y escribe (Alarcón y Horcas, 1927: 249): «Puede pedir el cumplimiento de lo pactado o la indemnización de los perjuicios que se le hubieran causado, en la cuantía que señalen los tribunales según las pruebas aportadas, con arreglo a las normas del Derecho civil, teniendo en cuenta que el mero incumplimiento de un contrato de trabajo no es por sí solo motivo de indemnización, pues para que ésta se otorgue ha de probarse que se originaron perjuicios concretos, en determinada cuantía, conforme a lo dispuesto en el art. 1.124 del Código civil, bien entendido que la acción de cumplimiento del contrato es incompatible con la de su resolución con indemnización de perjuicios, según constante y uniforme jurisprudencia del Tribunal Supremo (sentencias de 28 de agosto de 1899 y 8 de abril de 1903). No puede, a priori, tener derecho a reclamar la integridad de sueldos o jornales que hubiera podido percibir de haberse cumplido el contrato hasta su término normal, porque al recobrar el obrero su libertad de acción puede entrar al servicio de otra persona, no siendo lícito percibir lo no debido, o sea, el precio de lo que no se ha trabajado".

C) La composición dual de la indemnización por despido: Indemnización de daños y salarios de tramitación

8. Prácticamente desde el primer tercio del siglo pasado se articuló un sistema de cálculo que no desmentía el principio codificado de indemnización por culpa, pero facilitaba sensiblemente el iter judicial orientado a reclamar la indemnización. Se ha considerado por algún autor que "la evolución jurídica española en torno al problema del despido" (Gallart Folch, 1936: 78) tiene su comienzo en el Real Decreto de 22 de julio de 1928 que, descartando el esquema del Código de Trabajo de 1926, se separa de los criterios del art. 1.124 del CC, para señalar algunos módulos de cálculo de la indemnización.

9. La indemnización por despido, desde su regulación en el RD de 22 de julio de 1928, establece "una indemnización por daños calculada sobre la combinación de criterios estrictos de daños". Se trata de una modalidad de cálculo de la indemnización que "reiteran las pautas de los arts. 1101 y, sobre todo, 1107 del CC —daño emergente (salarios dejados de percibir—, lucro cesante (pérdida del empleo), si bien con la particularidad de que en la ley laboral se orienta cuantitativamente al órgano juzgador fijando mínimos y máximos de la indemnización" (Los entrecomillados pertenecen a Fernández López, 2005: 52).

La referida indemnización se desglosaba en dos partes:

La primera de fácil cálculo, los salarios dejados de percibir por consecuencia del incumplimiento empresarial ("salarios de tramitación"). Condena al empresario que despidiera sin justa causa a abonar al trabajador "el importe íntegro de los jornales correspondientes a los días que hubiesen mediado entre el despido y la readmisión, o, en su caso, entre el despido y el día en que el obrero se hubiera colocado nuevamente", si tuviese lugar primero (art. 17.6). La idea clave de que los salarios de tramitación constituyen pura y simplemente un débito salarial, consecuencia de la puesta en mora del empresario que injustamente despidió y derivada de los efectos retroactivos de la sentencia constitutiva extintiva de despido, ninguna relación guarda la cuantía de los salarios de tramitación con la duración del procedimiento y muchísimo menos, correctamente, se le puede poner un tope a dicha cuantía.

La segunda, una cantidad que podrá variar entre el importe de quince días y tres meses de jornal —a seis meses de jornal, si el despedido era vocal de un Comité Paritario, art. 17.8—, y que fijaría el Comité Paritario tomando en consideración una serie de criterios que la norma apuntaba en lista abierta: la naturaleza del empleo, el tiempo que el obrero viniera prestando su servicio, las cargas familiares del trabajador, la facilidad que exista en el oficio o profesión para colocarse nuevamente y todas las demás circunstancias del perjuicio ocasionado en términos que reproduce. Es decir, en el sistema del Real Decreto de 1928 se establecen una base mínima y otra máxima (calculadas en «días» y «meses», respectivamente), entre las que, aunque se le señalasen al órgano decisor algunos criterios a tener en cuenta para fijar la cifra concreta de indemnización, la libertad que éste ostentaba no era discutida en esta materia.

> Precisamente en base a esto afirma Pérez Botija que la indemnización al despedido no es un mero resarcimiento por la lesión producida por acto rescisorio de cualquier contrato patrimonial, sino que también tiene un cierto sentido de premio proporcional a la permanencia en la empresa y es, además, una forma indirecta de previsión, al tener por objeto entregar una cantidad al trabajador despedido para que pueda hacer frente a su falta de salario al quedarse sin ocupación (Rodríguez-Piñero, 1967).

10. El anterior esquema se mantendría con la Ley de Jurados Mixtos de 27 de noviembre de 1931, aunque variando la cuantía posible de la indemnización (de quince días a seis meses de «jornal»). En la Ley de Jurados Mixtos, de 27 de noviembre de 1931, el art. 52 contenía una desigual regulación acerca de los salarios de tramitación. Disponía dicho artículo en lo que aquí interesa: "En ambos casos (es decir, cualquiera que fuese la opción en los despidos injustificados, entre indemnización o readmisión), y a no ser que el obrero estuviese nuevamente colocado, habrá de abonarle

—el patrono— los jornales correspondientes a los días que median entre el despido y la fecha en que, dentro de los plazos normales que se señalan en esta ley, debe estar sustanciada la reclamación, sin que en ningún caso puedan exceder de veinticuatro" (Rodríguez-Piñero, 1967).

2. *La consolidación del modelo dual de indemnización por despido. Un añadido indemnizatorio (el incidente de daños y perjuicios por la no readmisión)*

A) La composición dual de la indemnización por despido y un añadido indemnizatorio (el incidente de daños y perjuicios por la no readmisión)

11. La regulación de las indemnizaciones diseñada en el modelo franquista "juega no con una, sino con dos indemnizaciones o, aún, mejor dicho, con dos series de indemnizaciones: efectivamente, se impone una serie de sanciones al empresario por el puro acto de despedir sin causa justificada, y una segunda serie por la negativa a readmitir a su servicio al trabajador cuyo despido haya sido declarado injustificado o "improcedente", según la terminología legal" (Alonso Olea, 1957: 173).

Efectivamente, el Magistrado ante un despido que, a su juicio, carezca de causa, debe condenar alternativamente al empresario a la readmisión o al pago de una indemnización. En este punto, el modelo de la Ley de Jurados Mixtos se reitera en la LCT de 1944, cuyo art. 81, dejaba la fijación del importe de la indemnización al «prudente arbitrio» del magistrado, pero teniendo en cuenta «la facilidad o dificultad de encontrar colocación adecuada, cargas familiares, tiempo de servicio en la empresa, etc.», y sin que en ningún caso la indemnización «pueda exceder del importe de un año de sueldo o jornal». De nuevo dentro de estos límites, y aunque no faltasen voces en contra, la libertad del magistrado para la determinación de la indemnización sería considerada «dogma procesal básico» para la doctrina.

Las sucesivas leyes de Procedimiento Laboral (1958, 1963, 1966, 1973), a partir de la LPL de 1958 establecieron que cuando el despido es declarado improcedente, los arts. 81.3 LCT y 103 LPL establecieron que el Magistrado de Trabajo debiera condenar al empresario a que readmita al trabajador en igual puesto e idénticas condiciones, o a que le indemnice en cantidad cuya cuantía cierta fijará en el fallo a su prudente arbitrio, sin que pueda exceder del importe de un año de sueldo o jornal, teniendo en cuenta la facilidad o dificultad en encontrar otra colocación adecuada, cargas familiares del trabajador despedido, tiempo de servicio al empresario, etc. La condena es, pues, alternativa para el empresario: o indemnización o readmisión (aparte y además de la condena adicional a los «salarios de tramitación»).

El art. 99 de la LPL precisa que "si se estima procedente el despido declarará resuelto el contrato de trabajo sin derecho a indemnización. En caso contrario condenará a la Empresa a que "readmita al trabajador o le abone una indemnización cuya cuantía fijará concretamente sin que en ningún caso/pueda ser superior al importe del sueldo o jornal de un año", correspondiendo la opción a la empresa cuando ésta tuviera una plantilla de menos de 50 trabajadores, y al trabajador en caso contrario. La indemnización inicialmente fijada en la sentencia es técnica y típicamente una indemnización de daños y perjuicios, bien que tasada en su cuantía máxima, a la que se condena al empresario por el incumplimiento del contrato que el despido injusto o improcedente significa, similar, por tanto, a la que el art. 1.124 del CC pone a cargo de la parte que incumple una obligación recíproca.

Además de la anterior indemnización, y en el mismo supuesto de despido improcedente, el Magistrado debe condenar al empresario "en todos los casos", al pago de una indemnización complementaria equivalente al importe de "los jornales que hubiera devengado durante la sustanciación del procedimiento, a partir de la fecha de presentación de la solicitud de conciliación sindical y, en su defecto, de la de la demanda ante la Magistratura" (art. 100 de la LPL).

B) El incidente de daños y perjuicios por la no readmisión

12. Si la empresa no cumplía la obligación de readmitir, o ésta se verificaba en condiciones distintas a las anteriores al despido (supuesto de readmisión «irregular»), entraban en juego lo que la norma llamaba indemnizaciones por no readmisión. En estos casos se abría un breve proceso especial normalmente conocido como «incidente de no readmisión» (aunque la LPL no lo denominase así, ni le diera nombre especial), al que su norma original de creación, el Decreto de 26 de octubre de 1956, se refería como un "incidente de daños y perjuicios por la no readmisión" (art. 7.3). En estos casos, establecía el art. 212 de la LPL, que si el Magistrado estima en vista de lo alegado y probado se dan los referidos presupuestos debe condenar al empresario a que "*abone al trabajador una indemnización que no podrá ser inferior al sueldo o jornal de seis meses ni superior al de cuatro años, sin que en ningún caso pueda ser menor que el importe de la fijada en la sentencia que puso fin al juicio de despido*". Para guiar al Magistrado en el uso de su arbitrio la LPL señala que el magistrado tendrá en cuenta «la antigüedad del trabajador en la empresa, sus cargas familiares y la facilidad o dificultades que tenga para encontrar otra colocación adecuada».

En estos supuestos de incumplimiento cualificado por parte del empresario (ya que, además de tratarse de un supuesto de despido ilícito, el empresario desobedece la orden judicial de readmitir y genera daños adicionales al trabajador), la indemnización aumenta, en un modelo de agravamiento de las consecuencias resarcitorias que recuerda sustancialmente a lo dispuesto en el art. 1107 del CC, aunque sea la ley la que asume la decisión al respecto, cercenando el criterio judicial que en el modelo civil opera en plenitud.

13. La cuantía de la indemnización principal fue progresivamente abstrayéndose de las circunstancias personales del trabajador y de la magnitud del daño sufrido por éste. Como sólo se valora la pérdida del puesto en sí misma, estos datos son irrelevantes. Y también lo es la malicia o el dolo en el comportamiento empresarial (esto es, se descartan los elementos de los arts. 1101 a 1107 del CC), de modo que la especial peligrosidad o malicia del comportamiento del empresario es un factor que tiene que jugar aparte respecto de la indemnización estándar, por eso el momento adecuado para valorarla no es la Sentencia —en que se le abre una opción por un comportamiento extintivo ya legítimo sino el auto en no readmisión, cuando el empresario rehúsa cumplir la obligación de readmitir (Fernández López, 2005).

3. La indemnización por despido sin rumbo en la transición

14. La libertad del magistrado en la fijación de la indemnización no habría de verse sensiblemente menguada con las innovaciones introducidas por el efímero art. 35.4 de la Ley de Relaciones Laborales de 1976, complementada por el Real Decreto 1925/1976 de 16 de julio

Con un brevísimo paréntesis, la Ley de Relaciones Laborales de 1976, complementada por el Real Decreto 1925/1976 de 16 de julio vino a imponer la readmisión en caso de improcedencia —a través de su polémico art. 35—, sin posibilidad de sustituirla por una indemnización. La ley 16/1976 de 8 abril de Relaciones Laborales vino a establecer que:

> *"la sentencia que imponga la readmisión deberá ser cumplida por el empresario en sus propios términos, sin que pueda ser sustituida por indemnización en metálico, salvo acuerdo voluntario de las partes o cuando el Magistrado, atendiendo a circunstancias excepcionales apreciadas en el juicio que impidan la normal convivencia laboral, resuelva dejar sin efecto la readmisión mediante el señalamiento de una compensación económica. Dicha compensación no podrá ser en ningún caso inferior a seis meses de salario ni a dos mensualidades por año de servicio, sin que la cantidad resultante pueda exceder de doce anualidades".*

15. El art. 10.5 del Real Decreto Ley 18/1976 de 8 de octubre suspende el art. 35 y le dota de nueva redacción estableciendo a los efectos que nos interesan que:

> *"Cuando el empresario no procediera a la readmisión o efectuada ésta no tuviera lugar en las mismas condiciones que regían antes de producirse el despido, el Magistrado de Trabajo sustituirá la obligación de readmitir por el resarcimiento de perjuicios y declarará extinguida la relación laboral. Dicha indemnización se fijará atendiendo a la antigüedad del trabajador en la Empresa, condiciones del contrato de trabajo que se extingue, posibilidades de nueva colocación y circunstancias personales y familiares del trabajador, sin que la cantidad resultante en ningún caso pueda ser inferior a dos meses de salario por año de servicio ni exceder de cinco anualidades".*

La Orden Ministerial de 15 de octubre de 1976 clarificó aún más la situación en relación con los siguientes puntos: establecimiento de límites claros de la indemnización (art. 2, disposición 2ª), que se situarían entre dos meses de salario por año de servicio y cinco anualidades —caso de tener al menos 30 años de servicio— (esto es, 60 mensualidades) y mantenimiento de la indemnización complementaria, hasta la fecha en que el Magistrado da por finalizada la relación laboral.

Junto a la fijación de topes mínimos y máximos aparece aquí una indicación (no será inferior «a dos mensualidades por año de servicios» para la objetivación del cálculo, que se ofrece como un mínimo que puede el magistrado modificar «a su prudente arbitrio» y que, por cierto, no parecía ser sino una peculiar recepción legal de reglas que en la propia práctica de los tribunales se habían ido asentando para la facilitación del cálculo.

16. Este esquema de cálculo (suprimiendo el mínimo absoluto de seis meses de indemnización) se verá reproducido con el RDL de 4 de marzo de 1977, que establecerá en su art. 37.4:

> *"La indemnización por resarcimiento de perjuicios será fijada por el Magistrado de Trabajo, a su prudente arbitrio, teniendo en cuenta la antigüedad del trabajador en la Empresa, condiciones del contrato de trabajo que se extingue, posibilidades de encontrar nueva colocación adecuada, dimensión y características de la Empresa y circunstancias personales y familiares del trabajador, especialmente las de ser titular de familia numerosa, mayor de cuarenta años o minusválido. La cantidad resultante no podrá ser inferior a dos meses de salario por año de servicio, ni exceder de cinco anualidades". Precisando el apartado 5 que: "en los casos de empresas que ocupen menos de veinticinco trabajadores fijos, el Magistrado de Trabajo, a su prudente arbitrio, podrá rebajar el tope mínimo establecido en el párrafo anterior en razón a las circunstancias concurrente".*

4. *La indemnización por despido en la primera redacción del ET*

17. Es claro que el ET, en todas sus sucesivas redacciones, ha perfeccionado la regulación que se inició en 1958, incorporando un modelo de cálculo de la indemnización por despido que se caracteriza porque en él el automatismo es casi absoluto. Por eso la culpabilidad o no del empresario o del propio trabajador y su incidencia sobre la extinción ya no se puede decir que constituya un elemento moderador de la responsabilidad por ilícito contractual en cada caso, sino que pasa a formar parte del supuesto de hecho constitutivo del tipo de despido de que se trata (disciplinario, objetivo, etc.), y a partir de ahí las consecuencias se deducen de manera automática, al margen de toda otra consideración.

Calificado de improcedente el despido, el Juez ha de condenar al empleador a que opte entre el abono de la indemnización marcada en la ley o la readmisión del trabajador, en las condiciones que regían antes del despido. Si el empresario no opta por la readmisión, el trabajador tiene derecho a una indemnización. El ET fijó una fórmula de cálculo de las indemnizaciones por despido disciplinario improcedente que permanece viva hasta 2012: 45 días de salario por año trabajado en caso de improcedencia, con un máximo de 42 mensualidades, es decir, tres años y medio de salario (frente a las 60 que actuaban como límite en la legislación anterior). Con el ET, pues, se produce una reducción del máximo posible que podría llegar a pagar la empresa respecto de las leyes inmediatamente anteriores, y se elimina la discrecionalidad judicial a la hora de determinar las indemnizaciones.

A ello se añadía un privilegio para las pequeñas empresas. Cuando el empresario optase por la no readmisión y se tratase de empresas con menos de 25 trabajadores, la indemnización se reduciría en un 20%, de la cantidad resultante, el 40% lo pagara el Fondo de Garantía Salarial en un plazo de 10 días (art. 56.4 del ET)

De igual modo, quedaban tasados los salarios de tramitación. De este modo, cuando la sentencia que declarase la improcedencia del despido se dicte transcurridos más de sesenta días desde la fecha en la que se presentó la demanda, el empresario sólo será condenado a pagar por los salarios de tramitación hasta dos meses, corriendo “por cuenta del Estado” la diferencia (at. 56.5 del ET). Con arreglo a la Disposición Final sexta del Estatuto de los Trabajadores, mediante Real Decreto legislativo 1568/1980, de 13 de junio, se aprobó el nuevo texto refundido de la Ley de Procedimiento Laboral. En sus arts. 1.2.2, 114, 115 y 227.3 se contienen diversas referencias a los procesos especiales para hacer efectiva la responsabilidad prevista en el art. 56.5 del ET, detallando además el alcance de tal responsabilidad.

III. Las piezas del sistema: Caracteres actuales de la indemnización por despido

1. El modelo vigente de indemnizaciones por despido

18. En la actualidad, calificado de improcedente el despido, el Juez ha de condenar al empleador a que opte entre el abono de la indemnización marcada en la ley o la readmisión del trabajador, en las condiciones que regían antes del despido. Si el empresario no opta por la readmisión, el trabajador tiene derecho a una indemnización calculada con un factor indemnizatorio de 33 días de salario por año de servicio, con un máximo de 24 mensualidades (art. 56.1 del ET).

19. La reforma laboral (RDL 3/2012) redujo sustancialmente la indemnización por despido improcedente de los realizados a partir del 12 de febrero de 2012. En la actualidad la indemnización se fija en función de la fecha del contrato antes o después del 12 de febrero de 2012. Respecto a los contratos formalizados antes del 12 de febrero de 2012, el cálculo indemnizatorio se hace en dos tramos, existiendo en ambos la obligación de prorratear por meses los períodos inferiores a un año (DT 5ª de la L 3/2012).

Si el trabajador despedido hubiere iniciado su relación laboral con la empresa antes del 12 de febrero de 2012, la indemnización será el resultado de sumar dos tramos indemnizatorios: un primer tramo, a razón de 45 días de salario por año de servicio por el tiempo de prestación de servicios anterior a dicha fecha, prorrateándose por meses los períodos de tiempo inferiores a un año; y un segundo tramo, a razón de 33 días de salario por año de servicio por el tiempo de prestación de servicios posterior, prorrateándose igualmente por meses los períodos de tiempo inferiores a un año. La suma resultante de los dos tramos no podrá ser superior a 720 días de salario (y no dos anualidades, que serían 730 y 731 días), salvo que del cálculo del primer tramo resultase un número de días superior, en cuyo caso se aplicará éste como importe indemnizatorio máximo, sin que, en ningún caso, dicho importe pueda ser superior a 42 mensualidades (DT 11ª del ET)

En STS (Social) 18 de febrero de 2016 (Rº 3257/14); 18 de abril de 2016 (Rº 1921/14); y 18 de mayo de 2016 (Rº 3483/14), entre otras, vinieron a precisar que cuando se calcula la indemnización por despido improcedente de quien trabajó antes del 12 de febrero de 2012, en el primer tramo del cálculo —a razón de 45 días por año trabajado hasta dicha fecha— la indemnización puede superar el tope de 720 días de salario sin sobrepasar nunca los 1.260 días [42 mensualidades]. Superados los 720 días en el primer tramo la indemnización no puede sufrir ningún incremento por los períodos de empleo posteriores tal 12-2-2012. Así, en el caso, se contempla el despido económico improcedente de un trabajador que prestó servicios en una empresa desde el 22-9-1988 hasta el 19-6-2013. El monto del primer tramo superaba los 720 días sin alcanzar los 1.260 días [considerando los 23 años y 5 meses previos a 12-2-2012 a razón de 45 días por año]. Ese monto ya no puede 26 incrementarse con el cómputo de los periodos de trabajo posteriores a 12-2-2012 [a razón de 33 días por año]. En consecuencia, aunque no se haya alcanzado el máximo indemnizatorio absoluto de 42 mensualidades [1.260 días] si se han superado los 720 días en el primer tramo, la indemnización no puede incrementarse por los períodos de empleo posteriores al 12-2-2012, de manera que no procede calcular el monto indemnizatorio correspondiente al segundo tramo.

20. Para la determinación de la indemnización, puede utilizarse esta calculadora disponible en la base de datos NREF 2018/500905. Algunos tribunales se decantan por la utilización de la aplicación de acceso público existente en la web del CGPJ (STSJ Galicia 26 de junio de 2018, Rº 1011/18).

2. *Los salarios de tramitación: solo proceden si el empresario opta por la readmisión*

21. En el régimen actualmente vigente la regla general es la desaparición de los salarios de tramitación. Sólo se abonarán en dos supuestos concretos: cuando el empresario opte por la readmisión o esta sea obligatoria en el caso del despido declarado nulo (art. 56.2 del ET y art. 110.1 de la LJS). Cuando la elección entre ésta y el reingreso en la empresa corresponda al trabajador por ser representante de los trabajadores, tanto si opta por la indemnización como si lo hace por la readmisión, tendrá derecho a los salarios de tramitación (art. 56.4 del ET).

Solo en estos casos el trabajador tendrá derecho a los salarios de tramitación, esto es, los salarios correspondientes a los días transcurridos desde la fecha del despido hasta la notificación de la sentencia o hasta que haya encontrado el trabajador otro empleo si tal colocación es anterior a dicha sentencia y se prueba por la empresa el salario percibido en el nuevo empleo, para su descuento de los salarios de tramitación (art. 56.2 del ET).

La STS (Social) de 28 de mayo de 2024 (Rº 465/2021), ha precisado que los salarios de tramitación responden a la necesidad de reparar la falta de ingresos del trabajador, pero si, durante la tramitación del proceso por despido, el trabajador consigue ingresos en otra empresa, parece evidente que la norma laboral autoriza el descuento de esta cantidad de los salarios adeudados. En tal caso, respecto a lo percibido en otra empresa en todo o parte del período correspondiente a los salarios de tramitación, resulta palmario que no ha existido perjuicio total o parcial en función de lo percibido en otro empleo; y si no ha habido perjuicio, no puede haber tampoco resarcimiento; y si el perjuicio fuera parcial, el resarcimiento también deberá serlo. Así pues, «en estos casos desaparece la "ratio legis", el fundamento esencial que justifica la existencia de la obligación de satisfacer los salarios de tramitación; y al desaparecer la causa que la justifica y genera, esta obligación no puede existir, al menos, en la cuantía coincidente».

22. Será responsable el Estado de los salarios de tramitación cuando la sentencia se dictase después de noventa días desde la fecha en que se presentó la demanda por despido. Ahora bien, en este último caso el empresario deberá abonar la totalidad de los salarios de tramitación al trabajador y posteriormente podrá reclamar del Estado aquella parte de la que fuera este responsable (arts. 56.5 del ET y 116 de la LJS).

La jurisprudencia viene afirmando que en los mismos predomina el carácter indemnizatorio frente al salarial, pese a constituir un concepto jurídico propio con vertientes que lo asimilan a los salarios y a la indemnización

Fue la sentencia de STS (Social) de 13 de mayo de 1991 (RJ\1991\3907) la que hizo las siguientes declaraciones: "La figura de los salarios de tramitación o salarios de trámite tiene una evidente y clara naturaleza indemnizatoria, pues con ellos se pretende, tanto en los despidos nulos como en los improcedentes, compensar al trabajador uno de los perjuicios que para él se derivan del hecho del despido, cual es el de no percibir retribución alguna desde la fecha del despido y durante la instrucción del despido correspondiente". Con posterioridad el Tribunal Supremo ha subrayado que "en cuanto suponen un resarcimiento para compensar el daño ocasionado al trabajador por la pérdida de la retribución que hubiere devengado de no haber sido objeto de un despido contrario a derecho, que desde esa perspectiva jurídica y a los efectos de la cuestión de la disposición adicional en litigio merecen sin duda tal calificación (SSTS (Social) de 20 de julio de 2017, Rº 3571/2015, citando anteriores), los salarios de tramitación "están concebidos como cantidad de dinero a percibir como reparación de la falta de ingresos del trabajador, durante la tramitación de un proceso que concluye con la declaración de improcedencia o nulidad de su despido", de tal forma que tienen "una evidente y clara naturaleza indemnizatoria, pues con ellos se pretende, tanto en los despidos nulos como en los improcedentes, compensar al trabajador uno de los perjuicios que para él se derivan del hecho del despido, cual es el no percibir retribución alguna desde la fecha de tal despido y durante la sustanciación del proceso correspondiente".

23. La incompatibilidad entre los salarios de tramitación y la percepción de la prestación por desempleo hace necesaria la devolución de las cantidades indebidamente percibidas por el trabajador durante el periodo en que se produce un solapamiento en el cobro de ambas cantidades cuando se produce la readmisión del mismo por sentencia firme o conciliación (ex art. 268.5 b) de la LGSS), teniendo en cuenta que sólo deberá devolver aquellas cantidades que percibió durante dicho período en concepto de prestación por desempleo. La STS (Social) de 29 de enero de 2024 (Rº 4999/2024), reitera la doctrina establecida por nuestro Alto Tribunal disponiendo que "la devolución de prestaciones no puede extenderse a los períodos en los que no existe incompatibilidad, por cuanto no se han percibido salarios de trámite, de modo que la devolución solo se extiende a las prestaciones temporalmente coincidentes con estos [...] ya que el resto del periodo no existe incompatibilidad" existiendo, por tanto, derecho a su percepción.

3. Las excepciones a la objetivación indemnizatoria

A) Indemnización adicional por no readmisión o readmisión irregular

a) Indemnización discrecional por el juzgador

24. Se conserva, como excepción al régimen de objetivación indemnizatoria, el art. 281.2.b) de LJS, en el seno del incidente de no readmisión, según el cual:

> *"Acordará se abone al trabajador las percepciones económicas previstas en los apartados 1 y 2 del artículo 56 del Estatuto de los Trabajadores. En atención a las circunstancias concurrentes y a los perjuicios ocasionados por la no readmisión o por la readmisión irregular, podrá fijar una indemnización adicional de hasta quince días de salario por año de servicio y un máximo de doce mensualidades".*

25. La sanción del incumplimiento empresarial se convierte en una ejecución limitada por equivalente económico, con sustitución de la obligación de readmisión impuesta por la sentencia por el abono de una indemnización en el importe legal, que tampoco responde a una evaluación de los daños y perjuicios reales derivados de la no readmisión. Como señaló la STS (Social) de 23 de julio de 2008 (Rº 3682/2007), estamos en presencia de una sanción imperfecta en la medida en que no impone la nulidad de la conducta empresarial de resistencia a la orden judicial ni la ejecución forzosa de ésta.

Pero, en todo caso, se trata, como ha señalado la doctrina (Fernández López, 2005: 57), de un "incumplimiento cualificado por parte del empresario (ya que además de tratarse de despido ilícito, el empresario desobedece la orden judicial de readmitir y genera daños adicionales al trabajador), la indemnización aumenta, en un modelo de agravamiento de las consecuencias resarcitorias que recuerda sustancialmente a lo dispuesto en el art. 1107 del CC, aunque sea la Ley la que asume la decisión al respecto, cercenando el criterio judicial que en el modelo civil opera en plenitud". Una indemnización de naturaleza punitiva (STSJ Andalucía, Sevilla, de 17 de noviembre de 2011, Rº 650/2011), que trata de paliar el carácter imperfecto de la indemnización ordinaria.

Como doctrinalmente se ha señalado "se trata de un mandato poco claro que ha producido una mínima litigiosidad, porque es muy poco habitual su reclamación ante los juzgados de lo social, probablemente por su extrema ambigüedad puesto que expresión "podrá" del art. 281.2. b) de la LJS sugiere una opción potestativa del juez, que choca frontalmente con lo dispuesto en el art. 1101 del CC en los supuestos en los que se acrediten perjuicios provocados por la no readmisión o por la readmisión irregular, siendo más llamativo, si cabe, la utilización de la expresión "circunstancias concurrentes", que constituye un ejemplo paradigmático de concepto jurídico indeterminado" (Bodas, 2024: 1269). Y es que esta posibilidad que tiene el juez ha de interpretarse restrictivamente, pudiendo sólo aplicarse cuando quede debidamente acreditada la existencia de dichos concretos perjuicios o circunstancias diferentes de los que han dado lugar a la indemnización principal (STS (Social) 28 de abril de 1998, Rº 3235/97).

Existirá, en estos casos, la obligación del trabajador de probar los perjuicios causados, sin que proceda la referida indemnización, por ejemplo, cuando "no han quedado acreditados los daños es decir la delimitación de los mismos en nexo causal con la actuación de la empresa" (STSJ de Cataluña de 2 de mayo de 2013, Rº 6484/2012).

b) Indemnización tasada más salarios de tramitación

De acuerdo con lo establecido en el art. 286.2 de la LJS:

> *1. Sin perjuicio de lo dispuesto en los artículos anteriores, cuando se acreditase la imposibilidad de readmitir al trabajador por cese o cierre de la empresa obligada o cualquier otra causa de imposibilidad material o legal, el juez dictará auto en el que declarará extinguida la relación laboral en la fecha de dicha resolución y acordará se abonen al trabajador las indemnizaciones y los salarios dejados de percibir que señala el apartado 2 del artículo 281.*
>
> *2. En los supuestos de declaración de nulidad del despido por acoso laboral, sexual o por razón de sexo o de violencia de género en el trabajo, la víctima del acoso podrá optar por extinguir la relación laboral con el correspondiente abono de la indemnización procedente y de los salarios de tramitación, en su caso, conforme al apartado 2 del artículo 281.*

La circunstancia impeditiva de la readmisión debe quedar acreditada, dando lugar a un auto en el que el juez declara extinguida la relación laboral en la fecha de dicha resolución, acordando que se abonen al trabajador las indemnizaciones y los salarios dejados de percibir que contempla el art. 281.2 de la LJS. Esto se traduce en: (i) La indemnización correspondiente al despido improcedente, así como los salarios de tramitación previstos en el art. 56.2 del ET. Para el cálculo de la indemnización se computará como tiempo de servicio el transcurrido hasta la fecha del auto. No obstante, si es la propia sentencia de instancia la que, tras declarar el despido nulo, declara igualmente la extinción de la relación laboral por imposibilidad de readmisión, el tiempo de servicio se extenderá desde la fecha del despido hasta el de este pronunciamiento. (ii)Los salarios dejados de percibir desde la fecha de notificación de la sentencia que por primera vez declaró la nulidad hasta la del auto (salvo, nuevamente, que en la propia sentencia se declarara la extinción de la relación laboral por imposibilidad de readmisión). El art. 286.1 de la LJS, aunque pueda añadirse una compensación adicional ex art. 281.2 de la LJS, no es conforme, pues, con el sistema de la CSE, porque "ambas compensaciones están sujetas a un límite" (CEDS, 2024, p. 20).

Resulta discutible que aunque el art. 281.2 de la LJS contempla también una indemnización adicional potestativa en atención a los eventuales perjuicios ocasionados por el incumplimiento, proceda en este caso, "pues no hay, propiamente, un incumplimiento culpable de la obligación de readmitir que genere ese tipo de responsabilidad" (San Martin, 2015).

B) Indemnización por despido de los deportistas profesionales

El art. 15.1 del Real Decreto 1006/1985, de 26 de junio, por el que se regula la relación laboral especial de los deportistas profesionales establece:

> *"En caso de despido improcedente, sin readmisión, el deportista profesional tendrá derecho a una indemnización, que a falta de pacto se fijará judicialmente, de al menos dos mensualidades de sus retribuciones periódicas, más la parte proporcional correspondiente de los complementos de calidad y cantidad de trabajo percibidos durante el último año, prorrateándose por meses los períodos de tiempo inferiores a un año, por año de servicio. Para su fijación se ponderarán las circunstancias concurrentes, especialmente la relativa a la remuneración dejada de percibir por el deportista a causa de la extinción anticipada de su contrato".*

Como ha señalado Roqueta Buj (2015: 245) el referido precepto obliga al juzgador a realizar una doble cuantificación indemnizatoria: en primer lugar, debe calcular la indemnización mínima con los criterios que la norma expone y, en segundo lugar, debe efectuar una valoración de las circunstancias concurrentes, especialmente la relativa a la remuneración dejada de percibir por el deportista a causa de la extinción anticipada del contrato. Sobre esta base, "el juez puede elevar el suelo o tope mínimo ponderando fundamentalmente a estos efectos los perjuicios causados al deportista por la pérdida retributiva producida por la ruptura anticipada de su relación laboral, lo que quiere decir que cuando más tiempo reste, la indemnización deberá ser más elevada, y cuanto más próxima se halle la extinción por cumplimiento del plazo, menos se valorará a estos efectos la influencia del tiempo" resultando práctica por los tribunales atender "a la fecha del despido, la duración de la relación laboral especial y las posibilidades de que el deportista sea fichado por otro club y pueda reanudar su actividad profesional durante la temporada en que se produce el despido. (Roqueta Buj, 2015:247 y 249).

C) La ratificación por España de la Carta Social Europea revisada y su impacto en el régimen de las indemnizaciones por despido

a) Antecedentes del debate con el Convenio 158 OIT

26. El Convenio nº 158 OIT destina uno de sus preceptos a la reparación del daño sufrido como consecuencia del despido injustificado. En virtud de su art. 10, puede consistir: (i) bien, de estar previsto por el ordenamiento jurídico, en la anulación del despido y la obligación de reintegrar al trabajador, (ii) bien en el pago de una indemnización adecuada o de cualquier otra forma de reparación considerada como apropiada.

Como recordó el ATC 43/2014, el régimen indemnizatorio legalmente establecido cumple con la exigencia de adecuación que mandata la norma internacional:

> "(...) tampoco esta fórmula legal se opone al Convenio núm. 158 de la Organización Internacional del Trabajo, cuyo art. 10 —que, pese a la adicional referencia del órgano promotor al art. 12, es el aplicable a los supuestos de extinción contractual injustificada— se limita a disponer, entre otras posibilidades, el pago de "una indemnización adecuada", sin precisar los elementos de determinación. No se olvide, además, que el propio legislador valora específicamente las situaciones en que la ilícita decisión extintiva del empresario conlleva un daño cualificado por haberse producido con discriminación o violación de derechos fundamentales y libertades públicas, supuesto en que la ley ordena la calificación del despido como nulo, con derecho del trabajador a su preceptiva readmisión, abono de los salarios dejados de percibir, e indemnización derivada de dicha vulneración a determinar judicialmente (arts. 55.5 y 6 LET y 182 y 183 de la Ley reguladora de la jurisdicción social).".

27. La realidad compara se ha enfrentado también al referido control sobre la "adecuación" de sus sistemas indemnizatorios de acuerdo con el parámetro que proporcional en Convenio nº 158 OIT:

En Francia, la aprobación del baremo Macron mediante orden ministerial del 22 de septiembre de 2017, que introdujo en el artículo L1235-3 del Código laboral francés cuantías de indemnizaciones por despido improcedente, con un mínimo y un máximo, en función, por ejemplo, de la antigüedad del trabajador, abría de nuevo la puerta al Convenio nº 158 OIT. Algunos *Conseils de Prud'hommes*, admitiendo los argumentos desarrollados por abogados de trabajadores, se resistían a aplicar este texto basándose, en particular, en la CSE y en el Convenio nº 158 OIT, considerando que el baremo era contrario a los principios que estos propugnan. El Tribunal Constitucional se manifestó al respecto en su Decisión núm. 2018-761DC, de 21 de marzo de 2018, en la que realizó un control a la luz de los textos internacionales que tienen efecto directo y en concreto, valoró el alcance del art. 10 del Convenio nº 158 OIT. El Tribunal francés consideró el baremo conforme a la Constitución, sin pronunciarse oficialmente sobre su validez respecto de la norma de la OIT, cuestión que, dijo, no era de su competencia. Concluye que el legislador tiene margen de maniobra para fijar la responsabilidad por daños cometidos a otros, o dicho en otros términos puede establecer determinadas limitaciones o exclusiones a aquella, siempre y cuando ello no afecte de manera desproporcionada a los derechos de las víctimas de los actos contrarios a derecho. Según el TC, el principio de igualdad ante la ley, ya que este principio "no impone al legislador tratar de manera distinta a personas colocadas en situaciones diferentes".

El anterior problema ha alcanzado, con morfología propia pero acusadas identidades, al derecho italiano. La sentencia del Tribunal Constitucional nº 194 de 2018, se dictó para dar respuesta a la cuestión constitucional presentada por el tribunal de trabajo de Roma en relación con el art. 3.1 del Decreto legislativo nº 23 del 4 de marzo de 2015 en que pasaba de un sistema basado en la reincorporación al puesto de trabajo en caso de despido declarado como ilícito a otro en el que el resarcimiento económico del daño, en cuantía predeterminada y fija. En la misma se valoró la existencia de vulneración del art. 76 y 117.1 de la Constitución en relación con el art. 10 del Convenio nº 158 OIT, rechazándose la misma sobre la base de que la no ratificación del citado convenio por Italia. No obstante, en este caso sí se admitió la contradicción constitucional por otras razones. En Italia, el TC en su Sentencia 194/2018, considera, sin embargo, que dicha indemnización es "rígida, y no graduable en relación a parámetros diversos de la antigüedad en el empleo", tratando por consiguiente de manera igual todas las situaciones conflictivas que puedan producirse y que finalicen con la decisión empresarial de despido, no importando nada, pues, aquello que haya podido ser acreditado y probado en el acto de juicio. Se niega además cualquier posibilidad al juzgador de tomar en cuenta las circunstancias concretas de cada caso, algo que para el TC es necesario para poder "personalizar" el daño sufrido por la parte trabajadora y adoptar la decisión que se estime más adecuada sobre la cuantía resarcitoria. Afirma el TC, "el legislador acaba por traicionar el objetivo primordial de la protección de la indemnización, que consiste en prever una indemnización adecuada por los daños sufridos por el trabajador injustamente despedido".

b) El impacto de la ratificación de la CSE en la doctrina de suplicación

28. Tras un largo proceso, se publicó en el Boletín Oficial del Estado el Instrumento de Ratificación de la Carta Social Europea (revisada), hecha en Estrasburgo el 3 de mayo de 1996, que entrará en vigor el próximo 1 de julio. Se trata de una disposición, tal y como el Consejo de Europa ha reiterado a través de sus distintas instancias, que debe ser considerada como un instrumento idóneo de coordinación de las políticas sociales europeas, así como la base mínima de los derechos sociales que todos los Estados miembros de esta Organización deberían garantizar a sus ciudadanos, en particular, a los más vulnerables. Es, se ha dicho, la Constitución Social de Europa.

El derecho del trabajador a no ser despedido injustificadamente constituye un principio básico inescindiblemente unido al derecho de toda persona al trabajo. El art. 24 de la CSE revisada que reconoce:

> *"Para garantizar el ejercicio efectivo del derecho de los trabajadores a protección en caso de despido, las Partes se comprometen a reconocer: a) el derecho de todos los trabajadores a no ser despedidos sin que existan razones válidas para ello relacionadas con sus aptitudes o su conducta, o basadas en las necesidades de funcionamiento de la empresa, del establecimiento o del servicio; b) el derecho de los trabajadores despedidos sin razón válida a una indemnización adecuada o a otra reparación apropiada".*

Igualmente, la CDFUE recoge de un modo genérico en su art. 30 que:

> *"todo trabajador tiene derecho a una protección en caso de despido injustificado, de conformidad con el Derecho comunitario y con las legislaciones y prácticas nacionales".*

Con fundamento en la citada Carta Social Europea, algunas sentencias de Tribunales Superiores de Justicia han manifestado la necesidad de revisar la indemnización legal por despido improcedente. Y algún pronunciamiento ya ha condenado a una indemnización adicional.

29. El Tribunal Superior de Justicia de Cataluña, en su Sentencia de 23 de abril de 2021 (Rº 5233/2020), y en relación con la solicitud de ampliación de la indemnización legal en base en el art. 10 del Convenio 158 de la OIT y a la Carta Social Europea (1966), ha considerado que en determinados "supuestos excepcionales" la indemnización resultante por aplicación de la ley puede no resultar "adecuada" y, por tanto, contraria al art. 10 del Convenio 158 OIT. Para lo que se requiere el cumplimiento de tres requisitos:

(i) La notoria y evidente insuficiencia de la indemnización establecida legalmente por resultar la misma manifiestamente exigua.

(ii) La clara y evidente existencia de una ilegalidad, fraude de ley o abuso de derecho en la decisión empresarial extintiva del contrato. No resulta descartable que la "indemnización adecuada" incorpora otros conceptos resarcitorios cuando la conducta extintiva del empleador cause perjuicios a la persona asalariada que superen el mero lucro cesante (daño emergente, daño moral...etc).

(iii) Pero, además, exige la sentencia, para evitar cualquier atisbo de arbitrariedad o vulneración de la tutela judicial efectiva, que en el petitum de la demanda del trabajador despedido se concreten los daños y perjuicios y se practique prueba contradictoria sobre su cuantía. Señala a tal efecto el referido pronunciamiento que "no resulta descartable que la "indemnización adecuada" incorpore otros conceptos resarcitorios cuando la conducta extintiva del empleador cause perjuicios a la persona asalariada que superen el mero lucro cesante (daño emergente, daño moral...etc), lo que exige que esos daños sean cuantificados en la demanda y acreditados en el acto del juicio, lo que descarta la mera aplicación de oficio por el órgano judicial".

La referida doctrina fue ratificada por la STSJ de Cataluña de 11 de noviembre de 2022 que venía a subrayar la procedencia del establecimiento de una indemnización adicional a la tasada dado que: "nuestra legislación positiva regula un concreto supuesto de disponibilidad sobre las indemnizaciones tasadas; en concreto, el art. 281.2 b) de la LJS permite ("en atención a las circunstancias concurrentes y a los perjuicios ocasionados por la no readmisión o readmisión irregular") el incremento de los límites del art. 56 del ET ("indemnización adicional") en hasta quince días por año de servicio y un máximo de 12 mensualidades precepto aplicable por analogía en los singulares supuestos analizados (...)".

30. La referida doctrina obtuvo plena aplicación en la STSJ Cataluña 30 de enero de 2023 (Rº 6219/2022):

Se trataba de un despido por causas económicas y productivas de una trabajadora. Tres días después, la empresa tramitó un ERTE por fuerza mayor como consecuencia de la emergencia sanitaria provocada por la COVID. La indemnización correspondiente por despido improcedente no llegaba a 1000€. ((Un comentario, Ballester Pastor, 2023). En el recurso la parte actora distingue entre los daños morales derivados de la extinción del contrato (que cifra en 20000 euros) y el lucro cesante equivalente a la prestación extraordinaria de desempleo que le hubiera correspondido de haber sido incluida en el ERTE. La sentencia considera que: (i) No proceden los daños morales. (ii) Procede el lucro cesante que es el correspondiente a la prestación por desempleo que hubiera derivado de su inclusión en el ERTE. Al no constarse su duración hasta la última prórroga del estado de alarma (de 1 de abril a 20 de junio de 2020): 3.493,3 euros. El ATS (Social) de 21 de mayo de 2024 (Rº 2961/2023), admitió parcialmente a trámite el recurso de casación de la empresa contra el referido pronunciamiento.

Posteriormente, en la STSJ País Vasco de 23 de abril de 2024 (Rº 502/2024) se discute si es ajustado a derecho establecer una indemnización adicional, por importe de 30.000 euros, en un despido improcedente cuya indemnización legal tasada es de tan solo 493,49 euros. La justificación para la indemnización adicional se encuentra que el trabajador venía prestando servicios por cuenta ajena para una empresa en virtud de un contrato indefinido y le fue ofertado por un Ayuntamiento un contrato de trabajo temporal, mínimo un año y hasta la provisión de la plaza, con un máximo de tres años. Ante la oferta dimitió de su trabajo, suscribió el contrato temporal de interinidad con el Ayuntamiento y poco más de un mes después fue despedido alegando la entidad municipal "error en la contratación".

> Sobre la base del art. 10 del Convenio 158 de la OIT, que establece el derecho del trabajador despedido a una indemnización adecuada u otra reparación que se considere apropiada, y del art. 24 de la Carta Social Europea, que se manifiesta en similares términos, el TSJ acude a las decisiones del Comité Europeo de Derechos Sociales (CEDS), incluida la no publicada todavía para el caso de España, para asentar el criterio del carácter suficiente y disuasorio de la indemnización. Alcanza la conclusión de que la indemnización tasada no es adecuada al daño sufrido por el trabajador, que, abandonando un trabajo indefinido, por la oferta por otro contrato, si bien, temporal, pero con una previsión de al menos un año, no resarce la pérdida de ese trabajo con la indemnización escueta de 493,49 €. Por tanto, la cuestión a delimitar es cuál debe ser la indemnización que suponga esa reparación del daño sufrido.
>
> Una posible indemnización podría calcularse sobre la base del lucro cesante por el tiempo que el contrato temporal podría haber durado. Dice la sentencia que la expectativa de un trabajo de un año, que motivó la extinción del contrato anterior, y que de haberse cumplido no habría derecho a la indemnización del art. 56 ET, ello debe suponer el daño reparable que la norma contenida en el art. 24 de la CSE delimita como una indemnización adecuada o una reparación apropiada.

En la misma línea, la STSJ Cataluña de 22 de mayo de 2024 (Rº 177/2024), concede una indemnización adicional de 46.728,24 euros, en un supuesto de trabajador, con contrato indefinido, que, después de un año de excedencia, solicita una prórroga de doce meses, momento en el que la empresa procede a despedirlo disciplinariamente por bajo rendimiento. La indemnización adicional se cuantifica por el montante económico que deja de percibir durante el año de prórroga de la excedencia.

31. Sin embargo, la STSJ País Vasco 9 de abril de 2024 (Rº 68/2024), ha considerado que los trabajadores con salarios muy elevados que son cesados improcedentemente tras un corto período de prestación de servicios no tienen derecho a una indemnización adicional, dado que la indemnización legal que perciben es suficiente y adecuada, por ser muy superior a la que habitualmente perciben los trabajadores en supuestos de despidos improcedentes con períodos de prestación de servicios de corta duración.

32. La doctrina en esta materia, no ha sido, desde luego, unánime. Así, la STSJ de Madrid de 1 de marzo de 2021 (Rº 596/2020) dejó claro que "no cabe en el ordenamiento jurídico español que cada juez o tribunal pueda imponer la indemnización que le parezca pertinente a tenor de las características de cada despido improcedente. Si el legislador español no hubiera cumplido las disposiciones del Convenio, sería una cuestión que no puede ser examinada en el marco de un proceso judicial, sino en la normativa de la constitución de la OIT y los medios de control que en ella se articulan respecto al cumplimiento de sus disposiciones por los Estados signatarios de los convenios". Precisando la STSJ de Madrid de 18 de marzo de 2021 (Rº 136/2021) que "los parámetros legales que existen en España para indemnizar los despidos improcedentes no son en absoluto inadecuados", otra cosa es que en el presente caso la indemnización haya resultado insignificantes dada la escasa duración del vínculo que ligó a las partes".

c) La doctrina del Tribunal Supremo en relación con la interpretación del Convenio nº 158 de la OIT

El Pleno de la Sala Cuarta del Tribunal Supremo, por unanimidad, ha dictaminado en la STS (Social) de 19 de diciembre de 2024 (Rª 2961/2023), que la indemnización por despido improcedente establecida en el art. 56 del ET no puede verse incrementada en vía judicial con otras cuantías que atiendan a las circunstancias concretas del caso, sin que ello suponga una vulneración del art. 10 del Convenio nº 158 de la OIT que establece que, ante despidos injustificados, si no es posible la readmisión del trabajador, los órganos que resuelven sobre el despido deberían "ordenar el pago de una indemnización adecuada u otra reparación que se considere apropiada". Es importante tener presente que la sentencia subraya que por la fecha en la que se ha producido el despido examinado, no puede entrar a conocer sobre el alcance del art. 24 de la CSE (revisada).

Las principales razones que fundamentan el referido pronunciamiento son las siguientes: (i) La doctrina constitucional ha manifestado que la indemnización tasada que nuestra legislación ha establecido es una indemnización adecuada. (ii) La propia jurisprudencia del Tribunal Supremo viene explicando que el sistema indemnizatorio frente al despido disciplinario es distinto al civil: no es necesario acreditar los daños y perjuicios, sino que se presumen y cuantifican de manera uniforme por el legislador.

(iii) El art. 10 (a diferencia de lo que sucedía con el art. 7º, sobre defensa previa al despido) utiliza conceptos genéricos, que impiden su aplicación directa a cada caso. El art. 56 del ET no se opone al art. 10 del Convenio nº 158 de la OIT ni a la Recomendación 166 que lo complementa. (iv) Cuando Convenio de la OIT (art. 12) establece parámetros para calcular indemnizaciones por terminación contractual, se refiere al salario y a la antigüedad, en línea con el art. 56 del ET. (v) En este caso no se están cuestionando otras reparaciones distintas, fijadas para otras situaciones o calificaciones de despido ni, por supuesto las que los convenios u otros pactos colectivos o individuales puedan mejorar la legalmente establecida.

En definitiva, concluye el Tribunal Supremo, que la fórmula legal de nuestro Derecho ha venido ofreciendo seguridad jurídica y uniformidad para todos los trabajadores que, ante la pérdida del mismo empleo, son reparados en iguales términos.

d) La reclamación colectiva presentada por UGT-CEC ante el Comité Europeo de Derechos Sociales

33. Con la ratificación de la Carta Social Europea se pusieron en marcha diversos mecanismos para controlar su aplicación. De este modo, corresponde al Comité Europeo de Derechos Sociales (CEDS), la comprobación del cumplimiento de los Estados con sus compromisos. Otro aspecto muy relevante es la apertura de la vía de las reclamaciones colectivas, un mecanismo que permite a los sindicatos y organizaciones empresariales denunciar los posibles incumplimientos de la Carta ante el CEDS. Sobre esta base se planteó una reclamación (por parte de la UGT, a la que se ha sumado una posterior de CCOO) contra el actual sistema español de indemnización por despido, recientemente admitida a trámite, y que considera que la normativa española no asegura que dicha indemnización sea "suficientemente reparadora y proporcional". Esta reclamación conecta con algunas resoluciones judiciales en relación con la solicitud de ampliación de la indemnización legal con base en el art. 10 del Convenio 158 de la OIT y en el art. 24 de la CSE, que han considerado que, en determinados "supuestos excepcionales", la indemnización resultante por aplicación de la ley puede no ser "adecuada", contrariando la normativa internacional. El reconocimiento de una indemnización superior se condiciona al cumplimiento de dos requisitos: (i) la notoria y evidente insuficiencia de la indemnización establecida legalmente por resultar la misma manifiestamente exigua y (ii) la clara y evidente existencia de una ilegalidad, fraude de ley o abuso de derecho en la decisión empresarial extintiva del contrato, exigiendo también que la indemnización adicional se reclame en la demanda y se cuantifique o se ofrezcan las bases para su cuantificación.

34. El 29 de julio de 2024 se dio a conocer la Decisión sobre el Fondo del CEDS sobre la queja núm. 207/2022, de UGT c. España. La conclusión es clara: «existe una violación del art. 24 b) de la Carta». Los argumentos principales de la Decisión son los siguientes:

> (i) «Los sistemas de indemnización son conformes con la Carta cuando cumplen las siguientes condiciones: prever el reembolso de las pérdidas financieras sufridas entre la fecha del despido y la decisión del órgano de recurso; prever la posibilidad de readmisión del trabajador; y/o prever una indemnización de un nivel lo suficientemente elevado como para disuadir al empleador y reparar el daño sufrido por la víctima» (apartado 69).
>
> (ii) «Cualquier límite máximo de indemnización que pueda impedir que los daños y perjuicios sean proporcionales a la pérdida sufrida y suficientemente disuasoria es, en principio, contrario al art. 24 de la Carta» (apartado 69). c) «Si bien...uno de los objetivos del sistema de establecimiento de límites máximos de remuneración era proporcionar una mayor seguridad jurídica a ambas partes del contrato de trabajo, no puede excluirse que la indemnización predeterminada pueda servir más bien como un incentivo para que el empleador despida a los trabajadores de manera injusta. De hecho, en ciertos casos, los límites máximos de indemnización podrían inducir a los empleadores a realizar una estimación pragmática de la carga financiera de un despido improcedente sobre la base de un análisis de costes y beneficios. En algunas situaciones, esto podría fomentar despidos improcedentes» (apartado 73).
>
> (iii) «El límite superior de la escala indemnizatoria no permite conceder una indemnización más elevada en función de la situación personal e individual del trabajador, ya que los tribunales sólo pueden ordenar una indemnización por despido improcedente dentro de los límites de la escala» (apartado 74).
>
> (iv) «Los límites máximos fijados por la legislación española no son lo suficientemente elevados para reparar el daño sufrido por la víctima en todos los casos y para disuadir al empleador. Es posible que no se tenga debidamente en cuenta el perjuicio real sufrido por el trabajador afectado en relación con las características específicas del caso, entre otras cosas porque la posibilidad de una indemnización adicional es muy limitada. Por consiguiente, el Comité considera que, a la luz de todos los elementos mencionados, el derecho a una indemnización adecuada u otra reparación apropiada en el sentido del Art. 24.b de la Carta no está suficientemente garantizado».

En la misma dirección, la Decisión del Comité Europeo de Derechos Sociales publicada el 27 de junio de 2025, resuelve la queja planteada por la Confederación Sindical de Comisiones Obreras y estima también su denuncia señalando que el sistema español no garantiza una compensación adecuada para los trabajadores que pierden su empleo de forma injustificada, al ser insuficiente y poco disuasorio para el empresario.

Como consecuencia de ello se encuentra abierto el debate acerca del posible establecimiento de un nuevo sistema indemnizatorio por despidos, que se traduciría en concretar la indemnización en una cuantía económica modulable en función de las características o circunstancias del trabajador despedido, tales como la edad, la formación, el sexo o incluso la renta.

e) La doctrina del Tribunal Supremo en relación con el art. 24 de la CSE

35. La Sala de lo Social del Tribunal Supremo en su Sentencia deliberada y votada el 16 de julio de 2025 (Rº 3993/2024), considera que la indemnización por despido improcedente prevista en el art. 56.1 ET no puede verse incrementada en vía judicial con otras cuantías que atiendan a las circunstancias concretas de cada caso, sin que ello suponga ni una vulneración del artículo 10 del Convenio 158 OIT ni del artículo 24 de la CSE revisada, en los que solo se indica que la indemnización debe ser adecuada.

Aplicando el control de convencionalidad, el TS considera —al igual que hizo en relación con el Convenio 158 OIT— que la expresión derecho a una "indemnización adecuada", que reitera el art. 24 de la CSE revisada, resulta literalmente inconcreta. Por ello, entiende que no se trata de mandatos directamente aplicables, sino de declaraciones programáticas, de abierta interpretación, cuya virtualidad concreta exigiría una intervención legislativa.

Además, añade, la doctrina constitucional ha manifestado que la indemnización tasada que nuestra legislación ha establecido es una indemnización adecuada. Esta fórmula legal ha venido ofreciendo seguridad jurídica y uniformidad para todos los trabajadores que, ante la pérdida del mismo empleo, son reparados en iguales términos.

Concluye la sentencia, también, que las decisiones del CEDS no son ejecutivas, ni directamente aplicables entre particulares, ya que, a diferencia del Tribunal Europeo de Derechos Humanos y del Tribunal de Justicia de la Unión Europea, el CEDS no es un órgano jurisdiccional ni sus resoluciones son sentencias. Tal como dispone la propia normativa del Consejo de Europa, las decisiones del CEDS ni siquiera vinculan al Comité de Ministros del propio Consejo de Europa, ni tampoco a los tribunales internos de cada estado, reiterando en este punto las conclusiones a las que ya han llegado el Tribunal Supremo francés y el Tribunal Constitucional italiano.

D) ¿Indemnizaciones derivadas del incumplimiento del deber de audiencia previa al despido?

36. La STS (Social) de 13 de noviembre de 2024 (R° 454/2022), ha resuelto que el empleador debe ofrecer al trabajador la posibilidad de defenderse de los cargos formulados contra él, antes de adoptar la extinción del contrato de trabajo por despido disciplinario.

Esa decisión se basa en la necesidad de aplicar, de forma "completa y aplicable en forma automática", el art. 7 del Convenio n°. 158 de la Organización Internacional del Trabajo de 1982 (vigente en España desde 1986). Con ello se establece un requisito "mínimo y suficiente" para el que basta que se dé "oportunidad al trabajador de ser oído, lo que no requiere de mayor precisión". La audiencia previa, sigue diciendo el Tribunal Supremo, "no puede confundirse con otros derechos que le corresponden al trabajador tras la extinción del contrato, como es la impugnación de la medida extintiva disciplinaria" ni con la "mediación o conciliación previas a proceso o incluso dentro de él para evitarlo". Ello no supone que se esté "derogando norma interna alguna sino seleccionando el derecho aplicable".

De este modo el Tribunal modifica su propia doctrina, establecida en la década de los años ochenta, lo que justifica por "los cambios habidos en nuestro ordenamiento durante todo este tiempo". Estos cambios se listan y concretan por la Sentencia en: la Ley de Tratados Internacionales de 2014, el control de convencionalidad para desplazar el tenor de la norma interna, la eliminación de los salarios de tramitación por despido improcedente, la eliminación del despido nulo por deficiencias formales y, en fin, la inaplicabilidad de la norma más favorable globalmente.

El Convenio de la OIT exige esa audiencia previa al despido "a menos que no pueda pedirse razonablemente al empleador" y la Sala Cuarta entiende que eso es lo que sucede en el caso. La empresa se encontraba amparada por un criterio jurisprudencial que, habiendo permanecido en el tiempo y en relación con esa misma disposición, le liberaba de tal exigencia. Tal cautela es "válida para los despidos acaecidos antes de que se publique la presente sentencia" sin que ello lleve consigo que "se esté alterando la doctrina en relación con el alcance del cambio de jurisprudencia, estableciendo cánones de irretroactividad, propios de las leyes".

37. Con anterioridad al referido pronunciamiento, la STSJ de Madrid de 28 de abril de 2023 (R° 1436/2022), consideró que la omisión de la audiencia previa por el empresario, cuando sea contraria al art. 7 del convenio 158 de la Organización Internacional del Trabajo, constituye el incumplimiento (art. 4.2 h) ET y art. 7.10 LISOS) de una obligación y por tanto es de aplicación el art. 1101 del Código Civil, por lo que el trabajador tiene derecho a ser indemnizado de los daños y perjuicios que le ocasione el incumplimiento.

Específicamente de ello resulta que si el despido es posteriormente declarado improcedente en sentencia judicial por motivos que el trabajador alegó en el momento del juicio y podría haber alegado antes de producirse el mismo en el trámite de audiencia previa, de manera que el despido se podría haber evitado si se hubiera escuchado a la trabajadora tiempo y considerado sus razones, aparece un daño indemnizable. La valoración de ese daño indemnizable llevará a imponer una indemnización adicional a la propia y tasada del despido improcedente, que incluso pudiera consistir en los salarios dejados de percibir hasta el momento en que se celebró la vista del juicio en la que el trabajador tuvo la ocasión de explicar los motivos, ya que dicha audiencia debía haberse celebrado antes del despido. La restauración de la obligación incumplida lleva a situar las consecuencias del despido (la extinción de la relación laboral) en el momento posterior a dicha audiencia, que en ese caso no se habría producido hasta el acto del juicio".

IV. Singularidades de la indemnización por despido objetivo: La indemnización por falta de preaviso

38. El art. 49.1 l) del ET se refiere a la extinción por causas objetivas legalmente procedentes, efectuándose en el art. 52 del ET una enumeración legal y taxativa de las mismas. Las causas objetivas por contraposición a las «subjetivas» —propias del despido disciplinario—, pueden incluir incumplimientos no dolosos ni culpables de la prestación que no por ello pierden su carácter dañoso para el empresario y cuya concurrencia determina la eficacia extintiva de la decisión de este último. Del conjunto del listado legal se extrae una clara duplicidad en lo que respecta a la distinta naturaleza de las causas que incorpora: un primer grupo de causas afectan a la capacidad o el cumplimiento del trabajador; en tanto que un segundo grupo se refiere a causas que derivan de las necesidades de funcionamiento de la empresa.

39. El art. 53 del ET establece la forma y efectos de la extinción del contrato por causas objetivas. La adopción del acuerdo de extinción del contrato de trabajo al amparo de lo que autoriza el art. 52 c) del ET exige el cumplimiento de determinados requisitos, como son la comunicación escrita al trabajador con expresión de la causa, la puesta a disposición del trabajador de la indemnización legalmente establecida y la concesión de un plazo de preaviso.

La entrega de la indemnización (puesta a disposición) debe ser efectiva y simultánea a la entrega de la comunicación de despido, de forma que el trabajador pueda recibir al mismo tiempo que la carta de cese la cantidad en que se cifra la indemnización. La STS (Social) 17 de julio de 1998 (Rº 151/1998), recogiendo anterior doctrina señala «que el mandato legal sólo puede entenderse cumplido si, en el mismo acto en que el trabajador se sabe despedido y sin solución de continuidad, sin precisión de otro trámite ni cualquier quehacer complementario, él dispone efectivamente del importe dinerario a que asciende la indemnización que la ley le confiere».

La institución del preaviso constituye un medio de evitar o reducir los daños que la ruptura brusca del contrato puede provocar en la contraparte, fundamentalmente en el caso del trabajador. Es cuestión pacífica que la finalidad que cumple el preaviso es permitir al trabajador la búsqueda de empleo.

El empresario debe conceder al trabajador que ve extinguido su contrato por causas objetivas un plazo de preaviso de quince días, computado desde la entrega de la comunicación personal al afectado hasta la extinción real del contrato de trabajo (art. 53.1 c) del ET). Podrá el empresario, también, extinguir el contrato de forma inmediata sin respetar dicho plazo o extinguirlo en un plazo menor de preaviso, pero en estos casos el trabajador tendrá derecho a una indemnización equivalente a los salarios correspondientes a la duración del período incumplido. Tal y como establece el art. 53.4 del ET y el art. 122.3 de la LJS, "la no concesión del preaviso (…) no determinará la improcedencia del despido, sin perjuicio de la obligación del empresario de abonar los salarios correspondientes a dicho periodo (…), con independencia de los demás efectos que procedan". Al contrario de lo que sucede en el derecho civil, la extinción realizada sin preaviso produce plenos efectos, aunque debe abonarse a la parte destinataria la correspondiente indemnización sustitutiva.

40. No estamos en presencia de un incumplimiento del empresario del que puede hacerse derivar la correspondiente indemnización de daños. Se trata del cumplimiento de una obligación alternativa, a través de una de las prestaciones que la integraban, la "indemnización" sustitutiva, y que, por consiguiente, es de naturaleza obligacional (Pérez Espinosa, 1980: 95). Para algunos autores, la indemnización sustitutiva tiene naturaleza de resarcimiento. Este carácter se encontraría en una relación dependencia respecto de la obligación principal (respeto del preaviso), que en este caso cumple la función de previa liquidación de los daños sustituyendo a la liquidación. Ello supone conceder una mayor facilidad a la exigibilidad de los daños, al no ser preciso probar la existencia del daño y su cuantía, cuando la obligación principal (preaviso) sea incumplida o cumplida defectuosamente.

V. Especialidades de las indemnizaciones por despidos colectivos

1. La disponibilidad de la indemnización por despido colectivo

41. La Ley define el despido colectivo como la extinción de contratos de trabajo fundada en causas económicas, técnicas, organizativas o de producción cuando, en un periodo de noventa días, afecte: (i) al menos a 10 trabajadores en empresas que ocupen a menos de 100 trabajadores; al 10% de los trabajadores en empresas que ocupen entre 100 y 300 trabajadores; a 30 trabajadores en empresas que ocupen 300 o más trabajadores; o a la totalidad de la plantilla de la empresa, siempre que el número de trabajadores afectados sea superior a cinco y se haya producido el cese total de la actividad empresarial fundada en aquellas causas (art. 51.1 del ET).

La Directiva 98/59/CE obliga a los Estados miembros (en su art. 6) a garantizar «que los representantes de los trabajadores o los trabajadores dispongan de procedimientos administrativos y/o jurisdiccionales con objeto de hacer cumplir las obligaciones establecidas en la presente Directiva». No se especifica ahí la concreta sanción que debe llevar asociada el posible incumplimiento de las obligaciones previstas en la norma comunitaria, lo que abre la duda sobre si la calificación del despido colectivo es materia por completo en manos de las legislaciones estatales

> La STJCE de 8 de junio de 1994, caso *Comisión de las Comunidades Europeas contra Reino Unido de Gran Bretaña e Irlanda del Norte*, se terminó condenando al gobierno británico por no prever una sanción disuasoria para los casos de incumplimiento de las obligaciones de información y consulta. Concretamente, la normativa inglesa exigía al empresario el abono de una indemnización— llamada «de protección»— cuando no hubiera respetado el deber de informar y consultar con los representantes de los trabajadores. Pero lo llamativo es que esa indemnización sustituiría (no se añadiría) a las demás cantidades económicas que el empresario adeudaba por otros conceptos como los derivados de la propia relación laboral o de la resolución del contrato de trabajo. Por ello, el Tribunal de Justicia de las Comunidades Europeas entendió que tales previsiones no cumplían con las exigencias comunitarias, pues recalcó que la sanción para los casos de incumplimiento de los deberes informativos y consultivos debía revestir un carácter «efectivo, proporcionado y disuasivo»; lo que en el caso inglés no concurría

Los trabajadores afectados tienen derecho a una indemnización de 20 días de salario por año de servicio hasta un máximo de 12 mensualidades (art. 51.4 del ET). Dicha indemnización ha de ponerla el empresario al empresario a disposición del trabajador al tiempo que comunica el despido (art. 51.4 del ET en remisión al art. 53.1 del ET). Los cálculos indemnizatorios y su monto total deberán venir incluidos en la carta de despido y el empresario, simultáneamente a la adopción de la decisión extintiva, podrá poner a disposición de los trabajadores la indemnización fijada (art. 51.4 del ET con remisión al art. 53 b) del ET).

42. Las normas referentes a la indemnización mínima en los supuestos de despido colectivo no son de Derecho necesario absoluto, por lo que cabe la posibilidad de acuerdo siempre que sea más favorable y respete la indemnización mínima legalmente prevista. Por ello, la cuantía de la indemnización en el despido colectivo, de acuerdo con lo previsto en la STS (Social) de 28 de abril 2016 (Rº 3527/2014)

> «no posee carácter absoluto, sino que debe reputarse como mínima, mejorable a través de pacto individual o colectivo. Nuestra doctrina ha venido sosteniendo, en efecto, que el art. 51 del ET «no configura normas de derecho necesario absoluto, esto es, normas imperativas absolutas, sustraídas a la negociación, sino que contempla la posibilidad del acuerdo y por ello su carácter modificable» (STS (Social) de 12 de septiembre 1989; Rº 4627/1989). Eso comporta que sea «totalmente válido y conforme a ley que la empresa y los representantes de los trabajadores estipulen determinados excesos superadores de aquel límite cuantitativo, pero reduciendo o restringiendo su percepción a las condiciones o supuestos que dichas partes negociadoras tengan a bien consignar, siempre que esas condiciones o supuestos no sean contrarios a las leyes, a la moral ni al orden público» (STS (Social) de 20 de marzo 1996, Rº 3350/1995).

2. *Pacto de devolución de la indemnización del art. 51.8 ET*

43. Un caso especialmente polémico en esta materia fue el del expediente de regulación de empleo de la empresa ENATCAR. Se pactó en este expediente que la empresa abonaría una indemnización de 42 días por año de servicio, con la salvedad de que en el caso de que cualquier trabajador volviese a prestar servicios en RENFE o en alguna de sus filiales devolvería a ENATCAR el total de la indemnización percibida si se le reconociera la antigüedad o la parte correspondiente a 22 días si no hubiese tal reconocimiento. Varios trabajadores reingresaron en RENFE con reconocimiento de la antigüedad y ENATCAR solicitó la devolución de las indemnizaciones en el importe total o en el correspondiente a los 22 días de mejora.

En principio, las SSTS (Social) de 20 de marzo de 1996 (RJ 2303) y 28 de octubre de 1996 (RJ 7799) consideraron que la devolución podía aplicarse a los 22 días de indemnización mejorada pero no a la indemnización mínima legal de 20 días, que es un mínimo indisponible como tal.

Pero este criterio se rectifica por la STS (Social) 21 de enero de 1997 (RJ 622) [Un comentario en Serrano Olivares, 1999 y Fusté Miquela, 2001]. Para esta sentencia, el acuerdo adoptado en el expediente de regulación de empleo es una manifestación de la negociación colectiva que debe tener fuerza vinculante conforme al art. 37 CE y no puede entenderse que el acuerdo haya vulnerado un mínimo de derecho necesario. Esta conclusión se mantiene porque, para la sentencia, "el reingreso de los trabajadores afectados en RENFE se debe exclusivamente al pacto del expediente de regulación de empleo", con lo cual habría una garantía de reincorporación que compensaría la pérdida de la compensación en el mínimo legal. La sentencia va acompañada de un voto particular que insiste en el criterio de las SSTS 20 de marzo de 1996 y 28 de octubre de 1996, destacando que el reingreso en RENFE no se produce como consecuencia del acuerdo adoptado en el expediente de regulación de empleo, sino de una situación de excedencia especial en RENFE de los trabajadores afectados. El asunto ha continuado hasta las SSTC 99, 100, 117, y 137/2001, que desestiman los amparos interpuestos tanto contra las sentencias de 1996 como contras la de 1997. En ambos casos, el TC considera que se está ante un problema de legalidad ordinaria y que el cambio jurisprudencial está suficientemente motivado a efectos del principio de igualdad en la aplicación de la ley.

3. Pacto de aplazamiento y fraccionamiento de la indemnización

44. Se ha considerado válido y eficaz el fraccionamiento en el pago de la indemnización previsto en el acuerdo o, incluso, el aplazamiento en el pago de la misma.

Las SSTS (Social) (2) 22 de julio 2015 (Rº 2127/2014 y Rº 2161/2014) [Comentario a esta segunda sentencia en Perea Montes, 2016] entienden (sin seguir la misma fundamentación) que es posible aplazar el abono de la indemnización legal tasada acordada con los representantes de los trabajadores en el marco de un ERE (no obstante, de forma controvertida, no exige que se ofrezcan garantías suficientes al aplazamiento). Siguiendo esta doctrina, SSTS 13 de junio de 2018 (Rº 2200/2016); y 12 de noviembre de 2019 (Rº. 1453/2017).

En estas sentencias, se analiza el caso de una empresa que comunicó a la representación de los trabajadores la apertura del periodo de consultas para la extinción de 119 contratos, como consecuencia de la concurrencia de causas productivas. Tras llevar a cabo el período de consultas, se acuerda que determinadas cantidades se paguen al año siguiente, por falta de liquidez en la empresa. La empresa comunica por escrito a cada trabajador el despido, pero en la carta no menciona expresamente la falta de liquidez que explicaba la razón del aplazamiento de la indemnización, aunque sí remitía a los trabajadores al acuerdo colectivo. Por este motivo, doce trabajadores se muestran disconformes con dicha puesta a disposición y consideraban que sus despidos debían ser declarados improcedentes, por incumplirse lo estipulado en el art. 53.1.b) del ET.

45. Se permite fraccionar el pago de la indemnización por despido acordada tras la finalización del correspondiente periodo de consultas de un despido colectivo. Para ello, será necesario que se cumplan los siguientes requisitos:

(i) La decisión de fraccionar el pago de la indemnización debe contar con el apoyo de los representantes de los trabajadores, es decir, es necesario un acuerdo entre empresa y trabajadores. Es doctrina constante que es admisible el pacto, porque no se trata de un supuesto de derecho necesario y «(d)ebe entenderse que el acuerdo logrado en el marco de un despido colectivo y fruto de la negociación colectiva, tiene análoga eficacia a lo acordado en Convenio Colectivo; los pactos son claros y contienen todos los elementos necesarios para vincular a ambas partes, según el art. 1261 del CC» (STS (Social) de 2 de junio de 2014, Rº 2534/13).

Y ello porque, utilizando los términos de la STS (Social) de 12 de mayo de 2016 (Rº 3082/2014), "imponer inflexiblemente el requisito de la simultánea puesta a disposición de la indemnización, puede traducirse en limitación del derecho a la negociación colectiva, puesto que para los negociadores del PDC deben primar los intereses colectivos sobre los individuales y estar presente el principio de solidaridad, hasta el punto de que el objetivo fundamental de mantener la actividad de la empresa y consiguientemente el mayor nivel de empleo, puede determinar sacrificios para los trabajadores individualmente considerados, «siempre que —naturalmente— se respeten sus derechos mínimos de carácter necesario» y tales sacrificios «estén justificados».

(ii) La empresa debe atravesar por una situación económica negativa, si bien el acuerdo con la representación de los trabajadores resulta, del todo, prevalente.

Pues como ha precisado la STS (Social) de 12 de mayo de 2016 (Rº 3082/2014), "el rigor en la prueba de la «falta de liquidez» que en su caso justificaría —ex art. 53.1.b) ET— que no se ponga a disposición del trabajador la indemnización, no admite traslación a los supuestos de simple aplazamiento o fraccionamiento de pago, pacto estos en los que razonablemente habrían de bastar —en todo caso— las meras dificultades económicas o la simple situación de hallarse comprometida la viabilidad futura de la empresa".

(iii) El acuerdo de fraccionamiento del pago de la indemnización legal no debe ser desproporcionado ni abusivo. Por ejemplo, en la sentencia del Tribunal Supremo de 22 de julio de 2015 (Rº 2358/2014), el pago se realizó en cuatro plazos venciendo el último plazo al cabo de nueve meses a contar desde la fecha de efectos del despido.

"cabe fraccionar su pago, sobre todo cuando... el aplazamiento se encontraba justificado en el momento del acuerdo y ese propio pacto colectivo no consta siquiera cuestionado (...) Por lo expuesto, debe distinguirse entre despidos objetivos individuales, en los que la exigencia analizada tiene un tratamiento distinto, mucho más riguroso..., y los despidos colectivos, para admitir en estos últimos la validez de los pactos sobre aplazamiento del pago de las indemnizaciones, salvo que sean abusivos".

4. Pactos estableciendo diferencias importes indemnizatorios en función de la edad

46. La STS (Social) de 12 de septiembre 1989 (Rº 3033/1987) establece importes diferenciados en razón de una edad superior o inferior a 57 años:

«No se trata, en contra de lo que entiende el recurrente, de un trato desfavorable por razón de edad, que sería el sustrato fáctico de la discriminación rechazable, sino de un abanico de soluciones indemnizatorias que contempla las distintas situaciones de los trabajadores afectados por el expediente, y entre ellas la proximidad a la jubilación de ciertos trabajadores para los que la solución es diferente porque distinta es su situación en el empleo y en la Seguridad Social. No se infringe en el pacto la prohibición de discriminación en las relaciones laborales contenida en el art. 17 del ET, ni prevalece en él ninguna discriminación relacionada con el art. 14 de la CE. Y lo mismo cabe decir —porque iguales son las condiciones que se persiguen de libertad, dignidad e igualdad de oportunidades— respecto del Convenio 111 de la OIT., que propugna la formulación por cada miembro de una política nacional encaminada a proscribir e impedir la discriminación en materia de empleo y ocupación».

47. Se cuestiona en la relevante STS (Social) de 24 de enero de 2023 (Rº 2785/21) si el acuerdo sobre el despido colectivo alcanzado en conciliación judicial entre la empresa —Elcogás— y la representación legal de los trabajadores es discriminatorio por razón de edad, al contemplar una indemnización más elevada para los afectados menores de 60 años, a lo que se da una respuesta negativa. Se funda esta decisión en recientes pronunciamientos del TC a propósito del principio de igualdad y, en particular, de la edad como factor de discriminación, y en la doctrina del TS con relación a que las normas referentes a la indemnización mínima en los supuestos de despido colectivo no son de Derecho necesario absoluto, por lo que cabe la posibilidad de acuerdo siempre que sea más favorable y respete la indemnización mínima legalmente prevista. Por lo tanto, en el caso, es razonable y proporcionado que el acuerdo contemple una menor indemnización para quienes ya han cumplido la edad de 60 años, al encontrarse próximos a la edad de jubilación, pudiendo beneficiarse más fácilmente de la posibilidad de concertar un convenio especial de Seguridad Social, y no afectar la cuestión a los criterios de selección de los trabajadores (Un interesante comentario a la misma, Godino Reyes, 2023: 374-377). Precisa la sentencia:

"teniendo en cuenta que se encuentran muy próximos al acceso a la pensión de jubilación, situándose a las puertas de la misma con la percepción de prestaciones de desempleo, y pueden beneficiarse más fácilmente de la posibilidad de concertar un convenio especial de seguridad social en consideración la previsión sobre su financiación del art. 51.9 ET para los procedimientos de despido colectivos de empresas no concursadas en favor de los trabajadores mayores de 55 años". La sentencia cerraba su argumentación con un criterio de experiencia: "A los trabajadores de menor edad les resta un recorrido profesional y vital más incierto, están todavía alejados de la pensión jubilación, y resulta objetivamente más difícil que las prestaciones de seguridad social que puedan percibir en el futuro alcancen hasta el momento de acceder a esa pensión".

5. El carácter inadmisible de los pactos con diferencias indemnizatorias arbitrarias

48. En relación con esta cuestión se pronuncia la STS (Social) de 26 de enero de 2015 (Rº 401/14), en relación a un inusual supuesto en el que el Convenio [Convenio Colectivo para Empresas Consignatarias de Buques] establece una diferencia de trato para los despidos colectivos y los objetivos en lo tocante a la indemnización. Así las cosas, y puesta de manifiesto la homogeneidad de los dos tipos de despido, la explicación para que se hubiera pactado para los despidos colectivos una indemnización que dobla la legalmente prevista y que no se extiende a los despidos objetivos no colectivos, se encuentra en la génesis del precepto del convenio colectivo, dado que la norma data de 1987, es decir, se pacta con anterioridad a la reforma de la Ley 11/1994, redacción inicial que se ha ido manteniendo en los sucesivos Convenios Colectivos, y tras la reforma laboral de 1994 el beneficio pasó formalmente a limitarse a los despidos objetivos colectivos [únicos sometidos al ERE que el precepto refiere], sin que los negociadores del Convenio considerasen necesario u oportuno modificar sus redacción para alcanzar a los no colectivos.

El Tribunal Supremo concluye que:

"Acreditada, pues, injustificable desigualdad en el tratamiento indemnizatorio de autos procede estimar la pretensión relativa al importe de la indemnización, fijando —como hizo la sentencia de instancia— el importe previsto en el Convenio Colectivo para los despidos colectivos, habida cuenta de que en los supuestos de tratamiento diverso constitucionalmente censurable se impone la llamada "equiparación en lo favorable", de forma que la desigualdad ha de corregirse con la eliminación de la disposición que establece el trato peyorativo y la aplicación al colectivo discriminado también del tratamiento más beneficioso (...); y aunque ciertamente esa equiparación puede afectar al «equilibrio interno del convenio», tal consecuencia no puede comportar que se inaplique la referida equiparación, porque «por encima de esta situación de equilibrio interno producto del pacto, están las normas de Derecho necesario, y muy señaladamente los principios y derechos constitucionales que constituyen un límite infranqueable a la transacción colectiva".

VI. Indemnización en el despido por fuerza mayor

49. La fuerza mayor está prevista como causa específica de extinción del contrato de trabajo en el art. 49.1 h) ET. Conforme a lo dispuesto en el art. 51.7 del ET y arts. 31-33 RD 1483/2012, la fuerza mayor, como causa motivadora de la extinción de los contratos de trabajo, deberá ser constatada por la Autoridad laboral, cualquiera que sea el número de trabajadores afectados, con carácter previo a la decisión empresarial de extinción de los contratos. La autoridad laboral ejercita, por tanto, una competencia de autorización. La fuerza mayor habrá de provenir de un acontecimiento extraordinario que no haya podido preverse o que, previsto, no haya podido evitarse y, además, será preciso que el acaecimiento en que consiste sea externo al círculo de la empresa y del todo independiente de la voluntad del empresario afectado (art. 1105 y 1575 del CC). Cabe incluir el *factum principis* o decisión de la autoridad que hace imposible jurídicamente la continuación de la prestación de trabajo, pero sólo cuando resulta imprevisible o inevitable; no cuando deriva de una infracción de la propia empresa.

El trabajador despedido tendrá derecho a la misma indemnización que la prevista para el despido colectivo (20 días de salario por año de antigüedad con el tope de 12 mensualidades), que habrá de haber sido puesta a disposición de aquel en el momento de la entrega de la carta de despido (art. 53.1 b) del ET).

En caso de que se haya efectivamente constatado la existencia de fuerza mayor, la autoridad laboral podrá acordar que la totalidad o una parte de la indemnización sea satisfecha por el FOGASA, sin perjuicio del derecho de este organismo a resarcirse del empresario. Con ello se produce una especie de pago a cuenta, en los mismos términos en los que actúa el FOGASA en caso de insolvencia empresarial.

VII. La ausencia de indemnización por desistimiento durante el período de prueba

50. El período de prueba (art. 14 del ET) constituye una condición resolutoria potestativa ex lege (Alonso Olea y Casas Baamonde, 2009: 334) o, condición resolutoria implícita (como prefiere la STS (Social) de 6 de febrero de 2009, Rº 665/2008), tenida en cuenta en el momento de la celebración del contrato y que, de acuerdo con tal configuración, no genera derecho a compensación alguna. La extinción durante el periodo de prueba se caracteriza no solo por la facultad que durante él tienen las partes tienen de resolver unilateralmente el contrato de trabajo, sin alegación de causa, sino también porque no se deben entre sí, como consecuencia del ejercicio del derecho ninguna indemnización. No obstante, las partes pueden prever un pacto indemnizatorio para el caso de extinción unilateral de la relación durante el período de prueba. Ciertos convenios colectivos establecen indemnizaciones para los supuestos de rescisión empresarial durante el período de prueba.

51. En relación a la constitucionalidad de la existencia de indemnización por extinción del contrato durante el período de prueba previsto para el (derogado ex RDL 28/2018) contrato indefinido de apoyo a los emprendedores, las SSTC 119/2014; 8/2015 y 140/2015, vinieron a señalar que:

> "aunque los recurrentes sostienen que el art. 4.3 impugnado vulnera el art. 14 CE, en tanto que al no reconocer indemnización a los trabajadores en caso de desistimiento empresarial durante el período de prueba, se estaría dispensando una diferencia de trato injustificada a los trabajadores indefinidos con período de prueba con relación a los trabajadores contratados temporalmente, quienes, por regla general, sí tienen derecho a ella" [...], tal regulación resultaba plenamente constitucional dado que "los colectivos de trabajadores que se contrastan se rigen por regímenes jurídicos diversos, resultando plenamente diferenciadas las modalidades contractuales a las que unos y otros están sometidos. Con todo, la no atribución de indemnización al trabajador por el desistimiento empresarial no supone una diferencia de trato contraria al art. 14 CE, sino que es una consecuencia intrínseca de la propia institución del período de prueba común a todos los contratos de trabajo".

Capítulo 8

INDEMNIZACIONES DERIVADAS DE LA EXTINCIÓN DEL CONTRATO DE TRABAJO (III): POR VOLUNTAD UNILATERAL DEL TRABAJADOR; VOLUNTAD CONCURRENTE DE AMBAS PARTES Y POR DESAPARICIÓN O INCAPACIDAD DE LAS PARTES

Bibliografía. ÁLVAREZ CUESTA, H., *La protección laboral y social de las víctimas de violencias sexuales en la Ley Orgánica 10/2022, de 6 de septiembre, de garantía integral de la libertad sexual,* Temas Laborales, 2023, nº 166, pp. 11-38. BEJARANO HERNÁNDEZ, A., *Extinción indemnizada del contrato por causa de modificaciones sustanciales de las condiciones de trabajo,* Valencia, Tirant lo Blanch, 2000. BLÁZQUEZ AGUDO, E., *Vías de reacción del trabajador frente al supuesto de modificación sustancial de sus condiciones de trabajo,* Albacete, Bomarzo, 2014. CRUZ VILLALÓN, J., *Las modificaciones de la prestación de trabajo.* Madrid, MT, 1983. Id., *La resolución por modificación sustancial en las condiciones de trabajo,* Relaciones Laborales, 1988, I, pp. 447-464. Id. El artículo 41 del Estatuto de los Trabajadores tras la reforma de 1994, Relaciones Laborales, 1994, nº 17-18, pp. 116-166. DESDENTADO BONETE, A., DE LA PUEBLA PINILLA, A, *Despido y jurisprudencia. La extinción del contrato de trabajo en la unificación de doctrina,* Valladolid, Lex Nova, 2002. GIL DE ALBURQUERQUE, R., *Matizaciones en torno a la compatibilidad de la indemnización por daños derivados de la vulneración de un derecho fundamental, y la indemnización por extinción causal del contrato de trabajo,* RDS, 2002, nº 18, pp. 209 a 218. GOERLICH PESET, J. M., *Un anómalo efecto colateral del regreso al Estatuto de los Trabajadores de los derechos laborales de las víctimas de violencia sexual,* El Foro de Labos, 5 de septiembre de 2024. MARTÍNEZ GIRÓN, J., *La dimisión del trabajador,* AL, 1990, nº 20, pp. 227 a 238. MIGUEL DE LORENZO, A. M. de., *La extinción causal del contrato de trabajo por voluntad del trabajador,* Madrid, Civitas, 1993. MIRANDA BOTO, *La afirmada vigencia del Decreto de 2 de marzo de 1944, sobre muerte natural del trabajador.* BIB 2005\145. MOLINA NAVARRETE, *La compatibilidad de indemnizaciones por "acoso moral" cuando el trabajador resuelve su contrato: una cuestión aún pendiente de unificación de doctrina,* Revista de Derecho Social, 2004, nº 26, pp. 139-153. Id. *¿La 'justicia' contra el 'acoso moral' deja de 'administrarse' con lazos torcidos?: Un nuevo criterio sobre la compatibilidad de indemnizaciones. (Comentario a la STS, Sala 4ª, de 17 de mayo de 2006),* Revista de Derecho social, 2006; nº 35, pp. 173-188. Id. La jubilación de la persona empleadora y la regulación colectiva del empleo (ERE): ¿es ya insoslayable una reforma del despido colectivo?, Diario La Ley, nº 10556, Sección Tribuna, 29 de julio de 2024. MONEREO PÉREZ, J. L., *Las relaciones laborales ante la desaparición, incapacidad y jubilación del empresario,* REDT, 1985, nº 24, pp. 543 a 585. ORTIZ LALLANA, M. C., *La extinción del contrato de trabajo en los supuestos de imposibilidad física o jurídica,* en E. Borrajo Dacruz, *Comentarios a las Leyes Laborales. El Estatuto de los Trabajadores,* t. IX, vol. 2º, Madrid, Edersa, 1988, pp. 3 a 214. POYATOS MATAS, G., *Análisis de la sentencia de la sala social del Tribunal Supremo de 11 de marzo 2004 y acoso moral a 45 días por año trabajado,* Actualidad Jurídica Aranzadi, 2004, nº 649. BIB\2004\1804. RIVERO LAMAS, J., *La modificación de condiciones de trabajo en la práctica administrativa y en la* *jurisprudencia,* Actualidad Laboral, 1989, nº 26, pp. 335 a 348. RODRÍGUEZ-PIÑERO, M., y FERNÁNDEZ LÓPEZ, M. F., *La voluntad del trabajador en la extinción del contrato de trabajo,* La Ley-Actualidad, 1998. SAMPEDRO CORRAL, M., *La extinción causal del contrato de trabajo a instancia del trabajador,* en *Movilidad funcional y geográfica. Modificación sustancial de las condiciones de trabajo,* Madrid, CGPJ, 1994, pp. 251-290. Id. *La extinción causal del contrato del trabajo a instancia del trabajador,* Documentación Laboral, 1995, nº 45, pp. 29-65. SEMPERE NAVARRO, A. V., SAN MARTÍN MAZZUCCONI, C., *El artículo 50 del Estatuto de los Trabajadores,* Pamplona, Aranzadi, 2001. SEMPERE NAVARRO, V., LUJÁN ALCAZAR, J., *La extinción del contrato de trabajo por invalidez permanente del trabajador y su discutible indemnización,* Relaciones Laborales, 1994, I, pp. 375-403. SUÁREZ CORUJO, B., *Nuevas fórmulas para combatir la contratación temporal: la indemnización por daños y perjuicios,* en AA.VV., *La responsabilidad civil por daños en las relaciones laborales. XXII Congreso Nacional de Derecho del Trabajo y Seguridad Social.* Madrid, Ediciones Cinca, 2013. (documento en pdf). SUÁREZ GONZÁLEZ, F., *La modificación sustancial de condiciones de trabajo. Puntos críticos,* AL, 2003, nº 15, pp. 261-276 TALENS VISCONTI, E. *La extinción indemnizada del contrato por voluntad del trabajador: art. 50 ET,* Valencia, Tirant lo Blanch, 2017. VILLA GIL, L. E., *La extinción del contrato de trabajo,* Madrid, CSIC, 1960. VIQUEIRA PÉREZ, C., *La resolución del contrato de trabajo a instancia del trabajador por incumplimiento del empresario,* Madrid, Civitas, 1994.

I. Indemnizaciones derivadas de la extinción por decisión unilateral del trabajador

1. Como señala Cruz Villalón (1983: 327), "considerablemente compleja es la regulación del ET, de las indemnizaciones por como motivo de la resolución, pues son tres los preceptos que al mismo tiempo los que fijan la en qué ocasiones se causa derecho a aquella y cuál es su cuantía". El fundamento de su diferenciación se encuentra "en una valoración de los distintos niveles de daños que se pueden ocasionar al trabajador como consecuencia de la modificación" y, en segundo término, "en la formulación por el legislador de algunas presunciones, en virtud de las cuales para determinadas modificaciones se entiende, bien que los perjuicios al trabajador son indiscutibles, o bien que estos son irrelevantes o inexistentes".

1. La dimisión antinovatoria por modificación sustancial

A) La modificación debe poseer carácter sustancial y encontrarse referida a alguna de las materias que enuncia el art. 41.3, 2º del ET

2. El art. 41 del ET da relevancia a las causas económicas, técnicas, organizativas o productivas, para justificar que el empleador pueda modificar las condiciones de trabajo, e impone en principio al trabajador su aceptación. Su oposición directa sólo podrá hacerse a través de la vía de impugnación de la medida, para que el órgano judicial revise si existe causa justificadora alegada por el empleador. Pero nos encontramos, pues, ante el ejercicio legítimo de prerrogativas empresariales, pero que suponen una ruptura del programa contractual inicialmente pactado.

Ello explica que, pese a su ejecutividad en principio de la decisión empresarial, cuya legitimidad en su caso podrá ser confirmada o no por el órgano judicial, si es objeto de impugnación, se prevea la posibilidad de que el trabajador rehúse continuar el contrato en las nuevas condiciones que le habían sido impuestas, puede dimitir por esa razón y percibir una indemnización de 20 días de salario por año de servicio prorrateándose por meses los períodos inferiores a un año y con un máximo de 9 meses, calculada conforme a los criterios previstos con carácter general para las extinciones por voluntad del empresario. El fundamento de la carga indemnizatoria "responde a la imposición de una responsabilidad objetiva empresarial, derivada del daño causado al trabajador con la introducción de unos cambios que desbordan lo pactado contractualmente, que le perjudican objetivamente y le constriñen a optar por la resolución contractual" (Cruz Villalón, 1994: 159).

3. La decisión es del trabajador, pero sus efectos se imputan al empresario. El trabajador puede hacer efectivo ese derecho directamente, siendo su propia voluntad la que puede determinar la extinción del contrato, manifestando y probando, en su caso, que se trata de una modificación sustancial que le perjudica, y ello sin necesidad de solicitar del órgano judicial competente la extinción del contrato. Como señala la STS (Social) de 17 de junio de 2021 (Rº 180/2019),

> "la STS 18 septiembre 2008 (Rº 1875/2007), nadie puede ser obligado a trabajar de forma distinta a la pactada en el contrato. Por eso, «el art. 41 ET, reconoce al trabajador que resulte perjudicado por la decisión patronal, el derecho a rescindir su contrato y a percibir una indemnización de 20 días de salario por año de servicio, que es la que abonó la empresa en este caso, tanto si la modificación sustancial es de carácter individual (número 3) como si es colectiva (número 4). Y no condiciona dicho derecho a la previa impugnación de la decisión empresarial ante la jurisdicción competente, sino que habilita al trabajador a rescindir directamente su contrato sin necesidad de esperar la confirmación judicial de que la medida adoptada es correcta".

4. En todo caso, el ejercicio del derecho a resolver el contrato con la indemnización señalada, requiere que la modificación debe poseer carácter sustancial y encontrarse referida a alguna de las materias que enuncia el art. 41.3, 2º del ET, esto es, las relacionadas con la jornada de trabajo, horario y distribución del tiempo de trabajo, régimen de trabajo a turnos, sistema de remuneración y cuantía salarial o funciones. La modificación sustancial del sistema de trabajo y rendimiento no genera derecho a la resolución indemnizada del contrato.

B) La medida debe perjudicar al trabajador

5. Un perjuicio que ha sido calificado de "simple", respecto del perjuicio "cualificado o grave del art. 50.1 del ET (Cruz Villalón, 1994: 160) y que sirve para legitimar la decisión extintiva del trabajador. En estos casos nos encontramos ante modificaciones aparentemente lícitas, en cuanto no impugnadas por el trabajador, y que no constituyen, además, incumplimientos empresariales del tipo de los previstos en el art. 49.1 j) del ET, licitud que no obsta la posibilidad de que el perjuicio sea un elemento definidor del supuesto que da derecho a la indemnización correspondiente a cargo del empresario.

La STS (Social) de 18 de octubre de 2016 (Rº 494/2015), analizó si una reducción salarial del 3'87%, requiere probar que la modificación ha causado un perjuicio al afectado por ella o si esa prueba no es precisa porque existencia del perjuicio se presume por el simple hecho de una modificación sustancial de las condiciones de trabajo que afecta al salario. En la citada sentencia, que consideró que no existía un perjuicio para la persona trabajadora, se recoge de manera pormenorizada una clara doctrina del derecho a la extinción: (i) Para que proceda la rescisión indemnizada del contrato debe acreditarse la existencia de un perjuicio, prueba cuya carga incumbe a quien lo sufre por ser el elemento constitutivo de su pretensión y por ser la parte que mejor conoce el daño y puede probarlo (art. 217.1 de la LEC). (ii) Es imposible presumir la existencia del perjuicio, al no existir ninguna disposición legal que lo permita. (iii) La interpretación lógica, sistemática y finalista de los preceptos en presencia (art. 41.3 del ET y art. 40.1 del ET) muestra que en la modificación sustancial de las condiciones de trabajo la rescisión indemnizada del contrato se condiciona a la existencia de un perjuicio, lo que no hace en los supuestos de traslados en caso de movilidad geográfica, lo que evidencia que en estos casos si da por probado el perjuicio. (iv) Que la modificación de las condiciones deba ser sustancial evidencia que el perjuicio debe ser relevante, pues en otro caso no se establecería la posibilidad de rescisión contractual que la ley reserva para los graves incumplimientos contractuales (art. 50 del ET). (v) No sería razonable, ni proporcional, sancionar con la rescisión contractual indemnizada cualquier modificación que ocasionara un perjuicio mínimo, al ser ello contrario al espíritu de la norma que persigue la supervivencia de la empresa en dificultades, económicas en este caso, que se agravarían si todos los afectados rescindiesen sus contratos. La citada sentencia, continúa indicando que, si el legislador hubiera querido que toda modificación sustancial de las condiciones de trabajo comportara el derecho a que las personas afectadas pudieren extinguir su contrato con derecho al percibo de la indemnización expuesta (art. 41.3 del ET) y acceder a la situación legal de desempleo (art. 267.1. 5º de la LGSS) debiera haber redactado el art. 41.3 del ET, en otros términos

6. Doctrina confirmada por la STS (Social) de 23 de julio de 2020 (Rº 822/2018), que subraya la necesidad de prueba la existencia de un perjuicio y que su entidad justifique la resolución del contrato, pues un perjuicio leve no haría razonable y proporcional esa medida.

C) El perjuicio puede ser real o potencial

7. No hay una presunción de perjuicio para el trabajador en toda modificación sustancial, así que el perjuicio debe alegarse y, en su caso, probarse, salvo que sea notorio o evidente. El perjuicio ha de ser relevante de modo que una modificación que origine un perjuicio mínimo no habilita al trabajador para extinguir el contrato con derecho a indemnización.

Se discute en la STS (Social) de 23 de julio de 2020 (Rº 822/18) si las modificaciones salariales operadas como consecuencia de acuerdos constituyen una modificación sustancial gravemente perjudicial para el trabajador que permitan la extinción indemnizada de la relación contractual, posibilidad que contempla el art. 41.3 del ET. Y la respuesta que alcanza el Tribunal Supremo es negativa. Se funda esta decisión en el hecho de que para que proceda la rescisión indemnizada del contrato debe acreditarse la existencia de un perjuicio, prueba cuya carga incumbe a quien lo sufre por ser la parte que mejor conoce el daño y puede probarlo art. 217.1 de la LEC, no siendo posible presumir la existencia del perjuicio, al no existir ninguna disposición legal que lo permita, pues si el legislador hubiera querido anudar toda modificación sustancial al derecho a extinguir el contrato con derecho al percibo de la indemnización, hubiera redactado el art. 41.3 del ET en otros términos. En el caso, el perjuicio, a la vista de las circunstancias concurrentes está atenuado, porque la minoración retributiva supone una rebaja del 5% con ciertas compensaciones y posibilidades de reversión, lo que determina la desestimación de la demanda.

D) El derecho resolutorio se concede con independencia de que la decisión empresarial pudiera hipotéticamente ser considerada como justificada o injustificada

8. Expresamente se insiste (art. 41.4, 7º del ET) en el derecho a la resolución indemnizada que tiene el trabajador afectado por la modificación sustancial, aún en el caso de que ésta haya sido acordada por el empleador y los representantes legales de los trabajadores en período de consultas, por tener carácter colectivo. De este modo, la justificación de la decisión modificativa empresarial no es relevante porque el trabajador no la impugna para que quede sin efecto, sino que, con base en ella, estimándola irremediable decide extinguir el contrato y solicita las indemnizaciones en función de unos perjuicios legalmente establecidos y que el propio trabajador ha de probar (Rodríguez-Piñero y Fernández López, 1998: 110).

E) Suspensión del derecho de rescisión del contrato de trabajo en los supuestos de concurso de acreedores

9. En el supuesto de acordarse una modificación sustancial de las previstas en el art. 41 del ET, el derecho de rescisión de contrato con indemnización que, para tal supuesto, reconoce dicha norma legal, quedará en suspenso durante la tramitación del concurso y con el límite máximo de un año desde que se hubiere dictado el auto judicial que autorizó dicha modificación (art. 184 de la LC).

F) Plazo de ejercicio

10. El trabajador puede solicitar a la empresa la extinción, pero si ésta no se la concede deberá acudir a los tribunales para que sean éstos los que autoricen la extinción de la relación laboral. La extinción no es automática una vez es solicitada por el trabajador. En cuanto al plazo, no se fija un plazo específico por la legislación, por lo que la jurisprudencia ha establecido que el plazo debe ser el de un año desde la notificación de la medida y no el de caducidad de veinte días (art. 138.1 de la LJS). La STS (Social) de 29 de octubre de 2012 (Rº 3851/2011), considera que, al no existir un plazo específico, opera el plazo de un año. Es cierto que esta sentencia hace referencia a la extinción en caso de movilidad geográfica del art. 40 del ET, pero es perfectamente aplicable al art. 41 del ET. Dice el referido pronunciamiento que:

> "Cuando la pretensión que ejercite el trabajador frente a la decisión del empresario de traslado adoptada al amparo de lo previsto en el art. 40 ET sea la de oponerse al traslado mismo, a la decisión de movilidad geográfica, del precepto se infiere que para ello tiene un plazo de caducidad de 20 días. (...) Con absoluta evidencia esa regulación especial del proceso, y más concretamente el plazo de caducidad, se proyecta sobre la acción de impugnación de la movilidad geográfica, en absoluto sobre la otra posibilidad que tiene el trabajador, y a la que también se refiere el art. 40.1 ET de resolver el contrato de trabajo en caso de disconformidad (...) Por ello, la "acción de resolución del contrato, aunque traiga causa de una decisión del empleador de movilidad geográfica con la que el empleado muestra su disconformidad, tiene distinta naturaleza que la de la propia impugnación del traslado, su ejercicio no puede encuadrarse en la modalidad procesal específica prevista en el art. 138.1 LPL y por ello en absoluto estará sujeta al plazo de caducidad de 20 días (...)"

11. Si se opta por impugnar la medida y en sentencia se declara justificada el trabajador podrá optar por la extinción de la relación laboral en un plazo de quince días desde la sentencia. Así lo indica el art. 138.7 de la LJS:

"La sentencia declarará justificada o injustificada la decisión empresarial, según hayan quedado acreditadas o no, respecto de los trabajadores afectados, las razones invocadas por la empresa. (...) La sentencia que declare justificada la decisión empresarial reconocerá el derecho del trabajador a extinguir el contrato de trabajo en los supuestos previstos en el apartado 1 del artículo 40 y en el apartado 3 del artículo 41 del Estatuto de los Trabajadores, concediéndole al efecto el plazo de quince días".

2. La dimisión antinovatoria por traslado

A) Dimisión por traslado

12. En el caso de los traslados, el empresario puede adoptar la decisión de trasladar sin necesidad de previas consultas con los representantes de personal. La decisión del traslado debe ser notificada por el empresario al trabajador, así como a sus representantes legales con una antelación mínima de 30 días a la fecha de su efectividad. Dicha notificación debe encontrarse fundamentada para permitir la adecuada defensa procesal del trabajador. Notificada la decisión empresarial, el trabajador podrá optar entre: a) aceptar el traslado, con una compensación por gastos; b) extinguir el contrato, con una indemnización de 20 días de salario por año de servicio, prorrateándose por meses los períodos de tiempo inferiores a un año, y con un máximo de 12 mensualidades, siendo de aplicación para su cálculo los criterios generales; y c) impugnar el traslado ante la jurisdicción competente por el procedimiento regulado en el art. 138 de la LJS —el mismo previsto para la impugnación de las modificaciones sustanciales—, sin perjuicio de la ejecutividad de la decisión de la empresa.

B) No es necesario, en caso de traslado, que el trabajador acredite el perjuicio

13. Procederá la resolución del contrato de forma automática por su simple manifestación de voluntad comunicada al empresario. El art. 267.1 a) 5ª de la LGSS considera en situación legal de desempleo a los trabajadores que vean extinguida su relación laboral *"por resolución voluntaria por parte del trabajador, en los supuestos previstos en los arts. 40, 41.3 y 50 ET"*.

Como ha señalado la STS (Social) de 18 de marzo de 1996 (Rº 2468/1995), no es posible establecer una presunción «iuris tantum» de la existencia de un perjuicio en cualquier supuesto de modificación de las condiciones de trabajo, a diferencia de lo que ocurre en la movilidad geográfica en la que se presume la onerosidad de la medida, y por lo tanto, se concede la extinción sin necesidad de probar el perjuicio, una vez acreditado el traslado.

14. Si el traslado se declara justificado —de quedar suficientemente acreditadas las razones invocadas por la empresa y de haberse cumplido correctamente las normas de procedimiento del art. 40 del ET— el trabajador tendrá derecho a la compensación por gastos ocasionados y, si la sentencia lo declara justificado, podrá optar por rescindir su contrato con la indemnización correspondiente, pues la solución contraria estaría condicionando la extinción indemnizada del contrato, «nada menos que a la exclusión de un derecho fundamental, el de someter al juez social, "ex" art. 24.1 CE, la viabilidad o la justicia de la orden empresarial, máxime cuando lo que se cuestiona es un traslado que influye seriamente en la vida del afectado, y empuja a una decisión nunca deseable, como es la ultimación del contrato y la pérdida del puesto de trabajo» (STS (Social) de 21 de diciembre de 1999, Rº 719/1999).

C) Suspensión del derecho de rescisión del contrato de trabajo en los supuestos de concurso de acreedores

15. Igualmente, esta suspensión se aplica en el caso de traslado colectivo, siempre que el nuevo centro de trabajo se encuentre en la misma provincia que el centro de trabajo de origen y a menos de sesenta kilómetros de este, salvo que se acredite que el tiempo mínimo de desplazamiento, de ida y vuelta, supera el veinticinco por ciento de la duración de la jornada diaria de trabajo (art. 184.2 de la LC). Si no se cumplen dichas condiciones, el trabajador puede solicitar la extinción indemnizada del contrato.

3. *Decisión definitiva de abandono del puesto de trabajo como consecuencia de la violencia de género*

A) Traslados de personas trabajadoras que tengan la consideración de víctimas de violencia de género, de víctimas de violencia sexual o de víctimas del terrorismo

16. El art. 40.4 del ET establece que:

> *"Las personas trabajadoras que tengan la consideración de víctimas de violencia de género, de víctimas de violencia sexual o de víctimas del terrorismo que se vean obligadas a abandonar el puesto de trabajo en la localidad donde venían prestando sus servicios, para hacer efectiva su protección o su derecho a la asistencia social integral, tendrán derecho preferente a ocupar otro puesto de trabajo, del mismo grupo profesional o categoría equivalente, que la empresa tenga vacante en cualquier otro de sus centros de trabajo.*

En tales supuestos, la empresa estará obligada a comunicar a las personas trabajadoras las vacantes existentes en dicho momento o las que se pudieran producir en el futuro.

El traslado o el cambio de centro de trabajo tendrá una duración inicial de entre seis y doce meses, durante los cuales la empresa tendrá la obligación de reservar el puesto de trabajo que anteriormente ocupaban las personas trabajadoras.

Terminado este periodo, las personas trabajadoras podrán optar entre el regreso a su puesto de trabajo anterior o la continuidad en el nuevo, decayendo en este caso la obligación de reserva, o la extinción de su contrato, percibiendo una indemnización de veinte días de salario por año de servicio, prorrateándose por meses los períodos de tiempo inferiores a un año y con un máximo de doce mensualidades".

B) Una extinción anómala

17. La doctrina se ha mostrado crítica dado el anómalo carácter de esta extinción indemnizada. La empresa es ajena a la situación de violencia que actúa como causa de aquella —si no lo fuera, claro está, estaríamos en un supuesto diferente cuyo encaje extintivo adecuado sería el art. 50 del ET—. De este modo, como ha señalado el CES, en el Dictamen emitido por el CES (4/2020, 25 noviembre), aparece "una nueva figura indemnizatoria incoherente con el esquema vigente de regulación de la extinción del contrato de trabajo" al imponerse un "deber de indemnizar, derivado de una solicitud voluntaria de traslado de la trabajadora a la que renuncia posteriormente".

La regla general es, en efecto, que la extinción voluntaria del contrato por quien presta los servicios no genera a su favor indemnización alguna (art. 49.1.d) del ET), salvo que aquella venga motivada por una conducta empresarial de incumplimiento (art. 50 del ET) o, como mínimo, de alteración, aun justificada, de condiciones contractuales básicas (arts. 40.1 y 41.3 del ET). Nada de esto se da en este caso. Acaso la opción legislativa venga condicionada por el hecho de que uno de los supuestos en que procede la indemnización es precisamente la movilidad geográfica. Sin embargo, existen obvias diferencias estructurales entre los supuestos extintivos indemnizados de los arts. 40.1 y 40.4 del ET: en el primero se reacciona frente a la movilidad geográfica pretendida por el empresario; en el segundo, se acuerda en interés de la víctima, que, sin embargo, opta voluntariamente por renunciar a dos puestos de trabajo (Goerlich Peset, 2024).

Por otro lado, al establecerse únicamente en los casos en los que haya existido movilidad geográfica, el nuevo precepto hace aparecer diferencias de trato poco justificadas entre las distintas víctimas contempladas en él en función de la estructura de las organizaciones empresariales. Si la empresa tiene un único centro de trabajo, las víctimas nunca podrán acceder a la extinción indemnizada art. 40.4 del ET. Solo en caso de que la empresa tenga varios centros de trabajo —y que al menos uno de ellos además se encuentre en distinta localidad y cuente con vacantes— se activará la movilidad geográfica y, tras la expiración del plazo de entre seis y doce meses, puede accederse a la extinción indemnizada (Álvarez Cuesta, 2023). Por supuesto, esto tiene como efecto que aparezca como una muy remota posibilidad real, habida cuenta las características de nuestro tejido empresarial.

Por último, no se establecen reglas para regular la interacción entre la indemnización derivada de la nueva redacción del art. 40.4 del ET y los mecanismos de compensación de daños establecidos con carácter general (Goerlich Peset, 2024). Los derivados de la eventual pérdida del empleo como consecuencia de la condición de víctima, con independencia de que vaya o no precedida de movilidad geográfica, parecen ser indemnizables conforme a las reglas generales por quienes resulten autores de las conductas correspondientes. Si la empresa es obligada a pagar una indemnización relacionada con aquella puede producirse una injustificada duplicidad.

4. Indemnizaciones por resolución del contrato de voluntad del trabajador basada en incumplimiento del empresario

A) Extinción del contrato de trabajo por incumplimiento del empresario

18. El art. 50 del ET regula la extinción del contrato de trabajo por incumplimiento del empresario, que se relaciona como tal causa extintiva en el art. 49.1 j) del ET indicando las «causas justas» para que el trabajador pueda «solicitar la extinción del contrato» y estableciendo que, en tales casos, el trabajador «tendrá derecho a las indemnizaciones señaladas para el despido improcedente». El citado precepto constituye la transcripción en el derecho laboral del art. 1124 del CC, precepto que establece que «la facultad de resolver las obligaciones se entiende implícita en las recíprocas para el caso de que uno de los obligados no cumpliere lo que le incumbe»; resolución que comporta «el resarcimiento de daños y abono de intereses». De la doctrina de nuestros Tribunales se deduce que la facultad resolutoria concedida al trabajador se justifica en última instancia por el perjuicio personal o profesional que le causa la decisión o el comportamiento empresarial, sea o no legítima.

Como expresa STSJ Madrid 10 de septiembre 2007 (Rº 2729/2007), "la extinción del contrato a iniciativa del trabajador, como señala en la doctrina científica Fernández López, se basa necesariamente en una conducta del empresario que altera sustancialmente las condiciones en que se desarrollaba la relación de trabajo, y además, se trata de conductas explícitamente delimitadas en la norma —unas genéricamente, otras, concretando sus presupuestos de hecho—. Por tanto, no basta cualquier conducta empresarial a este fin; debe tratarse de conductas empresariales que impliquen una frustración del programa de prestaciones mutuas, que produzcan efectos exorbitantes sobre la posición jurídica del trabajador, tales, que éste no se encuentre jurídicamente obligado a soportarlos, porque, al cabo, alteran en su perjuicio condiciones contractuales que resultaban trascendentes para la permanencia del vínculo".

19. La sentencia que pone fin al procedimiento de resolución contractual tiene un doble contenido: constitutivo, puesto que pone fin a la relación laboral preexistente; y de condena, ya que sanciona al empresario con el abono de una indemnización. Conviene recordar que el art. 50.2 del ET establece que cuando se acuerde la resolución del contrato el trabajador tendrá derecho a una indemnización igual a la señalada para el despido improcedente. Efectivamente, el empresario deberá abonar, en caso de que el Juez de lo Social considere probada la causa que faculta para resolver el contrato al trabajador, la cantidad de 33 días de salario por año de servicio con un máximo de 24 mensualidades. Tal equiparación se produce, posiblemente, "para significar la culpabilidad del empresario en la resolución del contrato" (Talens, 2017: 79).

B) Rasgos que definen el régimen reparador que se extrae del art. 50.2 ET

20. Se trata, de una indemnización tasada legalmente que compensa al trabajador por el perjuicio derivado de la extinción del contrato, de forma que "el elemento de culpabilidad no puede servir para ponderar el alcance o cuantía de la responsabilidad patrimonial" (Rodríguez-Piñero y Fernández López, 1998: 146). Sabido es que la cuantía de las indemnizaciones en su configuración legal es el mero resultado matemático de las operaciones previstas en la ley, sin posibilidad alguna de que el juez, en ejercicio de sus propias facultades, pueda alterar ni el resultado ni la fórmula de su cálculo. Se trata de una "especie de cláusula penal fijada ope legis, en la que no cabe moderación ni agravamiento.

21. La automaticidad preside el reconocimiento del derecho y el cálculo de la indemnización evidencia que esta se encuentra desvinculada en su cuantía de los daños efectivamente sufridos por el trabajador. Carece de relevancia la prueba de los daños que podría ser reconocida, aunque el trabajador no hubiera sufrido perjuicio. Dado que, como señala la STS (Social) de 15 de marzo de 1991 (RJ\1991\1861), "el indicado precepto (art. 50 del ET) establece, de un modo claro, que en el supuesto de que concurran alguna de las causas de extinción previstas en el apartado 1° «el trabajador tendrá derecho a las indemnizaciones señaladas para el despido improcedente», remitiéndose por tanto a las fijadas en el art. 56.1.a) del mismo texto legal, que constituyen una indemnización tasada establecida ope legis, que no necesita la acreditación de perjuicios".

En este punto existe una sustancial diferencia con el régimen de la denuncia extraordinaria de los arts. 40 y 41 del ET.

22. La ley presume la existencia de un daño como consecuencia de la ruptura del contrato y ha establecido el importe de la reparación y que le exime de alegar y acreditar daños y perjuicios (Desdentado y De la Puebla, 2002: 169). El importe de la indemnización, aunque mantiene un origen compensador, no se ciñe a la valoración específica de los daños ocasionados, sino que alcanza un valor tasado y predeterminado por la Ley, de manera que no se trata de cuantificar el quantum, en el sentido tradicional de incluir el daño emergente (material y pecunia doloris) y el lucro cesante, sino dar por supuesto que el daño se ha producido y el mismo debe ser reparado, pero con un criterio de valoración ex lege.

23. Pese a que la indemnización es la misma que en caso de despido, existen diferencias significativas a la hora de efectuar su cómputo. Para el caso del despido improcedente los servicios que se tienen en cuenta son los prestados hasta el día del cese, decidido unilateralmente por parte del empresario, mientras que en la extinción por voluntad del trabajador se computan, en principio, hasta la fecha de la sentencia, que es de carácter constitutivo. Ahora bien, la STS (Social) de 24 de febrero de 2016 (R° 2920/2014), el dies ad quem para calcular la indemnización podría darse también en la fecha en la que el trabajador decidió abandonar la empresa y posteriormente el Juez de lo Social conviniera que existe causa para extinguir. Por lo tanto, en principio la fecha a tener en cuenta será la de la sentencia, excepto en los casos en que el trabajador hubiera abandonado su puesto de trabajo con anterioridad.

El sistema indemnizatorio ha sido establecido como un claro gravamen para el empresario incumplidor. Este es el principal fundamento de la indemnización prevista, y a ella se somete toda la estructura del precepto que, de este modo, revela su estrecho parentesco con la institución del despido indirecto.

Las soluciones son extensibles a la regulación de las relaciones laborales de carácter especial que se remiten a lo establecido en el art. 50 del ET.

En el caso de los deportistas profesionales el art. 16.2 de RD. 1006/1985, establece que:

> *"La resolución del contrato solicitada por el deportista profesional, fundada en alguna de las causas señaladas en el artículo 50 del Estatuto de los Trabajadores, producirá los mismos efectos que el despido improcedente sin readmisión".*

C) Acumulación de la indemnización prevista en el art. 50 del ET y la que corresponda en función de los daños generados cuando la causa extintiva es la lesión de un derecho fundamental

24. La reclamación de una indemnización adicional a la legalmente establecida por el art. 50 del ET ha sido una cuestión profundamente controvertida. Aunque en la actualidad, el art. 183.3 de la LJS ha resuelto la cuestión y establece que la indemnización por discriminación o violación de derechos fundamentales "será compatible, en su caso, con la que pudiera corresponder al trabajador por la modificación o extinción del contrato de trabajo o en otros supuestos establecidos en el Estatuto de los Trabajadores y demás normas laborales", resulta interesante analizar el itinerario argumental seguido por el Tribunal Supremo hasta alcanzar el citado resultado, primero por vía interpretativa y, después, confirmado por el legislador.

a) El debate sobre el carácter excluyente y tasado de la indemnización entre el orden social y el civil

25. La cuestión fue resuelta por primera vez en la STS (Social) 3 de abril de 1997 (Rº 3455/1996), que resolvía un supuesto en el que la cuestión litigiosa se centraba precisamente en determinar si, extinguido el contrato a instancia del trabajador y percibida la correspondiente indemnización, puede éste reclamar por "los mismos hechos" una nueva indemnización con fundamento en el art. 1101 del CC. La sentencia afirmó que:

> "la causa o motivo de la resolución contractual es única, y habiéndose producido ésta en la esfera laboral, regida por el Estatuto de los Trabajadores, a esta norma habrá que estarse en virtud del principio de aplicación preferente de las disposiciones especiales, sin que quepa (...) acudir de nuevo al Código Civil (...) para, con base en el mismo incumplimiento contractual ya agotado en sus consecuencias indemnizatorias, obtener un nuevo resarcimiento de daños y perjuicios".

La solución contraria fue aplicada por la STS (Civil) de 10 de abril de 1999 (Rº 3111/1994). En ella reconoció una indemnización de tres millones de pesetas a favor de una trabajadora que había resuelto su contrato de trabajo por un incumplimiento empresarial consistente en una discriminación por sexo. La discriminación consistía en el abono de una retribución inferior en unas 700.000 pts. anuales a la percibida "por otro trabajador de sexo varón, de la misma categoría y con una antigüedad inferior". El trato discriminatorio provocó a la actora una depresión reactiva y la resolución del contrato de trabajo se acordó en conciliación con reconocimiento a favor de la trabajadora de una indemnización de siete millones de pesetas. La sentencia afirma la jurisdicción del orden civil y estima la demanda, porque considera que existe una responsabilidad por culpa extracontractual compatible con la contractual laboral. Esta conclusión se funda en que "el daño opera con independencia de cualquier relación jurídica preexistente entre las partes" (Gil de Alburquerque, 2002).

b) El debate continúa en el seno del orden social y su resultado: el cambio de criterio del orden social

26. En su STS (Social) 11 de marzo de 2004 (R° 3994/2002), el Tribunal Supremo volvió a declarar que la indemnización por despido improcedente, o por resolución judicial del contrato a instancia del trabajador, era incompatible con otra indemnización adicional por daños y perjuicios. La sentencia, que cuenta con el voto particular de cuatro magistrados, juzgaba los siguientes hechos:

> El trabajador de una sociedad cooperativa de crédito solicitó al juez la resolución de su contrato de trabajo, fundándose en un incumplimiento grave de la empresa, consistente en un trato vejatorio continuado. El Juzgado de lo Social resolvió la relación jurídica, y condenó a la empresa al pago de 28.479.612 pesetas. Posteriormente, la Seguridad Social reconoció al trabajador una incapacidad permanente absoluta, motivada por un trastorno depresivo melancólico. El interesado consideró que su origen se hallaba en la conducta de la empresa que había dado lugar a la resolución del contrato, e interpuso una nueva demanda, en la que pedía una indemnización de cuarenta millones de pesetas. El Juzgado de lo Social la desestimó, pero el Tribunal Superior de Justicia de Castilla-La Mancha, en una sentencia de 23 de junio de 2002, revocó la de instancia y estimó parcialmente la demanda, reconociendo al trabajador una indemnización de 30.000 euros. Contra esa sentencia, la empresa interpuso un recurso de casación para la unificación de doctrina.

Señala la Sentencia que la doctrina sobre la materia había sido ya objeto de unificación con anterioridad, precisamente en la citada STS (Social) de 3 de abril de 1997 utilizada como sentencia de contraste. La doctrina sentada por el citado pronunciamiento podría sintetizarse del siguiente modo:

> "En nuestro derecho positivo la indemnización por despido improcedente (a la que el art. 50.2 del ET asimila la que devenga la resolución del contrato a instancia del traba-

jador por incumplimientos relevantes del empresario) es una indemnización legalmente tasada, sin margen para que el juez estime la cuantía de los daños y perjuicios, que se presumen "ex lege" por el hecho del despido improcedente o de la resolución contractual que nos ocupa, indemnizándose por la ruptura culpable del contrato y no por los perjuicios concretos que ésta pueda causar". Es así que "el art. 50 del ET constituye la trascripción al derecho laboral del art. 1124 del Código Civil, precepto que establece que "la facultad de resolver las obligaciones se entiende implícita en las recíprocas para el caso de que uno de los obligados no cumpliere lo que le incumbe", resolución que comporta "el resarcimiento de daño y abono de intereses", vocablos que según constante jurisprudencia de la Sala Primera equivalen o son sinónimos a la indemnización de daños y perjuicios a que se refiere el art. 1108 del Código Civil".

Continúa señalando la STS (Social) 11 de marzo de 2004, que:

"(...) es cierto que el art. 1124, al igual que el art. 1101 del Código Civil, contienen reglas generales en materia de obligaciones, pero no lo es menos que su aplicación al contrato de trabajo lo es tan sólo con carácter supletorio, por lo que su aplicación no procede cuando la materia está regulada expresamente, como acontece en el supuesto examinado, en el Estatuto de los Trabajadores". Es por ello, concluye, que "la pretensión resolutoria de contenido indemnizatorio tasado ejercitado con amparo en la norma específica de carácter resolutivo contenida en el art. 50 del ET satisface íntegramente el interés del trabajador derivado de un incumplimiento grave de las prestaciones contractuales a cargo del empresario, y la aplicación de esta norma específica del derecho del trabajo, debe impedir la búsqueda de nuevas soluciones indemnizatorias en el campo del derecho civil, entendido como derecho común. Como sienta la Sentencia del Tribunal Supremo de 22 de enero de 1990, cuando existe una previsión indemnizatoria específica en la normativa laboral no es factible acudir a las previsiones de la misma naturaleza del derecho común". En definitiva, la doctrina sentada podría resumirse en la doble afirmación (Pedradas/Sala) de que "donde hay norma especial no rige la norma general" y de que "la indemnización tasada prevista en la norma especial laboral tutela suficientemente los intereses del trabajador dañados por el empresario incumplidor".

Como argumento añadido, la Sentencia valora si existió o no relación de causalidad entre la conducta empresarial que sirvió de base a la que se resolvió el contrato y las dolencias del trabajador que motivaron la declaración de su incapacidad permanente absoluta derivada de enfermedad común, concluyendo en que no hay tal, pues de los hechos probados se deduce su inexistencia. A tal efecto, la sentencia de unificación indica que "la realidad es que la prueba general médica ha puesto de relieve que el trastorno depresivo mayor que padece el trabajador en modo alguno ha sido causado por ese incumplimiento, pudiendo ser la situación laboral derivada del incumplimiento un factor más de la patología, pero en modo alguno determinante o decisivo para causarla, por tanto, no existe esa relación de causa a efecto entre la situación laboral y la enfermedad que padece". Concluye, el citado pronunciamiento, argumentando, que la Sentencia que si en la STS 3 de abril de 1997, utilizada como sentencia de contraste, se aceptó la relación de causalidad entre la conducta del empresario y el daño sufrido por el trabajador y no se aceptó la doble indemnización, con mayor motivo en el presente caso en el que no existe una tal relación causal.

La sentencia se acompaña de un voto particular que se formula por parte de un Magistrado al que se adhieren tres Magistrados más, concluyendo que no hay tal incompatibilidad y la doctrina de la STS (Social) 3 de abril de 1997 debe ser revisada, porque la indemnización prevista en el art. 50.2 del ET:

> "repara exclusivamente el daño producido por la pérdida del empleo, derivada de la extinción del contrato de trabajo provocada por la conducta ilícita del empleador, mientras que la indemnización que aquí se reclama no tiene por objeto reparar la pérdida del empleo, sino los daños psíquicos y morales que la conducta empresarial ha provocado en el actor aquejado de un proceso depresivo que ha determinado el reconocimiento de una incapacidad permanente. Son daños distintos que han de ser objeto de reparación independiente, pues de lo contrario se está exonerando al causante de la obligación de reparar las consecuencias de un acto ilícito que no han sido compensadas por una indemnización que sólo cubre el daño derivado de la extinción del contrato, como se advierte si se tiene en cuenta que aquella reparación hubiera sido posible si el contrato no se hubiera extinguido". Recuerda el voto particular que "el art. 1124 CC prevé, al regular la resolución de los contratos con obligaciones recíprocas, que "el perjudicado podrá escoger entre exigir el cumplimiento o la resolución de la obligación, con el resarcimiento de daños y abono de intereses en ambos casos". La indemnización opera, por tanto, en los dos supuestos. Lo que ocurre es que, en el marco del contrato de trabajo, es preciso distinguir dos tipos de daños: los derivados directamente del propio incumplimiento y los que el legislador liga al efecto resolutorio cuando se opta por él. Sólo estos últimos daños están tasados por el art. 56 ET; los restantes, tienen plena autonomía y han de indemnizarse de acuerdo con las normas generales. Esto se ve claramente en el caso del impago de los salarios: es una causa resolutoria de conformidad con el apartado b) del núm. 1 del art. 50 ET, pero la extinción del contrato con el abono de la indemnización no impide reclamar los salarios no abonados y la indemnización por mora correspondiente". Concluye el voto que "así lo ha estimado la Sala en su sentencia de 12 de junio de 2001, en la que la indemnización por los daños derivados de la lesión de un derecho fundamental provocada por un despido se considera compatible con la reparación específica prevista para la nulidad de ese despido (la readmisión y los salarios de tramitación). El mismo criterio ha seguido la Sala 1.ª de este Tribunal en su sentencia de 10 de abril de 1999, en un caso muy similar al presente, en la que aprecia la compatibilidad entre la indemnización por resolución del contrato de trabajo y la indemnización de los daños de orden personal que la conducta de la empresa había producido. Ciertamente, el orden civil no es competente para conocer de esa pretensión, pero el criterio aplicado por la sentencia citada sobre la compatibilidad es materialmente correcto".

27. La doctrina de la Sala cambió de rumbo a partir de la STS (Social) 17 de mayo de 2006 (Rº 4372/2004) que vuelve sus pasos sobre anteriores pronunciamientos para situar sobre nuevas bases la postura hasta ahora sostenida (un comentario a la misma, Molina Navarrete, 2006):

> En este caso, el recurso de casación para unificación de doctrina, tiene su origen en la demanda presentada por un trabajador contra la Ciudad Autónoma de Ceuta, en solicitud

de resolución de su contrato de trabajo con dicha Entidad Autónoma a causa de acoso moral por parte de la Consejera de Turismo de dicha Comunidad, habiendo postulado en el suplico de la demanda la extinción de su contrato al amparo del art. 50.1 a) del ET con la indemnización legalmente prevista más otra por importe de 60.101 euro/s en concepto de daños y perjuicios derivados de la violación de derecho fundamental, al haber sido víctima de acoso laboral (art. 181 LPL). El Juzgado de lo Social de Ceuta desestimó íntegramente la demanda formulada por dicho trabajador quien recurrió en suplicación ante la Sala de lo Social del TSJ Andalucía, con sede en Sevilla, habiendo obtenido, de fecha 12 de julio de 2004, sentencia en la que se estima parcialmente el recurso de suplicación y, también, la demanda interpuesta por el expresado trabajador, declarando extinguido su contrato laboral con la ciudad autónoma de Ceuta con derecho a percibir una indemnización por la extinción contractual de un importe de 14.330,55 Euro/s y, asimismo, otra indemnización por los daños y perjuicios materiales y morales sufridos por el demandante en cuantía de 20.000 Euro/s. Frente a esta última sentencia se alzó en casación para unificación de doctrina la ciudad autónoma de Ceuta.

La Sala se aventura de nuevo en la controvertida cuestión de la compatibilidad entre la indemnización percibida por resolución del contrato ex art. 50 del ET y otra en reparación de daños. Como decimos, la STS (Social) 17 de mayo de 2006 se resiste a considerar que a su través se efectúa un nuevo cambio de rumbo doctrinal, pese a que acepta de forma rotunda la compatibilidad que antes había negado. La conciencia del cambio es evidente:

"aunque esta Sala no desconoce el criterio mantenido por la misma en su STS (4ª) 11 de marzo de 2004, dictada en Sala General, es lo cierto, sin embargo, que en el caso que hoy ocupa su atención enjuiciadora y según, manifiestamente, se desprende no sólo del relato de hechos probados, sino más singularmente, de la propia demanda de autos y de su petitum y del escrito de interposición del recurso de suplicación no resulta, en modo alguno, rechazable el afirmar que junto al ejercicio de la acción extintiva del contrato de trabajo, conforme al art. 50.1.a) del ET, se invoca la lesión de un derecho fundamental, manifestada en el acoso laboral en los términos previstos en los arts. 181 y 182 del vigente LPL, que no es otro que el de la dignidad personal que constituye la base y fundamento de todos los derechos y libertades fundamentales y que, expresamente, se recoge en el art. 10 de la CE, la que, a su vez, en sus arts. 14 y 15 reconoce el derecho básico a la no discriminación y a la integridad moral, rechazando el sometimiento a tratos inhumanos y degradantes". Continúa la sentencia señalando que "resulta del mayor interés resaltar que, en el presente caso, desde un principio, se invoca de forma clara y palmaria, la vulneración de un derecho fundamental, en base a lo que se postula la extinción del contrato laboral, debiendo significarse que el trabajador demandante aduce, como consecuencia de tal violación, una situación personal de trastorno adaptativo ansioso-depresivo, provocado por estrés laboral, cuya indemnización postula, juntamente, con la correspondiente a la extinción contractual planteada". Por ello, señala que "de aquí que no se modifique el criterio jurisprudencial recogido en la precitada sentencia de Sala General, de fecha 11 de marzo de 2004, toda vez que, en la misma, se enjuició una situación de extinción contractual respecto de la que, además de la indemnización tasada, prevista en el ET, se postulaba otra indemnización con base en el art. 1101 del CC, sin que, en cambio, se solicitase, expresamente, la protección judicial por violación de un derecho fundamental".

Considera, por ello, el Tribunal que:

> "la clara dicción del art. 182 LPL y su interpretación sistemática no permiten establecer que la única indemnización posible, en los casos de extinción contractual con violación de un derecho fundamental, sea la establecida en el art. 50.2, en relación con el 56 ET, pues, una cosa es que la tramitación procesal a seguir, con carácter inexcusable, sea la de la extinción contractual y, otra muy distinta, es que se indemnicen, separadamente, los dos intereses jurídicos protegibles, como así se infiere de lo establecido en el art. 180.1 del texto procesal laboral mencionado". En fin, "la modificación operada en el art. 181 de este último texto procesal por el art. 40 Dos de la L 62/2003, de 30 de diciembre, de medidas fiscales, administrativas y del orden social, al incluir, expresamente, en el texto del mismo la prohibición de tratamiento discriminatorio y del acoso no deja la menor duda de que la voluntad legislativa es la de proteger el derecho fundamental con independencia de la protección que merece el derecho a la extinción del contrato de trabajo cuando concurre causa para ello, sin otro requisito que el de la expresión en la demanda del derecho fundamental conculcado".

La nueva doctrina queda asentada de forma evidente. Con todo, el citado pronunciamiento viene acompañado de un clarificador y hasta diríamos luminoso voto particular en el que, con argumentos de una claridad meridiana, se apuntan los pecados de dicho cambio de opinión. Comienza el voto particular señalando que:

> "En nuestra opinión, el que en un caso se invocara expresamente la lesión de un derecho fundamental y en el otro no hubiese tal invocación, no es una diferencia relevante. En primer lugar, porque en los dos casos se vulneró el derecho fundamental a la integridad moral con un tratamiento degradante que ha producido lesiones psíquicas y el hecho de que no se alegara la norma constitucional —en el marco además de un proceso en el que no es necesario fundar jurídicamente la demanda— no justifica el rechazo de la pretensión. En segundo lugar, porque la lesión del derecho fundamental no crea el daño indemnizable; es simplemente una calificación adicional del ilícito que lo ha producido, que no será sólo un incumplimiento contractual, sino también incumplimiento de una norma constitucional. Es lo que la doctrina constitucional denomina la pluriofensividad de determinadas conductas. La lesión de la norma constitucional que se une a la vulneración de un deber contractual (art. 4.2 e) ET) puede justificar tratamientos privilegiados en el orden procesal (proceso de tutela y recurso de amparo), pero no produce un daño específico e independiente. El daño lo produce una determinada conducta, con independencia de cómo califiquemos jurídicamente ésta, pues no estamos ahora ante el problema del alcance de la obligación de reparación en términos de la ponderación de los criterios subjetivos de imputación (art. 1107 CC). En este sentido, el daño es algo que pertenece a la realidad física o psíquica. Lo que se debate es si, aparte del daño que produce la conducta empresarial vejatoria, al obligar al trabajador a extinguir su contrato de trabajo (la pérdida del empleo), hay otro daño que deba también ser indemnizado (el sufrimiento moral y sus secuelas psíquicas) y esos daños indemnizables son, como tales, independientes de la calificación jurídica del incumplimiento (constitucional o meramente contractual). Al trabajador se le indemniza porque ha sufrido un daño y porque la conducta que lo ha producido es ilícita. Pero, a efectos de la reparación, es indiferente que la conducta ilícita lo sea por violación de una norma constitucional o por violación

de una obligación contractual. Para excluir la indemnización, sólo sería relevante que la conducta empresarial fuera lícita. No es posible privar al trabajador de la indemnización que le corresponde, porque no haya invocado un precepto constitucional. Lo que está tasado en el ordenamiento laboral es la indemnización por extinción del contrato de trabajo; no las indemnizaciones por daños producidos al margen de esa extinción y que pueden concurrir con ella". La conclusión es clara: "por ello, estimamos que la sentencia debería haber rectificado la anterior doctrina de la Sala, reconociendo que en los supuestos de conductas empresariales vejatorias es posible percibir, junto a la indemnización que pueda corresponder por la resolución del contrato, otra indemnización por los perjuicios morales producidos por esas conductas".

28. No obstante, la STS 20 de septiembre de 2011 (Rº 4137/2010), confirma que la línea correcta es la STS 17 de mayo de 2006 (Rº 4372/2004), pues, como la misma precisa, debe estarse a su doctrina "por razones de seguridad jurídica acordes la finalidad de este excepcional recurso casacional unificador".

c) La confirmación por el legislador

Dicha posibilidad de acumular las acciones indemnizatorias, como con carácter general se ha declarado por la jurisprudencia, en especial tras la reforma del art. 181.2 de la LPL por Ley Orgánica 3/2007:

> *"Cuando la sentencia declare la existencia de vulneración, el Juez deberá pronunciarse sobre la cuantía de la indemnización que, en su caso, le correspondiera al trabajador por haber sufrido discriminación, si hubiera discrepancia entre las partes. Esta indemnización será compatible, en su caso, con la que pudiera corresponder al trabajador por la modificación o extinción del contrato de trabajo de acuerdo con lo establecido en el Estatuto de los Trabajadores".*

En la actualidad, el art. 183.3 LJS establece que la indemnización por discriminación o violación de derechos fundamentales

> *"será compatible, en su caso, con la que pudiera corresponder al trabajador por la modificación o extinción del contrato de trabajo o en otros supuestos establecidos en el Estatuto de los Trabajadores y demás normas laborales.*

II. Voluntad concurrente de las partes

1. Ausencia de indemnización legal en el mutuo acuerdo

30. En el caso del mutuo acuerdo de las partes (art. 49.1 a) del ET) y en el de las causas de extinción válidamente consignadas en el contrato (art.

49.1 b) del ET), no existe con carácter general regulación legal sobre los efectos contractuales de la extinción por lo que, salvo el común a todas las extinciones de poner fin a las obligaciones laborales nacidas del contrato, los únicos efectos posibles son los que las propias partes decidan. Por tanto, no se deben las partes entre sí indemnización alguna más allá de las que puedan venir estipuladas por la propia autonomía colectiva o por las propias partes ya fuese en el contrato o en el momento de la extinción.

En tal caso, al no estar prevista normativamente, dicha indemnización no está exenta del IRPF y tendrá la consideración legal de renta a todos los efectos. Este dato, unido a que la extinción por mutuo acuerdo no permite al trabajador acceder a la prestación por desempleo, determina que en estos casos sea frecuente que se simule un despido con posterior reconocimiento de su improcedencia y el supuesto abono de la indemnización legal. Se trata de un supuesto de claro fraude, constantemente reiterado en la práctica, pero de difícil prueba (Molero).

31. La carencia de regulación legal de los efectos contractuales de la extinción por mutuo acuerdo cuenta con excepciones referidas a relaciones laborales especiales. Por un lado, respecto de la relación laboral especial de los deportistas profesionales, se establece legalmente la obligación de abonar al trabajador una indemnización cuando la extinción, producida de mutuo acuerdo, tuviera por objeto la cesión definitiva del deportista a otro club (art. 13 a) del RD 1006/1985). También en el caso de la relación especial de los mediadores mercantiles, se establece que, con ocasión de la extinción de mutuo acuerdo, el trabajador tiene derecho a una indemnización por el incremento de la clientela (arts. 10 y 11 del RD 1438/1985).

2. *Indemnizaciones derivadas de la finalización de los contratos temporales*

A) Indemnización por finalización de contrato temporal

32. Los contratos de duración determinada no se extinguen automáticamente al llegar su término o la concurrencia de causa o condición resolutoria, sino que exigen de su denuncia (art. 49.1 c) del ET). Si el contrato de trabajo de duración determinada es superior a un año, la parte del contrato que formule la denuncia está obligada a notificar a la otra su terminación de quince días, comunicación a la que se denomina preaviso (arts. 49.1 c) del ET y 8.3 del RD 2720/1998).

El apartado 3.º del art. 10 del RD. 1435/1985, establece que la extinción del contrato habrá de ser preanunciada al artista con diez días de antelación, si su duración ha sido superior a tres meses; con quince días si ha sido superior a seis meses y con un mes si ha sido superior a un año y que la falta de preaviso dará lugar al abono de los salarios correspondientes al número de días con los que debería haber sido preanunciada la extinción del contrato.

33. A la finalización del contrato, con la excepción de los contratos de sustitución y de los formativos, el trabajador tiene derecho a recibir una indemnización de cuantía equivalente a la parte proporcional de la cantidad que resultaría de abonar doce días de salario por cada año de servicio (art. 49.1 c) del ET), salvo que se haya establecido una indemnización superior por la negociación colectiva.

La cuestión a debatir en el recurso de casación para la unificación de doctrina ante el Tribunal Supremo consiste en determinar si la finalización de un contrato temporal de relevo debe llevar aparejada una indemnización por extinción de contrato, en concreto, 20 días por año de servicio (STS (Social) de 9 de julio de 2019, Rº 483/2018). Como señala el Tribunal Supremo, esta cuestión ha sido resuelta expresamente por la sentencia del TJUE de 5 de junio de 2018 (C-574/16) en la que se ha señalado que "si en la contratación y ejecución del contrato de un trabajador relevista no han existido irregularidades que desvirtúen la naturaleza del mismo, se ajusta a la normativa comunitaria lo dispuesto en el art. 49.1 c) del ET que establece una indemnización por fin de un contrato temporal de duración determinada, como el de relevo, que es inferior a la que corresponde a los trabajadores indefinidos cuando se extingue su contrato por las causas objetivas del art. 52 del ET".

B) Aplicación en el ámbito de las Administraciones Públicas

34. Este régimen indemnizatorio se aplica también al ámbito de las administraciones públicas lo que viene generando importantes problemas.

Declaran las SSTS (Social) de 4 de febrero de 2020 (Rº 3504/17); 8 de enero de 2020 (Rº 3694/17) que la válida extinción del contrato de interinidad por vacante cuando quien obtiene la plaza accede de inmediato a la situación de excedencia. La Sala tras recordar la jurisprudencia sobre que el contrato de interinidad para cubrir una plaza pendiente de cobertura reglamentaria dura todo el tiempo que dure el proceso de cobertura de la plaza, produciéndose la extinción —salvo que la plaza se amortice— sólo con la cobertura real de la vacante, llega a la conclusión de que cuando la plaza que el actor venía ocupando, no queda desierta sino que se atribuyó reglamentariamente a quien, sin duda con mejor derecho, la obtuvo en dicho trámite, se cumplió rigurosamente con la previsión convencional y se activó válidamente la cláusula del contrato que preveía su extinción. Sin que empañe tal solución el hecho de que la plaza obtenida y dejada vacante por pedir excedencia revierta a la bolsa de trabajadores, porque es el cumplimiento de la causa de interinidad consignada en el contrato lo que determina su extinción. Finalmente, se descarta el abono de indemnización alguna para la terminación de estos contratos.

Este criterio relativo a la ausencia de indemnización, se reproduce en este periodo en numerosas sentencias, entre ellas, y sin ánimo de exhaustividad, apuntamos las SSTS 14 de noviembre de 2019 (Rº 3005/18); 3 de diciembre de 2019 (Rº 3107/18); 15 de junio de

2020 (Rº 2225/18); 18 de junio de 2020 (Rº 73/2018), con apoyo en STJUE 5 de junio de 2018 C-677/16 (Montero Mateos), C-574/16 (Grupo Norte Facility), y más recientemente por la STJUE 21 de noviembre de 2018 (De Diego Porras II) concluyen que la normativa nacional que no reconoce ninguna indemnización a la extinción del contrato de interinidad, y la que reconoce una indemnización inferior a la del despido objetivo en el caso del contrato de relevo no contravienen el Derecho de la Unión. Siguiendo el argumento de la STJUE, no es contraria a la Directiva 1999/70/CE la norma que permite que la extinción regular del contrato de trabajo de interinidad no dé lugar a la indemnización que se otorga a los despidos por causas objetivas, toda vez que no es admisible sostener que la mentada indemnización solo se contemple respecto de los trabajadores indefinidos, pues la concurrencia de los supuestos de despido objetivo da lugar al mismo tratamiento para todas las modalidades de contratación sin distinción en razón de la duración del contrato en consonancia con lo que establece el art. 15.6 del ET. En consecuencia, el cese regular del contrato de interinidad, no da lugar a la indemnización de 20 días del despido objetivo, ni a los 12 días que el art. 49.1.c) del ET fija para los contratos para obra o servicio y acumulación de tareas.

C) Aplicación a los deportistas profesionales

35. Jurisprudencialmente se ha considerado que los deportistas profesionales tienen derecho a la indemnización del art. 49.1 c) del ET de hasta doce días por año a pesar de la especialidad de la relación laboral deportiva y de su naturaleza esencialmente temporal. Regulada con carácter general la indemnización por fin de contrato en el ET, en norma posterior al RD 1006/1985, la Sala no encuentra obstáculo para que esta indemnización se aplique a los deportistas profesionales, ya que se cumple también respecto de ellos la finalidad general de aquella medida legal, que era la mejora de la calidad del empleo, al facilitar económicamente a los deportistas la transición entre los contratos con distintos clubes o entidades y mejorar la estabilidad profesional de este colectivo, sobre todo de la mayoría de profesionales no de élite, que perciben retribuciones inferiores, aunque con la salvedad de que la indemnización sólo procederá cuando la falta de prórroga se deba a la exclusiva voluntad de la entidad deportiva y no a la decisión del profesional (STS (Social) de 26 de marzo de 2014 (Rº 61/2013).

El Convenio para la actividad de Ciclismo Profesional establece que «los contratos serán siempre de duración mínima anual, comenzando a regir el 1 de enero y finalizando el 31 de diciembre de cada año natural» y añade el que «al finalizar la relación laboral se liquidará el finiquito que contendrá todos los conceptos económicos que regule la legislación vigente». Como se ve, el precepto convencional no señala en concreto cuál será esa indemnización, limitándose a remitirse a la «que regule la legislación vigente», por lo que, teniendo en cuenta que respecto de todas las relaciones laborales especiales resulta norma de aplicación subsidiaria (en lo no previsto en sus regulaciones específicas) el ET, el problema que se plantea consiste en esclarecer si, en este caso, resultaba o no aplicable al cese por fin de contrato de los ciclistas profesionales la indemnización prevista en el art. 49.1.c) ET. ¿Recibir un salario elevado puede ser causa para reducir las expectativas indemnizatorias?

La STS (Social) de 14 de mayo de 2019 (Rº 3957/2016), "resolviendo las innegables dudas generadas por nuestra reiterada STS de 2014», (...) viene a afirmar con claridad que la aplicación del art. 49.1 c) ET a los contratos temporales de quienes están bajo el ámbito aplicativo del RD 1006/1985 «no puede depender de su mayor o menor nivel retributivo». (i) Dándose los presupuestos de laboralidad (art. 1.1 ET), el legislador no establece un tope retributivo a partir del cual las personas que lo superan queden al margen de los derechos laborales, sino que se preocupa de garantizar lo contrario: que nadie quede por debajo de lo suficiente para satisfacer las propias necesidades y las del círculo familiar (art. 35.1 CE; art. 27 ET). Cuando la empresa debe abonar una indemnización como consecuencia de la terminación del contrato de trabajo no aparece tope alguno que conduzca a minorarla, toparla o, mucho menos, excluirla. La consulta de los artículos 40, 41, 50, 51, 53 y 55 ET, así como de la abundante doctrina sobre su alcance, así lo confirma. (ii) La toma en consideración del elevado nivel de ingresos, en términos comparativos, tiene sentido en nuestro diseño normativo cuando se trata de acceder a prestaciones públicas, como las del Fondo de Garantía Salarial (art. 33 del ET), cuando se afrontan los derechos de quienes poseen una posición acreedora frente al trabajador (art. 27.2 del ET) o cuando se gradúa la concurrencia de créditos frente al empleador (art. 32 ET). Pero cuando se trata de dotar de contenido a los derechos patrimoniales que quien trabaja posee frente a su empleador, la Ley laboral no diferencia a quienes cobran salarios elevados de quienes se encuentran en el otro extremo del abanico retributivo. No lo hace ni respecto de los contratos comunes, ni respecto de las relaciones laborales de carácter especial. (iii) Al margen de los supuestos formativos o de interinidad, el art. 49.1.c) ET se aplica siempre que ha habido una contratación temporal que llega a su término, con independencia de cuál sea el salario de la persona afectada o su posición respecto del importe previsto por el convenio colectivo. Si la regla, así de incondicionada, juega supletoriamente respecto de los deportistas contemplados en el RD 1006/1981 no aparece razón válida alguna para eludirla cuando estemos ante los catalogables como "de élite". Nuevamente, en STS (Social) 23 de julio de 2020 (Rº 824/18)

La extinción del contrato por su finalización da derecho a la percepción de la indemnización, ex art. 49.1 c) del ET, incluso y con independencia de que el deportista pudiera ser considerado "de élite". Y ello porque dicha indemnización es de aplicación supletoria a todas la relaciones reguladas por el RD 1006/1985, lo que contribuye a minorar las diferencias entre relaciones especiales y comunes, en particular, evitando injustificadas discriminaciones entre trabajadores temporales de tipo común y trabajadores temporales de tipo especial, siendo irrelevante el nivel retributivo del deportista, pues dicho precepto se aplica siempre que ha habido una contratación temporal que llega a su término, con independencia de cuál sea el salario de la persona afectada o su posición respecto del importe previsto por el convenio colectivo, así como el hecho de que se incorpore de forma inmediata a otra entidad deportiva.

D) Compensación de indemnizaciones en supuestos de encadenamiento de contratos

36. Una cuestión particular es la relativa a la indemnización que corresponde los casos de encadenamiento de contratos (Suárez Corujo, 2013). En estos se produce la extinción de un contrato temporal fraudulento que lleva consigo su declaración de improcedencia, pero ha existido una sucesión de contratos temporales sobre los que se ha ido haciendo entrega de las oportunas indemnizaciones.

37. Cuestión de indudable proyección práctica es la atinente a la procedencia o no de deducir de la indemnización por dicho despido improcedente las indemnizaciones ya percibidas por finalización de los contratos temporales suscritos. La STS (Social) de 20 de junio de 2018 (Rº 3510/16) revisó doctrina precedente (STS (Social) de 9 de octubre de 2006 (Rº 1803/05), con arreglo a la cual se había descartado dicho descuento rechazando expresamente la posibilidad de compensar las deudas. El Tribunal Supremo establece que la detracción o minoración ha de operar sobre la indemnización abonada por extinción del último contrato temporal, respecto de que la parte actora sí se ha pronunciado y ha sido objeto de la acción de despido con el resultado de la declaración de improcedencia, a fin de evitar la duplicidad denunciada. Por lo tanto, procede la compensación de la última indemnización percibida por finalización de contrato temporal con la indemnización por despido improcedente. Dicha doctrina se reitera en la SSTS (Social) de 29 de junio de 2018 (Rº 288916) y 11 de julio de 2018 (Rº 2131/16). La STS (Social) de 9 de marzo de 2022, ha declarado que, en los casos de encadenamiento de contratos, dicha compensación opera pese a que la parte interesada no lo haya solicitado, es decir, se puede realizar de oficio por el órgano de instancia.

III. Desaparición o incapacidad de alguna de las partes

1. La indemnización por muerte, incapacidad o jubilación del empresario

38. El fallecimiento, jubilación o incapacidad del empresario persona física no determina, por sí solo, la extinción de los contratos de trabajo. Para ello, es necesario que se produzca, además, la cesación en la actividad, sin sucesión del negocio o actividad empresarial (art. 44 del ET). De cumplirse ambos requisitos, podrá extinguirse el contrato de trabajo, sin que se precise autorización administrativa. En estos casos, el trabajador «tendrá derecho al abono de una cantidad equivalente a un mes de salario» (art. 49.1 g) del ET).

Debe tenerse en cuenta, además, que la causa de extinción prevista en el art. 49.7 del Estatuto de los Trabajadores no constituye novedad alguna, y estaba recogida anteriormente tanto en la Ley de Contratos de Trabajo de 1931 como en la Ley de Contratos de Trabajo de 1944.

39. No ha parecido carente de fundamento razonable y, por tanto, no discriminatorio, que esta causa no lleve aparejada indemnización. Así se extrae de lo dicho por el ATC 429/1983, de 28 de septiembre. El problema que se suscitaba era, precisamente, el de la posible desigualdad originada como consecuencia de la interpretación efectuada por los Tribunales del art. 49.7 del ET, que autoriza la extinción de los contratos de trabajo por jubilación del empresario. En virtud de esta interpretación se atribuye a los trabajadores una indemnización por la extinción de los contratos de trabajo diferente y más reducido que la prevista para otros supuestos de extinción por causas no imputables al trabajador. En opinión de los demandantes esta diferencia no está razonablemente justificada, lo que intentan probar mostrando la identidad sustancial con los supuestos indicados. El referido Auto concluía que:

"En una consideración superficial, basta constatar la diferencia de la causa motivadora de la extinción para poder considerar justificada la desigualdad. Profundizando más, debe tratarse de saber si existen razones que justifiquen la desigualdad por existir diferencias sustanciales entre los supuestos de hecho. En principio, debe señalarse que, correspondiendo al legislador la determinación de las justas causas de extinción de un contrato, le corresponde también la determinación de sus efectos. Y otro tanto hay que decir cuando ello competa a los Tribunales. No resulta así irrazonable que se haya establecido una gradación en los efectos de las causas de extinción ajenas a la voluntad del trabajador, constituyendo diversos grupos que podrían ser: las causas de extinción ajenas a la voluntad del trabajador que suponen además un incumplimiento de sus obligaciones contractuales por parte del empresario; las causas de extinción ajenas a la voluntad del trabajador, centradas en la imposibilidad objetiva o dificultad de continuar con la actividad de la empresa (fuerza mayor y causas económicas y tecnológicas); y las causas de extinción ajenas a la voluntad del trabajador y centradas en la imposibilidad subjetiva o en el ejercicio de derechos del sujeto (muerte, incapacidad o jubilación)".

La STC 37/1986, de 20 de marzo, volvió sobre el tema, pero en la misma no aparece cita ni rastro del auto anterior.

En este caso, el TC rechazó la existencia de una inconstitucionalidad por omisión en la norma (falta de indemnización), sobre la base de una indemnización (la fijada en el art. 81.2 LCT), inserta en una norma de rango de reglamentario (la que poseía en ese momento la LCT por imperativo de la DF 4ª ET), por lo que la sentencia entendió que "no compete al TC pronunciarse en una cuestión de inconstitucionalidad sobre la adecuación de dicho precepto a la CE". Es claro que con este planteamiento y esta solución el Tribunal Constitucional deja de entrar en el tema de si, si hubiera sido legal el rango de la LCT, aplicado como complemento del art. 49.7 ET, hubiera sido inconstitucional por discriminatorio. Como señala Alonso Olea (1987.138) "en el fondo el sentir de la sentencia o el mensaje subliminal que transmite es que en las diferencias indemnizatorias sobre las que el fondo de cuestión versa no hay rastros de una desigualdad del tipo de las que el art. 14 CE, condena. En este sentido, la sentencia comentada está en la misma línea que la STC 6/1984".

40. La STJUE 11 de julio de 2024, C-196/23, ha precisado que si la jubilación del empresario persona física conlleva un número de extinciones que supere los umbrales establecidos en el art. 1.1. de la Directiva, debe llevarse a cabo la información y consulta a los representantes de los trabajadores, porque ello constituye un despido colectivo. Al configurarse el Derecho de la Unión como un derecho de mínimos, el referido pronunciamiento no se posiciona sobre las consecuencias indemnizatorias, dejando la regulación y concreción de estas cuestiones a la interpretación de los Tribunales españoles de la legislación nacional que desarrolla estas cuestiones. No obstante, por los Estados Miembros únicamente se pueden adoptar medidas más favorables para los trabajadores amparados bajo esta protección mínima de sus derechos de información y consulta a la luz de la Directiva y de la CDFUE.

La existencia de unas reglas indemnizatorias diferentes en un caso y otro no excluyen la razón de ser del trámite colectivo. El TJUE ha asumido en otros casos, como en el de la sentencia de 10 de diciembre de 2009, Rodríguez Mayor y otros (C-323/08), la compatibilidad de derechos indemnizatorios diferenciados, ya que la finalidad de la Directiva no puede reputarse sustantiva, sino procedimental (Molina Navarrete, 2024).

2. *La ausencia de indemnización por muerte, incapacidad o jubilación del trabajador*

A) Muerte del trabajador

41. En el caso de muerte del trabajador, salvo en el art. 13 d) del RD. 1006/1985 de deportistas profesionales, en el ámbito laboral no existe regla específica que establezca el deber del empresario de indemnizar a los herederos del trabajador.

d) Por muerte o lesión que produzca en el deportista incapacidad permanente total o absoluta o gran invalidez. El deportista o sus beneficiarios tendrán, en estos casos, derecho a percibir una indemnización, cuando menos, de seis mensualidades si la muerte o lesión tuvieran su causa en el ejercicio del deporte. Todo ello sin perjuicio de las prestaciones de Seguridad Social a que tuvieran derecho".

42. Sin embargo, el D. 2 de febrero de 1944 y la Orden 16 de febrero de 1946 que lo desarrolla, no derogados expresamente, prevén la obligación de abonar una indemnización de 15 días del "jornal o salario que disfrutaba en el momento de su muerte" a determinados parientes próximos al difunto cuando éste fallezca por causas naturales, a pagar por el empresario. Una llamada "indemnización" que "no es tal, pues nada hay que indemnizar; más bien es un salario diferido o protección derivada del deber de protección" (Alonso Olea). La STSJ País Vasco de 10 de mayo de 2005 (Rº 3/2005) considera plenamente aplicable las citadas normas, con la precisión de equiparar el viudo y la viuda para su correcto acomodo con la CE, en tanto que la STSJ Castilla-La Mancha de 23 de mayo de 2014 (Rº 101/2014) considera que tal normativa está derogada (Miranda Boto, 2005).

Pero como ha señalado Casas Baamonde (2009: 657), "la muerte es riesgo cubierto por un complejo de prestaciones de Seguridad Social, tanto de la, contributiva o no, pública, como de la voluntaria o complementaria, con gran frecuencia pactada en convenio colectivo a través de contratos mercantiles de seguro".

B) Incapacidad del trabajador

43. La gran incapacidad y la incapacidad permanente total o absoluta del trabajador son causas de extinción del contrato de trabajo conforme al art. 49.1.n) del ET. Hay que tener en cuenta, sin embargo, que el art. 48.2 del ET prevé que cuando a juicio del órgano de calificación la incapacidad permanente del trabajador "vaya a ser previsiblemente objeto de revisión por mejoría que permita su reincorporación al puesto de trabajo, subsistirá la suspensión de la relación laboral, con reserva del puesto de trabajo, durante un periodo de dos años a contar desde la fecha de la resolución por la que se declare la invalidez permanente".

La Ley 2/2025, de 29 de abril, ha venido a eliminar la automaticidad de la extinción del contrato de las personas que acceden a la situación de incapacidad permanente total, absoluta o gran invalidez y se condiciona la decisión empresarial a la voluntad de la persona trabajadora y a la posibilidad de adaptar el puesto de trabajo o a la existencia de un puesto de trabajo vacante y disponible acorde con su perfil profesional y compatible con su nueva situación. En definitiva, la empresa únicamente podrá activar esta causa de extinción del contrato de trabajo cuando la adopción de las anteriores medidas suponga una carga excesiva.

La ET omite cualquier previsión adicional a la propia enumeración de la incapacidad permanente como causa de extinción del contrato de trabajo en punto a la procedencia de una específica indemnización en estos casos, presuponiéndose que ordinariamente se devengarán prestaciones de Seguridad Social.

La única vía indemnizatoria abierta al trabajador era la establecida en el derogado art. 81.2 del LCT. La referida disposición, que fue aplicada por el extinto TCT y, posteriormente, por los TSJ a las situaciones de extinción del contrato de trabajo por incapacidad permanente, en solución que fue críticamente aceptada por algún sector doctrinal (Sempere y Luján, 1994), ha quedado definitivamente descartada como consecuencia de la expresa derogación por la Ley 11/1994 de la disposición final 4ª de la LET, en versión de 1980, y que supone el fin de la vigencia residual de ciertos preceptos de la LCT.

C) Jubilación del trabajador

44. La jubilación, además de ser un derecho del trabajador a una situación protegida por la Seguridad Social, es también una causa legal de extinción del contrato de trabajo regulada en el art. 49.2 f) del ET. La jubilación constituye una retirada voluntaria del trabajo. Es un derecho del trabajador, quien puede ejercitarlo cuando reúna las condiciones y requisitos establecidos en las disposiciones que lo regulan. El art. 49 f) del ET "por jubilación del trabajador", tampoco contempla una indemnización asociada a la extinción.

45. La STSJ Cataluña de 5 de marzo de 2024 (Rº 3817/2023) plantea si la jubilación forzosa al amparo de la DA 10ª del ET debe reputarse lícita o bien como un despido nulo o subsidiariamente improcedente. Concretamente se plantea en el recurso si dicha disposición del ET es contraria a los arts. 1.2, 4.1 y 24 de la CSE Revisada.

El art. 1.2 de la CSE prohíbe la discriminación en el empleo, por lo que se opondría a la DA 10ª del ET que permite expulsar a un trabajador por razón de su edad. El art. 4.1.a de la CSE reconoce el derecho de los trabajadores a una remuneración equitativa, lo que se contrapondría a la DA 10ª al permitir que el asalariado pase de percibir la retribución pactada a una pensión notablemente inferior. El art. 24.a) de la CSE sólo permite el despido del trabajador por razones justificadas relacionadas con su aptitud o conducta, o basadas en las necesidades de funcionamiento de la empresa, habiendo sido menoscabada esta garantía por la extinción unilateral decidida por el empresario, que no es una jubilación, sino un despido carente de causa.

Se le pide a la Sala, por tanto, realizar un juicio de convencionalidad, dotando de primacía a la norma internacional por encima de la ley española, tanto en relación a la causalidad de la propia extinción, como respecto a la no discriminación por razón de edad Entrando en el examen de las vulneraciones denunciadas por el recurso, la primera es la vulneración del art. 4.1.a) de la CSE.

La Sala desestima esta pretensión, en tanto que en el mismo lo que se protege es el derecho a una remuneración justa y digna, lo que no tiene relación alguna con el caso aquí analizado. Mayor enjundia reúne la alegada inaplicación del art. 1.2 pretendido por la recurrente, puesto que, en el mismo, aunque la garantía observada se refiere derecho de las personas asalariadas a ganarse la vida conforme al trabajo libremente elegido, también se incluye, según el CEDS, la interdicción de cualquier causa de discriminación en el empleo (en relación al art. 20), entre las que se encuentra la edad. En consecuencia, cabría considerar que en el presente caso —como se pretende posteriormente en el recurso— concurre una discriminación por razón de edad, en tanto que es este factor cronológico el que comporta —aunque sea indirectamente— la extinción del contrato. Y, finalmente, sí tiene un efecto directo en las reflexiones del TSJ la alegada vulneración del 24.a) de la CSE, al preverse en él la limitación del despido por razones justificadas relacionadas con su aptitud o conducta, o basadas en las necesidades de funcionamiento de la empresa, habiendo sido menoscabada —según la recurrente— dicha tutela por la extinción unilateral decidida por el empresario, que no es una jubilación, sino un despido carente de causa.

El TSJ repasa los pronunciamientos del CEDS, en especial la decisión de 2 julio 2013 en el asunto Fellesforbundet for Sj folk (FFFS) c. Noruega, reclamación n. 74/2011. Según esta decisión, la extinción por edad queda condicionada a que concurra una justificación válida. Sin embargo, el Tribunal Constitucional ha venido indicando con reiteración que las políticas de empleo pueden ser una razón justificativa de la extinción del contrato por cumplimiento de la edad de jubilación pactadas en convenio, siempre y cuando se cumplan dos requisitos: que la persona afectada no sufra menoscabo en su pensión de jubilación (lo que actualmente está regulado en nuestro marco legal) y que dicha extinción tenga un efecto sustitutivo real de la plantilla real, sin que pueda admitirse una referencia a la política de empleo meramente retórica. A lo que cabe añadir que tanto el TC como el TJUE han venido indicando que razones que puedan favorecer la ocupación son causas justificadas, suficientes y objetivas para determinar que no concurre discriminación por razón de edad. Y aunque es cierto que este tipo de extinciones contractuales no tienen en principio cabida en el elenco de causas del art. 24 CSE, también los es que el propio CEDS ha venido indicando (Conclusiones 2008, Lituania) que aunque el despido por motivos de edad no constituye una razón válida para la terminación del contrato, no se vulnera dicho precepto cuando concurra en la legislación nacional un objetivo de fomento de la política de empleo, siempre que el mismo tenga una causa objetiva y razonable y siempre que los medios para lograr ese objetivo sean adecuados y necesarios.

El TSJ añade la reflexión de que el juicio de convencionalidad pretendido por la recurrente opera, como se ha dicho, respecto a la Ley, pero sin que pueda "escalar" en la escala de la jerarquía normativa; por tanto, sin que pueda extenderse a la Constitución —en la interpretación de la misma dada por el TC—, ni a la normativa comunitaria —en la interpretación efectuada por el TJUE—. Como fácilmente puede comprenderse es difícilmente aceptable que una disposición legal validada por el TC y por el TJUE (aunque con redactados distintos) puede ser omitida en un mero juicio de convencionalidad que limita 11 sus efectos únicamente a la norma legal. Una cosa es que el análisis de la incidencia de un tratado internacional se sitúe en aspectos no abordados por el TC o el TJUE; y otra, distinta, que opere sobre cuestiones que en forma directa han sido tratadas por dichos tribunales, como aquí ocurre.

La sentencia cuenta con voto particular de varios magistrados, cuyo eje argumentativo se centra en el art. 24 CSE: la extinción de la relación laboral únicamente puede basarse en las circunstancias relacionadas con las aptitudes o conducta del trabajador, o con las necesidades de funcionamiento de la empresa. Este presupuesto incontestable comporta que la extinción contractual por el simple hecho de que el trabajador alcance la edad ordinaria de jubilación prevista en la ley nacional transgrede el art. 24 de la CSE, incluso cuando, como prevé la DA 10ª del ET, se condiciona esta extinción a que el empleado tenga acceso efectivo a la pensión de jubilación, lo que no desvirtúa la ausencia de causa justa para finalizar la relación laboral. Tampoco cabría ignorar que el CEDS ha admitido como justificación legítima de la jubilación forzosa la consecución de fines relativos a la política de empleo (Conclusiones 2008, Lituania; Conclusiones 2016, Francia), pero también ha señalado que, en estos casos, dicha medida debe tender de forma eficaz a la realización de estos fines, rechazando tomar en consideración dichos fines cuando su validez no está debidamente contrastada.

Capítulo 9

DAÑOS CAUSADOS POR EL TRABAJADOR A LA EMPRESA

Bibliografía: AGRA VIFORCOS, B., *Obligaciones indemnizatorias del trabajador a su empresario. Supuestos de hecho a la luz de los pronunciamientos judiciales»*, Actualidad Laboral, 2010, nº 2. ALFARO AGUILA-REAL, J., *La sentencia García Paramés (Bestinver) de la Audiencia Provincial de Madrid y la manía de la jurisdicción laboral de no admitir demandas de indemnización de daños contra los trabajadores por parte de sus empleadores*, Blog Derecho Mercantil, 16 de abril de 2020. Id. *La persona jurídica*, Granada, Comares, 2023. ALFONSO MELLADO, C. A. *Indemnizaciones entre empresarios y trabajadores antes y durante el desarrollo de la relación laboral*, Tirant lo Blanch, 1994. Id. "*Obligación del trabajador de indemnizar daños a su empleador: jurisprudencia social en la materia*", en AA.VV., *El Estatuto de los Trabajadores en la jurisprudencia del Tribunal Supremo. Estudios dedicados al Catedrático y Magistrado Antonio Martín Valverde*, Madrid, Tecnos, 2015, pp. 673-684. ALONSO OLEA, M., *Prólogo* a BARREIRO GONZÁLEZ, C., *Diligencia y negligencia en el cumplimiento*, Madrid, CEC, 1981, pp. 9-12. BARREIRO GONZÁLEZ, C., *Diligencia y negligencia en el cumplimiento*, Madrid, CEC, 1981. CAIROS BARRETO, D. M., *Contratos de mediación laboral y agencia mercantil*, Valladolid, Lex Nova, 2004. CASTRO ARGUELLES, M. A, *El régimen disciplinario en la empresa. Infracciones y sanciones laborales*, Pamplona, Aranzadi, 1993. CREMADES SANZ-PASTOR, B. M., *La sanción disciplinaria en la empresa*, Madrid, IEP, 1969. DÍAZ DE RÁBAGO VILLAR, M., *Pretensiones indemnizatorias de daños y perjuicios por los empresarios frente a sus trabajadores (Reflexión sobre su procedencia y exposición sistemática de pronunciamientos del Tribunal Supremo y Tribunales Superiores de Justicia)*, Aranzadi Social 2008, nº 21, pp. 107-126. DURÁN LÓPEZ, F., *Las garantías del cumplimiento de la prestación laboral: el poder disciplinario y la responsabilidad contractual del trabajador*, Revista de Política Social, 1979, nº 123, pp. 5-62. FERNÁNDEZ DOMÍNGUEZ, J. J., *Apuntes sobre la indemnización de daños y perjuicios en el supuesto de extinción del contrato de trabajo por abandono del trabajador.* La Ley, 1993, II, pp. 915-917. FERNÁNDEZ LÓPEZ, M. F., *El poder disciplinario en la empresa*, Madrid, Civitas, 1991. Id. *El poder disciplinario en la organización de la empresa*, Revista del Ministerio de Trabajo y Asuntos Sociales, 2000, nº 23, pp. 149-166. GOERLICH PESET, J. M., *Particularidades de la responsabilidad indemnizatoria del trabajador por los daños causados a la empresa en el desarrollo de la prestación laboral: un intento de explicación*; Revista Española de Derecho del Trabajo, 2011, nº 152, pp. 945-972. GÓMEZ ABELLEIRA, F. J., *Pactos de no concurrencia y de permanencia [art. 5.d) y 21]*, REDT, 2000, nº 100, I, pp. 277 a 290. LOPERA CASTILLEJO, M. J., *El contrato de trabajo especial de las personas que intervienen en operaciones mercantiles*, Madrid, MTSS, 1990. LÓPEZ ANIORTE, M. C., *La competencia del trabajador con su empresa*, Pamplona, Aranzadi, 1997. LÓPEZ CUMBRE, L., *Faltas y sanciones de los abogados. Responsabilidad disciplinaria y procedimiento sancionador* en I. García-Perrote Escartín y I. Alzaga Ruiz (Coord.), *La relación laboral especial de los abogados en despachos*, Madrid, La Ley, 2019, pp. 207-243. MARTÍNEZ GIRÓN, J., *La dimisión del trabajador*, AL, 1990, nº 20, pp. 227-238. MELLA MÉNDEZ, L., *El precontrato de trabajo*, Madrid, Reus, 2010. Id. *La responsabilidad civil por daños en el contrato de trabajo*, en AA.VV., La responsabilidad civil por daños en las relaciones laborales: XXIII Congreso Nacional de Derecho del Trabajo y de la Seguridad Social, Madrid, Cinca, 2013, pp. 161-254. NOGUEIRA GUASTAVINO M., *La prohibición de competencia desleal en el contrato de trabajo*, Pamplona, Aranzadi, 1997. Id. *El pacto laboral de no competencia postcontractual*, Madrid, McGraw-Hill, 1998. NEVADO FERNÁNDEZ, M. J., *Las restricciones a* *la competencia en el contrato de trabajo*, Madrid, Tecnos, 1998. PEDRAJAS MORENO, A. SALA FRANCO, T., *El pacto de no concurrencia postcontractual*, Valencia, Tirant lo Blanch, 2005. PÉREZ ESPINOSA, F., *El preaviso en la extinción del contrato de trabajo*, Madrid, Montecorvo, 1980. RODRÍGUEZ-PIÑERO, M., y FERNÁNDEZ LÓPEZ, M. F., *La voluntad del trabajador en la extinción del contrato de trabajo*, La Ley-Actualidad, 1998. RUANO ALBERTOS, S., *Representantes de comercio: los imprecisos contornos normativos de su regulación*, Barcelona, Atelier, 2016. SALA FRANCO, T. y TODOLÍ SIGNES, A.: *El deber de los trabajadores de no violar los secretos de la empresa y los acuerdos de confidencialidad*, Valencia: Tirant lo Blanch, 2016. SEMPERE, A. V. y SAN MARTÍN, C., *La indemnización por daños y perjuicios en el contrato de trabajo*, Pamplona, Aranzadi, 2003. SIRVENT HERNÁNDEZ, N., E*l pacto de permanencia en la empresa*, Valencia, Tirant lo Blanch, 2002. TODOLI SIGNES, A., *Infracciones en los transportes por carretera y la responsabilidad del trabajador*, Comentario a la STS, Social, de 30 de noviembre de 2011, Actualidad Laboral, 2012, nº 21.

I. ¿Es posible exigir al trabajador, con carácter general, responsabilidad indemnizatoria durante la vigencia del contrato?

1. Comencemos la reflexión con un ejemplo:

Desde 2003, Acciona y D. Alejandro mantenían una relación que Acciona dice mercantil y que, en el momento de su ruptura, se ajustaba a dos contratos (conjuntamente, "Contratos"). Así, Bestinver Gestión y D. Alejandro suscribieron tres contratos de trabajo alta dirección sucesivos, el último de 6/5/2013 (en lo sucesivo, "Contrato de Alta Dirección"). En paralelo, el 15/2/2005, Acciona y D. Alejandro suscribieron un contrato para "asegurar e incentivar la permanencia y máxima involucración" de D. Alejandro en el Grupo Bestinver (en adelante, "Acuerdo"), en síntesis, Acciona se comprometió a abonar a D. Alejandro una compensación para el caso de transmisión a terceros de acciones de las sociedades del Grupo Bestinver y, en contrapartida, D. Alejandro gestionaba Bestinver Gestión, asumiendo un pacto de no competencia poscontractual, un preaviso de un año si dejaba la Sociedad, la reinversión y mantenimiento de una parte sustancial de sus inversiones personales en los fondos gestionados por Bestinver Gestión (desde ahora, "Fondos") durante el quinquenio posterior a la extinción de su relación, así como una obligación de confidencialidad

Acciona alega dos incumplimientos de los Contratos que sustentarían su derecho a indemnización: (A) la desvinculación dolosa de D. Alejandro y (B) el incumplimiento del plazo de preaviso. 80. A) Desvinculación dolosa de D. Alejandro.- Acciona imputa a D. Alejandro una conducta de mala fe (contra arts. 7.1 y 1258 CC). En concreto, la salida abrupta se habría producido en un proceso de negociación. Además, D. Alejandro habría incumplido el deber fiduciario con sus clientes inversores. Publicitó su salida en los medios de comunicación al día siguiente de producirse e incumplió lo que se venía negociando para el caso de salida.

Un representante de la doctrina mercantil más cualificada iniciaba el comentario al pronunciamiento resultante de esta situación con la siguiente afirmación: "La Audiencia reconoce que la jurisdicción laboral se niega a condenar a trabajadores a indemnizar daños a sus empleadores derivados del incumplimiento por parte de aquellos del contrato de trabajo. En el caso, hubo un pleito laboral sobre la base del contrato de alta dirección, pero el juez de lo laboral rehusó pronunciarse sobre un acuerdo anexo entre la empresa y el directivo y remitió a las partes a la jurisdicción civil" (Alfaro, 2020).

2. Como seguidamente tendremos oportunidad de analizar, aunque no le falte razón en algún punto al autor, lo cierto es que, el caso no era el mejor ejemplo para alcanzar tan rotunda conclusión. También en materia laboral se abren numerosas vías para admitir demandas de indemnización de daños contra los trabajadores por parte de sus empleadores: (i) Cuando aquélla se funda en un título jurídico distinto al contrato de trabajo (por ejemplo, por el carácter delictivo de la conducta). (ii) Cuando la responsabilidad se relaciona con conductas anteriores a la existencia del propio contrato de trabajo (precontrato) o coetáneas o posteriores a su finalización (preaviso pactado individual o colectivamente, pacto de permanencia o de no concurrencia postcontractual) o (iii) la responsabilidad resulta de conductas culpables o negligentes de las personas trabajadoras.

Así, desde la perspectiva del tipo de incumplimiento invocado, en torno al 50% de las pretensiones indemnizatorias se vinculan a transgresiones del pacto de no competencia postcontractual, un 30% aproximadamente invocan incumplimientos del pacto de permanencia, quedando el 20% restante para otro tipo de vulneraciones de deberes contractuales imputadas a los trabajadores. De entre éstas, casi la mitad atañen a conductas vinculadas con daños o perjuicios producidos por la conducción de vehículos del empresario (reintegro de multas, daños en los vehículos, etc.), otras se ligan a incumplimientos del plazo de preaviso, siendo episódicas las que se sustentan en otro tipo de conductas, aunque alguna de estas últimas tienen un gran calado, tanto por su importe económico como por afectar al núcleo mismo de la actividad del trabajador (daños y perjuicios reclamados por hacer mal su trabajo) (Díaz de Rábago Villar, 2009).

II. Daños producidos por el trabajador como consecuencia del incumplimiento de compromisos precontractuales

3. Las indemnizaciones que se plantean en estos estadios previos se caracterizan por su carácter bidireccional (Mella Méndez. 2013: 175). En el sentido, de que pueden ser exigidas por cualquiera de las partes, si bien la mayoría de reclamaciones son del trabajador, en cuanto el que suele incumplir su obligación es el empresario. Por ello, si el incumplimiento procede del trabajador, quien omite el ponerse a disposición del empresario en la fecha fijada para el inicio de la relación laboral, el empresario también podrá interponer la correspondiente acción indemnizatoria.

4. En este caso, la imposibilidad de que la empresa exija el incumplimiento *in natura* del contenido del precontrato —el inicio y desarrollo de la prestación laboral pactada— determina que la empresa pueda optar por el cumplimiento por equivalente o indemnización por los daños derivados del incumplimiento. El art. 1103 del CC. prevé, claramente, que son los órganos jurisdiccionales los que tienen la facultad de fijar la indemnización correspondiente atendiendo a todas las variables concurrentes en cada supuesto, cuya apreciación también les corresponde. En todo caso, como viene señalando la jurisprudencia, los daños deben quedar completamente acreditados, tanto en su existencia como en su cuantía, pues no basta con su mera alegación.

La cuantía de la indemnización, una vez acreditado el incumplimiento del precontrato por el trabajador, no se fija en la STSJ Andalucía, Sevilla, de 17 de mayo de 2011 (Rº 3623/2009) por remisión "ni a la indemnización por despido ni a la posible obligación de incorporación del trabajador" sino, en función de las particularidades del supuesto, atendiendo a la "especial normativa sobre períodos de contratación en el ámbito del fútbol profesional" condenando al futbolista al abono de 800.000 euros en favor de club.

La STSJ Navarra de 5 de septiembre de 2007 (Rº 223/2007), que afirma que "los daños causados por el demandado a la empresa están acreditados, pues se aportan a autos los gastos correspondientes al proceso de selección y, sin duda, a los mismos ha de añadirse el perjuicio que supone el entorpecimiento del proceso de producción por la no incorporación temporánea de un trabajador que se presupone necesario, por ello la indemnización pactada en la cláusula penal litigiosa de ningún modo ha de presuponerse injustificada o injusta")

En ausencia de cláusula penal que los precise, los daños que eventualmente se produzcan pueden llevar a que la empresa reclame el daño emergente por los gastos de preparación o formación previa del trabajador, ya realizados; los derivados del proceso de selección o los generados por el entorpecimiento que, en el proceso de producción, implica la no incorporación a tiempo de un trabajador que se presupone necesario o, en fin, "los desembolsos importantes" que la empresa tenga que hacer para sustituir a aquel, lo que puede ser especialmente relevante en determinados ámbitos profesionales, como en el deportivo, dada la existencia de unos determinados períodos para contratar y la competitividad que existe entre los clubes a la hora de fichar a los mejores jugadores.

Fuera del ámbito de la relación laboral especial de deportistas, la STSJ Galicia, de 23 de noviembre de 2013 (Rº 4343/2014) también analiza un supuesto de incumplimiento por el trabajador de un precontrato de trabajo y confirma el resarcimiento a favor de la empresa por los daños derivados del coste de la posterior realización de las pruebas —duplicando su coste— por parte de un tercero que viniera a suplir la rectificación del demandado. La condena a favor de la empresa requiere que los daños sean alegados y probados, así como su directa vinculación con el incumplimiento por el trabajador de su compromiso de incorporarse al puesto de trabajo. Así, la STSJ Cataluña, de 12 de abril de 2010 (Rº 7635/2008) condena al trabajador al resarcimiento del coste de servicio de mensajería y burofax, pero no de aquellos gastos generales derivados del proceso de selección (gastos de prensa, coste de los servicios de una empresa de selección o gastos de videoconferencia) en la medida en que estos se habrían producido independientemente del candidato seleccionado.

Doctrinalmente se han apuntado algunas excepciones a esta obligación indemnizatoria, como las que, por ejemplo, se producen cuando (Mella Méndez, 2010: 215-217): (i) La fecha fijada para el inicio de la contratación no está determinada o no es claramente determinable. (ii) El trabajador preavisa con tiempo suficiente de su negativa a incorporarse a la empresa en el momento señalado. (iii) cuando las circunstancias tenidas en cuenta inicialmente para la firma del precontrato cambian sustancialmente y ya no está justificado el exigir al trabajador el cumplimiento de su obligación.

III. Daños del trabajador derivados del incumplimiento de compromisos contractuales

1. Libertad contractual y límites del art. 21 ET

5. En el contrato de trabajo predomina muy acusadamente la eficacia legal imperativa, quedando un espacio muy reducido al juego de la autonomía de la voluntad, como no sea para mejorar las condiciones que por decisión extraña a la propia voluntad de los contratantes quedan garantizadas al trabajador, pero en cualquier caso siempre quedará abierta la posibilidad de que la voluntad de las partes actúe en el sentido de delimitar los contornos del objeto de la relación laboral.

Por su parte, es unánime la doctrina en reconocer que los pactos del art. 21 del ET se asemejan de forma inequívoca al concepto de contrato y, como tal, se rigen por la normativa civil en materia contractual, y también por la norma especial que los consagra. Cabe aclarar que esta interpretación no es incompatible con entender que los pactos del art. 21 del ET también pueden configurarse como una cláusula adicional al contrato de trabajo, debido a que, ante la ausencia por parte de la normativa laboral de establecimiento de una forma o momento para celebrarse, estos pactos pueden establecerse dentro del contenido del contrato de trabajo, en el mismo documento principal o en un documento accesorio.

6. El art. 21 del ET abre a la autonomía individual la posibilidad de condicionar esta libertad en tres líneas diferentes.

(I) Es posible, en primer lugar, restringir el desarrollo de otras actividades durante la vigencia de la relación laboral (apartados 1 y 3), eliminar, en segundo lugar, la facultad de libre desistimiento (pacto de permanencia: art. 21.4 del ET) y, en fin, incluso una vez terminado el contrato, limitar la actividad del trabajador (pacto de no competencia postcontractual: art. 21.2 del ET). Es más, adicionalmente incluso a falta de reflejo específico en el Estatuto de los Trabajadores, es posible concebir otro tipo de pactos con efectos similares como pueden ser los que establecen deberes de confidencialidad. Sin embargo, el diseño legal de estos pactos intenta dar una solución equilibrada al conflicto en el que entran con los derechos constitucionales de las personas que trabajan y, en concreto, con los protegidos por el art. 35.1 de la CE. La normativa laboral es consciente de ello y, por tanto, rodea estas restricciones de determinados límites y garantías. Es más, en la medida en que se relacionan con la mencionada libertad constitucional, la jurisprudencia que se ha ocupado de estos pactos, aparte de concretar el alcance de las diferentes reglas, se ha movido en la línea de impedir que la creatividad de la autonomía individual incremente injustificadamente los márgenes de sujeción del trabajador.

(ii) En los pactos contemplados por el art. 21 del ET, el sacrificio de la libertad personal del trabajador suele venir compensado por la percepción de una específica retribución. Así ocurre, de un lado, en el pacto de plena dedicación —"compensación económica expresa" (art. 21.1 del ET)— y en el de no competencia postcontractual —"compensación económica adecuada" (art. 21.2. del ET)—. Por otro lado, aunque no por ello menos importante, el indicado sacrificio se configura como temporalmente limitado. En este sentido, el pacto de no competencia postcontractual tiene un máximo de seis meses o dos años, según la cualificación profesional del afectado; y el de permanencia, de dos años.

(iii) Finalmente, estos pactos no encuentran su único fundamento en la autonomía de las partes. Por el contrario, quedan condicionados a la concurrencia de razones de carácter objetivo. Desde esta perspectiva, su validez queda supeditada a la concurrencia de una cierta causalidad —que se encuentra en el "efectivo interés industrial o comercial", en el pacto de no competencia postcontractual, o en la "especialización profesional (recibida) con cargo al empresario para poner en marcha proyectos determinados o realizar un trabajo específico", en el de permanencia—.

2. *Daños contractuales por incumplimiento de las obligaciones de no competencia*

A) Daños contractuales por incumplimiento de la obligación legal de no competencia

7. Establece el art. 21.1 del ET que:

> *"No podrá efectuarse la prestación laboral de un trabajador para diversos empresarios cuando se estime concurrencia desleal o cuando se pacte la plena dedicación mediante compensación económica expresa, en los términos que al efecto se convengan (...)".*

Tanto si la competencia se realiza por cuenta propia o por cuenta ajena en una empresa de la competencia, debe igualmente tenerse presente que la jurisprudencia ha insistido en que no es preciso un daño o perjuicio actual para entender infringido el art. 21.1 del ET. Ello significa que no basta con que el trabajador desvíe efectivamente a clientes, proveedores o trabajadores de su empresa principal, sino que es suficiente con que se coloque en una clara posición de poder producir dicho resultado, es decir, se produzca un perjuicio potencial (Nogueira, 1997).

8. El incumplimiento de la obligación laboral es susceptible de activar contra el trabajador tanto medidas disciplinarias como resarcitorias de manera conjunta. Ante la realización de actividades prohibidas, el empleador puede acudir al despido por transgresión de la buena fe contractual (art. 54.2.d) del ET) así como reclamar al trabajador el resarcimiento de daños y perjuicios —siempre que éstos se hubieran ocasionado y pueda demostrarse no sólo su existencia, sino que son debidos al trabajador y existe un nexo causal entre la conducta del asalariado y el efecto producido (art. 1101 del CC).

El trabajador D. Jacinto. H había concluido un contrato de trabajo como Director Comercial de la empresa Bodybell. En la estipulación cuarta de dicho contrato se indicaba que el trabajador habría de dedicarse con carácter exclusivo a su trabajo sin que le estuviera permitido celebrar contratos y obligaciones con otras empresas, sean de dicho sector o de otro diferente, pues se le contrataba con carácter exclusivo. El trabajador causó baja voluntaria en la empresa sin cumplir el período de preaviso requerido y procedió a darse de alta en el RETA. El citado trabajador realizó actos de competencia desleal hasta el punto de que la empresa, durante el ejercicio 2015, tuvo un descenso de un 32% lo que se tradujo en unas pérdidas de 377.411,63 euros en dicho periodo. Igualmente, la empresa tuvo que despedir por causas objetivas a seis trabajadores, mientras que otros seis causaron baja voluntaria, para integrarse en la nueva empresa que había montado el demandado. La STSJ Canarias, Santa Cruz de Tenerife, de 1 de septiembre de 2009 (Rº 27/2009) señaló que: "las consecuencias de la vulneración de esta prohibición de concurrencia desleal no se ciñen solo al ámbito disciplinario, sino que ocasionan, también, el deber de indemnización propio de todo incumplimiento contractual". [...] estas acciones entiende la Sala que no sólo constituyeron una actuación culposa o negligente, sino claramente dolosa, dadas las actividades y maniobras que el demandado hizo durante la vigencia de la relación laboral que muestran la "voluntaria y consciente transgresión de la obligación, con conciencia de la antijurídica del acto (...). "la indemnización va a ser inferior al daño causado, pues no se va a incluir en éste más que el plazo de preaviso incumplido (ésta indemnización derivada del pacto recíproco de preaviso) y el coste de las indemnizaciones por despido objetivo de los demás trabajadores, (esta indemnización derivada de la infracción de la prohibición legal de concurrencia desleal) excluyéndose de esta última todas las pérdidas económicas ocasionadas, exclusión que debe hacer la Sala por (...) la orfandad probatoria de esas pérdidas económicas, acaso muy graves, pero no acreditadas (...)"

9. El empresario debe probar no sólo la existencia real de los daños causados por el comportamiento del trabajador, sino también su concreto alcance. La cuantía de la indemnización que se reconozca deberá ser suficiente y no exceder de los perjuicios experimentados y acreditados por el empresario (daño emergente y lucro cesante); es decir, los derivados de la pérdida sufrida por el empresario a raíz de la competencia desleal de su empleado y la ganancia que haya dejado de obtener.

Esta última resulta patente en aquellos casos en los que la conducta desleal consiste en operar un trasvase de clientes hacia otra empresa constituida por el trabajador o para la que presta servicios. Es el caso de la STSJ Canarias, Santa Cruz de Tenerife, de 13 de enero de 2000 (Rº 923/1999) que señala que la indemnización de daños y perjuicios comprende, no sólo el valor de la pérdida sufrida por el empleador, sino también el lucro cesante o ganancia que haya dejado de obtener (art. 1106 del CC). Para determinar esta ganancia, en línea con lo anterior, (...) el demandado, vigentes sus compromisos con la Nórdica, había efectuado un trasvase de clientes a la Compañía Meridiano en base a la información que de ella poseía en función de su cargo y actividad, de tal manera que todos los clientes visitados por la actora y que poseían el recibo de prima de Meridiano estaban incluidos dentro de la cartera de aquélla en Santa Cruz de Tenerife. Que la cartera de la Compañía Nórdica al 1 Ene. 1991 en Santa Cruz de Tenerife ascendía a 3.497 pólizas. Pues bien, del anterior relato fáctico se desprende que el demandado ha realizado una actuación que constituye una clara competencia desleal para con la empresa, pues, tal conducta, revela la falta de fidelidad del empleado para con la empresa y por tanto ha infringido los arts. 5 y 21 del Estatuto de los Trabajadores, lo que produce, como consecuencia, la obligación de abonar a dicha empresa la indemnización por los daños y perjuicios causados por tal motivo como exige el art. 1101 del CC".

Los tribunales aclaran que en el caso de que un empresario reclame la pérdida de ganancias derivada de no haber podido realizar determinados trabajos a consecuencia de la concurrencia ilícita, su cuantía se corresponderá no solo con los ingresos brutos que no se han percibido, sino con la diferencia entre estos y los gastos que la actividad le habría ocasionado; es decir, el beneficio neto perdido, que es el daño realmente sufrido.

En ocasiones, se reconoce el daño moral que tal tipo de abuso de confianza genera al empresario y, en este sentido, cuanto mayor nivel jerárquico tenga el puesto ocupado por el trabajador, mayor será el daño causado, pues mayor será la confianza depositada y defraudada por él.

B) Daños derivados del incumplimiento del pacto de no competencia postcontractual

a) Alcance del pacto de no competencia postcontractual

10. En estos casos no hay una obligación legal de no competencia sino una obligación pactada que la normativa legal sujeta a determinadas condiciones. La naturaleza jurídica del pacto al que se refiere el art. 21.2 del ET es la de un acuerdo bilateral o sinalagmático con derechos y obligaciones recíprocas para las partes contratantes. Esta equivalencia de obligaciones entre las partes contratantes en el pacto de no concurrencia postcontractual, explica la STSJ Madrid de 30 de enero de 2012 (Rº. 1256/2011), a tenor de la cual "se trata de una obligación bilateral y recíproca". En idéntico sentido se expresa la STSJ de Cataluña de 30 julio de 2010 (Rº 1947/2009), concluyendo que, "en definitiva, la naturaleza jurídica del pacto de no competencia para después de extinguido el contrato de trabajo es la de un pacto o acuerdo bilateral que genera derechos y obligaciones para ambas partes".

Dispone el art. 21.2 del ET que el pacto de no competencia para después de extinguido el contrato de trabajo, que no podrá tener una duración superior a dos años para los técnicos y de seis meses para los demás trabajadores, sólo será válido si concurren los requisitos siguientes: (i) que el empresario tenga un efectivo interés industrial o comercial en ello y (ii) que se satisfaga al trabajador una compensación económica adecuada. La jurisprudencia ha entendido que solamente si esas condiciones se cumplen el pacto es válido y vinculante.

Sobre la base anterior, nos podemos encontrar con un pacto de competencia válido, cuyo incumplimiento por el trabajador generará la compensación de daños y perjuicios, o ante un pacto nulo, en cuyo caso el incumplimiento no generará esa obligación, pero sí la restitución patrimonial a la situación anterior al pacto con devolución de las cantidades percibidas por el trabajador, especialmente, si no cumplió con las obligaciones derivadas del pacto.

b) Naturaleza indemnizatoria de la compensación por no competencia postcontractual

11. La compensación por el pacto de no competencia tiene naturaleza indemnizatoria. Sea cual sea el momento o periodo de abono de la compensación económica, su naturaleza es indemnizatoria y no salarial, conforme ha señalado la doctrina judicial. La STS (Social) de 21 de diciembre de 2017 (Rº 3765/2015) en el marco de una controversia sobre un pacto de no competencia, recuerda que el art. 26 del ET establece una presunción de carácter salarial de las prestaciones abonadas a los empleados salvo que expresamente se identifiquen como indemnizaciones.

Se citan, entre muchas otras, la STSJ de Cataluña de 16 de abril de 2019 (Rº 7224/2018), que analiza un supuesto idéntico y declara ficticia la compensación percibida por el trabajador al detraer ésta del sueldo base pactado. En este sentido, su Fundamento de Derecho Segundo concluye: "Sólo este requisito ya sería suficiente para considerar el pacto nulo por abusivo, pero es que además consta el carácter ficticio o inexistente de la compensación recibida que se detrae del sueldo base pactado inicialmente".

Igualmente, la STSJ Madrid de 14 de mayo de 2021 (Rº 98/2021), concluye:

> "Por tanto, y como bien hace valer el trabajador en su escrito de impugnación, no puede enfocarse —desde un punto de vista incluso meramente racional— como una compensación por no competencia. Se trata de un complemento de retribución asociado al desempeño de su puesto de trabajo durante 10 años y que, por tanto, no supone en su percepción enriquecimiento injusto alguno por parte del trabajador, por lo que la evidente nulidad del pacto no ha de suponer reintegro de cantidad alguna por parte del trabajador (art. 9.1 ET) ya que esas cantidades en ningún caso vinieron a retribuir (por no ser aptas para ello) un supuesto de no competencia post contractual".

c) *La compensación económica debe, de manera singular y efectiva, estar destinada a compensar la obligación exigida*

12. La STS (Social) de 14 de diciembre de 2023 (Rº 494/2021], declara la nulidad de un pacto de no competencia postcontractual al considerar que la cláusula reguladora de tal pacto era oscura y que la cuantía que compensaba la obligación de no competir en realidad era salarial y no indemnizatoria pues no se calificaba así expresamente:

> "[...] Se ha valorado al efecto que las condiciones y retribuciones nominalmente asignadas al pacto responden, sin embargo, al propio salario pactado, y la inexistencia por tanto de una adicional compensación económica que de manera singular y efectiva hubiera sido destinada a compensar la obligación exigida. No cabe en consecuencia en este caso detraer del salario correspondiente a la prestación de servicios partida alguna para compensar un incumplimiento de no concurrencia. Para ello hubiera sido necesaria una dicción diferente en el propio pacto elaborado por la parte empresarial; la ausencia de claridad que contempla su redactado en tal extremo no puede perjudicar al trabajador".

Partiendo de que las percepciones abonadas al Trabajador por no competir son salariales y no indemnizatorias, la cláusula es inválida, no procediendo en ningún caso exigir indemnización alguna por su incumplimiento (ni la devolución del plus de competencia reclamado), puesto que no se ha producido ningún enriquecimiento injusto por parte del Trabajador, que solo se ha limitado a cobrar su salario. Así lo ratifica claramente el Tribunal Supremo en la sentencia citada.

d) Incorporación al pacto de no competencia postcontractual de cláusulas penales

13. Ante la falta de una previsión legal que otorgue seguridad jurídica a los contratantes en caso de incumplimiento del pacto de no competencia postcontractual, la jurisprudencia y la doctrina judicial han entendido que, del mismo modo en que empresa y trabajador son libres para suscribir esta clase de pactos, son libres también para acordar las consecuencias en caso de incumplimiento, incluidas las de carácter indemnizatorio de los daños causados. Dicha cláusula recibe el nombre de "cláusula penal" o "pena convencional".

Como sabemos, en la jurisdicción social, el principio de autonomía de la voluntad no opera con carácter absoluto y cede ante el criterio de proporcionalidad. Ahora bien, aceptada la posibilidad de moderación judicial de una cláusula penal excesiva, lo importante será determinar cuándo ésta debe entenderse excesiva o no:

(i) Para una primera posición jurisprudencial y doctrinal, resulta perfectamente válido que el trabajador venga obligado a abonar, como cláusula penal, una cuantía superior a la percibida como compensación económica adecuada. Desde esta posición, podría considerarse que la parte de la cuantía de la cláusula penal que excede de la compensación económica tiene una auténtica función coercitiva o sancionatoria, mientras que la parte coincidente tendría una función indemnizatoria.

(ii) Frente a esa posición, resulta relativamente sencillo encontrar sentencias que han sostenido (y sostienen) la doctrina contraria, considerando abusiva una cláusula penal que exceda de lo percibido por el trabajador en concepto de compensación por la no competencia postcontractual (especialmente si aquel exceso resulta importante).

Empresa y trabajador acordaron —con una redacción un tanto particular— que el trabajador no competiría frente a la empresa durante un plazo de 18 meses tras la extinción de su contrato de trabajo, percibiendo como compensación un importe de 18.000 euros. En caso de incumplimiento por parte del trabajador, éste debería compensar a la empresa con un importe equivalente a una anualidad de su salario bruto (que asciende a 59.000 euros). El empleado causó baja en la empresa y comenzó a prestar servicios para un competidor. Tras un intercambio de comunicaciones entre empresa y trabajador, la empresa finalmente presentó una demanda exigiendo al empleado el abono de la indemnización acordada (59.000 euros).

En su STS (Social) de 26 de octubre de 2016 (Rº 1032/2015), dictada en unificación de doctrina, nuestro Tribunal Supremo opta por la segunda posición de especial protección del trabajador, igualando la cuantía de la cláusula penal a la ya percibida como compensación económica. En suplicación, el Tribunal Superior de Justicia de Madrid condenó al trabajador al pago de 59.900 euros acordados como cláusula penal en plena aplicación del principio de autonomía de la voluntad de las partes. El TS casa la sentencia y se alinea con la posición del juez *a quo*, quien había reducido la cuantía de la cláusula penal a los 18.000 euros recibidos como compensación económica, al considerarla excesiva (la cláusula penal era el triple de la compensación económica). Las razones que llevan al TS a adoptar esta postura son las siguientes: (i) El TS interpreta que el requisito de "compensación económica adecuada" del art. 21.2.b) del Estatuto de los Trabajadores exige la proporcionalidad tanto en la cuantía que la empresa debe satisfacer al trabajador (como condición necesaria para exigir dicho pacto) como en la compensación a la empresa en caso de incumplimiento por parte del mismo. (ii) La doctrina civilista que niega la posibilidad de moderar judicialmente la cláusula penal cuando sea excesiva no alcanza al ámbito del Derecho del trabajo. (iii) El TS parece llegar a poner en duda la existencia, en el ámbito laboral, de la cláusula penal sancionatoria, reduciendo su función a una mera liquidación o sustitución de la indemnización por los daños y perjuicios.

14. Sentado lo anterior, cabe puntualizar que esta posición general igualatoria o reduccionista de la cláusula penal a la cuantía de la compensación económica no debe entenderse siempre de manera estricta y literal. De lo contrario, podría llevarnos a situaciones absurdas e, incluso, de desprotección de la posición empresarial.

De hecho, en su argumentación, el TS introduce una matización en este sentido, y haciendo suya la reflexión del juez a quo, indica que "no en cualquier caso puede estimarse que la responsabilidad del trabajador se saldará con la devolución de lo percibido por el mismo en el concepto litigioso, sin más, porque ello, en función de las condiciones y circunstancias tanto del contrato como del propio proceso, puede implicar, según qué casos, un trato injustificadamente favorable a aquél [...]". Ahora bien, se añade que el reconocimiento de la cantidad pactada en la cláusula penal se condicionaría a la prueba de la existencia de unos daños y perjuicios equivalentes (lo que choca frontalmente con la teoría general de la cláusula penal, que permite aportar seguridad jurídica a las partes sobre el alcance de la pena, sin necesidad de probar la existencia y cuantía de los daños reales).

15. Aunque el TS iguala la cuantía de la cláusula penal a la de la compensación económica, deja la puerta abierta a la posibilidad de que existan cláusulas penales cuya cuantía exceda de la compensación económica, siempre que sea proporcional a las circunstancias y condiciones concretas y, según parece indicar la transcripción de la sentencia de instancia, que se acrediten los daños que justifican ese exceso.

La STS (Social) de 1 de diciembre de 2021 (Rº 894/2019), resuelve sobre la validez de una cláusula penal acordada en un pacto de no competencia postcontractual, consistente en que, en caso de incumplimiento, el trabajador abonaría el doble de lo percibido por este concepto a la empresa. Con mención a la STS (Social) de 26 de octubre de 2016 (Rº 1032/2015) del propio Tribunal Supremo se señala que la compensación económica "adecuada" no se proyecta únicamente sobre la compensación que ha de recibir el trabajador por la obligación de no competencia postcontractual, sino también sobre la cantidad que ha de abonar a la empresa en caso de incumplimiento del pacto. La sentencia considera que la compensación no se considera "adecuada" pero se añade que dicha cláusula podría ser válida en algunos casos, por ejemplo, en aquél en el que: "tras causar baja voluntaria, el empleado obligado por el pacto de no competencia postcontractual constituyó una sociedad que ofrecía los mismos servicios que su antigua empleadora respecto de sus clientes y contactos. [o], entre otros posibles supuestos, que el incumplimiento del pacto de no competencia postcontractual suponga la paralela vulneración del secreto empresarial protegido por la Ley 1/2019, de 20 de febrero, de Secretos Empresariales".

e) Inexistencia de cláusula penal

16. De no existir tal cláusula, deberá acudirse a la cuantificación discrecional de la compensación de los daños y perjuicios, en atención a los que se prueben; en este sentido, como daño emergente deberá admitirse las cantidades abonadas por el empleador en atención al pacto luego incumplido. Por tanto, la primera consecuencia que admite la jurisprudencia es la devolución de esas cantidades (STS (Social) de 4 de mayo de 1990, 3 de febrero de 1991 (Rº 891/90).

Igualmente, al margen de la devolución de lo percibido pueden existir daños adicionales, tanto daño emergente como lucro cesante que, si son probados, podrían ser objeto de reclamación. Desde tal perspectiva, este último debe acreditar la existencia real de los daños causados por el comportamiento del trabajador, así como su alcance efectivo.

Respecto de la relación laboral especial de los altos directivos, el art. 8.3 RD 1382/1985, de 1 de agosto, regula la figura del pacto de no competencia para después de extinguido el contrato especial de trabajo, lo que se prevé también para los mediadores mercantiles en el art. 10.4 RD 1438/1985. de 1 de agosto. En el caso de que el trabajador incumpla los términos del pacto, el empresario podrá reclamar una indemnización por los daños y perjuicios que dicho incumplimiento le cause.

f) La imposibilidad del cumplimiento in natura

17. Aunque no existen los suficientes precedentes como para determinar, con total claridad, la validez del cumplimiento *in natura* de los pactos de no competencia postcontractual, parece que la postura mayoritaria nos lleva a su no admisión, al entender que el Derecho del trabajo no permite la ejecución *in natura* de esta clase de pactos, y lo que procede es, en su caso, la sustitución por equivalente económico.

Así, en el ámbito laboral, no parece posible que la empresa exija al trabajador el cumplimiento *in natura* de la obligación principal del pacto de no competencia postcontractual. Dicha obligación personalísima consiste en una obligación de no hacer (no concurrir en el mercado contra los intereses de su anterior empleador). En este sentido, si el trabajador ha incumplido tal deber y está prestando servicios por cuenta propia o ajena, resulta muy difícil, jurídica y socialmente, el conseguir, a través de una hipotética acción de cesación, el cierre judicial de su propia empresa o la declaración de la nulidad del contrato de trabajo por cuenta ajena.

La STSJ de Cataluña de 10 de septiembre de 2010 (Rº 2693/2009), no admite la solicitud de la empresa de cierre del negocio abierto por quien fuera su trabajador en clara vulneración del pacto de no competencia postcontractual suscrito. Así pues, el TSJ considera que no cabe estimar la petición de la empresa "de cierre del negocio abierto" porque, por un lado, no es competente para imponer tal decisión y, por otro, "una vez condenado [el trabajador] a indemnizar a la empresa, con el importe abonado por tal compromiso, no procedería privarle por este Tribunal, además, de sus libertades constitucionales al trabajo (art. 35) y al establecimiento de empresa (art. 38)".

Al anterior resultado contribuye el hecho de que no es posible encontrar en nuestro ordenamiento jurídico mecanismos eficaces que permitan garantizar el cumplimiento específico de las obligaciones de no hacer, máxime cuando éstas tienen carácter personal. Como gráficamente señala Diez Picazo, "si una persona se obliga a no prestar servicios para tener sobre ellos una exclusiva el acreedor, es obvio que no podrá éste recurrir a la autoridad judicial para que "secuestre" al deudor a fin de que no tenga prácticamente libertad de movimientos". El fundamento estriba en la infungibilidad del comportamiento del deudor y de la prestación que imposibilitan que pueda ser aplicado eficazmente, lo que termina excluyendo todo cumplimiento de forma específica. De esta suerte, parece que en última instancia es siempre necesaria una transformación de la obligación en su equivalente pecuniario ex art. 1101 del CC.

g) La nulidad del pacto de no competencia obliga a la trabajadora a devolver a la empresa lo percibido en concepto de compensación económica

18. La STS (Social) de 12 de abril de 2024 (R° 2003/2021), acoge la doctrina de la STS 20 de junio de 2012 (R° 614/2011), para razonar que la nulidad del pacto conlleva la obligación de la trabajadora de indemnizar a la empresa, pero considera desproporcionada la solución de la sentencia de instancia que la condena a devolver la totalidad de lo percibido en concepto de compensación económica. Explica que la prevención contenida en el art. 1.303 del CC, contemplando la recíproca restitución de las prestaciones en el supuesto de que la obligación fuese declarada nula, no agota la regulación legal en la materia, porque en el ordenamiento laboral el art. 9.1 del ET contiene una previsión cuya especialidad se impone a la consecuencias que genéricamente se establecen en los arts. 1.303 y 1306 del CC, regla especial que "confiere a la discrecionalidad judicial fijar el destino de la prestación económica a percibir (o ya percibida, con igual motivo) por el trabajador; destino que necesariamente ha de determinarse en atención a las concretas circunstancias del caso, sin perjuicio de que pueda hacerse con razonable aplicación analógica de las reglas contenidas en el art. 1.306 del CC". Bajo esas premisas, determina que el trabajador está obligado a reintegrar a la empresa lo percibido en concepto de compensación económica.

C) Reclamaciones de daños contra extrabajadores por realizar competencia desleal a través de una sociedad

19. Un supuesto particular es la reclamación de daños que una empresa realiza frente a sus extrabajadores por realizar competencia desleal a través de una sociedad.

> La empresa interpone demanda de indemnización de daños y perjuicios derivados de un posible ejercicio de competencia desleal por parte de unos trabajadores que constituyeron una mercantil dedicada a la misma actividad de la empresa (agencia de viajes), vigente sus contratos de trabajo, aunque la actividad concurrente se iniciara cuando los trabajadores habían causado baja voluntaria en su empresa. Años antes, los trabajadores habían firmado un documento en el que aceptaban el código de conducta de la empresa y en el que se manifestaba expresamente que «el empleado no podrá dedicarse a trabajos de la misma actividad que impliquen competencia a la empresa» aun cuando ninguno de ellos había suscrito un pacto de no competencia postcontractual.

Inicialmente se admitió la competencia de la jurisdicción civil por entender que se trataba de un comportamiento fraudulento sin la constancia de un pacto de exclusividad ni de competencia postcontractual, por lo que el fundamento de la petición debía estar en la legislación civil o mercantil, pues no existía obligación de naturaleza laboral. La Sentencia del Tribunal Supremo de STS (Social) de 1 de octubre de 2019 (Rº 1600/2017), declara la competencia del orden social.

20. El Tribunal Supremo se basa en el art. 2.a) de la LJS, que dispone que los órganos jurisdiccionales del orden social conocerán de las cuestiones litigiosas que se promuevan entre empresarios y trabajadores como consecuencia del contrato de trabajo, así como en el art. 5.d) del ET, que dispone que el trabajador tiene el deber básico, como manifestación del principio de buena fe que rige entre las partes, de no competir con la actividad de la empresa y la imposibilidad de efectuar la prestación laboral del trabajador para diversos empresarios cuando se estime concurrencia desleal (art. 21 del ET). En suma, se concluye que se trata de una cuestión litigiosa que se ha suscitado como consecuencia del contrato de trabajo y que, a pesar de generarse la controversia en materia de competencia desleal una vez finalizado el mismo, no cabe negar que se trata del punto de partida. No cabe duda, en este sentido, que si lo que la empresa demandante reclama es una indemnización de daños y perjuicios que deriva del dato cierto de que los trabajadores demandados constituyeron —vigente su relación laboral— dos sociedades limitadas concurrentes con la empresa, "tal reclamación (con independencia de su éxito final) constituye una cuestión litigiosa que se promueve entre empresario y trabajadores y cuyo fundamento deriva en un posible e hipotético incumplimiento de las obligaciones inherentes al contrato de trabajo, por lo que la competencia del orden social se presenta, en este sentido, diáfana".

No es óbice para esta solución que los actos de competencia desleal hayan sido cometidos por una sociedad, ya que entiende la sala que puede haber sido utilizada como un tercero instrumental por parte de los trabajadores, a la que la empresa afectada le puede exigir responsabilidad solidaria.

Con anterioridad la STS (Social) de 4 de mayo de 2017 (Rº 1068/2015), anula la sentencia que declaró la incompetencia de la jurisdicción social para conocer de la reclamación de daños y perjuicios derivados de la competencia desleal de los demandados y de las sociedades por ellos constituidas, cuyo objeto social era concurrente con el de la recurrente. La sentencia impugnada basó su declaración de incompetencia en que las sociedades constituidas por los trabajadores de la recurrente no comenzaron su actividad hasta que no terminaron su relación laboral, por lo que entendió que la reclamación instada no derivaba del contrato de trabajo ya extinguido. La Sala no comparte los razonamientos del Tribunal de instancia, pues la actora reclamó la indemnización de daños y perjuicios en virtud del dato cierto de que los trabajadores demandados constituyeron —vigente la relación laboral— las sociedades concurrentes con la empresa, por lo que tal reclamación constituye una cuestión litigiosa que se promueve entre empresario y trabajador y cuyo fundamento deriva de un posible e hipotético incumplimiento de las obligaciones inherentes al contrato de trabajo, en concreto el deber de no concurrencia.

21. Pronunciamientos como el citado refuerzan la idea de Alfaro (2020) según la cual "cuando el empleador demanda a sus antiguos empleados por competencia desleal (porque éstos se lo montan por su cuenta y se apropian de la clientela del primero o lo denigran o le hacen, simplemente, competencia cuando tenían en sus contratos una cláusula de no competencia o se apropian de secretos comerciales del empleador...) tiene uno la sensación de que la fuente de la pretensión del empleador es el contrato de trabajo, no la actuación en el mercado por parte de los antiguos empleados los antiguos empleados. De no ser porque éstos eran empleados del demandante, ninguna obligación surgía para ellos de respetar la clientela del demandante".

3. Incumplimiento por el trabajador del pacto de permanencia

A) El incumplimiento del pacto de permanencia

22. El art. 21.4 del ET establece que: «cuando el trabajador haya recibido una especialización profesional con cargo al empresario para poner en marcha proyectos determinados o realizar un trabajo específico, podrá pactarse entre ambos la permanencia en dicha empresa durante cierto tiempo. El acuerdo no será de duración superior a dos años y se formalizará siempre por escrito. Si el trabajador abandona el trabajo antes del plazo, el empresario tendrá derecho a una indemnización de daños y perjuicios».

Esta regulación establece las garantías exigibles sobre pactos en materia de ejercicio del derecho de dimisión, pero al mismo tiempo resuelve dudas y dificultades sobre la licitud de este tipo de pactos en cuanto suponen una renuncia temporal a dimitir. El supuesto previsto en el art. 21.4 del ET es, en cierto sentido, una limitación a una facultad del trabajador que el art. 49.1 d) del ET considera como libre, pero este carácter de excepción explica las condiciones, límites y cautelas que la Ley establece a este pacto.

La norma trata de armonizar dos intereses. El del trabajador en conservar intacta su facultad de dejar el trabajo cuando lo desee, y el interés del empleador en "amortizar" la inversión efectuada en la formación de un determinado trabajador, una formación que, como la Ley indica, no es la general que los trabajadores han podido percibir en el curso de su relación laboral, sino una formación específica y especializada ("especialización profesional") a cargo del empresario y dirigida a "poner en marcha proyectos determinados o realizar un trabajo específico". La jurisprudencia ha justificado el pacto en lo absurdo que sería que una empresa costease los gastos de especialización de un trabajador "para que éste aproveche los nuevos conocimientos para ingresar inmediatamente, sin sujeción al tiempo pactado y sin responsabilidad, en otra compañía del mismo sector" (STS (Social) de 14 de febrero de 1991, RJ\1990\837).

23. En la medida en que se trata de obligaciones sinalagmáticas y ambas partes deben cumplir sus recíprocas prestaciones, el incumplimiento del pacto de permanencia puede provocarlo tanto el empleador como el trabajador. No obstante, el legislador define sus principales efectos en relación con el incumplimiento del trabajador. Este incumple el referido pacto si hace uso de su facultad de dimitir y extingue el contrato de trabajo antes de que haya expirado completamente el período de permanencia pactado con el empleador. Pero como doctrinalmente se ha señalado, los efectos del referido incumplimiento carecen de "dramatismo", en la medida que "la obligación de resarcimiento es sustitutiva de la obligación principal asumida, no dimitir, de modo que el pacto no impide que de hecho pueda producirse esa dimisión ni su validez" (Rodríguez-Piñero y Fernández López, 1998: 99).

El incumplimiento del pacto de permanencia por parte del trabajador, habida cuenta del carácter personalísimo de la obligación que le es inherente (seguir trabajando en la empresa durante el tiempo pactado), impide su ejecución in natura, generando, en compensación, una reparación del daño causado por la vía de la indemnización de daños y perjuicios, siempre que los mismos se hubieran demostrado.

En la práctica, el principal problema que se ha planteado por estos pactos se refiere a las consecuencias indemnizatorias del incumplimiento del pacto, o sea, al cálculo de la indemnización que provoca la dimisión ad nutum del trabajador durante la vigencia del pacto. En estos casos, no se trata de valorar el desistimiento como un incumplimiento total de la obligación contractualmente asumida, con las consecuencias aparejadas a aquél por el art. 1101 del CC, sino sólo valorar el incumplimiento del compromiso específico de permanencia.

B) Pactos específicos sobre el quantum indemnizatorio

24. La previsión legal no excluye la posibilidad de pactos específicos sobre el quantum indemnizatorio. La STS (Social) de 1 de marzo de 1990 (RJ\1990\1745) acepta la validez de un pacto de determinación de la cuantía indemnizatoria a cargo del trabajador poniendo el acento en su gradualidad, en función del tiempo en que se produzca la resolución del contrato. Dice el referido pronunciamiento:

> "En otro aspecto, resulta evidente que el pacto en cuestión aparece adecuadamente ajustado a la norma estatutaria que lo autoriza, sin que pueda tacharse de abusivo o impreciso en la determinación «cuantum» indemnizatorio a cargo del trabajador litigante, ya que, de una parte, gradúa el resarcimiento, según se produzca en él primero o segundo año la resolución del contrato laboral por dicho trabajador y, de otra parte, establece expresamente, en cláusula adicional, el importe de la indemnización correspondiente".

Las partes siempre pueden establecer una cláusula penal que, de modo previo, determine la cuantía de la indemnización y sustituir, de este modo, cualquier otra posible indemnización que pudiera solicitarse por el mismo concepto (art. 1152 y 1153 del CC). Esta indemnización establecida por la vía de la cláusula penal tan sólo puede ser modificada por el juez de acuerdo con criterios de equidad en aquellos casos en los que la obligación de permanencia hubiera sido cumplida en parte (art. 1154 del CC).

25. Respecto de la relación laboral especial de los altos directivos, el art. 8.2 del RD. 1382/1985, de 1 de agosto, establece que:

> *"Cuando el alto directivo haya recibido una especialización profesional con cargo a la Empresa durante un período de duración determinada, podrá pactarse que el empresario tenga derecho a una indemnización por daños y perjuicios si aquél abandona el trabajo antes del término fijado"*

26. En los artistas en espectáculos públicos, también se da una normativa singular. En concreto el art. 6.4 del RD. 1435/1985, establece que:

> *"El pacto de plena dedicación, del que debe quedar expresa constancia en el contrato, no podrá ser rescindido unilateralmente por el artista durante su vigencia. La compensación económica por el mismo podrá ser expresa o quedar englobada en la retribución a percibir por el artista. En los supuestos de ruptura de este pacto por el artista, el empresario tendrá derecho a una indemnización por daños y perjuicios, cuya cuantía, salvo expresa previsión en el contrato, será fijada por el órgano judicial competente, valorando factores*

como el tiempo de duración previsto para el pacto, la cuantía de la compensación percibida por el artista, y, en general, la lesión producida por el incumplimiento contractual; ello, no obstante, el órgano judicial podrá moderar la cuantía de la indemnización cuando se den las circunstancias previstas en el art. 1154 del Código Civil".

Si bien se exige constancia expresa en contrato, la compensación económica puede estar englobada en la retribución de los servicios y, como factor diferenciador más llamativo, el artista no puede desistir unilateralmente del pacto durante su vigencia, con previsión legislativa específica en orden a reconocer al empresario, en caso de ruptura, derecho a ser indemnizado por los daños y perjuicios causados, cuya cuantía es la pactada o, en su defecto, se fija judicialmente, para lo que se ha de tener en cuenta el tiempo de duración previsto, la cuantía de la compensación percibida y la lesión producida por el incumplimiento, si bien con facultades judiciales de moderación.

C) Ausencia de determinación pactada de la cuantía indemnizatoria

27. De no haber establecido las partes la cuantía de la indemnización mediante una cláusula penal, debe determinarse judicialmente dicha cuantía. En estos casos, se valora tanto el daño emergente como el lucro cesante.

La jurisprudencia ha establecido "un criterio semi-objetivo de tasación" (Alfonso Mellado, 1994: 79) que toma en cuenta distintos criterios para establecer la indemnización de daños y perjuicios:

(i) El tiempo que falte hasta la terminación del plazo fijado.

(ii) Los desembolsos efectivos realizados por el empresario para sufragar la formación de la persona trabajadora: coste y gastos de la formación recibida por el trabajador. Eso sí, en sentido amplio, comprendiendo los costes de cursos, de residencias y dietas, de viajes, etc..., limitados a los cursos de formación que motivaron el pacto de permanencia.

Igualmente, ha de tomarse en consideración siempre el criterio de proporcionalidad tomando en cuenta la referencia legal que entiende que, como máximo, en dos años como máximo se amortiza el coste de la formación, por lo que este se irá amortizando progresivamente en la medida que el trabajador permanezca en la empresa (Alfonso Mellado, 2015). El mismo autor, ha puesto de manifiesto que "también ha de tenerse en cuenta que el coste de formación indemnizable es el asumido por el empleador, pero no el que le puedan haber subvencionado o financiado otras entidades o ayudas públicas salvo que, en su caso, se reclame al empresario su devolución".

(iii) Junto al daño efectivo, se establece que la indemnización de daños y perjuicios puede comprender igualmente (previa demostración, determinación y conexión) el valor de la ganancia que haya dejado de obtener (art. 1106 del CC). Esta exigencia en el marco del pacto de permanencia, podría concretarse en la dificultad de encontrar de modo inmediato un sustituto del trabajador, así como en la posible repercusión de los conocimientos especiales en una empresa de la competencia.

4. Daños derivados del incumplimiento por el trabajador del deber de confidencialidad y secreto

28. La información confidencial puede constituir el mayor activo de una organización.

El Tribunal Constitucional se ha referido varias veces a la existencia de una obligación de "secreto profesional". Singular es, sin duda, el supuesto que contempló la STC 115/2000, de 10 de mayo, en la que se valoró la actuación de una antigua empleada de hogar de Isabel Preysler que suministró importante información a una revista sobre la vida privada de aquélla. El Tribunal derivó, en este caso, una obligación de secreto profesional impuesta por la relación de confianza, inherente a este vínculo laboral que implica la convivencia y el acceso a la esfera más íntima de la persona.

Cada vez más a menudo, las empresas desarrollan modelos de negocio basados en la explotación de información confidencial. Por consiguiente, resulta esencial garantizar que se preserva su carácter secreto y se protege debidamente. Determinar cuándo determinada información tiene carácter reservado o confidencial y, más específicamente, puede calificarse como secreto empresarial no es tarea sencilla.

La persona trabajadora se compromete a: "No revelar a persona alguna ajena a la empresa GRUPO, sin su consentimiento, la información referente a la que haya tenido acceso en el desempeño de sus funciones, tanto de la empresa GRUPO, como de todas las sociedades participadas y participantes que pertenezcan al grupo empresarial, excepto en el caso de que ello sea necesario para dar debido cumplimiento a obligaciones del abajo firmante o de cualquiera de las empresas del Grupo (previa autorización escrita), caso de otras obligaciones impuestas por las leyes o normas que resulten de aplicación, o sea requerido para ello por mandato de la autoridad competente con arreglo a Derecho [...] En caso de incumplimiento de los compromisos antedichos, este hecho será considerado falta muy grave, y la empresa podrá proceder al despido del empleado. En el supuesto de que el abajo firmante ya no fuera personal por cuenta de GRUPO, y en todo caso, esta Compañía se reserva el derecho de ejecutar las acciones legales (civiles y penales) contra el empleado que contravenga el presente compromiso" [Que es la cláusula controvertida en la Sentencia del Juzgado de lo Social de Valladolid de 8 de noviembre de 2018, Proc. 653/2017).

29. Existe una cierta conciencia de la falta de eficacia práctica de este tipo de cláusulas. El inicio de acciones legales ante los tribunales suele ser un paso subsiguiente a la realización de previos requerimientos de modo que las acciones legales quedan condicionadas al caso de entenderse totalmente indispensable, por los siguientes motivos: (i) las dificultades probatorias, en general, de los incumplimientos concretos del trabajador; (ii) la dificultad probatoria, en particular, de los daños sufridos y la compensación de los mismos.

Ello no obstante, resulta indubitado que los trabajadores están vinculados por el deber de buena fe durante toda su relación laboral, incluso en la fase extintiva del contrato. Esto es sumamente importante porque, aunque el ET no contenga un precepto equivalente al art. 72 de la LCT, que establecía expresamente la obligación de los trabajadores de mantener los secretos del negocio incluso tras la extinción de sus relaciones laborales, esta obligación de confidencialidad subsiste en el ordenamiento vigente pues es inherente y deriva, precisamente, del deber de buena fe contractual. Dicho precepto establecía que:

> *"El trabajador está obligado a mantener los secretos relativos a la explotación y negocios de su empresario, lo mismo durante el contrato que después de su extinción. En este último caso, podrá utilizarlo en su beneficio propio, sólo en cuanto fuese exigencia justificada de su profesión habitual."*

En este sentido, la doctrina también ha destacado en numerosas ocasiones y de forma pacífica esta misma conclusión (Sala Franco, Todolí, 2016: 26): "Recuérdese que el fundamento del deber de guardar secreto, en el ámbito laboral, es la buena fe recíproca del contrato de trabajo. En este contexto, la buena fe no debe ser entendida como lealtad absoluta, por lo que el deber de secreto no nace de un deber de obediencia a lo que el empresario demanda, sino del objeto de no provocar daños o desventajas competitivas a la empresa con la actuación del trabajador".

30. El recurso, por ello, al establecimiento de cláusulas penales puede constituir un mecanismo de cierta eficacia para garantizar el efectivo cumplimiento de la confidencialidad pactada. Como en el ejemplo que nos proporciona la STSJ Murcia de 5 de diciembre de 2017 (Rº 163/2017):

> *"Reunidas las partes acuerdan: El trabajador, en su condición de Viajante, tendrá acceso al procedimiento de fabricación utilizado en esta empresa, por cuyo motivo se pacta la presente cláusula de confidencialidad, por la que el trabajador se compromete a no divulgar ni a utilizar, en su propio provecho o en el de otros, el proceso de fabricación de uso privativo en esta empresa y del que tendrá conocimiento por su categoría laboral de Viajante en la que se le contrata y en función de la cual se establece el correspondiente salario. Para el supuesto de que el trabajador incumpliera lo pactado en la presente cláusula se pacta una indemnización por daños y perjuicios de EUROS 18.030,36 que el trabajador debería abonar a la empresa, con objeto de paliarlos perjuicios ocasionados con su incumplimiento".*

31. Además de las obligaciones de confidencialidad que vinculan al trabajador y que se derivan del ET y de su contrato de trabajo, la empresa también podría ser titular de la protección que la Ley de Secretos Empresariales dispensa a determinadas categorías de información o de conocimientos. El art. 1.3 de la Ley 1/2019, de Secretos Empresariales prevé que la protección de los secretos empresariales no podrá "restringir la movilidad de los trabajadores; en particular, no podrá servir de base para justificar limitaciones del uso por parte de estos de experiencia y competencias adquiridas honestamente durante el normal transcurso de su carrera profesional o de información que no reúna todos los requisitos del secreto empresarial, ni para imponer en los contratos de trabajo restricciones no previstas legalmente".

> Lo anterior es respaldado por la jurisprudencia, entre otras, la STSJ Madrid de 16 de noviembre de 2020 (Rº 36/2020): "El Magistrado a quo, en el razonamiento de la Sentencia de instancia, señala que este criterio, ya recogido por la Jurisprudencia, se aclara en la Ley 1/2019 (...) no abarca la información de escasa importancia, como tampoco la experiencia y competencias adquiridas por los trabajadores durante el normal transcurso de su carrera profesional, ni la información que es de conocimiento general o fácilmente accesible en los círculos en que normalmente se utilice el tipo de información en cuestión".

No obstante, la Ley 1/2019, de 20 de febrero, de secretos empresariales, establece en su art. 9.1:

> *"Contra los actos de violación de secretos empresariales podrán, en especial, solicitarse: (...) g) La indemnización de los daños y perjuicios, si ha intervenido dolo o culpa del infractor, que será adecuada respecto de la lesión realmente sufrida como consecuencia de la violación del secreto empresarial. Por su parte, el art. 10 precisa los términos para el cálculo de los daños y perjuicios.*
>
> *Al fijarse la indemnización de daños y perjuicios se tendrán en cuenta todos los factores pertinentes, como son los perjuicios económicos, incluido el lucro cesante, que haya sufrido el titular del secreto empresarial, el enriquecimiento injusto obtenido por el infractor y, cuando proceda, otros elementos que no sean de orden económico, como el perjuicio moral causado al titular del secreto empresarial por su obtención, utilización o revelación ilícitas. También podrán incluirse, en su caso, los gastos de investigación en los que se haya incurrido para obtener pruebas razonables de la comisión de la infracción objeto del procedimiento judicial.*
>
> *Con carácter alternativo, se podrá fijar, según los casos, una cantidad a tanto alzado en concepto de indemnización de daños y perjuicios, atendiendo, al menos y entre otros aspectos, al importe que la parte demandada habría tenido que pagar al titular del secreto empresarial por la concesión de una licencia que le hubiera permitido utilizarlo durante el período en el que su utilización podría haberse prohibido".*

32. El art. 14 de la Ley 1/2019, atribuye al orden civil la resolución de estas cuestiones:

"Será territorialmente competente para conocer de las acciones previstas en esta ley el Juzgado de lo Mercantil correspondiente al domicilio del demandado o, a elección del demandante, el Juzgado de lo Mercantil de la provincia donde se hubiera realizado la infracción o se hubieran producido sus efectos".

IV. Deber de diligencia del trabajador y responsabilidad por daños

1. Daños derivados del actuar negligente del trabajador

33. Según el art. 1104 del CC consiste la negligencia del deudor en la omisión de la diligencia que exija el cumplimiento de sus obligaciones ("y corresponda a las circunstancias de las personas del tiempo y el lugar"). Diligencia y negligencia aparecen en el precepto indisolublemente ligadas en sí en relación causal en virtud de la cual la prevalencia de la primera implica la ausencia de la segunda y viceversa. La negligencia es fuente de responsabilidad por incumplimiento para el deudor en cuanto constituye una omisión de la diligencia que debe; presente esta, desaparece toda tacha de cumplimiento negligente. No existe, por otro lado, propiamente un deber independiente o autónomo de diligencia en el cumplimiento de la prestación, sino que intrínsecamente, por así decirlo, el cumplimiento mismo tiene que ser diligente (Alonso Olea, 1981: 9).

Dentro de la dinámica de la relación de trabajo, la diligencia se manifiesta como aquella previsión, prudencia y cuidado que debe observar el trabajador con motivo de la ejecución de su trabajo. El deber laboral de trabajar diligentemente es en el que se plantea con mayor crudeza el debate sobre el exacto alcance de la responsabilidad indemnizatoria del trabajador, a lo que no es extraño que constituye el ámbito en el que mejor se aprecia la circunstancia de trabajarse en régimen de ajenidad por cuanto este requisito supone que el empresario asume los riesgos derivados de la prestación de los servicios a los que se obliga el trabajador, entre estos, los posibles errores o descuidos del trabajador.

34. "La propia naturaleza y configuración de la relación de trabajo ha ido conformando un régimen especial en cuanto a la responsabilidad". La situación de "desequilibrio patrimonial entre la capacidad de recursos económicos del trabajador y la reparación del daño, junto a las dificultades existentes en lo relativo al cálculo o estimación de la cuantía de la indemnización por los daños acaecidos, así como las dificultades referentes a la prueba procesal, ha ido determinando en la práctica, el hecho de que el empresario, aun mediando una actuación negligente del trabajador, opte por abandonar, salvo en muy contadas ocasiones, la acción de resarcimiento por daños y perjuicios cometida por el trabajador eligiendo otras vías en cierta medida sustitutivas a la indemnizatoria, para hacer de alguna manera efectiva la responsabilidad: pérdida de determinados beneficios establecidos por la normativa colectiva, imposición de sanciones disciplinarias o, en último término el despido" (Los entrecomillados pertenecen a Barreiro, 1981: 326).

2. *La controvertida compatibilidad entre responsabilidad contractual y poder disciplinario*

A) Razones de una controversia

35. Supone una paradoja necesitada de reflexión, el hecho de que nuestros tribunales afirmen, a la vez, la incompatibilidad entre el despido y otras sanciones disciplinarias, por los mismos hechos, y, en cambio, admitan la compatibilidad entre la sanción disciplinaria y el resarcimiento de daños y perjuicios ocasionados al empresario por los hechos por los que se le sanciona.

Como resume Goerlich Peset (2011), en los Proyectos o anteproyectos LCT (1904-1923) se recoge la obligación del trabajador de «indemnizar al patrono de los perjuicios que le origine por descuido calificado en el manejo de las máquinas, herramientas, o por desobediencia a las órdenes recibidas, cuando se trate de acciones u omisiones no previstas en el Reglamento de trabajo y corregidas por las multas que en él se hayan señalado». Frente a la responsabilidad objetiva que parece pergeñar el Código Civil, la que se diseña para el contrato de trabajo se basa en una fuerte exigencia de culpabilidad. No en vano se utiliza la expresión «descuido calificado»; y, a última hora, en el anteproyecto de LCT redactado conforme a los criterios del Instituto de Reformas Sociales el 16 de octubre de 1922, se sustituye por la de «negligencia inexcusable». Nada que ver, en definitiva, con la posible responsabilidad por daños de quien contraviniera de cualquier forma la obligación (art. 1101 del CC) o del deudor de buena fe (art. 1107 del CC).

No se rechazaría la posible existencia de indemnización de los daños, sino que quedaría limitada a los casos en que no fuera posible el ejercicio empresarial de la facultad disciplinaria. La LCT 1931, que reconoce por vez primera el poder disciplinario, reconoce la posibilidad de reclamar los daños derivados de conductas ilegítimas del trabajador. Sancionaba, ante todo, una regla general (art. 75), en cuya virtud «el trabajador deberá indemnizar al patrono los perjuicios que él, culpablemente, haya ocasionado en los locales, los materiales, las máquinas y los instrumentos de trabajo», si bien como medida prioritaria para resarcir el daño había de considerarse la posibilidad de que el «mismo obrero... repare el daño con su propio trabajo».

En la Ley del Contrato de Trabajo de 16 de enero de 1944, existían abundantes supuestos donde se establecía expresamente la responsabilidad indemnizatoria del trabajador por daños a la empresa (art. 63: cuando el trabajador causaba culpablemente perjuicios en los locales, materiales, máquinas e instrumentos de trabajo, art. 71: por los daños causados por incumplimientos laborales debidos a sobornos, art. 72: por los daños causados por el trabajador facultado por su empresario para concluir negocios en su nombre cuando lo hacía percibiendo gratificación de terceros: art. 81; por los daños derivados de que el trabajador no hubiera cumplido con la duración pactada del contrato). Se mantenía la posibilidad, admitida por la LCT 1931, derecho del trabajador a optar por un sistema particular de reparación del daño (a través de su propio trabajo), siempre que ello sea posible y que no provoque una perturbación importante en la explotación. Pérez Botija en su comentario de la LCT 1944, admitía ya que los daños no expresamente contemplados en el precepto podían ser objeto de imputación al empresario con base en las reglas sobre responsabilidad extracontractual de los arts. 1902 CC.

La desaparición de esta última disposición, que se produjo en la gran reforma estatutaria de 1994 (disp. derogatoria Ley 11/1994, de 19 de mayo), cambió el panorama que se instauró en 1931. Desde entonces la posible exigencia de una responsabilidad por los daños derivados del incumplimiento contractual sólo se reconoce expresamente, con carácter general, para ciertos casos de extinción del contrato de trabajo y en el ámbito de ciertas relaciones laborales especiales.

36. Como señaló la STS (Social) de 22 de septiembre de 1988 (RJ. 7096), la facultad sancionatoria se integra dentro del poder de dirección que el empresario tiene atribuido por su posición en la relación de trabajo (art. 58.1 ET) y en cuanto se ejercita a través de una declaración unilateral de voluntad, regular y válidamente emitida, produce, desde su recepción por el destinatario, unos efectos jurídicos —la imposición de la sanción correspondiente— que vinculan a su autor, creando un límite punitivo que impide a la empresa volver a sancionar los mismos hechos con una sanción más grave, y ello sin perjuicio de que el trabajador pueda impugnar la sanción ante el órgano jurisdiccional competente.

Como explicó Cremades (1969:115), el empresario "está dotado de un sistema global para reaccionar frente a las infracciones laborales del trabajador". En él —como parte de un todo— está su potestad disciplinaria. De este modo el llamado "interés disciplinario" es una faceta del más complejo "interés contractual" del empresario, y no es posible separarlos (Fernández López, 1991: 302-303). Sobre estas bases, la aplicación simultánea de ambos tipos de responsabilidad (contractual y sancionadora) es posible, por entre ambas existe una diferencia sustancial de naturaleza, que hace posible su despliegue conjunto: la responsabilidad civil común tiende a subrogar el cumplimiento fallido de la obligación, la otra, la disciplinaria mira crear condiciones favorables para su ejecución. Se trata de dos técnicas diferenciadas, una resarce, la otra castiga.

No obstante, existe un importante debate en la doctrina de los Tribunales con fuertes apoyos doctrinales, que cuestiona las anteriores premisas y duda de que la referida compatibilidad sea posible.

B) La plena incompatibilidad de la responsabilidad contractual y sancionadora

37. A la hora de fundamentar la referida conclusión, la argumentación más acabada en esta materia es la realizada por Díaz de Rábago (2009), los fundamentos utilizados por esta tesis interpretativa son cuatro:

> "Son varias las razones que abocan a esas conclusiones, debiendo estimarse como más decisiva la de que nuestro ordenamiento laboral dispone un efecto distinto para los incumplimientos laborales: la sanción disciplinaria, tal y como lo contempla el art. 58 del ET y, en el caso de los altos directivos, el art. 13 del RD. 1382/1985, de 1 de agosto. Precisamente por ello, ha de admitirse la excepción en el caso de incumplimientos previos al nacimiento del contrato de trabajo u ocasionados con motivo de su extinción o tras ésta, dado que en éstos no es posible el ejercicio efectivo de la facultad disciplinaria, ante la imposibilidad legal de imponer multas económicas (art. 58.3 del ET).
>
> Razón básica que se corresponde con un elemento esencial del contrato de trabajo, como es la ajenidad, en cuanto supone que el empresario asume los riesgos derivados de la prestación de servicios a la que el trabajador se obliga. Poco compatible resulta con esa asunción del riesgo si resultase que el empresario puede exigir al trabajador que le resarza por el incumplimiento de éste en sus deberes laborales, pues vendría a suponer una configuración del mismo marcadamente unidireccional y no, como procede, tanto en sus ventajas (apropiándose de los frutos del trabajo prestado), como en sus inconvenientes (soportando los riesgos del mismo).
>
> Abunda en todo ello que la propia ordenación básica del contrato de trabajo, contenida en el Estatuto de los Trabajadores, contemple únicamente la indemnización a cargo del trabajador por incumplimiento de sus deberes laborales en el singular caso en que vulnera la obligación de permanencia (art. 21.4 del ET). No parece razonable que si la ordenación singular del contrato de trabajo resultara compatible con el deber indemnizatorio propio de la regulación civil (esto es, vinculada al mero incumplimiento culpable o doloso de una obligación contractual), exista un precepto singular que lo reitera, en el concreto caso de incumplimiento del mencionado pacto. La existencia del inciso final de ese precepto, sin más alcance que el de señalar la obligación indemnizatoria, parece dato elocuente de que el resto de los incumplimientos laborales del trabajador no están sujetos a ese mismo deber (en cuanto derivado del propio contrato).
>
> Sistemática que encaja aún mejor cuando se aprecia la evolución legislativa, dado que la norma básica laboral anterior, la Ley de Contrato de Trabajo cuyo texto refundido se aprobó por Decreto de 26 de enero de 1944 (LCT), contenía un mayor número de preceptos que venían a establecer esa responsabilidad indemnizatoria del trabajador por incumplir determinados deberes laborales (...). Desde esta perspectiva, resulta elocuente tanto ese amplio panorama indemnizatorio contemplado en dicha Ley (difícilmente compatible con la supervivencia de un deber indemnizatorio vinculado con carácter general a cualquier incumplimiento laboral, vía art. 1101 CC), como que el Estatuto de los Trabajadores eliminara todos estos supuestos de responsabilidad indemnizatoria y únicamente contemple un caso, en el que el incumplimiento se produce precisamente con ocasión de la extinción contractual, al no respetar la duración pactada (art. 21.4 ET), y que lo haga justamente en un supuesto en el que no resulta ya eficaz el ejercicio de la facultad disciplinaria.
>
> Hay, en fin, una razón añadida que ratifica cuanto exponemos: el fundamento jurídico que se invoca para sustentar la pretensión indemnizatoria es el art. 1101 CC, que la vin-

cula a cualquier incumplimiento de las obligaciones contractuales de carácter negligente o doloso. De admitirse su aplicación, estimando que el régimen singular del contrato de trabajo resulta compatible, no caben ya matices (más allá de los que cabe hacer en la que deriva de negligencia, al amparo del art. 1103 CC), defendiendo que la responsabilidad surgirá cuando la conducta sea dolosa o gravemente negligente, pero no con la mera culpa, y ello impondría que, por ejemplo, el trabajador que no acudiera injustificadamente a trabajar un día habría de indemnizar a su empresario los daños y perjuicios causados por su ausencia (por ejemplo, el mayor importe que le ha supuesto tener que pagar horas extraordinarias para sustituirle; la pérdida de ventas ocasionada en el comercio que dicho empleado atendía y que no se ha podido abrir por su ausencia, etc.), y todo ello con independencia de que sea objeto de sanción por ese incumplimiento laboral. La conclusión repugna: el trabajador, por una misma conducta, es objeto de sanción y ha de indemnizar a su empresario (¡que es quien asume el «riesgo»!)".

C) La incompatibilidad relativa de la responsabilidad contractual y sancionadora. La excepción del despido

38. Esta posición vendría sostenida por Fernández López (1991: 308-309) quien realiza una brillante argumentación para sostener el referido resultado.

Para esta autora, "el interés subyacente a todo mecanismo de responsabilidad contractual —y partimos de que el poder disciplinario lo es— es la tutela del crédito, de la posición de contratante cumplidor frente al que no lo es, garantizando la confianza que aquél habría depositado en este al celebrar el concreto y a ese interés fundamental se subordinan los instrumentales y distintos satisfechos por cada una de las medidas sancionadoras. Se evidenciaría de este modo, la triple identidad de sujetos, hecho y fundamento que explica la interdicción de la acumulación de ambos mecanismos de responsabilidad desde la perspectiva del principio "non bis in idem".

De este modo, "ante un incumplimiento contractual, es posible recurrir al empleo de una u otra técnica, quedando en manos del acreedor la selección de la más adecuada para satisfacer su interés, pero en modo alguno la unión de las dos, porque ello implicaría una injustificada agravación de la posición del deudor, que rompería el principio de proporcionalidad, la interdicción del uso conjunto, y el correlativo proceso de responsabilidad resarcitoria".

De la anterior regla quedaría exceptuado el despido y ello porque "la función última del despido no es tanto castigar al deudor, cuanto liberar al acreedor, por mucho que el progresivo incremento de la tutela del interés del trabajador al mantenimiento de su puesto de trabajo y el proceso de asimilación con las sanciones disciplinarias que ha existido en los últimos tiempos hayan introducido importantes recortes en la facultad extintiva del empresario, si comparados con los imperantes en el sistema común". Por ello debe tenerse presente que "en el sistema común la liberación de acreedor viene acompañada del intento de restitución de las cosas al estado primitivo, entre otros medios a través de la mecánica de las indemnizaciones, que según algunos autores son las únicas previstas para el caso. Por consiguiente, el despido sigue su régimen común cuando se le une las indemnizaciones por daños, y constituye una medida unitaria y armónica en sí misma". En suma, "nada hay en el despido que autorice a pensar que se ha desligado del esquema de responsabilidad común: supone el desencadenamiento de una sola técnica "sancionadora" en sentido amplio, sin las interferencias propias de la concurrencia del poder disciplinario, de ahí que no pueda hablarse de dos sanciones sobre unos mismos hechos, supuesto básico sobre el que opera el non bis in ídem".

D) La plena compatibilidad de la responsabilidad contractual y disciplinaria

39. Esta tesis judicial entiende que la responsabilidad disciplinaria (art. 54 y 58 del ET) de un trabajador es distinta, independiente y compatible con la responsabilidad civil (laboral, por ser más preciso) en la que puede también incurrir en el desempeño de sus tareas, al incumplir los preceptos que regulan no sólo su actuación en el campo concreto del contrato de trabajo (art. 5.a del ET ya citado) sino la actuación general de toda persona cuando se vincula en cualquier contrato (art. 1091, 1101, 1103 y 1104 del CC).

La STSJ de Canarias de 18 de abril de 2006 (R° 57/2006) y de Madrid, de 28 de marzo de 2007 (R° 4807/2006), sostuvieron que:

> Cierto es que la ajenidad es una de las notas (acaso la genuina) del contrato de trabajo (art. 1 ET) y que comprende la ajenidad en los riesgos como obvio contrapeso de la ajenidad en los frutos a la que se refiere la doctrina científica y la jurisprudencial (...), pero esta ajenidad en los riesgos (es decir, la no asunción por el trabajador, y sí exclusivamente por el patrón, de las pérdidas económicas que le produzca el trabajo) no se extiende a una exoneración de la responsabilidad, primaria, derivada de la negligencia o la transgresión de los deberes de obediencia y buena fe (art. 1 y 5 ET) que sujetan al trabajador que, se insiste, queda obligado a resarcir al empleador de los daños y perjuicios (responsabilidad civil, más bien se repite, responsabilidad laboral) causados por ello, conforme al citado régimen normativo civil general (art. 1101 del CC, principalmente), aplicable en defecto de normas específicas laborales, al igual que, en lógica reciprocidad, está obligado al empresario cuando causa un daño al trabajador al incumplir cualquiera de sus obligaciones derivadas del contrato de trabajo, como acontece en los supuestos de accidente de trabajo (...) o huelga (...) y ya esté prevista expresamente en la norma concreta reguladora de tal obligación (...) o no lo esté (en cuyo caso se aplica el mismo precepto que en el presente caso, el art. 1101 del CC que impone la obligación genérica de indemnizar que pesa sobre la parte que incumple las obligaciones contractuales), pudiendo la norma tasar esa responsabilidad, como acontece en el supuesto de despido improcedente del art. 56.1 ET (...), o bien remitirse a la regla general de la «restitutio in integrum» que señalan los arts. 1.106 y ss. del CC (...)".
>
> Ahora bien, esta responsabilidad contractual puede moderarse conforme a lo que dispone el art. 1103 del CC, que es uno de los supuestos a los que remite el art. 3.2 al referirse a la equidad y es éste el instrumento jurídico adeudado si se estima por el órgano judicial que por tales razones de equidad y justicia material (dado que la actuación del trabajador que generó la responsabilidad no fue dolosa, sino de simple negligencia y no grave) justifican una reducción del resarcimiento, como acontece en este caso, en el que procede la dulcificación de tal responsabilidad, moderándola en las tres cuartas partes de la misma los casos de reclamación de daños y perjuicios a los trabajadores no debe ser

el valor (o desvalor) del trabajo lo que propicie el perjuicio económico, sino el incumplimiento de las directrices de la empresa y la vulneración de las obligaciones concretas de su puesto de trabajo Así pues, defienden la aplicación directa del art. 1101 del CC con base en el art. 4.3 del CC, que establece la supletoriedad de la legislación civil.

40. De este modo, entender que la ajenidad impide toda reclamación de daños al trabajador es tan radical como pensar que el trabajador dentro de sus funciones laborales tiene una inmunidad absoluta respecto a los resultados que su comportamiento pudiera provocar. Su naturaleza es distinta e independiente, lo que determina que no se esté ante un supuesto de doble sanción. El poder disciplinario tiene una finalidad preventiva y punitiva, atendiendo a la conducta en sí, con independencia de los daños ocasionados, y, por el contrario, la indemnización es una sanción resarcitoria, reparadora, que atiende a compensar los daños causados.

Por todo ello, como ha señalado Goerlich Peset (2011), "no se alcanzan a ver, (...), las razones que explican ni la inaplicación del CC, dado su carácter de derecho común ni el diferente tratamiento al que se ha hecho referencia —sobre todo, si tenemos en cuenta que en su formulación se admite con independencia del efectivo ejercicio de la facultad resolutoria, lo que dificulta su acomodo en la cláusula del art. 1124 del CC. No es por ello de extrañar que la toma de posición mayoritaria se mueva en el terreno de la perfecta compatibilidad entre la sanción de la falta del trabajador y la exigencia de la reparación de los daños derivados de ella".

3. La responsabilidad contractual del trabajador por culpa cualificada

A) La culpa o negligencia del trabajador debe ser grave, cualificada o de entidad suficiente

41. El trabajador no es inmune a las consecuencias de sus actos, pero tampoco se puede aplicar la responsabilidad contractual del ordenamiento civil sin matizaciones. Esta doctrina, recogida por el Tribunal Supremo en la STS (Social) de 14 de noviembre de 2007 (Rº. 4726/2006), establece que, derivado del deber laboral básico de cumplir con las obligaciones concretas de su puesto de trabajo conforme a las reglas de la buena fe y la diligencia (arts. 5.1 a), 20 y 54.2 b) del ET), el trabajador debe responder (vía indemnizatoria inclusive) de sus actos, pero no por ello se puede trasladar sin matización alguna las normas reguladoras de la responsabilidad contractual por dolo o culpa del Código Civil (arts. 1101 y ss del CC).

D. Alejandro venía trabajando para la empresa Transportes Pérez Tejedor e Hijos, SL como Conductor. Un día, cuando conducía el camión propiedad de la empresa MAN TGA 460, en el trayecto de vuelta y circulando por la M-50 apreció en el tablero de mandos que el camión se calentaba, pasando de caliente a muy caliente, circunstancia apreciada por el trabajador, quien trató de llegar a la primera gasolinera y, en el momento en que comenzaba a circular por la vía de servicio se encendió el piloto rojo parándose el camión a consecuencia de un gripado de motor. Dicho camión no es el que habitualmente conducía el trabajador. A consecuencia de tales hechos se le comunicó su despido disciplinario por falta muy grave. El despido fue declarado procedente en sede judicial. Se plantea si el conductor del camión está o no obligado a indemnizar al empresario demandante los daños y perjuicios causados a consecuencia de una avería en el vehículo que conducía y que aquél reclama en cuantía de 9.430,51 euros, de los que 8.430,51 corresponden al importe de la reparación de la avería y el resto a los perjuicios causados a la empresa por los 40 días en que el camión permaneció en reparación.

Durante el transcurso y desarrollo de la relación de trabajo, y con motivo de la ejecución de la prestación del trabajador, se producen descuidos, fallos y deficiencias en la misma, faltas, en una palabra, que traen su causa de las especiales circunstancias que de cada trabajo en concreto conlleva en conexión con las peculiaridades propias de cada trabajador. La aparición de tales faltas o deficiencias es, en cierta medida, lógica y esperada, no solo por la probabilidad evidente de que de hecho se produzcan en la práctica, sino también considerando que la naturaleza y capacidad del ser humano no puede siempre sustraerse a aquellas.

42. El incumplimiento del deber de diligencia, que en muchos casos puede ir acompañado de la desobediencia de órdenes empresariales, se constituye en un auténtico incumplimiento contractual que, en aplicación del régimen de responsabilidad civil común, genera responsabilidad cuando deriva de conductas dolosas o negligentes y podría dar lugar a acciones indemnizatorias. La responsabilidad por daños causados por el trabajador a su empresario puede derivar de la responsabilidad contractual consagrada en el art. 1101 del CC, que establece que "quedan sujetos a la indemnización de los daños y perjuicios causados los que en el cumplimiento de sus obligaciones incurrieren en dolo, negligencia o morosidad, y los que de cualquier modo contravinieren el tenor de aquéllas."

El Tribunal Supremo afirma que hay que "distinguir entre la negligencia que puede justificar un despido y la más grave que, además, obliga a indemnizar". Así pues, si de acuerdo con el art. 54 del ET sólo un incumplimiento "grave y culpable" puede justificar la sanción del despido, cabe entender que para solicitar una indemnización la negligencia del trabajador debe ser al menos muy grave y culpable. La STS (Social) de 14 de noviembre de 2007 (Rº 4726/2006), considera que a la hora de valorar el incumplimiento de los deberes contractuales del trabajador no cabe aplicar, sin más, las normas del Código Civil reguladoras de la responsabilidad por dolo o culpa (arts. 1101 y ss del CC).

El Tribunal Supremo se apoya en la doctrina de la ajenidad del contrato de trabajo para matizar esta responsabilidad y entender que en el ámbito laboral es necesario que el incumplimiento sea doloso o que la culpa sea "grave, cualificada o de entidad suficiente" para que dé lugar a la indemnización. Es decir, no todo error, fallo, y olvido del trabajador dará lugar a la indemnización de daños y perjuicios que cause su actuar, lo que obliga a estar a las circunstancias de cada caso para valorar el grado de desatención de las medidas y cuidados exigibles a todo trabajador.

43. A la vista de tal consideración, los tradicionales criterios civiles de responsabilidad indemnizatoria contractual se deben reinterpretar en el ámbito laboral, exigiendo que "la culpa o negligencia del trabajador sea grave, cualificada o de entidad suficiente". En otras palabras, "no todo error, fallo u olvido" de este da lugar "a la indemnización de los daños y perjuicios que cause su actuar", lo que obliga a estar "a las circunstancias de cada caso para valorar el grado de desatención de las medidas y cuidados exigibles a todo trabajador".

Dña. Blanca prestaba sus servicios por cuenta de Viajes Marsans, S.A. Como consecuencia de una auditoría efectuada en la oficina que dirigía la actora, afloraron determinadas irregularidades que le fueron imputadas como causa de despido. Tras las correspondientes investigaciones se detectaron una serie de graves irregularidades en materia de Bancos y clientes. Estas incidencias se concretan en la prestación de servicios cuyo cobro no ha sido acreditado por la trabajadora, ni los correspondientes importes ingresados en la Caja de la Sociedad. Además de lo anterior, igualmente se detectaron servicios prestados a clientes, que la trabajadora manifestó que los mismos habían pagado pero cuyo importe tampoco consta ingresado en la Caja de la Sociedad. La demandada adeuda a la parte actora Viajes Marsans un total de 18.577,19 euros, en concepto de servicios prestados a los clientes, pendientes de ingresar, a la fecha de la auditoría. Para ello se ejercita una acción de indemnización de daños y perjuicios del trabajador al empresario por negligencia del trabajador en el desempeño de sus funciones

La STSJ Madrid 28 de marzo de 2007 (Rº 4807/2006), concluye que: "No consta en el relato fáctico que la demandada acreditara que las explicaciones de esa conducta (...), ni tampoco que cumpliera el compromiso consistente en que la persona a la que se reembolsó la cantidad anticipada firmase el recibo conforme se le había devuelto la cantidad anticipada, por lo que ciertamente se ha causado un grave perjuicio a la empresa demandada que no ha percibido el importe que corresponde a un servicio prestado, incumpliendo las reglas elementales de la contabilidad, tratándose además de una trabajadora suficientemente cualificada —directora de la agencia de viajes— para conocer que su conducta atentaba contra las más elementales normas de la prudencia al devolver unas cantidades sin exigir recibo alguno, por lo que procede condenar a la trabajadora demandada a abonar a la empresa la suma de 2.150 euros".

44. La posibilidad de indemnización dependerá de que el empresario pruebe que han concurrido los tres elementos delimitadores de la responsabilidad contractual: realidad del daño, conducta del trabajador que supone incumplimiento del deber de diligencia que le resulta imputable por dolo o culpa y que hay un nexo causal entre la conducta y los daños, es decir, que estos daños han sido causados por aquella.

> Se ha rechazado la indemnización por los perjuicios derivados de su defectuosa gestión, al no acreditarse vinculación entre su conducta y los menores perjuicios acreditados, y, en todo caso, por no ser exigible responsabilidad indemnizatoria al trabajador por sus incumplimientos laborales en el curso del contrato de trabajo y sí la disciplinaria (STSJ País Vasco 24 de abril de 2007, Rº 423/2007). En relación con los gerentes, se ha rechazado la obligación de indemnizar al empresario por los malos resultados económicos obtenidos, si no consta conducta dolosa o culposa, no bastando para imponerla, en el ámbito del contrato de trabajo, la simple negligencia (STSJ Cataluña 20 de mayo de 2003, Rº 6030/2002).

La STSJ Extremadura 15 de abril de 2014 (Rº 118/2014), tampoco considera susceptible de indemnización la solicitud fuera de plazo de subvenciones y ayudas, así como por los recargos por impagos de tasas y deudas con la TGSS, si bien la sentencia precisa que:

> "(...) hemos de concluir que no concurren los requisitos exigidos jurisprudencialmente para que nazca la obligación de indemnizar por parte del trabajador, sin olvidar, como bien razona el recurrente, que ignoramos, en lo que atañe a las subvenciones no reconocidas, si finalmente se les hubieran concedido a las demandantes,

B) Rígida valoración de la culpabilidad

45. La responsabilidad de indemnizar por los daños causados en bienes de la empresa requiere la existencia de una conducta dolosa o culposa por parte del trabajador, no bastando la mera negligencia o descuido. Sólo procede indemnizar en caso de «culpa grave o dolo» quedando excluida «la negligencia del trabajador». En la práctica totalidad de los pronunciamientos se utiliza como argumento de base la doctrina sentada por la analizada STS (Social) de 14 de noviembre de 2007 (Rº 4726/2006).

De este modo, se aprecia la existencia de culpa grave con derecho a repetición por la empresa al trabajador en la STSJ Murcia de 22 de junio de 2017 (Rº 1039/2016), en el caso de un trabajador que entrega con un retraso de más de 10 horas las mercancías asignadas debido a paradas injustificadas, lo que determina que la empresa destinataria tenga que comprar mercancía en el mercado por 17.890 euros que la empleadora tiene que abonar.

"(...) tal como ya se ha indicado, consta acreditada una negligencia grave y de entidad, en el retraso significativo en la entrega de la mercancía transportada con las consiguientes consecuencias para el empresario, y sin que el retraso se hubiese justificado de alguna manera, siquiera indiciariamente, por el trabajador, que no da razón oportuna y consistente al efecto.

Por todo ello, y con aceptación de los argumentos del Magistrado de instancia, debe desestimarse el recurso de suplicación planteado, confirmándose la sentencia recurrida, al no apreciarse la vulneración normativa denunciada, pues los perjuicios han quedado constatados, con independencia de la normativa convencional alegada, puesto que lo que se ha acreditado es que la empresa Trans-Paneuropean, S.L. formuló sus quejas por el retraso en la entrega de la mercancía con repercusión de los gastos ocasionados por no entregar el conductor del camión la mercancía en la fecha estipulada; y la responsabilidad por el mencionado incumplimiento recae sobre el trabajador demandado, de conformidad con el art. 1904 del CC, ya que la empresa demandante abonó los referidos perjuicios a la empresa Trans-Paneuropean, S.L. y ahora se ejercita acción de repetición contra su dependiente como consecuencia del abono de los mismos".

Esa culpa cualificada se aprecia, también, en supuestos que dan lugar al despido procedente del trabajador. Es el caso de la indemnización de 10.995,45 euros; establecida por la STSJ Castilla-La Mancha de 14 de junio de 2017 (Rº 1022/2016), en el caso de los daños ocasionados por una trabajadora que vendió prendas por un precio muy inferior al de mercado a dos clientes, considerándose tal actuación grave, reiterada, mantenida en el tiempo y que provoca daños importantes. Señala la sentencia que:

"no ofrece duda de que la trabajadora incurrió en un incumplimiento contractual grave y culpable consistente en la transgresión de la buena fe contractual de los apartados 1 y 2 d) del art. 54 del ET que justificaba el despido disciplinario (...) Los hechos que justifican el despido consistieron en que la ahora recurrente, que prestaba servicios para la empresa demandante como dependienta, realizó ventas de al menos 379 prendas por un precio muy inferior al marcado como de venta al público (1 o 2 € por prenda) siempre a los dos mismos clientes.

Por lo tanto, no estamos ante un mero descuido o despiste en que haya podido incurrir la trabajadora, sino a una actuación grave, reiterada y mantenida en el tiempo, con la circunstancia de que los compradores de las prendas tan baratas siempre han sido los dos mismos clientes, y no clientes al azar. Esta actuación ha sido relevante, puesto que el importe total de los daños ocasionados asciende a 10.995,45 €. Por lo tanto, concurren en este caso los requisitos necesarios para estimar que se ha producido un incumplimiento contractual generador de responsabilidad por las pérdidas causadas a la empresa".

C) Criterios de modulación de la culpa

46. En el análisis realizado por Goerlich Peset (2011), varios son los criterios moduladores que toma en consideración:

a) Profesionalidad

El demandado, "piloto de una dilatada experiencia profesional, estaba el 26 de enero 2001. a los mandos de la aeronave DC-8 EC EMD, propiedad de la Cía demandante, que realizaba la Línea 9093 entre Tenerife y Las Palmas de Gran Canaria, cuando se detectó por el Mecánico de abordo una "pérdida de Hidráulico", lo que se detecta a través de un reloj cuya aguja desciende a una zona roja cuando hay pérdida de presión en el sistema hidráulico del DC8.

El Comandante decide pues aterrizar en el Aeropuerto de Las PALMAS de Gran canaria, sin incidente alguno y una vez en tierra, continúa lentamente su marcha con los cuatro motores encendidos hasta el Parking que tenía designado, a través de la zona de rodadura, y cuando se aproxima a la pared de la Terminal sé percata de que no frena en absoluto el Avión lo que ratifica el copiloto; con lo que acciona el freno de aire, produciéndose una frenada brusca y un ligero desplazamiento o derrape del tren de aterrizaje del avión (el término técnico es guiñado) que provoca que uno de los motores (el exterior Izquierdo) impactase en— una "jardinera" (autobús utilizado para aproximar a los pasajeros hasta el avión) que había allí aparcada, lo que provocó rotura de sus cristales y algunas partes metálicas que fueron aspiradas por el motor, sufriendo daños cuantificados en 750.716'76 EUROS. La empresa demanda al piloto suyo, reclamándole la referida cantidad, como importe de los daños sufridos en sus bienes, a consecuencia del accidente sufrido por el avión que este pilotaba.

La STSJ Madrid de 26 de noviembre de 2002 (Rº 4143/2002), concluye que "como tiene declarado una pacífica doctrina jurisprudencial, "el resarcimiento de daños y perjuicios sólo es viable cuando simultáneamente se dan determinados requisitos, cuales son la realidad de una situación generadora 'de daños y perjuicios, su cabal acreditamiento en el proceso, un probado incumplimiento de la contraparte que origine aquella situación, y, por último, una relación o nexo causal (clara y directa) entre dicho incumplimiento y el daño producido" (...).

Pues bien, cabe afirmar que en el caso de la actora no concurren los presupuestos, fácticos y jurídicos, que hacen viable la indemnización pedida (arts. 1101 y siguientes del Código Civil, porque no aparece probado el nexo causal entre la conducta del trabajador y el daño causado, ni tampoco aparece probado que aquella fuera dolosa, culposa ni siquiera negligentes, pues su conducta se ajusta en todo momento a las elementales normas de conducta y de buen hacer atendidas las circunstancias".

47. "De entrada, es claro que la determinación de una culpabilidad suficiente por parte del trabajador para imponer el resarcimiento de los daños se relaciona claramente con la diligencia debida en función del contrato; y ésta se relaciona sin duda con su profesionalidad" (Goerlich Peset, 2011). De la lectura del mencionado autor cabe extraer algunos criterios orientativos:

(i) La profesionalidad es la específicamente contratada y no la derivada de las capacidades que en abstracto posea el trabajador.

(ii) La imputación de los daños a los trabajadores que normalmente manejan vehículos exige un particular grado de culpabilidad. En el caso de los conductores de vehículos a motor, no es suficiente la culpabilidad derivada de las reglas de imputación de la normativa de tráfico.

(iii) La responsabilidad sólo es admisible cuando el siniestro haya sido ocasionado por el trabajador dolosamente o por culpa grave, entendiendo por este último concepto la temeridad que supera de modo manifiesto e injustificado el grado de descuido en que puede incurrir un conductor normal.

(iv) La obligación de resarcir los daños puede también resultar de una antijuridicidad de carácter general, vinculada con la comisión por el trabajador de actos ilícitos durante el desarrollo de su prestación.

b) *Conductas de trabajador y empresa alrededor del hecho ilícito*

48. Al igual que en el caso anterior de la lectura de Goerlich Peset (2011) cabe extraer diversas reglas orientativas:

(i) La responsabilidad existe en aquellos casos en que el operario contraviene expresas órdenes de la empresa (daños derivados de la conducción de un vehículo que ha sido expresamente prohibida por la empresa). Sin embargo, cuando el trabajador actúa dentro del ámbito de las instrucciones recibidas por su empleador la imputación de responsabilidad es, necesariamente, más limitada o, por expresarlo de otro modo, requiere una exigencia aún más reforzada de culpa.

(ii) Opera como factor modulador de la responsabilidad del trabajador la exigencia de cumplir un determinado nivel de rendimiento que conlleva una presión adicional en la prestación del servicio (presión de acabar la totalidad de las tareas de reparto asignadas por la empresa dentro del horario laboral).

c) *La culpabilidad exigida no es equivalente a la que se requiere para el ejercicio del poder disciplinario*

49. Como resume Goerlich Peset (2011), "el hecho de que la sanción disciplinaria o el despido resulten procedentes no implica automáticamente su triunfo (responsabilidad por daños de trabajador). El carácter procedente del despido no equivale a la existencia de responsabilidad indemnizatoria. Diferente exigencia de culpabilidad: la que se requiere para condenar al trabajador al resarcimiento de daños excede la que exige el art. 54.1 del ET para admitir la procedencia del despido. Del mismo modo, difícilmente puede prosperar la acción si la empresa deja pasar los presuntos errores del trabajador sin amonestar ni sancionar para, luego, pedir el resarcimiento de daños".

D) Imputación del daño y alcance de la reparación

50. La carga de la prueba del daño, así como de su imputabilidad al trabajador mediante la acreditación del grado de negligencia exigible corresponde a la empresa. De este modo, la mera existencia de un evento dañoso, sin que quede acreditado por la empresa que el trabajador se haya separado del procedimiento normal de trabajo, no produce obligación de reparación. No obstante, "la lectura de los pronunciamientos de suplicación muestra, sin embargo, que en muchas ocasiones la acreditación de negligencia y/o causalidad que exigen los tribunales del orden social convierte la posibilidad de imputar los daños al trabajador en una entelequia" (Goerlich Peset, 2011).

De probarse, la indemnización no tendrá tope alguno, sino que deberá compensar la totalidad de los daños causados, que comprenden, conforme al art. 1106 del CC, tanto el valor de la pérdida sufrida como el de la ganancia dejada de obtener, sin perjuicio de que, de no mediar dolo del trabajador, la responsabilidad solo alcanzará a los daños previsibles y que sean consecuencia necesaria del incumplimiento del deber de diligencia, pudiendo moderarse la cuantía de la indemnización por el órgano judicial conforme a los arts. 1103 y 1107 del CC (Alfonso Mellado, 1994: 62).

Con todo, existen notables dificultades para extender el alcance de la responsabilidad al lucro cesante (Goerlich Peset, 2011). Mientras como sabemos se admite que el coste de la reparación derivada de un accidente de tráfico pueda ser imputado al trabajador que conducía el vehículo, se rechaza que quepa extender el daño indemnizable a las pérdidas derivadas de su paralización. No se trata, sin embargo, de una tendencia clara toda vez que es posible encontrar otras sentencias en las que el lucro cesante se incluye en la indemnización debida con normalidad.

4. *Responsabilidad por daños en las relaciones laborales especiales y actividades en el sector del transporte*

A) Especialidades de la relación laboral especial de representantes de comercio

51. Esta relación laboral de carácter especial incorpora dos disposiciones que establecen un sistema de responsabilidad derivado de actuaciones de los trabajadores: arts. 6.2 y 9.d) del RD 1.438/1985.

La primera aparece vinculada a los daños del muestrario:

> *"Los trabajadores a que se refiere la presente normativa serán responsables de las pérdidas o deterioros que, en todo o en parte, sufra el muestrario o instrumentos de trabajo por su culpa o negligencia, y de aquellas otras que no haya puesto en conocimiento de la Empresa en los diez días siguientes a su acaecimiento".*

Como doctrinalmente se ha señalado, en este caso, "parece imponerse una responsabilidad objetiva por descuido en la comunicación, aunque no hubiera habido culpa o negligencia. En todo caso, el plazo que se establece para la comunicación debe empezar a contarse a partir del momento en que el trabajador pueda tener conocimiento del extravío o deterioro, por lo que habrá de estarse a cada caso concreto" (Ruano Albertos, 2016: 144).

52. El art. 9 d) del RD 1.438/1985 establece una regla de responsabilidad derivada de la gestión de cobro por las personas que promuevan o concierten operaciones mercantiles por cuenta de uno o más empresarios, sin asumir el riesgo. Establece el referido precepto que:

> *"En ningún caso de la gestión de cobro podrá derivarse responsabilidad patrimonial para los trabajadores, salvo que haya habido negligencia grave o dolosa".*

El referido precepto limita la responsabilidad patrimonial del trabajador a aquellos supuestos en que haya concurrido dolo o negligencia grave y "que deriva del art. 1101 del CC" (Lopera Castillejo, 1990: 384). Ello permite, así, un relativo arbitrio judicial para valorar la gravedad de la conducta. De no estimarse concurrente esta, las consecuencias económicas negativas de la gestión del cobro recaen exclusivamente sobre la empresa.

B) Responsabilidad de los abogados en despachos colectivos

53. El art. 24.1, in fine, RD 1.331/2006:

> *"Los abogados están sometidos a responsabilidad disciplinaria en la ejecución del contrato de trabajo que tengan concertado con los despachos al amparo de lo establecido en este real decreto, y ello con independencia de que pueda exigirles otro tipo de responsabilidades".*

De este modo, el abogado podrá incurrir en responsabilidad disciplinaria laboral, pero, en su caso, también civil.

C) Acciones de la empresa contra el trabajador por incumplimiento de normas relativas al transporte terrestre

54. El art. 138.2 de la Ley 16/1987, de 30 de julio, de Ordenación de los Transportes Terrestres, establece que:

> *"La responsabilidad administrativa se exigirá a las personas físicas o jurídicas a que se refiere el apartado* 1 (para el caso que nos ocupa: el "titular de la concesión o de la

autorización"), *independientemente de que las acciones u omisiones de las que dicha responsabilidad derive hayan sido materialmente realizadas por ellas o por el personal de su empresa, sin perjuicio de que puedan deducir las acciones que a su juicio resulten procedentes contra las personas a las que sean materialmente imputables las infracciones"*.

La referida norma permite que el empresario sancionado por una infracción administrativa prevista en la norma sobre ordenación del transporte terrestre pueda deducir las acciones que resulten procedentes contra la persona a la que sea materialmente imputable la infracción, lo que ha dado lugar a litigios en los que los empresarios sancionados han pretendido que sus conductores les abonen el importe de la multa impuesta. Los casos en que resulta procedente son aquellos en los que los hechos sancionados excedan del control y diligencia empresarial, exigiendo una culpa o negligencia grave a partir de una interpretación estricta de la responsabilidad contractual, por lo que debe valorarse el grado de desatención de las medidas y cuidados exigibles.

55. Por su parte, el art. 55 del I Acuerdo General para las empresas de transporte de mercancías por carretera y el art. 47.2 del II Acuerdo establecían que: "Las multas impuestas por infracciones de las disposiciones sobre tráfico y seguridad vial deberán ser satisfechas por el que sea responsable de las mismas". De ellos se deduce la facultad de las empresas a repetir contra sus conductores las multas impuestas por infracciones de las disposiciones sobre tráfico y seguridad vial, por su actuación y la creación con ella de riesgos para la seguridad vial. Al amparo de esos títulos, se formularon pretensiones de condena de los trabajadores al pago de las multas impuestas a sus empresarios.

56. Particularmente clarificadora es la STS (Social) de 30 de noviembre de 2011 (Rº 887/2011).

Un trabajador que presta servicios como conductor para la demandada, dedicada al transporte de mercancías por carretera. Por denuncia de la Guardia Civil de Tráfico del mismo día, la Consejería de Obras públicas de la Junta de Comunidades de Castilla-La Mancha incoó tres expedientes que fueron resueltos con la imposición de sendas sanciones a la empresa por la comisión de las infracciones siguientes: a) no presentar todos los discos— diagrama de los últimos 15 días; b) conducir un total de 21 horas y 25 minutos durante un periodo de 24 horas, según los tres discos presentados; y c) utilizar dos discos-diagramas sin datos de la matrícula, fecha y conductor. La empresa descontó al trabajador 8.431,39 €, de los 9.902 € a los que ascendían las tres multas, reclamando en su demanda los 1.470,61 € restantes, entendiendo que podía repetir contra el trabajador. La sentencia de la Sala de Madrid analiza los arts. 50 y 55 del Acuerdo General para las empresas de transporte de mercancías por carretera y el art. 138 de la Ley 16/1987, de ordenación del transporte terrestre, y concluye que la responsabilidad del trabajador ha de exigirse mediante expediente sancionador y por infracciones de tráfico y seguridad vial y, además, que la correcta impresión del tacógrafo no es responsabilidad exclusiva del trabajador.

Entiende el Tribunal Supremo que:

"Tales acciones se enmarcarán, en su caso, en la responsabilidad contractual que consagra el art. 1101 del CC, como la parte recurrente señala. Sin embargo, la exigencia del resarcimiento por daños habrá de precisar de la concurrencia de dolo o negligencia por parte del trabajador, mostrada en el desarrollo de su prestación de servicios y causante de las infracciones por las que la empresa acabó siendo sancionada. No basta, pues, con la mera imposición de tales sanciones, cuando, como en el caso, no puede deducirse de las denuncias, que las ocasionaron, la intervención directa del trabajador en el acaecimiento de las omisiones detectadas por la autoridad administrativa. Por el contrario, la empresa, no sólo no hizo partícipe al trabajador de los expedientes administrativos que se incoaron, sino que no desarrolló ni alegaciones al respecto en aquella vía, ni actividad probatoria necesaria en el proceso que ahora se nos somete a conocimiento, que permitiera deducir que fue el trabajador quien, con su conducta, impidió que los agentes de la Guardia Civil pudieran comprobar los discos; quien dejó de realizar el descanso mínimo necesario pese a las concretas instrucciones que hubiera debido darle la empresa y, asimismo, quien omitió cumplimentar los discos que sí se hallan en el camión".

El éxito de la postura de la empresa podía alcanzarse sólo de sustentarse sobre una base probatoria concreta de que los defectos objeto de sanción se escapaban al control y diligencia del empresario y, en cambio, se debían a la conducta negligente del trabajador. A lo que, de llegar el caso, habría de añadirse que la responsabilidad indemnizatoria contractual en el ámbito del contrato de trabajo resulta más exigente y precisa de una culpa o negligencia del trabajador sea grave, cualificada o de entidad suficiente (en los términos de la STS (Social) de 14 de noviembre de 2007); por lo que sería dudoso considerar que las omisiones relativas a los discos fueran susceptibles de ser calificadas como graves y más dudoso resulta que pueda considerarse un incumplimiento contractual la prolongación de jornada por parte del conductor de no acreditarse una instrucción clara y contundente de la empresa que éste, en un exceso de celo, hubiera desobedecido.

V. Daños del trabajador por vulneración del derecho al honor de la empresa

57. Es necesario recordar que, aunque con carácter general la titularidad de los derechos fundamentales y libertades públicas corresponde a las personas naturales, por derivar un buen número de ellos (ex art. 10.1 CE) de la dignidad de la persona y el desarrollo de su personalidad, lo cierto es que ello no ha obstado a que el TC haya reconocido también a las personas morales (públicas o privadas) ciertos derechos fundamentales y libertades públicas como el derecho al honor.

Como señalara la STC 64/1988, de 12 de abril:

> "Es indiscutible que, en línea de principio, los derechos fundamentales y las libertades públicas son derechos individuales que tienen al fundamentales y las libertades públicas son derechos individuales que tienen al individuo por sujeto activo y al Estado por sujeto pasivo en la medida en que tienden a reconocer y proteger ámbitos de libertades o prestaciones que los Poderes Públicos deben otorgar o facilitar a aquéllos. (...) Es cierto, no obstante, que la plena efectividad de los derechos fundamentales exige reconocer que la titularidad de los mismos no corresponde sólo a los individuos aisladamente considerados, sino también en cuanto se encuentran insertos en grupos y organizaciones, cuya finalidad sea específicamente la de defender determinados ámbitos de libertad o realizar los intereses y los valores que forman el sustrato último del derecho fundamental".

Y ello porque "el derecho a la propia estimación o al buen nombre o reputación en que consiste" no es patrimonio exclusivo de las personas físicas (STC 139/1995, y también SSTC 214/1991, 183/1995 y 79/2014). Ahora bien, al no ser el prestigio, la reputación o el buen nombre en la consideración ajena, términos exactamente identificables con el honor, el TC le ha concedido "un nivel más débil de protección" del que corresponde atribuir al derecho al honor de las personas físicas (SSTC 107/1988, 139/1995, y 20/2002).

58. Una interesante proyección en el plano del resarcimiento por daños y perjuicios se plantea en la STS (Civil) de 23 de julio de 2024 (Rº 8490/2023).

> D. Porfirio fue contratado el 16 de marzo de 2021 por Transportes Gruval S.L. (en lo sucesivo, Transportes Gruval) como conductor y finalizó su actividad laboral en esa empresa el 10 de septiembre de 2021. TransportesGruval le ofreció un finiquito de 1.685,93 euros, que D. Porfirio no aceptó, y demandó a Transportes Gruval ante el juzgado de lo social. Entre el 2 de noviembre de 2021 y el 18 de enero de 2022, D. Porfirio publicó en la sección ofertas de trabajo para transportistas del portal de Internet "Mil Anuncios" una serie de anuncios, entre los que están los siguientes: "Compañeros, mucho cuidado con la empresa Gruval de Catarroja que son unos piratas y no pagan a los choferes a mí personalmente me deben 11.000 euros y no me quieren pagar nada. La empresa está denunciada. Si a alguien le interesan más detalles que se pongan en contacto conmigo". "A cuantas personas queréis estafar más, falta poco para contar en televisión todo lo ocurrido". "Compañeros, mucho cuidado con la empresa Gruval de Catarroja que están buscando esclavos y luego no les pagan. A mí me deben 11.000 euros y están demandados en el Juzgado". En el acto de conciliación celebrado en el proceso laboral, el Sr. Porfirio y Transportes Gruval llegaron a un acuerdo por el que esta indemnizó a aquel en 2.425,44 euros por la finalización de la relación laboral. Transportes Gruval interpuso una demanda contra D. Porfirio en la que solicitó que se declarara que el demandado había

efectuado una intromisión ilegítima en el honor de Transportes Gruval y le condenara a indemnizarle en 7.000 euros, a eliminar las publicaciones difamatorias y falsas reseñadas en la demanda, a que se abstenga en lo sucesivo de publicar y/o divulgar de cualquier manera y en cualquier medio y/o soporte las citadas o similares difamaciones y falsas afirmaciones y a que publique a su costa el fallo de la sentencia condenatoria con al menos la misma difusión pública que tuvo la intromisión sufrida. El Juzgado de Primera Instancia desestimó la demanda, pero, apelada la sentencia por Transportes Gruval, la Audiencia Provincial la revocó y estimó sustancialmente la demanda, si bien rebajando la indemnización a 5.000 euros

La sentencia de la Sala de lo Civil comienza recordando que "la jurisprudencia (por todas, sentencia 485/2023, de 17 de abril, y 253/2024, de 26 de febrero, y las que en ellas se citan) ha declarado que las personas jurídicas privadas son titulares del derecho al honor y que en la protección de este derecho se incluye el prestigio profesional, sin que sea preciso acreditar la existencia de un daño patrimonial en sus intereses, si bien tal protección es de menor intensidad cuando su titular es una persona jurídica. Para que un ataque al prestigio profesional o empresarial integre además una transgresión del derecho fundamental al honor es necesario que revista una cierta intensidad y que no basta la mera crítica de la actividad profesional, sino que es precisa la descalificación injuriosa o innecesaria del comportamiento profesional de una persona, especialmente mediante infamias que pongan en duda o menosprecien su probidad o ética en el desempeño de aquella actividad".

Aunque probablemente esa conclusión basada en la personalidad jurídica no sea del todo correcta. Como certeramente señala Alfaro (2023: 212-213), la titularidad de los derechos fundamentales por la empresa no es una consecuencia de que las mismas se encuentren o no dotadas de personalidad jurídica y ello porque si las "personas jurídicas son patrimonios dotados de capacidad de obrar, lógicamente, a un patrimonio no pueden pertenecer derechos u obligaciones que no sean patrimoniales porque es de la esencia de un patrimonio estar dotado de bienes (...) De modo que si el ordenamiento legitima a las personas jurídicas para ejercer pretensiones relacionadas con tales derechos y libertades no es porque las considere titulares de tales derechos, sino porque se ve afectado algún derecho patrimonial de la persona jurídica".

El demandante ha reconocido en su escrito de recurso que no existían esos problemas, que quien accediera a los anuncios podía ver que era un problema puntual con un trabajador y no "que la actitud que se recrimina sea general respecto de cualquier otro trabajador", y que "lo que se pretende es forzar que la empresa acepte una determinada solución". No solo no existe prueba, ni se ha intentado justificar en el recurso, de que sean ciertas las acusaciones que el demandado formulaba en esos anuncios, sino que además la cantidad que acordó finalmente con la empresa dista mucho de los 11.000 euros que en los anuncios decía que le adeudaban, y se aproximaba mucho al importe del finiquito que la empresa le ofreció y él rechazó.

La STS (Civil) de 25 de noviembre de 2022, declara que: "[...] en el presente caso la libertad de expresión no respeta el parámetro de la proporcionalidad: (i) porque la actuación del recurrente no constituyó una respuesta proporcionada a las circunstancias que pudiera explicarse por la falta de legítimas alternativas para reaccionar y defender su interés; (ii) porque, pese a ejercer con éxito las acciones legales que le correspondían, utilizó una vía de hecho, promoviendo, durante un periodo prolongado de tiempo, una verdadera campaña, dirigida a la población en general, para difundir en una ciudad pequeña, una información que minaba el prestigio de la recurrida; (iii) porque la información difundida, tal y como se proporciona, puede llevar a la conclusión de que la recurrida ejecuta mal sus obras y no repara los defectos constructivos, lo que, de acuerdo con lo probado, no fue lo que sucedió con la vivienda del recurrente, por lo que no puede considerarse apoyada en hechos objetivos y veraces; (iv) y porque el recurrente trató de hacer efectivas sus reclamaciones empleando medios denigratorios y además actuó con la intención de fastidiar a la demandante y perjudicarla en su actividad como vendedora de viviendas".

Esta doctrina es aplicable al presente supuesto según entiende la Sala de lo Civil del Tribunal Supremo:

"Que el demandado pretendiera obtener una indemnización mayor por la finalización de su relación laboral con la empresa demandante no justifica que durante semanas estuviera publicando, en la sección de transporte de un portal de Internet de anuncios, mensajes inveraces y denigratorios respecto de la empresa demandante, con el fin de forzar a la empresa a aumentar la indemnización. La reiteración en los mensajes, que volvía a publicar una vez que eran retirados los anteriores anuncios, la ausencia de una base fáctica que fundamente las imputaciones ofensivas, los términos denigratorios empleados y la finalidad confesada de forzar a la empresa a aumentar la indemnización determinan que la afectación del honor de la demandante no se encuentre legitimada por el ejercicio de la libertad de expresión del demandado".

Sentado lo anterior, la Sala concluye que:

"la pretensión del recurrente de que se fije una indemnización proporcional a la indemnización que percibió por la finalización de su relación laboral carece de apoyo legal alguno. Además, teniendo en cuenta que la cuantía de la indemnización, caso de rebajarse sustancialmente, devendría una indemnización simbólica, la cuantía debe mantenerse porque es proporcionada a las circunstancias del caso: gravedad de las imputaciones, reiteración con la que se realizaron durante varios meses, publicación en un portal de Internet de anuncios y en la sección dedicada justamente al sector empresarial en el que desenvuelve su actividad la demandante, etc".

VI. Baja voluntaria irregular o dimisión sin preaviso

1. *Responsabilidad contractual del trabajador por incumplimiento de la obligación de preaviso*

59. La extinción del contrato sin causa mediando preaviso y por voluntad del trabajador, llamada también dimisión, aparece regulada en el art. 49.1.d) del ET al decir que «el contrato de trabajo se extinguirá por dimisión del trabajador, debiendo mediar el preaviso que señalen los convenios colectivos o la costumbre del lugar». Esta situación extingue el contrato de trabajo sin derecho a indemnización alguna a favor del trabajador. La inobservancia del preaviso no impide la inmediata extinción de la relación de trabajo, pero esta inobservancia obliga al trabajador a responder, no tanto por incumplimiento del contrato, sino por el incumplimiento del deber legal de preavisar, de los daños y perjuicios ocasionados al empresario (en virtud de lo dispuesto en los arts. 1102 y 1103 del CC).

Las reclamaciones vinculadas al incumplimiento del plazo de preaviso tienen una mayor importancia litigiosa que la que resulta a primera vista, dado que por su cuantía y efecto indemnizatorio más habitual (pérdida de días de salario o, total o parcialmente, de la liquidación de partes proporcionales de pagas extras y vacaciones), tiende a suscitar el debate en torno a la pretensión de pago de salarios que efectúa el trabajador, sea reduciendo la deuda salarial de éste, sea alegando el crédito indemnizatorio del empresario como causa de extinción total o parcial del crédito salarial, vía compensación de créditos (como resume Díaz de Rábago, 2009).

Teniendo en cuenta la finalidad del preaviso y la función a la que sirve, la dimisión extemporánea constituye un incumplimiento, de una obligación modalizadora de la facultad extintiva que, como hemos dicho, si no pone en cuestión su eficacia, si le impone cauces obligados de corrección en su ejercicio. El incumplimiento de la obligación de preavisar, pues, genera una responsabilidad contractual a la que queda sujeto el trabajador frente al empleador (Pérez Espinosa, 1980: 89).

A dicho pago tiene derecho el empresario deduciendo ante la jurisdicción laboral la correspondiente acción de reclamación de cantidad, aunque lo más frecuente (al amparo de lo establecido en los arts. 1195 y siguientes del CC, sobre compensación de deudas) sea que ese límite a descontar de la liquidación del trabajador dimisionario el importe del salario de un día por cada día de retraso en el aviso (Martínez Girón, 1990).

Dicha indemnización de daños no siempre procederá, aunque los daños se hubieran producido, pues, como el preaviso que ha de conceder al trabajador es una norma a favor del empleador, es perfectamente renunciable por éste, por lo que si se acepta la falta de preaviso expresa o tácitamente, el empresario no podrá reclamar los daños que la ausencia del mismo haya producido (Alfonso Mellado, 2015: 676-677).

2. *Cláusula convencionales y descuento automático con independencia de los daños*

60. Los convenios colectivos suelen incluir cláusulas en los que se concreta el plazo de preaviso que el trabajador debe dar cuando dimita, lo que se combina con el derecho del empleador a deducir de la liquidación que abone al trabajador o reclamar, una cantidad equivalente al salario que trabajador hubiese percibido durante los días de preaviso no concedido. Este tipo de cláusulas plantearon en su día la duda de si resultaba posible el descuento, aunque el empleador no hubiese sufrido ningún tipo de daños. Las mismas fueron cuestionadas en la medida en que podían implicar una especie de multa de haber, e incluso conducir a un enriquecimiento injusto del empleador en caso de que no sufriera daños derivados de la de la dimisión no preavisada o del abandono del trabajador.

La STS (Social) de 16 de marzo de 2005 (Rº 118/03), admitió la legalidad de estas cláusulas, entendiendo que se trata en el fondo del establecimiento de una cláusula penal, lícita al amparo del art. 1152 del CC y que tiene efectos favorables para ambas partes: para el empleador en cuanto le dispensa de la prueba concreta de los daños, y para el trabajador, en cuanto limita su posible responsabilidad pues, aunque los daños fuesen superiores, su obligación de indemnizar quedaría limitada a la cuantía establecida por el convenio.

El supuesto se encontraba referido a la calificación de una cláusula prevista en el II Convenio Estatal del Sector de Telemarketing, en la que se establecía una penalización en caso de incumplimiento del plazo de preaviso por el trabajador dimisionario, consistente en el descuento de la correspondiente liquidación de un día de salario por cada día del preaviso omitido. Entre la calificación como supuesto de compensación de deuda —propugnado por la empresa— y como multa de haber —declarado por la sentencia de instancia— la Sala adopta un tercer criterio, pues ni se trata de una deuda líquida susceptible de compensar, ni se puede ejercitar la facultad sancionadora empresarial sobre una relación que se encuentra ya extinguida. Así pues, la calificación que se considera corresponde a la referida estipulación es la de cláusula penal, permitida y regulada por los art. 1152 y ss del CC.

61. También ha sido objeto de controversia la viabilidad de la ampliación del plazo de preaviso por vía contractual. El Tribunal Supremo ha considerado que, establecido el plazo de preaviso en el convenio, no son admisibles cláusulas contractuales que eleven la duración del mismo, limitándose, en este caso, la compensación del trabajador al descuento del salario de los días establecidos en el convenio como preaviso y ello, aunque el convenio aluda a que ese plazo es de antelación mínima.

Una empresa de trabajo temporal incluye entre las cláusulas adicionales del contrato de trabajo de una directora de oficina de una empresa de trabajo temporal, la siguiente: "Plazos de preaviso: "Igualmente en caso de baja voluntaria, dimisión o renuncia por parte del trabajador, deberá ponerlo en conocimiento de la empresa con una antelación mínima de dos meses". El Convenio Colectivo de la Industria Siderometalúrgica de la Comunidad de Madrid, establecía en su art. 24 que "El trabajador o trabajadora que cese voluntariamente, deberá preavisar a la empresa por escrito, con al menos un mes, en el caso de jefes, técnicos y titulados, y quince días, en el resto del personal"

La STS (Social) de 31 de marzo de 2011 (Rº 3312/2010), concluye que: (i) el pacto contractual estableciendo un preaviso superior al del convenio colectivo se refiere a "derechos y obligaciones concernientes a la relación laboral" no puede establecer "en perjuicio del trabajador" "condiciones menos favorables o contrarias" a las disposiciones de los "convenios colectivos"; (ii) "se está estableciendo una obligación más gravosa que la que el convenio impone [...] se está discutiendo nada menos que la pérdida de dos meses de salario, lo que arroja un monto de gran relevancia que, ser admisible, habría de llevar aparejada necesariamente la exigencia de la prueba de los perjuicios producidos a la empresa por la decisión del trabajador de cesar voluntariamente". La sentencia cuenta con un voto particular que considera que: "El pacto de preaviso enjuiciado, al ser bilateral, no es un pacto en perjuicio del trabajador, sino un pacto en el que los sacrificios se imponen a ambas partes del contrato" y, por otro lado, que "no se trata tampoco de un pacto contrario a las previsiones del convenio colectivo, habida cuenta de que lo que ha contemplado es un preaviso mínimo de extinción y no un preaviso de extinción rígido o inmutable".

3. Ausencia de regulación convencional y prueba de los daños

62. La regulación convencional tiene un considerable efecto (Alfonso Mellado, 2015: 677). Si el convenio nada dice, el empleador deberá probar los daños que ha sufrido, pues estos no se presumen. Por el contrario, si el convenio colectivo posee una previsión al respecto, el empresario quedará exonerado de la prueba de los daños y perjuicios, puestos se presumen ante la existencia de una cláusula penal que los concreta.

El problema es cómo ha de fijarse esa indemnización y en qué casos ha de corresponder. Dos soluciones son posibles, la que, siguiendo la tradición del art. 81 del LCT, y conectando con el derecho común de obligaciones, entiende que es un supuesto de responsabilidad contractual por los daños efectivamente causados, indemnizables de acuerdo con los criterios establecidos en el art. 1101 del CC; o la que, utilizando el paralelismo con la situación del preaviso del despido, y su consideración como obligación alternativa del deber de preavisar (abonar los salarios correspondientes a dicho período), y por ello como indemnización sustitutiva, entiende que el mismo régimen jurídico deber ser aplicado al caso de la dimisión.

La primera fórmula tiene la ventaja para el trabajador de que impone al empresario la carga de la prueba de los perjuicios causados por la inobservancia del preaviso, dada la naturaleza sancionatoria o de resarcimiento de esa indemnización. Pero tiene el notable inconveniente de que no limita la cuantía de la indemnización frente a lo que ocurre para el empleador. Por ello se trata de equiparar los efectos de la inobservancia del preaviso tanto en el despido como en la dimisión, calculando la indemnización por los salarios correspondientes del período de preaviso.

En algunos casos el defecto de preaviso tiene claros efectos resarcitorios. Es el caso de la relación laboral de deportistas profesionales (art. 16 del RD 1006/1985) o de los artistas en espectáculos públicos (art. 10.4 de RD 1435/1985). Sin embargo, en otros casos, como ocurre en el personal de alta dirección, la indemnización por incumplimiento del preaviso viene calculada en función del salario por los días que restaban hasta el total cumplimiento del plazo de preaviso (art. 10.2 del RD 1382/1985).

63. Aparte de los salarios correspondientes al período de preaviso omitido, resulta judicialmente viable que el empresario pueda exigir al trabajador dimisionario la indemnización por otros daños y perjuicios provocados por el mero hecho de la extinción. El ejemplo lo encontramos en la STSJ Galicia de 23 de julio de 2012 (Rº 18/2009), según la cual:

"El incumplimiento de dicho preaviso genera la responsabilidad del demandado, en su condición de alto directivo, a indemnizar a la empresa en el equivalente a tres mensualidades del salario (...). Está igualmente acreditada la conducta claramente negligente, susceptible de ser apreciada como negligencia grave del trabajador demandado en, al menos, una parte de los hechos por los cuales la empresa fue sanciona administrativamente. En concreto, por haber permitido la salida hacia su comercialización de una partida de molusco con toxina (...)". La sentencia dictada en suplicación considera que "el "quantum" indemnizatorio de 15.000 € acordado en la sentencia de instancia por este concepto, debe estimarse también correcto y ajustado a derecho, pues si bien la sanción impuesta por la Xunta de Galicia ascendió a 30.000 €, lo fue por tres hechos: La comercialización y venta del mejillón; irregularidades en la trazabilidad del producto y ausencia de cumplimentación de los libros de control. El cumplimiento de estos dos últimos deberes no eran responsabilidad directa e inmediata del demandado, sino del laboratorio y de los biólogos. Por ello, las deficiencias que hayan podido observarse en este particular después de su cese en la empresa no le son achacables, y las que pudieran existir con anterioridad sólo lo serían por extensión y de una manera mediata, lo que convierte su culpabilidad, a lo sumo, en una negligencia leve que quedaría al margen de la responsabilidad, al carecer de gravedad, cualificación y entidad suficiente, de acuerdo con la doctrina jurisprudencial antes citada. Y lo mismo puede decirse de la pretensión de incremento de la indemnización en la cuantía de 20.000 € solicitada en su recurso por la empresa, en base a daños y perjuicios causados en su imagen. Ni del relato fáctico, ni de la fundamentación jurídica de la sentencia de instancia resultan la realidad de tales daños y perjuicios, pues, por un lado, el demandado evitó que producto en mal estado llegara a salir a la venta, ya que dio el correspondiente aviso a Mercadona; y por otro, no existe ni la más mínima constancia, antes al contrario, de la que imagen de la empresa resultase afectada por este episodio, pues no perjudicó las ventas a Mercadona y esta empresa, según reconoce la sentencia de instancia, es en la actualidad su mejor cliente. La conclusión final, por tanto, ha de ser la de desestimar ambos recursos con la consiguiente confirmación de la sentencia de instancia".

Capítulo 10

LA RESPONSABILIDAD DEL EMPRESARIO FRENTE A TERCEROS POR ACTOS DEL TRABAJADOR A SU SERVICIO (I). RESPONSABILIDAD CONTRACTUAL Y EXTRACONTRACTUAL

Bibliografía. ALONSO OLEA, M., *La responsabilidad del empresario frente a terceros por actos del trabajador a su servicio*, Madrid, Civitas, 1990. ALONSO OLEA, M., CASAS BAAMONDE, M. E., *Derecho del Trabajo*, Madrid, Civitas, 2009, 27ª ed. BARCELÓ DOMENECH, J. *Responsabilidad contractual del empresario por actividades de sus dependientes*, McGraw-Hill, Madrid, 1995. CABANILLAS SÁNCHEZ, *La responsabilidad extracontractual del empresario por los daños causados por un dependiente de alta cualificación técnica*, Anuario de Derecho Civil, 2003, pp. 167-230. CASTILLA BAREA, M., *Responsabilidad extracontractual del empresario por los daños ocasionados por sus trabajadores declarados en huelga. Posible consideración de la huelga como caso fortuito o fuerza mayor no acogida en la sentencia*, Cuadernos Civitas de jurisprudencia civil, 2002, nº 58, pp. 49-70. CRISTÓBAL MONTES, A., *La responsabilidad del deudor por sus auxiliares*, ADC, 1989, pp. 5-17. DE ANGEL YAGÜEZ, R.: *"Comentario al artículo 1903 CC"*, en Comentarios al Código Civil, Tomo II, 2ª Edición, Madrid, Ministerio de Justicia, 1993, p. 2017. EUROPEAN GROUP ON TORT LAW, *Principios de Derecho europeo de la responsabilidad civil*, traducción a cargo de la "Red Española de Derecho Privado Europeo y Comparado" (REDPEC), coordinada por Miquel Martín-Casals, Pamplona, Thomson-Aranzadi, 2008. FERNÁNDEZ GOSALVEZ, S. *La responsabilidad extracontractual por los daños causados por un contratante independiente*, RJUAM, nº 30, 2014-II, pp. 51-78. FERNÁNDEZ MÁRQUEZ, O., *Derecho de daños y responsabilidad vicaria del empleador*, Madrid, Dykinson, 2020. FERRANDO GARCÍA, F. *Responsabilidad de los huelguistas frente a clientes y usuarios de servicios prestados por las empresas afectadas por el conflicto*, en AA.VV., La responsabilidad civil por daños en las relaciones laborales. XXII Congreso Nacional de Derecho del Trabajo y Seguridad Social. Madrid, Ediciones Cinca, 2013 (documento en pdf). GOERLICH PESET, J. M., *Ejercicio del derecho de huelga en el contexto de la descentralización productiva*, en Descentralización productiva, nuevas formas de trabajo y organización empresarial en XXVIII Congreso de Derecho del Trabajo y de la Seguridad Social, Madrid, Cinca, 2018, pp. 175-201. GÓMEZ LIGÜERRE, C., *Solidaridad y Derecho de daños. Los límites de la responsabilidad colectiva*, Madrid, Civitas, 2007. JIMÉNEZ HORWITZ, M., La im*putación al deudor del incumplimiento del contrato ocasionado por sus auxiliares*, Madrid, Mc Graw Hill, 1996. JORDANO FRAGA, F., *La responsabilidad del deudor por los auxiliares que utiliza en el cumplimiento*, Madrid, Civitas, 1994. LÓPEZ SANTANA, N., *El incumplimiento del contrato de viaje combinado por causa de huelga. La protección del turista*, Granada, Comares, 2003. MARTÍN CASALS, M., *La "modernización" del derecho de la responsabilidad extracontractual*, en AA.VV., *Cuestiones actuales en materia de responsabilidad civil XV Jornadas de la Asociación de Profesores de Derecho Civil. A Coruña, 8 y 9 de abril de 2011*, Murcia, Servicio de Publicaciones Universidad de Murcia, 2011, pp. 11-111. MARTÍN CASALS, M. y SOLÉ FELIU, J.: *Comentario al artículo 1903 CC*, en Domínguez Luelmo (Dir.), Comentarios al Código Civil, Valladolid, Lex Nova, 2010. MARTÍN OSANTE, J. M. *El seguro de responsa-*

bilidad civil empresarial, Madrid, Marcial Pons, 2018. MIQUEL, J. M., *Observaciones en torno a la responsabilidad extracontractual por el hecho de contratante independiente*, Anuario de Derecho Civil, 1983, III, pp. 1501-1514. MORENO DE TORO, C., *La responsabilidad civil del empresario por actos de sus empleados*, Madrid, CES, 1999. MÚRTULA LAFUENTE, V., *Sentencia del Tribunal Supremo de 16 de octubre de 2007. Responsabilidad civil. Suicidio por ingestión de cianuro potásico de un joven con problemas mentales: Inexistencia de causalidad jurídica conforme a los criterios de imputación objetiva entre la muerte y la venta de cianuro. Ausencia de responsabilidad del empresario por la actuación de sus dependientes. Culpa exclusiva de la víctima*, Cuadernos Civitas de jurisprudencia civil, 2008, nº 76, pp. 441-458. PANTALEÓN PRIETO, *El sistema de responsabilidad contractual, (Materiales para un debate)*, ADC, 1991, pp. 1019 a 1092. Id. *Responsabilidad por hecho ajeno*, Enciclopedia Jurídica Básica, V, 1995, IV, pp. 5955 a 5958. RUBIO GARCÍA-MINA, *La responsabilidad civil del empresario (Discurso de recepción en la Real Academia de Jurisprudencia y Legislación, leído el 11 de enero de 1971)*, Madrid, 1971. RAINARA RENTERÍA TAZO, G. *Huelga de estibadores: el caso fortuito (fuerza mayor) como caso liberatorio de las obligaciones del deudor obligado Aplicación práctica al sector automoción*, Análisis GA&P, 2017. SALVADOR CODERCH, S., y GÓMEZ LIGÜERRE, C., *Respondeat Superior II: De la responsabilidad por hecho de otro a la responsabilidad de la organización*, Indret, 2002, nº 3, pp. 1-22. SÁNCHEZ HERNÁNDEZ, C., *Responsabilidad del empresario: relación de dependencia y perjuicios causados con ocasión de sus funciones: Comentario a la STS de 6 de marzo de 2007*, Revista de Derecho Patrimonial, 2008, nº 21, pp. 273-281. SOLÉ FELIU, J., *La responsabilidad extracontractual del principal por hechos de sus auxiliares: principios y tendencias*, Madrid, Editorial Reus, 2012. TORRALBA SORIANO, O., *La responsabilidad por los auxiliares en el cumplimiento de las obligaciones*, ADC, 1971, pp. 1143-1166. ZELAYA ETCHEGARAY, P., *La responsabilidad civil del empresario por los daños causados por su dependiente: naturaleza y requisitos*, Pamplona, Thomson Reuters Aranzadi, 1995.

I. Daños causados por los trabajadores a terceros en el curso de su actividad profesional

1. Aunque la responsabilidad del empresario frente a terceros se mueve en un terreno ajeno al laboral, como también lo hace la responsabilidad por actos delictivos de sus empleados, las severas implicaciones que este tipo de situaciones plantean, han hecho de ella una materia que ha suscitado tradicionalmente el interés de los laboralistas deseosos, sin duda, de alcanzar un completo entendimiento y una plena explanación de todos los ámbitos en los que el trabajador obtiene protagonismo. No en vano la doctrina civilista sitúa al trabajador como el "dependiente" o "auxiliar" paradigmático del art. 1903.4 del CC, al afirmar que "la relación de dependencia empresarial más típica tiene naturaleza laboral…" así como que "concurre esa dependencia o subordinación cuando existe una relación laboral". Un paseo por esta materia nos ayudará a situar las especialidades laborales que laten tras este modelo de responsabilidad. Pero debe partirse, antes de abordar el análisis, de una premisa: el trabajador puede ser considerado responsable, en un último y muy poco frecuentado supuesto, pero sólo mediante la secuencia: cliente → empleador → trabajador.

Conviene comenzar recordando que la responsabilidad del empresario por actuaciones de sus empleados puede tener cabida tanto en el marco de la responsabilidad contractual (apartado III) como en el ámbito de la responsabilidad extracontractual (apartado II), en tanto que los hechos dañosos de los que nace la obligación resarcitoria pueden acontecer en el cumplimiento de la concreta prestación —materialmente ejecutada por un empleado auxiliar— de la que el empresario es deudor, o bien ser consecuencia de la actuación de su empleado dependiente en el desarrollo de habituales ocupaciones que no constituyen en sí el cumplimiento de la específica obligación empresarial.

II. Responsabilidad extracontractual del empresario por actos de sus trabajadores

1. Fundamentos de la responsabilidad civil extracontractual del empresario por el daño causado a terceros por un trabajador

2. Comenzaremos el estudio con el supuesto que posee una precisa regulación en nuestro Código Civil, la responsabilidad extracontractual del empresario por hechos de sus dependientes, paradigmáticamente, de sus trabajadores (art. 1903.4 del CC). Ello se justifica por el hecho de que es este modelo de regulación el que ha servido de base y actúa como espejo normativo para el menos frecuente de responsabilidad contractual de los auxiliares o dependientes. Un supuesto éste último que, aunque menos frecuentado, también posee una notable significación en el plano laboral.

Sobre las 1.50 horas del día once de agosto de mil novecientos noventa, Sara menor de edad, acompañada de otras amigas, entró en la «Discoteca Plató», sita en las denominadas «Galerías Goya» de la Plaza Uncibay de Málaga y, tras bailar durante algún rato aquélla, en unión de Mª Dolores P. P., se dirigió a la barra con la intención de beber agua, pidiéndoselo así a un camarero —no identificado— que se encontraba tras uno de los mostradores, procediendo éste a colocar sobre la barra dos botellines de agua de la marca «Villadrau», de los que uno fue desprecintado y abierto por Mª Dolores, quien ingirió su contenido sin sufrir percance alguno, en tanto que el otro fue abierto quitándole el tapón el propio camarero, pero sin llegar a desprecintarlo, vertiendo el líquido que contenía sobre un vaso de plástico con cubitos de hielo, ingiriendo Sara un sorbo del líquido, sintiendo, inmediatamente, síntomas de abrasión en la cavidad bucal y en el esófago, quedándole, a consecuencia de ello, quemaduras esofágicas y, como secuela, tras numerosas intervenciones quirúrgicas, estenosis de esófago que le impide tener una alimentación normal.

La STS (Civil) de 29 octubre de 2002 (Rº 824/1997) considera que, en la presente «litis», la empresa tiene una responsabilidad que no se puede determinar como de segundo grado o subsidiaria, sino que la misma, con todas sus consecuencias, debe ser calificada de directa, perfectamente compatible con la exigible a otras personas, con las que únicamente les vinculará, en su exigencia, una relación de solidaridad. Y ello dado que el art. 1903 CC establece que la obligación es exigible no sólo por los actos u omisiones propios, sino también por los de aquellas personas de quienes se debe responder, responsabilidad por hecho ilícito ajeno que tiene su fundamento en una culpa «in eligendo» o «in vigilando», e incluso en la creación de un riesgo y requiere como presupuesto inexcusable en el supuesto del párrafo 4º del citado precepto, que exista una relación jerárquica o de dependencia, más o menos intensa, según las situaciones concretas, entre el ejecutor causante del daño y la empresa o entidad a quien se exige la responsabilidad.

A) Un modelo de responsabilidad por hecho propio

3. El art. 1903.4 CC establece la responsabilidad de

> *"los dueños o directores de un establecimiento o empresa respecto de los perjuicios causados por sus dependientes en el servicio de los ramos en que los tuvieren empleados o con ocasión de sus funciones".*

Y el art. 1904.1 CC, añade, que:

> *"El que paga el daño causado por sus dependientes puede repetir de éstos lo que hubiese satisfecho".*

En Europa son pocos los países que mantienen un régimen de responsabilidad por culpa presunta. Entre ellos se hallan Suiza (art. 222 Código civil y art. 55 Código de obligaciones), Alemania (§ 831 del BGB) y España (art. 1903.4 del CC).

4. El art. 1903.4 CC "no contempla casos de responsabilidad extracontractual por "hecho ajeno, sino por "hecho propio, bien que con inversión de la carga de la prueba" (Pantaleón, 1995: 5955).

Aunque se trata de una responsabilidad por hecho propio, lo cierto es que "en una organización, las funciones de control y supervisión se diluyen en una infinidad de relaciones de agencia. La responsabilidad vicaria se convierte entonces en un coste más de la actividad empresarial, en una prima que paga el empresario en favor de las víctimas potenciales de daños causados por la actividad propia del giro de la empresa. El empresario no es más que un codeudor que asume el riesgo de la insolvencia de sus colaboradores y los costes de identificación de la víctima" (Salvador y Gómez Ligüerre, 2022: 20).

B) Responsabilidad por culpa in vigilando o in eligendo. Una exoneración prácticamente imposible

5. La referida responsabilidad es de carácter subjetivo por culpa "in vigilando" o "in eligendo". La culpa del empresario por los hechos ilícitos de sus dependientes se presume ("presunción de culpa iuris tantum ") pudiendo aquél liberarse de su responsabilidad si prueba haber empleado "toda la diligencia de un buen padre de familia para prevenir el daño", tal y como afirma el art. 1903 CC in fine.

Con esta previsión se altera el régimen general sobre carga de la prueba en los procesos civiles del art. 217 LEC, ya que no es el perjudicado quien debe acreditar la culpa del empresario para que se declare su responsabilidad, sino que es el empresario quien tiene la carga de probar su diligencia, para evitar que le sea atribuida la responsabilidad. Una interpretación literal del precepto permite afirmar que la responsabilidad del empresario por actos de sus dependientes se fundamentaría en su propia culpa, si bien la culpa se presumiría.

Pero lo cierto es que para exonerarse el empresario debe no solo adoptar las precauciones exigidas por sus obligaciones como empresario e imponer a los trabajadores todas las precauciones necesarias, sino "cuidar con exactitud vigilante y continua que sean observadas", lo que, como dicen Alonso Olea y Casas (2009: 531-532), excede con mucho del paradigma social de la conducta del buen padre de familia y establece una exigencia de tal calibre que vale tanto como una declaración de responsabilidad directa del empresario". Ello convierte la responsabilidad por hecho ajeno no ya en "un reproche sino una garantía legal en favor de las víctimas que asume quien decide participar en el tráfico conforme a alguno de los roles previstos legalmente" (Salvador y Gómez Ligüerre, 2002: 20).

6. Esta responsabilidad por culpa presunta del empresario por actos de sus dependientes se ha visto sometida a un proceso de objetivación o cuasiobjetivación por parte de la jurisprudencia. En efecto, la mayoría de las sentencias del Tribunal Supremo en materia de responsabilidad extracontractual del empresario por los daños causados por sus dependientes fundan su decisión en criterios objetivos, bien implícitos o bien explícitos.

Por lo que se refiere a nuestra doctrina, cabe destacar la tendencia a configurar el régimen de responsabilidad extracontractual del empresario por los actos de sus dependientes previsto en el art. 1903.4 y 6 CC como un sistema que teóricamente acoge los postulados de la responsabilidad por culpa, básicamente, por permitir al empresario aportar pruebas de su comportamiento diligente para prevenir el daño como medio de exonerarse de sus responsabilidades (art. 1903.6 del CC); pero que en la práctica se convierte en un régimen de responsabilidad objetiva.

C) Responsabilidad directa del empresario

7. En el 1903.4 del CC es directa. La responsabilidad directa permite poner a cargo del titular de una organización o sobre quien recaen deberes de control y supervisión la responsabilidad por los daños causados por las personas que de él dependen. Cuando el juez o tribunal consideren que el daño se debe al incumplimiento de funciones de supervisión y control puede imponer directamente la responsabilidad sobre quien las tenía encomendadas.

Así, aunque en ninguna de las normas del Código Civil se establece la solidaridad entre quien responde por hecho ajeno y el causante material del daño, la jurisprudencia considera que existe un vínculo solidario entre ambos, y aplica respecto al art. 1903 del CC el mismo régimen del art. 1902 del CC cuando existen varios responsables, pese a que en aquel precepto éstos se encuentran en planos diferentes. Se trata de un supuesto de solidaridad impropia, si bien esta solidaridad no nace de la sentencia, sino que se conoce desde el mismo momento de la producción del hecho causante.

D) Responsabilidad asegurable

8. Esta responsabilidad del empresario por actos de sus dependientes, empleados u otras personas de las que legalmente deba responder, se encuentra cubierta por la póliza de responsabilidad civil empresarial o de explotación de industrias (extensamente, Capítulo 23). Normalmente, las condiciones especiales de esta modalidad de seguro contemplan varias cláusulas determinando su objeto y precisando su alcance, quedando incluida, entre otras, la responsabilidad civil extracontractual del empresario por actos ajenos, del art. 1903 del CC.

E) Ventajas y desventajas ¿Hacia un modelo de responsabilidad vicarial?

a) Sus ventajas

9. Entre las ventajas de un modelo de estas características se encuentran (como ha sistematizado, Martín Osante, 2018):

(i) La responsabilidad objetiva constituye un mecanismo para evitar que el demandante perjudicado deba identificar "en el seno de la organización empresarial [...] al tercero causante del daño sufrido y probar su culpa" (Jordano Fraga, 1994: 427-428).

(ii) Como el perjudicado no debe probar la culpa del principal o del causante material del daño, ni tampoco identificar a dicho causante, las probabilidades de que su demanda sea estimada son mucho mayores. El perjudicado tiene la garantía del patrimonio del empresario, además del patrimonio del dependiente o auxiliar causante material del daño. Esto supone una mayor seguridad en el cobro de la indemnización para el tercero perjudicado, porque, frente a la frecuente insolvencia del causante material del daño, el empresario goza, generalmente, de la solvencia necesaria para hacer frente a la reparación de los daños y perjuicios causados.

(iii) Una mayor preocupación dirigida a asegurarse de que su personal esté plenamente capacitado, de que sus utensilios de trabajo sean adecuados, de revisar periódicamente la actividad desempeñada por dicho personal, etc. En definitiva, los autores que comparten este argumento entienden que el principal adoptará todas las medidas posibles para evitar que sus dependientes causen daños a terceros.

(iv) El coste de reparar el daño causado por sus dependientes puede ser distribuido por el empresario bien mediante la suscripción del contrato de seguro de responsabilidad civil correspondiente, siendo entonces la compañía aseguradora la encargada de pagar la indemnización, o bien entre los accionistas o directivos de la empresa (Zelaya Etchegaray, 1995: 120-121).

(v) No es necesario demandar previamente al dependiente causante del daño, pues es posible demandar directamente al empresario. Es posible demandar a los dos conjuntamente y también es posible demandar únicamente al empresario, que es directo y solidario. Puesto que la responsabilidad por hecho ajeno se configura como una responsabilidad directa y no subsidiaria, el dañado podrá exigirla directamente a quien responde por la persona que causó el daño. Pero también, y de modo simultáneo, el perjudicado podrá dirigirse directamente contra el dañante con base en el art. 1902 del CC. En estos supuestos se produce una solidaridad que opera a modo de sanción civil, por el incumplimiento de ciertos deberes de control y supervisión. Existe un cierto consenso internacional en que el modelo tradicional de responsabilidad por culpa presunta del empresario no se adapta a la realidad actual.

b) ¿Hacia un modelo de responsabilidad vicarial?

10. Como señala Martín Casals, "la idea del empresario individual que se relaciona personalmente con sus empleados ha perdido importancia y ha dado paso a organizaciones empresariales, más o menos complejas, pero siempre más anónimas. En ellas el centro de gravedad se traslada de la conducta individual a la actividad organizativa en sí misma considerada, y por ello afirmar que el empresario tenga un deber de supervisión individual de sus empleados, por cuya infracción deba responder, ya no resulta creíble".

El modelo más extendido en Europa de responsabilidad del principal por el hecho de sus auxiliares es el de "responsabilidad vicaria", es decir, el que parte de la responsabilidad objetiva del principal por los daños causados por la conducta culposa de sus auxiliares. Con distintos matices es el existente en Austria (§ 1315 ABGB), Italia (art. 2049 del Código Civil), Países Bajos (art. 6:170 BW), o Portugal (art. 500 Código Civil). También es el que resulta de la interpretación judicial francesa. Un modelo de responsabilidad vicaria es también el adoptado por el Derecho inglés, ya que la responsabilidad del principal sólo requiere que el demandante pruebe el acto ilícito del auxiliar, que éste tenía la condición de auxiliar respecto del principal, y que dicho ilícito fue cometido en el desempeño de sus funciones ("in the course of the employment"). El art. 6:102. de los PERC establece un sistema de responsabilidad vicarial: responsabilidad por los auxiliares (1) Una persona responde por el daño causado por sus auxiliares en el ejercicio de sus funciones siempre que éstos hayan violado el estándar de conducta exigible. (2) El contratista independiente no se considera auxiliar a los efectos de este artículo.

11. Varias son las razones que señala Martín Casals que hacen recomendable el régimen de responsabilidad vicaria del empresario por los hechos de sus dependientes.

> "El régimen de responsabilidad vicaria comporta un incentivo para que el principal despliegue su superior capacidad para controlar los riesgos que resultan de la actividad de sus auxiliares, tanto porque es quien mejor conoce los riesgos inherentes a la misma como porque es quien se encuentra en mejor posición para establecer los instrumentos de prevención y control sobre la actuación de sus auxiliares. En comparación con éstos, el principal es también quien está en mejor posición para hacer frente a las consecuencias dañosas de su actividad, para repercutir los costes preventivos e indemnizatorios de la responsabilidad sobre el precio de sus productos o servicios, y para cubrir los riesgos de su actividad concertando una póliza de seguro. Esta calificación de la responsabilidad por hecho ajeno como responsabilidad vicaria tiene a su favor, en términos generales, que permite resolver de la mejor manera posible el resarcimiento de la víctima, pues la

indemnización del daño culpablemente causado por la persona de la que se debe responder se imputará al patrimonio ordinariamente más solvente del principal, sin necesidad de exigir como presupuesto de la responsabilidad la actuación negligente de éste".

2. *Elementos de la responsabilidad por hechos de los dependientes*

12. La doctrina jurisprudencial exige, para que se pueda declarar la responsabilidad de que se trata, de conformidad con dicha normativa: la existencia de una relación de dependencia entre el sujeto agente y que el evento se produzca dentro del ámbito de la misma o con su ocasión; la culpabilidad (culpa "in operando" o "in omittendo") del mismo; y la falta de prueba por parte del empresario de haber empleado toda la diligencia para evitar el resultado dañoso.

A) El criterio legal de imputación: Relación de dependencia del autor del daño con la entidad de la que depende

13. El art. 1903.4 del CC hace responsable al empresario de los daños causados por el comportamiento de sus empleados atendiendo a que entre ellos media una relación de dependencia y subordinación que imponen a aquél obligaciones de elección, cuidado y vigilancia de éste, cuyo incumplimiento, generalmente por omisión, es lo que fundamenta su obligación de responder.

La relación de dependencia empresarial más típica tiene naturaleza laboral, es decir, está caracterizada por la "prestación voluntaria de servicios retribuidos por cuenta ajena y dentro del ámbito de organización y dirección de un empresario" (art. 1.1 del ET).

"El criterio legal español del Estatuto de los Trabajadores recuerda a los criterios de dependencia en la responsabilidad vicaria del empresario y de la organización propios del Common Law: el primero pregunta si el causante del daño actuaba por cuenta propia y asume los riesgos y responsabilidades, así como los beneficios de su empresa o actividad; y la segunda pregunta si el presunto agente formaba parte de la organización de su principal. Los criterios citados han sucedido al del control que, simplemente, pregunta si el principal decidía el modo y manera de realizar la actividad. Una de las razones por las cuales éste último criterio se ha considerado insuficiente es que excluía los casos de autonomía técnica del trabajador o empleado o, como hoy en día es cada vez más frecuente, del técnico en sentido estricto, que está sujeto, primariamente, a la lex artis, y que en su ámbito no recibe órdenes de nadie. Desde este punto de vista, los tests de la organización y del empresario ponen el énfasis en la dependencia económica y no en la técnica" (Salvador y Gómez Ligüerre, 2002: 14).

Sin embargo, la relación de dependencia en la jurisprudencia de la Sala de lo Civil, del Tribunal Supremo y, aún más claramente, la de lo Penal, no sólo contempla relaciones de naturaleza laboral, sino que muchas veces tiene en cuenta el criterio del control que, con frecuencia, sigue siendo decisivo pues la pregunta relevante es: ¿quién ejercía el control no sólo sobre la tarea que había que realizar sino también sobre el modo de llevarla a cabo? (Salvador y Gómez Ligüerre, 2002: 14). Dependencia que no es de carácter estricto, ni se limita al ámbito jurídico-formal ni a las relaciones de naturaleza laboral, sino que requiere una interpretación amplia, en la que suele ser decisiva la apreciación de un elemento del control, vigilancia y dirección de las labores que han sido encargadas.

En todo caso, como resume la STS (Civil) de 3 de julio de 1984 (RJ 3792): "ese precepto requiere indefectiblemente una relación jerárquica o de dependencia entre el causante material del daño y el empresario demandado, obviamente [...] aun sin necesidad de precisar la identidad del sujeto físicamente realizador del acto antijurídico y dañoso imputable a la empresa de que se trata". La doctrina civil considera que "la relación de dependencia empresarial más típica tiene naturaleza laboral". En la misma línea, los Comentarios (2008: 161) al art. 6:102 de los PERC indican que "la primera impresión al leer este artículo puede que lleve a pensar en la relación entre empleador y empleado, pero el ámbito de aplicación del mismo —cuestión vivamente discutida en el Grupo— es mayor que el de las partes ligadas por un contrato de trabajo".

14. El art. 1.1 del ET incluye la nota de la dependencia como requisito caracterizador de la laboralidad de una relación, al exigir que la prestación de servicios se desarrolle «dentro del ámbito de organización y dirección de otra persona». La dependencia es un componente sustancial del contenido de la relación laboral, lo que la STS (Social) de 14 de mayo de 1990 (RJ 1990/4314) considera el «carácter vertebral» que se perfila como «el más decisivo en la relación laboral». Referido al contrato de trabajo, el término dependencia alude a un modo de prestación por cuenta ajena del trabajo humano. En concreto, expresa la incorporación del trabajador a una organización ajena y, como consecuencia, la intervención o «mediatización» de su trabajo por un tercero que actúa desde una posición de supremacía. Lógicamente, también hace referencia a un singular modo de estar del trabajador; un estar a disposición de un ajeno a quien se ha cedido previamente la utilidad del trabajo propio.

Se viene calificando la dependencia como un «poder de dar órdenes en cuanto a la ejecución del trabajo». De hecho, el propio art. 1.1 del ET define la dependencia como la inserción del trabajador en el círculo rector y organizativo del empresario. El legislador reconoce así un poder de mando del empresario sobre el trabajador en el ámbito de la relación laboral en virtud del cual se le atribuye la facultad de organizar la empresa y de dirigir cada una de las prestaciones de trabajo.

Esta nota de dependencia se manifiesta en la obligación del trabajador de cumplir las órdenes e instrucciones del empresario en el ejercicio regular de sus facultades directivas (art. 5.c del ET) y de realizar el trabajo convenido bajo la dirección del empresario o de la persona en quien éste delegue (art. 20.1 del ET). Por lo expuesto, la actividad del trabajador asalariado es una actividad organizada por otro, programada por otro, es ese otro el que decide qué se hace, quién lo hace, cómo se hace, cuánto, cuándo y dónde se hace. La nota de dependencia debe ser entendida como una sujeción a las órdenes e instrucciones del empresario necesarias para el buen desarrollo de la actividad o quehacer convenido en el vínculo contractual. Por ello, cuando no se establecen ni fijan —ni siquiera por aproximación, referencia o denominación de la función— qué servicios son los que debe prestar el supuesto trabajador, su actividad ha de considerarse excluida de manera patente del ámbito de organización y dirección empresarial. La falta de control como indicio de extralaboralidad no puede sobrevalorarse, sin embargo. Y es que, una vez admitida la flexibilidad de la nota de dependencia, ni la inexistencia de control de tiempos de trabajo (horario), ni de control espacial de los trabajadores (lugar de trabajo) impiden sin más la existencia del contrato de trabajo.

15. En todo caso, el estudio comparado de la mayoría de los ordenamientos apoya una interpretación amplia del término empleo que engloba el caso del que ocasionalmente echa una mano, sea gratuitamente o por simple amabilidad o esperando que le echen una mano a cambio". Se incluye el "ámbito doméstico" (Comentarios PERC). En esta misma línea, se ha considerado excluido el trabajo por cuenta propia:

> Como señala la Sentencia de la Audiencia Provincial de Madrid de 24 de marzo de 2022 (RA 583/2021), no resulta aplicable al presente caso el art. 1903 CC. Se trataba de la detracción de cantidades de comunidad de vecinos por el administrador que mantenía relación como trabajador autónomo con la asesoría demandada. La sentencia recuerda que "la responsabilidad derivada de este artículo requiere como presupuesto indispensable una relación jerárquica o de dependencia entre el ejecutor causante del daño y la empresa demandada, y esta relación de dependencia no se ha probado en modo alguno, ya que no consta dato probatorio de que D. Roberto fuera empleado o prestara sus servicios de administrador por cuenta de MEDIA BALMONT ASESORES S.L., ni que percibiera cantidad alguna de esta última, ni que estuviera sometido a sus órdenes o instrucciones...".

B) Que el evento se produzca dentro del ámbito de la relación de dependencia o con su ocasión

16. La declaración de responsabilidad del empresario requiere, como presupuesto imprescindible, la existencia de una relación de dependencia con el causante del daño, pero es necesario, además, que ese daño ocasionado por el dependiente lo sea en el servicio de los ramos (actividad) en que aquél esté empleado, o con ocasión de sus funciones (art. 1903.4 del CC). Entre las tareas o servicios asignados al dependiente y el hecho dañoso ha de existir una relación de "ocasionalidad necesaria", en el sentido de que "este solo haya sido posible o haya sido resultado significativamente facilitado por la asignación de aquellas tareas o servicios" (Pantaleón, 1995). Esto es, la constatación de relación de dependencia o subordinación por sí sola no hace siempre y en todo caso responsable al empresario de los daños causados por su dependiente, sino que es requisito añadido que el daño haya sido posible o haya resultado significativamente facilitado por la asignación de aquellas tareas o servicios.

Además de la relación de dependencia, para imputar el daño a cargo del principal, el art. 1903 del CC requiere que el daño haya sido causado en el servicio de los ramos en que los tuvieran empleados, o con ocasión de sus funciones. El acto del auxiliar debe entrar en el ejercicio de sus funciones. Estamos ante un concepto muy amplio que puede ser ilustrado con centenares de ejemplos y que presupone que debe existir un nexo entre el empleo y el acto de que se trate. Como líneas generales: (i) El mal uso del puesto de trabajo no es de por sí razón para que una actuación quede fuera del ejercicio de sus funciones, por mucho que en algunos casos pueda tratarse de una actuación penalmente relevante. (ii) Cuando ha mediado una autorización por parte del empleador, se le puede imponer responsabilidad, incluso si la actividad de que se trate queda fuera del ejercicio de sus funciones (Comentarios PERC).

17. "Nos movemos en un terreno donde no parece factible reconducir a una fórmula o esquema rígido la gran variedad de situaciones que pueden plantearse en la vida real" (Barceló, 1995: 311), por lo que la apreciación de si el empleado se extralimita en sus atribuciones y los daños son consecuencia de sus actividades propiamente personales y ajenas a la actividad empresarial —y, por consiguiente, debe excluirse la responsabilidad del empresario— va a depender finalmente de la valoración judicial de las circunstancias concretas.

En la STS (Civil) de 8 de abril de 2014 (Rº 1581/2012), la consideración de que la actuación de los empleados estaba dentro del ámbito organizativo de la empresa, permitió estimar su responsabilidad respecto de los perjuicios causados por sus dependientes. Se trataba de un supuesto en el que dos trabajadores de Wolter Kluwer España, S.A (con anterioridad vinculados laboralmente con El Derecho Editores, S.A), desde las instalaciones y utilizando los medios de la empresa, se dedicaron a «sabotear» el uso de la base de datos de El Derecho Editores, S.A. cerrando las sesiones de consulta de los usuarios y generando con ello numerosas quejas entre sus clientes. A juicio del TS «Los hechos declarados probados respecto de las funciones que tenían asignadas los empleados, de promoción de potenciales clientes en relación a productos que ofrecía la demandada, deben encuadrarse dentro del ámbito organizativo de Wolters Kluwer. En efecto, la conexión a la base de datos de El Derecho se realizó desde una dirección IP asignada a la demandada, y con los medios (ordenadores) que los empleados de la recurrente tenían para la prestación de sus servicios con la nueva empresa. La sentencia considera responsable de tal conducta a la entidad Wolter Kluwer España, S.A aplicando lo dispuesto en el art. 1903 CC en cuanto a la responsabilidad por hecho ajeno, fijando una indemnización en atención a dos conceptos: por los costes que hubo de realizar El Derecho Editores, S.A. para descubrir el origen de los cierres de sesiones de sus clientes, en la cantidad de 80.757,27 euros, y por los daños morales ocasionados. Respecto de estos últimos considera aplicable la doctrina ex re ipsa, por cuanto resulta evidente el daño cuando deriva de actos de sabotaje continuados y masivos que se proyectan sobre los clientes de El Derecho Editores, S.A., creando la sensación de continuos fallos en la base de datos on line, producto no solo nuevo, cuya implantación en el mercado se iniciaba, sino fundamental para mantener la capacidad competitiva, afectando de manera negativa la imagen de El Derecho Editores, S.A., considerando proporcionada a la gravedad de los hechos la suma solicitada de 500.000 euros.

18. El daño ocurre en el marco de la actividad de servicio: hay criterios o elementos que permiten conectar el daño a la actividad de servicio. Así se consideran los daños ocurridos: (i) En el lugar de trabajo o prestación del servicio; (ii) Durante el tiempo habitual de trabajo; (iii) Utilizando instrumentos de trabajo. (iv) Se actúa por cuenta o interés del empresario.

En todo caso, se parte de una interpretación flexible, de modo que la actuación del trabajador fuera del ámbito espacial de las instalaciones de la empresa no excluye la responsabilidad del principal. A modo de ejemplo, la STS (Civil) de 14 de mayo 2010 (Rº 1346/2006) establece que "los daños susceptibles de generar una responsabilidad civil no se han de producir necesariamente dentro del ámbito espacial concreto y delimitado del empleador, sino también en lugares donde se proyecten los deberes de vigilancia y atención". De lo que se deriva que ese marco de las funciones encomendadas no se limita al lugar de trabajo en el que el empleado presta sus servicios, sino que la responsabilidad del empresario también puede nacer a raíz de un daño producido fuera de ese ámbito.

La conducta del agente recae dentro del desempeño de sus obligaciones o la ejecución del encargo si responde a instrucciones o a la autorización expresa del principal, pero ¿quid si la conducta en cuestión había sido expresamente prohibida? La desobediencia no siempre puede exonerar al principal de responsabilidad si la observancia de sus instrucciones hubiera evitado el daño. Por supuesto, no cabe hablar de exoneración cuando la prohibición está claramente contrarrestada por el resto de instrucciones o, incluso, por el mismo sistema de incentivos connatural a la relación de agencia (Salvador y Gómez Ligüerre, 2002: 16).

C) La extralimitación de funciones libera a la empresa de responsabilidad

19. En los casos en que se ha actuado con total anormalidad respecto de la actividad propia como dependiente, el TS no ha dado una respuesta general clara y, en muchos casos, ha hecho responsable al empresario. No obstante, existen ejemplos en los que se aplica la doctrina de la apariencia referida a la responsabilidad del principal por los hechos cometidos por un dependiente con abuso de sus funciones. Aquí la responsabilidad del principal se funda en el hecho de que, de acuerdo con las reglas de la buena fe, el agente "aparentaba" actuar dentro del ámbito de las funciones encomendadas, o a la inversa, se rechaza la responsabilidad del principal porque, de acuerdo con las reglas de la apariencia y de la buena fe, la víctima del daño pudo conocer que el agente actuaba al margen de aquellas funciones.

La STS (Civil) 6 de marzo de 2007 (RJ 2007\1828) establece como necesario para determinar la responsabilidad del empresario por hechos del trabajador "...que éste actúe en el ejercicio de las funciones que le han sido conferidas". La interpretación que hace la Sentencia, parte del hecho de que la actuación del causante del daño es en interés propio, con conocimiento posterior de la situación por parte de la víctima de que actuaba al margen de sus funciones contrariando prohibiciones expresas del empresario, el cual sabía de la actividad ilícita del dependiente. Pese a que habitualmente, solamente ante casos muy evidentes de extralimitación de funciones, se rompe la relación de dependencia, en el supuesto objeto de comentario hay pocas dudas de la existencia de la misma, con indicios suficientes para verificarla, aún constatada la existencia de relación laboral (...). No hay responsabilidad ex art. 1903.4 CC dado que la víctima conocía la extralimitación del empleado en el ejercicio de las funciones propias. Supone esta Sentencia una excepción a la línea mantenida habitualmente por el Tribunal Supremo el cual atribuye normalmente la responsabilidad al Banco por actos de sus empleados que ocasionan daños a los clientes (...) en las funciones encomendadas (Un comentario a la misma puede encontrarse en Sánchez Hernández, 2008)

Igualmente, quedará excluida la responsabilidad del empresario en aquellos supuestos en los que la actuación del dependiente se realiza con finalidades exclusivamente personales y sin relación con las funciones asignadas.

> Matías, quien trabajaba para "Centro Comercial Conauto, S.A.", permaneció en una de las naves de la empresa para arreglar un vehículo propio ya finalizada su jornada laboral. Mientras tanto, Imanol, otro trabajador de la empresa, soldaba con CO2 la puerta de un turismo que apoyaba sobre dos bidones, uno de los cuales había contenido disolvente de limpieza inflamable, cuando este último explotó como consecuencia de la alta temperatura causada por la soldadura, desprendiendo hacia arriba su parte superior que golpeó en la careta protectora de Matías, quien cayó hacia atrás golpeándose la parte posterior de la cabeza en el suelo y falleció en el acto. El JPI de Aoiz estimó en parte la demanda, y condenó a Imanol y a "Comercial Conauto, S.A." al pago de 45.076 € a María Pilar y 22.538 € a cada uno de los hijos de la víctima. La AP de Navarra estimó el recurso, revocó la SJPI y absolvió a los demandados. La STS (Civil) de 6 de julio de 2005 (RJ 2005\953), desestimó el recurso de casación al no considerar bien citado ningún precepto sobre valoración legal de la prueba por parte de la recurrente que intentó atacar la base probatoria utilizada por la Audiencia Provincial para absolver a los demandados que se había sustentado en que "el fallecido no había recibido orden de la empresa ni del encargado para llevar a cabo la labor que realizaba; sin que pueda exigirse a las entidades demandadas que vigilen a fin de que sus empleados no permanezcan en sus instalaciones después de la jornada laboral, pues tal estancia fuera de horario normal, sin que el trabajador se lo haga saber a la empresa, excede del control de la misma".

D) La culpabilidad (culpa «in operando» o «in omittendo») del dependiente

20. La inicial declaración de culpa del dependiente es una condición absolutamente indispensable para que opere la responsabilidad civil del empresario prevista en el art. 120.4 del CP, dicho requisito es discutido cuando se trata de la responsabilidad del empresario contemplada en el art. 1903.4 del CC. No obstante lo anterior, es importante destacar que la mayor parte de la doctrina y de la jurisprudencia de la Sala Civil del Tribunal Supremo se muestran partidarias de exigir una culpa "in operando" de la persona que causó el daño como "conditio sine qua non" para declarar la responsabilidad civil del empresario demandado con base en el art. 1903.4 del CC.

La culpa del dependiente es formalmente considerada por la jurisprudencia otro de los presupuestos necesarios de la responsabilidad del empresario (aunque no se exige que se le demande previamente). La inexistencia de culpa *in operando* del empleado debe conducir a la irresponsabilidad del empresario, dado que no es sensato hacer a este responsable por falta del deber de cuidado ex 1903.4 del CC cuando aquél no lo es en virtud del art. 1902 del CC al haber actuado con diligencia. Ningún reproche puede hacerse al empresario por defecto en la elección o vigilancia por no impedir una conducta normal por la que él mismo no hubiera resultado responsable.

En este sentido, en la STS (Civil) de 18 de febrero de 2000 (Rº 1467/1995), considera que no debe declararse la responsabilidad civil de la empresa en caso de que no pueda apreciarse negligencia o imprudencia en el comportamiento del empleado.

> (...) ya que entre la empresa «Butano, SA» (hoy «Repsol Butano, SA») y los agentes suministradores de bombonas en las distintas localidades de España no existe la relación de dependencia o subordinación a que se refiere dicho precepto, sino también, y principalmente, porque aunque, a efectos meramente dialécticos, se entendiera existente dicha relación de dependencia o subordinación, al no haber incurrido en imprudencia o negligencia alguna el agente suministrador de Málaga don Pedro H. L. (supuesto dependiente), (...), tampoco podría predicarse conducta culposa alguna respecto de la empresa «Butano, SA», de la que aquél hubiera sido su hipotético y supuesto dependiente

Igualmente, en la STS (Civil) de 24 de junio de 2000 (Rº 2465/1995), se afirma que "ciertamente será indispensable una actuación culposa del dependiente o empleado", para que pueda declararse la responsabilidad civil del titular de la empresa. Por su parte, la STS (Civil) de 16 de mayo de 2003 [RJ 2003\4756] afirma que puede declararse la responsabilidad civil del empresario "siempre, por supuesto, que se acredite la culpa o negligencia del dependiente".

> Santiago, de 20 años de edad y en tratamiento por esquizofrenia paranoide, entró en un establecimiento destinado a la venta de productos ortopédicos, instrumentos de laboratorio y sustancias químicas. Tras mostrar una tarjeta de un taller de joyería en el que supuestamente trabajaba, adquirió una botella de un producto (no consta) que contenía cianuro potásico, a pesar de que su madre había advertido a Rita, propietaria del negocio, que se abstuviera de facilitar a su hijo tal clase de producto (extremo que no se probó durante el proceso). Posteriormente, Santiago ingirió el contenido de la botella, lo cual le causó la muerte por intoxicación.
>
> La STS (Civil) de 16 de octubre de 2007 (Rº 1070/2007) estableció que la comercialización de la sustancia vendida no estaba condicionada a ninguna exigencia reglamentaria, el comprador era una persona mayor de edad, de apariencia normal y sin el menor síntoma de que padeciera un trastorno psíquico y que conocía perfectamente el carácter tóxico del producto comprado. Por todo ello, no cabe exigir al empleado que vendió el producto una diligencia superior a la que observó en su momento, sino que el resultado se debe exclusivamente a la conducta de Santiago. En este caso, el TS resuelve un supuesto claro de ausencia de responsabilidad por falta de nexo causal entre la venta del producto tóxico y la muerte de quien lo compró. Consecuentemente, como reconoce la Sala, "no cabe derivar que el resultado [de la venta] era previsible ni se incidió en un comportamiento negligente". Efectivamente, la venta del producto en cuestión no fue negligente porque el fallecido bien podría haber conseguido su objetivo con la ingesta de, por ejemplo, salfumán o algún otro producto tóxico que, como el que adquirió, no

estuviera sometido a exigencia reglamentaria alguna, sino que era de libre comercio "(Un excelente comentario, Múrtula Lafuente, 2008, 441-457).

En el ámbito de la causalidad, como señala Múrtula Lafuente, "ninguno de los criterios de imputación objetiva que tradicionalmente ha aplicado el TS es satisfactorio a la hora de establecer el vínculo de causalidad entre uno y otro evento. Es más, tratándose de un suicidio, la jurisprudencia suele considerar que la acción consciente y voluntaria del suicida excluye la imputación de aquellas terceras personas, a no ser que la conducta fuera previsible por éstas y cayera dentro de su esfera de control. Así, en este caso, y a pesar de la esquizofrenia paranoide que padecía, quedó probado que "el comprador conocía las características tóxicas del producto y, precisamente, lo adquirió para provocarse la muerte". Por otra parte, y como indica el Tribunal Supremo no se le pueden exigir al empleado más deberes de cuidado que los propios de su profesión. El conocimiento de las dolencias del comprador claramente excede de dichos deberes. Por ello, la inexistencia de responsabilidad civil del empleado ex art. 1902 del CC impide aplicar, a su vez, el art. 1903 del CC para trasladar dicha responsabilidad a la empleadora por culpa in eligendo o in vigilando, a pesar de la advertencia (no probada) que la madre del fallecido había dirigido a la demandada semanas atrás.

E) Culpa anónima de los trabajadores al servicio de la empresa

21. En los Comentarios al art. 6:102 de los PERC se afirma que "no es necesario identificar al empleado que individualmente haya actuado, sino que basta con establecer que era parte del personal al servicio del empleador" (2008: 162-163).

Existe una línea jurisprudencial bastante consolidada que acepta la responsabilidad directa del empresario derivada del art. 1903.4 del CC cuando se ignora quién fue el particular dependiente que causó el daño. Se imputa una "culpa anónima" a los empleados o dependientes en general, sin necesidad de radicar dicha negligencia en un concreto empleado de la empresa demandada. No le corresponde a la víctima el determinar el concreto dependiente que con su fuente de acción causó el daño, sino que ello constituye una carga de la empresa demandada si quisiera repetir contra el culpable por la vía del art. 1904 del CC (Barceló, 1995: 308-309).

Sobre las 1.50 horas del día once de agosto de mil novecientos noventa, la expresada menor Sara, acompañada de otras amigas, entró en la «Discoteca Plató», sita en las denominadas «Galerías Goya» de la Plaza Uncibay de Málaga y, tras bailar durante algún rato aquélla, en unión de Mª Dolores P. P., se dirigió a la barra con la intención de beber agua, pidiéndoselo así a un camarero —no identificado— que se encontraba tras uno de los mostradores, procediendo éste a colocar sobre la barra dos botellines de agua de la marca «Villadrau», de los que uno fue desprecintado y abierto por Mª Dolores, quien ingirió su contenido sin sufrir percance alguno, en tanto que el otro fue abierto quitándole el tapón el propio camarero, pero sin llegar a desprecintarlo, vertiendo el líquido que contenía sobre un vaso de plástico con cubitos de hielo, ingiriendo Sara un sorbo del líquido, sintiendo, inmediatamente, síntomas de abrasión en la cavidad bucal y en el esófago, quedándole, a consecuencia de ello, quemaduras esofágicas y, como secuela, tras numerosas intervenciones quirúrgicas, estenosis de esófago que le impide tener una alimentación normal.

22. La STS (Civil) 29 de octubre de 2002 (Rº 824/1997) considera que:

La falta de identificación del camarero, no sirve de fundamento a ninguna tesis exculpatoria, ya que el art. 1903 del Código Civil, que entraña una responsabilidad directa, no está subordinado en su aplicación a la previa determinación e individualización del responsable dependiente que, con su actuar culposo o negligente, sea deudor con el empleador o empresario de una indemnización solidaria (si tal conducta se establece o determina éste será, desde luego, el resultado). Su aplicación deviene, también insoslayable cuando de los resultados de la prueba se desprende que el hecho dañoso se produjo por acción u omisión negligente acaecida en el círculo de actividad de la empresa y por circunstancias que, con criterios de normalidad y, según las reglas de la experiencia, cabe atribuir a empleados o dependientes de la misma, sin que sea condición necesaria la identificación de los concretos sujetos responsables, pues esta exigencia favorecería la impunidad en beneficio de las grandes y complejas organizaciones empresariales de nuestro tiempo y en perjuicio de las víctimas (...). En lo que se refiere a la exigencia de solidaridad «la evolución jurisprudencial, ha llegado a plasmar una doctrina legal que se puede compendiar en el brocardo que determina que la responsabilidad extracontractual de las empresas en los supuestos del art. 1903 es directa y no subsidiaria (...), lo que significa que en la presente "litis"», la empresa, tiene una responsabilidad que no se puede determinar como de segundo grado o subsidiaria, sino que la misma, con todas sus consecuencias, debe ser calificada de directa, perfectamente compatible con la exigible a otras personas, con las que únicamente les vinculará, en su exigencia, una relación de solidaridad (...). En definitiva, la sentencia del Tribunal Supremo de 26 de noviembre de 1990 (RJ 1990, 9047), manifiesta que «establece el art. 1903 del Código Civi que la obligación es exigible no sólo por los actos u omisiones propios, sino también por los de aquellas personas de quienes se debe responder, responsabilidad por hecho ilícito ajeno que tiene su fundamento en una culpa "in eligendo" o "in vigilando", e incluso en la creación de un riesgo y requiere como presupuesto inexcusable en el supuesto del párrafo 4º del citado precepto, que existan una relación jerárquica o de dependencia, más o menos intensa, según las situaciones concretas, entre el ejecutor causante del daño y la empresa o entidad a quien se exige la responsabilidad (...)».

23. La STS (Civil) de 6 de marzo de 2008 (Rº 5474/2000), se enfrenta a un supuesto de responsabilidad por hecho ajeno en el caso de un banco por las irregularidades cometidas por sus empleados, cuyo grado de participación no pudo individualizarse.

Desde finales de 1982 hasta agosto de 1985, Carlos Miguel, jefe de ventas de "Herrero y López, S.A.", ingresó de cheques emitidos a favor de dicha compañía en una cuenta a su nombre del "Banco Central Hispano, S.A.", con la ayuda de Augusto, director de la sucursal nº 7 de Murcia, así como de los sucesivos responsables de la misma, por un importe total de 8.755,20 €. El Juzgado de lo Penal nº 3 de Murcia (14.10.1994) condenó a Carlos Miguel como autor de un delito continuado de apropiación indebida y de falsedad de documento. El perjuicio total causado a "Herrero y López, S.A." fue de 235.733,36 €.

Herrero y López, S.A." demanda a Carlos Miguel y a su esposa, a Augusto y a su esposa, y al "Banco Central Hispano, S.A.", y solicita una indemnización de 235.733,36 €.

El JPI nº 4 de Murcia (20.11.1998) estima en parte la demanda, condena a Carlos Miguel y a su esposa a pagar 235.733,36 €, y absuelve a Augusto por imposibilidad de individualización de su responsabilidad. La AP de Murcia (Sección 4ª, 3.11.2000) estima en parte el recurso de apelación interpuesto por la demandante y añade al Banco entre los condenados al pago de dicha cantidad. El TS estima el recurso de casación interpuesto por "Banco Central Hispano, S.A." en el sentido de reducir su condena a 8.755,20 €, cantidad que resulta de los hechos probados. Por otro lado, la absolución de Augusto "no excluye la responsabilidad civil del Banco por hecho ajeno. Dice la sentencia: De los propios escritos de alegaciones de las partes resulta clara que en la Cuenta del Sr. Carlos Miguel se produjeron irregularidades que se manifestaron en imposiciones que no le correspondían, y que no se hubieran podido producir sin la colaboración o negligencia del director o empleados de la Sucursal, al ser fácilmente detectable la anomalía entre lo que expresaba el título y la titularidad de la cuenta en la que se practicaba el ingreso. Resulta incuestionable (y el contenido de las actuaciones no da pie para la mínima duda) que hubo las irregularidades por parte de los empleados de la Sucursal, y entre ellos del Director Sr. Augusto, el cual, no fue absuelto por la Sentencia de la Audiencia, aquí recurrida, por no haber tenido una conducta, activa o pasiva, ilícita, sino porque no se pudo "individualizar su responsabilidad", con cuya expresión se alude por el juzgador "a quo" a que habiendo "sucesivos responsables de la misma [sucursal bancaria] como auxiliares necesarios para la actuación", la demandante no atendió a la carga procesal que permita determinar el alcance de su condena. Y, evidentemente, esta consideración no excluye la responsabilidad civil del Banco "por hecho ajeno", porque fuere culpable el Sr. Augusto, fuere otro Director de la Sucursal, o cualesquiera que fueren los empleados de la oficina, y se hallen o no determinados, el Banco debe responder, porque no resulta alterado ni un ápice su deber de vigilancia y control por el que fue condenado.

F) La falta de prueba por parte del empresario de haber empleado toda la diligencia para evitar el resultado dañoso

24. Como ha recordado la STS (Civil) de 19 de junio de 2000 (Rº 3651/1996), la doctrina jurisprudencial exige, para que se pueda declarar la responsabilidad de que se trata, de conformidad con dicha normativa, la existencia de una relación de dependencia entre el sujeto agente y que el evento se produzca dentro del ámbito de la misma o con su ocasión, la culpabilidad (culpa «in operando» o «in omittendo») del mismo, y la falta de prueba por parte del empresario de haber empleado toda la diligencia para evitar el resultado dañoso. Por lo que hace a este último elemento:

"La aplicación de la preceptiva legal ha sugerido diversas interpretaciones caracterizadas por una evolución hacia posturas que, sin aceptar la responsabilidad objetiva pura, tienden a un marcado matiz objetivo. Si las posturas subjetivistas contemplan fundamentalmente la exigencia de una conducta culposa consistente en la omisión de deberes, singularmente en el campo de la elección del sujeto agente o en el de la adopción de medidas de control y vigilancia (culpa «in eligendo» o «in vigilando»), con una impronta objetivista (no en el sentido técnico, sino en el de menor dificultad para declarar la responsabilidad) cuando se admite la presunción de culpa, o se atribuye la carga probatoria al empresario, las teorías objetivizadoras ponen el acento de la responsabilidad empresarial en la doctrina de la prolongación de la actividad del empresario en el empleado (teoría de la representatividad u orgánica), o en la creación del riesgo, bien en la perspectiva de que quien aprovecha el beneficio, lucro o utilidad de la actividad peligrosa debe sufrir la indemnización del quebranto padecido por el tercero («cuius commoda eius incommoda»; «ubi emolumentum, ibi onus»), o bien desde la óptica de la absorción del riesgo (el riesgo del factor humano se engloba en el riesgo de la empresa). La doctrina jurisprudencial viene sosteniendo, con base en diversos argumentos y, singularmente, por una interpretación sociológica (art. 3.1 CC), que el precepto que se examina contiene un caso de responsabilidad «cuasi-objetiva». La aplicación de esta doctrina a los casos concretos se ha movido entre la atribución de la carga de la prueba de la total diligencia (medidas de control y vigilancia, y adecuada elección) a la empresa demandada (...), a criterios de admisión de las doctrinas de mayor matiz objetivista de creación del riesgo (...). Obviamente la aplicación de un criterio más o menos riguroso depende de las circunstancias del caso concreto, porque, como ha puesto de relieve la doctrina, la tesis subjetivista resulta insatisfactoria cuando el empleado presenta un alto grado de cualificación técnica en la actividad motivadora del daño, por resultar difícil de imaginar, en tal caso, la culpa «in vigilando» o «in eligendo». Por consiguiente, el ámbito de rigor del matiz objetivista ha de ponerse en relación, y guardar proporcionalidad, con las circunstancias del supuesto, y tipo y entidad del riesgo creado (...)"

25. Tal idea de facilitar la compensación del daño que la víctima no tiene obligación de soportar (en línea con las tesis jurisprudenciales del favorecimiento de las indemnizaciones o del principio *pro damnato*) ha conducido de hecho a que en la aplicación del art. 1903 del CC, nuestro Tribunal Supremo —aún sin abandonar nominalmente el criterio de la culpa— introduzca en sus sentencias apreciaciones y criterios que de facto parecen conducir a una progresiva objetivación de la responsabilidad. Como agudamente señalaron Alonso Olea y Casas (2009: 531), "si bien se mira, y la doctrina no dejó de señalarlo, la responsabilidad objetiva, que tan revolucionaria pareció cuando se trata de la aplicación a la protección de los trabajadores accidentados, estaba ya admitida civil y penalmente para fundar la responsabilidad empresarial por actos de sus trabajadores en relación con la protección de terceros".

En definitiva, aunque en línea de principios teóricamente se afirme que en los supuestos en los que una persona ha de resarcir los daños ocasionados por otra estamos en un régimen de responsabilidad por culpa presunta, hay razones —como garantizar la indemnidad de la víctima o atribuir al sujeto más solvente el resarcimiento de los daños— que continúan impulsando rígidas fórmulas de apreciación jurisprudencial de la diligencia que conducen finalmente a la no admisión de la prueba exoneratoria de responsabilidad. En suma, en la realidad cotidiana, como acertadamente se señala, las consecuencias prácticas del art. 1903 del CC casi son equiparables a las de un régimen de responsabilidad vicaria (Martín Casal-Solé Feliu, 2010: 2060).

3. Responsabilidad del propietario no conductor

26. El art. 1.6 de la Ley sobre responsabilidad civil y seguro en la circulación de vehículos a motor, aprobada por el RDL 8/2004, de 29 de octubre (LRCSCVM) dispone que

> *"El propietario no conductor responderá de los daños a las personas y en los bienes ocasionados por el conductor cuando esté vinculado con este por alguna de las relaciones que regulan los artículos 1.903 del Código Civil y 120.5 del Código Penal. Esta responsabilidad cesará cuando el mencionado propietario pruebe que empleó toda la diligencia de un buen padre de familia para prevenir el daño. El propietario no conductor de un vehículo sin el seguro de suscripción obligatoria responderá civilmente con el conductor del mismo de los daños a las personas y en los bienes ocasionados por éste, salvo que pruebe que el vehículo le hubiera sido sustraído".*

Como ha señalado Badillo (2019: 161):

> *"En base a ello, si el empresario fuera el propietario del vehículo, podría ser responsable del accidente junto con el conductor, aunque también podría ser responsable por el hecho de ser el empleador del trabajador que atropella a otro, puesto que la referencia al art. 1903 CC es genérica y, en consecuencia, también encajaría el supuesto previsto en su apartado 4, que regula la responsabilidad del empresario por los hechos de sus trabajadores. En tales casos, podría plantearse la interposición de la demanda, por aplicación del art. 2 de la LJS".*

III. "Empleados cedidos ": Las Empresas de Trabajo Temporal

27. Los llamados en la doctrina comparada "borrowed employees", es decir, aquellos que su empresario cede temporalmente a otro para que lleven a cabo una determinada tarea, han sido objeto de análisis por la doctrina (Solé Feliú, 2012: 72) a la hora de definir el radio de acción del art. 1903.4 del CC. Pero, antes de comenzar su análisis, es preciso subrayar que la figura del trabajador cedido se encuentra sometida a severas limitaciones en el campo laboral. Y ello, por cuanto la misma está, por lo general, prohibida por el art. 43 del ET, salvo que nos encontremos en el campo de aplicación de la Ley 14/1994, de 1 de junio, por la que se regulan las empresas de trabajo temporal (LETT).

En nuestro ordenamiento laboral, desde la regulación de la actividad portuaria mediante el Real Decreto-Ley 2/1986 hasta la entrada en vigor del Real Decreto-Ley 8/2017, la relación de trabajo de los estibadores portuarios con las sociedades anónimas encargadas de la gestión portuaria (SAGEP) se consideraba relación de trabajo especial. El peculiar sistema de contratación de los trabajadores de estiba y desestiba de buques era calificable técnicamente como cesión de trabajadores. De este periodo data la STS (Civil) de 9 de julio de 2001 (RJ 2001/5001), en un caso en el que un trabajador cedido desempeña negligentemente sus operaciones y daña las mercancías, su titular. Ello comporta hacer responder a la cesionaria:

> «La jurisprudencia de esta Sala ha declarado uniforme y reiteradamente, que la empresa responda en virtud de lo dispuesto en el art. 1903, párrafo 4º, CC, del daño causado a terceros por sus trabajadores en virtud de una culpa «in vigilando» o «in eligendo», siempre que el trabajador esté sometido a las órdenes, o instrucciones de dicha empresa, o vigilancia de su actividad laboral, y que tal responsabilidad es directa, no subsidiaria de la del trabajador». La sentencia finalmente condenó a la empresa cesionaria, con el argumento de que la cedente «carecía de las facultades de dirección y control de la actividad a desempeñar por el trabajador».

28. Pero el supuesto más típico de cesión de trabajadores permitida es aquel al que se refiere el propio art. 43.1 ET que, tras prohibir contratar trabajadores para cederlos temporalmente, añade que esta operación sólo podrá realizarse a través de empresas de trabajo temporal debidamente autorizadas y en los términos legalmente establecidos, lo que remite al contrato de puesta a disposición, celebrado entre empresa de trabajo temporal y empresa usuaria y cuyo objeto es la cesión del trabajador para prestar servicios en la empresa usuaria. La ley regula los supuestos tasados en los que puede celebrarse el contrato de puesta a disposición y la duración máxima de estos contratos (art. 6.2 de LETT) y prevé una serie de supuestos en los que está prohibida la celebración de contratos de puesta a disposición para ceder trabajadores (art. 8 de la LETT). Conforme al art. 16.3 de la LETT existe responsabilidad solidaria de la empresa usuaria con la ETT respecto de las obligaciones salariales y de Seguridad Social que ésta última haya contraído con los trabajadores, cuando se hayan vulnerado los mencionados arts. 6 y 8.

La Sentencia de la Audiencia Provincial de Madrid de 2 de febrero de 2011 (RA 564/2009), se enfrentó a esta cuestión. La responsabilidad corresponde a la empresa usuaria, dado que, dice la sentencia:

> "El art. 15.1 Ley de Empresas de Trabajo Temporal establece: "Cuando los trabajadores desarrollen tareas en el ámbito de la empresa usuaria, de acuerdo con lo previsto en esta norma, las facultades de dirección y control de la actividad laboral serán ejercidas por aquélla durante el tiempo de prestación de servicios en su ámbito"."(...) la conclusión evidente es que no hay ninguna culpa y vigilando por la ETT porque el trabajador actúa bajo la responsabilidad y vigilancia de la empresa usuaria y bajo su control, si bien (...)

han de ratificarse por estar perfectamente ajustada a derecho en la valoración que se ha hecho por el juzgado de instancia, teniendo en cuenta que se selecciona un trabajador que cumple sobradamente con los requisitos exigidos de formación y capacitación, y lo pone a su disposición y bajo la vigilancia y responsabilidad de la empresa que contrató los servicios y por cuya acción solamente cabe responsabilidad al que causó el daño, si se acredita ello, pero en modo alguno a la entidades demandada (ETT)".

IV. La responsabilidad por el hecho de contratista independiente

1. ¿Qué entendemos por contratista independiente?

29. Desde la perspectiva que ofrece el Derecho de daños, el dato decisivo para determinar si el tercero que interviene en el cumplimiento de una obligación debida por una determinada empresa es o no su auxiliar a efectos de generar responsabilidad es el de la presencia o no de la voluntad de la misma de introducir a ese tercero en las actividades de ejecución de su obligación (Jordano Fraga, 1994: 113-125). Es irrelevante, en estos casos, el tipo de relación interna que vincula al auxiliar con la empresa y la circunstancia de que la actuación del auxiliar se realice con total autonomía y sin sujeción a órdenes o instrucciones de aquélla. De esta forma, pueden presentar ese carácter de auxiliares no sólo los trabajadores de la propia empresa, sino también empresarios autónomos, contratistas y subcontratistas, siempre que exista una voluntaria introducción de éstos en el cumplimiento de la obligación.

Tal es el caso en supuestos, cada vez más frecuentes, de descentralización productiva. En ello, lo esencial es el hecho de que la disgregación del proceso productivo entre diversas empresas responde a una decisión adoptada libremente. El sujeto empresarial que actúa hacia el exterior comercializando o distribuyendo los bienes u ofreciendo los servicios correspondientes ha introducido voluntariamente a tales entidades empresariales en la actividad de cumplimiento de sus obligaciones y, lo que es igualmente relevante, las ha seleccionado con total libertad. Con esta decisión, la empresa incorpora a terceros, en este caso otros entes autónomos, en la actividad de cumplimiento. Aquéllos son, pues, auxiliares del deudor en el cumplimiento de sus obligaciones contractuales (recuérdese que auxiliares en el cumplimiento pueden ser personas físicas, pero también personas jurídicas. Jordano Fraga, 1994: 151-152). El deudor que utiliza auxiliares para el cumplimiento de sus obligaciones amplía su esfera de riesgo asumiendo una obligación de garantía por la conducta de los auxiliares que utiliza en el cumplimiento.

30. La regla general de la que ha venido partiendo el Tribunal Supremo es la inaplicabilidad del art. 1903 del CC en los casos en que los daños son ocasionados por un "contratante independiente", es decir, cuando falta el presupuesto de la subordinación o dependencia.

El art. 6:102 (2) de los PERC señala que "El contratista independiente no se considera auxiliar a los efectos de este artículo". En los comentarios a dicho precepto se explicita que cuando el art. 6:102 (2) se refiere a la figura del "contratante independiente", "el término designa al que está unido contractualmente al demando, pero que actúa de manera independiente y sin control y supervisión de este último" (Comentario PERC, 2008: 163). Pero, además, el hecho de que no se verifique la existencia de la relación de dependencia o subordinación entre comitente y contratista independiente, no obsta que pueda atribuirse la responsabilidad al principal a través de otros títulos de imputación. En este sentido, responderá el comitente por culpa propia (art. 4:101 de los PETC) cuando recaiga sobre éste un deber de cuidado indelegable conforme al ordenamiento nacional aplicable o cuando medie negligencia en la elección o en la vigilancia del contratista.

Varios argumentos justifican dicho resultado (Solé Feliu, 2012: 82-83):

"En primer lugar y, a diferencia de la relación entre principal y auxiliar, en la que el control de la actividad y sus beneficios recaen sobre el principal, en el caso del contratista independiente es éste —y no el comitente— quien gestiona la actividad, sus riesgos y los beneficios que de ella se derivan. En segundo lugar, se afirma que el principio de justicia correctiva no justifica cargar con las consecuencias de la responsabilidad a quien, sin culpa y sin control del riesgo, se sirve de un contratista independiente, que es quien en realidad causó el daño negligentemente. En tercer lugar y, en comparación con la posición del principal, un comitente tiene menos margen para controlar la actividad del contratista independiente porque carece de conocimientos y control sobre la forma y los medios con qué el contratista desempeña su trabajo. A ellos se añade, señala el referido autor, que "si bien es cierto que el contratista independiente actúa «en interés» del comitente, la relación entre ambos no es de subordinación sino de igualdad: al cumplir la gestión encomendada, el contratista toma sus propias decisiones y escoge los métodos de trabajo; en definitiva, actúa de manera autónoma, según su criterio propio".

31. Así, en las SSTS (Civil) 18 de junio de 1979 (RJ 1979\2895) y 5 de julio de 1979 —las cuales marcan la pauta seguida por la jurisprudencia— se establece que:

"cuando se trata de contratos entre empresas no determinantes de relación de subordinación entre ellas, falta toda razón esencial para aplicar el art. 1903 CC, puesto que por lo general no puede decirse que quien encarga cierta obra o trabajo a una empresa, autónoma en su organización y medios y con asunción de sus propios riesgos, deba responder «in vigilando» o «in eligendo» de los daños causados por los empleados de ésta, a menos que el comitente se hubiera reservado la vigilancia o participación en los trabajos o parte de ellos, extremo que ni siquiera se alegó como posible fundamento de responsabilidad".

En ambas sentencias se solventan casos parecidos, en tanto que los daños se ocasionan en mercancías, como consecuencia de la actividad de obreros u operarios empleados, en el primer caso para descargar y en el segundo para reparar un puente de grúa por la entidad subcontratada, a su vez contratada por la entidad comitente. Concretamente, en la STS (Civil) de 18 de junio de 1979 (RJ 1979/2895) se absuelve a la empresa consignataria (comitente) por estar ligada a la subcontratada por medio de una relación jurídica contractual no integrada por relaciones de subordinación ni dependencia entre ellas. En el supuesto de la STS (Civil) de 5 de julio de 1979 (RJ 1979/2931), de idéntico modo, el TS acaba condenando a la subcontratada y no a la empresa comitente, no habiendo sido posible inferir que "los operarios causantes del daño estuvieran de algún modo sometidos a la autoridad o dependencia de la sociedad" comitente.

32. La responsabilidad debe recaer exclusivamente sobre el contratista independiente, siempre que dicho contrato no sea determinante de una relación de subordinación o dependencia, por ejemplo, entre la empresa promotora y la contratista. Las SSTS (Civil) de 8 de mayo de 1999 (RJ 1999/3101) o 1 de octubre de 2008 (RJ 2009/134), que desestiman la responsabilidad del comitente por los daños causados por un contratista independiente y señalan que la responsabilidad debe recaer en exclusiva sobre el "contratista independiente, siempre que dicho contrato no sea determinante de una relación de subordinación o dependencia entre la empresa promotora y la contratista". En la misma línea, la STS (Civil) 23 de junio de 2010 (RJ 2010/4904) ha declarado que "la responsabilidad tipificada en el art. 1903.4 del Código Civil requiere como presupuesto indispensable una relación jerárquica o de dependencia entre el ejecutor causante del daño y la empresa demandada, sin olvidar que cuando se trata de contratos entre empresas no determinantes de relaciones de subordinación entre ellas, falta toda razón esencial para aplicar la norma".

El comitente no puede acabar siendo declarado responsable directo, por su propia culpa en la selección del contratista o incluso en ciertas tareas de vigilancia sobre su actuación (Solé Feliu, 2012: 87):

> "más allá de la responsabilidad «por hecho de otro» como fundamento de la responsabilidad (sea en forma de responsabilidad vicaria, o ya sea de responsabilidad por culpa presunta en el sentido del art. 1903.4 CC), existen ciertos deberes generales de diligencia que, frente a terceros, tiene todo comitente que se sirve de un contratista independiente, y cuyo fundamento se encuentra en el art. 1902 CC. Tales deberes no sólo se limitan a una diligente selección de un contratista de confianza para ejecutar la gestión, sino que pueden extenderse también, si así lo requieren las circunstancias del caso, a ciertas tareas de vigilancia durante la ejecución del encargo por parte del contratista".

Tras el análisis de las sentencias citadas, podemos constatar que la doctrina jurisprudencial compone esta regla general de irresponsabilidad del comitente por los daños a terceros causados por el contratista en torno a tres ideas o puntos principales (De Ángel, 1993: 2017): (i) Se trata de los supuestos en los que el comitente contrata con el contratista productor de los daños, el cual obra con autonomía tanto en su organización como medios y asume los propios riesgos; (ii) Se entiende que dicho contrato de obra no genera o constituye relación jerárquica de dependencia o subordinación entre comitente y contratista. El TS menciona reiteradamente que no existirá relación de dependencia cuando el contratista independiente opere de manera autónoma, con capacidad para planificar, organizar y determinar su actividad —tanto en tiempo como en contenido—, conforme a su saber profesional y experiencia; (iii) Esta falta de dependencia en la relación entre los sujetos conduce a la inaplicabilidad del art. 1903.4 del CC, dada la esencialidad de tal requisito en el fundamento del artículo mencionado.

2. *Excepciones a la regla general: hipótesis en que responde el comitente de los daños del contratante independiente*

33. "Cuando haya indicios de que el pretendido contratista independiente estaba actuando bajo la subordinación, supervisión o control del demandado, ello puede bastar para considerarle un auténtico auxiliar del mismo" (Comentarios PERC, 2008: 163). "La idea clave es, para estos casos, la idea de proximidad. Por regla general, el contratista independiente, cuando actúa en un contexto de negocios, no se halla integrado en la estructura organizativa de una empresa" (Comentarios PERC, 2008: 163-164).

Este concepto de dependencia requiere una interpretación amplia, en la que suele ser decisiva la apreciación de un elemento del control vigilancia y dirección de las labores encargadas. En este supuesto, concurre la culpa in vigilando en el comitente, apreciada por lo general como responsabilidad por hecho de otro (art. 1903 del CC), si se omiten las debidas medidas de seguridad y si, como consecuencia de ello, en virtud de la concurrencia de un nexo causal entre ambos elementos, se produce el resultado dañoso.

La doctrina jurisprudencial en torno a ese presupuesto de subordinación ha diferenciado dos supuestos cuando se trate de empresas ligadas entre sí por una relación contractual, el primero, en que aún actuando cada una de aquellas con una cierta autonomía en el desempeño de sus respectivos cometidos o actividades, el contratista viene a reservarse algunas facultades de dirección, vigilancia o participación en los trabajos del subcontratista, o en parte de ellos, en cuyo caso esta injerencia, más o menos extensa e intensa, hace persistir aquella relación de dependencia, generadora de una doble responsabilidad, tanto del subcontratista, en cuanto partícipe en las tareas directivas y controladoras. Y el segundo, en donde el subcontratista actúa con plena independencia o total autonomía, libre de todo tipo de intromisión del contratista, en cuyo supuesto la responsabilidad extracontractual de aquél no puede hacerse extensiva a éste, pues cuando se trata de contratos entre empresas no determinantes de relaciones de subordinación entre ellas, falta toda razón esencial para aplicar el art. 1903, puesto que no puede decirse que quien encarga cierta obra o trabajo a una empresa, autónoma en su organización y medios y con asunción de los riesgos inherentes al cometido que desempeña, deba responder de los daños ocasionados por los empleados de ésta, al menos (añadía la STS 28-2-1983 [RJ 1983/1083] que el comitente se hubiera reservado la injerencia o participación en los trabajos o parte de ellos, sometiéndose a su vigilancia o dirección.

34. Esta misma doctrina se aplica también a los casos de subcontratación, insistiendo en que, para apreciar la responsabilidad por hecho de otro, la jurisprudencia exige de forma expresa que se pruebe que entre el contratista y el subcontratista ha existido dependencia, en suma, éste no era enteramente autónomo porque el contratista se reservó la vigilancia (dirección, supervisión o inspección) o la participación en los trabajos encargados al subcontratista.

35. Pero también ha sostenido que, aunque entre una y otra entidad no existiera una relación de dependencia, sí había un férreo control de vigilancia de la primera entidad sobre la segunda; sobre todo en temas de seguridad laboral, en la que esta asumía responsabilidades. Es el caso resuelto por la STS (Civil) 3 de diciembre de 2003 (Rº 4495/1997):

Ignacio cuando trabajaba como empleado de la empresa que gira bajo el nombre comercial de Hierros Tellaetxe en tareas de desmontaje de material contratadas con la misma por la empresa pública Astilleros Españoles en la planta que ésta tiene en Cádiz, sufrió un accidente laboral que le causó la muerte. Se desprende que el contrato suscrito «de venta de chatarra» por una parte por «Astilleros Españoles, S.A.» con la firma «Hierros Tellaetxe» se determina expresamente en el punto 8 del mismo lo siguiente: «Con independencia de cualesquiera controles que resulten habituales en la actividad objeto del presente contrato, el Contratista admite expresamente la realización de los que a continuación se indican por parte de la propiedad. a) los de carácter técnico encaminados a determinar en cualquier momento el cumplimiento de las especificaciones exigibles en función de los trabajos encomendados. b) Los de carácter jurídico, encaminados a comprobar el cumplimiento por parte del contratista, de cuanta normativa vigente le resulta aplicable y específicamente de la relativa a los aspectos laborales, de Seguridad Social y de Seguridad e Higiene, y que, entre otros, podrá ser los siguientes: b.1. Realización de auditorías laborales, encaminadas a comprobar el cumplimiento mensual por el contratista de sus obligaciones de abono de salarios, del reflejo en nómina de la totalidad de los mismos y, de su cotización por ellos a la Seguridad Social, asimismo, del cumplimiento de la normativa general o propia de Seguridad e Higiene...». También en el punto 15

> de dicho contrato se dice: «La propiedad queda facultada para proceder a la inmediata rescisión del presente contrato, además de en los supuestos legalmente previstos, en los siguientes: Con carácter general cuando el contratista incumpla cualesquiera de las obligaciones a que se compromete por medio del presente documento o con la aceptación de las CABS-0988...» previendo dichas normas y en concreto la 0806 f) cumplir con la normativa vigente en materia laboral de Seguridad Social y de Seguridad e Higiene en el Trabajo.

Por ello, es lógico que entre en juego para exigir la responsabilidad derivada del accidente laboral en cuestión el art. 1903 del CC pues dada la relación existente entre ambas empresas, no cabe duda de la existencia de una culpa "in vigilando" e incluso "in eligendo", al haber existido infracción del deber derivado en el control de la actividad desarrollada por la empresa contratada por la entidad recurrente.

V. La "acción de repetición" de la empresa contra el trabajador

1. *Fundamento de la acción de repetición del empresario contra el trabajador*

36. Si, como decíamos al principio de estas páginas, la responsabilidad del empresario frente a terceros se mueve en el terreno de la responsabilidad civil contractual o extracontractual, el supuesto que puede conducir a indemnización entre sujetos de la relación laboral es el que, en relación con el art. 1903.4 del CC establece el art. 1904 del CC: "El que paga el daño causado por sus dependientes puede repetir de éstos lo que hubiese satisfecho".

Es esta una posibilidad de repetición bastante amplia, si se tiene en cuenta que la responsabilidad empresarial a la que se está haciendo alusión es, como hemos visto, directa y solidaria y, además, aun cuanto la responsabilidad del trabajador frente al tercero se basa en la concurrencia de culpa o dolo, la del empresario se mueve en unas fronteras próximas a la objetividad. Ello, sin duda, estimula que el tercero dirija su reclamación directamente contra el empresario, o que, en fase de ejecución, aun habiendo sido codemandado el trabajador, se dirijan las actuaciones contra el empresario.

De este modo, para que proceda la acción de repetición, debería producirse: (i) El pago hecho por el empresario debe haber extinguido la obligación frente a la víctima del daño, tal y como resulta de la interpretación conjunta de los arts. 1145.1 y 1904.1 del CC (Barceló, 1995: 358). (ii)

Al empresario incumbirá la prueba de la culpa del dependiente, causante directo del daño, a menos que la prueba haya sido realizada con anterioridad, en un proceso en el que fueron demandados y condenados tanto el empresario como el dependiente.

Pero lo cierto es que, como han señalado Salvador Coderch y Gómez Ligüerre (2002: 18):

> "Pese a la previsión legal, la jurisprudencia española no conoce litigios sobre acciones de regreso ejercitadas por principales contra sus agentes. Acaso porque el derecho de seguros actúa como correctivo del sistema y desincentiva este tipo de reclamaciones; acaso, en fin, porque el derecho de contratos incluye ya las previsiones al respecto y permite a las partes ajustar el contenido del contrato a la responsabilidad que cada una de ella asume". Y, añaden, "La acción de regreso ha sido expulsada del derecho de daños para ser resuelta en el derecho contractual o laboral. En la práctica, los empresarios nunca demandan por vía de regreso a sus empleados: (...). De hecho, para un empresario no tiene sentido alguno demandar por la vía civil a su empleado si no le ha despedido antes y, normalmente, la amenaza de despido o de sanción disciplinaria bastarán. La práctica es sensata: las acciones de responsabilidad civil son muy caras de gestionar y la relación laboral no soportaría un pleito. Por su parte, los trabajadores prefieren normalmente distribuir en el tiempo los costes asociados a su propensión a causar accidentes; son, claramente, aversos al riesgo y, como ya hemos dicho, ninguna actividad individual reiterada en el tiempo excluye la eventualidad de la negligencia simple: un descuido individual resulta ineliminable en el largo plazo: la disminución significativa y, caso de resultar viable, la neutralización de un riesgo sólo resultan posibles en el marco de organizaciones complejas. De hecho, la causación de los accidentes de esta naturaleza no suele ser causalmente unilateral ni se considera normativamente imputable al causante inmediato del daño: el riesgo es, típicamente, un riesgo de empresa asociado a su actividad y no sólo al trabajador".

En la configuración de una "responsabilidad vicarial" recobra todo su sentido el derecho de regreso, porque el principal no paga por una culpa propia, sino por una acción que se encuentra inserta dentro de la actividad empresarial que lleva a cabo. Así, el empresario suple la posible insolvencia del agente causante material del daño o facilita la reclamación de la víctima, porque puede resultar difícil la identificación del concreto autor del daño, sobre todo en organizaciones muy complejas.

2. *Exigencia de la culpa del dependiente*

37. El empresario, en estos casos, tiene un derecho de repetición que resulta total: por todo lo pagado por el empresario. Ello produce la paradoja de que "aun habiendo habido culpa en él (empresario), toda la responsabilidad acaba siendo asumida por otro sujeto, el trabajador, cuya única posibilidad de eludirla es demostrar que actuó ateniéndose estrictamente a las órdenes (generales o particulares del empresario), circunstancia que resultará harto difícil o imposible si este trabajador fue demandado en vía civil y se estimó que su actuación existió negligencia o dolo" (Alfonso Mellado, 1994:81).

Por ello doctrinalmente se ha afirmado que podría interpretarse que la capacidad de repetición del empleador frente a los trabajadores solo podría operar respecto de aquellas actuaciones que se situaran al margen de la ajenidad y dependencias características de la relación de trabajo, de modo que "la traslación de responsabilidad tendría que producirse en la mayoría de los casos, de modo que solo excepcionalmente, en supuestos de dolo o culpa gravísima del trabajador, que dan lugar a conductas claramente fuera de lo que queda cubierto por la ajenidad podría activarse el derecho de repetición del empresario". Aunque, como también precisa el referido autor, estas situaciones son las que podrían permitir la exoneración de responsabilidad por actuación plenamente diligente del empresario, de modo que "repetición y exoneración coincidirían redundantemente" (Fernández Márquez, 2020: 127-128).

38. El empresario viene obligado en todo caso a la reparación, pudiendo dirigirse en vía de regreso contra el empleado solamente si la actuación de este ha sido negligente o, al menos, demostrando en un segundo pleito que la diligencia de la empresa siempre fue completa. Habrá que estar, en todo caso, al caso concreto, para conocer el nivel de diligencia debido y, desde esta perspectiva, "cabe tanto que la responsabilidad se limite al dolo o culpa grave como que también abarque la culpa leve y levísima" (Barceló, 1995: 359).

39. Doctrinalmente, se ha utilizado como argumento de refuerzo para alcanzar el anterior resultado el contenido del art. 1904.2 del CC que restringe la posibilidad de repetición contra los profesores de los centros docentes de enseñanza no superior a los supuestos de negligencia grave, subrayando que esta excepción podría haberse extendido a otros colectivos, en este caso, al vinculado con el empresario por un contrato de trabajo (Moreno del Toro, 1999: 242).

El demandado Juan Manuel V. prestó servicios laborales para la entidad actora como Médico Residente de Primer Año con ocasión de la intervención de una paciente y como consecuencia de una deficiente anestesia (contrariando las órdenes recibidas de llamar previamente al jefe de servicio), se le produjo un "espasmo de glotis" con una grave deficiencia respiratoria que le produjo de una manera irreversible una tetraplejia de componente piramidal, con afasia, por lo que el trabajador fue despedido. Por tales hechos, recayó Sentencia en vía penal de la Audiencia Provincial por la que se condenó a la

Diputación Provincial, como responsable civil subsidiaria por los gastos médico —farmacéuticos y hospitalarios, habiendo sido satisfechas tales cantidades por la referida Diputación Provincial.

La STSJ Castilla y León (Valladolid) (Social) de 10 de mayo de 1994 (Rº 2473/1993), comienza señalando que "la responsabilidad del facultativo y la Diputación frente al tercero perjudicado por el delito fue de naturaleza extracontractual (extremo indiscutible)", pero añade que "la responsabilidad impuesta al empleador (la civil subsidiaria del art. 22 del Código Penal) vino justificada por el hecho de existir un contrato de trabajo que le vinculaba con el autor del delito, con lo que el contrato de trabajo nunca podría obviarse como algo ajeno a la repetición de lo pagado que ahora se pretende, antes bien su existencia siempre estaría en la base de la obligación impuesta al empleador de hacer frente a los daños y perjuicios derivados del negligente proceder de su empleado, justificando así la competencia de esta jurisdicción (...)".

3. Alcance de la acción de repetición

40. En línea de principio, de proceder la acción de repetición frente al trabajador, la cuantía de la indemnización del empresario será exactamente la que él haya pagado, sin perjuicio de que, de haber derivado de esa misma actuación del empleado daños directos al empresario, se adicione la exigencia del resarcimiento por éstos. En todo caso, podría ponderarse por el juzgador las circunstancias del caso a la hora de efectuar la referida valoración ex art. 1103 del CC.

La SAP Barcelona de 29 de marzo de 2005 (Rº 333/2004), estima el recurso de apelación interpuesto, revocando la sentencia de instancia que estimaba parcialmente la petición de reembolso de la actora, por las transacción y cesión de los derechos efectuados en virtud de las disposiciones irregulares llevadas a cabo por el empleado del banco demandado. Entiende la Sala que los hechos encajan con el supuesto previsto en el art. 1904 CC, que ampara al empresario para repetir contra el empleado causante de los daños, y aunque no se haya accedido al cauce penal, el tribunal civil puede ponderar las circunstancias del supuesto, de forma que no ofreciendo duda la conducta dolosa del demandado, ninguna cuota de responsabilidad puede imputarse al actor.

4. Plazo de prescripción

41. Díez-Picazo ha considerado que el art. 1904.1 del CC es un precepto que no tiene nada que ver con los que rigen la responsabilidad extracontractual por lo que resultaría de aplicación el plazo general del art. 1964 CC. No obstante, como también se ha apuntado doctrinalmente (Moreno del Toro, 1999: 251-252), cuando el contrato sea laboral, el plazo será de un año desde que la acción pudo ejercitarse al realizarse el pago, a tenor de lo establecido en el art. 59.2 del ET.

VI. Responsabilidad contractual del empresario por actos de sus trabajadores

1. Fundamento del régimen de responsabilidad contractual

42. A pesar de la ausencia de una norma legal que, de forma paralela al art. 1903.4 del CC, imponga con carácter general la responsabilidad del deudor por el incumplimiento de sus obligaciones contractuales causado por la actuación de los auxiliares que emplea en su cumplimiento, resulta posible extraer de nuestro ordenamiento un principio general en tal sentido. Así lo ha señalado la doctrina deduciendo el mencionado principio general de aquellos supuestos legales que prevén expresamente la responsabilidad contractual del deudor por actos de sus auxiliares en el cumplimiento (Cristóbal Montes, 1989: 7), o aplicando analógicamente el principio previsto para la responsabilidad extracontractual (Jordano Fraga, 1994: 22 y 446). La recepción del mencionado principio ha sido también efectuada por la jurisprudencia [STS (Civil) de 22 de junio de 1989 (RJ 4776)].

> Una empresa de limpieza de cristales X celebra un contrato con un cliente para la limpieza de cristales. La empresa envía un trabajador para cumplir este contrato. El trabajador comete un error y provoca que se rompa la ventana del cliente. El cliente desea ser compensado por los daños causados por este fallo.
>
> El cliente no puede ejercitar acción contra el trabajador, porque no existe contrato entre cliente y trabajador y la acción de responsabilidad sólo puede ejercitarse por vía contractual. Sin embargo, el cliente puede reclamar daños y perjuicios al empleador. El empleador puede entonces emprender acciones contra el trabajador. El trabajador está protegido contra la acción directa del cliente. El trabajador puede ser considerado responsable, pero sólo mediante la secuencia: cliente → empleador → trabajador.

De esta forma, se ha señalado que "sobre la base de estas normas singulares expresas es posible inducir un principio general —para todas las obligaciones en que quepa la utilización de auxiliares de cumplimiento por su deudor— que, apoyado en la misma común ratio de aquéllas, conduce, igualmente, a una responsabilidad contractual objetiva del deudor/principal por sus auxiliares de cumplimiento" (Jordano Fraga, 1994: 399).

43. A diferencia de la responsabilidad extracontractual que exige, como veremos, la culpa in vigilando o in eligendo del responsable, la imposición de responsabilidad a cargo del deudor es una responsabilidad sin culpa, una responsabilidad, por lo tanto, objetiva (Jordano Fraga, 1994: 393-444 y 488-498). El carácter objetivo de esta responsabilidad se ha justificado en la condición de deudor del empresario (Torralaba Soriano, 1971: 1161), en la protección de la confianza del acreedor y en la protección del tráfico jurídico o en la teoría del riesgo (Jordano Fraga, 1994: 420-444).

El deudor asume la obligación de garantía por la conducta de los auxiliares que utiliza en el cumplimiento. Por eso, aunque su conducta haya sido diligente, responde frente al tercero de los posibles incumplimientos. Se ha señalado en este sentido que "el deudor que encomienda a otras personas el cumplimiento total o parcial de sus obligaciones responderá de todo incumplimiento provocado por ellas, que le hubiera sido subjetivamente imputable de haber actuado como sus auxiliares en el cumplimiento lo han hecho, aunque el deudor no haya incurrido en culpa-negligencia alguna en la elección, la dirección e instrucciones o en la vigilancia de los mismos" (Pantaleón Prieto, 1991: 1058).

2. *El principio general de responsabilidad del deudor por actos de sus dependientes*

44. Como ha señalado Jiménez Horwitz (1996: 210-211), "el sistema de responsabilidad contractual tiene cabida un principio que, con carácter general, consagra la responsabilidad objetiva de deudor por el incumplimiento ocasionado por sus auxiliares", de este modo, "la actuación del auxiliar en cuanto pensada y organizada para el cumplimiento de la obligación no puede tenerse como un hecho ajeno a la esfera de actividad típica del deudor, que es lo único que, desde estos parámetros objetivos, lo libera de responsabilidad. En otras palabras, el comportamiento del auxiliar en sí mismo considerado no puede tenerse como un evento fortuito, oponible frente al acreedor a efectos exoneratorios de responsabilidad".

Según los PEDC, en su art. 8:107 se establece que: "la parte que encomienda a un tercero el cumplimiento de un contrato seguirá siendo responsable de dicho cumplimiento".

3. *El comportamiento del trabajador en sí mismo considerado no puede tenerse como un evento fortuito: Las situaciones de huelga*

A) La huelga constituye un evento que pertenece a la esfera de organización del deudor, previsible y controlable y, por consiguiente, imputable a éste

45. El empresario responde de las consecuencias que la huelga pueda generar en sus relaciones con clientes o usuarios porque se le considera el centro de imputación de los eventos impeditivos del cumplimiento que se producen en la esfera de su organización (tal como hemos analizado en el Capítulo 10. III). En la reconstrucción del contrato perfecto, que busca identificar la fórmula más razonable de distribución de un riesgo cuando las partes no lo han previsto expresamente, la huelga resultaría imputable al deudor en cuanto evento interno a la empresa. Es el deudor quien mejor puede controlar, reducir y evitar tales eventos impeditivos del cumplimiento de sus obligaciones contractuales.

Como señala Díez-Picazo (1993:595),

> "Si se acepta el punto de vista aquí sostenido, lo que habrá que examinar, fundamentalmente, es la medida en que la huelga constituye una disfunción de la empresa del deudor, que es interior a ella, y por consiguiente, controlada dentro de la esfera de control y planificación del deudor. En este sentido sólo podrán ser consideradas como casos fortuitos las huelgas absolutamente inesperadas (...) o aquellas otras que por su generalidad escapan a la esfera de control y de influencia del deudor. Las anteriores consideraciones se ven corroboradas si se piensa en lo ilegítimo que significa transferir a los acreedores, que han contratado con el empresario, los daños que a éste le ocasiona la huelga y que deben ser siempre soportados por el empresario y transferibles o trasladables a terceros".

46. No resulta necesario, por ello, analizar la diligencia empresarial ante el conflicto a efectos de determinar la exoneración de su responsabilidad ni examinar en qué medida la huelga fue originada por un hecho imputable al empresario o hasta qué punto el empresario podía haber evitado la huelga de sus trabajadores. Tampoco la calificación de la huelga como legal o ilegal afecta a la posible exoneración empresarial de su responsabilidad contractual frente a terceros (De la Puebla, 2019).

47. La doctrina de los tribunales ha resuelto conforme a estos criterios diversos supuestos en los que terceros a la relación laboral reclaman de la empresa la responsabilidad económica derivada del incumplimiento por ésta de sus obligaciones de hacer o de dar. La huelga de sus trabajadores no se considera, en estos pronunciamientos judiciales, circunstancia suficiente para excluir la responsabilidad empresarial.

> Como criterio general, la huelga encaja dentro de "lo previsible y que normalmente sucede", ha indicado la STS (Civil) 22 de febrero de 2005 (Rº 3803/1998), y por tanto resulta imposible aceptar que pueda constituir "fuerza mayor" a los efectos de la exoneración de la indicada responsabilidad contractual. En principio, no es una cuestión ajena a la empresa, ni siquiera si se produce en el ámbito de una empresa subcontratista; pero tampoco parece imprevisible ni inevitable mientras la huelga sea legal: la existencia de preaviso siempre abre la posibilidad de poner en marcha "las medidas adecuadas, dentro de sus posibilidades y sin sacrificios desproporcionados, para evitar un resultado dañoso a sus clientes".

Es el supuesto resuelto por la STS (Social) de 14 de marzo de 2001 (R° 545/1996) (un interesante comentario en Castilla Barea, 2002: 49-70), en el que empleados en huelga retuvieron y no dejaron sacar los moldes depositados por una empresa tercera a fin de que en la empresa en huelga se fabricaran determinados productos de automoción. Esta última empresa declaró el cierre patronal, "sin haber tomado las precauciones del previo traslado de los moldes allí existentes a otras fábricas de sus pertenencias", reprochándole, asimismo, que no hubiera denunciado los hechos al Juzgado de Instrucción cuando los empleados impidieron la salida de los moldes.

> El Tribunal Supremo rechaza las alegaciones de la empresa referidas a la existencia de un hecho imprevisible e inevitable. Afirma, al respecto, que la huelga de los trabajadores, en cuanto derecho reconocido constitucionalmente, es "un supuesto normal y, por tanto, previsible". A ello añade la sentencia un argumento complementario fundado en la responsabilidad de la empresa por hechos de sus auxiliares. Y es que, en efecto, los trabajadores difícilmente pueden ser considerados como sujetos ajenos a la relación obligatoria que une a acreedor y deudor de modo que no resulta posible que sus actos sirvan para exonerar de responsabilidad al deudor de la prestación por su incumplimiento

48. Así se advierte en la doctrina civil en relación con diferentes supuestos: por citar algunos de los que más a menudo se repiten en los repertorios, cabe traer a colación los retrasos en el cumplimiento de obligaciones de entrega de obras de construcciones que se afirman relacionadas con los paros de proveedores.

Máxime si, como ocurre, en algunas situaciones no queda acreditada la situación misma de huelga. Sirva como ejemplo la Sentencia de la Audiencia Provincial de Madrid 24 de abril de 2013 (R° 802/2012), en que se concluye que:

> "Como fecha de entrega de unas viviendas se estipuló la de 27 meses contados a partir de la fecha de inicio de las obras de construcción previsto para el mes de junio de 2005, por lo que deberían haberse entregado las fincas a finales del mes de septiembre de 2007, aunque el citado plazo se pactó "a reserva de imposibilidad nacida por fuerza mayor". Considera la sentencia que "la huelga que se produjo en un campo ajeno al de la empresa demandada" puede ser calificada como hechos constitutivos de fuerza mayor, si bien, en el caso ello no determina que deba estimarse la demanda presentada ya que debe analizarse la incidencia que tuvieron las mismas en la marcha de las obras y no se puede considerar acreditado que la existencia de fuerza mayor impidiera hacer la entrega de la viviendas en el plazo fijado, ya que no se ha acreditado debidamente la incidencia que tuvieron los hechos constitutivos de fuerza mayor en la marcha de las obras".

Tampoco queda acreditado el conflicto en la SAP Málaga de 7 de enero de 2014 (R° 454/2012). Por lo que la misma concluye que:

"en el incumplimiento esencial del plazo de entrega comprometido por parte de la vendedora hoy apelante, incluso de admitirse la prórroga en seis meses, no cabe apreciar la concurrencia de supuestos de fuerza mayor amparados en el art. 1105 del Código Civil, que justifique tal incumplimiento, pues respecto de la huelga, tanto del informe remitido por la Junta de Andalucía, como del remitido por la Dirección General del Ministerio de Trabajo, resulta que durante el periodo solicitado no hubo huelga alguna en los ámbitos sectoriales de la construcción y del transporte, más que la huelga general del día 29 de septiembre de 2010 que afectó a todos los sectores y que en el sector del transporte hubo paros en junio de 2008, huelga general y paros que en modo alguno pueden considerarse como supuestos de fuerza mayor, más cuando no se ha probado en los autos qué concreta incidencia pudieron tener en la evolución de las obras de la vivienda objeto del contrato".

E, igualmente, en la SAP Málaga de 7 de abril de 2014 (Rº 497/2012), cuando la huelga afecta a otros sectores de actividad por lo que concluye que no son admisibles:

"las alegaciones de la parte apelante relativas a la incidencia que en orden al retraso en la entrega de la vivienda tuvo la existencia de huelgas en el sector de la construcción; siendo así que, en cualquier caso, las huelgas han afectado principalmente a los sectores de áridos y yeso, que no comportan necesariamente la absoluta paralización de la actividad constructiva".

B) Incumplimientos contractuales fundados en situaciones de huelga

49. La huelga no procede de un sector externo e incontrolable, sino de los propios trabajadores de la empresa dentro de las negociaciones de su convenio, por lo que se trata de una situación previsible y, por tanto, no puede ser tenida como un supuesto de fuerza mayor ex art. 1105 del CC.

En la demanda iniciadora del procedimiento la precitada actora, resumidamente exponía que con fecha 27 de diciembre de 2005 había comprado por Internet dos billetes de autobús a la demandada (Madrid-Marbella 30/12/05, Marbella-Madrid 1/1/06) sin que se le hiciera advertencia alguna de huelga; que efectuó el viaje de ida a Marbella en la fecha prevista y que al presentarse en la Estación de Autobuses el día del regreso, se le comunicó verbalmente, veinte minutos antes de la hora de salida que se había suspendido el viaje por huelga de empleados, ofreciéndole como única opción la devolución de parte del coste del viaje menos un 20%, sin solución alternativa, por lo que teniendo que estar en Madrid el día 1 a las 20 horas para recoger a sus hijos al estar separada y tener que cumplir el régimen de visitas y trabajara el día 2 tuvo necesariamente que buscar el desplazamiento, encontrando únicamente un vuelo de Iberia con salida a las 18,45, por lo que reclamaba la condena de la demandada al pago de un total de 244,82 euros suma de los 15,19 euros del billete de autobús de regreso a Madrid, 3,91 euros de autobús de la Estación al Aeropuerto y 225,72 del billete de avión. La demandada se opuso alegando que ignoraba cuando se compró el billete al hacerlo por Internet; que en todo caso se encontraba expuesto en las taquillas de la empresa la convocatoria de huelga y servicios mínimos. Que el viaje de regreso fue realizado, aunque con retraso y que se le ofreció a la actora el pago del viaje de regreso.

La SAP (Civil) de Madrid de 23 de mayo de 2008 (Rº 364/2007), concluye que,

"en el presente caso concurren todos los presupuestos para exigir de la demandada la responsabilidad contractual correspondiente, en este caso la cantidad reclamada, cuyo importe no se discute, por incumplimiento de su obligación contractual como transportista de trasladar a la actora al lugar y en el tiempo contratado, sin que pueda escudarse en el hecho de la huelga para eludir su responsabilidad, porque como de la documentación por ella misma aportada se desprende, esta tuvo lugar en el círculo interno de su misma empresa y comenzó con anterioridad al incumplimiento de sus compromisos contractuales y por ello no puede ser tenida como un supuesto de fuerza mayor del art. 1105 del CC en cuanto que, ni era imprevisible, ni inevitable,

Otro ejemplo lo encontramos en el siguiente supuesto:

Con fecha 28 de abril de 2017 se comunicó por la CP a la mercantil, a primera hora de la mañana, la avería de uno de los cuatro ascensores y por la tarde la de otro de los ascensores. El 2 de mayo comunican de nuevo la existencia de estas averías, la imposibilidad de su uso y la falta de respuesta y reparación por parte de la mercantil. La respuesta dada por la empresa es que "En la actualidad estamos negociando el convenio colectivo de Zardoya Otis con los representantes de los trabajadores para encontrar el marco de trabajo adecuado que satisfaga a empleados y empresa. Zardoya Otis ha tomado las medidas necesarias para evitar y minimizar cualquier incidencia que pueda producirse a nuestros clientes y usuarios en general." A ello responde la CP que "Entendemos que los asuntos internos de OTIS no deberían afectar a los clientes y como le he comentado anteriormente no se han cubierto los servicios mínimos, por no haber sido atendidos nuestros avisos desde el pasado viernes por la mañana. Transmitimos una vez más el descontento de los vecinos de la comunidad por la falta de asistencia por parte de OTIS. Consta en las actuaciones la realidad de la huelga de trabajadores de Zardoya Otis, que no ha sido puesta en duda por la parte demandada, hoy apelada, y los servicios mínimos establecidos por la administración correspondiente, si bien circunscritos a Granada y su provincia. Las dos cuestiones a dilucidar en este recurso son si hay causa justificada para la resolución y si la huelga interna de trabajadores es causa de fuerza mayor para no dar cumplimiento a las labores de mantenimiento contratadas por no hallarse dentro de los servicios mínimos fijados.

La Audiencia Provincial de Málaga (Civil) en su Sentencia de 24 de marzo de 2021 (Rº 992/2020) concluye que:

"La huelga no procede de un sector externo e incontrolable, sino de los propios trabajadores de la empresa dentro de las negociaciones de su convenio, por lo que se trata de una situación previsible. El único incumplimiento esencial y grave que puede aquí apreciarse no es otro que el protagonizado por la demandante, ahora apelante, que dejó de atender el pacto de mantenimiento, dejando a la comunidad apelada sin servicio respecto de dos de los cuatro ascensores contratados, tratándose de una comunidad con diversos bloques de viviendas. En el supuesto objeto de apelación la demandada-apelada requirió suficientemente a la apelante para reparar los ascensores averiados y sin funcionamiento, avería que condicionaba el buen uso y con normalidad adecuada de los mismos por los integrantes de la Comunidad, sin que en los 5 días siguientes se atendiera dichos requerimientos con la excusa de la existencia de huelga durante las negociaciones internas sobre el convenio laboral. El contrato recogía el servicio de 24 horas los 365 días del año. La huelga interna no justifica la pasividad de la empresa en el cumplimento de sus obligaciones contractuales, dado que el hecho no está revestido de ajenidad; es debido a las relaciones internas entre empresa y trabajadores que debe ser solventado adecuadamente por los agentes internos sin trascendencia frente a terceros. Y ello no vulnera el derecho de huelga de todo trabajador, dado que ese derecho fundamental debe ser invocado frente al empresario y autoridades y no frente al usuario y tercero contratante, que puede invocar incumplimientos contractuales".

c) *Pactos de exoneración de responsabilidad por huelga entre los empresarios*

50. Como ha confirmado la doctrina, resultaría admisible que la regla general de reparar los daños causados por el incumplimiento puede ser modalizada por los pactos entre los contratantes (Goerlich Peset, 2018). Veamos una posible cláusula contractual referida a esta cuestión:

> "(...). Si la parte VENDEDORA retrasase la entrega de la vivienda sin causa justificada, se devengará a favor de la parte COMPRADORA una penalización que de mutuo acuerdo se establece en la cantidad de [...] euros diarios. Esta pena no será exigible cuando la demora en la entrega por parte de la mercantil VENDEDORA se deba a causas de fuerza mayor, en la que se estimará comprendida la huelga de los trabajadores de la construcción o de las empresas proveedoras, debiendo el COMPRADOR en estos casos soportar la demora sin derecho a ningún tipo de cantidad en concepto de penalización".

La STS (Civil) de 1 de febrero de 1989 (RJ 1989\648), admite que se configure la huelga como causa de exoneración del incumplimiento a efectos de evitar la aplicación de una cláusula penal establecida:

> "lo que las partes establecieron en el conjunto de sus pactos, fue que en caso de la existencia de una huelga confirmada, se consideraría ésta como causa de fuerza mayor, modificativa del plazo fijado para la entrega de la obra contratada, confirmación que se efectuaría mediante una certificación de la Cámara de Comercio correspondiente, y sin que por otra parte tenga sentido lógico, ni su oscuridad pueda favorecer a la parte recurrente (art. 1.288 CC) esa extraña aprobación de una huelga por un Ingeniero. Al no haberse convenido notificación vinculativa de clase alguna, y al resultar demostrado hasta la notoriedad la existencia real del paro laboral de los estibadores, incluida la posterior aportación de la certificación de la Cámara, de Comercio, no es posible tratar de desconocer esta realidad mediante argucias dialécticas, o alegar la infracción, como se hace en el motivo quinto, del art. 1.152 del Código Civil, sin tener en cuenta la existencia de un supuesto comprendido en el párrafo 2.º de ese mismo precepto, puesto en relación con el 1.105 de igual texto (...).

51. Sobre esta base, se ha recomendado incluir cláusulas que delimiten exactamente los casos de fuerza mayor o caso fortuito en los contratos. En este sentido, se recomienda hacer mención expresa a las siguientes situaciones:

> "Los casos de interrupción continuada o discontinua y/o cesación parcial o permanente de los servicios por parte de los trabajadores de la empresa —cuando se trate de huelga general— o de cualquier otra empresa que forme parte de la cadena de distribución y/o transporte y/o carga y descarga del producto objeto del contrato con motivo del ejercicio del derecho de huelga, tanto si se desarrolla dicho derecho en cualquiera de las modalidades legalmente permitidas, como si se considera que los trabajadores están cometiendo actos ilícitos/abusivos. Del mismo modo, para abarcar otros posibles supuestos que ocasionen retrasos y que no se circunscriban al momento de la huelga formalmente convocada, es recomendable prever contractualmente como supuesto de caso fortuito cualquier forma de alteración (individual o colectiva) del régimen de trabajo distinta a la huelga que imposibilite la prestación del servicio/entrega del producto con la debida normalidad (Rentería Tazo, 2017).

4. *El abuso de funciones no exonera de responsabilidad contractual al deudor*

52. El principio de responsabilidad contractual por hecho ajeno no tiene excepciones, ni siquiera en los supuestos de actuación abusiva del auxiliar (Jiménez Horwitz, 1996: 214-217). Una irrelevancia liberatoria que, como señala el citado autor, "resulta todavía más significativa si se tiene presente que, con arreglo a lo dispuesto en el art. 1903.4 del CC, la actuación abusiva del auxiliar puede constituir, en determinados supuestos una causa de exoneración de responsabilidad". Ello deriva de "la propia esencia de lo contractual: a efectos de responsabilidad contractual por hecho ajeno, el deudor, en su condición de sujeto obligado, responde del incumplimiento de la obligación. El comportamiento abusivo del auxiliar, en cuanto que se traduce en incumplimiento, ha de ser imputado al deudor".

5. *La responsabilidad del trabajador frente al acreedor. ¿La acción directa?*

53. Para exigir responsabilidad por la actuación dañosa del auxiliar, el acreedor dispone de una acción de naturaleza contractual frente al deudor y una acción de naturaleza extracontractual frente al auxiliar. Esta situación de concurrencia de obligados parece que pudiera resolverse aplicando el régimen jurídico de las obligaciones solidarias (art. 1144 del CC). Aunque, como es sabido, el régimen de la mancomunidad es prevalente (art. 1137 del CC), no obstante, la regla general viene admitiendo diferentes excepciones por la jurisprudencia civil tanto para evitar las consecuencias extremas que se deriven del rigor del citado art. 1137 y, por ello, no se exige que el término "solidaria" aparezca expresamente en el negocio jurídico, sino que se deduce de la voluntad de los contratantes de poder exigir íntegramente la cosa objeto de la obligación, cuanto para ofrecer garantías a los acreedores lo que acontece en el ámbito mercantil en donde se aboga por la responsabilidad solidaria sin ambages.

54. Se ha planteado, igualmente, la posibilidad de que el trabajador pueda ser considerado responsable directo frente al deudor (cliente → trabajador) sin que medie el esquema natural: cliente → empleador → trabajador.

La acción directa constituye la posibilidad, legalmente prevista en muy concretas situaciones, de demandar el cumplimiento de la obligación al deudor de su deudor sin necesidad de que lo obtenido pase por el patrimonio del deudor intermedio. La Ley no atribuye la acción directa al acreedor con carácter general, sino en algunos supuestos concretos es el caso de la facultad de los trabajadores o suministradores de materiales, en un contrato de obra. Esta posibilidad se recoge como una excepción al principio general de eficacia relativa de los contratos en el art. 1597 del CC, permitiendo así a "quienes ponen su trabajo y materiales en una obra ajustada alzadamente por el contratista" ejercitar una acción contra el dueño de la obra "hasta la cantidad que éste adeude aquél cuando se hace la reclamación". También posee este carácter aquella en el que mandante se dirija contra el sustituto del mandatario (art. 1722 CC) (Jiménez Horwitz, 1996: 214-217).

55. Pese a las ventajas que tiene para el deudor esta vía, "no existen razones suficientes para fundamentar en nuestro ordenamiento el reconocimiento generalizado de la acción directa en el ámbito de la subcontratación" (Jiménez Horwitz, 1996: 271). Y ello, por un doble orden de razones: por un lado, la ausencia de norma legal que contemple esta posibilidad y, en segundo término, porque también en este caso juega el esquema reflejo, doctrinal y jurisprudencialmente asentado, del art. 1903.4 del CC.

La anterior respuesta que es común en la mayor parte de los ordenamientos de nuestro entorno ha encontrado una excepción en el derecho belga con la Loi du 7 de febrero de 2024 portant le livre 6 "La responsabilité extracontractuelle" du Code civil. Este libro contiene las nuevas normas sobre responsabilidad extracontractual (antiguo, arts. 1382 y siguientes del Código Civil). Una de las más significativas es que se amplía la responsabilidad de los auxiliares (como contratistas, subcontratistas, administradores de empresas y trabajadores) frente a terceros. La nueva ley deja la elección al perjudicado solicitar una indemnización por su daño (extra) contractual a la empresa o al trabajador. Al contrario de lo que se aplicaba anteriormente, el perjudicado ahora tendrá la posibilidad de obtener compensación por el daño por parte de la persona auxiliar.

56. Así lo ha entendido la doctrina en relación con las situaciones de huelga. Como señala Ferrando (2013), "la empresa contratante del servicio no puede ejercitar la acción de reembolso frente a los trabajadores huelguistas pues no existe entre éstos y aquella una relación contractual, sino con la propia empresa auxiliar o prestadora del servicio, por la vía del art. 1903 del CC". Puede, sin embargo, "dirigirse contra la prestadora del servicio". Como indica esta autora, en lo que concierne al contrato de viaje combinado, se reconoce expresamente a las agencias de viaje (organizadora y detallista) que respondan de la defectuosa prestación de los servicios incluidos en el contrato, el derecho a actuar contra los prestadores de dichos servicios. El art. 161.1 del Real Decreto Legislativo 1/2007, de 16 de noviembre, por el que se aprueba el texto refundido de la Ley General para la Defensa de los Consumidores y Usuarios y otras leyes complementarias, que establece que:

> *" Cuando un organizador o un minorista abone una compensación, en función de su ámbito de gestión, conceda una reducción del precio o cumpla las demás obligaciones que impone esta ley, podrá solicitar el resarcimiento a terceros que hayan contribuido a que se produjera el hecho que dio lugar a la compensación, a la reducción del precio o al cumplimiento de otras obligaciones".*

Se trata de un supuesto de responsabilidad contractual "indirecta" (López Santana, 2003: 24).

Capítulo 11

LA RESPONSABILIDAD DEL EMPRESARIO FRENTE A TERCEROS POR ACTOS DEL TRABAJADOR A SU SERVICIO (II). LA RESPONSABILIDAD CIVIL SUBSIDIARIA DERIVADA DE DELITO

Bibliografía: ALONSO OLEA, M., *La responsabilidad del empresario frente a terceros por actos del trabajador a su servicio,* Madrid, Civitas, 1990. ARNAIZ SERRANO, A., *Las partes civiles en el proceso penal,* Valencia, Tirant lo Blanch, 2006. DE TOLEDO Y UBIETO, E. O., *Sobre el concepto de Derecho Penal,* Madrid, Universidad Complutense, 1981. ENCINAR DEL POZO, M. A., *Las empresas de trabajo temporal y la responsabilidad civil derivada de delito,* Actualidad Jurídica Aranzadi, 2011, nº 832. GÓMEZ LIGÜERRE, C., *Acción de regreso de un trabajador contra su empresa, responsable penal subsidiaria: algo más que un problema de jurisdicción Comentarios a la Sentencia del Tribunal Supremo, Sala Cuarta, de 26 de enero de 2006.* MARTÍNEZ MOYA, J., *Lesiones dolosas causadas por un trabajador a otro en tiempo y lugar de trabajo ¿Por qué la Sala de lo Penal del Tribunal Supremo absuelve a la empresa como responsable civil subsidiaria ex art. 120.4 del Código Penal?,* Revista de Jurisprudencia Laboral. Número 8/2019. MIR PUIG, S., *Derecho penal,* Barcelona, Reppertor SL, 1996. PANTALEÓN DÍAZ, M., *Dogmática comparada del delito y de la responsabilidad civil extracontractual,* Madrid, UAM, 2021 (Tesis Doctoral). PANTALEÓN PRIETO, F., *Comentario al artículo 1902 del Código civil,* Comentarios al Código Civil, Cándido Paz-Ares, Luis Díez-Picazo-Picazo, Rodrigo Bercovitz y Pablo Salvador Coderch, coordinadores, Secretaría General Técnica, Centro de Publicaciones, Ministerio de Justicia, 1991. ROCA TRIAS, E., *La responsabilidad civil extracontractual,* en Valpuesta Fernández, M. R. (Coord.), *Derecho de obligaciones y contratos,* Valencia, Tirant lo Blanch, 1995, pp. 471-486. SALVADOR CODERCH, P., *Causalidad y responsabilidad,* InDret, 2002, nº 3. SEMPERE NAVARRO, A., *Responsabilidad civil subsidiaria de la empresa cuando la víctima del delito pertenece a su plantilla.* Revista de Jurisprudencia Laboral. Número 4/2020. YZQUIERDO TOLSADA, M., *Responsabilidad civil extracontractual. Parte general,* Madrid, Dykinson, 2017.

I. Responsabilidad civil derivada de delito

1. Fundamento de la responsabilidad civil derivada de delito

1. La comisión de un delito puede ocasionar un daño patrimonial en la víctima u otros perjudicados. Mediante la pena no se resarce al perjudicado por dicho daño, para ello se prevé la responsabilidad civil (Mir Puig, 1996: 12). Se ha dicho, por ello, con acierto que, "ni siquiera quienes atribuyen a la responsabilidad civil una función preventiva, sugieren que pueda ser problemática la imposición, a una misma persona y por un mismo hecho, junto con la pena, de la obligación de resarcir íntegramente el daño causado" (Pantaleón Díaz, 2021: 77). El autor del delito deberá, por ello, reparar el daño económico causado o indemnizar los perjuicios mediante el pago de una cantidad.

La responsabilidad civil derivada de delito se regula principalmente en el art. 109.1 del Código Penal (CP), en virtud del cual:

> *"La ejecución de un hecho descrito por la ley como delito obliga a reparar, en los términos previstos en las leyes, los daños y perjuicios por él causados".*

Precisando el apartado segundo de ese mismo artículo que:

> *"El perjudicado podrá optar, en todo caso, por exigir la responsabilidad civil ante la Jurisdicción Civil".*

De este modo, quien comete un delito o falta queda obligado a reparar los daños y perjuicios causados con su conducta, evidentemente siempre dolosa o culpable.

2. Por otra parte, el art. 116.1 del CP prevé que:

> *"Toda persona criminalmente responsable de un delito lo es también civilmente si del hecho se derivaren daños o perjuicios. Si son dos o más los responsables de un delito los jueces o tribunales señalarán la cuota de que deba responder cada uno".*

De todo ello se deduce que la responsabilidad penal implica la civil, porque no sólo se ha de responder frente a la sociedad asumiendo la pena impuesta, sino que además se ha de reparar el daño particularmente causado en las personas o en las cosas si el perjudicado así lo solicita.

3. La denominada responsabilidad civil derivada del delito constituye una parte de la responsabilidad civil extracontractual y se caracteriza por que el acto ilícito que la genera es constitutivo de infracción penal (delito o falta), siendo éste el elemento que la diferencia del resto de la responsabilidad civil extracontractual, si bien este elemento específico no implica que aquélla deba desgajarse de ésta (Arnaiz Serrano, 2006). El art. 1089 del CC enumera entre las fuentes de las obligaciones civiles "los actos y omisiones ilícitos o en que intervenga cualquier género de culpa o negligencia". A continuación, el art. 1092 del CC remite a lo dispuesto en el CP para regular las obligaciones civiles que nazcan de los delitos o faltas y el art. 1093 efectúa una remisión a los arts. 1902 y siguientes del CC para regular las obligaciones civiles derivadas de actos y omisiones en que intervenga culpa o negligencia no penadas por la ley.

4. El fundamento de toda responsabilidad civil es la existencia de un daño; concretamente, si se trata de responsabilidad civil derivada del delito, el daño causado por un ilícito penal. Por tanto, cualquier delito puede generar responsabilidad civil si ha causado daños o perjuicios. A la inversa, si hay delito, pero no se han derivado de él daños o perjuicios, no habrá nacido responsabilidad civil alguna.

La diferencia de naturaleza de la responsabilidad penal y la civil se confirma si se compara el sentido de ambas. Como señala Mir Puig (1996: 13):

> "La pena se prevé como consecuencia de la infracción de la norma que prohíbe penalmente realizar el delito, en cambio, la responsabilidad civil no exige, necesariamente, infracción alguna de la norma que prohíbe delinquir. En efecto, mientras que es inconcebible la pena sin una acción penalmente antijurídica, el Código penal establece la responsabilidad civil para sujetos que ni siquiera han intervenido en la realización del hecho (...) con los responsables subsidiarios previstos por la Ley (arts. 120 y 121 del CP). A diferencia de la pena, la responsabilidad civil no ha de verse como una consecuencia de la infracción de una norma, sino como el restablecimiento de una situación patrimonial alterada (...)".

5. En la mayoría de las legislaciones, la responsabilidad civil se halla regulada por leyes civiles ajenas al Código Penal, y su imposición tiene lugar en un proceso civil distinto también al proceso penal. En el Derecho español, en cambio, sucede lo contrario, el Código penal regula la responsabilidad civil y ésta se ventila en el mismo proceso penal. La existencia de esta especialidad deriva, como ha señalado Pantaleón (1991),

> "Una peculiaridad del sistema español de Derecho de daños, cuya razón de ser se encuentra en la peculiar historia de nuestra codificación. Dado que en España la codificación penal antecedió en muchas décadas a la codificación civil, desde los primeros Códigos Penales, se adoptó la costumbre de introducir, en el cuerpo normativo destinado a la regulación de los delitos y faltas, un apartado correspondiente a los efectos civiles del delito. Esta tradición continuó después de aprobado el Código Civil y se ha mantenido hasta nuestros días (art. 1092 del CC), de modo que el Código Penal vigente sigue conteniendo dos Capítulos enteros dedicados a esta cuestión (Caps. I y II del Tít. V del Libro I del CP)".

Desde hace unas décadas, la doctrina civil se ha manifestado reiteradamente, pero sin éxito, a favor de la supresión del conjunto de las disposiciones que conforman la responsabilidad civil derivada del delito. El fundamento de esta petición radica en que su existencia provoca una duplicidad normativa innecesaria y perturbadora. En efecto, no existe ninguna diferencia, a efectos civiles, entre el comportamiento dañoso constitutivo de delito y el que no lo constituye. Además, la naturaleza jurídica de las normas de responsabilidad civil general y de las reglas de responsabilidad derivada de delito es idéntica. Siendo así, no hay motivo para no aplicar las mismas reglas a todos los supuestos, como, por otra parte, sucede en todos los países de nuestro entorno".

Son razones de economía procesal las que permiten que los tribunales penales entren a determinar el alcance de la responsabilidad civil derivada de delito, de manera que no existe una doble regulación, con regímenes distintos, sino un "concurso de normas fundamentales de una única pretensión": el resarcimiento del daño causado (Roca Trias, 1995: 483). Por ello, la responsabilidad civil derivada de delito no constituye una pena más añadida a la derivada del propio delito, sino que "la responsabilidad civil subsidiaria se produce como consecuencia de ciertas relaciones jurídicas o de hecho con los autores del delito" (STC 72/1991, de 8 de abril).

2. *Obligaciones que comprende la responsabilidad civil derivada de delito*

A) Contenido de la responsabilidad civil derivada del delito

6. El art. 110 del CP alude al contenido de la responsabilidad civil derivada del delito. Ésta comprende la restitución, la reparación del daño y la indemnización de los perjuicios materiales y morales, lo que obviamente no implica que cuando se incurra en responsabilidad civil ex delicto surja en todo caso un deber de restituir, otro de reparar y otro de indemnizar.

B) Reparación del daño

7. El art. 112 del CP establece que:

> *"La reparación del daño podrá consistir en obligaciones de dar, de hacer o de no hacer que el Juez o Tribunal establecerá atendiendo a la naturaleza de aquél y a las condiciones personales y patrimoniales del culpable, determinando si han de ser cumplidas por él mismo o pueden ser ejecutadas a su costa".*

Para elegir entre una u otra modalidad de reparación del daño, el Juez o Tribunal atenderá a la naturaleza de éste, así como a las condiciones personales y patrimoniales del responsable civil. El art. 112 del CP no da ningún criterio para la fijación del quantum de la reparación, y con razón, pues si se trata de resarcimiento en forma específica no hay que determinar cuantía alguna de la reparación, aunque evidentemente sí deberá efectuarse una valoración del daño, cuestión que queda al arbitrio del Tribunal, con las precisiones que pueden verse en el comentario de otros preceptos. Por último, el Juez determinará también si es el responsable civil mismo quien debe cumplir la obligación que se establezca o si puede ser ejecutada a su costa (arts. 1098 y 1161 del CC).

8. El art. 113 del CP se refiere al resarcimiento por el equivalente, es decir, la indemnización de los perjuicios materiales o morales. Para que nazca el deber de indemnizar no basta con que exista constancia del delito o falta, sino que es preciso, en primer lugar, que se pruebe la existencia de unos daños, así como que se averigüe su cuantía. En segundo lugar, se requiere también, para que el daño sea susceptible de indemnización, que se dé un nexo causal entre aquél y el delito, esto es, que exista entre ambos una relación de causa-efecto que ha de ser probada.

9. El art. 115 de CP, establece la obligación de los Jueces y Tribunales de razonar en sus resoluciones las bases en que fundamenten la cuantía de los daños y de la indemnización, indicando que dicha cuantía puede ser fijada en la propia resolución o en el momento de su ejecución.

C) Destinatarios de la indemnización

10. Según establece el art. 113 del CP,

> *"La indemnización de perjuicios materiales y morales comprenderá no sólo los que se hubieren causado al agraviado, sino también los que se hubieren irrogado a sus familiares o a terceros".*

Por "agraviado" se entiende el sujeto pasivo de la infracción, la víctima del delito o persona portadora del bien jurídico lesionado o puesto en peligro por la infracción penal. El concepto de "agraviado" no coincide con el de «perjudicado». El perjudicado es la persona que ha sufrido los daños materiales o morales producidos por el delito y que está legitimado para solicitar su indemnización. La categoría de agraviado y de perjudicado coincidirán normalmente en una misma persona, aunque ello no siempre es, así pues, por ejemplo, en un delito de homicidio, el agraviado será la persona fallecida y los perjudicados pueden ser sus familiares. Además, en los casos en que el agraviado sea también perjudicado, será frecuente que existan asimismo otros perjudicados. A ellos se refiere el Código penal cuando habla de la familia del agraviado y de terceros.

Por lo que respecta al concepto de "familiares" que sirve a efectos del art. 113, se trata, en primer lugar, de personas que se hallen unidas por un vínculo de parentesco con el agraviado y que, además, se hayan visto directamente perjudicados por el delito, lo que obviamente es preciso probar.

Intentar determinar a qué círculo de personas se extiende el vínculo de parentesco a los efectos de este artículo carece de interés práctico, pues aunque entendiéramos por familiares sólo las personas mencionadas en el art. 23 del CP, donde se recoge la circunstancia mixta de parentesco, a saber, cónyuge o persona que esté o haya estado ligada de forma estable por análoga relación de afectividad, ascendiente, descendiente o hermano por naturaleza o adopción del ofensor o de su cónyuge o conviviente, también serían destinatarios de la indemnización otros allegados del agraviado, si hubieran sufrido perjuicios directos, al extenderse el derecho de indemnización a "terceros".

D) Fijación por el Juez de responsabilidad civil en caso de exención de responsabilidad criminal

11. Con carácter general, la jurisdicción penal no se pronuncia sobre la responsabilidad civil ex delicto cuando los procesados o acusados de la causa criminal han resultado absueltos, siendo entonces la jurisdicción civil la competente para emitir dicho pronunciamiento. Así las cosas, la previsión de carácter procesal recogida en el art. 119 del CP constituye una excepción al régimen general de acumulación de acciones, en virtud de la cual en algunos casos el Juez penal debe pronunciarse sobre la responsabilidad civil pese a haber dictado sentencia absolutoria. En efecto, con arreglo al art. 119 CP,

> "En todos los supuestos del artículo anterior, el Juez o Tribunal que dicte sentencia absolutoria por estimar la concurrencia de alguna de las causas de exención citadas, procederá a fijar las responsabilidades civiles salvo que se haya hecho expresa reserva de las acciones para reclamarlas en la vía que corresponda".

E) Contribución de la víctima a la producción del daño

12. El art. 114 CP dispone que:

> *"Si la víctima hubiere contribuido con su conducta a la producción del daño o perjuicio sufrido, los Jueces o Tribunales podrán moderar el importe de su reparación o indemnización".*

El importe de la indemnización deberá moderarse si la víctima ha contribuido con su conducta a la producción del daño. Se trata de la llamada tradicionalmente «compensación de culpas» o «concurrencia de culpas».

F) Responsabilidad de las aseguradoras

13. El art. 117 del CP establece la responsabilidad civil directa del asegurador hasta el límite de la indemnización legalmente establecida o convencionalmente pactada en los casos en que, como consecuencia de un hecho previsto en el Código, se produzca el evento que determine el riesgo asegurado. Queda a salvo el derecho de repetición del asegurador contra quien corresponda.

Esta previsión representa la extensión legal al ámbito de la responsabilidad civil ex delicto de la acción directa del perjudicado frente al asegurador en el seguro de responsabilidad civil, instaurada con la entrada en vigor de la LCS, cuyo art. 76 reza:

> *"el perjudicado o sus herederos tendrán acción directa contra el asegurador para exigirle el cumplimiento de la obligación de indemnizar, sin perjuicio del derecho del asegurador a repetir contra el asegurado, en el caso de que sea debido a conducta dolosa de éste el daño o perjuicio causado a tercero".*

II. La doble responsabilidad empresarial objetiva y subsidiaria ex delito

1. Responsabilidad civil del empresario por hecho ilícito de los dependientes

14. Bajo la rúbrica «De las personas civilmente responsables», el Capítulo II del Título V, Libro I del Código Penal (arts. 116 a 122), recoge una serie de reglas que sirven para determinar quiénes deben responder civilmente, ya sea directa o subsidiariamente, en distintos supuestos. La primera modalidad de responsabilidad civil directa es aquella en la que coinciden en una misma persona el responsable civil y el responsable penal, y se regula en el art. 116 del CP. De acuerdo con él," toda persona criminalmente responsable de un delito lo es también civilmente si del hecho se derivasen daños o perjuicios. Si son dos o más los responsables de un delito los jueces o tribunales señalarán la cuota de que deba responder cada uno".

15. La responsabilidad civil del empresario por hecho ilícito de los dependientes presenta una dualidad normativa en los Códigos Civil y Penal que, de entrada, genera cierta confusión conceptual y, en ocasiones, se proyecta en la praxis judicial.

La responsabilidad civil derivada de delito se vertebra en dos supuestos. Por un lado, la situación que contempla el art. 120.3º del CP; su vinculación lo es exclusivamente con el delito, y no con su autor, y cuyos presupuestos son que aquél se haya cometido en el establecimiento dirigido por persona o empresa contra la cual se va a declarar esta responsabilidad, y que tal persona o empresa o alguno de sus dependientes, haya realizado alguna "infracción de los reglamentos de policía o alguna disposición de la autoridad". Por otro, el supuesto contemplado en el art. 120.4º del CP que surge como consecuencia de los delitos cometidos por los empleados o dependientes, representantes o gestores en el desempeño de sus funciones o servicios, a cargo de sus principales (personas naturales o jurídicas dedicadas a cualquier género de industria o comercio).

2. *Responsabilidad subsidiaria*

16. Establece el art. 120 del CP que: "Son también responsables civilmente, en defecto de los que lo sean criminalmente (...)". En un sistema de responsabilidad subsidiaria, el empresario sólo responde cuando los daños sean consecuencia de un delito cometido por el dependiente, que además resulta insolvente para hacer frente a la responsabilidad civil.

"Responsabilidad subsidiaria" significa, en derecho privado, responder en lugar y en defecto de otro que es, por tanto, responsable principal de la deuda. La subsidiariedad permite que el deudor de una obligación —la víctima de un daño en este caso— cobre su crédito cuando éste sea superior a la solvencia del obligado a su pago, pues otro patrimonio responderá del exceso. La subsidiariedad se vincula, de este modo, al denominado "beneficio de excusión", que permite al responsable subsidiario oponer (y mostrar) que el responsable principal dispone de recursos suficientes para pagar la deuda y salvar, de este modo, todo o parte de su patrimonio. El ejemplo paradigmático, pero no el único, de la responsabilidad subsidiaria en el derecho privado español es la fianza, por la que "se obliga uno a pagar o a cumplir por un tercero, en el caso de no hacerlo éste" (art. 1822 del CC).

17. La subsidiariedad es una nota característica y singular del CP español, "probablemente imbuida de la idea de indemnización civil como una especie de pena criminal que se impone de manera directa al autor del delito" (Yzquierdo Tolsada, 2019: 344).

Se ha defendido en este sentido que si los programas de cumplimiento sirven para lo más —la exoneración penal de la sociedad mercantil— y sirven porque mantienen a la sociedad fuera del riesgo jurídicamente desaprobado, deben servir para lo menos —la exoneración de la sociedad frente a una acusación como responsable civil subsidiaria—, puesto que un resultado dañoso que no es imputable objetivamente, ni lo es para el Derecho penal, ni tampoco lo puede ser para el Derecho Civil. Así se mantiene que los programas de cumplimiento deben tener efectos exonerantes también en el ámbito de la responsabilidad civil ex delicto; es lo único consecuente con el propio sistema creado por el Legislador penal en el art. 31 bis del Código Penal.

3. La responsabilidad civil subsidiaria es cuando menos cuasi-objetiva y está en progresiva objetivación

18. La responsabilidad civil ex delicto del empresario es subsidiaria de la del empleado que causa directamente el daño y objetiva. El primero responde por mucho que seleccionara y vigilara al segundo de forma perfectamente diligente. Tal y como señala la STS (Penal) de 17 de marzo de 2010 (Rº 1188/2009) y la de la misma Sala de 3 de marzo de 2011 (Rº 1564/2010):

> "Se regula, con su incorporación al Código Penal, un régimen de responsabilidad subsidiaria personal y objetiva, en tanto en cuanto, y a diferencia de lo que sucede en el apartado primero del precepto en relación con la responsabilidad de los padres o tutores, respecto de los delitos cometidos por los mayores de dieciocho años en las circunstancias en él expresadas, no se exige que haya habido por parte del empresario culpa o negligencia. Si, ciertamente, en una primera fase, el origen de la responsabilidad civil subsidiaria de los principales por los actos delictivos cometidos por sus empleados, se justificaba en una falta in vigilando o in eligendo, lo que suponía un fundamento culposo de la misma, poco a poco esta fundamentación fue abonándose y hoy ya es general y pacífica la tesis de que el fundamento del nacimiento de la responsabilidad civil subsidiaria encuentra en la teoría de la creación del riesgo, de manera que quien se beneficia de las actividades de otra persona, que de alguna manera puedan provocar un riesgo para terceras personas, también debe soportar las consecuencias negativas de las consecuencias lesivas de ese riesgo creado, y ello, incluso se ha declarado cuando la actividad desarrollada por el infractor no le reporte ningún beneficio al principal "... bastando para ello una cierta dependencia, de forma que se encuentra tal actividad sujeta de algún modo a la voluntad del principal, por tener éste la posibilidad de incidir sobre la misma..." —STS 822/2005 de 23 de junio—. En definitiva esta teoría de la creación del riesgo no es sino una adaptación del viejo principio romano "qui sentir commodum, debet sentire incommodum..." o, bien "ubi commodum, ibi incommodum". Es decir, la situación en la que uno encuentra una ventaja, justifica también que deba de hacer frente a los perjuicios que se derivan de aquélla. En definitiva, se trata de una responsabilidad vicaria en la que se prescinde de toda referencia a la negligencia del principal en la elección de sus dependientes, bastando solo la realidad de la situación de dependencia".

En este mismo sentido, la STS (Penal) de 30 de junio de 2015 (Rº 10829/2014), precisa que:

> «La perspectiva de la responsabilidad objetiva, en cambio, se dice que es panorámica, en cuanto que no mira al suceso concreto y lo que pudo hacerse para evitarlo, y extiende temporal, objetiva y subjetivamente el foco, viniendo a examinar si el responsable no era quien estaba en mejores condiciones para, modificando alguna decisión organizativa,

disminuir o aumentar de forma relevante la probabilidad de daño. Es el caso de la responsabilidad de la empresa por el hecho de los empleados del art. 120.4 CP, siendo vicaria y de carácter objetivo, pues no admite, como hace el CC, ninguna prueba liberatoria del empresario fundada en su comportamiento diligente. La empresa atrae formas de responsabilidad objetiva, en cuanto que es capaz de influir sobre las grandes cifras del riesgo a través de múltiples decisiones de gestión de sus elementos personales y materiales, que, además, adoptará bajo los principios de optimización o máximo beneficio propios de la empresa. Además, esos mismos principios le servirán para internalizar los costes de la responsabilidad o asegurarlos sin excesiva dificultad".

Cabe pues diferenciar la responsabilidad del art. 1903 del CC, directa y por culpa presunta, y la derivada del art. 120 del CP, subsidiaria y objetiva, "más servera, por tanto, en cuanto a no admitirse la prueba de la ausencia de culpa, pero más benigna por su carácter subsidiario" (Yzquierdo Tolsada, 2019: 344).

III. La responsabilidad del empresario por los delitos que terceros cometan en sus establecimientos

1. *Fundamentos de la responsabilidad*

19. En el art. 120.3 del CP se hace responder subsidiariamente a:

> *"Las personas naturales o jurídicas, en los casos de delitos cometidos en los establecimientos de los que sean titulares, cuando por parte de los que los dirijan o administren, o de sus dependientes o empleados, se hayan infringido los reglamentos de policía o las disposiciones de la autoridad que estén relacionados con el hecho punible cometido, de modo que éste no se hubiera producido sin dicha infracción".*

La diferencia de este supuesto y el resto de los que contempla el art. 1903 del CC o de sus correlativos art. 120 y 121 del CP se encuentra en que, en estos casos, existe una suerte de conexión entre el autor del daño y el llamado a responder, mientras que, como ha señalado Yzquierdo Tolsada (2017:362), en este caso el hecho punible puede ser cometido por una persona que es ajena al círculo de sujetos cuyas conductas y actuaciones pueden comprometer la responsabilidad de otros por razones de dependencia, jerarquía o subordinación. En este caso, sin embargo, "la responsabilidad se orienta simplemente por razón del lugar en el que se ha cometido el hecho delictivo, que no es otro que el establecimiento".

La regla del art. 120.3 del CP es más amplia que la general de la responsabilidad del empresario por los hechos de sus dependientes. La regla convierte al empresario en garante de la seguridad de los terceros que frecuentan su establecimiento y establece el criterio del fin de protección de la norma como regla de imputación de los daños al titular de un establecimiento mercantil. El empresario responderá cuando sus dependientes incumplan normas cuya observancia hubiera evitado el daño. Éste, como todos los juicios hipotéticos es difícilmente contrastable y, por tanto, difícil de aplicar. Se trata de una regla de negligencia *per se*: la infracción de la norma reglamentaria o de las disposiciones de la autoridad desencadena la autoridad siempre que haya daño (Salvador Coderch, 2000).

2. *Requisito de la responsabilidad*

20. Para que respondan civilmente las personas naturales o jurídicas que indica el precepto se precisa, además del requisito general de la imposibilidad de que pueda responder el principal obligado, esto es, el responsable penal, estos otros, STS (Penal) 17 de febrero de 2020 (Rº 10301/2019):

> (i) Que se haya cometido un delito o falta;
>
> (ii) Que tal delito o falta haya ocurrido en un determinado lugar, un establecimiento dirigido por persona o empresa contra la cual se va a declarar esta responsabilidad, esto es, el sujeto pasivo de dicha pretensión;
>
> (iii) Que tal persona o empresa o alguno de sus dependientes, haya realizado alguna "infracción de los reglamentos de policía o alguna disposición de la autoridad", debiendo entenderse estos reglamentos como normas de actuación profesional en el ramo de que se trate abarcando cualquier violación de un deber impuesto por ley o por cualquier norma positiva de rango inferior, incluso el deber objetivo de cuidado que afecta a toda actividad para no causar daños a terceros).
>
> (iv) Que dicha infracción sea imputable no solamente a quienes dirijan o administren el establecimiento, sino a sus dependientes o empleados. No es necesario precisar qué persona física fue la infractora de aquél deber legal o reglamento. Basta con determinar que existió la infracción y que ésta se puede imputar al titular de la empresa o cualquiera de sus dependientes, aunque por las circunstancias del hecho o por dificultades de prueba, no sea posible su concreción individual;
>
> (v) Que tal infracción esté relacionada con el delito o falta cuya comisión acarrea la responsabilidad civil examinada, es decir, que, de alguna manera, tal infracción penal haya sido propiciada por la mencionada infracción reglamentaria.

21. Veamos un ejemplo.

> Un ciudadano albanés reside en España sin haber legalizado su situación acude regularmente a una sala de juegos. Hacia mitad del mes de junio comienza a perder importantes cantidades de dinero diarias (entre 3.000 y 7.000 €); en varias ocasiones reclama al responsable del local que le reintegren al menos el 10% de lo perdido. En fecha indeterminada profiere amenazas de muerte contra los dos propietarios del local, que el encargado del mismo les traslada. Los titulares del establecimiento restan importancia a esas amenazas y subrayan que ya hay un responsable de seguridad. El día 1 de julio el cliente acude al local de juego y al recibir una respuesta desfavorable a sus pretensiones

(el encargado le comunica que los dueños no van a reintegrarle cantidad alguna) extrae un arma de fuego corta y la dispara repetidamente sobre el encargado del local, al que deja malherido. Se considera que ha existido un delito en grado de tentativa, en su modalidad de asesinato con alevosía, concurriendo atenuante analógica de toxicomanía.

En el caso analizado, pese a que el trabajador trasladó a los titulares de la empresa las amenazas de muerte recibidas, éstos no hicieron nada. Como señala Sempere (2020),

> "(...) esa es la clave de la doctrina sentada en materia de responsabilidad civil: la empresa, ante la existencia de amenazas proferidas por cliente problemático, debió adoptar medidas de protección para proteger a sus empleados y demás usuarios. Por ejemplo, impedir la entrada del sujeto al local, o fiscalizar su acceso, o controlar si portaba armas, etc. Un mero registro del vigilante de seguridad, una vez identificado, y con los antecedentes que existían de la amenaza, hubiera evitado el desenlace grave que posteriormente se produce. Todo ello, con el grave resultado lesional que le queda al recurrente perjudicado, cuando con la precaución necesaria podría no haber ocurrido. Dados los antecedentes, el ejercicio del derecho de admisión, o una vigilancia y registro en el acceso hubiera sido una medida mínima de control que hubiera evitado el hecho".

Faltando esa actuación por parte de la empresa, su responsabilidad civil no es la típica del art. 120.4 de CP (porque no hay ilícito alguno de los empleados) sino la del art. 120.3 del CP. Ante la comunicación de la existencia de las amenazas, la empresa debió acometer medidas de protección y vigilancia, y, sin embargo, no consta en modo alguno que le transmitiera al encargado de vigilancia tal circunstancia, a fin de que tuviera las precauciones oportunas respecto al condenado, lo que no se hizo, ni consta medida ni orden alguna, ni que impidiera el acceso a la sala del condenado, lejos de lo cual pudo acceder, y seguir con su conducta adictiva en el juego.

En palabras de la STS (Penal) 17 de febrero de 2020 (Rº 10301/2019),

> "la responsabilidad de la empresa dimana de su carácter de titular del local y de la aseguradora de la existencia de su aseguramiento con el límite fijado en los hechos probados al cubrir hechos como los aquí reflejados en torno a la responsabilidad civil patronal que en este caso lo es vía art. 120.3 del CP. Por ello, fijada la responsabilidad civil de la empresa con la que existe la cobertura, deviene aplicable la condena al ser viable la acción directa frente a la aseguradora ex art. 76 de la LCS".

Como ha precisado Sempere (2020), "el caso examinado muestra claramente una especie de cara oculta de la responsabilidad empresarial en materia de prevención de riesgos laborales. Nada menos que la derivada de conectar esta importante obligación derivada del contrato de trabajo con el art. 120.3º del CP". Es importante tener en cuenta que "la inexistencia de conducta punible no excluye la realidad de un eventual ilícito laboral.

Esto significa que la finalización del proceso penal con la absolución no quiere decir sea inviable reclamar la oportuna indemnización por los daños y perjuicios que se hayan derivado de su conducta (aunque ésta no fuera punible finalmente)".

IV. Responsabilidad civil subsidiaria de la empresa en un delito cometido por un trabajador, en tiempo y lugar de trabajo

1. Fundamento de la responsabilidad

22. A tenor del número cuarto del art. 120 del CP, responden subsidiariamente:

> *"Las personas naturales o jurídicas dedicadas a cualquier género de industria o comercio, por los delitos que hayan cometido sus empleados o dependientes, representantes o gestores en el desempeño de sus obligaciones o servicios".*

Se trata del caso paradigmático de la responsabilidad por el hecho de otro. El art. 120.4 del CP es equivalente al art. 1903 del CC, pero, a diferencia de lo que prevé el Código civil, la responsabilidad civil derivada de delito es ahora objetiva. Nada indica en el art. 120.4 del CP que estemos ante un supuesto de responsabilidad por culpa "ni para exigir ni para presumir *iuris tantum* su concurrencia". En resumen, "no se permite al empresario hacer constar que hubo diligencia por su parte: responde por el simple hecho de ser empresario, de todo daño derivado de una conducta delictiva imputable a un hecho acaecido en el ámbito de su propia actividad" (Los entrecomillados son de Yzquierdo Tolsada, 2017: 344).

23. La responsabilidad del empresario es, como en el resto de los supuestos tratados en el art. 120 del CP, subsidiaria. Para que se le pueda exigir al empresario el cumplimiento de la responsabilidad civil, se precisa la concurrencia de dos requisitos específicos: una relación de dependencia entre el principalmente obligado y el responsable subsidiario y, en segundo lugar, que el empleado, dependiente, etc., haya cometido el delito o falta que causó los daños objeto de indemnización en el desempeño de sus obligaciones o servicios.

Como ha señalado Yzquierdo Tolsada (2017:345),

> "El sistema del Código Civil, aparentemente presuntivo, ha terminado actuando como el propio de la responsabilidad vicaria, pues difícilmente se encuentra una sentencia civil que permita al empresario probar su diligencia. La empresa es un centro de atracción de

compromisos de hacer cosas bien hechas, y ello no solamente es verdad en el ámbito de las relaciones contractuales que mantiene con sus proveedores y clientes. Estos, pero también los terceros, confían en la empresa por lo que la empresa representa (...) El empresario responde, en definitiva, porque es empresario, y eso es todo".

2. *Requisitos de la responsabilidad*

A) La necesaria existencia de una relación de dependencia

24. Por lo que respecta a la relación de dependencia, la jurisprudencia considera cumplido el requisito, aunque aquélla no se dé en su sentido más estricto. Así, para afirmar la existencia de esta relación no es preciso que entre el empleado y el empresario exista un vínculo contractual, de naturaleza laboral, sino que puede tratarse de un vínculo de cualquier naturaleza, bastando con que exista una cierta dependencia, siendo indiferente su carácter de gratuita o remunerada, permanente o transitoria; además, se admiten tanto las relaciones jurídicas como las de hecho. Basta con que la persona que comete el delito se encuentre potencialmente sometido a la posible intervención del responsable civil subsidiario. Por último, ni siquiera se exige que la actuación del dependiente redunde en beneficio del principal.

Un empleado de Viajes El Corte Inglés es condenado penalmente por prestarse a alterar los conceptos por los que Viajes El Corte Inglés giró centenares de facturas a la Fundación Niemeyer y que lo hizo concertado con el director general de dicha Fundación para que esta asumiera el pago de determinados servicios que nada tenían que ver con la actividad societaria.

25. La STS (Penal) 26 de abril de 2022 (Rº 4454/2020) aplica el art. 120.4º CP, al entender que para la procedencia de tal supuesto de responsabilidad civil subsidiaria se exige la concurrencia de los siguientes requisitos:

(i) la comisión de un delito o falta;

(ii) la insolvencia del autor;

(iii) la preexistencia de una relación entre el agente comissio delictae y la persona contra la que se pretende la efectividad de la responsabilidad, caracterizada por la nota de dependencia, extensiva en la actualidad a todos los supuestos en los que exista beneplácito o aquiescencia de su principal; y

(iv) la realización por el culpable criminal de los actos motivadores de la condena en el área del desempeño de los servicios que le tenga encomendado su principal, con su conocimiento o, al menos, sin la oposición o la prohibición expresa de éste.

Se regula así un régimen de responsabilidad subsidiaria personal y objetiva para la que no se exige que haya habido por parte del empresario culpa o negligencia. En todo caso, es preciso que la actividad de la que deriva la responsabilidad se aborde sin la prohibición expresa del empleador.

26. Otro controvertido ejemplo nos lo proporciona el caso resuelto por la STS (Penal) 14 de octubre de 2019 (Rº 10161/2019).

> La empresa D. ofrece servicios de limpieza a sus clientes. El trabajador A., mayor de edad, durante la jornada laboral, cuando se hallaba en su puesto de trabajo en la empresa al indicarle a su compañero de trabajo B., que se equivocaba en el envasado, advirtiéndole del error, éste se dio la vuelta y con ánimo de menoscabar su integridad física, le propinó un puñetazo en el ojo derecho llevando anillos en los dedos. Consecuencia de la agresión, el trabajador B. tuvo que ser trasladado al Hospital sufriendo lesiones consistentes en traumatismo en ojo derecho, con estallido del globo ocular y hemorragia vítrea, tardando en curar 697 días. Ello supuso la condena al trabajador A. como responsable, en concepto de autor, de un delito de lesiones del art. 149.1 del CP, a la pena de seis años de prisión. Como responsable directo, se condenó a a A. a que indemnice a B. en la cantidad de 47.418,30 euros por las lesiones y en la cantidad de 22.000 euros por las secuelas, así como los intereses legales hasta su completo pago. Como responsable civil subsidiario, se condenó a la empresa. Esta recurre en casación solicitando se declare infringido el art. 120.4 CP y se le absuelva como responsable civil subsidiario.

La sentencia considera que no cabe declarar la responsabilidad civil subsidiaria de la empresa en un delito doloso de lesiones cometido por un trabajador, en tiempo y lugar de trabajo, cuya víctima es un compañero de trabajo, al no quedar probado que la agresión tuviera conexión con el trabajo, puesto que la empresa no puede responder por "todo lo que ocurra en su seno" civilmente si no hay conexión con el trabajo.

> (i) No es suficiente con que el delito o la falta se haya producido en meras circunstancias de tiempo o espacio coincidentes con los propios de la actividad laboral, sino que, además, se requiere que la conducta objeto de sanción guarde alguna relación con el cometido concreto de la actividad laboral.
>
> (ii) Existencia de la necesidad de alguna vinculación entre la actividad del trabajador, en cuanto que ésta reporta un beneficio para su principal ("commodum"), con el delito cometido y la responsabilidad de él derivada ("incommodum").
>
> (iii) Debe descartarse una interpretación estricta del precepto, de tal manera que cualquier extralimitación o desobediencia del empleado pueda considerarse que rompe la conexión con el empresario. La condición exigida es que el acusado ha de haber actuado con cierta dependencia en relación con la empresa, dependencia que no se rompe con tales extralimitaciones" (STS 47/2006, de 26 de enero).
>
> (iv) Debe excluirse que el empresario responda de todos los actos del empleado, sin atender a que los mismos tengan alguna relación con su trabajo.
>
> (v) Que el delito que genera la responsabilidad se halle inscrito dentro del ejercicio normal o anormal de las funciones desarrolladas en el seno de la actividad o cometido confiados al infractor, perteneciendo a su esfera o ámbito de aplicación

27. No pocas dudas arroja la calificación del hecho enjuiciado como accidente de trabajo, pues, como señala Martínez Moya (2019): "Loable es el propósito de la sentencia que se analiza. Aspira a "fijar doctrina" sobre el artículo 120.4 del Código Penal. Dudosos, sin embargo, son los resultados de este esfuerzo intelectual". Señala el citado autor que "no hay base suficiente para concluir, con seguridad, que la agresión nada tenía que ver con el desarrollo de la actividad laboral: Los hechos probados de la sentencia se afirma que la agresión se produjo durante la jornada laboral, cuando ambos trabajadores se hallaban en sus puestos de trabajo y —esto es lo relevante— como consecuencia al indicarle la víctima a su compañero de trabajo, "que se equivocaba en el envasado, advirtiéndole del error". De modo que, "no puede sostenerse con estos datos que la agresión estuviera desconectada del modus operandi laboral de ambos sujetos —activo y víctima— del delito, ni tampoco del haz del deber de seguridad y salud del trabajador desde la óptica de prevención de riesgos, pudiendo trasladarse a estos efectos de prevención en el ámbito laboral".

B) El requisito de que los delitos o faltas hayan sido cometidos por los empleados en el desempeño de sus obligaciones o servicios

28. No bastan, así, las abstractas faltas de servicios ni las culpas más o menos anónimas, precisándose una inicial imputación criminal a título de dolo o culpa: "Son delitos las acciones y omisiones dolosas o imprudentes penadas por la ley" (art. 10 del CP) (Yzquierdo, Tolsada, 2019: 347).

En todo caso, debe existir una cierta relación, aunque sea mínima, entre la función desempeñada por el empleado y el perjuicio causado, para cuya determinación la jurisprudencia se ha ocupado de elaborar algunos criterios. Se mencionan a este respecto criterios de tiempo, lugar, utilización de instrumentos de trabajo o actuación en interés del empresario, pero la jurisprudencia sigue siendo confusa, pues resulta ciertamente problemático determinar cuándo la extralimitación determina la ruptura de esa relación. En realidad, para que los tribunales nieguen la responsabilidad civil subsidiaria del empresario debe darse una desconexión total y absoluta entre el servicio prestado y el daño causado.

La STS (Penal) de 1 de julio de 2002 (R° 1003/2001), condena como responsable civil subsidiaria a la empresa para la que trabaja un vigilante de seguridad que comete agresión sexual y detención ilegal en el lugar donde desarrolla su trabajo, pues:

"en el caso de autos es innegable que la ahora recurrente había organizado un servicio de seguridad y vigilancia mediante la presencia en el lugar donde se desarrolla el mismo del acusado, que depende funcional y directamente de ella, teniendo lugar los hechos delictivos no sólo en el contexto de la actividad desarrollada por el acusado sino incluso en el lugar donde desempeña su función. Ello significa que concurre en el presente caso el fundamento para declarar la responsabilidad de la recurrente por el hecho ajeno conforme a la previsión del art. 120.4 del CP".

Y también la STS (Penal) de 23 de junio de 2005 (R° 248/2004) en el caso de un camarero de hotel que asistía a una fiesta organizada por la empresa para sus empleados, ausentándose de ella para cometer los delitos de robo, violación y homicidio,

"El acusado prestaba sus servicios como camarero para la empresa que regentaba el Hotel. En atención a esa misma condición se encontraba en el lugar en el momento de los hechos, pues asistía a una fiesta organizada por la dirección para los empleados. Por lo tanto, su presencia en el lugar de los hechos se debía a su relación de dependencia con la empresa cuya responsabilidad civil se pretende, pues de no tratarse de un empleado no habría tenido acceso a la zona donde ocurren los hechos. Dependencia que, en esas condiciones, subsistía durante todo el tiempo en que permaneció en el lugar. De otro lado, es cierto que no se encontraba en el ejercicio de sus funciones en sentido estricto, pero su presencia en el lugar de los hechos, y las facilidades para acceder a ese lugar se derivan en todo caso de su relación de dependencia con la empresa y se producen en su propio ámbito de actuación, en cuanto había accedido a la zona en ese momento como consecuencia de una invitación de la empresa en atención a su condición de empleado de la misma. Dados los hechos probados, no es posible desvincular las actividades y servicios prestados por el acusado para la empresa, de su posibilidad de acceso y su presencia en el lugar de los hechos en el momento en que éstos ocurren, pues ambos vienen determinados por la actuación de la propia empresa con sus empleados. La responsabilidad civil subsidiaria no procedería solo en el caso de que los actos delictivos estén desconectados del ámbito de las citadas actividades y servicios (STS n° 1957/2002, de 26 de noviembre), lo cual aquí no ocurre".

29. Dadas las enormes dificultades que tienen los empresarios para probar su falta de culpa, sus pocas posibilidades de exoneración pasan por la demostración de que el empleado se extralimitó en su función (Yzquierdo Tolsada, 2007: 354).

La STS (Penal) de 18 de octubre de 2007 (R° 1131/2006) entiende que no existe responsabilidad civil subsidiaria por parte de la empresa de gestión de un aparcamiento por los delitos de violación y asesinato cometidos en él por el empleado encargado del control de las instalaciones, en el famoso caso del aparcamiento situado en las inmediaciones del Campus de la Universidad de Lleida. En este pronunciamiento indica el Tribunal Supremo que:

"En el presente caso, en el que no nos estamos refiriendo a un vigilante que, en vez de cumplir con su obligación de impedir las sustracciones o los daños en los vehículos a su cargo, que es precisamente el contenido de su actividad laboral, las lleva a cabo él mismo, ni siquiera a un responsable de seguridad, encargado de velar por los clientes del aparcamiento, que aprovecha esa circunstancia para agredir a quien se encuentra especialmente desprotegido, precisamente por el incumplimiento de sus obligaciones laborales por parte del propio agresor, sino que, como ya se dijo, el condenado era, tan sólo, el encargado del control de las instalaciones, en funciones tales como las de abrir y cerrar el local, habiendo llevado a cabo, por tanto, un delito contra la libertad sexual de su víctima, comportamiento totalmente ajeno al contenido de su relación laboral con la recurrente, no puede, en consecuencia, afirmarse que el delito guardase relación alguna, al margen de las ya referidas coincidencias meramente de tiempo y lugar, con el "desempeño de sus obligaciones y servicios", con respecto a la relación laboral que le vinculaba a la recurrente. No siendo, por ello, suficiente, para derivar la responsabilidad analizada, la concurrencia exclusiva de relación entre las mencionadas circunstancias de tiempo y lugar de la comisión del delito y de la actividad laboral de su autor, y procediendo en consecuencia, como ya se adelantó, la estimación del motivo".

V. Singularidades de la responsabilidad civil derivada de delito en las empresas de trabajo temporal

30. La STS (Penal) de 3 de marzo de 2011 (Rº 1564/2010) sostiene que la ETT es la responsable civil subsidiaria por la actuación delictiva del trabajador porque el contrato discurre entre ambas partes, porque la ETT es la obligada a abonar el salario y a cotizar, además de ser la única que tiene capacidad para sancionar y/o despedir al trabajador cedido en caso de comportamiento irregular del mismo (un comentario a la misma, Encinar del Pozo, 2011).

A. era trabajador de la ETT X; y fue destinado por esta a prestar sus servicios en la empresa usuaria Y —concretamente en el departamento de financiación—. Durante el desarrollo de su trabajo, A. tenía acceso a las cuentas corrientes de los clientes de la empresa Y, y procedió a realizar diferentes transferencias a cuentas de su titularidad personal. La sentencia de instancia condenó a A como autor de un delito continuado de apropiación indebida, debiendo indemnizar a la empresa Y en la cantidad correspondiente y declarando la responsabilidad civil subsidiaria de la ETT X. La ETT X interpuso recurso de casación, por la vía del error de derecho, sosteniendo la indebida aplicación del artículo 120.4 CP. Consideró que no incurrió en culpa in eligiendo, ya que el trabajador fue seleccionado conforme a criterios objetivos de valía y capacidad, sin que le sea exigible a ningún departamento de recursos humanos el introducirse en el fuero interno de las personas para alcanzar a ver si dicha persona va a desempeñar su tarea correctamente. Tampoco incurrió en culpa in vigilando, puesto que a la empresa usuaria correspondían las funciones de control y vigilancia del acusado mientras trabajaba para esta.

El Tribunal Supremo desestima el recurso interpuesto y confirma la resolución de instancia, señalando que

> «(...) el fundamento del nacimiento de la responsabilidad civil subsidiaria se encuentra en la teoría de la creación del riesgo, de manera que quien se beneficia de las actividades de otra persona, que de alguna manera puedan provocar un riesgo para terceras personas, también debe soportar las consecuencias negativas de las consecuencias lesivas de ese riesgo creado, y ello, incluso (...) cuando la actividad desarrollada por el infractor no le reporte ningún beneficio al principal (...). En definitiva, se trata de una responsabilidad vicaria en la que se prescinde de toda referencia a la negligencia del principal en la elección de sus dependientes, bastando solo la realidad de la situación de dependencia».
>
> En consonancia, añade que «(s)e trata, en efecto, de dar prevalencia a la nota de dependencia del trabajador respecto de la empresa que le contrata y que se beneficia de su actividad laboral. Y en este sentido es claro que las empresas de trabajo temporal serán las responsables de los trabajadores que cedan temporalmente a otras empresas en una triple faceta. En primer lugar, porque el trabajador está vinculado laboral y contractualmente con la empresa de trabajo temporal. En segundo lugar, porque dicha empresa es la obligada a abonar el salario y las cuotas de la Seguridad Social del trabajador. Y, en tercer lugar, porque la empresa de trabajo temporal es la única que tiene capacidad para sancionar y/o despedir al trabajador cedido en caso de comportamiento irregular del mismo (véanse arts. 11.1, 12 y 15.2 de la Ley 14/1994, de 1 de junio, reguladora de las Empresas de Trabajo Temporal)»

VI. Acción de daños y perjuicios derivada de delito o falta en un procedimiento penal

1. El art. 112 de la LECr y la reserva de acciones

31. El art. 111 de la Ley de Enjuiciamiento Criminal (LECr) establece:

> *Las acciones que nacen de un delito o falta podrán ejercitarse junta o separadamente; pero mientras estuviese pendiente la acción penal no se ejercitará la civil con separación hasta que aquélla haya sido resuelta en sentencia firme, salvo siempre lo dispuesto en los artículos 4.°, 5.° y 6.° de este Código*».

La interpretación de este precepto es clara, en el sentido de que la litispendencia penal suspende la posibilidad de acudir a la vía civil; esto es, mientras se encuentra en curso el proceso penal, en el que se dirimirán las posibles responsabilidades penales, no pueden ejercitarse las acciones civiles pertinentes.

32. De acuerdo con el art. 112 de la LECr, una vez ejercitada la acción penal se entiende utilizada también la civil. Por tanto, la regla general es que ambas acciones se ejerciten conjuntamente y que el órgano competente de la jurisdicción penal, generalmente al dictar sentencia condenatoria, se pronuncie también sobre el resarcimiento de los daños o perjuicios. La doctrina constitucional —STC 17/2008— deja claro que "el legislador ha querido que la sentencia penal decida definitivamente todas las consecuencias penales y civiles derivadas del hecho delictivo, salvo el supuesto de renuncia o de reserva de las acciones civiles por parte del perjudicado". El fundamento de la acumulación de acciones se encuentra en razones de economía procesal y, además, persigue la finalidad de que la pretensión resarcitoria del perjudicado sea atendida lo antes posible, evitándose la necesidad de recurrir a otro procedimiento para hacerla efectiva (STC 17/2008, de 31 de enero, con citas de la 367/1993, de 13 de diciembre; 135/2001, de 18 de junio; y 15/2002, de 28 de enero).

El párrafo primero del art. 112 de la LECr establece que:

> *"ejercitada sólo la acción penal, se entenderá utilizada también la civil, a no ser que el dañado o perjudicado la renunciase o la reservase expresamente para ejercitarla después de terminado el juicio criminal, si a ello hubiere lugar".*

La competencia para decidir sobre la reclamación por responsabilidad civil derivada de delito o falta corresponde al órgano que conoce de la comisión del hecho delictivo. Pero esta regla general tiene dos excepciones:

A) Si el perjudicado se reserva la acción civil

33. La sentencia penal no decidirá sobre la responsabilidad de tal naturaleza y habrá que instar el correspondiente procedimiento ante la jurisdicción civil o social.

En cualquier caso, para evitar la simultaneidad de procesos sobre los mismos hechos, el juego de los arts. 40 de la LEC, 111 de la LECr y 86.1 de la LJS ha sido interpretado por el Tribunal Supremo en el sentido de que el curso de la acción civil o social se interrumpe hasta que se dicte sentencia firme en la jurisdicción penal, siempre y cuando haya litispendencia.

De acuerdo con las normas generales, "la existencia de una cuestión prejudicial penal de la que no pueda prescindirse para la debida decisión o que condicione directamente el contenido de ésta determinará la suspensión del procedimiento mientras aquélla no sea resuelta por los órganos penales a quienes corresponda" (art. 10.2 de la LOPJ; arts. 40 ss. de la LEC). Sin embargo, estas mismas normas se refieren a las "excepciones que la ley establezca". Y, al amparo de esta previsión, la normativa procesal laboral ha optado por establecer una amplísima excepción. Puesto que la prejudicialidad penal sólo suspende las actuaciones laborales cuando se relaciona con la falsedad documental (art. 4.3 y 4.4 de la LJS).

La cuestión prejudicial penal no tiene, con carácter general, efectos suspensivos en el proceso ordinario laboral, de suerte que, en ningún caso se suspenderá el procedimiento por seguirse causa criminal sobre los hechos debatidos (art. 86.1 de la LJS). Sin embargo, si lo alegado por cualquiera de las partes es la falsedad de un documento presentado de notoria influencia en el pleito, porque no pueda prescindirse de la resolución de la causa criminal para la debida decisión o porque condicione directamente el contenido de ésta, continuará el acto de juicio hasta el final, y en el caso de que el juez o tribunal considere, a la vista de lo actuado en el juicio, que el documento pudiera ser decisivo para resolver sobre el fondo del asunto, acordará la suspensión de las actuaciones posteriores y concederá un plazo de ocho días al interesado para que aporte el documento que acredite haber presentado la querella. La suspensión durará hasta que se dicte sentencia o auto de sobreseimiento en la causa criminal, hecho que deberá ser puesto en conocimiento del juez o tribunal por cualquiera de las partes (art. 86.2 LJS)

Como señala Martínez Moya (2019) "no es sencillo elegir en esta materia la vía jurisdiccional más adecuada (...). Sin embargo, el perjudicado tiene un margen estratégico en el ejercicio de la acción civil, pero preclusivo en el tiempo si media proceso penal. Las consecuencias de esa opción son obvias: los riesgos de contradicción de pronunciamientos, el juego de la cosa juzgada, someterse a los diferentes criterios de imputación en los distintos órdenes jurisdiccionales competentes para el conocimiento o no de la acción civil, las ventajas de celeridad y ahorro de otros trámites procesales (si no se produce reserva) y otras el planteamiento de una demanda civil —con régimen de costas y gastos procesales— o laboral —sin costas— cuando suele considerarse teóricamente más ventajoso".

B) Si la sentencia es absolutoria

34. En este caso sigue estando abierta la vía civil o social, pues la absolución penal no prejuzga la responsabilidad civil, a no ser que la sentencia declare que el hecho del que hubieran podido derivarse daños o perjuicios no existió (art. 116 de la LECr). Igualmente queda expedita la vía civil cuando, por el motivo que sea (rebeldía del acusado, sobreseimiento del proceso, etc.) no llega a dictarse sentencia en la jurisdicción penal.

Si cualquier cuestión prejudicial penal diera lugar a sentencia absolutoria por inexistencia del hecho o por no haber participado el sujeto en el mismo, quedará abierta contra la sentencia social la vía de la revisión (art. 86.3 y 234 de la LJS). En consecuencia, cuando la absolución se fundamente en otras circunstancias diferentes, la sentencia penal firme no abre el recurso de revisión. Tal ocurre en los casos en los que el razonamiento del juez penal entienda que los hechos no son constitutivos de delito (STS (Social) de 27 de mayo de 1999, Rº 298/1998), cuando declara prescrita la eventual responsabilidad criminal (STS (Social) de 25 de abril de 2000, Rº 2236/1999); y, sobre todo, en los casos en los que la absolución responde a la aplicación de la presunción de inocencia, por inexistencia de pruebas que permitan destruirla (ente otras muchas, SSTS (Social) de 3 de diciembre de 1999, Rº 1590/1999, 20 de abril de 2009, Rº 1/2008, o 17 de junio de 2013, Rº 10/2012). Del mismo modo, la revisión no procede cuando exista autonomía entre las conductas imputadas en la vía penal y en la laboral, de modo que este último reproche pueda existir con independencia de su valoración penal (STS (Social) de 28 de septiembre de 2011, Rº 26/2010).

2. *La prohibición de reiteración de la acción de daños en el orden social cuando se haya ejercitado en la vía penal. La interrupción del plazo de prescripción*

35. El art. 183.4 de la LJS señala que:

> "Cuando se haya ejercitado la acción de daños y perjuicios derivada de delito o falta en un procedimiento penal no podrá reiterarse la petición indemnizatoria ante el orden jurisdiccional social, mientras no se desista del ejercicio de aquélla o quede sin resolverse por sobreseimiento o absolución en resolución penal firme, quedando mientras tanto interrumpido el plazo de prescripción de la acción en vía social".

La compatibilidad que permite el art. 183.3 de la LJS no existe ya entre la indemnización que pueda obtenerse en un proceso de tutela de derechos fundamentales y la que se derive de un proceso penal sobre los mismos hechos en el que se ejerza la acción civil. Ambas indemnizaciones, las que pueden obtenerse en lo social y en lo penal, atienden a idéntica finalidad, que es la reparación de las consecuencias lesivas de la vulneración de derechos fundamentales.

Como tuvo oportunidad de señalar la STS (Social) de 5 de junio de 2005 (Rº 1838/2004):

> "no es razonable admitir el ejercicio de una misma acción resarcitoria de los perjuicios sufridos, con origen en los mismos hechos, en dos procedimientos distintos y ante órdenes de la Jurisdicción diferentes, cuando en ambos supuestos se trata de alcanzar el mismo fin. De ahí que el art. 183.4 establezca que cuando se haya ejercitado la acción de daños y perjuicios en un procedimiento penal "no podrá reiterarse la petición indemnizatoria ante el orden jurisdiccional social, mientras no se desista del ejercicio de aquélla o quede sin resolverse por sobreseimiento o absolución en resolución penal firme". Nada tiene esto que ver, obviamente, con la «soberanía de las dos jurisdicciones en el enjuiciamiento de las mismas conductas», que permite ex art. 86.1 LJS, que «el orden jurisdiccional social [sea] competente para conocer y decidir las pretensiones relacionadas con la tutela de los derechos fundamentales y libertades públicas [...], con independencia de que los mismos hechos sean enjuiciados simultáneamente en vía penal».

36. Eso sí, mientras se halla activa la acción civil en vía penal, queda "mientras tanto interrumpido el plazo de prescripción de la acción en vía social", por lo que, tras el desistimiento de aquella acción civil o tras la resolución penal firme de sobreseimiento o absolución, se reiniciará el cómputo del plazo de prescripción. El art. 111 de la LECr, al establecer que "mientras estuviese pendiente la acción penal no se ejercitará la civil con separación hasta que aquélla haya sido resuelta en sentencia firme", dificulta el desistimiento de la acción civil en vía penal, pues si se mantiene esta, dicho desistimiento puede determinar el inicio del cómputo de la prescripción en vía social, perjudicando los intereses de la víctima. Por otro lado, "nada se dice respecto de la caducidad a que pueden estar sujetas acciones tan importantes como las de despido nulo por vulneración de derechos fundamentales, por lo que no debe entenderse suspendido el correspondiente plazo y debe accionarse en vía social dentro del mismo para solicitar tanto la readmisión como la indemnización adicional. Y ello sin perjuicio de las acciones propiamente penales que sobre los mismos hechos puedan seguirse en la jurisdicción penal" (Gómez Abelleira, 2015: 908).

3. *¿Hay excepciones a la regla? La posibilidad de recibir indemnizaciones en dos órdenes judiciales distintos, penal y social*

Dña. Rocío viene prestando servicios por cuenta y bajo la dependencia de la empleadora demandada, desde el 7 de octubre de 2019, como Limpiadora, con contrato a tiempo parcial, con salario según Convenio y centro de trabajo en Gijón. El día 1 de diciembre de 2022, la trabajadora presentó denuncia en la Comisaría de Policía Nacional de Gijón, frente a la demandada. Mediante Sentencia firme del Juzgado de Instrucción nº 1 de Gijón de 14 de diciembre de 2022, se condenó a Dña. Raquel, como autora penalmente responsable de un delito leve de lesiones a la pena de un mes multa a razón de seis euros de cuota diaria, con responsabilidad personal subsidiaria que en caso de impago, a razón de un día de privación de libertad pro cada dos cuotas diarias no satisfechas, (art. 53 del Código Penal), y al pago de las costas causadas, así como a indemnizar a Pilar, en la cantidad de 280 euros por las lesiones sufridas y al SESPA en la cantidad que se determine en ejecución de sentencia por los gastos derivados de la asistencia prestada a la perjudicada. La demandada abonó a la trabajadora la indemnización de 280 euros por las lesiones sufridas.".

El presente procedimiento comenzó en virtud de demanda de extinción indemnizada del contrato de trabajo ex artículo 50.1.c) ET con acción acumulada de tutela de derechos fundamentales. Acordada como medida cautelar previa la exoneración de la prestación de servicios y alcanzado acuerdo en cuanto a la extinción del contrato de trabajo solicitada en la demanda, los antecedentes de hecho de la sentencia dictada dan cuenta de que el procedimiento prosiguió únicamente en relación a la pretensión de vulneración de derechos fundamentales acumulada. Considerando que la conducta de la empleadora atenta contra los derechos fundamentales de la trabajadora en su relación laboral, la demandante denunciaba la vulneración de los artículos 10, 15 y 43 de la Constitución y solicitaba una indemnización adicional por los daños morales ocasionados con dicha conducta, indemnización que cuantificaba en 70.000 euros considerando su equiparación a una infracción muy grave.

La sentencia de instancia, acogiendo la excepción de cosa juzgada opuesta por la demandada, desestimó la demanda y absolvió a la empleadora de la pretensión ejercitada contra la misma. Considerando que la actora no había "desistido o reservado" acciones en el orden penal, la fundamentación de la desestimación se resume en que la responsabilidad civil comprende el resarcimiento por los daños y perjuicios causados. Y dado el resarcimiento en la vía penal mediante "la acción civil que se limitó al daño emergente, sobre el que existe un pronunciamiento en resolución penal firme", debe entenderse ejercitada la acción civil, produciendo dicha resolución efectos de cosa juzgada positiva "pues el art. 183.4 LJS viene a ser una traslación del art. 222 LEC al orden social, indicando que ejercitada la acción civil en un procedimiento penal, no podrá reiterarse la petición indemnizatoria ante el orden jurisdiccional social".

37. La STSJ de Asturias de 5 de diciembre de 2023 (Rº 1411/2023), concluye, en primer lugar, que:

> "el proceso penal no ha cerrado la puerta a la reclamación laboral por vulneración de derechos fundamentales. El procedimiento penal "la acción civil ha de entablarse juntamente con la penal por el Ministerio Fiscal, haya o no en el proceso acusador particular; pero si el ofendido renunciare expresamente su derecho de restitución, reparación o indemnización, el Ministerio Fiscal se limitará a pedir el castigo de los culpables" (art. 108 LECrim), razón por la que "ejercitada sólo la acción penal, se entenderá utilizada también la civil, a no ser que el dañado o perjudicado la renunciase o la reservase expresamente para ejercitarla después de terminado el juicio criminal, si a ello hubiere lugar" (artículo 112 LECrim). En definitiva, cuanto antecede de lo que es expresivo es de la acción civil ejercitada por las lesiones causadas" y de que precisamente tal pudo ser así porque la trabajadora no renunció a la reparación civil, ni hizo reserva de acciones.

En segundo lugar, la sentencia subraya la autonomía de este procedimiento especial de tutela de los derechos fundamentales a pesar de que la trabajadora lesionada no hubiese hecho reserva expresa de acciones.

> "En la sentencia de la Sala de lo Social del Tribunal Supremo de 5 de junio de 2005 (Rº 1838/2004) se pone de relieve la absoluta independencia de los órdenes jurisdiccionales social y penal, afirmando como punto de partida que el orden jurisdiccional social es competente para conocer y decidir las pretensiones relacionadas con la tutela de los derechos fundamentales y libertades públicas, por la expresa atribución que hacen los artículos 2 y 181 de la Ley de Procedimiento Laboral, con independencia de que unos mismos hechos sean enjuiciados en vía penal porque ello será en su caso relevante por la incidencia del enjuiciamiento de la responsabilidad civil a estos efectos".

En tercer lugar, en un supuesto de estas características, no opera la cosa juzgada porque los procesos no son idénticos y las acciones son claramente distintas. Señala la referida sentencia que:

"no solo distinta causa de pedir, sino también distinto objeto. Aquí lo pedido es consecuente con la acción ejercitada y por ello no va dirigida a la reparación física que dimana del hecho objeto de enjuiciamiento penal, sino a la reparación de la integridad moral y la dignidad vulnerada con su conducta por la empleadora. En otras palabras, la acción civil ejercitada no nace verdaderamente del delito sino de una conducta más amplia que la agresión física en sí. Esto es, con independencia de que hubiera sido o no calificada como delito leve de lesiones por las físicas cometidas, la conducta puede seguir siendo considerada desde la perspectiva del atentado a la dignidad e integridad moral de la trabajadora en el ámbito de la relación laboral".

Y, añade:

"Para la jurisprudencia es claro que la acción civil queda consumida en el procedimiento penal, sin que pueda acudirse a la vía social para corregir los eventuales errores, omisiones, o defectos de planteamiento de la acción en la vía penal cuando "la concreta acción ejercitada en la demanda origen del presente litigio en nada difiere de la que se solventó como exigencia de la responsabilidad civil aparejada al delito en el proceso penal, siendo los mismos los demandantes y los demandados, e idéntica la reparación perseguida con arreglo a unos mismos hechos", cual por las razones expuestas concluimos que no acontece. A sensu contrario pues, difiere la agresión enjuiciada solo por la lesión a la integridad física de la conducta empresarial que atenta a la dignidad e integridad moral de la trabajadora y, consecuencia de ello, es también la diferente reparación perseguida que tampoco cabe entender comprendida en el 183.4 —daños y perjuicios derivados del delito o falta— ni consumida en ella frente a la primera y específica por el daño moral anudado".

Por todo ello, la sentencia condena a una indemnización de 10.000 euros por atentado a la dignidad e integridad moral de la trabajadora en el ámbito de la relación laboral.

"Teniendo los elementos acreditados en cuenta, es claro que se descarta la reparación de daño físico alguno, tanto por la agresión constitutiva de delito leve en sí, como por la situación de incapacidad temporal posterior que se dice consecuencia de la conducta empresarial y llega huérfana de sustento. Pero sí cabe valorar para la cuantificación en términos ponderados del perjuicio derivado del daño moral infringido circunstancias como la intensidad del atentado a la dignidad de la trabajadora, el contexto como sorpresiva e inadmisible reacción a su reclamación en que se produjo la conducta de la empleadora y el necesario restablecimiento del derecho atentado. La aplicación de la anterior doctrina se traduce en que fijemos la indemnización en la cantidad de diez mil euros que, aun salvando la cuantía mínima por las antedichas razones, se sitúa en el tramo mínimo de las sanciones para infracciones muy graves que contempla el artículo 40.1.b) LISOS y se considera más proporcionada y ajustada a las circunstancias del caso.

Cuanto antecede conlleva por tanto la estimación parcial del recurso y, con revocación de la sentencia recurrida para la declaración de vulneración de derechos fundamentales solicitada, la condena de la empleadora demandada en consecuencia a la reparación del daño moral irrogado en la cuantía de diez mil euros".

VII. ¿Cabe acción de regreso de un trabajador contra su empresa, responsable penal subsidiaria?

38. Tratándose los supuestos contemplados en el art. 120 del CP de situaciones que generan una responsabilidad subsidiaria, parece claro que la acción resarcitoria se dirige contra el responsable civil directo, esto es, contra el responsable criminal. Por ello, si fue éste el trabajador y, por ello, asumió el pago de la indemnización frente a tercero, puede resultar cuestionable si procedería la acción de repetición frente al empresario responsable subsidiario. Aunque algún sector doctrinal lo ha negado taxativamente ("ninguna posibilidad de repetición le alcanza frente al empresario", Alfonso Mellado, 1994: 82), lo cierto es que algún pronunciamiento parece abrir esta vía.

39. El supuesto de hecho que sirve de base a la STS (Social) de 26 de enero de 2006 (R° 4827/2004) es el siguiente:

> El trabajador prestó servicios como Jefe de Obra y, a partir del 1 de julio de 2000, como Director Técnico, hasta que el 4 de junio de 2003 fue despedido por motivos disciplinarios. En la ejecución de una obra contratada por una determinada comunidad de propietarios y dirigida él, se produjo un accidente que dio lugar a diligencias penales que culminaron con sentencia de la Audiencia Provincial, que le condenó, como autor penalmente responsable de una falta de lesiones por imprudencia leve, a la pena fijada de acuerdo con el derecho penal y, a su vez, le condenó, como responsable civil, al pago de la indemnización fijada en el fallo; dicha resolución judicial declaraba, asimismo, la responsabilidad civil subsidiaria de la empresa. Ante el orden social de la jurisdicción, el trabajador reclama a la empresa el reintegro de la cantidad objeto de condena satisfecha en el procedimiento penal. La sentencia de instancia rechazó esta reclamación. Recurrido este pronunciamiento, la sentencia de suplicación declaró de oficio la incompetencia del orden jurisdiccional social para el examen de la cuestión planteada, y frente a esta resolución se interpuso el recurso de casación para unificación de doctrina que resuelve la sentencia de referencia. En suma, la cuestión esencial consiste en determinar si el empleador, como responsable civil subsidiario de una acción delictiva cometida por el trabajador en el seno de su organización empresarial (art. 120.4° del CP), debe satisfacer o reintegrar a su empleado, la suma que este pagó en el concepto de responsable civil directo, derivado de su condena firme, como autor responsable de la infracción criminal (art. 116.1° del CP).

El Tribunal Supremo parte en su argumentación de su doctrina de la pretensión única indemnizatoria de los accidentes de trabajo, aunque esta pretensión tenga lugar en vías jurisdiccionales diferentes o procedimientos diversos. Así, en la STS de 10 de diciembre de 1998 (R° 4078/1997, dictada en Sala General, juntamente a las que en ella se citan), se afirmaba que "existe un sólo daño que hay que compensar o indemnizar, sin perjuicio de las distintas reclamaciones que pueden plantearse" y que "no puede hablarse de que estemos en presencia de dos vías de reclamación compatibles y complementarias y al mismo tiempo independientes, en el sentido de ser autónomas para fijar el importe de la indemnización pues estamos ante formas de resolver la única pretensión indemnizatoria, aunque tenga lugar ante vías jurisdiccionales o procedimentales diversas que han de ser estimadas formando parte de un total indemnizatorio". Es decir, que la materia "indemnizatoria", fijada más allá de la prestación de la seguridad social y, en su caso, de su incremento por recargo, sigue siendo materia laboral, derivado de contrato de trabajo, y ello independientemente de que el resarcimiento del daño se exija y declare en un proceso laboral, civil o penal.

Señala el Tribunal Supremo que el art. 9.5 de la LOPJ no es contradicho por el hecho de que el trabajador que sufrió el accidente de trabajo, haya elegido la vía penal para restaurar el orden jurídico perturbado por el delito tanto en la esfera pública —pena—, como en la esfera privada —resarcimiento e indemnización de daños sufridos— y además la pretensión que ahora en vía procesal laboral se ejercita tampoco entra en contienda con la sentencia condenatoria penal que condenó al trabajador como autor responsable de una falta penal cometida por su acción imprudente, a su vez constitutiva de accidente de trabajo, a la pena y a la indemnización, en el concepto de responsable civil directo, y, además, al empleador, como responsable civil subsidiario. Esta sentencia, señala, "ha devenido firme y su firmeza no es debatida en el actual proceso laboral, en el que lo único cuestionado es si el trabajador demandante tiene derecho a que el empresario demandado le reintegre en la cantidad que satisfizo al perjudicado como responsable civil directo del ilícito penal. Y en este caso el título de pedir no es la sentencia penal, que ya se ejecutó, sino el haz de derechos y deberes que nacen del contrato de trabajo —concretamente entre ellos el pacto alegado por el trabajador, que constituye el título constitutivo de su pretensión— y de las normas que le regulan, lo que pertenece a "la rama social del derecho".

La declaración de responsabilidad civil subsidiaria se ha declarado en el presente caso porque el infractor-trabajador y el responsable civil subsidiario —empleador— se encontraban ligados por una relación jurídica laboral en virtud de la cual el responsable penal principal estaba sometido al círculo de organización empresarial, de una manera permanente y onerosa, y, además, la infracción criminal, que genera una y otra responsabilidad, se ha cometido con ocasión del ejercicio de la prestación de servicios laborales por el trabajador y en el seno de la actividad o tareas correspondientes a las funciones realizadas en el ámbito de actuación laboral, en cuya esfera, como antes se ha dicho y repetido, es donde se ha otorgado, según alega el trabajador, el pacto determinante del reintegro pretendido.

Es de recordar, al efecto, que, aun ejercitada dentro del proceso penal, la pretensión civil (incluyendo, bajo este término, el complemento, en cuanto a la fijación de daños y perjuicios de la prestación social, que puede surgir del accidente de trabajo y con apoyo legal en el propio contrato de trabajo), no pierde, "conforme constante jurisprudencia, procesalmente su naturaleza por el hecho de haber sido ejercitada en el orden jurisdiccional penal o, incluso civil, de modo que, en realidad, este conocimiento de la acción civil dentro del proceso penal, de carácter eventual en cuanto está condicionada a la responsabilidad penal y a la no reserva de la acción civil por el perjudicado (art. 112 de la LECr) viene sometidos a sus propios preceptos. En definitiva, la cuestión planteada entre el trabajador —declarado responsable civil directo, como consecuencia de su responsabilidad penal— y el empleador —declarado en la vía penal responsable civil subsidiario en virtud del contrato de trabajo que le une al trabajador infractor— sobre quien debe pagar los daños nacidos del ilícito penal, derivan del contrato de trabajo, y por tanto su conocimiento corresponde a la jurisdicción laboral".

El Tribunal Supremo, una vez reconocida la competencia del orden social, parece plantearse quién debe responder del accidente. La Sentencia parte de la doctrina del ilícito laboral y de la responsabilidad laboral que genera el ilícito y del incumplimiento contractual surgido "dentro de la rigurosa órbita de lo pactado y como desarrollo normal del contenido negocial". Concluyendo que "la cuestión de quien debe soportar la indemnización de daños y perjuicios derivados de accidente de trabajo, debe considerarse como surgido dentro del contenido del contrato de trabajo".

40. La referida interpretación ha sido cuestionada en la medida en que, se ha dicho, "no tiene ningún sentido que la responsabilidad subsidiaria decidida por un juez criminal sea después directa para un juez social. En este sentido, es correcta la decisión de la primera instancia laboral que, admitida la demanda a trámite, desestimó la petición del actor, hoy recurrente" (Gómez Ligüerre, 2006).

Capítulo 12

LAS INDEMNIZACIONES POR VULNERACIÓN DE DERECHOS FUNDAMENTALES (I). CRITERIOS DE DETERMINACIÓN

Bibliografía. AGUILERA RULL, A., *Daño moral por discriminación,* en F. Gómez Pomar, I. Marín García (Dir.), *El daño moral y su cuantificación,* Barcelona, Bosch, 2017, pp. 557-585. ALAMEDA CASTILLO, M. T., *Repensando el modelo de tutela resarcitoria en la vulneración de derechos fundamentales inespecíficos en el contrato de trabajo,* Revista de derecho social, 2014, nº 66, pp. 35-58. ALONSO OLEA, M., *Las fuentes del derecho. En especial del Derecho del Trabajo según la Constitución,* Madrid, Civitas, 1990, 2ª ed. ÁLVAREZ ALONSO, D., *La indemnización por lesión de derechos fundamentales en el ámbito laboral y la problemática de los "daños morales",* Relaciones Laborales, 2014, nº 9, pp. 89-107. ARIAS DOMÍNGUEZ, A., *La cuantificación de la indemnización por daño moral por la trasgresión de derechos fundamentales en los despidos nulos,* Madrid, BOE, 2023. Id. *Últimos pronunciamientos jurisdiccionales sobre la indemnización adicional por transgresión de derechos fundamentales en los despidos nulos,* Revista de Estudios Jurídico Laborales y de Seguridad Social, 2022, nº 5 Id. *Concreción de los criterios y monetización de la cuantía del daño moral en los despidos nulos con transgresión de derechos fundamentales,* Revista de Jurisprudencia Laboral, 2022, nº 6 (versión on line). CARDENAL CARRO, M., *La indemnización en los procesos de tutela de la libertad sindical,* Pamplona, Aranzadi, 2006. CASAS BAAMONDE, M. E., *Prueba ilícita y despido. Desconexión de la nulidad de la prueba lesiva de derechos fundamentales y la nulidad del despido producido con violación de derechos fundamentales,* Revista de Jurisprudencia Laboral, 2021, nº 4. CAVAS MARTÍNEZ, F., *El proceso laboral de tutela de la libertad sindical y demás derechos fundamentales,* Pamplona, Aranzadi, 2004. COMPTE-SPONVILLE, A., *Diccionario filosófico,* Barcelona, Paidos, 2005. CRESPO ORTIZ, D., *La indemnización adicional por vulneración de derechos fundamentales del Artículo 183 LRJS. Reflexiones en torno a sus pretensiones y su cálculo,* Labos: Revista de Derecho del Trabajo y Protección Social, 2023, Vol. 4, nº. 3, pp. 156-180. CRUZ VILLALÓN, P., *Formación y evolución de los derechos fundamentales,* Revista Española de Derecho Constitucional, 1989, nº 25. DÍEZ-PICAZO, L., *Derecho de daños,* Madrid, Civitas, 1999. Id. *El escándalo del daño moral,* Pamplona, Thomson-Cívitas, 2008 GARCÍA AMADO, J. A., Sobre algunos mitos del Derecho de daños. Causas que no causan e imputaciones objetivas bastante subjetivas, en Herrador Guardia (Dir.), *Derecho de daños,* Pamplona, Thomson Reuters-Aranzadi, 2013, p. 65-142. GARCÍA ROMERO, B., *Indemnización adicional por daño moral derivado de la vulneración de derechos fundamentales en el supuesto en el que, por dicha vulneración, el despido es declarado nulo,* Revista de Jurisprudencia Laboral, 2022, nº 4 (versión on line). GÓMEZ LIGUERRE, C., *Concepto de daño moral,* en Gómez Pomar, F. Marín García. I. (Dir.), *El daño moral y su cuantificación,* Barcelona, Bosch, 2023, 3ª ed. GOÑI SEIN, J. L. *Los derechos fundamentales inespecíficos en la relación laboral y en materia de protección social,* en XXIV Congreso Nacional de Derecho del Trabajo y de la Seguridad Social, Pamplona, mayo de 2014, Madrid, Cinca, 2014, pp. 17-81. LÓPEZ TERRADA, E., L*a controvertida indemnización por lesión de los derechos fundamentales de las personas trabajadoras. Lex Social: Revista De Derechos Sociales,* 2021, *11*(1), pp. 2-39. LOUSADA AROCHENA, J. F., *La cuantificación de la indemnización por vulneración de derechos fundamentales en el proceso laboral: la cuantía mínima del baremo LISOS como derecho necesario.* Revista de Jurisprudencia Laboral, 2023, nº 6 (on line). LLAMAS POMBO, E., *De nuevo sobre el llamado daño moral.*

Algunos apuntes para la reflexión, en Santos Morón, M. J., Mercader Uguina, J. R., Del Olmo, P. (Dir.), *Nuevos retos del Derecho de daños en Iberoamérica*, Valencia, Tirant lo Blanch, 2020, pp. 23-43. MANEIRO VÁZQUEZ, Y., *La tutela de los derechos fundamentales y libertades públicas por los tribunales laborales*, La Coruña, Netbiblo, 2007, pp. 172-173. Id. *El derecho a la indemnización por daños morales como consecuencia de la lesión de la libertad sindical a la luz de la sentencia TC 247/2006, de 24 de julio*, Dereito: revista xurídica da Universidad de Santiago de Compostela, 2013, Vol. 22, nº ext, pp. 245-263. MARTÍN-CASALS, *Principios de derecho europeo de la responsabilidad civil: texto y comentario*, Pamplona, Aranzadi Thomson Reuters, 2008. MERCADER UGUINA, J. R, *Derechos fundamentales, indemnización por daños morales y prudente arbitrio del juzgador en su determinación: una tormenta perfecta*, Revista Galega de Dereito Social, 2022, nº 15, pp. 9-44. Id. *La Ley de Infracciones y Sanciones como "baremo": funciones y disfunciones en la determinación de los daños morales derivados de la vulneración de derechos fundamentales*, Trabajo y Derecho, 2024, nº 112 (versión electrónica). MOLINA NAVARRETE, C. *Indemnizaciones disuasorias, nueva garantía de efectividad de la tutela social: entre retórica judicial y prácticas innovadoras*, Albacete, Bomarzo, 2019. Id. *Nuevos fragmentos de "justicia resarcitoria" en el orden social: persistentes lagunas y antinomias*, CEF. Trabajo y Seguridad Social, 2018, nº 421. MONEREO PÉREZ, J. L., *Despido nulo por vulneración derechos fundamentales, resarcimiento del daño moral y modo 'prudencial' de cuantificación de la indemnización*, Revista de Jurisprudencia Laboral, 2022, nº 3 (versión on line). PALOMEQUE LÓPEZ, M. C., *Derechos fundamentales generales y relación laboral: los derechos laborales inespecíficos*, Sempere Navarro, A. V., (Dir.), *El modelo social en la Constitución española de 1978*, Madrid, MTAS, 2003, pp. 230-23. PALOMEQUE, C., ÁLVAREZ DE LA ROSA, M., *Derecho del Trabajo*, Madrid, Ceura, 2022, 30ª ed. RUBIO LLORENTE, F., *Problemas de la interpretación constitucional en la jurisprudencia del Tribunal Constitucional español*, en *La forma del poder (Estudios sobre la Constitución)*, Madrid, CEC, 1993. SALVADOR CODERCH, P., *Punitive damages*, InDret, 2000, nº 1. SOLOZÁBAL ECHEVARRIA, J. J., Voz "*Dignidad de la persona*", *Enciclopedia Jurídica Básica*, Madrid, Civitas, 1995, II. PÉREZ DE LOS COBOS, F. *Tutela judicial efectiva y determinación de la indemnización por tutela de la libertad sindical (Comentario a la STC 247/2006)*, en M. ALONSO OLEA y A. MONTOYA MELGAR, Jurisprudencia Constitucional sobre Trabajo y Seguridad Social, Madrid, Civitas, 2007, XXIV, pp. 381-389. TODOLÍ SIGNES, A. *Criterios para el cálculo de la indemnización por vulneración de derechos fundamentales. Una revisión sistemática de sentencias y una propuesta de baremo.* LABOS Revista de Derecho del Trabajo y Protección Social, 2024, vol. *5, nº* 2, pp. 54-84.

I. Derechos fundamentales laborales. El modelo resarcitorio de daños

1. Derechos fundamentales de carácter laboral

A) La dignidad de la persona: el valor que no tiene precio

1. La dignidad, se ha dicho, es "el valor de lo que no tiene precio, ni siquiera valor cuantificable: objeto no de deseo o de comercio, sino de respeto" (Compte Sponville, 2005: 166). Es una construcción de la filosofía para expresar el valor intrínseco de la persona derivada de una serie de rasgos de identificación que la hacen única e irrepetible. La dignidad no se atribuye a la especie humana, sino a cada uno de los seres humanos. La dignidad y los derechos que de ella derivan no pueden atribuirse a instancias superiores a la persona —el pueblo, el grupo, la raza, la nación—, porque el individuo concreto quedaría sin garantías.

La dignidad es la base y razón de ser de los derechos inviolables inherentes a la persona. Especialmente significativo por lo que a los derechos fundamentales se refiere resulta el art. 10.1 de la CE que, en términos que recuerdan al art. 1 de la Ley Fundamental de Bonn, establece que "la dignidad de la persona, los derechos inviolables que le son inherentes, el libre desarrollo de la personalidad, el respeto a la ley y a los derechos de los demás son el fundamento del orden político y la paz social". Ciertamente, desde un punto de vista individual, los derechos fundamentales se encuentran ligados a la dignidad de la persona: son la proyección positiva, inmediata y vital de la misma. Constituyen, asimismo, la condición de su libertad y autodeterminación. Su desconocimiento o conculcación vulnera la dignidad e impide el desarrollo del individuo como persona. Por eso, su disfrute resulta imprescindible. Los derechos fundamentales son "el núcleo básico, ineludible e irrenunciable del status jurídico del individuo" (Solozabal, 1995: 2491). Su desconocimiento o conculcación vulnera la dignidad e impide el desarrollo del individuo como persona. Por eso, su disfrute resulta imprescindible.

2. Como señala Alonso Olea (1990: 29), cabe una versión laboral de todos los derechos fundamentales, de modo que resultaría correcta la defensa de un "Derecho constitucional del trabajo". La doctrina científica ha acogido la vigencia de los derechos fundamentales en la relación de trabajo con distintos conceptos unitarios. A ella se refiere con expresiones tales como "libertades individuales" (de larga tradición francesa), "derechos fundamentales en su versión laboral", "bloque de constitucionalidad personal" o "ciudadanía en la empresa".

Una vez celebrado el contrato de trabajo, el trabajador debe ser respetado en sus derechos fundamentales en tanto que ciudadano. El impacto de los derechos fundamentales en el contrato de trabajo se proyecta generalmente en el ejercicio de los poderes empresariales, al crear deberes positivos o negativos a cargo del empresario que suponen límites adicionales a esos poderes. El poder empresarial se limita en función de la protección de los derechos fundamentales del trabajador, como el derecho a la no discriminación, a la libertad ideológica o de creencia, a la intimidad y reserva en el tratamiento de datos, etc. También puede legitimar actos o actuaciones del trabajador o de la empresa, incluso si contradicen el interés empresarial, por ser ejercicio legítimo de los derechos fundamentales.

Como ha señalado el Tribunal Constitucional, «la celebración de un contrato de trabajo no implica en modo alguno la privación para una de las partes, el trabajador, de los derechos que la Constitución le reconoce como ciudadano». Lo que se ha justificado por cuanto las organizaciones empresariales no forman mundos separados y estancos del resto de la sociedad ni la libertad de empresa que establece el art. 38 del Texto constitucional legitima que quienes prestan servicios en aquéllas, por cuenta y bajo la dependencia de sus titulares, deban soportar despojos transitorios o limitaciones injustificadas de sus derechos fundamentales y libertades públicas, que tienen un valor central en el sistema jurídico constitucional. Las manifestaciones de «feudalismo industrial» repugnan al Estado social y democrático de Derecho y a los valores superiores de libertad, justicia e igualdad a través de los cuales ese Estado toma forma y se realiza (art. 1.1 CE; STC 88/1985). La efectividad de los derechos fundamentales del trabajador en el ámbito de las relaciones laborales debe ser compatible, por tanto, con el cuadro de límites recíprocos que pueden surgir entre aquellos y las facultades empresariales, las cuales son también expresión de derechos constitucionales reconocidos en los arts. 33 y 38 CE (SSTC 99/1994; 6/1995; 106/1996, y 136/1996, entre otras), perspectiva ésta desde la que deben valorarse las específicas limitaciones que a los derechos fundamentales les pueda imponer el propio desarrollo de la relación laboral (SSTC 99/1994, y 6/1995, entre otras).

B) El "bloque de constitucionalidad personal": La proyección laboral de los derechos fundamentales

3. La presentación de los derechos fundamentales derivados de las relaciones de trabajo recogidos en la Constitución ha sido sistematizada diferenciando los derechos colectivos, de naturaleza o alcance colectivo en relación con la constitución y funciones de los sujetos sindicales (arts. 7 y 28.1 de la CE) y los derechos de conflicto entre los que se sitúa el derecho de huelga (art. 28.2 y 37.2 de la CE). Estos derechos tienen su origen específico y su razón de ser (exclusiva o principalmente) en el ámbito de las relaciones laborales, de modo que no es posible técnicamente su ejercicio fuera de las mismas. De modo que, "la relación de trabajo, activa o como referencia pretérita o de futuro, se convierte de este modo para aquellos en presupuesto insoslayable de su nacimiento y ejercicio" (Palomeque y Álvarez de la Rosa, 2022: 113).

Al propio tiempo, otros derechos constitucionales de carácter general y, por ello, no específicamente laborales pueden ser ejercidos, sin embargo, por los sujetos de las relaciones de trabajo, particularmente los trabajadores, en el ámbito de las mismas, por lo que adquieren un contenido o dimensión laboral sobrevenidos. En estos casos, "se produce una "impregnación laboral" de derechos titularidad general o inespecífica por el hecho de su ejercicio por trabajadores asalariados a propósito y en el ámbito de un contrato de trabajo. Son derechos atribuidos con carácter general a los ciudadanos, que son ejercidos en el seno de una relación jurídica laboral por ciudadanos que, al propio tiempo, son trabajadores y, por tanto, se convierten en verdaderos derechos laborales por razón del sujeto y de la naturaleza de la relación jurídica en que se hacen valer" (Palomeque y Álvarez de la Rosa, 2022: 113), son "derechos fundamentales inespecíficos laborales" (Palomeque, 2003).

4. Son así derechos fundamentales inespecíficos:

- El derecho a la igualdad y no discriminación (art. 14 de la CE), recibido por la legislación laboral en los arts. 4.2 c) y 17 del ET. El primero de ellos reconoce que las personas trabajadores tienen derecho "*a no ser discriminadas directa o indirectamente para el empleo o, una vez empleados, por razones de estado civil, edad dentro de los límites marcados por esta ley, origen racial o étnico, condición social, religión o convicciones, ideas políticas, orientación sexual, identidad sexual, expresión de género, características sexuales, afiliación o no a un sindicato, por razón de lengua dentro del Estado español, discapacidad, así como por razón de sexo, incluido el trato desfavorable dispensado a mujeres u hombres por el ejercicio de los derechos de conciliación o corresponsabilidad de la vida familiar y laboral*".
- El derecho a la vida y a la integridad física y moral (art. 15 de la CE);
- La libertad ideológica y religiosa (art. 16.1 de la CE), sin que nadie pueda ser obligado a declarar sobre su "*ideología, religión o creencias*" (art. 16.2 de la CE).
- El derecho al honor, a la intimidad personal y a la propia imagen (art. 18.1 de la CE), recogido en el ámbito de la legislación laboral en el art. 4.2 e) del ET) que reconoce el derecho de los trabajadores "*al respeto de su intimidad y a la consideración debida a su dignidad, comprendida la protección frente al acoso por razón de origen racial o étnico, religión o convicciones, discapacidad, edad u orientación sexual, y frente al acoso sexual y al acoso por razón de sexo*".
- La protección de datos es, probablemente, una de las garantías individuales que mayor desarrollo normativo ha experimentado a nivel europeo en los últimos años. Se recoge en el art. 8 de la CDFUE que "toda persona tiene derecho a la protección de los datos de carácter personal que la conciernan". El Tribunal Constitucional fue pionero en el reconocimiento del derecho fundamental a la protección de datos de carácter personal al derivarlo su art. 18.4 de la CE dispuso que "*la ley limitará el uso de la informática para garantizar el honor y la intimidad personal y familiar de los ciudadanos y el pleno ejercicio de sus derechos*" (STC 290/2000 y 292/2000).

- La libertad de expresión o derecho a "*expresar y difundir libremente los pensamientos, ideas y opiniones mediante la palabra, el escrito o cualquier otro medio de reproducción*" (art. 20.1 a) de la CE), recogida de modo expreso por la legislación laboral como garantía de los representantes legales de los trabajadores en la empresa (art. 68 d) del ET).
- La libertad de información entendida como el derecho a "*comunicar o recibir libremente información veraz por cualquier medio de difusión*" (art. 20.1 d) de la CE).
- El derecho de reunión (art. 21 de la CE), proyectado en el ámbito de las relaciones laborales en los arts. 4.1 f), 77 a 80 del ET y 8.1 b) de la LOLS.
- El derecho a la tutela judicial efectiva (art. 24 de la CE), recogido por el ordenamiento laboral en el art. 4.2 g) y 65.1 del ET. El Tribunal Constitucional ha construido como parte del derecho a la tutela judicial efectiva la denominada «garantía de indemnidad». En síntesis, la «garantía de indemnidad» consiste en que «del ejercicio de la acción judicial o de los actos preparatorios o previos al mismo no pueden seguirse consecuencias perjudiciales en el ámbito de las relaciones públicas o privadas para la persona que los protagoniza».
- El derecho a no ser sancionado "*por acciones u omisiones que en el momento de producirse no constituyan delito, falta o infracción administrativa, según la legislación vigente en aquel momento*" (art. 25.1 de la CE).
- El derecho a la educación (art. 27.1 de la CE), recogido en el ordenamiento laboral en el art. 4.2 b) del ET que establece el derecho a las personas trabajadoras "*a la promoción y formación profesional en el trabajo, incluida la dirigida a su adaptación a las modificaciones operadas en el puesto de trabajo, así como al desarrollo de planes y acciones formativas tendentes a favorecer su mayor empleabilidad*".

2. *El modelo resarcitorio de daños de la Ley de la Jurisdicción Social*

5. El modelo resarcitorio de los daños que se produzcan como consecuencia de la vulneración de los referidos derechos fundamentales, como es sobradamente conocido, encuentra acomodo en la LJS y, más en concreto, en el proceso de tutela de los derechos fundamentales, Capítulo XI, Título II Libro II. Este proceso satisface las exigencias constitucionales de preferencia y sumariedad, entendido este término en su significación vulgar de proceso sustancialmente rápido y abreviado.

El procedimiento se inicia por demanda que habrá de presentarse dentro del plazo general de prescripción o caducidad de la acción previsto para las conductas o actos en los que se concrete la lesión del derecho fundamental. De conformidad con lo previsto en el art. 179.2 de la LJS,

> *"La demanda, además de los requisitos generales establecidos en la presente Ley, deberá expresar con claridad los hechos constitutivos de la vulneración, el derecho o libertad infringidos y la cuantía de la indemnización pretendida, en su caso, con la adecuada especificación de los diversos daños y perjuicios, a los efectos de lo dispuesto en los artículos 182 y 183, y que, salvo en el caso de los daños morales unidos a la vulneración del derecho fundamental cuando resulte difícil su estimación detallada, deberá establecer las circunstancias relevantes para la determinación de la indemnización solicitada, incluyendo la gravedad, duración y consecuencias del daño, o las bases de cálculo de los perjuicios estimados para el trabajador".*

Precepto que ha sido interpretado por las SSTS (Social), entre otras, de 10 de julio de 2018 (Rº 3269/2016) y 13 de octubre de 2021 (Rº 4919/2018). En ellas, después de recordar la doctrina constitucional en el sentido de que aun cuando los derechos fundamentales son imprescriptibles, no lo son las acciones concretas concedidas para su defensa, la Sala de lo Social sostiene que la acción para reclamar la indemnización de daños y perjuicios por la vulneración de derechos fundamentales en el ámbito de la relación laboral se sujeta al plazo anual de prescripción que establece el art. 59 del ET para todas las acciones que nazcan del contrato de trabajo y no tengan señalado un plazo especial plazo, cabe agregar, que resulta asimismo aplicable a las reclamaciones por vulneraciones producidas después del cese en el trabajo pero conectadas con la relación laboral mantenida en su día (STSJ de Madrid de 23 de septiembre de 2022, Rº 716/2022).

6. La LJS establece el art. 179.3 de la LJS que:

> *"la demanda (...) deberá expresar con claridad los hechos constitutivos de la vulneración, el derecho o libertad infringidos y la cuantía de la indemnización pretendida, en su caso, con la adecuada especificación de los diversos daños y perjuicios, a los efectos de lo dispuesto en los artículos 182 y 183, y que, salvo en el caso de los daños morales unidos a la vulneración del derecho fundamental cuando resulte difícil su estimación detallada, deberá establecer las circunstancias relevantes para la determinación de la indemnización solicitada, incluyendo la gravedad, duración y consecuencias del daño, o las bases de cálculo de los perjuicios estimados para el trabajador".*

Previsión normativa que permite deducir que los daños morales resultan indisolublemente unidos a la vulneración del derecho fundamental y que tratándose de daños morales cuando resulte difícil su estimación detallada deberán flexibilizarse, en lo necesario, las exigencias normales para la determinación de la indemnización.

7. La sentencia declarará la existencia o no de la vulneración denunciada y, en consecuencia, haber lugar o no al amparo judicial solicitado. En la sentencia estimatoria se hará un pronunciamiento (i) de declaración de la vulneración, (ii) de nulidad radical de la actuación vulneradora, (iii) de cese inmediato de la actuación vulneradora y (iv) de restablecimiento del actor en la integridad de su derecho (art. 182.1 de la LJS):

> *"La sentencia declarará haber lugar o no al amparo judicial solicitado y, en caso de estimación de la demanda, según las pretensiones concretamente ejercitadas:*
> *a) Declarará la existencia o no de vulneración de derechos fundamentales y libertades públicas, así como el derecho o libertad infringidos, según su contenido constitucionalmente declarado, dentro de los límites del debate procesal y conforme a las normas y doctrina constitucionales aplicables al caso, hayan sido o no acertadamente invocadas por los litigantes.*
> *b) Declarará la nulidad radical de la actuación del empleador, asociación patronal, Administración pública o cualquier otra persona, entidad o corporación pública o privada.*
> *c) Ordenará el cese inmediato de la actuación contraria a derechos fundamentales o a libertades públicas, o en su caso, la prohibición de interrumpir una conducta o la obligación de realizar una actividad omitida, cuando una u otra resulten exigibles según la naturaleza del derecho o libertad vulnerados.*
> *d) Dispondrá el restablecimiento del demandante en la integridad de su derecho y la reposición de la situación al momento anterior a producirse la lesión del derecho fundamental, así como la reparación de las consecuencias derivadas de la acción u omisión del sujeto responsable, incluida la indemnización que procediera en los términos señalados en el artículo 183".*

8. A este último respecto, la sentencia estimatoria deberá pronunciarse sobre la cuantía de la indemnización que, en su caso, le corresponda a la parte demandante, en función tanto del daño moral unido a la vulneración del derecho fundamental, como de los daños y perjuicios adicionales derivados de dicha vulneración (art. 183.1 de la LJS):

> *"Cuando la sentencia declare la existencia de vulneración, el juez deberá pronunciarse sobre la cuantía de la indemnización que, en su caso, le corresponda a la parte demandante por haber sufrido discriminación u otra lesión de sus derechos fundamentales y libertades públicas, en función tanto del daño moral unido a la vulneración del derecho fundamental, como de los daños y perjuicios adicionales derivados".*

De este modo el art. 183.2 de la LJS señala que:

> *"El tribunal se pronunciará sobre la cuantía del daño, determinándolo prudencialmente cuando la prueba de su importe exacto resulte demasiado difícil o costosa, para resarcir suficientemente a la víctima y restablecer a ésta, en la medida de lo posible, en la*

integridad de su situación anterior a la lesión, así como para contribuir a la finalidad de prevenir el daño".

9. Mientras que el apartado 3 de ese mismo art. 183 de la LJS establece que:

> *"Esta indemnización será compatible, en su caso, con la que pudiera corresponder al trabajador por la modificación o extinción del contrato de trabajo o en otros supuestos establecidos en el Estatuto de los Trabajadores y demás normas laborales".*

La ley parece consagrar el principio de la automaticidad del daño moral («unido»), al que se podrán sumar los restantes daños y perjuicios. Estos últimos parecen más sujetos a un estricto principio de prueba, pero la ley relaja esta exigencia probatoria, al ordenar al juez o tribunal, en el art. 183.2 de la LJS, pronunciarse sobre la cuantía del daño y determinarlo prudencialmente "cuando la prueba de su importe exacto resulte demasiado difícil o costosa", a fin de resarcir suficientemente a la víctima y restablecer a ésta, en la medida de lo posible, en la integridad de su situación anterior a la lesión («daños compensatorios»), así como para contribuir a la finalidad de prevenir el daño (lo que puede conferir a la global valoración judicial un cierto matiz punitivo). En todo caso, la indemnización de daños y perjuicios será compatible con la que pudiera corresponder al trabajador por la modificación o extinción del contrato de trabajo o en otros supuestos establecidos en el Estatuto de los Trabajadores y demás normas laborales (art. 183.3 de la LJS)

Cuando se haya ejercitado la acción de daños y perjuicios derivada de delito o falta en un procedimiento penal no podrá reiterarse la petición indemnizatoria ante el orden jurisdiccional social, mientras no se desista del ejercicio de aquélla o quede sin resolverse por sobreseimiento o absolución en resolución penal firme, quedando mientras tanto interrumpido el plazo de prescripción de la acción en vía social (art. 183.4 de la LJS) Nos remitimos para su análisis a lo dicho en el Capítulo 11.

II. La reparación de los ataques a la dignidad de la persona. La prevalencia de la reparación del daño moral

10. La reparación de los ataques a la dignidad personal constituye una consecuencia natural de una conducta esencialmente intolerable como es aquella que afecta al "núcleo básico, ineludible e irrenunciable del *status* jurídico del individuo". La tutela especialmente reforzada que caracteriza los derechos fundamentales conlleva, en caso de apreciarse una violación de éstos, al restablecimiento de la víctima en la integridad del derecho y la reposición en su derecho, lo que comprende la eliminación y la reparación integra de las consecuencias jurídicas o fácticas de la actuación lesiva. Ello comporta un resarcimiento de los perjuicios de índole económica efectivamente producidos. Pero también impone la compensación de los daños corporales y de carácter no patrimonial, mucho más difíciles de acreditar y de cuantificar. Las indemnizaciones en estos casos se convierten en instrumento necesario para cumplir con la teleología que subyace en el texto constitucional que, como ha recordado en varias ocasiones su máximo intérprete, se materializa en la idea de que "la Constitución protege los derechos fundamentales (…) no en sentido teórico e ideal, sino como derechos reales y efectivos" (STC 176/1988, de 4 de octubre), lo que impide que la protección jurisdiccional de los derechos y libertades se convierta en "un acto meramente ritual o simbólico" (STC 12/1994, de 17 de enero). Se trata, en suma, de establecer un efectivo remedio subsidiario cuando no resulta posible la restitución "in natura" (Maneiro, 2007: 172-173; Álvarez Alonso, 2014: 93).

11. Desde instancias internacionales, los PERC precisan en su art. 2:102 entre los intereses protegidos: "La vida, la integridad física y psíquica, la dignidad humana y la libertad" y recogen en el art. 10:301 los criterios de resarcimiento por el "daño no patrimonial", que se produce, particularmente, "si la víctima ha sufrido un daño corporal o un daño a la dignidad humana, a la libertad o a otros derechos de la personalidad", precisando que en su valoración deben tomarse en consideración "todas las circunstancias del caso, incluyendo la gravedad, duración y consecuencias del daño". Además, se concreta que "en los casos de daño corporal, el daño no patrimonial corresponde al sufrimiento de la víctima y al perjuicio de su salud física o psíquica". Por su parte, el art. 2:105 de los PERC precisa que: "El daño debe probarse de acuerdo con los criterios procesales ordinarios. El tribunal podrá estimar la cuantía del daño cuando la prueba de su importe exacto resulte demasiado difícil o costosa"

III. "Indemnizar daños morales es larvadamente punitivo"

12. Se ha dicho (García Amado, 2013: 69) que "el daño moral enseña cómo a veces los mecanismos resarcitorios no se usan para compensar un daño, sino para constituirlo. Quiere esto decir que la —escasa-legislación sobre daño moral y la jurisprudencia sobre el asunto van acotando en qué ámbitos hay ciertas obligaciones de hacer o de omitir respecto de las personas, y esas obligaciones se establecen o refuerzan usando la idea de daño moral como base de un deber de reparar que realidad es cargar con una sanción".

Con carácter general, la reacción del ordenamiento en los casos de vulneración de derechos fundamentales no debería diferir de la que se produce con ocasión de la vulneración de otro tipo de derechos. De este modo la consideración del daño moral no debería comportar un juicio de reprobación del responsable diferente o adicional al que suele acompañar el juicio de responsabilidad de otro tipo de daños (Gómez Ligüerre, 2023: 33). Sin embargo, lo cierto es que cuando los daños derivan de la violación de un derecho fundamental, su resarcimiento incorpora notables singularidades.

Y es que, "su carácter sancionatorio se acredita por el hecho de que para el cálculo del quantum indemnizatorio se toma más en cuenta lo que se considere gravedad de la conducta de agente que la existencia real de daño para el sujeto pasivo o que el monto real o aproximadamente calculado de dicho daño. Como el dolor no tiene precio, es la conducta del que presuntamente lo causa lo que funciona como clave de cálculo de la reparación-sanción" (García Amado, 2013: 69-7). Y es que, como ha apuntado Carrasco (2011: 387), "la doctrina del daño moral está sirviendo básicamente para cumplir una función de neutralización del riesgo de infracompensación cuando la víctima no se encuentra en condiciones reales de suministrar una prueba cumplida del daño sufrido".

13. El apartado 3 del artículo 9 de la Ley Orgánica 1/1982, de 5 de mayo, de protección civil del derecho al honor, a la intimidad personal y familiar y a la propia imagen, ya estableció en su día que:

> *"La existencia de perjuicio se presumirá siempre que se acredite la intromisión ilegítima. La indemnización se extenderá al daño moral, que se valorará atendiendo a las circunstancias del caso y a la gravedad de la lesión efectivamente producida [...]".*

La jurisprudencia de la Sala Primera del Tribunal Supremo ha venido siendo rotunda al considerar que se trata de una presunción legal que no admite prueba en contrario: si se comprueba la infracción del derecho fundamental hay perjuicio indemnizable en todo caso.

La STS (Civil) de 24 de noviembre de 2022 (Rº 76/2022), es reflejo de la aplicación de la referida norma al establecer que: "dada la presunción iuris et de iure, esto es, no susceptible de prueba en contrario, de existencia de perjuicio indemnizable, el hecho de que la valoración del daño moral no pueda obtenerse de una prueba objetiva no excusa ni imposibilita legalmente a los tribunales para fijar su cuantificación, a cuyo efecto ha de tenerse en cuenta y ponderar las circunstancias concurrentes en cada caso". A lo que añade que se trata, por tanto, de "una valoración estimativa, que en el caso de daños morales derivados de la vulneración de un derecho fundamental (...), ha de atender a los parámetros previstos en el art. 9.3 de la Ley Orgánica 1/1982, de acuerdo con la incidencia que en cada caso tengan las circunstancias relevantes para la aplicación de tales parámetros, utilizando criterios de prudente arbitrio".

14. Inspirada en la anterior disposición, la Ley 15/2022, de 12 de julio, integral para la igualdad de trato y la no discriminación, ha venido a establecer en su artículo 27 (Atribución de responsabilidad patrimonial y reparación del daño) que:

> *"La persona física o jurídica que cause discriminación por alguno de los motivos previstos en el apartado 1 del artículo 2 de esta ley reparará el daño causado proporcionando una indemnización y restituyendo a la víctima a la situación anterior al incidente discriminatorio, cuando sea posible. Acreditada la discriminación se presumirá la existencia de daño moral, que se valorará atendiendo a las circunstancias del caso, a la concurrencia o interacción de varias causas de discriminación previstas en la ley y a la gravedad de la lesión efectivamente producida, para lo que se tendrá en cuenta, en su caso, la difusión o audiencia del medio a través del que se haya producido".*

Como ha señalado la doctrina civil más reconocida en esta materia con directa referencia a lo que ahora viene a establecer la Ley 15/2022, "el tenor del precepto da poco margen de maniobra al intérprete, pues no prevé la prueba en contrario de la existencia del daño, que se impone con carácter irrefutable". Y añade que "la presunción de un daño, incluso moral, es extraño a la lógica de la responsabilidad civil extracontractual que no presume ni la existencia de daño ni su imputación a un responsable". De modo que, se termina diciendo, "la regla legal cumple una función cercana a la sanción, en tanto que asocia una consecuencia, aunque compensatoria, a la infracción de la norma" (Gómez Ligüerre, 2023: 33).

Si atamos los cabos que han servido para consolidar la doctrina civil en esta materia y asistimos a la construcción de la reparación del daño moral en el orden social veremos que, cuando se trata de derechos fundamentales, no nos encontramos tan alejados. Y ello hasta el punto de que, pese a las dudas e interrogantes que a lo largo de este trabajo pondremos de manifiesto, lo cierto es que la jurisprudencia social aporta criterios vanguardistas, deberemos ver si eficaces, a la hora de la cuantificación de este tipo de daños.

Esta posición se une a la de quienes afirman que el efecto disuasorio debe configurarse como una función autónoma de la resarcitoria, en una dimensión más punitiva que reparadora, de modo que "su operatividad debería emanciparse, al menos parcialmente de la función típicamente reparadora, dada su diferente naturaleza por lo que procedería al margen de que existiese o no una vulneración del mismo derecho por el empleador, o del grado de inobservancia social existente al respecto así como de la propia reparación de daños". El resultado sería, la "normalización del recurso al "baremo sancionador", absolutamente ajeno a los mecanismos de indemnización por daños, parece abonar esta concepción" (Molina Navarrete, 2019: 31).

IV. El viaje de ida y vuelta de la jurisprudencia social a la automaticidad en el reconocimiento del daño moral

15. La reparación de los daños morales resultantes de la vulneración de un derecho fundamental ha tenido en lo social un largo viaje de ida y vuelta (López Terrada, 2021), o por expresarlo en palabras del propio Tribunal Supremo, en su STS (Social) de 5 de octubre de 2017 (Rº 2497/2015), la cuestión "no ha tenido la uniformidad que sería deseable". Y es que, en efecto, la doctrina del Tribunal Supremo ha transitado por zonas de incertidumbre hasta alcanzar la plena aceptación de la idea de que toda vulneración de un derecho fundamental lleva inescindiblemente unida la existencia de un daño moral que debe ser indemnizado sin necesidad de que se acredite un específico perjuicio, dado que éste se presume. La referida evolución la cifra la propia Sala de lo Social en su STS (Social) de 25 enero de 2018 (Rº 30/2017) en tres diferentes momentos, etapas o, como prefiere decir, "posiciones" sobre esta cuestión.

1. *La "primera posición": Presunción de la existencia del daño moral y derecho a la indemnización del mismo*

16. Con arreglo a una "primera posición" se entendió procedente la condena al pago de la indemnización por los daños morales causados, sin necesidad de que se acredite un específico perjuicio, dado que éste se presume. En las SSTS (Social) de 9 de junio de 1993 (Rº 3856/1992) y 8 de mayo de 1995 (Rº 1319/94) se vino a establecer que la sentencia que aprecie lesión del derecho fundamental (en el caso, libertad sindical) ha de condenar a la indemnización de los daños morales, sin necesidad de que se acredite un específico perjuicio, dado que éste se presume:

> "debe entenderse que no es necesario probar que se ha producido un perjuicio para que nazca el derecho al resarcimiento, sino que, por el contrario, una vez acreditada la vulneración del derecho fundamental se presume la existencia del daño y debe decretarse la indemnización correspondiente".

Se trataba de una "presunción iuris tantum que invertía la carga de la prueba", lo que implicaba que "debía ser el sujeto causante de la lesión del derecho fundamental el que debe probar la inexistencia de daño, para que el órgano judicial no fije la indemnización que en otro caso siempre procedería si se hubiese solicitado" (Cavas, 2004: 385).

2. *La "segunda posición": El perjuicio no se presume y deben establecerse bases y elementos clave de la indemnización reclamada que justifiquen suficientemente la misma*

A) Cambio de posición de la doctrina del Tribunal Supremo

17. La "segunda posición" vino a alterar la anterior línea interpretativa y a establecer la exigencia de bases y elementos clave de la indemnización reclamada que justifiquen suficientemente la misma y que estén acreditados indicios o puntos de apoyo suficientes en los que se pueda asentar la condena. La STS (Social) de 22 de julio de 1996 (Rº 7880/95), marca el punto de inflexión:

> "la sentencia de esta Sala de 9 de junio de 1993 no puede ser entendida en el sentido de que el demandante en estos especiales procesos queda totalmente exento de la obligación de alegar y razonar en su demanda los fundamentos de su pretensión indemnizatoria, ni que tampoco esté obligado a acreditar una mínima base fáctica que sirva para delimitar los perfiles y elementos de la indemnización que se haya de aplicar; antes al contrario, lo que se declara en esa sentencia es perfectamente compatible con la necesidad de que dicho demandante, para que su petición indemnizatoria pueda ser estimada, tenga que cumplir las exigencias que se acaban de mencionar".

B) La Sentencia del Tribunal Constitucional 247/2006, de 24 de julio

18. La STC 247/2006, de 24 de julio, que resolvió el recurso de amparo planteado por un profesor de religión de un centro de educación secundaria por vulneración de derechos fundamentales, vino a avalar en abstracto la doctrina de la Sala 4ª del Tribunal Supremo. Pero supuso, sin duda, el inicio de un cambio de tendencia.

El recurrente en amparo venía prestando sus servicios por cuenta de la Consejería de Educación, Cultura y Deportes del Gobierno de la Comunidad Autónoma de Canarias desde 1991 como profesor de religión y moral católica en el centro de educación secundaria Arnao (Telde). En los últimos comicios sindicales se presentó como candidato del sindicato CGT, resultando elegido. En el desempeño de sus funciones como representante legal de los trabajadores ha iniciado actuaciones contra la citada Administración pública, tendentes a la regularización del colectivo de profesores de religión que han venido prestando sus servicios para aquélla, llegando incluso a promover una huelga (de cuyo comité de huelga formó parte).

En abril de 2001 el actor presentó demanda sobre tutela de derechos fundamentales contra la citada Consejería, solicitando que se declarase que la conducta de la empleadora consistente en prohibirle acudir a las reuniones del comité de empresa al que pertenecía, trasladarlo sin causa a un nuevo puesto de trabajo y reducirle de la misma forma injustificada la jornada de trabajo con la consiguiente reducción salarial, vulneraba su derecho a la libertad sindical. Solicitaba el cese inmediato de tal conducta antisindical, que se le repusiese en sus antiguas condiciones profesionales y que se le abonase una indemnización por daños de diez millones de pesetas. En cuanto a la indemnización por los daños que se le habían ocasionado, tras describir las conductas antisindicales que estaba padeciendo, señalaba que "el sostenimiento de la presente situación, está provocando al actor, daños de toda índole y cuyo origen reside en la condición de delegado de personal y en su actividad sindical en pro del colectivo de profesores de religión y moral católica. Asimismo, como hemos referido, la Consejería de Educación, Cultura y Deportes es reincidente en su actuación antisindical en contra del actor". Igualmente defendía en su demanda que se le estaban provocando daños económicos, morales y de toda índole que deben ser reparados. Ha de considerarse, además, el carácter reincidente de la Consejería demandada en su conducta antisindical. En función a esta circunstancia y tomando como referencia el Real Decreto Legislativo 5/2000, de 4 de agosto, por el que se aprueba el texto refundido de la Ley sobre infracciones y sanciones en el orden social y normativa concordante, se fija la indemnización en 10.000.000 pesetas".

La demanda del recurrente fue estimada parcialmente por Sentencia del Juzgado de lo Social núm. 5 de Las Palmas de Gran Canaria de 31 de julio de 2001 (autos núm. 259-2001), que apreció la existencia del comportamiento antisindical de la empresa, pero sólo estimó parcialmente la pretensión relativa a la indemnización, valorando su cuantía en la mitad (en lugar de reconocer una indemnización de diez millones de pesetas, que era la solicitada por el actor, reconoció una de cinco millones, a propuesta del Ministerio Fiscal).

Contra la anterior Sentencia interpuso la Administración demandada recurso de suplicación, interesando la revisión fáctica y afirmando, con relación al Derecho aplicado, la inexistencia de indicios de la discriminación sindical apreciada en la instancia. Asimismo, y en cuanto a la condena de la indemnización por daños morales, la Consejería demandada sostuvo que ni en la demanda ni en la Sentencia que puso fin a la instancia se establecieron los parámetros en virtud de los cuales se fijaba la cuantía de la indemnización por daños morales.

El demandante presentó escrito de impugnación del citado recurso de suplicación. El recurso de suplicación formulado por la Administración fue desestimado por Sentencia de la Sala de lo Social del Tribunal Superior de Justicia de Canarias de 26 de julio de 2002, que confirmó lo decidido en la instancia. En cuanto a la indemnización cuestionada, la

Sala señaló en su fundamento de Derecho cuarto que, conforme a lo dispuesto en el art. 179.1 de la Ley de procedimiento laboral (en adelante LPL), no era necesario probar que se hubiera producido un perjuicio para que naciera el derecho al resarcimiento sino que, por el contrario, una vez acreditada la vulneración del derecho fundamental se presumía la existencia del daño y debía decretarse la indemnización correspondiente, citando al efecto la doctrina unificada establecida por el Tribunal Supremo en su Sentencia de 9 de junio de 1993.

Contra la anterior Sentencia interpuso la parte demandada recurso de casación para la unificación de doctrina. En el recurso se aportaba como Sentencia de contraste la de la Sala de lo Social del Tribunal Supremo de 28 de febrero de 2000, según la cual, de los arts. 15 de la Ley Orgánica de libertad sindical (LOLS) y 180.1 LPL no cabía concluir que admitida la lesión se tuviera que imponer automáticamente una indemnización por daños, siendo de todo punto obligado para imponer tal condena que el demandante hubiera alegado adecuadamente en su demanda las bases y elementos claves de la indemnización que reclamaba, de forma que se justificara suficientemente que la misma correspondía ser aplicada al supuesto concreto de que se tratara, y dando las pertinentes razones que avalaran y respaldaran dicha decisión, y, en segundo lugar, que quedaran acreditados, cuando menos, indicios o puntos de apoyo suficientes en los que se pudiera asentar una condena de tal clase.

Por Sentencia de la Sala de lo Social del Tribunal Supremo de 21 de julio de 2003 se estimó el recurso de casación para la unificación de doctrina formulado por la Consejería demandada, casando y anulando la Sentencia recurrida en lo relativo al pronunciamiento del abono de la indemnización de cinco millones de pesetas.

En su demanda, el recurrente aduce la vulneración por la Sentencia de 21 de julio de 2003 de la Sala de lo Social del Tribunal Supremo de los arts. 9.1 y 3, 10, 14, 16.1, 18.1, 24 y 28.1 CE. En punto a la indemnización señalaba la demanda que para la eliminación de cuantos efectos derivan de un comportamiento antisindical es indispensable que se otorgue la tutela reparadora, con la que se pretende resarcir a quien ha sufrido el daño causado por el ataque sindical. Los arts. 15 LOLS y 180.1 LPL mandan reparar las consecuencias derivadas del acto, incluida la indemnización, disponiendo con ello el legislador una reparación económica del daño respecto de la que el Juez está obligado a pronunciarse, de forma que se proporcione al afectado un justo resarcimiento de los perjuicios causados. La tutela reparadora contribuye al cumplimiento de varios objetivos y, del mismo modo, la reparación económica responde a diversas finalidades. Emerge casi siempre como una forma de reparación de los perjuicios morales causados por el acto antijurídico; otras veces reviste, además, una suerte de restitución específica que atiende al reintegro del lucro cesante; otras actúa como mecanismo sustitutorio del derecho vulnerado, cuando los efectos del comportamiento lesivo se han consumado. Pues bien, en el presente caso concurren los tres aspectos mencionados, pues con el traslado forzoso el recurrente dejó de percibir el complemento de jefatura de departamento, y con la posterior prohibición del ejercicio de su actividad le fueron provocados daños morales a su honor, dignidad e imagen; daños todos ellos consumados, como así reconoce la propia Administración autora de los hechos

Comienza la STC 247/2006, de 24 de julio señalando que "debe advertirse que, desde la perspectiva constitucional, resulta irreprochable" la aplicación de su doctrina unificada de acuerdo con la cual no basta con apreciar la vulneración de la libertad sindical del demandante para que el órgano judicial pueda condenar al autor de la vulneración del derecho fundamental al pago de una indemnización, sino que además es necesario para ello que el demandante alegue adecuadamente las bases y elementos clave de la indemnización que reclama, y asimismo que queden acreditados en el proceso, cuando menos, indicios o puntos de apoyo suficientes en los que se pueda asentar la condena indemnizatoria.

Pero, añade,

> "con ser cierto lo anterior no lo es menos que, como se ha señalado, de la lectura de las Sentencias de instancia y suplicación se desprende de modo indubitado que los órganos judiciales tomaron en consideración diferentes elementos obtenidos de los hechos probados, entre ellos la intensidad y agresividad del comportamiento antisindical de la Administración demandada, su carácter burdo, evidente y ostensible y su finalidad disuasoria (tanto para el demandante de amparo como para el resto del colectivo de trabajadores al que aquél pertenecía); el hecho de que el demandante hubiera sufrido un traslado de centro; el que hubiera visto drásticamente reducidos su jornada y sus ingresos; y, en fin, el que se le hubiera impedido durante meses el ejercicio de sus funciones sindicales e, incluso, el acudir a las sesiones del comité de empresa para el que había sido elegido democráticamente por los trabajadores. Todos estos extremos, que fueron alegados y probados por el demandante y valorados en la Sentencia de instancia —confirmada en suplicación— para fijar la indemnización pretendida por el mismo, no fueron, sin embargo, apreciados por la Sentencia recurrida en amparo, que por ello llega a una conclusión que no puede considerarse respetuosa con el derecho a la tutela judicial efectiva".

Y sobre lo anterior, concluye:

> "La exigencia jurisprudencial a la que se refiere la Sentencia impugnada de alegar adecuadamente las bases y elementos clave de la indemnización reclamada, y asimismo de acreditar en el proceso, cuando menos, indicios o puntos de apoyo suficientes en los que se pueda asentar la condena indemnizatoria, debe entenderse cumplida en el presente caso. El demandante expuso detalladamente en su demanda rectora de autos la conducta antisindical de la que venía siendo víctima de manera prolongada en el tiempo por su activismo sindical en defensa de los derechos e intereses del colectivo de profesores de religión y moral católica al que pertenece, conducta que le ha ocasionado tanto perjuicios económicos perfectamente cuantificables (reducción de jornada laboral con la consiguiente reducción salarial), como daños morales para su imagen y dignidad como representante sindical, de más difícil cuantificación pero cuya realidad no puede negarse pues, como acertadamente señala el Ministerio Fiscal en sus alegaciones, resulta patente que un trabajador que, como el recurrente, es sometido a un trato discriminatorio, derivado del ejercicio de funciones sindicales en defensa de sus compañeros de trabajo, de la intensidad y duración en el tiempo del que ha quedado acreditado en el relato de hechos probados, sufre un maltrato o daño psicológico que, con independencia de otras consecuencias que puedan depender de las condiciones personales del sujeto afectado, se da en todo caso, sin que sea factible a veces aportar prueba concreta del perjuicio sufrido y de su cuantificación monetaria, dada su índole. En todo caso, debe recordarse que el demandante de amparo no se limitó a reclamar una indemnización por los daños económicos y morales que le ocasionaba la conducta antisindical de la Consejería demandada, sino que, atendiendo a que no se trataba de una conducta aislada, sino que tenía

carácter reincidente, y tomando como referencia el Real Decreto Legislativo 5/2000, de 4 de agosto, por el que se aprueba el texto refundido de la Ley sobre infracciones y sanciones en el orden social, cuantificaba la indemnización reclamada en diez millones de pesetas. En tal sentido debe tenerse en cuenta que una conducta empresarial que pudiera estimarse constitutiva de discriminación antisindical constituye una infracción muy grave, de conformidad con el art. 8.12 del citado texto refundido, sancionable con multa que, en su grado máximo, puede rebasar con creces la cuantía reclamada por el demandante (art. 40.1 del texto refundido)".

19. Probablemente la principal virtualidad de esta sentencia radicaba "en alertar contra la lectura en exceso rigorista de la doctrina unificada del Tribunal Supremo que se había hecho a veces en los últimos años y cuya aplicación inmatizada puede haber producido situaciones de injusticia material como la que el Alto Tribunal resuelve". Doctrinalmente se precisaba que (Pérez de los Cobos, 2007: 389), "hay, en efecto, ocasiones en las que la lesión del derecho es por sí misma elocuente sobre los daños producidos, sobre su alcance y posible cuantificación, y, en estos casos, exigir una aportación de prueba suplementaria para reconocer el derecho a la indemnización puede ser una forma de negar la tutela adecuada frente a la lesión de un derecho fundamental". Pero se concluía que "no menos desafortunado sería pretender restaurar la vieja doctrina del Tribunal Supremo y concluir de un plumazo, sin atender a las circunstancias concurrentes, que en toda lesión de un derecho fundamental debe presumirse un daño, en última instancia moral, y que, sobre la base de la presunción, puede además cuantificarse. La exigencia jurisprudencial de que quien pretenda el resarcimiento de un daño aporte al menos un principio de prueba que lo acredite está lleno de sentido común".

Pero lo cierto es que, como agudamente se señaló Aguilera Rull (2017: 572-573), la interpretación que el Tribunal Constitucional hizo de la exigencia de aportar indicios suficientes de la existencia de un daño "no parece tan alejada, en realidad, de una presunción de daño moral. Si la conducta antisindical ha tenido una cierta gravedad puede asumirse razonablemente que ésta ha producido tal daño. Lo que no será aceptable es que el demandante alegue sencillamente una vulneración del derecho fundamental y reclame la reparación de un daño moral sin poner de manifiesto aquellos aspectos de la violación que hayan podido afectar a su dignidad". Resultado de todo ello es que la STC 247/2006 fue leída en lógica aperturista que actualmente informa el resarcimiento del daño moral.

C) La consolidación del cambio de rumbo

20. Esta doctrina luego reiterada por, entre otras, las SSTS (Social) de 11 de junio de 2012 (Rº 3336/2011), 15 de abril de 2013 (Rº 1114/2012), impuso que el demandante debía aportar al juez indicios o elementos suficientes que sustenten su concreta petición indemnizatoria; acreditada la violación del derecho, no es automática la aplicación de la indemnización de daños y perjuicios, sino que precisa de la alegación de elementos objetivos, aunque sean mínimos, en los que se basa el cálculo. El Tribunal Supremo recuerda que, para que prospere una condena por daños y perjuicios, es necesario que "se cumplan determinados requisitos y, entre ellos, que medie petición de la parte demandante concretando la cantidad solicitada, así como las bases necesarias para imponer la condena reparatoria (sic) y su alcance, razonando su pretensión. A partir de ahí, el órgano jurisdiccional, apreciando las peculiaridades de cada caso, fijará el importe de la indemnización de manera discrecional, sin que su decisión pueda ser revisada en el recurso, salvo que resulte irrazonable o desproporcionada".

3. La "tercera posición": El camino hacia la automaticidad

A) El Tribunal Supremo vuelve a cambiar de rumbo

21. La "tercera posición" tiene como pronunciamientos de referencia las SSTS (Social) de 5 de octubre de 2017 (Rº 2497/2015) y de 19 de diciembre de 2017 (Rº 624/2016) y parecen enlazar con una interpretación derivada del texto de la LJS. La mismas reconocen abiertamente un nuevo cambio de criterio:

> "La doctrina de la Sala también ha sido modificada". Un cambio que, recapitulando los pronunciamientos anteriores, se fundamenta en varias razones: «en primer lugar atendiendo al criterio aperturista que actualmente informa el resarcimiento del daño moral (...), y por la consideración acerca de la "inexistencia de parámetros que permitan con precisión traducir en términos económicos el sufrimiento en que tal daño [moral] esencialmente consiste... [lo que] lleva, por una parte, a un mayor margen de discrecionalidad en la valoración (...)" y, por otra parte, diluye en cierta medida la relevancia para el cálculo del quantum indemnizatorio" de la aplicación de parámetros objetivos, pues "los sufrimientos, padecimientos o menoscabos experimentados "no tienen directa o secuencialmente una traducción económica". Y, sobre todo, "en atención a la nueva regulación que se ha producido en la materia tras el art. 179.3 LJS, precepto para el que la exigible identificación de "circunstancias relevantes para la determinación de la indemnización solicitada" ha de excepcionarse (...) "en el caso de los daños morales unidos a la vulneración del derecho fundamental cuando resulte difícil su estimación detallada".

B) El impacto de la Sentencia del Tribunal Constitucional 61/2021, de 15 de marzo

22. No cabe duda que la STC 61/2021, de 15 de marzo, supuso el definitivo espaldarazo para la plena consolidación de la presunción de daño moral cuando se trata de la vulneración de un derecho fundamental. Sobre esta base el Tribunal Constitucional otorga parcialmente el amparo por vulneración del derecho a la tutela judicial efectiva al apreciar como incongruente una resolución judicial que no se pronuncia expresamente sobre la indemnización solicitada. De este modo, producida la vulneración de derecho fundamental el daño moral debe resultar automáticamente indemnizado. Conviene precisar que, pese a no ser el elemento central de la sentencia, el Tribunal Constitucional compatibiliza así la improcedencia del despido con una indemnización por vulneración de derechos fundamentales al amparo del art. 183.1 de la LJS.

La empresa —tras una serie de desencuentros sobre la ocupación y rendimiento de la trabajadora— decidió poner en práctica el protocolo de monitorización permanente de su equipo informático, lo que permitió visualizar y grabar todo lo que aparecía en la pantalla de su ordenador durante tres días. Como consecuencia de la monitorización, se pudo verificar que la trabajadora dedicaba en torno a un 70% de su jornada a cuestiones del ámbito de su esfera personal y, sobre la base de tales hechos, fue despedida por su empresa, que adicionalmente le imputó ofensas verbales al empresario e indisciplina en el trabajo.

La trabajadora en la demanda laboral que dio inicio al procedimiento tras dedicar su razonamiento a justificar la existencia de la vulneración de sus derechos fundamentales como consecuencia de la monitorización del ordenador y del supuesto acoso laboral sufrido por la empresa, con cita del art. 183 LJS, solicitó una indemnización de 51 439,4 € por los daños materiales y morales producidos por la intromisión ilegítima producida. La demandante propuso para efectuar la cuantificación de la indemnización tomar como referencia las multas que se prevén en el art. 40.1 c) del texto refundido de la Ley sobre infracciones y sanciones en el orden social, aprobado por el Real Decreto Legislativo 5/2000, de 4 de agosto, para los actos contrarios al respeto de la intimidad y consideración debida a la dignidad de los trabajadores recogidos como infracciones muy graves en el art. 8.11 y 12 del mismo texto legal. El apartado once de dicho precepto sanciona los actos del empresario que fueren contrarios al respeto de la intimidad y consideración debida a la dignidad de los trabajadores, y el apartado doce del mismo, las decisiones unilaterales de la empresa que impliquen discriminaciones o las decisiones del empresario que supongan un trato desfavorable de los trabajadores como reacción ante una reclamación efectuada en la empresa o ante una acción administrativa o judicial destinada a exigir el cumplimiento del principio de igualdad de trato y no discriminación.

La Sentencia núm. 453/2017 del Juzgado de lo Social 19 de Madrid, de 17 de noviembre (autos 737/2017), estimó parcialmente la demanda al apreciar una lesión de los derechos fundamentales de la trabajadora a la intimidad y al secreto de sus comunicaciones traducida en una prueba que no podía ser tenida en cuenta para justificar su despido, lo que sirvió al juzgador para declarar la nulidad de la extinción. Constatada la existencia de una vulneración de los derechos fundamentales de la actora, la sentencia reconoce el derecho a una indemnización sustentada en el artículo 183.1 de la LRJS y que cuantifica, con base en el Real Decreto Legislativo 5/2000, de 4 de agosto, por el que se aprueba el texto refundido de la Ley sobre Infracciones y Sanciones en el Orden Social, en el importe mínimo de 6.251 euros. La sentencia indicó a tal efecto, con cita del art. 183.1 de la LJS, que era obligado pronunciarse sobre la indemnización que debía corresponder a la trabajadora, y, acudiendo al criterio basado en la Ley sobre infracciones y sanciones en el orden social, consideró que debía fijarse una indemnización en la mencionada cantidad, "correspondiente al importe mínimo establecido por su artículo 40.1 para una falta muy grave (artículo 8.11), sin que se aprecie, en cambio, motivo para establecer una cantidad superior".

En fase de suplicación, la Sala de lo Social del Tribunal Superior de Justicia de Madrid, en su Sentencia de 13 de septiembre de 2018 (Rº 351/2018), se alinea con la tesis contraria al entender que lo único que vulnera los derechos fundamentales de la trabajadora es la prueba obtenida por la empresa, sin que ello comporte la nulidad del despido. El Tribunal Superior de Justicia de Madrid revoca el pronunciamiento de la indemnización adicional por vulneración de derechos fundamentales reconocida por el juzgador a quo, ya que entiende que dicha indemnización se vinculó tanto en la demanda como en la sentencia de instancia a la existencia de una vulneración de derechos fundamentales de la trabajadora por parte de la empresa, "y como tal lesión no ha existido (no hay prueba del acoso laboral y el despido ha sido calificado de improcedente), no procede indemnización alguna". Ambas partes formalizaron recurso de casación para la unificación de doctrina, y ambos recursos fueron inadmitidos por auto de la Sala de lo Social del Tribunal Supremo de 24 de septiembre de 2019.

Frente a la sentencia del Tribunal Superior de Justicia de Madrid y el auto dictado por la Sala de lo Social del Tribunal Supremo, la trabajadora presentó recurso de amparo en el que imputaba a dichas resoluciones la vulneración del derecho a la tutela judicial efectiva (art. 24.1 de la CE) en relación con los derechos a la intimidad y al secreto de las comunicaciones (arts. 18.1 y 3 de la CE) y solicitaba la nulidad de ambas al entender que la calificación de la prueba como vulneradora de derechos fundamentales debe conducir a la nulidad del despido y que el pronunciamiento del Tribunal Superior de Justicia de Madrid es incongruente, desde la perspectiva del derecho a una respuesta motivada y razonada, al no pronunciarse sobre la indemnización.

La STC 61/2021, de 15 de marzo, en relación con la primera de las cuestiones, no concede el amparo, puesto que entiende que no es contraria al derecho a la tutela judicial efectiva la interpretación del artículo 55.5 del ET que realiza el Tribunal Superior de Justicia de Madrid al calificar el despido como improcedente, pese a la nulidad de la prueba más importante en la que se fundamentaba el despido. Lo anterior se debe a que "no puede proclamarse que entre la calificación del despido y la reconocida lesión extraprocesal de un derecho fundamental pueda afirmarse la existencia de una 'consecutividad lógica y jurídica'. Dicho, en otros términos, no existe un derecho constitucional a la calificación del despido laboral como nulo, por lo que la pretensión de la actora no puede tener sustento en una vulneración de los derechos reconocidos en el art. 18.1 y 3 CE. Tampoco puede imputarse a la resolución impugnada una conculcación de los derechos de la recurrente a la intimidad y al secreto de las comunicaciones, máxime cuando han sido los órganos judiciales quienes han reconocido que dicha vulneración se produjo con la monitorización del ordenador de la trabajadora".

Sin embargo, el Tribunal Constitucional estima parcialmente el recurso de amparo, declarando la vulneración del derecho de la trabajadora a la tutela judicial efectiva (art. 24.1 de la CE) y el derecho a ser restablecida en la integridad de su derecho, anula la sentencia dictada por el Tribunal Superior de Justicia de Madrid y acuerda la retroacción de las actuaciones al momento previo al dictado de la citada resolución, a fin de que, en congruencia con lo interesado en el recurso de suplicación en relación con la indemnización solicitada por la demandante por la vulneración de los derechos a la intimidad y al secreto de las comunicaciones, el órgano judicial resuelva de manera respetuosa con el derecho fundamental vulnerado.

El Tribunal Constitucional califica el fallo de "incongruente, ilógico y contradictorio" al desestimar la fijación de cualquier indemnización, negando incluso la reconocida en instancia, cuando, al mismo tiempo, reconoce que se vulneraron los derechos fundamentales de la trabajadora al monitorizar su ordenador. Lo que el Tribunal Constitucional señala es que:

> "Debe indicarse, compartiendo los argumentos del Ministerio Fiscal, que dicha decisión ha supuesto una vulneración del derecho a la tutela judicial efectiva garantizado en el art. 24.1 CE, al desconocer el derecho a obtener de los jueces y tribunales una resolución motivada y fundada en derecho sobre el fondo de las pretensiones oportunamente deducidas por las partes en el proceso. En efecto, el argumento utilizado en la resolución impugnada para denegar la indemnización consistente en afirmar que no ha existido vulneración de derechos fundamentales de la trabajadora, debe ser calificado de incongruente, ilógico y contradictorio, pues la propia sentencia reconoce, al examinar el motivo tercero y el cuarto del recurso de la entidad empleadora, que se vulneraron los derechos fundamentales de la trabajadora al monitorizar su ordenador. De este modo resulta que la sentencia afirma la existencia de la vulneración de los derechos fundamentales a los efectos de confirmar la exclusión de la prueba derivada de la monitorización del ordenador, y al mismo tiempo niega esa vulneración cuando tiene que decidir sobre la indemnización solicitada. Dicha incongruencia no puede salvarse con la referencia a que la vulneración no la haya ocasionado el acto mismo del despido y en consecuencia este haya sido declarado improcedente, pues el art. 183.1 LJS cuando dispone que la sentencia que declare la existencia de una vulneración de un derecho fundamental debe pronunciarse sobre la cuantía de la indemnización, no hace depender el reconocimiento de la indemnización de la calificación del despido, sino del reconocimiento de que la

trabajadora ha sufrido discriminación u otra lesión de sus derechos fundamentales y libertades públicas, y ello con independencia de la calificación del despido".

C) La definitiva consolidación de la doctrina de la automaticidad de la indemnización por daños morales si hay vulneración de un derecho fundamental

23. La última línea interpretativa encuentra su último hito confirmatorio en la STS (Social) de 20 de abril de 2022 (Rº 2391/2019), que condena a una agencia de viajes al pago de 60.000 euros a uno de sus empleados como compensación por daño moral en el caso de un despido nulo. Un pronunciamiento que se sitúa en la línea de otros anteriores y próximos en el tiempo, en concreto las SSTS (Social) de 22 de febrero de 2022 (Rº 4322/2019) y de 9 de marzo de 2022 (Rº 2269/2019). Parten los referidos pronunciamientos de que los "daños morales resultan indisolublemente unidos a la vulneración del derecho fundamental, y al ser especialmente difícil su estimación detallada, deben flexibilizarse las exigencias normales para la determinación de la indemnización" por ello, en la indemnización de estos daños se abre "la vía a la posibilidad de que sea el órgano judicial el que establezca prudencialmente su cuantía, sin que pueda exigirse al reclamante la aportación de bases más exactas y precisas para su determinación". De modo que, como expresara la citada STS de 22 de febrero de 2022, es perfectamente adecuada la actuación del trabajador que se limita a solicitar una determinada cifra en concepto de indemnización por daños morales con remisión a la LISOS al no ser "necesariamente exigible una mayor concreción en la exposición de parámetros objetivos de muy difícil cumplimiento en atención a la propia naturaleza de los daños morales reclamados".

La presunción de existencia de daño moral cuando se produce la vulneración de un derecho fundamental queda definitivamente consolidada. Pero con ello se abren también importantes interrogantes. Como en aguda reflexión señaló Aurelio Desdentado, en un trabajo inédito en el que reflexionaba sobre el futuro de la Ley de la Jurisdicción Social, que con la referida solución: "se fomenta (...) el activismo por parte del juez social cuando se dispensa a la parte de la carga de establecer la valoración económica de los *daños difíciles* de evaluar, pero se encomienda al órgano judicial esta tarea: "el tribunal se pronunciará sobre la cuantía del daño, determinándolo prudencialmente cuando la prueba de su importe exacto resulte demasiado difícil o costosa" ¿Estamos dentro de los límites de la congruencia? ¿No se rompe el equilibrio de las partes al dispensar a una de ellas de la carga de establecer la valoración del daño que reclama y al encomendar al juez su determinación? ¿No afecta esto al principio de contradicción?", se preguntaba.

24. Decía también Desdentado:

> "La valoración económica de la compensación del daño moral es algo que no puede ser acreditado a través de la prueba, porque no cabe un resarcimiento en sentido propio, qué resulta imposible por la propia naturaleza del daño —no hay, en realidad, precio del dolor—. De lo que se trata es de ofrecer una compensación que en alguna ocasión se ha vinculado a la finalidad de conceder ciertas "satisfacciones por los dolores padecidos" y esto es algo que, por su propia naturaleza, es de apreciación discrecional. Así que la parte tendrá que acreditar el daño moral y su alcance con referencia a las circunstancias concurrentes en el caso y pedir la cantidad que, a su juicio, compensa ese daño, mientras que el órgano judicial, a la vista de las alegaciones y de la prueba, establecerá *discrecionalmente* la compensación adecuada, pero sobre datos que tendrá que aportar quien pide esa reparación. Lo que no cabe es dispensar a la parte de la carga de alegar y acreditar el daño, encomendando esa tarea al órgano judicial, para el que será más difícil determinar un daño moral que no ha experimentado, aparte de que con esa sustitución de la parte por el juez se lesiona el derecho de defensa de la parte contraria. Hay que tener claro que no se trata de un problema de *dificultad*, sino de la *naturaleza* de la reparación y del carácter discrecional y no reglado de su apreciación".

Esas dudas pueden encontrarse refrendadas por la propia doctrina del Tribunal de Justicia de la Unión Europea que, en su Sentencia de 14 de diciembre de 2023 (asunto C-340/21), se ha pronunciado sobre los requisitos y presupuestos necesarios para la concurrencia del daño moral indemnizable en supuestos de acceso indebido a los datos personales, aclarando varias cuestiones que, hasta la fecha, eran controvertidas. En dicha sentencia se afirma que para que nazca la responsabilidad por daños y perjuicios inmateriales del art. 82.1 del RGPD, bastará con que se sufran unos daños y que exista relación de causalidad entre estos y la infracción del Reglamento, sin que quepa exigir, además, que los perjuicios alegados alcancen un "umbral de minimis". No obstante, lo anterior, el citado pronunciamiento viene a precisar que para reclamar la indemnización de los daños derivados de tal responsabilidad: el interesado debe demostrar que las consecuencias de esa infracción que afirma haber sufrido constituyen un perjuicio distinto de la mera infracción de las disposiciones de dicho Reglamento. De este modo, aunque no se requiere que los daños ocasionados revistan una gravedad mínima, estos sí deben ser demostrados en tanto que la mera infracción de la norma no da lugar a la indemnización". Y es que la historia muestra un continuo devenir y el futuro encuentra siempre pequeños o grandes fragmentos del pasado.

V. ¿Hacia dónde mira Jano en la indemnización por daños morales?: Víctima o empresa

25. El debate sobre la lógica de las indemnizaciones por daños morales derivados de la vulneración de derechos fundamentales tiene como el Dios Jano una "doble faz", que metafóricamente ayuda a representar el anverso y el reverso de todo problema y, por extensión, el dualismo estructural que integra lo humano. Y es que la precisa definición de sobre qué deba proyectarse la tutela resarcitoria genera un marco de problemas de no fácil solución. En resumidas cuentas, resulta complejo discernir en ocasiones el real alcance del régimen indemnizatorio o, por expresarlo mejor, hacia donde mira el mismo: ¿hacia la víctima o hacia la empresa? ¿Los daños morales resarcen el impacto o sufrimiento anímico sufrido por la persona trabajadora en su dignidad y autoestima cuando no es contratada, es despedida o acosada? O, por el contrario. ¿No otra cosa son que un recargo/ sanción privada dirigida a penalizar la decisión vulneradora de la empresa que se proyecta de forma refleja sobre la víctima? Esta duda asalta a los especialistas procedentes del derecho de daños a los que resulta difícil de entender el complejo entramado de lo social en esta materia.

La «personalización de las indemnizaciones» constituye uno de los principios rectores fundamentales del Derecho de daños (Martín Casals, 2011, 97-99). Debe partirse, por ello, de un concepto subjetivo de daño, centrado en la medida en que el perjudicado valora sus propios intereses —medida que solo iuris tantum puede presumirse equivalente a su valor «objetivo» o «de mercado»—, puede conectarse con la función resarcitoria de la responsabilidad civil; y de ahí que sea, precisamente, el concepto de daño del que parte el art. 10:201 PETL. Bajo la rúbrica «naturaleza y determinación del daño patrimonial», el precepto establece que "por regla general, tal daño se determina de un modo tan concreto como sea posible, pero puede determinarse en abstracto, como por ejemplo con relación al valor de mercado, cuando resulte pertinente». De acuerdo con el comentario que acompaña a este precepto, por "concretamente" ha de entenderse "atendiendo a la particular situación del específico perjudicado", única medida que se cohonesta verdaderamente con la función resarcitoria del Derecho de daños, y que solo cabe sustituir presuntivamente iuris tantum por el valor (objetivo) de mercado.

Si el objeto fuera la tutela de la víctima, es evidente que los equilibrios a alcanzar con la indemnización son distintos y diversos de los que deben buscarse cuando su función se dirige a sancionar el actuar empresarial. Y así, si el esquema de reparación tiene como objeto el daño sufrido por la víctima, será evidente que un supuesto de despido deberá tener una distinta respuesta que uno de no contratación. En el primero se produce "la extinción de una relación laboral ya existente en torno a la cual la víctima habrá muy probablemente organizado su vida y de la cual dependerá en gran parte su estabilidad económica y personal, así como la de sus familiares. En los supuestos de no contratación, aunque la víctima se encuentre también en una situación de angustia e incertidumbre que puede verse agravada cuando, debido a la coyuntura económica, es especialmente difícil acceder al empleo, el padecimiento parece que debería ser menor. No es igual de dolorosa la pérdida de un empleo que ya se tiene, que la no obtención de un puesto que podría haberse obtenido" (Aguilera Rull, 2007: 563).

Como tampoco merecerá el mismo tratamiento "una discriminación por razón de embarazo o maternidad al resultar especialmente lesiva porque al incidir [ésta] en un trato social arraigado, resulta muy proclive a que deje huella anímica sobre lo que puede suceder en posteriores ocasiones, con repercusión en su modo de proceder futuro respecto de la posibilidad de compatibilizar la vida laboral y la maternidad. La existencia de un patrón de conducta generalizado afecta, sin duda, a la incertidumbre padecida por la víctima que temerá, de forma totalmente justificada, que sus decisiones reproductivas y de cuidado vuelvan a perjudicar en su vida profesional. Podrían, incluso, en el peor de los casos, motivar una renuncia a posibles maternidades futuras". Como también deberá ser tratada de forma distinta la situación de discriminación directa y la indirecta "si tenemos en cuenta que la discriminación indirecta no sólo abarca los casos de discriminación directa encubierta, sino que pretende principalmente poner freno la adopción de políticas empresariales que producen un impacto adverso sobre un determinado colectivo" (Aguilera Rull, 2007: 564 y 5767).

26. Pero, por sorprendente que pueda resultar, la nostalgia de los criterios tarifados ha llevado a que los Tribunales hayan quedado atrapados por la utilización del criterio orientador de las sanciones pecuniarias previstas por la LISOS para las infracciones producidas y que según ha reconocido la doctrina del Tribunal Supremo "ha sido admitido por la jurisprudencia constitucional, a la par que considerado idóneo y razonable en precedentes decisiones de esta Sala (SSTS (Social) 15 de febrero de 2012, Rº 67/11; y 8 de julio de 2014, Rº 282/13)". Y en el mundo objetivo y aséptico de las sanciones, la consideración del daño sufrido por la víctima pasa a un evidente segundo plano. Parece que la faz de la empresa aparece en un evidente primer plano a la hora de construir el régimen indemnizatorio por daños morales y, por tanto, el esquema que proporciona la LISOS resulta plenamente adaptado a su objetivo por mucho que el interés real de la víctima quede en un más que evidente segundo plano.

VI. La fijación del "quantum" indemnizatorio: el "baremo" de la LISOS

1. El carácter idóneo y razonable de la LISOS

27. Ciertamente, "la normalización judicial de una técnica sucedánea de la tarificación legislativa" a través del "baremo sancionador de la LISOS (Molina Navarrete, 19), resulta una realidad absolutamente consolidada en la práctica de nuestros Tribunales que se constata con la lectura de cualquier pronunciamiento que establezca una indemnización por daños morales. Pese a su fuerte arraigo, el recurso a esta fórmula parte en su lógica de una petición de principio: una construcción de las indemnizaciones por daños morales que mira a la lógica sancionadora pública.

Como señalara la STS de 5 de octubre de 2017 (Rº 2497/2015) el recurso a "la LISOS actúa como parámetro orientador, pero ello no significa que haya que examinar el asunto desde la misma óptica que cuando se está imponiendo una sanción administrativa (legalidad, tipicidad, non bis in ídem, etc.)". En suma, ha seguido diciendo la doctrina de la Sala que "con la utilización de los elementos que ofrece la cuantificación de las sanciones de la LISOS, no estamos haciendo una aplicación sistemática y directa de la misma, sino que nos ceñimos a la razonabilidad que algunas de esas cifras ofrecen para la solución del caso, atendida a la gravedad de la vulneración del derecho fundamental". Un parámetro cuantificador que fue calificado igualmente de "idóneo y razonable" en la STS (Social) de 8 de julio de 2014 (Rº 282/13) pero que introduce una confusión de sangres entre la lógica reparadora y la sancionadora pues, como en alguna ocasión se ha dicho, "una misma figura no puede cumplir dos finalidades diferentes —por un lado, reparar el daño causado, por otro, reprimir al transgresor del orden— cuyos principios pueden no sólo variar sino, incluso, llegar a ser contradictorios" (Suay Rincon, 1989: 71).

Y es que si la sanción administrativa ha sido definida como "cualquier mal infringido por la Administración a un administrado como consecuencia de una conducta ilegal", subrayándose el fin aflictivo de la sanción, que consiste en la privación de un bien o derecho, o en la imposición de una obligación de pago de una multa de modo que como dejó sentado la STC 276/2000, de 16 de noviembre, la función represiva, retributiva o de castigo es lo que distingue a la sanción administrativa de otras resoluciones administrativas que restringen derechos individuales con otros fines, como es el caso de la coerción y estímulo para el cumplimiento de las leyes, es claro que el recurso a la LISOS, por mucho que se quiera conformar como un mero recurso formal apartado de su "óptica", irradia su lógica al terreno de la reparación de los daños morales que cobra con su sombra una evidente faz punitiva.

En este juego de espejos, la operación más compleja en la imposición de la sanción y, por extensión, la indemnización por daño moral, deriva de la necesidad de determinar el grado y, dentro de él, la cuantía concreta que procede dentro de los límites establecidos por la LISOS. En principio, en la determinación de ambas cuestiones —grado y cuantía—, la Administración goza, como el juez, de discrecionalidad si bien se trata de una discrecionalidad reglada y limitada en atención al principio de proporcionalidad que debe guardarse entre la sanción y la entidad de la infracción. En desarrollo de estas premisas, la LISOS ha consagrado este principio en sus arts. 39, 40 y 41, de modo que, una vez ha sido calificada la infracción cometida como leve, grave o muy grave, el principio de proporcionalidad se debe aplicar a través de la consideración de diversos criterios de graduación de las sanciones (en grado mínimo, medio y máximo) dentro de cada una de aquellas calificaciones). La proyección de esta técnica de determinación de la cuantía sancionadora ha sido, como venimos señalando, adoptada por los jueces del orden social y, de manera muy señalada, por la doctrina del Tribunal Supremo que, a su luz, está construyendo una doctrina propia y singular sobre su alcance.

2. *La cuantía mínima de la sanción establecida para la infracción correspondiente en la LISOS opera como mínimo de derecho necesario*

28. La proyección de estas técnicas de situación al régimen indemnizatorio posee importantes consecuencias hasta el punto de proyectarse como regla de derecho necesario a la hora de valorar el mínimo indemnizatorio. De este modo, la doctrina del Tribunal Supremo ha venido a dar un paso importante en relación con el carácter orientativo del baremo de la LISOS y ha pasado a convertirlo, a determinados efectos, en imperativo.

Así se extrae de la STS (Social) de 6 de junio de 2023 (Rº 4538/2019). En el caso, la parte actora acciona contra la decisión empresarial de modificar el calendario laboral, solicitando se declare nula por tratarse de una respuesta al ejercicio del derecho de los trabajadores de contar con representantes electos, vulnerando su derecho a la libertad sindical, solicitando una indemnización por daños y perjuicios. En lo que al importe de la indemnización se refiere, en el caso que resuelve la sentencia se desestima el recurso de la empresa al considerar que a la quiebra del derecho fundamental no le corresponde una sanción y sí una indemnización, por ello se deberá compensar a uno o varios trabajadores, sin que esto suponga una doble sanción correspondiendo una indemnización de 6.251 euros. Por el contrario, en la sentencia que se aporta de contraste se estimaba parcialmente el recurso de suplicación interpuesto por la empresa y se consideraba desproporcionado que, a la hora de analizar la repercusión individual de la vulneración, se tengan en cuenta a las hipotéticas afectadas, dado que ello conllevaría a la condena de una suma total que no sería congruente, por excesiva, rebajando su cuantía a 3.000 euros.

La Sala concluye que:

> "Admitido como válido el baremo de la LISOS para fijar la indemnización debida por daño moral a la actora —como razona la sentencia de instancia—, que es el importe de la multa del grado mínimo señalada para las infracciones muy graves (art. 40.1.c) de la LISOS), y entendiéndose comprendida la presente en la muy grave prevista en el art. 8.12 de la misma Ley, cuyo importe va de 6.251 a 25.000 euros, que se fija en el importe mínimo de 6.251 euros, esta cuantía ha de aceptarse como válida, sin que sea aceptable rebajar el importe por debajo del referido baremo, indiscutiblemente aceptado por las partes". Puesta esta doctrina en el contexto legal reseñado en los párrafos anteriores, y situada dentro de la evolución jurisprudencial, "la conclusión es que la cuantía mínima de la sanción establecida para la infracción correspondiente en la LISOS opera como mínimo de derecho necesario en los pleitos de despido calificado de nulo pues se aplica incluso en el supuesto de no haberse argumentado en demanda los parámetros de cuantificación de la indemnización por vulneración de derechos fundamentales, y se aplica de modo individualizado, aunque el acto empresarial vulnerador de derechos haya afectado a más de una persona trabajadora". Una solución "razonablemente coherente porque la cuantía de las sanciones, sin ser directamente aplicable en el ámbito de la reparación, sí es un magnífico criterio orientativo para la cuantificación de los daños morales en la medida en que cuantifica el reproche jurídico que la conducta merece. Y, siendo esto así, no resulta ajustado a la lógica que la cuantificación del daño moral causado a la persona trabajadora se sitúe por debajo de ese mínimo asumido normativamente para el reproche jurídico" (Lousada, 2023).

3. *Aplicación individualizada del baremo de la LISOS ¿Recomendación o exigencia?*

29. Una segunda precisión que se extrae de la doctrina del Tribunal Supremo es la promoción de la determinación circunstanciada de las indemnizaciones. A imagen y semejanza de lo que ocurre en el ámbito sancionador público en el que, a fin de evitar arbitrariedades, el propio legislador ha tasado los factores que los órganos sancionadores deben tomar en consideración en el momento de concretar la cuantía de la multa, la doctrina judicial anima a los jueces a que incorporen criterios individualizadores para facilitar una más precisa adaptación de la indemnización a las circunstancias del caso.

La STS (Social) de 20 de abril de 2022 (Rº 2391/2019) profundiza en el alma dual reparador y preventivo en el que se mueven estas indemnizaciones y se orienta en esta dirección (Un comentario, Arias Domínguez, 2022). Sobre esta base afirma que "en multitud de ocasiones el recurso a la utilización de los elementos que ofrece la cuantificación de las sanciones de la LISOS no resulta, por sí mismo, suficiente para cumplir con relativa precisión la doble función de resarcir el daño y de servir de elemento disuasorio para impedir futuras vulneraciones del derecho fundamental. Ello es debido a que la horquilla de la cuantificación de las sanciones en la LISOS para un mismo tipo de falta (leve, grave, muy grave) resulta ser excesivamente amplía". Sobre esta base, viene a introducir criterios de personalización de las indemnizaciones que deberemos seguir con atención si miramos de reojo el lento pero progresivo debilitamiento del sistema de indemnizaciones tasadas. Así entre los elementos a tener en cuenta a la hora de calcular dicha compensación el Tribunal recomienda tomar consideración aspectos tales como:

> *"la antigüedad del trabajador en la empresa, la persistencia temporal de la vulneración del derecho fundamental, la intensidad del quebrantamiento del derecho, las consecuencias que se provoquen en la situación personal o social del trabajador o del sujeto titular del derecho infringido, la posible reincidencia en conductas vulneradoras, el carácter pluriofensivo de la lesión, el contexto en el que se haya podido producir la conducta o una actitud tendente a impedir la defensa y protección del derecho transgredido, entre otros que puedan valorarse atendidas las circunstancias de cada caso, deben constituir elementos a tener en cuenta en orden a la cuantificación de la indemnización".*

El resultado es que el alto tribunal estima adecuada la cantidad de 60.000 euros en concepto de daños morales, lo que, como la propia sentencia reconoce, "supone alrededor de dos anualidades de su salario y se sitúa en la franja media de las referidas sanciones del texto vigente de la LISOS", todo ello "teniendo en cuenta la duración de la relación entre las partes (en torno a los 18 años), así como el resto de circunstancias del caso, especialmente el hecho de que se encontrara el trabajador una situación de Incapacidad Temporal cuyo origen estaba relacionado con los aspectos que, finalmente, dieron lugar a la violación de su derecho fundamental". El fallo, además, condena en costas a la agencia de viajes en la cuantía de 1.500 euros. La solución ha llamado la atención por la cantidad alcanzada en relación con sus inmediatos precedentes cuyas indemnizaciones se fijaron en 6.251 euros (si bien las indemnizaciones solicitadas eran notablemente inferiores 15.525 euros y 25.000 euros a las del pronunciamiento al que nos venimos refiriendo en el que el recurrente había venido solicitando una indemnización de 150.000 euros y, que en su recurso solicitó, de manera subsidiaria, la cantidad de 76.087,8 euros correspondiente a dos veces y media su retribución anual) y por el hecho de venir a dotar de carta de naturaleza a la función preventiva de estas indemnizaciones.

> Partiendo de la estimación de la demanda que declaró nula por vulneración del derecho a la libertad sindical la modificación sustancial de condiciones de trabajo, condenando a la demandada a reponer a la actora en las condiciones que tenía con anterioridad a la modificación, abonando a aquella la cantidad de 6.251 euros en concepto de indemnización, en el recurso unificador únicamente se cuestiona por la empresa recurrente el importe de la indemnización. Y ello a fin de determinar si ha de rebajarse la indemnización fijada, con base en que, a otra trabajadora de la misma empresa, en iguales circunstancias que la actora, se le fijó por sentencia judicial una indemnización inferior por considerarse en la misma que "tiene más acomodo en lo acontecido". La STS (Social) de 6 de junio de 2023 (Rº 4538/19), argumenta que admitido como válido el baremo de la LISOS para fijar la indemnización debida por daño moral a la actora, en el importe de la multa del grado mínimo señalada para las infracciones muy graves (art. 40.1.c) de la LISOS), y entendiéndose comprendida la presente en la muy grave prevista en el art. 8.12 de la misma Ley, cuyo importe va de 6.251 a 25.000 euros, que se fija en el importe mínimo de 6.251 euros, esta cuantía ha de aceptarse como válida, sin que sea posible rebajar el importe por debajo del referido baremo, indiscutiblemente aceptado por las partes.

4. Rebaja de la indemnización y aplicación de la Ley 15/2022, de 12 de julio, integral para la igualdad de trato y la no discriminación

30. Respecto a la fijación del "quantum indemnizatorio", es doctrina del Tribunal Supremo que, en principio, la cuantificación de los daños es algo que corresponde fijarlo prudencialmente al órgano judicial de instancia únicamente y solo debe ser revisado o suprimido cuando se presente desorbitado, injusto, desproporcionado o irrazonable (STS (Social) de 2 de febrero de 2015 (Rº 279/2013) o STS 11 de enero de 2017 (Rº 11/2016).). La inmediación característica del proceso laboral en la instancia se proyecta a la hora de precisar el concreto alcance que deba tener la indemnización de daños y perjuicios contemplada en la LJS. De hecho, en alguna ocasión, a la vista del art. 183 LJS, el Tribunal Supremo ha llegado a entender que solo excepcionalmente cabe revisarlo en casación, "al ser competencia de la Sala de instancia fijar libremente su importe" (STS (Social) de 30 de abril de 2014 (Rº 213/2013).). En sus últimos pronunciamientos el Tribunal Supremo parece haber matizado su doctrina como puede extraerse de la ya citada STS de 20 de abril de 2022 (Rº 2391/2019), que opta "por fijar prudentemente dicha indemnización, y no por devolver las actuaciones a la Sala de procedencia para que allí se fijen, lo que retardaría notablemente la plena satisfacción del derecho fundamental vulnerado". La economía y eficacia procesal se imponen a la lógica de la retroacción de actuaciones al juez de instancia. El resultado es que el Tribunal Supremo toma los mandos de la graduación para explicarnos como realizar el juicio de ponderación que acompaña tal actuar.

Pero la entrada de la Ley 15/2022, de 12 de julio, integral para la igualdad de trato y la no discriminación puede pasar a convertirse en un instrumento de referencia a la hora de valorar la cuantía de las indemnizaciones establecidas. Conviene recordar de nuevo que en su artículo 27 (Atribución de responsabilidad patrimonial y reparación del daño) establece que: "*Acreditada la discriminación se presumirá la existencia de daño moral, que se valorará atendiendo a las circunstancias del caso, a la concurrencia o interacción de varias causas de discriminación previstas en la ley y a la gravedad de la lesión efectivamente producida, para lo que se tendrá en cuenta, en su caso, la difusión o audiencia del medio a través del que se haya producido*".

Con base en el citado precepto, la STSJ de Islas Canarias, Las Palmas de 27 de julio de 2023 (Rº 355/2023), ha considerado desproporcionada una indemnización por no valorar las circunstancias del caso. La Sentencia recurrida fijó la indemnización por daños y perjuicios en 7.501 €. tomando como referencia la cuantía de las sanciones de orden laboral. Considera la Sala que las circunstancias que ofrece la empresa son relevantes: La antigüedad del trabajador no alcanzaba el año; la empresa contrató a un trabajador declarado en IPT, actitud proactiva al empleo de un colectivo con dificultades de acceso al mercado laboral; el proceso de IT iniciado se estimó de corta duración; hasta la entrada en vigor de la Ley 15/2022 la enfermedad como tal, sin plus de asimilación a discapacidad, no era un factor de discriminación. Estas circunstancias deben valorarse para modular la indemnización por daño moral, que se fija en 2.853,20 €. Esta cantidad se basa en el período temporal que restaba para el vencimiento del contrato temporal y el salario diario. En suma, aplica el art. 27 de la Ley 15/2022 y considera las circunstancias del caso para la indemnización por daño moral y no se limita a la aplicación del baremo LISOS.

5. *La remisión a la LISOS produce también un efecto singular: transforma la lógica del juez en la de Inspector de Trabajo*

31. La LISOS está en el centro mismo del modelo e incorpora soluciones que, no por consolidadas, resultan menos arriesgadas. La sustitución y la tentación del automatismo acaban provocando una deriva peligrosa, que se advierte en la tendencia a recurrir, a la hora de fijar la reparación, a la escala de las multas que la LISOS prevé para las correspondientes infracciones administrativas, con lo que, como agudamente puso de manifiesto Aurelio Desdentado, se confunde la función de reparación con la función represiva, abriendo la puerta de las indemnizaciones punitivas en concurrencia con el régimen de sanciones penales y administrativas, con el consiguiente riesgo de infracción del principio "*non bis in idem*", si el infractor ha sido ya sancionado con la misma multa que ahora se toma como elemento decisivo de cálculo de la indemnización. La duplicidad de sanciones viola el principio de previsibilidad de la sanción: "la suma de la pluralidad de sanciones crea una sanción ajena el juicio de proporcionalidad realizado por el legislador y materializa la imposición de una sanción no prevista legalmente" (STC 2/2003, de 16 de enero).

Junto al anterior riesgo, otros latentes se observan también en la aplicación práctica del recurso a la LISOS como medio para la determinación del "quantum" indemnizatorio de los daños morales.

Si, como señalara, la STS (Social) de 5 de octubre de 2017 (Rº 2497/2015) "el acudimiento a la LISOS actúa como parámetro orientador, pero ello no significa que haya que examinar el asunto desde la misma óptica que cuando se está imponiendo una sanción administrativa (legalidad, tipicidad, non bis in ídem, etc.)", lo cierto es que la realidad de las cosas desmiente tan categórica afirmación. Y ello porque la remisión a la LISOS produce también un efecto singular que viene a transformar la lógica del juez en la de Inspector de Trabajo. Una metamorfosis que se observa con nitidez en la STSJ Canarias de 12 de marzo de 2019 (Rº 1596/2018). En la misma, se recuerda que "es obvio que la cuantificación de los daños morales es un asunto que difícilmente se puede reconducir a un baremo estandarizado aplicable a cada caso particular, pero lo cierto es que es norma cada vez más habitual en la jurisdicción social recurrir a la LISOS en orden a fijar, ya sea como aproximación, una indemnización en concordancia con las sanciones que fija la citada Ley".

A partir de ello y sobre la cita de la STSJ Canarias 15 de febrero de 2016 (Rº 1251/2015), la sentencia procede, en primer término, a tipificar la sanción: "En el caso que nos ocupa la actora utiliza un parámetro de cálculo inadecuado técnicamente porque descansa en el art. 8.12 de la LISOS, siendo más adecuado el art. 7.5° de la LISOS (infracciones graves) que expresamente refiere a las infracciones derivadas de "la transgresión de las normas y los límites legales o pactados en materia de jornada, trabajo nocturno, horas extraordinarias, horas complementarias, descansos, vacaciones, permisos y en general el tiempo de trabajo a que se refieren los artículos 12, 23, 34 a 38 ET".

Sobre esta base, en un segundo momento, gradúa la sanción siguiendo la doctrina administrativa que exige en el ámbito sancionador público no sólo la mención del criterio que concurra en los términos del art. 39.2 de la LISOS o la mera remisión genérica a dicho artículo, sino que su invocación requiere una motivación específica, huyendo de cualquier apreciación subjetiva. Dice la sentencia: "se trata de una empresa de considerable volumen, que emplea a más de 100 trabajadores, siendo por ello relativamente más fácil adaptarse a las peticiones de reducción de jornada de los empleados, cuestión mucho más dificultosa en pequeñas o medianas empresas; la denegación de la reducción de jornada carecía absolutamente de la más mínima y seria motivación, no haciendo un análisis detallado de la imposibilidad de acceder a lo solicitado, máxime cuando existían compañeros que tenían concedida reducción de jornada, y ni siquiera se produjo contestación (...) a la petición de concreción horaria, actitud que no puede calificarse sino como al menos irregular, por más que no tuviera soporte legal, como hemos señalado, no entendiendo qué dificultad existía en al menos contestar a la petición denegándola, ya que no ha de presumirse que todos los trabajadores son expertos en Derecho Laboral".

Concluye, por todo ello, que:

> "al calificarse la infracción de grave, debe modularse la indemnización a tenor de las previsiones contenidas en el art. 40. 1° b) de la LISOS cuyas multas van de los 626 euros (grado mínimo) hasta 6.250 euros (grado máximo). De acuerdo con lo anterior, esta Sala modula la indemnización en la cantidad de 1.250 euros que se corresponde con el máximo previsto en el tramo medio (art. 40. 1° b) LISOS). Se aplica el grado medio porque la verdadera discusión respecto al horario matinal solicitado por la actora se limitada a dos días en concreto (martes y viernes), pues la actora ya venía realizando horario matinal los restantes días de la semana (lunes, miércoles y jueves), desde que solicitó la reducción de jornada con efectos 16 de agosto de 2016. Por tanto, el daño moral es inferior o parcial. A ello debe sumarse el hecho de que la empresa tiene unas dimensiones pequeñas, y la plantilla adscrita al departamento de Administración se reduce a 5 personas. Por todo ello, debemos estimar parcialmente la petición de indemnización por daño moral solicitada por la parte actora en la cantidad de 3.125 euros, que se considera razonable".

32. Cuando se termina la lectura de la sentencia asalta la duda: ¿Hemos concluido la lectura de un acta de infracción o de una sentencia de un Tribunal de justicia? ¿Los criterios de modulación de la indemnización se vinculan con las condiciones de la víctima o con las de la empresa? La doctrina sentada viene a establecer criterios de graduación que parecen encontrar un cierto juego de espejos con lo establecido en el art. 39 LISOS y, por ende, traslada a este ámbito las mismas inseguridades que las existentes en el ámbito administrativo. Sirvan como botón de muestra las consideraciones que dieron lugar al nacimiento del Criterio Técnico 45/2006 de la Inspección de Trabajo por el que se establecen orientaciones interpretativas sobre las circunstancias de graduación en las actas de obstrucción a la labor inspectora, en el que se afirma: "Las diferencias que se vienen observando en las propuestas de sanción son considerables, hasta el punto de que por hechos iguales o análogos se proponen sanciones de cuantía muy dispar". Y, concluye, "hay que examinar cada caso, pero en las situaciones sensiblemente iguales debe darse una sanción similar por obra de los principios de igualdad y seguridad jurídica". ¿Puede trasladarse este objetivo también a las decisiones judiciales? La respuesta es, evidentemente, negativa.

33. No obstante, algunos autores siguen caminando por esta vía. En un excelente estudio, Todolí (2024) apuesta por incorporar nuevos criterios de valoración de los daños como la "cifra de negocios como factor preventivo ineludible".

> Un parámetro que no se ha encontrado en la doctrina judicial, pero que se considera esencial para que la indemnización cumpla sus funciones, es la cifra de negocio de la empresa vulneradora. Cuatro argumentos se exponen en favor del uso de este factor: 1) para que la condena sea desincentivadora, esta debe ser proporcional a la capacidad económica de la empresa. Si se condena al mínimo de la LISOS con independencia de la cifra de negocio de la empresa, esta condena solamente será desincentivadora para empresas pequeñas con poca capacidad económica, siendo irrelevante o inocua para empresas económicamente potentes. 2) es un factor objetivo que permite la individualización de la condena; 3) es un parámetro fácilmente accesible para los juzgadores y las partes; 4) conforme a la función resarcitoria, se considera que se puede presumir que existe mayor sufrimiento por la vulneración de un derecho fundamental por parte de una poderosa corporación que por parte de un empresario con pocos recursos económicos.

VII. Prescripción de acciones sobre vulneración de derechos fundamentales

34. Una última cuestión nos debemos plantear: el plazo de prescripción aplicable al ejercicio de acciones resarcitorias de los daños y perjuicios causados por violación de derechos fundamentales.

1. *La "imprescriptibilidad" de los derechos fundamentales*

35. Los derechos fundamentales son "permanentes e imprescriptibles"; lo que es compatible, no obstante, con que "el ordenamiento limite temporalmente la vida" de las acciones concretas que derivan de las lesiones infligidas a tales derechos. Como dejó sentado la STC 7/1983, de 14 de febrero:

> "Los derechos fundamentales, que establecen una relación jurídica entre cada ciudadano y el Estado desde el reconocimiento de aquéllos en la Constitución, son permanentes e imprescriptibles, y por ende también lo es el derecho a no ser discriminadas por razón del sexo que tienen las aquí recurrentes. Ello es compatible, sin embargo, con que para reaccionar frente a cada lesión concreta que cada ciudadano entienda haber recibido contra ese o cualquier otro derecho fundamental, el ordenamiento limite temporalmente la vida de la correspondiente acción (cuya prescripción en modo alguno puede extinguir el derecho fundamental de que se trate, que el ciudadano podrá continuar ejerciendo y que podrá hacer valer en relación con cualquier otra lesión futura), sino que significará tan sólo que ha transcurrido el plazo dentro del cual el ordenamiento le permite reclamar jurisdiccionalmente ante una presunta y determinada violación".

Si bien son imprescriptibles los derechos fundamentales ello no impide que el instituto de la prescripción pueda operar respecto de las acciones con la que se pretende proteger su vulneración cuando ésta se imputa a una determinada y concreta conducta empresarial. Y ello teniendo siempre en cuenta que dicha prescripción "en modo alguno puede extinguir el derecho fundamental de que se trate, que (...) podrá hacer valer en relación con cualquier otra lesión futura, sino que significará tan sólo que ha transcurrido el plazo dentro del cual el ordenamiento le permite reclamar jurisdiccionalmente ante una presunta y determinada violación" (STS (Social) de 7 de noviembre de 2018, Rº 179/2017, las que en ella se citan).

2. *La acción para reclamar a la empresa daños y perjuicios por vulneración de derechos fundamentales en la ejecución del contrato de trabajo se sujeta al plazo general de prescripción de un año*

36. La acción para reclamar a la empresa daños y perjuicios por vulneración de derechos fundamentales en la ejecución del contrato de trabajo se sujeta al plazo general de prescripción de un año previsto en el art. 59 del ET, no al de caducidad de cuatro años del art. 9.5 de la LO 1/1982. Así lo estableció la STS (Social) de 26 de enero de 2005 (Rº 35/2003), doctrina reafirmada y extendida "a todo supuesto de reclamación de daños por violación de derechos fundamentales, sin que existan razones que justifiquen un cambio de la misma" (STS (Social) de 10 julio de 2018, Rº 3269/2016).

A) Obligaciones de tracto único y colectivas

37. Tal y como afirma la STS (Social) de 27 de enero de 2021 (Rº 101/2019), "el plazo de prescripción de un año del art. 59.2 del ET se puede decir, como del plazo de prescripción de la misma duración del art. 59.1 del ET, que está establecido en principio para el ejercicio de las acciones derivadas del contrato de trabajo, es decir, para las reclamaciones del trabajador frente a su empresario, pero también se aplica a las reclamaciones fundadas en relaciones colectivas de trabajo".

Debe tenerse en cuenta que el contrato de trabajo y las relaciones colectivas de trabajo en la empresa pertenecen al mismo ámbito de la vida en sociedad, por lo que las exigencias de seguridad del tráfico jurídico son similares para los empresarios afectados, con independencia de que se trate de obligaciones contractuales u obligaciones convencionales o de derecho colectivo. Cabe apreciar, por tanto, a efectos del plazo de prescripción extintiva, identidad de razón entre las acciones "para exigir percepciones económicas o para el cumplimiento de obligaciones de tracto único, que no puedan tener lugar después de extinguido el contrato". Esta doctrina, dice la STS (Social) de 27 de enero de 2021 (Rº 101/2019), aunque dictada en un supuesto de reclamación de daños derivados de la violación de la libertad sindical debe extenderse a todo supuesto de reclamación de daños por violación de derechos fundamentales, sin que existan razones que justifiquen un cambio de la misma.

B) Obligaciones de tracto sucesivo

38. No hay duda de que las obligaciones o deberes derivados del contrato de trabajo, en principio, se pueden calificar de tracto sucesivo en cuanto es un contrato de cumplimiento sucesivo y dilatado en el tiempo, como relación jurídica duradera que es, sin perjuicio de que también puedan producirse situaciones o prestaciones que requieran de un cumplimiento único o puntual, lo que, a los efectos de la prescripción, tiene la relevancia que se advierte en el art. 59 del ET. Como recuerda la STS (Social) de 27 de junio de 2008 (Rº 107/2006), aunque no se tratara del alcance de una norma colectiva, cuando la acción colectiva afecta a una obligación de tracto sucesivo, aquella sentencia dijo lo siguiente: "y respecto de tal tipo de obligaciones la Sala ha indicado que las mismas prescriben con el transcurso de un año desde su respectivo vencimiento (...)". En igual sentido de entender que la pretensión afecta a una obligación de tracto sucesivo se dicta la STS (Social) de 13 de noviembre de 2013 (Rº 63/2013), donde se demandaba el mayor complemento por antigüedad diciendo que son supuestos en los que no prescribe el derecho al complemento cuestionado, sino el derecho a reclamar las cantidades vencidas y no cobradas, ni exigidas. Y con igual calificación de la obligación. la STS (Social) de 5 de diciembre de 2019 (Rº 31/2018) sobre proporcionar a los representantes de los trabajadores los medios informáticos precisos para determinar descargar y las respectivas actualizaciones.

3. Dies a quo para el transcurso de la prescripción

39. El dies a quo para el transcurso de la prescripción se inicia el día en el que la acción pudo ejercitarse, tal y como dispone el art. 1969 del CC. La determinación concreta plantea, no obstante, importantes problemas en la práctica pues la expresión "el día en el que la acción pudo ejercitarse" deja abierto un universo de situaciones de difícil concreción en muchas ocasiones. Reflejo de esta problemática es la STSJ de Galicia de 9 de octubre de 2019 (Rº 3093/2019), que, no obstante, aporta un interesante criterio. Dice el referido pronunciamiento:

> "Pues bien, como ya se dijo, la demanda origen de los presentes autos es de fecha 27 de julio de 2017, y si tomamos como dies a quo inicial del cómputo de la prescripción la fecha de la Sentencia de esta sala que por primera vez declara la vulneración del derecho fundamental, la acción estaría prescrita porque habría transcurrido el plazo de un año. Por el contrario, si tomamos como día inicial del cómputo del año la fecha de la Sentencia de la Sala IV, de 13 de diciembre de 2016 (RJ 2016, 6313), tan solo habrían transcurrido algo más de siete meses, por lo que la acción no estaría prescrita. Y coincidiendo con el parecer de la Magistrada de instancia, entendemos que la fecha de la que debemos partir para el cómputo del plazo del año es la fecha en que se dictó la sentencia por el Tribunal Supremo, que es cuando de un modo firme y definitivo queda establecido que existió vulneración del derecho fundamental".

La STS (Social) de 3 de abril de 2024 (Rº 5599/2022) se apoyó en un amplio número de pronunciamientos para concluir que la acción resarcitoria no puede entenderse nacida hasta que queda sin efecto la situación a la que se vincula la existencia de los daños. Sobre esta base, para la STS (Social) de 20 de noviembre de 2024 (Rº 2408/2023), resulta evidente que no había prescrito la acción de los actores para reclamar por la vulneración de su derecho a la igualdad y no discriminación en materia retributiva, dado que esa situación discriminatoria subsistía en el momento en que se ejercitó la acción.

40. Además, y con base en lo dispuesto en el art. 1973 del CC, también se ha venido reconociendo que la prescripción de las acciones se interrumpe, no solo por su ejercicio ante los Tribunales o por reclamación extrajudicial del acreedor, también por cualquier acto de reconocimiento de la deuda por el deudor. Este efecto de interrupción está vinculado al efecto extintivo que supone la prescripción de forma que, como dice la jurisprudencia "en cuanto aparezca fehacientemente evidenciado el "animus conservandi" por parte del titular de la acción, incompatible con toda idea de abandono de ésta, ha de entenderse queda correlativamente interrumpido el "tempus praescriptionis" (STS de 26 de junio de 2013, Rº 1161/2012).

Capítulo 13

LAS INDEMNIZACIONES POR VULNERACIÓN DE DERECHOS FUNDAMENTALES (II). SINGULARIDADES EN LOS DERECHOS FUNDAMENTALES INESPECÍFICOS

Bibliografía. AGUILERA RULL, A., *Daño moral por discriminación,* en F. GÓMEZ POMAR, I. MARÍN GARCÍA (Dir.), El daño moral y su cuantificación, Barcelona, Bosch, 2017. ALFONSO MELLADO, C. L., *Prevención de riesgos laborales y accidente de trabajo en la Ley Reguladora de la Jurisdicción Social.* Bomarzo. Albacete, 2011. ARIAS DOMÍNGUEZ, A., *La cuantificación de la indemnización por daño moral por transgresión de derechos fundamentales en los despidos nulos.* Colección de Derecho del Trabajo y Seguridad Social, Agencia Estatal Boletín Oficial del Estado (Madrid, 2023). BALLESTER PASTOR, M. A. *Reparación y sanciones en los asuntos de discriminación,* https://www.era-comm.eu/, 2016. CALDEIRO RUIZ, E., *Sobre la cuantificación de la indemnización por daño moral en supuestos de vulneración de derechos fundamentales,* Revista de Derecho Laboral vLex, 2023, nº 9. CASAS BAAMONDE, *Tutela judicial efectiva y garantía de indemnidad: (El derecho a la garantía de indemnidad en la jurisprudencia constitucional), en AA. VV, Las transformaciones del derecho del trabajo en el marco de la Constitución Española: estudios en homenaje al profesor Miguel Rodríguez-Piñero y Bravo-Ferrer,* Madrid, La Ley, 2006, pp. 695 a 744. CORREA CARRASCO, M., *Acoso laboral. Regulación jurídica y práctica aplicativa,* Valencia, Tirant lo Blanch, 2019. DÍEZ-PICAZO, Derecho de Daños, Madrid, Civitas, 1999. GARCÍA ROMERO, B., *Indemnización adicional por daño moral derivado de la vulneración de derechos fundamentales en el supuesto en el que, por dicha vulneración, el despido es declarado nulo.* Revista de Jurisprudencia Laboral, nº 4/2022. GÓMEZ ABELLEIRA, F. J., *La determinación judicial de la indemnización por despido discriminatorio en un singular caso de contrato de trabajo sometido a ley extranjera,* El Foro de Labos, 3 de octubre de 2024. JURADO SEGOVIA, A., *Acoso moral en el trabajo: análisis jurídico laboral,* Madrid, La Ley, 2008. MERCADER UGUINA, J. R., *La tutela judicial como derecho fundamental sustantivo: la garantía de indemnidad en la jurisprudencia constitucional,* en Gil y Gil, J. L., del Valle, J. M. (Coord.), *El despido disciplinario. Homenaje al Profesor Juan Antonio Sagardoy Bengoechea,* Madrid, Ediciones Cinca, 2009, pp. 461-492. MOLINA NAVARRETE, C., *La tutela judicial frente al acoso moral en el trabajo: ¿Estancamiento y subestimación o lento progreso?,* Albacete, Bomarzo, 2018, 2ª ed. Id. *La dimisión provocada (art. 50 ET) por acoso moral requiere indemnización adicional: lo olvida la instancia, la suplicación lo recuerda. Comentario a la Sentencia del Tribunal Superior de Justicia de Andalucía/Granada 1848/2019, de 18 de julio.* Revista de Trabajo y Seguridad Social. CEF, 2019, 437-438, 189-193. MONEREO PÉREZ, J. L., *Despido nulo por vulneración de derechos fundamentales, resarcimiento del daño moral y modo "prudencial" de cuantificación de la indemnización,* Revista de Jurisprudencia Laboral, 2022, nº 3. NAVARRO NIETO, F., *La tutela Jurídica frente al acoso moral laboral,* Pamplona, Aranzadi, 2007. REY MARTÍNEZ, F., *Derecho antidiscriminatorio,* Pamplona, Aranzadi, 2019. RODRÍGUEZ CARDO, I.: *El resarcimiento de los daños morales sufridos por el trabajador: concepto, valoración y cuantificación,* Revista Española de Derecho del Trabajo, 2014, nº 169. SANTOS MORÓN, M. J., *Reflexiones en torno a la jurisprudencia del TJUE sobre la acción indemnizatoria del art. 82 RGPD (asuntos C-300/21; C-340/21; C-456/22; C-667/21; C-687/21; C-741/21),* Cuadernos de derecho transnacional, 2024, Vol. 16, nº. 2, pp. 1405-1423

I. Indemnizaciones por vulneración del derecho a la no discriminación

1. La exigencia comunitaria de indemnizaciones "efectivas, proporcionadas y disuasorias"

1. La tutela frente a la discriminación resulta ciertamente compleja. Afecta al derecho público, pero también al privado, tiene una evidente dimensión individual, pero, paralelamente, indudablemente trascendencia colectiva; la lucha contra la discriminación es jurídica pero también es social. Las respuestas jurídicas son variadas pero la normativa comunitaria viene estableciendo un régimen de sanciones en caso de incumplimientos en esta materia que deberán ser "efectivas, proporcionadas y disuasorias" y que podrán incluir la indemnización de la víctima.

El art. 18 de la Directiva 2006/54 establece que los Estados miembros deben garantizar indemnizaciones o reparaciones reales y efectivas, que sean a su vez disuasorias y proporcionadas. Establece al respecto el art. 18 de la Directiva 2006/54, en su primera frase, lo siguiente:

> *"Los Estados miembros introducirán en sus ordenamientos jurídicos nacionales las medidas necesarias para garantizar la indemnización o la reparación, según determinen los Estados miembros, real y efectiva del perjuicio sufrido por una persona a causa de una discriminación por razón de su sexo, de manera disuasoria y proporcional al perjuicio sufrido".*

Y, añade, que:

> *"Dicha indemnización o reparación no podrá estar limitada por un tope máximo fijado a priori, excepto en aquellos casos en que el empresario pueda probar que el único perjuicio sufrido por el demandante como resultado de la discriminación en el sentido de la presente Directiva sea la negativa a tomar en consideración su solicitud de trabajo".*

El art. 18 de la Directiva 2006/54 hace expresa referencia a que no se cumple adecuadamente con la normativa antidiscriminatoria si se establecen por el Estado miembro indemnizaciones tasadas para el caso de actuaciones discriminatorias. Esta prohibición es consecuente con el objetivo de indemnización/reparación real y efectiva pretendido por la Directiva y ya se había reconocido desde antiguo por el TJUE (Ballester Pastor, 2016). Pero la norma contiene una excepción "excepto en aquellos casos en que el empresario pueda probar que el único perjuicio sufrido por el demandante como resultado de la discriminación en el sentido de la presente Directiva sea la negativa a tomar en consideración su solicitud de trabajo".

En la STJUE de 22 de abril de 1997, asunto Draehmpaehl, el TJUE analizó si era válido el establecimiento por el estado de indemnizaciones tasadas para el caso de que el empleador incumpliera la normativa antidiscriminatoria en el acceso al empleo. El TJUE partió del presupuesto de que concurre actuación discriminatoria independientemente de que la víctima de discriminación en el acceso al empleo hubiera sido contratada o no. Pero posteriormente el TJUE diferenció entre ambos resultados a efectos de determinar si era posible una indemnización tasada por parte del Estado. Concluyó el TJUE al respecto que, si la victima de discriminación hubiera sido contratada de no haber concurrido conducta discriminatoria en el acceso al empleo, no podía considerarse adecuada la indemnización tasada, puesto que debían considerarse todas las circunstancias concurrentes en cada caso a efectos de determinar el daño real y efectivo. Sin embargo, si podía probarse que la víctima de la conducta discriminatoria no hubiera sido contratada, la indemnización tasada podía considerarse adecuada, en tanto en cuanto el único perjuicio sufrido por la víctima de la conducta discriminatoria era la negativa a que se admitiera su candidatura.

El art. 18 de la Directiva 2006/54 se refiere exclusivamente a la discriminación por razón de género. No existen preceptos equivalentes ni en la Directiva 2000/43 ni en la Directiva 2000/78. Es difícil saber si, de todos modos, lo que se expone en el art. 18 de la Directiva es aplicable también a las otras causas de discriminación prohibidas. A fin de cuentas, el art. 18 es claramente exclusivo de la Directiva 2006/54, antidiscriminatoria por género. Pero pese a todo podría llegarse a la conclusión de que el contenido del art. 18 puede extenderse a las otras causas de discriminación prohibidas.

2. Por su parte, el art. 25 de la Directiva 2006/54, confiere a los Estados la facultad de adoptar medidas al objeto de sancionar la discriminación por razón de sexo en forma de indemnización concedida a la víctima:

> *"Los Estados miembros establecerán el régimen de sanciones aplicable en caso de incumplimiento de las disposiciones nacionales adoptadas en cumplimiento de la presente Directiva, y adoptarán todas las medidas necesarias para garantizar su aplicación. Las sanciones, que podrán incluir la indemnización a la víctima, serán efectivas, proporcionadas y disuasorias".*

Ciertamente, a la finalidad clásica de reparación de la indemnización de daños se añade otra que posee una propia significación: la función preventiva y disuasoria. Disuasoria "tanto para evitar que el mismo sujeto incumplidor reincida en la infracción (prevención específica) cuando para que los demás tomen la debida conciencia del grave coste que tiene que incurrir en este tipo de lesiones (prevención general)" (Molina Navarrete, 2019: 17).

2. *Discriminación y prohibición de daños punitivos*

A) El caso Arjona Camacho

3. La cuestión se proyecta en el tradicional debate sobre la admisibilidad en nuestro derecho del sistema de daños punitivos.

> Dña M.P.R. que comenzó a trabajar en una empresa de vigilancia con un contrato de duración determinada como vigilante de seguridad a jornada completa en el Centro de Internamiento de Menores Sierra Morena de Córdoba y fue objeto de despido disciplinario en estando de nuevo embarazada de varias semanas. La empleada abortó por segunda vez tras un primer embarazo que le incapacitó trabajar y le llevó a estar de baja por enfermedad, aunque la aseguradora laboral de la empresa, Mutua Universal, acordó pagarle la prestación económica de riesgo durante el embarazo. Tras intentar infructuosamente la conciliación con la empresa, la trabajadora demandó a la empresa ante el Juzgado de lo Social de Córdoba para pedir la nulidad de su despido y reclamar una indemnización de 6.000 euros por los daños morales sufridos, que le dio la razón y estipuló nulo su despido reconociendo que se trataba claramente de una discriminación por razón de sexo y fijó en 3.000 euros la indemnización por daños y perjuicios. El juez de instancia se planteó si esta cuantía adicional podría ser reconocida en concepto de daños punitivos, dado que en el caso planteado concurría una fórmula agravada de responsabilidad del ofensor que justificaría un castigo ejemplar por su conducta altamente reprobable a efectos de que tuviera un efecto realmente disuasorio. Como punto de partida el juez de instancia consideró que el concepto de daño punitivo no existe en Derecho español

La STJUE de 17 de diciembre 2015 (C 407-14), Arjona Camacho comienza haciendo una exhaustiva referencia a la doctrina del TJUE acerca de la libertad de elección de los Estados miembros del instrumento que consideren oportuno para garantizar la efectividad de las Directivas antidiscriminatorias. El TJUE refiere, entre otras cosas, que la indemnización debe tener eficacia compensatoria y disuasoria (con referencia al asunto Von Colsson). Sin embargo, prefiere no entrar en el alcance de dicha eficacia disuasoria. Simplemente señala que la aprobación del art. 18 de la Directiva 2006/54 no la ha alterado, lo que significa que, al menos en lo relacionado con la eficacia disuasoria de las indemnizaciones, se mantiene la doctrina anterior del TJUE que, ciertamente, nunca estableció que era obligatorio el reconocimiento de los daños punitivos como parte integrante de la indemnización adecuada. Esta doctrina del TJUE parece que solo consideraba la eficacia disuasoria como una consecuencia implícita en el reconocimiento de una compensación efectiva, pero sin que ello implicara el reconocimiento de cuantías adicionales autónomas dirigidas exclusivamente a tener efecto disuasorio. Según el TJUE así debe seguir interpretándose tras el art. 18 Directiva 2006/54.

Sin embargo, en los últimos párrafos de su sentencia, el TJUE hace expresa referencia al art. 25 de la Directiva 2006/54, para especificar que es en este precepto donde se contiene la regulación de los daños punitivos en la normativa antidiscriminatoria de la Unión Europea. En consecuencia, mientras que el artículo 18 de la Directiva 2006/54 tiene por objeto imponer la reparación o la indemnización del perjuicio sufrido por una persona, se desprende del tenor del artículo 25 de dicha Directiva que éste confiere a los Estados miembros la facultad de adoptar medidas al objeto de sancionar la discriminación por razón de sexo en forma de indemnización concedida a la víctima. De este modo, el artículo 25 de la Directiva 2006/54 permite a los Estados miembros adoptar medidas que establezcan el abono de daños punitivos a la víctima de una discriminación por razón de sexo, pero no lo impone. En consecuencia, los daños punitivos en las indemnizaciones no son obligatorios conforme a la normativa comunitaria, pero están permitidos a efectos de hacer efectiva la sanción establecida en el art. 25 de la Directiva 2006/54.

El TJUE establece que si el Estado miembro reconoce los daños punitivos como instrumento para la sanción por comportamiento discriminatorio aquellos tendrán que garantizar el principio de efectividad y equivalencia. Los daños punitivos, pues, merecen el mismo trato como instrumentos de sanción efectiva que cualquier otro tipo de sanción establecida.

B) Ecos de Arjona Camacho y el difícil encaje de los daños punitivos en nuestro Derecho

4. La cuestión se proyecta en el tradicional debate sobre la admisibilidad en nuestro derecho del sistema de daños punitivos. Aunque algunos pronunciamientos en suplicación parecen confirmar esta línea, como, por ejemplo, la STSJ Castilla La Mancha de 21 de diciembre de 2017 (Rº 1401/2017), en la que se afirmaba que no cabe una "indemnización preventiva adicional", en consonancia con la Sentencia del TJUE de 17 de diciembre 2015, que establece que en el derecho social español no existen indemnizaciones punitivas con carácter general". Pero lo cierto es que otros admiten un incremento indemnizatorio ("indemnización preventiva adicional") vinculado a dichos fines como la STSJ del País Vasco de 17 de julio de 2018 (Rº 128/2018) y ello con el objetivo de "evitar futuras prácticas de acoso moral". Más lejos llega la STSJ Andalucía, Sevilla, 19 de mayo de 2022 (Rº 2453/2020), que directamente afirma: "la finalidad de la condena indemnizatoria por vulneración de derechos fundamentales prevista en el art. 183 LJS es doble, una resarcitoria y otra compensatoria, la cuantía deber ser de tal entidad que sea disuasoria de futuras conductas pues no hay que olvidar que las indemnizaciones por daños y perjuicios ex art. 183 LJS son unos daños punitivos o "punitive damage" (...)". Los daños punitivos, como resume Salvador Coderch (2000:10), "se imponen para prevenir, *pero también para castigar y enseñar*, para prevenir *tanto como para retribuir y expresar indignación* —dicho positivamente: *reafirmar la confianza en el derecho violado y hacer justicia*— ". Se abre, pues, un nuevo territorio de controversia.

En los sistemas de derecho civil continental, la tradición jurídica se ha configurado en torno a la separación entre la finalidad preventiva (correspondiente al Poder Público por medio de la sanción administrativa) y la función reparadora (correspondiente a la indemnización estrictamente reparadora por daños). En todo caso, el establecimiento de un sistema de indemnizaciones punitivas pudiera chocar con el art. 25.1 de la CE.

Sobre las indemnizaciones punitivas y su difícil encaje en nuestro derecho (Diez Picazo, 1999: 44-47). Se destaca, en primer lugar, la necesidad de respetar las garantías constitucionales previstas para las penas y subraya también la radical distinción entre la función punitiva y la atribución al damnificado de sumas superiores al daño, pues entonces no se está reparando éste, sino enriqueciendo a aquél, y las normas sobre responsabilidad no pueden llegar más allá del daño efectivamente producido. Advierte que "si se considera justo obtener de un hecho ilícito exacciones, multas o cosa parecida, más allá del importe del daño efectivamente causado, lo justo es que esas sumas vayan a parar a manos del común o lo que es lo mismo del Tesoro Público".

3. Tampoco caben de las indemnizaciones simbólicas

A) El asunto Ruiz Conejero

El Sr. Carlos Enrique Ruiz Conejero ha prestado servicios profesionales como limpiador. Cuando se produjeron los hechos, trabajaba para Ferroser Servicios Auxiliares, S.A., adjudicataria de la contrata de limpieza del Hospital «Virgen de la Luz» de Cuenca. Mediante resolución emitida por la Delegación en Cuenca de la Consejería de Salud y Asuntos Sociales de la Junta de Comunidades de Castilla-La Mancha, se reconoció al Sr. Ruiz Conejero la condición de discapacitado. Dicha resolución señalaba que el Sr. Ruiz Conejero padecía un grado de discapacidad del 37%, que se desglosaba en un 32% debido a limitaciones físicas (24% por enfermedad del sistema endocrino-metabólico —obesidad— y 10% por limitación funcional de la columna vertebral) y en un 5% debido a factores sociales complementarios. Durante 2014 y 2015 el Sr. Ruiz Conejero causó baja por enfermedad común en distintos períodos. Según diagnosticaron los Servicios Médicos de la Sanidad Pública, tanto el «vértigo/mareo» como el «lumbago» fueron causados por una artropatía degenerativa y por una poliartrosis, agravadas por la obesidad que sufría el Sr. Ruiz Conejero, concluyendo que dichas limitaciones tenían su origen en las patologías causantes de su discapacidad. Mediante escrito dirigido al Sr. Ruiz Conejero en fecha 7 de julio de 2015, la empresa le comunicó su despido por causas objetivas, en virtud de lo dispuesto en el artículo 52, letra d), del Estatuto de los Trabajadores, por el motivo de superar los límites tasados en dicha norma legal de ausencias laborales, aun justificadas. El Sr. Ruiz Conejero interpuso demanda contra el despido ante el Juzgado de lo Social nº 1 de Cuenca en el que solicita la nulidad del despido por discriminación y la correspondiente indemnización de daños y perjuicios. la SJS núm. 1 Cuenca 171/2018, de 7 de marzo concluye: «pero al no concurrir la intencionalidad del empleador en ello, con desconocimiento incluso de la condición de discapacitado del trabajador despedido, y estando facultado el órgano judicial, de forma soberana, para cifrar el daño moral con arreglo a su prudente arbitrio, atendidas las circunstancias del caso, se cuantifica la cantidad económica a satisfacer por dichos daños morales efectivamente causados en la simbólica cuantía de 1 euro».

B) La prohibición por el Tribunal Supremo de las indemnizaciones simbólicas

5. El art. 10:101 de los PERC parte de la base de que la indemnización es un pago en dinero que tiene por objeto compensar a la víctima, es decir restablecerla, en la medida en que el dinero pueda hacerlo, en la posición que hubiera tenido si el ilícito por el que se reclama no se hubiera producido. Con ello indica, por una parte, que la función principal de la indemnización es compensar a la víctima. Al guardar silencio sobre otras cuestiones, "el precepto rechaza implícitamente tanto las indemnizaciones simbólicas (nominal damages), existentes por ejemplo en el Derecho francés (un franc de dommages et intérêts) o en el inglés, como las indemnizaciones punitivas (punitive/exemplary damages) existentes, aunque con distinto alcance, tanto en el Derecho inglés como en el norteamericano" (Martín Casals, 2008).

6. Las "indemnizaciones simbólicas" han sido rechazadas por la jurisprudencia de la Sala de lo Civil del Tribunal Supremo que en la STS de 21 de junio de 2018 (Rº 5199/2017), dejó sentado que: "no es admisible que se fijen indemnizaciones de carácter simbólico, pues al tratarse de derechos protegidos por la CE como derechos reales y efectivos, con la indemnización solicitada se convierte la garantía jurisdiccional en un acto meramente ritual o simbólico incompatible con el contenido de los artículos 9.1, 1.1. y 53.2 CE y la correlativa exigencia de una reparación acorde con el relieve de los valores e intereses en juego (STC 186/2001, FJ 8)".

La doctrina que sentó el Tribunal Constitucional en la STC 186/2001, de 17 de septiembre, procede del controvertido caso de Isabel Preysler. En él una empleada del hogar divulgó, en una conocida publicación, algunos datos referentes a su físico, alimentación, vestuario, costumbres familiares, etc de la Sra. Preysler. La STS (Civil) de 31 diciembre 1996 (RJ\1996\9226) entendió que tales informaciones, "no se pueden catalogar, ni de lejos, como atentatorios graves a la intimidad, por ser afrentosos, molestos o simplemente desmerecedores desde un punto de vista de homologación social. Simplemente constituyen una propagación de chismes de escasa entidad, que en algún caso pudieran servir como base para resolver un contrato laboral de empleo del hogar, pero nunca para estimarlos como un atentado grave y perjudicial a la intimidad de una persona" y casó la sentencia de la Audiencia que le había concedido una indemnización de 10 millones de ptas., absolviendo, pues, a la empleada. La decisión del Tribunal Supremo fue anulada por la STC 115/2000, de 5 mayo, que declaró la existencia de intromisión ilegítima y propició que el Tribunal Supremo tuviera que volver a pronunciarse sobre el asunto en la STS (Civil) de 20 julio 2000 (RJ\2000 \6184), que concedió una indemnización por daño moral de 25.000 ptas. La cantidad le pareció irrisoria a la demandante, que volvió a recurrir en amparo y a obtener una decisión favorable en la STC 186/2001, de 17 septiembre. El Tribunal Constitucional, en esta ocasión, apreció que el Tribunal Supremo, al valorar de esa manera el quantum indemnizatorio, se apartó de los criterios indicados por la STC 115/2000. El Tribunal Constitucional no se limitó a anular la sentencia del Supremo, sino que fijó la indemnización del daño moral, remitiéndose a la que, en su día, acordó la Audiencia (esto es: 10 millones de ptas.). No obstante, el ATC 151/2001, de 13 de junio, en relación con un pleito laboral, aclaró que, pese a lo concluido en el anterior pronunciamiento no le corresponde como regla general concretar las pretensiones indemnizatorias no incluibles en los pronunciamientos del art. 55 LOTC.

Como resume la STS (Civil) de 14 de octubre de 2021 (Rº 7064/2020), las indemnizaciones simbólicas están prohibidas, atendiendo al efecto disuasorio inverso que las mismas producen en la tutela judicial efectiva del afectado:

"Estas no disuaden de persistir en sus prácticas ilícitas a las empresas (...), pero sí disuade de entablar una demanda a los afectados que ven vulnerado su derecho al honor puesto que, con toda probabilidad, la indemnización no solo no les compensará el daño moral sufrido, sino que es posible que no alcance siquiera a cubrirlos gastos procesales si la estimación de su demanda no es completa".

4. *Las paradojas en la discriminación salarial*

Dª P.B. comenzó a trabajar en diciembre de 1994 como oficial de primera y en 1996 fue nombrada responsable del departamento de administración de la empresa, dedicada a la prestación de servicios administrativos de gestoría en la tramitación de expedientes de operaciones financieras. A finales de enero de 2016, la empleada preguntó al gerente de la empresa sobre los motivos que justificaban tales diferencias retributivas sin obtener respuesta. Dª P.B. fue despedida en mayo de 2017. La misma demandó a la empresa por vulneración del art. 14 CE, reclamando la equiparación salarial con sus compañeros y que se le reconociera para ese año el salario total anual y una indemnización por daños morales

7. La insuficiencia del baremo de la LISOS se pone de manifiesto en lo que podríamos calificar de la paradoja en la discriminación salarial.

Buen ejemplo es la STSJ Málaga 14 de febrero de 2018 (Rº 2089/2017). Se considera existente la vulneración de dicho derecho fundamental a la no discriminación salarial por razón de sexo que conlleva necesariamente la existencia de, al menos, unos daños morales para la trabajadora que ha sufrido dicha vulneración "(...) habiendo declarado la sentencia de instancia la vulneración del derecho fundamental, debe fijarse necesariamente una indemnización por los daños morales que dicha vulneración ha ocasionado a la actora, indemnización que la sentencia de instancia fija en la cuantía de 35.000 €, teniendo en cuenta las diferencias entre los salarios percibidos por la actora y los que le hubiera correspondido percibir en el caso de que no hubiese existido la referida discriminación por razón de sexo". Frente al sistema tantas veces criticado de indemnizaciones tarifadas derivadas de la LISOS y que "la aplicación judicial tiende a cerrar sus horquillas, quedándose por prudencia, en el mínimo medio" (Los entrecomillados son de Molina Navarrete, 2018), la indemnización establecida resulta especialmente generosa. Pero seguramente lo es porque "confunde incomprensiblemente el criterio propio de la cuantificación del daño moral por discriminación de sexo y el daño patrimonial" (Molina Navarrete, 2018: 100). En este caso se confunde daño moral y lucro cesante.

8. Esa parece ser la lógica que está detrás de la STS (Social) de 24 de enero de 2017 (Rº 1902/2015), en un supuesto de discriminación retributiva, en la que se admite, para la oportuna reparación de las consecuencias de la vulneración del derecho fundamental "la condena conjunta a una indemnización por daños materiales consistente, precisamente, en la remuneración dejada de percibir y una indemnización por daños morales consustancial a la violación de cualquier derecho fundamental". El fundamento de esa doctrina reside en considerar que en "la vulneración del derecho fundamental a la igualdad, en su vertiente de derecho a percibir la remuneración correspondiente, "el daño a resarcir no es uno sólo, sino que son dos: a) de un lado, la pérdida de una parte del salario que ha de atribuirse al incumplimiento empresarial y que tiene una indemnización legalmente tasada, esto es, la remuneración prevista normativamente; y b) de otro, el daño moral que ha de producir —en términos generales la conculcación del derecho fundamental y que forzosamente ha de imputarse al infractor, a quien —además le es exigible por tal consecuencia la indemnización prevista en el art. 1101 CC ".

Más clara aún resulta la STS (Social) de 3 de abril de 2024 (Rº 5599/2022), estima el recurso de casación de la parte actora y permite la acumulación como lucro cesante de las diferencias de salario conectadas con la vulneración del derecho a la igualdad retributiva. También se sitúa en esta línea interpretativa

Finalmente, la STS (Social) de 20 de noviembre de 2024 (Rº 2408/2023), aclara que en este caso el acudir a las diferencias salariales para fijar el lucro cesante no supone estar ante reclamación ordinaria de cantidad, sino "... simplemente ante un criterio —objetivo, claro, transparente y totalmente adecuado— para fijar la cuantía de la indemnización que resarce los daños y perjuicios causados".

9. Como es de ver, la compatibilidad de ambas indemnizaciones se justifica en el hecho de que la infracción empresarial es la que genera dos perjuicios diferentes al trabajador, de una parte, la pérdida del salario atribuible al incumplimiento de la empresa, y de otra, el genérico daño moral derivado de la infracción del derecho fundamental a la igualdad.

Se produce de este modo una nueva contradicción estructural dado que "en un mismo orden de cosas parecen más lesivos el despido o la no contratación que una discriminación salarial, pues mientras que en los dos primeros supuestos la víctima se ve privada de la relación laboral, en el tercero la privación afecta tan sólo a las condiciones laborales. El derecho nortearnericano federal da razón de esta distinción en la medida en que reconoce a la víctima de una discriminación directa el derecho a reclamar la indemnización de los daños morales y a la víctima de una discriminación salarial sólo un derecho a la compensación de la diferencia salarial, que podrá ser doblada al arbitrio del Tribunal" (Aguilera Rull, 2007: 564).

El conjunto de disfunciones hace cierta la afirmación de acuerdo con la cual: "aunque pudiera resultar tentador, a efectos de fijar el montante del daño moral, tratar de aplicar los baremos aprobados para otras ramas del derecho privado o incluso utilizar como punto de partida las previstas en el ordenamiento laboral, ésta no es una buena solución (...) La solución ya vigente que deja al arbitrio del juzgador la cuantificación del daño parece pues la más razonable" (Aguilera Rull, 2007: 581). Quizás deberíamos pensar en reconstruir el "prudente arbitrio" sobre nuevas bases asumiendo con naturalidad que la valoración del daño es una función fundamentalmente jurisdiccional, que se encuentra sometida en todo caso a un importante margen de discrecionalidad. Pero ello no quiere decir que esa valoración se pueda efectuar de manera caprichosa o arbitraria, sino que debe venir siempre sometida a determinados criterios imperativos, como pudieran resultar (Aguilera Rull, 2007: 581): "1º) Aplicar el concepto articulado del daño, es decir, deslindar con claridad los distintos intereses en juego. 2º) Despreciar como no indemnizable la lesión de intereses que no presenten una relevancia significativa. 3º) Valorar separadamente cada una de las partidas que sí resulten merecedoras de una compensación: meritevolezza, lo llaman los italianos".

Los anteriores problemas rondan la cabeza de la STS (Social) 20 de noviembre de 2024 (Rº 2408/2023) que salva la posible imputación de que con tal solución se está produciendo un enriquecimiento sin causa, considerando que para que exista tal debe producirse "la adquisición de una ventaja patrimonial con empobrecimiento de otra parte, debe concurrir causalidad entre el enriquecimiento y el empobrecimiento y falta de causa en tal desplazamiento patrimonial (SSTS (Civil) de 23 de octubre de 2003, entre otras)".

5. La nulidad objetiva del art. 55.5 ET no conlleva, necesariamente, indemnización

A) Nulidad automática por embarazo: ¿Es causa también automática de indemnización?

Una trabajadora embarazada fue despedida sin acreditar causa suficiente la empresa, que no conocía su estado de gestación. La trabajadora demanda por despido nulo al entender que se debe a su embarazo. La sentencia de instancia estima parcialmente la demanda, declara nulo el despido y condena a la empresa al abono de una indemnización por daño moral de 3000 euros, recurren ambas partes, la empresa pretendiendo simplemente la supresión de la indemnización por daños morales y la trabajadora la elevación de la cuantía de la indemnización a 6.251 euros. Alega la empresa que en este caso no aparece acreditado un daño concreto indemnizable, además de negar que existiera conducta discriminatoria, por asegurar que, aunque el despido sea nulo, la empresa no tenía conocimiento de la situación de la trabajadora cuando practicó el mismo.

10. El art. 55.5 del ET, tras establecer que «Será nulo el despido que tenga por móvil alguna de las causas de discriminación prohibidas en la Constitución Española o en la ley, o bien se produzca con violación de derechos fundamentales y libertades públicas de la persona trabajadora», añade expresamente que «Será también nulo el despido, en los siguientes supuestos: [...] b) El de las trabajadoras embarazadas, desde la fecha de inicio del embarazo hasta el comienzo del periodo de suspensión a que se refiere la letra a); el de las personas trabajadoras que hayan solicitado uno de los permisos a los que se refiere el artículo 37, apartados 3.b), 4, 5 y 6, o estén disfrutando de ellos, o hayan solicitado o estén disfrutando de las adaptaciones de jornada previstas en el artículo 34.8 o la excedencia prevista en el artículo 46.3; y el de las trabajadoras víctimas de violencia de género por el ejercicio de su derecho a la tutela judicial efectiva o de los derechos reconocidos en esta ley para hacer efectiva su protección o su derecho a la asistencia social integral».

La doctrina del Tribunal Supremo ha entendido que el art. 55.5 b) del ET establece una garantía objetiva y automática a favor de la mujer embarazada, por lo que su despido nunca puede ser calificado de improcedente, sino que dará lugar a la declaración de procedencia o de nulidad, sin necesidad, en este caso, de que medie móvil discriminatorio o de que el empleador conozca el estado de gestación [entre otras, STS de 17 de octubre de 2008 (Rº 1957/2007) o 14 de enero de 2015 (Rº 104/2014)]. La finalidad de la norma es proporcionar a la trabajadora embarazada una tutela más enérgica que la ordinaria frente a la discriminación, dispensándola de la carga de acreditar indicio alguno sobre la conculcación del derecho fundamental y eximiéndola de probar que el empresario tenía conocimiento del embarazo; cuestión ésta que pertenece a la esfera más íntima de la persona y que la trabajadora puede desear mantener —legítimamente— preservada del conocimiento ajeno; aparte de que con ello también se corrige la dificultad probatoria de acreditar la citada circunstancia [conocimiento empresarial], que incluso se presenta atentatoria contra la dignidad de la mujer. Todo ello lleva a considerar que el precepto es configurador de una nulidad objetiva, distinta de la nulidad por causa de discriminación contemplada en el párrafo primero y que actúa en toda situación de embarazo, al margen de que existan o no indicios de tratamiento discriminatorio o, incluso, de que concurra o no un móvil de discriminación.

11. Ni la doctrina de suplicación, ni tampoco la científica habían mantenido, en relación con las cuestiones planteadas, posiciones uniformes.

Así, la STSJ País Vasco de 12 junio de 2018 (Rº 1028/2018), considera que el despido nulo por causa de embarazo responde a una tutela objetiva, tanto de la maternidad como de la discriminación por razón de sexo. Ello implica el que opere una protección reforzada a la trabajadora en esta situación, con independencia, de que exista conocimiento por parte del empleador de esta circunstancia, de lo cual concluye que «conforme al art. 183,3 LJS, la conculcación de un derecho fundamental implica la reparación». Sobre esta base la sentencia acude para la determinación de la indemnización «al criterio general de analogía con el RDL 5/2000, que normalmente se utiliza para estas situaciones».

Esta línea interpretativa se reitera por la STSJ Madrid de 18 de junio de 2021 (Rº 286/2021), que concluye que «Lograda la calificación de nulidad del despido como consecuencia del estado de embarazo, el despido debe entenderse discriminatorio, por lo que resulta indiferente que la protección que otorga la nulidad derive de un previo acto de despido nulo por causa objetiva o subjetiva, intencional o no intencional [...]. Es indiferente porque lo que tenía que haber hecho el empresario para evitarlo es excluir cualquier propósito contrario al derecho fundamental en juego, es decir, tenía que haber logrado la procedencia del despido. Tal es el diseño legal. Es así, porque no se puede aplicar una interpretación restrictiva de la protección reforzada». La referida doctrina venía a establecer un automatismo indemnizatorio en el caso de nulidad ex art. 55.5 b) del ET sobre la base de proyectar la sombra de discriminación sobre las decisiones empresariales.

No obstante, como venimos diciendo, la posición no era pacífica. La STSJ Castilla-León, Valladolid, de 18 de noviembre de 2015 (Rº 2005/2015), diferencia, con buenas razones, nulidad objetiva y nulidad por causa de discriminación. De este modo, «si aparece un panorama indiciario de discriminación por el hecho de que la trabajadora se encontrase de baja laboral por razón de su embarazo y el aborto (como resultaba en el caso), siendo además que la empresa se ha allanado a la pretensión principal y no intentó ni la más mínima prueba de que su conducta fuese ajena a una intencionalidad discriminatoria», el resultado es que el despido es «nulo no por la mera aplicación de la norma objetiva del art. 55.5 ET, sino porque, aunque tal norma no existiera, la situación de baja por embarazo o maternidad produce un panorama indiciario de que un despido en tal situación puede tener relación con tal circunstancia y ello obliga al empresario a acreditar que su motivación ha sido ajena a tal finalidad, incluida la prueba, en su caso, de que desconociera tal circunstancia». Por tanto, «el despido era nulo en este caso no solamente por aplicación de la norma objetiva, sino por considerarse acreditada discriminación ilícita en base a las normas aplicables a la valoración de la carga de la prueba». Por consiguiente, existe vulneración de derechos fundamentales y procede la indemnización por tal causa (3000 euros, al confirmarse en este punto el pronunciamiento de instancia).

El referido pronunciamiento se remite al de la misma Sala de 17 de julio de 2013 (Rº 1171/2013), en el que se confirma que, en estos casos, se hará precisa, además de la mera constatación del hecho determinante de la nulidad objetiva, de una conducta vulneradora de los derechos fundamentales, lo que exigirá el análisis casuístico de cada concreto supuesto que haya de juzgarse.

La referida doctrina fue reiterada por la STSJ Cataluña de 21 de junio de 2021 (Rº 1926/2021). En la misma se declara la nulidad automática del despido, pero la falta de prueba del conocimiento por parte de la empresa de la situación de embarazo de la trabajadora impide declarar que la empresa haya incurrido en violación del derecho fundamental a la no discriminación por razón de sexo contemplado en el art. 14 de la CE y, en consecuencia, que proceda la condena a indemnización de los daños y perjuicios morales. Y ello, razona la Sala «ya que la infracción del derecho fundamental ha de ser voluntaria y culpable, y únicamente cabe condena a indemnización de daños y perjuicios, según el art. 183 de la LJS, cuando la sentencia declare la vulneración del derecho fundamental, que en este caso concreto no ha resultado acreditado, razón por la que, sin necesidad de examinar los restantes argumentos que para la absolución de la condena al pago de indemnización de daños morales que contiene la sentencia, se concluye la estimación del recurso y la revocación, en parte, de la sentencia, en el extremo relativo a la condena al pago de 25.000 euros en concepto de indemnización de daños y perjuicios derivados de la vulneración del derecho fundamental a la prohibición de discriminación por razón de género, que se deja sin efecto».

En la misma línea se situaba también la sentencia aquí recurrida, de la Sala de lo Social del Tribunal Superior de Justicia de Madrid de 23 de septiembre de 2022 (Rº 537/22). En ella se concluye que la calificación de un despido nulo por encontrarse la trabajadora embarazada no comporta automáticamente que el mismo lesione el derecho fundamental a la no discriminación por razón de sexo a efectos de una indemnización pues, para ello, es necesario aportar indicios que permitan conectar causalmente la adopción de la medida extintiva con el embarazo. Y dado que no queda acreditada la existencia de una conducta de la empresa que haga patente que se la despide por el hecho de estar embarazada, se mantiene la nulidad objetiva. El segundo motivo relativo a una indemnización por vulneración de derechos fundamentales también se desestima puesto que no se ha acreditado la intencionalidad discriminatoria ni la vulneración de derechos fundamentales al no apreciar ni siquiera la existencia de un panorama indiciario de discriminación que permita la aplicación de dicha norma.

De esta segunda línea interpretativa se extrae sin dificultad que no puede entenderse que la indemnización por vulneración de derechos fundamentales regulada en el art. 183 de la LJS siga la misma pauta de objetivización, sino que requiere que quede acreditada una conducta contraria al derecho fundamental. Por consiguiente, la imposición de indemnización en casos de declaración de despido nulo, cuando éste ha devenido tal por la aplicación puramente objetiva de los artículos 55.5 b) del ET y 108.2.b de la LJS, exige que, además, se pueda considerar acreditado que la actuación empresarial tuvo una intencionalidad discriminatoria. Se hará precisa, además de la mera constatación del hecho determinante de la nulidad objetiva, de una conducta vulneradora de los derechos fundamentales, lo que exigirá el análisis casuístico de cada concreto supuesto que haya de juzgarse.

B) La unificación de doctrina de la STS de 12 de diciembre de 2023

12. Con todo, las dudas que se suscitaban eran relevantes y los argumentos en una y otra dirección se fundamentaban en significativos razonamientos. Por ello resulta especialmente importante la STS de 12 de diciembre de 2023 (Rº 5556/2022), que enfrenta las doctrinas de la Sala de lo Social del Tribunal Superior de Justicia de Madrid contenidas en sus sentencias de 18 de junio de 2021 (Rº 286/2021) y de 23 de septiembre de 2022 (Rº 537/2022).

La Sala comienza recordando que en el caso de las trabajadoras embarazadas y en los demás supuestos previstos en las letras a), b) y c) del artículo 55.5 del ET, la calificación del despido ha de ser la de su nulidad con las consecuencias previstas en el apartado 6 del referido artículo 55 del ET; esto es, la readmisión y el abono de los salarios dejados de percibir. Por tanto, para las mujeres embarazadas la única alternativa en la calificación del despido es la de procedencia o nulidad en virtud de esa garantía reforzada.

Ahora bien, lo expuesto no excluye que a la trabajadora embarazada despedida se le pueda aplicar la previsión de nulidad establecida en el párrafo inicial del artículo 55.5 del ET, según la cual será nulo el despido que tenga por móvil alguna de las causas de discriminación prohibidas en la Constitución Española o en la ley, o bien se produzca con violación de derechos fundamentales y libertades públicas. En efecto, la sentencia del Tribunal Supremo señala que «tal como explicamos en nuestra sentencia 286/2017, de 4 de abril de 2017 (Rº 3466/2015) —referida a un supuesto de sometimiento a tratamientos de fecundación in vitro— y hemos reiterado recientemente en nuestra STS 8 de noviembre de 2023 (rec. 2524/2021) —referida a una trabajadora en reducción de jornada por cuidado de hijo a quien se le vulnera la garantía de indemnidad— es posible la declaración de nulidad por la vía del apartado primero del artículo 55.5 ET cuando el despido tenga por móvil alguna de las causas de discriminación prohibidas en la Constitución Española o en la ley, o bien se produzca con violación de derechos fundamentales y libertades públicas; en este caso, de la trabajadora embarazada».

No obstante, el Tribunal Supremo precisa que:

> «para ello, la trabajadora deberá alegar los indicios necesarios para trasladar a la empresa la obligación probatoria, a la cual le corresponderá demostrar que su decisión de poner fin a la relación laboral se debe a causas ajenas a la lesión de un derecho fundamental de la trabajadora, en concreto en este caso, que no corresponde a discriminación por razón de sexo. Dicho en palabras de la norma (artículos 96.1 y 181.2 LRJS) le corresponderá al demandado "la aportación de una justificación objetiva y razonable, suficientemente probada, de las medidas adoptadas y de su proporcionalidad", lo que sitúa al demandado frente a una doble posibilidad: o bien trata de probar que su comportamiento no ha provocado la violación de ningún derecho fundamental del trabajador o, por el contrario, tratar de demostrar que concurre algún tipo de circunstancia de entidad suficiente para justificar el acto empresarial que excluya cualquier sospecha de trato discriminatorio».

Sobre esta base, la sentencia del Tribunal Supremo concluye que:

> «La doctrina correcta no se encuentra, por tanto, en la sentencia referencial [STSJ Madrid de 18 de junio de 2021 (Rº 286/2021)], sino en la sentencia recurrida [STSJ Madrid de 23 de septiembre de 2022 (Rº 537/22)] que ha considerado acreditado que no existen indicios de que el despido tuviera como móvil la discriminación por el hecho del embarazo de la mujer ni por cualquier otra causa prohibida, ni que implicara vulneración de derechos fundamentales. Antes, al contrario, para la sentencia recurrida existen factores que apuntan en sentido distinto, ya que consta como probado que la empresa se enteró del embarazo de la trabajadora en el momento de la entrega de la carta de despido y que su despido coincidió con el de otros cinco trabajadores. Por tanto, la sentencia recurrida, tras descartar que existiese un móvil discriminatorio en el despido, declaró su nulidad en aplicación del artículo 55.5 b) del ET, lo que implicó descartar la condena a una indemnización por daño moral derivado de una inexistente discriminación, aplicando los efectos típicos de toda declaración de nulidad: readmisión y condena a los salarios dejados de percibir".

13. En resumidas cuentas, cuando existe una «causa de nulidad objetiva» no se presupone actuación vulneradora por parte del empleador ni lesión necesaria de un derecho fundamental y, por consiguiente, no puede llevar anexa indemnización adicional alguna si esa vulneración no se ha acreditado. Y es que el art. 55.5 del ET establece dos supuestos diferenciados de nulidad: la nulidad por causa de discriminación contemplada en el párrafo primero de dicho artículo y la nulidad objetiva que contiene el apartado 2 letras a), b) y c) del mismo precepto. La decisión adoptada ahora por el Tribunal Supremo en relación con un supuesto de despido durante el embarazo va más allá de esta concreta situación y se proyecta sobre el amplio conjunto de supuestos de nulidad objetiva previstos normativamente.

6. *"Discriminación doble": los efectos económicos del complemento de maternidad por aportación demográfica*

A) La discriminación por la condición de progenitor y la rebeldía al cumplimiento por el INSS de la doctrina del TJUE

14. La STS (Social) de 15 de noviembre de 2023 (Rº 5547/22), reconoce, cambiando de criterio, el derecho del varón accionante, al que el INSS denegó el complemento de maternidad por aportación demográfica reclamado, a lucrar una indemnización derivada de la vulneración del derecho fundamental a no ser discriminado. Como recuerda la sentencia se trata de una discriminación autónoma y ligada a dicha actuación de la entidad gestora por lo que genera derecho a lucrar una indemnización para compensar los perjuicios efectivamente sufridos por aquel empeño denegatorio, incluidas las costas y honorarios de letrado.

El fundamento de tal reconocimiento es que la entidad gestora continuó denegando la prestación después de la STJUE 12 de diciembre de 2019, C-450/18, que consideró discriminatoria por razón de sexo la regulación de la LGSS.

> Dicho pronunciamiento consideró que el art. 60 de la LGSS, sobre el complemento por maternidad en las pensiones contributivas del sistema era contrario a la Directiva 79/7/CEE del Consejo, de 19 de diciembre de 1978, relativa a la aplicación progresiva del principio de igualdad de trato entre hombres y mujeres en materia de seguridad social. Y lo hizo por entender que resulta discriminatorio que se reconozca un derecho a un complemento de pensión por aportación demográfica para las mujeres (con al menos dos hijos), "mientras que los hombres que se encuentran en una situación idéntica no tienen derecho a tal complemento". El TJUE argumenta que la diferencia de trato en la regulación de una prestación pública no constituye un régimen de empleo susceptible de la aplicación de la igualdad retributiva establecida en el art. 157 TFUE, dada su naturaleza pública general y obligatoria, pero sí resulta amparada por la directiva 79/7, en cuanto a la diferencia de trato basada en el sexo (art. 4.1.3).

B) La respuesta del TJUE: La práctica administrativa de denegar sistemáticamente la concesión de este complemento a los padres genera una nueva discriminación y una indemnización propia

15. La exigencia indemnizatoria reforzada deriva ahora del cumplimiento de la TJUE 14 de septiembre de 2023, C-113-22, que resuelve cuestiones prejudiciales sobre esta concreta cuestión, manteniendo que la norma española en su versión precedente (en la que se reservaba la concesión del complemento a las afiliadas de sexo femenino) constituía una discriminación directa por razón de sexo en el sentido de la Directiva 79/7, según sostuvo en su día el TJUE. Ese criterio debió ser acatado por la entidad gestora, y la negativa a hacerlo generó un daño injustificado indemnizable.

El TJUE recuerda que una vez que se ha constatado la existencia de una discriminación que vulnera la legislación europea, y mientras no se adopten medidas que restablezcan la igualdad de trato, los tribunales nacionales y las autoridades administrativas nacionales deben dejar sin aplicar toda disposición nacional discriminatoria, sin esperar a que la derogue el legislador. Es decir, deben aplicar a los miembros del grupo desfavorecido, en este caso, los padres, el mismo régimen del que disfrutan las personas incluidas en la otra categoría como son las madres.

El TJUE subraya que la práctica administrativa de denegar sistemáticamente la concesión de este complemento a los padres genera una nueva discriminación ya que obliga solo a los hombres a ir a la vía judicial para acceder al derecho lo que le expone a un plazo más largo para su obtención, así como, en su caso, a gastos adicionales. "Por consiguiente, el órgano jurisdiccional nacional que conoce de una demanda presentada frente a dicha resolución denegatoria no puede limitarse a reconocer al afiliado de sexo masculino de que se trate el derecho al complemento de pensión litigioso con efectos retroactivos". Es decir, darle la razón "no subsanaría los perjuicios derivados de la nueva discriminación" por lo que "debe concederse asimismo" al hombre "una reparación pecuniaria adecuada, que permita compensar íntegramente los perjuicios efectivamente sufridos como consecuencia de la discriminación. Esta reparación debe tener en cuenta los gastos efectuados por el afiliado, incluidas las costas y los honorarios de abogado". Y ello dado que la referida situación genera para los afiliados de sexo masculino, con independencia de la discriminación directa por razón de sexo que se deriva de los requisitos materiales previstos en la norma, una discriminación relativa a los requisitos procedimentales que regulan la concesión del complemento de pensión litigioso. Básicamente porque les obligaba a hacer valer por vía judicial su derecho al complemento, lo que, en particular, los expuso a un plazo más largo para la obtención del complemento y, en su caso, a gastos adicionales.

16. Consecuencia de todo ello, la STS (Social) de 15 de noviembre de 2023 (Rº 5547/22), ordena no solo que se conceda al interesado el complemento de pensión solicitado, sino también que se le abone una indemnización que permita compensar íntegramente los perjuicios efectivamente sufridos como consecuencia de la discriminación, según las normas nacionales aplicables, incluidas las costas y los honorarios de abogado en que el interesado haya incurrido con ocasión del procedimiento judicial, en caso de que la resolución denegatoria se haya adoptado de conformidad con una práctica administrativa consistente en continuar aplicando la referida norma a pesar de la citada sentencia, obligando así al interesado a hacer valer su derecho al complemento en vía judicial.

En cuanto a la cuantificación de la indemnización, la Sala unifica criterio de modo que los distintos órganos judiciales sepan cómo operar al respecto, fijando así la misma cuantía indemnizatoria para todos ellos perjudicados.

> "Puesto que la finalidad de la indemnización es la de compensar íntegramente los perjuicios efectivamente sufridos como consecuencia de la discriminación, incluidas las costas y los honorarios de abogado en que el interesado haya incurrido con ocasión del procedimiento judicial, resulta objetivamente irrazonable considerar que en ese ámbito puedan presentarse diferencias relevantes en la valoración de esos perjuicios"

Así, la indemnización debe alcanzar las costas y los honorarios de abogado, en que haya incurrido el afiliado para hacer valer su derecho al complemento de pensión litigioso (según el art. 235 de la LJS las costas comprenderán los honorarios del abogado o del graduado social colegiado de la parte contraria, sin que las mismas puedan superar la cantidad de 1.800 euros en casación), así como otros gastos que puedan acreditarse por verse obligado a acudir a los tribunales para obtener el complemento. Pero teniendo en cuenta, de una parte, que los perjuicios económicos directos han sido compensados en la medida en que el complemento se reconoce con efectos de la propia prestación a la que se adhiere, y, de otra parte, que no se trata de una prestación, sino de un complemento de la prestación previamente reconocida, por lo que su importe es sensiblemente inferior a la principal, y por tanto el daño patrimonial en la demora del percibo es cuantitativamente menor y sensiblemente distinta, por menos gravosa, de la que resultaría de la denegación de las derivadas de la prestación misma.

Por lo que se refiere a la compensación de los daños derivados de la discriminación adicional, la Sala la cuantifica en 1.800 euros, porque se estima que dicha cuantía es la que mejor se adecúa a la exigencia de reparación del daño sufrido en los términos que se derivan de la STJUE de 14 de septiembre de 2023 y de la normativa interna y doctrina jurisprudencial sobre la materia, y que permite una reparación integral del perjuicio sufrido. Esa cantidad, concluye la sentencia, comporta una reparación integral del perjuicio sufrido y procede siempre que haya sido menester que el varón discriminado por una resolución del INSS posterior a la STJUE 19 diciembre 2019 haya precisado del acudimiento a la jurisdicción social para conseguir el abono del complemento en cuestión. La eventual zozobra moral o las molestias materiales derivadas de ese acudimiento a los órganos de la jurisdicción social quedan englobadas en tal reparación a tanto alzado.

7. *Discriminación por edad y cuantificación de los daños*

17. Pese a sus singularidades, la discriminación por edad constituye una de las categorías que más peso ha ganado en los últimos años. Las razones de su expansión se encuentran, probablemente, en dos ideas básicas. Por un lado, el deseo de eliminar la construcción de estereotipos sociales basados en la edad. Y ello, en la medida en que la edad se utiliza para clasificar a las personas sobre la base de su madurez, competencia, capacidad para aprender, estado de salud o vulnerabilidad.

> Un nacional etíope trabajó desde 1993 como guarda en la embajada de España en Adis Abeba (Etiopía). En 2023, su empleador, el Ministerio de Asuntos Exteriores español, le comunica la extinción de la relación laboral por cumplir la edad de jubilación de 60 años. El contrato de trabajo está sujeto a ley etíope, y es aplicando esta ley que el despido se declara "ilegal" por el Juzgado de lo Social que conoce de la demanda formulada por el trabajador en España. Además de declarar la ilegalidad del despido, la sentencia declara la vulneración de derechos fundamentales, por discriminación por razón de edad, y condena al Ministerio al abono de una indemnización de 10.932,93 euros.

La STSJ Madrid de 17 de abril de 2024 (Rº 106/2024), resuelve los recursos de suplicación que formulan el trabajador demandante y la entidad pública demandada. El recurso del trabajador se limita a alegar la vulneración del art. 183 de la LJS: defiende que, al haberse producido la vulneración de un derecho fundamental, con independencia de la ley aplicable al contrato, debe aplicarse dicho artículo en orden a la indemnización del daño causado por el despido, que es el acto discriminatorio. Para el cálculo de la indemnización, la Sala maneja los siguientes criterios (Un excelente comentario en Gómez Abelleira, 2024 que aquí seguimos en contenido y estructura):

(i) El trabajador ha quedado en situación de desempleo sin cobertura alguna. Se da la circunstancia, además, de que el Ministerio no ha cotizado ni en España ni en Etiopía en los casi 30 años de servicios. No se entra en la legalidad o ilegalidad de esta circunstancia.

(ii) La responsabilidad por vulnerar un derecho fundamental conlleva necesariamente, "como materia de orden público", dice la sentencia, "la obligación por parte del responsable de una restitutio in integrum". Y añade: "Si la misma no se produce en especie (es decir, mediante la readmisión, que está fuera del debate de las partes), entonces la valoración del daño causado por el despido no puede ser tasada sino libre y completa".

(iii) Esta valoración del daño causado es, de algún modo, especulativa; el Tribunal lo dice así: "esa valoración ha de hacerse en el momento de dictarse la resolución judicial sin conocer qué pueda ocurrir en el futuro con los ingresos del trabajador, lo que significa resolver en situación de incertidumbre".

(iv) En este marco de incertidumbre, las certezas son que existe una "pérdida real de ingresos", al menos inicialmente, teniendo en cuenta la posible protección social a que pueda tener derecho el trabajador (ya hemos visto que, en este caso, es inexistente). El TSJ lo expresa así: "La pérdida objetiva será la diferencia bruta entre el salario percibido y las cotizaciones que acompañan al mismo y la prestación sustitutiva del salario (desempleo, jubilación, etc.), incluyendo las cotizaciones anexas, valorando además el tiempo que puede tardarse en acceder a cada prestación o la duración máxima establecida legalmente para ella".

El TSJ formula consideraciones también sobre un empleo alternativo y sobre el mercado de trabajo, afirmando que el despedido:

> "no puede limitarse a vivir pasivamente de dicha indemnización, sino que, al menos mientras no alcance la protección pública por jubilación, es esperable y exigible que busque otro empleo con posterioridad a la extinción de su contrato, en cuyo caso el daño producido por el despido quedará limitado por los nuevos ingresos obtenidos en ese empleo. Si ha quedado acreditado que efectivamente ha encontrado otro empleo y los ingresos que recibe por él, la valoración se simplifica (aun teniendo en cuenta que es importante valorar la duración previsible del mismo), pero si el trabajador no ha encontrado otro empleo en el momento de llevarse a cabo la valoración, entonces la misma ha de hacerse en base a las probabilidades de que encuentre ese otro empleo, esto es, en base a valorar la empleabilidad del trabajador en función de su edad, formación, situación del mercado de trabajo y demás circunstancias relevantes, de manera que puede incluso establecerse algún sistema de ponderación matemática, según la edad y demás circunstancias, para reducir la pérdida salarial objetiva en el momento del despido".

También es relevante qué tipo de relación laboral se ha extinguido por el acto ilícito:

> "la expectativa de ingresos derivados del empleo finalizado ilícitamente varía según la estabilidad alcanzada en el mismo, lo que se determina por el tipo de relación, fija o temporal y la experiencia y antigüedad en el contrato". El supuesto que nos ocupa es bastante extremo en este punto, ya que el trabajador lo ha sido durante 30 años, con lo que, dice la Sala, "podía tener la expectativa racional de terminar su vida laboral en este empleo mientras mantuviese la capacidad para su desempeño o alcanzase los requisitos para percibir una prestación de jubilación".

La conclusión de lo anterior es que "el daño inicial es la pérdida salarial íntegra hasta ese momento, descontando los ingresos esperables por protección social". Dada la inexistencia de esta, "lo único que puede valorarse es la pérdida salarial".

Finalmente, el TSJ se adentra en el difícil terreno probabilístico: ¿cuál es la probabilidad de que el trabajador encuentre empleo, a los 60 años, en Etiopía? La suposición de la Sala es que "a una edad de 60 años, por razones físicas y de envejecimiento (y sin entrar a valorar la situación del mercado laboral en Etiopía, sobre lo que nada consta y dista de ser notoria), el nivel de empleabilidad debe reputarse marginal". Esto último lleva al Tribunal a concluir que:

> "la indemnización ha de ser completa, esto es, debe restituir al trabajador la pérdida salarial, si bien la percepción actual en un único pago debería llevar a su actualización con el descuento resultante de aplicar el tipo de interés del dinero al transcurso del tiempo desde el momento del despido hasta la fecha de expectativa de vida aplicable en el país o zona geográfica en función del sexo, edad y demás circunstancias valorables".

Yendo a lo más preciso, el TSJ remata:

> "A falta de datos concretos que permitan hacer un cálculo más preciso de la misma, teniendo en cuenta que el salario mensual bruto del trabajador en el momento del despido era de 667,77 euros (suponemos que con prorrata de pagas extraordinarias), o sea 8.013,24 euros anuales, el importe reclamado en el recurso (37.700 euros) equivale a aproximadamente cuatro años y medio de salario, lo que no parece en modo alguno excesivo o desproporcionado como valoración de la pérdida salarial sufrida, no compensada por sistema prestacional alguno ni por la previsión realista de que por su edad pueda encontrar un empleo sustitutivo y teniendo en cuenta que en estos años la esperanza de vida al nacer en Etiopía, según los datos del Banco Mundial, está alrededor de los 65 años".

II. Las particularidades de las indemnizaciones por acoso moral y el derecho fundamental a la integridad física

1. *Derecho fundamental a la integridad física y el acoso moral*

18. El art. 15 de la CE establece que «todos tienen derecho a la vida y a la integridad física y moral, sin que, en ningún caso, puedan ser sometidos a tortura ni a penas o tratos inhumanos o degradantes». Por ello, se vulnera el derecho a la integridad moral cuando se reduce a la persona a mero sistema de biológico o mero objeto desconociendo su faceta moral, esto es, cuando se actúa sobre ella sin respetar la capacidad de decisión y el contenido de su voluntad, cuando se degrada a ser un instrumento de la voluntad ajena. De este modo resultan contrarios al art. 15 CE aquellos comportamientos prohibidos que suponen un atentado frontal y radical a la dignidad humana: «bien porque cosifican al individuo, rebajándolo a un nivel material o animal, bien porque lo mediatizan e instrumentalizan, olvidándose de que toda persona es un fin en sí mismo» (STC 181/2004).

El término "acoso" es un concepto polisémico que en nuestro ordenamiento jurídico tiene distintas acepciones. El que se produce en el ámbito de las relaciones laborales, al margen de las manifestaciones específicas expresamente reguladas, como el discriminatorio y el sexual, es decir, el denominado "acoso moral", supone un atentado contra el derecho a la dignidad personal y a la integridad física y moral consagrados en los arts. 10.1 y 15 de la CE, así como contra el debido respeto a la dignidad de las personas asalariadas en el desarrollo de la actividad laboral reconocido en los arts. 4.2 e) del ET y 26.2 de la CSE.

A mayor abundamiento, el art. 1 del Convenio 190 de la OIT del año 2019 y ratificado por España en 2022, entrando en vigor en mayo de 2023, recoge una definición de acoso general que introduce importantes matices, sobre todo, para la identificación de la conducta de acoso moral: "un conjunto de comportamientos y prácticas inaceptables, o de amenazas de tales comportamientos y prácticas, ya sea que se manifiesten una sola vez o de manera repetida, que tengan por objeto, que causen o sean susceptibles de causar, un daño físico, psicológico, sexual o económico, e incluye la violencia y el acoso por razón de género".

Conviene enlazar esta definición con la doctrina sentada por el Tribunal Constitucional en las SSTC 56/2019, de 6 de mayo y 28/2025, de 10 de febrero, en el sentido de que las conductas o situaciones que tienen por finalidad o como resultado atentar o poner en peligro la integridad del empleado, y ser constitutivas de acoso laboral, pueden ser muy diversas.

2. Daños derivados de las situaciones de acoso moral

19. Los daños originados por la conducta acosadora deben ser reparados en su totalidad (restitutio in integrum) por la vía del sistema de responsabilidad civil o patrimonial. Por daños y perjuicios adicionales cabe entender cualquier daño que haya sufrido, sufra o pueda sufrir el trabajador a consecuencia de la situación de acoso de la que ha sido víctima y que no resulten susceptibles de ser indemnizables desde el daño moral en los términos expuestos.

20. Desde esa perspectiva puede diferenciarse entre:

(i) Daños emergentes, que a su vez pueden ser:

- Daños físicos o psíquicos: daños a la salud a raíz de la situación de discriminación, y que necesitan de tratamiento psiquiátrico por ansiedad, depresión, angustia laboral y trastornos adaptativos. También el desarrollo de enfermedades derivadas del estrés, como trastornos respiratorios —hiperventilación, sensación de ahogo—, cardiovasculares, gastrointestinales, endocrinos o dermatológicos.
- Daños patrimoniales derivados de las visitas médicas en centros privados, tratamientos farmacológicos, etc., así como daños patrimoniales derivados de la imposición de sanciones disciplinarias, como la suspensión de empleo y sueldo.

(ii) Lucro cesante: por la pérdida de retribuciones durante los periodos de incapacidad laboral por contingencias profesionales, derivados de la pérdida del puesto de trabajo por jubilaciones por contingencias profesionales, o de la pérdida de posibilidades de promoción.

(iii) Daños morales: daños al honor, la intimidad, la imagen y el prestigio al ser aislada la persona de su entorno laboral; menoscabo de la dignidad personal y profesional en la divulgación de información falsa sobre la persona; daños morales derivados de la incoación de expedientes disciplinarios, o daños morales derivados de la imposición de sanciones disciplinarias. También se pueden alegar daños morales derivados de la vulneración de derechos, como el derecho a una protección eficaz en materia de seguridad y salud en el trabajo y la normativa de prevención de riesgos laborales o vulneración de otros derechos.

3. Daños físicos o psíquicos El recurso al sistema para la valoración de los daños y perjuicios causados a las personas en accidentes de circulación

21. Como ha señalado Correa (2019: 66), “ha sido especialmente problemática la utilización como referente normativo del baremo indemnizatorio previsto para los accidentes de tráfico (recogido en el anexo de la Ley sobre Responsabilidad Civil y Seguro en la Circulación de Vehículos a Motor), en la medida en que, partiendo de la base de que se contempla una reparación vertebrada (daños psicofísicos/daños morales), existía una controversia en torno a si su aplicación suponía el resarcimiento íntegro por daños morales (sobre todo cuando, además de los previstos durante la situación de incapacidad, se reconocía una indemnización adicional por los días no impeditivos)”. En cualquier caso, “se ha ido imponiendo la tendencia favorable a tomar como referente orientativo para su cálculo, además del aludido baremo (aplicable, especialmente, cuando concurren lesiones psicofísicas acreditadas)".

La STSJ de Canarias de 27 de febrero de 2019 (Rº 1547/2018), se solicita la indemnización en relación al acoso laboral sufrido en base a lo establecido en el Baremo de Tráfico. Esta sentencia concede una indemnización; por el tiempo de incapacidad temporal, el parámetro de cálculo indemnizatorio consistió en reconocer un —perjuicio personal básico— durante los días de baja en aplicación analógica del Baremo de Accidentes de Tráfico a razón de 30 euros/día. Secuelas sufridas otorgándoles una puntuación según el baremo establecido; "a consecuencia del maltrato que la actora recibía por su superior jerárquico, sufría un episodio depresivo de intensidad moderada y trastorno adaptativo crónico, y que como resultado de lo anterior padece dos secuelas psicológicas contempladas en el Baremo de accidentes de tráfico en el Epígrafe 1.B. otros trastornos neuróticos y valorado por el Perito en 5 puntos, y otra secuela del epígrafe trastornos permanentes de humor con una puntuación de 12 puntos, y que siendo 17 puntos en total, en consonancia con la edad de la interesada, resultaría del Baremo de Accidente de Tráfico una indemnización por secuelas en la cantidad de 23.119,12 euros.

La STSJ de Andalucía, Granada de 25 de enero de 2018 (Rº 1846/2017), que valora la indemnización completa por acoso laboral sufrido por la trabajadora demandante, calculado conforme al Baremo de Tráfico. En este caso, la sentencia de instancia y el TSJ consideran que existe una situación acoso por parte de la empresa y del superior jerárquico de la trabajadora, y ordena a la empleadora que proceda al cese inmediato en el mismo, y a que imponga a sus empleados dicho cese, a que reintegre a la demandante en las condiciones que tenía la actora antes de iniciarse los actos reiterados y a que solidariamente abonen a la demandante, la cantidad de 38.731,49 euros, en concepto de daños y perjuicios ocasionados, incluidos los daños morales, por los perjuicios, que cuantifica del siguiente modo (en aplicación del baremo de accidentes): 221 días impeditivos y 10% de factor de corrección de los días impeditivos (14.076,81 euros + 1.407,68 euros); Gastos de tratamiento psicológico (1.200 euros); Tratamiento dental (717 euros + 1.330 euros); y daños morales por vulneración de derecho fundamental que sin perjuicio de la determinación por el Juzgado con base en el art. 183.2 LRJS, estima prudente en fijarlos en la cantidad de 20.000 euros adicionales. Curioso es este caso, porque el TSJ admite la cuantificación de los daños, pero le recuerda a la parte recurrente, esto es, a la empresa, que en este caso solo se han limitado a mostrar su desacuerdo con dicho montante indemnizatorio, pero olvida que el mismo ha sido otorgado en base al baremo de accidentes, por lo que debió señalar la parte qué precepto de dicho baremo ha sido infringido por la sentencia de instancia. Además, la valoración realizada se basa en hechos de los que no deja constancia el relato de hechos probados.

La STSJ de Galicia de 4 de mayo de 2020 (Rº 34/2020), en la que se declara la existencia de una conducta de acoso moral a la trabajadora demandante al conocerse la intención de la actora de presentarse por la CIG a las elecciones sindicales, de forma que en los días siguientes se producen una serie de acciones por el representante de la empresa: presiones para que no opte a tal candidatura, reiteradas con insistencia; carteles alusivos en el centro; hablar con otros trabajadores para que hagan otra candidatura opuesta; prohibición a la actora de acceder a las oficinas y menoscabo en sus funciones; convocatoria a todos los trabajadores para hacer una diatriba contra la demandante ante ellos. El estado de tensión de la demandante llegó al límite pasando a situación baja médica por un trastorno de ansiedad que se prolongó en el tiempo. El TSJ consideró que se trataba de una conducta pluriofensiva pues no solo se infringió el art. 28 CE sino también el art. 15 CE. En este caso, se condena a la empresa al abono de una indemnización por daños morales de 21.448 euros, utilizando el Baremo de Tráfico para los días no impeditivos, que la jurisprudencia entiende reparan el daño moral sufrido durante la situación de IT, más allá de que el perjuicio económico se resarza con las prestaciones.

22. En todo caso, y en relación con esta cuestión nos remitimos a lo que se dirá en relación con el uso del baremo al Capítulo 19 de la presente obra.

4. Daños morales

23. El criterio prevalente de determinación es el cuadro de sanciones previstas en la LISOS ("baremo sancionador") para la indemnización del daño moral vinculado a la lesión de un derecho fundamental".

Un supuesto particular es el resuelto en la STSJ de Madrid de 18 enero de 2016 (Rº 1073/2014)

El referido pronunciamiento valora la existencia de acoso sobre un trabajador socio de una empresa constructora con la categoría de arquitecto. Al tratarse de una empresa familiar, la situación trascendió lo meramente laboral, existiendo un claro conflicto familiar, de modo que la situación padecida por el trabajador le hacía vivir en un "estado de ansiedad permanente" causando baja por incapacidad temporal. Previamente, habían mediado diversas denuncias por insultos, amenazas y vejaciones continuadas. En este caso, concluye el Tribunal que, una vez acreditada la propia existencia de daños morales por vulneración de derecho fundamental como título del que hacer surgir la indemnización adicional basada en la LISOS, para cuantificarla establece "que, en atención a la gravedad de la situación expuesta, parece apropiada fijar la cuantía indemnizatoria en la suma de 81.902,27 euros, por ser palmaria la conflictividad existente entre el trabajador y el grupo empresarial al que demanda, con el agravante de parentesco".

24. La importancia de la actividad probatoria para la valoración del daño moral y la aplicación de la LISOS como criterio orientativo en supuestos de acoso moral. En este sentido se pueden destacar algunas sentencias interesantes:

La STSJ de Canarias de 9 de marzo de 2022 (Rº. 325/2021), en la que se enjuicia un caso de acoso moral contra un trabajador que había demandado en varias ocasiones por incumplimientos laborales varios (en materia de vacaciones, de jornada, de horas extraordinarias, etc), y como consecuencia de ello, se le asignan tareas y funciones que no había realizado, se le despide y denuncia por apropiación indebida (8 euros), que no se pudo demostrar en el juicio, declarándose el despido nulo por vulneración de garantía de la indemnidad. Cuando reingresa, otra persona trabajadora ocupaba su puesto, se le impone una sanción de empleo y sueldo por no llevar a cabo algunas tareas asignadas, y finalmente el trabajador inicia una situación de incapacidad temporal por ansiedad y depresión. La sentencia de instancia y posteriormente esta sentencia del TSJ consideran la existencia de una situación de acoso moral, y se condena a la empresa al pago de una indemnización de 40.000 euros en concepto de daño morales, entendiendo la cantidad como proporcional a los recurrentes incumplimientos del empresario, que se demuestran y que forman parte de los hechos probados, y todo ello sobre la base de la aplicación del baremo sancionador y concretamente del art. 40 de la LISOS.

Sin embargo, en la STSJ de Asturias de 7 de diciembre de 2022 (Rº. 2241/2022), que resuelve un asunto de extinción del contrato de trabajo por vía del art. 50 ET, establece una cuantía de indemnización por vulneración de derechos fundamentales de 6.251 euros. El abogado del trabajador reclama, al amparo de lo dispuesto en el apartado c) del art. 193 de la LJS, la infracción del art. 183 de la LJS, al considerar insuficiente la indemnización adicional fijada en la resolución de instancia por la vulneración de los derechos fundamentales del trabajador. Argumenta que su mandante causó baja por IT el 8 de junio de 2021 con el diagnóstico de ansiedad, permaneciendo en dicha situación hasta la extinción de la relación laboral el 20 de mayo de 2022, un total de 347 días de baja, que, considerados como perjuicio personal básico, a razón de 31,61 euros diarios, supondrían 10.968 euros sólo por ese concepto. Pero es que, además, durante la IT la cuantía de la prestación es el 75% de la base reguladora a partir del 20º día, razón por la que el trabajador tendría un lucro cesante del 25% de la base reguladora durante 11 meses de baja y como quiera que las bases de cotización del mes anterior a la baja (mayo) son de 1.708,53 euros y 2.151,84 euros, lo que hace un total de 3.860,37 €, de lo cual únicamente percibe mensualmente durante la IT 2.895,27 € (75%), de modo que percibiría mensualmente durante la IT 965 euros menos (25%), lo que por 11 meses haría un total de 10.616 euros de lucro cesante. Por otra parte, entiende el abogado que hay otros datos que no se han tomado en consideración como es la edad de 57 años del actor.

Ante esta petición el TSJ recuerda la doctrina unificada que establece, como regla general, que la cuantía de la indemnización no es revisable por vía de recurso. La facultad de determinar el importe de dicha indemnización corresponde a los tribunales de instancia a su prudente arbitrio y no cabe impugnar con consistencia jurídica la determinación que, de forma razonada, hace el órgano de instancia del perjuicio originado, como consecuencia de la lesión del derecho fundamental. De modo que solo de excepcional manera cabe la revisión en aquellos casos en que se aprecie una manifiesta desproporción entre el daño causado y la compensación económica fijada en instancia. Es por el ello que el TSJ en este caso descarta la denuncia formulada en el recurso de la parte actora, en primer lugar, porque el recurrente ni se atiene a los hechos declarados probados en el relato histórico de la resolución impugnada, ni tampoco acude a la vía que autoriza el Art. 193 b) de la LRJS para su revisión fáctica en el caso de que considere que el juzgador ha incurrido en un error de valoración. Fuera de la fecha de la baja medico laboral no hay un solo dato referido a la duración de la misma, a la base reguladora de la prestación ni a la cuantía realmente percibida por el recurrente durante el tiempo de permanencia en tal situación, datos todos ellos imprescindibles para la toma en consideración de la denuncia que se formula en el motivo. Incurre, de esta manera, el recurrente en el rechazable vicio procesal de la llamada "petición de principio" o "hacer supuesto de la cuestión", que se produce cuando se parte de premisas fácticas distintas a las de la resolución recurrida. Además, la utilización del criterio orientador de las sanciones pecuniarias previstas por la LISOS para las infracciones producidas en el caso ha sido ha sido admitido por la jurisprudencia constitucional y por la jurisprudencia del Tribunal Supremo. Criterio orientador. En esas condiciones, que se acuda a las sanciones previstas para infracciones empresariales muy graves en el Art. 8.12 de la LISOS, nos conducen a mantener como adecuada la cuantía indemnizatoria establecida en la sentencia de instancia, pues no aparece como irrazonable o arbitraria.

25. Es importante tener presente que, como se ha dicho, "ni el daño moral repara la incapacidad laboral, ni la cuantificación de los daños morales debe calcularse necesariamente en proporción a la duración de la misma" (Correa, 2019: 65).

Como reconoce la STSJ del País Vasco, Sala de lo Social, de 5 de septiembre de 2017 (Rº 1483/2017), procede la indemnización por los momentos comprendidos entre los períodos de IT, pues estuvo sometida a un sufrimiento relevante, aunque no le impidiera prestar su trabajo. De este modo, se prevén tres vías legales de resarcimiento del daño moral en esta situación: días de estancia hospitalaria, días simplemente impeditivos sin estancia hospitalaria y días no impeditivos, pues el alta laboral no necesariamente ha de implicar sanidad absoluta. En este caso, al haberse indemnizado tanto por los días en IT como días impeditivos como por otros períodos (los períodos intermedios entre las situaciones de IT, en los términos vistos) como días no impeditivos, considera que el daño moral está resarcido.

26. Corresponde al órgano judicial imponer la indemnización que, según su criterio, entienda que corresponda en función de los elementos concurrentes en el supuesto enjuiciado, optando por un grado u otro del mencionado cuadro sancionador atendiendo a la intensidad o gravedad de la conducta acosadora. En este sentido, como ha explicado Molina Navarrete (2018: 41-42), gana fuerza el intento de algunas doctrinas de suplicación de establecer una "tabla" o "guía judicial orientativa" de criterios a tener en cuenta para llevar a cabo la valoración de los daños. Y en este sentido el referido autor propone tomar en consideración como criterios a ponderar:

(i) Duración (y frecuencia), si el acoso resulta más o menos prolongado en el tiempo;

(ii) Intencionalidad lesiva. La conducta dolosa es más reprobable debiendo jugar "la intencionalidad, no en el tipo de ilícito".

(iii) Pluralidad y gravedad de las conductas (mayor o menor intensidad por tipo de ataques), "incluyendo el plus que puede suponer la pluriofensividad de las mismas";

(iv) Las características del empleador responsable (tamaño, naturaleza pública o no, tipo de actividad, etc…) y

(v) Efectividad global del conjunto de tutelas activadas por el trabajador: "a más acciones y menor éxito mayor cuantía, a menos acciones y más éxito de las entabladas, menor cuantía".

Como ha señalado Molina Navarrete (2018), "los operadores jurídicos deben tomarse más en serio el resarcimiento eficaz de este tipo de accidentes de trabajo y enfermedades psicosociales. Y ello en atención tanto al nuevo marco normativo internacional (Convenio 190 OIT, sobre la prevención y erradicación de la violencia y el acoso en el mundo del trabajo), que llama, entre las técnicas de tutela efectiva, a una «indemnización adecuada» por todos los daños personales (biológicos y morales) derivados de la violencia".

5. Indemnizaciones compatibles con la derivada de la extinción causal del contrato de trabajo ex art. 50 del ET

27. Las indemnizaciones por daños morales, patrimoniales (daño emergente y lucro cesante) o psicofísicos son autónomas y complementarias entre sí y, además, compatibles con la derivada de la extinción causal del contrato de trabajo ex art. 50 del ET (art. 183.3 de la LJS), que tiene por objeto reparar el daño ocasionado al trabajador por la pérdida injustificada de su empleo. Quedan definitivamente superadas, de este modo, las dudas que se venían suscitando en torno a la identificación de los diferentes daños provocados por el acoso y su compatibilidad, lo que se ha visto favorecido por su incardinación dentro del marco protector de configurado por la tutela antidiscriminatoria (Navarro Nieto, 2007).

La trabajadora, perteneciente a la categoría profesional de farmacéutica, sufrió pisotones, codazos e increpaciones por parte de compañeros de trabajo, causándole procesos de incapacidad temporal por ansiedad, de forma que se vio obligada a solicitar la resolución indemnizada de su contrato. El juzgado de instancia estimó la extinción del contrato, pero no la demanda de tutela de derechos fundamentales interpuesta contra el empresario demandado. No obstante, la STSJ de Andalucía (Granada) de 18 de julio de 2019 (Rº 13/2019), manteniendo la extinción del contrato, estimó la tutela de derechos fundamentales e impuso, además, la condena adicional a la empresa a abonar a la trabajadora la cantidad de 25.000€ de indemnización adicional por daño moral. Ello se debe a que el Tribunal entendió que la empresa llevó a cabo un comportamiento que excede los límites de la simple causa resolutoria contemplada en los apartados a) y c) del art. 50 del ET y que, en definitiva, afecta directamente a la dignidad personal y a los sentimientos más profundos de la trabajadora, estableciendo expresamente que "tal comportamiento no solo ha sido destructor, sino, además, malintencionado, y ha tenido su origen en las relaciones interpersonales existentes en el seno de la empresa". La cuantía debe cifrarse ponderando las circunstancias concurrentes en el caso, naturaleza de la lesión y período de tiempo que duró el comportamiento. Consideró adecuada la indemnización adicional que solicitaba la trabajadora en el recurso, que, conforme a los baremos anteriores, estaba integrada por: el lucro cesante que estima la cantidad económica que la trabajadora dejó de cobrar de forma mensual durante los meses que duró su baja a razón de 300 euros mensuales en total 5500 €. Atendiendo al perjuicio personal básico, concebido por la Ley 35/2015, de 22 de septiembre, de reforma del sistema para la valoración de los daños y perjuicios causados a las personas en accidentes de circulación, la cuantía de 14.500 € en concepto de perjuicios económicos derivados de 480 días de baja hasta la extinción contractual a razón de 30,15 €/día, el reconocimiento del daño moral de 5.000 euros (Un comentario a esta sentencia, Moreno Pérez, 2019).

III. Daños y derecho a la protección de datos personales

1. *La protección de datos como derecho fundamental*

28. La protección de datos es, probablemente, una de las garantías individuales que mayor desarrollo normativo ha experimentado a nivel europeo en los últimos años. Se recoge en el art. 8 de la CDFUE que «toda persona tiene derecho a la protección de los datos de carácter personal que la conciernan». Añade que, «estos datos se tratarán de modo leal, para fines concretos y sobre la base del consentimiento de la persona afectada o en virtud de otro fundamento legítimo previsto por la ley. Toda persona tiene derecho a acceder a los datos recogidos que la conciernan y a su rectificación». Para concluir que «el respeto de estas normas quedará sujeto al control de una autoridad independiente». Por su parte, el art. 16.1 del TFUE establece que «toda persona tiene derecho a la protección de los datos de carácter personal que le conciernan».

La creación por el Tribunal Constitucional del derecho fundamental a la protección de datos personales en el inciso inicial del art. 18.4 de la CE que establece que «la ley limitará el uso de la informática para garantizar el honor y la intimidad personal y familiar de los ciudadanos y el pleno ejercicio de sus derechos» (SSTC 290/2000 y 292/2000), permitió afirmar que esa garantía era a un tiempo un derecho fundamental, con un contenido esencial, frente al legislador y los demás poderes públicos y frente a particulares y empresas.

Normas de referencia en esta materia son el Reglamento (UE) 2016/679 del Parlamento Europeo y del Consejo, de 27 de abril de 2016, relativo a la protección de las personas físicas en lo que respecta al tratamiento de sus datos personales y a la libre circulación de estos datos (en adelante, RGPD) que deroga la Directiva 95/46/CE y la Ley Orgánica 3/2018, de 5 de diciembre, de Protección de Datos Personales y garantía de los derechos digitales (en adelante, LOPD).

2. *Reparación directa, integral, directa y solidaria*

29. El art. 82.2 del RGPD señala al responsable y/o al encargado u encargados del tratamiento ilícito como responsables por los daños causados en la operación de tratamiento cuando el primero incumpla lo dispuesto en el RGPD, o bien el segundo incumpla las obligaciones que le impone de forma específica el RGPD o las instrucciones del responsable del tratamiento. El RGPD establece la responsabilidad directa del responsable del tratamiento de datos personales ilícito que cause daños a una persona física tanto si el tratamiento lo realizó internamente o lo externalizó a un tercero. La responsabilidad del encargado del tratamiento es más limitada, ya que únicamente responde de los daños y perjuicios causados por el tratamiento cuando no haya cumplido con las obligaciones normativas dirigidas específicamente a los encargados o haya actuado al margen o en contra de las instrucciones legales del responsable (art. 82.5 del RGPD).

Los apartados cuarto y quinto del art. 82 del RGPD están dedicados a regular la responsabilidad del responsable del tratamiento y/o del encargado del mismo. El apartado cuarto in fine establece que «cada responsable o encargado será considerado responsable de todos los daños y perjuicios, a fin de garantizar la indemnización efectiva del interesado», es decir, regula la responsabilidad solidaria que se caracteriza precisamente por esa posibilidad que tiene el perjudicado de acudir bien al responsable del tratamiento, o bien al encargado, exigiéndole el abono del total de la indemnización y como es lógico en la responsabilidad solidaria, el art. 82.5 del RGPD regula que aquel que abonó el total de la indemnización podrá repetir contra el resto de sujetos responsables por la parte que a cada uno le corresponda indemnizar.

Son indemnizables los daños y perjuicios materiales o inmateriales (RGPD art. 82.1). Por tanto, se garantiza una reparación integral que cubra no solo los daños físicos y patrimoniales, sino también los daños morales. En efecto, en el RGPD se establece que «el concepto de daños y perjuicios debe interpretarse en el sentido amplio a la luz de la jurisprudencia del Tribunal de Justicia, de tal modo que se respeten plenamente los objetivos del presente Reglamento» (RGPD considerando 146). Ello lleva a garantizar una reparación integral de los daños producidos con la operación de tratamiento.

El art. 82 del RGPD ha sido objeto de numerosas cuestiones prejudiciales ante el TJUE planteadas por tribunales de distintos países (sobre todo alemanes) que han dado lugar en los últimos meses a varias sentencias del TJUE que resuelven diversas cuestiones, relacionadas con: a) los requisitos para que exista una infracción de la normativa de protección de datos, b) el criterio de imputación de la responsabilidad ex art. 2 RGPD, c) el daño indemnizable, d) la carga de la prueba y e) la función —indemnizatoria o punitiva— del citado art. 82 (Santos Moron, 2024).

3. *Responsabilidad por daños*

30. Estamos ante una regulación que supone una garantía para las personas físicas cuyos datos de carácter personal son sometidos a una operación de tratamiento, aunque no medie un contrato entre el titular de los datos y el responsable o encargado del tratamiento. El legislador europeo regula, por primera vez, la necesaria indemnización de los daños causados por un tratamiento no acorde con lo dispuesto en el RGPD. Se trata por tanto de una responsabilidad por daños, con fines resarcitorios, que no deriva de un incumplimiento contractual y que, por tanto, no pretende resarcir dicho incumplimiento, sino la lesión de un derecho fundamental.

A) Antijuridicidad como presupuesto

31. En el ámbito del art. 82 del RGPD, la conducta antijurídica consiste en la infracción de las normas del propio RGPD. Los afectados pueden esperar para demandar a una eventual resolución sancionadora de las autoridades, pero no están obligados a ello.

La regulación del RGPD del derecho de indemnización resulta acorde con la responsabilidad subjetiva, por dolo, culpa o negligencia. En este sentido se exonera al responsable y/o al encargado de responsabilidad por los daños causados en la operación de tratamiento de datos de carácter personal cuando demuestren «que no es en modo alguno responsable del hecho que haya causado los daños y perjuicios» (art. 82.3 del RGPD).

> A diferencia de lo que sucede en la Ley Orgánica 1/1982, de 5 de mayo, de protección civil del derecho al honor, a la intimidad personal y familiar y a la propia imagen", no regula el art. 82 del RGPD una presunción de existencia de un perjuicio cuando se acredite la infracción de las normas del propio RGPD. En consecuencia, habrá que probar la existencia del daño aducido y, además, la relación de causalidad entre la acción u omisión del responsable con el daño producido

32. No se trata de una responsabilidad puramente objetiva (STJUE de 14 de diciembre de 2023, asunto Natsionala agentsia za prihodite C-340/21, declaración 1). Conforme al apartado 2 del artículo 82 del RGPD, el responsable o encargado estará exento de responsabilidad si "demuestra que no es en modo alguno responsable del hecho que haya causado los daños y perjuicios". La jurisprudencia del TJUE pone de manifiesto que para considerar incumplido el deber de "seguridad del tratamiento" regulado en el art. 32 RGPD, no basta con que se haya producido un acceso indebido a los datos por parte de terceros (sean consecuencia de un ciberataque, de un error material padecido por un empleado del responsable del tratamiento o de otro hecho) sino que es preciso concluir, atendiendo a las circunstancias del caso concreto, que las medidas de seguridad adoptadas por el responsable del tratamiento no eran las "apropiadas" para el riesgo preexistente, lo que obliga a valorar la diligencia empleada por tal sujeto en la adopción de tales medidas. La carga de la prueba de que las medidas adoptadas eran apropiadas corresponde al responsable del tratamiento de acuerdo con el art. 24 del RGPD.

Pero la propia expresión legal utilizada "en modo alguno", pone de manifiesto que el estándar de diligencia exigible es muy alto (Sentencia del TJUE de 14 de diciembre de 2023, asunto Natsionala agentsia za prihodite C-340/21), por lo que es previsible que los tribunales apliquen una aproximación cuasiobjetiva a la responsabilidad, anudando la obligación de indemnizar da la existencia infracción legal (si se cumplen el resto de requisitos: daño y causalidad).

B) Daños y perjuicios indemnizables (materiales e inmateriales)

33. El demandante debe demostrar que ha sufrido daños y perjuicios Sentencia del TJUE (Sala Tercera), de 11 de abril de 2024, asunto C-741/2021, cuya apreciación y cuantificación corresponde a los jueces y tribunales Sentencia del TJUE (Sala Tercera), de 21 de diciembre de 2023, asunto C-667/2021.

De acuerdo con el apartado primero del art. 82 del RGPD, son indemnizables los «daños y perjuicios materiales o inmateriales», es decir, se garantiza una reparación integral que cubra no sólo los daños físicos y patrimoniales, sino también los daños morales. En efecto, en los considerandos del RGPD puede leerse que «el concepto de daños y perjuicios debe interpretarse en el sentido amplio a la luz de la jurisprudencia del Tribunal de Justicia, de tal modo que se respeten plenamente los objetivos del presente Reglamento». Se refiere a que se respete la finalidad perseguida de garantizar una reparación integral de los daños producidos con la operación de tratamiento. El considerando 85 del RGPD contiene un listado abierto de ejemplos de daños que pueden sufrir las personas físicas, como, por ejemplo, pérdida de control sobre sus datos o restricción de sus derechos, discriminación, usurpación de la identidad, pérdidas financieras, reversión no autorizada de la seudonimización, daño para la reputación, pérdida de confidencialidad de datos sujetos al secreto profesional o cualquier otro perjuicio económico o social significativo.

Los daños materiales serán aquellos daños efectivos que el demandante consiga acreditar (p. ej. un menoscabo patrimonial sufrido a causa de una operativa bancaria fraudulenta que haya sido directamente posibilitada por la fuga de datos personales). La viabilidad de acreditación y su importe dependerá estrechamente de las circunstancias del caso concreto.

Según el TJUE el interesado debe demostrar que las "consecuencias negativas" que ha sufrido constituyen "daño inmaterial". Los daños inmateriales se asimilan al tradicional concepto del daño moral. El TJUE ha aceptado que el temor que experimenta el afectado a un uso indebido de sus datos personales por terceros (sin que ese uso se tenga que haber materializado) puede constituir, por sí solo, un daño inmaterial indemnizable Sentencia del TJUE (Sala Tercera), de 14 de diciembre de 2023, asunto Natsionala agentsia za prihodite C-340/21, declaración 6. Esta clase de daños son de muy difícil cuantificación y no resulta posible predecir su entidad apriorísticamente.

C) Relación de causalidad

34. Entre la conducta antijurídica (infracción del RGPD) y el daño causado (material o inmaterial) debe existir una relación de causalidad, que debe ser acreditada por el demandante Sentencia del TJUE (Sala Tercera), de 11 de abril de 2024, asunto C-741/2021, párr. 34.

Este es un elemento principal sobre el que, previsiblemente, podrán pivotar las estrategias defensivas en eventuales litigios de reclamación de daños derivados del Incidente, sobre todo en el caso de reclamación por daños materiales. Incluiría aspectos tales como (i) si el daño material está vinculado a la fuga de datos; o (ii) la eventual culpa de la víctima.

Sin embargo, el hecho de que los daños y perjuicios se produzcan por la comunicación no autorizada de los datos o por un acceso no autorizado de esos datos por parte de terceros no excluye la responsabilidad Sentencia del TJUE (Sala Tercera), de 14 de diciembre de 2023, esto es, la intervención del threat actor en la cadena causal no rompe este vínculo de causalidad si ha sido posibilitada por el responsable del tratamiento al incumplir las normas del RGPD Sentencia del TJUE (Sala Tercera), de 14 de diciembre de 2023.

D) Ejercicio individual y colectivo de la acción indemnizatoria

35. Los afectados por el incidente podrían demandar individualmente, dando lugar a un procedimiento judicial específico para cada reclamante.

También cabrá la posibilidad de acciones con acumulación subjetiva de demandantes (art. 72 de la LEC). En este caso, en un mismo procedimiento se resuelven dos o más reclamaciones individuales con algún elemento común, pero conservando cada una su autonomía.

El art. 80.1 del RGPD establece que: "el interesado tendrá derecho a dar mandato a una entidad, organización o asociación sin ánimo de lucro que haya sido correctamente constituida con arreglo al Derecho de un Estado miembro, cuyos objetivos estatutarios sean de interés público y que actúe en el ámbito de la protección de los derechos y libertades de los interesados en materia de protección de sus datos personales, para que presente en su nombre la reclamación, y ejerza en su nombre los derechos contemplados en los artículos 77, 78 y 79, y el derecho a ser indemnizado mencionado en el artículo 82 si así lo establece el Derecho del Estado miembro".

4. Plazos de ejercicio de la acción

36. El régimen general de prescripción de la acción por responsabilidad civil en el territorio común español es de 5 años para la acción contractual (art. 1964.2 del CC) y de un año para la acción extracontractual (art. 1968.2 del CC). Sin embargo, incluso para el supuesto en que el reclamante no tuviera contrato con la entidad potencialmente responsable, lo más previsible es que los tribunales apliquen también el plazo de 5 años, que es asimismo el propio de la responsabilidad que nace de la ley.

El plazo se inicia en el momento en que la acción puede ejercitarse. Es decir, cuando el reclamante es consciente de la infracción, del daño y de la causalidad. La conciencia de la antijuridicidad podría identificarse por los tribunales en el momento de imponer una posible infracción administrativa.

El plazo es susceptible de interrupción por reclamación judicial o extrajudicial.

IV. La vulneración del derecho al honor y su reparación: El asunto Antonio David Flores

37. El contenido del derecho al honor es lábil y fluido, cambiante y, en definitiva, «dependiente de las normas, valores e ideas sociales vigentes en cada momento» (STC 185/1989). Se viene distinguiendo en el concepto de honor dos posibles vertientes. Así, en un sentido objetivo, al que atiende el TC (STC 223/1992), el honor sería el «resultado del juicio de valor que los demás hacen de nuestras cualidades». La vertiente subjetiva abarcaría, a su vez, la conciencia del honor («representaciones que el sujeto tiene de sí mismo») y el sentimiento del honor («voluntad de afirmar su propio valor»). En el ámbito laboral, el TC ha afirmado que el prestigio profesional está incluido dentro del derecho al honor, «porque tanto el trabajo para el hombre como para la mujer de nuestra época representa el sector más importante y significativo dentro de su quehacer en la proyección exterior hacia los demás, e incluso en su aspecto íntimo es el factor predominante de la realización personal» (STC 233/1992). Sin embargo, no toda crítica a la actividad profesional afecta al derecho al honor sino sólo la que excede del marco estrictamente profesional y hace desmerecer en la consideración ajena a su dignidad como persona (STC 40/1992, 76/1995).

> D. Antonio David Flores fue despedido de manera pública, en directo, fulminante y en su ausencia del programa Sálvame Limón el pasado 22 de marzo de 2021, justo al día siguiente de que se emitiera el primer capítulo de "Rocío, contar la verdad para seguir viva", en la que Rocío Carrasco, acusó a su exmarido de haberla maltratado física y psicológicamente. La docuserie, y especialmente el primer capítulo, tuvieron una enorme repercusión social y política, y se convirtió en una bandera contra la violencia machista. Desde que se comenzó a grabar el documental la productora debía conocer el contenido y las acusaciones de Carrasco, y, sin embargo, siguió contando con Antonio David

La Sentencia Juzgado de lo Social núm. 42 de Madrid. Sentencia de 20 septiembre 2021: "En relación a los daños morales, y atendiendo a la aplicación de la LISOS como criterio orientador se valorará atendiendo a las circunstancias del caso y a la gravedad de la lesión efectivamente producida, para lo que se tendrá en cuenta, en su caso, la difusión o audiencia del medio a través del que se haya producido, se considera adecuada la fijación de la indemnización en la cuantía de 20.000 €, atendiendo a las circunstancias concurrentes que han sido desgranadas en el fundamento jurídico anterior, y en especial a la intencionalidad de la empleadora y a la relevancia pública y social y el nivel de audiencia que se preveía que iba a tener y tuvo el programa.

La STSJ de Madrid de 29 de abril de 2022 (Rº 145/2022), concluye que:

> En el concreto supuesto que se somete a la consideración de la Sala nos encontramos ante un despido disciplinario que se comunica al actor en directo, a través de un programa audiovisual de máxima audiencia, con fuerte repercusión mediática y en redes sociales (...) Al no sustentarse lo comunicado, por tanto, en una información veraz, sino en el relato subjetivo, parcial e interesado de su ex-mujer, habida cuenta el sobreseimiento provisional de la causa penal seguida a su instancia, la protección del derecho a la libre comunicación se ve reducida y confrontada de forma inmediata con la preservación del derecho al honor de la persona a quien se refiere el contenido de la comunicación y así,

la repercusión de las manifestaciones sujetas a examen sobre el derecho al honor y la reputación del actor no puede negarse, máxime al constar en las actuaciones que desde su despido disciplinario no ha participado en ningún programa de entretenimiento, ni reality show en televisión. Y, al no poder ampararse el menoscabo del derecho al honor sufrido por el demandante en el legítimo ejercicio del derecho a la información de su empleadora la mercantil (...), no queda sino concluir en la vulneración del derecho al honor, con la consiguiente declaración de nulidad del despido. Con estimación del recurso deducido por el trabajador recurrente, se rectifica el fallo de instancia exclusivamente en la cuantía de la indemnización por daños morales que asciende a la cantidad de 120.000 euros". El Auto Tribunal Supremo de 20 de junio de 2023 (Rº 2928/2022), inadmitió el recurso de casación para unificación de doctrina planteado

V. La garantía de indemnidad

1. Un apunte sobre el contenido de la garantía de indemnidad

38. El art. 24.1 CE garantiza el derecho de acceso a los tribunales y, una vez iniciado el proceso, un conjunto de derechos a cierto comportamiento por parte de dichos tribunales (derecho a una resolución de fondo, derechos a la ejecución de las resoluciones firmes, etc....). Pero la tutela judicial efectiva posee, también, una dimensión sustantiva y no estrictamente procesal, con el efecto de que el mismo despliega sus efectos no únicamente frente a los poderes públicos, sino en las relaciones entre particulares (extensamente, sobre su construcción en la jurisprudencia constitucional, Casas Baamonde, 2006; Mercader, 2009).

La jurisprudencia del Tribunal Constitucional ha contribuido de forma decisiva a la definición de esta garantía. Se trata de la vertiente material de lo que se vienen a llamar cláusulas de protección jurisdiccional efectiva, recogidas en textos internacionales como el Convenio 158 de la OIT, que se extiende a los actos preparatorios o previos necesarios para el ejercicio de una acción judicial. El citado Convenio excluye expresamente de las causas válidas de la extinción del contrato de trabajo "el haber planteado una queja o participado en un procedimiento entablado contra un empleador por supuestas violaciones de Leyes o reglamentos o haber presentado un recurso ante las autoridades administrativas competentes"; al igual que las Directivas comunitarias sobre igualdad de trato 76/207/CEE, 2000/43/CE, 2000/78/CE han previsto, también, la protección del trabajador frente a posibles represalias empresariales por haber planteado reclamaciones o haber ejercitado acciones judiciales relacionadas con la aplicación de aquel principio. Esta línea ha sido continuada por nuestra legislación interna. Así, el ET recoge en su art. 4.2 g) del ET, como derecho básico de los trabajadores, "el ejercicio individual de las acciones derivadas de su contrato de trabajo". Y en su art. 17.1 declara que serán nulas:

> *"Las decisiones empresariales que supongan un trato desfavorable de los trabajadores como reacción ante una reclamación efectuada en la empresa o ante una acción judicial destinada a exigir el cumplimiento del principio de igualdad de trato y no discriminación".*

Idénticos términos al art. 17.1 utiliza el art. 8.12 LISOS que califica esa conducta como infracción muy grave.

39. La Ley Orgánica 5/2024, de 11 de noviembre, del Derecho de Defensa, que regula el derecho fundamental "indisponible" a la tutela judicial efectiva (art. 24 de la CE) establece en su DA 3ª.1 que:

> *"Las personas trabajadoras tienen derecho a la indemnidad frente a las consecuencias desfavorables que pudieran sufrir por la realización de cualquier actuación efectuada ante la empresa o ante una actuación administrativa o judicial destinada a la reclamación de sus derechos laborales, sea ésta realizada por ellas mismas o por sus representantes legales (…) Dicha protección se extiende al cónyuge, pareja de hecho y parientes hasta el segundo grado de consanguinidad o afinidad, que presten servicios en la misma empresa, aun cuando éstos no hubieran realizado la actuación conducente al ejercicio de sus derechos".*

Esta disposición traslada al ámbito laboral la protección general a la defensa, contemplada en el art. 12.3 de la LO 5/2024.

2. *La calificación de nulidad del despido y sus efectos asociados no resarcen suficientemente el daño moral asociado a la vulneración*

40. En la STS (Social) de 9 de marzo de 2022 (Rº 2269/2019) (un comentario a la misma en García Romero, 2022), la Sala de lo Social del Tribunal Supremo consolida y refuerza su doctrina sobre resarcimiento del daño moral en el supuesto de que el despido del trabajador fuera declarado nulo por vulneración de derechos fundamentales, al suponer una violación de la garantía de indemnidad, reconociendo el derecho a una indemnización adicional por daños morales y pronunciándose sobre el papel del órgano judicial en su cuantificación.

> El actor prestó servicios de manera ininterrumpida desde el día 7 de diciembre de 2015 para dos empresas, codemandadas de manera solidaria, realizando las mismas funciones correspondientes a su categoría profesional de Titulación de Ingeniero, correspondiéndole, según el convenio colectivo aplicable, un salario bruto anual de 23.618,28 euros. El actor fue despedido el 11 de agosto de 2017, si bien en el acto de juicio la parte demandada admitió la prescripción de todos los hechos imputados en la carta del des-

pido. En los dos meses previos a la fecha de su despido, el trabajador había interpuesto sendas demandas judiciales contra su empresa, una en reclamación de cantidad y, la segunda, por modificación sustancial de las condiciones de trabajo.

El Juzgado de lo Social nº 9 de Madrid, en sentencia de 3 de mayo de 2018, que resuelve la demanda sobre despido interpuesta por el actor frente a sus dos empleadoras, estima en parte aquella, declarando nulo el despido del actor, con derecho a la reincorporación y al abono de los salarios dejados de percibir desde la fecha del despido hasta su readmisión. En cambio, el juez no estimó la indemnización adicional por daños morales que reclamaba el actor en cuantía de 25.000 euros por no fijar las bases sobre su cuantificación.

La citada sentencia fue recurrida en suplicación por el trabajador ante la Sala de lo Social del Tribunal Superior de Justicia de Madrid, la cual dictó sentencia en fecha de 22 de febrero de 2019 (Rº. 608/2018), en la que desestima el recurso de suplicación y confirma la sentencia de instancia. La sentencia afirma que, a diferencia de otros supuestos de despido nulo, cuando se vulnera la garantía de indemnidad, no se sanciona una conducta distinta al despido, de hecho, lo que se sanciona es el despido en sí mismo por obedecer a una represalia. En consecuencia, el perjuicio que sufre el trabajador, en principio, es exclusivamente el de la extinción de su relación laboral, por lo que en un supuesto como el que se analiza en el que se ha producido una vulneración de la garantía de indemnidad del trabajador al haber procedido la empresa a despedir al trabajador por reclamaciones laborales previas, esa reacción del empresario tiene como único perjuicio para el trabajador el verse privado indebidamente de empleo y sueldo. De ahí que el legislador haya establecido de forma automática y taxativa en el art. 55.6 del ET que, en caso de nulidad del despido, no solo tiene lugar la readmisión inmediata del trabajador, sino también el abono de los salarios, operando así una específica indemnización de daños y perjuicios «ex lege».

La STS (Social) de 9 de marzo de 2022 adopta como principal referencia las cuantías recogidas en la LISOS sin que se trate de una "aplicación sistemática y directa de la misma, sino que nos ceñimos a la razonabilidad que algunas de esas cifras ofrecen para la solución del caso, atendida a la gravedad de la vulneración del derecho fundamental". Se considera coherente esta actuación con la tendencia a primar la naturaleza preventiva sobre la resarcitoria en este tipo de indemnizaciones.

41. En lo que se refiere a su cuantificación, reitera el criterio aplicado en la STS (Social) de 23 de febrero de 2022 (Rº 4322/2019) (un comentario a la misma, Monereo, 2022), porque al igual que en aquel caso, en el aquí enjuiciado, el Alto Tribunal tiene en cuenta que la relación laboral ha durado alrededor de dos años (desde el 23 de diciembre de 2015 al 11 de agosto de 2017), siendo el salario bruto del trabajador durante ese periodo de 23.618,28 euros anuales, por lo que considera manifiestamente excesiva y desproporcionada la suma reclamada por daños morales de 25.000 euros, una vez que la declaración de nulidad del despido ya comporta la readmisión del trabajador y el pago de los salarios dejados de percibir desde la fecha de la resolución del contrato. Para la Sala de lo Social del Tribunal Supremo es más razonable y adecuado fijar la indemnización en la suma correspondiente a la cuantía inferior de esa multa (6.251 euros), que prudencialmente resulta más proporcionada y ajustada a las circunstancias del caso para resarcir en sus justos términos el perjuicio derivado del daño moral infringido al trabajador.

42. Son múltiples los ejemplos de indemnizaciones fijadas por nuestros tribunales como consecuencia de la vulneración de la garantía de indemnidad. La STSJ de Galicia de 14 de febrero de 2023 (Rº 6185/2022) condena a 15.000 euros por daños morales por vulneración del derecho a la indemnidad (la persona despedida presentó varias demandas contra la empresa y asistió como testigo en favor de compañeros de trabajo) y de la libertad de expresión (envió 74 correos electrónicos a la empresa con incidencias e irregularidades en el trabajo).

VI. Libertad de expresión y daños morales, dos ejemplos

1. *La tutela constitucional de la libertad de expresión*

43. La libertad de expresión del trabajador, tanto en el seno de la empresa como hacia el exterior de la misma, constituye un aspecto de la relación de trabajo integrado por un agregado de intereses: el del trabajador de expresar sus ideas o manifestar sus quejas sin sufrir por ello penalización alguna; el de la empresa, de controlar las manifestaciones de opinión de sus empleados e, indirectamente, maximizar la eficiencia; y el de la sociedad, de promover la legalidad y la transparencia públicas.

2. *Dos ejemplos de vulneraciones indemnizadas*

> La actora, miembro del Comité de empresa y afiliada a la UGT, categoría profesional de Limpiadora, procedió a repartir una serie de escritos por todas las instalaciones del Hospital Clínico San Carlos de Madrid, tales como controles de enfermería, mostradores, policlínica, salas de espera o asientos para usuarios, tanto a trabajadores como a familiares de los pacientes. El texto de los escritos que la actora repartió era el siguiente: "La plantilla de limpieza de este Hospital, quiere informar y avisar que debido a la falta de material de limpieza que estamos sufriendo desde hace meses con la Empresa concesionaria Garbialdi, nos vamos a ver en la obligación de no poder fregar todos los departamentos, habitaciones, salas de UC1, quirófanos, etc. del centro, ya que no disponemos de mopas suficientes, nos dan tan solo 6 o 7 todos los días, sin apenas opción a más, cada una de ellas solo debe fregar una sala para prevenir contaminaciones situación llevamos

denunciándola desde hace tiempo y la empresa no lo soluciona. Por lo que rogamos disculpen las molestias de no poder atender las necesidades de higiene y desinfección del Centro."

44. La STSJ de Madrid de 21 de enero de 2022 (Rº 782/2021), revoca la sentencia de instancia y declara la nulidad de la sanción impuesta por la empresa demandada a la actora de suspensión de empleo y sueldo de 45 días.

De este modo, y a juicio del TSJ, en el caso enjuiciado la actora expresaba sus opiniones en las materias concernientes a la esfera de su representación y en el ejercicio de la acción sindical. Su objetivo y finalidad era el de reivindicar una actuación más enérgica frente a los incumplimientos empresariales en materia de suministro de útiles de limpieza en el hospital, denunciando la pasividad de la empresa adjudicataria de limpieza. La pervivencia de los valores de una sociedad democrática, de la que las libertades del artículo 20 de la Constitución forman parte básica y nuclear, impiden imputar la responsabilidad disciplinaria a la recurrente, y por ello se ha vulnerado por la empresa, al sancionarla, este derecho fundamental que es emanación, a su vez, de la libertad sindical. Se condena a la empresa al abono de 9.000 euros por daños morales derivados de la vulneración del derecho fundamental a la libertad de expresión y de información en el ejercicio de sus funciones sindicales.

45. La sentencia STSJ de Madrid de 25 de noviembre de 2022 (Rº 1031/2022) que condena a 10.000 euros de indemnización por vulneración de los derechos de libertad de expresión y de información del trabajador. El despido de un guionista de RTVE es causado por la inclusión de un rótulo sobreimpresionado durante la emisión del programa "La Hora de la 1" en RTVE y en el marco de una información relativa a los estudios de la princesa Leonor en Gales, el actor redactó un rótulo que apareció en pantalla sobreimpreso con el texto: "Leonor se va de España, como su abuelo"

Después de analizar minuciosamente la jurisprudencia de los tribunales internacionales y nacionales, y pese a tratarse dice el TSJ de una apostilla sesgada claramente inapropiada e impertinente, que lejos de aportar algo a la noticia la enturbió y ensombreció, desviando injustificadamente la atención hacia un aspecto objetivamente lesivo, no de la reputación de la Infanta, sino de la imagen de la familia de la que forma parte, susceptible además de provocar una reacción de desagrado y rechazo por parte de espectadores y terceros, como efectivamente sucedió, máxime teniendo en cuenta la edad de la Princesa y su modélica trayectoria, ello no obstante se despliega por la Sala de suplicación toda una batería de argumentos muy medidos para alcanzar la conclusión de que se ha lesionado la libertad de expresión del trabajador. En suma, para el TSJ, y aunque a efectos meramente dialécticos se entendiera que el actor utilizó su derecho a la libertad de expresión en el desempeño de sus funciones laborales de manera indebida, la medida disciplinaria enjuiciada no guardó la debida proporción con la conducta descrita y con las circunstancias reseñadas, exigible cuando se sanciona a un trabajador por extralimitarse en el ejercicio de un derecho fundamental, lo que llevaría a la misma solución.

Capítulo 14

DAÑOS EN LAS RELACIONES COLECTIVAS DE TRABAJO

Bibliografía: ALFONSO MELLADO, C. A. "*La responsabilidad civil por daños en las relaciones colectivas de trabajo*", en AA.VV., *La responsabilidad civil por daños en las relaciones laborales. XXII Congreso Nacional de Derecho del Trabajo y Seguridad Social.* Madrid, Ediciones Cinca, 2013. ALONSO GARCÍA, M., *El régimen jurídico sindical y la responsabilidad de los sindicatos,* Revista de la Facultad de Derecho de la Universidad Complutense, 1985, nº 7, pp. 67-81. BUSTOS E., *La responsabilidad privada de los sindicatos en el Derecho español,* Documentación Laboral, 1993, nº 39, pp. 49-73. CUEVAS LÓPEZ, J., *Estructura y función de la representación colectiva en la empresa,* Pamplona, Aranzadi, 1982. DESDENTADO BONETE, A., DESDENTADO DAROCA, E., *Comentario al artículo 5,* en Pérez de los Cobos Orihuel, F. (Dir.), *Ley Orgánica de Libertad Sindical. Comentada y con jurisprudencia,* Madrid, La Ley, 2010, pp. 257-321. DE PUEBLA PINILLA, A. de la, *La responsabilidad civil del sindicato. Un estudio sobre la responsabilidad derivada de la actividad sindical.* Madrid, La Ley-Actualidad, 2000. Id. *Responsabilidad de órganos y miembros de representación colectiva,* en AA.VV., *Manual jurídico de los representantes de los trabajadores,* Madrid, La Ley, 2004, pp. 755-771. FERNÁNDEZ LÓPEZ, M. F., *El sindicato. Naturaleza jurídica y estructura,* Madrid, Civitas, 1982. Id. *Naturaleza jurídica de la asociación sindical,* REDT, 1982, nº 11, pp. 365-412. Id. *Régimen jurídico sindical (artículos 4 y 5),* en AA.VV., Comentarios a la Ley de Libertad Sindical, Madrid, Tecnos, 1986, pp. 147-187. FENOY PICÓN, N., *Responsabilidad del empresario por la actuación del comité de empresa (Notas a la sentencia de 26 de noviembre de 1987),* Anuario de Derecho Civil, 1988, abril-junio, pp. 619-626. GARCÍA FERNÁNDEZ, M., *Manual de Derecho del Trabajo,* Barcelona, Ariel, 1990. GARRIGUES GIMÉNEZ, A., *Responsabilidad del sindicato por actos de sus afiliados (Comentario a la STSJ Canarias/Santa Cruz de Tenerife, de 30 de noviembre de 1999),* Aranzadi Social, 2000, nº 20, pp. 30-38. GONZÁLEZ MOLINA, M. D., L*a responsabilidad civil de los sindicatos derivada del ejercicio de acciones colectivas,* Valencia, Tirant lo Blanch, 2000. Id. *La personalidad jurídica ¿una conditio sine qua non de la responsabilidad sindical?,* Relaciones Laborales, 2000, II, pp. 215-244. GOÑI SEIN, J. L., *La responsabilidad civil del sindicato por huelga,* Revista Española de Derecho del Trabajo, 1990, nº 43, pp. 415-438. GORDILLO, A. *La representación aparente,* Sevilla, Universidad, 1978. MEDINA ALCOZ, L., *La teoría de la pérdida de oportunidad. Estudio doctrinal y jurisprudencial de Derecho de daños público y privado,* Pamplona, Cívitas-Thomson, 2007. MERCADER UGUINA, J. R, DE PUEBLA PINILLA, A. de la, *Comentario al artículo 4",* en Pérez de los Cobos Orihuel, F. (Dir.), *Ley Orgánica de Libertad Sindical. Comentada y con jurisprudencia,* Madrid, La Ley, 2010, pp. 195-256. NIETO ROJAS, P. *¿Puede ser el sindicato el responsable del pago de la indemnización por la vulneración del derecho de libertad sindical derivada de la actuación de un comité de empresa?,* El Foro de Labos, 7 de septiembre de 2023. PÉREZ PÉREZ, M., *La personalidad jurídica del sindicato como fundamento de su responsabilidad patrimonial,* Revista Española de Derecho del Trabajo, 1994, nº 64, pp. 207-231. Id. *El sindicato empleador,* Actualidad Laboral, 1994, III, pp. 639-655. Id. *Responsabilidad patrimonial del sindicato y acción sindical,* Madrid, Colex, 1999. RODRÍGUEZ SAÑUDO, F.: *Sobre la posible lesión del derecho de libertad sindical consecuencia de la declaración del sindicato como responsable civil subsidiario en un procedimiento penal con previsión de embargo de los bienes suficientes en caso de no constitución de la fianza suficiente,* en Jurisprudencia constitucional sobre Trabajo y Seguridad Social, Madrid, Civitas, 1997, t. XV, pp. 45-53. OJEDA AVILÉS, A., *Derecho sindical,* Madrid,

Tecnos, 2003, 8ª ed. SUÁREZ FERNÁNDEZ, A., *La responsabilidad de los sindicatos en Francia*, Revista de Trabajo, 1981, nº 63/64, pp. 27-81. TERRADILLOS ORMAETXEA, E., *Responsabilidad de un sindicato con personalidad jurídica compleja por deudas laborales*, Aranzadi Social, 2002, nº 7-8, pp. 39-45.

I. La responsabilidad y relaciones colectivas

1. El derecho colectivo del trabajo no puede ser considerado, tal y como en ocasiones se ha dicho, como "la segunda parte", el apéndice del derecho individual del trabajo, sino más bien el segmento jurídico esencial a la hora de definir el concreto espacio de actuación de los representantes de los intereses de los trabajadores en las relaciones laborales. Las relaciones laborales colectivas devienen, así como un centro de imputación definido por todas aquellas interacciones que se producen en torno a los instrumentos que jurídicamente se reconocen a los trabajadores como grupo, como colectividad, con la finalidad de garantizar una mayor igualdad, un mayor equilibrio contractual.

El resultado de todo ello es la autonomía colectiva que consiste en la potestad que comparten los grupos o sujetos colectivos de representación de intereses en las relaciones de producción y trabajo para la autorregulación de los intereses contrapuestos de trabajadores y empresarios. Se trata de un «macroconcepto» que contiene en sí los tres elementos medulares del fenómeno colectivo protagonizado por la clase trabajadora desde el comienzo de su actuación social como tal en defensa de sus intereses: a saber, sindicación, negociación y presión.

Con todo, es el elemento del ejercicio de la tutela de intereses colectivos el que modula y define el alcance de la responsabilidad de los agentes en este terreno. Es evidente que quedan extramuros del anterior entendimiento, por ejemplo, aquellas actuaciones en las que el sindicato asume la posición de empleador frente a sus trabajadores. En tales casos éste deja de ser considerado como tal y pasa a ser jurídicamente empresario y su responsabilidad es la propia de un empleador. También puede nacer la responsabilidad civil del sindicato frente a sus afiliados o a otros trabajadores como consecuencia de relaciones jurídicas con estos ajenas al derecho colectivo del trabajo. Por ejemplo, cuando el sindicato asume contractualmente la prestación de servicios para sus afiliados o incluso para los trabajadores en general.

II. Comportamientos lesivos del derecho de libertad sindical

2. El sistema de tutela de la libertad sindical creado por la LOLS se articula en torno a dos núcleos básicos: «sustanciales» y «procesales». Los primeros precisan un conjunto de conductas disfuncionales, actos de discriminación (art. 12 de la LOLS) y de injerencia (art. 13 de la LOLS) cuya represión se persigue por antisindicales. Los segundos introducen unos especiales cauces jurisdiccionales y un peculiar aparato sancionatorio, dirigidos a asegurar a los titulares una efectiva protección (art. 13, 14 y 15 de la LOLS).

Las conductas antisindicales se caracterizan por venir configuradas como lesiones de la libertad sindical o comportamientos lesivos de los derechos de libertad sindical. Los sujetos activos y pasivos de las mismas son: el empleador, las asociaciones patronales, las Administraciones Públicas, o cualquier persona, entidad o corporación pública o privada, de un lado, o cualquier trabajador o sindicato de otro. Desde la perspectiva temporal, la libertad sindical puede resultar cercenada en momentos diferentes.

1. Conductas antisindicales del empresario en la relación individual de trabajo

3. A lo largo de la relación laboral, el empresario puede incurrir en conductas antisindicales frente a sus trabajadores. En una «fase inicial» de la relación laboral, esto es, con ocasión de la incorporación del trabajador a la empresa: por ejemplo, con la negativa a contratar a los trabajadores afiliados a un sindicato (lesión de la libertad sindical positiva) u ofreciendo un trato más ventajoso a los afiliados a determinada organización (lesión de la libertad sindical negativa). En una fase posterior, cuando el trabajador ya se ha incorporado a la empresa, la libertad sindical del trabajador puede lesionarse por la imposición de sanciones o por trato discriminatorio por parte del empresario a un trabajador por estar afiliado a un sindicato (libertad sindical positiva), por no estarlo (libertad sindical negativa), por ser representante de los trabajadores o por realizar actividades sindicales o presindicales (STC 197/1990, de 29 de noviembre).

Una trabajadora de la Empresa «Impacto, Limpieza y Mantenimiento, Sociedad Limitada», fue despedida en base al art. 54.2 b) del Estatuto de los Trabajadores, por haber reunido sin permiso ni autorización de la Empresa a dieciocho trabajadores de la misma, imputándosele incitación al desorden y a la indisciplina y haber alterado la marcha normal del Centro de trabajo en el que los trabajadores de la Empresa de limpieza prestaban servicios. Se declaró probado que a las trece treinta horas, la demandante (que no era representante de los trabajadores), en unión de otras compañeras de trabajo, decidieron convocar una reunión o asamblea para tratar problemas laborales pendientes, entre otras cuestiones la de celebrar elecciones, ya que la Empresa carecía de delegados de los trabajadores. Reunión que se celebró en el local de UGT del hospital en que aquéllas realizaban su prestación de servicios por cuenta de la Empresa de limpieza, sin que existiera prueba de que durase más de media hora (la jornada de trabajo era de catorce a veinte horas), ni tampoco constase que la intervención que la demandante tuvo en dicha reunión causase desórdenes o instigase a los mismos.

La STSJ de Madrid de 8 de julio de 2022 (Rº 549/2022), considera que procede establecer una indemnización de daños y perjuicios por haber sido objeto de un despido verbal lesivo de su derecho a la libertad sindical en respuesta a su intención de presentarse como candidato a las elecciones a representantes de los trabajadores convocadas en la empresa demandada La sentencia indica que debe tener en cuenta las consideraciones vertidas por la Sala de lo Social del Tribunal Supremo en la sentencia de 20 de abril de 2022, en el sentido de que dado que la horquilla de la cuantificación de las multas para un mismo tipo de infracción es muy amplia, para determinar el importe de la indemnización resulta preciso valorar las circunstancias concurrentes en cada caso (...) hay que tener en cuenta que la indemnización solicitada en la demanda se cifró en 100.006 euros. Un último elemento digno de tenerse en cuenta por su incidencia tanto en el alcance del comportamiento antisindical como en la capacidad económica del demandado para hacer frente al pago de la indemnización radica en que la plantilla de la empresa es de siete trabajadores, tal como se recoge en el documento al que alude el hecho probado cuarto de la sentencia. A la vista de cuanto se deja expuesto, la Sala no considera justificado acudir como parámetro referencial a las multas previstas para las faltas muy graves en su grado máximo como propone el actor, resultando más fundado y proporcionado servirse de las del grado mínimo, cuyo importe, al tiempo de producirse su despido oscilaba entre 6.251 a 25.000 euros. Por último, y situados en ese tramo, no concurren elementos singulares que amparen la aplicación de los valores medios o máximos, considerándose más razonable y ajustado a las circunstancias del caso, fijar la indemnización en la suma de 13.756 euros, equivalente a un año de salario, que permite resarcir en sus justos términos los perjuicios morales sufridos por el trabajador y, al mismo tiempo, que la fijada cumpla su función preventivo/disuasoria.

4. Asimismo, pueden constituir lesiones de la libertad sindical la no renovación de contratos temporales (STC 29/2002, 30/2002); la no transformación de contratos a tiempo parcial en contratos a tiempo completo (STC 90/1997); la imposición de sanciones disciplinarias distintas al despido

(STC 81/1983; 201/1999), y, de igual modo, una "advertencia no punitiva" a los trabajadores participantes en un acto de promoción sindical vulnera el art. 11 CEDH, como entendió la STEDH 20 de junio de 2023, Kaymak y otros contra Turquía); la modificación de funciones del puesto de trabajo (STC 84/2002); las discriminaciones salariales (STC 191/1998, 30/2000, 173/2001); la postergación en los ascensos (STC 74/1998, 77/1998), o, en fin, los despidos (STC 38/1981, 191/1996, 2/2009).

En todos estos casos procederá la correspondiente indemnización por los daños morales o materiales, si son probados, que pudieran corresponder.

Así ocurre cuando se condena a 10.000 euros por daños morales provocados por la vulneración de los derechos de libertad de expresión y de libertad sindical en un caso en el que un representante sindical es despedido por subir un video a Tik-Tok relativo a las condiciones laborales impuestas por la empresa, en el caso resuelto por la STSJ de Cataluña de 27 de diciembre de 2022 (Rº 2979/2022).

Los supuestos que podemos encontrar de conductas de este tipo son numerosos:

Una empresa, cuyo único cliente es Amazon Spain Services, despidió a tres trabajadores en julio y agosto de 2020, pocos días después de crear la sección sindical, con una carta de despido "idéntica" en la que se exponía como causa la "baja producción". USO demandó la nulidad de los tres despidos y la condena a la empresa por una vulneración "muy grave" de los derechos fundamentales. La STSJ de Cantabria de 16 de junio de 2023 (Rº 327/2023) aprecia claros indicios de vulneración del derecho fundamental a la libertad sindical en la cantidad de 6.251 € por daños morales, absolviendo a la empresa de la petición indemnizatoria postulada por el sindicato. Entiende la sentencia que el criterio de la instancia solo puede ser corregido cuando resulte manifiestamente irrazonable, desproporcionado e injustificado, por lo que solo es posible modificarlo cuando no se ajusta a parámetros razonables, o cuando los empleados sean claramente excesivos y desorbitados en función de las circunstancias del caso [SSTS 11 de junio de 2012 (Rº. 3336/2011), 8 de julio de 2014 (Rº 282/2013) o 2 de febrero de 2015 (Rº 279/2013)]. La Sala considera que, teniendo en cuenta la realidad de lo acaecido, existen elementos objetivos acreditados que impiden considerar que la fijación del importe de la indemnización pueda considerarse desproporcionado, especialmente, el hecho de la previa vulneración de su derecho fundamental declarada por sentencia firme.

Así ocurre en el supuesto resuelto por la STSJ de Cataluña de 15 de marzo de 2023 (Rº 4602/2022) se condena a 10.000 euros a la empresa por vulnerar el derecho a la no discriminación y a la libertad sindical al discriminar a un representante sindical. Concretamente, en el presente caso no se trata de un despido, sino que, a una delegada sindical, nada más ser nombrada, se le retira el vehículo de empresa, el cual venía usando desde el inicio de la relación laboral, tanto en el plano profesional como en el privado.

En el mismo sentido, la STSJ de Castilla-La Mancha de 28 de enero de 2021 (Rº 1619/2020) condena al abono de una indemnización de 12.000 euros por discriminación y vulneración de la libertad sindical al cambiar de puesto de trabajo a un representante sindical.

2. *Conductas antisindicales del empresario en las relaciones colectivas*

5. En la vertiente colectiva la lesión de los derechos o intereses de los sindicatos en el efectivo desarrollo de la actividad sindical. Esta lesión puede proceder del empresario, por ejemplo, al impedir u obstaculizar el ejercicio de la actividad sindical: negándose a negociar, extendiendo los efectos de un convenio extraestatutario más allá de lo que le corresponde, etc. Así, la cláusula de ventajas reservadas —sean económicas o de otra índole— a los sindicatos firmantes de un convenio colectivo, constituye una injerencia prohibida por la LOLS (STS (Social) de 26 de enero de 2005, Rº 35/2003). Se considera también vulnerador del derecho de libertad sindical la constitución de «sindicatos amarillos». Esto es, todo acto de injerencia en la constitución, funcionamiento o administración de la organización de los trabajadores y, en especial, las medidas consistentes en fomentar la constitución de sindicatos dominados o controlados por un empleador o una asociación empresarial, o en sostener económicamente o en otra forma sindicatos con el mismo propósito de control (art. 13.2 de la LOLS).

A) Responsabilidad por no reconocimiento empresarial de una sección sindical

6. La STS (Social) de 9 de abril de 2024 (Rº 2862/2021), sanciona la negativa de la empresa a reconocer a una sección sindical constituida que no tiene presencia en el Comité de Empresa y a no reconocer el nombramiento de una delegada sindical. Indemnización de 3.000 € por el daño moral. En relación con esta última cuestión precisa que:

> "Resulta que en la lista de infracciones laborales de la LISOS no existe una específica que tipifique la falta de reconocimiento de una sección sindical lícitamente constituida. Las infracciones referidas a las secciones sindicales son las están ligadas a la limitación de los derechos de las mismas (apartados 8 y 9 del artículo 7 LISOS) que son calificadas como infracciones graves y que, por su contenido son las más próximas a la conducta aquí considerada como transgresora del derecho de libertad sindical y que, eran sancionadas por el texto de la LISOS vigente al tiempo de los hechos contemplados con multa desde 626 euros a 6250 según el grado mínimo, medio o máximo que se aplique. Por ello, la Sala, prudentemente, en atención a las circunstancias concurrentes entiende que la sanción adecuada debe ser la de tres mil euros".

B) Conducta antisindical consistente en la falta de convocatoria de la sección sindical de empresa, que ostenta la representatividad exigible, a la negociación de modificación sustancial de condiciones

7. La SAN (Social) 27 de marzo de 2017 (Proc. 38/2017), confirmada por la STS (Social) de 6 de junio de 2018 (Rº 149/2017), se enfrenta a la siguiente cuestión:

> Por la representación de la sección sindical del sindicato Coordinadora Obrera Sindical en la empresa ATOS SPAIN, S.A. se presentó demanda de tutela de derechos fundamentales y libertades públicas contra la empresa X, SA en la que solicita: a) Tutela declarativa: a fin de que se declare la existencia de una actitud empresarial lesiva del derecho fundamental de libertad sindical del sindicato demandante y la nulidad radical de la denunciada práctica antisindical de la parte demandada. b) Tutela inhibitoria: a fin de que se ordene el cese inmediato del comportamiento vulnerador de los derechos fundamentales conculcados por la parte demandada, reconociéndose a la sección sindical del sindicato COS su derecho a participar en posteriores procedimientos de negociación colectiva de igual o similar naturaleza en la que deba intervenir una comisión representativa de los trabajadores integrada por las secciones sindicales (estatales) de ámbito de empresa que cuentan con presencia en los órganos de representación unitaria de los trabajadores. c) Tutela reparadora de las consecuencias de la vulneración, por lo que se solicita: i) se condene a ATOS SPAIN, S.A. a publicar la sentencia que estime la demanda en los tablones de anuncios de la empresa y en su página web y ii) se la condene a abonar a la sección sindical demandante una indemnización por daños y perjuicios que cautelarmente se cuantifica en doce mil quinientos dos euros (12.500€), sin perjuicio del mejor criterio del órgano judicial en la determinación del quantum indemnizatorio.

La STS (Social) de 6 de junio de 2018 (Rº 149/2017), señala que se ha procedido a fijar una cuantía indemnizatoria igual a la que correspondería a la multa con que sería sancionada la empresa con arreglo a los artículos 7.7, 39 y 40 de la LISOS, imponiéndose la sanción en su grado medio, siendo la infracción contemplada en dicho precepto —"La transgresión de los derechos de información, audiencia y consulta de los representantes de los trabajadores y de los delegados sindicales, en los términos en que legal o convencionalmente estuvieren establecidos"— que supone una conducta que se asemeja a la apreciada en la empresa ATOS SPAIN SA, por lo que la cantidad fijada no se considera desorbitada, injusta, desproporcionada o irrazonable. Por otra parte, la conducta sancionada en el artículo 8.12 de la LISOS, invocada por el recurrente para motivar la imposición de una indemnización superior, equivalente a la sanción por falta muy grave contemplada en la conducta descrita en dicho precepto, no se asemeja a la imputada a la empresa. En dicho precepto se describe como infracción: "Las decisiones unilaterales de la empresa que impliquen discriminaciones directas o indirectas desfavorables, por razón de...adhesión o no a sindicatos y a sus acuerdos...", conducta que no se acomoda a la observada por la empresa.

C) Responsabilidad de la empresa por vulneración del derecho de libertad sindical de los representantes sindicales

El sindicato ASTSP ejercita una demanda de tutela de libertad sindical en su vertiente colectiva contra la empresa cuando previamente sus afiliados y la misma organización sindical, interviniendo como coadyuvante, han interpuesto varias demandas referentes a violaciones del derecho fundamental contra el mismo empleador. El tema de fondo es si la actuación reiterada y sistemática de la empresa frente a los delegados y representantes sindicales de ASTSP implica una lesión del derecho fundamental del propio sindicato a la libertad sindical, infracción que se presenta para este de forma indirecta a través de los incumplimientos frontales dirigidos contra sus delegados y representantes. En concreto, la inclusión de un delegado sindical en un ERTE a pesar de su condición de miembro del Comité de empresa; la negativa de la empresa a entregar la información relativa a la evaluación de riesgo específica de los vigilantes de seguridad que prestaban servicios de riesgo considerable (central nuclear de Cofrentes y en ADIF) al delegado sindical; negativa a la entrega de información a la delegada sindical considerada pertinente (tipos de contratos de trabajo o las sanciones impuestas); e imposición de multa a la empresa demandada por no ejecutar la sentencia dictada que la obligaba a la entrega de cuadrantes a la delegada sindical. Apreciada la vulneración del derecho de libertad sindical en su vertiente colectiva, se plantea la cuestión de la indemnización. El sindicato solicita 187.515 euros, ubicándose en el grado máximo de la sanción por infracción muy grave prevista en la LISOS.

8. La STS (Social) de 8 de marzo de 2024 (Rº 103/2022), admitiendo la validez de la escala de sanciones de esta ley como criterio orientador en la determinación del daño por vulneración de derechos fundamentales, constata el elevado nivel de gravedad en la conducta empresarial, perjudicial para el sindicato y reiterada en el tiempo con unidad de propósito lesivo. Con su actuación, dirigida de manera pertinaz contra diversos delegados del sindicato, la mercantil ha quebrantado el derecho fundamental de libertad sindical. Y si bien el TS descarta considerar como parte de los hechos del proceso determinadas transgresiones que ya fueron objeto de enjuiciamiento en proceso anterior, afirma no poder ignorar su existencia ni, por ende, el comportamiento prolongado en el tiempo que está llevando a cabo la empresa demandada contra el sindicato y sus delegados. Basándose en tal severidad y persistencia, el TS entiende como suma razonable en concepto de indemnización por la vulneración del derecho fundamental de libertad sindical una cantidad equivalente a la sanción por infracción muy grave en 4 materia de relaciones laborales, en su grado medio, tomando, así como criterio orientativo el art. 40.1 de la LISOS, y fijando en 40.000 euros su imposición.

3. Conductas antisindicales de los propios sindicatos

9. Las actuaciones sindicales pueden proceder incluso de otros sindicatos, por ejemplo, impidiendo que determinado sindicato participe en la negociación de un convenio cuando tiene legitimación para ello. En este sentido, la exclusión de la comisión negociadora de un convenio colectivo de miembros designados con anterioridad, precisamente en atención a su condición sindical, es antisindical.

En este ámbito de la negociación colectiva, se han articulado demandas frente a entidades sindicales por lesión de la libertad sindical, exigiendo responsabilidad indemnizatoria por el perjuicio derivado de la lesión del derecho fundamental.

La Sala de lo Social de la Audiencia Nacional dictó Sentencia de fecha 12 de mayo de 1995 en cuyo fallo se declaró que «la conducta de la Administración del Estado, de Comisiones Obreras, de la Unión General de Trabajadores, de la Confederación Sindical Independiente, de ELA-STV y de Converxencia Intersindical Galega, al impedir a la Unión Sindical Obrera participar en la Comisión Paritaria de Asistencia y Acción Social y en la Comisión Paritaria del Plan de Empleo, constituidas en el ámbito del Convenio Colectivo para el Personal Laboral del Ministerio de Trabajo y Seguridad Social, el Instituto Nacional de Empleo y el Fondo de Garantía Salarial, vulnera los derechos de igualdad y de libertad sindical, y asimismo declaramos la nulidad radical de tal conducta y el cese inmediato del comportamiento antisindical y la reposición de la situación al momento anterior a producirse el mismo, condenando a los demandados a reparar las consecuencias derivadas del acto, indemnizando al demandante con la cantidad de doscientas mil pesetas». El referido pronunciamiento fue confirmado por la STS (Social) de 16 de junio de 1997 (Rº 2153/1995).

Una respuesta negativa a la reclamación de indemnización se da en el siguiente caso:

ELA reclama que se declare que la actuación de las organizaciones demandadas, Administración General del Estado, CCOO, UGT, CSIF y CIG apartando a ELA de una Comisión a la que se atribuyen funciones negociadoras constituye violación de los derechos de libertad sindical de ELA, y se les ordene reparar las consecuencias del mismo, incluida la indemnización que proceda, que fija en la cuantía de 6.251 €. La SAN de 10 de octubre de 2019 (Proc. 179/2019), confirmada por la STS (Social) de 30 de noviembre de 2022 (Rº 29/2020), concluye que la indemnización reclamada por ELA no es razonable, ni es proporcionada, aun cuando hemos constatado que se vulneró su derecho a la libertad sindical en su vertiente funcional a la negociación colectiva, asegurado por los arts. 28 y 37 CE, en relación con el art. 2.2.d LOLS, al excluirle de las negociaciones, encomendadas a la Comisión Paritaria por los arts. 4.4, 15, 56.3 y DT 7ª.4 del IV Convenio, a las que tenía derecho como sujeto legitimado para participar en su negociación, por las razones siguientes: en primer lugar, que los preceptos anulados del IV Convenio reproducen exactamente los correlativos de los tres convenios anteriores que fueron suscritos por la ahora recurrente, ELA. En segundo lugar, que la práctica totalidad de los preceptos impugnados han sido desestimados y, por lo tanto, se han considerado que no vulneraban la libertad sindical. Y, en tercer lugar, por cuanto que, al no haberse aprobado la LPGE para 2019, los perjuicios que podrían haberse producido derivados de la aplicación de los preceptos del convenio anulado, no se actualizaron, lo que determinó que la intensidad de la lesión fuera mínima. En atención a ellos, el órgano de instancia fijo la cuantía indemnizatoria prudentemente en la cantidad de trescientos euros; sin que existan razones fundadas para cambiar tal criterio.

10. Igualmente, se considera que atenta a la libertad sindical la exclusión de un sindicato de la Comisión de Seguimiento del Protocolo de normas de procedimiento de una bolsa de trabajo temporal (STS (Social) de 16 de julio de 2004, Rº 177/2003) o de una Comisión creada para renegociar el sistema de clasificación profesional y estructura retributiva (STS (Social) de 10 de junio de 2009, Rº 105/2008). No supone, sin embargo, una lesión de este derecho la exclusión de los sindicatos de órganos derivados del convenio en el que no han tomado parte, como es el caso de una comisión formada por representantes de la dirección y de los sindicatos firmantes del citado convenio colectivo para el estudio y análisis de las regulaciones colectivas de ciertos grupos del personal (SSTS (Social) de 17 de septiembre de 2004, Rº 105/2004; 19 de enero de 2010, Rº 142/2008).

III. Responsabilidad del sindicato

1. *Límites a la responsabilidad del sindicato*

A) El registro como presupuesto de adquisición de la personalidad jurídica del sindicato

11. El sindicato se ha convertido en nuestro país en una figura típica, al cual cabe definir como "grupo de trabajadores con personalidad jurídica y capacidad de obrar que tiene por objeto la defensa de los intereses económicos y sociales de sus miembros" (Ojeda, 2003:182).

Frente a las asociaciones generales, el sindicato adquiere personalidad jurídica mediante el registro de sus estatutos. Pero la constitución de la asociación sindical es previa a dicha inscripción. A falta de una previsión expresa en la LOLS y acudiendo al régimen general de las asociaciones puede entenderse que el sindicato se crea por la suma de voluntades de sus promotores recogida en un acta constitutiva. A partir de ahí, la decisión de inscribir esa asociación de trabajadores depende exclusivamente de la voluntad de los fundadores, pudiendo optar por mantenerse al margen del registro. La cuestión que inmediatamente se plantea es la de determinar qué naturaleza se atribuye a esa asociación de trabajadores que se mantiene al margen del registro.

Nuestro Ordenamiento prefiere no mezclar los sindicatos con las sociedades y las asociaciones, y establece un régimen especial para adquirir la personalidad jurídica y unos efectos no exactamente iguales a los reconocidos para las otras personas morales: de ahí que no podamos solventar la compleja polémica en torno a la naturaleza jurídica del sindicato (...), considerándolo como una asociación, y aún menos como una sociedad civil, sobre todo desde que la vigente Ley de Asociaciones 1/2002 excluye expresamente a sindicatos y patronales de su ámbito.

Con el registro el sindicato adquiere plena capacidad de obrar y se somete a un régimen de responsabilidad específico regulado en el art. 5 LOLS y que, con carácter general, supone la irresponsabilidad de los socios o asociados por las deudas de la asociación y la responsabilidad de ésta por los actos o acuerdos adoptados por sus órganos estatutarios en la esfera de sus respectivas competencias.

B) Responsabilidad de los sindicatos no constituidos al amparo de la LOLS

12. Un sector de la doctrina ha apelado a la amplitud de los términos del art. 28 de la CE para señalar que, conforme a este precepto, debe admitirse la existencia de sindicatos constituidos sin sujetarse al procedimiento previsto en la LOLS.

Según estas opiniones, la mera voluntad de los fundadores dirigida a constituir una asociación de trabajadores con fines de representación y defensa de sus derechos es suficiente para que el resultado sea reconocido por el ordenamiento como sindicato y, por ello, para que se le atribuyan los derechos y facultades que definen la libertad sindical en su vertiente colectiva. Esta interpretación ha recibido expreso respaldo en la STS (Social) de 13 de mayo de 2008 (Rº 107/07), en la que se afirma que la publicidad que otorga el registro carece de eficacia constitutiva.

También encuentra apoyo en un argumento de literalidad. La referencia inicial del art. 4 LOLS a "los sindicatos constituidos al amparo de esta Ley" podría considerarse como suficientemente explícita de la voluntad del legislador de dejar un margen a los sindicatos constituidos sin pasar por los trámites registrales de ese precepto. Pero este no es un argumento ni mucho menos determinante porque tal referencia debe ponerse en relación con las previsiones de la DF 1ª sobre los sindicatos constituidos y con personalidad jurídica al amparo de la Ley 17/1977, a los que se les reconoce automáticamente su personalidad sin necesidad de someterse a los trámites del art. 4 LOLS.

Conforme a esta interpretación, a estas organizaciones habría que reconocerles, dado su carácter sindical, la titularidad de aquellas facultades que configuran el contenido esencial de la libertad sindical y, asimismo, la tutela frente a conductas antisindicales (Fernández López, 1986: 151-153). El sindicato no registrado poseería "una persona jurídica básica y podría realizar determinadas actuaciones sindicales".

Sobre esta base, doctrinalmente se ha defendido que "el sindicato responde con su propio patrimonio frente a terceros de los daños que pueda causar, tanto en la esfera contractual como extracontractual. En este sentido, no parece que debiera plantear problemas la aplicación de las normas de responsabilidad previstas en el art. 5 LOLS" (A. y E. Desdentado, 2010: 273).

Para la responsabilidad de sus promotores y miembros, habrá que aplicar lo dispuesto en el art. 10.4 de la Ley Orgánica 1/2002, de 22 de marzo, reguladora del Derecho de Asociación, a cuyo tenor:

> "Sin perjuicio de la responsabilidad de la propia asociación, los promotores de asociaciones no inscritas responderán, personal y solidariamente, de las obligaciones contraídas con terceros. En tal caso, los asociados responderán solidariamente por las obligaciones contraídas por cualquiera de ellos frente a terceros, siempre que hubieran manifestado actuar en nombre de la asociación".

C) La fragmentaria regulación de la responsabilidad del sindicato

13. El art. 5 LOLS es solo un fragmento del régimen jurídico de la responsabilidad sindical (A. y E. Desdentado, 2010: 267). En este artículo "se regula la imputación de responsabilidad al sindicato por acto propio y los límites aplicables a la responsabilidad por actos de sus afiliados, a lo que se une una referencia al patrimonio con cargo al que ha de hacerse efectiva la responsabilidad con el efecto de excluir las cuotas sindicales mediante un privilegio de inembargabilidad. Un sistema cuyo objetivo se centra en "acotar la esfera de las responsabilidades sindicales ante la posibilidad de determinadas interpretaciones no deseables" (A. y E. Desdentado, 2010: 268).

Fuera de las referidas previsiones se aplicarán las normas generales en materia de responsabilidad civil; la contractual, por los arts. 1101 y siguientes CC (responsabilidad derivada de obligaciones y contratos); y la extracontractual, por el art. 1902 y siguientes CC. Pero, sin negar la oportunidad y la procedencia del recurso al derecho de daños, su aplicación al sindicato requiere, cuando menos, de alguna matización.

El orden jurisdiccional social es el competente para conocer de la responsabilidad de los sindicatos y organizaciones empresariales por infracción de normas de la rama social del Derecho (art. 2.m) de la LJS).

2. Responsabilidad del sindicato por los actos de sus órganos estatutarios

A) La responsabilidad del sindicato persona jurídica

14. Una vez que el sindicato o la organización patronal adquieren la personalidad jurídica tienen reconocida plena capacidad de obrar (art. 4.1 de la LOLS).

Ello supone que, como cualquier persona jurídica, además de la posibilidad de ser titular de derechos y obligaciones, dispone de plena capacidad para ejercitarlos, para intervenir en el tráfico jurídico, administrar y disponer libremente de su patrimonio, actuar en defensa de sus intereses en el ámbito del proceso, etc. La asociación sindical o patronal, como persona jurídica que es, debe de actuar a través de órganos que expresan la voluntad de la asociación y generan los derechos y obligaciones de la asociación. Cada organización dispone a través de sus estatutos los órganos competentes para el ejercicio de sus facultades como persona jurídica (normalmente los órganos ejecutivos con funciones de administración y gestión, de carácter colegiado —comisión ejecutiva— o unipersonales —secretario general, secretariado—).

El art. 5.1 de la LOLS viene a establecer una limitación de la responsabilidad del sindicato, al disponer que éstos «responderán por los actos o acuerdos adoptados por sus órganos estatutarios en la esfera de sus respectivas competencias».

B) Responsabilidad del sindicato por los actos o acuerdos adoptados por sus órganos estatutarios

15. El sindicato asume la responsabilidad de sus órganos estatutarios siempre que éstos actúen dentro de las competencias que les atribuyen los estatutos. En este sentido habrá que estar a las previsiones establecidas en los estatutos de la asociación. La responsabilidad está vinculada directamente con el ordenamiento estatutario y por la estructuración orgánica del sindicato. Y ello, dado que, "como asociación, opera a través de los órganos, éstos, en cuanto formas primarias de actuar, serán los más indicados para obligarle por los actos lícitos o ilícitos" (Fernández López, 1986: 167).

> Si el secretario general adquiere un costoso inmueble para sede del sindicato, o firma un Acuerdo Marco, se supone que lo hace en nombre de la organización, la cual será la obligada por esos actos; lo mismo cabe decir de una resolución de la asamblea de afiliados, o de un acuerdo del comité ejecutivo expulsando a un determinado miembro, por citar algunos ejemplos llamativos. La imputación al sindicato de los actos emanados de sus órganos coincide con la regla general para todas las personas jurídicas, que precisamente

por carecer de entidad física han de actuar a través de la representación «necesaria» y de los eventuales apoderados que puedan nombrarse (Ojeda, 2003: 266).

a) Excepciones a la responsabilidad del sindicato

16. Si el órgano no actúa como tal y excede el ámbito de representación, resultaría de aplicación la limitación predicable de toda persona jurídica ex art. 1697 del CC, de acuerdo con el cual: "Para que la sociedad quede obligada con un tercero por los actos de uno de los socios, se requiere: 1.° Que el socio haya obrado en su carácter de tal, por cuenta de la sociedad". Por ello podría concluirse que la actuación del órgano adoptando decisiones y realizando actos para los que no ha sido facultado no vinculan al sindicato (De la Puebla, 2000: 65).

La responsabilidad del sindicato podría alcanzarse en estos casos por distintas vías (A. y E. Desdentado, 2010: 285-286): (i) la doctrina del apoderamiento tácito derivado de hechos concluyentes, a partir de los cuales se crea una situación que suscita una confianza en que la representación existe. (ii) La ratificación de la actuación del órgano incompetente por el competente o, en fin, (iii) La vía de la responsabilidad por acto de tercero (art. 1903.4 y art. 1904 CC).

Doctrinalmente se ha distinguido, desde la anterior premisa, dos posibles hipótesis (Fernández López, 1986: 167):

b) Actuación fuera del ámbito estatutario de competencias

17. En primer lugar, considerar que el sindicato actúa fuera de sus competencias cuando la actuación de la que deriva el daño no ha sido adoptada por un órgano del sindicato (de la que deriva la posible responsabilidad del sindicato por omisiones de sus órganos y la responsabilidad por hechos ajenos) o cuando ha sido adoptada por un órgano que carece de atribuciones;

> Dichas actuaciones irregulares abarcan un amplio espectro (...) puede suceder que el secretario general no sea competente para la adquisición del inmueble sino el tesorero, o que el comité ejecutivo invada la competencia del comité de disciplina por otro lado, puede suceder que la actuación se produzca dentro del apoderamiento conferido, pero no en el ejercicio regular, es decir, no conforme al procedimiento indicado por los estatutos; el secretario general debió firmar conjuntamente con el tesorero, o el comité ejecutivo debió adoptar el acuerdo por mayoría cualificada (Ojeda, 2003: 266).

c) Actuación fuera de los procedimientos estatutarios

18. La actuación se considera irregular cuando no se ha seguido el procedimiento o cuando el órgano, al actuar en forma lesiva, desconoce las instrucciones de un órgano superior dentro de la estructura de poder fijada en los Estatutos

Tales situaciones no obligarán al sindicato, por haber incurrido el órgano o el apoderado en violación estatutaria, pero la afirmación debe contener algún matiz. Como señala Fernández López (1986: 169), la apariencia de obrar conforme a derecho (art. 1734 y 1735 del CC) ha podido generar en el tercero expectativas de buena fe, que sería poco equitativo dejar sin protección aduciendo la no vinculación del sindicato por la adquisición irregular del inmueble, verbigracia; para esta autora, ha de mantenerse la responsabilidad de la organización en tales casos, cuando no pudiera exigirse razonablemente al tercero de buena fe el conocimiento de los requisitos internos para la actuación regular del órgano, lo que en definitiva significará la imputación al sindicato de los daños y perjuicios sufridos por el tercero.

El Tribunal Supremo ha establecido respecto de las asociaciones en general que no pueden ignorarse las obligaciones contraídas con terceros amparándose en cuestiones formales en la formación de la voluntad del órgano (STS (Civil) de 23 de mayo de 1994 (Rº 1745/1991]). Por ello cabría extender la responsabilidad al sindicato para proteger la apariencia jurídica y los derechos de terceros de buena fe en el supuesto de generación de obligaciones mediante acuerdos afectados por irregularidades en la formación de la voluntad del órgano, particularmente cuando los requisitos procedimentales al respecto se remiten desde los estatutos al reglamento de funcionamiento interno.

C) Responsabilidad de los titulares de los órganos de gobierno y de los afiliados

19. El art. 5 de la LOLS no regula la responsabilidad de los titulares de los órganos de gobierno y ni la de sus afiliados. Excluida como regulación supletoria la que corresponde a la sociedad civil (art. 1698 del CC), estamos de acuerdo con la mejor doctrina (A. y E. Desdentado, 2010: 275) en considerar que debe acudirse a la Ley Orgánica 1/2002, de 22 de marzo, reguladora del Derecho de Asociación y, en concreto, a lo establecido en su art. 15. De acuerdo con el apartado 2 de dicho precepto “los asociados no responden personalmente de las deudas de la asociación”. Por su parte, el apartado 3 establece que: “los miembros o titulares de los órganos de gobierno y representación, y las demás personas que obren en nombre y representación de la asociación, responderán ante ésta, ante los asociados y ante terceros por los daños causados y las deudas contraídas por actos dolosos, culposos o negligentes". Y de acuerdo con el apartado 4, también responderá civilmente "por los actos y omisiones realizados en el ejercicio de sus funciones, y por los acuerdos que hubiesen votado, frente a terceros, a la asociación y a los asociados". En todo caso (apartado 5), "cuando la responsabilidad no pueda ser imputada a ningún miembro o titular de los órganos de gobierno y representación, responderán todos solidariamente por los actos y omisiones a que se refieren los apartados 3 y 4 de este artículo, a menos que puedan acreditar que no han participado en su aprobación y ejecución o que expresamente se opusieron a ellas".

Y es que también es propio de un Estado de Derecho que el sindicato convocante de una concentración sea responsable de los daños causados durante la misma.

Tómense como ejemplo el supuesto en el que una viandante sufre un impacto sonoro por la explosión de un petardo cuando pasaba por la zona en la que se celebraba una manifestación contra la empresa HUNOSA organizada por los sindicados Soma-UGT y CC.OO. que le produjo graves lesiones en los oídos. La Sentencia del Juzgado de lo Civil nº 10 de Oviedo de 9 de marzo de 2016 (Proc. 220/2015), hizo responsables a los sindicatos dado que "no se ha presentado prueba alguna que acredite que las demandadas tomaron algún tipo de precaución para evitar daños a terceras personas. Por lo tanto, deberán responder de los daños y perjuicios causados a la actora". La indemnización total que corresponde percibir a la actora es de 31.583,61€.

D) Responsabilidad individual de los miembros del órgano

20. En el caso de que el sindicato no asuma la responsabilidad por acuerdos o actos del órgano estatutario en aplicación del art. 5.1 de la LOLS, la responsabilidad se reclamará a los integrantes del órgano. Además, en supuestos de reclamación de responsabilidad al sindicato por acuerdos adoptados irregularmente desde un punto de vista procedimental, el sindicato posteriormente podrá dirigirse contra los integrantes del órgano por la responsabilidad asumida, y ello independientemente de que puedan aplicarse las sanciones previstas en el régimen disciplinario establecido en los estatutos.

3. Responsabilidad del sindicato por actos de los afiliados y entes afiliados

A) La exclusión general de responsabilidad del sindicato por actos de sus afiliados

21. En Derecho español hay completa independencia y separación entre la personalidad del sindicato y la de sus afiliados, pues aquél es una persona jurídica perfecta, con plena capacidad de obrar (art. 4.7 de la LOLS). El art. 5.2 de la LOLS dice:

> *"el sindicato no responderá por actos individuales de sus afiliados, salvo que aquello se produzcan en el ejercicio regular de las funciones representativas o se pruebe que dichos afiliados actuaban por cuenta del sindicato".*

Esta redacción supone imponer como regla general la exoneración de responsabilidad del sindicato por cualquier acto individual. El sindicato queda liberado, en principio, de las consecuencias derivadas del proceder de sus afiliados, salvo que sea posible probar: (i) que las actuaciones individuales que originaron los daños fueron llevadas a cabo por instrucción o consigna del sindicato en tal sentido, o (ii) la intervención de representantes por cuenta del sindicato en los hechos por los que se reclama el resarcimiento.

El sindicato CIG (Confederación Intersindical Galega) convocó una huelga indefinida en la empresa «Transportes La Unión, SA», que tuvo efectos desde el día 30 de enero hasta que fue desconvocada el día 31 de mayo del mismo año. Bajo un clima de tensión y conflictividad laboral, durante el transcurso de la misma más de cuarenta autocares de la empresa sufren diversos daños (rotura de ventanillas, pinchazos de neumáticos, etc.). A este respecto, algunos cargos del sindicato fueron detenidos por la Guardia Civil por los desperfectos causados en diversos autobuses de la empresa, llegando a ser condenado un agente electoral del sindicato por un delito continuado de daños. Igualmente, el Secretario Comarcal y el Secretario General en el ámbito de la organización sindical fueron condenados en juicio de faltas por coacciones.

La STSJ Galicia de 26 de abril de 2005 (Rº 4398/2002), concluyó que "la situación fáctica presente ni por asomo puede incluirse en alguna de las dos excepciones indicadas (en el art. 5.2 LOLS): ni se ha producido un ejercicio regular de funciones representativas (ni hay tal apoderamiento, ni la participación de representantes en algún acto violento supone la imputación de sus resultados a la organización), ni se ha probado que dichos afiliados actuasen por cuenta del sindicato; en particular: a) La primera excepción imputa la responsabilidad al sindicato en el caso en que los actos individuales de los afiliados se produzcan en el ejercicio regular de las funciones representativas; supuesto referido a la representación voluntaria —que aquí no existe—; aparte de que la expresión utilizada prohíbe una gestión ultra vires cuando sea perjudicial para los intereses del sindicato representado, y b) La segunda lo hace en caso de actuación por cuenta del sindicato, esto es, si en lugar de haber mandato, expreso o tácito, el afiliado sólo y meramente ha obrado en su carácter de tal, siempre que tal acto haya redundado en provecho del sindicato. Habrá de tratarse, por tanto, de una comprobación a posteriori. En la medida en que no hay encargo previo ni documento que confirme el mándate, la imputación del patrimonio sindical sólo se admite tras la correspondiente prueba que destruya el tan repetido principio general de no imputabilidad; y desde luego, mal puede entenderse que destruir patrimonios ajenos pueda englobarse en el concepto de provecho para el sindicato.

Estamos ante una regla sobre responsabilidad aplicable a las asociaciones en general. La asociación responde de los actos propios, no por los actos individuales de sus afiliados. El art. 1697 del CC considera como presupuestos para que la sociedad quede obligada con un tercero por los actos de uno de los socios, que "éste tenga poder para obligar a la sociedad en virtud de un mandato expreso o tácito", y "que haya obrado dentro de los límites que le señala su poder o mandato". En caso contrario, el mandatario no queda obligado, el contrato no produce respecto a él efecto alguno.

B) La condición de representante unitario de los trabajadores del afiliado sindical

22. El mero afiliado conserva su libertad de actuación frente a las instrucciones del sindicato. Como ha señalado Ferrando García (2000: 78) "el anterior argumento se refuerza en el caso de que el afiliado sea representante unitario de los trabajadores pues, como su propio nombre indica, actúa en nombre del común de los trabajadores a quienes representa, y no del sindicato, aun cuando la realidad demuestra que los órganos de representación unitaria se encuentran fuertemente sindicalizado". Un buen ejemplo nos lo proporciona la STSJ de Islas Canarias, Las Palmas de 30 septiembre de 2014 (AS 2014\3278):

> La organización Intersindical Canaria tiene presencia en el Comité de empresa del centro de trabajo denominado "Hotel Magic Life", que la mercantil codemandada Flamenco Fuerteventura, S.L., dedicada a la actividad de hostelería. Intersindical Canaria se dirige contra CC. OO, por obstaculizar la participación de sus miembros del Comité de empresa de la entidad mercantil en la reunión de dicho órgano celebrada el 14 de junio de 2012, considerando que dicha obstrucción vulnera el derecho a la libertad sindical. Asimismo, solicita la nulidad de la constitución del Comité de empresa y de la designación de los representantes de la parte social en el Comité de Seguridad y Salud de la citada entidad mercantil demandada. La sentencia concluye la inexistencia de responsabilidad del Sindicato CC.OO., debiendo imputarse exclusivamente a sus afiliados pertenecientes al comité de empresa.

C) La regulación del art. 5.2 de la LOLS funciona como una presunción legal

23. Siempre que la actuación se deba a los afiliados se presumirá que el sindicato no está implicado en las resultas de aquélla. Como resumió la STSJ Galicia de 26 de abril de 2005 (R° 4398/2002): "La imputación, por tanto, habrá de ser probada, sin que valga cualquier tipo de relación entre el afiliado y el sindicato, como sucede con la sociedad común cuando, por no haberse estipulado el modo de administrar, todos los socios se considerarán apoderados hasta el punto que lo que cualquiera de ellos hiciere por sí solo, obligará a la sociedad (art. 1695 del CC). Ha de demostrarse una de las dos posibilidades contempladas en el art. 5.2 de la LOLS, y en este supuesto no vale la analogía; porque que el régimen de administración del sindicato debe estar previsto en sus estatutos en todo caso (art. 4 de la LOLS)".

4. Actuación de los afiliados por cuenta del sindicato

24. La primera excepción a la regla general de la irresponsabilidad del sindicato por actos individuales de sus afiliados se encuentra en aquellas situaciones en las que se pruebe que los afiliados «actuaban por cuenta del sindicato» (art. 5.2 de la LOLS).

Estamos ante supuestos donde el afiliado actúa siguiendo las consignas o en ejecución de acuerdos o decisiones del sindicato, derivándose de dicha actuación un daño o perjuicio para terceros. En este apartado deben incluirse la responsabilidad por actos de afiliados con cargos de representación en la empresa, principalmente los delegados sindicales, representantes de personal y delegados de prevención (Ojeda, 2003). Normalmente se trata de supuestos de responsabilidad por actividades sindicales de los trabajadores afiliados dentro de la empresa (actividades como reuniones, huelgas, distribución de información o comunicados al margen del marco legal y con daños a la empresa).

En la empresa concesionaria del servicio de limpieza municipal —cuya plantilla era de 260 trabajadores— existía un Comité de Empresa compuesto por nueve miembros, todos los cuales pertenecían al sindicato UGT. Con ocasión del proceso de elecciones sindicales, los sindicatos Intersindical Canaria y CC.OO captaron candidatos, algunos de ellos antiguos militantes de UGT y presentaron candidaturas. Antes de verificarse la elección, nueve de los candidatos del Sindicato CC.OO y ocho de Intersindical Canaria presentaron escritos de renuncia a sus respectivas candidaturas; todos los escritos de renuncia se presentaron en el mismo modelo mecanografiado, facilitado a los renunciantes por los sindicalistas de UGT y fueron firmados en el único local sindical de la empresa (el de UGT), usado, asimismo, por el Comité de Empresa (en tanto en cuanto, como se ha dicho antes, todos sus miembros pertenecían al referido sindicato). A lo largo del proceso electoral se denunciaron múltiples actos de presión del sindicato UGT hacia los candidatos de los otros dos sindicatos.

Intersindical Canaria impugnó el proceso electoral en vía administrativa, no constando el resultado de ésta, ni su posible impugnación judicial. Posteriormente, presentó demanda de tutela de libertad sindical demandando a UGT, a CC.OO y a tres sindicalistas de UGT mostrando conformidad con la demanda tanto CCOO como uno de los tres sindicalistas de UGT, oponiéndose los otros dos y el Sindicato UGT. El fallo de la Sentencia de instancia sería estimatorio de la demanda, declarando la existencia de vulneración de la libertad sindical por parte de UGT, respecto de la retirada de los candidatos de Intersindical Canaria y CC.OO y condenando a UGT a abonar a Intersindical Canaria una indemnización cifrada en 200.000 ptas. más los honorarios. Estima la existencia de la aludida comunicación de responsabilidades y, aunque sin hacer mención expresa del mecanismo jurídico en base al cual traslada la responsabilidad al Sindicato recurrente, parece decantarse por la opción del mandato, siquiera tácito.

La STSJ Canarias/Santa Cruz de Tenerife, de 30 de noviembre de 1999 (Rº 591/1999), "estima el recurrente (UGT) que (...) el Sindicato no responde de los actos de sus afiliados (art. 5.2 LOLS) y como excepción puede atribuirse la responsabilidad al Sindicato si los afiliados hubieren actuado por cuenta del Sindicato o ejerciendo funciones representativas, y que este criterio de responsabilidad sindical no procede en el caso de autos pues los afiliados implicados en las conductas denunciadas no ocupan cargos estatutarios, ni mantienen con el Sindicato una relación orgánica, ni actuaron como representantes ni consta que el Sindicato hubiera dado instrucciones sobre cómo debían actuar", pero señala la Sala que, de acuerdo con los hechos declarados probados, "estas personas actuaban como sindicalistas y no a título personal (el beneficiado por su conducta era el Sindicato)". El Sindicato actor (...) se le ha causado un daño evaluable económicamente: a) De un lado, se trata de un daño patrimonial con un doble contenido: 1) El consistente en los gastos, medios y tiempo empleado en la actividad sindical con esa Empresa y en la preparación y presentación de candidatos, daño difícilmente evaluable, sin que el Sindicato actor haya siquiera ofrecido datos que permitan su cuantificación. 2) De otro lado, los gastos de este juicio, claramente evaluables vía costas, aunque reducidas éstas a los honorarios del señor Letrado encargado de la defensa jurídica del Sindicato actor. b) De otro lado, existe un innegable daño moral causado por el fracaso de la actividad del Sindicato actor en las elecciones sindicales, en beneficio de la hegemonía del Sindicato demandado, causado por las actuaciones de los sindicalistas de éste, ya analizadas, daño moral que como todos los de esa naturaleza tiene que ser evaluado, cuantificándolo sobre los parámetros que ya ha señalado la doctrina del Tribunal Constitucional (circunstancias, gravedad de la lesión, difusión y beneficio del infractor) y teniendo en cuenta la difusión del hecho limitada a la Empresa y al ámbito sindical más próximo (daño no excesivo), la gravedad de la lesión (moderada) y el beneficio del Sindicato infractor (consolidar cuatro años más, al menos, su hegemonía y control total del Comité de empresa), sin que existan otras circunstancias relevantes, parece prudente fijar el daño moral en la cantidad de 200.000 ptas. considerando la cualidad de Sindicato más representativo a nivel nacional del Sindicato demandado según el artículo 6 LOLS (y, por tanto, su solvencia económica nutrida por sustanciosas subvenciones estatales y autonómicas, más su patrimonio histórico) frente a la modestia de un sindicato minoritario" (Un comentario en Garrigues Giménez, 2000: 30 a 38).

25. Se establece en este supuesto que el causante en última instancia del daño es el propio sindicato, por lo que es a él al que se atribuye la responsabilidad por sus consecuencias. Es necesaria la prueba de una relación causa-efecto entre el acuerdo sindical y la acción del afiliado.

La Confederación General del Trabajo (CGT) realizaba una publicación periódica titulada "BOCASA" que se distribuía en el centro de trabajo de AIRBUS GROUP en Tablada, Sevilla. En la publicación aparecida en julio de 2013, boletín nº 131, se llamaba homicidas y se les comparaba con criminales nazis a los miembros de los servicios médicos de la empresa. Tal publicación había tenido una amplia difusión no sólo entre los empleados de AIRBUS sino también entre personas ajenas a la empresa porque la revista era publicada por el sindicato en su página web, por lo que cualquier persona podía tener acceso a la misma. Solicitaban se declarase que se había producido efectivamente la intromisión ilegítima y consiguientes condenas del Sindicato demandado a indemnizar a cada uno de los actores en la cantidad de 3.000 euros a cada uno y a hacer público el texto de la sentencia que se dictase. La CGT se opuso a la demanda alegando falta de legitimación pasiva o, alternativamente, falta de litisconsorcio pasivo necesario, porque desconocían quienes fueran los autos del "Boletín Obrero de CASA", y el Sindicato no respondía por los actos u omisiones de sus afiliados.

La SAP Sevilla 14 de julio de 2016 (RA 2632/2016): "La publicación utiliza el nombre y anagrama del sindicato en todas sus páginas, lo que era conocido por el organismo puesto que se publicaba en su propia página web, no sólo era conocido sino que era permitido y se facilitaba la difusión por internet, a este respecto, la responsabilidad de la organización demandada, en tanto que titular y responsable de la web en que se publicó el folleto, deriva de lo dispuesto en los arts. 13.2 y 16 de la Ley 34/2002, de 11 de julio, de servicios de la sociedad de la información y de comercio electrónico. Como conclusión, no identificándose ni al autor, ni al editor ni al director de la publicación y apareciendo en la misma designado e identificado por sus siglas el Sindicato demandado, ha de estimarse que este ha asumido la responsabilidad por la difusión del artículo objeto de controversia, debiendo entenderse además que el autor, que firmó con seudónimo, actuaba en nombre del sindicato y que por ello este es responsable".

5. *Actos individuales de los afiliados en el ejercicio regular de las funciones representativas*

A) La actuación o gestión mediante un mandato representativo con generación de obligaciones para el sindicato

26. Será responsable el sindicato cuando los actos individuales de sus afiliados tengan lugar «en el ejercicio regular de las funciones representativas» (art. 5.2 de la LOLS). Hemos de diferenciar aquí lo que son funciones atribuidas por cargo orgánico de las funciones representativas atribuidas al afiliado mediante mandato representativo reconocido por los órganos competentes. El ejercicio de funciones representativas del art. 5.2 de la LOLS se refiere al segundo supuesto. El primer supuesto, es decir, las funciones atribuidas al afiliado mediante representación orgánica, se insertan en el art. 5.1 de la LOLS.

La figura a la que hace referencia la LOLS es la del "representante voluntario" que ha recibido apoderamiento por parte de los órganos competentes al efecto según sus estatutos, de este modo, "el poder, elemento conductor de la imputabilidad, será un elemento clave como marco de la actividad del mandatario, produciéndose una remisión general a la regla que se deduce del art. 1719 del CC, en conexión con el art. 1725 del CC del mismo cuerpo legal" (Fernández López, 1986: 170). Habrá que estar en este caso al contenido del documento que acredita la representación y sus límites, de la misma forma que hay que estar al apoderamiento en el supuesto del mandato civil.

Con todo, la actuación por cuenta del sindicato puede producirse a través de otras fórmulas:

B) Actuación representativa sin poder

27. Nuestro Código Civil, tanto en el art. 1259 del CC, como en el art. 1721 del CC, califican de nulo lo realizado por el representante sin poder. Cuando el Código Civil emplea en estos preceptos el concepto nulidad, lo hace con total precisión. Nulo es lo que no produce efectos, y ésta es, justamente, la sanción del negocio celebrado por el representante sin poder. El Código es claro al respecto. En lo que se refiere al representado la cosa no ofrece duda. El art. 1727 del CC dispone expresamente que "en lo que el mandatario se haya excedido no queda obligado el mandante sino cuando lo ratifica expresa o tácitamente". Y, como ha señalado la doctrina, este es el régimen que deberá aplicarse, "pese a la letra del art. 5.2 LOLS" (A. y E. Desdentado, 2010).

C) Actuación no representativa pero dentro de la disciplina de la organización

28. El art. 5.2 de la LOLS se no estaría refiriéndose a la acción representativa del afiliado, sino a una segunda forma de actuación por cuenta del sindicato: la actuación del afiliado, como miembro de una organización, que, "en esa condición de afiliado, obra por cuenta del sindicato, siguiendo sus órdenes e instrucciones para lograr un objetivo que comparte y da cuenta de su pertenencia al sindicato". Esta forma de actuación "puede considerarse como una actuación no representativa, pero dentro de la disciplina de la organización" (A. y E. Desdentado, 2010).

D) Actuación del afiliado representante sin poder que resulta posteriormente ratificado

29. Si la actuación del afiliado es una actuación representativa por cuenta del sindicato, pero sin poder, es claro que se trataría de una responsabilidad por acto propio si existe ratificación. Si el afiliado actúa como mandatario, incluso tácitamente otorgado el mandato (art. 1710 del CC), no obra en su propio nombre (art. 1717.1 del CC), sino en el del sindicato de modo que la responsabilidad afectará a la organización sindical. Lo mismo ocurre si el afiliado se excede en su mandato, pero su actuación es ratificada por el sindicato (art. 1727.2 del CC). El sindicato respondería por una actuación propia y el afiliado representante no responderá personalmente.

E) Actuación del afiliado representante sin poder no ratificado

30. Si el afiliado actúa como tal y por propia iniciativa, la responsabilidad de su conducta sólo a él podrá alcanzar. Y es que el ejercicio del mandato sin poder puede producir evidentes consecuencias en las relaciones entre representante y representado, pudiendo generar un deber de resarcimiento o de indemnización de daños y perjuicios por parte del representante ficticio. En estos casos, la apariencia de representación se ha producido por la actuación de mala fe del representante que, aun siendo consciente de la voluntad del representado, ha colaborado en un resultado daños para el mismo. Se trata, como ha explicado la doctrina (Gordillo, 1978: 253), de una responsabilidad contractual que descansa sobre la idea de culpa (art. 1101 y 1726 CC). En estos casos no respondería el sindicato respondiendo el afiliado que ha actuado por cuenta de otro sin poder, salvo que el tercero conozca la falta de poder o cuando no conociendo esta circunstancia opte por la revocación (art. 1259 y 1725 del CC).

Doctrinalmente, se ha defendido que, si la actuación del sindicato no tiene carácter representativo y se ha producido dentro de la disciplina de la organización, se podría entrar en la responsabilidad por actos de tercero (art. 1903.4 CC) y ello como consecuencia de la "especial jerarquía o subordinación que se produce entre el sindicato y sus miembros como consecuencia de la afiliación, tal y como se extrae de los estatutos sindicales".

Como señala magistralmente Fernández López (1986:171), "la primera impresión es que el sindicato responde por hechos ajenos, en la misma línea que el art. 1903 CC. Sin embargo, la dicción de la LOLS no se coordina con la CC, porque no aísla la responsabilidad más que cuando el afiliado actúa "por cuenta" del sindicato. Es decir, formula una regla que es caso un negativo de la contenida en el art. 1903 CC: mientras que en éste responde la persona indicada a no ser que pruebe que ha empleado toda la diligencia de un buen padre de familia, es decir, imponiéndose una presunción de culpa en contra del responsable por hecho ajeno, en la dicción de la LOLS el punto de partida es justamente el contrario, y se establece que no se responderá por esos actos a no ser que quien pretenda sujetar al sindicato a responsabilidad pruebe que el sindicato tuvo una participación directa en los actos ilícitos. Más bien puede decirse que la responsabilidad de este apartado de la LOLS es una responsabilidad por actos propios, aunque para enlazar la cadena de actos que dan lugar al resultado dañoso sea precisa la colaboración de terceras personas, los afiliados que llevan a la práctica el acuerdo sindical (...)". De ello derivan dos consecuencias fundamentales: en primer lugar, la responsabilidad del afiliado individual no queda eliminada por el hecho de que el sindicato responderá también; el ejecutor material del acto ha contribuido a la realización de éste, y al daño subsiguiente, y responderá por ello (en la medida en que sea identificable) conjuntamente con el sindicato. En segundo lugar, para que se entienda que el afiliado ha actuado por cuenta del sindicato, la actividad sindical desencadenante de su responsabilidad se ha debido desarrollar en tales condiciones que justifiquen la vinculación del propio sindicato".

Algunos autores consideran que, en estos casos, no se trata propiamente de una responsabilidad por acto de tercero, sino que se trata de un supuesto de "concurrencia de responsabilidades como consecuencia de una actividad lesiva compleja, en la que la decisión de actuar es del sindicato y la ejecución del daño corresponde a los afiliados. La responsabilidad sería solidaria y el sindicato podría repetir contra los afiliados (art. 1904 del CC) (A. y E. Desdentado, 2010: 287)

F) Un supuesto especial es el referido a la responsabilidad de los sindicatos en estructuras sindicales complejas

31. En principio, la regla a seguir es que cada asociación, federación o confederación dotada de personalidad jurídica propia es sujeto de derechos y de obligaciones, y por tanto cada una de ellas será responsable de los incumplimientos contractuales y de los daños que ocasionen las decisiones de sus órganos estatutarios y las actuaciones de los afiliados que actúan por cuenta del sindicato. No obstante, cabe interpretar que existe una comunicación de la responsabilidad de las asociaciones a las federaciones y uniones y de éstas a la confederación cuando es la organización superior la que adopta la decisión que es ejecutada por la organización inferior, o cuando la primera autoriza y respalda la acción o acuerdo de la segunda. La limitación de la responsabilidad de la confederación o federación establecida por éstas en sus estatutos no puede condicionar su responsabilidad de darse esta situación.

En nuestro sistema de relaciones laborales es frecuente que los sindicatos, sobre todo las grandes organizaciones sindicales de ámbito geográfico extenso y amplio sustrato subjetivo, se organicen como estructuras complejas integradas por diversas asociaciones sindicales diferenciadas en función de criterios geográficos o según el ámbito funcional de representación. En estos casos, lo normal es que cada entidad sindical posea sus propios estatutos convenientemente depositados y registrados, habiendo adquirido así personalidad jurídica propia y diferenciada de la del resto de sindicatos con los que integran la federación o confederación.

En la medida en que la actuación de estos sindicatos responda también a ese principio de autonomía, comportándose en el tráfico jurídico como un sujeto independiente, el atributo de la personalidad jurídica se mantendrá intacto, con las consecuencias inherentes al mismo. El propio TC ha señalado que "el objetivo de la constitución de organizaciones sindicales complejas (...), no es otro que el de agregar y conjugar la capacidad de acción de todos los sindicatos federados o confederados —medida, entre otros parámetros, por su respectiva representatividad— con el fin de obtener mejores resultados en el desarrollo de la actividad sindical y, dentro de la misma, de la negociación colectiva, sin perder por ello su personalidad jurídica propia y, en su caso, su denominación específica; objetivo éste amparado por el art. 28.1 de la CE" (STC 187/1987, de 24 de noviembre).

32. En un caso de responsabilidad por despido de un trabajador del sindicato, cualquiera de las federaciones que integra la central sindical debe responder con su patrimonio de las deudas del sindicato, porque a efectos laborales actúa el sindicato como un grupo de empresas; tratándose del sindicato como empleador y dándose una prestación de trabajo indiferenciada para diferentes estructuras dentro del sindicato existe una obligación plural de la que responden solidariamente todas ellas (STSJ Canarias 21 de marzo de 1995, Rº 779/1994).

La Federación Estatal de Comercio, Hostelería y Turismo de CC.OO (FECOHT-CC.OO) comunica a la actora su decisión de despedirla por causas disciplinarias, ya que, según el tenor de la carta de despido, sin haber contado con las necesidades del trabajo y sin recabar la correspondiente autorización o acuerdo, aquélla había decidido tomar de manera unilateral sus vacaciones de verano. La actora, que tenía reducida su jornada por razón de guarda legal del menor, interpone demanda exigiendo la nulidad del despido o, en su caso, la improcedencia, cuya última calificación reconoce la FECOHT-CC.OO, manifestando su deseo de readmitir a la trabajadora con el abono de los salarios devengados desde la fecha del despido y en las mismas condiciones que tenía la actora antes del mismo. Contra dicha sentencia anunció recurso de suplicación la parte demandante, a fin de que se declarase la nulidad y se le reconociera un salario superior, siendo impugnado por las partes contrarias. la Sala de lo Social del TSJ de Cantabria estima el recurso, declarando la nulidad del despido de la actora y condenando solidariamente a las empresas FECOHT-CC.OO, Confederación Sindical de CC.OO y Unión Regional de CC.OO a readmitir inmediatamente a la trabajadora en sus funciones de Titulado Superior, nivel A, conforme a la revisión de los hechos probados que se solicitaba, y al abono de los salarios dejados de percibir

Como la declaración que acredita la vinculación entre la FECOHT-CC.OO, la Confederación Sindical de CC.OO y la Unión Regional de CC.OO —todas ellas demandadas— hasta el punto de que, según la sentencia, componen un grupo de empresas a efectos laborales (F. 3º). De ahí que en el fallo se condene solidariamente a las empresas citadas más arriba a readmitir inmediatamente a la trabajadora en las funciones expuestas y al abono de los salarios dejados de percibir, calculados según la revisión transcrita.

La sentencia de instancia había mantenido la inexistente responsabilidad contractual solidaria frente a la Unión regional y la Confederación Sindical, ambas de CC.OO. Pero la pauta que marca la STSJ Cantabria de 15 de marzo de 2002 (Rº 173/2002) y que le suministra la base para la declaración de responsabilidad solidaria entre todos los entes sindicales demandados reside en la diáfana «unidad de actividad, dirección, principios y fines en cuanto están organizadas como Sindicato al amparo de la LOLS, existiendo una clara conexión económica entre las Federaciones y Uniones Regionales que lo conforman». La sentencia refuerza esos indicios a base de constatar que «Los recursos económicos están integrados por el porcentaje de las cuotas de los afiliados fijado por el Congreso Confederal de CC.OO» y que se comparte el mismo edificio donde se ubican también la Unión regional y las diferentes Federaciones, arrojando un resultado de apariencia externa unitaria" (Un comentario al referido pronunciamiento puede encontrarse en Terradillos Ormaetxea, 2002: 39-45).

6. *Responsabilidad del sindicato y prestación de servicios*

33. El crecimiento de las actividades asociativas, particularmente sindicales, en el campo de los servicios (asesoramiento técnico o jurídico, cooperativas de viviendas, seguros, etc.) amplía las posibles responsabilidades en el campo civil o mercantil. Es posible además que a las reclamaciones judiciales por incumplimiento de la normativa en el campo laboral por parte sindical o patronal pueda acompañar la reclamación de responsabilidad civil de daños y perjuicios (Ampliamente se ha ocupado de este tema De la Puebla Pinilla, 2000: 425-437).

A) Daños por una defectuosa asesoría jurídica al afiliado sindical

Cinco trabajadores afiliados a un sindicato acudieron al mismo para reclamar unas deudas salariales que afirmaban que habían contraído con ellos las empresas para las que trabajaban. El sindicato asumió y se obligó a tramitar judicialmente la reclamación de sus afiliados, encomendando la realización de los trámites a los profesionales necesarios. Resultando infructuoso para sus intereses el procedimiento entablado en su nombre ante el orden social y considerando que se había producido una actuación negligente por parte del sindicato, los actores presentaron ante la jurisdicción civil una demanda de juicio ordinario en la que se solicitaba que se declarase la responsabilidad del sindicato y que se le condenara al pago de determinadas cantidades. Rechazada la competencia primero en el orden civil y luego en el social —en el que la acción no solo se ejercitó frente al sindicato, sino también frente a una compañía de seguros y frente a los profesionales que intervinieron en el procedimiento laboral de origen—, se formuló recurso por defecto de jurisdicción.

34. El ATS (Civil) 11 de julio de 2017 (Cc 9/17) atribuye al orden civil la competencia para conocer de una reclamación de responsabilidad formulada frente a un sindicato como consecuencia de la negligente defensa jurídica llevada a cabo ante el orden social. Entiende la sala que hay una esencial diferencia entre el asesoramiento sindical, derivado de la relación jurídica de afiliación sindical, asesoramiento que se concede con carácter gratuito a cualquier afiliado por el hecho de serlo, y otros tipos de asesoramiento, entre ellos el jurídico. Así, el asesoramiento jurídico por el que un afiliado del sindicato entra en contacto con un abogado recomendado por este (por más que el letrado pueda estar integrado en la asesoría jurídica del sindicato) para que ejercite en su nombre una acción judicial provoca una relación nueva y distinta, de arrendamiento de servicios profesionales con el abogado, que, normalmente, ya no se presta de forma gratuita, pues excede de los derechos dimanantes de la condición de afiliado.

Indica la sala que el asesoramiento jurídico prestado a los demandantes para reclamar ante la jurisdicción social determinadas cantidades adeudadas por sus empresas no formaba parte del asesoramiento sindical y, por lo tanto, excede de los derechos derivados de su condición de afiliados y de su relación con el sindicato.

Por una parte, en la demanda se ejercita una acción de responsabilidad contractual del art. 1101 CC, como consecuencia de una actuación negligente en el cumplimiento de un contrato de arrendamiento de servicios del art. 1544 del CC, pretensión que ha de ser resuelta por la jurisdicción civil.

Por otra parte, aunque en la primera demanda no se acciona frente a los profesionales causantes del daño, sí se especifica que la acción se ejercita frente al sindicato por entenderse que el incumplimiento contractual se produce a través de su asesoría jurídica, incluida dentro del ámbito de dirección del empleador. En este caso, aunque no se cite el concreto precepto legal, señala la sala que se está ante una acción extracontractual del art. 1903 del CC, en el que se hace referencia a la posible responsabilidad de la empresa (en este caso, el sindicato) respecto de los perjuicios causados por sus dependientes en el servicio de los ramos en que los tuvieran empleados o con ocasión de sus funciones. Y concluye que el conocimiento de esta acción también ha de corresponder a la jurisdicción civil.

35. Procede imputar dicha responsabilidad cuando la conducta negligente o culposa es atribuible al asesor jurídico y a los propios servicios administrativos del sindicato (SAP Madrid, 9 de mayo de 2008 [AC 2008, 1098], o exclusivamente a estos últimos SAP Girona 18 de septiembre de 2009 [AC 2009, 2022] y SAP Granada, 22 de octubre de 2003 [JUR 2003/265809]).

En cuanto a la cuantía indemnizatoria, el sindicato defiende que corresponde indemnizar por pérdida de oportunidad (Extensamente, Medina Alcoz, 2007), sin que nunca pueda llegarse al importe de la indemnización que hubiera correspondido en caso de éxito de la demanda de despido. El motivo no puede ser admitido porque, acreditado el daño, el sindicato no determina cuál sería el quantum correspondiente a la pérdida de oportunidad. Por otro lado, la equiparación entre la indemnización reconocida por la negligencia del sindicato con la que hubiera correspondido en el proceso de despido tiene su fundamento en la doctrina jurisprudencial (STS (Civil) de 5 de junio de 2013; STS de 17 de junio de 2020) en atención a las probabilidades de éxito de la acción no ejercitada.

B) Daños en la gestión de obras sociales

36. En este supuesto, la gestión a través de una sociedad mercantil no exime de responsabilidad al sindicato, particularmente cuando éste tiene un control efectivo de la sociedad. Es el caso de la Cooperativa Promotora Social de Viviendas —PSV—, donde se declaró judicialmente la responsabilidad subsidiaria de la UGT por las responsabilidades generadas por la gestión de aquélla. El TC ha tenido ocasión de indicar en este supuesto que la extensión de la responsabilidad patrimonial subsidiaria al sindicato con afectación de sus bienes no le impide desarrollar su actividad sindical; no obstante, matiza que la imposición de un embargo como medida cautelar frente a posibles responsabilidades patrimoniales del sindicato puede suponer una violación del derecho de libertad sindical si materialmente conlleva la práctica paralización de la actividad del sindicato (STC 27/1999, 8 de marzo).

7. *Patrimonio sindical*

A) Bienes del patrimonio sindical

37. Ninguna limitación contiene la LOLS respecto al origen y procedencia de los bienes que integran el patrimonio de las organizaciones sindicales. Dando cumplimiento a lo establecido el art. 4.2 a) de la LOLS, los Estatutos de cada organización sindical acostumbran a enumerar genéricamente los bienes que integran dicho patrimonio. Las cuotas abonadas por los afiliados, las donaciones y legados a favor de la organización, las subvenciones, las rentas de sus bienes y valores y, finalmente, los bienes o indemnizaciones sustitutorias que correspondan a la organización sindical por devolución de su patrimonio histórico o por asignación del patrimonio sindical acumulado, son los principales recursos de los que se nutren las organizaciones sindicales.

La declaración de responsabilidad indemnizatoria a cargo del sindicato derivada de un incumplimiento contractual o de un ilícito extracontractual se traduce, necesariamente, en una responsabilidad de contenido económico. Para dar cumplimiento a la obligación resarcitoria, el sindicato debería recurrir a los bienes y derechos que integran su patrimonio para satisfacer el derecho del perjudicado. No obstante, se encuentran fuera del patrimonio responsable, en estos casos: los bienes inembargables (cuotas sindicales, ex art. 5.3 de la LOLS), los bienes cuya propiedad pertenece a un tercero (bienes del patrimonio sindical acumulado) y, en fin, las subvenciones finalistas dado su carácter inalienable.

Conflicto planteado entre un sindicato y un Ayuntamiento que, en su doble condición de empleador y recaudador de impuestos, acuerda, a través de un Decreto de la Alcaldía, proceder a la compensación de las deudas tributarias del sindicato con los créditos que éste tenía a su favor en concepto de cuotas recaudadas por el Ayuntamiento de los trabajadores afiliados. El problema que se plantea es si la compensación de oficio aplicada por el Ayuntamiento en su función recaudadora infringe la regla que dispone la inembargabilidad de las cuotas sindicales y constituye, por ello, lesión de la libertad sindical. La STSJ Andalucía, Sevilla 23 de junio de 1995 (AS 2626) resuelve que el Ayuntamiento estaba obligado a respetar la inembargabilidad de las cuotas sindicales y, en consecuencia, debía descontar e ingresar en la caja sindical las cuotas sindicales absteniéndose de toda traba forzosa sobre ellas, como es la compensación de oficio de deudas.

B) Las cuotas sindicales

38. Las cuotas sindicales son el principal mecanismo de financiación de los sindicatos. Estas cuotas, que son aportaciones periódicas realizadas por los afiliados, constituyen la base de sus ingresos, permitiéndoles cubrir gastos operativos, actividades sindicales y servicios a los trabajadores.

C) Canon de negociación colectiva

39. En los convenios colectivos pueden incluirse cláusulas para que los trabajadores integrados en su ámbito de aplicación atiendan económicamente la gestión que los sindicatos representados en la comisión negociadora realizan, fijando un canon y regulando su abono (art. 11.1 LOLS). Para que no supongan una lesión del derecho de libertad sindical negativa, es preciso que los trabajadores, cada uno individualmente, muestren previamente su conformidad por escrito (STC 98/1985).

D) Subvenciones públicas

40. Otra de las fuentes de financiación sindical está constituida por la asignación de subvenciones a cargo de los Presupuestos Generales del Estado con la finalidad de compensar los gastos que supone la participación de la organización en las instituciones públicas. A estas subvenciones habría que añadir las concedidas en el ámbito de las Comunidades Autónomas e, incluso, en el ámbito local. El principio de igualdad juega un papel esencial como límite de cualquier acción pública dirigida al sostenimiento económico de los sindicatos y como garantía de neutralidad estatal en el mercado sindical.

E) Patrimonio histórico y patrimonio acumulado

41. También contribuye a la financiación de los sindicatos la devolución del patrimonio histórico y la cesión en uso del patrimonio sindical acumulado (Ley 4/1986). Dicha disposición fue modificada por RDL 13/2005 pero el mismo ha sido declarado inconstitucional y nulo por la STC 125/2016). El *patrimonio histórico* se integra por los bienes que habían sido incautados a las organizaciones sindicales históricas en aplicación de la Ley de Responsabilidades Políticas de 1939, respecto de los cuales se estableció la devolución o reintegro al pleno dominio de las organizaciones sindicales a quiénes se privó de tales bienes o a sus legítimos sucesores. Por lo que se refiere al *patrimonio sindical acumulado,* integrado por los bienes inmuebles que pertenecían a la Organización Sindical Española tras su disolución y definitiva desaparición, constituyen también una forma de financiación indirecta, evitando la generación de gastos, en la medida en que está prevista la cesión del uso de estos bienes inmuebles a favor de los sindicatos. Tales bienes pertenecen al Patrimonio del Estado, pero los mismos son objeto de cesión de uso a favor de los sindicatos de trabajadores y asociaciones de empresarios, con preferencia de los que ostenten la condición de más representativos (art. 3.1 Ley 4/1986, confirmada en su constitucionalidad por la STC 75/1992).

F) Sistema de exenciones y bonificaciones fiscales

42. Otra forma de apoyo económico a los sindicatos es la exención parcial, a efectos del Impuesto de Sociedades, de los ingresos de las centrales sindicales y organizaciones empresariales (art. 9.3 de la Ley 27/2014, del impuesto de sociedades). Esto implica que las rentas que derivan de la realización de las actividades que constituyen su objeto social o finalidad específica están exentas de este tributo. En todo caso, el art. 124.3 de la Ley 27/2014 establece que: «Los contribuyentes a que se refieren los apartados 2, 3 y 4 del artículo 9 de esta Ley estarán obligados a declarar la totalidad de sus rentas, exentas y no exentas.».

IV. La responsabilidad de la representación legal de los trabajadores por sus actuaciones

1. La responsabilidad de las representaciones sindicales

A) La sección sindical como división organizativa del sindicato

43. El art. 8.1 LOLS reconoce el derecho de los trabajadores afiliados a un sindicato de constituir secciones sindicales. El Tribunal Constitucional ha venido atribuyendo a las secciones sindicales una doble naturaleza: por una parte, son instancias organizativas internas del sindicato y, por otra, son también representaciones externas a las que la ley confiere determinadas ventajas y prerrogativas, como pusieron de relieve las SSTC 61/1989, de 3 de abril, 84/1989, de 10 de mayo, 173/1992, de 29 de octubre. De lo que cabe concluir que cuando se define a estas entidades como instancias organizativas internas del sindicato, se está explicando la posición que la sección sindical ocupa en la estructura organizativa del sindicato. Cuando, seguidamente, se identifica a la sección sindical como representación externa, se está haciendo referencia a las funciones y facultades que esta instancia desarrolla.

De acuerdo con el primero de los aspectos señalados, la sección sindical puede ser calificada como un órgano sindical. La LOLS, en su art. 8.1 a), implícitamente reconoce que la sección sindical se presenta como una división meramente organizativa y, por tanto, como instancia descentralizada de la propia organización sindical. Y ello por cuanto las secciones sindicales aparecen en la base de la pirámide sindical y por encima de ellas se sitúan los sindicatos de base, las Federaciones y la propia Confederación. Las secciones sindicales están formadas por el conjunto de trabajadores de un centro de trabajo o de una empresa afiliados a un mismo sindicato. Ellos son los únicos titulares del derecho a constituirlas, si bien han de actuar de conformidad con lo establecido en los estatutos del sindicato al que pertenezcan (art. 8.1 a) de la LOLS).

B) Las secciones sindicales carecen de personalidad jurídica

44. La diferencia entre aquella y estas otras estructuras que componen la organización sindical radica en el dato de que aquélla carece de personalidad jurídica especial obtenida a través del depósito de los estatutos sindicales, cualidad que, por el contrario, sí es predicable de sindicatos, de Federaciones y Confederaciones. Ello significa que la relación entre la sección y el sindicato no se traba mediante un vínculo asociativo entre dos sujetos colectivos distintos, como ocurre en el caso de aquéllos, sino a través de una integración directa, de forma que la sección se mantiene unida al sindicato de procedencia. Es por ello que se ha señalado que la sección sindical aparece jurídicamente al mundo exterior como una parte integrante de la asociación sindical; en sentido negativo, no constituye por sí misma una asociación sindical, lo que impide, como ha recordado la jurisprudencia ordinaria en diversas ocasiones, atribuir a la sección sindical personalidad jurídica distinta de la del propio sindicato.

Como ha recordado la STS (Social) de 9 de abril de 2024 (Rº 2862/2021):

> La sección sindical es una estructura organizativa propia del sindicato, carente de personalidad jurídica propia ya que la ostenta el propio sindicato, y que su representación, ostentada por quien hubiera sido elegido portavoz de ella, aún "sui generis", corresponde más al ámbito de la de carácter legal que al de la orgánica o voluntaria (STS de 21 de marzo de 1995 (Rº 1328/1994). Ciertamente, el art. 8.1.a) LOLS reconoce el derecho de los trabajadores afiliados a un sindicato a constituir secciones sindicales "de conformidad con lo establecido en los Estatutos del Sindicato"; en consecuencia, la doctrina emanada de esta Sala, en interpretación del artículo 8 LOLS, permite que los sindicatos, a través de sus afiliados, puedan constituir secciones sindicales cuya esfera de actuación se extienda a diferentes centros de trabajo o a la totalidad de la empresa (SSTS de 23 de marzo de 2021 (Rº 133/2019) y de 6 de octubre de 2022 (Rº 150/2021)]. De lo que cabe concluir que, cuando se define a estas entidades como instancias organizativas internas del sindicato, se está contemplando la posición que la sección sindical ocupa en la estructura organizativa del sindicato. Cuando, seguidamente, se identifica a la sección sindical como representación externa, se está haciendo referencia a las funciones y facultades que esta entidad desarrolla. Son las secciones sindicales, por tanto, instancias organizativas del propio sindicato en la empresa, que permite a aquél desarrollar en el centro de trabajo todas cuantas actividades sean precisas para la defensa de los intereses que representa, esto es, se conecta directamente tanto con la actividad sindical como medio indispensable para el logro de los fines sindicales, como con las facultades autoorganizativas del sindicato, libres dentro del marco constitucional y canalizadas a través de sus estatutos y disposiciones internas. Desde esta primera perspectiva, la constitución de una sección sindical forma parte del núcleo indisponible del art. 28.1 CE (STS de 26 de junio de 2008, Rº 18/2007).

C) Responsabilidad civil de las secciones sindicales

45. Como ha señalado De la Puebla (2004: 765-766)

> "La ausencia de personalidad jurídica conduce a imputar la responsabilidad derivada de sus actuaciones a los integrantes de la misma, de modo que los propios trabajadores serían responsables, apreciándose, al igual que ocurría en el ámbito de los Comité de Empresa, una traslación de la responsabilidad desde el sujeto colectivo hasta los trabajadores individualmente considerados (…).".

De igual modo, "cuando la sección sindical negocia, lo hace el sindicato o, si se prefiere invertir los términos, puede afirmarse que el sindicato negocia a nivel de empresa o inferior a través de las secciones sindicales. A efectos de responsabilidad, esto significa que las que deriven de la negociación colectiva llevada a cabo por la sección sindical son directamente imputables al sindicato, sin posibilidad de exigir responsabilidad directamente a la sección sindical o a sus integrantes" (De la Puebla, 2004:768).

D) Responsabilidad de los delegados sindicales

46. Las secciones sindicales constituyen representaciones a las que la Ley confiere determinados derechos y competencias, que habrán de ser ejercitados a través de sus representantes o portavoces. Los delegados sindicales son los trabajadores que representan, a todos los efectos, a las secciones sindicales en la empresa o centro de trabajo; de ahí que su designación esté condicionada a la previa constitución de dichas secciones. Las secciones sindicales existentes en los centros de trabajo o en las empresas pueden elegir, en uno u otro ámbito, delegados sindicales.

El Tribunal Constitucional en varias de sus sentencias indica que (...) los delegados sindicales, (...) son representantes o mandatarios de las secciones sindicales. La STC 229/2002, dice que (...) las secciones sindicales pueden nombrar un delegado sindical que las represente ante la empresa (...). Y la STC 201/1999, corrobora que (...) En efecto, a ninguna organización amparada por el art. 7 CE, a ninguna sección sindical en lo que ahora importa, se le puede impedir la designación de representantes (...). Y lo mismo el Tribunal Supremo, quien considera que el delegado sindical (...) no precisaría apoderamiento notarial para representar a la sección, puesto que ya tiene atribuida legalmente su representación.

El hecho del mandatario afiliado se convierte en hecho del mandante sindicato y, por tanto, "viene obligado a soportar los daños que, en la gestión representativa ejercida dentro los límites establecidos, cause aquél a terceros" (Goñi, 1990: 455). En caso contrario el sindicato quedará exonerado ex. art. 1727.2 CC.

2. *Responsabilidad de los órganos unitarios de representación*

A) La naturaleza jurídica del comité de empresa. Su cuasipersonalidad

47. Cuestión controvertida es la de si el conjunto de facultades que otorga el ordenamiento jurídico al Comité de Empresa significa el reconocimiento de su personalidad jurídica.

> La personalidad jurídica constituye, a estos efectos, un mecanismo de imputación de las relaciones jurídicas en las que participa el grupo personificado. Su plena capacidad de obrar y la existencia de un patrimonio, distinto e independiente del de los asociados, hacia el que dirigir el cumplimiento de la deuda resarcitoria, permiten excluir la responsabilidad de los asociados por las deudas de la asociación. Por el contrario, la falta de personificación implica la imposibilidad de identificar un sujeto al que imputar la responsabilidad distinta a los miembros del grupo, imponiendo así la distribución de la misma entre los integrantes del órgano.

48. Desde algunas posiciones doctrinales se ha defendido la referida atribución de personalidad Comité de Empresa.

García Fernández (1990:283) afirmaba que "el comité goza, efectivamente, de personalidad y puede ejercer acciones que correspondan al ejercicio de sus funciones, en cualquier orden jurisdiccional y administrativo e incluso ser titular, adquirir y poseer bienes y derechos que puedan considerarse necesarios para dicho ejercicio. La personalidad jurídica se mide por la capacidad jurídica que le legislación atribuya a las entidades personificadas (De Castro). La práctica confirma la tesis, pues hay comités que disponen de patrimonio —normalmente depósitos bancarios—, habiéndose confirmado la licitud de tal disposición de fondos y asignaciones dinerarias para constituirlos. Desde luego el comité adquiere obligaciones en el ejercicio de sus competencias (...) Por ello, puede exigirles responsabilidad por el incumplimiento de las mismas. De los daños que haya podido causar responden en todo caso sus miembros en la medida en que sean causantes del daño (art. 1902 del CC). De los daños a terceros, en el ejercicio de su actividad representativa, no debe responder el empresario, no siendo de aplicación lo preceptuada en el art. 1903.4 del CC, pues no ha relación de dependencia en aquel ejercicio que justifique la imputación".

49. También se ha sostenido que "el concepto de personalidad jurídica se presume existente cada vez que un grupo aparece provisto de una posibilidad de expresión colectiva para la defensa de intereses legítimos dignos de ser judicialmente reconocidos y protegidos" (Cuevas López, 1982: 238), pero lo cierto es que la posición mayoritaria se decanta por negar al comité de Empresa personalidad y capacidad de obrar plena. Como señala Ojeda: "las capacidades de obrar especiales no permiten construir una capacidad general o plena, ni tampoco inducir la personalidad jurídica de la representación en examen. De este modo una asignación económica al comité habrá de ponerse a nombre de uno de sus miembros, una multa a aquél se traducirá en su imposición a los miembros, etc.

En definitiva, las representaciones unitarias disfrutan de una indiscutible subjetividad y de capacidades especiales, sin alcanzar la personalidad y capacidad de obrar plenas; la práctica jurídica reconoce la situación, y adopta las soluciones pertinentes". Desde la referida premisa, no obstante, Alonso Olea y Casas Baamonde parecen introducir ciertos matices cuando afirman que "el comité no es una persona jurídica ni tiene, por tanto, la capacidad de obrar genérica propia de ésta —no puede, por ejemplo, con seguridad, ser titular de un patrimonio—; y, sin embargo, ostenta una cuasipersonalidad".

En esta línea vino a situarse la STS (Civil) 26 de noviembre de 1987 (RJ 1987/8692), al afirmar que "si no permite atribuir al Comité personalidad jurídica propia si admite describirlo como una cuasi-personalidad, que no hace del mismo un sujeto pleno de derechos, contra el que pueda dirigir acciones indemnizatorias, pero sí contra sus miembros".

B) La imposibilidad de condenar pecuniariamente al Comité de Empresa

50. La ausencia de personalidad jurídica impide localizar en este órgano un centro de imputación al que atribuir las consecuencias jurídicas y responsabilidades derivadas de su actuación. En este sentido, el Comité de Empresa no es titular de un conjunto de bienes económicos que integran la noción de patrimonio. Ello significa que la responsabilidad por el ejercicio de las facultades que detenta el Comité de Empresa carece de centro de imputación propio, separado y afecto a los fines del órgano de representación institucional.

Se observa con claridad la anterior conclusión en la respuesta judicial a una serie de casos en los que se dirimía la petición de un trabajador que solicitaba a la empresa, pero también al comité la devolución de una cantidad detraída de la indemnización establecida en el acuerdo durante el período de consultas en el marco de una extinción vía art. 51 ET. Para el desarrollo de este periodo, el comité había contratado el asesoramiento jurídico de los sindicatos, pactando un porcentaje de la indemnización como pago de este servicio.

La cuestión litigiosa se centra en determinar si la decisión de los Comités de Empresa (fueron cinco) de contratar para el asesoramiento jurídico y técnico a los Letrados de los sindicatos demandados obliga a los trabajadores, por ser aquellos sus representantes en la negociación del ERE. Se plantea demanda por una trabajadora que se muestra en desacuerdo con dicha decisión y con el descuento correspondiente, condenando la sentencia de instancia con carácter solidario, a la empresa, los sindicatos UGT, y CCOO— FITECA y a los cinco comités de empresa a abonar a la actora la cantidad de 31.034 euros.

Las SSTSJ Comunidad Valenciana de 25 de abril de 2008 (Rº 2771/2007) y 29 de abril de 2008 (Rº 2772/2007), estiman la existencia de falta de legitimación pasiva de los comités señalando que: "El Comité de empresa resulta falto de legitimación ya que en el sistema legal de representación unitaria no existe establecida una responsabilidad contractual, al decretarse por el legislador un mandato representativo y no constitutivo. No puede condenarse a lo que sería una sanción pecuniaria por el ejercicio de su mandato, por mucho que se haya arrogado competencias que el art. 64 no le otorga. El Comité no puede afrontar una condena pecuniaria, ni puede tener como tal Comité medios financieros ni materiales para proceder a cumplir un fallo condenatorio como el que se insta.

Sigue este mismo criterio la STSJ Cataluña 4 de mayo de 2010 (Rº 628/2009), que concluye que "se reconoce la devolución de la cantidad detraída al tiempo que recuerda que no es posible trasladar la responsabilidad de lo actuado por el comité a sus miembros en base a que "comoquiera que el mandato que ejercen es representativo y no constitutivo, su acertada gestión o no podrá ponerse en entredicho, incluso podrán ser revocados por los trabajadores según el cauce estipulado en el art. 67 del ET, pero nunca en ningún caso podrán ser condenados (...) pues en el sistema legal de representación unitaria no existe establecida una responsabilidad contractual, al decretarse por el legislador un mandato representativo y no constitutivo. No puede condenarse a lo que sería una sanción pecuniaria por el ejercicio de su mandato, por mucho que se haya arrogado competencias que el art. 64 no le otorga".

C) Responsabilidad solidaria de los miembros del comité de empresa

51. La inexistencia de un centro colectivo de imputación de la responsabilidad derivada de las actuaciones del Comité de Empresa determina que dicha responsabilidad se traslade desde el plano colectivo al plano individual, de modo que la responsabilidad derivada de las actuaciones del Comité de Empresa se imputa a los individuos que componen el órgano colectivo. Se ha dicho, en este sentido, que no pueden dirigirse contra el Comité de Empresa acciones de responsabilidad, aunque sí contra sus miembros. De esta forma, la responsabilidad colectiva del Comité de Empresa se transforma en responsabilidad individual de sus miembros.

Son escasas las ocasiones en que la doctrina judicial ha tenido que abordar reclamaciones de responsabilidad dirigidas frente al Comité de Empresa.

En la "Sociedad Española del Acumulador Tudor, SA", tras la elección de los miembros del órgano de representación unitaria de los trabajadores el mismo quedó integrado por trece miembros, resultando electos 8 trabajadores integrados en la lista que patrocina el Sindicato UGT —4 de ellos no afiliados— y los 5 restantes correspondientes a la candidatura apadrinada por el Sindicato Comisiones Obreras. Constituido el comité de empresa se procedió a la designación de las Comisiones de Trabajo en las que se aglutina la actuación del órgano unitario —seguridad e higiene, grupo de empresa, de biblioteca y de seguimiento del Convenio— quedando las mismas integradas, de forma exclusiva y de acuerdo con la decisión mayoritaria de miembros del comité, por los electos correspondientes a la candidatura que patrocinara la Unión General de Trabajadores. Los cinco trabajadores miembros del Comité de Empresa de "Tudor" elegidos entre la candidatura que en su momento presentara el Sindicato Comisiones Obreras, con la contribución en calidad procesal de coadyuvante del aludido Sindicato, demandaron la declaración de que su no inclusión en ninguno de los grupos de trabajo en los que aparece vertebrada la actividad del órgano representativo constituye una actuación lesiva del derecho de aquéllos a la libertad sindical, demandado a consecuencia de lo anterior el reconocimiento de su derecho a participar en forma proporcional en tales comisiones, instando de forma complementaria la satisfacción de una indemnización ascendente a la suma de un millón de pesetas

La STSJ Castilla-La Mancha de 5 de junio de 1996 (Rº 1263/1995), declara la existencia de la vulneración sindical en la decisión mayoritaria del Comité de Empresa de «SEA Tudor, SA» excluyendo a los representantes de CC.OO en el Comité de Empresa de su participación en las comisiones del mismo, acuerdos que deben ser tenidos como nulos por atentatorios a la libertad sindical, debiendo cesar tal comportamiento de la mayoría de dicho órgano unitario y elegirse la composición de dichas comisiones en proporción a la representatividad de las representaciones sindicales en el Comité de Empresa. Sobre esta base, concluye que: "Producida la lesión por los componentes mayoritarios del Comité de Empresa, que figuran individualmente demandados, es contra los mismos contra los que debe ir dirigida la consecuencia adherida a la estimación de la demanda por lesión de la libertad sindical, de indemnización de la lesión producida a cada una de las personas físicas demandantes que han visto lesionado su derecho individual al libre ejercicio de su libertad sindical, en la manifestación de realizar libremente su actividad de representación unitaria de acuerdo con su preferencia sindical, indemnización ponderada que se señala en 25.000 (veinticinco mil) pesetas para cada uno de los cinco reclamantes, de lo que deberán responder de modo solidario respecto a la condena a su abono los otros componentes del Comité de Empresa, en cuyo sentido deben ser estimados los recursos formalizados".

En el asunto resuelto por la STSJ Madrid, de 13 de mayo de 1997, se reclamaba la responsabilidad solidaria de los miembros del Comité de Empresa por los daños derivados de una huelga convocada por el órgano de representación unitaria de los trabajadores. En este caso, el tribunal desestimó la pretensión por no apreciar ilicitud de la huelga.

D) La exclusión de responsabilidad de aquellos miembros del Comité de Empresa que acrediten no haber participado en la decisión o actuación de la que deriva la responsabilidad

52. Como ha señalado De la Puebla (2004: 759-760): "En cualquier caso, la exigencia de responsabilidad indemnizatoria a los miembros del Comité de Empresa por los daños o perjuicios derivados de la actuación del órgano colectivo requiere la concurrencia de los requisitos exigidos por el derecho de daños (...) Por ello, resulta posible excluir la responsabilidad de aquellos miembros del Comité de Empresa que acrediten no haber participado en la decisión o actuación de la que deriva la responsabilidad. En otras palabras, cuando se trata de declaraciones o decisiones adoptadas colegiadamente por el Comité de Empresa queda comprometida únicamente la responsabilidad de los miembros que así lo decidieron. Con carácter excepcional, cuando el daño derive de la actuación del Comité de Empresa, pero no resulte posible identificar cuáles de sus integrantes han participado en el resultado, cabría declarar la responsabilidad solidaria de todos los miembros del Comité de Empresa aplicando la doctrina civil sobre responsabilidad por actos dañosos de los grupos".

El Comité de empresa de la factoría de Puertollano de la Empresa Fertiberia, celebró reunión extraordinaria el día 13-11-2001 asistiendo como vocales por el Comité de Empresa don Luis Manuel G. F., don Pedro C. F., don Pedro Cecilio B. M., don Manuel B. B., don Ramón S. G., don Aurelio S. L., don Pablo M. A., don Sebastián P. M., don Julio R. S., el Delegado Sindical de CTI don Angel V. L., el Delegado Sindical de UGT don Santiago T. F., asistiendo asimismo los miembros del Comité de Empresa pertenecientes al sindicato CC.OO don Aurelio S. L., don Pablo M. A. y don Sebastián P. M. siendo el único punto del orden del día: Medidas tras la firma del pacto extraordinario acordado excluir a CC.OO, de las Comisiones de Trabajo existentes en el Centro tras la firma de pacto extraestatutario suscrito por CC.OO y Fertiberia al considerarlo acto de traición hacia los trabajadores y en consecuencia en las antedichas Comisiones se realizaron las siguientes sustituciones:

– Comisión de Asuntos Sociales: – don Julio R. S. (UGT) por don Pablo M. A. (CC.OO). – Comisión de Horas extraordinarias: – don Julio R. S. (UGT) y por don Sebastián P. M. (CC. OO). – Comité de Seguridad y Salud Laboral: – don Pedro Cecilio B. M. (CTI) y por don Pablo M. A. (CC.OO) pasando el primero a ostentar la cualidad de Delegado de Prevención. Asimismo, se propone la creación de una Comisión de Asuntos Generales que será la encargada de negociar los asuntos ordinarios con la Dirección del Centro, compuesta por los Delegados de CTI y UGT. Lo indicado es aprobado por unanimidad, habiendo abandonado la reunión ante esa propuesta los Delegados de CC.OO. La STSJ Castilla-La Mancha de 30 de abril de 2002 (Rº 393/2002) condena solidariamente a los miembros del Comité de Empresa que participaron en la adopción de la que deriva la responsabilidad.

E) Responsabilidad solidaria del sindicato al que pertenecen los miembros del Comité de Empresa

53. Una nueva línea interpretativa abre la Sentencia del Tribunal Superior de Justicia de Galicia de 31 de mayo de 2022 (Rº 12/2022).

Celebradas elecciones sindicales el 26 de octubre de 2021, el Comité de Empresa provincial de Telefónica de España S.A.U. de Pontevedra, quedó formado por 9 miembros, de los cuales 6 fueron elegidos de la candidatura presentada por el Sindicato Comisiones Obreras (CC.OO.), 2 elegidos de la candidatura presentada por el Sindicato Unión General de Trabajadores (UGT) y 1 elegido de la candidatura presentada por el Sindicato Confederación Intersindical Galega (CIG). En fecha 7 de febrero de 2022, el referido Comité se procedió a designar a su vez a los miembros del Comité Provincial de Seguridad y Salud Laboral resultando de dicha reunión que fuera los cinco delegados de prevención propuestos por CC.OO. los que formaran parte de dicho órgano sin tomar en cuenta el reparto proporcional habían propuesto UGT y CIG, tal y como históricamente se había producido. CIG presenta una demanda por vulneración de derecho de libertad sindical (art. 28.1 CE) y solicita una indemnización de daños al Comité de Empresa por la decisión adoptada y al Sindicato Comisiones Obreras de Galicia.

A juicio de la sentencia, es "responsable el Comité de Empresa de la Provincia de Pontevedra, por cuanto es quien, con su actuación y decisión en la elección de los delegados de prevención que deben formar parte del Comité Provincial de Seguridad y Salud Laboral, ha vulnerado el Derecho Fundamental de Libertad Sindical, no pudiendo imponerse el pago de la misma, al tratarse de un órgano de representación unitario, que resuelve por mayoría" (Un comentario a dicha sentencia puede verse en Nieto Rojas, 2023).

Por ello, considera que debe declararse responsable del pago de la citada indemnización, el Sindicato Comisiones Obreras de Galicia (CC.OO.):

"Y aunque, ciertamente, los elegidos miembros del comité de empresa de la lista presentada por el citado Sindicato ni siquiera tienen porqué ser afiliados al mismo y, como ha alegado el Letrado que ha intervenido en su representación, al responder a la demanda, aún en el caso de que lo fueran, el Sindicato no puede realizar imposición de las decisiones, sino que son ellos libre y voluntariamente los que adoptan el criterio que entienden oportuno, al tratarse, en todo caso, no de representantes del Sindicato, sino de representantes legales de los Trabajadores, pero ello no impide que: 1° Aparezcan bajo las siglas del Sindicato. 2° Sirvan para fijar su porcentaje de representatividad y su condición de Sindicato más representativo a nivel nacional. 3° Perciba las correspondientes subvenciones por cada uno de los electos. Así pues, si se beneficia de su elección, deberá responder, al menos a estos efectos, de las consecuencias económicas de sus actos vulneradores de Derechos Fundamentales y ello de forma solidaria con el Comité de Empresa".

F) ¿Responsabilidad del empresario ex art. 1903.4 del CC?

54. Algunos casos sobre los que se pronuncia el TS tienen que ver con daños ocasionados por el Comité de Empresa en cuanto órgano representativo sindical, en los que se plantea si atribuir la responsabilidad al empresario o no ex art. 1903.4 del CC.

El Sr. R. desempeñó en la empresa el puesto de trabajo de jefe administrativo, siendo, al mismo tiempo, encargado también de un servicio de juguetes, al margen de la empresa, pero con autorización de la misma. Simultaneaba las anteriores actividades con la organización como encargado administrador de un servicio de café y refrescos a bajo precio, mediante máquinas automáticas accionada con monedas. El citado trabajador alteró las fechas y dígitos en dos facturas de un suministrador de café, cobrando dos veces el servicio de café y refrescos para pagar una factura pendiente de pago del servicio de juguetes, sin consentimiento ni autorización de la empresa, la cual le abrió expediente sancionador. El pliego de cargos, junto con la carta de despido le fue entregado, con la intervención del comité de empresa, en cumplimiento de lo preceptuado por el ET. El Comité de Empresa, una vez le fue entregada la carta de despido, dirigió comunicación a todos los trabajadores de la misma, a través de su publicación en los dos tablones de anuncios existentes, al mismo tiempo que mandó una circular a todas las sucursales y centros de trabajo de la empresa, situadas en territorio nacional para su conocimiento.

El caso fue resuelto por la STS (Civil) 26 de noviembre de 1987 (RJ 1987/8692), que entendió que el empresario no responde por los hechos dañosos del Comité en base al art. 1903.4 CC. Frente a la Audiencia Territorial que centró el tema en sí "el Comité de empresa constituye un órgano distinto de ésta" (la empresa), llegando a la conclusión de que, en una valoración externa, "han de considerarse como actos de la propia empresa" los realizados por el Comité, el Tribunal Supremo sostiene que "lo que no puede es hacerse responsable a ésta (a la empresa) de lo actuado por aquél" (Comité de empresa). Sostiene el Tribunal Supremo que "la base natural del Comité no es la empresa, sino el conjunto de los trabajadores, cuyos intereses defiende incluso contra ella», produciéndose, además, "su creación por Ley". Afirma, por todo ello, que "no es ni parte integrante, ni dependiente (art. 1903 CC), que transmita responsabilidad a la empresa" y absuelve al empresario conocedor del resultado dañoso de la actuación del Comité (órgano representativo independiente).

Como aquí el posible derecho atacado es el honor personal y familiar del señor R., será él el que tenga que promover la acción correspondiente para la retirada de la carta de despido de los tablones de anuncios, y la de indemnización por daños y perjuicios. La empresa no tiene obligación o carga de promover acción alguna para que se proceda a la retirada del anuncio, pues la decisión de proteger el derecho al honor corresponde a su titular. Por todo ello, "la empresa no es responsable por el art. 1902 del CC, ya que su conducta de no promover acción alguna no puede ser calificada de negligente" (como señala en el comentario a esta sentencia, Fenoy Picón, 1988: 619-626).

Capítulo 15

DAÑOS Y DERECHO DE HUELGA

Bibliografía: ALFONSO MELLADO, C., *La responsabilidad civil por daños en las relaciones colectivas de trabajo,* en *La responsabilidad civil por daños en las relaciones laborales. XXII Congreso Nacional de Derecho del Trabajo y Seguridad Social.* Madrid, Ediciones Cinca, 2013, pp. 85-160. ARUFE VARELA, A., *"La exigencia de responsabilidad civil extracontractual a los piquetes de huelga. Un estudio de derecho comunitario europeo, internacional y comparado con el derecho español",* Revista Española de Derecho del Trabajo, 2016, nº 191, pp. 95-128. BARCELÓ FERNÁNDEZ, J., "*La incidencia y desproporción de los daños infligidos al empresario a causa de la huelga*", en *Participación y acción sindical en la empresa* (Coord. CABEZA PEREIRO, J. y FERNÁNDEZ DOCAMPO, B), Albacete, Bomarzo, 2013. BAYLOS GRAU A. y VALDÉS DE LA VEGA B., *El abuso en el ejercicio del derecho de huelga y la responsabilidad derivada del Comité de Empresa por los daños ocasionados (comentario a la sentencia nº 203/1996, de 26 de abril del Juzgado de lo Social nº 4 de Madrid),* Actualidad Laboral, 1997, I, pp. 77-93. BORRAJO DACRUZ, E., *Responsabilidad económica del sindicato por huelga ilegal o abusiva,* Actualidad Laboral, 1990, p. 1108. BURGOS GINER, M. A., *Desconvocatoria puntual y provisional de la huelga intermitente,* Aranzadi Social, 2011, nº 1, paraf. 3/2011. CANCIO FERNÁNDEZ, R. C., *La responsabilidad de la organización sindical por el ejercicio del derecho de huelga,* AL, 2002, II, pp. 509-528. CASTILLA BAREA, M., *Responsabilidad extracontractual del empresario por los daños ocasionados por sus trabajadores declarados en huelga. Posible consideración de la huelga como caso fortuito o fuerza mayor no acogida en la sentencia,* Cuadernos Civitas de jurisprudencia civil, 2002, nº 58, pp. 49-70. CEGARRA CERVANTES, F. J. *Responsabilidad civil del sindicato por los daños ocasionados al patrimonio de la empresa durante la huelga,* Aranzadi Social, 2005, nº 10, paraf. 35. DE DIEGO CAMARENA, G. *El derecho a compensación de los pasajeros aéreos (V): huelga en el sector aéreo* https://www.iberley.es, 2021. DE LA PUEBLA, A., L*a responsabilidad civil del sindicato. Un estudio sobre la responsabilidad derivada de la actividad sindical,* La Ley-UAM, Madrid, 2000. Id. *Huelga de los trabajadores y responsabilidad de la empresa frente a terceros responsabilidad de las compañías aéreas por cancelación de vuelos,* Trabajo y Derecho, 2019, nº 50, pp. 115-122. DE LA VILLA GIL, L. E. de la, G. GARCÍA BECEDAS, G., GARCÍA-PERROTE, I., Instituciones de Derecho del Trabajo, Madrid, Ceura, 1991, 2ª ed. DE LA VILLA GIL, L. E., *Las indemnizaciones escandalosas como medida indirecta de limitación del derecho de huelga. Una reflexión general al socaire de un caso particular,* en Cabeza Pereiro, J. y Martínez Girón, J. (Coord.), *El conflicto colectivo,* Murcia, Laborum, 2008, pp. 427-455. DURÁN LÓPEZ, F., *Derecho de huelga y legalización del conflicto de clases,* Universidad de Sevilla, 1976, Id. *Los derechos de los consumidores en la regulación de la huelga,* Estudios sobre Consumo, 1987, nº 11, pp. 11 a 19. FERNÁNDEZ MÁRQUEZ, O., *Responsabilidad por daños durante la huelga,* en J. García Murcia y J. Escribano Gutierrez, (Dir.)., *Huelga y conflicto colectivo de trabajo en la jurisprudencia del Tribunal Supremo,* Oviedo, KRK, 2021, pp. 593-634. FERRANDO GARCÍA, *Responsabilidad civil por daños ocasionados durante la huelga,* Valencia, Tirant lo Blanch, 2001. FERREIRO REGUEIRO, C. *Indemnización por daños morales ante la lesión del derecho fundamental a la libertad Sindical en caso de una huelga convocada por un Comité de Empresa. (Comentario a la STSJ Galicia de 12 de enero 2022, núm. rcud. 3752/2021),* Revista Crítica de Relaciones de Trabajo, Laborum, 2023, nº 6, pp. 137-142. GALIANA MORENO, J., "*Prólogo*" a FERRANDO GARCÍA, *Responsabilidad civil por daños ocasionados durante la huelga,* Tirant lo Blanch, Valencia, 2001. GÁRATE CASTRO, J. "*Repercusiones de la huelga en la empresa. Tres aspectos del daño compatible con la licitud del ejercicio del derecho de huelga*", en *Participación y acción sindical en la empresa* (Coord. CABEZA PEREI-

RO, J. y FERNÁNDEZ DOCAMPO, B.), Albacede, Bomarzo, 2013. GARCÍA-PERROTE ESCARTÍN, I., "*Derecho de huelga y libertad de empresa*", en PÉREZ DE LOS COBOS ORIHUEL, F.(Dir.), *Libertad de empresa y relaciones laborales en España*, IEE, Madrid, 2005, pp. 387 y ss. GARCÍA-RIPOLL MONTIJANO, M., *La antijuridicidad como requisito de la responsabilidad civil*, Anuario de Derecho Civil, 2013, tomo LXVI. GARCÍA SALAS, A. I. *El ejercicio abusivo de la huelga*, Valencia, Tirant lo Blanch, 2018. GONZÁLEZ MOLINA, M. D. *La responsabilidad civil de los sindicatos derivada del ejercicio de acciones colectivas*, Valencia, Tirant lo Blanch, Valencia, 2000. GOÑI SEIN, J. L., *La responsabilidad civil del sindicato por huelga*, REDT, 1990, nº 43, pp. 415 a 438. Id. *Límites al resarcimiento de daños causados por huelga. Comentario a la STS (Sala 4ª) de 30 de junio de 1990*, La Ley, 2 abril 1991, pp. 4 a 9. KAHALE CARRILLO, D., *Huelga ilegal e indemnización por daños y perjuicios*, Aranzadi Social, 2011, nº 6, paraf. 43/2011. LAHERA FORTEZA, J., *El abuso del derecho en la huelga intermitente (Comentario a la STS 4ª de 17 de diciembre de 1999)*. AL, 2000, nº 19. MARTÍNEZ MORENO, C., *Ejercicio del derecho de huelga y responsabilidad por daños. A propósito de la STC 69/2016, de 14 de abril de 2016*, Revista de Derecho Social, n. 75, 2016, p. 169. MATÍA PRIM, J., *El abuso del derecho de huelga. Ensayo sobre la regulación del derecho de huelga en el ordenamiento español*, CES, 1996. MURTULA LAFUENTE, V., La *responsabilidad civil por los daños causados por un miembro indeterminado de un grupo*, Dykinson, 2005. Id. *Causalidad alternativa e indeterminación del causante* del daño en la responsabilidad civil, InDret, abril, 2006. PANTALEÓN PRIETO, F., "*Comentario a la STS, 1ª, 8.2.1983*", Cuadernos Civitas de Jurisprudencia Civil, 1983, nº 2, pp. 405-417. ROQUETA BUJ, R., *Las consecuencias jurídicas de la huelga: las responsabilidades derivadas de su ejercicio*, en AA.VV., *Ley de Huelga*, Madrid, ISE, 1993, pp. 177 a 192. SÁNCHEZ-RODAS NAVARRO, C., *Ejercicio del derecho de huelga y responsabilidad patrimonial*, RTSS (CEF), 1999, nº 192, pp. 30-68. SAMPEDRO CORRAL, M., *Las consecuencias jurídicas de la huelga, sus efectos y la responsabilidad derivada de su ejercicio*, en AA.VV., Estudios sobre la huelga, Madrid, Acarl, 1992, pp. 117-136. SELIGRAT GONZÁLEZ, V. M., *Daños causados por miembro indeterminado de piquete de huelguistas: la imputación de responsabilidad civil de todos sus miembros. A raíz de la STC de 14 de abril de 2016*", Revista Española de Derecho del Trabajo, n. 190/2016. TÁRRAGA POVEDA, J., *Una huelga sin daños (indemnizables)*. Aranzadi Social, 2001, nº 1, paraf. 3. BIB 2001\421.

I. La regla: la ausencia de responsabilidad por los daños derivados del ejercicio del derecho de huelga

1. El ejercicio del derecho de huelga produce, por su propia naturaleza, daños

1. Una de las causas de exclusión de responsabilidad civil es la relativa al deber del perjudicado de soportar el daño por razones generales de política jurídica. El deber del perjudicado de soportar todos los daños derivados de una extralimitación perturbadora no dolosa por parte del dañante en el ejercicio de derechos fundamentales tiene como ejemplo más característico el derecho de huelga (art. 28.2 de la CE)

El derecho de huelga posee rango de derecho fundamental por lo que se configura como un medio de autodefensa frente al empresario, basado en la producción de daño siempre que este sea razonable y proporcional consecuencia de la propia actividad conflictiva. El ejercicio del derecho de huelga produce, por su propia naturaleza, daños. Por ello, como señalara Galiana (2000), "es indudable que la propia naturaleza del derecho de huelga, como medio de autodefensa basado en la producción de un daño, hace difícil concebir la idea de que los huelguistas puedan ser detentadores de responsabilidad alguna por los perjuicios causados por la huelga, si atendemos a la clara y conocida máxima del viejo Derecho Romano qui iure suo utitur neminem laedit". Pero, en todo caso, ello no podría llevar a una completa exoneración por su ejercicio.

Esta idea era la que subyacía en el art. 8 de la Loi relative à la négociation collective et au règlement des conflits collectifs du travail que disponía: *"Aucune action ne peut être intentée à l'encontre de salariés, de représentants du personnel élus ou désignés ou d'organisations syndicales de salariés, en réparation des dommages causés par un conflit collectif de travail ou à l'occasion de celui-ci, hormis les actions en réparation du dommage causé par une infraction pénale et du dommage causé par des faits manifestement insusceptibles de se rattacher à l'exercice du droit de grève ou du droit syndical"*. Tan excesiva formulación fue declarada inconstitucional por la Décision n° 82-144 du 22 octobre 1982 del Tribunal Constitucional francés. Dicho resultado se alcanzaba sobre la base de la siguiente motivación: a) "el derecho francés no incluye, en ninguna materia, un régimen que exima de toda indemnización los daños resultantes de faltas civiles imputables a personas físicas o jurídicas de derecho privado, cualquiera que sea la gravedad de dichas faltas". b) La norma "establece una clara discriminación en perjuicio de las personas a quienes prohíbe, salvo en el caso de delito penal, cualquier acción de indemnización; que, en efecto, si bien ninguna persona, física o jurídica, pública o privada, francesa o extranjera, víctima de un daño material o moral imputable a una culpa civil de una persona de Derecho privado, se enfrenta a una prohibición general de emprender acciones judiciales para obtener indemnización por este daño, las personas a las que se opusieran las disposiciones del art. 8 de la ley actualmente examinada no podían exigir a nadie la más mínima indemnización". c) No puede, por otra parte, "ni siquiera para lograr sus objetivos, negar en su principio el derecho de las víctimas de hechos ilícitos, que pueden ser también empleados, representantes del personal u organizaciones sindicales, a la igualdad ante la ley".

2. *Responsabilidad por daños durante la huelga en la normativa histórica*

2. Nuestro ordenamiento jurídico histórico partía de esta premisa, en contextos jurídicos y políticos distintos. Durante la Segunda República, el art. 91 de la Ley de Contrato de Trabajo de 1931, establecía que:

"Las huelgas o los "lockouts" en general no rescindirán el contrato de trabajo. No obstante, si durante el tiempo de vigencia de un pacto colectivo por el cual deba regularse el contrato de que se trate, se plantease una huelga o "lock-out" para mejorar o empeorar las condiciones del trabajo estipuladas en el contrato, tales medios de lucha podrán ser motivo de rescisión y dar lugar a indemnizaciones, pago de daños, etc., y, en todo caso,

cualquiera que sea el término del conflicto, mientras el pacto colectivo se halle en vigor, no podrán obligar condiciones distintas de las anteriormente contratadas".

La Ley de Contrato de Trabajo de 1944 no se refería a la huelga, pero su art. 63 contemplaba la obligación general del trabajador a indemnizar al empresario de los daños causados culpablemente "en los locales, materiales, las máquinas e instrumentos de trabajo". Superada esta fase histórica e iniciada la transición, el Decreto-Ley de 1977 preveía (art. 16.2) sanciones disciplinarias por incumplir el servicio de mantenimiento, con referencia similar "a las demás responsabilidades que procediera".

3. Este repaso sobre normas jurídicas de valor histórico o aplicable por estar vigente la última de las citadas, debe completarse con el pensamiento legislativo que el Gobierno reflejó en el Proyecto de Ley Orgánica de Huelga y Medidas de Conflicto Colectivo de 1992 (BOCG, 1 de junio de 1992) que, como es bien sabido, no llegó a ver la luz. Establecía éste reglas específicas en materia de responsabilidad por daños, concretando que:

Artículo 31: *"Quienes, actuando contra lo dispuesto en la presente Ley, provoquen la lesión de derechos o bienes protegidos por el ordenamiento jurídico, incurrirán en responsabilidad de carácter civil, penal o administrativo de conformidad con lo dispuesto en la respectiva esfera del ordenamiento jurídico y con las previsiones específicas de esta Ley".*

Artículo 32: "1. *El ejercicio del derecho de huelga y sus facultades de carácter colectivo de forma contraria a lo dispuesto en la presente Ley, podrá dar lugar a la correspondiente indemnización de daños y perjuicios cuando de dicha actuación se hubiera derivado lesión de los derechos del empresario, asociaciones empresariales, Administraciones Públicas o de terceros.* 2. *Si de acuerdo con lo dispuesto en este artículo se derivasen responsabilidades indemnizatorias para los titulares de facultades de carácter colectivo del derecho de huelga, no podrán exigirse, por los mismos hechos, responsabilidad para los trabajadores que ejerciesen el mismo.* 3. *La responsabilidad de los sindicatos por los actos cometidos por sus afiliados en el ejercicio del derecho de huelga se regirá por lo dispuesto en la Ley Orgánica de Libertad Sindical".*

4. El Tribunal Constitucional ha partido de la premisa con la que iniciamos estas líneas y en su STC 11/1981, de 8 de abril afirmaba que "no obstante la huelga debe adoptarse... medidas de mantenimiento y preservación de los locales, de la maquinaria, de las instalaciones o materias primas, con el fin de que el trabajo pueda reanudarse sin dificultad tan pronto como se ponga fin a la huelga, es algo que no ofrece seria duda». Y ello porque, ciertamente, "la huelga es un derecho de hacer presión sobre el empresario, colocándose los trabajadores fuera del contrato de trabajo, pero no es, ni debe ser en momento alguno, una vía para producir daños o deterioros en los bienes de capital". En el bien entendido de que, como precisara la

STC 41/1984, de 21 de marzo, "la producción de daños a la empresa (...) han de ser superiores a los soportados por los trabajadores". De modo que como subrayó el propio Tribunal Supremo en su STS de 14 de febrero de 1990 (RJ 1990\1088); "es obvio que la celebración de una huelga legal y lícita no puede acarrear ningún tipo de responsabilidad de daños y perjuicios para el sindicato convocante, sea contractual o extracontractual, al faltar el requisito básico de la culpa o negligencia en su actuación".

II. Responsabilidad del empresario por obstaculizar el derecho de huelga

1. Indemnización por los perjuicios sufridos por los huelguistas: Daños morales (y patrimoniales)

5. La vulneración por la empresa de los derechos fundamentales de los trabajadores puede llevar aparejada el pago de una indemnización de los daños y perjuicios sufridos, así como también de los daños morales derivados de esa infracción.

El daño moral que conlleve la ilícita actuación empresarial que vulnera ese derecho fundamental debe ser indemnizado en tal concepto. Los trabajadores no puedan acreditar la existencia de otros perjuicios adicionales al daño moral, que hayan de ser igualmente indemnizados. El art. 183.1 de la LJS admite la posibilidad de fijar dos indemnizaciones diferentes, una por los daños morales y otra por los perjuicios adicionales sufridos por el trabajador como consecuencia de la infracción por la empresa de sus derechos fundamentales.

Nada impide que la vulneración del derecho de huelga genere esa clase de perjuicios adicionales, distintos y diferentes al puro daño moral, ocasionados por la ilegal conducta empresarial. A los trabajadores les corresponde la alegación y prueba de la existencia de esos daños adicionales a los estrictamente morales.

A) Actuaciones empresariales limitativas del derecho de huelga

6. El derecho de huelga aparece configurado como una presión legal al empresario que debe soportar las consecuencias naturales de su ejercicio por parte de los trabajadores que se abstienen de trabajar. La huelga es un derecho fundamental cuyo ejercicio tiene «el efecto de reducir y en cierto modo anestesiar, paralizar o mantener en una vida vegetativa, latente otros derechos que en situaciones de normalidad pueden y deben desplegar toda su capacidad potencial» (STC 123/1992, de 28 de septiembre). Por ello, durante el desarrollo de la huelga, el empresario no puede emplear cualesquiera medios para anular o limitar sus efectos, de modo que si vulnera el derecho fundamental se encontrará obligado a resarcir los daños que produzca.

La STS (Social) de 13 de abril de 2023 (R° 85/2022), desestima el recurso de casación impuesto por Ryanair y otras dos empresas codemandadas frente a la sentencia de la AN que declaró contrarias a los derechos de libertad sindical y de huelga las actuaciones empresariales en el desarrollo de las huelgas convocadas en septiembre de 2019. Considera acreditado que la empresa adoptó un conjunto de medidas que directamente afectan al ejercicio del derecho por parte de los huelguistas. Y es que la empresa trató de minimizar los efectos de la huelga en su organización productiva recabando información mediante el envío de una encuesta a los tripulantes de cabina (TCP) para conocer, con carácter previo al desarrollo de la huelga, el número de efectivos qua iban a secundar los paros. Esta actuación limita el ejercicio del derecho de huelga al tratar de obtener una información que los trabajadores no están en ningún caso obligados a revelar, pues el silencio acerca de su participación activa en el conflicto constituye una herramienta válida para potenciar los efectos de la huelga en la que están sacrificando su salario.

Además, la empresa amenazó a los trabajadores con pérdidas salariales, superiores al descuento del día no trabajado, en caso de que ejercieran su derecho a la huelga, y finalmente les descontó el bono de productividad mensual íntegro. También hiperprotegió el acceso al trabajo y no participación en la huelga ofreciendo condiciones laborales más cómodas (parking, taxi, etc.), y promocionó el esquirolaje al solicitar voluntarios para trabajar en sus días libres. Todas estas actuaciones afectan al ejercicio del derecho a la huelga de los trabajadores.

También se aprecia un uso abusivo del poder de dirección por parte de la empresa pues designó a más trabajadores de los habituales para cubrir las posibles incidencias en las programaciones de vuelo durante los días de huelga, modificando, además, en algunos casos, las previsiones iniciales a trabajadores que estaban en situación de descanso o de días libres, y notificándose con escasa antelación a los TCP (unas horas o el día anterior).

El Tribunal considera conductas que vulneran estos derechos, entre otras: la falta de información al comité de huelga sobre vuelos protegidos; la asignación de vuelos protegidos, cambios y obligatoriedad de su aceptación por los trabajadores, así como el esquirolaje y uso abusivo del poder empresarial. Además, se condena a las empresas a indemnizar con 93.757,5 euros por daños morales a cada uno de los sindicatos demandantes, por la gravedad de los hechos, el número de trabajadores afectados y la reiteración por parte de estas empresas en sus conductas.

B) Daños al ejercicio del derecho de huelga derivados de la sustitución de trabajadores

7. La finalidad de proteger y garantizar el eficaz desarrollo del derecho de huelga determina que el legislador prohíba expresamente la adopción de determinadas medidas que podrían resultar eficaces en la consecución de ese objetivo.

8. La primera opción, prohibida de forma expresa por el art. 6.5 del RDLRT, es la de proceder a la sustitución de los trabajadores en huelga por otros que no se encuentren vinculados a la empresa al momento de ser comunicada la medida. Es lo que desde antiguo se conoce como "esquirolaje", aunque la multiplicación de las modalidades de sustitución a la que asistimos en los últimos años ha hecho necesario que se pase a denominar a esta práctica «esquirolaje externo», con el fin de distinguirla de otras formas posibles de conseguir el mismo efecto.

La STS (Social) de 8 de noviembre de 2023 (Rº 204/21), confirma que la actuación de la empresa supone una vulneración de los derechos a la libertad sindical (información y negociación) y del derecho de huelga del sindicato demandante, con condena al pago de 26.250 € en concepto de indemnización por daños morales a la parte actora. Se aprecia la existencia de esquirolaje externo —encomienda de ciertas concretas tareas de los huelguistas a una subcontrata— dado que la demandada contrató con una empresa de logística el reparto de yogures "en septiembre de 2019, durante la huelga". Asimismo, queda constancia de que la empresa impidió la entrada a los representantes legales de los trabajadores y al Comité de huelga, cesando esa negativa tras la intervención de la ITSS, obstruyendo, de esta forma, el desarrollo de la huelga convocada. Las expuestas conductas son vulneradoras del derecho de huelga.

Un efecto que, igualmente, se puede producir en el seno de los grupos de empresas:

Pressprint es una empresa del Grupo PRISA que tiene encomendada la impresión de varios periódicos de dicho grupo editorial. Durante la huelga de los trabajadores de PRESSPRINT, el grupo PRISA contrató con otras empresas la impresión de los periódicos de modo que estos se imprimieron y difundieron en los puntos de venta con total normalidad. La Federación de Servicio a la Ciudadanía de Comisiones Obreras demanda al grupo empresarial por considerar que la decisión de encargar la impresión de sus ejemplares a otras compañías constituía una vulneración del derecho fundamental a la huelga, pues se trata de un tipo de esquirolaje que lesiona o menoscaba la efectividad de la huelga.

La STS (Social) de 11 de febrero de 2015 (Rº 95/14) señala que se ha de concluir que la conducta de las empresas editoras demandadas ha vulnerado los derechos de libertad sindical y de huelga de los trabajadores de PRESSPINT. Esta actuación implica paliar el efecto de la huelga que sufren los trabajadores de la subcontratada, vaciando el contenido de su derecho de huelga. Es la empresa principal la que vulnera el derecho de huelga de los trabajadores de la empresa subcontratista. Además, se considera que la existencia de grupo de empresas patológico entre la empresa principal y la subcontratada, aun siendo un elemento determinante para la imputación de responsabilidad a la empresa principal, no es la ratio principal de la misma. La empresa principal vulnera el derecho de huelga de los trabajadores de la empresa subcontratista cuando contrata con un tercero para recibir el bien o servicio que la empresa subcontratista reportaría si los trabajadores de ésta no se encontraran ejerciendo su derecho de huelga. El TS revoca la sentencia de la Audiencia Nacional declarado que las empresas demandadas pertenecientes al Grupo, han violado el derecho de huelga y el de libertad sindical, y condena solidariamente a las citadas demandadas a que abonen al sindicato CCOO la cantidad de 100.000 euros en concepto de indemnización de daños y perjuicios.

9. La STC 123/1992, seguida de la STC 33/2011, consideraron que la «sustitución interna» de huelguistas durante la medida de conflicto constituye un ejercicio abusivo del ius variandi empresarial, derecho que, con los límites legalmente previstos, corresponde al empresario en otras situaciones. Pero en un contexto de huelga legítima el referido ius variandi no puede alcanzar a la sustitución del trabajo que debían haber desempeñado los huelguistas por parte de quien en situaciones ordinarias no tiene asignadas tales funciones; ya que, en tal caso, quedaría anulada o aminorada la presión ejercida legítimamente por los huelguistas a través de la paralización del trabajo.

En la empresa B.S.H. Electrodomésticos España, S.A., se inició una huelga legal el 9 de enero de 2017 que duró hasta el 26 de enero de 2017. Durante el desarrollo de la huelga, los encargados o responsables de tres áreas de la empresa «incurrieron en conductas de sustitución interna de trabajadores huelguistas, mientras estos se encontraban en el ejercicio de su derecho de huelga; ... tal actuación fue llevada a cabo por propia iniciativa, y en la creencia de que podían desempeñar las tareas porque en otras ocasiones las habían realizado; ...la sustitución referida fue muy minoritaria, teniendo un impacto muy reducido en relación a la incidencia muy significativa de la huelga en la producción de la empresa demandada». El trabajador recurrente en casación para la unificación de doctrina demandó a la empresa por vulneración del derecho de huelga, solicitando una indemnización por daños y perjuicios de 491,20 euros, en concepto del salario dejado de percibir como consecuencia del ejercicio de su derecho de huelga. La STS 5 de mayo de 2021 (Rº 4972/2018), considera procedente la referida indemnización pues, "ya se ha razonado que la STC 33/2011, de 28 de marzo, rechaza de forma expresa que el desconocimiento o la no aprobación empresarial de los actos de sustitución de los huelguistas adoptados por los mandos intermedios pueda exonerar a la empresa de responsabilidad por dichos actos".

10. Una tercera modalidad de sustitución que plantea dudas es el «esquirolaje virtual» consistente en reemplazar la prestación «actual» o «física» de los trabajadores participantes en la protesta por otro tipo de prestaciones de carácter «no actual», «virtual» o «automática». Así, la sustitución de la prestación en huelgas en retransmisiones televisivas o en programas radiofónicos por grabaciones efectuadas con anterioridad y que son transmitidas sin intervención de persona alguna.

El recurso a estos mecanismos y, en general a cualesquiera otros lesivos del derecho de huelga, puede determinar una demanda del sindicato convocante de la huelga frente al empresario por lesión del derecho fundamental y, en su caso, la condena al empresario a resarcir los daños derivados de su conducta (STS (Social) de 6 de abril de 2009, Rº 191/2008, STS 24 de junio de 2009, Rº 622/2008 y STS 25 de enero de 2010, Rº 40/2009).

2. *La pérdida del salario no constituye daño patrimonial salvo en supuestos especialmente cualificados*

11. Cuando el art. 183. 1 de la LJS admite la posibilidad de indemnizar los daños y perjuicios adicionales derivados de la vulneración del derecho fundamental, está pensando, lógicamente, en los daños que son consecuencia de la actuación infractora no derivados del propio y legítimo ejercicio por el trabajador del derecho fundamental en liza.

Más discutible resulta, por ello, determinar si la pérdida del salario puede calificarse como un daño y perjuicio adicional derivado de esa infracción. Como dispone el art. 6.2 del RDLRT «durante la huelga se entenderá suspendido el contrato de trabajo y el trabajador no tendrá derecho al salario». La pérdida del salario es consustancial e inherente al ejercicio del derecho de huelga. No es por lo tanto consecuencia de la posible actuación vulneradora del derecho de huelga que pudiere llevar a cabo la empresa, y en circunstancias ordinarias no puede ser reparada por la vía de fijar una indemnización de daños y perjuicios equivalente al salario dejado de percibir durante la huelga.

Por ello, con carácter general, no puede calificarse como tal la simple pérdida del salario, que es un efecto legal derivado del propio ejercicio del derecho de huelga por parte del trabajador, ajeno e independiente de la posterior actuación, legal o ilegal, que pueda seguir la empresa. Pues, como ha señalado la STS (Social) de 14 de noviembre de 2024 (Rº 227/2022), "el derecho de huelga es un derecho fundamental en el que concurre la singularidad de que su legítimo ejercicio conlleva el efecto legal de producir un perjuicio al trabajador, que consiste precisamente en la pérdida del salario. Esta consecuencia no puede entonces calificarse como un perjuicio adicional al daño moral, derivado de la infracción cometida por la empresa".

12. El referido pronunciamiento deja la puerta abierta a posibles situaciones en los que resulte posible establecer como daño la pérdida del salario por los trabajadores huelguistas. La sentencia razona del siguiente modo:

> "Podría admitirse excepcionalmente la posibilidad de condenar a la empresa infractora al pago de los salarios correspondientes al periodo de huelga, en supuestos muy

extremos en los que esa actuación vulneradora del derecho fundamental revista especiales dosis de gravedad, hasta el extremo de hacer absolutamente ineficaz y neutralizar totalmente la huelga, privándola íntegramente de cualquier efecto y de la más mínima repercusión en la actividad de la empresa, al punto de impedir cualquier manifestación de sus efectos. Casos particulares, en los que las singulares circunstancias concurrentes pudieren justificar la extraordinaria decisión del órgano judicial de considerar motivadamente la pérdida del salario como un perjuicio adicional a los daños morales que hayan de ser indemnizados por la empresa. Interferencias vulneradoras del derecho de huelga que merecen el reproche de generar una indemnización por daños morales a los trabajadores afectados, pero que no han alcanzado un nivel de intensidad tan grave como para impedir o neutralizar la huelga, por lo que tampoco pueden considerarse causantes de un perjuicio adicional que obligue al abono de una segunda indemnización consistente en el pago de los salarios correspondientes al periodo de huelga".

3. Criterios para el reparto de la indemnización resultante

A) Criterios para la determinación del reparto de la indemnización: ¿Solidaridad o mancomunidad sindical?

13. Una cuestión dotada de notable complejidad es la relativa a los criterios para la determinación del reparto de la indemnización en estos casos.

Una huelga fue convocada en una empresa, con duración indefinida y para toda su plantilla, por el comité de empresa, integrado a la sazón por 6 afiliados de CC.OO., 4 de UGT, 2 de CIG y 1 de APC. Iniciada la misma la dirección de la empresa dio instrucciones a los vigilantes de seguridad para que impidiesen el acceso a sus instalaciones del comité de huelga, prohibición que se mantuvo hasta que se suspendió la medida de conflicto y pese a que la Inspección de Trabajo había girado visita en dos ocasiones, conminando a la empresa a deponer su posición y advirtiéndole de sus consecuencias, y levantando, finalmente, acta de infracción por lesión del derecho fundamental de huelga. Así las cosas, lo que se discutió en suplicación fue el importe y la distribución de la indemnización en concepto de daños morales por lesión de derechos fundamentales que había sido fijada en la instancia en 6.250 euros para cada uno de los sindicatos demandantes (CC.OO., UGT y CIG) y para cada uno de los miembros del comité de huelga. La empresa recurre entiende que solo procede la imposición de una indemnización única y conjunta para los tres sindicatos accionantes en la instancia de 6.250 euros, no para cada uno de ellos. Se argumenta que el daño colectivo causado no cabe individualizarlo entre los acreedores solidarios —a la sazón, sindicatos y miembros del comité de huelga—, de modo que "el deudor salda su obligación de pago haciéndola efectiva en cualquiera de ellos, de acuerdo con los arts. 1141 y 1142 del Código Civil".

14. La doctrina se suplicación hasta el momento, ha fundamentado la reparación del daño infringido por el ilícito empresarial en una única y común indemnización para todos los sujetos deudores en su faceta de sujetos pasivos de una única obligación solidaria. Es el caso de las SSTSJ Castilla y León, Valladolid, de 17 julio 2013 (R° 1143/2013) y del STSJ de Islas Canarias (Las Palmas) de 30 diciembre 2019 (Rº 458/2019), que fijaron una única indemnización común a todos y en pago único de una obligación solidaria que se satisface con su abono a sólo uno de ellos. Y ello sobre la base de lo establecido en el art. 1141 del CC («Cada uno de los acreedores solidarios puede hacer lo que sea útil a los demás, pero no lo que les sea perjudicial. Las acciones ejercitadas contra cualquiera de los deudores solidarios perjudicarán a todos éstos») y de lo establecido en el art. 1142 del CC: «El deudor puede pagar la deuda a cualquiera de los acreedores solidarios; pero, si hubiere sido judicialmente demandado por alguno, éste deberá hacer el pago».

15. La STSJ Galicia de 12 de enero 2022 (Rº 3752/2021) (un excelente comentario que aquí seguimos a esta sentencia es el de Ferreiro Regueiro, 2022), parte de la idea de que "cada sindicato es titular de su propio derecho a la libertad sindical y que el ejercicio del derecho a la huelga no esconde que también cada uno de ellos desarrolla a su manera sus propias estrategias y busca sus propios objetivos, concluyendo, entonces, que el interés no es único y común para todos ellos, ni tampoco el daño que el comportamiento de la empresa les ha irrogado". Sobre esta base, entiende que no es de aplicación al nacimiento y determinación del importe de la indemnización por lesión de derecho fundamental el Derecho común de obligaciones basado en la regla de la solidaridad. Y ello porque:

> "(...) en nuestro ordenamiento las obligaciones mancomunadas simples son la regla general, y las solidarias la excepción, y, entonces, como concurren plurales sujetos deudores la deuda no subsiste como un todo inseparable, sino que se encuentra dividida en partes iguales entre cada uno de ellos. Véase, al respecto, el art. 1137 del CC: «la concurrencia de dos o más acreedores o de dos o más deudores en una sola obligación no implica que cada uno de aquellos tenga derecho a pedir, ni cada uno de éstos deba prestar íntegramente las cosas objeto de la misma. Sólo habrá lugar a esto cuando la obligación expresamente lo determine, constituyéndose con el carácter de solidaria».

A lo que añade:

> "la regla general viene admitiendo diferentes excepciones por la jurisprudencia civil tanto para evitar las consecuencias extremas que se deriven del rigor del citado art. 1137 y, por ello, no se exige que el término «solidaria» aparezca expresamente en el negocio jurídico, sino que se deduce de la voluntad de los contratantes de poder exigir íntegramente la cosa objeto de la obligación, cuanto para ofrecer garantías a los acreedores lo que acontece en el ámbito mercantil en donde se aboga por la responsabilidad solidaria sin ambages (...); y ello así explicado excluiría su aplicación al caso enjuiciado porque él no encaja en ninguna de ambas excepciones, lo que le conduciría a una responsabilidad mancomunada. Y, sin embargo, tampoco encaja en el régimen general de tales obligaciones mancomunadas habida cuenta que ninguno de nuestros deudores lo es de una parte al no tratarse de un daño, el causado, común a todos ellos y colectivo. Antes,

> al contrario, se está ante un daño individual por atañer a un interés propio y singular de cada uno de los sindicatos cuyo derecho a ser indemnizado no deriva de negocio jurídico inter privatos, sino de la reparación por previsión de la ley (art. 183.1 LJS) de un derecho fundamental del que son titulares también en su vertiente singular: cada uno ostenta el derecho fundamental a la libertad sindical".

Sobre esta base se establece una indemnización individual y propia para cada uno de los sindicatos. De este modo, "utilizando como parámetro para el cálculo de las indemnizaciones la LISOS ante la falta de una pauta objetiva de valoración (...)", concluye la sentencia que procede indemnizar con 1.500 euros a cada uno de los sindicatos accionantes por cuanto no han sido los convocantes de la huelga, aunque han sufrido una injerencia grave en su derecho a la libertad sindical".

B) Individualización de la indemnización entre los miembros del Comité de huelga

16. La referida STSJ Galicia de 12 de enero 2022 (Rº 3752/2021) diferencia el importe de la indemnización de cada uno de los sindicatos de la percibida por los miembros del comité de huelga, pues consideró que la actuación de la empresa comprendía dos acciones diferentes: una atentaba contra los miembros del comité de huelga en sus derechos fundamentales a la libertad sindical y a la huelga, y otra contra los sindicatos en su derecho fundamental a la libertad sindical en su vertiente colectiva.

Por eso, justificó que sobre los miembros del comité de huelga había recaído "el mayor de los sacrificios"; se habían cercenado todas las funciones que tenían legalmente atribuidas "hasta el extremo de que su rol fue el de un convidado de piedra". En vista de todo lo cual concluye que, "los trabajadores que conformaron ese comité de huelga han visto muy gravemente alterado su derecho fundamental a la huelga, prácticamente se produjo su anulación. Esa gravedad es máxima en atención a la persistencia de la empresa en su posición ilegal, la duración de la injerencia plena y directa la persistencia de la empresa en su posición ilegal y la duración de la injerencia plena y directa".

Sobre la base anterior se fija una indemnización individualizada para cada uno de los miembros. Señala así la Sentencia que:

> "(...) procede indemnizar con 3.000 euros a cada uno de los miembros del comité de huelga (a la sazón nueve) en atención a que han sido privados por completo de sus funciones y, con ello, del ejercicio más simple del derecho de huelga, la conducta de la empresa no fue puntual, sino persistente y la medida de conflicto afectaba a los 315

trabajadores del centro de trabajo, con la agravante de que dicha empresa desoyó las advertencias y requerimientos de la Inspección de Trabajo. Este cálculo se apoya en el art. 8.10 y 39 de la LISOS".

C) Huelga y daños del sindicato a sus propios trabajadores, individualización de la indemnización

17. La STSJ Galicia 27 de marzo de 2023 (Rº 7/2023) condena a un sindicato a pagar un total de 375.000€ por vulnerar el derecho de huelga de los abogados de su propio gabinete jurídico. Se estima por parte del TSJ la existencia de una vulneración del derecho de huelga por parte del sindicato CCOO y la correspondiente indemnización por daños morales a favor de las personas integrantes de los servicios jurídicos, abogados y graduados sociales de su gabinete jurídico Se declaró probado en el procedimiento que el sindicato conminaba y exigía a sus trabajadores (abogados y graduados sociales) que retornaran a sus puestos de trabajo en base al respeto del derecho a la tutela judicial efectiva de los afiliados, de tal forma que acudieran a los señalamientos o solicitaran la suspensión de los procedimientos. En el Orden Social se dilucida en exclusiva la vulneración de derechos fundamentales en el marco de las relaciones de trabajo. A este respecto la Sala estima la nulidad radical del citado requerimiento remitido unilateralmente por el sindicato a sus empleados. Entiende la Sala que dicho requerimiento vulnera el derecho de huelga al ser considerado una orden empresarial para la reanudación del trabajo y no una mera indicación de servicios mínimos que, por lo demás, no puede la empresa fijar unilateralmente.

Por lo que respecta a la indemnización por daños morales. Dado que se trata de una vulneración del derecho de huelga (una por cada uno de los trabajadores afectados) y que debe resarcirse íntegramente todo el daño, se ha de indemnizar a cada uno de los sujetos pasivos del derecho lesionado, resultando útil, como parámetro orientativo adecuado, el de la infracción muy grave del art. 8 de la LISOS, teniendo en cuenta las quince vulneraciones del derecho de huelga que se han producido. La conducta del sindicato tiene un matiz agravante, al afectar al derecho de huelga de trabajadores con funciones estratégicas, mediando la fijación de unos servicios —no mínimos— y una actuación contumaz de dejar vaciado de contenido el ejercicio del derecho. De tal manera, para que los perjuicios sean indemnizados no solo proporcionada sino disuasoriamente, habida cuenta de la particular naturaleza jurídica de la empresa demandada, se establece la cuantía de 25.000€ para cada uno de los trabajadores a cargo del sindicato. Importe total equivalente a 375.000€.

III. Responsabilidad civil del sindicato por los daños ocasionados al patrimonio de la empresa durante la huelga

1. *La aplicación subsidiaria de las normas civiles sobre responsabilidad resarcitoria*

18. El vacío de legislación laboral en esta materia ha determinado la aplicación subsidiaria de las normas civiles sobre responsabilidad resarcitoria, conforme a lo previsto por el art. 4.3 del CC. En principio, nada obsta a la aplicación de la doctrina general sobre esa responsabilidad civil por daños, contenida en los arts. 1102 y siguientes del CC respecto de la responsabilidad contractual o derivada del incumplimiento de obligaciones preexistentes a la afirmación de responsabilidad, y en los arts. 1902 y siguientes de la misma norma, para el supuesto de responsabilidad extracontractual por daños a terceros, consecuencia del quebrantamiento del principio general alterum non laedere. Así pues, si se admite la posibilidad de que el huelguista pueda incurrir en dicha responsabilidad por daños, para el éxito de la petición resarcitoria del perjuicio ocasionado en la huelga sería precisa la concurrencia de los elementos que, según las precitadas normas generales, hacen nacer la responsabilidad civil.

Es claro que el juego de la responsabilidad por daños en este terreno es complejo y, puede, en ocasiones convertirse en arma arrojadiza e instrumento de limitación de derechos colectivos. Y es que, en algún supuesto, se ha advertido que reclamar una indemnización escandalosa al sindicato por la convocatoria de una huelga que se alega ilícita y abusiva, puede suponer una auténtica medida indirecta de limitación del derecho de huelga.

Así ha sucedido cuando en un proceso de conflicto colectivo, se pidió inicialmente al sindicato de 14.756.984,06 € (10 millones por daños a la imagen, empresarial y la cantidad restante correspondiente a los perjuicios por la cancelación de vuelos) desistiendo en el acto del juicio de la reclamación de la indemnización, pero manteniendo la pretensión de declaración del carácter ilícito y abusivo de la huelga (STSJ Canarias, Santa Cruz de Tenerife, 30 de abril de 2008, R° 10/2007).

19. Para que surja la obligación de resarcir, se requiere la concurrencia de los siguientes requisitos: (i) Que se haya cometido una acción u omisión voluntaria que haya provocado un daño. Ello implica el estudio de dos elementos: quién es el sujeto responsable y qué conducta debe haberse realizado para que esta obligación surja, es decir, deben estudiarse los caracteres del acto que provoca el daño: la voluntariedad y la imputabilidad al sujeto. (ii) Que se haya producido un daño. (iii) Que el daño sea consecuencia de la conducta llevada a cabo por el sujeto imputable; es decir, debe estudiarse la relación de causalidad que existe entre la conducta y el daño provocado. (iv) A lo anterior se une que debe existir un criterio que permita imputar dicha responsabilidad al demandado.

El sindicato CIG (Confederación Intersindical Galega) convocó una huelga indefinida en la empresa «Transportes La Unión, SA», que tuvo efectos desde el día 30 de enero de 2001 hasta que fue desconvocada el día 31 de mayo del mismo año.

Bajo un clima de tensión y conflictividad laboral, durante el transcurso de la misma más de cuarenta autocares de la empresa sufrieron diversos daños (rotura de ventanillas, pinchazos de neumáticos, etc.). A este respecto, algunos cargos del sindicato fueron detenidos por la Guardia Civil por los desperfectos causados en diversos autobuses de la empresa, llegando a ser condenado un agente electoral del sindicato por un delito continuado de daños. Igualmente, el Secretario Comarcal y el Secretario General en el ámbito de la organización sindical fueron condenados en juicio de faltas por coacciones.

Así las cosas, la empresa reclama al sindicato convocante y al Comité de Huelga las siguientes cantidades, en concepto de indemnización por responsabilidad civil: a) 113.922,28 € en concepto de daños y perjuicios directos ocasionados por la rotura de lunas y pinchazos en ruedas, b) 78.411,82 € en concepto de daños y perjuicios ocasionados por los ingresos no realizados debidos al incumplimiento de los servicios mínimos durante el período de huelga, c) 12.230,35 € como consecuencia de la pérdida de la concesión del transporte escolar de la que era adjudicataria la empresa.

La STSJ Galicia de 26 de abril de 2005 (Rº 4398/2002) señala que "... es indudable que la propia naturaleza del derecho de huelga, como medio de autodefensa basado en la producción de un daño, hace difícil concebir la idea de que los huelguistas (y, por ende, el sindicato) puedan ser detentadores de responsabilidad alguna por los perjuicios causados por la huelga (qui iure suo utitur, neminem laedit)... Todo ello no es, ciertamente, obstáculo insalvable para admitir que, en el ejercicio del derecho de huelga, los huelguistas pueden traspasar indebidamente los confines permitidos por el Ordenamiento y devenir, por ello, responsables del daño causado... si se admite la posibilidad de que el huelguista pueda incurrir en dicha responsabilidad por daños (...) para el éxito de la petición resarcitoria del perjuicio ocasionado en la huelga sería precisa la concurrencia de los elementos que, según las precitadas normas generales, hacen nacer la responsabilidad civil" (Un interesante comentario a este pronunciamiento en Cegarra Cervantes, 2005).

Los problemas se multiplican entonces, ya que si en este marco no cabe aplicar pura y simplemente la doctrina civilista de que toda conducta que origina un daño es antijurídica, se hace preciso indagar en qué medida el uso de la fuerza ha podido conducir a sus autores o inductores a traspasar la siempre insegura frontera del uso abusivo del derecho; o, lo que es lo mismo, acudiendo de nuevo a los parámetros utilizados por nuestro Tribunal Constitucional, se hace preciso determinar en qué medida existe una desproporción efectiva del daño causado por la huelga, que unida a la intencionalidad del autor nos proporcione la evidencia (a veces, sólo el indicio) de que ese uso abusivo ha tenido efectivamente lugar. En palabras del TC, «no basta con que la huelga origine un daño a la empresa, sino que es preciso que el daño sea grave y que haya sido buscado por los huelguistas más allá de lo que es razonablemente requerido por la propia actividad conflictiva y por las exigencias inherentes a la presión que la huelga necesariamente implica» (...). Ni que decir tiene que el tema adquiere nuevas complejidades si se tiene en cuenta que el sujeto imputable en caso de daños ilícitamente producidos en una acción de huelga no es, por lo general, un huelguista concreto, o un conjunto de éstos cuya individualidad muchas veces no resulta fácil de precisar, sino que va a ser la organización profesional a que los huelguistas pertenecen la eventualmente llamada a responder, en cuanto, como convocante del paro, puede intentarse que sea declarada responsable de los actos individuales de sus afiliados, si se superan, como primera dificultad, las barreras cautelares que establece la LOLS (art. 5.2).

2. *La ilicitud de la huelga como presupuesto de la responsabilidad por daños*

A) La responsabilidad sólo puede derivar de huelgas ilícitas o abusivas

20. Si bien durante un largo período nuestra doctrina ha aceptado sin demasiados problemas el requisito de la ilicitud o antijuridicidad como presupuesto de la responsabilidad civil, nunca ha habido acuerdo sobre en qué consiste esta antijuridicidad, y últimamente se rechaza incluso que exista tal requisito. Una cualidad de la conducta, consistente en ser contraria a Derecho, en la medida en que causa (o puede causar) un daño, partiendo de una ponderación entre la libertad del agente (en la cual la intención de dañar es un factor básico) y el valor del bien que puede ser (o ha sido) dañado (García-Ripoll Montijano, 2013).

21. El derecho de huelga comprende dentro de su contenido la facultad de declararse en huelga, estableciendo la causa y la finalidad reivindicativa que se persigue, así como la propia de elegir la modalidad de huelga. Dicha facultad de elección deberá moverse dentro de aquellos tipos o modalidades que la ley haya admitido. La regulación vigente de la huelga contempla un doble tipo de ilicitud de la misma por razón de su modalidad y con un régimen diferenciado de consecuencias jurídicas: huelgas ilegales (art. 11 del RDLRT), y huelgas abusivas (art. 7.2 del RDLRT).

En nuestro Ordenamiento Jurídico los empresarios carecen de competencia para declarar unilateralmente la ilegalidad de una huelga y no existe un mecanismo a priori, ni administrativo ni judicial, para controlar o declarar la legalidad o ilegalidad de la misma, sino que serán los Tribunales los que calificarán la huelga a posteriori, cuando juzguen conductas o medidas punitivas o contractuales tomadas por parte del empresario (despidos, descuentos de salarios, etc.). A partir de las sentencias dictadas por el Tribunal Supremo el 17 de diciembre de 1999 y el 20 de noviembre de 2000 se viene a admitir la posibilidad de que una vez producida la huelga, a través de la modalidad procesal de conflicto colectivo, se puedan ejercitar acciones meramente declarativas sobre la legalidad o ilegalidad de la huelga, de forma que una empresa pueda solicitar que se califique como abusiva una práctica de huelga, por entender que existe un interés legítimo actual en deshacer la incertidumbre jurídica sobre la licitud o ilicitud de las medidas de conflicto o prácticas huelguísticas cuestionadas.

Constituye una conducta claramente antijurídica, consistente en la convocatoria de una de las huelgas tipificadas como «ilegales» en el art. 11 del RDLRT. El art. 7.2 del RDLRT establece expresamente que «las huelgas rotatorias, las efectuadas por los trabajadores que presten servicios en sectores estratégicos con la finalidad de interrumpir el proceso productivo, las de celo o reglamento y, en general, cualquier forma de alteración colectiva en el régimen de trabajo distinta a la huelga se considerarán actos ilícitos o abusivos». El abuso de derecho se encuentra prohibido y definido en el art. 7.2 del CC, en los siguientes términos:

"La ley no ampara el abuso del derecho o el ejercicio antisocial del mismo. Todo acto u omisión que, por la intención de su autor, por su objeto o por las circunstancias en que se realice sobrepase manifiestamente los límites normales del ejercicio de un derecho, dará lugar a la correspondiente indemnización y a la adopción de las medidas judiciales o administrativas que impidan la persistencia en el abuso".

De esta forma, determinadas modalidades de ejercicio del derecho de huelga y, en particular, las alteraciones en el proceso productivo que no consistan en el cese en la actividad laboral, quedan fuera del ámbito del derecho de huelga. La huelga abusiva en sentido estricto parte de ser una huelga legal. Se presupone, pues, la existencia correcta del derecho de huelga, de forma que el acto abusivo gravita sobre el ejercicio del derecho de huelga y se sitúa en el límite externo de este derecho. Por ello, sobre las mismas recae una presunción iuris tantum de su carácter abusivo que puede ser desvirtuada si los huelguistas que utilicen alguna de estas modalidades prueban que su uso no fue abusivo (STC 11/1981). La ilegalidad afectaría a los requisitos procedimientos mientras que la abusividad se refiere a los medios y a las formas de desarrollo.

22. La STS (Social) de 30 de junio de 1990 (RJ 1990\5551) (sobre esta Sentencia, Goñi, 1991) anuló la Sentencia de instancia de 21 de febrero de 1989, que había calificado de abusiva la huelga, pero no condenó al sindicato ASETMA al abono de indemnización alguna al no haberse acreditado la cuantía de los daños causados. Por su parte, la STS (Social) de 6 de julio de 1990 (RJ 1990\6072), concluyó que:

"Es evidente que la huelga, cuyas secuelas indemnizatorias se reclaman en estos autos, no llegó a conformar un daño con entidad suficiente, tanto desde la perspectiva de la interrupción del servicio de transporte aéreo, en sí, como desde la gravedad del perjuicio material ocasionado a la empresa, que permita atribuir al conflicto colectivo de referencia la nota de ilegalidad o abuso en el ejercicio de un derecho, constitucionalmente protegido, que le asigna la empresa, demandante-recurrente, para postular el resarcimiento económico pretendido en la demanda origen de este litigio. Al respecto, no puede, ciertamente, ignorarse que el movimiento huelguístico en cuestión, desarrollado en forma discontinua o intermitente, se enmarca en el ámbito de un prolongado proceso reivindicatorio, tendente a una reordenación profesional, en el seno de la empresa, del sector laboral representado por el Sindicato demandado, por lo que no es dable admitir una manifiesta desproporción entre el objetivo perseguido por la huelga y no atendido, oportuna y adecuadamente, por la empleadora y el daño causado a esta última, sin que, por otra parte, quepa atribuir una intencionalidad distinta a la que debe inspirar cualquier tipo de acción defensora del interés colectivo en juego a la actuación del Sindicato convocante de la huelga sujeta a enjuiciamiento".

Por su parte, la STS (Social) de 3 de abril de 1991 (RJ 1991\3248), anuló la dictada por el Juzgado de lo Social núm. 12 de Madrid de 22 de mayo de 1990 (caso SEMAF).

Estas Sentencias, tras declarar la competencia del orden jurisdiccional social para conocer de la responsabilidad patrimonial que se imputaba al sindicato demandado (sin que sea preciso demandar a todos los partícipes en la huelga cuando la demanda se funda en la ilegalidad de la convocatoria realizada por el sindicato demandado, lo que sólo a él le es imputable), citando en su apoyo los arts. 5.1 de la LOLS, 9.5 de la LOPJ y 1 de la LPL, rechazan la existencia de responsabilidad, toda vez que las huelgas no eran ilegales ni ilícitas o abusivas.

23. Ahora bien, el interrogante que plantean estos pronunciamientos es si, para el TS, la huelga ilegal o la ilícita o abusiva es susceptible de generar, en sí misma y por sí sola, la responsabilidad del sindicato convocante (o de cualquier otro sujeto autor del daño) puede anticiparse una respuesta negativa al anterior interrogante, toda vez que todo dependerá de las circunstancias concurrentes en la huelga ilícita o abusiva y probablemente de la ruptura de la proporcionalidad y, en la lógica de la jurisprudencia constitucional, de la producción de daños innecesarios (García-Perrote, 2005).

B) Huelgas abusivas y daños desproporcionados

En la empresa X, SA cuya actividad es la de fabricación de bombas de inyección para motores diesel, se ha desarrollado una huelga cuya práctica consiste en encadenar o combinar por parte de la representación de los trabajadores, de modo imprevisto, convocatorias y «desconvocatorias» de huelgas intermitentes, de forma que la empresa adopta las medidas oportunas para hacer frente a los paros colectivos convocados y se encuentra luego con que los trabajadores llamados a la huelga están dispuestos a trabajar. A ello debe añadirse que los paros intermitentes objeto de controversia fueron declarados cumpliendo el tiempo de preaviso legal; pero las «desconvocatorias» de los mismos, en número de 16 en los meses de febrero a mayo, fueran notificadas en plazos mucho más breves, habitualmente con veinticuatro horas de antelación. La duración más frecuente de dichos paros intermitentes era de dos horas en los distintos turnos de trabajo establecidos. En dicha empresa rige el sistema de organización y gestión de la producción que podemos denominar «justo a tiempo» o «en el momento justo» («just in time»). Este modo de organización del proceso productivo obliga a entregar los productos con total puntualidad, comportando además «la producción en flujo continuado y la ausencia de stocks de materias primas, materiales en proceso y producto acabado, existiendo únicamente los denominados stocks de seguridad entre fases»

24. La STS (Social) de 17 de diciembre de 1999 (Rº 3163/1998), señaló que (Un comentario a la misma en Lahera Forteza, 2000):

> "la desproporción entre los daños producidos al empresario y los sacrificios asumidos por los huelguistas... es de apreciar también en el caso en litigio. Los representantes de estos últimos han procurado de manera reiterada reducir el coste de las pérdidas salariales correspondientes al tiempo de huelga mediante la práctica de desconvocar de manera imprevista los paros declarados, sin que el empresario pudiera, a la vista del sistema de producción «justo a tiempo», poner a su disposición toda la materia prima y materiales en proceso necesarios para el trabajo. Con ello se ha infligido al empresario un daño que excede con mucho del lucro cesante derivado de la no colaboración de los trabajadores en que consiste la huelga y de los costes organizativos normales que resultan inevitablemente de una cesación total o parcial de la actividad productiva".

Agregando:

> "Se ha dicho en las actuaciones que este daño o «perjuicio añadido» debe ser imputado a la empresa, que es la que ha adoptado un sistema de producción que la hace más vulnerable a medidas de conflicto colectivo de esta clase o similares, y no a la representación de los trabajadores, que tendrían derecho a elegir las acciones de conflicto que considerara oportunas, aunque produjeran tal «perjuicio añadido». Pero el argumento no convence. La libertad de empresa reconocida en el art. 38 de la Constitución faculta al empresario, dentro del respeto a los derechos de los trabajadores, para elegir el sistema de producción que considere más adecuado, sin afrontar más riesgos o eventualidades que los inevitables en cualquier actividad productiva. Dentro de estas eventualidades se pueden encontrar desde luego los daños o pérdidas de utilidad derivados del ejercicio del derecho de huelga. Pero el ejercicio del derecho de huelga consiste, en lo esencial, en suspender temporalmente la colaboración contractual con el empresario, con las consiguientes pérdidas de producción y costes de organización, pero no en causarle «perjuicios añadidos» como los que resultan en un sistema de producción «justo a tiempo» de las «desconvocatorias» imprevistas de los paros declarados. Como se dice en la Sentencia del Tribunal Constitucional 11/1981, y se ha repetido constantemente desde entonces, la atribución del derecho de huelga a los trabajadores supone el reconocimiento de un instrumento de presión en la negociación de aquéllos con los empresarios pero no elimina o hace desaparecer el deber de buena fe entre las partes de las relaciones individuales y colectivas de trabajo, uno de cuyos ingredientes es precisamente la evitación de los daños o pérdidas de utilidad que excedan de los inherentes a la cesación de la actividad de trabajo en que la huelga consiste.

25. Otro ejemplo nos lo proporciona la STSJ Galicia de 2 de febrero de 2001 (Rº 1982/199):

Tres trabajadores de una gran empresa de electricidad, en nombre de sus respectivos sindicatos, comunican la convocatoria de una huelga de 48 horas de duración, que se iniciaría a las 6 horas del día 27 y finalizaría a las 6 horas del 29, siempre de abril, en todos los centros de trabajo afectados por la negociación del convenio colectivo de empresa. Se daba la circunstancia de que la huelga coincidía con el fin de semana. El comité de huelga quedó integrado por los tres trabajadores convocantes de la huelga, aunque quedaría reducido a dos, al desconvocar uno de ellos el paro concertado. El conflicto enjuiciado por la sentencia se refiere a un centro de trabajo en el que el número de trabajadores que prestaba servicios durante los sábados y domingos estaba entre los 135 y los 155. En los días de huelga, de la plantilla que correspondía prestar servicios, sólo 4 la secundaron. Como consecuencia de la huelga, la empresa tuvo unas pérdidas de producción de 27.512 MWh y de disponibilidad de 8.4000 MWh, lo que supuso, en pesetas, la cantidad de 29.635.905; que es la indemnización de daños y perjuicios que reclama, con fundamento en el carácter pretendidamente abusivo de la huelga durante el fin de semana).

26. La Sentencia desestima la pretensión empresarial, confirma la sentencia dictada en primera instancia y da respuesta a los argumentos esgrimidos que son resumidos por Tárraga Poveda (2001):

(i) No asume que la huelga convocada para un fin de semana pueda considerarse, en razón a su mera localización temporal, un acto abusivo, ya que «la facultad de declararse en huelga incluye la de establecer la causa, el fin y el momento». Es más, con cita de la STC 43/1990, de 15 de marzo, advierte que no existe un reproche apriorístico de abuso o ilicitud hacia las huelgas convocadas en «fechas punta».

(ii) Respecto del alegato patronal sobre la intención de los convocantes de lograr la indemnidad de los trabajadores al no prestar servicios durante el fin de semana más que una parte de la plantilla, se razona que la huelga puede perseguir —legítimamente— la paralización total o parcial de la producción y que «no es consustancial la implicación de toda la plantilla, incluidos los trabajadores que, por el sistema de turnos establecido, no tengan que prestar servicios durante los días que dure el conflicto». Y termina este razonamiento con una afirmación de sentido común: «la huelga consiste en no prestar servicios en turno laboral, no en turno de descanso».

(iii) Tampoco se acoge la alegación sobre la ruptura de la equivalencia de sacrificios mutuos que la huelga supone ante el hecho de que los servicios mínimos impuestos exigieron la prestación de servicios de la práctica totalidad del turno de fin de semana sin casi pérdida de salarios.

(iv) En todo caso, concluye la Sala, la relación de causalidad precisa de un acto injusto o abusivo generador de un daño patrimonial que no exista el deber legal de soportar y considera que tales agregados no son predicables ni de la convocatoria de la huelga, ni de su ejecución y desarrollo, por lo que desestima el recurso interpuesto.

3. Relación de causalidad entre el daño y la conducta de trabajador y/o del sindicato

27. La declaración de licitud o ilegalidad de la huelga abre, pues, la posibilidad de imponer a cargo del sindicato una obligación indemnizatoria. Ahora bien, el hecho de que la huelga merezca la calificación de ilegal no es, por supuesto, suficiente. Y es que "la declaración de responsabilidad patrimonial del sindicato requiere la concurrencia de circunstancias añadidas a la mera ilegalidad o ilicitud/abusividad de la huelga" (De la Villa, García Becedas, García Perrote, 1991: 500). En particular, el nacimiento de tal obligación a cargo del sindicato requiere la generación en el marco de la huelga ilegal, de un daño resarcible derivado de la conducta que determina la ilegalidad de la huelga y, en consecuencia, vinculado causalmente con el sujeto. Podría afirmarse, pues que para imputar una responsabilidad por daños derivados de una huelga no basta con apreciar que el sindicato ha realizado una conducta antijurídica. Resulta preciso que a su actuación puedan conectarse causalmente los daños cuyo resarcimiento se pretende (De la Puebla, 2000: 245).

A) Prueba de la autoría de los daños

28. En esta materia doctrina y jurisprudencia han optado mayoritariamente por llevar la imputación de responsabilidad a aquellos huelguistas que han tenido una participación activa en el conflicto, es decir, que han incurrido en un incumplimiento grave y culpable; o excepcionalmente al plano colectivo, recurriendo no ya a la fórmula de la culpa conjunta o solidaria, sino a la culpa del único de trabajadores dotados de personalidad jurídica: el sindicato, en la medida, que solo puede ser puesta en causa una organización dotada de personalidad jurídica (González Molina, 2000: 64).

Un ejemplo nos lo sigue proporcionando la STSJ Galicia de 26 de abril de 2005 (R° 4398/2002)

> Todos los ataques sufridos por autocares de la empresa recurrente han sido llevados a cabo por autores desconocidos, esto es, no se sabe quién originó los daños y, por ende, si estaban o no vinculadas con el sindicato demandado; y que unos desperfectos se causen en el desarrollo de una huelga no significa —en modo alguno— que el convocante sea responsable de aquéllos. Tan solo en cuatro comportamientos (...) han sido identificados, pero tres de ellos no son objeto de reclamación en este proceso, quedando uno en el que un agente electoral del Sindicato demandado fue condenado por un delito continuado de daños.

B) Responsabilidad de los miembros del comité de huelga

29. El preámbulo del RDLRT califica al comité de huelga como «órgano de representación de los trabajadores en conflicto», por lo que se le dota de competencia para ejercitar «cuantas actuaciones sindicales, administrativas o judiciales se realicen para la solución del conflicto» (art. 5); garantizar la prestación de los servicios necesarios para la seguridad de las personas y de las cosas, mantenimiento de los locales, maquinaria, instalaciones, materias primas y cualquier otra atención que fuese precisa para la ulterior reanudación de las tareas de la empresa (art. 6.7); y negociar con el empresario para llegar a un acuerdo (art. 8). Resumidamente, la STC 11/1981, de 8 abril lo define «tanto un órgano de defensa de los intereses de los trabajadores como de negociación». En tales conceptos, actúa colegiadamente, pero carece de personalidad jurídica, de patrimonio propio y, por ende, de legitimación activa y pasiva en el proceso especial de tutela de derechos fundamentales y libertades públicas.

30. Esta ausencia de personalidad jurídica ha hecho que algún pronunciamiento haga responsables directamente a los miembros del Comité de huelga. Es el caso de la STSJ Cataluña 27 de octubre de 2010 (Rº 2795/2009), en la misma se afirma que:

> "Por último, queda por analizar si la condena ha de alcanzar o no a las personas físicas demandadas, en cuanto miembros del comité de huelga. A tal efecto, se adelanta que la respuesta es afirmativa. La Sala señala que la huelga es ilegal, por tanto, la actuación del sindicato ha sido contraria al principio de buena fe negocial; de modo que cuando se convoca la huelga y a tiempo de ser los demandados designados miembros del comité de huelga, aceptaron ponerse al frente de un proceso que ya se presentaba contrario a Derecho (...) Bajo este contexto, se comprueba que no consta ningún intento de abandono de sus pretensiones ilícitas de forzar un convenio franja, sin aceptar la mediación de las centrales sindicales; al igual que se acredita que hayan facilitado el cumplimiento de los servicios mínimos acordados por Orden de la Conselleria, que, por el contrario, permanecieron asumiendo sus funciones mientras el servicio quedaba interrumpido tanto en los días de huelga como en los días siguientes en los que se producían ocupaciones de las vías. Por consiguiente, la condena de los daños y perjuicios causados se extiende a los miembros del comité de huelga que tendrán como límite la reparación íntegra del daño causado al perjudicado, sin que pueda ser superado su valor por el total de las condenas que, en su caso, se pudieran producir".

C) Responsabilidad de los trabajadores participantes en la huelga

31. Los trabajadores que causen daños durante el ejercicio de la huelga, pueden ser responsables civiles de los daños causados, al igual que sus representantes unitarios o sindicales. Se ha anudado la responsabilidad civil a los supuestos en los que se ha condenado penalmente a los trabajadores.

El derogado art. 315.3 del CP permitía castigar a quienes actuando en grupo o individualmente, pero de acuerdo con otros, coaccionen a otras personas a iniciar o continuar una huelga. Ello suponía aplicar una forma agravada del delito de coacciones cuando estas se produjeran en el contexto de una situación de huelga. No obstante, dicha derogación tiene efectos mínimos ya que cualquier trabajador coaccionado en el marco de una huelga encontrará protección en el art. 172.1 del CP que se castiga con la pena de prisión de seis meses a tres años "El que, sin estar legítimamente autorizado, impidiere a otro con violencia hacer lo que la ley no prohíbe, o le compeliere a efectuar lo que no quiere, sea justo o injusto". Esto es, se aplica la regulación general de las coacciones (6 meses a 3 años de prisión). Por cierto, que si se diera la razón a que aquí se impide el ejercicio del derecho fundamental a la huelga, la pena sería de 1 año y 9 meses a 3 años de prisión, la misma del precepto suprimido.

Hay responsabilidad civil cuando se acredita que los trabajos se paralizaron por la actuación coactiva del condenado, que provocó temor en los trabajadores de las empresas denunciantes, es el caso de la SAP Cantabria de 8 abril de 2013 (R° 982/2012):

"Respecto a la realidad de los daños, se parte de que la misma debe valorarse no tanto conforme a los principios penales de la presunción de inocencia e «in dubio pro reo» como a las reglas civiles que imponen la indemnización del daño directo y del lucro cesante y que permiten valorar la prueba según el criterio de la experiencia, la sana crítica y la lógica de manera que cabe concluir que si el acusado, que iba acompañado de otra serie de personas en un «piquete» de huelga, ejecutó actos tendentes a amedrentar a los trabajadores, estos cesaron en su actividad precisamente por el temor a las represalias que pudieran sufrir, paralización del desarrollo de los trabajos que causó un perjuicio del que se deriva la responsabilidad civil del recurrente".

32. El Juzgado de lo Penal n° 18 de Madrid en su Sentencia de 14 de octubre de 2020 (Proc. 390/2018), en el caso «controladores aéreos», condenó a 131 trabajadores de los aeropuertos de Madrid-Barajas y Torrejón por la cancelación de vuelos. Tal actuación al margen de una convocatoria de huelga formal como mecanismo de presión laboral contra AENA y el gobierno, que consistió en la presentación unánime y masiva de los formularios de disminución de capacidad lo que provocó el cierre del espacio aéreo. Instigación al colectivo de controladores para que procediesen a abandonar de forma colectiva sus respectivos puestos de trabajo, realizando las consignas de entrega de formularios de discapacidad, o inasistencia a los puestos de trabajo. Ello llevó consigo el abandono de los puestos de trabajo de forma masiva bajo la dirección de los miembros de la Junta directiva y delegados sindicales. En este caso, el importe de la responsabilidad civil abarca en los términos que prevén los arts. 110 y 339 del CP la restitución, la reparación del daño, tanto el emergente como el lucro cesante, incluido el daño medioambiental en sus distintos aspectos, y la indemnización de perjuicios materiales y morales. La indemnización se concreta, esencialmente, en el pago de indemnizaciones a los viajeros afectados por la cancelación de sus vuelos a consecuencia del abandono del servicio.

D) El caso de los daños causados por miembro indeterminado del piquete de huelguistas

33. La doctrina constitucional ha establecido que la reclamación por daños personales causados durante una jornada de huelga exige la acreditación de la participación activa del responsable civil en los hechos. Es así, porque ante la ausencia de previsión legal sobre la atribución de dicha responsabilidad, los órganos judiciales deben atender cuidadosamente a la conducta personal e individualizada en la producción del acto dañoso, de manera que, por sí sola, la condición de integrante e incluso de líder del piquete no constituye título suficiente y constitucionalmente válido para que pueda imputarse.

> Durante la jornada de huelga general celebrada el 29 de septiembre de 2010 el dueño de un pub fue objeto de una agresión por parte de un número indeterminado de personas, integrantes de un piquete dirigido por el el Sr. R. El Juzgado le condenó al pago de la responsabilidad civil: 255,82€ en concepto de daños personales y 561€ en concepto de lucro cesante por el cierre del local. La sentencia fue recurrida ante el Tribunal Constitucional por entender el huelguista que dicha imputación de responsabilidad, sin acreditar su participación directa en los hechos, suponía una restricción al derecho a la huelga constitucionalmente protegido por el art. 28.2 CE y tenía efectos disuasorios para el ejercicio de la función de dirección de un piquete.

34. La STC 69/2016, de 14 de abril, otorga parcialmente el amparo y confirma la parte de la condena correspondiente a los daños materiales causados por la actuación violenta del piquete (cuya finalidad era el "cierre del local"), daños de los que debe responder el Sr. R. Por el contrario, el Pleno anula la parte de la condena correspondiente a los daños personales porque no quedó acreditada ni la "autoría material" del recurrente en la agresión ni tampoco que "diera ninguna directriz para su comisión"; el Tribunal considera en este punto que se ha vulnerado su derecho fundamental de huelga (art. 28.2 CE). El Tribunal declara que:

> (...) desde una perspectiva objetiva o material, "las conductas que han dado origen a la condena por responsabilidad civil ahora cuestionada —básicamente, agresión física e insultos dirigidos al cierre de un local de trabajo— no pueden considerarse incluidas en el derecho fundamental a la huelga, situándose extramuros de éste, en tanto sobrepasan

los límites constitucionalmente protegidos "en orden a asegurar el libre desarrollo de las tareas de información, persuasión y presión" (STC 137/1997). Ha de partirse de la idea de que, efectivamente, tales conductas desarrolladas en el contexto de una huelga pueden dar lugar al nacimiento de responsabilidad civil a efectos de resarcir los daños causados, máxime teniendo en cuenta que los dañados son también titulares de otros derechos constitucionales que pueden quedar afectados —v.gr. el derecho a la vida y a la integridad física y moral (art. 15 CE), el derecho al trabajo (art. 35.1 CE), la libertad de empresa (art. 38 CE)—".

La cuestión que centra el debate constitucional es a quién corresponde asumir dicha responsabilidad civil, un aspecto sobre el que la normativa en materia de huelga no establece una regla específica. Tras recordar que no es función del Tribunal revisar la valoración de las pruebas realizada por el juez ordinario, la sentencia analiza de forma separada la atribución de la responsabilidad civil por los daños personales y los materiales.

Respecto a los primeros, es un hecho probado que "el titular del pub fue agredido por integrantes indeterminados del piquete informativo" y que el recurrente era la persona que "portando un altavoz, dirigía y movilizaba al grupo". No consta acreditado, sin embargo, que éste tuviera una participación activa en la agresión ni tampoco que diera directrices para su comisión, por lo que su condena se fundamentó en "su anuencia o consentimiento del acto dañoso". En este caso, el Pleno entiende que la imputación de la responsabilidad civil ha vulnerado el derecho a la huelga puesto que, "en ausencia de previsión legal" sobre la atribución de la responsabilidad civil, el respeto al citado derecho requiere que los órganos judiciales atiendan "cuidadosamente a la conducta personal e individualizada (...) en la producción del acto dañoso". "Por sí sola, la condición de integrante e incluso de líder del piquete no constituye título suficiente y constitucionalmente válido para que pueda imputarse tal responsabilidad", añade.

Por lo que se refiere a los segundos, sin embargo, la responsabilidad civil por los daños materiales (lucro cesante por cierre del local) se atribuye al demandante por la "conexión" que la juez de instancia apreció entre su comportamiento "y el cierre del pub". En efecto, según el relato de hechos de la resolución impugnada, éste profirió "insultos" y expresiones que "incitaban en todo momento a que se cerrara el pub en cuestión (en el que por otro lado se hallaron restos de petardos y vasos rotos) a toda costa, cuando quien aparecía como titular del mismo... pretendía mantener abierto al público el local". Este tipo de comportamiento también queda fuera del ámbito protegido por el derecho a la huelga, que no incluye "la posibilidad de limitar la capacidad de decisión de terceros mediante violencia o presión moral de alcance intimidatorio o coactivo, dado que también deben ser respetados otros bienes constitucionalmente protegidos como la libertad de trabajar, la libertad de empresa o la dignidad de las personas y su derecho a la integridad moral". En este caso, a diferencia de lo ocurrido con la atribución de la responsabilidad civil por los daños personales, la condena no limitó el derecho a la huelga del demandante porque "la conducta dañosa considerada no sólo está fuera de la esfera de tutela del citado derecho fundamental, sino que, además, se atribuye como 'acto propio' del demandante de amparo". En consecuencia, el Pleno anula la sentencia en lo que se refiere a la imposición al demandante de la responsabilidad civil por los daños personales y mantiene la condena por los daños materiales.

35. La sentencia va acompañada de tres votos particulares. Los Magistrados firmantes del primer voto particular, consideran que debió estimarse el recurso de amparo en su integridad. En su opinión, la sentencia constitucional asume acríticamente que el cierre del local fue consecuencia de un "acto propio" del recurrente en amparo, imputándole el acto dañoso sin otro sustento que su condición directiva o de liderazgo del piquete huelguista, olvidando que en la atribución de responsabilidad civil debe atenderse a la conducta personal e individualizada de cada agente, que debe analizarse dicha conducta en el contexto de conflicto en el que se desarrolla, y que explicitar el conflicto que subyace en el curso de la huelga no es un acto ajeno al derecho sino su expresión primaria. De otro modo, a su juicio, no podrá evitarse el efecto desaliento y un impacto negativo en la efectividad de la medida de autotutela colectiva consagrada en el art. 28.2 CE.

La Magistrada firmante del segundo voto particular, por el contrario, cree que la sentencia recurrida debió confirmarse en su integridad. Discrepa de la argumentación de la sentencia porque, en su opinión, ante la falta de regulación en la legislación sobre derecho de huelga, debió aplicarse el Código Civil y, en concreto, el criterio de "solidaridad impropia", según el cual la responsabilidad por los daños causados por un sujeto indeterminado de un grupo podrá atribuirse "a cualquiera de ellos o a todos por igual o por cuotas". En este caso, la condena del recurrente no limitó su derecho de huelga "porque en realidad lo ejerció abusivamente" y lo contrario supone el reconocimiento "de un ejercicio ilimitado del derecho de huelga, así como la indemnidad respecto a las consecuencias lesivas del mismo".

El tercer voto particular expresa su acuerdo con la primera parte de la sentencia, que estima el amparo al considerar insuficiente, para condenar al demandante por los daños personales, su condición de líder del piquete. Y sostiene que esa misma doctrina debió aplicarse a la imputación de la responsabilidad civil por los daños materiales.

4. Cuantificación de los daños

36. Dada la inusual fijación convencional de los criterios para determinar el montante de la responsabilidad derivada de huelga ilícita (aunque podrían ser objeto de pacto junto con las cláusulas de paz laboral), será el órgano judicial quien, previa aportación de las pruebas por el interesado, fijará el daño indemnizable y la cuantía de la indemnización (Ferrando, 2000)

37. La STS (Social) de 11 octubre 2011 (Rº 200/2010) (Un interesante comentario, Burgos Giner, 2011).

El sindicato recurrente desconvocó la huelga intermitente convocada por él para el 8 de junio de 2010, desde las 19 a las 21 horas. El proceder descrito causó importantes trastornos (cancelaciones, suspensiones y retrasos en salidas de trenes) que eran fácilmente previsibles. Ello llevó a calificar de abusiva la desconvocatoria parcial y sorpresiva de la huelga convocada de forma intermitente, cuando ello se hace sólo para dos horas, máxime cuando esa desconvocatoria se efectúa un día en el que existen convocados otros paros dentro y fuera de la empresa. La empresa reclama la indemnización del daño inmaterial generado a la marca de la empresa. La empresa demandada se encuentra en el puesto 38 de las empresas más valoradas de España, valorándose en el informe, denominado «Top 50 marcas españolas 2010, por un importe de 482 millones de euros, interviniendo en la valoración muchos factores, como la propia marca; el valor de la compañía; el BrandBeta; el valor razonable de mercado; el negocio asociado a la marca; la compañía holding; el Rating de la marca; el activo intangible; el valor de la marca; el valor presente neto; el flujo de caja descontado; el valor tangible; la tasa de descuento y el coste promedio ponderado de capital (WACC).

Respecto a la fijación de perjuicios postulados en la demanda, que ascienden a la suma de 1440.915,69 euros, debe decirse que la empresa demandante no ha probado adecuadamente, como razonamos más arriba, que hubiera perdido la cantidad de 106.254 euros como consecuencia de la desconvocatoria, no habiendo probado adecuadamente, pese a que cargaba con la prueba, conforme a lo dispuesto en el art. 217.2 LEC, que la imagen de su marca perdiera la cantidad de 1.339.726 euros anuales como consecuencia de la desconvocatoria de la huelga, puesto que la división mecánica entre el supuesto importe anual de la marca por 365 días del año, constituye un método inadmisible para el cálculo real del perjuicio de la marca, no pudiéndose olvidar que parte del perjuicio causado se debió a la propia actuación negligente de la empresa, quien se abstuvo sorprendentemente de fijar servicios mínimos para la huelga convocada por SF, así como para la huelga del sector público, probándose únicamente que se vio obligada a devolver, con causa a las quejas de usuarios, la cantidad de 10.407 euros, procede condenar al sindicato demandado a indemnizar a RENFE OPERADORA con dicha cantidad, puesto que es el único perjuicio acreditado efectivamente.

De la Villa Gil (2008: 446 y 447) señala que "la huelga, en sí misma considerada, no crea una circunstancia capaz de lesionar el prestigio o el buen nombre de la empresa en la que aquélla tiene lugar. (...) no aparece a los ojos de los usuarios, clientes o terceros en general como un dato sospechoso que justifique dudas y reservas sobre la capacidad comercial, la credibilidad o el prestigio de la empresa afectada".

38. Siendo ilegal la huelga, la pérdida de productividad durante la huelga es un daño antijurídico y debe resarcirse.

El sindicato SIMAF en fecha 21 de febrero de 2005, convocó una huelga para los días 7, 9,14, 16,21, 23 y 30 de marzo y 4, 6, 11, 13,18 y 20 de abril, es decir todos los lunes y miércoles comprendidos entre la primera y la última de las referidas fechas a excepción del 28 de marzo, festivo en Catalunya, que afectaría al personal de conducción de la provincia de Barcelona. La Conselleria de Treball i Industria de la Generalitat dicto la correspondiente Orden de servicios mínimos a cumplir, en concreto se fijaron para las horas «punta» (espacio horario entre las 7 y las 9 horas por la mañana, y las 17 y las 21 horas por la tarde) en el 50% de los correspondientes al funcionamiento habitual de un día laborable, con la particularidad de que si en el periodo de funcionamiento normal existiera un servicio por hora y sentido coincidente con el horario «punta» como es el caso de la línea de la Plaza España, se debería mantener durante la huelga como mínimo dicho servicio por línea y sentido; para las horas «valle» (el resto del horario), no se establecieron servicios mínimos, dado que el servicio podía quedar cubierto por el resto de medios públicos de transporte. La Orden facultaba a la empresa para que una vez oído el Comité de Huelga determinase el personal necesario para su realización estableciéndose que debía ser preferentemente personal no huelguista. Durante los días de la huelga los servicios de transporte de pasajeros funcionaron a niveles inferiores a los alcanzados durante las semanas previas a la huelga en especial en la línea Llobregat-Anoia. FGC no realizó todos los servicios de transporte de mercancías. La empresa reforzó con personal propio los servicios de información y atención al público en determinados puntos e insertó anuncios en los medios de comunicación destinados a los usuarios del servicio. La empresa tuvo que disponer un servicio alternativo de autobuses en algunos tramos y fechas.

39. La STSJ Cataluña de 27 de octubre de 2010 (Rº 2795/2009) (Véase el riguroso y sistemático comentario de Kahale Carrillo, 2011), consideró que en el caso de autos estamos ante una actuación contraria a la buena fe exigida en el procedimiento de negociación de un nuevo convenio colectivo (art. 89 del ET), y la convocatoria y seguimiento de la huelga fue calificada de ilegal tanto por su finalidad estratégica dirigida a cambiar la composición de la comisión negociadora como por haber ocupado ilegalmente el centro de trabajo para imposibilitar el derecho de los no huelguistas a trabajar.

Por ello, solo en el caso de la huelga legal la producción de un daño deja de ser antijurídica —siempre y cuando exista proporción entre el daño causado por la huelga y las pretensiones de los huelguistas. Consecuentemente con lo expuesto, si estamos ante una huelga ilegal, también la pérdida de productividad durante los días en que tuvo lugar debe tenerse por antijurídico o, por contrario a Derecho y, por ende, debe ser compensada o indemnizada por aquel o aquellos a quienes se extienda la responsabilidad de su causación. Es decir que se trata de atender a aquellas consecuencias que guardan un nexo causal con la conducta declarada judicialmente ilegal.

Sobre esta base la sentencia anotada posee gran interés porque realiza un análisis y justificación muy minuciosa de los conceptos que pueden quedar incluidos y excluidos de la indemnización de daños y perjuicios. De este modo la sentencia considera que deben quedar incluidos (en el esquema de Kahale Carrillo, 2011):

> (i) Gastos de información y atención al cliente. A tal efecto, la Sala considera que aquellos gastos que vinieran motivados por una finalidad informativa razonable han de ser motivo de indemnización, dado que no existe una disposición legal en los mismos términos que el mencionado precepto para los representantes de los trabajadores. Por consiguiente, es un deber para cualquier empresa hacia sus clientes y proveedores y, con mayor precaución, para una empresa proveedora de un servicio básico esencial para la gran comunidad urbana como es el transporte público.
>
> Bajo este contexto, los gastos que corresponden exactamente a una finalidad informativa, de forma directa e inmediata son los siguientes: a) Las comunicaciones en prensa, b) El material empleado para los anuncios o notificaciones, c) El coste de la información en la web de la empresa. No responden estrictamente a dicha finalidad los siguientes conceptos: a) El estudio y reportaje fotográfico del impacto de la huelga, b) El coste del personal que, dejando sus ocupaciones habituales, se emplea en megafonía u otros puntos para ofrecer información al público. El primero, por la existencia de una relación de causalidad directa con la huelga en el sentido de que aquellos gastos constituyeran efectos necesarios y adecuados de la huelga. El segundo, por tratarse de trabajadores de la propia plantilla, que representan un coste fijo de la empresa.
>
> (ii) Contratación del servicio alternativo de autobuses. La Sala considera que la contratación del servicio alternativo de autobuses por la empresa es un gasto extraordinario, que vino a suplir el transporte que proporcionaba el tren, y, por consiguiente, su uso por un mayor o menor número de viajeros, no excusa de su consideración a los efectos de valorar los perjuicios derivados de la huelga.

40. Por el contrario, excluye de la referida indemnización:

> (i) Los resultados económicos del ejercicio económico de la empresa a los efectos de cuantificar los daños y perjuicios causados, no encuentra favorable acogida, dado que la evolución global de la empresa es irrelevante a estos efectos, en los que hemos de considerar los resultados o consecuencias que guarden una relación de causalidad directa con la actuación tachada de ilegal.
>
> (ii) Vigilancia y seguridad. La inclusión de los gastos de la empresa en concepto de seguridad y vigilancia durante los días de la huelga, en este caso, no deben ser considerados; dado que el juzgador a quo los ha rechazado íntegramente por considerar que no se ha probado debidamente que aquellos fueran atribuibles a los días de la huelga. Asimismo, porque no aparecen los lugares y fechas en la documentación, y, a su vez, porque las fechas son diferentes.
>
> (iii) Servicios de limpieza. Dentro de los conceptos del daño emergente la empresa cita el costo de los servicios de limpieza que hubo que incrementarse en los días de huelga, debido a la multitud de gente en las estaciones por la interrupción del servicio y a la ocupación de las vías. En este caso, la Sala señala que no se ha demostrado debidamente el devengo de este gasto. Por tanto, se ha de presumir una periodicidad frecuente de su prestación en las instalaciones de la empresa, en vista de la diaria afluencia de

personas; al igual que la empresa no ha acreditado que concurren circunstancias que hayan motivado incrementar la frecuencia del servicio, especialmente si se produce una importantísima disminución de los trenes que entran en funcionamiento y la cantidad de sus recorridos.

(iv) Recargo a la contratista de obras por el retraso de la huelga en la construcción de un paso subterráneo. El concepto de recargo a una contratista por el retraso durante seis semanas en la finalización de las obras realizadas en la construcción de un paso subterráneo no debe tenerse en cuenta, dado que la demora no fue directamente motivada porque la huelga hubiera obstaculizado las tareas de dicha construcción, sino que fue decisión de la propia empresa que, ante la huelga, se suspendieran durante dichas semanas.

(v) Pérdida por la disminución de viajeros durante días posteriores a la huelga. En relación a la pérdida por la disminución de viajeros el sindicato cuestiona su inclusión en la indemnización porque es la consecuencia natural de cualquier huelga y, a su vez, considera que no se ha probado que se produjera realmente. La Sala razona que las obras realizadas se llevaron a cabo posteriormente a la huelga, y no consta que se vieran afectadas por esta razón durante los meses en los que tuvo lugar la huelga. Por consecuencia, debe corregirse la sentencia de instancia, sin proceder a reducir el número de viajeros estimados, a tal efecto no puede estimarse este motivo en su cifra pedida con carácter principal, sino la subsidiaria.

No obstante, la reclamación de la empresa por pérdida de viajeros no se limita al supuesto narrado, sino que también se extiende a los dos meses posteriores de la huelga, que habría venido motivada por la pérdida de confianza de los usuarios hacia el servicio. En este sentido, a juicio de la Sala, aunque afirma que no cabe rechazar apriorísticamente que la huelga hubiera producido perjuicios en fechas posteriores en las que estuvo vigente la huelga, concluye que no se puede aceptar que la situación de incertidumbre que hubiera podido producirse entre los usuarios en aquel periodo se prolongase durante los dos meses siguientes de la huelga. Al contrario, la empresa pudo devolver la confianza a los usuarios de los servicios afectados con la oportuna información y obtener la demanda correspondiente a una prestación ordinaria del servicio.

(vi) Disminución en el servicio de transporte de mercancías. En relación a la pérdida de ingresos por transporte de mercancías, que fue denegada por la sentencia de instancia por considerar que no quedó suficientemente acreditado, al declarar probado que la empresa no realizó todos los servicios de transporte de mercancías, aunado al hecho que no se documentó qué trenes dejaron de circular y qué mercancía en concreto se dejó de transportar y a qué precio. Por consiguiente, la Sala, ateniéndose a los hechos declarados probados en la sentencia de instancia, desestima dicho concepto.

5. La vía de reclamación judicial

41. A partir de las sentencias dictadas por el Tribunal Supremo en las SSTS (Social) 17 de diciembre de 1999 y el 22 de noviembre de 2000 (Rº 1368/2000), se vino a admitir la posibilidad de que, una vez producida la huelga, a través de la modalidad procesal de conflicto colectivo, una empresa pudiera solicitar que se calificara como abusiva, "por entender que existe un interés legítimo actual en deshacer la incertidumbre jurídica sobre la licitud o ilicitud de las medidas de conflicto o prácticas huelguísticas cuestionadas" Pero no resultaría posible acumular en este caso, al procedimiento de conflicto colectivo, una reclamación individual de indemnización de daños y perjuicios contra un determinado sindicato o contra ciertas personas individuales (García Salas, 2018: 156-157).

> Como señala el Tribunal Supremo, "una cosa es calificar la legalidad o ilegalidad de una huelga, cuestión en la que existe un interés general de todos los trabajadores llamados a ella o que la secundaron, mientras que otra distinta es la reparación del daño que con ocasión de la huelga pudieron haber causado personas físicas o jurídicas determinadas, cuestión en la que no existe el interés general de un grupo genérico de trabajadores, sino el individual de la persona perjudicada, de los causantes del daño y de quienes deben responder por ellos, materia que no es propia del proceso de Conflicto Colectivo, conforme al art. 151.1 LPL. (...) no cabe acumular acciones que defienden intereses distintos, cual ocurre con las colectivas en las que el fallo es declarativo y no constituye «un título suficiente» para la satisfacción del derecho reconocido, sino que constituye una «*actio rei indicatae*» para el planteamiento de las correspondientes demandas individuales encaminadas a la satisfacción de derechos concretos" (SSTS de (Social) 15 de marzo de 2011 (Rº 142/2010) y de 11 de noviembre de 2011 (Rº 200/2010).

IV. Daños a terceros por actuaciones derivadas del ejercicio del derecho de huelga

1. *¿Son los daños sufridos por el público resarcibles?*

42. Como señaló en su día Durán (1987), "en la dinámica conflictiva adquiere una importancia cada vez más central el conflicto difuso entre los intereses del trabajador como productor y sus intereses como consumidor de bienes y usuario de servicios, por lo que la contradicción entre los intereses del trabajador como productor por un lado y como consumidor por otro, adquiere proporciones cada vez mayores".

Más recientemente, como ha recordado la citada STSJ Galicia 27 de marzo de 2023 (Rº 7/2023):

> "(...) por hipótesis, toda huelga produce daño a terceros en un sistema como el nuestro de libertad de empresa (art. 38 CE) pues precisamente su ejercicio busca la presión al empresario derivada de la pérdida de beneficio que se produce con la paralización de la actividad laboral, traducida con precisión en el cese en la prestación de bienes y servicios de la empresa, cese que, es ocioso decirlo, supone que perjudica no sólo a la empresa, sino a los terceros a quienes van destinados esos bienes y servicios, de modo que no podrán obtenerlos durante la huelga ni aun cuando existieran entre ellos y la empresa (como es el caso) obligaciones contractuales de proporcionarlos, de modo que con la huelga de los trabajadores la empresa incumple o puede incumplir sus obligaciones contractuales con terceros, lo que supone evidentemente una vulneración de los derechos de esos terceros pero esta vulneración —no hace falta razonarlo-no supone ni que la huelga sea

ilícita, ni que la empresa esté por ello autorizada a limitar ni mucho menos dificultar o impedir su ejercicio".

El desarrollo de la huelga determina, habitualmente, la imposibilidad de que el empresario ofrezca a clientes y usuarios los bienes o servicios en que consiste su actividad económica y, en esa medida, puede afectar al cumplimiento de compromisos contractuales adquiridos por el empresario, normalmente antes del inicio de la medida colectiva, impidiendo su cumplimiento en el tiempo y modo acordados entre el empresario y su acreedor. En estos casos, dadas las limitaciones que el respeto al derecho de huelga impone sobre la capacidad empresarial de mantener la actividad económica, el empresario quedará sujeto a la responsabilidad correspondiente frente a su acreedor. Para un detenido análisis de esta materia nos remitimos a lo dicho en el Capítulo 10.V de esta misma obra.

2. *Proyecciones en el sector del transporte aéreo: Compensación a los pasajeros*

43. Como ha señalado De la Puebla (2019), si hay un ámbito donde las reclamaciones de terceros "son especialmente frecuentes y en el que se ha generado especial litigiosidad, este es, sin duda, el de las responsabilidades derivadas de la cancelación de vuelos provocados por huelgas en el sector aéreo. Ello se debe, en cierta medida, a las previsiones que al respecto contiene el Reglamento nº 261/2004, del Parlamento europeo y del Consejo, de 11 de febrero de 2004, por el que se establecen normas comunes sobre compensación y asistencia a los pasajeros aéreos en caso de denegación de embarque y de cancelación o gran retraso de los vuelos".

A) Huelgas del personal propio de la compañía aérea

44. La STJUE de 17 de abril de 2018 (Asuntos acumulados C-197/2017, C-203/2017, C-226/2017, C-228/2017, C-254/2017, C-274/2017, C-275/2017, C-278/2017, C-286/2017, C-290/2017 y C-292/2017) ha abordado la cuestión de si la huelga puede constituir, a efectos de la aplicación de art. 5.3 del Reglamento, una circunstancia capaz de exonerar a la empresa de su responsabilidad frente a terceros.

En los asuntos principales, que se resuelven de forma acumulada en la sentencia citada, los demandantes habían adquirido billetes para volar con la compañía TUIfly, sin haber podido efectuar los mismos debido a la cancelación de los trayectos correspondientes por la compañía demandada. Los problemas en los vuelos se habían producido como consecuencia de un excepcional número de ausencias de los trabajadores de la compañía aérea alegando causa de enfermedad, producidas después de que la dirección de la compañía comunicara a los trabajadores sus planes de reestructuración de plantilla. Dado el elevado número de ausencias, la empresa optó por renunciar a los horarios iniciales de sus vuelos, a la vez que decidió subcontratar vuelos con otros transportistas aéreos y ordenó la reincorporación de trabajadores que estaban disfrutando de sus vacaciones. A pesar de tales medidas, numerosos vuelos sufrieron retrasos y otros fueron finalmente cancelados. Las circunstancias descritas fueron consideradas por la compañía como extraordinarias, razón por la cual se negó a abonar a los clientes afectados por las irregularidades en los vuelos la compensación establecida en el art. 5 de Reglamento. El Tribunal de Justicia debe resolver si un supuesto como el descrito constituye una circunstancia extraordinaria que permite exonerarse a la empresa de la responsabilidad que el Reglamento establece.

A estos efectos, el Tribunal considera que la actuación de los trabajadores no puede calificarse como circunstancia extraordinaria. El Tribunal toma en consideración el hecho de que tal medida fue originada por el anuncio sorpresivo de una reestructuración empresarial. Afirma la sentencia que

> "las medidas de reestructuración y reorganización de una empresa forman parte de la gestión normal de esta" y que "en el desarrollo de la actividad de los transportistas aéreos, es común que surjan desavenencias o, incluso, conflictos entre aquellos y los miembros de su personal o una parte de ellos". Por lo tanto, en un caso como el señalado, las consecuencias sociales que generan las medidas anunciadas por la empresa deben ser consideradas inherentes al ejercicio normal de la actividad del transportista aéreo y no cabe, por ello, considerar que las medidas de conflicto adoptadas por los trabajadores espontáneamente escapen al control de la empresa. Y ello se constata no solo porque la indicada acción de los trabajadores fuera respuesta al anuncio empresarial sino también porque las ausencias de los trabajadores finalizaron cuando la empresa alcanzó un acuerdo con la representación de los trabajadores. No concurren pues las condiciones exigidas por el propio Tribunal de Justicia en los pronunciamientos antes señalados que permitirían calificar la huelga de los trabajadores como circunstancia exoneratoria de la responsabilidad de la empresa. Tal conclusión no se altera por el hecho de que la medida adoptada por los trabajadores pueda considerarse como una huelga salvaje, en la medida en que no fue convocada por los representantes u organizaciones sindicales sino adoptada espontáneamente por los trabajadores. Distinguir, señala la sentencia, "sobre la base del Derecho nacional aplicable, las huelgas consideradas legales de las ilegales para determinar si una huelga debe ser calificada de «circunstancias extraordinarias», en el sentido del art. 5.3 del Reglamento 261/2004, valdría tanto como hacer depender el derecho de los pasajeros a la compensación de la legislación laboral vigente en cada Estado miembro, con el consiguiente menoscabo de los objetivos del Reglamento 261/2004, enunciados en sus considerandos 1 y 4, de garantizar un elevado nivel de protección de los pasajeros y el desarrollo de las actividades del transportista aéreo en condiciones armonizadas en el territorio de la Unión".

45. En la misma línea se sitúa la STJUE de 23 de marzo de 2021, asunto C-28/20, Airhelp *Ltd* contra *SAS* en la que se analiza si una aerolínea que cancela sus vuelos con ocasión de una huelga de pilotos está obligada a compensar a los pasajeros afectados o, por el contrario, queda exonerada al tratarse de una circunstancia extraordinaria. La huelga había sido debidamente convocada por el sindicato de pilotos con el fin de reivindicar mejoras en sus condiciones de trabajo y se ajustó a los plazos de preaviso previstos en la normativa nacional.

El TJUE llega a la conclusión de que una huelga de tal naturaleza no constituye circunstancia extraordinaria, porque es una circunstancia inherente a la actividad normal del empresario, constituye un riesgo previsible y, en cierta medida, no escapa a sus posibilidades de control, tanto respecto de la posibilidad de mitigar sus consecuencias, como respecto de la posibilidad de adoptar medidas que satisfagan las demandas de los huelguistas. Los razonamientos del tribunal pueden resumirse así:

(i) La huelga es una de las posibles expresiones de la negociación colectiva y, por tanto, debe entenderse como un acontecimiento inherente al ejercicio normal de la actividad del empresario afectado, con independencia de las particularidades del mercado laboral de que se trate o de la legislación nacional aplicable en lo que respecta a la aplicación de este derecho fundamental.

(ii) Una huelga precedida del preaviso exigido por la legislación nacional aplicable, constituye un acontecimiento previsible para el empresario, quien "dispone, en principio, de los medios para prepararse frente a ella y, en su caso, atenuar sus consecuencias, de modo que conserva, en cierta medida, el control de los acontecimientos".

(iii) No obstante, si esa huelga tiene su origen en reivindicaciones que solo pueden satisfacer los poderes públicos y que, por tanto, escapan al control efectivo del transportista aéreo afectado, puede constituir una "circunstancia extraordinaria".

46. Entre la doctrina de nuestros tribunales son numerosas las sentencias que abordan esta cuestión. Así podemos encontrar pronunciamientos en relación con la huelga del personal de cabina de Ryanair.

47. La huelga de pilotos de Ryanair. En el caso resuelto por el Juzgado de lo Mercantil de Gerona. Sentencia 125/2021, de 28 de enero (Rº 1344/2020):

"La prueba aportada por la demandada se antoja insuficiente a los efectos de exonerarla de responsabilidad, esencialmente por dos motivos; a saber, que en la medida en que la huelga se prolongó los días indicados en la contestación a la demanda, no concurre prueba bastante de que la compañía aérea efectuara un pronóstico o planificación del estado de cada uno de los vuelos programados, permitiendo al consumidor conocer con suficiente antelación las posibilidades de reprogramar su vuelo en caso de ser afectado. Antes, al contrario, la compañía aérea pretende repercutir al consumidor un pretendido desistimiento del contrato de transporte, por optar por un vuelo alternativo distinto al ofrecido, prescindiendo de cualquier argumentación acerca de los motivos que condujeron a los pasajeros a dicha decisión. No consta el total de vuelos programados y operados, el total de vuelos cancelados, ni en qué medida Ryanair agotó la diligencia debida para minimizar el perjuicio".

48. La huelga de la tripulación de Ryanair, en el caso de la Sentencia del. Juzgado de lo Mercantil de Badajoz. Sentencia 68/2020, de 8 de junio (Rº 98/2020), donde se afirma que:

"Una huelga de tripulación frente a las condiciones laborales impuestas por la demandada no constituye una circunstancia extraordinaria exoneradora, pues podía haberla evitado negociando con los sindicatos; y, desde luego, debía conocer la posibilidad de la huelga mucho antes de su declaración adoptando medidas para evitar sus consecuencias, no habiendo ni siquiera preavisado la cancelación con suficiente antelación".

49. O, en fin, huelga del personal de Alitalia, en el asunto resuelto por la Juzgado de lo Mercantil núm. 13 de Madrid. Sentencia 721/2020, de 14 de diciembre.

La huelga interna convocada por el personal de una compañía aérea no es una circunstancia «ajena» a la actividad empresarial de la compañía, sino inherente a la misma y a los riesgos propios de la llevanza y explotación de un negocio. Es, por tanto, previsible y evitable, de manera que no concurren los parámetros para apreciar que estemos ante una circunstancia extraordinaria eximente de responsabilidad. Cosa distinta sería una huelga externa o de un sector en el que la compañía aérea ni conoce cuál sea el conflicto laboral existente ni está en sus manos solucionarlo.

B) Huelga del personal de handling empleado por la empresa aérea

50. Se incluyen también las huelgas que, aun no siendo estrictamente del personal de la propia aerolínea, lo son de otro sector con el que tienen un acuerdo laboral.

Ejemplo de ello puede ser lo sucedido en verano de 2019, cuando el personal de tierra de Iberia (handling) fue a la huelga afectando a todos sus vuelos, pero también a todos los del Grupo IAG: Vueling, Level, British Airlines, etc., con quien tiene acuerdos de colaboración. Así, el pasajero afectado no es responsable de que Vueling no preste el servicio exigible por ley debido a los acuerdos que tiene con el personal de tierra de Iberia. En todo caso será Vueling quien deba reclamar a Iberia posteriormente e iniciar acciones legales contra ellos por no cumplir con sus obligaciones.

La sentencia de la Audiencia Provincial de Albacete de 30 de julio de 2010, se enfrenta al supuesto de denegación de embarque a los pasajeros de un vuelo de IBERIA causado por una huelga no convocada del personal de *handling* empleado por la empresa transportista. La compañía argumentaba que dicha circunstancia debía ser considerada extraordinaria y ajena al ámbito de control de la empresa y, por tanto, exoneratoria de la indemnización procedente a los pasajeros en virtud del Reglamento CE 261/2004 (art. 5.3).

La Audiencia Provincial señala que debe distinguirse entre huelgas que en realidad no podrían haberse evitado, incluso si se hubieran tomado todas las medidas razonables, como son las huelgas de trabajadores ajenos al círculo laboral de la compañía demandada (las que son «consecuencia de factores externos a la empresa» o, si se prefiere, las que están «fuera del círculo de la empresa»), y huelgas del personal dependiente de la empresa en cuestión. IBERIA no pudo desconocer el descontento del personal y el creciente conflicto entre los trabajadores y la dirección y, sin embargo, no adoptó medidas paliativas del mismo, lo que en consecuencia hizo estallar la huelga espontánea e impidió el despegue del vuelo en cuestión. En palabras de la sentencia citada: «[...] a la empresa corresponde acreditar que se adoptaron las medidas oportunas cuanto menos para paliar las ulteriores consecuencias del conflicto sin que se haya determinado en qué modo se trató de evitar o impedir la situación creada que se prolongó hasta el punto de impedir el vuelo».

En consecuencia, la aerolínea no probó que hubiera adoptado medida alguna para paliar las consecuencias del conflicto, evitando la suspensión del vuelo. Esa ausencia probatoria llevó a responsabilizarla de los perjuicios causados a los pasajeros.

C) Las "circunstancias extraordinarias" que exoneran de responsabilidad al transportista aéreo. El art. 5.3 del Reglamento CEE 261/2004

51. La cancelación se define en el art. 2 l) del Reglamento (CE) nº 261/2004, como la no realización de un vuelo programado y en el que había reservada al menos una plaza.

El art. 5 del Reglamento (CE) nº 261/2004 del Parlamento Europeo y del Consejo, de 11 de febrero de 2004, por el que se establecen las normas comunes sobre compensación y asistencia a los pasajeros aéreos en el caso de denegación de embarque y de cancelación o gran retraso de los vuelos, establece para el caso de cancelación, además del derecho a reembolso o a un transporte alternativo y el derecho de asistencia (apartados a y b), un derecho a compensación económica (art. 7), en los siguientes términos: «En caso de cancelación de un vuelo, los pasajeros afectados tendrán derecho a una compensación por parte del transportista aéreo encargado de efectuar el vuelo conforme al art. 7.» El art. 7 del mismo Reglamento, titulado «Derecho a compensación», prevé: «1. Cuando se haga referencia al presente art., los pasajeros recibirán una compensación por valor de: a) 250 euros para vuelos de hasta 1500 kilómetros; b) 400 euros para todos los vuelos intracomunitarios de más de 1500 kilómetros y para todos los demás vuelos de entre 1500 y 3500 kilómetros; c) 600 euros para todos los vuelos no comprendidos en a) o b). La distancia se determinará tomando como base el último destino al que el pasajero llegará con retraso en relación con la hora prevista debido a la denegación de embarque o a la cancelación".

El contenido literal del art. 5.3 del Reglamento es el siguiente: «Un transportista aéreo encargado de efectuar un vuelo no está obligado a pagar una compensación conforme al art. 7 si puede probar que la cancelación se debe a circunstancias extraordinarias que no podían haberse evitado incluso si se hubieran tomado todas las medidas razonables».

La Sentencia del TJUE de 31 de enero de 2013, caso Denise McDonagh contra Ryanair, analiza el concepto de circunstancia extraordinaria en los siguientes términos:

> «Procede señalar, de entrada, que el concepto de «circunstancias extraordinarias» no se encuentra definido en el art. 2 del Reglamento núm. 261/2004 ni en el resto de disposiciones, si bien de su considerandos decimocuarto y decimoquinto se desprende una lista no exhaustiva de tales circunstancias. En este contexto, según la jurisprudencia consolidada, la determinación del significado y del alcance de los términos no definidos por el Derecho de la Unión debe efectuarse conforme al sentido habitual de éstos en el lenguaje corriente, teniendo también en cuenta el contexto en el que se utilizan y los objetivos perseguidos por la normativa de la que forman parte. En el lenguaje corriente, la expresión «circunstancias extraordinarias» hace literalmente referencia a circunstancias «fuera de lo ordinario». En el contexto del transporte aéreo designa un acontecimiento que no es inherente al ejercicio normal de la actividad del transportista aéreo afectado y escapa al control efectivo de éste a causa de su naturaleza o de su origen. Dicho de otro modo y tal y como el Abogado General señalo en el punto 34 de sus conclusiones, se refiere a todas aquellas circunstancias que escapan al control del transportista aéreo, con independencia de cuál sea la naturaleza de esas circunstancias y la gravedad de las mismas. Aparte de las «circunstancias extraordinarias» mencionadas en su art. 5, apartado 3, el Reglamento núm. 261/2004 no contiene ninguna indicación que permita concluir que reconoce una categoría distinta de acontecimientos «particularmente extraordinarios» que tengan como consecuencia exonerar al transportista aéreo de todas sus obligaciones, incluidas las emanadas de su art. 9».

Asimismo, el Considerando 14 del Reglamento nº 261/2004 establece, que tales circunstancias extraordinarias pueden producirse, en particular, en casos de inestabilidad política, condiciones meteorológicas incompatibles con la realización del vuelo, riesgos para la seguridad, deficiencias inesperadas en la seguridad del vuelo y huelgas que afecten a las operaciones de un transportista aéreo.

En la STJUE de 22 de diciembre de 2008 (Asunto C-549/97, Wallentin-Hermann) ya precisó que las circunstancias mencionadas en el considerando 14 del Reglamento no constituyen necesariamente y de forma automática causas de exoneración de la obligación de compensación de daños y que por tanto es necesario apreciar, caso por caso, si se cumplen dos requisitos acumulativos: que se trate de acontecimientos que, por su naturaleza o su origen, no sean inherentes al ejercicio normal de la actividad del transportista aéreo afectado y que escapen al control efectivo de éste.

D) Otras posibles causas de exoneración

a) Huelga general de un país que afecte a la operativa del aeropuerto

52. Aunque no siempre es así, únicamente se acepta la exoneración si las características de la huelga (falta de preaviso, carácter encubierto...) permiten alcanzar la conclusión de que la empresa que no atendió tempestivamente su compromiso contractual nada podía hacer para hallar medidas alternativas de cumplimiento. En este sentido, la SAP Vizcaya de 1 de junio de 2015 (Rº 543/2014) (comentando la misma, De la Puebla, 2019) desestima la reclamación de compensación del daño, apelando en este caso no al Reglamento comunitario —inaplicable al caso dado que el transportista demandado no tenía la condición de comunitario— sino al Convenio de Montreal de 28 de mayo de 1999, por considerar que:

> "la cancelación del vuelo de Aerolíneas en el que debían viajar los demandantes no tuvo por causa una huelga legalmente convocada del personal de Aerolíneas, sino una huelga encubierta del personal técnico que afectaba al aeropuerto", de modo que el incumplimiento de la compañía vino motivado por "unas actuaciones ajenas a la compañía, la actuación de los trabajadores, que fueran o no previsibles no pudieron ser evitadas".

b) Huelga controladores aéreos

53. Las huelgas de controladores aéreos y del personal del aeropuerto se consideran, según la jurisprudencia del TJUE, circunstancias extraordinarias o, si se prefiere, situaciones de fuerza mayor, que excusan a la aerolínea de la obligación de compensar por cancelaciones, grandes retrasos o denegación de embarque. A título de ejemplo, la STJUE de 23 de marzo de 2021 afirma lo siguiente:

> "Así, al indicar, en el considerando 14 del Reglamento nº 261/2004, que pueden producirse circunstancias extraordinarias, en particular, en caso de huelgas que afecten a las operaciones de un transportista aéreo encargado de efectuar un vuelo, el legislador de la Unión quiso hacer referencia a huelgas externas a la actividad del transportista aéreo afectado. De ello se desprende que pueden constituir «circunstancias extraordinarias», en el sentido del art. 5, apartado 3, de dicho Reglamento, movimientos de huelga seguidos por los controladores aéreos o el personal de un aeropuerto (véase, en este sentido, la sentencia de 4 de octubre de 2012, Finnair, C-22/11).

Ahora bien, para quedar exonerada del pago de la compensación, no basta con que la huelga haya sido llevada a cabo por controladores aéreos, esto es, por personal ajeno a la aerolínea. Ya se ha mencionado en anteriores ocasiones que debe demostrar, además, que adoptó todas las medidas necesarias para evitar la cancelación del vuelo, ya sea mediante previsión de una reserva de tiempo suficiente como para ofrecer alternativas de vuelos comparables a la del vuelo cancelado, o bien, justificando que se tomaron las medidas razonables para evitar la convocatoria de la huelga (De Diego Camarena, 2021).

c) *Circunstancias extraordinarias en un supuesto en el que el vuelo contratado fue cancelado debido a la suspensión total de las actividades del aeropuerto*

54. Las sentencias de la Audiencia Provincial de Barcelona de 7 de septiembre de 2009 (Rº 555/2008) y de 8 de septiembre de 2009 (Rº 555/2008), apreciaron también la concurrencia de circunstancias extraordinarias en un supuesto en el que el vuelo contratado fue cancelado debido a la suspensión total de las actividades del aeropuerto de Barcelona al invadir los trabajadores de los servicios de asistencia en tierra de IBERIA las pistas de despegue y aterrizaje de los aviones sin haber una convocatoria anticipada de huelga.

> La sentencia califica tal hecho como extraordinario en la medida en que afectó a todas las operaciones aeropuerto-aéreas no solamente de la compañía demandada sino de todas las que operaban en el aeropuerto. Se produjo un bloqueo de todas las pistas que motivaron incluso la apertura de diligencias penales y que al faltar un anuncio o convocatoria previa por parte de los trabajadores no pudo ser previsto por IBERIA a fin de adoptar medidas o actuar con una diligencia exigible. Este excepcional alcance del bloqueo de las pistas del aeropuerto, imprevisto, sorpresivo e ilegal, fue reconocido por la Resolución de 1 de septiembre de 2006 de la Dirección General de Aviación Civil, BOE de 6 de septiembre, en la que, siguiendo el Acuerdo del Consejo de Ministros, se adoptaron medidas «extraordinarias para facilitar el ejercicio de los derechos y acciones que pudieran ostentar los pasajeros» y ello ante «los sucesos excepcionales derivados de la invasión de las pistas» que «causaron graves perjuicios al funcionamiento del aeropuerto de Barcelona y también a un gran número de pasajeros». Así, si bien el conflicto laboral que la compañía IBERIA mantenía con el personal de servicio de tierra fue seguramente el marco del cual se produjeron los referidos hechos del 28 de julio de 2006, la situación imprevista de bloqueo de todas las pistas del aeropuerto de Barcelona, con la completa paralización de las operaciones no sólo de IBERIA sino de todas las compañías, no puede sino calificarse como de un supuesto extraordinario, imprevisible, de fuerza mayor, de los previstos en el art. 5.3 del Reglamento 261/2004 y art. 1105 del CC.

55. No obstante, la sentencia de la Audiencia Provincial de Barcelona de 8 de septiembre de 2009 (Rº 555/2008), señala que tal exoneración no libera al transportista de los derechos de reembolso y de atención a los pasajeros que establece el Reglamento 261/2004 en los arts. 8 y 9 con independencia de cuál haya sido la causa que motive la cancelación, sin preverse circunstancia de exoneración alguna. La Audiencia confirmó que la aerolínea debía abonar a los pasajeros demandantes los gastos en concepto de taxi, billetes de tren de Barcelona a Madrid, hotel y billetes de avión, ya que consta que la demandada no ofreció ni asistencia ni transporte alternativo a los afectados (De Diego Camarena, 2021).

Capítulo 16

LA REPARACIÓN DEL DAÑO DERIVADO DEL ACCIDENTE DE TRABAJO (I). ACCIDENTE DE TRABAJO, SEGURIDAD SOCIAL Y RESPONSABILIDAD OBJETIVA

Bibliografía: ALFONSO MELLADO, C., *Responsabilidad empresarial en materia de seguridad y salud laboral,* Valencia, Tirant lo Blanch, 1998. ALONSO OLEA, M., "Accidente común y accidente de trabajo", AA.VV. (coord. VERDERA Y TUELLS, E.) Comentarios a la Ley de Contrato de Seguro, vol. I, CUNEF, Madrid, 1982, pp. 1071-1085. BELTRÁN DE HEREDIA RUIZ, I., L*os criterios de imputación de responsabilidad por accidentes de trabajo: una sintética (y breve) aproximación desde la perspectiva del análisis jurídico y del análisis económico del derecho,* en Agustí Juliá, J. (Dir.), *La imputación de responsabilidades en las relaciones laborales,* Albacete, Bomarzo, 2008, pp. 239-260. DÍEZ-PICAZO GIMÉNEZ, G., *Los riesgos laborales. Doctrina y jurisprudencia civil,* Madrid, Civitas, 2007. FERNÁNDEZ AVILÉS, J. A., *El accidente de trabajo en el Sistema de Seguridad Social,* Barcelona, Atelier, 2007. DESDENTADO BONETE, A. DE LA PUEBLA, *En busca de la reparación integral: las medidas complementarias de protección del accidente de trabajo a través de la responsabilidad civil del empresario y del recargo de prestaciones,* en Gonzalo González, B., y Nogueira Guastavino, N., (Coord.), *Cien años de Seguridad Social. A propósito de la Ley de Accidentes de Trabajo de 30 de enero de 1900,* Madrid, UNED/Fraternidad, 2000, pp. 639-664. DESDENTADO BONETE, A., y A. NOGUEIRA GUASTAVINO, M., *Las transformaciones del accidente de trabajo entre la Ley y la jurisprudencia (1900-2000): revisión crítica y propuesta de* reforma, Revista del Ministerio de Trabajo e Inmigración, 2000, nº 24, pp. 31-68. DESDENTADO BONETE, A., *El daño y su valoración en los accidentes de trabajo.* Revista del Ministerio de Trabajo e Inmigración, 2009, nº 79, pp. 79 a 104. Id. *El recargo de prestaciones de Seguridad Social y su aseguramiento. Contribución a un debate,* Revista de Derecho Social, 2003, nº 21, pp. 11-27. FERNÁNDEZ AVILÉS, J. A.: *El accidente de trabajo en el Sistema de Seguridad Social (Su contradictorio proceso de institucionalización jurídica),* Atelier, 2007, Barcelona. GUASP, J., *Derecho,* Madrid, Gráfica Hergon, 1971. LOIS CABALLÉ, A. I., *Artículo 100. - Concepto de accidente,* AA.VV. (coord. Boquera Matarredona, J., Bataller Grau, J., Olavarría Iglesia, J.), *Comentarios a la Ley de Contrato de Seguro,* Tirant lo Blanch, Valencia, 2002, pp. 1139-1152. LLORENS ESPADA, L*a reparación del daño derivado del accidente de trabajo,* Albacete, Bomarzo, 2016. MANRIQUE LÓPEZ, F., *Valoración del daño corporal en el ámbito de la Seguridad Social,* Revista Española de Derecho de Seguros, 1989, nº 59, pp. 29 a 35. MARTÍNEZ GIRÓN, J., *La ley española de accidentes de trabajo de 1900. orígenes, tramitación y nombres propios asociados a ella,* en AA.VV., *Accidentes de trabajo y enfermedades profesionales. Experiencias y desafíos de una protección social centenaria,* Murcia, Laborum, 2020, pp. 29-38. MERCADER UGUINA, J. R., *Indemnizaciones derivadas del accidente de trabajo. Seguridad Social y Derecho de daños,* Madrid, La Ley-Actualidad, 2001. Id. *Un paso más en la metamorfosis del concepto de accidente de trabajo: el caso del "asesino de la baraja",* Justicia Laboral, 2006, nº 26, pp. 5-9. Id *El colapso plástico del accidente de trabajo y los elementos intrascendentes y carentes de valor en la articulación del juicio de contradicción en el recurso de casación para la unificación de doctrina: notas a la STS 6 de julio de 2015,* Revista de Derecho de la Seguridad Social, 2016, nº extraordinario: Doctrina judicial en materia de Seguridad Social: Balance y análisis selectivo de las sentencias del año 2015, pp. 49-62. Id. *El sistema de responsabilidad por accidente de trabajo: un modelo en transición*, en AA.VV., *Accidentes de trabajo y enfermedades profesionales. Experiencias y desafíos de una protección social centenaria*, Murcia, Laborum, 2020, pp. 571-592. MENÉNDEZ SEBASTIÁN, P., *Deconstrucción del concepto de accidente de trabajo. ¿Quién y qué hay que probar en cada caso?*, Revista de Trabajo y Seguridad Social del Centro de Estudios Financieros, 2018, nº 427, pp. 19-62. NAVAS PAREJO, M., *Obligaciones y Responsabilidades de los Trabajadores en Materia de Seguridad y Salud Laboral*, Valladolid, Lex Nova, 2012. VICENTE DOMINGO, E., El daño, en Reglero Campos, L. F. (coord.), Tratado de Responsabilidad Civil, Pamplona, Aranzadi, 2006, pp. 279-297. VIDA SORIA, J., *Régimen jurídico de la protección contra accidentes de trabajo y enfermedades profesionales: estudio crítico*, RT, 1970, nº 31, pp. 5 a 26. YANINI BAEZA, J., Las mejoras voluntarias en la Seguridad Social. Régimen del seguro colectivo laboral, Madrid, Edersa, 1995. Id. La Seguridad Social complementaria. Mejoras voluntarias. Mutualidades. Contrato de seguro, en VILLA GIL (Dir.)., Derecho de la Seguridad Social, Valencia, Tirant lo Blanch, 1999, 2ª ed., pp. 819-838.

I. El sistema de responsabilidad por accidente de trabajo: una visión integral

1. El riesgo es la dinámica que impulsa el desarrollo de una sociedad empeñada en el cambio y que dirige sus actuaciones hacia la determinación de su propio futuro, en la que se rechaza la posibilidad de que el mismo quede en manos de la religión, la tradición o los caprichos de la naturaleza. La opción ínsita en tal realidad se produce entre el bloqueo y la parálisis o la necesidad de asumir constantes riesgos que se aceptan en virtud de un tácito y difuso consenso en el que, de forma más o menos consciente, se ponderan los riesgos que genera una actividad y las necesidades que con ella se superan. Dentro de una opción deliberada, cada sociedad asume, en relación con su momento histórico, una cierta dosis de riesgo. La realidad muestra cómo, a medida que la sociedad avanza tecnológicamente, la referida idea se convierte en un elemento estructural de la propia dinámica social. Por ello, las ideas de responsabilidad y control del desarrollo tecnológico constituyen las bases sobre la que debe sustentarse el poderoso desarrollo tecnológico al que estamos asistiendo.

2. Pero lo cierto es que, a día de hoy, el sistema de responsabilidad empresarial por accidente de trabajo sigue reposando, en esencial, en los mecanismos que, con matizaciones, adaptaciones y ajustes, ha servido a tales fines durante los períodos de cambio y transformación tecnológica que se han sucedido hasta el presente. Un modelo que, teniendo por centro de gravedad las contingencias profesionales producidas en la esfera de riesgo empresarial, ha buscado, por un lado, reparar lo más precisa y profundamente el daño sufrido por el trabajador y, por otro, castigar las conductas antisociales generadoras de tales daños. De modo que el modelo jurídico resultante ha partido de la no explicitada pero latente idea en los diversos períodos históricos de su formación de que el mejor modo de evitar tales accidentes es incentivar y promocionar el adecuado cumplimiento de la legislación a través del establecimiento de un estricto sistema que penalice en todos los planos fuertemente al empresario por los resultados lesivos sufridos por los trabajadores que desarrollaban su actividad dentro de su esfera de actividad y que busque, por otro lado, una reparación "integral" de los daños sufridos por el trabajador. Un modelo de responsabilidad empresarial por el accidente de trabajo integrado, en función de sus objetivos y fines, por dos subsistemas de diferente alcance y contenido: de un lado, el subsistema reparador; y, de otro, el subsistema punitivo.

La sanción en sentido amplio es, según GUASP (1971: 522-524), la consecuencia que el ordenamiento jurídico adopta para aquellos supuestos en que se ha producido un resultado que desaprueba o rechaza. Los dos grandes tipos de sanciones son las civiles y las punitivas. Las primeras tratan de reparar el efecto producido por la infracción; las segundas, entre las que se encuentran las penas y las sanciones administrativas, son "sanciones artificiales o males intrínsecos y heterogéneos con la infracción", en los que ya no se trata de resarcir o reparar, sino de castigar para retribuir o para prevenir. Para abreviar hablaremos aquí de sanciones punitivas (penales y administrativas) y resarcitorias. Por otra parte, hay que tener en cuenta que cuando se trata de infracciones que son objeto de una sanción punitiva es posible que, junto a la lesión del interés general que justifica la imposición de una sanción de este tipo —penal o administrativa—, se produzca una lesión específica para una determinada persona, que resulta concretamente perjudicada por la acción ilícita, y en estos casos se aplicarán las dos sanciones (la punitiva y la resarcitoria).

3. La primera pieza del sistema de reparación del daño derivado del accidente de trabajo, la clave de bóveda sobre la que se asientan y de la que parten las restantes, lo constituye la protección derivada de los sistemas de Seguridad Social. Mucho se ha escrito y debatido sobre la real naturaleza de este peculiar seguro pero existe cierto consenso en el hecho de que en el sistema español de Seguridad Social la protección de los accidentes se establece con una técnica próxima a la de aseguramiento privado, organizándose la cobertura a partir de la distinción entre contingencias determinantes [las reguladas en los arts. 155 a 160 del Real Decreto Legislativo 8/2015, de 30 de octubre, por el que se aprueba el texto refundido de la Ley General de la Seguridad Social (en adelante, LGSS], situaciones protegidas y prestaciones (art. 42 de la LGSS), en forma análoga a la que en el marco del seguro se asocia a la distinción entre el riesgo, el daño derivado de la actualización de éste y la reparación, de forma que, mientras en relación con las contingencias derivadas de riesgos comunes lo que la Seguridad Social asegura o garantiza son unas concretas prestaciones, en relación con los accidentes de trabajo lo que se hace es asegurar la responsabilidad empresarial derivada del accidente desde que éste se produce.

En la actualidad, y de manera resumida, las prestaciones de la Seguridad Social funcionan con un sistema de valoración legal de los daños centrada en los daños patrimoniales que derivan del exceso de gastos por asistencia sanitaria y del lucro cesante por pérdida o reducción de la capacidad de ganancia y que presta escasa atención a los restantes daños. La cobertura de este sistema es además limitada.

4. También dentro del que he denominado *subsistema reparador* cabe encontrar un segundo nivel de responsabilidades directas y compatibles derivadas, en este caso, del actuar culpable empresarial: el recargo de prestaciones. Este nivel no tiene un sistema propio de valoración de daños y funciona como un incremento automático de una parte de las prestaciones de la Seguridad Social, ponderando sólo la concurrencia en el accidente de una infracción de las medidas de seguridad imputable al empresario.

Finalmente, la tercera vía es la indemnización civil adicional, que carece de una regulación específica para la valoración del daño y se rige por los criterios generales de reparación íntegra, prueba del daño y discrecionalidad judicial en la valoración de los daños no patrimoniales. La dificultad de esta valoración en los daños no patrimoniales ha llevado a los tribunales laborales a recurrir a fórmulas objetivadas, como los baremos utilizados para los accidentes de circulación, para su cuantificación.

5. El segundo *subsistema* al que me refería es el *punitivo*, que incluye las sanciones administrativas y las sanciones penales en sentido estricto. Es el poder sancionador de la Administración un poder tremendamente aflictivo, cuyo ejercicio repercute negativamente en los ciudadanos y que va a tener como resultado la irrogación de un mal: la sanción administrativa. La sanción administrativa es un acto de gravamen que, por tanto, disminuye o debilita la esfera jurídica de los particulares, bien sea mediante la privación de un derecho, bien mediante la imposición de un deber antes inexistente (condena al pago de una suma de dinero).

Como criterio general debe establecerse que el empresario es responsable del incumplimiento de deberes administrativos establecidos por las normas de Seguridad Social, sin perjuicio de su compatibilidad con las penales, o de otro orden. Así, el empresario es *responsable administrativamente de las infracciones y sanciones* que, en materia de Seguridad Social, tipifica LISOS (arts. 20 a 32 y demás concordantes). Entre ellas se encuentran tipificadas la falta de afiliación, de alta o de cotización como infracción grave (art. 22). Por su parte, el art. 43.1 establece expresamente que "las sanciones que puedan imponerse a los distintos sujetos responsables, se entenderán sin perjuicio de las demás responsabilidades exigibles a los mismos, de acuerdo con los preceptos de la Ley General de Seguridad Social y de sus disposiciones de aplicación y desarrollo".

Finalmente, es preciso subrayar cómo la *sanción penal*, cuya actuación queda reservada para las conductas que por su especial gravedad o peligrosidad merecen un especial reproche, y su función concentrada en la tutela de situaciones en que su intervención sea eficaz y cuando sea ineficaz el recurso a otros medios que impliquen un sacrificio menor de valores, justifica la incorporación de otros sistemas de cobertura de determinados ilícitos. Las *sanciones penales* constituyen una reacción más fuerte del ordenamiento y, por tanto, se reservan, de acuerdo con los principios de intervención mínima y utilidad a las infracciones más graves en los términos de los arts. 316 a 318, 142, 147 y concordantes del CP.

II. Bases históricas de la reparación de accidente de trabajo. Elementos configuradores de la responsabilidad objetiva y su encuentro con el sistema de seguridad social

1. *La crisis del principio "no hay responsabilidad sin culpa"*

6. Es en *Francia* donde comienza el gran debate sobre el fundamento de la responsabilidad civil. A finales del siglo XIX, empieza a ponerse en tela de juicio la doctrina tradicional y la política legislativa que veía en la culpa el único criterio de atribución del daño causado. La aparición de las nuevas teorías tiene su origen en motivaciones de tipo económico y social. Fue determinante la insoportable situación de la clase obrera en los accidentes de trabajo, en los que la propia víctima del daño debía probar la culpa del empresario. En la práctica, era casi imposible determinar la causa precisa de un accidente laboral y probar la culpa. Las estadísticas indican que en Francia los trabajadores probaron la culpa en sólo el 25% de los casos; y que, en Bélgica, hasta 1896, un 70% de los accidentes laborales quedaban sin indemnizar.

Un excelente ejemplo de la situación nos lo proporcionan dos Sentencias de la Sala de lo Civil del Tribunal Supremo de 18 marzo y 30 abril 1898, ambas referidas a sendos accidentes de trabajo. En efecto, según relata la primera, «estando ocupados varios operarios en la reparación de plataformas de la estación de ferrocarril ..., a consecuencia de un golpe saltó un trozo de acero, que se alojó en la esclerótica del ojo [de uno de los obreros]», quien «dedujo demanda ... con la pretensión de que se condenara a la Compañía de ferrocarriles ... a abonarle, de una vez o por anualidades ... los daños y perjuicios ocasionados ... con la lesión sufrida ... o, cuando menos, a que se le concediera en los servicios de la Compañía cualquier cargo compatible con su inutilidad». En la segunda, por su parte, consta probado que el obrero actor causó «baja ..., a consecuencia de una lesión que sufrió en el maléolo externo del pie izquierdo, que exigió asistencia facultativa, con ocasión del descarrilamiento ocurrido al tren de mercancías descendente, conducido por él, que se dirigía de Murcia a Cartagena, entre las estaciones de Balsicas y Pacheco, a causa de estar cortada la vía, por hallarse realizando trabajos en una alcantarilla una brigada de obreros de vías y obras». Las pretensiones obreras de carácter indemnizatorio tampoco prosperaron aquí. Al efecto, se razonó —en la primera Sentencia de esta segunda tanda— que «no habiendo probado el recurrente ... que la lesión que sufrió fue producida por culpa o negligencia de la Compañía o de alguno de sus empleados», procedía «absolver ... a la Empresa»; y también —pero ahora en la segunda—, que resultaba «evidente que ha debido y podido estimarse la excepción de prescripción alegada por la Compañía al impugnar la demanda», dado que la acción del obrero accidentado «prescribe al año», por aplicación de lo dispuesto en el artículo 1968 del Código Civil, allí donde este precepto imponía la prescripción anual a «la acción para exigir la responsabilidad civil ... por las obligaciones derivadas de la culpa o negligencia de que se trata en el artículo 1902, desde que lo supo el agraviado» (El resumen pertenece a Martínez Girón, 2020: 29).

7. La Ley francesa de 9 abril 1898 *concernant la responsabilité des accidents dont les ouvriers sont victimes dans leur travail* constituyó un hito esencial, operando una auténtica revolución conceptual..., puesto que deja de considerar al accidente de trabajo como el fruto de una falta, ya sea del patrón o del obrero. La búsqueda de responsabilidades se convertirá, a partir de este momento, en algo secundario, puesto que el propio funcionamiento de la empresa moderna hace inevitables los errores de los participantes en el quehacer industrial. El accidente no es ya más que un hecho, desgraciadamente banal y previsible, un riesgo ligado al ejercicio de cualquier profesión. Dicho riesgo profesional debe imputarse al empresario y sólo a él puesto que él es quien, al organizar su empresa, ha dado lugar al riesgo; él es, asimismo, quien saca beneficio de la producción.

2. *La construcción del sistema de responsabilidad objetiva en el derecho español: La Ley de Accidentes de Trabajo de 31 de enero de 1900*

8. El punto de partida de la evolución normativa del régimen jurídico de los accidentes de trabajo radica en nuestro ordenamiento en la Ley de Accidentes de Trabajo de 31 de enero de 1900 (Refrendo ministerial de Eduardo Dato, autor de la exposición de motivos que acompañó al proyecto de Ley que apareció en la Gaceta del 5 de diciembre de 1899), que adoptará una solución más liberal, a medio camino entre la fórmula socializante de Bismark que tutelaba el riesgo profesional a través de un seguro obligatorio, y la procedente del Derecho francés, a tenor de la cual se admite el principio de riesgo profesional con ciertas garantías, sin llegar al aseguramiento obligatorio.

La Ley garantizaba la protección del obrero accidentado, víctima "cualificada", mediante la imputación del daño sufrido por el obrero directamente al patrono, beneficiario del trabajo realizado por el trabajador accidentado y creador de la situación de riesgo que provocó el accidente. Se trata de una responsabilidad de carácter objetivo, derivada de un evento derivado de la actividad productiva, y no imputable o vinculada a la culpa de nadie. Se obliga al patrono a asumir las consecuencias dañosas causadas al trabajador por una actividad empresarial potencialmente peligrosa y de la que aquel patrono se ha beneficiado. El legislador de 1900 no trató de adaptar o de ampliar con ficciones el principio tradicional de la responsabilidad civil por culpa, ni de buscar o incluir nuevas hipótesis en las reglas civiles que ya admitían una responsabilidad objetiva. Se repara el daño causado por el accidente a través de la ampliación de la responsabilidad, al margen y con independencia de la culpa. De una responsabilidad por culpa probada del art. 1902 del CC o por culpa presunta del art. 1903.4 del CC se pasa a una responsabilidad objetiva o sin culpa del art. 2 de la Ley de 1900.

Tal sistema consiste en el establecimiento de un modelo de responsabilidad objetiva ("el patrono es responsable de los accidentes de trabajo", art. 2). No obstante, la responsabilidad empresarial por accidente tiene carácter objetivo, pero no valor absoluto. Se admiten algunos hechos impeditivos o exoneradores de esa responsabilidad, en particular la fuerza mayor, la cual no viene entendida como ausencia de falta del empleador sino, en sentido objetivo, como concurrencia de una causa extraña e inevitable que interrumpe el nexo de causalidad entre el trabajo y el accidente. La norma admite la posibilidad empresarial de asegurarse frente a esta posibilidad. La Ley de Accidentes de Trabajo 1900 legitima al empresario para hacer frente a su responsabilidad, además de a través de un posible régimen de aseguramiento —simple o técnico, por medio de la constitución de un fondo especial—, acudiendo a la cobertura correspondiente a través de la suscripción del correspondiente seguro. Esta fórmula tiene carácter facultativo ("los patronos podrán sustituir las obligaciones..., por el seguro hecho a su costa en cabeza del obrero de que se trate", art. 12) y de responsabilidad civil, entendiendo por tal aquel en el que el asegurador "se obliga a indemnizar al asegurado el daño patrimonial que éste sufra como consecuencia legal de una responsabilidad civil en que ha incurrido". El empresario, al asegurar riesgos propios, aparece como auténtico asegurado. No caben más relaciones que empresario asegurado/trabajador y empresario asegurado/aseguradora.

A cambio, eso sí, se instaura a favor del empresario el denominado principio de «inmunidad», de forma que el trabajador no va a recibir una reparación integral del daño, sino que la indemnización se fija a un tanto alzado y, además, el trabajador tenía vedado el acceso al Derecho común —en virtud del art. 16 de la Ley de 1900— a fin de reclamar los daños y perjuicios derivados del accidente laboral.

3. *La consolidación del modelo en las Leyes posteriores y la legislación de Seguridad Social*

9. La situación no varió en sus caracteres maestros con la Ley Matos de 10 enero 1922, en la que se incorporan algunas propuestas obreras —avanzando en la responsabilidad por riesgo, al admitirse la responsabilidad del empresario en los accidentes en los que haya intervenido imprudencia del trabajador (art. 2)— ni tras la Ley de 4 julio 1932 en la que la responsabilidad empresarial sigue siendo una responsabilidad objetiva por riesgo, si bien el juego de la fuerza mayor como límite a la responsabilidad se reduce, al no considerase como tal la extraña al trabajo: "el rayo, la insolación y otros fenómenos análogos de la naturaleza".

Esta última norma supuso un salto fundamental hacia el seguro obligatorio. La misma imponía la constitución de un seguro de responsabilidad civil, en tanto que cubría la responsabilidad objetiva que recaía sobre el empresario ante los accidentes de trabajo. Las primas o cuotas eran "a cargo exclusivo del patrono responsable", declarándose "nulo todo pacto por el cual el operario pague parte de la prima" (art. 104 del Reglamento). El seguro opera *ope legis*, por cuanto "todo obrero se considerará de derecho asegurado" aunque "no lo estuviera el patrono", de forma que, si éste no ha formalizado el seguro y no abona la prestación en el plazo fijado, la indemnización sería abonada con cargo a un Fondo de Garantía. Se pasa así del "sistema de responsabilidad" al "sistema de seguro social".

Finalmente, el Preámbulo de la Ley de Bases de Seguridad Social, de 28 de diciembre de 1963, se encontraba presidido, entre otras directrices, por el principio de conjunta consideración de las situaciones o contingencias protegidas. Sin embargo, la Ley de Seguridad Social mantuvo en su art. 84 una definición de accidente de trabajo y a lo largo de su articulado un régimen jurídico diferenciado y más beneficioso para la cobertura de la contingencia derivada de accidente de trabajo respecto de contingencias similares derivadas de otros riesgos.

El principio de conjunta consideración de las contingencias, que pretendía conseguir "en la medida de lo posible la uniformidad de las prestaciones ante un mismo evento", no pasó de ser una directriz programática reiteradamente incumplida. En nuestro sistema continúa existiendo un régimen diferenciado en el tratamiento de las contingencias profesionales en el marco de la Seguridad Social y ese régimen responde en lo esencial a un aseguramiento de la responsabilidad empresarial. La cotización por contingencias profesionales ha mantenido su independencia con una cotización empresarial única y con unos criterios de cálculo distintos a los de las contingencias comunes, que están basados en el riesgo de la actividad. Las prestaciones por los accidentes de trabajo siguen teniendo un tratamiento privilegiado en el que prevalece la dimensión indemnizatoria. La cobertura de los accidentes de trabajo responde además al esquema de una responsabilidad empresarial que se asegura. Si la cobertura no se establece, el empresario debe responder directamente y esa responsabilidad no se elimina por el anticipo de la prestación por la gestora, que es una garantía para el beneficiario de la efectividad de la prestación, como el que existe en otros seguros, pero no una vía de exoneración de la responsabilidad empresarial.

III. El accidente de trabajo

1. Notas delimitadoras: el accidente asegurable y el accidente de trabajo

11. Una primera noción de accidente nos la proporciona el art. 100 de la LCS:

> *"Sin perjuicio de la delimitación del riesgo que las partes efectúen en el contrato, se entiende por accidente la lesión corporal que deriva de una causa violenta súbita, externa y ajena a la intencionalidad del asegurado, que produzca invalidez temporal o permanente o muerte"*

Conforme a esta definición legal, para que se produzca el siniestro típico es necesario la confluencia de una cadena o sucesión de hechos con relevancia jurídica, íntimamente conectados entre sí, que la doctrina denomina «desgracia accidental», consistentes en la concurrencia de: (i) un evento violento, súbito, externo e involuntario (causa inicial, originadora o eficiente); (ii) que genere una lesión corporal (efecto de la causa inicial y causa secundaria del resultado final); (iii) que, a su vez, produzca invalidez temporal, permanente o la muerte (resultado final).

Como señaló la STS (Civil) de 15 de julio de 2020 (Rº 3462/2017), no cabe confundir la lesión con el accidente. Aquélla es la consecuencia de la concurrencia de una causa violenta súbita, externa y ajena a la voluntad del asegurado. De manera tal que, desde la perspectiva del seguro, no puede haber accidente sin la existencia de una lesión corporal; quedando también al margen de la cobertura las lesiones que no respondan a un evento causante que reúna los requisitos del art. 100 de la LCS. Es igualmente preciso que la lesión sufrida produzca la muerte, la invalidez temporal o permanente. Sólo la concurrencia de todos estos factores determinará la obligación de la compañía de hacerse cargo del siniestro asegurado, por conformar conjuntamente los elementos constitutivos del accidente objeto de cobertura. Por tanto, resulta preciso su examen individualizado, a fin de permitir delimitar con precisión el concepto de «accidente» que se requiere para poder dar respuesta al recurso interpuesto.

12. Rasgos netamente diferenciados posee la noción de accidente de trabajo se contiene en el art. 156 de la LGSS y que, pese a la aparente sencillez con que se define, presenta una gran complejidad.

"toda lesión corporal que el trabajador sufra con ocasión o por consecuencia del trabajo que se ejecute por cuenta ajena".

Se integra por tres elementos: (i) trabajo, (ii) lesión y (iii) relación de causalidad entre el trabajo y la lesión. Un concepto que "excede con mucho al que podría imputarse con criterios estrictamente civiles al empresario" (Díez-Picazo, 1999: 176).

2. *Los elementos definidores del accidente de trabajo: Trabajo, lesión y relación causal entre ambos*

A) Trabajo por cuenta ajena

13. Aunque tradicionalmente el concepto de accidente de trabajo se ha identificado exclusivamente en relación con los trabajadores por cuenta ajena, en la actualidad este concepto primigenio legal ha sido superado extendiéndose hoy la protección por accidente laboral a los trabajadores por cuenta propia. Tradicionalmente el accidente de trabajo se viene conectando a la actividad profesional por cuenta ajena, mientras se encuentre vigente la relación laboral, no estando suspendido o extinguido el contrato.

Se entiende también como trabajo protegido el de los asimilados a los trabajadores por cuenta ajena del Régimen General, es decir, el de aquellos colectivos incluidos dentro del campo de aplicación del Régimen General haciendo uso de la asimilación prevista en el art. 136 de la LGSS, cuando llevan incluida la protección por esta contingencia profesional. En estos casos, necesariamente, se ha de acudir a la normativa de integración específica, si bien cabe afirmar que, con carácter general, casi todos los supuestos de asimilación contemplan la cobertura del accidente de trabajo. El ámbito de la protección por accidente de trabajo se amplía incluso a supuestos que quedan claramente al margen de una actividad profesional (como el accidente en la emigración, el sufrido en el desarrollo de prestaciones personales obligatorias y el de los miembros de las mesas electorales).

En la delimitación conceptual del accidente de trabajo en el Régimen Especial de Trabajadores Autónomos (RETA) se producen algunas restricciones con respecto a la definición que rige en el Régimen General. Así, cabe enfatizar que el art. 316 de la LGSS y el RD. 1273/2003, recogen un concepto específico de accidente de trabajo y de enfermedad profesional. El art. 316.2 de la LGSS exige que el accidente de trabajo se haya producido "como consecuencia directa e inmediata del trabajo", lo que supone un mayor nivel de exigencia en la relación de causalidad que el requerido por el art. 156.1 de la LGSS. Esa misma orientación restrictiva, si bien con algunas matizaciones, se pone de manifiesto en la concreción reglamentaria de los diferentes supuestos a los que de modo expreso se les otorga o deniega la consideración de accidente de trabajo, en los siguientes términos: (i) en el RETA se niega la consideración de accidente de trabajo al accidente in itinere (art. 3.3 a) del RD. 1273/2003). (ii) Las lesiones que sufra el trabajador durante el tiempo y en el lugar de trabajo podrán considerarse en el RETA accidentes de trabajo en tanto se pruebe la "conexión con el trabajo" realizado por cuenta propia (art. 3.2 b) del RD. 1273/2003). La citada regla supone invertir la carga de la prueba, haciéndola recaer sobre el trabajador, así como la no aplicación de la presunción "iuris tantum" en favor de dicha consideración que establece para el Régimen General. (iii) Tampoco aparecen en el RETA considerados como accidentes de trabajo dos de los reconocidos en el Régimen General (art. 156.2 b) y art. 156.2 c) de la LGSS).

B) Lesión corporal

14. La lesión es cualquier alteración de la integridad física o psíquica del sujeto protegido, independientemente de su proyección funcional. Se comprende, por tanto, no sólo las alteraciones que afectan a la fuerza del trabajo, anulando o reduciendo la capacidad de ganancia (incapacidad temporal, incapacidad permanente, muerte), sino también las alteraciones puramente anatómicas o psicológicas, sin efecto invalidante o, incluso, las de repercusión puramente estética (asistencia sanitaria e indemnización por baremo de las lesiones y deformidades no invalidantes).

El accidente es un daño, físico o psíquico, sufrido por el cuerpo del accidentado. Por eso, pese a que el término lesión sugiere la idea de traumatismo, acción o irrupción súbita y violenta de un agente exterior, como, por ejemplo, la herida producida por un golpe, quemadura, corte, o caída, también es accidente la lesión psicosomática y la enfermedad producida por el deterioro lento y progresivo.

C) Relación de causalidad de la lesión con el trabajo

a) Causalidad y ocasionalidad

15. La relación de causalidad como conexión entre trabajo y lesión opera de forma flexible y en sentido amplio, al comprender tanto aquellos supuestos en que el trabajo es causa única o concurrente de la lesión, como aquellos otros en que actúa como condición, sin cuyo concurso no se hubiera producido dicho efecto o éste no hubiera adquirido una determinada gravedad. Este último supuesto, el de la ocasionalidad "relevante" se caracteriza por dos circunstancias: una negativa que consiste en que los factores que producen el accidente no son inherentes o específicos del trabajo y otra positiva que reside en que o bien el trabajo o bien las actividades normales de la vida de trabajo hayan sido condición sin la que no se hubiese producido la exposición a los agentes o factores lesivos determinantes de aquélla (STS (Social) de 27 de febrero de 2008 [RJ 2008, 1546]).

La conexión con la ejecución del trabajo es indispensable siempre en algún grado sin necesidad de que se concrete su significación.

La ruptura del nexo causal se producirá cuando exista prueba cierta y convincente de una causa que excluya la relación con el trabajo. Son hechos que, en definitiva, desvinculan con total evidencia la relación entre la lesión y el trabajo. La jurisprudencia ha estimado que la relación de causalidad se mantiene excepto cuando concurran hechos de tal relieve que sea evidente a todas luces la absoluta carencia de aquella relación.

No se exige, por tanto, que el trabajo sea la causa determinante directa de la lesión, sino que basta, simplemente, con que el desarrollo de una actividad profesional determine, bajo la forma de una vulnerabilidad específica, la exposición del sujeto protegido a una serie de riesgos inherentes al trabajo o conectados con él. En la STS (Social) de 27 de febrero de 2008 (Rº 2716/2006), que sigue, entre otras, la STS 23 de junio de 2015 (Rº 944/2012), se concluye que el resultado [fallecimiento] se ha producido "con ocasión del trabajo" (ocasionalidad «relevante», que no «pura»), por cuanto que tal cualidad requiere: "*la convicción de que el citado hecho no habría llegado a producirse si la crisis hubiera acaecido en lugar y tiempo diverso al trabajo* [conditio sine qua non]". Ello lleva a la imposibilidad material de prueba en contrario. No es que exista presunción o inversión de la carga de la prueba, es que existe imposibilidad material de prueba en contrario.

b) Accidente en la ejecución del trabajo

16. La conexión entre el trabajo y la lesión se produce generalmente, como ha señalado el Tribunal Supremo, cuando el trabajo se ejecuta bajo la dirección del empresario, en actos preparatorios al desarrollo del trabajo como el aparcamiento o en las pausas del trabajo (accidente sufrido por un camionero en el descanso). Las actividades marginales se incluyen si se encuentran relacionadas de algún modo con el trabajo, por ejemplo, cursos de perfeccionamiento profesional organizado por la empresa, prácticas de deportes cuando sean organizados por el empresario, pero no cuando se organizan por los propios trabajadores en su tiempo libre.

Es doctrina del Tribunal Supremo al interpretar este último requisito que basta con que el nexo causal, indispensable en algún grado, concurra sin precisar su significación, mayor o menor, próxima o remota, concausal o coadyuvante, debiéndose otorgar dicha calificación cuando no aparezca acreditada la ruptura de la relación de causalidad entre actividad profesional y padecimiento excepto cuando resalten hechos que rompan con total evidencia aquella relación.

c) El accidente de trabajo debe producirse en tiempo de trabajo

17. En primer lugar, el accidente de trabajo debe producirse en tiempo de trabajo. Así la STS (Social) de 22 de diciembre de 2010 (Rº 719/2010), considera que únicamente pueden calificarse como accidente de trabajo los casos en que el operario se encuentra ya en su puesto de trabajo, entendiendo que "el término legal «tiempo de trabajo» contiene una significación más concreta, equivalente a la del art. 34.5 del ET referida a la necesidad de que el operario se encuentre en su puesto de trabajo, en la que se presume que se ha comenzado a realizar algún tipo de actividad o esfuerzo —físico o intelectual— que determina una más fácil vinculación del acaecimiento con el trabajo y por ello opera la presunción analizada". De ahí que se haya rechazado la concurrencia de tal elemento en las STS (Social) de 20 de diciembre de 2005 (Rº 1945/04), 14 de julio de 2006 (Rº 787/05), 20 de noviembre de 2006 (Rº 3387/05), 22 de noviembre de 2006 (Rº 2706/05), 25 de enero de 2007, Rº 3641/05 y 14 de marzo de 2007, Rº 4617/2005).

No obstante, el TS ha considerado «tiempo de trabajo» determinados lapsos temporales en que el trabajador no se halla estrictamente en su puesto de trabajo, pero sí realizando operaciones indispensables para incorporarse al mismo. Por ejemplo, accidentes sufridos cuando el trabajador se encuentra en los servicios, en los aparcamientos dentro del recinto de la empresa o en los vestuarios antes de iniciar el trabajo (STS (Social) de 18 de marzo de 1999, Rº 5194/1997, 10 de abril de 2001, Rº 2200/00, 4 de octubre de 2012, Rº 3402/2011) pero preparándose para éste. Así, la STS (Social) de 18 de septiembre de 2000 (Rº 1696/99), consideró tiempo de trabajo el empleado por los vigilantes de seguridad para ir a recoger el arma antes del comienzo de su servicio y para devolverla al terminar el mismo. Se incluyen, también, la realización de horas extraordinarias o las pausas o interrupciones en el trabajo como el tiempo destinado a comer, o el período de descanso del camionero en el propio camión (STS (Social) de 4 de mayo de 1998, Rº 932/1997).

Así se han considerado accidentes de trabajo por la STS (Social) de 9 de febrero de 2023 (Rº 2617/2019), el sufrido por una trabajadora como consecuencia de una caída cuando salió del trabajo para tomar un café en los minutos de descanso previstos por la norma colectiva aplicable y que lo calificaba como tiempo de trabajo. También el del caso resuelto por la STS (Social) de 13 de octubre de 2020 (Rº 2648/18), en un supuesto en el que el accidente ocurrió cuando el actor se dirigía a su vehículo situado en el aparcamiento de la empresa durante su tiempo de descanso de 40 minutos, se resbaló cayendo al suelo, consecuencia de lo cual sufrió una lesión. O, en fin, el de la STS (Social) de 13 de octubre de 2021 (Rº 5042/2018), en el que la trabajadora, durante su tiempo de descanso, salió del centro de trabajo para aparcar su vehículo más cerca de aquel, momento en que fue atropellada.

d) *El accidente de trabajo debe producirse en el lugar de trabajo*

18. También la interpretación del lugar de trabajo se ha flexibilizado por la jurisprudencia. De este modo, lugar de trabajo se considera, en primer lugar, el lugar donde se realizan efectivamente las tareas, lo que, como es lógico, abarca también al «lugar en que se está por razón de la actividad encomendada, aunque no sea el lugar de trabajo habitual» propio del trabajo en misión (STS (Social de 18 de diciembre de 1996, Rº 2343/96) o del realizado por la propia naturaleza itinerante de la actividad, como el del transporte o el de reparación de averías de coches en carretera (STS (Social) de 11 de julio de 2000, Rº 3303/99). Pero también se consideran como lugar de trabajo otros lugares en los que el trabajador se encuentra por estar al servicio de la empresa en un sentido más amplio. Así, se considera lugar de trabajo el «de celebración de actos o reuniones a los que se asiste por encargo o encomienda de la empresa» (STS (Social) de 18 de diciembre de 1996, Rº 2343/96, 11 de diciembre de 1997, Rº 1215/97, 23 de enero de 1998, Rº 979/97) o en representación de la misma.

La STS (Social) 13 de diciembre de 2018 (Rº 398/17), que califica como accidente de trabajo un suceso producido en las proximidades del centro de trabajo durante el descanso dentro de la jornada. Es cierto que en la sentencia se dice que al supuesto no resulta de aplicación la presunción de laboralidad del apartado 3 (tampoco la del "in itinere"), y que tal consideración deriva de que el accidente se produjo por una relación de «ocasionalidad relevante» con el trabajo, pues si bien los elementos generadores del accidente no son específicos o inherentes al trabajo, el trabajo o las actividades normales de la vida del trabajo han sido condición sin la que no se hubiese producido el evento. Lo que teniendo en cuenta que la Sala no exigió a la parte actora la prueba de dicha ocasionalidad, sino la dedujo directamente de las circunstancias concurrentes, en realidad, es tanto como extender soterrada o indirectamente la presunción del art. 156.3 a los "entornos" laborales (Menéndez Sebastián, 2023).

El desarrollo de las fórmulas de teletrabajo está llevando a los Tribunales a considerar como accidentes de trabajo, el del teletrabajador que sufre lesión de codo y costado tras caída al salir del cuarto de baño (SJS de Cáceres, 297/2022, de 26 de octubre), o el del teletrabajador que se resbala al salir de la cocina tras coger una botella de agua, lesionándose la mano izquierda (STSJ de Madrid de 11 de noviembre de 2022, Rº 526/2022) o la caída de teletrabajadora en pausa para coger vaso de agua en la cocina sufriendo un esguince de tobillo (STSJ de Castilla La-Mancha de 23 de junio de 2023, Rº 1012/2022).

D) La presunción de accidente de trabajo

19. Establece el LGSS art. 156.3 que:

> *"se presumirá, salvo prueba en contrario, que son constitutivas de accidente de trabajo las lesiones que sufra el trabajador durante el tiempo y en el lugar de trabajo".*

Junto al concepto de accidente de trabajo y los supuestos concretos, el legislador ha introducido la presunción de existencia de accidente de trabajo para el que se produzca en tiempo y lugar de trabajo. Así, «se presumirá, salvo prueba en contrario, que son constitutivas de accidente de trabajo las lesiones que sufra el trabajador durante el tiempo y en el lugar del trabajo» (art. 156.3 de la LGSS). Por tanto, la presunción alcanza no sólo a los accidentes en sentido estricto o lesiones producidas por la acción súbita o violenta de un agente externo, sino también a las enfermedades o alteraciones de los procesos vitales que pueden surgir en el trabajo causadas por agentes patológicos o externos.

La jurisprudencia ha mantenido que para que opere la presunción basta con que concurra alguna conexión con la ejecución de un trabajo, "sin necesidad de precisar su significación, mayor o menor, próxima o remota, concausal o coadyuvante, debiendo otorgarse esa calificación cuando no aparezca acreditada la ruptura de la relación de causalidad entre actividad profesional y padecimiento, excepto cuando hayan acaecido hechos de tal relieve que sea evidente a todas luces la absoluta carencia de aquella relación" (SSTS (Social) de 9 de mayo de 2006, Rº 2932/04; 15 de junio de 2010, Rº 2101/09 y 6 de diciembre de 2015, Rº 2990/13).

Sobre esta base se viene considerando que la presunción no decae como consecuencia de que el trabajador afectado por una lesión cardiovascular tuviera antecedentes de tipo cardíaco o coronario, o de tabaquismo o hiperlipemia. No obstante, la STS (Social) de 3 de febrero de 2025 (Rº 2707/2022), parece cambiar el rumbo, cuando niega la existencia de accidente laboral el infarto sufrido en tiempo y lugar, en un caso en el que el trabajador que tiene el domingo molestias centro-torácicas, acude al centro de salud, donde se le indica que deba acudir al hospital, lo que no hace. Entiende el referido pronunciamiento que "quien se desentiende de la indicación médica y acude a su trabajo está poniendo en grave riesgo su propia salud; desde luego, con ese modo de proceder aparece un hecho que, en unión de lo reseñado, contribuye a desvirtuar la presunción del art. 156.3 de la LGSS".

3. *Accidente en misión*

20. El accidente «en misión» ha sido una figura de creación jurisprudencial como una modalidad específica de accidente de trabajo, en la que partiéndose de que se producía un desplazamiento del trabajador para realizar una actividad encomendada por la empresa, a través de dicha figura se ampliaba la presunción de laboralidad a todo el tiempo en que el trabajador desplazado, en consideración a la prestación de sus servicios, aparecía sometido a las decisiones de la empresa (incluso sobre su alojamiento, medios de transporte, etc.), de tal modo que el deber de seguridad, que es una de las causas de la responsabilidad empresarial, abarcaba todo el desarrollo del desplazamiento y de la concreta prestación de los servicios, destacándose que el «lugar de trabajo «a estos efectos es todo «lugar en que se está por razón de la actividad encomendada, aunque no sea el lugar de trabajo habitual» (entre otras, STS (Social) de 4 de mayo de 1998, Rº 932/97, 11 de julio de 2000, Rº 3303/99, 24 de septiembre de 2001, Rº 3414/00, 16 de septiembre de 2013, Rº 2965/12; 11 de febrero de 2014, Rº 42/13; y 24 de febrero de 2014, Rº 145/13).

La STS (Social) de 6 de marzo de 2007 (Rº 3415/05), parte de la consideración de que la «misión» integra dos elementos —ambos conectados con la prestación de servicios— que respectivamente son: 1°) el desplazamiento para cumplir la misión; y 2°) la realización del trabajo en que la misión consiste. Y respecto de la protección que a la misma corresponde, tal doctrina distingue: a) la correspondiente al desplazamiento, que presenta cierta similitud con la del accidente «in itinere» y ha de ser protegido —a efectos de AT— en forma similar; b) la protección propia durante la realización del trabajo que constituye el objeto de la misión, que ha de seguir el régimen normal del art. 156.1 de la LGSS; y c) la del tiempo restante de la «misión», «cuando ni es propiamente desplazamiento, ni tampoco realización de la actividad laboral», que no alcanza singular protección cuando no "tiene una conexión necesaria con el trabajo", por lo que "no puede considerarse correcto el criterio que sostiene que durante todo el desarrollo de la misión el trabajador se encuentra en el tiempo y el lugar del trabajo, aunque se trate de periodos ajenos a la prestación de servicios, de descanso o de actividades de carácter personal o privado" (reiterando su doctrina, SSTS (Social) de 8 de octubre de 2009, R° 1871/08; 16 de septiembre de 2013, R° 2965/12; y 24 de febrero de 2014, R° 145/13).

Conforme a esta doctrina quedaría excluida la laboralidad de ciertos sucesos ocurridos en los períodos de descanso como los que ocurrieron a algunos trabajadores en un hotel: fallecimiento del trabajador por infarto agudo de miocardio en la habitación del hotel de Marrakech donde se encontraba descansando, estando en el mismo mientras realizaba un trabajo encomendado por su empresa (STS (Social) de 8 de octubre de 2009, R° 1871/2008), el ictus isquémico de la arteria cerebral media derecha sufrido por el trabajador, en la habitación del hotel donde se encontraba descansando, en Tel Aviv, realizando un trabajo encomendado por la empresa (STS (Social) de 11 de febrero de 2014, R° 42/12), el infarto de miocardio sufrido por el trabajador, interventor en ruta de RENFE, en la habitación del hotel donde se encontraba descansando tras haber finalizado su jornada laboral, para reanudar el trabajo al día siguiente y hacer la ruta inversa (STS (social) de 20 de abril de 2015, R° 1487/14) o la crisis cardiovascular sufrida por un trabajador, trasladado a otra localidad (STS (Social) de 7 de febrero de 2017, R° 536/2015).

4. Asimilaciones legales

21. Desde sus orígenes el accidente de trabajo ha soportado elementos tensionales propios de cualquier institución jurídica (primer nivel estructural). El proceso de objetivación del accidente en forma de riesgo encierra la desvinculación de las condiciones de trabajo de la siniestralidad, circunstancia que dará lugar a lo que se ha calificado como "desbordamiento de la doctrina del riesgo" y que tendrá como efecto la transformación de la categoría del accidente de trabajo, proyectándose como algo que sucede dentro y más allá del puesto de trabajo. La tendencia normal y casi obligada del accidente de trabajo es a convertirse en accidente sin más" (Alonso Olea, 1958).

El art. 156.2 de la LGSS enumera siete supuestos para los que establece la consideración de accidente de trabajo. En algunos casos se trata de verdaderas ampliaciones del concepto para incluir accidentes que no quedarían normalmente dentro del ámbito del riesgo profesional pero que, sin embargo, se han asimilado por su conexión con el trabajo y atendiendo a razones específicas de protección. En otros casos la norma incorpora determinadas aportaciones jurisprudenciales ya estabilizadas (el accidente "in itinere" y la consideración como accidente de la enfermedad de trabajo) o tiene un valor aclaratorio.

A) Accidente "in itinere"

22. El LGSS art. 156.2 a) se refiere al accidente "in itinere" y lo define como "el que sufra el trabajador al ir o al volver del lugar de trabajo". El accidente "in itinere" constituye una de las vías del "desbordamiento" de la noción clásica de accidente de trabajo fundada en el riesgo profesional, porque, a través de él, se está imputando al empresario un riesgo creado por las condiciones del trayecto en gran medida vinculadas al fenómeno de la motorización del tráfico y su específica siniestralidad, que el empresario no está en condiciones de controlar.

En este tipo de accidentes no es aplicable la presunción "iuris tantum" del art. 156.3 de la LGSS, como concluye de forma reiterada la Jurisprudencia del Tribunal Supremo. Por ello, el trabajador debe acreditar suficientemente que la lesión se produjo precisamente en el itinerario desde su domicilio al trabajo o viceversa y como consecuencia de dicho desplazamiento, no sirviendo para ello, sin más, la mera declaración del interesado o el volante de la empresa en el que solo se recojan sus manifestaciones.

Como reitera en su jurisprudencia el Tribunal Supremo, corresponde al trabajador acreditar la concurrencia de los requisitos exigidos por la misma para poder calificar el accidente como "in itinere":

a) Que la finalidad principal y directa del viaje esté determinada por el trabajo (elemento teleológico)

23. Se requiere la concurrencia del elemento teleológico que impone que la finalidad principal y directa del viaje en el que se produce el accidente se relacione con la entrada o salida del trabajo. El Tribunal Supremo mantiene un principio claramente restrictivo en orden a la delimitación del motivo que debe de concurrir en un accidente para su delimitación como accidente de trabajo "in itinere", sentando el criterio de que la lesión o el daño producido en el camino al trabajo ha de tener por causa a este último o ha de producirse en consideración al mismo (STS (Social) de 29 de septiembre de 1997, R° 2685/96). En definitiva, subyace aquí la idea de que el accidente no se hubiera producido de no haber ido a trabajar (STS (Social) de 20 de febrero de 2006, R° 4145/04).

b) Que se produzca en el trayecto habitual y normal que debe recorrer desde el domicilio al lugar de trabajo o viceversa (elemento geográfico)

24. Se utiliza un criterio amplio sobre su determinación: "no sólo el domicilio legal, sino el real y hasta el habitual y, en general, el punto normal de llegada y partida del trabajo", con la aclaración de que "lo esencial es ir al lugar del trabajo o volver del lugar del lugar del trabajo". Pero siempre, como ha exigido el Tribunal Supremo, dentro de unos criterios de normalidad, que impidan que se altere el equilibrio entre la conexión causal con el trabajo y las decisiones personales del trabajador en su esfera privada. Así podrá considerarse como punto de referencia equivalente al domicilio el lugar donde se realizan habitualmente las comidas, la residencia estable durante el verano, la del fin de semana, o el bar desde donde el trabajador en "guardia de localización" recibe el aviso de un servicio, pero no el de una persona con la que se mantiene una relación sentimental cuando se conserva un domicilio propio (STS (Social) de 28 de febrero de 2001, R° 3493/99).

Hay algunos pronunciamientos que han abordado el desdoblamiento del domicilio, como consecuencia de los nuevos problemas de coordinación familiar y el desarrollo de los medios de transporte. Hay un "domicilio de trabajo" y otro "familiar", al que el trabajador suele trasladarse los fines semana (STS (Social) de 26 de diciembre de 2013, R° 2315/2012), "puentes" o en períodos de vacaciones, cubriendo en algunos casos distancias considerables y planteándose el problema de si esta residencia familiar distinta de la personal puede tenerse en cuenta a estos efectos. Los criterios de suplicación divergentes se unificaron por STS (Social) de 29 de septiembre de 1997 (RJ 6851), que aprecia en estos casos la prevalencia del interés personal o familiar sobre el laboral: el trabajo determina el punto de regreso, pero el viaje responde a razones de tipo personal, como lo es la propia opción de mantener un domicilio familiar distinto del de trabajo. No hay, por tanto, accidente "in itinere".

c) Que el accidente se produzca dentro del tiempo prudencial que normalmente se invierte en el trayecto (elemento cronológico)

25. El trayecto debe ser también el teleológicamente normal entre el punto de llegada y partida. El accidente debe producirse dentro del tiempo prudencial que normalmente se invierte en el trayecto o lo que es igual, que el recorrido no se vea alterado por desviaciones o alteraciones temporales que no sean normales y obedezcan a motivos de interés particular de tal índole que rompan el nexo causal con la ida o la vuelta del trabajo (STS (Social) de 19 de enero de 2005 y 20 de septiembre de 2005, Rº 6543/03 y 4031/04).

La STSJ Canarias de 6 de marzo de 2024 (Rº 1121/2022), desestima el recurso interpuesto por la Mutua al considerar que el hecho de que la trabajadora saliera de su domicilio una hora y media antes de la hora en la que se supone que tenía que empezar su jornada, no resulta tan disparatadamente anticipado como para desvirtuar por completo el nexo cronológico, máxime cuando el accidente tiene lugar en el trayecto hacia el centro de trabajo, —en dirección a ese centro de trabajo—, sin que se realizara ningún desvío que haga romper el nexo causal. El accidente se produjo en el trayecto habitual desde el domicilio al trabajo, hecho probado gracias a la aplicación de Google Maps, por lo que no se rompe el nexo causal. El siniestro se produjo una hora y media antes de la hora de inicio formal de la jornada, pero no excluye el elemento cronológico, pues tanta antelación se justifica en la necesidad de cambiarse el vestuario o buscar aparcamiento, dado el problema de estacionamiento existente en la zona donde se encuentra la empresa.

No tiene que ser necesariamente el más corto y el menos peligroso de todos los posibles, pero tampoco puede ser el que presenta más riesgos. La protección se mantiene durante la línea del trayecto, pero no se extiende en principio a las desviaciones y a las paradas que rompen la conexión final con el ir al trabajo y el volver de él. Hay una larga serie de decisiones que ponderan con casuismo la ruptura o no de esta conexión. La regla general es que no rompen la conexión las desviaciones o paradas breves para cumplir necesidades personales normales y, desde luego, los desvíos que obedecen a razones de trabajo (por ejemplo, para recoger materiales o herramientas, aunque probablemente aquí estamos ya en la esfera de la misión). La conexión, sin embargo, desaparece si la parada o la desviación se prolongan un tiempo suficiente para que la relación con el trabajo no pueda apreciarse.

La STS (Social) de 14 de febrero de 2017 (Rº 838/2015), considera que:

"el número de minutos sin justificar ha podido dedicarse a muy diversos menesteres, sin que ello comporte la ruptura del elemento cronológico. No estamos ante un retraso relevante. El tiempo razonable de despedida con los compañeros de la obra que se quedan en Mengíbar, la eventualidad de que hubiera habido algún atasco menor, la imposibilidad de que el trabajador manifestara exactamente lo acaecido tras dejar al segundo de los pasajeros, la posibilidad de alguna gestión intermedia razonable (recargar combustible, acudir al servicio, realizar una mínima compra), son factores que inclinan a la solución flexibilizadora patrocinada tanto por la sentencia referencial cuanto por la del Pleno de esta Sala ya expuesta". En suma, «no es un retraso relevante», añaden, asegurando también que la finalidad del viaje tenía «un claro tinte laboral, es una alteración habitual y razonable» y que «no se rompió la conexión entre el trayecto y el trabajo».

d) Que el trayecto se realice con medio normal de transporte (elemento de idoneidad del medio)

26. Para que exista «idoneidad» el trayecto debe realizarse con medio normal de transporte (STS (Social) de 19 de enero de 2005 y 20 de septiembre de 2005, Rº 6543/03 y 4031/04). Como ha señalado la doctrina, el medio de transporte empleado plantea menos problemas, dada la normalización del uso de vehículos de motor y los límites del poder de dirección, que no alcanza a prohibir la utilización de un determinado medio de transporte, por lo que el problema se desplaza a la razonabilidad del medio empleado más que a la razonabilidad de la prohibición empresarial, aunque la cuestión no es pacífica. El Tribunal Supremo, aunque admite que no se puede limitar por las empresas el derecho de los trabajadores a utilizar los medios de transporte a su alcance, considera que la prohibición expresa y razonable con constancia contractual es exonerante.

La valoración de la conducta del accidentado en la producción del accidente puede ser un elemento relevante para su calificación como accidente "in itinere".

La STS (Social) de 22 de enero de 2008 (Rº 4756/06), resuelve el caso de un suceso ocurrido cuando el trabajador se dirigía en bicicleta al trabajo por una calle de la ciudad de Vitoria en dirección contraria a la permitida, accediendo a otra con intención de atravesarla en diagonal por lugar no habilitado al efecto, de suerte que colisionó con un automóvil que no pudo evitar el impacto dándose la circunstancia de que en el lugar del accidente había poca visibilidad por la vegetación de la mediana y por estar amaneciendo". Señala el TS que «la simple infracción de las normas reguladoras del tráfico no implica, por sí sola, la aparición de una conducta imprudente calificada de temeraria, pues es obvio que no todas ellas tienen el mismo alcance e intensidad, debiendo analizarse en cada caso concreto y concluye que "el supuesto que aquí ha de resolverse... supone realmente una imprudencia temeraria, desde el momento en que el operario asumió indudablemente riesgos manifiestos, innecesarios y especialmente graves ajenos al usual comportamiento de las personas, con conocimiento además de que en aquellos momentos circulaba en sentido contrario a la dirección obligatoria, lo que supone un desprecio del riesgo —para él y para otros usuarios de la vía pública— y la omisión de la diligencia más elemental exigible».

B) Accidentes que sufra el trabajador con ocasión o como consecuencia del desempeño de cargos electivos de carácter sindical, así como los ocurridos al ir o al volver del lugar en que se ejerciten las funciones propias de dichos cargos

27. El accidente acaecido con ocasión de la realización de la actividad que lleva aparejada el cargo electivo de carácter sindical, así como los ocurridos al ir o volver del lugar en que se ejerciten las funciones propias de dichos cargos, queda también asimilado al accidente de trabajo (art. 156.2 b) de la LGSS). Estos cargos electivos abarcan los sindicales, los delegados de personal, los miembros del Comité de empresa, los delegados de prevención, miembros del Comité de Seguridad y Salud Laboral, los de comisiones negociadoras y actividades sindicales de la LOLS. La doctrina de suplicación asimila la condición de representante de los trabajadores al secretario de acción sindical.

C) Accidentes ocurridos con ocasión o por consecuencia de las tareas que, aun siendo distintas a las de su grupo profesional, ejecute el trabajador en cumplimiento de las órdenes del empresario o espontáneamente en interés del buen funcionamiento de la empresa

28. También tienen la consideración de accidente de trabajo los ocurridos por ocasión o por consecuencia de tareas que, aun siendo impropias de su grupo profesional ejecute el trabajador, bien en cumplimiento de las órdenes del Empresario o espontáneamente, en interés del buen funcionamiento de la empresa (art. 156.2 c) de la LGSS). La norma declara así la inclusión de accidentes que operan fuera del marco general del trabajo «asegurado» en el correspondiente documento de asociación. En realidad, la modificación del trabajo puede suponer una modificación del riesgo cubierto y plantea problemas de imputación de responsabilidad, si se considera que el trabajo real no coincide con el declarado al establecer la cobertura. A estos efectos, hay que tener en cuenta las circunstancias concurrentes en cada caso y especialmente el carácter esporádico o no de la realización del trabajo no asegurado: un caso de interés se encuentra en la doctrina de suplicación en el caso de un conductor de autobús que muere como consecuencia de una caída sufrida cuando perseguía a un pasajero infractor.

D) Los acaecidos en actos de salvamento y en otros de naturaleza análoga, cuando unos y otros tengan conexión con el trabajo

29. Se incluyen como accidentes de trabajo «los acaecidos en actos de salvamento y otros de naturaleza análoga, cuando unos y otros tengan conexión con el trabajo» (art. 156.2 d) de la LGSS). Cuando el salvamento se refiere a personas o cosas que están dentro del ámbito de la empresa la cobertura como accidente de trabajo actúa normalmente, pues se está en la esfera de riesgo propia del empresario. Pero si el salvamento se produce fuera de ese ámbito, hay que distinguir dos supuestos. El primero se produce cuando existe conexión entre el acto de salvamento y el trabajo, lo que sucede cuando el trabajo es el que determina que el trabajador se encuentre en situación de intervenir en el acto de salvamento. En estos casos en los que el salvamento tiene por objeto bienes o personas que se encuentran en el ámbito de otra empresa, surge la duda de cuál debe ser el empresario responsable: el del trabajador accidentado o el titular de la empresa que se beneficia del salvamento. La solución es la de la responsabilidad del empresario del trabajador accidentado y la cobertura de esa responsabilidad dentro del «aseguramiento normal». El segundo caso se produce cuando el salvamento es una actividad por completo ajena al trabajo, en cuyo caso se excluye su calificación como accidente laboral. Los accidentes en actos de salvamento son también considerados accidentes de trabajo para los trabajadores autónomos.

E) La imprudencia profesional

30. El art. 156.5 a) de la LGSS establece que:

> *"no impedirán la calificación de un accidente como de trabajo: "La imprudencia profesional que sea consecuencia del ejercicio habitual de un trabajo y se derive de la confianza que éste inspira"*

Se define la imprudencia profesional como aquélla que es consecuencia del ejercicio habitual de un trabajo y se deriva de la confianza que éste inspira por la repetición de unos mismos actos. Se trata de aquellos supuestos en los que las tareas del trabajador se le vuelven monótonas al resultar habituales, de modo que no es consciente del riesgo al que puede verse expuesto en la ejecución de sus funciones; considerando razonablemente improbable que acaezca un accidente. Ello conduce a pérdidas momentáneas de atención susceptibles de causar el accidente. En definitiva, como ha señalado la doctrina de suplicación, en la imprudencia profesional reside "una excesiva confianza del empleado en su actuación, como consecuencia del ejercicio habitual de su trabajo, debido a una disminución del control consciente de su actuar, sustituido por un automatismo inconsciente. Tal conducta se inserta en una serie de circunstancias como la reiteración de actuaciones semejantes en ocasiones anteriores sin que se produjera ningún daño, en definitiva, la falta de una conciencia del riesgo asumido".

En los siguientes supuestos la doctrina de suplicación aprecia la concurrencia de imprudencia profesional, o al menos no temeraria. Así, el caso del trabajador que intenta limpiar con la mano unas virutas próximas a la fresa con la máquina en funcionamiento, sufriendo importantes lesiones. Otro caso de imprudencia profesional es el del trabajador con más de ocho años de experiencia en el manejo de carretillas elevadoras, que se lesiona al realizar un giro brusco a elevada velocidad circulando hacia atrás. Igualmente cabe citar el caso del trabajador con antigüedad de más de treinta años que manejaba una máquina Tupi, conociendo perfectamente sus riesgos y funcionamiento, y que sufrió un accidente por prescindir de su protección.

5. *Las enfermedades de trabajo*

A) Concepto

31. Como ha señalado la doctrina, entre las asimilaciones al concepto de accidente de trabajo hay que diferenciar entre una asimilación general ("Las enfermedades, no incluidas en el artículo siguiente, que contraiga el trabajador con motivo de la realización de su trabajo, siempre que se pruebe que la enfermedad tuvo por causa exclusiva la ejecución del mismo") (art. 156.2, e) de la LGSS) y dos particulares, referidas a "las enfermedades o defectos, padecidos con anterioridad por el trabajador, que se agraven como consecuencia de la lesión constitutiva del accidente" (art. 156.2, f de la LGSS) y a las enfermedades intercurrentes, esto es, "las consecuencias del accidente que resulten modificadas en su naturaleza, duración, gravedad o terminación, por enfermedades intercurrentes, que constituyan complicaciones derivadas del proceso patológico determinado por el accidente mismo o tengan su origen en afecciones adquiridas en el nuevo medio en que se haya situado el paciente para su curación" (art. 156.2. g) de la LGSS). Llamando a la primera «asimilación genérica» y «asimilaciones específicas» a las segundas ya que estas últimas requieren o bien un accidente (en sentido propio) que hace que las enfermedades ya padecidas con anterioridad se agraven como consecuencia del accidente, o bien un accidente que, generando un proceso patológico, se complique por enfermedades derivadas de dicho proceso, calificadas como enfermedades intercurrentes, o se trate de enfermedades adquiridas en el medio en el que el trabajador se sitúa para la curación de las secuelas del accidente.

Existen agentes nocivos que plantean una problemática especial como los trastornos mentales o de conducta que afectan al trabajador, el estrés laboral o el acoso en el trabajo. Sobre estos procesos, los Tribunales han apreciado la existencia de accidente de trabajo siempre y cuando exista un nexo causal entre ese proceso y la actividad laboral. Se ha declarado accidente de trabajo la enfermedad contraída por un Ertzaina con motivo de agresiones materiales y verbales por elementos del entorno abertzale sufridas durante su actividad profesional (STS (Social) de 18 de enero de 2005, R° 6590/03).

> Así es, considera la Sala, que es sin duda el ejercicio ininterrumpido de sus funciones como Ertzaina lo que ha dado lugar a los insultos, agresiones y amenazas sufridas por el demandante, que, a su vez, fueron causa del deterioro de la salud de éste y de su baja por incapacidad. Concluyendo que "la exigencia legal de que la causa se halle en la ejecución del trabajo ("con motivo de la realización de su trabajo, siempre que se pruebe que la enfermedad tuvo por causa exclusiva la ejecución del mismo", dice el precepto) hace relación no sólo a la represalia contra una determinada y concreta actuación policial sino también a la habida contra la fidelidad a la profesión policial mediante el cabal cumplimiento de los deberes y de las funciones que tal profesión impone a través de su ejercicio diario".

32. Las relaciones de causalidad complejas se contemplan en los apartados f) y g) del art. 156 de la LGSS.

B) Enfermedades previas agravadas por el accidente

33. Son igualmente accidente de trabajo, las enfermedades o defectos, padecidos con anterioridad por el trabajador, que se agraven como consecuencia de la lesión constitutiva del accidente (art. 156.2.f) de la LGSS). Son daños que no se derivan de la acción que originó el accidente, sino que se producen por enfermedades que, existiendo con anterioridad, resultan modificadas (agravadas) por el accidente. Se refiere a una agravación del propio accidente más que a un proceso autónomo de enfermedad: la herida que termina en amputación o en muerte por una infección. El hecho de que una enfermedad de etiología común se revele exteriormente con ocasión del ejercicio de la ocupación laboral no dota a la misma, sin más, de la característica jurídica de accidente de trabajo, en tanto en cuanto no se demuestre la efectiva influencia de aquel ejercicio laboral en la aparición de la patología de referencia.

C) Enfermedades intercurrentes

34. Dispone el art. 156.2.g) de la LGSS que se consideran accidente de trabajo las consecuencias del accidente que resulten modificadas en su naturaleza, duración, gravedad o terminación, por enfermedades intercurrentes, que constituyan complicaciones derivadas del proceso patológico determinado por el accidente mismo o tengan su origen en afecciones adquiridas en el nuevo medio en que se haya situado el paciente para su curación. La enfermedad causada por acción del medio en que se haya situado al trabajador para su curación de los efectos del accidente, caso típico de los contagios por transfusiones. Se considera accidente de trabajo las enfermedades padecidas con anterioridad que se agravan como consecuencia de la lesión constitutiva del accidente. En rigor se trata de una relación entre enfermedad y accidente que se traduce en un resultado (agravación del efecto lesivo de la primera). En estos casos: (i) no sólo se incluye la agravación de una enfermedad ya existente y actuante, sino también aquellos supuestos en que una enfermedad hasta entonces latente se manifiesta o desencadena por primera vez y (ii) se amplía también el factor determinante que no necesita ser un accidente en sentido estricto, pues puede ser también un esfuerzo, una tensión emocional o una simple caída sin lesión destacable (STS (Social) de 27 de octubre de 1992, Rº 1901/1991).

Para el Tribunal Supremo, la presunción del art. 156.3 del LGSS se refiere no sólo a los accidentes en sentido estricto o lesiones producidas por la acción súbita y violenta de un agente exterior, sino también a las enfermedades o alteraciones de los procesos vitales que pueden surgir en el trabajo. Por ello, el juego de la presunción exigirá que, de negarse su etiología laboral, se acredite la ruptura del nexo causal, bien porque se trate de enfermedad que por su propia naturaleza descarta o excluye la acción del trabajo como factor determinante o desencadenante, bien porque se aduzcan hechos que desvirtúen dicho nexo causal; lo que sucederá con facilidad en los supuestos de enfermedades en las que el trabajo no tuviere influencia; pero se hace difícil en los casos de las lesiones cardiacas, las cuales no son extrañas a las causas de carácter laboral (STS (Social) de 20 de octubre de 2009, Rº 1810/08).

Dicha tesis ha sido reiterada por la STS (Social) de 10 de diciembre de 2014 (Rº 3138/13), en relación con un supuesto de hemorragia cerebral que se exterioriza durante el descanso para comer, tras haberse sentido indispuesto el trabajador en tiempo y lugar de trabajo, aunque el trabajador padeciera una malformación congénita arterio-venosa, o en la STS (Social) de 8 de marzo de 2016 (Rº 644/015) en el caso de un infarto de miocardio acaecido en el lugar de trabajo y durante el tiempo, aunque los síntomas de iniciaran días antes sin que los mismos impidieran al trabajador acudir al trabajo. Esta línea jurisprudencial tuvo en la STS (Social) de 23 de julio de 2015 (Rº 944/14), en el caso de una legionella contraída por un trabajador en Bangkok, a donde había sido enviado por la empresa, dándose la singularidad de que no resultaba posible saber a ciencia cierta el momento y lugar concretos en que se produjo el contagio, y de que además las características climatológicas del destino y las particularidades de contagio de esta bacteria permitían presumir que la probabilidad de haberla contraído en España hubiese sido muy remota.

D) Enfermedades in itinere

35. Pero la doctrina jurisprudencial ha excluido de la presunción las llamadas enfermedades «in itinere». La exclusión se funda en que, a diferencia de lo que ocurre en el accidente 'in itinere» en el que el trayecto es condición necesaria para el accidente, la enfermedad puede aparecer durante el trayecto, pero normalmente no a causa de él. La STS (Social) de 4 de julio de 1995 (Rº 1499/1994) ha negado la calificación de accidente de trabajo al infarto de miocardio padecido mientras el trabajador esperaba en la parada del autobús que debía conducirle al trabajo. Para la sentencia no juega en este caso la presunción del art. 156.3 de la LGSS y, en consecuencia, "al no aparecer en el relato de hechos ninguna circunstancia que relacione los síntomas que notó mientras esperaba el autobús con el trabajo (...) falta la relación necesaria entre lesión y trabajo, para que de ella pudiera derivarse la calificación de accidente laboral". Este criterio se reitera por las STS (Social) de 20 de marzo de 1997 (Rº 2726/96), 11 de diciembre de 2000 (Rº 4181/99), 30 de mayo de 2003 (Rº 1639/00), 16 de julio de 2004 (Rº 3484/03).

6. *Ruptura y mantenimiento de la relación de causalidad: fuerza mayor, acto de tercero y acto de la víctima*

A) La fuerza mayor absolutamente extraña al trabajo ejecutado al ocurrir el accidente

36. Por fuerza mayor se entiende un suceso que no hubiera podido preverse o que previsto fuera inevitable (art. 1105 del CC). Según el art.

156.4 a) de la LGSS no tienen la consideración de accidentes de trabajo los que sean debidos a fuerza mayor extraña al trabajo. Se entiende como fuerza mayor la que sea de tal naturaleza que ninguna relación guarde con el trabajo que se ejecutaba al ocurrir el accidente. Se excluye de la consideración como fuerza mayor extraña al trabajo la insolación, el rayo y otros fenómenos análogos de la naturaleza. La fuerza mayor, como suceso imprevisible e inevitable por su actuar fuera del espacio de control de las personas, excluye en todo caso la consideración de accidente de trabajo si no existe en dicho suceso vinculación con el trabajo y es, por tanto, producto de un factor ajeno al mismo.

B) Imprudencia temeraria de la víctima

37. Según el art. 156.4 b) de la LGSS, tampoco tienen la consideración de accidente de trabajo los que sean debidos a dolo o imprudencia temeraria del trabajador accidentado. Desde el Derecho Penal se define la imprudencia temeraria como la omisión de la diligencia más elemental». Es doctrina jurisprudencial conocida que el concepto de imprudencia temeraria no tiene en el ámbito laboral la misma significación que en el penal. En el ordenamiento de trabajo «el efecto que provoca su concurrencia es la pérdida de protección cualificada de un riesgo específicamente cubierto», mientras que el Derecho Penal tiende a proteger al colectivo social de los riesgos causados por conductas imprudentes.

Respecto de la incidencia de la imprudencia temeraria en la calificación del accidente, el Tribunal Supremo, haciéndose eco de lo dispuesto en el art. 156.4 b) de la LGSS, confirma que aquélla rompe el nexo causal entre la lesión y el trabajo.

La STS (Social) de 18 de septiembre de 2007 (Rº 3750/06) se trata de un motorista que, en una hora de gran circulación, cuando se dirigía a prestar servicios (es decir, en todo caso, estaríamos ante un accidente "in itinere"), inicia la marcha antes de que el semáforo estuviera verde, resultando impactado por un vehículo que circulaba en el cruce. Tal conducta, al entender del TS, constituye imprudencia temeraria por revelar un claro desprecio del riesgo conocido y de la más elemental prudencia exigible. La imprudencia temeraria, a diferencia de la imprudencia profesional, rompe el nexo causal entre la lesión y el trabajo. Resulta ciertamente llamativo que, probablemente, la solución habría sido distinta si se tratara de un trabajador que, en lugar de sufrir el accidente cuando iba a trabajar, lo hubiera tenido mientras trabajaba, es decir, si el vehículo que conducía fuera su instrumento de trabajo (un repartidor, por ejemplo), porque podría tratarse entonces de una imprudencia profesional.

Teniendo en cuenta las características configuradoras de esta clase de imprudencia, puede decirse que «la imprudencia es exonerante si el acto es grave, anormal y extraordinario, y no guarda relación alguna con el trabajo; si consistió en una imprudencia extra profesional, o si, además de temeraria sólo tiene una conexión remota con el trabajo, o es un acto arriesgado o innecesario para la actividad laboral». Lógicamente, dado que la imprudencia temeraria rompe el nexo causal entre trabajo y lesión confiriendo naturaleza común al accidente, debe ser de apreciación restrictiva, al igual que sucede con la fuerza mayor y el dolo.

38. La doctrina judicial es casuística y variada.

De acuerdo con la doctrina de suplicación, en el ámbito del tráfico viario, las simples infracciones de tráfico no suponen una imprudencia temeraria, ya que pueden ocasionarse por una serie de factores, como puede ser la habitualidad del trayecto, ya que el paso frecuente por un lugar encierra un hábito y una familiaridad que hace descuidar la obligación de poner en juego toda la atención que la situación de peligro requiere. No se considera accidente laboral, concurriendo imprudencia del trabajador, incumpliendo las normas de tráfico: la del que conduce para atender asuntos personales un vehículo sin permiso de circulación y se sale de la calzada, colisionando sin intervención de otro automóvil. En cuanto a la tasa de alcohol, el Tribunal Supremo, en la STS (Social) de 31 de marzo de 1999 (Rº 2997/98) ha declarado que "la imprudencia se configura en relación con las circunstancias de hecho que se dan en cada supuesto litigioso, y esas circunstancias concurrentes son de apreciación inicial del juzgador en cada caso concreto, para determinar si existe o no la causa de exclusión de la presunción de laboralidad".

En la STS (Social) de 25 de septiembre de 2007 (Rº 5452/2005), el Tribunal Supremo deja abierta cualquier posible opción sobre la calificación del suicidio como accidente de trabajo o como accidente no laboral:

"si bien es cierto que la presunción de laboralidad del actual art. 156.3 LGSS puede ser enervada por el carácter voluntario que tiene normalmente el acto de quitarse la vida, no es menos verdad que el suicidio se produce a veces por una situación de estrés o de trastorno mental que puede derivar tanto de factores relacionados con el trabajo como de factores extraños al mismo".

No faltan ejemplos de sentencias de Tribunales Superiores de Justicia en las que se ha calificado el suicido como accidente de trabajo cuando se ha acreditado que los factores laborales han sido su exclusiva causa, reiterando el criterio de que el suicidio puede considerarse como accidente de trabajo, cuando queda probado que la situación emocional determinante de esta decisión se encuentra directamente relacionada con las condiciones laborales del trabajador que adopta tan drástica medida fruto de la angustia y tensión que su vida laboral le produce. Y los supuestos en que se ha excluido la calificación de accidente laboral del fallecimiento por suicidio no ha sido por entenderlo excluido de tal concepto al ser un acto inicialmente voluntario, sino porque no se había acreditado por la demandante de tal calificación la relación de causalidad entre la adopción de la decisión y el trabajo.

C) La concurrencia de culpabilidad civil o criminal del empresario que no guarda ninguna relación con el trabajo

39. El art. 156.5 b) de la LGSS establece que la concurrencia de culpabilidad civil o criminal del empresario (...) no impedirá la calificación del accidente como de trabajo, salvo que esa intervención «no guarde ninguna relación con el trabajo» (falta de conexión absoluta que se produce, por ejemplo, si en un accidente de circulación el empresario atropella al trabajador un día festivo: STS (Social) de 24 de mayo de 1994 (Rº 2249/1993). Como ha señalado la doctrina, lo que el precepto en realidad contempla es el caso de un accidente que ya no se produce como consecuencia de la actualización de una situación objetiva de riesgo, sino por una acción u omisión culpable imputable al empresario que produce un riesgo extraordinario. El esquema de conexión no es ya una relación simple entre trabajo (como situación objetiva de riesgo) y lesión, sino otra más compleja: trabajo, culpa del empresario en el desarrollo del trabajo, lesión.

D) La culpa de un compañero de trabajo del accidentado o de un tercero, salvo que no guarde relación alguna con el trabajo

40. El art. 156.5 b) de la LGSS establece que:

> *"no impedirán la calificación de un accidente como de trabajo: la concurrencia de culpabilidad civil o criminal (...) de un compañero de trabajo del accidentado o de un tercero, salvo que no guarde relación alguna con el trabajo".*

Como ha reiterado la doctrina del Tribunal Supremo la interpretación de este último inciso, contrario sensu, "llevaría a la conclusión de cuando la agresión externa no guarda relación con el trabajo, su resultado no puede calificarse de accidente laboral, conclusión, sin duda extensiva de un mandato legal que, por su naturaleza de excepción a la regla, ha de ser objeto de una interpretación estricta y acorde con la naturaleza de la institución".

En la STS 20 de junio de 2002 (Rº 2297/01), se trataba de un trabajador muerto por un compañero a causa de problemas personales en torno a la esposa de uno de los afectados. El Tribunal Supremo señaló que no puede negarse que la actuación de un tercero, incluso con culpabilidad civil o criminal concurrente, no debe impedir, en algunos casos, la declaración de accidente de trabajo. Y así, cuando la actuación de ese tercero se revela que tiene su razón de ser en el trabajo realizado por la víctima o con ocasión de este último, indudablemente, no se podrá negar el carácter de accidente laboral a la agresión sufrida en tales circunstancias. Sin embargo, cuando los hechos enjuiciados, aunque materialmente se produzcan en el trayecto que conduce al centro de trabajo y precisamente cuando se inicia dicho trayecto, si responden a una motivación claramente ajena al trabajo, en sí mismo considerado, es evidente que a tenor art. 156.5 b) de la LGSS, no puede calificárseles de propio accidente laboral.

Ejemplo de esta línea de tendencia es el asunto resuelto por el Tribunal Supremo en su STS 20 de febrero de 2006 (Rº 4145/04). En el caso conocido como "el asesino de la baraja", el trabajador fallece de un disparo cuando esperaba el autobús, en parada en el mismo centro de trabajo, inmediatamente después de finalizada su jornada laboral, cuando se dirigía desde la salida del puesto de trabajo (aeropuerto) a su domicilio. No existía ninguna relación previa entre asesino y víctima. La excepción del art. 156.5.b) de la LGSS deberá interpretarse como excluyente de la calificación de accidente de trabajo cuando la agresión obedezca a motivos ajenos al trabajo y próximos a circunstancias de agresor y agredido, pero no en los casos en los que, por las circunstancias, el suceso deba ser calificado como caso fortuito tal y como aparece configurado en la doctrina de la Sala 1ª del Tribunal Supremo, que exige "que se trate de un hecho que no hubiera podido preverse o que previsto fuera inevitable", siendo inexcusable la imprevisibilidad del daño causado:

> "no caben dudas de que concurren los requisitos jurisprudencialmente establecidos como determinantes de la calificación, sin que concurran causas excluyentes. Así el suceso se produjo, en hora contigua al fin de la jornada, en lugar adyacente al centro de trabajo, para la utilización de un medio de transporte normal, cual es el autobús de línea. Es evidente que no existía desviación del camino habitual de vuelta a su domicilio, ni por tiempo, ni lugar, ni medio. El daño que sobreviene al trabajador en esas circunstancias es accidente de trabajo, por disposición legal a no ser que otro mandato legal desvirtúe esa conclusión".

Pero siendo ello así la interpretación "a contrario" del art. 156.5 b) de la LGSS a cuyo tenor, "no impedirán la calificación de un accidente como de trabajo: la concurrencia de culpabilidad civil o criminal del empresario, de un compañero de trabajo del accidentado o de un tercero, salvo que no guarde relación alguna con el trabajo", llevaría a la conclusión de que cuando la agresión externa no guarda relación con el trabajo, su resultado no puede calificarse de accidente laboral.

7. *La enfermedad profesional*

41. De acuerdo con lo establecido en el art. 157 de la LGSS, se entiende por enfermedad profesional:

> *"la contraída a consecuencia del trabajo ejecutado por cuenta ajena en las actividades que se especifiquen en el cuadro que se apruebe por las disposiciones de aplicación y desarrollo de esta Ley, y que esté provocada por la acción de los elementos y sustancias que en dicho cuadro se indiquen para cada enfermedad profesional".*

Como señaló la STS (Social) de 13 de noviembre de 2006 (Rº 2539/05), para saber si nos encontramos ante una enfermedad profesional, habrá que analizar si el causante reúne los tres requisitos que la citada norma exige para ello: Que la enfermedad se haya contraído a consecuencia del trabajo realizado por cuenta ajena, que se trate de alguna de las actividades que reglamentariamente se determinan, y que esté provocada por la acción de elementos y sustancias que se determinen para cada enfermedad».

El RD. 1299/2006, por el que se aprueba el cuadro de enfermedades profesionales en el sistema de la Seguridad Social y se establecen criterios para su notificación y registro, es la norma que deroga el anterior RD. 1995/1978, aprobó el actual cuadro de enfermedades profesionales, a que se refiere el LGSS art. 157, cuadro que se clasifica en seis Grupos, organizados por agentes, subagentes, actividades, códigos y enfermedades profesionales con la relación de las principales actividades capaces de producirlas.

42. Se han considerado enfermedades profesionales, el síndrome del túnel carpiano sufrido por una limpiadora (STS (Social) de 5 de noviembre de 2014 (Rº 1515/13) o el caso de una peluquera con síndrome subacromial derecho y con limitación para tareas que requieran de articulación de hombro derecho, especialmente si se realizan por encima plano horizontal de hombros (STS (Social) de 18 de mayo de 2015, Rº 1643/2014). En esta línea se sitúan también las SSTS (Social) de 13 de noviembre de 2019 (Rº 3482/2017); de 6 y 7 de julio de 2022 (Rº 3579/2019, 2531/2021; 3850/2019 y 3442/2019)

La perspectiva de género ha servido para incluir en la noción de "enfermedad profesional" padecimientos o dolencias que no estaban tipificados como tales por la norma.

En este sentido, la STS (Social) de 20 de septiembre de 2022 (Rº 3378/2022) califica como enfermedad profesional las dolencias, en el caso concreto la "rotura de manguito izquierdo rotador", padecidas por una limpiadora.

No se trata de una lista de enfermedades estática en la medida que se prevén mecanismos de revisión y actualización.

A diferencia del accidente de trabajo respecto del que es necesario la prueba del nexo causal lesión-trabajo para la calificación de laboralidad, en virtud de la presunción contenida en el art. 157 de la LGSS, tal prueba no se exige al trabajador en ningún caso en las enfermedades profesionales listadas (STS (Social) de 20 de diciembre de 2007, Rº 2579/06). Con ello se pone de relieve que el sistema vigente en nuestro ordenamiento conlleva una seguridad jurídica, ya que se presumen iuris et de iure enfermedades profesionales todas las enfermedades listadas en el anexo I del RD 1299/2006 (STS (Social) de 5 de noviembre de 2014, Rº 1515/13).

A diferencia del accidente de trabajo, la enfermedad profesional viene acompañada de determinadas medidas de tutela preventiva. En primer lugar, las empresas que cubran puestos de trabajo con riesgo de enfermedades profesionales están obligadas a practicar un reconocimiento médico previo a la admisión de los trabajadores que ocupe aquéllos y a realizar los reconocimientos periódicos que para cada tipo de enfermedad se establezcan en las normas (art. 243 de la LGSS). A este respecto, el Ministerio de Sanidad ha aprobado protocolos específicos de vigilancia de la salud que detallan el contenido de las pruebas médicas. Por ejemplo, sobre amianto, ruido, agentes biológicos, etc. La segunda de las medidas se refiere a los períodos de observación o, dicho con otras palabras, el tiempo necesario para el estudio médico de la enfermedad cuando haya necesidad de aplazar el diagnóstico definitivo. Estos períodos tienen la consideración de situaciones determinantes de incapacidad temporal con una duración máxima de seis meses, prorrogables por otros seis cuando se estime necesario para el estudio y diagnóstico de la enfermedad (art. 169.1.b) de la LGSS). También existen normas especiales para la incapacidad permanente derivada de enfermedad profesional (art. 199 de la LGSS) y algunas particularidades para la enfermedad de silicosis (art. 26 del RD. 3158/1966). En tercer lugar, se prevé la posibilidad de traslado de puesto de trabajo para aquellas situaciones en las que no es posible que el trabajador continúe expuesto a los factores de riesgo de enfermedad profesional (art. 176.2 de la LGSS).

8. Las contingencias comunes

43. Los conceptos de accidente no laboral y enfermedad común se determinan negativamente. De acuerdo con el art. 158.1 de la LGSS "*se considerará accidente no laboral el que, conforme a lo establecido en el art. 156, no tenga el carácter de accidente de trabajo*" y es enfermedad común ex art. 158.2 de la LGSS, "*las alteraciones de la salud que no tengan la condición de accidentes de trabajo ni de enfermedades profesionales, conforme a lo dispuesto, respectivamente, en* *los apartados 2.e), f) y g) del art. 156 y en el art. 157*". Esta delimitación negativa y el tratamiento privilegiado de las contingencias profesionales sobre las comunes ha llevado a que la litigiosidad tradicional se haya centrado en la controversia sobre el carácter profesional o no de la contingencia.

Como ha señalado la doctrina, para definir el accidente no laboral y la enfermedad común frente a las contingencias profesionales basta eliminar la conexión causal con el trabajo. No sucede lo mismo con la distinción entre accidente no laboral y enfermedad común, porque aquí el campo de significación resulta más confuso. El término accidente es bastante amplio y no está necesariamente en una relación semántica de oposición con la expresión enfermedad. El accidente es lo que se produce de manera fortuita y también lo que actúa de forma súbita o violenta con cierta exterioridad. Pero una enfermedad puede ser accidental en el sentido de tener un origen fortuito y, a su vez, la acción violenta del accidente puede producir una enfermedad.

9. Riesgos catastróficos

44. El art. 160 de la LGSS establece que:

> *"en ningún caso serán objeto de protección por el Régimen General los riesgos declarados catastróficos al amparo de su legislación especial".*

Contiene el citado precepto la exclusión de los riesgos catastróficos, que es normal en los seguros de daños. Esta exclusión debe relacionarse con el art. 44 de la LCS que establece que «*el asegurador no cubre los daños por hechos derivados de conflictos armados, haya precedido o no la declaración de guerra, ni los derivados de riesgos extraordinarios sobre las personas y los bienes, salvo pacto en contrario*».

IV. El sistema de protección social como modelo de responsabilidad objetiva

1. Rasgos definidores del sistema de responsabilidad objetiva por accidente de trabajo

45. Característica general del régimen de seguridad social es la búsqueda de un límite a la extensión de una responsabilidad que se concibe como objetiva (Alonso Olea y Tortuero, 1985: 117) si consideramos tal aquel sistema que consiste en atribuir a una persona la obligación de indemnizar a otra con independencia de que haya intervenido culpa o negligencia. En la responsabilidad objetiva, quien cause daños a otro está obligado a resarcirlos y ello con independencia del nivel de precaución que hubiera adoptado siempre que la ley así lo hubiera establecido

46. La primera de las características que definen esta técnica de responsabilidad es la atribución de la responsabilidad por razón de la actividad desarrollada, independientemente de que el responsable/demandado haya o no incurrido en culpa, encontrándose obligado a pagar unos daños de los que no hubiera respondido de aplicarse el principio de responsabilidad por culpa. La construcción del sistema de responsabilidad objetiva en el ámbito de los accidentes de trabajo encontró en la teoría del riesgo su principio fundamental. El accidente de trabajo es consecuencia del trabajo frente al cual el empresario, objetivado en la gerencia, viene obligado a reparar el daño.

El riesgo se asienta en una concepción de la causalidad como origen de un efecto únicamente probable. La relación de causalidad no es, en este contexto, una derivación de relaciones necesarias entre cosas y situaciones, sino una relación inductivamente construida a partir del desarrollo de una actividad dentro de una esfera de peligro. En el sistema basado en la culpa, el accidente tenía su origen en una deficiente organización del proceso de trabajo del que se derivan necesariamente el daño al trabajador. Por el contrario, la doctrina del riesgo parte de que el hecho de trabajar es peligroso y a lo que puede aspirar es a la reducción de la probabilidad de la contingencia. En conclusión, en la denominada responsabilidad por riesgo las consecuencias dañosas de ciertas actividades o conductas, aun lícitas y permitidas, deben recaer sobre el que ha creado un peligro para un tercero, tesis que, llevada hasta sus últimas consecuencias, conduce a una pura objetivación del daño y lleva, necesariamente, a la obligación de responder por la intervención en la potencial causación de una situación de peligro.

47. El proceso de objetivación del accidente en forma de riesgo encierra la desvinculación de las condiciones de trabajo de la siniestralidad, circunstancia que dará lugar a lo que se ha calificado como "desbordamiento de la doctrina del riesgo" y que tendrá como efecto la transformación de la categoría del accidente de trabajo, proyectándose como algo que sucede dentro y más allá del puesto de trabajo. Tal desbordamiento, que interviene extendiendo el ámbito de responsabilidad empresarial, contribuye a reforzar la objetivación de la siniestralidad en el riesgo. Ejemplo de esta idea es la consideración como accidente de trabajo de los producidas"*in itinere*". La tutela de los mismos supone una sobreprotección del trabajador y un incremento del nivel de responsabilidad empresarial, pero tiene el efecto de desactivar la conexión entre siniestralidad y condiciones de trabajo, acentuando la objetivación del riesgo.

Desarrollos legislativos recientes configuran con más nitidez esta tendencia desde el momento en el que la responsabilidad subsiste aun cuando el accidente sea debido a que el trabajador no cumpla con las normas de seguridad, ya que en expresión del art. 5.3 Directiva 89/391/CEE, de 12 de junio, "*relativa a la aplicación de medidas para promover la mejora de la seguridad y salud de los trabajadores en el trabajo*", "*las obligaciones de los trabajadores en el ámbito de la Seguridad y salud en el trabajo no afectarán al principio de responsabilidad del empresario*". Se afianza, así, la idea de que el empresario responde de la integridad tanto dentro como fuera del proceso de trabajo, y se alarga igualmente más allá del actuar del propio trabajador.

2. *El daño y su reparación a través de las prestaciones de la seguridad social por contingencias profesionales*

A) Delimitación de los daños corporales

48. El art. 156.1 de la LGSS precisa que el accidente de trabajo es una lesión corporal, lo que significa que el daño normal o típico que produce un accidente laboral serán daños corporales en sentido amplio. Hay otros daños posibles de carácter material, como, por ejemplo, la destrucción, pérdida o rotura de efectos personales del trabajador y de los instrumentos de trabajo que son propiedad de éste. Esos daños pueden haberse producido por el accidente, pero no serán reparados a través del régimen de responsabilidad objetiva del empresario que se instrumenta a través de la Seguridad Social. Estos daños materiales no corporales quedan, por tanto, dentro de la limitación de la responsabilidad objetiva del empresario (Desdentado, 2009: 81).

Los daños corporales son daños de carácter personal, que, sin embargo, pueden tener consecuencias lesivas tanto patrimoniales como extrapatrimoniales (Vicente Domingo, 2006).

En el plano patrimonial una lesión corporal puede determinar un exceso de gastos para atenderla y para superar sus efectos (gastos de asistencia sanitaria y rehabilitación, gastos de defunción). Es el daño emergente, al que hay que unir el lucro cesante, que consiste en las ganancias que la lesión impide obtener. Aquí la determinación del daño suele remitir a las distintas formas de pérdida de la capacidad de ganancia: la pérdida que se produce por la muerte del trabajador accidentado y que priva de sus ingresos a los familiares que vivían a su cargo; la pérdida temporal de la capacidad de trabajo y la pérdida permanente de esa capacidad en sus distintos grados (parcial para una profesión determinada; completa para esa profesión o genérica para cualquier trabajo).

La lesión corporal tiene también consecuencias que no son patrimoniales. Estas pueden ser de varios tipos. Están, en primer lugar, las limitaciones funcionales no vinculadas únicamente a la capacidad de ganancia y que se proyectan como restricciones para la realización de determinados actos de la vida corriente (funciones vitales esenciales, movilidad, relaciones sociales, etc.). Entre estas limitaciones puede incluirse la pérdida de placer (corresponde a la imposibilidad total o parcial de una víctima de poder realizar una actividad de ocio o deportiva debido a las consecuencias del accidente sobre su salud), si no se considera daño moral. Por último, la lesión corporal puede provocar también normalmente un daño estético o un daño moral, que es susceptible de afectar a la víctima o a sus familiares.

B) El carácter tarifado de las prestaciones de la Seguridad Social por accidentes de trabajo

49. Las prestaciones de la Seguridad Social por accidentes de trabajo que "son las sucesoras de las indemnizaciones del esquema de responsabilidad objetiva", se centran en la cobertura del daño patrimonial (Desdentado, 2009: 83), pero se extienden también, aunque de forma bastante restringida, a las limitaciones funcionales no determinantes de una reducción de la capacidad de ganancia. La reparación es muy reducida, prácticamente simbólica para los gastos de defunción (Desdentado, 2009: 84).

El carácter objetivo de la responsabilidad se aprecia no sólo en la objetivación de la causa que la fundamenta, sino también en los términos en los que ésta se concreta, de tal manera que el trabajador tiene derecho exclusivamente a lo que la ley le reconozca, es decir, a las prestaciones de Seguridad Social legalmente establecidas en relación con la situación y contingencias sobrevenidas. Se trata de una responsabilidad tasada o tarifada: "la objetivación del riesgo lleva a una objetivación de la responsabilidad, la objetivación de la responsabilidad se consigue mediante la referencia a la entidad de las incapacidades; en accidentes de trabajo, toda teoría de las incapacidades es, al propio tiempo, una teoría de las indemnizaciones y, por ello, un método de fijación o tasa de responsabilidades" (como tempranamente señalaría, Alonso Olea, 1958: 1423).

Sabido es que el sistema de Seguridad Social efectúa una relativa baremación de los daños ocasionados como consecuencia del accidente de trabajo. En estos casos se indemniza económicamente cualquier supuesto que altere la integridad del sujeto protegido, aunque esa alteración sólo tenga una incidencia mínima (criterio indemnizatorio estricto basado en el principio de responsabilidad por daños), mientras que si la lesión deriva de una enfermedad común o un accidente no laboral se exige siempre una proyección invalidante que haga imposible o reduzca de forma notable la capacidad de ganancia (criterio social de protección de un estado de necesidad objetivo).

De ahí que la protección del daño a las personas en el ámbito de la Seguridad Social viene dada como una noción relacional entre la disminución física, el trabajo y la profesión, lo que obliga, a efectos de efectuar su determinación, a la necesidad de acudir a distintas mediciones de orden subjetivo y, entre ellas, necesariamente, a la edad y formación del trabajador, y a otras de carácter objetivo (mercado de trabajo). A esta diversidad de tratamiento se une la complejidad derivada de la necesidad de precisar las posibilidades reales de un empleo con la fuerza de trabajo residual, no sólo en función de criterios técnicos (de orden físico o profesional) del sujeto protegido (degradación de la fuerza de trabajo), sino también de situación de mercado (capacidad del mismo para absorber la fuerza de trabajo residual). El resultado de la evaluación de los anteriores componentes es que nuestro sistema de Seguridad Social otorga cobertura al lucro cesante en el que se incluyen la pérdida de ingresos laborales; las lesiones, mutilaciones y deformidades de carácter definitivo, si no producen invalidez —la indemnización por baremo—; así como, la necesidad de pagar a una persona que atienda a un gran inválido o la asistencia sanitaria.

La reparación tasada reduce el daño indemnizable, pues, aparte de las prestaciones sanitarias, la compensación se centra en la reparación de la capacidad de trabajo, dejando por lo general fuera de cobertura desde "el precio del dolor" hasta el daño estético, pasando por el biológico. Incluso dentro de la reparación de la capacidad de ganancia la tasa de cobertura tiende a quedar por debajo del nivel efectivo del daño, al menos en las incapacidades no absolutas, lo que puede conducir a la infraprotección. Desde la anterior idea, cabe plantearse cuál es el papel reservado a la responsabilidad civil y la respuesta lógicamente será que su papel es cubrir aquel tipo de daños que no pueden encontrar cobertura en una garantía social, esto es, aquellos daños a los bienes y, sobre todo, el daño moral, en el que la reparación es, sin embargo, legítima.

La compatibilidad entre las prestaciones sociales y las indemnizaciones por daños responde a la correlación existente entre responsabilidad objetiva tarificada y la necesidad de establecer criterios de corrección cuando media causación culposa o dolosa del daño, supuesto en el que desaparece la tasa y el límite de la cuantía a indemnizar. En esos términos, el art. 168.3 de la LGSS precisa que cuando una prestación se deba a supuestos de hecho en que concurra responsabilidad civil o criminal, con independencia del abono de la cantidad correspondiente, el trabajador o sus derechohabientes podrán exigir indemnizaciones procedentes de los responsables civiles o penales.

C) La cobertura del daño emergente

50. La cobertura del daño emergente por gastos de asistencia sanitaria y de rehabilitación es amplia, aunque queda fuera de las facultades de elección del accidentado, pues se presta por los servicios propios o concertados de los organismos gestores o de las entidades colaboradoras. La asistencia debe prestarse de la forma "más completa" y comprende el tratamiento médico y quirúrgico, el suministro y renovación de aparatos de prótesis, la cirugía plástica y las prestaciones de rehabilitación, así como las prestaciones farmacéuticas en régimen de gratuidad.

Ejemplo de ello es la STS (Social) de 10 de octubre de 2019 (Rº 3494/2017), que reconoce el derecho de un trabajador que sufrió la amputación de su mano derecha a que se le implantase una prótesis mioeléctrica de última generación y no la meramente convencional que está prevista para los supuestos de asistencia sanitaria ordinaria. El art. 42.1.a) LGSS señala que, dentro de la acción protectora de la Seguridad Social, se encuentra la asistencia sanitaria en los casos «*de enfermedad común o profesional y de accidente, sea o no de trabajo*». En el fondo de la cuestión estaba la aplicación del principio de "reparación íntegra" de las secuelas de un accidente laboral. El problema derivaba de una situación de tránsito normativo que daba lugar a que se produjera una equiparación entre los accidentes laborales y accidentes ajenos al mundo laboral. El Tribunal Supremo entiende que el principio básico de "reparación íntegra" de las secuelas del accidente laboral (porque así lo requiere el Convenio nº 17 de la Organización Internacional del Trabajo), constituye un principio implícito en la responsabilidad empresarial en materia de accidentes laborales. Una solución que «*no equivale, ni ahora ni antes, a la ausencia de límites o a la proclamación de un deber de gasto incontrolado sino sujeto a las posibilidades razonables, pero sin las restricciones del catálogo de prestaciones sanitarias en contingencia común*».

D) La cobertura de lucro cesante

51. La cobertura del lucro cesante se articula a través del sistema de prestaciones de la seguridad social. Dicho sistema no contiene una única regla o fórmula de cálculo del importe de las prestaciones, entre otras razones porque no todas ellas tienen las mismas características. Por lo pronto hay que distinguir entre prestaciones contributivas (cuya cuantía está ligada normalmente al periodo de cotización acreditado por el beneficiario) y prestaciones no contributivas (que se fijan de manera uniforme y general para todos los beneficiarios). Además, hay que tener en cuenta que las prestaciones, atendiendo al momento en que se abonan al beneficiario, son de dos grandes tipos:

52. Prestaciones a tanto alzado, que se perciben de una sola vez. En unas ocasiones se calculan por baremo (lesiones permanentes no invalidantes) y en otras a partir de la cuantía de una pensión periódica (indemnización por fallecimiento) o de la base reguladora de otra prestación (incapacidad permanente parcial).

La indemnización de las lesiones permanentes no invalidantes cubre el daño corporal no patrimonial. En él posiblemente se ponderan las limitaciones funcionales en sí mismas, el daño estético y, con más dudas, el daño moral (Desdentado, 2009). El art. 201 de la LGSS, establece que las lesiones, mutilaciones y deformidades de carácter definitivo, causadas por accidentes de trabajo o enfermedades profesionales que, sin llegar a constituir una incapacidad permanente, supongan una disminución o alteración de la integridad física de la persona trabajadora y aparezcan recogidas en el baremo anejo a las disposiciones de desarrollo de dicha ley, serán indemnizadas, por una sola vez, con las cantidades alzadas que en el mismo se determinen, por la entidad que estuviese obligada al pago de las prestaciones de incapacidad permanente, todo ello sin perjuicio del derecho de la persona trabajadora a continuar al servicio de la empresa. Las cuantías de las referidas indemnizaciones se encuentran fijadas por la Orden ISM/450/2023, de 4 de mayo, por la que se actualizan las cantidades a tanto alzado de las indemnizaciones por lesiones, mutilaciones y deformidades de carácter definitivo y no incapacitantes. Una restricción importante de esta cobertura se deriva de la regla de incompatibilidad del art. 203 de la LGSS, a tenor del cual "Las indemnizaciones a tanto alzado que procedan por las lesiones, mutilaciones y deformidades que se regulan en este capítulo serán incompatibles con las prestaciones económicas establecidas para la incapacidad permanente, salvo en el caso de que dichas lesiones, mutilaciones y deformidades sean totalmente independientes de las que hayan sido tomadas en consideración para declarar tal incapacidad permanente y el grado de la misma". De esta forma, si un accidente produce a la vez una incapacidad y una lesión funcional o estética, quedará excluida la indemnización por esta última.

53. Prestaciones periódicas, que se perciben por períodos o tramos temporales (generalmente, por mensualidades). Aunque la fórmula de cálculo de cada una de las prestaciones periódicas del sistema de seguridad social no siempre es igual (dependiendo, fundamentalmente, de que se trate de pensiones o de prestaciones de corta duración o subsidios), todas ellas distinguen dos momentos o fases perfectamente diferenciados. La primera de esas fases consiste en el cálculo de la base reguladora de la prestación, que es distinta para cada prestación, y, dentro de cada una, puede diferir en atención al riesgo que origina la necesidad de protección. Como regla general, la base reguladora de las prestaciones por contingencias comunes es el resultado de hallar el promedio de las bases de cotización acreditadas en un determinado período inmediatamente anterior al hecho causante, sin perjuicio de ciertas correcciones (actualización de las bases más antiguas conforme al IPC, integración de lagunas, etc.). En caso de contingencias profesionales, la base reguladora coincide con el salario real que percibía el trabajador.

El segundo paso, una vez determinada la base reguladora, consiste en aplicar el tipo, que en ocasiones está predeterminado en la Ley en función de las circunstancias concurrentes (IT, IP, muerte y supervivencia), y en otras depende directamente de la carrera de seguro del trabajador, pues el porcentaje o tipo dependerá de los años de cotización acreditados (jubilación). Los porcentajes son variables en función de las distintas situaciones protegidas, que son las que delimitan el daño indemnizable. Así la incapacidad temporal tiene un porcentaje del 75%; la incapacidad permanente va de un 55% para la total hasta un 100%, con un incremento del 20% para los incapacitados totales mayores de 55 años con dificultades de empleo; la viudedad tiene un porcentaje normal del 52%, que puede elevarse al 70% cuando la situación de necesidad es más grave; las pensiones de orfandad y en favor de familiares se calculan al 20% con topes para la acumulación en función de la renta del causante. Hay además subsidios temporales para determinados familiares e indemnizaciones a tanto alzado limitados por un tope máximo de la base de cotización.

Con la aplicación del tipo se obtiene la cuantía correspondiente a cada prestación.

E) La deficiente cobertura de los daños no patrimoniales

54. La cobertura de los daños no patrimoniales es muy deficiente. Como ha señalado Desdentado (2009: 85). Sólo en el caso de la gran invalidez la protección tiene una eficacia destacable, pero los criterios de reparación en función de la base de cotización son arbitrarios. Y es que "las indemnizaciones del baremo no resisten la comparación con las establecidas para la responsabilidad en los accidentes de circulación; no cubren los daños morales por muerte y carecen de cláusula de actualización periódica" (Desdentado, 2009: 85).

V. La responsabilidad objetiva adicional: Las mejoras voluntarias

1. Contenido y alcance de las mejoras voluntarias

55. Aunque la responsabilidad objetiva tiene origen legal y se concreta en términos tasados, "nada impide que el empresario asuma, por pacto o convenio colectivo, la obligación de mejorar las prestaciones de Seguridad Social y, en concreto, que en relación con los accidentes laborales o enfermedades profesionales asuma la obligación de suscribir un seguro de accidentes, vida o cualquier otra mejora protectora" (Alfonso Mellado, 1998: 61).

Conforme al art. 238.1 de la LGSS, las mejoras voluntarias de la acción protectora del Régimen General pueden articularse a través de dos fórmulas distintas: primero, a través de la mejora directa de las prestaciones, en los términos previstos por los arts. 239 y 240 de la LGSS. Y, segundo, mediante el establecimiento de tipos de cotización adicionales, una modalidad regulada en el artículo 194 de la LGSS, si bien inexistente en la realidad práctica actual. La mejora voluntaria supone una protección adicional, que se une a la básica que proporciona el sistema público de pensiones, pero no se trata de una modalidad de protección alternativa ni sustitutiva de la que el régimen público ha de ofrecer.

Como complemento del contenido de las previsiones de los arts. 238 y 239 de la LGSS sobre las mejoras directas, y de una forma poco sistemática, el art. 240 de la LGSS se refiere a los diversos modos en que puede articularse su gestión o, si se prefiere, a las distintas vías existentes para la instrumentación de mejoras comprometidas en el ámbito laboral a través de la negociación colectiva (convenio o pacto de empresa), de pacto individual o de la iniciativa unilateral del empresario.

2. El ámbito material de las mejoras voluntarias

56. Por un lado, conviene precisar el ámbito material de este tipo de mejoras. Las prestaciones que pueden ser mejoradas por esta vía son todas las del sistema de Seguridad Social distintas a las articuladas como compromisos por pensiones. Normalmente, estas mejoras consisten en: (i) Mejora de la incapacidad temporal. (ii) Fallecimiento e incapacidad permanente invalidante. Es frecuente, normalmente por convenio colectivo, que el empleador abone al trabajador una cantidad a tanto alzado por fallecimiento o por incapacidad permanente en sus distintos grados (parcial, total o absoluta). Surgen, así los denominados «Seguros de Convenio», entendidos como aquellos seguros colectivos que fijan con carácter objetivo indemnizaciones por muerte o lesiones de los trabajadores en accidente laboral, independientemente de la existencia o no de culpa.

3. El contrato de seguro como fórmula de cobertura

57. La instrumentación de las mejoras directas mediante el seguro colectivo habitualmente da lugar a que se genere una relación jurídica compleja, en la que los vinculados por el contrato de trabajo recurren a un técnica y a un sujeto específicamente mercantiles para establecer la gestión de las mismas, de modo que mientras unos, trabajadores y empresario, se hallan vinculados por una relación laboral y suelen concertar las mejoras en un pacto de esta naturaleza como es el convenio colectivo, otros, asegurador y empresario-tomador, convienen dicha gestión de conformidad con el orden jurídico-mercantil que regula la actividad aseguradora (Yanini Baeza, 1995).

A la diversa cualidad de los sujetos se añade la especial naturaleza jurídica de las prestaciones asegurables, que en cuanto mejoras directas de la acción protectora del Régimen General de la Seguridad Social poseen los caracteres propios de las dispensadas por éste. Esto da lugar a que la compleja relación jurídica que se establece venga regulada por disposiciones de naturaleza también diversa, concurriendo las típicamente mercantiles que rigen la actividad aseguradora, las de naturaleza laboral respecto del régimen de derechos y obligaciones que vinculan al empresario y sus trabajadores y las de Seguridad Social que intervendrán en el régimen de las prestaciones aseguradas.

Hay que partir del hecho de que es el propio empresario quien habitualmente asume la función de tomador del seguro en virtud del mandato contenido en el convenio colectivo, imponiéndose una obligación de hacer, que en caso de incumplimiento podrá dar lugar a las correspondientes responsabilidades frente al trabajador que, de haberse cumplido la obligación de asegurar, habría resultado beneficiario de prestaciones (Capítulo 23). Surge de este modo, "una responsabilidad objetiva adicional, abonar lo acordado o, en el caso de que se haya pactado un aseguramiento voluntario, tener cubierto el riesgo previsto mediante ese seguro que ha pasado a ser obligatorio para el empresario en virtud del pacto o convenio que lo estableció. Al igual que ocurre en el caso de aseguramiento obligatorio, en este caso el empresario cumple suscribiendo el seguro, lo que supone desplazar su responsabilidad hacia la aseguradora" (Alfonso Mellado, 1998: 61-62).

Las prestaciones concertadas con el seguro colectivo se rigen por lo que se establezca en el contrato de seguro, que como hemos señalado quedará documentado con la póliza de seguro y en su caso el convenio colectivo que la motive. Las partes que suscriben la póliza tienen la facultad de delimitar los riesgos asegurados (arts. 100 y 8 de la LCS), pero los términos en los que se redactan las pólizas y los convenios colectivos no siempre son claros, y muchas veces contienen cláusulas que se prestan a interpretaciones diversas. Así ocurre en ocasiones con la definición de los grados de incapacidad permanente cuando los términos empleados por la póliza o el convenio no se corresponden con la terminología de la LGSS o cuando como contingencias aseguradas se definen a las derivadas de accidente o de accidente de trabajo, en particular porque la noción de accidente del art. 100 de la LCS no es plenamente coincidente con la de accidente de trabajo del art. 156 de la LGSS.

4. *Imputación de responsabilidades*

58. Por ello el empresario incumplidor de la obligación de instrumentalizar con el contrato de seguro las mejoras directas pactadas en convenio incurre en responsabilidad frente al beneficiario acreedor a las mismas en caso de falta o ausencia de seguro (que se corresponde con el incumplimiento total de la obligación de asegurar) o la insuficiencia de seguro, en cuanto se haya suscrito un seguro que cubra menos de lo pactado (Yanini: 1995: 319). Surge, en estos casos, la responsabilidad en la que incurre el empresario le obligará a responder ante el asegurado o beneficiario del importe del seguro voluntario que hubiera debido concertar y ello cualquiera que fuera su alcance.

Además, "estas prestaciones en la medida que se configuren realmente como tales mejoras de prestaciones de la Seguridad Social, son un incremento de la responsabilidad objetiva y por lo tanto, (...) no exoneran de las reparaciones que pueden proceder de la responsabilidad civil por culpa que nada tiene que ver con la responsabilidad objetiva que en materia de Seguridad Social se establece, ni deben confundirse con las acciones de aseguramiento de ésta que se realicen al amparo del art. 15.5 de la LPRL" (Alfonso Mellado, 1998: 61-62).

Capítulo 17

EL SISTEMA DE REPARACIÓN DEL ACCIDENTE DE TRABAJO (II). EL RECARGO DE PRESTACIONES Y SU NATURALEZA MUTABLE

Bibliografía: ALFONSO MELLADO, C., *Responsabilidad empresarial en materia de seguridad y salud laboral*, Valencia, Tirant lo Blanch, 1998. Id., *Indemnizaciones derivadas de la responsabilidad empresarial por accidentes de trabajo: prueba y cuantificación*, Revista de Derecho de la Seguridad Social. Laborum, 2014, nº 1, pp. 55-81. ARAMENDI SÁNCHEZ, P., *Problemas procesales en los litigios sobre recargo de prestaciones*, en Aramendi Sánchez, P., (Dir.)., *Ley de Prevención de Riesgos Laborales. Últimas reformas y análisis de la normativa específica en la materia,* Madrid, CGPJ, 2006, pp. 479-509. CALDERÓN PASTOR, F. J., *Artículo 164,* en Ignacio García-Perrote Escartín, I., Mercader Uguina, J. R. y Trillo, A. *Comentarios la Ley General de la Seguridad Social,* Madrid, Lex Nova, 2015, pp. 764-773. CARDENAL CARRO, M., HIERRO HIERRO, F. J., *El recargo de prestaciones: criterios determinantes en la fijación del porcentaje aplicable,* Albacete, Bomarzo, 2005. DESDENTADO BONETE, A., *El recargo de prestaciones de la Seguridad Social y su aseguramiento. Contribución a un debate,* Revista de Derecho Social, 2003, nº 21, pp. 11-28. Id. *El Recargo de Prestaciones y el complejo de Robin Hood.* Diario La Ley nº 6857, 9 de enero de 2008. DESDENTADO BONETE, A. DE LA PUEBLA, A., *La responsabilidad del empresario por los accidentes de trabajo y el recargo de prestaciones por infracción de normas de seguridad: Algunas reflexiones sobre las últimas aportaciones de la Jurisprudencia,* Tribuna social, 2001, nº 125, pp. 13-27. Id. *En busca de la reparación integral: las medidas complementarias de protección del accidente de trabajo a través de la responsabilidad civil del empresario y del recargo de prestaciones,* en Gonzalo González y Nogueira Guastavino (Coord.), *Cien años de Seguridad Social.* A propósito de la Ley de Accidentes de Trabajo de 30 de enero de 1900, Madrid, UNED/Fraternidad, 2000, pp. 650-653. DESDENTADO BONETE, A., MURILLO GARCÍA, C., *Los problemas generales de la acción protectora de la Seguridad Social en la unificación de doctrina,* Pamplona, Aranzadi, 2009. DESDENTADO BONETE, A. NOGUEIRA GUASTAVINO, M., *Las transformaciones del accidente de trabajo entre la Ley y la jurisprudencia (1900-2000): revisión crítica y propuesta de reforma,* Revista del Ministerio de Trabajo e Inmigración, 2000, nº 24, pp. 31-68. DESDENTADO DAROCA, E., *Procedimiento administrativo y protección social. Algunas perturbaciones recíprocas: recargo de prestaciones y declaración de incapacidad, caducidad y prescripción,* Revista de Derecho Social, 2007, nº 40. LANTARÓN BARQUIN, D., *Trabajo y suicidio,* Pamplona, Aranzadi, 2025. LÓPEZ FERNÁNDEZ, R., *El recargo de prestaciones económicas de Seguridad Social: historia, presente y futuro,* Murcia, Laborum, 2018. GARCÍA ROMERO, B., *Efectos en el recargo de prestaciones por accidente de trabajo de la reforma legal de la cuantía de la pensión de viudedad operada con posterioridad,* Revista de Jurisprudencia Laboral, 2024, nº 2. MARTÍNEZ MARTÍ, M. *Estudio jurisprudencial de la modulación del recargo de prestaciones de la seguridad social por imprudencia profesional del trabajador*", Iuslabor, 2016, nº 2, pp. 1-12. MARTÍNEZ MOYA, J., *El recargo de prestaciones de Seguridad Social «visita» el Tribunal de Conflictos de Jurisdicción y éste dictamina sobre su naturaleza y procedimiento para hacerlo efectivo,* Revista de Jurisprudencia Laboral, 2019, nº 7. MERCADER UGUINA, J. R., *Indemnizaciones derivadas del accidente de trabajo. Seguridad Social y Derecho de daños,* Madrid, La Ley-Actualidad, 2001. Id. *Los procedimientos administrativos en materia de*

Seguridad Social, Pamplona, Aranzadi, 2017. P. MENÉNDEZ SEBASTIÁN, *El recargo de prestaciones y su compleja convivencia procesal con las responsabilidades penales y administrativas derivadas de accidente de trabajo*, Revista del Ministerio de Empleo y Seguridad Social, 2018, pp. 48. MONEREO PÉREZ, J. L., *El recargo de prestaciones por incumplimiento de medidas de seguridad e higiene en el trabajo*, Madrid, Civitas, 1992. MORENO, J. M., *Plazo de prescripción para reclamar el recargo de prestaciones: el intento de afianzar un criterio interpretativo unívoco*, Temas Laborales, 2006, nº 86, pp. 243-251. PÉREZ CAPITAN, L., *La imprudencia del trabajador accidentado y su incidencia en la responsabilidad empresarial*, Pamplona, Civitas, 2018. PÉREZ MANZANO, M, *El recargo de prestaciones sociales y la interdicción constitucional de doble sanción*, en Mir Puig, S, Corcoy Bidasolo, M, y Hortal Ibarra, J (Ed.), *Protección penal de los derechos de los trabajadores: seguridad en el trabajo, tráfico ilegal de personas e inmigración clandestina*, Madrid, Edisofer, 2009, pp. 123-154. PURCALLA BONILLA, *El recargo de prestaciones por incumplimiento de normas de seguridad y salud laboral: análisis crítico de su configuración jurídico-positiva*, Granada, Comares, 2000. ROCA TRÍAS. E., *Resarcir o enriquecer. La concurrencia de indemnizaciones por el mismo daño*, Anuario de Derecho Civil, 2004, pp. 915-923. RODRÍGUEZ PASTOR, G., *El recargo de prestaciones: puntos críticos sobre el procedimiento de reconocimiento*, Revista General de Derecho del Trabajo y de la Seguridad Social, 2015, nº 40, REGLERO CAMPOS, L. F., *Consecuencias económicas derivadas del accidente de trabajo. La responsabilidad civil* en AA.VV., Aspectos económicos de la jurisdicción social», CGPJ, Madrid, 2005, pp. 233-242. ROMERO RÓDENAS, *El recargo de prestaciones en la doctrina judicial*, Albacete, Bomarzo, 2010., SEMPERE NAVARRO, A. V., MARTÍN, R., *El recargo de prestaciones*, Pamplona, Aranzadi, 2001. SORIGUERA SERRA, A., SAMPEDRO IBÁÑEZ, D., *Reflexiones sobre la ejecución del recargo (o una vuelta por el laberinto del minotauro)*, Revista De Trabajo y Seguridad Social. CEF, 2008, nº 307, pp. 3-36. SORIGUERA SERRA: A., *Destino del capital coste para el recargo de prestaciones y legitimación de la TGSS para pedir la ejecución*, AS, 2011, nº 6.

I. Un viejo compañero histórico en la tutela frente a los accidentes de trabajo

1. El recargo de indemnizaciones

1. La institución del recargo de prestaciones es, sin duda, una de las más controvertidas y discutidas figuras de nuestro sistema de Seguridad Social. El mismo es un adecuado enclave para observar los cambios y transformaciones que ha sufrido el modelo de protección de los riesgos profesionales desde sus orígenes hasta nuestros días. La diversidad de aspectos y matices jurídicos que observa dicha figura han permitido a doctrina y jurisprudencia iniciar interminables diálogos sobre su naturaleza y alcance para, en unos y otros casos, afirmar su singularidad, complejidad y especial estatuto teórico.

2. Como señaló Desdentado, "el recargo de indemnizaciones nació como complemento culpabilista de la férrea responsabilidad objetiva. Nacido en la época en la que reinaba el principio de inmunidad empresarial, el recargo era una "pena pecuniaria impuesta a la negligencia patronal" y resultaba una forma de compensar el límite de la responsabilidad tasada. Se trataba de una mejora de la responsabilidad objetiva, en los casos de culpa empresarial, cuya procedencia venía sobradamente justificada por la escasa cuantía de las indemnizaciones tasadas y por la ausencia de un sistema de protección social adecuado". Por ello se le calificó como una especie de indemnización punitiva adicional (recargo de indemnizaciones) a la meramente compensatoria cuyo importe acrecentaba los derechos del beneficiario lesionado, o los de sus familiares en caso de muerte. La falta de medidas de seguridad se configuraba, así, como una "culpa específica".

El recargo vino, de este modo, configurado como una responsabilidad directa del patrono, y respecto a la cual no se preveía la posibilidad de su aseguramiento. La Ley de 30 de enero de 1900 en su art. 5.5, vino a establecer "*las indemnizaciones determinadas por esta ley se aumentarán en una mitad más de su cuantía cuando el accidente se produzca en un establecimiento u obra cuyas máquinas o artefactos carezcan de los aparatos de precaución*". Como contrapartida a la mayor accesibilidad a la indemnización el trabajador que aceptaba el recargo de las prestaciones se veía obligado a no instar en la jurisdicción civil la acción indemnizatoria para conseguir la reparación total del daño ("principio de indemnidad").

En este momento, se plantearon dudas sobre la posibilidad de asegurar el recargo para el caso de que ocurriera un siniestro y el patrono no hubiera empleado las medidas de seguridad e higiene. Este debate quedó zanjado provisionalmente con la sentencia del Tribunal Supremo de 23 de noviembre de 1905 (Gaceta de Madrid, 22 de agosto de 1906). En esta resolución, el Tribunal Supremo admite el aseguramiento del recargo de las indemnizaciones: "estando los patronos facultados para sustituir las obligaciones que se especifican en...la Ley de Accidentes del Trabajo...por el contrato de seguro a su costa, es incuestionable que en el celebrado a nombre de la Sociedad demandada sustituyó ésta al patrono en las obligaciones que sancionara el mencionado art. 5º, sin exceptuar ninguna, y, por tanto, se halla obligado a responder al aumento que establece la quinta disposición de aquel, aumento que no reviste carácter de pena personal, como con error supone el recurrente, sino el de una responsabilidad de orden meramente civil, como todas las demás de dicho artículo". Con posterioridad, el Instituto de Reformas Sociales, tratando de corregir el sentido dado por esta Sentencia del Tribunal Supremo al recargo de las indemnizaciones, determinó en el proyecto de reforma de la LAT. de 1907 que el riesgo del recargo de la indemnización no puede ser materia de seguro, apercibiéndose a la sociedad aseguradora que lo asumiera.

3. El recargo de prestaciones fue reconocido durante un largo período de nuestra historia como una institución de esencia estrictamente resarcitoria, vinculada al actuar culpable empresarial. El art. 65 del Reglamento por el que se desarrollaba la Ley de 10 de enero de 1922, lo calificó de indemnización especial, como un puro aumento de las indemnizaciones debidas. No obstante, tal condición debe ser concretada adecuadamente en el espacio temporal en el que la misma se inscribe y considerar que en este preciso momento la referida normativa omitía cualquier tipo de sanción administrativa por el incumplimiento empresarial de las obligaciones inherentes a su responsabilidad y aunque para esas infracciones, el art. 69 del Reglamento para la aplicación de la Ley de Accidentes de Trabajo previó que "el Gobierno impondrá las responsabilidades administrativas que conceptúe más eficaces", las mismas no alcanzaron a aplicarse. Nace en este preciso momento, y como consecuencia de las lagunas en la actividad de tutela administrativa y represión de los comportamientos contrarios a la finalidad de la norma, la función dual que acompañara a esta figura a lo largo de su historia y de la que resulta su función indemnizatoria y su carácter sobrevenido y circunstancial de sanción civil.

4. El referido modelo se conservará en las posteriores regulaciones que llevarán a cabo por el Código de Trabajo, el RDL de 25 de agosto de 1931, por el que se reglamentaba para la agricultura el accidente de trabajo, el DL de 8 de octubre de 1932, Texto Refundido de Accidentes de Trabajo en la Industria, Decreto de 31 de enero de 1933, Reglamento de accidentes del trabajo en la industria. La falta de medidas de seguridad se configuraba, así, como una "culpa específica", como resto de la "teoría de la culpa, en que anteriormente se fundamentó el derecho del obrero a ser indemnizado" en palabras de Gallart Folch: 1936: 208), de modo que, si era cierto que el principio de riesgo industrial es el general de la ley, "no se excluye la idea de culpa", sancionada "por la legislación común como derecho supletorio, y específicamente recogida en los preceptos sobre falta de aparatos de protección" (Pérez Botija, 1948: 243).

Pero el gran salto conceptual se producirá en los albores del nacimiento del sistema de Seguridad Social. El art. 27 de la Ley de Accidentes de Trabajo de 26 de junio de 1956 y el art. 55 de su Reglamento favorecerán una línea interpretativa que pone el acento, ahora, en su vertiente punitiva. Las dos caras del Dios Jano aparecen en este momento, y con estas normas se introduce la conceptuación normativa expresa del recargo como sanción, truncando la línea de tendencia que venía considerando al mismo como una indemnización especial. La anterior idea ha coexistido en la doctrina y en la jurisprudencia con la idea resarcitoria, conformando el anverso y el reverso de una misma moneda.

2. *El recargo de prestaciones*

5. El equilibrio se romperá definitivamente cuando a partir de la Ley Articulada de la Seguridad Social de 21 de abril de 1966 (Desdentado y Nogueira, 2000) y luego en la Ley General de Seguridad Social se abandone el principio de inmunidad y se instaure un triple sistema de reparación: el recargo es compatible con las prestaciones de Seguridad Social derivadas de accidente de trabajo; éstas y el recargo son compatibles con la indemnización adicional por responsabilidad civil del empresario y todas ellas con las sanciones administrativas y penales que puedan derivarse de la infracción de las normas de prevención de riesgos laborales.

6. El mecanismo complementario de protección que es el recargo de las prestaciones, se regula en el art. 164 de la LGSS que:

> *1. Todas las prestaciones económicas que tengan su causa en accidente de trabajo o enfermedad profesional se aumentarán, según la gravedad de la falta, de un 30 a un 50 por ciento, cuando la lesión se produzca por equipos de trabajo o en instalaciones, centros o lugares de trabajo que carezcan de los medios de protección reglamentarios, los tengan inutilizados o en malas condiciones, o cuando no se hayan observado las medidas generales o particulares de seguridad y salud en el trabajo, o las de adecuación personal a cada trabajo, habida cuenta de sus características y de la edad, sexo y demás condiciones del trabajador.*
>
> *2. La responsabilidad del pago del recargo establecido en el apartado anterior recaerá directamente sobre el empresario infractor y no podrá ser objeto de seguro alguno, siendo nulo de pleno derecho cualquier pacto o contrato que se realice para cubrirla, compensarla o trasmitirla.*
>
> *3. La responsabilidad que regula este artículo es independiente y compatible con las de todo orden, incluso penal, que puedan derivarse de la infracción".*

Este incremento recae directamente sobre el empresario sin posibilidad de seguro (art. 164.2 de la LGSS) y se configura expresamente como una responsabilidad "independiente y compatible con las de todo orden, incluso penal que puedan derivarse de la infracción". Este principio se formula, con alguna precisión adicional, en el art. 42.3 LPRL, que prevé que:

> *"Las responsabilidades administrativas que se deriven del procedimiento sancionador serán compatibles con las indemnizaciones por los daños y perjuicios causados y de recargo de prestaciones económicas del sistema de la Seguridad Social que puedan ser fijadas por el órgano competente de conformidad con lo previsto en la normativa reguladora de dicho sistema".*

El recargo de prestaciones sociales es, pues, un incremento de la cuantía de todas las prestaciones económicas de seguridad social a las que tiene derecho el trabajador, derivadas de un accidente de trabajo o de una enfermedad profesional, del 30 al 50%, que se aplica cuando el siniestro se produce a causa del incumplimiento por el empresario de sus obligaciones en materia de seguridad e higiene en el trabajo.

Una vez determinado el incumplimiento por el empresario de la normativa sobre seguridad, higiene o salud laboral, así corno la conexión causal entre dicho incumplimiento y el evento producido, y una vez que el Instituto Nacional de Seguridad Social —en adelante INSS— establece la responsabilidad por el recargo, el empresario ha de ingresar en la Tesorería General de la Seguridad Social —en adelante TGSS— la cuantía del recargo, cuyo importe será cobrado por el trabajador víctima del siniestro u otros beneficiarios).

II. Requisitos para su nacimiento

7. La jurisprudencia exige la concurrencia de cuatro requisitos, aunque parte de la doctrina y de la jurisprudencia incluye la culpa o negligencia empresarial dentro del primer requisito, puesto que no existe infracción sin dolo o culpa, aunque sea leve. Un buen ejemplo para la valoración de estos elementos nos lo proporciona la STS (Social) de 28 de febrero de 2019 (Rº 508/2017):

> Un trabajador, que realizaba funciones propias de su categoría de instalador y reparador de equipos electrónicos junto a otros compañeros, se encontraba sustituyendo una torre metálica a la que amarró cables procedentes de un entronque existente. En ese momento recibió una tensión de retorno a través de la fase proveniente de aquella, lo que ocurrió porque el jefe del equipo, oficial de primera designado como jefe de descargo y encargado de desconectar las fuentes de tensión de la línea olvidó realizar esa labor. Dicho accidente causó lesiones graves al trabajador. El empresario despidió al jefe del equipo declarándose procedente dicho despido, tanto en la instancia como en la sentencia dictada en suplicación, al considerarlo responsable de no haber adoptado las medidas de desconexión para crear una zona de seguridad para el trabajo, obligación propia que incumplió haciendo caso omiso del protocolo de operaciones de alta tensión, lo que fue causa del siniestro. La empresa recibió la apertura del correspondiente procedimiento sancionador por parte de la Inspección de Trabajo, que propuso al INSS en su acta de infracción la apertura de un expediente de recargo por falta de medidas de seguridad, cifrando en un 30% la responsabilidad empresarial por haber infringido la normativa de seguridad. Por su parte, el INSS (tras el procedimiento administrativo oportuno) resolvió la procedencia del recargo de las prestaciones en el mismo porcentaje propuesto por la Inspección.

1. Omisión o infracción de las medidas de prevención de riesgos laborales:

8. La polémica en este punto se plantea en relación con la necesidad de que la infracción sea de una norma preventiva concreta y determinada, incluidas las normas jurídico-técnicas, o si basta con la omisión del deber de seguridad general del empresario, recogido en el artículo 14 LPRL y en los artículos 4.2.d) y 19 del ET. El Tribunal Constitucional, en la STC 158/1985, hablaba de la infracción concreta de un precepto normativo que establezca una medida de seguridad particular. Sin embargo, el Tribunal Supremo, en distintos pronunciamientos, como es el caso de las SSTS (Social) de 26 de marzo de 1999 (RJ 1999, 3521) y 8 de octubre de 2001 (Rº 4403/2000), señalaron que "no es posible para el legislador la concreción de la variadísima gama de mecanismos de protección para seguir el ritmo de creación de nueva maquinaria, bastando con que se violen las normas genéricas o deuda de seguridad, en el sentido de falta de diligencia de un prudente empleador". En la misma línea interpretativa, SSTS de 12 de julio de 2007 (RJ 2007, 8226) y 22 de julio de 2010 (Rº 3516/2009), de 20 de noviembre de 2014 (Rº 2399/2013).

Un cambio de orientación se produce con la STS (Social) de 28 de febrero de 2019 (Rº 149/2019). La sentencia es clara y tajante cuando sostiene que el recargo requiere del incumplimiento de una medida preventiva concreta. Con ello se ponen en tela de juicio, por ejemplo, las afirmaciones contenidas en la STS 14 de septiembre de 2016 (Rº 846/15), en la que se decía que no cabe confundir el "incumplimiento" al que se refiere el art. 164 LGSS y la "infracción" de la LISOS, en el sentido de que la infracción supone el incumplimiento de las obligaciones legalmente impuestas, para lo que resulta necesaria la tipicidad de la conducta en coherencia con su carácter sancionador, mientras que el incumplimiento no exige la sujeción a esas reglas punitivas, "bastando para el recargo con que exista un incumplimiento empresarial en materia de obligaciones de seguridad".

9. De no existir infracción de medidas de seguridad o incumplimiento empresarial, no se impone el recargo. En este sentido, explica la STS (Social) de 28 de febrero de 2019 (Rº 149/2019), que:

> *"Si no se ha producido la infracción de una norma de seguridad no cabe imponer un recargo de prestaciones que, precisamente, sanciona las infracciones de normas concretas, aunque sea por falta de previsión, esto es las que se debieron prever con arreglo a las circunstancias en las que se ejecutaba el trabajo. En este sentido, el artículo 5-2 de la Ley Infracción y Sanciones del Orden Social (LISOS) considera infracciones laborales en esta materia los incumplimientos de normas legales, reglamentarias y disposiciones normativas*

de los convenios colectivos, luego el recargo requiere la infracción de una concreta sobre la materia".

2. *Daño o lesión con prestación económica de la Seguridad Social por muerte o incapacidad motivada por accidente de trabajo o enfermedad profesional*

10. El art. 164 de la LGSS determina que se aplicará a todas las prestaciones económicas que traigan causa del accidente de trabajo o enfermedad profesional; por tanto, se aplicará al subsidio de incapacidad temporal, a las pensiones de incapacidad permanente parcial, total, absoluta o gran invalidez, viudedad, orfandad y favor de familiares, prestación temporal de viudedad, subsidio a favor de familiares, auxilio por defunción, lesiones permanentes no invalidantes y a la indemnización a tanto alzado por muerte.

11. Por ello, no procede el recargo cuando el trabajador fallece sin dejar beneficiarios, en cuyo caso el capital que la Mutua o empresa deben ingresar no tiene naturaleza de prestación, tal y como establece el art. 260.3 de la LGSS según el cual:

> *"Las mutuas colaboradoras con la Seguridad Social o, en su caso, las empresas responsables de las prestaciones deberán ingresar en la Tesorería General de la Seguridad Social los capitales en la cuantía necesaria para constituir una renta cierta temporal durante veinticinco años, del 30 por ciento del salario de los trabajadores que mueran como consecuencia mediata o inmediata de accidente de trabajo o enfermedad profesional sin dejar ningún familiar con derecho a pensión"*

12. En caso de pensión de gran invalidez el recargo se aplica tanto al 100 por 100 de la misma, como al complemento (no inferior al 45 por 100 de la pensión, art. 196.4 de la LGSS) al menos cuando es el propio beneficiario quien lo percibe (STS (Social) de 27 de septiembre de 2000, Rº 4590/99); asimismo, se aplica al incremento del 20 por 100 en caso de incapacidad permanente total mejorada (STS (social) de 29 de noviembre de 2010, Rº 41/10).

> La STS (Social) de 27 de septiembre de 2000 (Rº 4590/1999) consideró que el incremento del 50 por 100 que se reconocía a la gran invalidez no se encuentra exento del recargo pues se trata de una prestación económica prevista para la indicada contingencia, por lo que, puesta en relación con lo dispuesto en el art. 123 (actual art. 164 LGSS) precitado no puede caber duda sobre el hecho de que el recargo habrá de recaer sobre el total de dicha prestación económica". A lo que añadía que: "El hecho de que el recargo haya sido calificado tradicionalmente como una medida sancionadora no impide en modo

alguno entender que debe de recaer sobre el total de la prestación cuando la norma así lo dispone, en cuanto que el «odiosa restringenda» al que se refiere la sentencia recurrida como argumento para no extender el recargo al 50 por 100 de incremento, regirá cuando hay margen para la interpretación de las previsiones legales, pero no para los supuestos en que la norma ha previsto expresamente que el recargo recaiga sobre la prestación de que se trate como aquí ocurre". Sobre la misma base argumental, la STS (Social) de 29 de noviembre de 2010 (Rº 3355/2009) obtiene el mismo resultado en relación al incremento del 20% previsto para la pensión de incapacidad permanente total pues, aunque "no tiene la misma naturaleza que el incremento del 50% de la gran invalidez, porcentaje (...), la naturaleza del citado incremento del 20% es prestacional, por lo que es de plena aplicación el recargo establecido por falta de medidas de seguridad"

13. De igual modo, el recargo por falta de medidas de seguridad e higiene en el trabajo se aplica a pensiones de incapacidad permanente absoluta o gran invalidez derivadas de contingencias profesionales debe extenderse automáticamente a las prestaciones de muerte y supervivencia, sin necesidad de probar que el fallecimiento guarde relación con el accidente.

Un trabajador, al que se declara una incapacidad permanente absoluta tras un accidente de trabajo. Transcurridos quince años fallece y la viuda solicita y percibe la pensión de viudedad del Estado. No obstante, reclama que se le abone también el pago del recargo por falta de medidas preventivas sobre la pensión de viudedad, así como una indemnización a tanto alzado, trasladándose así el recargo a las prestaciones por muertes y supervivencia. En un primer momento el Equipo de Valoración de Incapacidades desestimó la petición, así como la Mutua y la Seguridad Social, por lo que se inició el proceso judicial.

El Tribunal Supremo, en sus SSTS (Social) de 9 de junio de 2015 (Rº 36/2014) y de 11 de octubre de 2023 (Rº 1719/2021) ha sentado doctrina al considerar que desde el momento en que la falta de medidas de seguridad y salud en el trabajo "inciden de manera determinante en el menoscabo funcional padecido, este es el origen de la prestación y no su añadido". Afirma, por tanto, que "el recargo de prestaciones de incapacidad permanente absoluta derivada de contingencias profesionales por infracción de medidas de seguridad e higiene en el trabajo se traslada a las prestaciones de muerte y supervivencia cuando el trabajador fallece a posteriori por causas externas a aquella contingencia profesional" sin admitir prueba en contrario, en aplicación de lo dispuesto en el párrafo primero del artículo 217.2 del texto refundido de la Ley General de la Seguridad Social, aprobado por Real Decreto Legislativo 8/2015, de 30 de octubre (LGSS) que establece lo siguiente: "Se reputarán de derecho muertos a consecuencia de accidente de trabajo o de enfermedad profesional quienes tengan reconocida por tales contingencias una incapacidad permanente absoluta o la condición de gran inválido". Señala el Tribunal Supremo en este sentido, que cuando el mencionado artículo "decide llevar en bloque a la muerte y supervivencia la situación vigente en vida del causante sin establecer ninguna restricción al respecto, no existe una razón para conjeturar que en la mente del legislador pueda estar presente la exclusión del recargo». El Criterio de gestión del INSS nº 8/2024, de 12 de abril de 2024, el INSS aclara la aplicación automática del recargo de prestaciones por falta de medidas de seguridad y salud en el trabajo en prestaciones de muerte y supervivencia (un comentario a los referidos pronunciamientos, García Romero, 2024).

14. El importe del recargo es un concepto excluido de la aplicación de las sucesivas normas sobre revalorización de pensiones (por ejemplo, el art. 4.b) del RD 1058/2022, de 27 diciembre, de revalorización de pensiones para 2023).

3. Relación de causalidad entre la omisión de las medidas preventivas y el accidente de trabajo o la enfermedad profesional

A) Relación o nexo de causalidad

15. Tanto la doctrina mayoritaria como la jurisprudencia exigen una relación o nexo de causalidad entre el incumplimiento empresarial de la medida preventiva y el accidente de trabajo o la enfermedad profesional o, expresado de otro modo, el accidente de trabajo o la enfermedad profesional ha de estar provocado por el incumplimiento empresarial. Por ello, puede existir infracción empresarial en materia de seguridad y salud laboral, e incluso sanción administrativa, pero no responsabilidad empresarial en relación con el recargo de prestaciones, por no tener ninguna relación causal la infracción sancionada con el accidente (por ejemplo, falta de limpieza o de reconocimientos médicos sin ninguna relación causal con el accidente).

No basta la existencia de daños e infracción, sino que hay que probar el nexo causal entre ellos, es decir que la infracción ha ocasionado o agravado el accidente o que, de no haber concurrido, el accidente no se hubiese producido o se hubiesen minorado sus consecuencias. En este sentido, el caso paradigmático que demuestra que el nexo causal no radica tanto en que la infracción haya desencadenado el accidente o la enfermedad, como en el hecho de que la falta de medidas preventivas pueda haber ocasionado un incremento de los daños o influido en los mismos.

Ello se da en las sentencias que han contemplado supuestos de atraco lo que, al estar el trabajador en el puesto de trabajo conduce ya a un presupuesto de causalidad, constituyendo el atraco un riesgo profesional, sobre el que lógicamente el trabajador debería haber recibido formación e información lo que puede explicar la existencia de responsabilidad empresarial ante un hecho que, ciertamente es inevitable, pero no imprevisible. Al respecto, por ejemplo, las SSTS (Social) de 25 de junio de 2008 (Rº 70/2007), 12 de junio de 2013 (Rº 793/2012) o 20 de noviembre de 2014 (Rº 2399/2013).

Entre la lesión y la falta de medidas de seguridad debe existir relación de causalidad, de forma que tal omisión sea imputable al empresario a título de dolo, culpa o negligencia. Esta relación no se presume, sino que debe ser probada, y la carga de la prueba recae sobre quien reclama el recargo; el deudor de seguridad debe probar la adopción de las medidas necesarias para prevenir o evitar el riesgo, así como cualquier factor excluyente o minorador de su responsabilidad (art. 96.2 de la LJS).

B) Ruptura de la relación de causalidad

16. Ese nexo puede quedar destruido por las conductas del trabajador que puedan ser calificadas de imprudencia temeraria que excluye el concepto de accidente de trabajo y, por tanto, el recargo. Incluso, si el accidente se debió exclusivamente a imprudencia del trabajador, sin que concurriese infracción empresarial, hasta ahora se entendía que no procedía reconocer el recargo, y lo mismo cuando los daños se debían a imprudencia exclusiva —o concurrente con la del propio afectado— de otro trabajador. No obstante, lo anterior, ahora hay que tener en cuenta, en ambos casos, la obligación empresarial de prever los descuidos o imprudencias no temerarias del trabajador —de cualquier trabajador no solo del accidentado— (art. 15.4 de la LPRL),

La STS de 12 de julio de 2007 (Rº 938/06) ha clarificado que, en los supuestos de imprudencia profesional no temeraria, no se rompe el nexo causal del recargo de prestaciones.

> La imprudencia profesional no rompe el nexo causal que conduce a la contingencia profesional, ni tiene entidad suficiente como para excluir el recargo de prestaciones, aunque puede conllevar la modulación del propio recargo (cuestión ésta que, como no se discutía en el recurso, la sentencia no aborda); del juego de los arts. 14.2, 15.4 y 17.1 de la Ley de Prevención de Riesgos Laborales, como ya dijera la Sala Cuarta en sentencia de 8-10-2001, R. 4403/2000, "se deduce, como también concluye la doctrina científica, que el deber de protección del empresario es incondicionado y, prácticamente, ilimitado. Deben adoptarse las medidas de protección que sean necesarias, cualesquiera que ellas fueran. Y esta protección se dispensa aún en los supuestos de imprudencia no temeraria del trabajador. No quiere ello decir que el mero acaecimiento del accidente implique necesariamente violación de medidas de seguridad, pero sí que las vulneraciones de los mandatos reglamentarios de seguridad han de implicar en todo caso aquella consecuencia, cuando el resultado lesivo se origine a causa de dichas infracciones".

17. La mayor dificultad será el fijar la línea divisoria o frontera entre la imprudencia profesional, derivada de la confianza o descuidos motivados por la habitualidad en el desarrollo de unas funciones o tareas, y la imprudencia temeraria, en cuanto asunción de un riesgo innecesario de manera consciente o voluntaria y consciente asunción del riesgo (Extensamente, Pérez Capitan, 2018: 195-252).

18. Un supuesto particularmente controvertido es el suicidio del trabajador (Un excelente análisis monográfico de esta materia puede encontrarse en Lantarón Barquin, 2025). La STSJ de Cantabria, de 27 de febrero de 2023 (Rº 798/2022), abre la posibilidad de que, incluso, en estos casos sea viable la responsabilidad por recargo.

El trabajador venía prestando servicios para la empresa demandada con la categoría inicial de encargado de tienda en el centro de trabajo de Vitoria, con antigüedad de junio de 2011. Desde diciembre de 2016 hasta febrero de 2020 el causante trabajó en Santander, siendo ascendido a responsable de tienda en marzo de 2020. Consta una clara problemática laboral cuando en el mes de enero de 2021 se formuló una denuncia anónima contra el causante que incluía el acoso de un trabajador. La empresa encargó a un servicio externo la investigación de la denuncia, de la que resultó que había ataques a la víctima con medidas organizativas, a las relaciones sociales y a su vida privada. El 12 de abril de 2021 se quitó la vida (ahorcamiento) dejando en su móvil una nota para la familia. La Inspección de Trabajo emitió un informe que concluyó con la declaración de existencia de nexo causal entre el trabajo y el suicidio. Se propuso la imposición a la empresa de un recargo en las prestaciones por falta de evaluación de los riesgos psicosociales y de adopción de medidas preventivas para eliminar o reducir el riesgo psicosocial. La viuda del trabajador interpuso demanda para que se declarase la contingencia de accidente de trabajo que fue desestimada en la instancia.

La STSJ de Cantabria, de 27 de febrero de 2023 (Rº 798/2022), señala que "la tendencia jurisprudencial es la de admitir con carácter restrictivo la etiología laboral en el acto suicida, pero se admite, sin embargo (...) cuando exista un nexo de causalidad claramente acreditado, como sucede cuando el suicidio arranca de un estado mental patológico causado a su vez por un previo accidente laboral". "A la luz del relato fáctico, es evidente que existió una clara conexión o relación de causalidad relevante entre la acción suicida y el trabajo, esto es, que el trabajo o las circunstancias en las que se desarrollaba su prestación de servicios laboral es lo que está en la base de la decisión de quitarse la vida" Además, se valora el informe de la Inspección de Trabajo donde se concluye el nexo causal entre una situación laboral estresante y el suicidio del Sr. Germán, lo que supone su consideración como accidente de trabajo. Se ha propuesto la imposición a la empresa de un recargo por falta de medidas de seguridad del 45% (falta de evaluación de los riesgos psicosociales y falta de adopción de medidas preventivas adecuadas para eliminarlo o reducirlo), así como una sanción de 8.196 euros (impugnada esta, se rebajó a 2.046 euros). "Hemos de puntualizar al respecto que la consideración del suicidio que tiene lugar fuera del lugar y del tiempo de trabajo, esto es, al margen de la presunción del artículo 156.3 LGSS, se ha admitido judicialmente en función de los elementos fácticos que consten acreditados y, en concreto, cuando existe una relación de causalidad con el trabajo, como aquí ocurre"

C) Concurrencia de culpas o de conductas

19. Cuando la imprudencia de la víctima es la única causante del daño y no ha habido violación de ninguna norma de seguridad por parte del empresario que haya contribuido a la producción del daño, éste queda exonerado de toda responsabilidad y no se le podrá imponer el recargo de prestaciones. Cuando la imprudencia no temeraria de la víctima concurre con el incumplimiento empresarial en materia de prevención de riesgos laborales y ambos han contribuido a la producción del resultado lesivo, la culpa de la víctima no exonera al empresario de responsabilidad, existirá compensación de culpas.

Incluso cuando existe concurrencia de culpas, lo importante será que el siniestro laboral no sea imputable a la misma víctima del accidente; es decir, que su conducta no haya sido condición determinante del siniestro. Para ello se deberá establecer una graduación de las respectivas culpas. En tal caso, excluida la imprudencia temeraria, si el trabajador víctima del accidente hubiese contribuido con su comportamiento a la generación de siniestro, la autoridad pública que impone la sanción de recargo no exonerará de responsabilidad al empleador, sino que procederá a moderar el importe del recargo dentro de los límites previstos ex artículo 164 de la LGSS (graduación del importe del recargo). Así en los supuestos de concurrencia de culpas (de la víctima y del empresario infractor) se toma en consideración a efectos de establecer el porcentaje del recargo. La culpa de la víctima no rompe el nexo de causalidad que proviene del agente externo, salvo cuando el daño se ha producido de forma exclusiva por una actuación culposa imputable a la víctima. Cuando se produce esta concurrencia de culpas, de forma que las dos actuaciones (la del empresario y la de la víctima) determinan la producción del resultado fatal, no cabe exonerar de responsabilidad al empresario, sino que a partir de la ponderación del art. 1103 del CC hay que moderar las responsabilidades concurrentes moderando en función de ello el importe del recargo.

20. La obligación de vigilancia del empleador, así como la prever los descuidos o imprudencias profesionales al adoptar medidas preventivas. Generará, en su caso, una concurrencia de conductas culpables, la de víctima y la del empleador siquiera por omisión del deber de vigilar. En ese caso, por lo tanto, no será imposible reconocer el recargo, pero se permite modular su cuantía, conduciéndola normalmente a la escala inferior, aunque no, desde luego, por debajo del mínimo legal del 30% (Alfonso Mellado, 2014).

La STS (Social) 20 de enero de 2010 (Rº 1239/09), entiende que cuando ha existido concurrencia de culpas en el accidente de trabajo que ocasionó la muerte del trabajador —por un lado de la empresa por infracción de las normas de seguridad y salud laborales, y por otro del trabajador—, no cabe exonerar de responsabilidad al empresario, sino que hay que ponderar las responsabilidades concurrentes, moderando la indemnización, excepto cuando se haya impuesto el recargo de prestaciones en el mínimo fijado por el art. 123.1 LGSS —30%—. La STS (Social) de 21 de diciembre de 2018 (Rº 1543/2017), no reduce el porcentaje de recargo impuesto a la empresa (50%), como consecuencia de la declaración del trabajador en situación de incapacidad permanente absoluta derivada de un cáncer de pulmón como consecuencia del hábito tabáquico del mismo, por cuanto se trata de una contingencia profesional constatada que por sí sola tiene la misma entidad para generar la incapacidad permanente absoluta del trabajador, incluso su muerte, por lo que resulta irrelevante que el trabajador fuera fumador o no.

Mas recientemente, la STS (Social) de 4 de diciembre de 2024 (Rº 3939/2021), resuelve en un caso en el que un mozo de almacén de una empresa dedicada a la venta y distribución de bebidas presta sus servicios de tarde-noche en una nave que sirve de almacén de los productos y una campa exterior, donde aparcan los camiones que carga y prepara. Una noche que está solo en el centro de trabajo conduciendo la carretilla elevadora, vuelca al efectuar un giro, queda atrapado bajo la misma y fallece.

La ITSS constata que la causa del accidente es el vuelco de la carretilla a causa de una combinación de una velocidad elevada con un giro demasiado cerrado, sobre un terreno de un patio exterior al almacén con irregularidades y por la presencia de una capa de arena fina debido a la existencia de obras sin finalizar, sin que conste que se hubiera dado al trabajador ninguna información y formación en materia de prevención de riesgos laborales ni en relación con la carretilla que conducía, aunque sí tiene el carnet de carretillero. No hay señalización sobre los trayectos a seguir y no se indica el límite de velocidad. La iluminación es deficiente en determinadas zonas y el accidente se produce de noche. Conduce la carretilla sin llevar el cinturón de seguridad abrochado.

El INSS declara la existencia de responsabilidad empresarial por falta de medidas de seguridad y establece un recargo de las prestaciones de muerte y supervivencia del 40%, que el Juzgado de lo Social confirma. La empresa reclama en suplicación y el TSJ estima parcialmente el recurso y reduce el porcentaje del recargo al 30%, por concurrencia de culpas. La viuda e hijas recurren en casación para la unificación de doctrina.

La cuestión a resolver es si la culpa no temeraria del trabajador en un accidente de trabajo que concurre con una infracción empresarial en materia de prevención de riesgos laborales puede tenerse en cuenta para fijar el porcentaje del recargo por falta de medidas de seguridad.

El Tribunal Supremo parte de que la concurrencia de culpas por la imprudencia no temeraria del trabajador y el incumplimiento de normas básicas de seguridad del empresario no impide la infracción ni el recargo de prestaciones. Y la culpa de la víctima no rompe el nexo causal que proviene de los incumplimientos de la empresa, salvo que la actuación de aquella sea la única causa del daño. En consecuencia, lo que está en cuestión no es la imposición misma del recargo, sino su cuantía. La cuantía del recargo tiene relación directa y se establece según la gravedad de la falta. Como la normativa no indica los criterios para medirla, han de analizarse las circunstancias de cada caso concreto (criterios del art. 39.3 de la LISOS).

Entre otros, el concurso de culpas puede constituir un elemento adecuado para ponderar dicha gravedad y es un criterio que debe ser tenido en cuenta.

4. Culpa o negligencia del empresario

21. La culpa o negligencia empresarial ha de vincularse necesariamente con la deuda de seguridad empresarial. Normalmente, se atiende a estándares como la diligencia de un prudente empresario, es decir, con criterios de normalidad y razonabilidad.

Como señaló la STS (Social) 28 de febrero de 2019 (Rº 508/207), que sirve de guía en este análisis:

> "la culpa está conectada con la diligencia que es exigible al deudor en cada supuesto. En esta materia es exigible la máxima diligencia objetiva y técnicamente. Por ello, como se deriva del art. 5º de la Directiva 89/391, de la Comunidad Europea, sólo impedirán la existencia de culpa y el nacimiento de responsabilidad aquellos hechos extraños por completo al sujeto responsable, como son las situaciones de fuerza mayor, caso fortuito y situación de necesidad. Sin embargo, el error o la imprevisión no liberarán de culpa leve, porque el patrono debe conocer su industria y prever los diferentes riesgos".

La referida sentencia parte de la idea de que la responsabilidad de la empresa es una:

> "responsabilidad civil por los actos de los empleados que tiene su origen en el art. 1.903 CC y que supone la obligación de reparar los daños causados culposamente por los auxiliares (empleados) del empresario para realizar su actividad, también llamada responsabilidad vicaria (...)". A lo que añade que "si ello es así, la llamada «culpa in vigilando» podrá justificar la reclamación de una indemnización por los daños y perjuicios causados y así como la condena al pago de la misma. Pero una cosa es la responsabilidad civil por el acto de un empleado y otra diferente la responsabilidad penal y la administrativa por la comisión de infracciones penales o administrativas, cuya sanción requiere la culpa del infractor, cual sucede con el recargo de prestaciones que tiene naturaleza sancionadora, lo que obliga a interpretar esa responsabilidad de forma estricta (STC 81/1995), esto es exigiendo la culpa de la empresa de forma más rigurosa que cuando responde civilmente por actos de sus empleados".

En el supuesto de hecho que sirve de base al mencionado pronunciamiento, dado que el siniestro acaeció cuando se sustituía una torre de un tendido eléctrico, la pregunta es si era razonable y factible que el empresario (persona jurídica) estuviese allí controlando la operación, al igual que en otros lugares donde se estuvieran realizando actividades peligrosas, o bastaba con haber enviado a realizar esa misión a personal formado y suficientemente cualificado con un jefe de servicio igualmente cualificado y con un protocolo de actuación conocido por todos. La respuesta es que, dice la STS 28 de febrero de 2019 (Rº 149/2019), "no es razonable y factible esta exigencia, solución apuntada y seguida por la sentencia recurrida, porque sería diabólico exigir al titular de la empresa el don de la ubicuidad para estar presente en todos los lugares en que se desarrollan actividades de peligro".

Esta sentencia diferencia entre los requisitos exigidos para declarar la responsabilidad civil derivada de un accidente de trabajo (donde sostiene que opera la culpa in vigilando) y los propios del recargo prestacional (donde considera que no opera). Esa distinción se compadece mal con la doctrina jurisprudencial que aprecia el efecto positivo de la cosa juzgada de las sentencias firmes anteriores dictadas en procesos de recargo de prestaciones de Seguridad Social, en los procedimientos posteriores en los que se reclaman indemnizaciones de daños y perjuicios en concepto de responsabilidad civil: por todas, la reciente STS (Social) de 23 de enero de 2025 (Rº 2396/2022). Pronunciamiento que viene a precisar que: "el efecto positivo de cosa juzgada supone que el nexo causal entre el incumplimiento empresarial y el resultado dañoso se exige en los mismos términos en el recargo prestacional y en la responsabilidad civil derivada de accidente de trabajo".

III. Sujetos responsables. La transmisibilidad del recargo

1. *Sujetos responsables: El expansivo concepto de empresario infractor (remisión)*

22. El criterio de atribución de responsabilidades en materia de recargo de prestaciones de seguridad social implica que en el concepto de empresario infractor del que habla el art. 164 de la LGSS tiene cabida toda empresa que haya incumplido los deberes en materia preventiva que tenía asumidos en su esfera de responsabilidad y, a consecuencia de ello, haya tenido una participación causalmente relevante en la producción de un accidente laboral que ha generado prestaciones de seguridad social. Pero con una importante precisión, la empresa que puede considerarse infractora ha tenido que haber participado en la ejecución del proceso productivo propiamente dicho en que ha tenido lugar el accidente y haber mantenido alguna clase de obligación con el trabajador accidentado por causa de esa concreta participación a título de empleadora, bien directa, bien como contratista o subcontratista de esta (Más extensamente, Capítulo 20), bien como sucesora de una u otras.

2. Transmisión de empresas y transmisión del recargo

El trabajador beneficiario de las prestaciones de incapacidad permanente (y, posteriormente, causante de las prestaciones de muerte y supervivencia) estuvo trabajando para la empresa «A» en distintos puestos de trabajo expuestos al amianto, cesando en la misma el 31 de diciembre de 1988, como consecuencia de un ERE, sin que volviese a prestar servicios efectivos para dicha empresa. La empresa «A» fue sucedida por la empresa «B», en 1993, que asumió el papel de empleadora respecto de la primera. Por el trabajador se solicitó una prestación de incapacidad permanente, falleciendo durante el tiempo de tramitación de expediente (29 de diciembre de 2004), si bien se le reconoce en situación de incapacidad permanente absoluta por enfermedad profesional, derivada de un mesotelioma pleural con disnea a mínimos esfuerzos, padecimiento que fue causante de la muerte. Años después, y como consecuencia de diferentes actuaciones de la Inspección de Trabajo y Seguridad Social para la incoación de un expediente por recargo de prestaciones a causa de ausencia de medidas de seguridad, por resolución del INSS, de 29 de junio de 2011, se declara la existencia de responsabilidad empresarial, imponiendo un recargo del 50% sobre los importes de las prestaciones, considerando a la empresa «B» responsable de ese recargo, en cuanto sucesora de la empresa en la que había producido el incumplimiento de los deberes de prevención de riesgos. Al no estar conforme con el recargo impuesto, la empresa «B» planteó demanda ante la jurisdicción social, alegando que el trabajador fallecido nunca había pasado a prestar servicios en la misma, así como la no transmisibilidad del recargo, dada su naturaleza cuasi sancionadora, demanda que fue desestimada por la Sentencia del Juzgado de lo Social nº 19, de Barcelona, de 7 de noviembre de 2013. Contra la misma, se presenta recurso de suplicación ante el Tribunal Superior de Justicia de Cataluña que es desestimado mediante Sentencia, de 22 de abril de 2014 (que reproduce los criterios contenidos en la Sentencia del Pleno de la Sala de lo Social, del mismo Tribunal, de 15 de noviembre) declarando la transmisibilidad del recargo de las prestaciones de Seguridad Social, en los supuestos de sucesión de empresas, puesto que, en caso contrario, se estaría dando lugar a una fácil elusión de las responsabilidades de recargo en las empresas que, a causa del incumplimiento de las medidas preventivas, hubiesen dado lugar a la aparición o agravación de enfermedades profesionales que, como es el caso de la asbestosis pulmonar, solo se evidencia a lo largo del tiempo. Originariamente, y como consecuencia del recargo de prestaciones impuesto a las empresas para las que había prestado servicios efectivos hasta 1987 el trabajador que falleció de enfermedad profesional, y absolución de las empresas sucesoras de aquellas desde fecha posterior al cese laboral del causante, presentaron demanda las primeras, planteándose en casación unificadora si procede la condena solidaria a las empresas sucesora

23. Inicialmente, la Sala de lo Social del Tribunal Supremo siguiendo lo dispuesto en la STS 18 de julio de 2011 (Rº 2502/10), 28 de octubre de 2014 (Rº 2784/13), entendió que no procede extender dicha responsabilidad, puesto que la situación no se rige por el art. 44 del ET, sino por el art. 127.2 de la LGSS, preceptos que son independientes pero complementarios, y según el art. 127 de la LGSS la solidaridad únicamente alcanza a las prestaciones causadas antes de la sucesión, pero no así a las posteriores que traigan causa en incumplimientos anteriores. Siguiendo dicha jurisprudencia y en atención a que el art. 123.2 de la LGSS, determina que "la responsabilidad del pago del recargo establecido en el apartado anterior recaerá directamente sobre el empresario infractor y no podrá ser objeto de seguro alguno, siendo nulo de pleno derecho cualquier pacto o contrato que se realice para cubrirla, compensarla o transmitirla", en STS (Social) de 4 de marzo de 2015 (Rº 1307/14), reiterando lo dispuesto en la STS (Social) de 20 de mayo de 1994 (Rº 3187/1993) (se falla en el sentido de que como se ha impuesto un recargo de 30% de las prestaciones de incapacidad temporal derivadas del accidente de trabajo a la empresa con responsabilidad subsidiaria del INSS, y no procede transmitir la responsabilidad, procede estimar el recurso del INSS para absolverle de la responsabilidad en el pago del recargo.

24. La referida doctrina cambió a raíz de la STS (Pleno) de 23 de marzo de 2015 (Rº 2057/14) sentencia que contiene dos votos particulares. En ella la Sala de lo Social rectifica su jurisprudencia anterior, partiendo de que el recargo mantiene su naturaleza mixta que atiende a finalidades diversas: resarcitoria y preventivo/punitiva, articulándose su gestión de forma prestacional. Partiendo de dicha consideración, entiende que, en materia de sucesión de la responsabilidad derivada del recargo, tiene que primar la faceta indemnizatoria sobre la sancionadora o preventiva (a diferencia de lo que se sostuvo anteriormente), o, dicho de otro modo, que las previsiones del art. 123.2 de la LGSS, tienen que ceder frente a las del art. 127.2 de la LGSS. Posteriores pronunciamientos han reiterado esta nueva interpretación (entre otras, SSTS (Social) de 14 de abril de 2015, Rº 962/14; de 5 de mayo de 2015, Rº 1075/14 y de 2 de noviembre de 2015, Rº 3426/14).

Las razones que esgrime proceden de que el art. 44 ET dispone que en supuestos de cambio de titularidad de una empresa, el nuevo empresario queda subrogado en los derechos y obligaciones laborales y de Seguridad Social de la anterior, sin perjuicio de lo establecido en la legislación de Seguridad Social, no previéndose nada en el art. 123.2 LGSS —precepto que regula el recargo— en supuestos de sucesión de empresas, respuesta que sin embargo sí se contiene, en el supuesto de prestaciones, en el art. 127.2 LGSS —que determina que "en los casos de sucesión (...) el adquirente responderá solidariamente con el anterior o sus herederos del pago de las prestaciones causadas antes de dicha sucesión".

En definitiva, considera la Sala que existiendo laguna legal en materia de sucesión del recargo de prestaciones en el art. 123.2 LGSS, la misma debe eliminarse recurriendo a la normativa comunitaria, lo que se ha realizado en la Sentencia del TJUE de 5 de marzo de 2015 (Asunto C-353/2013), en la que ante la cuestión prejudicial sometida por el Tribunal de Trabajo de Leiria (Protugal), sobre la posible transmisión a la sociedad absorbente de una multa por infracciones laborales cometidas por la sociedad absorbida, el TJUE, interpretando los arts. 3.1, 13 y 19 de la Directiva 78/855/CEE —derogada por la Directiva 2011/35/UE que sería de aplicación al supuesto examinado pero que mantiene idéntica redacción—, concluye que debe transmitirse la responsabilidad. Se añade que lo dispuesto en dicha sentencia es acorde con lo establecido en el art. 127.2 LGSS, por lo que la transmisión de la responsabilidad debe aplicarse en los supuestos de fusión, escisión o transformación de empresas, y en el presente supuesto, teniendo en cuenta que Uralita SA sucedió a Rocalla SA, procede que Uralita SA abone el recargo de prestaciones por infracción de las medidas de seguridad que en su momento cometió Rocalla SA, si como 60 consecuencia de las mismas el trabajador sufre un accidente de trabajo o una enfermedad profesional.

IV. La cuantía del recargo

25. El porcentaje aplicable será «según la gravedad de la falta, de un 30 a un 50 por 100» (art. 164.1 de la LGSS) que se aplicará a la cuantía inicial de la prestación, pero no a sus posteriores revalorizaciones. A estos efectos, el tope máximo de las prestaciones sólo resulta aplicable a la prestación básica, no a la cuantía resultante» tras la aplicación del recargo.

Desde el punto de vista de la valoración del daño y su reparación, el recargo carece de interés. Opera sólo como un incremento de las prestaciones económicas de la Seguridad Social, por lo que tanto la determinación del daño indemnizable, como la forma de su reparación es la misma que para las prestaciones (Desdentado). Lo único que varía es la tasa de la reparación que se mide por un porcentaje que además no guarda relación con el daño, sino con la gravedad de la infracción. El interés del recargo no está, por tanto, en el ámbito del daño, sino en su problemática coordinación con las restantes vías de reparación, lo que, se quiera o no, se relaciona con la cuestión de su oscura naturaleza.

La STS (Social) de 4 de marzo de 2014 (Rº 788/13), considera que procede imponer a la empresa un recargo del 50% como consecuencia de la situación de acoso moral sufrida por la trabajadora, que prestaba servicios para Alcampo, dependiendo de dos secciones distintas lo que provocó la duplicidad de funciones y la ausencia de instrucciones o que las impartidas fueran contradictorias o incompatibles, debiendo además sustituir y cubrir las ausencias del dependiente del departamento contiguo y que inició proceso de incapacidad temporal por depresión mayor en relación a mobbing, proceso que fue declarado por sentencia derivado de accidente de trabajo. Entiende la Sala siguiendo lo dispuesto en STS 19 de enero de 1996 (Rº 536/95), que para determinar el porcentaje de recargo de prestaciones —establecido entre el 30 y el 50%—, hay que tener en cuenta la gravedad de la falta, lo que supone reconocer al Juez de instancia un amplio margen de apreciación, que es controlable en atención al criterio jurídico general de gravedad de la falta, y que puede revisarse cuando no guarde proporción con dicha directriz, y en el supuesto examinado se calificó la falta como muy grave que debía ser sancionada en su grado medio, por lo que el porcentaje impuesto a la empresa del 50% es correcto.

26. La determinación del porcentaje es competencia del Director Provincial del INSS y, si mediara reclamación judicial, del Juez de lo Social, pero se trata de un acto de calificación jurídica y por tanto puede ser revisado en suplicación. El porcentaje habrá de ser motivado, tanto por el inspector de Trabajo y Seguridad Social en su informe-propuesta, como en la propuesta del EVI y en la resolución del director provincial del INSS, como regulan el art. 27 del RD. 928/1998, de 14 de mayo, por el que se aprueba el Reglamento general sobre procedimientos para la imposición de sanciones por infracciones de orden social y para los expedientes liquidatorios de cuotas de la Seguridad Social, el RD 1300/1995, de 21 de julio, por el que se desarrolla, en materia de incapacidades laborales del sistema de la Seguridad Social y la Orden Ministerial de 18 de enero de 1996, que desarrolla este último. El Tribunal Supremo ha indicado que el porcentaje fijado y la calificación de la Inspección de Trabajo y Seguridad Social no vincularán nunca a los órganos jurisdiccionales de lo social, que pueden revisar el mismo.

Al respecto existen tres teorías (Calderón, 2015: 770): (i) Teoría de la tipificación, según se encuentre tipificada y calificada la infracción empresarial como leve, grave o muy grave. (ii) Teoría de la graduación, partidaria de tener en cuenta las circunstancias atenuantes y agravantes previstas en el art. 39.3 de la LISOS, siempre que estos elementos no estén ya contenidos en la descripción de la conducta infractora o formen parte del propio ilícito administrativo. (iii) Teoría gradualista o de la concurrencia de culpas entre empresario y trabajador, ya que de conformidad con el art. 29 de la LPRL, el trabajador viene obligado a cumplir las medidas de seguridad y salud laboral.

Probablemente hoy en día, “ninguna de estas tres teorías es susceptible de aplicarse aislada e independientemente, sino que los tres criterios han de considerarse complementarios y no excluyentes, con un carácter indicativo u orientador. Luego, además del carácter leve, grave o muy grave de la infracción, habrá de tenerse en cuenta las posibles circunstancias agravantes y la concurrencia de culpas, no siendo posible dar soluciones generalizadas, dada la gran cantidad de circunstancias concurrentes en cada accidente de trabajo o enfermedad profesional" (Calderón, 2015: 770).

V. Plazo de prescripción

1. La aplicación del plazo de prescripción quinquenal

27. Uno de los puntos problemáticos, en relación con el ejercicio de la acción de reclamación del recargo, es el correspondiente al plazo de prescripción y, en especial, al cómputo del mismo, sobre todo en los supuestos en los que, de un accidente de trabajo o una enfermedad profesional, pueden derivar prestaciones diferentes o, en el caso de la IP, grados de incapacidad distintos, con efecto en la cuantía del recargo que puede imponerse a la empresa a la que se declare responsable del mismo, ante la existencia de falta de medidas preventivas.

De acuerdo a la normativa de Seguridad Social, el derecho al reconocimiento de las prestaciones de Seguridad Social prescribe a los cinco años, contados desde el día siguiente a aquel en que tenga lugar el hecho causante de la prestación de que se trate, sin perjuicio de las excepciones que se determinen en el propio art. 53.1 de la LGSS (antiguo, art. 43.1 de la LGSS/74) y de que los efectos de tal reconocimiento se produzcan a partir de los tres meses anteriores a la fecha en que se presente la correspondiente solicitud.

El criterio general es que, en orden a la interpretación de las normas sobre prescripción, «cualquier duda que al efecto pudiera suscitarse... habría de resolverse precisamente en el sentido más favorable para el titular del derecho [los beneficiarios] y restrictivo de la prescripción, pues la doctrina jurisprudencial —tanto de esta Sala como de la Civil— ha venido reiterando que al ser la prescripción extintiva una institución no fundada en principios de estricta justicia, sino en los de seguridad jurídica y presunción de abandono del derecho objetivo, por tal razón debe ser objeto de tratamiento cautelar y aplicación restrictiva» (STS (Social) de 7 de julio de 2009, R° 2400/2008 —con cita de varias sentencias anteriores).

2. *El dies a quo*

28. El plazo de prescripción de cinco años se cuenta desde el día siguiente a aquél en que tenga lugar el hecho causante de la prestación de que se trate o desde el momento en que la acción pudo ser ejercitada.

Cuando se trata de situaciones de incapacidad permanente, el dies a quo es la fecha en que se hubiera reconocido la prestación básica cuyo recargo se pretende.

Ante la cuestión de cuál es el dies a quo para el cómputo del plazo de prescripción del derecho al recargo de prestaciones por falta de medidas de seguridad, y en particular si dicho día se fija en el momento de dictarse la primera resolución firme reconociendo una prestación por contingencias profesionales, o si cabe que una vez que el derecho ha prescrito se reabra con ocasión del reconocimiento de otra prestación derivada de la misma contingencia, la STS (Social) de 18 de diciembre de 2015 (Rº. 2720/14) —sentencia que contiene Voto Particular que suscriben 4 Magistrados— recuerda la doctrina la STS (Pleno) 17 de julio de 2013 (Rº 1023/12) —que determinó que el expediente de imposición del recargo está sometido al plazo de prescripción de cinco años en virtud de lo dispuesto en el art. 43.2 LGSS, fijándose el dies a quo de dicho plazo al día siguiente a aquél en que tenga lugar el hecho causante de la prestación de que se trate o desde el momento en que la acción pudo ser ejercitada—, aplica dicha doctrina y argumenta que conforme al art. 1969 del CC, el dies a quo para la prescripción del derecho al recargo se fija en la fecha en que devino firme la sentencia que declara un determinado grado de incapacidad derivada de enfermedad profesional, de forma que cuando se reconoce un nuevo grado de incapacidad, igualmente derivada de enfermedad profesional, si había transcurrido el plazo de 5 años establecido en el art. 43 LGSS, el derecho al recargo ya había prescrito. Añade la Sala que el hecho de que se pueda revisar una determinada prestación como consecuencia de una agravación de la incapacidad permanente reconocida por la misma contingencia, no permite hacer renacer el periodo para la imposición del recargo, y ello por cuanto: 1) Los derechos a las prestaciones se regulan por las normas vigentes al tiempo del hecho causante (DT 1ª LGSS), 2) Un derecho fenecido no puede renacer salvo que así se prevea en disposición legal; 3) Debe aplicarse el principio de unicidad del daño derivado de una misma contingencia profesional; 4) El principio de seguridad jurídica impide que la inactividad del titular de un derecho cree la apariencia de inexistencia del mismo; y 5) Otra solución (renace el derecho con posterioridad como consecuencia de un nuevo reconocimiento en situación de incapacidad permanente), sería contrario al derecho de tutela judicial efectiva, al obligar a las empresas a que 10 o 20 años más tarde, tengan que probar que respetaron las normas de seguridad y salud entonces inexistentes.

El Tribunal Supremo sale al paso de un posible cambio de criterio, frente a sentencias anteriores de la misma Sala, al indicar que, en esas sentencias, conforme a las que el dies a quo para el cómputo de la prescripción se iniciaba desde la "fecha en que finalizó por resolución firme el último expediente incoado ante la Seguridad Social en reclamación de prestaciones", entendiendo que, en las mismas, se analizaban supuestos de hecho diferentes al recogido en el recurso que da lugar a la STS de 18 de diciembre de 2015, argumentando, a su vez, que la frase citada sería constitutiva de un obiter dicta, por tanto, no constituía doctrina que la Sala deba respetar.

Las SSTS 9 de febrero de 2006 (Rº 4100/2004), 27 de marzo de 2007 (Rº 639/2006), 26 de septiembre de 2007 (Rº 2573/2006) y 27 de diciembre de 2007 (Rº 4945/2006) habían precisado la existencia de un único día inicial del cómputo de prescripción de la acción para exigir el recargo de las prestaciones derivadas de accidente de trabajo, día que debía coincidir con el de la resolución del último expediente incoado ante la Seguridad Social en reclamación de prestaciones de modo que, en los casos en que se revisase, por agravación, una situación de IP, inicialmente reconocida, con derecho a una nueva prestación, el *dies a quo* del cómputo del plazo de prescripción era el de la resolución de reconocimiento de esa nueva prestación y no el de la prestación inicial.

3. Interrupción del plazo de prescripción

29. El plazo de prescripción del derecho al recargo que ostenta el beneficiario de prestaciones derivadas de accidente de trabajo o enfermedad profesional se halla sometido a la eventualidad de su interrupción. Al efecto, el art. 53.2 de la LGSS remite a las causas ordinarias del art. 1973 del CC (ejercicio de la acción ante los Tribunales, reclamación extrajudicial del acreedor y cualquier acto de reconocimiento por el deudor) y añade, además, por la reclamación ante la Administración o el "en virtud del expediente que tramite la Inspección de Trabajo y Seguridad Social en relación con el caso de que se trate".

A) Por el expediente que tramite la Inspección de Trabajo y Seguridad Social en relación con el asunto de que se trate

30. El plazo de cinco años legalmente previsto para solicitar por la viuda del trabajador accidentado el recargo de prestaciones por infracción de medidas de seguridad y salud laborales se interrumpe en virtud del expediente que tramita la Inspección de Trabajo y Seguridad Social —especialmente cuando se dilucida durante la tramitación del expediente sancionador la existencia o no de infracción de las normas de prevención de riesgos laborales— la STS (Social) de 7 de julio de 2009 (Rº 2400/2008), y para evitar la vulneración del principio de seguridad jurídica, se pronuncia en sentido favorable, argumentando que efectivamente, para acciones tendentes al reconocimiento del derecho al recargo, debe interrumpirse durante la tramitación del expediente ante la Inspección de Trabajo, el plazo de prescripción de cinco años —contados desde el siguiente en que tenga lugar el hecho causante de la prestación de que se trate, o el momento en que la acción pudo ser ejercitada—, especialmente cuando en dicho expediente sancionador se tiene que dilucidar la existencia o no de infracción de normas procesales.

B) Por reclamación judicial de la responsabilidad civil por el mismo accidente de trabajo o enfermedad profesional

31. El art. 53.2 de la LGSS incluye también la acción judicial contra un presunto culpable, criminal o civilmente, indicando que «la prescripción quedará en suspenso mientras aquélla se tramite, volviendo a contarse el plazo desde la fecha en que se notifique el auto de sobreseimiento o desde que la sentencia adquiera firmeza»

En el caso de la STS (Social) de 14 de julio de 2015 (Rº 4071/2014), el actor interrumpió el plazo de prescripción mediante el ejercicio de las acciones iniciadas con la demanda presentada ante el Juzgado de 1ª Instancia nº 6 de Badajoz cuya fecha no consta, pero que dio lugar a los autos 260/1999 —por lo que cabe fijar su planteamiento dentro del plazo de cinco años posteriores al reconocimiento de la incapacidad permanente e, incluso, al propio accidente—. Desde ese momento las sucesivas acciones antes reseñadas estuvieron encaminadas al resarcimiento del daño, buscando la apreciación de una responsabilidad empresarial que, finalmente, fue declarada por sentencia del Juzgado de lo Social de 3 de enero de 2010, la cual ganó firmeza mediante su confirmación por la sentencia del Tribunal Superior de Justicia de 25 de febrero de 2011. En consecuencia, el plazo estuvo interrumpido entre 1999 y la referida sentencia firme, en tanto que la acción de reclamación de daños y perjuicios guarda evidentes vinculaciones con la determinación de la responsabilidad empresarial que, en un grado y con alcance distinto, puede también constituir el objeto del procedimiento de recargo de prestaciones, hasta el punto de poder afirmarse que entre los dos tipos de litigios concurren nexo de conexión relevantes en aras a la determinación de los hechos.

C) La interrupción del plazo de prescripción de 5 años se prolonga durante todo el tiempo que medie entre la incoación y la notificación de la resolución del expediente para su reconocimiento:

32. La STS (Social) 15 de septiembre de 2009 (Rº 171/09), se concluye que el plazo de cinco años que para la prescripción del derecho al reconocimiento de prestaciones establece el art. 43.1 de la LGSS, se prolonga durante todo el tiempo que medie entre la incoación y la notificación de la resolución, si bien cuando la Administración haya cumplido con su deber de dictar resolución —expresa— por lo que no se produce caducidad del expediente por el transcurso del plazo máximo legal o reglamentariamente previsto, pudiendo el interesado entablar las oportunas acciones judiciales a partir del momento en que la petición pudiera considerarse desestimada por silencio administrativo.

VI. Procedimiento de imposición del recargo

1. El procedimiento administrativo de recargo

33. La competencia para fijar la declaración de responsabilidad empresarial por falta de adopción de medidas de seguridad, corresponde, en aplicación de lo dispuesto en el art. 164 LGSS en relación con el art. 1 e) RD 1300/1995, de 21 de julio, al Instituto Nacional de la Seguridad Social (INSS). No se establece, y esto es importante subrayarlo, procedimiento específico alguno para llevar a cabo la declaración de responsabilidad como recordó la STS 17 de julio de 2013 (Rº 1023/12).

La normativa reguladora es, en esencia, Orden de 18 de enero de 1996 para la aplicación y desarrollo del RD. 1300/1995, de 21 de julio, sobre incapacidades laborales del sistema de la Seguridad Social. Esta norma debe completarse con lo dispuesto en el art. 22.9 de la Ley 23/2015, de 21 de julio, Ordenadora del Sistema de Inspección de Trabajo y Seguridad Social (LOITSS); en el art. 27 del Real Decreto 928/1998, de 14 de mayo, por el que se aprueba el Reglamento general sobre procedimientos para la imposición de sanciones por infracciones de orden social y para los expedientes liquidatorios de cuotas de la Seguridad Social; en el anexo del RD 286/2003, de 7 de marzo, por el que se establece la duración de los plazos para la resolución de los procedimientos administrativos para el reconocimiento de prestaciones en materia de Seguridad Social; y en la Ley 39/2015, de 1 de octubre, del Procedimiento Administrativo Común de las Administraciones Públicas.

34. Los Inspectores de Trabajo y Seguridad Social, no los Subinspectores Laborales, tal y como establece art. 22.9 de la LOITSS tienen competencia para: "instar del órgano administrativo competente la declaración del recargo de las prestaciones económicas en caso de accidente de trabajo o enfermedad profesional causados por falta de medidas de seguridad y salud laboral". De hecho, la práctica totalidad de los expedientes de recargo de prestaciones que el INSS tramita tienen su origen en una propuesta en tal sentido de la ITSS.

Este procedimiento también podrá iniciarse por el propio INSS, en caso de que la Inspección de Trabajo adopte una actitud pasiva a este respecto, ya sea porque entienda que no concurren los elementos básicos que dan lugar a su iniciación, ya sea porque haya iniciado un procedimiento sancionador y considere inoportuno —por contrario al "*bis in idem*"— hacer lo propio con el procedimiento para la imposición del recargo. Asimismo, están legitimados para iniciar este procedimiento, de acuerdo con el art. 3.2

OM 18 de enero de 1996, las Direcciones provinciales de otros Institutos de aseguramiento social. En fin, también podrán iniciarlo los beneficiarios del recargo (trabajador accidentado o sus derechohabientes) de acuerdo con las reglas generales contenidas en el art. 4 RD 1300/1995. Las Mutuas colaboradoras con la Seguridad Social y las empresas carecen de legitimación para la promoción de la incoación de expedientes.

De acuerdo con el art. 1.1 e) RD. 1300/1995 y el art. 16 OM 18 de enero de 1996, los Directores provinciales del INSS deberán resolver, previo dictamen del EVI, dictamen que no es vinculante, motivadamente haciendo constar en la resolución los hechos y circunstancias concurrentes en el accidente, las disposiciones infringidas por la empresa, así como el porcentaje de recargo que estima adecuada imponer.

35. Una vez dictada la resolución, el INSS la notificará a los interesados en el plazo de 10 días hábiles.

2. *Capitalización del recargo*

36. El beneficiario del recargo sólo lo percibirá una vez que la empresa responsable haya constituido el correspondiente capital, porque no es anticipable por la entidad gestora (art. 16.3 de la OM de 18 de enero de 1996), soportando el beneficiario el riesgo de insolvencia de la empresa.

Dictada la correspondiente resolución la empresa vendrá obligada a la capitalización del recargo. Tal exigencia deriva de declararse firme la vía administrativa del art. 75 del RD 1415/2004, de 11 de junio, por el que se aprueba el Reglamento General de Recaudación de la Seguridad Social; en caso de interponer un recurso, en ese momento lo será por mandato del art. 230.2 a) de la LJS, o en ejecución de sentencia firme, ex art. 188 de la LJS, en relación con el art. 69.1 a) del citado RD 1415/2004. Todo ello, a la luz de lo recogido en la Orden TAS/4054/2005, de 27 de diciembre, por la que se desarrollan los criterios técnicos para la liquidación de capitales coste de pensiones y otras prestaciones periódicas de la Seguridad Social.

37. Si el recargo ha sido impuesto por el INSS, lo ejecuta a su instancia la Tesorería General de la Seguridad Social (TGSS), como prevé el art. 75.1 del RD. 1415/2004: A tal efecto, se arbitra un sistema consistente en que la Administración calcula una suma (el «capital coste») a cargo del empresario, suma que la TGSS recauda de este y con la que va a pagar al trabajador el recargo periódico (con sus intereses y nuevos recargos si el empleador no satisface aquella suma en plazo). El art. 75.2 del RD. 1415/2004, señala que: "en el supuesto de que los recargos recaigan sobre pensiones, determinará el importe del capital coste de aquéllos, procediendo a su recaudación junto a los intereses de capitalización que procedan hasta la fecha de su ingreso. En el caso de recargos sobre otras prestaciones, la Tesorería General de la Seguridad Social recaudará directamente el importe de dichos recargos".

La STS (Social) de 21 de julio de 2006 (Rº 2031/05) se plantea la naturaleza jurídica de los intereses de capitalización del capital coste del recargo de prestaciones por falta de medidas de seguridad y salud laboral. La Sala, apoyándose en la STS de 10 de diciembre de 1998 (Rº 4078/97), que reconoce naturaleza de verdadera prestación al recargo estudiado, y en la STS de 27 de junio de 1996 (Rº 2658/95), que considera a los intereses de capitalización un «acto único», llega a la conclusión de que tales intereses no son moratorios, sino que forman parte del capital coste desde que se produce el hecho causante (en el presente caso, el fallecimiento del trabajador). Por todo ello, los citados intereses se devengan desde la fecha de efectos de la prestación económica y no desde la fecha de la resolución firme que impone el recargo. Ese interés, normativamente, forma parte del capital coste y no está destinado directamente al beneficiario, sino a corregir el desfase temporal que sufre la entidad gestora al tener que abonar a aquél la prestación recargada desde la fecha del hecho causante, lo que excluye cualquier tipo de enriquecimiento injusto. Así pues, los intereses de capitalización que reclama el recurrente para sí, ni derivan del artículo 123 de la LGSS, ni se generan por mora o retraso en el pago de la prestación, simplemente conforman los criterios técnicos para la liquidación de capitales coste de pensiones. (STS (Social) de 20 de abril de 2016, Rº 3723/2014)

38. La ejecución de un recargo corresponderá al Juzgado cuando ha sido impuesto jurisdiccionalmente revocando una denegación del mismo por el INSS y sin perjuicio de que en su caso se recabe la colaboración de la TGSS para que calcule el capital coste (el Orden Social es, por cierto, el competente para conocer en cualquier caso de las impugnaciones de dicho cálculo).

En fase de ejecución de sentencia que reconocía que condenaba a un empresario a abonar al actor la cantidad de 83.588,33 euros, como recargo reconocido e intereses, el Juzgado de lo Social núm. 1 de Soria, requirió a la TGSS para que se inhibiera a favor del órgano judicial del procedimiento de apremio que se estaba tramitando por el órgano de recaudación y de cuantos derechos y bienes hubieran sido embargados a la empresa con relación al abono al trabajador del capital coste de pensión correspondiente al recargo del 30% sobre su pensión de incapacidad permanente total. La TGSS rechazó el requerimiento de inhibición al mantener que la prevalencia del procedimiento administrativo por ser anterior y preferente al judicial de ejecución de títulos judiciales. Tras los trámites oportunos, el citado Juzgado de lo Social plantea conflicto de jurisdicción. La STS (Sala Especial de Conflictos de Jurisdicción) de 29 de abril de 2019 (CJ 1/2019) (que comenta magníficamente Martínez Moya, 2019 y que aquí reproducimos), considera que "prevalece el procedimiento de recaudación tramitado por la TGSS frente al requerimiento de inhibición realizado por un Juzgado de lo Social en ejecución de sentencia que reclama lo que estaba siendo objeto de apremio por recargo de prestaciones, al tratarse de un caso en el que el recargo, si bien había sido objeto de condena en la sentencia, sin embargo el recargo había sido reconocido previamente por la propia Administración (INSS). La razón de preferencia del procedimiento recaudatorio reside en el hecho de en estos supuestos, en los que el procedimiento judicial en lo social es posterior al reconocimiento en vía administrativa del recargo cuando ya se está tramitando un procedimiento de recaudación, la ley no concede al trabajador un derecho a percibir una suma a tanto alzado o una capitalización anticipada del recargo (el capital coste), sino el porcentaje que se determine sobre la prestación periódica reconocida como consecuencia del accidente laboral o de la enfermedad profesional".

3. *Vías de impugnación de la resolución*

39. Frente a esta resolución cabe interponer reclamación administrativa previa ante el mismo organismo que dictó la resolución en el plazo de un mes desde que se notificó aquélla, quedando expedita —una vez agotada la vía administrativa— la posibilidad de interponer la correspondiente demanda ante el orden jurisdiccional social en el plazo de 30 días si hubo resolución expresa o de un mes si no se le notificó resolución alguna.

La jurisdicción social pasa a conocer de la impugnación de las resoluciones sancionadoras en materia de Seguridad Social por incumplimiento de la normativa de prevención de riesgos laborales (art. 2 s) de la LJS) aunque queda pendiente de coordinar el procedimiento administrativo sancionador y el de recargo, al ser diferente su tramitación y el órgano que lo realiza. La STS (Social) de 16 de mayo de 2006 (Rº 5001/2004) y 4 de enero de 2008 (Rº 494/2006), entre otras, han declarado, con cita de diversas resoluciones anteriores, que la jurisdicción social es la competente para analizar los defectos de tramitación del expediente administrativo, señalando que: "la jurisdicción se extiende al control judicial pleno del acto administrativo y ello tanto en lo que se refiere al contenido material de éste, como a sus aspectos formales, y, concretamente, a los relativos al procedimiento".

Desde el punto de vista de las competencias administrativas, ha de diferenciarse entre el órgano encargado de la declaración de la responsabilidad administrativa por el recargo de prestaciones y de sus posibles responsables solidarios, que es la entidad gestora (INSS o ISM), y el órgano encargado de su recaudación y reclamación, tanto en vía voluntaria como en vía ejecutiva, que es la TGSS, siendo las resoluciones de esta impugnables en vía contencioso-administrativa.

VII. En busca de la ontología del recargo

1. *Un paseo por sus "naturalezas"*

40. La "ontología del recargo", como dice la STS 15 de septiembre de 2016 (R° 3272/2015). La ontología está estrechamente asociada con la cuestión de Aristóteles sobre el «ser en cuanto ser». ¿Cuál es el ser en cuanto ser del recargo?

Convertido el recargo de prestaciones en otro instrumento imprescindible en la mecánica para conseguir la restitutio in integrum, el mismo ha tenido que adaptarse a los más diversos escenarios y adaptar su organismo a los más plurales entornos. Adaptando el lema de Darwin según el cual "las especies que sobreviven no son las más fuertes ni las más inteligentes, sino aquellas que se adaptan mejor al cambio", esta institución se ha visto obligada a pagar un alto precio al verse convertida en "monstruo legal de tres cabezas". Una quimera en la primera acepción del término (monstruo imaginario que vomitaba llamas y tenía cabeza de león, vientre de cabra y cola de dragón), por ser al propio tiempo sanción, indemnización y prestación social: "Sanción porque necesita como requisito ineludible de un incumplimiento empresarial, indemnización al tener como finalidad reparar un daño causado al trabajador afectado y, prestación de Seguridad de Social al no ser sino una prestación de tal índole". Esta naturaleza trina aparece y desaparece según los casos en el debate judicial. Por ello, esa pregunta frecuente en la práctica, ¿pero, realmente, ¿qué es el recargo?, tiene una compleja y, como veremos, imprevisible respuesta.

En el marco de la regulación inicial la respuesta era relativamente sencilla (Desdentado): el recargo era una indemnización adicional que se sumaba a la general por responsabilidad objetiva del empresario cuando concurría culpa por infracción de medidas de seguridad. La ruptura del principio de inmunidad, el caos de la superposición de las indemnizaciones y los distintos criterios sobre éstas de las jurisdicciones civil y social ha complicado extraordinariamente la cuestión.

41. En la doctrina científica se advierten también vacilaciones a la hora de establecer la naturaleza del recargo. La tesis tradicional insistía en el carácter de sanción administrativa del recargo o, al menos, en su función sancionadora predominante. Pero se ha destacado en ocasiones que su finalidad principal es indemnizatoria; también se ha mantenido su carácter de "sanción compleja unitaria", a la vez punitiva e indemnizatoria, lo que equivale a una indemnización punitiva, y se ha dicho que es una sanción civil indirecta, una cláusula penal de origen legal o una sanción mixta. La controversia doctrinal no sólo se ha mantenido, sino que ha cobrado mayor rigor con el renacer de la materia preventiva al calor de la LPRL y lejos de solventarse ha introducido nuevas variantes en los posicionamientos clásicos y ha introducido nuevas variantes en el debate. Así, a las calificaciones clásicas se han incorporado aquellas que lo califican como indemnización asegurable, total o parcialmente, cláusula penal de origen legal, un subtipo de responsabilidad laboral derivada de un resultado dañoso que encuentra su causa en el incumplimiento de las medidas de seguridad por el empresario o, en último término, se ha señalado que el recargo de prestaciones, como medida de tutela y control de la efectividad de la normativa preventiva que apareja una dimensión indemnizatoria, es una técnica sancionadora de Derecho privado y, en consecuencia, se trata de una sanción civil punitiva o indirecta.

El recargo de prestaciones tiene, contaba Desdentado, "un inconmensurable atractivo emocional, al cual podría llamársele "espejismo de Robin Hood". Despojar de sus plusvalías a quienes se enriquecen poniendo en riesgo la integridad de sus trabajadores y entregar lo que se obtiene a las víctimas tiene una aureola de justicia romántica". Y añadía el recargo de prestaciones "tiene, al menos, un mérito: ha logrado confundirnos a todos; a la doctrina científica, a la jurisprudencia y a quienes tienen que padecerlo o conseguirlo, siguiendo los sinuosos procesos que hay que transitar para su logro o evitación, a través de pleitos enmarañados. Delicia de la gente del foro, pasmo de doctrinos, angustia para los justiciables y fulminante castigo del legislador, que tampoco parece haber entendido muy bien a su criatura, el recargo ha hecho correr ríos de tinta, aunque, como la de algunos cefalópodos, esa tinta contribuya a veces más a oscurecer la institución que a iluminarla" (Desdentado, 2008).

2. *Argumentos a favor de su naturaleza sancionadora*

42. Como es sabido, la STC 158/1985, sostuvo como obiter dicta: «El recargo que prevé el art. 93 de la Ley General de Seguridad Social constituye una responsabilidad a cargo del empresario extraordinaria y puramente sancionadora que, por ello, ha de ser interpretada de manera restrictiva». El Tribunal Constitucional también se ha referido al recargo de prestaciones en las SSTC 163/1993, de 18 de mayo, y 81/1995, de 5 junio, pero en esta última se distancia de esta afirmación para señalar que "es innecesario terciar en la polémica doctrinal sobre la naturaleza jurídica de esta figura esclareciendo concretamente si en puridad se trata de una genuina sanción administrativa". La doctrina judicial del orden social tampoco es concluyente, al menos hasta la STS 2 de octubre de 2000 dictada por el Pleno de la Sala 4ª del Tribunal Supremo, aunque con voto particular.

A) Su finalidad preventiva

43. El primer argumento que suele ser utilizado para fundamentar la naturaleza sancionadora del recargo es su finalidad preventiva. Como señaló la STS (Social) de 2 de octubre de 2000 «la finalidad del recargo es la de evitar accidentes de trabajo originados por infracciones empresariales de la normativa de riesgos laborales», con ello se pretende «impulsar coercitivamente de forma directa el cumplimiento del deber empresarial de seguridad».

B) Derivada de una conducta ilícita

44. En segundo término, como argumento que avala que el recargo es una sanción, se aduce la relación entre el recargo y la realización de una conducta ilícita, esto es, la infracción de la normativa de prevención de riesgos laborales. El recargo es una consecuencia jurídica negativa que se impone cuando se ha producido una conducta ilícita —una infracción—, y precisamente al responsable de dicha infracción, es decir, al empresario a quien se dirigen las reglas de conducta contenidas en la normativa de seguridad, higiene y salud laborales.

C) Resulta inasegurable

45. Se ha razonado tanto en doctrina como en la jurisprudencia contra el argumento de la imposibilidad legal de asegurar el recargo a partir de la entrada en vigor de la Ley de Prevención de Riesgos Laborales, entendiendo que se habría producido la derogación del art. 164.2 de la LGSS que lo impedía.

La LPRL contiene una calificación del recargo como indemnización (art. 42.3) y una declaración general sobre el carácter asegurable de los riesgos derivados del trabajo (art. 15.5). Esto ha llevado a algún sector de la doctrina a afirmar la posibilidad de asegurar el recargo en la medida en que éste no se configura como sanción y ha quedado además derogada la prohibición del art. 164.3 de la LGSS por el art. 15.5 de la LPRL.

46. Sin embargo, la mayoría se inclina por entender que la prohibición de aseguramiento sigue vigente afirmando además que el levantamiento de esta prohibición tendría consecuencias negativas sobre la prevención de los riesgos profesionales. Cuatro argumentos han dado Desdentado (2003) a favor del aseguramiento del recargo: (i) La prohibición del aseguramiento del recargo no tiene rango ley y ha de considerarse "ultra vires" (ii) La LPRL no ha ratificado la prohibición de aseguramiento y más bien apunta a su superación. (iii) La responsabilidad empresarial en el recargo es asegurable conforme a la legislación mercantil. (iv) El aseguramiento del recargo no elimina necesariamente su efecto preventivo y éste puede además lograrse por otras vías que no perturben el funcionamiento de la reparación.

El aseguramiento del recargo no elimina necesariamente su efecto preventivo y éste puede además lograrse por otras vías que no perturben el funcionamiento de la reparación. En esta línea se pronuncia el Voto Particular del Magistrado D. José-Manuel López García de la Serrana, en la sentencia de la Sala de lo Social del Tribunal Supremo de 23 de marzo de 2015, en el que a pesar de que el art. 164.2 LGSS dispone taxativamente que la responsabilidad del pago del recargo "recaerá directamente sobre el empresario infractor y no podrá ser objeto de seguro alguno, siendo nulo de pleno derecho cualquier pacto o contrato que se realice para cubrirla, compensarla o transmitirla", lo que se reproduce en el art. 83.1 del Reglamento General de Cotización y Liquidación (RD 2064/1995, de 22 de diciembre), el recargo debería ser asegurable en nuestro propio país; en beneficio de todos los trabajadores, empresarios e incluso aseguradoras nacionales. La eficacia de las normas lo demanda, pues solventaría dilaciones, disfunciones y saldría al paso de insolvencias anteriores o sobrevenidas".

D) Se impone por un órgano de la Administración

47. Además, se afirma que su imposición de oficio por el Instituto Nacional de Seguridad Social sin que se exija su previa solicitud por el trabajador, como sería necesario si se tratara de una indemnización, también avala su naturaleza sancionadora. A lo anterior se añade que la naturaleza indemnizatoria del recargo no explicaría por qué cuando no hay trabajador o beneficiario del recargo, la cuantía del recargo revierte al Instituto Nacional de la Seguridad Social.

E) Posee carácter sancionador, aunque no entre en juego el principio de non bis in idem

48. Puede tener carácter sancionador, pero ello no implica que entre en juego el principio de non bis in ídem:

Desde la perspectiva constitucional, como ha señalado Pérez Manzano (2009) para llegar a la conclusión de que la regla de la compatibilidad entre el recargo de prestaciones y las sanciones administrativas y/o penales vulnera la prohibición de incurrir en bis in ídem, deben refutarse los siguientes argumentos: el recargo no tiene carácter aflictivo ni cumple función retributiva alguna, y su cuantía, del 30 al 50%, no permite afirmar de forma indubitada su esencia sancionadora; además, en la medida en que se impone al empresario, si éste es una persona jurídica, según la jurisprudencia y doctrina mayoritarias, no habría identidad de sujetos respecto de la imposición de la pena que sólo se impone a la persona física; en tercer lugar, recargo y sanciones tan sólo comparten parcialmente su fundamento, pues la imposición del recargo siempre requiere la producción de un daño o perjuicio; por último, aunque se argumente la esencia sancionadora del recargo, exista identidad de sujeto —por ser el sujeto del recargo y el de la sanción persona jurídica-y de fundamento —si se defiende una noción amplía de fundamento—, el descuento del recargo permite siempre en última instancia evitar los problemas constitucionales, pues la prohibición de incurrir en bis in idem requiere el padecimiento efectivo de las dos sanciones. Por consiguiente, frente a las apariencias iniciales, existen argumentos para negar que el art. 42.3 de la LPRL plantee siempre problemas constitucionales desde la perspectiva del derecho a no padecer dos sanciones por los mismos hechos con el mismo fundamento.

3. Argumentos a favor de la naturaleza indemnizatoria

A) El destino privado del recargo

49. Su fin no es el Tesoro Público sino el beneficiario —víctima trabajador o no—, de modo que ello implica que el recargo establece una relación jurídico-privada entre dos sujetos (el empresario y el trabajador), si bien con la mediación gestora de un organismo público que garantiza su pago y percepción rápida.

Desde el anterior fundamento pero reconociendo su carácter punitivo, la STS 9 de febrero de 2006 (Rº 4100/2004), que aborda la cuestión relativa a la prescripción del recargo de prestaciones y la fijación del dies a quo o día inicial del cómputo del plazo prescriptivo, considera que "en el recargo por falta de medidas de seguridad, nos hallamos ante un recurso punitivo en el que se busca primordialmente restituir la norma jurídica a su lugar rector de las conductas, aunque la compensación no la recibe el Estado, inmediato perjudicado, por la conculcación de su ordenamiento, sino quienes han recibido sobre sí el segundo grado de consecuencias, el damnum. Si el orden jurídico vulnerado fuera el único en resarcirse, conocidas como son las pautas que originan la infracción desde el momento de producirse el accidente, sería razonable no trasladar el dies a quo para el cómputo de la prescripción a otra fecha que no fuera la del accidente. Pero tan especial naturaleza como la que posee el recargo de las prestaciones por falta de medidas de seguridad, cuyo beneficiario es el perjudicado por el damnum. y sus causahabientes, requiere alterar aquella base del compromiso indemnizatorio amoldándolo a los objetos que le servirán de medida, es decir, a las prestaciones cuya cuantía se va a ver mejorada. Esta cadena de dependencia sólo puede mantenerse si reconocidas las prestaciones y a partir de ese acontecimiento, se reclama la imposición del recargo".

B) El recargo no es una pena

50. Pues ni está prevista como tal en el ordenamiento penal, ni se impone por un órgano jurisdiccional en el proceso penal, aunque, según la doctrina jurisprudencial hoy predominante, pueda tener un contenido punitivo. El concepto de pena de Hart se define como "la privación de un bien impuesta por la infracción de una norma, precisamente al sujeto infractor, por la autoridad constituida en un sistema jurídico". A ello añade Ross el carácter de reprobación, de reproche a la conducta y a quien la realiza y se le impone la pena. La pena y la sanción administrativa, "como instrumentos de un mismo ius puniendi, comparten estos rasgos; se trata de una privación de un bien que se impone con intención aflictiva a quien ha realizado una infracción, esto es, una conducta antijurídica, ilícita, con la finalidad de regular la conducta de la sociedad, de prevenir las conductas similares del propio infractor y de otros sujetos" (Pérez Manzano, 2009: 143)

C) El recargo no es una sanción administrativa

51. Más polémica puede resultar su exclusión de la noción de sanción administrativa, pero también hay que llegar a esta conclusión. En el ordenamiento sancionador administrativo rige el principio de tipicidad y el recargo no figura en la tipificación legal de las sanciones administrativas en la LISOS, sino en las normas generales sobre la acción protectora de la Seguridad Social, pues el art. 164 de la LGSS se encuentra en la sección de la LGSS dedicada al "régimen general de las prestaciones". Esto no significa que el recargo sea una prestación de la Seguridad Social, pero, desde luego, no es en sentido estricto y formal una sanción administrativa, pues no está definida como tal y el elemento de tipicidad es esencial en esta calificación. Por otra parte, tampoco se impone el recargo en una resolución dictada por un órgano de la Administración con competencia sancionadora en el procedimiento administrativo sancionador previsto en la LISOS y en su reglamento. Es cierto que el recargo se vincula causalmente con la existencia de una infracción administrativa en relación con la normativa de prevención de riesgos laborales. Pero esto no es decisivo, pues también la responsabilidad civil derivada de delito surge de una infracción penal y, sin embargo, no es una sanción penal. Es más, en el régimen del art. 164 LGSS es posible que se aplique un recargo, sin que se haya impuesto o se imponga una sanción administrativa.

Así se reconoce en el art. 27 del RD 928/1998: si hay acta de infracción o resolución administrativa se acompaña al informe propuesta de la Inspección de Trabajo que inicia el procedimiento administrativo para declarar la responsabilidad empresarial por el recargo, pero la propuesta puede formularse sin que haya acta de infracción, ni resolución imponiendo una sanción a la empresa, aunque en este caso debe justificarse esta circunstancia. Por ejemplo, puede haber prescrito la sanción administrativa, pero no la responsabilidad por el recargo

Por lo demás, la LPRL lo ha estimado así cuando en su art. 42.3 distingue claramente entre "las responsabilidades administrativas que se derivan del procedimiento sancionador" y "las indemnizaciones por los daños y perjuicios causados y de recargo", con lo que está claro que, para la ley, éste no es una sanción administrativa, sino una indemnización, aunque lo sea "de recargo".

D) No rige la prohibición constitucional de bis in ídem

52. El procedimiento para la imposición del recargo no se suspende ante la incoación del procedimiento penal, como sucede con los procedimientos sancionadores y determina el art. 3.2 de la LISOS, así como que el art. 42.3 de la LPRL parte claramente de que el recargo no es una sanción porque en otro *caso regiría la prohibición constitucional de bis in ídem.*

En este contexto, se ha señalado (Pérez Manzano, 2009: 140) que incluso en el caso de que el recargo fuera exclusivamente una indemnización, regiría la prohibición constitucional de exceso, o principio de proporcionalidad, de modo que la imposición cumulativa del recargo y la indemnización por encima de los daños y perjuicios ocasionados, y una vez que se han impuesto las sanciones, vulneran el derecho a la propiedad del art. 33 de la CE, porque implicaría una restricción desproporcionada del mismo. De un lado, carecería de fundamento punitivo el exceso de indemnización que ya se habría tenido en cuenta para imponer la sanción y que no podría volver a imponerse sin vulnerar la prohibición de bis in idem, y, de otro, no podría afirmarse que su fundamento se asienta en la reparación del daño, que ya se habría resarcido mediante la indemnización. Por tanto, la prohibición de enriquecimiento injusto se traduciría en una vulneración del derecho de propiedad por haberse impuesto una consecuencia jurídica —el recargo— que la limita sin un fundamento razonable.

E) No se le aplica el principio de presunción de inocencia

53. Al considerarse dentro de la esfera civil laboral de incumplimientos contractuales

La cuestión resuelta por la STS (Social) de 16 de enero de 2006 (Rº 3970/04) consiste en determinar si el accidente de trabajo se produjo a causa de la omisión por parte del empresario demandante de las exigibles medidas de seguridad y si, en consecuencia, es adecuado el recargo de las prestaciones de seguridad social en un 30%. La empresa alegaba que, aunque el andamio presentaba irregularidades, el trabajador se subió al mismo por su propia iniciativa, incumpliendo instrucciones expresas de no hacerlo, por lo que el accidente se produjo por una actitud imprudente del trabajador accidentado. La sentencia del Tribunal Supremo considera que, el principio de presunción de inocencia, únicamente tiene asiento en la esfera jurídico penal y no en la esfera civil laboral de incumplimientos contractuales del deber de seguridad asumido por el empleador. Por otra parte, no se cuestiona por la sentencia recurrida, ni tampoco por la empresa demandante, que el andamio estuviese colocado de forma inadecuada, lo que lleva a la empresa a poner el acento en que el trabajador incumplió expresas instrucciones de la empresa incurriendo en una conducta imprudente, si bien dicha afirmación carecía de prueba objetiva que así lo acreditase.

F) Es transmisible

54. Su transmisión a todos cuantos le circundan incluidas las empresas principales por daños sufridos por trabajadores de las empresas contratistas y subcontratistas. Un efecto que por mágico que pueda parecer alcanza a los supuestos sucesorios y ello, aunque el trabajador causante de las prestaciones nunca hubiese prestado servicios en la misma. Y ello porque como afirmara la STS (Social) de 13 de octubre de 2015 (R° 2166/2014), "una vez que se haya constatado ese incumplimiento de las medidas de prevención, así como la aparición de la contingencia generadora de la correspondiente prestación, aunque la sucesión se hubiese producido con posterioridad al reconocimiento de la prestación de Seguridad Social, sobre la que incide el recargo". Solo un supuesto tan terrible como el de los daños masivos producidos por el amianto puede justificar tal razonamiento.

4. Argumentos a favor de la naturaleza plural del recargo

55. En el marco de las tesis mixtas destaca la posición de Monereo Pérez, quien ha defendido que se trata de una sanción compleja unitaria, a caballo entre las sanciones públicas y privadas, que combina la función retributivo-preventiva de las sanciones con la función reparadora del daño de las indemnizaciones, siendo, por tanto, una institución moderna más eficaz para alcanzar los fines perseguidos por el ordenamiento. De un lado, el recargo es una consecuencia jurídica que sanciona el incumplimiento del empresario de su deber objetivo de cuidado que produce un siniestro y un perjuicio, de modo que tiene una finalidad intimidatoria y disuasoria del incumplimiento de las medidas de seguridad; y, de otro, tiene una finalidad resarcitoria, de manera que pretende reparar el perjuicio causado y por ello su cuantía ha de tenerse en cuenta en el monto total de la indemnización civil. Frente a los intentos de la doctrina de caracterizar el recargo sólo desde una perspectiva, entiende que no puede prescindirse de ninguna de ambas características. "La institución del recargo [afirma este autor] es una técnica sancionatoria pública; su finalidad esencial es la protección de los valores fundamentales de la vida e integridad física del trabajador y sólo, en un segundo término, la indemnización o reparación de daños o perjuicios a la víctima o a favor de otros destinatarios legales".

56. Si, como en el caso del recargo, se tratase de una institución mixta que tiene características de dos instituciones diferentes (la indemnización con función de reparación del daño y la sanción con función retributivo preventiva), el régimen de garantías no puede desconocer el aspecto sancionador. Máxime si, como ha puesto de relieve Monereo, el recargo es una institución unitaria, que, por tanto, no puede descomponerse en sus elementos si es una institución unitaria, el régimen de garantías ha de ser también único y ese régimen no puede prescindir de su componente sancionador si no quiere incurrir en un fraude de garantías. De hecho, por ejemplo, Díez-Picazo (1999, 45 y 46) defiende que las indemnizaciones punitivas se sometan al mismo régimen de garantías constitucionales que las sanciones.

A partir de la STS (Social) Pleno de 23 de marzo de 2015 (Rº 2057/2014), se sostuvo la naturaleza plural del recargo —resarcitoria y preventivo/punitiva— sin inclusión en ninguna categoría jurídica novedosa, por considerar que ello no solamente podría dar lugar a disfunciones imprevisibles, y sobre todo a los efectos de la sucesión en la responsabilidad derivada del recargo, ha de primar la faceta indemnizatoria sobre la sancionadora o preventiva.

O, en fin, se hace que el recargo se convierta en una prestación cuando lo que se pretende es garantizar su tutela y proyección en el tiempo. Y es que, en este caso, como dejó sentado entre otras la STS de 9 de febrero de 2006 (Rº 4100/04), el plazo de prescripción de cinco años es el mismo que el legalmente establecido para las prestaciones aplicándose todas las garantías asociadas establecidas en el art. 43 LGSS, de modo que la retroactividad de tres meses anteriores a la solicitud de la prestación es también aplicable al recargo por falta de medidas de seguridad (como confirmó la STS de 11 de mayo de 2018, Rº 3012/2016).

57. El recargo opera como una indemnización estrictamente resarcitoria porque constituye un elemento más de la reparación íntegra del daño. Pero si la suma de las indemnizaciones excede del importe del daño, el recargo comienza a tener también, en ese exceso, un contenido punitivo para el empresario infractor. Estamos entonces en el terreno de la indemnización punitiva, que es una indemnización que supera el límite de reparación del daño.

En el ejemplo de Desdentado: Un accidente de trabajo ha producido un daño total al trabajador accidentado de 2 millones de euros. Las prestaciones de la Seguridad Social reparan ese daño hasta 1 millón de euros; el recargo añade una protección por 500.000 euros. Si nos mantenemos dentro del límite de la reparación total del daño, la indemnización "civil" adicional por culpa del empresario debería ser de 500.000 euros (1 millón menos los 500.000 del recargo). En este caso el recargo es sólo una partida más de la indemnización, pues su efecto se agota en la reparación, sin introducir ningún elemento punitivo o aflictivo. Si aplicamos la tesis de la acumulación relativa, que se desprende de la STS 2 de octubre de 2000, el recargo no será deducible del importe de la indemnización, aunque de ésta sí serían deducibles las prestaciones de la Seguridad Social que cubren la responsabilidad del empresario "asegurada" dentro de la Seguridad Social. En esta hipótesis, la reparación será de 2,5 millones de euros (1 millón por prestaciones, 1 millón por indemnización —diferencia entre el daño total y la parte de éste cubierta por la Seguridad Social y 500.000 euros por el recargo). En la tercera hipótesis de la acumulación absoluta, que es una posición mantenida en ocasiones por la Sala de lo Civil, no se deducen de la indemnización civil ni las prestaciones de la Seguridad Social ni el recargo, con lo que la reparación total sería de 3,5 millones de euros (2 millones de indemnización civil sin deducciones, 1 millón de prestaciones de Seguridad Social y 500.000 euros por el recargo)

58. En resumen, el recargo puede funcionar como una indemnización resarcitoria si, sumado a los restantes mecanismos de cobertura (prestaciones de la Seguridad Social y responsabilidad civil del empresario), no excede del importe del daño total, pero puede también actuar además como una indemnización punitiva cuando su aplicación lleva a una indemnización total superior al daño reparado.

En esta dirección apuntaba Alonso Olea, cuando señalaba que "en la legislación de Seguridad Social hay algún ejemplo próximo de estas sanciones en beneficio privado, no frecuentes en nuestro Derecho (sí, por ejemplo, en los anglosajones; las indemnizaciones ('ejemplares» y «punitivas» al lado de las meramente resarcitorias en determinados tipos de tort (...), en el recargo de las indemnizaciones por accidente de trabajo en caso de falta o deficiencia de las medidas de seguridad e higiene".

La reparación total otorgada por todos los mecanismos de indemnización concurrentes tiene el límite del valor del daño producido. Si quiere lograrse un efecto preventivo adicional, hay que recurrir al sistema punitivo (penal o administrativo), pero no cabe asignar una segunda función punitiva al sistema de reparación a través del recargo, pues cuando excede el valor del recargo actúa como indemnización punitiva.

Esta crítica es decisiva cuando, como ocurre en materia de prevención de riesgos laborales, el ordenamiento ha previsto, junto a los mecanismos de reparación, una serie de sanciones punitivas específicas, penales y administrativas, que son las que deben cumplir la función preventiva y en su caso la retributiva. El sentido de las indemnizaciones punitivas es incorporar a la sanción civil las finalidades típicas de la sanción penal, pero esta justificación desaparece cuando ya existe un sistema de represión penal o administrativo sobre la misma infracción.

Capítulo 18

LA REPARACIÓN DEL DAÑO DERIVADO DEL ACCIDENTE DE TRABAJO (III). LA INDEMNIZACIÓN CIVIL "ADICIONAL" POR ACCIDENTE DE TRABAJO

Bibliografía: ALFONSO MELLADO, C., *Responsabilidad empresarial en materia de seguridad y salud laboral,* Valencia, Tirant lo Blanch, 1998. Id., *Indemnizaciones derivadas de la responsabilidad empresarial por accidentes de trabajo: prueba y cuantificación,* Revista de Derecho de la Seguridad Social. Laborum, 2014, nº 1, pp. 55-81. ANGEL YAGÜEZ, R. de, *Evaluación del perjuicio corporal en Derecho común de la responsabilidad. Los terceros pagadores,* Revista Española de Derecho de Seguros, 1988, nº 56, pp. 101-117. Id. *Prólogo* a la monografía *La responsabilidad civil/patrimonial en los accidentes de trabajo,* Ediciones Tro, 2000, pp. 9-12. APARICIO TOVAR, J., *Sobre la responsabilidad civil del empresario por infracción de las obligaciones de seguridad y salubridad en el trabajo,* Relaciones Laborales, 1994, II, pp. 538 a 557. Id. *Sobre la responsabilidad civil del empresario por infracción de las obligaciones de seguridad y salubridad en el trabajo,* en Monereo Pérez (Ed.), *La reforma del mercado de trabajo y de la Seguridad Social, XII Jornadas Universitarias Andaluzas de Derecho del Trabajo y Relaciones Laborales,* Granada, Universidad, 1996, pp. 709 a 721. BADILLO ARIAS, J. M., *Accidentes de trabajo con vehículos a motor. Delimitación de responsabilidades y coberturas aseguradoras,* Santiago de Compostela, Fundación INADE, 2019. BLASCO PELLICER, Á. *Responsabilidad Civil derivada de contingencias profesionales: de la competencia del orden social a la cuantificación de la indemnización del daño: dos sentencias clave,* Revista de Derecho de la Seguridad Social, Laborum. Extraordinario 2021: 119-126. CALVO GALLEGO, F. J., *La obligación general de prevención y la responsabilidad civil o contractual del empleador,* Pamplona, Aranzadi, 1999. CASAS PLANES, M. D., *La responsabilidad civil del empresario derivada de accidentes laborales en especial por acoso moral o mobbing,* Madrid, Civitas, 2013. CEBRIÁN DOMÍNGUEZ, E., *Responsabilidad extracontractual derivada de accidente de trabajo: puntos críticos,* Actualidad Laboral, 1999, nº 3, pp. 45-68. CORREA CARRASCO, M., *Accidente de trabajo, responsabilidad empresarial y aseguramiento,* Albacete, Bomarzo, 2008. DÍEZ-PICAZO, L., *Derecho de daños,* Madrid, Civitas, 1999. DESDENTADO, A. DE LA PUEBLA, A., *En busca de la reparación integral: las medidas complementarias de protección del accidente de trabajo a través de la responsabilidad civil del empresario y del recargo de prestaciones,* en Gonzalo González y Nogueira Guastavino (Coord.), Cien años de Seguridad Social. A propósito de la Ley de Accidentes de Trabajo de 30 de enero de 1900, Madrid, UNED/Fraternidad, 2000, pp. 639 a 664. DÍEZ-PICAZO GIMÉNEZ, G., *Los riesgos laborales. Doctrina y jurisprudencia civil,* Madrid, Civitas, 2007. FERNÁNDEZ, I., ELLACURIA, J. M. y ITURRATE, J. M. *La responsabilidad civil/patrimonial en los accidentes de trabajo,* Ediciones Tro, 2000 GARCÍA MURCIA, J., *La responsabilidad civil en materia de seguridad y salud en el trabajo,* TL, 1999, nº 50, pp. 223 a 243. GARCÍA AMADO, J. A. *Sobre algunos mitos del Derecho de daños. Causas que no causan e imputaciones objetivas bastante subjetivas,* en Herrador Guardia, M. (dir.), *Derecho de daños,* ed. Thomson Reuters-Aranzadi, Cizur Menor, 2013, pp. 65-142. GARCÍA DE LA SERRANA, J. J., *Efecto expansivo del nuevo baremo de tráfico en la responsabilidad por accidentes laborales»,* Revista de la Asociación Española de Abogados especializados en responsabilidad civil y seguro, 2015, nº 54. GINES i FABRELLAS, A., *Instrumentos de compensación del daño derivado del accidente de tra-*

bajo y enfermedad profesional, Madrid, La Ley, 2012. GONZÁLEZ CALVÉ, J., *Las indemnizaciones por accidente de trabajo en base al nuevo baremo de tráfico*, Wolters Kluwer, Las Rozas, Madrid, 2018. GONZÁLEZ LABRADA, M., *Indemnización de daños y perjuicios por incumplimiento de las obligaciones preventivas: la doctrina del Tribunal Supremo sobre el quantum indemnizatorio único y su protección sobre el ejercicio de la tutela reparadora fragmentada*, Revista de Derecho Social, 1999, nº 7, pp. 153-172. GUTIÉRREZ-SOLAR CALVO, B., *Culpa y riesgo en la responsabilidad civil por accidentes de trabajo*, Madrid, Civitas, 2004. GUTIÉRREZ-SOLAR CALVO, B; LAHERA FORTEZA, J., *Compensaciones económicas derivadas de accidentes de trabajo: problemática y reformas*, Granada, Comares, 2009, LUQUE PARRA, M. *La responsabilidad civil del empresario en materia de seguridad y salud laboral*, Madrid, CES, 2002. LLORENS ESPADA, J., *La reparación del daño derivado del accidente de trabajo*, Albacete, Bomarzo, 2016. MANRIQUE LÓPEZ, F., *Valoración del daño corporal en el ámbito de la Seguridad Social*, REDS, 1989, nº 59, pp. 29 a 35. MEDINA ALCOZ, M. *La compensatio lucri cum damno en la responsabilidad civil extracontractual: la denominada teoría del descuento*, Revista de Responsabilidad Civil, Circulación y Seguro, 2005, nº 3, pp. 16-28. MERCADER UGUINA, J. R., *Indemnizaciones derivadas del accidente de trabajo. Seguridad Social y Derecho de daños*, Madrid, La Ley-Actualidad, 2001 MOLINER TAMBORERO, G., *La responsabilidad civil empresarial derivada del incumplimiento de las previsiones contenidas en la Ley 31/1995, de prevención de riesgos laborales*, AL, 1996, II, pp. 393-412. YZQUIERDO TOLSADA, M., *Responsabilidad civil extracontractual. Parte general: Delimitación y especies*. Elementos. Efectos o consecuencias, 7ª edición, ed. Dykinson, Madrid, 2021.

I. Formación, decadencia y crisis del principio de inmunidad en nuestra legislación histórica

1. El principio de inmunidad

1. Históricamente, la contrapartida de la responsabilidad objetiva será el carácter limitado de las indemnizaciones y el cierre de la vía adicional de la responsabilidad civil por culpa, instaurando el principio de inmunidad, regla general también en el resto de los países europeos. Si el sistema no logra compensar totalmente al trabajador el daño sufrido, al menos le evita tener que entrar en una difícil discusión sobre la culpa existente en el empleador y en la víctima, con el incierto resultado que la misma lleva aparejado. Pero el beneficio neto de tal solución lo obtenía el "patrono" pues, a cambio de la obligación de indemnizar al operario, la ley le garantizaba que sólo respondería de una cuantía cierta y determinada, la indemnización quedaba, con ello, tarifada.

2. La Ley de Accidentes de 1900 es explícita a la hora de precisar el alcance del referido principio. Las acciones civiles de reparación sólo pueden ejercitarse si se fundan en "hechos no comprendidos en las disposiciones de la presente ley" (art. 16) y las acciones por accidentes en las que concurra responsabilidad criminal mantienen su independencia (art. 17), pero las indemnizaciones que se reconozcan por esa vía no se acumulan a las previstas por la ley, que sólo operan cuando se acuerde el sobreseimiento o la absolución en el proceso penal (art. 18). Así pues, el legislador concede dos tipos de acciones para la reclamación frente al daño empresarial que resultan alternativas y subsidiarias entre sí, esto es, potencialmente concurrentes en el tiempo, pero no acumulables, al excluirse mutuamente. La acción civil derivada del delito y la acción laboral derivada del accidente de trabajo. Su no acumulabilidad deriva del hecho de que la responsabilidad objetiva derivada del accidente de trabajo y a cargo del empleador o del ente asegurador es siempre subsidiaria de segundo grado y en defecto de la responsabilidad subjetiva derivada de delito.

3. La incompatibilidad entre la acción de responsabilidad civil y la prevista en la Ley de Accidentes es razonable por cuanto su coexistencia supondría una condición privilegiada de la víctima del accidente de trabajo que vendría a percibir una "doble indemnización" y porque "nuestra misma legislación es, en cierta medida, favorable al aumento de la cuantía cuando concurre culpa además del riesgo, como lo comprueba el número 5 del art. 5 y el art. 64 del Reglamento".

La jurisprudencia de este período corrobora la línea normativa, como se refleja en la STS 30 de mayo de 1916 (Gac, 21 de septiembre) que examina un caso en el que el trabajador, tras sufrir un accidente, demanda a su patrono por daños previstos en la Ley de Accidentes de 1900 y solicita, al mismo tiempo, una indemnización por daños y perjuicios en virtud del art. 1902 CC. La sentencia desestima tal reclamación por cuanto "el Código Civil que invoca fue reemplazado por las disposiciones especiales de la Ley de Accidente de Trabajo, y de aplicar los dos sistemas con ocasión de esta clase de juicios equivaldría a imponer al patrono una doble responsabilidad o gravamen que las leyes no pueden autorizar". La razón también se encontraba, para la STS 17 junio 1909 en la consideración de que resultaba "insostenible su reproducción (de la acción indemnizatoria derivada del accidente) en otro juicio, pues esto equivaldría a hacer consistir la identidad de la acción, no en su propia naturaleza, que es lo procedente, sino en la clase de juicio que se ejercite".

4. La Ley Matos de 10 de enero de 1922 introducirá ciertas dudas en la limpia declaración del principio de indemnidad. Los arts. 14 y 15 mantienen la regulación anterior en materia de responsabilidad criminal, pero el art. 13, cuando reitera la referencia a los hechos comprendidos en la presente ley como fundamento de las acciones civiles de daños, aclara que esos hechos son "aquellos en que mediare culpa o negligencia", con lo que se plantea el problema de si esa referencia incluye también la "culpa del empresario". No obstante, el principio de inmunidad siguió aplicándose, al entenderse que la responsabilidad civil del empresario quedaba cubierta por el régimen especial de la Ley, especialmente teniendo en cuenta que éste también incorporaba el recargo por infracción de medidas de seguridad.

5. El apuntado régimen jurídico no sufrirá especiales cambios durante el período de la II República durante el que la responsabilidad empresarial mantendrá su fundamento en la responsabilidad objetiva por riesgo y limitada en cuanto al alcance de la reparación. El progresivo paso de un "sistema de responsabilidad" a un modelo de "seguro social" no supuso el abandono del régimen de responsabilidad empresarial que conservará el principio de inmunidad y la responsabilidad por culpa se sigue teniendo en cuenta a través del recargo de prestaciones, que es una responsabilidad estándar por culpa no asegurada obligatoriamente y tampoco asegurable de forma voluntaria (art. 40 del texto refundido de 1932 la indemnización especial del art. 32 no podrá ser objeto de seguro). La cuestión se complica con el Texto Refundido de Accidentes de Trabajo, aprobado por el Decreto 8 de octubre de 1932 que, en su art. 63, continuaba sometiendo al Derecho Común "las reclamaciones de daños y perjuicios por hechos no comprendidos en las presentes disposiciones", pero añadía que esos hechos eran "aquellos en que mediare culpa o negligencia exigible civilmente", sin excluir expresamente al empresario, lo que podía interpretarse como una ruptura del principio de inmunidad.

Esta regla pasa al art. 219 del Reglamento de Accidentes de Trabajo de 31 de enero de 1933 y luego al art. 53 del Texto Refundido de 22 de junio de 1956, que establece que "la calificación de accidente de trabajo de un hecho no obsta para que puedan ejercitarse por el perjudicado las oportunas acciones civiles o criminales por negligencia o dolo". La percepción de las reparaciones "legales" no impide la obtención de otras indemnizaciones hasta la total cobertura del daño real cuando concurran los requisitos que caracterizan la responsabilidad civil en sentido estricto.

Se distingue, de este modo, entre la responsabilidad típica del ámbito laboral, que obliga al empresario y, por él a la entidad aseguradora, a reparar los daños dimanantes del accidente de trabajo, aunque no hubiera mediado culpa por parte de aquél, y la responsabilidad civil genuina o propiamente dicha según la cual se responde cuando en la producción del evento dañoso ha mediado culpa del agente. Ambas obedecen al cumplimiento de funciones diferenciadas: "la garantía de un mínimo existencial es la finalidad perseguida por la responsabilidad tarifada, mientras que la responsabilidad de derecho común pretende una compensación del daño realmente sufrido". Tienen, además, "diferentes causas de imputación, respectivamente: la conexión laboral y la causación ilícita del daño" (Cremades)

2. La desaparición del principio de inmunidad

6. Sabido es que el vigente sistema de Seguridad Social nace con la Ley 193/1963, de 28 diciembre, de Bases de la Seguridad Social, la cual consta de diecinueve bases correlativamente numeradas, precedidas de otra preliminar. Pues bien, ninguna de esas bases contenía la más mínima previsión en cuanto a la ordenación del régimen de responsabilidades en materia de prestaciones de la seguridad social. En uso de las facultades que el art. 2.° de la Ley de Bases estableció en favor del Gobierno para que, en el plazo de dos años, aprobase el texto o textos articulados que requiriese su desarrollo, fue aprobado el Decreto 907/1966, de 21 abril, en el que se introdujo el art. 97.3, donde se disponía que "cuando la prestación haya tenido como origen supuestos de hecho que impliquen responsabilidad criminal o civil de alguna persona, incluido el empresario, la prestación será hecha efectiva, cumplidas las demás condiciones, por la Entidad Gestora o Mutua Patronal, en su caso, sin perjuicio de aquellas responsabilidades. En estos casos, el trabajador o sus derechohabientes podrán exigir las indemnizaciones procedentes de los presuntos responsables criminal o civilmente".

7. La Ley General de la Seguridad Social aprobada mediante Decreto 2065/1974, de 30 mayo, mantuvo a través de su art. 97.3 el texto literal que, bajo ese mismo número.

La compatibilidad entre el régimen indemnizatorio de la LGSS y otras fuentes reguladoras de daños y responsabilidades no sólo es afirmada sin dudas por la jurisprudencia, sino que se deriva hoy en día con toda claridad del texto del art. 168.3 de la LGSS, que viene a disponer que,

> *"Cuando la prestación haya tenido como origen supuestos de hecho que impliquen responsabilidad criminal o civil de alguna persona, incluido el empresario, la prestación será hecha efectiva, cumplidas las demás condiciones, por la entidad gestora, servicio común o mutua colaboradora con la Seguridad Social, en su caso, sin perjuicio de aquellas responsabilidades. En estos casos, el trabajador o sus derechohabientes podrán exigir las indemnizaciones procedentes de los presuntos responsables criminal o civilmente".*

Igualmente se extrae de los apartados 1 y 3 del art. 42 de la LPRL que precisan, respectivamente, que:

> *1. El incumplimiento por los empresarios de sus obligaciones en materia de prevención de riesgos laborales dará lugar a responsabilidades administrativas, así como, en su*

caso, a responsabilidades penales y a las civiles por los daños y perjuicios que puedan derivarse de dicho incumplimiento

3. Las responsabilidades administrativas que se deriven del procedimiento sancionador serán compatibles con las indemnizaciones por los daños y perjuicios causados y de recargo de prestaciones económicas del sistema de la Seguridad Social que puedan ser fijadas por el órgano competente de conformidad con lo previsto en la normativa reguladora de dicho sistema.

Con esta declaración el legislador consagra la superación del principio de inmunidad. Se confirma, pues, que el acceso a las prestaciones de la Seguridad Social no excluye la posibilidad de que el trabajador accidentado reclame frente al empresario la indemnización del daño sufrido por el accidente de trabajo. Pero para ello han de cumplirse los siguientes presupuestos.

II. Fundamentos para la exigencia de responsabilidad civil por accidente de trabajo

1. La exigencia de responsabilidad es contractual

8. La STS (Social) de 30 de junio de 2010 (R° 4123/2018) y seguida, entre otras en las SSTS de 16 de enero de 2012 (R° 4142/2010); de 24 de enero de 2012 (R° 813/2011), de 30 de enero de 2012 (R° 1607/2011), de 1 de febrero de 2012 (R° 1655/2011); de 14 de febrero de 2012 (R° 2082/2011); de 27 de enero de 2014 (R° 3179/2012), de 4 de mayo de 2015 (R° 1281/2014) y STS de 11 de diciembre de 2018 (R° 15753/2016), han venido sentando que:

"La exigencia de responsabilidad necesariamente ha de calificarse como contractual, si el daño es consecuencia del incumplimiento contractual; y que tan sólo merece la consideración extracontractual, cuando el contrato ha sido únicamente el antecedente causal del daño, cuya obligación de evitarlo excede de la estricta órbita contractual, hasta el punto de que los perjuicios causados serían igualmente indemnizables sin la existencia del contrato. Y aún en los hipotéticos supuestos de yuxtaposición de responsabilidades, parece preferible aplicar la teoría —más tradicional, en la jurisprudencia— de la «absorción», por virtud de la cual el contrato absorbe todo aquello que se halla en su órbita natural [en general, por aplicación del art. 1258 CC; y en especial, por aplicación de la obligación de seguridad] y el resarcimiento de los daños ha de encontrar ineluctable cobijo en la normativa contractual; tal como el trabajador de autos sostiene.

El punto de partida no puede ser otro que recordar que el Estatuto de los Trabajadores genéricamente consagra la deuda de seguridad como una de las obligaciones del empresario, al establecer el derecho del trabajador «a su integridad física» [art. 4.2. d)] y a «una protección eficaz en materia de seguridad e higiene» [art. 19.1]. Obligación que más específicamente —y con mayor rigor de exigencia— desarrolla la LPRL [Ley 31/1995, de

8 de noviembre], cuyos rotundos mandatos —muy particularmente los contenidos en los arts. 14.2, 15.4 y 17.1 LPRL— determinaron que se afirmase «que el deber de protección del empresario es incondicionado y, prácticamente, ilimitado» y que «deben adoptarse las medidas de protección que sean necesarias, cualesquiera que ellas fueran» (...).

Existiendo, pues, una deuda de seguridad por parte del empleador, ello nos sitúa en el marco de la responsabilidad contractual y del art. 1101 del CC, que impone la obligación de indemnizar los daños y perjuicios causados a los que «en el cumplimiento de sus obligaciones incurrieren en dolo, negligencia o morosidad, y los que de cualquier modo contravinieren el tenor de aquéllas".

2. *Alcance normativo del deber de diligencia empresarial*

A) El deber general de prevención

9. La CE garantiza un genérico derecho a la protección de la salud (art. 43.1 de la CE), a la vez que establece un compromiso específico para los poderes públicos de "velar por la seguridad e higiene en el trabajo" (art. 40.2 de la CE). Este último compromiso parece perseguir un doble objetivo: de un lado, destacar la necesidad de una política preventiva de daños, no sólo a la salud, sino también a la integridad física en el ámbito productivo; de otro, poner de manifiesto las limitaciones que una política de protección de este tipo supone para las facultades empresariales de organización de la producción que derivan del principio de libertad de empresa (art. 38 de la CE).

El derecho constitucional de que goza el trabajador a una protección eficaz en materia de seguridad y salud en el trabajo tiene su correlativo en el deber del empresario de "protección de los trabajadores frente a los riesgos laborales", lo que implica el deber del empresario de garantizar la seguridad y salud de sus trabajadores a su servicio "en todos los aspectos relacionados con el trabajo mediante la adopción de cuantas medidas sean necesarias para la protección de la seguridad y salud de los trabajadores" (art. 14.2 de la LPRL).

10. Los caracteres que definen al deber de seguridad son los siguientes:

(i) Se trata de un deber genérico, que abarca todos los aspectos relacionados con el trabajo que puedan afectar a la salud de los trabajadores, y que adquiere concreción a través de cuantas obligaciones específicas aparecen en la LPRL y normativa de desarrollo.

(ii) Es un deber permanente, es decir, el empresario deberá ir interpretando el contenido de este deber en relación con el contexto técnico y normativo que exista, y adaptando las medidas de prevención a las modificaciones que puedan experimentar las circunstancias que incidan en la realización del trabajo.

(iii) Es una obligación de medios, de realizar la actividad preventiva: el empresario debe haber actuado con toda la diligencia exigible, y en este sentido será a él a quien corresponda la prueba de la acción diligente.

(iv) Es un deber personalísimo del empresario que no es trasladable al trabajador ni a terceros, aunque el cumplimiento del mismo pueda instrumentarse en coordinación con otras entidades.

(v) Tiene como objetivo la protección "eficaz", lo que implica la adopción del mayor nivel de protección posible.

11. El empresario aplicará las medidas que integran el deber general de prevención con arreglo a los siguientes principios generales (art. 15 de la LPRL): Evitar los riesgos. Evaluar los riesgos que no se puedan evitar. Combatir los riesgos en su origen. Adaptar el trabajo a la persona, lo que se lleva a cabo a través de la Ergonomía en sus distintos aspectos: a) a la hora de concebir y diseñar los puestos de trabajo; b) al elegir los equipos y métodos de trabajo y de producción con miras a atenuar el trabajo monótono y repetitivo y a reducir los efectos del mismo sobre la salud; c) tomar en consideración las capacidades profesionales de los trabajadores en materia de seguridad y salud en el momento de encomendar las tareas (art. 15.2 de la LPRL); d) garantizar que sólo los trabajadores con información adecuada puedan acceder a las zonas de riesgo grave y específico (art. 15.3 de la LPRL). Tener en cuenta la evolución de la técnica. Sustituir lo peligroso por lo que entrañe poco o ningún peligro. Planificar la prevención, buscando un conjunto coherente que integre en ella la organización del trabajo, las condiciones de trabajo, las relaciones sociales y la influencia de los factores ambientales en el trabajo. Anteponer la protección colectiva a la individual. Dar las debidas instrucciones a los trabajadores.

El deber genérico de seguridad se concreta en una serie de obligaciones en las que el mismo se traduce (arts. 16 a 32 de la LPRL). Estas obligaciones son concretas, en cuanto que especifican el deber genérico, e instrumentales, porque están subordinadas a la consecución del fin último: lograr el máximo nivel de protección para los trabajadores.

B) Evaluación de manera completa, detallada y continuada los riesgos derivados del trabajo

12. El empresario debe planificar su actividad preventiva partiendo de "una evaluación inicial de los riesgos para la seguridad y salud de los trabajadores", en la que se tomen en consideración todos los elementos relevantes (equipos de trabajo, sustancias o preparados químicos, lugares de trabajo, etc…), para, tras dicha evaluación, poder adoptar las actividades de prevención así como los métodos de trabajo y producción aplicados a fin de "garantizar el mayor nivel de seguridad y salud de los trabajadores, integrándolas en el conjunto de actividades de la empresa y en todos los niveles jerárquicos", bien eliminando totalmente aquellos riesgos que sea posible, bien evitando al máximo sus consecuencias. Con este objetivo, el empresario debe organizar la actividad productiva disponiendo al efecto de análisis estadísticos, auditorías de seguridad y/o encuestas higiénicas y, en especial, de los denominados "mapas de riesgos" que permitan garantizar la seguridad integrada en sus centros de trabajo (art. 16.1 de la LPRL que concretan y amplían el mandato genérico del art. 6.3 Directiva Marco 89/391/CEE sobre Aplicación de medidas para promover la mejora de la seguridad y de la salud de los trabajadores en el trabajo).

La LPRL en su art. 16 recoge distintos momentos o situaciones en los que ha de llevarse a cabo la evaluación de riesgos, partiendo de una evaluación inicial, que deberá realizarse en el momento mismo del diseño del proyecto empresarial o, si éste fue anterior a la entrada en vigor de la LPRL, con ocasión de la entrada en vigor de la misma, teniendo en cuenta, con carácter general, la naturaleza de la actividad de la empresa y la exposición de los trabajadores a los riesgos especiales. Esta evaluación inicial se actualizará y revisará posteriormente, bien porque cambien las condiciones de trabajo, bien cuando se originen daños para la salud de los trabajadores.

C) Adopción las medidas necesarias para eliminar, reducir al mínimo o controlar los riesgos para la seguridad y la salud

13. Una vez identificados los riesgos a los que están sometidos los trabajadores en el entorno laboral no susceptibles de una inmediata y sencilla eliminación, el deber de protección obliga al empresario a planificar y aplicar todas las medidas correctivas que sean precisas para minimizar la posibilidad de que se actualicen los riesgos subsistentes y se produzcan accidentes laborales o enfermedades profesionales. Conforme a lo previsto en el art. 14.2 de la LPRL, el empresario, en el cumplimiento del deber de protección «deberá garantizar la seguridad y la salud de los trabajadores a su servicio (...) mediante la adopción de cuantas medidas sean necesarias». Este precepto debe ponerse en conexión con el art. 16.2.b de la LPRL en tanto establece "que si los resultados de la evaluación prevista en el apartado a) pusieran de manifiesto situaciones de riesgo, el empresario realizará aquellas actividades preventivas necesarias para eliminar o reducir y controlar tales riesgos".

La LPRL establece que "el empresario desarrollará una acción permanente con el fin de perfeccionar los niveles de protección existentes y dispondrá lo necesario para la adaptación de las medidas de prevención (...) a las modificaciones que puedan experimentar las circunstancias que incidan en la realización del trabajo" [art. 14.2 de la LPRL].

D) Prever las distracciones o imprudencias no temerarias del trabajador

14. La obligación del empresario de garantizar la seguridad y salud de los trabajadores se extiende, por ordenarlo el art. 15.4 de la LPRL ("La efectividad de las medidas preventivas deberá prever las distracciones o imprudencias no temerarias que pudiera cometer el trabajador. Para su adopción se tendrán en cuenta los riesgos adicionales que pudieran implicar determinadas medidas preventivas, las cuales sólo podrán adoptarse cuando la magnitud de dichos riesgos sea sustancialmente inferior a la de los que se pretende controlar y no existan alternativas más seguras"), al deber de anticiparse a las posibles distracciones o imprudencias no profesionales que pudieran cometer, recayendo sobre él la responsabilidad de adoptar medidas preventivas eficaces —incluidas las admonitorias— para evitar que un descuido o imprudencia del trabajador pueda provocar un accidente, o para atenuar sus efectos lesivos, o dicho en otros términos las medidas de seguridad deben estar previstas para circunstancias en que concurra negligencia profesional del trabajador.

E) Deber empresarial de información y formación

15. El empresario está obligado a adoptar las medidas adecuadas para que los trabajadores reciban las informaciones relativas, por un lado, a "los riesgos para la seguridad y la salud de los trabajadores en el trabajo, tanto aquellos que afectan a la empresa en su conjunto, como a cada tipo de puesto de trabajo o función" y, por otro, "a las medidas y actividades de prevención y protección aplicables a los riesgos" anteriores (art. 18.1 de la LPRL).

No establece la Ley el contenido y alcance que debe tener esa información, ni el procedimiento o los cauces para proporcionarla o para que pueda ser solicitada por los trabajadores, así como las vías para su obtención técnica o el tiempo en que debe suministrarse. Tales extremos deberán ser conferidos a la negociación colectiva en cada ámbito de aplicación específico (art. 2.2 de la LPRL).

La información a la que tienen derecho los trabajadores debe facilitarse a través de sus representantes en las empresas que cuenten con ellos, si bien la LPRL establece que "se informe directamente a cada trabajador de los riesgos específicos que afecten a su puesto de trabajo o función y de las medidas de protección y prevención aplicables a dichos riesgos" (art. 18.2 de la LPRL), con lo que al trabajador individual se le reconoce un derecho individual a exigir y conocer efectivamente el contenido de la información necesaria que le permita atender a las exigencias derivadas de la protección de la seguridad y salud individual (arts. 33, 34, 36, 39 de la LPRL).

El art. 19 de la LPRL establece que el derecho de formar a los trabajadores constituye parte esencial del deber de seguridad, requiriendo al empresario para que garantice a cada trabajador la formación pertinente en materia de seguridad y salud en el trabajo. La formación podrá impartirse por el empresario o bien por servicios externos, debiendo garantizarse en ambos casos que la formación impartida sea la adecuada, ya que, de no hacerse así, se estará vulnerando el deber de seguridad. El coste de la formación no podrá recaer nunca, ni directa ni indirectamente, sobre los trabajadores.

3. Exigencia de la culpa empresarial cuasiobjetiva

16. Para que el trabajador pueda exigir una indemnización que complemente las prestaciones previstas por el sistema protector de la Seguridad Social y las eventuales mejoras complementarias a cargo del empleador no basta con que el riesgo se haya materializado, sino que es condición "sine qua non" que en el acaecimiento del siniestro concurra culpa o negligencia del empresario por haber infringido sus obligaciones en materia de prevención de riesgos laborales.

> Como magistralmente ha puesto de manifiesto Díez-Picazo (1999: 179), "la aplicación del criterio del riesgo está fuera de lugar por diversas razones. Si los trabajadores de una empresa tienen cubierto el riesgo de accidentes de trabajo y de enfermedades profesionales a través de un sistema de responsabilidad objetiva como es el de la seguridad social, no es legítimo superponer haciéndolo además compatible con una segunda responsabilidad —la del empresario que se ha cuidado de asegurar los riesgos— que presente también de carácter jurisprudencialmente creado objetivo, pues las acumulaciones de dos responsabilidades objetivas es algo que carece de justificación fuera de aquellos casos en que el legislador así lo decidiera. Por lo demás, se observará que en todos aquellos casos en que, al lado de una responsabilidad objetiva, se admite como complementaria otra diversa, como ocurre, por ejemplo, en la navegación aérea o en la responsabilidad del fabricante por productos defectuosos, el legislador se ha cuidado de señalar que esta última sólo puede encontrarse fundada en la culpa. Culpa que tiene que consistir en una violación de deberes de información o en una infracción de deberes de

prevención. Hay una última razón para oponerse a la pretendida objetivación de la responsabilidad y es que el sistema de responsabilidad por riesgo no es aplicable a los daños experimentados por aquellas personas que hayan asumido o aceptado especialmente el riesgo en cuestión, como ocurre con los trabajadores que trabajan en industrias especialmente peligrosas cuando estos riesgos les hayan sido dados a conocer".

17. Como se dice la STS (Social) de 12 de julio de 2007 (Rº 938/2006), la pérdida de ingresos profesionales provocada por el evento lesivo se compensa a través de un régimen de responsabilidad estrictamente objetiva, que no requiere la existencia de culpabilidad, con la indemnización tasada que representan las prestaciones de Seguridad Social, a las que se añaden las eventuales mejoras voluntarias a cargo del empleador, por lo que la duplicidad de una protección de naturaleza objetiva o por el resultado carecería de fundamento y constituiría un elemento de inestabilidad y desigualdad.

Y es que, como expuso la STS (Social) de 22 de enero de 2002 (Rº 471/2001),

> "en materia de accidentes de trabajo la ley ha delimitado el ámbito de la responsabilidad objetiva a la reparación del daño que se cubre a través de las prestaciones de la Seguridad Social, las cuales se derivan, a su vez, de un aseguramiento de este tipo de responsabilidad empresarial, y, en consecuencia, si lo que se reclama es una responsabilidad adicional, por la diferencia entre el total del daño causado por el accidente y la parte cubierta por las prestaciones de la Seguridad Social, tal reclamación no podrá fundarse en criterios cuasi-objetivos en la imputación de la responsabilidad, sino que ha de hacerlo en los criterios culpabilísticos tradicionales".

18. Llegados a este punto volvemos a citar la sentencia del Tribunal Supremo de 30 de junio de 2010 (Rº 4123/2008). Esta sentencia viene a reconocer la responsabilidad cuasiobjetiva del empresario ante la existencia de un daño derivado de un accidente de trabajo:

> "1. No puede sostenerse la exigencia culpabilista en su sentido más clásico y sin rigor atenuatorio alguno, fundamentalmente porque no son parejas la respectiva posición de empresario y trabajador en orden a los riesgos derivados de la actividad laboral, desde el punto y hora en que con su actividad productiva el empresario «crea» el riesgo, mientras que el trabajador —al participar en el proceso productivo— es quien lo «sufre»; aparte de que el empresario organiza y controla ese proceso de producción, es quien ordena al trabajador la actividad a desarrollar (art. 20 ET) y en último término está obligado a evaluar y evitar los riesgos, y a proteger al trabajador, incluso frente a sus propios descuidos e imprudencias no temerarias (art. 15 LPRL), estableciéndose el deber genérico de «garantizar la seguridad y salud laboral»de los trabajadores (art. 14.1 LPRL).
>
> 2. La deuda de seguridad que al empresario corresponde determina que actualizado el riesgo [AT], para enervar su posible responsabilidad el empleador ha de acreditar haber agotado toda diligencia exigible, más allá —incluso— de las exigencias reglamentarias.

Sobre el primer aspecto [carga de la prueba] ha de destacarse la aplicación —analógica— del art. 1183 CC, del que derivar la conclusión de que el incumplimiento de la obligación ha de atribuirse al deudor y no al caso fortuito, salvo prueba en contrario; y la del art. 217 LECiv, tanto en lo relativo a la prueba de los hechos constitutivos [secuelas derivadas de AT] y de los impeditivas, extintivos u obstativos [diligencia exigible], cuanto a la disponibilidad y facilidad probatoria [es más difícil para el trabajador acreditar la falta de diligencia que para el empresario demostrar la concurrencia de ésta].

Sobre el segundo aspecto [grado de diligencia exigible], la afirmación la hemos hecho porque la obligación del empresario alcanza a evaluar todos los riesgos no eliminados y no sólo aquellos que las disposiciones específicas hubiesen podido contemplar expresamente (vid. arts. 14.2, 15 y 16 LPRL), máxime cuando la generalidad de tales normas imposibilita prever todas las situaciones de riesgo que comporta el proceso productivo; y también porque los imperativos términos con los que el legislador define la deuda de seguridad en los arts. 14.2 LPRL [«... deberá garantizar la seguridad... en todo los aspectos relacionados con el trabajo... mediante la adopción de cuantas medidas sean necesarias para la protección de la seguridad»] y 15.4 LPRL [«La efectividad de las medidas preventivas deberá prever las distracciones o imprudencias no temerarias que pudiera cometer el trabajador»], que incluso parecen apuntar más que a una obligación de medios a otra de resultado, imponen una clara elevación de la diligencia exigible, siquiera —como veremos— la producción del accidente no necesariamente determine la responsabilidad empresarial, que admite claros supuestos de exención.

Además, la propia existencia de un daño pudiera implicar —se ha dicho— el fracaso de la acción preventiva a que el empresario está obligado [porque no evaluó correctamente los riesgos, porque no evitó lo evitable, o no protegió frente al riesgo detectable y no evitable], como parece presumir la propia LPRL al obligar al empleador a hacer una investigación de las causas de los daños que se hubiesen producido (art. 16.3 LPRL).

3. Pero —como adelantamos antes— el empresario no incurre en responsabilidad alguna cuando el resultado lesivo se hubiese producido por fuerza mayor o caso fortuito, por negligencia exclusiva no previsible del propio trabajador o por culpa exclusiva de terceros no evitable por el empresario [argumentando los arts. 1.105 del CC y 15.4 de la LPRL], pero en todo estos casos es al empresario a quien le corresponde acreditar la concurrencia de esa posible causa de exoneración, en tanto que él es el titular de la deuda de seguridad y habida cuenta de los términos cuasiobjetivos en que la misma está concebida legalmente.

4. En último término no parece superfluo indicar expresamente que no procede aplicar en el ámbito laboral una responsabilidad plenamente objetiva o por el resultado, y no solamente porque esta conclusión es la que se deduce de los preceptos anteriormente citados y de las argumentaciones jurisprudenciales ofrecidas en el apartado 4 del fundamento jurídico anterior, sino por su clara inoportunidad en términos finalísticos, pues tal objetivación produciría un efecto «desmotivador» en la política de prevención de riesgos laborales, porque si el empresario ha de responder civilmente siempre hasta resarcir el daño en su integridad, haya o no observado las obligadas medidas de seguridad, no habría componente de beneficio alguno que le moviese no sólo a extremar la diligencia, sino tan siquiera a observar escrupulosamente la normativa en materia de prevención; y exclusivamente actuaría de freno la posible sanción administrativa, cuyo efecto disuasorio únicamente alcanzaría a la más graves infracciones [de sanción cuantitativamente mayor]. Planteamiento que se ajusta a la Directiva 89/391/CEE, tal como se deduce de la STJCE 2007/141 [14/junio], al decirse en ella, interpretando el alcance de la obligación prevista para el empleador en el art. 5.1 [«el empresario deberá garantizar la seguridad y la salud de los trabajadores en todos los aspectos relacionados con el trabajo»], que tal

precepto no era conculcado por el art. 2 de la Ley del Reino Unido relativa a la Salud y Seguridad en el Trabajo, al disponer que «El empresario garantizará la salud, la seguridad y el bienestar de todos sus trabajadores en el trabajo, en la medida en que sea razonablemente viable".

4. *Regla especial en materia de carga de la prueba*

19. El art. 96.2 de la LJS establece que:

> *"En los procesos sobre responsabilidades derivadas de accidentes de trabajo y enfermedades profesionales corresponderá a los deudores de seguridad y a los concurrentes en la producción del resultado lesivo probar la adopción de las medidas necesarias para prevenir o evitar el riesgo, así como cualquier factor excluyente o minorador de su responsabilidad. No podrá apreciarse como elemento exonerador de la responsabilidad la culpa no temeraria del trabajador ni la que responda al ejercicio habitual del trabajo o a la confianza que éste inspira".*

La norma impone la carga de probar que el accidente padecido o la enfermedad profesional contraída no fue consecuencia de una deuda de seguridad incumplida. Y lo hace cargando en el empresario el deber de demostrar que el accidente se produjo o la enfermedad se contrajo pese a haber adecuadamente adoptado las medidas necesarias para prevenir o evitar el riesgo. Con ello se ha producido por decisión del legislador una alteración en las reglas comunes de distribución de la carga probatoria, conforme lo previsto en el art. 217.5 de la LEC, de modo que el trabajador, que era quien debería demostrar que el incumplimiento del deber de prevención fue la causa de la actualización del riesgo, queda eximido de tal carga que se traslada al empresario (y/o al resto de personas indicadas en la norma) para que demuestre el cumplimiento de tal deber de seguridad.

20. Se trata de una norma que viene a modular en el ámbito de la responsabilidad civil patronal la concepción clásica de la culpa, constituyendo su fundamento principal el criterio de la disponibilidad y facilidad probatoria recogido en el art. 217.7 de la LEC, dada la mayor dificultad que entraña para el trabajador demostrar la negligencia del empresario frente a la menor dificultad que supone para éste acreditar que actuó diligentemente.

Ahora bien, el hecho de que, conforme a lo dispuesto en dicho precepto, la carga de la prueba de la adopción de las medidas necesarias para prevenir o evitar el riesgo recaiga sobre el deudor de seguridad, "no convierte la responsabilidad en objetiva, pues el empresario no incurre en ella si demuestra que observó esas medidas o que medió otro factor excluyente.

Se desecha así la idea de que aun cuando el empresario haya acreditado la máxima diligencia en el cumplimiento de la deuda de seguridad, o resulte probado que el riesgo se materializó por una causa ajena a su ámbito de decisión, el propio acaecimiento del accidente evidencia la insuficiencia de las medidas aplicadas y acarrea su obligación de reparar los daños causados".

21. Tampoco ello impone al empresario una actividad de vigilancia continua y proactiva con el objeto de asegurar la efectividad de las medidas adoptadas para garantizar la seguridad y salud de los trabajadores. En lo que respecta al significado de ese deber, la STS (Social) de 28 de febrero de 2019 (Rº 508/2017) precia que sería diabólico exigir al titular de la empresa el don de la ubicuidad para estar presente en todos los lugares en que se desarrollan actividades de peligro, concluyendo que no era razonable y factible que el empresario (persona jurídica) estuviese controlando la operación en el lugar de trabajo, al igual que en otros donde se estuvieran realizando actividades peligrosas, bastando con que enviase al lugar de trabajo a personal formado y suficientemente cualificado con un jefe de servicio igualmente cualificado y con un protocolo de actuación conocido por todos.

Llegados a este punto, interesa resaltar que la exigencia derivada del precepto "constituye una verdadera carga probatoria que no puede considerarse satisfecha, so pretexto de no incurrir en una objetivación de la responsabilidad, si el deudor de seguridad adopta una posición pasiva en el litigio, o si los medios de prueba que aporta no permiten llevar al ánimo del juez la convicción de que su comportamiento respondió al estándar de diligencia que cabía exigirle en atención a un riesgo previsible. Y es que, en primer lugar, la responsabilidad no deviene objetiva por el establecimiento de una regla especial sobre distribución de la carga de la prueba a favor de los perjudicados en aras fundamentalmente del equilibrio procesal, y en segundo término, de no aplicarse tal rigor en el cumplimiento de la carga impuesta legalmente, no se dispensaría una adecuada protección al derecho del trabajador a la seguridad y a la salud laboral" (Palomo, 2024).

III. La competencia de la jurisdicción social

22. La divergencia más importante entre el orden civil y el orden social se ha producido, históricamente, en el ámbito de las responsabilidades empresariales adicionales por accidentes de trabajo. La Sala de lo Social del Tribunal Supremo sostuvo la competencia de la jurisdicción social, razonando que se trataba de una responsabilidad por incumplimiento del deber de seguridad derivado del contrato de trabajo y que en todo caso se está ante obligaciones de prevención de riesgos laborales reguladas en normas laborales (Extensamente, Mercader, 2001).

La Sala de lo Civil del Tribunal Supremo, tras alguna vacilación y con el criterio en contra de la Sala de Conflictos de Competencia, mantuvo que la competencia era civil, porque se reclamaba una responsabilidad extracontractual. La jurisprudencia civil mantuvo en algún caso la competencia del orden social argumentando que "la responsabilidad por accidentes de trabajo nace del incumplimiento de una obligación legal, porque la ley está determinando el contenido obligacional del contrato de trabajo. La obligación de seguridad pertenece al ámbito estricto del contrato de trabajo, porque forma parte del contenido contractual al establecerlo la LPRL en el art. 14. Se trata de una obligación general de diligencia incorporada por ley al contenido del contrato de trabajo" (entre otras, STS (Civil) de 15 de enero de 2008, Rº 2374/2000), pero, en esa misma sentencia, se seguía manteniendo por la Sala Civil su competencia cuando la demanda se formulaba no solo contra el posible empresario responsable, sino también a otros sujetos (como aseguradora, promotora de la obra, etc.). Se entendía que la "vis atractiva" de la jurisdicción civil determinaba la competencia de esta. La Sala de lo Social, sin embargo, en estos casos de codemandados estimaba que el orden jurisdiccional competente era el social.

23. La Ley 36/2011, de 10 de octubre, reguladora de la jurisdicción social, explica en su Preámbulo, las razones por la cuales se procede a concentrar en la jurisdicción social la competencia en esta materia.

"Por un lado, se produce una unificación de la materia laboral que permite dar una cobertura más especializada y coherente a los distintos elementos de la materia laboral. Es el caso de la concentración en el orden jurisdiccional social de todas las cuestiones litigiosas relativas a los accidentes de trabajo y que hasta ahora obligaban a los afectados a acudir necesariamente para intentar lograr la tutela judicial efectiva a los distintos juzgados y tribunales encuadrados en los órdenes civil, contencioso-administrativo y social.

Con esta fórmula se pretende que la jurisdicción social sea competente para enjuiciar conjuntamente a todos los sujetos que hayan concurrido en la producción del daño sufrido por el trabajador en el marco laboral o en conexión directa con el mismo, creándose un ámbito unitario de tutela jurisdiccional para el resarcimiento integral del daño causado. En este punto la Ley sigue al pacto social concretado en la Estrategia Española de Seguridad y Salud en el Trabajo (2007-2012), así como a un amplio consenso de la doctrina científica.

Asimismo, esta unificación permite de manera general convertir el orden social en el garante del cumplimiento de la normativa de prevención de riesgos laborales, aun cuando no se hayan derivado daños concretos por tales incumplimientos. De este modo no sólo se fortalecen los instrumentos judiciales para proteger a las víctimas de accidentes de trabajo, sino que además se disponen los recursos para hacer efectiva la deuda de protección del empresario y la prevención de riesgos laborales. Esta asignación de competencias se efectúa con carácter pleno, incluyendo a los funcionarios o personal estatutario, quienes deberán plantear, en su caso, sus reclamaciones ante el orden jurisdiccional social en igualdad de condiciones con los trabajadores por cuenta ajena, incluida la responsabilidad derivada de los daños sufridos como consecuencia del incumplimiento de la normativa de prevención de riesgos laborales que forma parte de la relación funcionarial o estatutaria o laboral".

24. El art. 2 b) LJS establece ahora que los órganos jurisdiccionales del orden social son competentes en relación con:

> *"Las acciones que puedan ejercitar los trabajadores o sus causahabientes contra el empresario o contra aquéllos a quienes se les atribuya legal, convencional o contractualmente responsabilidad, por los daños originados en el ámbito de la prestación de servicios o que tengan su causa en accidentes de trabajo o enfermedades profesionales, incluida la acción directa contra la aseguradora y sin perjuicio de la acción de repetición que pudiera corresponder ante el orden competente".*

La jurisdicción social es competente para enjuiciar conjuntamente a todos los sujetos que hayan concurrido en la producción del daño sufrido por el trabajador en el marco laboral o en conexión directa con el mismo. Permite, por tanto, englobar, entre otros, tanto los daños derivados de conductas de acoso moral o sexual (de acuerdo con la STC 250/2007), como los derivados de otros posibles incumplimientos laborales, e incluso, por remisión, los ocasionados en supuestos calificables de accidente de trabajo o enfermedad profesional.

> Ello obliga a plantearse si el orden social es competente para conocer de las demandas de reclamación de daños y perjuicios derivadas de un accidente in itinere contra el conductor del otro vehículo causante del daño y su compañía aseguradora. Como se trata de un accidente de tráfico que tiene la consideración de accidente de trabajo, la competencia para conocer de la acción indemnizatoria corresponderá al orden social, no al civil. En efecto, el apartado b) del art. 2 LJS permite dirigir la acción contra el empresario o cualquier otro al que se le atribuya responsabilidad. La conjunción disyuntiva: «o» supone que no solo se incluyen los daños originados en el ámbito de la prestación de servicios sino todos los que tengan su causa en accidentes laborales.

La atribución a la jurisdicción social de este tipo de acciones exige, de forma necesaria, una vinculación entre el accidente en que se han producido los daños y perjuicios reclamados y la relación laboral. Al margen de la redacción defectuosa de la norma comentada, lo cierto es que, atendiendo a los antecedentes legislativos, a la finalidad o intención del legislador, relacionada con la necesidad de evitar el peregrinaje de jurisdicciones con ocasión de la responsabilidades que se deriven de accidentes de trabajo, tanto como para empresarios como para terceros, no cabe sino concluir que la jurisdicción social no es competente para conocer de una demanda en que se reclamen daños y perjuicios derivados en los que no está en juego la existencia de ningún incumplimiento de las normas de prevención y seguridad en el trabajo, y asimismo no se realiza reclamación alguna frente a la empresa o empleador de la parte demandante.

Mediante la acción de repetición, por otra parte, se pretende hacer compatible el reforzamiento de la protección del trabajador, con la posibilidad de que el empresario, si resulta condenado, se dirija contra el tercero causante del daño o que éste lo haga a su vez frente a otros responsables. Esta acción deberá ejercitarse ante el orden jurisdiccional a que corresponda el conocimiento atendiendo a la naturaleza del vínculo existente entre el empresario y el tercero. La referencia expresa a la acción directa contra la aseguradora, se introduce para limitar expresamente con respecto a estas materias la norma de atribución competencial al orden civil que se deduciría de lo establecido en el art. 76 de la LCS.

IV. Plazo de prescripción de acción de responsabilidad

1. Día inicial para el cómputo de la prescripción

25. La fecha inicial para el cómputo de los plazos de prescripción de todas las acciones, se inicia desde el momento en que pudieron ser ejercitadas (arts. 59.2 ET y 1969 CC).

El plazo no puede iniciarse hasta que el beneficiario tiene un cabal conocimiento de las secuelas del accidente y de las mermas que tales secuelas producen, tanto en su capacidad de ganancia, como en su patrimonio biológico. Y cuando se sigue un procedimiento judicial para la fijación de las lesiones padecidas, el plazo sólo comienza a correr desde que el mismo se agota, porque la resolución del INSS en vía previa "no fue firme hasta que recayó la citada sentencia de la Sala de lo Social, y sólo desde tal firmeza se pudo iniciar el cómputo del referido plazo prescriptivo", "pues sólo hasta ese momento se supo con certeza cuáles eran las dolencias y secuelas que el actor padece a consecuencia del accidente de autos"; y "obviamente, la solución sería otra si la parte se aquietase a la resolución administrativa de la Gestora respecto de la incapacidad reconocida, ya que en tal caso habría que estar el informe propuesta". Y en consecuencia, tal conocimiento —pleno y cabal— solamente se produce en la fecha en que se ha dictado la correspondiente resolución firme en proceso de IP, que es "cuando el beneficiario conoce cuáles van a ser las consecuencias que las secuelas le van a producir y cuáles los perjuicios que de ellas se van a derivar. Por tanto, debe ser el momento de conocimiento de esta resolución el punto de partida para el ejercicio de la acción de daños y perjuicios".

Habrá de estarse a la firmeza de la resolución administrativa, en aquellos casos en los que la controversia jurídica no se llegue a judicializar porque se resuelve en la fase administrativa del procedimiento, al aquietarse el interesado a dicha resolución sin formular reclamación previa frente a la misma. En este supuesto, el momento inicial para el cómputo de la prescripción no puede ser otro que el de la preclusión del plazo de 30 días del que disponen las partes para formular la reclamación previa, porque hasta su agotamiento no adquiere definitivamente estado y deviene firme lo resuelto en la misma.

2. Interrupción de la prescripción

26. La STS (Social) de 12 de febrero de 2019 (Rº 4476/2017) ha recordado que, con base en lo dispuesto en el art. 1973 del CC, la prescripción de las acciones se interrumpe, no solo por su ejercicio ante los Tribunales o por reclamación extrajudicial del acreedor, sino también por cualquier acto de reconocimiento de la deuda por el deudor. En esa línea, recuerda que "en cuanto aparezca fehacientemente evidenciado el "animus conservandi" por parte del titular de la acción, incompatible con toda idea de abandono de ésta, ha de entenderse queda correlativamente interrumpido el "tempus praescriptionis" (STS de 26 de junio de 2013, Rº 1161/2012).

Entre esas causas de interrupción de la prescripción se encuentran los actos de reconocimiento de la deuda por el deudor, por medio de los cuales se debe entender que se mantiene viva la acción. El término "reconocimiento" debe ser interpretado extensivamente, de tal forma que deba aceptarse como tal cualquier forma o conducta por parte de la persona obligada que así lo ponga de manifiesto, en coherencia con la doctrina de los actos propios. Así lo ha venido recogiendo la doctrina civilista diciendo que "aunque la noción de "reconocimiento" no tenga un previo significado técnico y preciso, no hay inconveniente alguno para su interpretación extensiva respecto de cualquier forma o modo que comporte dicho reconocimiento, particularmente de las conductas a través de las cuales se ponga de manifiesto que la parte se considera obligada por el derecho, conforme a la doctrina de los actos concluyentes y, en su caso, a los actos propios; sin que sea necesario un anterior negocio de fijación, ni una propia confesión del derecho, ni menos aún un negocio de novación de la relación obligatoria" (STS (Civil) de 22 de octubre de 2012, Rº 598/2012).

27. Entiende la STS (Social) de 17 de febrero de 2014 (Rº. 444/13), que los procesos penales derivados del accidente de trabajo impiden que pueda comenzar a correr el plazo de prescripción de la acción de reclamación de daños y perjuicios derivados de dicho accidente. El plazo de prescripción se interrumpe igualmente por la acción judicial dirigida a obtener título ejecutivo frente a la aseguradora del vehículo, y ello a pesar de que inviabilidad de la pretensión, ya que pone de manifiesto el "afán o deseo" de conservación del derecho. El plazo comenzará a computarse de nuevo desde que se notifique la conclusión del proceso penal, bien por archivo de las diligencias penales, bien por recaer sentencia.

3. La relación entre sentencias sobre recargo y sobre responsabilidad indemnizatoria

28. El recargo de prestaciones y la responsabilidad indemnizatoria poseen notables diferencias, pero en ciertos aspectos (como la relación de causalidad despliega sus efectos la cosa juzgada) se encuentran severamente vinculadas. Pero es observable una cierta asimetría dado que cuando la imposición del recargo se ha efectuado de oficio y es discutida por la empresa, tales actuaciones carecen de virtualidad alguna para interrumpir la prescripción; mientras que cuando es el propio trabajador el que solicita el recargo y combate una eventual denegación del mismo estamos en presencia de actividades que provocan la interrupción del plazo de prescripción de la acción de reclamación de daños y perjuicios derivados del accidente de trabajo.

29. De este modo, carece de efectos sobre el cómputo del plazo de un año el que se siga un proceso en el que la empresa reclama frente a la imposición del recargo de prestaciones.

La STS (Social) de 21 de noviembre de 2019 (Rº 1834/2017) abordó, directamente, el problema de la incidencia del recargo de prestaciones en la posible interrupción de la prescripción de la acción de reclamación de daños y perjuicios derivados del mismo accidente de trabajo, en un supuesto en el que, al igual que en la sentencia anterior, no había habido reclamación del trabajador sobre el recargo, sino una imposición de oficio del mismo —a partir del acta de la ITSS— y una posterior impugnación judicial por parte de la empresa demanda. Lo que se discute, como expresamente afirma la resolución que examinamos, es si las actuaciones que pone en marcha la empresa (reclamando frente al recargo impuesto) son hábiles para interrumpir el plazo de un año que rige la reclamación del trabajador frente a la misma. En esas condiciones la sentencia, tras reiterar expresamente que en este caso no es el acreedor quien ha reclamado la imposición del recargo o denunciado la existencia de una infracción administrativa y que, por el contrario, es la empresa (deudora) quien niega los incumplimientos que se le atribuye, por lo que lejos de estar ante reconocimiento de deuda, estamos ante su negación, estima que la resolución judicial que desestima la demanda empresarial contra la decisión administrativa que impone el recargo no es hábil para incidir en el plazo de prescripción de la acción por daños y perjuicios que asiste al trabajador. Éste pudo y debió ejercitarla a partir de la firmeza de la resolución administrativa que declara la contingencia (accidente laboral) y sus consecuencias a efectos de la prestación correspondiente (IPT).

30. El plazo para la imposición del recargo de prestaciones queda interrumpido cuando el trabajador reclama judicialmente responsabilidad indemnizatoria derivada del accidente laboral padecido.

La STS (Social) de 21 de noviembre de 2023 (Rº 3459/2020), ha concluido que la solicitud de recargo por parte del trabajador interrumpe el plazo de prescripción de un año de acuerdo con el artículo 59.1 del ET, basándose en la doctrina que sostiene que cualquier acto que evidencie el *«animus conservandi»* del titular del derecho interrumpe la prescripción. La secuencia de acciones emprendidas por la trabajadora, según la sentencia, evidencia su voluntad de reclamar todas las consecuencias derivadas del accidente laboral. Además, destaca que la interrupción de la prescripción no se limita a acciones judiciales o reclamaciones extrajudiciales, sino que abarca cualquier acto de reconocimiento de deuda por parte del deudor (art. 1973 CC). La sentencia es tajante: la solicitud del recargo, iniciada por el trabajador, trasciende más allá de un simple llamado a la acción, evidenciando su voluntad de reclamar todas las consecuencias del accidente y la indemnización de daños y perjuicios, lo que destaca la importancia de determinar la culpabilidad empresarial y su alcance en el accidente. En este sentido, la voluntad del legislador no es otra que instar a los trabajadores a ejercer su derecho desde que la resolución administrativa sobre la contingencia del accidente laboral sea firme.

31. La Sala de lo Social del Tribunal Supremo en su Sentencia de 14 de julio de 2015 (Rº 407/2014), ya sentó un precedente al establecer que la reclamación de indemnización de daños y perjuicios por parte del trabajador interrumpe el plazo de prescripción para la solicitud del recargo de prestaciones. Esta reciprocidad en la interrupción de los plazos de prescripción opera en ambos sentidos, consolidando la idea de que la reclamación del recargo tiene efectos equivalentes en la interrupción de la prescripción para la acción de solicitud de daños y perjuicios derivados del mismo accidente laboral. Se parte de la premisa fundamental sobre el día inicial para la prescripción, que se cuenta a partir del día siguiente al acontecimiento que origina la prestación o desde el momento en que la acción podría haber sido ejercida (art. 1969 CC).

V. La transmisibilidad interempresarial de la indemnización por accidente de trabajo

1. *La transmisibilidad de la indemnización de daños y perjuicios*

32. La doctrina sentada por el Tribunal Supremo en relación con el recargo de prestaciones se ha aplicado también a supuestos en los que el objeto de la demanda era la condena a la empresa adquirente o cesionaria al abono de la indemnización derivada de los daños generados durante la prestación de servicios en la empresa cedente (SSTS de 8 de junio de 2016, Rº 1103/15 y de 20 de abril de 2017, Rº 1826/15). En ellas se declara la transmisión de la responsabilidad indemnizatoria por daños sufridos por un trabajador como consecuencia de la exposición al amianto durante su prestación de servicios en la empresa cedente.

La STS (Social) de 8 de junio de 2016 (Rº 1103/2015) resuelve sobre un supuesto de responsabilidad que alcanza a la empresa sucesora en la que no prestó servicios el trabajador, procediendo en consecuencia la indemnización de daños y perjuicios al empresario sucesor derivados de la enfermedad profesional que contrajo el trabajador.

En el caso se produjo un mero cambio de denominación de sociedades públicas, dedicándose a la misma actividad, en las mismas instalaciones y con los mismos trabajadores. Se observa concretamente la sucesión de «Izar, SA» por «Navantia, SA». En efecto. Declara la STS que lo que realmente se ha producido con respecto a las Empresas Izar y Navantia, ni tan siquiera alcanza a considerarse una sucesión, puesto que lo que se ha producido es un mero cambio de denominación, ya que, tanto la una, como la otra, son sociedades mercantiles públicas, propiedad al 100% de la SEPI, que se han dedicado a la misma actividad, en las mismas instalaciones y con los mismos trabajadores; y de otra parte, que no ha resultado acreditado que Navantia e Izar suscribieran acuerdo alguno que liberara a la primera de las obligaciones o responsabilidades asumidas por la segunda.

Aduce el TS que sí se transmite la obligación de pagar la indemnización de daños y perjuicios derivada de enfermedad profesional (asbestosis), a quien sucede a la empresa responsable de la misma por cualquier título válido para la transmisión de la empresa.

2. *El reparto mancomunado de la indemnización en los casos de enfermedad profesional*

Un trabajador que reclama una indemnización por daños y perjuicios derivados de una enfermedad profesional (silicosis) contra varias empresas en las que trabajó. Consta que el actor prestó servicios para varias empresas del sector de la piedra y la construcción en diferentes periodos entre 1992 y 2014. Fue diagnosticado con silicosis de segundo grado y declarado en situación de incapacidad permanente total para su profesión habitual de cantero en 2015. Hubo varias sentencias previas que determinaron indemnizaciones y la responsabilidad de las empresas empleadoras, así como de sus aseguradoras, en diferentes proporciones.

33. La STS (Social) de 21 de mayo de 2024 (Rº 1/2021) resuelve un recurso de casación para la unificación de doctrina y resuelve que:

> (...) "la solidaridad debe declararse cuando no resulta posible individualizar la responsabilidad de cada empresa interviniente en la producción del daño. Pero cuando el trabajador ha prestado sucesivamente servicios en las empresas causantes del daño, sí resulta posible individualizar la responsabilidad de cada una de ellas en función del tiempo en que para cada una de ellas se materializó esa sucesiva prestación de servicios por parte del trabajador" (...) "la doctrina de que la responsabilidad derivada de las prestaciones por contingencia de enfermedad profesional que le han sido reconocidas al trabajador ha de ser imputada a las distintas entidades en proporción al tiempo de exposición del trabajador a los citados riesgos, es plenamente aplicable a la indemnización por los daños y perjuicios derivados de esa enfermedad profesional". Añade que "también la responsabilidad indemnizatoria debe estar en proporción al tiempo de exposición del trabajador al riesgo, lo que significa que dicha responsabilidad se individualiza para cada empresa en función del tiempo por el que el trabajador prestó servicios para cada una de ellas". De acuerdo con lo razonado, la sentencia señala que "procede estimar el recurso de casación para la unificación de doctrina; casar y anular parcialmente la sentencia del TSJ recurrida, revocando el pronunciamiento sobre la responsabilidad solidaria y sustituyéndolo por la responsabilidad mancomunada, en atención al tiempo de prestación de servicios del trabajador para cada una de las empresas condenadas, y confirmando el resto de sus pronunciamientos".

VI. Compensatio lucri cum damno

34. A diferencia de lo que ha ocurrido con los seguros de accidentes privados, sobre los que nunca se ha discutido su compatibilidad entre sí y con otros seguros de responsabilidad civil, en el seguro social siempre ha estado latente la llamada "compensatio lucri cum damno", recogida en el art. 1106 del CC, en virtud de la cual, nadie puede enriquecerse a costa de otro, de tal forma que se considera el daño "único". Por ello, si hay varios obligados a indemnizar, como es el caso del "seguro social" y cualquier otro seguro de responsabilidad civil, no podrá pagarse más del valor del daño (Badillo, 2019: 135).

> "Con la expresión latina compensatio lucri cum damno, acuñada por la doctrina de la glosa (sobre la base de concretos textos del Derecho romano), suele aludirse a una serie diversa de situaciones determinantes de que el responsable no tenga que resarcir al perjudicado por aquellos daños y perjuicios que dejan de serlo o que se palian, en virtud de las

ventajas (damnum cessans; lucrum emergens) obtenidas con ocasión del hecho dañoso. Pese a la generalidad de su expresión, esta especie de definición descriptiva permite una aproximación inicial al estudio de esta figura que, como tal, apenas ha sido acogida por nuestra jurisprudencia. Pero, previamente, hay que hacer una aclaración terminológica» (Medina, 2015: 16).

El reconocimiento de una indemnización adicional a las obtenidas por otros cauces se justifica por la necesidad de garantizar la total indemnidad del perjudicado, exigible cuando el resultado lesivo es imputable a la falta de diligencia del empresario, siendo la naturaleza de la responsabilidad civil exclusivamente reparadora de los perjuicios sufridos por el trabajador. En consecuencia, la indemnización a reconocer es la que resulte adecuada y suficiente para su completo resarcimiento, no pudiendo ir más allá mediante la fijación de una suma suplementaria con una finalidad punitiva o ejemplarizante.

35. No obstante, compatibilidad no equivale a acumulación descoordinada, de forma que las cantidades allegadas por las diferentes vías se puedan sumar o superponer sin limitación alguna. De los distintos criterios de coordinación posibles, la Sala de lo Social del Tribunal Supremo se ha inclinado por el de la acumulación relativa o técnica de la complementariedad. Así, en la sentencia, de Pleno, de 17 de julio de 2007 (Rº. 513/2006), en términos que se reiteran en las de 3 de octubre de ese mismo año (Rº 2451/2006), también de Pleno, y en la de 30 de enero de 2008 (Rº. 414/2007), el órgano de casación argumentó que, puesto que la finalidad de las indemnizaciones es "reparar" y no "enriquecer", una cosa es que el perjudicado pueda ejercer todas las acciones a su alcance para obtener la adecuada compensación de los daños sufridos (acumulación de acciones) y otra muy distinta que las compensaciones que reciba por el ejercicio de esas acciones puedan aumentar su patrimonio más allá del daño sufrido (acumulación de indemnizaciones). Entiende el Tribunal que a la hora de fijar el importe de la indemnización por responsabilidad civil habrá que tener en cuenta lo que el trabajador haya obtenido por el mismo rubro a través de otras vías, ya que en otro caso se produciría una sobrecompensación de esa clase de perjuicio, con el consiguiente enriquecimiento sin causa.

Capítulo 19

LA REPARACIÓN DEL DAÑO DERIVADO DEL ACCIDENTE DE TRABAJO (IV). LA CUANTIFICACIÓN DEL DAÑO A TRAVÉS DEL SISTEMA PARA LA VALORACIÓN DE LOS DAÑOS Y PERJUICIOS CAUSADOS A LAS PERSONAS EN ACCIDENTES DE CIRCULACIÓN

Bibliografía. BADILLO ARIAS, J. M., *Accidentes de trabajo con vehículos a motor. Delimitación de responsabilidades y coberturas aseguradoras,* Santiago de Compostela, Fundación INADE, 2019. CAAMAÑO DOMÍNGUEZ, F. *Leyes al por mayor, derecho a la diferencia y garantía judicial,* Revista Española de Derecho Constitucional, 2000, nº 60. CALABRESI, G., *El coste de los accidentes. Análisis económico y jurídico de la responsabilidad civil,* Barcelona, Ariel Derecho, 1984. CASTRO Y BRAVO, F., I*ndemnización por causa de muerte,* ADC, 1956, IX-2, pp. 449-504. COOTER, R. y ULEN, T., *Derecho y Economía,* México, Fondo de Cultura Económica, 1998. DE ANGEL YAGÜEZ, R. *Evaluación del perjuicio corporal en Derecho común de la responsabilidad. Los terceros pagadores,* Revista Española de Seguros, 1988, nº 56, pp. 101-117. DESDENTADO BONETE, A., *El daño y su valoración en los accidentes de trabajo,* Revista del Ministerio de Trabajo e Inmigración, 2009, nº 79, pp. 79-103. GARCÍA DE LA SERRANA, J. J., E*fecto expansivo del nuevo baremo de tráfico en la responsabilidad por accidentes laborales,* Revista de la Asociación Española de Abogados especializados en responsabilidad civil y seguro, 2015, nº 54. GINES i FABRELLAS, A., *Instrumentos de compensación del daño derivado del accidente de trabajo y enfermedad profesional,* Madrid, La Ley, 2012. GONZÁLEZ CALVÉ, J., *Las indemnizaciones por accidente de trabajo en base al nuevo baremo de tráfico,* Madrid, Wolters Kluwer, 2018. LÓPEZ Y GARCÍA DE LA SERRANA J. M., *Efecto expansivo del nuevo Baremo de Tráfico en la responsabilidad por accidentes laborales. Su repercusión en el Tratamiento resarcitorio del lucro cesante,* Revista de Responsabilidad Civil y Seguro, 2015, nº 54. LLORENS ESPADA, J., *La reparación del daño derivado del accidente de trabajo,* Albacete, Bomarzo, 2016. MEDINA CRESPO, M., *Implicaciones del orden laboral en el nuevo baremo de tráfico,* en López y García de la Serrana, J. y López Jiménez, A. (Coords.), *Sobre la responsabilidad civil y el nuevo baremo de daños* (Ponencias del XVI Congreso Nacional de la Asociación de abogados especialistas en responsabilidad civil y seguro). Las Rozas, Sepín, 2016. MERCADER UGUINA, J., *El sistema de responsabilidad por accidente de trabajo: un modelo en transición,* en AA.VV., *Accidentes de trabajo y enfermedades profesionales. Experiencias y desafíos de una protección social centenaria,* Murcia, Laborum, 2020, pp. 571-592. MOLINA NAVARRETE, C., *Nueva indemnización por daño profesional: mejoras y límites del nuevo baremo,* Albacete, Bomarzo, 2016. MOLINS GARCÍA-ATANCE, J., *La responsabilidad civil del empresario derivada de los accidentes de trabajo,* Revista Española de Derecho del Trabajo, 2018, nº 214, pp. 27-52. PALOMO BALDA, *Cálculo de la indemnización por accidente de trabajo según el nuevo baremo,* Madrid, Francis Lefebvre, 2016. Id. *Cálculo de la indemnización por accidente de trabajo conforme al baremo. Apuntes para el Máster en Responsabilidad Civil. Universidad Carlos III* *de Madrid 16/11/2023*, Madrid, 2023. PINTOS AGER, J., *Baremos, seguros y derecho de daños*, Madrid, Civitas, 2000. POSNER, R., El análisis económico del Derecho, México, Fondo de Cultura Económica, 1998, SAURA SUCAR, M., *Accidentes de trabajo, daño, indemnizaciones*, en Agustí Juliá, J. (Dir.), *La imputación de responsabilidades en las relaciones laborales*, Albacete, Bomarzo, 2008, pp. 193-218. y evaluación, SCHÄFER, H. B. y OTT, C., *Manual de análisis económico del Derecho civil*, Madrid, Tecnos, 1986.

I. Fundamento y principios del recurso al sistema para la valoración de los daños y perjuicios causados a las personas en accidentes de circulación

1. Fundamentos de la reparación de los daños

1. En general, los accidentes de trabajo y las enfermedades profesionales generan una pérdida total o parcial de la capacidad de ganancia y, por tanto, son la causa de un perjuicio económico para la víctima y sus familiares a cargo. Es este perjuicio el que debe compensarse económicamente a través de la correspondiente fuente de aseguramiento, aunque la eficacia de las prestaciones compensatorias dependerá de hasta qué punto es posible restablecer la situación económica que existía antes del accidente.

Los sistemas tradicionales de responsabilidad civil asumen como piedra de toque el llamado principio de la *restitutio in integrum*, o reparación total del daño, a través del cual, en la mayoría de los ordenamientos, y desde luego en el español, se pretende devolver a la víctima de un accidente a la situación anterior al acaecimiento del mismo mediante el pago de una cantidad de dinero. Desde el punto de vista de la teoría económica, la compensación, más que restituir la integridad del bien dañado, debería ser capaz de generar indiferencia (Cooter y Ulen, 1998: 435-442) a la víctima o sus familiares, es decir, conceder un equivalente monetario suficiente para que a éstos les sea indiferente que el accidente no se haya producido o que se haya producido con compensación. A primera vista, la adecuación del principio parece absoluta: al satisfacer individualmente la necesidad de justicia, logra la compensación perfecta y, por otra parte, disuade perfectamente al causante del accidente incentivando la adopción de niveles óptimos de precaución, es decir, genera eficiencia en la conducta de los potenciales causantes, porque les traslada la totalidad del coste directo del accidente (Pintos, 2000: 90).

No obstante, esta adecuación tan sólo es predicable en cuanto al daño material y personal patrimonial, es decir, para los daños que tienen en el mercado un sustituto del bien perdido, puesto que en estos casos el precio de mercado del sustituto mide el valor del bien perdido (Calabresi, 1984: 208-211). Sólo hay que aplicar un cálculo diferencial para averiguar, en primer lugar, qué situación patrimonial existiría de no haber surgido la circunstancia que obliga a la reparación y, después, hay que determinar sí, y en qué medida, se vuelve a la situación patrimonial real (Schäfer y Ott, 1986: 183).

Por el contrario, la cuantía indemnizatoria concedida en concepto de daño moral por la pérdida de un ser querido o por una lesión grave no crea habitualmente esa situación de indiferencia, no ya porque el valor de la vida sea infinito, sino porque la utilidad del dinero en esa situación es cero. Los supuestos de muerte representan las manifestaciones más extremas: no existe cantidad de dinero capaz de compensar a un muerto porque el dinero no le sirve para nada. Sería necesaria una cantidad de dinero muy grande para colocar a la víctima en la misma "posición de satisfacción relativa" que ocupaba antes del accidente (Posner, 1998: 189). De ahí que se haya dicho que "el daño no patrimonial debe ser expresado sólo en términos de relevancia moral y social, ya que no puede ser medido con criterios económicos ni traducido a términos monetarios" (De Ángel, 1988: 102).

Lo mismo cabe decir de los accidentes de los que resultan lesiones graves que generan dolor o sufrimiento físico y, en muchas ocasiones, "pérdida de dignidad" de la persona como consecuencia de cicatrices, o la amputación de un miembro. La víctima que ve menoscabada su integridad física como resultado de las lesiones sufridas en un accidente experimenta dos tipos de efectos negativos. De un lado, el coste directo —tanto en su dimensión de daño emergente como de lucro cesante— que el accidente le produce, que es el que normalmente se tiene en cuenta y es resarcido por los sistemas indemnizatorios y que comprende la compensación por los daños materiales y por los personales tanto en su dimensión patrimonial —gastos ocasionados por el accidente, incluidos los gastos médicos, e ingresos dejados de percibir— como moral. De otro, la disminución del valor de la riqueza para la víctima, porque tras el accidente queda incapacitada para desarrollar algunas actividades a las que podía dedicar esa riqueza anteriormente, efecto este último que es, lógicamente, más drástico cuanto más grave resultan la lesión y sus secuelas.

2. Sobre las anteriores bases y tomando en consideración lo dicho en la STS (Social) de 17 de febrero de 2015 (R° 1219/14), la forma del cálculo de la indemnización de daños y perjuicios derivados de accidente de trabajo o enfermedad profesional debería tomar en consideración los siguientes principios:

(i) El principio general, es que hay que reparar íntegramente los daños.

(ii) Es preciso que la indemnización sea adecuada y proporcionada, evitando enriquecimientos injustos.

(iii) Como consecuencia de que un accidente de trabajo puede dar lugar a distintas vías de reparación mediante prestaciones sociales, las diferentes indemnizaciones son compatibles pero complementarias, pudiendo ejercitar todas las acciones que le permite la ley para obtener el resarcimiento total: a) El daño corporal, es decir, las lesiones físicas y psíquicas del accidentado. b) El daño moral o sufrimiento psíquico o espiritual derivado del accidente. c) El daño emergente, es decir, la pérdida patrimonial directamente vinculada al daño d) El lucro cesante, es decir, la pérdida de ingresos y de expectativas laborales.

(iv) Hay que excluir de la indemnización los daños que ya hayan sido resarcidos para evitar un enriquecimiento injusto.

2. *El Sistema para la valoración de los daños y perjuicios causados a las personas en accidentes de circulación: El recurso al "baremo"*

3. A la hora de establecer la indemnización adicional es cuando han aparecido los problemas de valoración, que además se han complicado con la necesidad de ponderar la incidencia de las prestaciones de la Seguridad Social y el propio recargo a efectos del descuento. La valoración se había venido realizando tradicionalmente de acuerdo con los criterios empíricos a partir de la prueba practicada dentro del marco de la discrecionalidad del juzgador de instancia y con limitación del control a través del recurso extraordinario.

El principal problema con el que se había encontrado este modelo era, precisamente, el de la efectiva valoración del daño. La valoración era compleja cuando se trataba de daños patrimoniales, pero resultaba todavía más difícil en relación con los daños fisiológicos y morales. El incumplimiento por el poder ejecutivo del mandato impuesto por la DF 5ª de la LJS ("*En el plazo de seis meses a partir de la entrada en vigor de esta Ley, el Gobierno adoptará las medidas necesarias para aprobar un sistema de valoración de daños derivados de accidentes de trabajo y de enfermedades profesionales, mediante un sistema específico de baremo de indemnizaciones actualizables anualmente, para la compensación objetiva de dichos daños en tanto las víctimas o sus beneficiarios no acrediten daños superiores*"), imposibilitaba poseer una herramienta propiamente laboral para efectuar la referida valoración.

4. Ante la ausencia de un sistema específico de valoración de daños derivados de accidentes de trabajo y de enfermedades profesionales, los perjudicados y los órganos jurisdiccionales del orden social comenzaron a acudir, con un proclamado carácter orientativo, al sistema legal de valoración de los daños a las personas con motivo de la circulación, el conocido como baremo. Se trata de un sistema que en principio puede aplicarse sin dificultades a los accidentes de trabajo, porque hay una gran similitud o, podría decirse, una total equivalencia entre los daños causados por los dos tipos de accidentes. No en vano un número importante de accidentes de trabajo son accidentes de circulación (Badillo, 2019: 29). Si los daños son los mismos, la tentación de recurrir al baremo, como guía y apoyo para la valoración laboral, es irresistible, pues los órganos judiciales, por razones obvias, suelen huir de una discrecionalidad que opera en el vacío (Desdentado, 2009: 97).

5. Resumidamente, el recurso al baremo ofrece varios puntos de interés, como se ocupó de recordar, entre otras, la STS (Social) de 17 de julio de 2007 (Rº 4367/2005 y 513/2006): (i) Da satisfacción al principio de seguridad jurídica que establece el art. 9.3 de la Constitución, pues establece un mecanismo de valoración que conduce a resultados muy parecidos en situaciones similares.(ii) Facilita la aplicación de un criterio unitario en la fijación de indemnizaciones con el que se da cumplimiento al principio de igualdad del art. 14 de la Constitución. (iii) Agiliza los pagos de los siniestros y disminuye los conflictos judiciales, pues, al ser previsible el pronunciamiento judicial, se evitarán muchos procesos. (iv) Da una respuesta a la valoración de los daños morales que, normalmente, está sujeta al subjetivismo más absoluto. La cuantificación del daño corporal y más aún la de la moral siempre es difícil y subjetiva, pues las pruebas practicadas en el proceso permiten evidenciar la realidad del daño, pero no evidencian, normalmente, con toda seguridad la equivalencia económica que deba atribuirse al mismo para su completo resarcimiento, actividad que ya requiere la celebración de un juicio de valor.

Doctrinalmente se han manifestado fuertes críticas a su uso (Desdentado, 2009: 96-97): "No es un buen sistema para ser importado al ámbito laboral, donde el problema ha sido siempre el bajo nivel de la reparación con la consiguiente «externalización» del coste de los accidentes, que, pese a la multiplicación de las vías de reparación, sólo parcialmente afecta a los empresarios responsables. Pero la crítica no se refiere sólo a las cuantías, sino a determinados errores de base en el planteamiento, como la «imposible» y disfuncional «baremización» de los perjuicios económicos, su consideración principal como factor de corrección y la confusión que deriva del mantenimiento y consagración de las valoraciones globalizadas. No se olvide que en la responsabilidad civil adicional por los accidentes de trabajo estamos ante una responsabilidad por culpa y que la STC 181/2000 declaró la inconstitucionalidad del epígrafe B) de la tabla V y de la versión del apartado c) del punto 2º del sistema de valoración del Anexo de la LRCSCV en cuanto establecen una limitación para el resarcimiento completo del daño patrimonial de la incapacidad temporal".

También Molins (2018:47) ha señalado que: "El nuevo baremo de accidentes de circulación es extremadamente complejo y especializado. Está pensado para operadores jurídicos que lo aplican frecuentemente, lo que facilita su conocimiento y comprensión, a pesar de su dificultad. Su aplicación puntual en el orden social, por parte de abogados y jueces laboralistas que no están especializados en él, resulta muy dificultosa".

6. La constitucionalidad del sistema de valoración a través de baremos ha sido reconocida por el Tribunal Constitucional que de las diversas cuestiones de inconstitucionalidad propuestas, en su STC 181/2000, de 29 de junio, resolvió: que este sistema valorativo no atenta contra el derecho a la igualdad o a un trato no discriminatorio; que tampoco atenta contra lo dispuesto en el art. 15 de la CE, ni supone una actuación arbitraria de los poderes públicos y que no constituye un atentado contra la independencia judicial, ni contra el principio de tutela judicial efectiva.

3. *Reglas interpretativas en el recurso por los tribunales del orden social al sistema para la valoración de los daños y perjuicios causados a las personas en accidentes de circulación*

7. El sistema para la valoración de los daños y perjuicios causados a las personas en accidentes de circulación regulado en el Título IV del Real Decreto Legislativo 8/2004, de 29 de octubre, por el que se aprueba el texto refundido de la Ley sobre responsabilidad civil y seguro en la circulación de vehículos a motor (LRCSCVM), en la redacción dada por la Ley 35/2015, de 22 de septiembre, al que en adelante nos referiremos con el nombre de baremo, tiene por objeto establecer unas bases claras, precisas y pormenorizadas con arreglo a las cuales se ha de determinar el importe de las indemnizaciones que corresponde otorgar a los perjudicados en los supuestos de muerte, secuelas y lesiones temporales causadas por los accidentes de circulación.

Según precisa la Exposición de Motivos de la norma

"este sistema indemnizatorio se (...) articula a través de un cuadro de importes fijados en función de los distintos conceptos indemnizables que permiten, atendidas las circunstancias de cada caso concreto y dentro de unos márgenes máximos y mínimos, individualizar la indemnización derivada de los daños sufridos por las personas en un accidente de circulación".

8. El Título IV de la LRCSCVM se divide en dos Capítulos. El primero contiene los criterios generales para la determinación de la indemnización del daño corporal (arts. 32 a 49), y varias definiciones (arts. 50 a 60), mientras que el segundo establece las reglas para la valoración del daño corporal, diferenciando las aplicables para el cálculo de las indemnizaciones por causa de muerte (arts. 61 a 92), por secuelas (arts. 93 a 133), y por lesiones temporales (arts. 134 a 143), que son las tres manifestaciones del daño corporal que contempla el baremo (art. 34.1).

Además, hay que tener en cuenta las Tablas anexas y el art. 1 de la LRCSCVM en tanto alude a la incidencia de la culpa exclusiva de la víctima y de la concurrencia de culpas en la producción del daño. Tampoco hay que olvidar la Orden ETD/949/2022, por la que se actualizan las bases técnicas actuariales que sustentan los cálculos del sistema de valoración y el RD. 907/2022, de 25 de octubre, por el que se modifican las cuantías de determinadas tablas del sistema. Por último, resultan de gran interés las recomendaciones elaboradas por la Comisión de Seguimiento del Baremo, en la que se encuentran representados las asociaciones de víctimas de accidentes de tráfico, la Administración, los actuarios, la universidad, la abogacía y las entidades aseguradoras, a través de UNESPA.

La doctrina de nuestros Tribunales y, muy particularmente, la del Tribunal Supremo ha establecido algunas específicas reglas de uso del referido baremo. En particular ha sentado su carácter optativo, orientador, la recomendación de su uso íntegro y la necesidad de una específica motivación cuando el juzgador se aparta del mismo.

A) Carácter optativo

9. El recurso al baremo es optativo para el juez social, que puede aplicarlo o no. La decisión de acudir al baremo para calcular las indemnizaciones que resarzan a los trabajadores o sus causahabientes por los perjuicios sufridos es razonable y adecuada, y hasta aconsejable, al facilitar su vertebración y motivación, pero no preceptiva. Así lo ha venido declarando de manera reiterada numerosos pronunciamientos, entre otros, las SSTS (Social) de 23 de junio de 2014 (Rº. 1257/2013) y 12 de septiembre de 2017 (Rº 1855/2015).

B) Carácter orientador no vinculante

10. Tiene además un carácter orientador no vinculante en la medida que los órganos judiciales del orden social podrán apartarse razonadamente de estos criterios, incrementado incluso los niveles de reparación previstos en el baremo (SSTS 17 de julio de 2007, Rº 4367/2005 y 513/2006, 23 de junio de 2014, Rº 1257/2013), lo que por lo demás se estima adecuado a las particularidades de la indemnización adicional de los accidentes de trabajo, que opera en el marco de la responsabilidad por culpa y dentro de obligaciones cualificadas de seguridad. En este sentido, la STS (Social) de 2 de marzo de 2016 (Rº 3959/2014), indica: que "no se debe olvidar que la doctrina de esta Sala viene reiterando que el «Baremo» se aplica en esta jurisdicción con carácter orientador, para facilitar la vertebración y motivación de la cuantificación de la indemnización que debe perseguir la íntegra reparación del daño. Al usarse con carácter orientador, el juez de lo social puede usar uno u otro «Baremo», apartarse de las normas del mismo y moverse con libertad de criterio dentro de los márgenes que conceda, siempre que justifique las razones de su decisión final, cual aquí se hace".

> En su día la STS (Civil) de 10 de febrero de 2006 (Rº. 2280/1999), ya había señalado que la inexistencia de un sistema tasado de valoración de los daños personales en determinados sectores de la actividad social o económica no constituye una laguna legal que obligue a la aplicación imperativa del mencionado baremo por vía analógica ex art. 4.1 CC, por lo que no existe ningún impedimento para que la víctima prescinda del mismo y cuantifique el valor del daño con arreglo a otras bases.

11. La STS de 17 de julio de 2007 (Rº 513/2006), precisó que las indemnizaciones laborales no tienen por qué limitarse al máximo tarifado, sino que existen factores específicos que "bien pudieran aconsejar en multitud de supuestos que se supere aquella cuantía en forma de cantidad a tanto alzado o de algún coeficiente multiplicador, ya que en la responsabilidad por culpa en los accidentes de trabajo no hay ningún elemento que pueda justificar que la víctima soporte parte del daño".

> La Circular 4/2011, de 2 de noviembre, sobre criterios para la unidad de actuación especializada del Ministerio Fiscal en materia de Siniestralidad Laboral ha señalado que "teniendo en cuenta las especiales circunstancias de los accidentes de trabajo, a diferencia de los accidentes de tráfico, que normalmente se producen en una actividad voluntaria por parte de quienes los sufren, la Red de Especialistas consideró razonable en las Jornadas de León de 2007, que las cantidades fijadas en el Baremo de Tráfico se incrementen orientativamente entre el 20% y el 50%" en el caso de los accidentes de trabajo.

Como señala Badillo (2018: 147):

En la práctica, sobre todo cuando las lesiones son graves o fallece el trabajador, los fiscales solicitan que se incremente el baremo en los términos indicados y, en muchos casos, los jueces, en sus sentencias, lo estiman y condenan al empresario y, en su caso, a su aseguradora, a cantidades superiores a las establecidas en el baremo. Sin embargo, hemos visto que en algunos casos los jueces solo aplican estos incrementos cuando estamos en presencia de delitos dolosos, pero no en los supuestos de condena por delitos culposos o imprudentes.

12. Si el accidente en el que se dirimen otras responsabilidades es calificado como hecho de la circulación, no hay discusión alguna, porque en este caso el sistema se aplica con carácter vinculante, al disponerlo así el art. 1.4 de la LRCSCVM:

> *"Los daños y perjuicios causados a las personas como consecuencia del daño corporal ocasionado por hechos de la circulación regulados en esta Ley se cuantificarán en todo caso con arreglo a los criterios del Título IV y dentro de los límites indemnizatorios fijados en el Anexo".*

El art. 32 de la LRCSCVM, añade que

> "Este sistema tiene por objeto valorar todos los perjuicios causados a las personas como consecuencia del daño corporal ocasionado por hechos de la circulación regulados en esta Ley".

C) Uso íntegro

13. Son numerosos los pronunciamientos del Tribunal Supremo que establecen que "si para el cálculo de la indemnización se recurre al baremo como base valorativa de los daños corporales, el mismo ha de ser aplicado correctamente y en su integridad, y no de manera fragmentaria en los aspectos que las partes consideren más favorables a sus intereses, con lo que se pondría en riesgo la coherencia interna del resultado valorativo y se perderían las ventajas de sencillez, igualdad de trato, seguridad y previsibilidad que implica la utilización de las reglas del sistema tabular". En esta línea cabe situar, entre otras las SSTS (Social) de 17 de julio de 2007 (R° 513/2006), dictada por el Pleno de la Sala, 14 de diciembre de 2009 (R° 715/2009), 23 de junio de 2014 (R°. 1257/2013) y 2 de marzo de 2016 (R° 3959/2014).

D) Apartamiento motivado

14. La Sala de lo Social del Tribunal Supremo, sostiene que, si se utiliza el baremo para hechos ajenos de la circulación, debe aplicarse en sus propios términos y no entrar y salir del mismo cuando se quiera (Badillo, 2019: 144). Como dejó sentada la STS (Social) de 17 de julio de 2007 (Rº 4367/2005), en línea luego continuada por las SSTS 20 de octubre de 2008 (Rec. 627/2007), 15 de diciembre de 2009 (Rº 3365/2008), y 23 de junio de 2014 (Rº 1257/2013), "lo importante es que el juzgador razone su aplicación del baremo y su apartamiento de él, para lo que debe hacer una aplicación vertebrada de los daños y perjuicios a indemnizar, atribuyendo a cada uno un valor determinado y razonando las modificaciones que considere necesario establecer".

Así, si el juez entiende que debe salirse del baremo, por ejemplo, en los casos en los que no contemple un determinado daño, debe argumentarlo y fundamentarlo, porque la sentencia debe ser congruente con las bases que utiliza para valorar el daño personal. Como señaló López y García de la Serrana, 2015: 12) "si el juzgador decide apartarse del Baremo en algún punto deberá razonarlo, pues, cuando una tasación se sujeta a determinadas normas no cabe apartarse de ellas, sin razonar los motivos por los que no se siguen íntegramente, porque así lo impone la necesidad de que la sentencia sea congruente con las bases que acepta".

4. *Principios normativos del baremo*

A) Régimen de reparación ("razonablemente") integral de los daños

15. En el recurso al baremo "no puede hablarse de una reparación integra, al establecer una serie de limitaciones cualitativas y cuantitativas, que no pueden sobrepasarse, referidas las primeras a los conceptos resarcitorios reconocidos, con exclusión de los no contemplados y las segundas a los importes establecidos, restricciones que como anteriormente se expuso pueden superarse justificadamente en el contexto de la siniestralidad laboral de concurrir motivo suficiente al efecto" (Palomo, 2024).

La anterior conclusión queda subrayada en el apartado tercero del art. 33 de la LRCSCVM que dispone que el mismo "*rige no sólo las consecuencias patrimoniales del daño corporal sino también las morales o extrapatrimoniales*", pero seguidamente aclara que, en este caso, es decir, en relación a las segundas, implica "*compensar, mediante cuantías socialmente suficientes y razonables que respeten la dignidad de las víctimas, todo perjuicio relevante de acuerdo con su intensidad*". A ello se añade la previsión que incorpora el art. 33.5 de la LRCSCVM en el sentido de que "*la objetivación en la valoración del daño supone que se indemniza conforme a las reglas y límites establecidos en el sistema, por lo que no pueden fijarse indemnizaciones por conceptos o importes distintos de los previstos en él*", precepto que concuerda con lo dispuesto en el art. 1.4 de la LRCSCVM en el sentido de que "*Los daños y perjuicios causados a las personas como consecuencia del daño corporal ocasionado por hechos de la circulación regulados en esta Ley, se cuantificarán en todo caso con arreglo a los criterios del Título IV y dentro de los límites indemnizatorios fijados en el Anexo*".

Por otro lado, hay daños derivados del accidente cuya indemnización no se somete al baremo. Esto es lo que ocurre con los daños que se producen en las cosas que pertenecen al trabajador, pues el baremo sólo se refiere a los daños corporales. La reparación de estos daños seguirá la regla de la prueba de los mismos y la acreditación de su valor a precios de mercado en los casos que proceda.

B) Reparación vertebrada del daño

16. Según dispone el art. 33.1 de la LRCSCVM, el de reparación vertebrada del daño constituye el segundo principio fundamental en el que se asienta el sistema de valoración. En el entorno de la siniestralidad laboral, el principio reseñado desempeña también un papel esencial, como ya había señalado la jurisprudencia social desde las SSTS de 17 de julio de 2007 (Rº. 4367/15 y 513/06), conforme a las cuales

> "la tasación estructurada es fundamental para otorgar una tutela judicial efectiva, pues, aparte que supone expresar las razones por las que se da determinada indemnización total explicando los distintos conceptos y sumando todos los valorados, no deja indefensas a las partes para que puedan impugnar los criterios seguidos en esa fijación, por cuándo conocerán los conceptos computados y en cuánto se han tasado. Una valoración vertebrada requerirá diferenciar la tasación del daño biológico y fisiológico (el daño inferido a la integridad física), de la correspondiente a las consecuencias personales que el mismo conlleva (daño moral) y de la que pertenece al daño patrimonial separando por un lado el daño emergente (los gastos soportados por causa del hecho dañoso) y por otro los derivados del lucro cesante (la pérdida de ingresos y de expectativas). Sólo así se dará cumplida respuesta a los preceptos legales antes citados, como se deriva de la sentencia del Tribunal Constitucional 78/1986, de 13 de junio, donde se apunta que el principio de tutela judicial efectiva requiere que en la sentencia se fijen de forma pormenorizada los daños causados, los fundamentos legales que permiten establecerlos, así como que se razonen los criterios empleados para calcular el "quantum" indemnizatorio del hecho juzgado (...)".

17. Como indica el art. 35 de la LRCSCVM, la materialización del principio vertebrador y la correcta aplicación del sistema exige el tratamiento separado —e individualizado— de los distintos conceptos y partidas resarcitorias por daños patrimoniales y extrapatrimoniales, amén de la justificación de los criterios empleados para cuantificar las indemnizaciones según las reglas del sistema. Esta labor explicativa se ve favorecida por la introducción de pautas de valoración para fijar el importe de las indemnizaciones de numerosas partidas, inexistentes en su inmensa mayoría en el precedente.

> Como ha señalado Palomo (2024): "No cabe, por tanto, solicitar el abono de una cantidad global por manifestaciones diferentes del daño (vgr., lesiones temporales y secuelas), y tampoco respecto de cada una de ellas por distintas categorías de daños (extrapatrimoniales y patrimoniales), ni dentro de éstas por niveles dispares (p. ej., en relación a la primera categoría los correspondientes al perjuicio personal básico y a los perjuicios personales particulares) ni, finalmente, dentro de estos por rubros diferentes (como p. ej., en el caso de los perjuicios particulares personales por secuelas el de pérdida de calidad de vida de la víctima y el de pérdida de la calidad de vida de sus familiares). A estas mismas pautas deben sujetarse los órganos jurisdiccionales al fundamentar el fallo de la sentencia, debiendo discriminar claramente las distintas partidas resarcitorias cuya procedencia reconocen, amén de explicitar los criterios que emplean para la valoración de cada una de ellas y los montantes individuales que fijan".

C) Modificación de las indemnizaciones

18. A tenor de lo expresado en el art. 43 de la LRCSCVM, una vez establecida, conforme a las reglas y límites del sistema, la indemnización correspondiente a cualesquiera de las manifestaciones del daño que contempla el baremo (lesiones temporales, secuelas y muerte) y cualesquiera tipos de perjuicios, pues el precepto no establece salvedad alguna al respecto, los jueces y tribunales sólo podrán revisar su cuantía por alguna de las siguientes causas: (i) Alteración sustancial de las circunstancias que determinaron su fijación; (ii) Aparición de daños sobrevenidos que no pudieron ser constatados al tiempo de cuantificar la indemnización.

D) La concurrencia de culpa de la víctima como criterio moderador de la indemnización

19. El art. 1 de la LRCSCVM dispone que

> *"sin perjuicio de que pueda existir culpa exclusiva, cuando la víctima «solo contribuya a la producción del daño se reducirán todas las indemnizaciones, incluidas las relativas a los gastos en que se hayan incurrido en los supuestos de muerte, secuelas y lesiones temporales, en atención a la culpa concurrente hasta un máximo del 75%".*

La modulación del quantum indemnizatorio por concurrencia de culpas entre el sujeto causante del daño y la víctima no es excepcional en el ámbito laboral, aunque sí se contempla de forma restrictiva (ATS (Social) de 16 de julio de 2019, R° 4904/2018). La STSJ de Canarias, Las Palmas, de 30 de agosto de 2019 (R° 1345/2018), aun reconociendo la existencia de cierta imprudencia en el actuar del trabajador víctima del accidente de trabajo, no contempla ni la exoneración ni la moderación.

II. Criterios de cálculo de las indemnizaciones a través del Baremo: Cálculo de la indemnización por muerte

1. Perjudicados

20. El art. 36.1 de la LRCSCVM precisa que tienen la condición de sujetos perjudicados a estos efectos "b) Las categorías de perjudicados mencionadas en el art. 62, en caso de fallecimiento de la víctima". El estatus de perjudicado "no deriva de la mera relación de parentesco con el difunto, sino del perjuicio moral y, en su caso, material, que genera el siniestro a sus parientes más próximos y allegados" (Palomo, 2016: 129).

De acuerdo con lo establecido en el art. 62.1 de la LRCSCVM "en caso de muerte existen cinco categorías autónomas de perjudicados: el cónyuge viudo, los ascendientes, los descendientes, los hermanos y los allegados". De igual modo, añade el art. 62.2, "tiene la condición de perjudicado quien está incluido en alguna de dichas categorías, salvo que concurran circunstancias que supongan la inexistencia del perjuicio a resarcir".

El art. 62.3 de la LRCSCVM atribuye la cualidad de perjudicado funcional o por analogía a quien de facto y de forma continuada en el tiempo ejercía las funciones que le correspondía desempeñar a una persona perteneciente a alguna de las categorías listadas en el art. 62.1 de la LRCSCVM, encontrándose, por tanto, en una situación funcional equiparada a la del perjudicado (Palomo, 2016: 138).

Las personas no incluidas en el elenco legal no tienen el carácter legal de perjudicados, por lo que no tienen derecho a ser resarcidos por los daños afectivos y patrimoniales que les haya podido ocasionar la muerte de la víctima. Y ello, aun en el supuesto de que acrediten que tal evento les produjo un perjuicio moral y/o económico real y efectivo. Entre los sujetos excluidos interesa hacer referencia a los que encajan en alguna de las tres hipótesis siguientes (Palomo, 2023). a) Familiares con relación de tercer y cuarto grado de parentesco por consanguinidad. b) Familiares con relación de afinidad c) Relación de noviazgo.

2. *El perjuicio personal*

A) Perjuicio personal básico por fallecimiento

a) Concepto

21. "Es el perjuicio ordinario o común, que sufre cualquier familiar, perjudicado funcional o allegado, a consecuencia de la pérdida del ser querido" (Palomo, 2016: 143). Por perjuicio personal básico por fallecimiento nos estamos refiriendo una serie de cantidades mínimas fijas para cada perjudicado, cantidades que anualmente son revisadas y actualizadas. Las indemnizaciones recogidas en la **Tabla 1.A** resarcen exclusivamente el daño moral básico provocado por la muerte de la víctima. Se trata de cantidades fijas en plural, porque si bien son estáticas, lo son de manera independiente para cada grupo de edad y categoría de perjudicado. Además, dependen de otros factores como los años de relación o convivencia con el causante.

De la suma resultante no se pueden detraer las prestaciones de pago periódico de viudedad, orfandad y a favor de familiares de las que pueden ser beneficiarios, y tampoco las mejoras voluntarias, por no guardar la necesaria homogeneidad conceptual, al compensar el lucro cesante. La misma conclusión de había alcanzado respecto de las indemnizaciones básicas por muerte en el anterior Baremo (STS (Social) 13 de marzo de 2014, Rº 1506/2013 y 13 de octubre de 2014, Rº 2843/2013) (Palomo, 2016: 143).

b) Cónyuge viudo

22. El cónyuge supérstite y no separado, tendrá derecho a una indemnización por muerte que varía en función de su edad y de los años de convivencia que compartieron (art. 63.1 de la LRCSCVM). Si convivieron hasta 15 años, se alcanzan sumas que para 2024 oscilan entre los 61.774,29 euros y 111.193,73 euros dependiendo de la edad del cónyuge viudo y se añadirá a tales cantidades 1.235,49 euros por cada año adicional que hayan convivido.

A estos efectos, el art. 36.2 de la LRCSCVM, considera que sufre el mismo perjuicio resarcible el cónyuge que el miembro supérstite de una pareja de hecho estable inscrita en registro o documento público, equiparando así ambas instituciones. A los efectos de esta Ley, se considera que sufre el mismo perjuicio resarcible que el cónyuge viudo el miembro supérstite de una pareja de hecho estable constituida mediante inscripción en un registro o documento público o que haya convivido un mínimo de un año inmediatamente anterior al fallecimiento o un período inferior si tiene un hijo en común.

c) Ascendientes

23. Los ascendientes podrán obtener una indemnización cuya cuantía dependerá de la edad que tuviera el fallecido al momento del accidente (art. 64 de la LRCSCVM). Los ascendientes legitimados para obtener dicha indemnización son los progenitores y en caso de que alguno no estuviera vivo, podrán ser los abuelos de esa rama familiar los beneficiarios de la misma. Así pues, en 2024, cada padre recibirá 86.484,01 euros si el hijo tenía 30 años o menos y 49.419,44 euros si tuviera más. A cada abuelo por su parte, corresponde la suma de 24.709,72 euros.

d) Descendientes

24. En este caso, la indemnización por muerte de padre a percibir depende de la edad de cada hijo y oscila por tramos de 111.193,73 euros a 61.774,29 euros siempre que tenga 30 años o menos (art. 65 de la LRCSCVM). Si supera esa edad, la cuantía indemnizatoria ascenderá a 24.709,72 euros. Los nietos, por su parte, sólo podrán ser quienes perciban la indemnización cuando el progenitor de éstos, hijo del causante, haya premuerto. En este caso, tendrán derecho a 18.532,29 euros.

e) Hermanos

25. Los hermanos del fallecido tendrán derecho a indemnización fija por cuantía (art. 66 de la LRCSCVM) y según baremo 2024 de 24.709,72 euros si estuviere en edad de hasta 30 años. Si por el contrario tuviere 31 o más, la cuantía a percibir sería de 18.532,29 euros.

f) Allegados

26. Según dispone el art. 67.1 de la LRCSCVM, esta categoría de perjudicados engloba a quienes no estando incluidos en las categorías precedentes hubieran convivido familiarmente con la víctima un mínimo de cinco años inmediatamente anteriores a su fallecimiento y fuesen especialmente cercanos a ella en parentesco o afectividad. Y ello, con independencia de su edad y de la del finado, de la existencia de otras categorías de perjudicados y del número de allegados con derecho a indemnización y sin necesidad de que dependieran económicamente del causante. Tendrán derecho a una indemnización por fallecimiento que asciende a 12.354,86 euros.

B) El perjuicio personal particular por fallecimiento

27. Los perjuicios particulares por fallecimiento son complementos indemnizatorios que incrementan la indemnización del perjuicio personal básico según las circunstancias personales y familiares de cada caso concreto (art. 68 de la LRCSCVM). Este tipo de perjuicios vienen establecidos en la **Tabla 1.B** del sistema y básicamente son:

a) Cuando el perjudicado padezca discapacidad

28. Independientemente de la categoría de perjudicado donde se encuentre, si éste presenta una discapacidad física, intelectual o sensorial superior al 33%, bien sea previa o consecuencia del accidente, podrá ver incrementada su indemnización por fallecimiento entre el 25 y el 75% de la cuantía fijada (art. 69 de la LRCSCVM).

b) Convivencia del perjudicado con la víctima

29. "La convivencia con la víctima constituye un perjuicio particular en todos los perjudicados, con excepción del cónyuge y víctimas o perjudicados menores de treinta años. En los casos exceptuados, esta circunstancia ya está ponderada en la indemnización por perjuicio personal básico" (art. 70 de la LRCSCVM). Para poder obtener este complemento, deberá acreditarse la convivencia con la víctima fallecida. La indemnización se valora mediante una cantidad fija que varía en función del grado de parentesco con la víctima: A cada progenitor, si el hijo fallecido tenía más de 30 años: 37.064,58 €. A cada abuelo, en su caso: 12.354,86 €. A cada hijo que tenga más de 30 años: 37.064,58 €. A cada nieto, en su caso: 9.266,14 €. Y, en fin, a cada hermano que tenga más de 30 años: 6.177,43 €

c) Perjudicado único en su categoría

30. La condición de perjudicado único dentro de su categoría, con la excepción del cónyuge dado el carácter monógamo de las relaciones sentimentales, constituye un perjuicio particular resarcible incrementando un

25% la cuantía de la indemnización por perjuicio personal básico que fuera a recibir el perjudicado (art. 71 de la LRCSCVM)

También se consideran en este grupo las situaciones en las que el perjudicado sea el único familiar de la víctima, podrá ver aumentada su indemnización de perjuicio personal básico en un 25% (art. 72 de la LRCSCVM); cuando la víctima del accidente sea el único progenitor vivo de la familia, sus hijos tendrán derecho a un incremento de su indemnización en un 25% cuando tengan más de 20 años y en un 50% cuando tuvieran 20 años o menos (art. 73 de la LRCSCVM); cuando se produce la muerte de ambos progenitores simultáneamente, la ley prevé un incremento de la indemnización básica para cada hijo, en cuyo caso será bien del 35%, bien del 70% en función si son mayores de 20 años o no respectivamente (art. 74 de la LRCSCVM). Se incluyen, igualmente, el fallecimiento del único hijo (art. 75 de la LRCSCVM), fallecimiento de víctima embarazada con pérdida del feto (art. 76 de la LRCSCVM). Este complemento indemnizatorio supone un aumento de la indemnización básica en cuantía fija que será mayor si la pérdida del feto fuere tras las primeras doce semanas de embarazo. En 2024, esas cuantías ascienden a: 18.532,29 euros y 37.064,58 euros concretamente.

C) Perjuicio excepcional

31. El legislador dispone de otra categoría de perjuicio personal particular abstracta en la que podrán caber todos esos daños resarcibles acorde a los principios de reparación íntegra y vertebración y que no quepan por su naturaleza o características en ninguna de las categorías anteriores. La indemnización establecida para los perjuicios excepcionales no tiene una cuantía fija, sino que su importe se calcula aplicando un determinado porcentaje al valor de la indemnización por perjuicio básico asignada a quien los sufre. Según prescribe el art. 77 de la LRCSCVM, el porcentaje máximo de incremento es del 25% y dentro de ese margen su fijación en cada caso debe hacerse aplicando criterios de proporcionalidad.

3. El perjuicio patrimonial por fallecimiento

32. El perjuicio patrimonial hace referencia a los gastos y perjuicios, además de las ganancias dejadas de obtener a causa del fallecimiento de una persona. En este último caso, deviene imprescindible que existiese dependencia económica de la víctima por parte de quien reclama.

A) Daño emergente

33. Al fallecer una persona, nacen inevitablemente unos gastos que soportar y que también son indemnizables. La ley distingue dos tipos de daño emergente que son:

Por un lado, el perjuicio patrimonial básico. Este concepto supone una indemnización por cuantía fija para cada uno de los perjudicados y no necesita ningún tipo de acreditación o justificación (art. 78 de la LRCSCVM). Lo perciben automáticamente todos los perjudicados por daño moral al entenderse que suple una serie de gastos razonables como desplazamientos, manutención o alojamiento. En 2024 se fija en 494,19 euros. En caso de superarse ese importe, deberán acreditarse estos gastos para que puedan ser resarcidos.

34. Entiende igualmente el legislador que de manera general se derivan otros gastos para los perjudicados que deben resarcirse (art. 79 de la LRCSCVM). Entran en esta categoría gastos como los de traslado del fallecido, entierro y funeral conforme a la costumbre del lugar donde se celebre y/o repatriación del causante a su país de origen. A diferencia del básico, para abonarse el importe de estos gastos sí se necesita justificación de los mismos.

B) Lucro cesante

35. La indemnización por lucro cesante tiene por objeto sustituir o reemplazar "las pérdidas netas que sufren aquellos perjudicados que dependían económicamente de los ingresos de la víctima" (art. 80 de la LRCSCVM). Y es que no todos los sujetos que conforme a lo previsto en el art. 62 de la LRCSCVM gozan de la condición de perjudicados a efectos del resarcimiento de los perjuicios personales generados por la muerte de la víctima tienen derecho a percibir una compensación por lucro cesante, sino sólo aquellos que formen parte del círculo más restringido que traza el art. 82 de la LRCSCVM o que cumplan los requisitos exigidos en ese mismo precepto.

El lucro cesante de cada perjudicado es el resultado de efectuar una operación aritmética que involucra distintas variables, en las que los dos factores de la multiplicación a efectuar se obtienen a partir de la aplicación de las **Tablas 1.C** (Palomo, 2016: 162-163):

36. El multiplicando está constituido por los ingresos netos percibidos por el fallecido durante el año anterior a su muerte, o a la media de los ingresos obtenidos durante los tres años anteriores al accidente, si fueran superiores, en ambos casos debidamente acreditados. A tal efecto, se establecen determinadas reglas específicas que toman en consideración la condición de pensionista, desempleado, si se encontraba acogida a reducción de jornada o desempeñaba un contrato a tiempo parcial (art. 81, 83 y 85 de la LRCSCVM).

El lucro cesante no se refiere en modo alguno a los potenciales ingresos que pudieran percibir si el fallecimiento no hubiera tenido lugar, sino estrictamente a los ingresos netos que demostrablemente hayan dejado de obtener, por lo que ningún ingreso no acreditado, podrá indemnizarse bajo este concepto.

37. El multiplicador es un coeficiente específico para cada perjudicado que resulta de combinar distintas variables que permiten individualizar el ánimo de lucro cesante, tales como: el horizonte temporal de dependencia (art. 89 a 92 de la LRCSCVM), el riesgo de fallecimiento, o las pensiones públicas a las que tiene derecho por la muerte de la víctima y producen el efecto de reducir el perjuicio.

Para calcular el importe de la indemnización por lucro cesante ya se han tenido en cuenta las pensiones públicas a las que tengan derecho los perjudicados, por lo que no es necesario realizar detracción alguna por tal causa (Palomo, 2016:164).

III. Criterios de cálculo de las indemnizaciones a través del Baremo: Cálculo de la indemnización por secuelas

1. Concepto de secuela

38. La LRCSCVM en su art. 93.1 entiende que "son secuelas las deficiencias físicas, intelectuales, orgánicas y sensoriales y los perjuicios estéticos que derivan de una lesión y permanecen una vez finalizado el proceso de curación. El material de osteosíntesis que permanece al término de este proceso tiene la consideración de secuela". Se trata de una noción muy amplia, que trasladada al ámbito laboral posibilita la reparación de cuantas secuelas se correspondan, expresamente o por analogía, con las relacionadas en la **Tabla 2.A** del baremo.

La noción de secuela no coincide con lo establecido en el art. 201 LGSS, que precisa que las lesiones, mutilaciones y deformidades de carácter definitivo, causadas por accidentes de trabajo o enfermedades profesionales que, sin llegar a constituir una incapacidad permanente, supongan una disminución o alteración de la integridad física de la persona trabajadora y aparezcan recogidas en el baremo anejo a las disposiciones de desarrollo de dicha ley, serán indemnizadas, por una sola vez, con las cantidades alzadas que en el mismo se determinen, por la entidad que estuviese obligada al pago de las prestaciones de incapacidad permanente, todo ello sin perjuicio del derecho de la persona trabajadora a continuar al servicio de la empresa La Orden ISM/450/2023, de 4 de mayo, por la que se actualizan las cantidades a tanto alzado de las indemnizaciones por lesiones, mutilaciones y deformidades de carácter definitivo y no incapacitantes. El trabajador tendrá derecho a ser indemnizado por todas las secuelas sufridas y ello, con independencia de que (Palomo, 2016: 77): (i) hayan sido tenidas o no en cuenta para el reconocimiento de la indemnización por lesiones permanentes no invalidantes (LPNI) o de la prestación por incapacidad permanente en cualquiera de sus grados; (ii) el trabajador no haya sido declarado afecto de LPNI ni de incapacidad permanente.

2. *Perjudicados*

39. El art. 94.1 y 2 de la LRCSCVM entienden que "en los supuestos de secuelas son perjudicados los lesionados que las padecen". "También son perjudicados, con carácter excepcional, los familiares de grandes lesionados en los términos establecidos en el art. 36.3".

3. *Los perjuicios personales*

40. El baremo, en consonancia con los principios de reparación total y vertebrada del daño que lo sustentan, distingue entre los perjuicios personales, esto es, los que en el plano psico-físico y funcional, estético y moral, incluida la pérdida de la calidad de vida, provocan las secuelas, y los patrimoniales, en su doble vertiente de daño emergente y lucro cesante.

A) Perjuicio personal básico

41. Es el daño físico, psíquico, estético y moral común u ordinario que sufre cualquier persona de una determinada edad como consecuencia de una concreta secuela o conjunto de secuelas derivadas del accidente y su tratamiento, con independencia de cualquier otra circunstancia y en especial de su impacto en la calidad de vida y, en su caso, en la de sus familiares más cercanos, lo que es coherente con el carácter básico o común del perjuicio que resarce. Su existencia se presume, iuris et de iure, por el mero padecimiento de la secuela o secuelas durante el resto de la vida.

El proceso conversión de una lesión permanente a su equivalente monetario puede dividirse en dos fases:

a) Primera fase: La valoración de las secuelas

42. Tras confirmar la existencia de una secuela derivada de un accidente de tráfico, debe clasificarse la misma atendiendo a la **Tabla 2.A.1** de LRCS-VM, que es el denominado "baremo médico".

> Art. 96. de la LRCSCVM El baremo médico. 1. *El baremo médico contiene la relación de las secuelas que integran el perjuicio psicofísico, orgánico y sensorial permanente, con su clasificación, descripción y medición, y también incluye un capítulo especial dedicado al perjuicio estético. 2. La medición del perjuicio psicofísico, orgánico o sensorial de las secuelas se realiza mediante un porcentaje de menoscabo expresado en puntos, con un máximo de cien. 3. La medición del perjuicio estético de las secuelas se realiza mediante un porcentaje de menoscabo expresado en puntos, con un máximo de cincuenta, que corresponde a un porcentaje del cien por cien.*
>
> Art. 97 de la LRCSCVM. Reglas de aplicación del perjuicio psicofísico, orgánico y sensorial. 1. *La puntuación otorgada al perjuicio psicofísico, orgánico y sensorial de cada secuela, según criterio clínico, tiene en cuenta su intensidad y gravedad desde el punto de vista anatómico-funcional, sin tomar en consideración la edad o el sexo del lesionado, ni la repercusión de la secuela en sus diversas actividades. 2. Se adjudica a cada secuela una puntuación fija o la que corresponda dentro de una horquilla con una puntuación mínima y máxima. 3. Una secuela debe valorarse una sola vez, aunque su sintomatología se encuentre descrita en varios apartados del baremo médico, sin perjuicio de lo establecido respecto del perjuicio estético. No se valoran las secuelas que estén incluidas o se deriven de otras, aunque estén descritas de forma independiente. 4. La puntuación de una o varias secuelas de una articulación, miembro, aparato o sistema no puede sobrepasar la correspondiente a la pérdida total, anatómica o funcional, de esa articulación, miembro, aparato o sistema. 5. Las secuelas no incluidas en ninguno de los conceptos del baremo médico se miden con criterios analógicos a los previstos en él.*

Para obtener la puntuación de cada clase de secuelas hay que aplicar el baremo médico de la Tabla 2.A.1 que contiene la clasificación y valoración de las secuelas encuadradas en 10 Capítulos que recogen las que integran el perjuicio psicofísico, orgánico o sensorial, así como en el Capítulo especial referido al perjuicio estético.

Puede darse que la secuela y su sintomatología sea incluida en más de un apartado del baremo, sin embargo, cada secuela es únicamente susceptible de una sola valoración, por lo que no puede duplicarse. Así mismo, cuando una secuela es consecuencia necesaria o deriva de otra secuela, no será susceptible de valoración. En la mayoría de los casos, esto vendrá ya reflejado en la tabla. Una vez identificados los epígrafes en los que encuadrar las secuelas, hay que ponderar la entidad de las mismas. El baremo ofrece una horquilla de puntuaciones mínima y máxima para cada tipo de secuela.

Se trata de determinar qué puntuación corresponde para el tipo de secuela que se padece. En este sentido, los criterios a estimar para dar una determinada valoración a una secuela son: por un lado, la sintomatología que produce y por otro las limitaciones funcionales que conlleva.

b) Segunda fase: Cuantificación de las secuelas

43. En una segunda fase, las puntuaciones finales obtenidas por las secuelas anatómico-funcionales y por las estéticas se multiplican de manera separada por el valor del punto en euros que corresponda a cada clase de ellas aplicando la **Tabla 2.A.2** en la que las filas expresan la puntuación que resulta de la aplicación del baremo médico y las columnas la edad del lesionado, reflejando, respectivamente, la extensión e intensidad del perjuicio y su presumible duración en el tiempo (art. 104.1 de la LRCSCVM).

La valoración económica de cada clase de secuelas es inversamente proporcional a la edad del lesionado y se incrementa a medida que aumenta la puntuación (art. 104.2 de la LRCSCVM), lo que responde a la consideración de que cuanto más joven es la víctima durante mayor tiempo sufrirá los perjuicios psico-físicos y/o estéticos provocados por las secuelas y de que cuanto mayor sea la puntuación de estas mayores serán los perjuicios. El resultado de la multiplicación del valor de cada punto, en función de la edad del lesionado (la que tenía en la fecha del accidente ex art. 38.1 de la LRCSCVM), por el número total de puntos reconocidos por la respectiva clase de perjuicio (psico-físicos o estéticos) se encuentra en la intersección de la fila y columna correspondiente (art. 104.3 y 104.4 de la LRCSCVM).

44. *Secuelas concurrentes e interagravatorias.* En muchas ocasiones, de un mismo traumatismo pueden resultar varias secuelas distintas. Cuando así sucede, se dice que hay secuelas concurrentes y, tras puntuarlas, hay que aplicar la Fórmula de Balthazard para obtener la puntuación total para cuantificar (art. 98 de la LRCSCVM). Son secuelas interagravatorias aquellas que afectan a funciones comunes y producen, por su recíproca influencia, una agravación significativa de cada una de ellas y se valoran incrementando en un 10% la puntuación que resulte de la aplicación de la fórmula de Balthazar, salvo que se trate de secuelas bilaterales en las que la puntuación adjudicada en la tabla 2.A.1 incorpore su efecto interagravatorio (art. 99 de la LRCSCVM).

Las agravatorias de estado previo tienen en cuenta la existencia de un menoscabo psicofísico o estético preexistente o ajeno al accidente que influye en el resultado lesivo final y para su valoración se establece una fórmula matemática aplicable en el caso de que el baremo médico no prevea expresamente esa circunstancia (art. 100 de la LRCSCVM).

45. *Secuelas estéticas.* Se consideran secuelas estéticas las modificaciones físicas que empeoren la imagen de una persona. Tanto en su dimensión estática como pueden ser las cicatrices, como en su dimensión dinámica; una cojera por ejemplo.

De haberse producido perjuicios estéticos, su medición se realiza con arreglo a una escala de 6 grados de intensidad, que van desde el ligero hasta el importantísimo en función de su gravedad o entidad (art. 102.2 de la LRCSCVM).

> Art. 102. Grados de perjuicio estético.
>
> *1. La medición del perjuicio estético se realiza mediante la asignación de una horquilla de puntuación a cada uno de los grados teniendo en cuenta, de modo particular, los factores siguientes: a) el grado de visibilidad ordinaria del perjuicio, b) la atracción a la mirada de los demás, c) la reacción emotiva que provoque y d) la posibilidad de que ocasione una alteración en la relación interpersonal del perjudicado.*
>
> *2. Los grados de perjuicio estético, ordenados de mayor a menor, son los siguientes: a) Importantísimo, que corresponde a un perjuicio estético de enorme gravedad, como el que producen las grandes quemaduras, las grandes pérdidas de sustancia y las grandes alteraciones de la morfología facial o corporal. b) Muy importante, que corresponde a un perjuicio estético de menor entidad que el anterior, como el que produce la amputación de dos extremidades o la tetraplejia. c) Importante, que corresponde a un perjuicio estético de menor entidad que el anterior, como el que produce la amputación de alguna extremidad o la paraplejia. d) Medio, que corresponde a un perjuicio estético de menor entidad que el anterior, como el que produce la amputación de más de un dedo de las manos o de los pies, la cojera relevante o las cicatrices especialmente visibles en la zona facial o extensas en otras zonas del cuerpo. e) Moderado, que corresponde a un perjuicio estético de menor entidad que el anterior, como el que producen las cicatrices visibles en la zona facial, las cicatrices en otras zonas del cuerpo, la amputación de un dedo de las manos o de los pies o la cojera leve. f) Ligero, que corresponde a un perjuicio estético de menor entidad que el anterior, como el que producen las pequeñas cicatrices situadas fuera de la zona facial.*

B) Perjuicio personal particular

46. Las circunstancias que envuelven la ocurrencia del siniestro pueden ser muy dispares y cada una puede generar unos perjuicios particulares que dependerán del caso concreto.

El perjuicio personal particular es un complemento que incrementa la indemnización, sumándose al perjuicio básico.

47. La cuantía de los perjuicios personales particulares por secuelas aparece contenido en la **Tabla 2 b**:

a) Daños morales complementarios por perjuicio psicofísico, orgánico o sensorial

48. Se presume que un lesionado sufre un perjuicio adicional de este tipo siempre y cuando en el perjudicado exista una única secuela de más de 60 puntos o que la suma de las concurrentes supere los 80 puntos tras la aplicación de la fórmula de Balthazard. Su compensación se realiza mediante un sistema de horquilla con un mínimo y un máximo, que en el año 2024 están fijados en 23.721,33 € hasta 118.606,64 €, respectivamente. Para determinar el importe en cada supuesto, hay que tener en cuenta dos variables fundamentales: a) la extensión e intensidad del perjuicio psico-físico, orgánico y sensorial; b) la edad del lesionado. También hay que ponderar en su caso los dolores extraordinarios y las secuelas que no hayan sido valoradas por haberse alcanzado la puntuación de cien. Por expreso mandato legal no puede tenerse en cuenta la afectación en las actividades del lesionado, que se resarce de manera independiente (art. 105.2 de la LRCSCVM)

b) Daños morales complementarios por perjuicio estético

49. Se considera que las secuelas estéticas, cuando adquieren cierta entidad, producen este perjuicio moral adicional. En concreto, se exige que las secuelas estéticas valoradas superen los 35 puntos. Su cuantificación se realiza también mediante un sistema de horquilla con un mínimo y un máximo (De 11.860,66 € hasta 59.303,32 €, respectivamente en el año 2024). Los parámetros fundamentales para establecer su importe en cada caso son la extensión e intensidad del perjuicio estético y la edad del lesionado, con exclusión también de la afectación en sus actividades por la misma razón expuesta en el epígrafe anterior (art. 106 de la LRCSCVM).

c) Perjuicio moral por pérdida de calidad de vida ocasionada por secuelas

50. Si las secuelas psicofísicas generan en la víctima del accidente limitaciones funcionales que alteren el desarrollo normal de su día a día, se entiende que existe una pérdida de calidad de vida que da origen a un complemento indemnizatorio por perjuicio moral. La pérdida de calidad de vida es un perjuicio particular y, en consecuencia, nos encontramos en el segundo escalón de individualización del daño, por lo que no se reconoce a todos los perjudicados, sino sólo a aquéllos que lo sufran. Se trata de compensar el daño moral sufrido por la repercusión que las lesiones temporales o su tratamiento y/o las secuelas tienen sobre los distintos ámbitos de la vida de la persona.

Los grados de este perjuicio moral por pérdida de calidad de vida son leve, moderado, grave o muy grave. En el año 2024 las horquillas aplicables para los diferentes grados de perjuicio son las siguientes:

- Muy Grave de 111.193,73 € hasta 185.322,88 €
- Grave de 49.419,44 € hasta 123.548,59 €
- Moderado de 12.354,86 € hasta 61.774,29 €
- Leve de 1.853,23 € hasta 18.532,29 €

El baremo preceptúa que a la hora de concretar la cuantía de la indemnización hay que sujetarse a dos parámetros cumulativos (art. 109 LRCSCVM): 1°) la importancia y el número de las actividades afectadas, que por tanto deberán ser valoradas de manera global; 2°) la edad del lesionado, que expresa la previsible duración del perjuicio.

d) Perjuicio moral por pérdida de calidad de vida de familiares de grandes lesionados

51. Un gran lesionado es aquel que no puede llevar a cabo de forma independiente la mayor parte (o todas) las actividades básicas de la vida diaria, de modo que precisa ayuda de sus seres queridos para desenvolverse. El art. 110.3 LRCSCVM introduce tres criterios para fijar el importe de la indemnización dentro de los márgenes establecidos en la tabla 2.B, que en el año 2024 se sitúan en 37.064,58 € hasta 179.145,45 €), a saber: a) la dedicación que los cuidados o atención familiares requieran; b) la alteración que produzcan en la vida del familiar; c) la edad del lesionado.

Esto afecta a las personas de su entorno, puesto que deben prestar especial cuidado y atención al lesionado de manera constante. Se produce, por tanto, una pérdida en su calidad de vida a resultas del accidente.

e) Pérdida del feto a consecuencia del accidente

52. En este caso concreto, la indemnización básica a percibir por la víctima se verá incrementada en una cuantía fija que será una u otra dependiendo si la pérdida tuvo lugar en las primeras 12 semanas de gestación o a partir de ese momento. En el año 2024 para el primer caso se fija en 37.064,58 € y, en el segundo, en 18.532,29 €.

f) Perjuicio excepcional

53. Para su cuantificación hay que tener en cuenta los siguientes parámetros: a) el módulo del que se debe partir es la indemnización por perjuicio personal básico, comprensiva del fisiológico y del estético; b) la cuantía a fijar consistirá en un porcentaje de ese módulo, con un límite máximo del 25%; c) Para la determinación del porcentaje aplicable en cada caso hay que aplicar criterios de proporcionalidad (arts. 33.5 y 112 LRCSCVM).

4. Perjuicio patrimonial

54. El baremo contempla de forma separada las dos manifestaciones del perjuicio patrimonial causado por las secuelas: el daño emergente (gastos soportados) y el lucro cesante (pérdida de ingresos de trabajo personal cuando las secuelas determinan una incapacidad permanente) que se regulan en los arts. 113 a 133 LRCSCVM.

Para valorar y medir el perjuicio patrimonial por secuelas, deberemos acudir a la **Tabla 2.C**.

A) Daño emergente

55. Aquí se encuentran todos los gastos que puedan generarse a razón de las secuelas sufridas. Pueden ser gastos muy diversos, el baremo los clasifica según afecten o no a la autonomía personal del lesionado.

a) Gastos previsibles de asistencia sanitaria futura

56. De acuerdo con lo establecido en los arts. 113 y 114 de la LRCSCVM, abarca todos aquellos gastos que generen las asistencias, prestaciones y tratamientos sanitarios que previsiblemente vaya a requerir una vez se hayan estabilizado sus lesiones y le hayan dado de alta. El sistema de valoración exige lesiones de una importancia determinada a la hora de poder acceder a este complemento indemnizatorio.

b) Prótesis y órtesis

57. El art. 115 de la LRCSCVM se refiere a otro tipo de secuelas que pueden aparecer tras sufrir un accidente de tráfico son aquéllas que implican la pérdida o inhabilitación de una parte del cuerpo como un órgano o una extremidad. Las prótesis y órtesis son los dispositivos que vienen a suplir las carencias que estas secuelas suponen.

c) Rehabilitación domiciliaria y ambulatoria

58. A tenor de lo establecido en el art. 116 de la LRCSCVM, para que el lesionado sea beneficiario de esta partida indemnizatoria, deberá acreditar mediante informe médico la necesidad, periodicidad y cuantía de los costes que genere esta rehabilitación. Además, el derecho a esta indemnización lo tienen únicamente aquellos lesionados que hayan estado en coma vigil o en estado vegetativo crónico o padezcan secuelas neurológicas graves o muy graves o lesiones medulares superiores a 49 puntos.

d) Ayudas técnicas o productos de apoyo para la autonomía personal:

59. Algunas secuelas suponen una pérdida de autonomía personal grave o muy grave. En estos casos, el lesionado va a necesitar cierta ayuda para poder desarrollar su vida y desenvolverse con normalidad. Deberá acreditarse mediando el pertinente informe médico la necesidad de usarlo, la periodicidad con la que debe ser renovado y la cuantía a la que asciende su adquisición para incluir esta partida indemnizatoria (art. 117 de la LRCSCVM).

e) Adecuación de la vivienda

60. Unas secuelas importantes derivadas del accidente de tráfico pueden implicar que el lesionado deba llevar a cabo modificaciones en su vivienda para adaptarla a sus necesidades. Son casos en los que la autonomía personal del lesionado se ve grave o muy gravemente perjudicada. Puede tratarse de modificaciones en escaleras, baños, barandillas, dormitorios u otras estancias, siempre encaminadas a hacer la vivienda más accesible. O bien puede abarcar el coste del cambio a otra vivienda, si no hubiese posibilidad de adaptar la actual (art. 118 de la LRCSCVM).

f) Incremento de los costes de movilidad

61. Hay secuelas que generan necesidades especiales a la hora de desplazarse. Pueden traducirse en vehículos especialmente adaptados, mayores dificultades para utilizar el transporte público, y cualesquiera similares que aumentan los costes de movilidad y desplazamiento del lesionado (art. 119 de la LRCSCVM).

g) Ayuda de tercera persona

62. Son todas las asistencias no sanitarias que el lesionado vaya a necesitar en un futuro e impliquen la intervención de una tercera persona. La ayuda de un tercero se necesita cuando se pierde cierta autonomía personal y el perjudicado está impedido para realizar actividades ordinarias (art. 120 a 125 de la LRCSCVM). Esta asistencia, sea o no retribuida, provenga de un familiar o de un empleado, se indemniza bajo este concepto. Ahora bien, para optar a esta partida, son necesarias lesiones de importancia.

B) Lucro cesante

63. Establece el art. 126 de la LRCSCVM que

> *"en los supuestos de secuelas el lucro cesante consiste en la pérdida de capacidad de ganancia por trabajo personal y, en particular, en el perjuicio que sufre el lesionado por la pérdida o disminución neta de ingresos provenientes de su trabajo".*

Se considera tanto la pérdida de la capacidad de ganancia ocasionada por la incapacidad permanente total y absoluta como la merma provocada por la incapacidad permanente parcial. Su cálculo se realiza conforme a las **Tablas 2.C**, siendo la indemnización la suma que figura en la intersección de la fila del tramo de ingresos netos del lesionado al tiempo del siniestro y la columna de edad cumplida en ese momento.

64. El art. 127.1 de la LRCSCVM establece que:

> *"Para calcular el lucro cesante del lesionado se multiplican sus ingresos netos o una estimación del valor de su dedicación a las tareas del hogar o de su capacidad de obtener ganancias, como multiplicando, por el coeficiente actuarial que, como multiplicador, corresponda según las reglas que se establecen en los artículos siguientes".*

En orden a la determinación de los ingresos se aplican las siguientes reglas (Palomo): a) se toman en consideración los ingresos netos, una vez deducidas las cantidades retenidas por el empleador a cuenta del IRPF (art. 127.1 LRCSCVM) y las cotizaciones a la seguridad social correspondientes al trabajador; b) se computan los ingresos netos percibidos en el año anterior al accidente, salvo que el promedio de los obtenidos en los 3 años anteriores sea superior, supuesto en que éste es el valor que se ha de tener en cuenta (art. 128.2 LRCSCVM); c) Si en algún período comprendido en los 3 años anteriores al accidente, la víctima ha estado en situación de desempleo las prestaciones percibidas se computan como ingresos y de no haberlas devengado durante todo o parte de ese lapso temporal, se contabiliza un SMI anual o la parte proporcional que corresponda (en este caso sin retenciones). En todo caso, el ingreso mínimo que siempre se tendrá en cuenta será un SMI anual (art. 128.3 LRCSCVM).

65. A su vez, el art. 132.4 de la LRCSCVM dispone que el multiplicador es el coeficiente que para cada lesionado resulta de combinar entre otros factores:

> *"Las pensiones públicas a las que tenga derecho el lesionado, tales como las de incapacidad permanente, absoluta, total o parcial, son objeto de estimación, pero puede acreditarse la percepción de pensiones distintas a las estimadas. En los supuestos de gran invalidez sólo se computará en el multiplicador la parte correspondiente a la pensión de incapacidad permanente absoluta".*

De lo que se trata, por tanto, al calcular el lucro cesante del lesionado por un accidente de circulación, es de restar lo que ha percibido por el mismo concepto de la Seguridad Social, por pensiones públicas, para que no se duplique la indemnización que cobrará por este concepto. Como ha señalado Badillo (2018: 139), "para los accidentes de tráfico ocurridos a partir del 1 de enero de 2016, ya no será necesario descontar lo percibido por la Seguridad Social, porque el propio sistema ya contempla dichos descuentos al calcular el lucro cesante. Por la misma razón, si se aplica el baremo de tráfico, en sus propios términos, con carácter orientativo en la jurisdicción social, para valorar el daño atribuible a la responsabilidad civil del empresario, tampoco habrá que descontar nada, porque ya está previsto en las Tablas del sistema".

IV. Criterios de cálculo de las indemnizaciones a través del Baremo: Cálculo de la indemnización por lesiones temporales

1. Concepto de "lesión temporal"

66. De acuerdo con lo establecido en el art. 134.1 de la LRCSCVM: "Son lesiones temporales las que sufre el lesionado desde el momento del accidente hasta el final de su proceso curativo o hasta la estabilización de la lesión y su conversión en secuela".

La indemnización por lesiones temporales es compatible con las que procedan por secuelas o, en su caso, por muerte y se cuantifica conforme a las disposiciones y reglas que se establecen en este Capítulo y que se reflejan en los distintos apartados de la tabla 3 que figura como Anexo (art. 134.2 de la LRCSCVM)

La **Tabla 3** contiene tres apartados: a) La **Tabla 3.A** establece la cuantía del perjuicio personal básico de acuerdo con los criterios y reglas de este sistema. b) La tabla 3.B establece la cuantía de los perjuicios personales particulares de acuerdo con los criterios y reglas de este sistema. c) La tabla 3.C establece la cuantía de los perjuicios patrimoniales, distinguiendo las categorías del daño emergente y del lucro cesante, de acuerdo con los criterios y reglas de este sistema.

2. *Valoración de los perjuicios personales*

A) Concepto

67. Merecen esa consideración los perjuicios sufridos por la víctima, tanto en el plano psico-físico y estético como en el moral, incluida la pérdida de calidad de vida, de resultas de las lesiones temporales ocasionadas por el accidente y de los tratamientos seguidos para su curación.

Su resarcimiento se articula en base a dos niveles consecutivos de individualización del daño. El rasgo esencial que los diferencia radica en que el escalón inferior —perjuicio personal básico— corresponde a la situación de mera alteración de la salud que se produce desde la ocurrencia del accidente hasta el final del proceso curativo y procura la misma reparación a todos los afectados con independencia del tipo de lesiones sufridas y de las terapias aplicadas, mientras que al escalón superior —perjuicio personal particular— sólo se accede de generarse alguno de los quebrantos específicos que el baremo contempla, esto es, los derivados de la pérdida temporal de la calidad de vida y del sometimiento a intervenciones quirúrgicas.

Ambos niveles pueden concurrir en el período resarcible, como es habitual en la práctica, dando lugar a indemnizaciones separadas.

Tanto el perjuicio básico como el particular, se valoran en su gran mayoría en función de los días de afección. Esto quiere decir que se calculan atendiendo al cómputo de días que, a raíz del accidente, ha venido sufriendo el perjudicado de alguna manera las consecuencias del mismo.

No procede compensación alguna entre las indemnizaciones por perjuicio personal básico y perjuicios personales particulares por pérdida temporal de la calidad de vida y por intervenciones quirúrgicas, que resarcen exclusivamente daños psico-físicos y morales y las prestaciones de la Seguridad Social por incapacidad temporal y las mejoras vo-

> luntarias a cargo del empresario, dado que estas últimas partidas resarcen exclusivamente la pérdida de ingresos que experimenta el trabajador durante el período de suspensión del contrato, esto es, el lucro cesante, mientras que aquellas atienden a la reparación de los perjuicios morales, por lo que no concurre la homogeneidad de conceptos indemnizables que justifica la detracción de las cantidades percibidas por el mismo rubro al objeto de evitar el enriquecimiento injusto (Palomo, 2016).

La cuantía indemnizatoria se fija por día y dependerá de la gravedad de las lesiones y las consecuencias que impliquen las lesiones en el día a día del lesionado, pudiendo distinguir entre:

B) Perjuicio personal básico

68. Se corresponde con el perjuicio común y ordinario que sufre cualquier persona víctima de un accidente como consecuencia de la pérdida temporal de la salud, haciendo abstracción de su eventual impacto en la realización de las actividades esenciales de la vida ordinaria y de desarrollo personal y de los tratamientos aplicados para la curación de las lesiones: "El perjuicio personal básico por lesión temporal es el perjuicio común que se padece desde la fecha del accidente hasta el final del proceso curativo o hasta la estabilización de la lesión y su conversión en secuela" (art. 136.1 de la LRCSCVM). En esta categoría entran todos los días que pasen entre el del accidente y aquel en que finalice el tratamiento curativo.

Su valoración económica se determina mediante la cantidad diaria establecida en la tabla 3.A. En 2024 la cuantía está fijada en 37,06 euros por día. Estas sumas son objeto de actualización anual. Tiene un carácter residual en el sentido de que se califican como días de perjuicio personal básico aquellos que no pueden conceptuarse como días de perjuicio personal particular por pérdida de la calidad de vida en ninguno de sus grados

C) Perjuicio personal particular

69. Engloba intervenciones quirúrgicas y días en los que se produce una pérdida de calidad de vida.

a) Perjuicio por intervención quirúrgica

70. El perjuicio por intervención quirúrgica se indemniza de forma independiente y cada operación a la que se someta el perjudicado, podrá indemnizarse según la relevancia y gravedad de la misma por sumas que ascienden entre los 476,10 a los 1.904,40€. Para ponderarse la importancia de las intervenciones quirúrgicas a fin de determinar la indemnización, se toman en cuenta numerosos factores como el grupo quirúrgico de la intervención o el tipo de anestesia aplicada (art. 140 de la LRCSCVM).

b) Perjuicio particular por pérdida temporal de calidad de vida

71. De acuerdo con lo establecido en los arts. 138 y 139 de la LRCSCVM, a pérdida de calidad de vida se mide en función del grado de limitación funcional que supongan esas lesiones, por lo que podremos distinguir diferentes perjuicios particulares según sea la gravedad de las lesiones y la afección que impliquen sobre sus actividades esenciales de la vida ordinaria o desarrollo personal.

Las actividades esenciales de la vida ordinaria. Conforme dispone el art. 50 de la LRCSCVM se entiende por tales comer, beber, asearse, vestirse, sentarse, levantarse, y acostarse, controlar los esfínteres, realizar tareas domésticas, manejar dispositivos, tomar decisiones y efectuar otras actividades análogas relativas a la autosuficiencia física, intelectual, sensorial u orgánica

Las actividades específicas de desarrollo personal, que según establece el art. 53 de la LRCSCVM son aquellas que tienen por objeto la realización de la persona como individuo o como miembro de una sociedad, considerándose como tales el disfrute o placer, la vida de relación, la actividad sexual, el ocio, la práctica de deportes, el desarrollo de una formación y el desempeño de una profesión o trabajo.

Las actividades de desarrollo personal: "A efectos de esta Ley se entiende por actividades de desarrollo personal aquellas actividades, tales como las relativas al disfrute o placer, a la vida de relación, a la actividad sexual, al ocio y la práctica de deportes, al desarrollo de una formación y al desempeño de una profesión o trabajo, que tienen por objeto la realización de la persona como individuo y como miembro de la sociedad" (art. 54 de la LRCSCVM).

Debe subrayarse el *carácter abierto del listado de actividade*s contenido en los arts. 50 y 53 de la LRCSCVM. Así se deduce de la expresión "tales como" que incorporan ambos preceptos (Palomo, 2023)

No tiene establecida ninguna cuantía fija, sino que varía por grado. El art. 138 de la LRCSCVM distingue tres grados de perjuicio particular por pérdida de calidad de vida: muy grave, grave y moderado, que según dispone el apartado 6 de ese mismo precepto se presentan como excluyentes entre sí y se aplican de modo sucesivo, asignándose un único grado a cada día. La calificación de esa clase de perjuicio en sus distintos grados se determina en función de la naturaleza, número y relevancia de las actividades cuya ejecución resulte imposibilitada o restringida a causa de las lesiones temporales y de su tratamiento.

c) Días de perjuicio personal particular en grado moderado

72. Se computan como días de perjuicio particular moderado aquellos en que las lesiones impiden temporalmente al afectado la realización de una parte relevante de sus actividades específicas de desarrollo personal (art. 138.4 de la LRCSCVM). En 2024, la indemnización se corresponde con 64,25 euros por día.

d) Días de perjuicio grave

73. Son días de perjuicio grave aquellos en los que el lesionado pierde temporalmente su autonomía personal para realizar una parte relevante de las actividades esenciales de la vida ordinaria o la mayor parte de las actividades específicas de desarrollo personal (art. 138.3 de la LRCSCVM). Como ejemplo, podríamos mencionar los días de hospitalización. Se indemniza a razón de 92,66 euros por día.

e) Días de perjuicio muy grave:

74. Son días de perjuicio muy grave aquellos en los que el lesionado pierde temporalmente su autonomía personal para realizar la casi totalidad de las actividades esenciales que integran la vida cotidiana de las personas (art. 138.2 de la LRCSCVM). Por ejemplo, supondrá siempre un perjuicio muy grave el ingreso en unidades de cuidados intensivos. El perjuicio muy grave se indemniza por cuantía de 123,55 euros por día en 2024.

3. Valoración de los perjuicios patrimoniales

75. Hasta la finalización del tratamiento y la estabilización de las lesiones, además de los diferentes tipos de perjuicios morales, aparecen otros perjuicios que son de carácter económico y también son indemnizables. En el perjuicio patrimonial, cabe distinguir dos tipos de daño económico:

A) Daño emergente

76. Se refiere a todos los gastos, indistintamente de su naturaleza o cuantía, que se derivan de las lesiones temporales y que suponen un coste para los lesionados. Los gastos resarcibles consecuencia de las lesiones producidas pueden ser muy diversos, si bien, de manera recurrente se generan los siguientes:

a) Gastos de asistencia sanitaria

77. "Se resarcen los gastos de asistencia sanitaria y el importe de las prótesis, órtesis, ayudas técnicas y productos de apoyo para la autonomía personal que por prescripción facultativa necesite el lesionado hasta el final del proceso curativo o estabilización de la lesión y su conversión en secuela, siempre que se justifiquen debidamente y sean médicamente razonables en atención a la lesión sufrida y a sus circunstancias" (art. 141.1 de la LRCSCVM). Se asimilan a los gastos de asistencia los relativos a los desplazamientos que el lesionado realice con ocasión de la asistencia sanitaria de sus lesiones temporales (art. 141.3 de la LRCSCVM).

b) Otros gastos diversos resarcibles, siempre que estén debidamente acreditados

78. También se resarcen los gastos que la lesión produce en el desarrollo de la vida ordinaria del lesionado hasta el final del proceso curativo o estabilización de la lesión y su conversión en secuela, siempre que se justifiquen y sean razonables en atención a sus circunstancias personales y familiares (art. 142.1 de la LRCSCVM). A tenor del art. 141.2 de la LRCSCVM, "en particular, siempre que se cumplan los requisitos del apartado anterior, se resarcen los incrementos de los costes de movilidad del lesionado, los desplazamientos de familiares para atenderle cuando su condición médica o situación personal lo requiera y, en general, los necesarios para que queden atendidos él o los familiares menores o especialmente vulnerables de los que se ocupaba".

B) Lucro cesante

79. El concepto de lucro cesante lo facilita el art. 143.1 de LRCSCVM que entiende que consiste "en la pérdida o disminución temporal de ingresos netos provenientes del trabajo personal del lesionado o, en caso de su dedicación exclusiva a las tareas del hogar, en una estimación del valor de dicha dedicación cuando no pueda desempeñarlas. La indemnización por pérdida o disminución de dedicación a las tareas del hogar es incompatible con el resarcimiento de los gastos generados por la sustitución de tales tareas". De modo que "la pérdida de ingresos netos variables se acreditará mediante la referencia a los percibidos en períodos análogos del año anterior al accidente o a la media de los obtenidos en los tres años inmediatamente anteriores al mismo, si ésta fuera superior".

El proceso a seguir para determinar si la víctima de un accidente de trabajo tiene derecho a una indemnización por lucro cesante, así como para fijar su importe exige dar tres pasos sucesivos con el objeto de calcular exactamente el montante de la pérdida de ingresos netos sufrida (Palomo): (i). Cálculo de los ingresos; (ii) detraer el importe de la prestación de incapacidad temporal. Así resulta de lo preceptuado en el art. 143 de la LRCSCVM en tanto ordena descontar el importe de las prestaciones de carácter público que haya percibido el lesionado por el mismo concepto durante el período de curación. (iii) deducir el importe líquido de la eventual mejora a cargo del empresario con el fin de fijar exactamente la pérdida de ingresos netos sufrida

V. Descuento de conceptos indemnizatorios

1. El descuento actuarial de las prestaciones de la Seguridad Social

80. La doctrina jurisprudencial había establecido el descuento de las prestaciones de la Seguridad Social del valor total del daño a efectos de determinar el importe de la indemnización civil adicional. Aunque no se razonó expresamente este extremo, el descuento se realizaba de forma global. Esa forma de practicar la deducción no era correcta y provocaba en muchos casos un perjuicio notable a las víctimas, porque los criterios de valoración de los perjuicios económicos en el baremo establecen una reparación bastante limitada, mientras que en la valoración del daño del baremo entran elementos que no se tienen en cuenta en las prestaciones económicas de la Seguridad Social.

La combinación de estas limitaciones podría determinar, al final, una indemnización cero o incluso un valor negativo, si las prestaciones de la Seguridad Social resultan superiores al valor total del daño determinado según el baremo. En términos de la sentencia de la STS (Social) de 17 de julio de 2007 (R° 4367/2005), la técnica del descuento global podría llevar a:

> "resultados contrarios al pretendido, pues si se persigue evitar que la reparación de un daño no sea fuente de un enriquecimiento injustificado, también se debe buscar que la aplicación de la compensación no conlleve un enriquecimiento de quien causó el daño, al pagar menos, ni el enriquecimiento de la aseguradora con quien contrató el aseguramiento del daño causado su responsable, cual ocurriría, por ejemplo, en el caso de autos

si se accediese a las pretensiones de la aseguradora recurrente, ya que, de accederse a los descuentos por ella propugnados se llegaría al absurdo de que el perjudicado, al descontársele las prestaciones de la Seguridad social cobradas, no percibiría cantidad alguna, ni siquiera la mejora que establece el Convenio Colectivo".

Razona la STS (Social) de 17 de julio de 2007 (Rº 4367/2005) que, si el daño tiene distintos componentes las lesiones físicas, las psíquicas, los daños morales en toda su extensión, el daño económico emergente y lucro cesante y todos ellos deben ser indemnizados, la compensación entre las diversas vías de reparación "debe hacerse entre conceptos homogéneos para una justa y equitativa reparación del daño real". Por ello, no cabrá compensar la cuantía indemnizatoria que se haya reconocido por lucro cesante o daño emergente en una vía de reparación con lo reconocido en otra por conceptos diferentes, por ejemplo, por daño moral. El descuento será más complejo cuando el valor total del daño se haya fijado atendiendo al baremo de accidentes de circulación. Pero la dificultad se supera si se atiende a la naturaleza de los daños objeto de valoración en los distinto epígrafes del baremo y se práctica la deducción de las prestaciones de la Seguridad Social sólo con respecto a aquellos conceptos que cubren el mismo daño y tienen la misma función reparadora. Si las prestaciones de la Seguridad Social se consideran como reparaciones por lucro cesante, en la medida en que «resarcen por la pérdida de ingresos que genera la disminución de la capacidad de ganancia, temporal o permanente», la compensación sólo puede establecerse con «las indemnizaciones reconocidas» en el baremo para los perjuicios económicos.

81. En la actualidad y en relación con el cálculo de la indemnización por secuelas, el art. 132.4 de la LRCSCVM dispone que el multiplicador es el coeficiente que para cada lesionado resulta de combinar entre otros factores: *"Las pensiones públicas a las que tenga derecho el lesionado, tales como las de incapacidad permanente, absoluta, total o parcial, son objeto de estimación, pero puede acreditarse la percepción de pensiones distintas a las estimadas. En los supuestos de gran invalidez sólo se computará en el multiplicador la parte correspondiente a la pensión de incapacidad permanente absoluta"*.

En lo que respecta a la indemnización especial a tanto alzado a la que se refieren el art. 227 LGSS y los arts. 28 y 29 de la Orden Ministerial de 13 de febrero de 1967, que el sistema de la Seguridad Social abona a determinados beneficiarios (cónyuge viudo o miembro supérstite de pareja de hecho y huérfanos, así como en determinados supuestos a los padres), en el caso de muerte por accidente de trabajo o enfermedad profesional, si se acepta que la indemnización reconocida por la Seguridad Social atiende al lucro cesante, se plantea la duda de si debe detraerse, teniendo en cuenta que el baremo hace referencia específica a las pensiones y no a las prestaciones en general (Palomo, 2024).

De lo que se trata, por tanto, al calcular el lucro cesante del lesionado por un accidente de circulación, es de restar lo que ha percibido por el mismo concepto de la Seguridad Social, por pensiones públicas, para que no se duplique la indemnización que cobrará por este concepto. Como ha señalado Badillo (2018: 139), "para los accidentes de tráfico ocurridos a partir del 1 de enero de 2016, ya no será necesario descontar lo percibido por la Seguridad Social, porque el propio sistema ya contempla dichos descuentos al calcular el lucro cesante. Por la misma razón, si se aplica el baremo de tráfico, en sus propios términos, con carácter orientativo en la jurisdicción social, para valorar el daño atribuible a la responsabilidad civil del empresario, tampoco habrá que descontar nada, porque ya está previsto en las Tablas del sistema".

Las tablas del sistema, sustentadas por unas bases técnicas actuariales, están calculadas sobre la base del régimen general de la Seguridad Social, en el que, hasta un tope, se cotiza en función de los ingresos que se obtienen. Por ello, si un lesionado no está en el régimen general de la Seguridad Social, es posible que la pensión que se obtenga de las tabas no sea la que realmente tiene. En estos casos, deberá calcularse el verdadero lucro cesante. De ahí, que el artículo 132.4 de la LRCSCVM establece: "Las pensiones públicas a las que tenga derecho el lesionado, tales como las de incapacidad permanente, absoluta, total o parcial, son objeto de estimación, pero puede acreditarse la percepción de pensiones distintas a las estimadas...". Pero, del mismo modo, si el resultado del cálculo del lucro cesante según el baremo es superior al recibido por las prestaciones del sistema de Seguridad Social esa diferencia deberá ser resarcida. Conforme a lo dispuesto en la STS (Social) de 10 de enero de 2019 (Rº 3146/2016),

> (...) el lucro cesante es un concepto más amplio de lo que sostiene la sentencia recurrida que lo hace coincidir con la diferencia de ingresos entre lo que el trabajador habría cobrado de seguir en activo y lo que cobró por pensión de incapacidad permanente hasta el momento en el que pudo jubilarse a los 55 años y tres meses. Ese cálculo se hace olvidando que la jubilación no es obligatoria, que el incapaz permanente puede ejercer profesiones compatibles con su estado y que, incluso, al jubilado se le permite trabajar, todo lo que supone que el perjudicado puede obtener otros aparte de las prestaciones de la seguridad social y que de no haber sufrido el accidente sería muy posible que los hubiese obtenido. Que el daño patrimonial en su manifestación de lucro cesante no se compensa sólo con las prestaciones de la seguridad social lo corrobora, además de lo expuesto, que el nuevo Sistema de Valoración de Daños y Perjuicios, aprobado por la Ley 35/2015, de 22 de diciembre, dedica especial atención al lucro cesante a reconocer en casos de muerte (arts. 80 y siguientes) y de lesiones con secuelas (arts. 126 y siguientes), siendo de señalar que el art. 132 nos enseña que las prestaciones por incapacidad permanente, incluso si se trata de la absoluta, no excluyen el reconocimiento de una cantidad indemnizatoria que compense por el lucro cesante, pago que en esta jurisdicción se calculará con arreglo a esas reglas, salvo que se prueba por otro medio, como un cálculo actuarial,

> un lucro cesante superior, así como que esos ingresos se tendrán razonablemente durante más tiempo, cual, incluso admite la Guía de Buenas Prácticas para la aplicación del nuevo Baremo que se publica por el Ministerio de Justicia, al amparo del art. 130 de la Ley 39/2015, de 1 de octubre (...)

2. *El descuento limitado al lucro cesante de las mejoras voluntarias*

82. El problema que se plantea en la práctica es si estas cantidades, normalmente pactadas por convenio y aseguradas mediante un seguro de accidentes, son compensables con las indemnizaciones que pudiera recibir el trabajador en los supuestos en los que hubiera responsabilidad civil del empresario.

Es doctrina constante de la Sala de lo Social del Tribunal Supremo, sirvan como ejemplo las STS (Social) de 13 de octubre de 2014 (Rº 2843/2013) y 7 de febrero de 2016 (Rº 1680/2016), que solo cabe el descuento de la mejora voluntaria cuando la misma se impute al lucro cesante. Así lo ha subrayado la STS (Social) de 10 de enero de 2019 (Rº 3146/2016), que sostiene que lo cobrado de la póliza de seguro contratada por la empresa para asegurar la contingencia de incapacidad permanente total por imposición del convenio colectivo no puede compensarse con el importe global de la indemnización sino solamente con la parte de la misma imputable al lucro cesante.

Según esta interpretación, debemos entender que no solo lo percibido por la Seguridad Social se puede descontar del lucro cesante derivado del daño de responsabilidad civil del empresario, sino también las prestaciones satisfechas por el seguro de convenio, porque estas indemnizaciones tienen también naturaleza de lucro cesante (Badillo, 2019: 112).

Pero no siempre ocurre así. En la STS (Social) de 26 de octubre de 2021 (Rº 3956/2018), la cuestión relativa a si del importe de la indemnización por daños y perjuicios que corresponde por accidente de trabajo, calculada conforme al Baremo para accidentes de circulación, debe descontarse lo abonado en virtud de un Acuerdo colectivo en concepto de indemnización por invalidez. La sentencia concluye que "no es posible descontar de la indemnización que reconoce la sentencia recurrida la cantidad de 75.000 euros que percibió el trabajador de la empresa, como mejora voluntaria de la Seguridad Social, por la incapacidad, en atención al mandato del Convenio colectivo y que se articulaba por medio de un seguro colectivo". Y añade:

> "En efecto, no consta en momento alguno que alguno de los conceptos reclamados por el demandante obedezca a un lucro cesante ni sobre tal extremo la sentencia recurri-

da haya valorado nada al respecto. Simplemente, cita el art. 24 del Acuerdo laboral antes recogido del que no se puede obtener que lo allí regulado obedezca a los conceptos que reclama en demanda el actor. El art. 24, relativo a los Seguros, en relación con el de invalidez, refiere que todo el personal municipal estará asegurado en caso de invalidez por cualquier causa, junto a ello, también contempla un seguro por enfermedad profesional o accidente para, seguidamente, especificar como se complementan unas y otras. Finalmente, se refiere a un seguro de responsabilidad civil en la que pudiera incurrir su personal. Ante estos términos, no es posible entender que pueda descontarse del total de la indemnización por daños y perjuicios lo que se ha percibido con base en dicho Acuerdo".

3. El carácter no descontable del recargo

83. Inicialmente, la Sala cuarta del Tribunal Supremo que, en diversos pronunciamientos incluyó el recargo entre las fórmulas reparadoras o indemnizatorias del daño constituido por el accidente de trabajo, afirmando que todas ellas son útiles para atender a la reparación del daño. Así, la STS (Social) de 10 de diciembre de 1998 (RJ 10501) señaló que tanto las prestaciones de la Seguridad Social, como los incrementos o recargos de las mismas por incumplimiento de las medidas de seguridad e higiene, como, en su caso, la responsabilidad civil añadida a las anteriores constituye mecanismos de indemnización de los daños producidos, resultando todas ellas formas de resolver una única pretensión indemnizatoria y debiendo, por tanto, ser todas ellas valoradas conjuntamente. También la STS (Social) de 2 de febrero de 1998 (RJ 3250) que, tras declarar la responsabilidad civil del empresario, señala que el importe de la indemnización ha de hacerse teniendo en cuenta diversos criterios tales como la naturaleza de los hechos, el grado de culpabilidad, la dependencia económica o las sumas ya percibidas, incluyendo expresamente entre estas últimas las cantidades recibidas en concepto de pensión, de recargo o de mejoras voluntarias pactadas.

84. La STS (Social) de 2 de octubre de 2000 (Rº 2393/1999), cambió de rumbo, declarando que

> "la esencial regla de independencia y compatibilidad ex art. 123 de la Ley General de la Seguridad Social cabe entenderla reflejada y refrendada en el ulterior art. 42.3 de la Ley 31/1995, de 8 de octubre, de Prevención de Riesgos Laborales, cuando dispone que las sanciones administrativas que se deriven del procedimiento sancionador serán compatibles con las indemnizaciones por los daños y perjuicios causados y de recargo de prestaciones económicas del Sistema de la Seguridad Social que puedan ser fijadas por el órgano competente de conformidad con lo previsto en la normativa reguladora de dicho sistema...".

La Sala utiliza dos argumentos adicionales para excluir la compensación del recargo con la indemnización por daños y perjuicios atendiendo a la naturaleza jurídica del recargo "de consistir el recargo ahora analizado en una mera indemnización y siendo ésta, en su caso, a cargo exclusivo de la empresa y a favor del accidentado o de sus beneficiarios, carecería de fundamento legal la actual intervención inicial de la Entidad Gestora en vía administrativa resolviendo sobre la procedencia y porcentaje del incremento (art. 1. 1.e del Real Decreto 1300/1995, de 21 de julio); pues en tal caso, despojado el recargo de aspecto público y sancionador, se estaría ante un simple litigio entre particulares del que sólo podrían conocer directamente los órganos jurisdiccionales".

El otro argumento adicional, en la STS 2 de octubre de 2000, para sustentar su tesis es el planteamiento de hipótesis en las que la compensación del recargo conduce al absurdo: "de adaptarse la tesis contraria a la que ahora se sustenta, resultaría que de haberse fijado en un primer procedimiento una indemnización de daños y perjuicios derivados de un accidente de trabajo podría invocarse en el ulterior expediente administrativo de determinación de existencia de infracción de medidas de seguridad e imposición de recargo sobre las prestaciones, así como en el posterior procedimiento impugnatorio, que los daños causados ya estaban plenamente compensados con aquélla indemnización lo que impediría entrar a conocer de la cuestión de la procedencia o improcedencia del recargo..."

85. La solución resulta, con todo, claramente insatisfactoria. Como con justa precisión y lucidez se ha señalado, el recargo puede funcionar como una indemnización resarcitoria y en este caso debe computarse para fijar el importe total de la reparación del daño junto a los restantes mecanismos de cobertura de éste (prestaciones de la Seguridad Social y responsabilidad civil del empresario) pero, en determinadas ocasiones, puede también actuar como una indemnización punitiva cuando su aplicación lleva a una indemnización total superior al daño reparado (Desdentado, 2009: 89).

Capítulo 20

LA RESPONSABILIDAD DE TERCEROS EN EL ACCIDENTE DE TRABAJO

Bibliografía: AGUILERA IZQUIERDO, R. *Alcance de las responsabilidades laborales en caso de contratas y subcontratas: las obligaciones salariales y las obligaciones en materia de prevención de riesgos laborales,* Trabajo y empresa. *Trabajo Y Empresa. Revista De Derecho Del Trabajo,* 2022, I, pp. 65-95. ALFONSO MELLADO, C. A. *La responsabilidad de terceros por accidente de trajo,* en Agustí Juliá, J. (Dir.), *La imputación de responsabilidades en las relaciones laborales,* Albacete, Bomarzo, 2008, pp. 123-172. ARAMENDI SÁNCHEZ, P., *Los límites competenciales de la jurisdicción social en materia de prevención de riesgos laborales,* en Aramendi Sánchez, P., (Dir.)., *Ley de Prevención de Riesgos Laborales. Últimas reformas y análisis de la normativa específica en la materia,* Madrid, CGPJ, 2006, pp. 437-475. ARECHEDERRA ARANZADI, L. I., *La equivalencia de las prestaciones en el derecho contractual,* Madrid, Montecorvo, 1978. BLANCO MARTÍN, P., *Tres problemas esenciales que genera la solidaridad impropia,* Revista de Derecho Civil, 2021, vol. VIII, núm. 2 (abril-junio), pp. 271-306. BLASCO DE LUNA, F. J., *Prevención de riesgos laborales y empresas de trabajo temporal: aspectos críticos,* Pamplona, Aranzadi, 2025. CAFFARENA LAPORTA, J., *Comentario al artículo 1137,* en PAZ-ARES, BERCOVITZ, DÍEZ-PICAZO, SALVADOR CODERCH (Dir.)., *Comentario del Código Civil,* MJ, 1991, II, pp. 117-120. CALVO GALLEGO, F. J., *La obligación general de prevención y la responsabilidad civil o contractual,* Pamplona, Aranzadi, 1998. CASAS BAAMONDE, M. E. *Responsabilidad empresarial por accidentes de trabajo en contratas y subcontratas. La responsabilidad civil solidaria como solidaridad impropia.* Revista de Jurisprudencia Laboral, 2021, nº 6. DÍAZ DE LEZCANO, I., *La no presunción de solidaridad de las obligaciones,* Madrid, Marcial Pons, 1997. DÍEZ-PICAZO, L., *Fundamentos de Derecho Civil Patrimonial (II). Las relaciones obligatorias,* Madrid, Civitas, 1993. ESTEVE PARDO, M. A., *Solidaridad impropia de deudores,* Madrid, Marcial Pons, 2014. GONZÁLEZ CALVET, J., *Responsabilidad civil del empresario en accidente in itinere Comentario a la Sentencia del Juzgado de lo Social número 7 de Bilbao 379/2017, de 5 de diciembre,* Revista de Trabajo y Seguridad Social. CEF, 2018, nº 421. IGARTUA MIRÓ, M. T., *Empresa Usuaria, responsabilidad contractual por accidente de trabajo y contrato de seguro.* Aranzadi Social, 2003, nº 10, paraf. 34. JORDANO FRAGA, F., *La responsabilidad del deudor por los auxiliares que utiliza en el cumplimiento,* Madrid, Civitas, 1994. CRUZ VILLALÓN, *Descentralización productiva y sistema de relaciones laborales,* Revista de Trabajo y Seguridad Social, 1994, nº 13, pp. 7-32 FERNÁNDEZ LÓPEZ, M. F., *El empresario como parte del contrato de trabajo. Una aproximación preliminar,* en Fernández López, M. F., (Coord.), *Empresario, contrato de trabajo y cooperación entre empresas,* Madrid, Trotta, 2004, pp. 21-92. Id. *Las responsabilidades empresariales en el ámbito del trabajo en contratas,* en AA.VV., *Descentralización productiva, nuevas formas de trabajo y organización empresarial: XXVIII Congreso de Derecho del Trabajo y de la Seguridad Social,* Santiago de Compostela, 31 de mayo y 1 de junio de 2018, Madrid, Cinca, 2018, pp. 105-120. LÓPEZ CUMBRE, L., CARRASCO PEREA, A., *Solidaridad de la responsabilidad externa derivada de accidente de trabajo, montante del regreso y pactos de indemnidad,* Diario LA LEY, Nº 10642, Enero de 2025. LÓPEZ VILAS, R., *El subcontrato,* Madrid, Tecnos, 1973. MARCOS GONZÁLEZ, J. I. *Externalización y accidentalidad: la solidaridad de la principal por el recargo más allá de su «propia actividad». Comentario a la Sentencia del Tribunal Supremo 842/2018, de 18 de septiembre.* Revista de Trabajo y Seguridad Social. CEF, 2019, nº 432, pp. 152-160.

MARTÍNEZ MOYA, J., *Lesiones dolosas causadas por un trabajador a otro en tiempo y lugar de trabajo ¿Por qué la Sala de lo Penal del Tribunal Supremo absuelve a la empresa como responsable civil subsidiaria ex art. 120.4 del Código Penal?*, Revista de Jurisprudencia Laboral, 2019, nº 8. MENDOZA ALONZO, P. A. *La obligación solidaria impropia*, Madrid: La Ley, 2015. MERCADER UGUINA, J. R, *Coordinación de actividades empresariales y siniestralidad laboral*, en Aramendi Sánchez, P., (Dir.)., *Ley de Prevención de Riesgos Laborales. Últimas reformas y análisis de la normativa específica en la materia*, Madrid, CGPJ, 2006, pp. 339-399. MORENO VIDA, M. N., *Responsabilidades empresariales en caso de pluralidad de empresarios (II). Empresas de Trabajo Temporal*; en Monereo Pérez, J. L. Rivas Vallejo, P. (Dir.) García Valverde, M. D. (coord.): *Tratado de Salud Laboral. Tomo I. Aspectos jurídicos de la Prevención de Riesgos Laborales*, Aranzadi, Pamplona, 2012, pp. 1581-1627. PANTALEÓN PRIETO, F., *Responsabilidad por hecho ajeno*, Enciclopedia Jurídica Básica, 1995, IV, pp. 5955-5958. Id. El sistema de responsabilidad contractual, (Materiales para un debate) YZQUIERDO TOLSADA, M.: *Responsabilidad civil por accidentes de trabajo*, en Reglero Campos, L. F. (coord.): *Tratado de responsabilidad civil*. Thomson-Pamplona, Aranzadi, 2008, Vol. III, pp. 801-871.

I. La intervención de terceros en el hecho dañoso

1. La consideración de tercero

1. El concepto de tercero se proyecta sobre "todos aquellos que, en principio, resulta ajenos a la relación laboral y por tanto son todos aquellos que en una situación concreta no ostenta la condición del empleado sujeto al riesgo y del empleador del mismo" o, por expresarlo de otro modo con la noción de tercero nos referidos a "las personas que de algún modo se ven obligados también a la deuda de seguridad pero no son el empleador del trabajador" (Alfonso Mellado, 2008: 124). En el Derecho Civil cabe entender por tercero con relación a un determinado acto o contrato los que en el mismo no han sido partes. La posición del tercero respecto del contrato es relacional (no esencial), indirecta (refleja), esporádica (no estable), contingente (no propia), jurídicamente relevante a través de la idea de perjuicio (Arrechederra, 1978: 18).

2. Las razones para atribuir responsabilidad a estos terceros derivan en algunos casos de su especial relación con el proceso productivo, bien por la titularidad del lugar en el que se presta la actividad o por el control del proceso productivo en el que se inserta el trabajador, bien por los riesgos que se generan en el espacio común de un centro de trabajo.

Así la STS (Social) de 11 de mayo de 2005 (Rº 2191/2004) señala que "...ha de concluirse que la instalación en donde se produjo el accidente laboral puede equipararse a lo que es un centro de trabajo. A tal conclusión no obsta el que tal instalación esté en el campo y al aire libre, pues se trata del área geográfica de la propia actividad de la empresa, en donde se hallan los materiales (postes, conductores, cables) que son de su propiedad o están a su disposición, mediante los cuales realiza aquélla y cuya conservación y mantenimiento le corresponde". En la misma línea, se considera centro de trabajo a estos efectos un lugar en plena naturaleza en que se trataba de evaluar la introducción de rebecos, en el que la trabajadora, cansada por la larga jornada, tropezó y cayó ladera abajo (STSJ Cantabria 16 julio 2004, AS 2004\2100). El art. 2 del RD 171/2004, de 30 de enero, por el que se desarrolla el art. 24 de la Ley 31/1995, de 8 de noviembre, de Prevención de Riesgos Laborales, en materia de coordinación de actividades empresariales define centro de trabajo como "cualquier área, edificada o no, en la que los trabajadores deban permanecer o la que deban acceder por razón de su trabajo". Se opta, de este modo, por un concepto amplio de centro de trabajo, que entronca con el concepto de "lugar de trabajo" utilizado por el art. 2.1 del RD 486/1997, de 14 de abril sobre disposiciones mínimas de seguridad y salud en lugares de trabajo.

3. En otras ocasiones las razones derivan del objetivo de evitar que la descentralización productiva acabe en una disminución del nivel de garantía de la seguridad y salud laboral, que es en definitiva lo que justifica el cumplimiento de ciertas obligaciones atribuidas al empresario principal en caso de contratas y subcontratas como seguidamente veremos.

4. La coordinación de actividades empresariales pretende ser una vía de solución a los problemas que surgen, en un escenario empresarial cada vez más habitual en los últimos años, en el que se tiende cada vez más a la contratación de obras y servicios. Esta contratación o subcontratación es una forma de descentralizar parte de la actividad productiva de la empresa, a través de diferentes tipos de contratos entre una empresa titular o principal y una empresa contratista. Estadísticamente se puede comprobar que en muchas ocasiones los índices de siniestralidad sufridos o provocados por las empresas contratadas o subcontratadas están muy por encima de los de las empresas para las que trabajan.

"Las causas de estas situaciones suelen ser entre otras: deficiente comunicación en materia de coordinación, inadecuada formación e información sobre los riesgos generales y específicos, imprevistos asociados a la temporalidad en los trabajos, desconocimiento de normas de seguridad internas, falta de control efectivo de las condiciones de trabajo, etc. De ahí la importancia de que las empresas concurrentes en un mismo centro de trabajo se coordinen perfectamente entre ellas para dar cumplimiento a la normativa existente en esta materia" (NTP 918 y NTP 919 del Instituto Nacional de Seguridad y Salud en el Trabajo, y tienen como objetivo orientar y tratar los conceptos básicos en cuanto a Coordinación de Actividades Empresariales se refiere. NTP 1052 y 1053 ("Coordinación de actividades empresariales: criterios de eficiencia (I y II)", año 2015).

2. *Vínculos circunstanciales con terceros: Irresponsabilidad empresarial en el caso de daños sufridos por los trabajadores*

5. En aquellos casos en los que el daño se produce cuando el trabajador está realizando su actividad, pero las condiciones en que ésta se presta no vienen establecidas por su empresario sino por un tercero sin ninguna vinculación legal o contractual, las exigencias de responsabilidad a su empleador decaen.

En los ejemplos que propone Aramendi (2006: 455) se observa con claridad: (i) Un repartidor de pizzas sufre un accidente por falta de medidas de seguridad en la empresa a la que había acudido a realizar el reparto; (ii) Unos trabajadores que mientras prestan servicios para su empresa, les afecta la explosión que se produce en un almacén de la nave colindante del polígono industrial.

En estos casos el accidente se produce cuando el trabajador realizaba su actividad laboral para su empresario pero, "salvo que el deber de vigilancia se extendiera al infinito" (Aramendi, 2006: 455), ninguna responsabilidad se le puede atribuir por cuanto en ninguno de estos supuestos el empresario controlaba las condiciones de trabajo que provocaron el daño, sino que éstas dependían de un tercero que no estaba vinculado con el accidentado por una relación contractual laboral, por lo que la relación entre el agente del daño y la víctima no se vincula con la relación laboral. Una circunstancia que, obviamente, excluye la competencia del orden social para el conocimiento de las controversias resultantes (art. 2 a) LJS).

Un buen ejemplo de la jurisprudencia española que ilustra este criterio es el "caso Peñaranda" [resuelto por la STS (Civil) de 22 de febrero de 1946 (RJ 1946, 253)]. Se trata de un caso seguido ante el Juzgado de Peñaranda de Bracamonte y la Audiencia de Valladolid, en el que unos trabajadores fallecieron por la explosión de un polvorín que se encontraba en las inmediaciones de la empresa donde trabajaban los fallecidos. El motivo del recurso de los demandantes se basa en que la empresa había transgredido la legislación sobre descanso dominical.

El Tribunal Supremo desestima el recurso por no darse relación de causa y efecto entre el motivo de descanso dominical y la explosión del polvorín. Las normas sobre descanso dominical no son suficientes para imputar al empresario, por perseguir el fin de descanso, no de seguridad. Estos obreros no murieron porque el empresario incumpliera el precepto del descanso dominical, sino por la explosión de un polvorín cercano, que además produjo otras víctimas en la misma localidad. La infracción de una norma de cuidado cuya finalidad es prevenir determinados daños no hace imputable a esa infracción otros resultados dañosos. Este criterio explicaría la solución del caso Peñaranda: la prohibición del trabajo dominical era garantizar el descanso de los trabajadores, no prevenir accidentes como el que aquí tuvo lugar.

Y es que "no resulta plausible exigir a un empresario que su deber de vigilancia pueda extenderse a supuestos en los que ni el lugar ni las demás condiciones de prestación del trabajo pueden ser por él controladas porque es a otro, al que le corresponde desde la perspectiva contractual o extracontractual" (Aramendi, 2006: 455).

3. Vínculos relacionales con terceros: Responsabilidad del empresario por sustitución

6. Importantes problemas jurídicos plantean aquellas situaciones en las que concurren una seria de circunstancias que impiden identificar con precisión al deudor del deber de protección del trabajador accidentado. Ello se plantea cuando en el momento de configurar el nexo causal, tanto de la obligación como del incumplimiento, aparece un tercero a quien no se puede imputar la cualidad de empresario del trabajador (Aramendi, 2006: 456). Los supuestos posibles son múltiples.

Un primer grupo de situaciones se integra por aquellos casos en los que se reclama el cumplimiento de deberes de prevención o resarcimiento por su incumplimiento a terceros distintos del empresario (compañeros, de trabajo, autónomos o servicios de prevención). Un segundo grupo recogería todas las imputaciones de responsabilidad a empresarios distintos del propio del trabajador por razón de su participación en el proceso productivo. En todos estos casos, el legislador fija para estos terceros, responsabilidades que sea añaden a las del empresario del trabajador.

A) Los compañeros de trabajo como terceros

7. Ello puede darse cuando el tercero está realizando su actividad de prestación de servicios en el mismo proceso productivo controlado por el empresario. El supuesto paradigmático por su habitualidad es la lesión causada por un compañero de trabajo, al encontrarse ambos en la empresa bajo la dirección organizada del empresario (Luque, 2002: 140). El empresario será el responsable contractual frente al accidentado, aun cuando entre los dos trabajadores no exista vínculo alguno de naturaleza laboral.

Esta interpretación se pone en cuestión en la STS (Penal) de 14 de octubre de 2019 (Rº 10161/2019) que considera inexistente la responsabilidad civil subsidiaria de la empresa en un delito doloso de lesiones cometido por un trabajador, en tiempo y lugar de trabajo, cuya víctima es un compañero de trabajo, al no quedar probado que la agresión tuviera conexión con el trabajo. Límites a la responsabilidad objetiva empresarial: la empresa no puede responder por "todo lo que ocurra en su seno" civilmente si no hay conexión con el trabajo (Nos ocuparemos más ampliamente de este pronunciamiento en Capítulo 11). Como ha apuntado Martínez Moya (2019) probablemente la respuesta hubiera sido diferente si el trabajador, víctima de la grave agresión delictiva, se hubiera reservado las acciones civiles para ejercitarlas en el orden social. Una pista la ofrece la doctrina unificadora contenida en la STS (Social) de 4 de mayo de 2015 (Rº 1281/2014) cuando enfoca la indemnización de daños y perjuicios desde la perspectiva del deber de seguridad y salud que incumbe al empresario en materia de prevención. Al respecto recuerda que es el empresario el que tiene la posición de garante ("empresario garante") del cumplimiento de las normas de prevención (arts. 19.1 del ET y 14 de la LPRL) y que el trabajador tiene también sus obligaciones, pero más matizadas y menos enérgicas: debe observar en su trabajo las medidas legales y reglamentarias de seguridad (art. 19.2 del ET), pero "según sus posibilidades", como dice expresamente el art. 29.1 de la LPRL.

La competencia, en este caso, corresponde al orden social porque, como ha señalado Aramendi (2006: 464), "ambos a su vez estarían vinculados por sus respectivos contratos de trabajo con el empresario, de modo que se trataría de controversias surgidas como consecuencia de contratos de trabajo que a cada uno les vinculen con el empleador".

B) Trabajadores autónomos o trabajadores de otras empresas

8. Igualmente podrían incluirse aquí a otros que concurrieran prestando servicios en la estructura empresarial organizada y dispuesta por el empresario, como sería el caso de un trabajador autónomo o un trabajador perteneciente a empresa distinta. En estos casos, el empresario para llevar a cabo su actividad productiva o para realizar sus tareas preventivas se sirve de otros, desvinculados de la relación contractual con el trabajador sujeto del derecho y cuya protección en relación con estos terceros deriva del art. 1902 del CC.

A los trabajadores autónomos, les resulta de aplicación la LPRL en relación con los derechos y obligaciones que para ellos puedan derivarse, tal y como prevé el art. 3 y concreta el 24.5 de dicha Ley que hace extensible a los mismos los deberes de cooperación y de información e instrucción de sus apartados 1 y 2, en aquellos casos en que el desarrollo de actividades en un mismo lugar de trabajo hace necesaria la coordinación de actividades preventivas, siéndoles imputable responsabilidad. En el mismo sentido se pronuncia el art. 12.1. d) del RD 1627/1997, por el que se establecen disposiciones mínimas de seguridad y de salud en las obras de construcción que expresamente señala como obligación del trabajador autónomo la de "ajustar su actuación en la obra conforme a los deberes de coordinación de actividades empresariales establecidas en el art. 24 de la LPRL". De este modo, si el autónomo incumple las obligaciones de coordinación legalmente previstas y genera un accidente de trabajo que afecte a un empleado de otro de los empresarios de la cadena de contratas, se le pueda exigir responsabilidad por el incumplimiento de sus obligaciones preventivas (Alfonso Mellado, 2008: 159).

C) Servicios de prevención y auxiliares de la prevención

9. Igualmente, cuando el tercero, se trata de servicios de prevención ajenos, trabajadores a los que se asigna esta tarea, personal sanitario que asume la vigilancia de la salud de los trabajadores, etc… sustituyen al empresario como auxiliar suyo el cumplimiento de la acción preventiva que le es propia.

En estos casos cabe la posible reclamación extracontractual de un trabajador dirigida exclusivamente contra un servicio de prevención o contra un sanitario que lleva a cabo, ex art. 22 de la LPRL, labores de vigilancia y control de la salud de la empresa. De este modo, como señalara la STSJ País Vasco de 14 de junio de 2011 (Rº 1083/2011), las mencionadas empresas puedan incurrir en responsabilidad civil (art. 1902 del CC), en concurrencia con el empleador (art. 14.4 de la LPRL), cuando la causa del accidente laboral o de la enfermedad profesional se encuentre en su conducta negligente, pudiendo dar lugar a exigencia de tal responsabilidad por parte de los afectados o de sus causahabientes, y sin perjuicio de que los empresarios puedan ejercitar frente a las mismas las correspondientes acciones de repetición por los daños causados por su incorrecta actuación profesional. En todo caso, estos supuestos al encontrarse desvinculados de las responsabilidades solidarias del empresario encuentran difícil cobertura en el art. 2 de la LJS.

10. No hay constancia, sin embargo, de ninguna resolución del Tribunal Supremo que haya extendido la responsabilidad en el recargo de prestaciones a una entidad que hubiera realizado la actividad preventiva de la empresa donde presta servicios el trabajador accidentado.

La STSJ de Aragón de 9 de septiembre de 2022 (Rº 500/2022), señala que la responsabilidad de los servicios de prevención ajenos a una empresa y contratados por esta incluye tanto el diseño, implantación y aplicación de un plan de prevención de riesgos laborales que permita la integración de la prevención en la empresa como la evaluación de los factores de riesgo que puedan afectar a la seguridad y la salud de los trabajadores. Pero no por ello pasa a participar en el proceso productivo de la empresa que contrata ese servicio ni nace vínculo laboral de clase alguna entre la empresa que presta ese servicio y los trabajadores de la empresa que ha contratado la actividad preventiva. En la materia que nos ocupa, la competencia del orden social solo se extiende al empresario infractor identificado en los términos expuestos, en el cual no tienen cabida las entidades que asumen la planificación de la acción preventiva de otra empresa, como tampoco las empresas fabricantes, instaladoras, mantenedoras o reparadoras de un equipo, las que proporcionan materiales cuyos defectos dan pie a un accidente laboral, ni tampoco los servicios de inspección oficiales que, debiendo hacerlo, no detectan ese defectuoso funcionamiento. De darse alguno de los supuestos que se acaban de mencionar, la empresa donde presta servicios el trabajador accidentado será considerada como el empresario infractor que responde frente a él, sin perjuicio de que esa empresa pueda ejercitar los mecanismos legales de resarcimiento que procedan contra quien contribuyó al nacimiento de su responsabilidad (art. 1901 del CC). En suma, no tienen la misma naturaleza las pretensiones judiciales dirigidas a establecer los sujetos responsables del pago de una prestación de seguridad social, los sujetos responsables de una indemnización por daños y perjuicios derivados de un accidente laboral y el recargo de prestaciones de seguridad social. La distinción es relevante. El recargo de prestaciones tiene una regulación definida de sujetos responsables en la que no entra quien hace la evaluación de riesgos preventivos. Si no lo entendiéramos así, resultaría que, de la misma manera que se pudiera pretender la responsabilidad de la empresa que asumió externamente la actividad preventiva, así también podría pretenderse la responsabilidad en el recargo de prestaciones de los trabajadores que, constituyendo el equipo de prevención interno de la empresa, hubieran actuado negligentemente.

Por tanto, el sujeto responsable en el pago del recargo de prestaciones de seguridad social ha de ser un empresario que participe directamente en el proceso productivo y de ahí que la jurisprudencia solo extienda esa responsabilidad entre el empresario directo o propio del trabajador accidentado, el contratista o subcontratista del empresario principal y el sucesor de alguno de los anteriores, pero no más allá.

4. *Responsabilidades de origen legal basada en la coparticipación de un tercero en el ejercicio de una actividad empresarial*

11. En todos estos casos, el legislador fija para estos terceros, responsabilidades que se añaden legalmente a las de empresario del trabajador. La razón es que todos ellos intervienen, en diferente medida, en la disposición de las condiciones de trabajo conforme a las que se desarrolla la prestación de servicios.

A) Responsabilidad legal

12. El art. 24 de la LPRL define una escala de interacción diversa entre las empresas que realizan actividades coincidentes en un mismo centro de trabajo, asignando en cada nivel una serie de obligaciones también de variable intensidad. El RD 171/2004, de 30 de enero, delimita los conceptos esenciales que articulan las reglas del art. 24 de la LPRL, y establece los deberes a cargo de las diferentes empresas afectadas en los distintos procesos de concurrencia empresarial, fijando, a su vez, los medios de coordinación entre ellas. No obstante, las disposiciones de este reglamento tienen un carácter de derecho necesario mínimo indisponible, por lo que podrán ser desarrolladas y mejoradas en los convenios colectivos, de acuerdo con la DA 2ª del RD 171/2004, así como el art. 2.2 de la LPRL.

13. Siguiendo este esquema normativo clásico establecido en el art. 42 del ET, el art. 24 de la LPRL ha establecido dos niveles de protección del trabajador de la empresa contratista. Un nivel fuerte, en el que, concurriendo el binomio "propia actividad y centro de trabajo", el empresario principal será responsable directo, solidario y contractual de la responsabilidad civil que se pueda derivar del incumplimiento de la normativa prevencionista en su lugar de trabajo y durante la vigencia de la contrata (art. 24.3 de la LPRL). Y un nivel débil, en el que, concurriendo sólo el parámetro de "centro de trabajo", el empresario principal será responsable directo, solidario y contractual por los daños producidos a trabajadores de la empresa contratista que se vinculen exclusivamente al incumplimiento del deber de cooperar con dichas empresas contratistas (art. 24.1 de LPRL); y al deber de informarles con relación a los riesgos existentes en el centro de trabajo, las medidas de protección y prevención correspondientes, así como sobre las medidas de emergencia a aplicar (art. 24.2 de la LPRL).

14. En el sector de la construcción debe tenerse en cuenta, además, lo establecido en el RD. 1627/1997, de 24 de octubre, por el que se establecen disposiciones mínimas de seguridad y de salud en las obras de construcción, en materia de coordinación, así como en la Ley 32/2006, de 18 de octubre, reguladora de la subcontratación en el Sector de la Construcción y el RD. 1109/2007, de 24 de agosto, por el que se desarrolló dicha Ley y que introdujeron aspectos novedosos que afectan directamente a la relación entre las empresas que constituyen la cadena de subcontratación en las obras de construcción.

15. En el caso de las relaciones entre empresas de trabajo temporal y empresas usuarias, los aspectos vinculados a la coordinación, como las obligaciones sobre el intercambio de información de los riesgos y la formación del trabajador, viene regulada en la Ley 14/1994, de 1 de junio, por la que se regulan las Empresas de Trabajo Temporal y en el RD. 216/1999, de 5 de febrero, sobre disposiciones mínimas de seguridad y salud en el trabajo en el ámbito de las empresas de trabajo temporal.

El art. 16 de la Ley 14/1994 y del art. 42.3 de la LISOS, determinan que el responsable del recargo de prestaciones durante la vigencia del contrato de puesta a disposición y que traiga su causa de falta de medidas de seguridad e higiene será la empresa usuaria, siempre que el accidente de trabajo o enfermedad profesional tenga lugar en su centro de trabajo. No obstante, el citado artículo dispone "sin perjuicio de las responsabilidades propias de estas", refiriéndose a las ETT, las cuales, por mor de lo dispuesto en el art. 28 de la LPRL, tienen una serie de obligaciones en materia de seguridad y salud laborales, como son la información, la formación y la vigilancia de la salud. Por ello, dependiendo de las circunstancias del caso concreto, el recargo de prestaciones puede imponerse a la empresa usuaria, a la empresa de trabajo temporal o solidariamente a ambas.

16. Igualmente, se imponen las referidas exigencias de coordinación en el caso de los enclaves laborales regulados por el RD. 290/2004 de 20 de febrero, que en su art. 1 entiende por tales "el contrato formalizado entre una empresa común o colaboradora y un centro especial de empleo". La finalidad de dicho vínculo contractual es la prestación de servicios por parte de trabajadores pertenecientes a un centro especial de empleo que llevarán a cabo dicha prestación de forma temporal en el centro de trabajo de la empresa común o colaboradora. Su art. 9 establece que:

> *"La empresa colaboradora y el centro especial de empleo deberán cooperar en la aplicación de la normativa sobre prevención de riesgos laborales en relación con los trabajadores que formen el enclave, en los términos previstos en los artículos 24 y 25 de la Ley 31/1995, de 8 de noviembre, de Prevención de Riesgos Laborales, y en el Real Decreto 171/2004, de 30 de enero, por el que se desarrolla el artículo 24 de la Ley 31/1995, de 8 de noviembre, de Prevención de Riesgos Laborales, en materia de coordinación de actividades empresariales".*

B) Responsabilidad intransferible

17. El deber de protección del empresario es un deber intransferible. Así se extrae de lo establecido en el art. 14.4 de la LPRL:

"Las obligaciones de los trabajadores establecidas en esta Ley, la atribución de funciones en materia de protección y prevención a trabajadores o servicios de la empresa y el recurso al concierto con entidades especializadas para el desarrollo de actividades de prevención complementarán las acciones del empresario, sin que por ello le eximan del cumplimiento de su deber en esta materia, sin perjuicio de las acciones que pueda ejercitar, en su caso, contra cualquier otra persona",

De este modo, el recurso al concierto con entidades especializadas para el desarrollo de actividades empresariales que complementan las acciones de empresario, sin que, por ello, le eximan del cumplimiento de su deber en esta materia, sin perjuicio de las acciones que pueda ejercitar en su caso contra cualquier otra persona.

Significa esta norma que en materia de prevención el empresario puede recibir el auxilio de terceras personas para cumplir las obligaciones que a él le corresponden (Lousada, 2003: 80), pero ello no supone una transferencia de la obligación que sigue pesando sobre el empresario, si bien la intervención en la prestación de la obligación por parte de un tercero puede generar una nueva responsabilidad extracontractual añadida al perjudicado (Herrero García, 2003: 556).

Este carácter intransferible de la responsabilidad se subraya en el art. 42.3 de la LISOS, cuando establece en referencia a la responsabilidad solidaria que une a la empresa principal con la cadena de contratistas que:

> *"Los pactos que tengan por objeto la elusión, en fraude de ley, de las responsabilidades establecidas en este apartado son nulos y no producirán efecto alguno".*

Un comportamiento que se sanciona como infracción muy grave en el art. 13.14 de la LISOS:

La suscripción de pactos que tengan por objeto la elusión, en fraude de ley, de las responsabilidades establecidas en el apartado 3 del artículo 42 de esta ley

C) Responsabilidad indivisible

18. Deudor de seguridad no es sólo el directo empresario del trabajador, sino todos aquellos otros empresarios que intervienen en el proceso productivo sean desde una posición de titularidad del centro de trabajo o de contratista principal o de subcontratista, conforme lo establecido en el art. 24 de la LPRL.

La protección frente a los riesgos del trabajo no se puede parcelar. No cabría trocear su contenido porque la LPRL concibe la prevención como todo un conjunto de actividades y medidas, art. 4.1 de la LPRL que se integra en el sistema general de gestión de la empresa, art. 16.1 de la LPRL por lo que resulta impensable que pueda colmarse la obligación cumplimiento parcialmente el elenco de deberes que determinan su eficacia al momento de su aplicación a cada caso concreto.

Por esta razón se ha considerado que las obligaciones legales que se imponen a los empresarios son distintas a las del propio trabajador, desde el art. 24 de la LPRL o desde la LETT, no pueden disociarse por que no existen dos obligaciones de seguridad actuando de manera paralela y diferenciada, sino que la obligación de seguridad frente al trabajador es única (Aramendi, 2006: 460).

En estos casos la intervención de otros poderes distintos del empresario propio en la conformación, siquiera parcial, de las condiciones de trabajo influye significativamente en el mapa de riesgos. Por eso el legislador refuerza el deber de protección integrando unitariamente responsabilidades de los distintos empresarios (Fernández López, 2004: 90), de modo que las obligaciones diseñadas por el legislador son acumulativas y se superponen de forma gradual.

Las referidas exigencias se anudan de manera inescindible, de modo que el incumplimiento de cualquier obligación por parte de alguno de los empresarios distintos del empleador del trabajador provoca el incumplimiento de las obligaciones de este pues, en última instancia siempre deberán vigilar su observancia para los trabajadores. Las obligaciones de los distintos empresarios no se yuxtaponen pues de la solidaridad deriva una verdadera actuación conjunta en el acometimiento del deber y en la asunción de responsabilidad para el caso de no haberlo observado.

D) Responsabilidad solidaria

a) Pluralidad de responsables y régimen de solidaridad

19. La existencia de una pluralidad de sujetos responsables en atención a que asumen una responsabilidad directa por incumplimiento de obligaciones propias, obliga a reparar los daños con responsabilidad concurrente, salvo que pueda diferenciarse la participación de cada uno en ellos.

En el caso que resuelve la STS (Social) de 14 de febrero de 2008 (Rº 4016/2016), la responsabilidad, dadas las circunstancias del caso, era individualizable. Tras sufrir un grave incendio, una fábrica de plásticos encomienda a una empresa constructora las tareas de reparación. Los núcleos argumentales que llevan a descartar la responsabilidad solidaria de la principal son los siguientes: Lo decisivo es el hecho de que el trabajo se desarrolle en muchos casos bajo el control y la inspección de la empresa principal, o en relación con lugares, centros de trabajo, dependencias o instalaciones de ésta, y que además los frutos y consecuencias de ese trabajo repercuten en ella, produciéndose así una peculiar situación en la que participan los empleados del contratista, éste y también la empresa principal, situación en la que concurren conexiones e interferencias mutuas entre estas tres partes que en ella se encuadran. Es perfectamente posible que una actuación negligente o incorrecta del empresario principal cause daños o perjuicios al empleado de la contrata, e incluso que esa actuación sea la causa determinante del accidente laboral sufrido por éste. Es, por tanto, el hecho de la producción del accidente dentro de la esfera de la responsabilidad del empresario principal en materia de seguridad e higiene lo que determina en caso de incumplimiento la extensión a aquél de la responsabilidad en la reparación del daño causado, pues no se trata de un mecanismo de ampliación de la garantía en función de la contrata, sino de una responsabilidad que deriva de la obligación de seguridad del empresario para todos los que prestan servicios en un conjunto productivo que se encuentra bajo su control.

20. En nuestro ordenamiento jurídico las obligaciones solidarias constituyen una excepción de la regla general de las obligaciones mancomunadas simples, en donde concurren plurales sujetos deudores y la deuda no subsiste como un todo inseparable, sino que se encuentra dividida en partes iguales entre cada uno de ellos. Así se confirma con el art. 1137 del CC: "la concurrencia de dos o más acreedores o de dos o más deudores en una sola obligación no implica que cada uno de aquellos tenga derecho a pedir, ni cada uno de éstos deba prestar íntegramente las cosas objeto de la misma. Sólo habrá lugar a esto cuando la obligación expresamente lo determine, constituyéndose con el carácter de solidaria".

Al ser el resarcimiento el principio que preside todo el fenómeno de la responsabilidad civil, el recurso a la mancomunidad para satisfacerlo supondría un grave perjuicio para el perjudicado, que podría no ver satisfecho su completo interés caso de resultar alguno de los obligados insolvente. A ello debe añadirse un segundo argumento, de acuerdo con el cual y teniendo en cuenta las normas en materia de prueba de la responsabilidad civil, si se estimare que existen tantas obligaciones de reparar distintas como personas responsables, sobre el perjudicado pesaría la losa de demostrar la parte del daño que a cada uno les resulta atribuible. En suma, resulta fuera de cualquier cuestionamiento que la solidaridad de varios agentes causante del daño supone un reforzamiento de la posición del perjudicado (Díaz de Lezcano, 1997: 117).

21. También es regla general que la solidaridad se declare de forma expresa, si bien se admiten igualmente excepciones para evitar su excesivo rigor. Tal sucede cuando se deduce de forma inequívoca de la voluntad de los contratantes, o que razones de agilidad y garantías del tráfico mercantil la prefieran en ese ámbito sin ambages. Si se aceptase el régimen de las obligaciones solidarias, se carecería en este caso de fundamento alguno para entender acreditado por las partes, a falta de previsión específica y no actuando en el tráfico mercantil, que la hubiesen pactado o aceptado inequívocamente.

Como ha resumido Gómez Ligüerre, el Tribunal Supremo condena de forma solidaria cuando: (i) existe una relación de dependencia entre el causante material del daño y el resto de demandados; (ii) cuando los demandados han desarrollado en común la actividad que causó de daños y (iii) cuando puede sumar a la condena a los titulares de la actividad, los propietarios de las instalaciones en que se causó el daño o los encargados de controlar, antes o durante, el desarrollo de la actividad" (Gómez Ligüerre). Como conclusión, "en el actual derecho español de daños la solidaridad cumple funciones de (1) garantía, (2) reducción de los costes de identificación y (3) sanción o, por decirlo de una forma más exacta, de incentivos al cumplimiento de deberes de prevención o de control ya que, obviamente, la solidaridad no es una sanción penal o administrativa. La solidaridad se asocia a la división del trabajo, a las posiciones de control o de supervisión y a la actuación en común de varias personas. La garantía no se refiere sólo al crédito indemnizatorio, sino a la indemnidad de la víctima".

Desde la anterior perspectiva, que para el trabajador resulta más ventajoso que, cuando en la prestación laboral intervienen varios empresarios, éstos respondan solidariamente. Exigencia que resulta plenamente coherente con la extendida interpretación doctrinal y jurisprudencial favorable a la inversión del principio de mancomunidad ex art. 1137 del CC y a la consolidación del criterio de solidaridad como regla básica para imputar la responsabilidad en supuestos de pluralidad de causantes.

b) Especialidades de la solidaridad impropia

22. Tal y como se ha señalado, la Ley establece en el ámbito de las relaciones laborales una serie de supuestos a los que anuda el efecto de la responsabilidad solidaria. A estas especiales situaciones de "solidaridad legal" (Caffarena, 1991) y "pasiva" le son de plena aplicación las reglas establecidas con carácter general para este tipo de obligaciones.

Ahora bien, establecido lo anterior claro es, se puede apreciar que esta solidaridad en la reparación de los daños se trata de una solidaridad impropia, derivada de que todos reparan los mismos daños y de que no es posible diferenciar la participación en los mismos, además de la búsqueda de la mayor protección posible para el dañado.

Como recuerda Díez-Picazo (1993: 205), "Explica Planiol que a veces se ha sostenido la posible existencia de dos especies de solidaridad, una perfecta, a la que es aplicable la totalidad del régimen jurídico establecido en el Código, y otra imperfecta, en la cual existe derecho a percibir la totalidad del crédito y la obligación de pagarlo, sin el resto de consecuencias que se ligan a la noción estricta de solidaridad (...) En la doctrina alemana señala Larenz que se habla "obligaciones solidarias impropias", en los supuestos en los que las disposiciones legales sobre la obligación solidaria no resultan aplicables o solo en parte y, como nota definitiva de ellas, se señala que aquellas falta una comunidad de fin— (...) Las ideas antes transcritas han sido aplicadas sobre todo a la solidaridad establecida, entre nosotros jurisprudencialmente, entre los diversos causantes de un hecho dañoso. Como en este tipo de relaciones se dan los efectos primarios de la solidaridad, pero no los secundarios, se ha preferido en la jurisprudencia francesa, y aisladamente entre nosotros, hablar de obligación in solidum. (...) Sin embargo, de todo ello no se debe deducir la existencia de dos tipos de solidaridad distintos, sino solamente, en ocasiones, por virtud del tipo de relaciones existentes entre los sujetos, la no aplicación de algunas de las reglas generales de la solidaridad típica".

23. Este modelo de solidaridad impropia conduce a dos conclusiones (Alfonso Mellado, 2008: 136-137):

(i) La primera es que "entre los responsables caben, por supuesto, acciones de reparto al efecto de que quien abone la totalidad de los daños o una parte de ellos pueda recuperar de los restantes responsables lo que exceda de lo que deber ser su parte lógica en esa reparación que, a salvo de otros criterios, será la misma para todos los responsables". La solidaridad impropia, derivada de deudas múltiples, deben ser dilucidadas en el marco de la acción de regreso, en la relación interna, entre todos los empresarios que han generado, por acción u omisión, el correspondiente daño.

Aunque se ha sostenido que, en estos casos, la acción de repetición se pudiera ejercitar en el mismo procedimiento y en fase de ejecución de sentencia en el que se solicita en el orden social la condena solidaria (Gil Suárez, 2005). Pero otro sector doctrinal (Aramendi, 2006: 465), ha sostenido que debe distinguirse la acción de repetición de la exigencia de cumplimiento de las diversas responsabilidades fijadas en sentencia para los distintos condenados cuando unos han de subrogarse en las obligaciones de otros. Sobre esta base, la acción de repetición del condenado contra otros ajenos al proceso, "exigirá articular una nueva demanda y salvo que la acción enfrentara al empresario contra su trabajador dependiente, en cuyo caso el art. 2 a) LJS, atribuiría obviamente la competencia al orden social, también se excede el marco competencial de nuestra jurisdicción".

(ii) La segunda conclusión es que, "al tratarse de un supuesto de solidaridad impropia en los términos analizados, la acción de reparación no necesariamente ha de dirigirse contra todos los hipotéticos responsables, no existiendo al respecto un litisconsorcio necesario de todos ellos, aunque claro es no puede reconocerse responsabilidad de aquellos hipotéticos responsables a los que no se ha solicitado o frente a los que no se ha dirigido la acción".

Recuerda a estos efectos la STS (Civil) de 18 de abril de 2006 (RJ 2006\2200):

"La excepción de litisconsorcio pasivo necesario que invocó Hunosa como demandada, y ahora reitera como recurrente, trata de evitar que la sentencia que recaiga afecte a quien no ha sido parte en el proceso cuando la tutela jurisdiccional solicitada solo pueda hacerse efectiva frente a varios sujetos conjuntamente considerados (argumento «ex» art. 12.2 de la LEC pero deducible de la doctrina jurisprudencial contenida en numerosas resoluciones). Varias decisiones de esta Sala han establecido que en el caso de haberse producido un evento dañoso indemnizable por acción u omisión de varias personas, esto es una pluralidad de comportamientos que pueden ser simultáneos o sucesivos e incluso independientes y autónomos, siempre que se genere una concurrencia causal única en la producción del resultado dañoso, se estará ante un caso de solidaridad, con tal que no pueda determinarse la parte del daño que es atribuible a cada uno de los sujetos (...). No juega en tales casos la excepción invocada, y el perjudicado puede dirigirse a cada uno de los sujetos a que alcanza la responsabilidad como deudor por entero de la obligación de reparar el daño causado, conforme dispone el art. 1144 CC".

II. Contratas y subcontratas de obras y servicios: responsabilidades derivadas de la existencia de situaciones de coordinación de actividades empresariales

1. *Tipología de contratas y marco de regulación*

A) Contratas que se desarrollan en el propio centro de trabajo del empresario principal

24. El art. 24.1 de la LPRL establece un deber genérico de cooperación entre las distintas empresas que coinciden en un mismo centro de trabajo:

> *"Cuando en un mismo centro de trabajo desarrollen actividades trabajadores de dos o más empresas, éstas deberán cooperar en la aplicación de la normativa sobre prevención de riesgos laborales. A tal fin, establecerán los medios de coordinación que sean necesarios en cuanto a la protección y prevención de riesgos laborales y la información sobre los mismos a sus respectivos trabajadores, en los términos previstos en el apartado 1 del artículo 18 de esta Ley".*

La obligación de coordinación viene dada por el hecho objetivo de que se presta trabajo por parte de los trabajadores de distintas empresas en un mismo centro de trabajo, siendo irrelevante el tipo de actividades que desarrollen o los vínculos jurídicos existentes entre las empresas a las que pertenecen, pudiendo tratarse de trabajadores que coexisten en un mismo polígono industrial, galería comercial, edificio de oficinas, etc...

25. Al anterior contenido legal, se añade, cuando se trata de supuestos en los que un empresario es el titular del centro de trabajo obligaciones que se precisan en el art. 24.2 de la LPRL:

> *"El empresario titular del centro de trabajo adoptará las medidas necesarias para que aquellos otros empresarios que desarrollen actividades en su centro de trabajo reciban la información y las instrucciones adecuadas, en relación con los riesgos existentes en el centro de trabajo y con las medidas de protección y prevención correspondientes, así como sobre las medidas de emergencia a aplicar, para su traslado a sus respectivos trabajadores".*

De la configuración que hace el art. 24.2 de la LPRL se extraen dos cuestiones relevantes. De un lado, al imponer un deber informativo, el precepto presupone que existe continuidad en las obligaciones de cooperación de los demás empresarios. Los apartados 1 y 2 del art. 24 LPRL no se excluyen, sino que se superponen, de modo que los demás empresarios continúan obligados a colaborar en la puesta en práctica de las medidas preventivas. Pero, de otro lado, la existencia y alcance del deber informativo presupone que es fundamentalmente el titular del centro de trabajo a quien corresponde el diseño y ejecución de la política de prevención en el centro de trabajo.

26. En efecto, los referidos términos son concretados por el art. 6 RD. 171/2004, a cuyo tenor:

> *"El empresario titular del centro de trabajo, además de cumplir con las medidas establecidas en el Capítulo II cuando sus trabajadores desarrollen actividades en el centro de trabajo, deberá adoptar, en relación con los otros empresarios concurrentes, las medidas establecidas en los arts. 7 y 8".*

El RD. 171/2004 viene a establecer, de este modo, un sistema de diferenciación de deberes y de implicación del titular, que se refleja en los arts. 6 a 9 en función de que aporte o no trabajadores, o de que intervenga también como empresario principal.

En este caso se establecen obligaciones específicas para el titular del centro de trabajo que ocupa, por tanto, una posición preeminente respecto del resto de los demás empresarios concurrentes. Aunque el título jurídico por el que ocupa esta posición debe entenderse también en sentido amplio, el supuesto más típico es el de la contrata, en la que el empresario principal aparece como titular del centro de trabajo respecto del contratista (art. 24.2 de la LPRL).

En este caso, la obligación del titular del centro se traduce en trasladar a los otros empresarios información e instrucciones adecuadas respecto de los riesgos existentes en el centro de trabajo y de las medidas de prevención, protección y emergencia a adoptar, para que éstos, a su vez, trasladen dicha información a los trabajadores y sus representantes.

El empresario titular del centro es responsable tanto de la infracción de la obligación de informar como de la no adopción de las medidas de prevención, siendo a éste a quien fundamentalmente corresponde el diseño y ejecución de las medidas de prevención en el centro de trabajo, ejerciendo un papel de coordinador de las acciones de los demás y siendo el encargado de llevar a cabo la evaluación de riesgos del centro de trabajo y de poner en marcha las medidas correspondientes, incluidas las de emergencia.

Un trabajador, vigilante de seguridad de un centro comercial, tras su jornada laboral, se dirigía a su domicilio y fue objeto de una agresión perpetrada por cinco sujetos con el rostro cubierto, brutal ataque que fue acompañado de insultos y alusiones a su tarea profesional como vigilante en el centro comercial. Esta agresión no era la primera que había padecido el actor en circunstancias parecidas y, además, tenía relación directa con una actuación profesional suya en la línea de cajas del hipermercado en el que prestaba servicios y que fue seguida de la retención del sujeto que pretendía apropiarse de productos de la tienda, con presentación de una posterior denuncia ante la policía y la asistencia al acto del juicio, culminando todo ello con una sentencia penal de condena al sujeto denunciado por un delito de robo con violencia e intimidación en grado de tentativa. En definitiva, las graves lesiones que sufrió el trabajador son calificadas como accidente de trabajo no tan solo por producirse en el camino de vuelta del trabajo a su domicilio sino también por ser consecuencia directa de su actividad laboral de vigilante en la planta comercial. La reclamación resarcitoria de daños y perjuicios derivados de accidente de trabajo in itinere interpuesta por un vigilante de seguridad contra una pluralidad de demandados, concretamente contra la empresa para la que prestaba servicios laborales, contra la compañía titular del centro comercial que tenía adjudicada la seguridad del recinto a la empresa empleadora del trabajador accidentado, así como contra las respectivas compañías aseguradoras (Un excelente comentario de González Calvet, 2018).

Partiendo del extenso relato de hechos probados, se estima que en el caso de autos concurren los presupuestos causales que darán lugar a la responsabilidad civil de las empresas concurrentes en el centro de trabajo donde prestaba servicios el trabajador lesionado, señalando que los daños irrogados a la víctima traen causa en las conductas empresariales infractoras de las normas legales de seguridad y salud laboral contenidas los artículos 4.2 d) y 19 del ET así como en los artículos 14.2, 16.2 y 24.2 de la LPRL. La relación de causalidad de estas conductas antijurídicas y culposas se reputa acreditada al razonarse que, de haberse implementado estos elementos circunstanciales omitidos, «(...) podrían haber contribuido en alguna forma a minorar el riesgo, coadyuvando con su falta, a que el luctuoso accidente llegara a materializarse finalmente con las funestas consecuencias para el trabajador (...)». Finalmente, en cuanto a la infracción de la obligación de coordinación de actividades ex artículo 24 de la LPRL, la sentencia comentada declara la responsabilidad solidaria de la empresa de seguridad que empleaba al trabajador accidentado y de la empresa titular del centro comercial que tenía contratado con la primera los servicios de seguridad del hipermercado y ello a pesar de que la titular del centro comercial pretendía la exoneración de responsabilidades argumentando que la empresa de seguridad adjudicataria no desarrollaba la misma actividad y, por tanto, la titular del centro comercial no ostentaba en puridad la condición de empresa principal. Sin embargo, la juzgadora de instancia en el FJ 5.º in fine desestima la pretendida exoneración de responsabilidad de la titular de la planta comercial recordando que, conforme a lo previsto en el artículo 24.2 de la LPRL, también los empresarios titulares del centro de trabajo devienen deudores de seguridad.

B) Las contratas relativas a la propia actividad de la empresa principal

27. El art. 24.3 de la LPRL establece que:

> *"Las empresas que contraten o subcontraten con otras la realización de obras o servicios correspondientes a la propia actividad de aquéllas y que desarrollen en sus propios centros de trabajo deberán vigilar el cumplimiento por dichos contratistas y subcontratistas de la normativa de prevención de riesgos laborales".*

El art. 2 c) RD. 171/2004 define el empresario principal como:

> *"el empresario que contrata o subcontrata con otros la realización de obras o servicios correspondientes a la propia actividad de aquél y que se desarrollen en su propio centro de trabajo".*

En este tipo de contratas, las empresas principales "deberán vigilar el cumplimiento por... contratistas y subcontratistas de la normativa de prevención de riesgos laborales". Se establece, así, para el empresario principal —la empresa láctea— una obligación de vigilar que otros empresarios —los titulares de la empresa auxiliar encargada del almacenamiento— cumplen las normas sobre prevención de riesgos y para estos últimos una obligación de cumplir dicha normativa.

28. Un ejemplo nos lo proporciona la STS (Social) de 11 de mayo de 2005 (RJ 2005, 6026):

> El trabajador accidentado prestaba servicios para una empresa que había contratado con Unión FENOSA determinados servicios en relación con las redes de baja y media tensión. El accidente se produjo por la caída de un poste de baja tensión que arrastró al trabajador cuando éste realizaba allí su trabajo. Como consecuencia de dicho accidente, y por apreciar la omisión de medidas de seguridad —pues el accidente tuvo como causa directa el no asegurar el equilibrio del poste antes de proceder a su desmontaje— se impuso recargo de prestaciones a la empresa contratista y a la principal. En la sentencia el Tribunal debe pronunciarse sobre la procedencia de hacer responder del recargo también a la empresa principal. Para responder a esta cuestión el Tribunal examina dos aspectos. Por una parte, si las obras o servicios contratados responden a la propia actividad de la empresa principal o comitente y, por otra, si dichas obras y servicios, concretamente la

actividad que se estaba realizando cuando se produjo el accidente, se llevaban a cabo en el centro de trabajo de esta empresa principal. Tales son las exigencias contenidas en la Ley de prevención de riesgos laborales para imponer a la empresa principal el cumplimiento de ciertas obligaciones de prevención en relación con la actividad desarrollada por los trabajadores del contratista.

Respecto de la primera de las cuestiones, el Tribunal Supremo reitera su interpretación conforme a la cual pertenecen a la propia actividad las obras o servicios que pertenecen al ciclo productivo de la empresa, esto es, las que forman parte de sus actividades principales, de modo que nos encontramos ante una contrata de este tipo cuando de no haberse concertado ésta, las obras y servicios deberían realizarse por el propio empresario comitente so pena de perjudicar sensiblemente su actividad empresarial (SSTS de 18 de enero de 1995, de 24 de noviembre de 1998 y de 22 de noviembre de 2002). A partir de esta interpretación, no es dudoso que la realización del «montaje e instalación de acometidas y nuevos suministros o ampliación de los existentes, modificaciones de la red de baja y media tensión y obras de desarrollo [...]» —en cuya actividad encaja la de «desmontar los conductores y postes de madera de una línea de baja tensión», que era lo que se disponía a realizar el trabajador accidentado— supone el ejercicio de la «propia actividad» de la empresa principal, dedicada a la distribución de energía eléctrica. Respecto del segundo de los mencionados extremos ha de concluirse que la instalación en donde se produjo el accidente laboral puede equipararse a lo que es un centro de trabajo. A tal conclusión no obsta el que tal instalación esté en el campo y al aire libre, pues se trata del área geográfica de la propia actividad de la empresa, en donde se hallan los materiales (postes, conductores, cables) que son de su propiedad o están a su disposición, mediante los cuales realiza aquélla y cuya conservación y mantenimiento le corresponde. El citado deber de vigilancia consiste en asegurarse de que otros empresarios cumplen sus obligaciones en materia de prevención de riesgos: (i) Mientras están trabajando en el lugar de trabajo del empresario principal. (ii) Durante la vigencia de la contrata. (iii) En los trabajos relativos a la propia actividad del empresario principal.

Cumplidas ambas exigencias, es clara para el Tribunal Supremo la aplicabilidad del art. 24.3 LPRL que impone a la empresa principal el deber de vigilar el cumplimiento por los contratistas y subcontratistas de la normativa de prevención de riesgos laborales. Ciertamente este deber no implica un control máximo y continuado —que, desde luego, podría hacer ineficaz esta modalidad productiva—, pero sí de un control efectivo, que no puede afirmarse se haya producido en el presente caso, visto que no consta que la empresa recurrente hubiera realizado inspección alguna de la actividad que la contratista realizaba en el municipio en donde ocurrieron los hechos, ni tampoco consta que los controles efectuados en otros municipios, en relación con la misma empresa contratista, hubieran recaído sobre actividades semejantes a la que se estaba efectuando cuando se produjo el accidente. De ello deriva la responsabilidad de la empresa principal ya que es el hecho de la producción del accidente dentro de la esfera de la responsabilidad del empresario principal en materia de seguridad e higiene lo que determina en caso de incumplimiento la extensión a aquél de la responsabilidad.

El incumplimiento por el empresario principal de aquella obligación de vigilancia comporta la atribución a éste de una responsabilidad solidaria por las infracciones de la normativa de prevención cometidas por contratistas y subcontratistas que pudieran haberse evitado si realmente hubiera existido una vigilancia suficiente por su parte.

C) Las contratas desarrolladas fuera del centro de trabajo, pero utilizando efectos suministrados por ésta (art. 24.4 de la LPRL)

29. Un caso especial es el de las contratas desarrolladas fuera del centro de trabajo de la empresa principal, pero utilizando efectos suministrados por ésta. A estos efectos el art. 41.2 de la LPRL establece que:

> *"Los fabricantes, importadores y suministradores deberán proporcionar a los empresarios, y éstos recabar de aquéllos, la información necesaria para que la utilización y manipulación de la maquinaria, equipos, productos, materias primas y útiles de trabajo se produzca sin riesgos para la seguridad y la salud de los trabajadores, así como para que los empresarios puedan cumplir con sus obligaciones de información respecto de los trabajadores".*

Sobre esta base, el art. 24.4 de la LPRL precisa que:

> *"Las obligaciones consignadas en el último párrafo del apartado 1 del artículo 41 de esta Ley serán también de aplicación, respecto de las operaciones contratadas, en los supuestos en que los trabajadores de la empresa contratista o subcontratista no presten servicios en los centros de trabajo de la empresa principal, siempre que tales trabajadores deban operar con maquinaria, equipos, productos, materias primas o útiles proporcionados por la empresa principal".*

2. *Responsabilidad solidaria y recargo de prestaciones*

30. Particulares problemas plantea, en estos supuestos, la imputación de la responsabilidad por el recargo de prestaciones contemplado en el art. 164.2 de la LGSS:

> *"La responsabilidad del pago del recargo establecido en el apartado anterior recaerá directamente sobre el empresario infractor y no podrá ser objeto de seguro alguno, siendo nulo de pleno derecho cualquier pacto o contrato que se realice para cubrirla, compensarla o transmitirla".*

El citado precepto literalmente utiliza el término «empresario infractor», lo que motivó que la jurisprudencia tradicional, dado su carácter básicamente sancionador, lo interpretara restrictivamente y se atribuyera exclusivamente la responsabilidad al empresario del trabajador accidentado. Sin embargo, esta teoría denominada contractualista (empresario-empleador), hoy en día se puede considerar superada por la evolución jurisprudencial y por la propia evolución legal.

Pero cuando la actividad laboral se desarrolla en el marco de contratas o subcontratas la normativa impone también a la empresa principal obligaciones propias y específicas en relación con el cumplimiento de las medidas de prevención de riesgos laborales lo que supone que estos empresarios principales pueden ser también infractores a efectos del art. 164 LGSS.

El art. 42.3 de la LISOS complica la situación al establecer la responsabilidad solidaria del empresario principal con los contratistas y subcontratistas por el incumplimiento de las obligaciones impuestas por la LPRL en relación con los trabajadores que aquéllos ocupen en los centros de trabajo de la empresa principal. La cuestión que se suscita a la vista de estos preceptos es si la responsabilidad por el recargo impuesta al contratista puede extenderse solidariamente al empresario principal por aplicación del art. 42.3 LISOS o si, por el contrario, para declarar su responsabilidad es necesario apreciar en éste la infracción directa de alguna de sus obligaciones en materia de prevención.

A) Solidaridad en contratas de propia actividad

31. El punto de inflexión hacia la teoría del empresario infractor, desde un punto de vista jurisprudencial, se produce con la STS de 18 de abril de 1992 (RJ 1992/4849), que extiende la responsabilidad por el recargo de prestaciones a la empresa principal, en un caso de ruptura de un poste telefónico en mal estado, además de equiparar centro de trabajo e instalación o lugar de trabajo.

En el supuesto debatido se contemplaba un caso en el que una empresa A, dedicada a la producción de energía eléctrica, contrata los servicios de una empresa B, dedicada a la reparación de líneas eléctricas. El trabajador que presta sus servicios por cuenta de B fallece al desplomarse uno de los postes del tendido al que estaba encaramado mientras lo reparaba.

La Sala declaró que, al objeto de enjuiciar la cuestión,

"hay que tener en cuenta, en primer lugar y fundamentalmente, el art. 93 LGSS/74, en cuyo núm. 2 se dispone que la responsabilidad del pago del recargo antedicho recaerá directamente sobre el empresario infractor" y condena solidariamente a las empresas A y B. La sentencia salvó el obstáculo de la ausencia de vínculo laboral entre la empresa A y el trabajador fallecido con base fundamentalmente en el art. 42.2 LPRL. El Tribunal Supremo especificó que "aunque dichas líneas se encuentran, lógicamente, en el campo y al aire libre, son sin duda instalaciones propias de dicha empresa [empresa A], estando ésta obligada a cuidar de adecuada conservación y buen estado, a fin de evitar cualesquiera daños o accidentes que los deterioros o desperfectos de las mismas pudieran ocasionar; de esto se desprende de un lado que una interpretación racional y lógica obliga a equiparar estas instalaciones a la idea de "centro de trabajo" que se maneja en los preceptos antes citados [se refiere, lógicamente, a los de seguridad e higiene en el trabajo]...".

Dicho pronunciamiento también fue confirmado por el Tribunal Constitucional, en la sentencia 81/1995, de 5 de junio:

> "en el ámbito del Derecho Administrativo sancionador la prohibición de la analogía in malam partem es también una de las exigencias del principio de legalidad, pero aquí no se ha efectuado una extensión in peius de la imputación de responsabilidad a supuestos no subsumibles en el precepto legal, sino una mera interpretación teleológica de la expresión "empresario infractor" en la hipótesis en que el trabajador accidentado está involucrado en procesos de descentralización productiva, en absoluto extravagante con el régimen jurídico del deber de seguridad e higiene en el trabajo, dado el tenor de los artículos 42.2 LET y 153, párrafo segundo, OGSHT".

En la referida línea doctrina se sitúa la STS 16 de diciembre de 1997 (R° 136/1997), cuando afirma que:

> "la doctrina ha sido unificada por la Sentencia de 18 abril 1992, que señala que cuando se desarrolla el trabajo en el centro de trabajo de la empresa principal, con sus instrumentos de producción y bajo su control "es perfectamente posible que una situación negligente o incorrecta del empresario principal cause daños o perjuicios al empleado de la contrata, e, incluso, que esa actuación sea la causa determinante del accidente laboral sufrido por éste" y por ello en estos casos el empresario principal puede ser "empresario infractor" a efectos del art. 93.2 de la Ley General de la Seguridad Social de 1974 (hoy art. 123.2 de la Ley General de la Seguridad Social de 1994. Aunque esta conclusión se establece en un caso claro de contrata para una obra o servicio correspondiente a la propia actividad, lo decisivo no es tanto esta calificación como el que el accidente se haya producido por una infracción imputable a la empresa principal y dentro de su esfera de responsabilidad". Al igual que la STS (Social) 2 de octubre de 2000, cuando afirma que "en orden a la problemática específica del alcance de la responsabilidad empresarial sobre el recargo en caso de contratas y subcontratas, se constituye como elemento decisivo para determinar la responsabilidad de los empresarios concurrentes la idea del "empresario infractor", al que atribuye la responsabilidad el art. 123.2 LGSS".

Dicha posición quedó definitivamente reforzada, desde un punto de vista normativo, por el art. 24 de la LPRL, en el art. 42.2 de la LISOS y en el RD 171/2004.

Hoy en día ya es habitual aplicar la responsabilidad solidaria en los casos de subcontratación o externalización de actividades correspondientes a la propia actividad, siempre que ocurran en el centro de trabajo de la empresa principal, como puede observarse en las SSTS de 11 de mayo de 2005 (RJ 2005, 6026), 26 de mayo de 2005 (RJ 2005, 9702), 10 de diciembre de 2007 (RJ 2008, 200) y 20 de marzo de 2012 (RJ 2012, 4189). En las sentencias de 11 y 26 de mayo de 2005 (R° 2291/2004 y 3726/2004, respectivamente) aborda este delicado problema.

En la STS de 26 de mayo de 2005 se plantea un supuesto de características muy similares pues se trataba también de un accidente sufrido por un trabajador que prestaba sus servicios para una empresa subcontratista.

En este caso, la empresa principal había subcontratado la ejecución de una obra municipal que le había sido adjudicada. De nuevo, el objeto del debate es determinar si procede o no imponer la responsabilidad solidaria de ambas empresas por el recargo de prestaciones impuesto por el Instituto Nacional de la Seguridad Social tras apreciar infracción de las medidas de seguridad. No hay dudas sobre la dedicación de ambas empresas a la misma actividad de la construcción y las que se habían suscitado en torno a si el accidente se produjo en el centro de trabajo de la contratista o adjudicataria se resuelven por el Tribunal Supremo acudiendo a una interpretación que identifica, a estos efectos, el concepto de centro de trabajo con el de lugar de trabajo. Partiendo de la concurrencia de ambos elementos, el Tribunal extrae la consecuente aplicación de las obligaciones de información e instrucción para la empresa principal cuyo incumplimiento genera su responsabilidad.

En definitiva, el Tribunal Supremo sigue exigiendo, de forma más o menos directa y evidente, la existencia de un incumplimiento de sus específicas obligaciones por la empresa principal para que pueda imponerse sobre ésta la responsabilidad del recargo de prestaciones. No parece pues que la regla de solidaridad prevista en el art. 43.2 LISOS sea suficiente, por sí misma, para imputar a la empresa principal dicha responsabilidad, debiendo exigirse en cualquier caso que el empresario principal aparezca como empresario infractor en el sentido del art. 164.2 LGSS. El problema es si esa infracción debe ser específica, esto es, de alguno de los deberes que se le imponen expresamente al empresario principal, o si basta con la infracción cometida por el contratista para entender que existe una infracción del deber de vigilancia que al empresario principal le impone el art. 24.3 LPRL. Si se apuesta por esta segunda opción parece que la responsabilidad de la empresa principal por el recargo deviene cuasiobjetiva pues cualquier infracción de las medidas de prevención cometida por el contratista revelará un incumplimiento del deber de vigilancia que corresponde al empresario principal.

La STS (Social) de 10 de diciembre de 2007 (Rº 576/2007), declaró la responsabilidad solidaria de la empresa principal respecto de un recargo prestacional. La empresa contratista tenía como objeto social la promoción, compra, construcción y venta de toda clase de edificaciones. Contrató la realización de trabajos de albañilería en un edificio de su propiedad. La Sala argumentó que, además de los defectos formales del recurso, la doctrina de la sentencia recurrida coincidía con reiterada doctrina jurisprudencial. Aplicó el art. 24.2 de la LPRL y declaró la responsabilidad solidaria de la empresa principal.

Más recientemente, la STS (Social) de 23 de enero de 2025 (Rº 2396/2022), ha considerado que no procedía la imposición del recargo en un caso en el que la empresa principal había adquirido el derecho a explotar la madera de tres parcelas. Sobre esa base contrató la tala de los árboles con un empresario que tenía la condición de persona física, que encomendó dicha tarea a una cuadrilla compuesta por cuatro trabajadores, incluyendo al encargado. El recargo se impuso a la empresa contratista por incumplir el art. 16.2.b) en relación con los arts. 14 y 16 de la LPRL.

Señala la sentencia que:

> "En el supuesto enjuiciado, el accidente se produjo en un bosque. En él no había ningún trabajador de la empresa principal. Solamente prestaban servicios el encargado de la cuadrilla y tres trabajadores más. Todos ellos habían sido contratados por la empresa contratista. En la ejecución de esa prestación de servicios (la tala de árboles) no se requería de una coordinación empresarial. Si un accidente laboral consistente en la tala de un pino que, al caer, golpea a un trabajador que se había introducido en la dirección de la caída buscando su motosierra, ocurre en un campo donde la empresa principal no tiene ningún medio personal ni humano, no es posible imponer a la empresa principal un recargo prestacional derivado del deber de vigilancia de las normas de seguridad en el trabajo.
>
> La doctrina jurisprudencial sostiene que lo decisivo es comprobar si el accidente se ha producido por una infracción imputable a la empresa principal y dentro de su esfera de responsabilidad. Es necesario precisar si la empresa principal tiene la condición de empresa infractora. A la vista de los citados extremos, forzoso es concluir que no se produjo un incumplimiento de las normas de seguridad en el trabajo por parte de la empresa principal que causara el accidente: no tiene la condición de empresa infractora, lo que determina la inexistencia de responsabilidad de la empresa principal respecto de las prestaciones económicas de la Seguridad Social derivadas del accidente enjuiciado".

B) Solidaridad en contratas que no pertenecen a la propia actividad

32. Incluso se ha ido más allá en la evolución jurisprudencial del concepto de «empresario infractor», en sentencias como las del TS de 16 de diciembre de 1997 (RJ 1997, 9320), de 5 de mayo de 1999 (RJ 1999, 4705) y 7 de octubre de 2008 (RJ 2008, 6969), que extendieron la responsabilidad solidaria sin estar ante un supuesto de subcontratación correspondiente a la propia actividad.

> El supuesto era el de un trabajador accidentado, que había sido declarado incapacitado para la profesión de pintor especialista y que estaba contratado por la empresa "Servicios y Aplicaciones, SA", la cual era subcontratista de "Dirsecan, SA" para la aplicación de pintura en la factoría de "Babcock & Wilcox, SA". Según relata la propia sentencia, el accidente que provocó la muerte del trabajador se produjo cuando éste trabajaba en las instalaciones de "Babcock & Wilcox, SA". Las labores de pintura se realizaban de noche y a unos 13 metros de altura. Se precisa también que "para acceder a la zona a pintar se instaló un andamio apoyado sobre el carro de una grúa puente, sobre él existían unos

tablones de madera, sujetos por tacos. Las órdenes de movimiento las daban los operarios al gruísta. No existía barandilla de protección que impidiese la caída de los trabajadores. No existían redes de seguridad. Los trabajadores tenían cinturones de seguridad, pero no existían puntos especiales de anclaje. Cuando el carro se movía no se podía anclar el cinturón. Los trabajadores tenían orden de bajar de la grúa cuando se trasladase el carro, el trabajador desatendió la orden". Por último, se nos indica que "el accidente se produjo al trasladarse el carro y tropezar con uno de los tablones, cayendo dos operarios, uno de los cuales pudo agarrarse a la estructura metálica y don Pedro G. cayó al suelo". Alegaba la empresa "Babcock & Wilcox, SA" que no había coincidencia entre la actividad propia y la actividad contratada (calderería pesada la empresa y mantenimiento y pintura) y citaba por ello el art. 42 ET.

El alcance del concepto "empresario infractor" tiene una especial significación a la hora de concretar el alcance del recargo en supuestos como el que ahora analizamos. En este punto creemos que es interesante referirse a la STS (Social) de 5 de mayo de 1999 (RJ 4705), en la que, a pesar de considerarse que no concurrían los requisitos de contradicción indispensables para unificar la doctrina, *obiter dicta* se afirma que con relación a las subcontratas que se desarrollen en el centro de trabajo de la empresa principal,

> "es perfectamente posible que una actuación negligente o incorrecta del empresario principal cause daños o perjuicios al empleado de la contrata, e incluso que esa actuación sea la causa determinante del accidente laboral sufrido por éste, por tanto, el hecho de la producción del accidente dentro de la esfera de la responsabilidad del empresario principal en materia de seguridad e higiene lo que determina en caso de incumplimiento la extensión a aquél de la responsabilidad en la reparación del daño causado, pues no se trata de un mecanismo de ampliación de la garantía en función de la contrata, sino de una responsabilidad que deriva de la obligación de seguridad del empresario para todos los que prestan servicios en un conjunto productivo que se encuentra bajo su control".

En jurisprudencia, se parte de que no se trata de un mecanismo de ampliación de la garantía en función de la contrata, sino de una responsabilidad que deriva de la obligación de seguridad del empresario para todos los que prestan servicios en un conjunto productivo que se encuentra bajo su control; así, es perfectamente posible que una actuación negligente o incorrecta del empresario principal cause daños o perjuicios al empleado de la contrata, e incluso que esa actuación sea la causa determinante del accidente laboral sufrido por este. Por ello, en caso de contrata o subcontrata, cualquiera que sea su naturaleza, la responsabilidad puede alcanzar al empresario principal si el accidente se produjo dentro de su esfera de responsabilidad (STS (Social) de 18 de septiembre de 2018, R° 144/2017).

C) El caso de los promotores

33. Si consideramos como promotor a la luz del art. 2 c) del RD 1627/1997, como *"cualquier persona física o jurídica por cuenta de la cual se realice una obra"*, o de acuerdo con la Ley 31/1999, de Ordenación de la Edificación, que considera como tal a *"cualquier persona, física o jurídica, pública o privada, que individual o colectivamente decide, impulsa, programa y financia, con recursos propios o ajenos, las obras de edificación para sí o para su posterior enajenación, entrega o cesión a terceros bajo cualquier título"*. Los promotores pueden ser también constructores, asumiendo parte de la obra y subcontratando el resto, en estos casos, a tenor de lo establecido en la Disposición adicional 1ª del RD. 171/2004, éste se identifica con el "*empresario titular*" del centro de trabajo, en los términos del art. 7 RD. 171/2004, al atribuírsele las obligaciones de información e impartición de las instrucciones del empresario titular del centro de trabajo.

En relación con los promotores, determinadas sentencias condenan únicamente al promotor, otras condenan solidariamente al promotor y al contratista principal y, por último, las que eximen de cualquier responsabilidad al promotor, sin que se haya unificado doctrina por el TS. Incluso se ha extendido el recargo de prestaciones a empresas de consultoría técnica en obras de construcción y a empresas de coordinación.

D) Acción de repetición entre deudores solidarios del recargo de prestaciones

34. En las situaciones de solidaridad, como es sabido, se produce una doble situación jurídica. Una relación externa que liga al trabajador con las empresas solidariamente responsables. En ella cada uno de los deudores solidarios, por sí solo e independientemente, debe el entero objeto de la obligación y, por consiguiente, el trabajador puede reclamar la totalidad de la deuda de cualquiera de las empresas. Y, otra, interna que liga a los codeudores (empresas) solidarios entre sí. Extinguida la obligación solidaria, el deudor que ha pagado puede reclamar de cada codeudor solidario la parte de la deuda que le corresponde (art. 1145.2 del CC). Se prevé, de este modo, que el codeudor o codeudores solidarios que pagaron al acreedor más de lo que les correspondía disponen de una acción de regreso o de reembolso por la cantidad que exceda de la que debían conforme a los pactos que les unen (de ahí importancia práctica de su existencia), en la relación interna. Si nada se previó, el criterio que habrá de aplicarse es el criterio de la división de la deuda por partes iguales.

A efectos ilustrativos de lo anterior, se incorpora el siguiente extracto de la Sentencia de la Audiencia Provincial de Vitoria-Gasteiz de 10 de septiembre de 2013 (Rº 310/2013):

"En segundo lugar la apelante considera infringido el art. 123.2 del Real Decreto Legislativo 1/1994, de 20 de junio, por el que se aprueba el Texto Refundido de la Ley General de la Seguridad Social (LGSS) (...). Según la recurrente, el carácter personalísimo de la sanción que supone este recargo impide que luego le sea exigido, por ser el empresario el único responsable de tal prestación. Mantiene que los servicios de prevención no pueden ser responsables de ese recargo, ya que la responsabilidad nace de la relación entre empresario y trabajador y no puede transmitirse ni delegarse. El argumento parte de un incorrecto entendimiento de la acción ejercitada por la empresa apelada. Ésta pretende exigir responsabilidad por negligente cumplimiento de un contrato que obligaba a la apelante a realizar la evaluación de riesgos laborales sugiriendo la adopción de las medidas precisas para conjurarlos, es decir, se sustenta en el art. 1.101 CC., de modo que conforme al art. 14.4 LPRL, puede el empresario repetir frente a terceros. Es verdad que la doctrina de las Audiencias no es unánime al respecto, pues no lo considera así la SAP Pontevedra de 27 de abril de 2009, Rº 3319/2007. Pero otras Audiencias no han percibido que el carácter sancionador del recargo sea un impedimento para el ejercicio de la acción de repetición (SAP León de 2 de noviembre de 2011, Rº 372/2011 y la antes citadas de la Audiencia de Barcelona), consideración que se comparte".

Esta línea se confirma por la Sentencia de la Audiencia Provincial de Valladolid 14 de enero de 2020 (Rº 207/2019):

"No puede cuestionarse por la entidad apelante, tal y como se pretende en el recurso de apelación interpuesto, su responsabilidad causal en el accidente laboral sufrido por el trabajador de la entidad actora cuando se encontraba participando en las labores de descarga en las instalaciones de la mercantil demandada/apelante, una vez que ante la jurisdicción laboral —que como es sobradamente conocido es de carácter tuitivo para el trabajador—, se ha establecido y determinado ya la solidaridad de actora y demandada en la obligación de abono de los recargos de prestaciones de la Seguridad Social que se han reconocido al trabajador accidentado, puesto que dicha determinación en modo alguno tiene lugar para que no produzca efecto alguno, sino que en estricta y cumplida aplicación del mandato que resulta de lo dispuesto en el art. 1145 del Código Civil, lo que acontece es que no se merma en absoluto la interrelación entre las empresas afectadas al objeto de que entre ellas puedan reclamarse la cuota o participación correspondiente a cada una de las cantidades anticipadas, en todo o en parte, por una sola de ellas. Establecida en procedimiento judicial terminado por resolución firme la responsabilidad solidaria de actora y demandada, es incuestionable que cabe la posibilidad de que, conforme al párrafo segundo del precepto antes citado, aquélla de las mercantiles que efectuó el pago de la totalidad de la deuda —recargo de prestaciones de la Seguridad Social reconocido al trabajador accidentado—, pueda reclamar de la codeudora la parte que a esta corresponda. Eso es lo que se hace en la presente litis, y el pronunciamiento efectuado por el Juez de Instancia responde precisamente a la valoración que él mismo hace, con arreglo a lo que resulta en el procedimiento acerca de la manera y forma en que se produjo el accidente en cuestión y del análisis de sus circunstancias y consideraciones que han sido lógicamente efectuadas y analizadas previamente ante la Jurisdicción laboral al examinar la actuación previa y coetánea al momento del accidente de ambas empresa implicadas, concluyendo de esta forma en juicio ponderado y lógico cual es la cuota o porcentaje de responsabilidad que puede estimarse que corresponde a cada una de ellas".

En muchos casos se podrá poner en cuestión la "salomónica" presunción legal del art. 1138 del CC, a cuyo tenor: "*Si del texto de las obligaciones a que se refiere el artículo anterior no resulta otra cosa, el crédito o la deuda se presumirán divididos en tantas partes iguales como acreedores o deudores haya, reputándose créditos o deudas distintos unos de otros*". Y ello, en la medida, en que de la propia naturaleza del vínculo existente entre las empresas contratistas se extraiga que las dos sean responsables en distintos grados. Así la Sentencia de la Audiencia Provincial de Ourense de 25 de junio de 2018 (RA 342/2017). En proceso civil en el que se juzgó una acción de repetición por parte de un empleador de la mitad de la cantidad abonada a la TGSS como recargo de prestaciones y las indemnizaciones impuestas a consecuencia del accidente. la SAP revocó la condena de instancia (77.634,27.-€) que estimó el 50% de lo satisfecho (155.268,55.-€), al entender que al empresario reclamante le incumbía la obligación más inmediata de vigilancia del cumplimiento de las normas de seguridad, por lo que redujo la cuota de responsabilidad y el porcentaje de lo reclamado frente al otro empleador al 20% (31.053,70.-€).

35. Cuestión especialmente controvertida es la relativa a la validez de las cláusulas incluidas en los contratos entre contratista y subcontratista por las que, uno de ellos (típicamente el subcontratista), asume cualquier responsabilidad que correspondiera a la ejecución de los trabajos adjudicados. Especialmente relevante en este punto es la STS (Civil) de 16 de octubre de 2024 (Rº 5723/2019) (Un comentario crítico a la misma en López Cumbre y Carrasco, 2025):

> En el caso, Metroges S.A. (en lo sucesivo, Metroges) y Carmelo López Martínez S.L. (en lo sucesivo, CLM) suscribieron el 1 de septiembre de 2004 un contrato en virtud del cual la primera, que ejecutaba obras de construcción de 74 viviendas en la urbanización "Los Altos del Mirador" en Ontígola (Toledo), subcontrató a la segunda determinados trabajos de estructura y cimentación. El 18 de enero de 2005, uno de los trabajadores de CLM sufrió un accidente laboral en dicha obra. La Dirección Provincial de Ciudad Real del Instituto Nacional de la Seguridad Social dictó una resolución el 23 de abril de 2008 en la que declaró la existencia de responsabilidad empresarial por falta de medidas de seguridad e higiene en el trabajo en el accidente sufrido por el trabajador, así como la procedencia de que el recargo del 50% sobre las prestaciones económicas de la Seguridad Social fuera satisfecho solidariamente por CLM y Metroges. Metroges interpuso una demanda contra CLM en la que ejercitó la acción de regreso del art. 1145 del CC y solicitó que esta fuera condenada al pago de esas cantidades que había pagado o que adeudaba por el recargo de las prestaciones económicas de la Seguridad Social por el referido accidente de trabajo a cuyo pago había sido condenada solidariamente

con CLM. Basaba su demanda en que la responsabilidad por el accidente laboral debía ser íntegramente asumida por CLM porque fue ella la que incumplió la normativa sobre riesgos laborales y porque en el contrato firmado entre ambas litigantes se estipuló que CLM asumía cualquier responsabilidad del carácter que fuere, que correspondiera a la ejecución de los trabajos adjudicados.

El Juzgado de Primer Instancia desestimó la demanda por la que un empresario principal ejercitó frente a una subcontratada la acción de regreso del art. 1145 del CC por las cantidades abonadas en concepto de recargo de prestaciones económicas de la Seguridad Social por el accidente laboral sufrido por un trabajador de la subcontratada. La AP Madrid estimó parcialmente el recurso de apelación de la actora y dispuso una distribución de la deuda adaptada a una cuota de responsabilidad del 70% para la demandada y del 30% para la demandante, condenando a aquélla a abonar a ésta la suma correspondiente a ese porcentaje. El Tribunal Supremo estima el recurso de casación promovido por la demandada, casa la sentencia de la Audiencia y confirma la del Juzgado. Considera la Sala que:

"Los pactos internos existentes entre las partes no pueden ser tomados en consideración para determinar el reparto interno de la deuda entre los deudores solidarios pues las sentencias de instancia han apreciado la nulidad de la cláusula por la que Metroges intentaba desplazar a CLM, en sus relaciones internas, la total responsabilidad por las consecuencias económicas que pudieran producirse por accidentes laborales que afectaran al personal de CLM que trabajara en la obra de Metroges

La nulidad de este tipo de cláusulas está expresamente prevista en el último párrafo del art. 42.3 de la LISOS. La razón de esta expresa previsión legal de nulidad radica en que una cláusula de esta naturaleza desincentiva el cumplimiento por el empresario principal de su obligación de vigilar el cumplimiento de la normativa de prevención de riesgos laborales respecto del personal de empresas subcontratadas en la realización de obras o servicios correspondientes a la propia actividad de aquéllas y que se desarrollen en sus propios centros de trabajo, por lo que se puede poner en grave riesgo la salud laboral de los trabajadores de la empresa subcontratada.

Por tanto, el único criterio para determinar el reparto de cuotas en las relaciones internas entre las partes, sobre el cual ha de operar la acción de regreso, es el del origen o fuente de la obligación, que en este caso es la responsabilidad derivada del accidente de trabajo que sufrió el operario de CLM en la obra de Metroges, por el incumplimiento de la normativa sobre riesgos laborales y seguridad e higiene en el trabajo".

Y, concluye,

"En principio, la regulación legal que establece la responsabilidad solidaria de las empresas principal y subcontratista por los accidentes laborales en caso de incumplimiento de las normas de prevención de riesgos laborales no aporta criterios que permitan destruir la presunción del art. 1138 del CC del reparto por partes iguales en sus relaciones internas cuando surjan obligaciones derivadas del incumplimiento de dicha normativa laboral y se ejercite la acción de regreso entre deudores solidarios. Es necesario, por tanto, que en el caso concreto concurran y resulten justificadas especiales circunstancias que destruyan dicha presunción y permitan atribuir cuotas en una proporción distinta a la que resulta de la aplicación de la presunción del art. 1138 del CC". De modo que, "No concretándose qué circunstancia específica concurre en el caso enjuiciado para justificar que se considere superior la situación de riesgo generada por la demandada a la atribuible a la demandante, la normativa laboral que constituye la fuente de la obligación no atribuye una causación de riesgo mayor a uno u otro responsable y, por tanto, no permite por sí sola atribuir una mayor responsabilidad a la empresa contratada o subcontratada que a la empresa principal cuando sea aplicable el art. 42.1 de la LISOS".

3. Responsabilidad de tercero e indemnizaciones por daños y perjuicios

A) Incumplimiento de deberes preventivos

36. El incumplimiento irregular de los deberes de cooperación, información y vigilancia impuestos por el art. 24 de la LPRL pueden generar, además de una responsabilidad administrativa, una responsabilidad civil, contractual o extracontractual, si como consecuencia del incumplimiento se causan daños y perjuicios a los trabajadores de las empresas que desarrollan su actividad en el centro de trabajo. La configuración de la responsabilidad civil empresarial por los accidentes de trabajo ocurridos en las relaciones interempresariales de contratación y subcontratación de obras y servicios de la propia actividad ejecutadas en el centro de trabajo de la empresa principal o comitente tiene un importante alcance, doctrinal y práctico, pues de esa configuración derivan efectos relevantes para las empresas y trabajadores implicados en los procesos de descentralización productiva.

En primer lugar, hay que tener en cuenta que la estimación de la indemnización de daños y perjuicios derivados de un incumplimiento de las normas en materia de prevención de riesgos laborales no requiere de la previa existencia de una sanción declarada como tal por el organismo sancionador correspondiente. Una y otra, la sanción o ilícito administrativo y la indemnización o ilícito civil responden a distintos requisitos y del mismo modo que por tal razón pueden coexistir, pueden también existir la una sin el otro y así para la imposición de la sanción basta con la apreciación de una falta de medida de seguridad o salud en el trabajo, mientras que para la indemnización de los daños causados es necesario que dicha falta haya sido además la causa del accidente.

37. En los supuestos de contratas o subcontratas de obras o servicios sean o no de la propia actividad del titular del centro de trabajo en que se produce la concurrencia de diversas empresas, el legislador establece un plus de exigencia al empresario principal, al imponer además de las anteriores obligaciones el deber de vigilar el cumplimiento de la normativa de prevención de riesgos laborales por parte de dichos contratistas y subcontratistas (arts. 24.3 de la LPRL y 10 del RD 171/2004).

La STSJ Galicia de 30 de junio de 2016 (Rº 3088/2015) estima que en el supuesto de autos la empresa principal hizo dejación de sus obligaciones de coordinar, comprobar y cumplir las medidas preventivas impuestas al contratista por su plan de prevención de riesgos laborales, así como comprobar el cumplimiento de los requisitos de experiencia y formación del trabajador accidentado para trabajar como motoserrista y la obligación de impartirle formación. La empresa principal es responsable también del accidente sufrido, señalando la Sentencia al efecto que el deber de velar por la seguridad y salud de los trabajadores, lo tiene la contratista principal cuando se trate de la misma actividad. Por ello en el plano laboral y bajo la óptica del deber de seguridad o «deuda de seguridad» de la empresa con los trabajadores consagrada en los arts. 4.2.d) y 19.1 del LET y art. 2 de la LPRL, se puede estimar concurrente el evento fáctico y la ausencia de medidas de seguridad que, en directa relación causal, motivaron la producción del evento lesivo, por ello entiende la citada Sentencia que la empresa principal también debe responder.

El art. 42.3 de la LPRL establece que la empresa principal responderá solidariamente con los contratistas y subcontratistas a que se refiere el art. 24.3 de la LPRL del cumplimiento durante el periodo de la contrata, de las obligaciones impuestas por dicha ley en relación con los trabajadores que aquéllos ocupen en los centros de trabajo de la empresa principal, siempre que la infracción se haya producido en el centro de trabajo de dicha empresa principal. Por su parte, el art. 10.1 del RD 171/2004 impone al empresario principal el deber de vigilar el cumplimiento de la normativa de prevención de riesgos laborales por parte de las empresas contratistas o subcontratistas de obras y servicios correspondientes a su propia actividad y que se desarrollen en su propio centro de trabajo.

El demandante era empleado de Btren. Dicho actor se encontraba realizando su actividad (de mantenimiento de un tren) en dependencias de Renfe. En ese mismo tren se encontraba trabajando un operario de otra empresa distinta (Patentes Talgo). No existía coordinación entre el actor y el otro trabajador, de modo que cuando el otro trabajador accionó la bocina del tren desconocía que el demandante se encontraba trabajando en el mismo tren. El plan de evaluación de riesgos laborales de la empresa principal (Renfe) no contemplaba como riesgo la exposición a ruidos. El plan de emergencia elaborado por Renfe, pese a prever que en esas dependencias desarrollen actividad diversas empresas —con la consiguiente necesidad de adoptar medidas de coordinación entre ellas—, no contemplaba el referido riesgo de exposición a ruidos. Se celebraron reuniones de coordinación entre las empresas en materia de prevención de riesgos laborales, en las cuales no consta se abordase el referido riesgo de exposición a ruidos. Al actor se le entregaban, como protección auditiva, unos tapones de espuma.

En su fundamentación jurídica la sentencia recurrida considera que procede declarar la responsabilidad solidaria de las tres empresas por cuanto que ninguna de ellas adoptó las pertinentes medidas preventivas, siendo de aplicación el art. 24 de la LPRL

> La alegación de Btren según la cual el incumplimiento fundamental estaría en la actuación omisiva de la empresa principal, al no haber advertido a la empresa contratista del riesgo derivado del ruido y al no haber articulado medidas de coordinación entre la empresa principal y la contratista para la prevención conjunta de dicho riesgo sonoro, podrá servir para que finalmente la empresa o empresas solidariamente condenadas puedan reclamar de la empresa principal lo que hayan tenido que abonar por el siniestro. Pero esto último habría de ser en otro procedimiento ulterior, a sustanciar entre las empresas solidariamente condenadas, ya que el mecanismo o instituto de la "solidaridad obligacional" se establece en beneficio del trabajador, de modo que todas las empresas (principal y contratista o contratistas) implicadas en el siniestro laboral deben responder solidariamente, al menos en tanto no acrediten que su actuación fue absolutamente diligente y del todo ajena a la producción del siniestro.

En el presente caso, resuelto por la STSJ Madrid de 18 de septiembre de 2020 (Rº 1343/2019), aun siendo cierto que la empresa principal (Renfe) no incluyó en el plan de coordinación lo relativo al riesgo derivado del ruido, la empresa contratista Btren debía ser consciente de la realidad de ese riesgo, pues sus trabajadores habían de realizar actividad laboral en las inmediaciones del dispositivo sonoro de la bocina del tren, susceptible de generar un ruido o sonido de gran potencia. *Es decir, cada uno de esos sujetos implicados en el accidente ha de acreditar, por separado y de forma autónoma, que adoptó para evitar el siniestro cuantas medidas de seguridad le eran exigibles, o bien que el accidente respondió, en todo o en parte, a causas que estaban completamente fuera de su poder de disposición".*

Interpretando tales preceptos la jurisprudencia (por todas, baste citar la STS de 20 de marzo de 2012 Rº 1470/2011) ha puesto de relieve que "... es perfectamente posible que una actuación negligente o incorrecta del empresario principal cause daños o perjuicios al empleado de la contrata, e incluso que esa actuación sea la causa determinante del accidente laboral sufrido por éste. Es, por tanto, el hecho de la producción del accidente dentro de la esfera de la responsabilidad del empresario principal en materia de seguridad e higiene lo que determina en caso de incumplimiento la extensión a aquél de la responsabilidad en la reparación del daño causado, pues no se trata de un mecanismo de ampliación de la garantía en función de la contrata, sino de una responsabilidad que deriva de la obligación de seguridad del empresario para todos los que prestan servicios en un conjunto productivo que se encuentra bajo su control".

B) La ley no establece "responsabilidad solidaria alguna" en materia de responsabilidad civil

38. La STS (Social) de 6 de mayo de 2021 (Rº 2611/2018) niega que normativamente se encuentre establecida la responsabilidad solidaria de la empresa principal "en materia de responsabilidad civil" por el cumplimiento de la normativa de prevención de riesgos laborales por parte de las empresas contratistas o subcontratistas de obras y servicios correspondientes a su propia actividad y que se desarrollen en su propio centro de trabajo; esto es, en materia de responsabilidad por los daños y perjuicios causados al trabajador accidentado en el centro de trabajo de la empresa principal por el incumplimiento de la normativa preventiva por su empresa, contratista de la principal.

La Sala limita la responsabilidad solidaria de la empresa principal con los contratistas y subcontratistas por el incumplimiento, durante el período de la contrata, de las obligaciones en materia de prevención de riesgos laborales, impuesta por el art. 42.3 de la LISOS, a la responsabilidad administrativa. Así se deduce "obviamente", según la sentencia mayoritaria, de la interpretación textual del citado precepto legal y su alojamiento en la ley administrativa sancionadora en el orden social, a lo que añade que es esa responsabilidad administrativa, y no otra, "la regulada por la LISOS, pues no en vano el precepto en cuestión desapareció de la LPRL y se introdujo en la LISOS, con motivo de la publicación del Texto Refundido de la LISOS". Y no cabe extender esa responsabilidad solidaria administrativa-sancionadora al juego de responsabilidades de otra naturaleza jurídica que pueden concurrir en un accidente de trabajo (recargos y responsabilidad civil y penal).

Reconoce la sentencia que el incumplimiento empresarial de las normas de prevención no siempre se traduce en una infracción administrativa. En tales casos, el incumplimiento empresarial puede dar lugar a responsabilidad civil o contractual por el accidente de trabajo, pero no a la responsabilidad solidaria de la empresa principal que ha previsto el art. 42.3 de la LISOS.

Hay también, según la sentencia, una imposibilidad conceptual para calificar la responsabilidad legalmente establecida de responsabilidad solidaria y, además, propia, conforme a los parámetros de la jurisprudencia civil. El supuesto normativo del art. 42.3 de la LISOS parte del incumplimiento por la empresa principal de su obligación legal de vigilar el cumplimiento por los contratistas y subcontratistas de la normativa de prevención de riesgos laborales (art. 24.3 de la LPRL), una obligación "personal exclusivo de la empresa principal que no puede cumplir la contratista". No habiendo obligación solidaria, la responsabilidad por su incumplimiento, supuestamente solidaria, sólo puede ser impropia.

En consecuencia, la responsabilidad empresarial civil por accidente de trabajo será solidaria impropia atendiendo a la concurrencia de culpas, de la empresa empleadora y de la comitente, en la causación del accidente, pues la responsabilidad no existe sin culpa o negligencia, y de acuerdo con la sentencia que la imponga. En el caso, la conducta de ambas empresas, la principal y la empleadora, han contribuido a producir el resultado dañoso, en el que es imposible o difícil la delimitación de la contribución culposa o negligente, activa u omisiva, de cada una de las empresas concernidas al origen del accidente, surgiendo la responsabilidad solidaria de la empresa principal de lo que dispusiera la eventual sentencia de condena a la indemnización de los daños y perjuicios causados, conforme a la jurisprudencia civil.

39. La responsabilidad empresarial civil por accidente de trabajo será solidaria impropia Con las consecuencias de: (i) inaplicación del art. 1974.1 del CC; (ii) la reclamación frente a la empleadora, empresa contratista de la principal, no interrumpe la prescripción respecto de la acción que el trabajador accidentado pudiera ejercitar contra aquélla; (iii) la acción contra la empresa principal había prescrito al haber transcurrido más de un año desde que la acción pudo ejercitarse (art. 59.2 del ET).

C) Solidaridad impropia y efectos sobre la prescripción

El trabajador prestaba servicios para Elecnor SA, desde el 1-6-04 con categoría de oficial de 1ª, en una obra contratada por la principal, Viesgo Distribución Eléctrica SLU, correspondiente a la propia actividad de ésta. Causó baja el 26 de mayo de 2015 por el accidente de trabajo que sufrió, provisto del casco reglamentario, cuando realizaba un tendido aéreo, consistente en pasar un nuevo cable eléctrico entre dos apoyos metálicos con otros tres compañeros más, uno de los cuales se encontraba subido en una torre o apoyo metálico situado a unos 10 metros de altura, realizando labores de retirada de una grapa de amarre de 2,6 kgs de peso; en la parte baja estaban dos de los trabajadores manejando una cuerda para elevar o auxiliar en la subida del cable, y fuera de la zona delimitada por un muro, a unos 4 metros de distancia, estaba el actor y otro trabajador. Al dejar trabajador subido en la torre procedió la grapa en el portaherramientas, se le resbaló, por la humedad del momento, cayó al suelo, golpeando una estructura metálica, en la que rebotó, salió disparada desviándose de la vertical e impactando en la cabeza del demandante. Los trabajadores contaban con formación e información suficiente. Como consecuencia del accidente se levantaron informes por el ICSS y la propia empresa demandada Elecnor. El trabajador accidentado sufrió importantes lesiones y hospitalización, reconociéndole el INSS una incapacidad permanente total por resolución de 27 de abril de 2016. Cuando amplió su demanda frente a la principal Viesgo Distribución Eléctrica SLU y la aseguradora

AIG, el día 5 de octubre de 2017, había transcurrido ampliamente el plazo de un año del art. 59.2 del ET desde el reconocimiento de la incapacidad permanente total. Tras reclamar indemnización por accidente de trabajo, primero frente a la empresa empleadora y después para la empresa comitente, por sentencia de instancia se desestimó la demanda. La Sala de suplicación revoca dicha sentencia y condenó a ambas empresas de forma solidaria al abono de la indemnización solicitada, por entender que había existido infracción de medidas de seguridad, y que tanto la empresa principal como la contrata se dedican a la misma actividad, por lo que alcanza la responsabilidad solidaria, y además que no existió prescripción (Con un excelente comentario de Casas Baamonde, 2021).

40. La STS (Social) de 6 de mayo de 2021 (Rº 2611/2018) considera respecto de la alegación de infracción de la jurisprudencia relacionada con la solidaridad impropia, y en particular si está prescrita la reclamación contra la empresa comitente puesto que la demanda presentada contra la empresa empleadora no interrumpe la prescripción, la Sala de lo Social casa y anula la sentencia de suplicación y absuelve a la empresa principal. Y es que no es de aplicación el art. 1974 del CC, por lo que la reclamación efectuada ante el empresario empleador no interrumpe la prescripción respecto de la acción ejercitada contra el empresario principal, por lo que resulta evidente que cuando el actor reclamó contra el empresario principal, su acción estaba ya prescrita por haber transcurrido más de un año desde que la acción pudo ejercitarse

En el supuesto, entiende la Sala que se está ante un supuestos de solidaridad impropia, ya que el art. 42.3 de la LISOS refiere a la solidaridad en la responsabilidad administrativa, sin que nada en la ley pueda hacer pensar que esa solidaridad en materia de infracciones y sanciones administrativas deba aplicarse al resto de responsabilidades que pudieran derivarse del accidente (recargos, responsabilidad penal o responsabilidad civil), de forma que el art. 42.3 de la LISOS no establece responsabilidad solidaria alguna en materia de responsabilidad civil. Añade la Sala que la culpa y responsabilidad deriva del incumplimiento por parte del empresario principal del deber de vigilancia de la normativa de prevención de riesgos laborales por parte de la empresa contratista, estando en presencia de una obligación personal exclusiva de la empresa principal que no puede cumplir la contratista, por lo que tampoco habría obligación solidaria, lo que abona la opción por la naturaleza impropia de la supuesta responsabilidad solidaria. En definitiva, al contrario de lo que sucede en la responsabilidad administrativa y en la responsabilidad sobre el recargo de prestaciones de Seguridad Social, en las que la solidaridad viene impuesta legalmente, en supuestos de subcontratación en materia de responsabilidad civil, la solidaridad sólo puede deducirse de la concurrencia de culpas en el origen del accidente, sin que exista norma que así lo imponga.

El voto particular con el que cuenta esta Sentencia discrepa de esta interpretación al entender que el art. 42.3 LISOS establece una responsabilidad solidaria propia, "automática", tanto administrativa como civil, de la empresa principal en cuyo centro de trabajo se desarrollan contratas o subcontratas de la propia actividad. El voto particular llega a esa conclusión con un argumento histórico (el art. 42.3 LISOS no ha alterado el tenor de lo que el derogado art. 42.2 LPRL establecía: "la ubicación de la prescripción derogada en una Ley diversa (LISOS) a la matriz (LPRL) no debiera alterar su ámbito y significado. En concreto, su alcance respecto del tipo de responsabilidades contempladas no podría variar") y con una interpretación literal ("la norma no se refiere a la responsabilidad por infracciones administrativas, sino que mantiene la genérica referencia a cualquier 'infracción', es decir, a los incumplimientos en materia de prevención de riesgos laborales"), sistemática ("El art. 42 LISOS se rubrica como "responsabilidad empresarial", sin restringirla a alguna de sus especies. Pero es que, además, su apartado 1, contempla una responsabilidad claramente ajena a la derivada de las infracciones administrativas"), teleológica ("El ET, la LISOS y la LPRL, así como el desarrollo reglamentario de la misma en materia de coordinación empresarial, aprobado mediante RD. 171/2004, de 30 de enero, quieren reforzar las garantías que quien trabaja al servicio de determinada empresa posee frente a sus incumplimientos; y a tal efecto implican a la empresa principal") y lógica (no parece lógico que el ordenamiento pudiera admitir que "en casos como el presente surge la responsabilidad solidaria de la empresa principal respecto de las infracciones administrativas cometidas por la auxiliar y, sin embargo, en materia de 'civiles por los daños y perjuicios que puedan derivarse de dicho incumplimiento' no sucede de ese modo") del art. 42.3 LISOS.

Con la interpretación de la Sentencia del Tribunal Supremo la responsabilidad civil solidaria de la empresa principal se ha dificultado pues solo puede deducirse de la concurrencia de culpas en el origen del accidente, sin que, a su entender, exista norma que así lo imponga (Aguilera Izquierdo). La responsabilidad solidaria de la empresa principal no se impone por la ley, sino en caso de incumplimiento culposo por sentencia de condena

III. Empresas de trabajo temporal

1. *Obligaciones de las Empresas de Trabajo Temporal y de las Empresas Usuarias en materia de prevención de riesgos laborales*

41. El art. 28.5 de la LPRL establece que:

En las relaciones de trabajo a través de empresas de trabajo temporal, la empresa usuaria será responsable de las condiciones de ejecución del trabajo en todo lo relacionado con la protección de la seguridad y la salud de los trabajadores. Corresponderá, además, a la empresa usuaria el cumplimiento de las obligaciones en materia de información previstas en los apartados 2 y 4 del presente artículo.

La empresa de trabajo temporal será responsable del cumplimiento de las obligaciones en materia de formación y vigilancia de la salud que se establecen en los apartados 2 y 3 de este artículo. A tal fin, y sin perjuicio de lo dispuesto en el párrafo anterior, la em-

presa usuaria deberá informar a la empresa de trabajo temporal, y ésta a los trabajadores afectados, antes de la adscripción de los mismos, acerca de las características propias de los puestos de trabajo a desempeñar y de las cualificaciones requeridas.

La empresa usuaria deberá informar a los representantes de los trabajadores en la misma de la adscripción de los trabajadores puestos a disposición por la empresa de trabajo temporal. Dichos trabajadores podrán dirigirse a estos representantes en el ejercicio de los derechos reconocidos en la presente Ley".

Dicho artículo fue desarrollado por el RD. 216/1999, de 5 de febrero, sobre disposiciones mínimas de seguridad y salud en el trabajo en el ámbito de las empresas de trabajo temporal, relacionado a su vez, con la Ley 14/1994, de 1 de junio, por la que se regulan tales ETT.

42. El art. 16 de la LETT, por su parte, precisa que:

1. Con carácter previo al inicio de la prestación de servicios, la empresa usuaria deberá informar al trabajador sobre los riesgos derivados de su puesto de trabajo, así como las medidas de protección y prevención contra los mismos.

2. La empresa usuaria es responsable de la protección en materia de seguridad e higiene en el trabajo así como del recargo de prestaciones de Seguridad Social a que se refiere el artículo 93 del Decreto 2065/1974, de 30 de mayo, por el que se aprueba el texto refundido de la Ley General de la Seguridad Social, en caso de accidente de trabajo o enfermedad profesional que tenga lugar en su centro de trabajo durante la vigencia del contrato de puesta a disposición y traigan su causa de falta de medidas de seguridad e higiene.

2. *Recargo de prestaciones y responsabilidad de la empresa usuaria*

43. Pese a la clara redacción del art. 16.2 de la LETT, una duda que puede plantearse es si, además de la responsabilidad directa de la empresa usuaria, la ETT también está obligada a responder, especialmente si el incumplimiento de la normativa sobre prevención de riesgos da lugar a un accidente de trabajo que genera el correspondiente recargo de prestaciones (Ampliamente, Blasco de Luna, 2025: 270-281). Esta posibilidad parece propugnarse por la Directiva CEE 91/383, que dispone que los Estados miembros deberán adoptar las medidas oportunas para que "sin perjuicio de la responsabilidad establecida por la legislación nacional de la ETT, la empresa y/o el establecimiento usuarios sean responsables de las condiciones de ejecución del trabajo durante el tiempo que dura la adscripción", con lo que parece darse por hecho que, ante todo, la legislación nacional contempla una responsabilidad primaria de la ETT. Presupuesto que, desde luego, no cumple la legislación española, que no establece expresamente la responsabilidad de la ETT.

En contra de esta posición se sitúa algún autor que entiende que se tratará de una concurrencia de responsabilidades "que no generará solidaridad (impropia o in solidum), dada la necesaria distribución de cuotas, por la diferente entidad de los deberes respectivos". Por otra parte, en aquellos casos en que el accidente pueda imputarse al incumplimiento de la ETT en materia de las obligaciones que le están legalmente atribuidas respecto del trabajador, la responsabilidad debería recaer exclusivamente en ésta y no en la empresa usuaria (Calvo Gallego, 1998).

3. Indemnizaciones por accidente de trabajo y responsabilidades de la empresa usuaria y Empresa de Trabajo Temporal

A) Responsabilidad solidaria de Empresa de Trabajo Temporal y Empresa Usuaria

Una trabajadora firmó tres contratos con la ETT para trabajar como manipuladora en una empresa que fabrica y diseña material de cartón. El accidente se produjo el 15 de junio de 2007, cuando, sin que se conozca la causa, —se supone que para meter bien la pieza de cartón—, introdujo la mano por debajo de la protección de la máquina contracoladora y se le quedó atrapada entre los rodillos que prensan el cartón. Otro trabajador paró la máquina, accionando los botones para casos de emergencia, pero la mujer no pudo sacar la mano hasta que separaron los rodillos. El accidente le produjo un "grave traumatismo por aplastamiento del miembro superior izquierdo". La empresa atribuyó el accidente a una distracción o falta de atención por parte de la trabajadora que metió la mano por debajo de la máquina sin respetar la limitación impuesta por la protección fija.

44. La STS (Social) de 4 de mayo de 2015 (Rº 1281/2014), estima el recurso de casación interpuesto por la trabajadora y anula la sentencia del Tribunal Superior de Justicia de Madrid, de 30 de diciembre de 2013, que rechazó la demanda en la que solicitaba una indemnización por los daños y perjuicios derivados del accidente de trabajo y absolvió a las dos empresas y a la aseguradora. La sentencia del Tribunal Superior de Justicia de Madrid, que confirmó la de instancia, mantenía que no hubo responsabilidad empresarial porque la máquina era la adecuada y la trabajadora había recibido la correspondiente formación e información para su manejo. Se apoyó en el informe pericial que atribuyó el accidente, ocurrido en la última hora de la jornada del viernes, al cansancio físico y mental de la trabajadora.

Sin embargo, la Sala de lo Social, en esta sentencia que reitera doctrina, considera que el empresario no ha cumplido con su obligación de proporcionar a la trabajadora una protección eficaz en materia de seguridad e higiene al no acreditar que ha adoptado "las medidas de protección necesarias, cualesquiera que ellas fueren" para impedir el accidente; puesto que no protegió a la trabajadora "frente a sus propios descuidos e imprudencias no temerarias".

La sentencia afirma que corresponde a la trabajadora, según sus posibilidades, observar en su trabajo las medidas legales y reglamentarias de seguridad. Añade que la empresa tiene que efectuar una vigilancia idónea sobre el cumplimiento por parte de los trabajadores de las normas de prevención, "no tratándose de una mera obligación formal que se cumpla justificando poseer unos detallados planes de seguridad y salud si no se constata que los mismos son efectivamente aplicados y que los concretos trabajadores han sido plenamente instruidos, ni basta con entregar equipos de protección u otros medios adecuados si no se vigila eficazmente su utilización tolerando su no empleo o su inadecuado uso".

El Tribunal Supremo declara que los codemandados —empresa de trabajo temporal y empresa usuaria— no han acreditado:

> "haber agotado toda diligencia exigible, más allá —incluso— de las exigencias reglamentarias", lo que es predicable, por una parte, de la no justificación por la empresa de trabajo temporal de la existencia de una formación adecuada para el caso y trabajo concreto que le fue encomendado (información sobre los riesgos o sobre la "existencia de riesgos específicos del puesto de trabajo a cubrir, así como sobre las medidas de protección y prevención frente a los mismos" y "formación suficiente y adecuada a las características del puesto de trabajo a cubrir" (art. 28.2 de la LPRL) y "La empresa de trabajo temporal será responsable del cumplimiento de las obligaciones en materia de formación y vigilancia de la salud que se establecen en los apartados 2 y 3 de este artículo" (art. 28.5 de la LPRL y art. 6 del Real Decreto 216/1999, de 5 de febrero, sobre disposiciones mínimas de seguridad y salud en el trabajo en el ámbito de las empresas de trabajo temporal), para lo que no ha bastado con la formación teórica y práctica que consta efectuada; y por otra parte, tampoco se acredita el agotamiento de toda la diligencia exigible, por parte de la empresa usuaria, en la real utilización de una máquina, que aunque formalmente pareciera idónea, no se detiene automáticamente cuando se atasca y que permite introducir, aunque sea por lugar inadecuado, hasta un brazo de la trabajadora sin detenerse. Concurso de incumplimientos y derecho de los trabajadores contratados por empresas de trabajo temporal a "disfrutar del mismo nivel de protección en materia de seguridad y salud que los restantes trabajadores de la empresa en la que prestan sus servicios" (art. 28.1 LPRL desarrollado por el RD 216/1999) que comporta la declaración de responsabilidad solidaria de las citadas empresas".

45. Otro buen ejemplo nos lo proporciona la STSJ de Castilla-La Mancha de 28 de octubre de 2022, en doctrina que también reitera la STSJ Andalucía (Sevilla) de 16 de julio de 2024 (Rº 2249/2022). La misma declara la responsabilidad de Manpower Team Empresa De Trabajo Temporal, S.A.U. y la recurrente en el accidente que sufrió Don Rodolfo el día 17 de junio de 2015, como concurrencia de dos incumplimientos en la producción del accidente, por un lado la falta de procedimiento y protocolos de transporte, colocación, manipulación o protección de herramientas tras su utilización (Hoz) imputable a mi representado, y por otro una ausencia de formación en el trabajador accidentado imputable a la empresa de trabajo temporal.

La Sentencia declara la responsabilidad solidaria de Manpower Team ETT, S.A.U. y Lidea Spain, S.L. establece;

> "...Por otra parte, y para la correcta delimitación de las responsabilidades eventualmente concurrentes en el caso, debe tenerse en cuenta que, por la propia naturaleza dual de la intervención empresarial en los casos de trabajadores puestos a disposición por una ETT, y en orden a la protección suficiente y eficaz de los mismos, la normativa en la materia pone en juego un doble orden de responsabilidades combinadas, ya que la ETT es la responsable de los deberes de formación, información, vigilancia y seguimiento, mientras que la empresa usuaria, por obvias razones, se responsabiliza de las concretas condiciones de ejecución del trabajo. Así se expresan sobre este aspecto tanto los arts. 12.3 y 16.2 de la Ley 14/1994 por la que se regulan las empresas de trabajo temporal, como el art. 28.5 de la LPRL que reproducimos por su carácter más específico: "En las relaciones de trabajo a través de empresas de trabajo temporal, la empresa usuaria será responsable de las condiciones de ejecución del trabajo en todo lo relacionado con la protección de la seguridad y la salud de los trabajadores. Corresponderá, además, a la empresa usuaria el cumplimiento de las obligaciones en materia de información previstas en los apartados 2 y 4 del presente artículo. La empresa de trabajo temporal será responsable del cumplimiento de las obligaciones en materia de formación y vigilancia de la salud que se establecen en los apartados 2 y 3 de este artículo. A tal fin, y sin perjuicio de lo dispuesto en el párrafo anterior, la empresa usuaria deberá informar a la empresa de trabajo temporal, y ésta a los trabajadores afectados, antes de la adscripción de los mismos, acerca de las características propias de los puestos de trabajo a desempeñar y de las cualificaciones requeridas".

46. Finalmente, la STSJ Cantabria 22 de noviembre de 2021 (Rº 692/2021), considera que es responsable solidario el Centro Portuario de Empleo, siendo aplicable la Ley 14/1994 de Empresas de Trabajo Temporal, por incumplimiento de su deber de garantizar el traslado de las normas de seguridad, no solo genéricas, sino del concreto puesto de estiba y desestiba, lo que no se hizo porque de hecho no existía evaluación concreta sobre la actividad en que se produjo el accidente, lo que determinó la falta de coordinación entre el trabajador cedido y el accidentado.

B) Responsabilidad exclusiva de la ETT

47. La responsabilidad directa de la ETT procederá en aquellos casos en los que el evento dañoso haya tenido lugar, exclusivamente, por la falta de preparación, por la inadecuación profesional del trabajador destinado en misión o, en definitiva, por el incumplimiento de algunas de las obligaciones que, en principio, el legislador atribuye a la ETT como, podría ser, la existencia de controles médicos. En estos casos la responsabilidad correspondería a la ETT exonerando automáticamente a la empresa usuaria cuando haya cumplido con las específicas obligaciones establecidas en el art. 28.5 LPRL.

Buen ejemplo de ello son los razonamientos que utiliza la STS (Civil) de 3 de julio de 2008 (Rº 3820/2001)

> La omisión de los deberes de la Empresa de trabajo temporal respecto del trabajador, por la omisión de los deberes de protección frente a los riesgos inherentes a la actividad laboral, constituyen específico deber de diligencia que se encuentra enmarcado en el concepto de culpa de los artículos 1902 y 1903 del CC (...) la empresa se desatendió "las diligencias y obligaciones que el propio art. 12 de la Ley 14/1994 le imponía, sin asegurarse de la cualificación profesional para el puesto de trabajo al que lo destinaba, sin ningún tipo de experiencia, ni de formación, ni aptitud laboral idónea, ni previa evaluación del riesgo laboral, se limitó en su propio beneficio económico a ceder a un trabajador procedente del sector de hostelería en una fábrica de producción y transformados textiles naturales y sintéticos con manipulación de maquinaria cuyos riesgos y funcionamiento le era desconocido y que además presentaba muy acusadas deficiencia., sin comprobarlas ni advertirlas como era su deber (...) (Pues) una cosa es que corresponda a ésta la responsabilidad de las condiciones de ejecución del trabajo en todo lo relacionado con la protección de la seguridad y salud de aquéllos (art. 28.5 del LPRL), y otra distinta que la regla contenida en el art. 16-2 de la Ley 14/1994 elimine completamente la responsabilidad de la empresa de trabajo temporal como garante del cumplimiento de la obligación de formar al trabajador de manera suficiente y adecuada a las características del puesto de trabajo a cubrir, teniendo en cuenta su cualificación y experiencia profesional, así como los riesgos a los que vaya a estar expuesto, que es lo que en el caso no hizo, y se le reprocha.

C) Responsabilidad exclusiva de la empresa usuaria

> Se declara como probado el acaecimiento el 25 de agosto de 1998 de un accidente de trabajo sufrido por el operario cuando prestaba sus servicios en la Empresa Manufacturas Sanluce, SA cedido por una ETT a través del correspondiente contrato de puesta a disposición. La causa del accidente se sitúa en el manejo de una sierra circular, accionada mediante pedal y con coraza o resguardo que permite el acceso de la mano del trabajador a la zona peligrosa de corte. Como consecuencia del mismo el trabajador es declarado afectado de lesiones permanentes no invalidantes y a la empresa usuaria (Manufacturas Sanluce) se le impone tanto una sanción administrativa como un recargo de prestaciones de Seguridad Social del 40%.

48. La STSJ Asturias 24 de enero de 2003 (Rº 1131/2002) (con comentario de Igartua Miró, 2003), considera que es fácil argumentar la imputación de responsabilidad en exclusiva a la empresa usuaria, especialmente en el supuesto enjuiciado, donde la causa del accidente se sitúa en el manejo de una máquina carente del adecuado dispositivo de seguridad que impida el acceso de la mano al interior de la máquina mientras está en funcionamiento, aspecto preventivo que incumbía exclusivamente a la empresa usuaria.

En el caso de la STSJ Andalucía 23 de mayo de 2019 (Rº 367/2018), se atribuye, también, la responsabilidad en exclusiva a la Empresa Usuaria dado que "la Empresa de Trabajo Temporal cumplió con las obligaciones que le exigía su condición de tal, no pudiendo controlar el hecho de que la empresa usuaria en un determinado momento, no ofreciera los medios concretos de protección individual, como ha sucedido en el presente caso, en el que el trabajador no portaba las gafas que le hubieran protegido del impacto en el ojo sufrido". Igualmente, la STSJ Galicia 6 de febrero de 2019 (Rº 3039/2018), condena a la empresa usuaria y absuelve a la ETT.

D) Responsabilidad exclusiva del trabajador: Absolución de ETT y usuaria

49. En la STSJ Madrid 29 de noviembre de 2018 (Rº 70/2018), se dice que:

> El accidente, tal y como ha sido descrito, con los demás elementos que configuran la relación laboral no se debió a incumplimiento alguno de las empresas demandadas en materia de prevención de riesgos laborales ni se dejó sin protección al trabajador, siendo más bien éste quien se colocó, de manera voluntaria en esa situación de riesgo que se concretó en el accidente sufrido. Tenía formación e información, le habían proporcionado equipos de protección individual (por lo que aquí respecta, guantes contra agresiones mecánicas), conocía el procedimiento acordado por la empresa para el supuesto de que se atascaran los contenedores (éstos —como se declara probado— eran propiedad de Volkswagen y no, por tanto, propiedad de la empresa usuaria como se recoge en el fundamento de derecho sexto), e incumpliendo dicho procedimiento, solicitó de un compañero que con las palas de la carretilla elevadora presionara la puerta del contenedor para que ésta se abriera, y además de dicha irregularidad, colocó su mano precisamente en la puerta del contenedor pese a que allí estaba maniobrando —por indicación suya— una carretilla elevadora. La conducta desarrollada por D. Carlos Alberto ha de ser calificada de autopuesta en peligro del trabajador relevante, al ser de común conocimiento el hecho de que no debe acercarse una mano a una puerta de un contenedor cuando se ha pedido a otra persona que abra dicha puerta con las palas de una carretilla elevadora, sin dar aviso alguno de esa situación a su superior inmediato para que por éste se adoptaran las decisiones oportunas e incluso se vigilara la apertura por medios mecánicos de la puerta.

Capítulo 21

LA DIMENSIÓN LABORAL DE LA RESPONSABILIDAD CIVIL POR DAÑOS MASIVOS. EL AMIANTO

Bibliografía: ARENAS GÓMEZ, M., *Amianto. Protección judicial de las víctimas un breve recorrido por la evolución de la jurisprudencia: desde la negación hasta el reconocimiento de las víctimas*, IUS-Labor 2019, nº 3. ASÚA GONZÁLEZ, C. *Daños causados por amianto. Reclamación de trabajadores, de familiares y de amas de casa que manipularon la ropa. Cambio de doctrina jurisprudencial sobre la jurisdicción competente. Comentario a la Sentencia de 3 de diciembre de 2015*, Cuadernos Civitas de Jurisprudencia Civil, 2016, nº 101 (BIB 20164045). AZAGRA MALO, A.: *La tragedia del amianto y el derecho español*, Barcelona, Atelier, 2007 Id. *Daños del amianto: litigación, aseguramiento de riesgos y fondos de compensación*, Madrid, Fundación Mapfre, 2011. Id. *Causalidad tóxica y responsabilidad por cuota de incremento de riesgo. Comentario a la Sentencia de la Cámara de los Lores británica de 3 de mayo de 2006 Barker v. Corus (UK) plc., Murray v. British Shipbuilders (Hydrodynamics) Ltd. and others, Patterson v. Smiths Dock Ltd. and others [2006] UKHL 20*, InDret, 2006, nº 3. Id. *Placas Pleurales, angustia e incremento del riesgo*, InDret, 2008, nº 1. BENITO OSMA, F., *Un Fondo de Compensación para Víctimas de Amianto*, Revista Española de Seguros, 2022, nº 192, pp. 677-681. CARRASCO PEREA, A, *Amianto, secuelas, fallecimiento: el "chollo" del cúmulo indemnizatorio*, Actualidad Jurídica Aranzadi, 27 de julio de 2023. DOMÍNGUEZ MARTÍNEZ, P., *RC Extracontractual del empresario derivada de los daños ocasionados por el amianto a trabajadores y familiares*, Revista de Responsabilidad civil, circulación y seguro, 2017, nº 3, pp. 6-22. GARCÍA GÓMEZ, M., MENÉNDEZ-NAVARRO, A., CASTAÑEDA LÓPEZ, R., *Incidencia en España de la asbestosis y otras enfermedades pulmonares benignas debidas al amianto durante el período 1962-2010*, Revista Española de Salud Pública, 2012, Vol. 86, nº 6, pp. 613-625. MARTÍNEZ MOYA, J. *Responsabilidad civil extracontractual por daños ocasionados a pasivos domésticos y ambientales por empresa que utilizaba amianto: el riesgo como criterio de imputación subjetiva. Legitimación por la doble condición de heredero y perjudicado. Valoración y cuantificación del daño*, Revista de Jurisprudencia Laboral, 2021, nº 5, pp. 1-13. MEDINA CRESPO, M., *Sobre la valoración de los daños corporales causados por la exposición de personas al polvo del amianto o asbesto. Sentencia del Tribunal Supremo (Sala 1ª) de 15 de marzo de 2021*, Revista de la Asociación de abogados Especializados en Responsabilidad civil y Seguro, 2021, nº 77, pp. 135 y ss. MOLINA NAVARRETE, C. *Tragedias del amianto y déficits de justica social resarcitoria: lenta y errática aplicación del "nuevo baremo"*. Comentario a la sentencia del Tribunal Superior de Justicia de Galicia de 28 de junio de 2017, recurso 4848/2016. Revista de Trabajo y Seguridad Social. CEF, 2017, nº 416. Id. *La responsabilidad civil por daño (culposo) profesional: el estado del arte judicial entre «conservación» y «progreso»*. Revista de Trabajo y Seguridad Social. CEF, 2020, nº 443, 137-150. MORILLO GONZÁLEZ, F. *Algunos problemas en relación con la responsabilidad civil por daños personales producidos por la exposición a las fibras de amianto. Cuadernos de Derecho Privado*, 2021, nº 1, pp. 123-159. PARRA LUCÁN, M. A, *Derecho civil: responsabilidad civil extracontractual por enfermedades ocasionadas por el amianto*, García-Álvarez García, G., (coord.), *Observatorio de políticas ambientales 2021*, Madrid, CIEMAT, 2021, pp. 535-557. TAPIA TRUEBA, A., *La incidencia de la sucesión de empresas en el recargo de prestaciones de la Seguridad Social en los supuestos de exposición de amianto*, Revista Española de Derecho del Trabajo, 2016, nº 185, pp. 193-225. YZQUIERDO TOLSADA, M., *Asbestosis: un compendio de aspectos nucleares y discutidos* *en la responsabilidad civil*, en Comentarios a las Sentencias de Unificación de Doctrina (Civil y Mercantil), 2021, nº 13, pp. 265-292.

I. Nociones generales y enfermedades profesionales que produce la exposición al amianto

1. La normativa reactiva frente al amianto

1. El asbesto o amianto es un silicato magnésico hidratado fibroso con una gran variedad de usos comerciales, dada su indestructibilidad y resistencia al fuego. El término amianto engloba a un grupo de minerales con distinta composición química y configuración. El más utilizado en la industria ha sido el crisolito (un 95% de la producción), seguido de la crocidolita y la amosita.

> El consumo de amianto en España a lo largo del siglo XX, asimilado a las importaciones de este mineral, ha sido estimado en 2.600.000 Tm. El período de mayor consumo se registró entre 1968 y 1981, con valores anuales superiores a las 60.000 Tm, alcanzando el máximo consumo en 1974 con 126.000 Tm importadas. Se trata de un consumo ligeramente inferior al registrado durante 1975 en países de nuestro entorno como Italia (132.184 Tm), Francia (136.587 Tm) o Reino Unido (137.487 Tm).

Históricamente se ha utilizado en la industria de la construcción y edificación para reforzar el cemento y los plásticos, así como aislante en material para techos, material incombustible y para absorber el sonido. La industria automotriz usaba el amianto en las zapatas de los frenos y en los discos de embrague de vehículos. También ha sido utilizado en el sector naval para aislar calderas, tuberías de vapor y tuberías de agua caliente. Así mismo, está presente en otra gran variedad de ámbitos como son materiales textiles termorresistentes, envases, paquetería y revestimientos, equipos de protección individual, pinturas, productos de vermiculita o talco.

2. Una regulación histórica escasa, difusa y confusa

2. La regulación en la materia fue, hasta el año 1996, notoriamente escasa, difusa y confusa. Si bien desde 1940 diversas órdenes y decretos contenían normas sobre el trabajo en ambientes pulvígenos, calificaban la asbestosis como enfermedad profesional, hacían referencia a la nocividad de la manipulación del amianto o advertían de la necesidad de realizar reconocimientos médicos periódicos.

3. En 1940 tuvo lugar el primer hito en la regulación española del amianto, con el establecimiento de las condiciones de trabajo en ambientes pulvígenos por la Orden de 31 de enero de 1940, por la que se aprueba el Reglamento de Seguridad e Higiene en el Trabajo. En virtud de la referida disposición se establecieron disposiciones sobre el estado y ventilación de los locales de trabajo en ambientes pulvígenos, y sobre la dotación de medios de protección a los trabajadores, no permitiéndose por ejemplo el barrido ni operaciones de limpieza de suelo, paredes y techos susceptibles de producir polvo, debiendo sustituirse por una limpieza húmeda, señalando que los trabajos debían realizarse junto a campanas aspiradoras o bajo cámaras o dispositivos envolventes lo más cerrados posibles y con comunicación a un sistema de aspiración o ventilación, proporcionándole a los trabajadores máscaras o caretas respiratorias cuando por el tipo de trabajo no fuera posible una eliminación satisfactoria de gases, polvos u otras emanaciones.

4. En 1947 se incluyó la asbestosis en el cuadro de enfermedades profesionales aprobado por Decreto de 10 de enero de 1947, de Seguro de Enfermedades Profesionales.

5. En 1957 se prohibió a los varones menores de 18 años y a las mujeres menores de 21 años los trabajos relacionados con el amianto por Decreto de 26 de julio de 1957, en el que se regulaban los trabajos prohibidos a las mujeres y menores, excluyéndose que unas y otros pudieran trabajar en lo que se denominaban trabajos nocivos, incluyéndose entre las actividades prohibidas el asbesto y el amianto (extracción, trabajo y molienda), siendo el motivo de la prohibición el "polvo nocivo" esencialmente en los talleres en donde se liberaban polvos, por considerar que éste era nocivo.

6. La relación causal entre la exposición a fibras de amianto y la asbestosis aparece asimismo en el epígrafe 25 del cuadro de enfermedades profesionales anexo al Reglamento de los Servicios Médicos de Empresa aprobado por Orden de 21 de noviembre de 1959 y en el cuadro de enfermedades profesionales aprobado por el Decreto de 13 de abril de 1961. En ese año, la regulación de la exposición al amianto en los lugares de trabajo tuvo su continuación con el establecimiento de una concentración máxima de amianto en los lugares de trabajo de 175 millones de partículas por metro cúbico de aire (Anexo 2 del Decreto 2414/1961, de 30 de noviembre, por el que se aprueba el Reglamento de actividades molestas, insalubres y peligrosas).

7. En 1963 se dictó Orden Ministerial de 12 de enero de 1963, por la que se aprueban las normas reglamentarias de carácter médico por las que se han de regir los reconocimientos, diagnóstico y calificación de las enfermedades profesionales.

8. Las medidas de prevención fueron endurecidas a medida que la comunidad científica fue siendo consciente de la nocividad de la manipulación de la sustancia, en la medida en que la asunción por el empresario de las medidas de protección vigentes en cada momento no eliminaba el riesgo de desarrollar enfermedades derivadas de la manipulación del amianto. En 1971 fue publicada la Ordenanza General de Seguridad e Higiene en el Trabajo, que recoge métodos y sistemas para la captación y eliminación y para la protección de los trabajadores frente a polvos nocivos.

Las características y forma en que efectuar la limpieza en los locales susceptibles de producir polvo se volvió más exigente con la Ordenanza General de Seguridad e Higiene en el Trabajo, en la que se estableció la obligación del empresario de adoptar las medidas necesarias para la prevención de los riesgos que pudieran afectar a la vida, integridad y salud de los trabajadores de la empresa, reiterando la necesidad de que en estos locales susceptibles de producir polvo la limpieza fuera por medios húmedos si no fuera peligrosa o por aspiración en seco cuando el proceso productivo lo permitiera, indicándose que la manipulación y almacenamiento de las materias a que se refería se efectuarían en recintos aislados y por el menor número de trabajadores posible, debiendo utilizarse estas sustancias en aparatos cerrados que impidieran la salida al medio ambiente del producto nocivo, y si ello no fuera posible captándose por medios de aspiración las emanaciones en su lugar de origen, indicándose que en los locales en que se produjeran sustancias pulvígenas perniciosas para los trabajadores se captarían y eliminarían de la forma más eficaz, debiendo dotarse a los trabajadores expuestos a este riesgo de máscaras respiratorias y protección de la cabeza, ojos y partes desnudas de la piel.

9. En 1978 se incluyó el cáncer de pulmón y los mesoteliomas pleural y peritoneal en el cuadro de enfermedades profesionales (Anexo del Real Decreto 1995/1978, de 12 de mayo, por el que se aprueba el cuadro de enfermedades profesionales).

10. Una nueva Orden de 21 de julio de 1982, desarrollada por Resolución de la Dirección General de Trabajo de 30 de septiembre de 1982, vino a establecer las condiciones en que deberían realizarse los trabajos en que se manipulaba el amianto, estableciéndose la concentración promedio permisible límite para los trabajadores expuestos a la inhalación de fibras de amianto, en 10 fibras por centímetro cúbico, e igualmente las medidas de control ambiental de los puestos de trabajo, en cuanto a la necesidad de mediciones de la concentración realizando las tomas de muestras y recuento de fibras por personal técnico competente, reiterando la exigencia de control médico de los trabajadores mediante reconocimientos previos, periódicos y postocupacionales y recogiendo medidas sobre la ventilación, y protección del personal y en cuanto a su vestuario, indicándose en esta Orden que los trabajadores potencialmente expuestos a fibras de amianto deberían utilizar ropa de trabajo apropiada que incluyera la protección del cabello, señalándose que esta ropa debería lavarse con frecuencia, manteniéndose aislada de la ropa de calle y efectos personales, no permitiéndose a los trabajadores llevarla para su lavado a su domicilio particular. Esta misma Resolución de septiembre de 1982, al regular los reconocimientos médicos de los trabajadores, estableció la obligación de realizar los reconocimientos a los mismos postocupacionales, como antes indicamos, señalando al efecto, que estos deberían realizarse cuando un trabajador con antecedentes a la exposición de fibras de amianto de diez años o más cesara en la empresa, bien por cambio de actividad o por jubilación.

11. La Orden de 31 de octubre de 1984 aprobó el Reglamento sobre trabajos con riesgo de amianto, en cuyo preámbulo se refiere a los peligros para la salud de los trabajadores derivados de la presencia de fibras de amianto, manifestadas en determinadas patologías reconocidas ya como enfermedades profesionales, señalando que, a la vista de las lagunas observadas en la legislación anterior, era necesaria una actualización de la normativa, indicando que la concentración promedio permisible de fibras de amianto en cada puesto de trabajo se establecía en 1 fibra por centímetro cúbico, salvo la variedad del amianto azul cuya utilización quedaba prohibida, estando las empresas obligadas a prestar a los trabajadores las medidas de protección personal necesarias, siendo las mismas responsables de su adecuada limpieza, mantenimiento y, en su caso, reposición, de modo que los equipos individuales de protección se encontraran en todo momento aptos para su utilización y con plena garantía de prestaciones, reiterándose en este Reglamento, al hablar de la necesidad de realizar a los trabajadores reconocimientos médicos, de la necesidad de realizar reconocimientos postocupacionales, habida cuenta del largo periodo de latencia de las manifestaciones patológicas por amianto, reforzándose precisamente la necesidad de los reconocimientos médicos de los trabajadores, incluidos los postocupacionales, en la Orden de 31 de mayo de 1996.

12. En la Orden de 7 de enero de 1987 sobre normas complementarias del Reglamento sobre trabajos con riesgo de amianto, se reduce la concentración promedio permisible, estableciéndose la de 0,25 fibras por centímetro cúbico para la variedad de crocidolita, cuya utilización finalmente fue prohibida por Orden de 26 de julio de 1993, estableciéndose en esta

Orden los valores medios para el crisolito de 0,60 fibras por centímetro cúbico y para las restantes variedades de amianto, puras o en mezcla, la de 0,30 fibras por centímetro cúbico.

13. La Orden de 7 de diciembre de 2001 por la que se modifica el anexo I del Real Decreto 1406/1989, de 10 de noviembre, por el que se imponen limitaciones a la comercialización y al uso de ciertas sustancias y preparados peligrosos, estableció en España la prohibición de utilizar, producir y comercializar fibras de amianto y productos que las contengan.

Pues bien, en la actualidad podría haber ya en España 50.000 personas afectadas por el amianto. Una cifra que el sindicato Comisiones Obreras prevé que se eleve en las dos décadas a 60.000. La Unión Europea ha calculado que hasta el año 2035 se producirán en su ámbito 250.000 fallecimientos por mesotelioma y entre 250.000 y 400.000 más por cáncer de pulmón, laringe, asbestosis y cáncer gastrointestinal. Todos como consecuencia de la inhalación de fibras de amianto. Además, hoy en día existen "más de 3 millones de toneladas"de amianto en edificios españoles, casi el 90 por ciento de los inmuebles construidos entre 1969 y 1998, entre ellos centros escolares, universidades o estructuras de canalización de agua y gas. Del total, un 77 por ciento de las víctimas son personas que estuvieron expuestas laboralmente al mineral, y el resto familiares y vecinos de este tipo de edificios.

3. Una normativa para la prevención de riesgos frente al amianto

14. La vigilancia de la salud de las personas asalariadas expuestas a amianto, viene regulada en el art. 16 del Real Decreto 396/2006, de 31 de marzo, por el que se establecen las disposiciones mínimas de seguridad y salud aplicables a los trabajos con riesgo de exposición al amianto. En este sentido, dispone:

> *1. El empresario garantizará una vigilancia adecuada y específica de la salud de los trabajadores en relación con los riesgos por exposición al amianto, realizada por personal sanitario competente, según determinen las autoridades sanitarias en las pautas y protocolos elaborados, de conformidad con lo dispuesto en el artículo 37.3 del Real Decreto 39/1997, de 17 de enero. Dicha vigilancia será obligatoria en los siguientes supuestos: a) Antes del inicio de los trabajos incluidos en el ámbito de aplicación del presente real decreto con objeto de determinar, desde el punto de vista médico-laboral, su aptitud específica para trabajos con riesgo por amianto. b) Periódicamente, todo trabajador que esté o haya estado expuesto a amianto en la empresa, se someterá a reconocimientos médicos con la periodicidad determinada por las pautas y protocolos a que se refiere el apartado 1.*

2. Todo trabajador con historia médico-laboral de exposición al amianto será separado del trabajo con riesgo y remitido a estudio al centro de atención especializada correspondiente, a efectos de posible confirmación diagnóstica, y siempre que en la vigilancia sanitaria específica se ponga de manifiesto alguno de los signos o síntomas determinados en las pautas y protocolos a que se refiere el apartado 1.

3. Habida cuenta del largo período de latencia de las manifestaciones patológicas por amianto, todo trabajador con antecedentes de exposición al amianto que cese en la relación de trabajo en la empresa en que se produjo la situación de exposición, ya sea por jubilación, cambio de empresa o cualquier otra causa, seguirá sometido a control médico preventivo, mediante reconocimientos periódicos realizados, a través del Sistema Nacional de Salud, en servicios de neumología que dispongan de medios adecuados de exploración funcional respiratoria u otros Servicios relacionados con la patología por amianto".

Atendiendo a lo establecido en el art. 17 del Real Decreto 396/2006, de 31 de marzo, por el que se establecen las disposiciones mínimas de seguridad y salud aplicables a los trabajos con riesgo de exposición al amianto, la obligación de inscripción en el Registro de empresas con riesgo por amianto se impone a todas las empresas que vayan a realizar actividades u operaciones incluidas en el ámbito de aplicación de este RD. Para tal inscripción se observa un criterio territorial, ya que habrá que acudir a los registros que se configuran en los órganos correspondientes de la autoridad laboral del territorio donde radiquen sus instalaciones principales.

II. Colectivos afectados

15. La SAP de Madrid de 13 de marzo de 2018 (Rº 509/2017), procedió a diferenciar los diferentes colectivos afectados, dependiendo el origen de la exposición. Sobre esta base cabe distinguir:

(i) Pasivos laborales. En primer lugar, los trabajadores que inhalaron las fibras de amianto con ocasión del desarrollo de sus funciones laborales y que a causa de dicha inhalación padecieron enfermedades o procesos patológicos para su salud. A ellos o a sus causahabientes, herederos o familiares directos los denomina "pasivos laborales" o "afectados por la exposición laboral".

Dentro de ellos, algunas sentencias distinguen entre los trabajadores que realizaban su actividad en puestos de trabajo en los que existía un foco de producción o difusión de fibras de amianto (expuestos focales) y aquellos que se hallaban en puestos o ambientes en los que, como consecuencia de la actividad desarrollada en el centro de trabajo, se generaba de forma ocasional o permanente una atmósfera contaminada por fibras de amianto (expuestos ambientales).

(ii) Pasivos domésticos. El segundo grupo de afectados o perjudicados es el de aquellas personas que, no siendo empleados de la fábrica de la demandada, inhalaron las fibras de amianto causantes de su enfermedad o de los procesos patológicos para su salud al estar en contacto con los trabajadores de la fábrica. Normalmente se trata de los cónyuges de los trabajadores o de otros familiares que convivían con ellos que tenían contacto con la ropa laboral, impregnada de fibras de amianto, y que se encargaban de su limpieza hasta que, con los años, se impuso el sistema de doble taquilla en la fábrica y se encargó del lavado de la ropa de trabajo, pues antes los trabajadores llevaban la ropa de trabajo a su casa para su lavado. A este segundo grupo de afectados, a sus causahabientes, herederos o familiares directos los denomina "pasivos domésticos" o "afectados por la exposición doméstica".

(iii) Pasivos medioambientales. El tercer grupo de afectados o perjudicados es el de aquellas personas que han habitado en las poblaciones cercanas a la fábrica de Uralita, los municipios de Cerdañola del Vallés y Ripollet, o que han desarrollado su vida laboral en estos municipios, y que han contraído determinadas enfermedades o patologías relacionadas con la inhalación de las fibras de amianto. A este tercer grupo de afectados, a sus causahabientes, herederos o familiares directos los llamaremos pasivos ambientales o afectados por la exposición ambiental. Aunque no se han encontrado estudios que determinen la distancia precisa necesaria para evitar la contaminación, en ocasiones se señalan hasta 10 kilómetros, parece claro que, dentro de una distancia al foco emisor comprendida entre 2 y 5 kilómetros, el grado de exposición es susceptible de originar patologías producidas por las fibras de amianto lanzadas a la atmósfera.

III. "Pasivos laborales" o "afectados por la exposición laboral"

1. El amianto como enfermedad profesional

A) Evolución histórica

16. Las fibras de amianto tienen acción inflamatoria, fibrótica y carcinogénica. El amianto entra en contacto con el organismo a través de contacto dérmico, inhalación e ingestión. Sus efectos principales a nivel respiratorio se producen cuando la inhalación es superior a la capacidad de aclaramiento pulmonar, y tiene efecto acumulativo, con un período de latencia que puede ser largo.

La exposición al amianto puede producir fibrosis pulmonar, alteraciones pleurales, pericárdicas y peritoneales y cáncer de pulmón, mesoteliomas pleural, peritoneal y pericárdico, habiéndose encontrado también asociación con otras neoplasias: carcinomas gastrointestinales o de laringe y de ovario. Existe sospecha, no confirmada, de que el asbesto puede producir otros cánceres (riñón, mama). A nivel poblacional, existe una asociación entre el consumo del amianto y la incidencia de enfermedades por amianto.

Es aceptado, en general, por la comunidad científica que ha de transcurrir un tiempo mínimo necesario entre la exposición al amianto y la aparición de enfermedades relacionadas con dicha exposición. Para la asbestosis se calcula un periodo superior a los 20 años y para el mesotelioma un periodo de 20 a 50 años, con un promedio superior a los 30 años. Las manifestaciones de las alteraciones de la salud debidas al amianto pueden presentarse hasta 75 años tras el inicio de la exposición.

17. En 1961, el decreto de creación del Fondo Compensador del Seguro de Accidentes de Trabajo y Enfermedades Profesionales incorporó un Cuadro de Enfermedades Profesionales con 33 dolencias de origen laboral, que amplió sustancialmente la cobertura del Seguro de Enfermedades Profesionales de 1947, limitado a la silicosis y al nistagmus de los mineros del carbón. El citado cuadro incluyó por vez primera la asbestosis, limitando los trabajos de riesgo a la extracción, preparación y manipulación del amianto, el sector del textil-amianto y la fabricación de guarniciones para frenos, material aislante y productos de fibrocemento.

18. En 1978 se aprobó un nuevo Cuadro de Enfermedades Profesionales que contemplaba 71 enfermedades con derecho a indemnización, clasificadas en seis grupos. En él se mantuvo la asbestosis, ampliando los trabajos de riesgo al desmontaje y demolición de instalaciones que contuviesen amianto, y se incluyó por primera vez el carcinoma primitivo de bronquio o pulmón por asbesto y el mesotelioma en los trabajos expuestos a la inhalación de polvos de amianto.

B) La normativa vigente sobre enfermedades profesionales y el amianto

19. El art. 157 de la LGSS establece que se entenderá por enfermedad profesional "la contraída a consecuencia del trabajo ejecutado por cuenta ajena en las actividades que se especifiquen en el cuadro que se apruebe por las disposiciones de aplicación y desarrollo de esta ley, y que esté provocada por la acción de los elementos o sustancias que en dicho cuadro se indiquen para cada enfermedad profesional". El RD. 1299/2006, de 10 de noviembre, por el que se aprueba el cuadro de enfermedades profesionales en el sistema de la Seguridad Social establece criterios para su notificación y registro. En el Grupo 4 del Anexo I (enfermedades causadas por inhalación) se incluyen las afecciones fibrosantes de la pleura y pericardio que cursan con restricción respiratoria o cardíaca provocadas por amianto y, tanto para estas dolencias como para la asbestosis, se añaden como trabajos de riesgo a los que figuraban en la lista anterior, la carga, descarga o transporte de mercancías que pudieran contener fibras de amianto. Así mismo, se contempla por primera vez un Grupo 6, de EP causadas por agentes carcinógenos, figurando el amianto en primer lugar, asociado a la neoplasia maligna de bronquio y pulmón y al mesotelioma (pleural, peritoneal y de otras localizaciones), y se amplían los trabajos de riesgo a la limpieza, mantenimiento y reparación de acumuladores de calor u otras máquinas que tengan componentes de amianto, trabajos de reparación de vehículos automóviles, aserrado de fibrocemento y trabajos que impliquen la eliminación de materiales con amianto.

Posibilidad de encuadrar el cáncer de laringe, producido por inhalación prolongada en el puesto de trabajo de polvo de amianto (asbestosis), en el concepto listado del punto 6, apartado C, "enfermedades causadas por irritación de las vías aéreas superiores por inhalación o ingestión de polvos, líquidos, gases o vapores", pese a que el carcinoma de laringe como tal no se halla recogido de forma expresa en la relación de enfermedades catalogadas como profesionales. Se trata en ambos casos de pensiones de viudedad, reconocidas inicialmente por contingencias comunes, causadas por trabajadores fallecidos hacía más de 15 años, sin que conste que nadie alegara ningún tipo de prescripción, aunque los efectos del reconocimiento de la contingencia profesional sólo se producen desde los tres meses anteriores a su solicitud de revisión (STS (Social) de 13 de noviembre de 2006, Rº 2539/05, y 26 de junio de 2008, Rº 3406/06). Posteriormente también el cáncer de laringe ha sido incluido en el Anexo I del RD 1299/2006 de Enfermedades Profesionales, mediante el Real Decreto 1150/2015, de 18 de diciembre, pasando a tener el reconocimiento expreso por parte del legislador de su origen laboral por exposición al amianto.

El Resolución de 14 de marzo de 2013, sobre los riesgos para la salud en el lugar de trabajo relacionados con el amianto y perspectivas de eliminación de todo el amianto existente (2012/2065(INI)), incluye también el cáncer de ovarios como enfermedad profesional y además realiza una seria advertencia a la población en general, cuando señala la existencia de "distintos tipos de cáncer provocados no solo por la inhalación de fibras en suspensión sino también por la ingestión de agua procedente de tuberías de amianto y contaminada con dichas fibras-, han sido reconocidas como un riesgo para la salud y pueden tardar varios decenios, en algunos casos más de cuarenta años, en manifestarse".

Aunque el cáncer de esófago no está explícitamente en la lista de enfermedades profesionales, estudios científicos relacionan esta enfermedad con la exposición al amianto

Consta que el trabajador solicitó la declaración de incapacidad permanente absoluta derivada de enfermedad profesional o, subsidiariamente, de accidente de trabajo el 27 de enero de 2020. Falleció el 1 de abril de 2020. El Instituto Nacional de la Seguridad Social declaró el 22 de junio de 2020 que no estaba afecto de ningún grado de incapacidad permanente. Constan en autos informes de la Generalitat de Catalunya y la inspección de trabajo que confirman que en la empresa Macosa, donde trabajó el fallecido, se manipulaba amianto desde 1962 hasta 1988, con deficiencias en las medidas preventivas entre 1984 y 1986. El fallecido trabajó allí desde 1972 hasta 1989. El trabajador fue diagnosticado de cáncer de esófago en estadio IV en octubre de 2019. Macosa estaba inscrita en el Registro de Empresas con Riesgo de Amianto y otros trabajadores de la empresa también sufrieron enfermedades relacionadas con el amianto.

La sentencia de instancia desestimo la demanda rectora de autos por lo que la viuda del trabajador recurrió en suplicación solicitando que se determinara que su marido estaba afecto de incapacidad permanente absoluta y que ésta era derivada de enfermedad profesional o, subsidiariamente, derivada de accidente de trabajo. La recurrente apoya su pretensión en la exposición al amianto como causa de la enfermedad de su esposo. La STSJ Cataluña de 16 de octubre de 2023 (Rº 1694/2023). estima el recurso coligiendo que existe una relación causal entre la exposición al amianto en el ambiente laboral y la enfermedad del trabajador. Argumenta que, aunque el cáncer de esófago no está explícitamente en la lista de enfermedades profesionales, estudios científicos relacionan esta enfermedad con la exposición al amianto. Se valora que las pruebas presentadas y los informes de la inspección de trabajo y la Generalitat de Catalunya demuestran una exposición significativa al amianto en Macosa. La falta de medidas preventivas adecuadas aumenta la probabilidad de esta relación causal; por lo que, en síntesis, la sentencia concluye que la exposición al amianto fue una causa eficiente de la enfermedad del trabajador y le declara en situación de incapacidad permanente absoluta derivada de enfermedad profesional.

C) Las placas pleurales

20. Como señaló la SAP de Madrid de 7 de diciembre de 2017 (Rº 737/2015), las placas pleurales, en sus diferentes manifestaciones, constituyen por lo general simples manifestaciones o indicios de la exposición al asbesto (amianto). Son manifestaciones radiológicas que evidencian la exposición al asbesto tras un largo periodo de latencia, como mínimo de quince años. No requieren grandes dosis de exposición, pudiendo aparecer con dosis bajas, y en la mayoría de los casos no ocasionan limitación funcional. El mesotelioma precisa un largo periodo de latencia (tiempo que transcurre entre la exposición al amianto y la manifestación de la enfermedad) y además no requiere un periodo considerable de exposición, pues médicamente se admite que incluso exposiciones esporádicas o de mínima intensidad pueden asociarse al desarrollo de la enfermedad; la asbestosis necesita un periodo de exposición considerable y mantenida; y las placas pleurales también necesitan un largo periodo de latencia.

2. *Los procedimientos derivados de la exposición al amianto: Declaración de contingencia profesional y declaración de Incapacidad permanente*

A) Declaración como contingencia profesional

21. La litigiosidad fundamental se refiere o afecta a trabajadores que hayan podido estar en relación con el amianto. Y además hay que tener en cuenta los contactos fuera del ámbito laboral, dentro del ámbito familiar (por lavado de ropa en casa) o ambiental, que no regula ahora el sistema. A diferencia de los accidentes de trabajo, en las enfermedades profesionales los daños no son instantáneos, aparecen años más tarde, y en el caso del amianto décadas más tarde.

Así, el principal problema es que muchas empresas donde se produjo la exposición ya han desaparecido cuando la enfermedad se manifiesta, dado que podemos estar hablando de exposiciones que se produjeron de 20 a 50 años antes. O que los trabajadores han podido prestar servicios en diferentes empresas a lo largo de su vida laboral, lo que dificulta la identificación de la exposición concreta que generó la enfermedad. Ello supone una dificultad añadida en la identificación de las empresas responsables del pago de las indemnizaciones que pueden corresponder a los afectados.

Al Instituto Nacional de la Seguridad Social le corresponde la declaración de enfermedad profesional, pero la responsabilidad en orden al pago de las prestaciones corresponde a las Mutuas de accidente de trabajo o enfermedad profesional. La responsabilidad de las prestaciones por incapacidad permanente en situaciones asimiladas al alta corresponderá a la Mutua o Entidad Gestora que tuviera atribuida la cobertura de las contingencias profesionales en el momento del cese en el último puesto de trabajo en el que el trabajador hubiese estado expuesto al riesgo.

Esto es importante en aquellos supuestos en los que el trabajador prestó servicios para varias empresas en las que pudo estar expuesto al riesgo. En este caso, asumiría el pago la Mutua o Entidad Gestora que tuviera la cobertura de la contingencia de la última empresa en la que el trabajador estuvo expuesto.

También añadir que la declaración que haga el Instituto Nacional de la Seguridad Social de una determinada dolencia como enfermedad profesional en la práctica no decae mientras la enfermedad siga evolucionando, es decir, que la evolución de cualquier enfermedad profesional puede ser que al principio no fuese invalidante (por ejemplo, asbestosis iniciales) pero que con el tiempo y con el agravamiento de las lesiones, se convierta en el hecho causante para solicitar y obtener un determinado grado de invalidez, aun cuando el trabajador estuviese ya retirado.

B) Incapacidad permanente derivada de enfermedad profesional

22. Según dispone el art. 137.2 de la LGSS, en la redacción aplicable, en relación con el art. 11.2 de la Orden de 15 de abril de 1969, la profesión que debe tenerse en cuenta a efectos de la declaración de la IPT o de la IPP originada por una enfermedad profesional es, al igual que sucede cuando se trata de una dolencia común, aquella a la que el trabajador dedicaba su actividad fundamental en los doce meses anteriores al inicio de la incapacidad temporal de la que proviene la incapacidad permanente o, en su defecto, a la fecha de solicitud de la incapacidad permanente.

Entre los supuestos en los que es posible tomar en consideración la profesión ejercida por el trabajador en el momento en que estuvo expuesto al agente nocivo cabe incluir el amianto. Así se extrae de la STS (Social) de 18 de enero de 2007 (Rº 2827/2005). En ella se consiente una excepción a la regla general en favor de aquellos trabajadores que en el desempeño de una determinada profesión contraen una enfermedad profesional de lenta gestación que permanece latente mucho tiempo y es diagnosticada cuando se encuentran realizando otro oficio, sentando el criterio de que en ese caso la profesión que debe tomarse como referencia es la desarrollada cuando se adquirió la enfermedad profesional.

En el caso enjuiciado, el demandante estuvo en contacto con el amianto en las instalaciones de una empresa dedicada a la fabricación de forros de freno y embragues de automóvil en el período comprendido entre junio de 1964 y marzo de 1969. En el año 1998 causó alta como autónomo agrario y en 2002, mientras seguía llevando a cabo su actividad por cuenta propia y sin previa incapacidad temporal, solicitó, sin éxito, la prestación de incapacidad permanente derivada de las limitaciones funcionales ocasionadas por la asbestosis padecida como consecuencia de haber estado en contacto con el amianto en el lugar de trabajo.

La STS (Social) de 18 de enero de 2007 (Rº 2827/2005). reconoce la IP, entre otras razones, porque, de prosperar la tesis denegatoria, según dice, "un trabajador que padece una muy grave dolencia consecuencia directa de un trabajo pueda quedar exento de protección legal si al presentarse la enfermedad no está prestando servicios en empresas de riesgo". Seguidamente equipara la asbestosis a la silicosis y aplica la tesis de la STS de 20 diciembre de 1972 (dictada en recurso de casación en interés de ley), que consagró como doctrina legal que la fecha del diagnóstico de la enfermedad profesional de silicosis es el momento que determina el cálculo de la cuantía de su pensión, y decide que se debe adoptar idéntica solución ante idénticos problemas.

23. Interesa poner de manifiesto que la aplicación del criterio jurisprudencial reseñado no comporta automáticamente el reconocimiento de una incapacidad permanente absoluta, total o parcial, lo que dependerá de la naturaleza y entidad de las secuelas acreditadas y de las limitaciones que produzcan para el desempeño de la profesión desarrollada en el momento anteriormente indicado.

3. *Amianto y recargo de prestaciones*

A) Procedencia del recargo de prestaciones por falta de medidas de seguridad: La existencia de relación de causalidad

El trabajador fallecido prestó servicios como soldador oficial 2ª para las empresas de las que trae causa la entidad ahora demandada desde el día 23 de septiembre de 1965 hasta la fecha de su fallecimiento en fecha 23 de septiembre de 2004 y que durante el periodo de unos treinta años prestó sus servicios en la denominada factoría de Villaverde (clausurada entre los años 1994 y 1995), en la que se utilizaba directamente amianto, tanto azul como blanco, hasta el año 1972 y de forma indirecta en trabajos de rehabilitación hasta el año 1987, pasando posteriormente a prestar servicios, una vez clausurada la referida factoría, al denominado taller de Cerro Negro. Tanto en la sentencia de instancia como en la de suplicación se afirma y constata la existencia de una sentencia judicial firme, con efectos de cosa juzgada, en la que se declara el fallecimiento del trabajador lo fue por enfermedad profesional por exposición al amianto. Figuran, asimismo, en lo esencial, como hechos probados y en relación específica con la factoría de Villaverde, que "el trabajador disponía de los equipos de protección individuales tales como mascarillas, guantes, caretas, cascos, etc.", que "anualmente se entregaban dos monos de trabajo, que se lavaban en los domicilios. La maquinaria de trabajo se limpiaba semanalmente por cada trabajador, y los suelos se barrían en húmedo" y que "anualmente en la empresa se llevaban a cabo reconocimientos médicos, sin contener ninguna especificidad relativa a los riesgos de amianto".

24. La STS (Social) de 18 de mayo de 2011 (Rº 2621/2010), falla en el sentido de que existe nexo causal entre la falta de medidas de seguridad —el centro de trabajo carecía de dispositivos de precaución reglamentarios, no se habían observado las medidas generales o particulares de seguridad e higiene en el trabajo, o las elementales de salubridad— y el fallecimiento del trabajo por enfermedad profesional por exposición al amianto durante largos años, por lo que procede imponer a la empresa el recargo de prestaciones.

> "el nexo causal entre la falta de medidas de seguridad y la enfermedad (...) puede reputarse concurrente en el caso enjuiciado, puesto que, de haberse cumplido las medidas preventivas, se hubiera podido razonablemente prevenir o impedir o al menos disminuir los efectos perniciosos de la exposición al agente que enfermó al trabajador". Para el TS es dable presumir, con base en el art. 384 de la LEC, que la conducta omisiva de la empresa supuso una elevación o incremento del riesgo de daño para la salud, elevando sustancialmente las probabilidades de ocurrencia del suceso dañoso, "lo que permite establecer la relación causal entre el conjunto de incumplimientos referido y la enfermedad profesional declarada por exposición continua al amianto, ante la certeza o máxima probabilidad que de haberse cumplido las prescripciones de seguridad exigibles el resultado no hubiese llegado a producirse en todo o en parte". Concluye el Tribunal afirmando que, una vez actualizado el riesgo de enfermedad profesional, para enervar su posible responsabilidad el empleador debería haber justificado que "aún de haberse todas las medidas exigibles en la fecha de los hechos, el daño no se habría producido, lo que tampoco ha efectuado dado que la prueba de los hechos impeditivos, extintivos u obstativos también incumbía al empresario como deudor de seguridad".

Acogiendo dicha doctrina, la STS (Social) de 16 de enero de 2012 (Rº 4142/2010), en relación con un trabajador que prestó servicios en la década de los setenta del siglo pasado expuesto a amianto, considera que procede imponer dicho recargo (en este supuesto a la empresa Alstom Transporte S.A.), cuando se constata que el fallecimiento del trabajador se produjo como consecuencia de su exposición al amianto y la empresa no adoptó medidas de seguridad contempladas en normativa ya existente desde la década de los sesenta del siglo pasado, no pudiendo imponerse la carga de probar las circunstancias del riesgo ni la manera en que se llevaba a cabo la actividad, a la viuda. Añade la Sala que basta con que se constante la existencia de la enfermedad profesional y la ausencia de prueba de que se adoptasen medidas especiales de seguridad, para que quepa la imposición del recargo de prestaciones.

Por idénticas razones, en STS (Social) de 24 de enero de 2012 (Rº 813/2011), se impone el recargo de prestaciones a la empresa Uralita S.A. por no haberse probado que se adoptasen medidas especiales de seguridad.

B) Plazo de ejercicio de la acción de recargo

a) La prescripción quinquenal

25. Uno de los puntos problemáticos, en relación con el ejercicio de la acción de reclamación del recargo, es el correspondiente al plazo de prescripción y, en especial, al cómputo del mismo, sobre todo en los supuestos en los que, de un accidente de trabajo o una enfermedad profesional, pueden derivar prestaciones diferentes o, en el caso de la IP, grados de incapacidad distintos, con efecto en la cuantía del recargo que puede imponerse a la empresa a la que se declare responsable del mismo, ante la existencia de falta de medidas preventivas.

De acuerdo con el art. 53.1 de la LGSS, el derecho al reconocimiento de las prestaciones de Seguridad Social prescribe a los cinco años, contados desde el día siguiente a aquel en que tenga lugar el hecho causante de la prestación de que se trate, sin perjuicio de las excepciones que se determinen en la LGSS y de que los efectos de tal reconocimiento se produzcan a partir de los tres meses anteriores a la fecha en que se presente la correspondiente solicitud

b) La retroacción trimestral y sus diferentes momentos

La actora, viuda del trabajador que prestó servicios para Uralita SA, siendo declarado en situación de incapacidad permanente absoluta derivada de enfermedad profesional y falleciendo, solicitó la imposición del recargo de prestaciones como consecuencia del fallecimiento de su marido, lo que le fue reconocido en porcentaje del 30% y con efectos desde la fecha en que aquellas prestaciones hubieran sido causadas.

26. La STS (Social) de 13 de septiembre de 2016 (R° 3770/2015), confirmando la sentencia de suplicación que entendió que era competente para conocer de la fecha de efectos del recargo y que además ésta debía retrotraerse a los tres meses anteriores a la solicitud, considera:

(i) Que la determinación de los efectos temporales del recargo no es un acto administrativo en materia de Seguridad Social relativo a inscripción de empresas, formalización de protección frente a riesgos profesionales, ratificación, afiliación, alta, baja y variaciones de datos de trabajadores, ni tiene nada que ver con la materia de liquidación de cuotas, actas de liquidación y actas de infracción vinculadas con dicha liquidación de cuotas, y tampoco es un acto de gestión recaudatoria, sino que es una materia esencial para la fijación y delimitación del recargo cuya impugnación es asunto comprendido en el art. 2 LJS, bien en cuanto que acción relacionada con los daños originados en el ámbito de la prestación de servicios que tienen su causa en enfermedades profesionales —art. 2 b) LJS—, bien en cuanto que acción relativa a la imputación de responsabilidades al empresario respecto de las prestaciones de seguridad social —art. 2 o) LJS—, por lo que la determinación de la procedencia o no del recargo comprende también la de la determinación de su cuantía y alcance, sin que pueda confundirse con la recaudación de su importe a realizar por la TGSS una vez que el recargo esté totalmente determinado;

(ii) Que, puesto que el recargo tiene naturaleza prestacional, debe ser de aplicación el art. 43.1 LGSS, ya que sería irracional realizar una interpretación según la cual dicho precepto fuera aplicable a todo el recargo menos a los efectos temporales. En definitiva, considera que el INSS puede imponer el recargo y el interesado solicitarlo hasta que transcurra el plazo de prescripción, pero sus efectos no pueden retrotraerse a la fecha inicial en que se permite imponer o solicitar el recargo, sino a los tres meses anteriores a que se interesara la imposición del mismo.

La doctrina del Tribunal Supremo ha establecido que, pese a la prescripción quinquenal [que para los casos en que se reclame una indemnización por daños y perjuicios derivados de esa enfermedad profesional, "no empieza a correr hasta que existe resolución administrativa o judicial firme que declara que el daño a resarcir deriva de una contingencia profesional", como señala la STS (Social) de 15 de septiembre de 2016 (Rº 3698/14), la retroacción trimestral se produce:

27. Desde la fecha en la que se presenta "la correspondiente solicitud". La STS (Social) de 15 de septiembre de 2016 (Rº 3272/2015), considera que al recargo de prestaciones por falta de medidas de seguridad, le resulta aplicable el plazo de prescripción de 5 años y también la retroacción de 3 meses del art. 43.1 LGSS, aun cuando en algún supuesto no existiera solicitud expresa del interesado al respecto, en cuyo caso la retroacción se producirá desde la fecha de inicio del expediente administrativo tendente al reconocimiento del recargo y de la responsabilidad empresarial por falta de medidas de seguridad e higiene en el trabajo, siempre que la pertinente resolución declare ambos. En definitiva: 1) Si el procedimiento de recargo se inicia por el interesado (trabajador, herederos), el plazo de retroacción de 3 meses se inicia desde el momento de solicitud; 2) Si el procedimiento se inicia mediante expediente administrativo instado por la Inspección de Trabajo, los tres meses se retrotraen a los tres meses anteriores a la fecha del informe en que se declara la existencia de responsabilidad.

Además, en STS 20 de septiembre de 2016 (Rº. 3346/2015), la Sala IV matiza que si bien aparentemente no existió una petición del interesado dirigida a la obtención del recargo de su prestación de incapacidad permanente total derivada de enfermedad profesional, del escrito que el INSS dirige a la Inspección de Trabajo respecto a la iniciación del expediente del recargo, se deduce que es el trabajador el que instó la acción inspectora, por lo que la retroactividad de 3 meses deben contar desde la fecha de solicitud del interesado.

28. A partir de la fecha "del inicio del expediente administrativo tendente a su reconocimiento". En la STS (Social) de 16 de septiembre de 2016 (Rº 1411/2015), los efectos del recargo se retrotraen a los 3 meses desde que se emitió el informe de la Inspección de Trabajo en que se proponía el recargo, y no a la fecha en que se dictó la responsabilidad por falta de medidas de seguridad, ni a la fecha en que se reconoce de manera definitiva por sentencia firme que la contingencia era profesional.

29. "Desde los tres meses anteriores a que la Inspección de Trabajo iniciara las actuaciones determinantes del recargo". La STS (Social) de 21 de diciembre de 2016 (Rº 3373/2015) reitera que los efectos económicos se retrotraen a los tres meses desde que se dictó la resolución administrativa que impuso el recargo a instancias de la Inspección del Trabajo, teniendo en cuenta que no consta que la interesada (viuda del trabajador fallecido), formulara solicitud alguna.

C) No cabe minoración del recargo de prestaciones por debajo del 50%

30. Como consecuencia de la enfermedad profesional de la actora que había trabajado en contacto con amianto entre los años 40 y 50 del siglo pasado, y a resultas de la cual fue declarada en situación de incapacidad permanente total cualificada, se impuso a la empresa Uralita SA un recargo de prestaciones que se cuantificó en instancia en el 50% y se rebajó en suplicación al 40%. Pretende la trabajadora en casación para la unificación de doctrina que no se rebaje el porcentaje inicialmente impuesto del 50%. La STS (Social) de 23 de febrero de 2017 (Rº 2066/2015) casa y anula la sentencia de suplicación para mantener el porcentaje de recargo impuesto en instancia (50%), por considerar que para determinar el porcentaje de recargo hay que estar a la gravedad de los incumplimientos, sin que puedan considerarse que no son graves los cometidos en las décadas de los 40 o 50 del siglo pasado por el hecho de que no había tanta concienciación sobre los problemas de salud que ocasiona el amianto, por lo que en ningún caso procede rebajar el porcentaje del recargo en atención a dicho extremo.

Sobre una situación similar se pronuncia la STS 14 de marzo de 2017 (Rº 1083/2015), en la que se parte de la situación de que, como consecuencia del fallecimiento del trabajador por enfermedad profesional, se impuso inicialmente a la empresa un recargo de prestaciones del 50%, que fue minorado al 40% en suplicación, por entender la Sala que "no se aprecia un absoluto desprecio de la normativa de prevención", puesto que la empresa adoptó a partir de 1978 determinadas medidas de seguridad. El Tribunal Supremo casa y anula dicha sentencia, y entiende que no procede minorar el recargo del 50% inicialmente impuesto, teniendo en cuenta que, aunque la infracción de las medidas de prevención de riesgos laborales se había calificado como grave (y no muy grave) por la Inspección de Trabajo, ello no implica que la autoridad judicial supedite el recargo a la graduación de las infracciones.

De igual modo, consecuencia de la declaración del trabajador en situación de incapacidad permanente absoluta derivada de enfermedad profesional (asbestosis), se impuso a la empresa Uralita SA un recargo de prestaciones del 50%, que fue rebajado por sentencia de suplicación al 40%, por entender la Sala que la empresa adoptó algunas medidas para evitar o disminuir los efectos peligrosos del uso de amianto. La STS (Social) de 12 de diciembre de 2019 (Rº 2735/2017), elimina la rebaja del recargo, por entender que conforme a la doctrina de la Sala sobre cuándo procede la minoración del mismo, el hecho de que existan medidas correctoras, cuando existe gravedad en la falta del empleador, impide que pueda rebajarse el recargo.

D) Transmisibilidad del recargo de prestaciones (remisión)

31. Muchas de esas empresas han podido sufrir con el paso del tiempo reconversiones, escisiones, absorciones, cambios de denominación o traslado de actividades, que además pueden dificultar sobremanera la identificación del que puede ser el actual responsable de la que fuera, en su día, empleadora del trabajador, y de la actual sucesora. Ello conlleva por parte de los afectados o sus familiares una labor detectivesca, un enorme y dificultoso esfuerzo para identificar a la empresa responsable, que impide muchas veces reclamar, quedando el afectado sin compensación a pesar del daño sufrido en su salud. La demostración de la exposición es dificultosa por todo ello, y resulta difícil establecer la causa-efecto para el afectado y sus familiares.

Como analizamos en su momento (Capítulo 17), la STS (Social) de 23 de marzo de 2015 (Rº 2057/2014) dictada por la Sala General del Tribunal Supremo fijó una novedosa doctrina, rectificando la anteriormente sostenida, sobre transmisión de responsabilidad por el recargo de prestaciones en un supuesto referido, precisamente, a daños sufridos por un trabajador derivados de su contacto con el amianto. En este pronunciamiento, el Tribunal Supremo estima que la responsabilidad por el recargo es exigible a la empresa sucesora de aquella en la que se produjo el incumplimiento de las medidas de seguridad que, a la postre, determinaron la enfermedad y posterior fallecimiento del trabajador. Posteriores pronunciamientos han reiterado esta nueva interpretación (entre otras, SSTS de 14 de abril de

2015, Rº 962/14; de 5 de mayo de 2015, Rº 1075/14 y de 2 de noviembre de 2015, Rº 3426/14).

4. La indemnización por daños y perjuicios

A) Presupuestos para la existencia de una indemnización de daños y perjuicios

En ese sentido, como es sabido, para la existencia de una indemnización de daños y perjuicios, deben darse los siguientes presupuestos:

a) Existencia de acción u omision

32. Azagra indica que respecto a la exposición al amianto por parte del trabajador, conviven tanto acciones como omisiones que, juntas, concausan el daño. Esto se explica, en primer término, porque al trabajador se le somete directamente a una exposición al amianto, al tener que trabajar en un ambiente y manipular materiales que contienen este mineral (acción); y, sumado a esto, en segundo lugar, la evidente omisión por parte de la empresa o empleador en mantener las condiciones y tomar las medidas adecuadas de seguridad e higiene de acuerdo, en términos básicos, a la normativa vigente o, ya en términos más rigurosos, a los conocimientos científicos.

b) La existencia de culpa empresarial

33. La existencia de culpa empresarial queda subrayada en la totalidad de los pronunciamientos del Tribunal Supremo referidos a esta materia, tómese como ejemplo la STS (Social) de 2 de marzo de 2016 (Rº 3959/2014), en la que se toma como criterio de referencia la doctrina sentada por la STS (Social) de 30 de junio de 2010 (Rº 4123/2008), de acuerdo con la cual "la propia existencia de un daño pudiera implicar —se ha dicho— el fracaso de la acción preventiva a que el empresario está obligado [porque no evaluó correctamente los riesgos, porque no evitó lo evitable, o no protegió frente al riesgo detectable y no evitable]" (...). Proyectando dicha doctrina sobre el caso del amianto se concluye que:

> "En efecto, en el presente caso, actualizado el riesgo de enfermedad profesional para enervar su posible responsabilidad el empleador (deudor de seguridad) había de acreditar haber agotado toda diligencia exigible, lo que no efectúa ante la constatada existencia de falta de las esenciales y preceptivas medidas de seguridad, pero además tampoco justifica

que aun de haberse adoptado todas las medidas exigibles en la fecha de los hechos, el daño no se habría producido, lo que tampoco ha efectuado dado que la prueba de los hechos impeditivos, extintivos u obstativos también incumbía al empresario como deudor de seguridad.

Sin que en estos casos sea apreciable la concurrencia de culpas. Un supuesto paradigmático en el que se comprueba este criterio es el que derivada de la condición de fumador de trabajador accidentado. A este asunto se enfrenta la STS (Social) de 21 de diciembre de 2018 (Rº 1543/2017). En el caso que resuelve, el trabajador fue declarado en situación de incapacidad permanente absoluta derivada de enfermedad profesional como consecuencia de un adenocarcinoma de pulmón que contrajo por la exposición ocupacional a las fibras de amianto sin que su empleadora hubiese adoptado las medidas de seguridad pertinentes. Interpuesta demanda en reclamación de daños y perjuicios y acogida su pretensión en la instancia y en suplicación, la empleadora se alzó en casación unificadora para que la indemnización fijada se redujera en un 50% por el relevante antecedente tabáquico del afectado que fumaba 30 cigarrillos diarios (60 en la sentencia de contraste). El Tribunal Supremo desestima el recurso argumentando que:

> "lo determinante y excluyente en este caso es que se trata de una contingencia profesional constatada, que, por sí sola, posee la suficiente entidad para generar la incapacidad laboral del trabajador (...), a partir de lo cual resulta irrelevante que fuera asimismo fumador, porque lo cierto es, en primer lugar, que no se ha calificado dicha contingencia de común —como en tal caso debería— y si queda asimismo y en segundo lugar acreditado que la empresa incumplió, siquiera sea en mayor o menor parte, el deber de adoptar las medidas pertinentes al respecto y no prestó la obligada asistencia a la salud de su trabajador, queda fijada ya su responsabilidad y su consecuente deuda indemnizatoria, que no se discute sino tan solo su cuantía o proporción, sin que ésta sea modulable en tal caso, pues, como se ha dicho, tal responsabilidad no puede ser objeto de reparto entre dos sujetos presuntamente obligados a asumirla (empresa y el propio trabajador) cuando la causa de la contingencia es calificada de profesional, de tal modo que ha de entenderse en este caso que la exposición continuada durante mucho tiempo al amianto resulta determinante, y en todo caso suficiente, para generar el siniestro, de manera que incluso la propia imprudencia del trabajador de la concreta clase mencionada, carecería de trascendencia a los efectos pretendidos, al ser ya inoperante, dada la magnitud de aquella causa profesional, que exigiría, cuanto menos, para la teórica concurrencia de otra, un nivel semejante y que no dejase reserva alguna sobre su concreta influencia en el caso y su proceso morboso".

El alto tribunal estima el recurso, declarando la existencia de nexo causal entre el fallecimiento y la exposición laboral al amianto, basándose en dos premisas, ya argumentadas en anteriores decisiones del Tribunal Supremo. A saber: la declaración de enfermedad profesional efectuada por la entidad gestora y la concurrencia de falta de medidas preventivas.

c) *Existencia de nexo de causalidad*

34. La existencia del fundamento causal viene también precisada por múltiples pronunciamientos de la Sala de lo Social del Tribunal Supremo. Así la STS (Social) de 24 de enero de 2012 (Rº 813/2011), razona del siguiente modo para definir la referida conexión:

> "Tratándose de enfermedad profesional, de una contingencia con desarrollo ajeno esencialmente a la conducta del trabajador, ante la constatada falta de las legales y reglamentarias medidas de seguridad en el desarrollo de un trabajo de alto riesgo de enfermedad profesional, —ya se ha indicado que, al menos, desde el Decreto de 10-enero-1947, creador del seguro de enfermedades profesionales, en el cuadro de enfermedades profesionales se incluye directa y expresamente la asbestosis—, no puede presumirse, tanto más ante la inexistencia de cualquier prueba objetiva en sentido contrario, la ineficacia total de las referidas medidas preventivas establecidas en las sucesivas normas imperativas que las han ido perfeccionando, —amparadas muchas de ellas en la experiencia y estudios técnicos sobre los condiciones de trabajo en las distintas circunstancias efectuadas o contrastadas en distintos países conforme a los continuos avances científicos y técnicos—, para prevenir, evitar o, como mínimo, disminuir los riesgos, pudiendo establecerse, en consecuencia, que entre los hechos admitidos o demostrados y el hecho "presunto" existe "un enlace preciso y directo según las reglas del criterio humano ", siendo correcto, por tanto, el razonamiento efectuado en la sentencia recurrida en el sentido de que "la conducta omisiva de la empresa supuso una elevación o incremento del riesgo de daño para el bien jurídico protegido por la norma, en este caso la salud de los trabajadores, elevando sustancialmente las probabilidades de acaecimiento del suceso dañoso, como aquí ha ocurrido, lo que nos permite establecer la relación causal entre el conjunto de incumplimientos referido y la enfermedad profesional declarada por exposición continua al amianto. En suma, no cabe duda de que los incumplimientos supusieron un notable y significativo incremento del riesgo para la salud del trabajador, de forma que es probable que de haberse seguido desde el principio las prescripciones de seguridad reglamentarias el resultado no hubiese llegado a producirse ".

B) Plazos de prescripción para la acción de responsabilidad civil

35. En principio, el plazo para la reclamación de daños es de un año, desde la fecha en que se pudo efectuar. Si bien, la cuestión en relación con las patologías crónicas o agravadas, ha suscitado diversas controversias sobre la fecha inicial ("*dies a quo*").

a) Dies a quo para la reclamación de daños y perjuicios por el trabajador

36. Las STS (Social) de 3 de noviembre de 2020 (Rº 2680/2018) y 27 de octubre de 2022 (Rº 2813/2019), consideran que el día inicial del plazo de prescripción de la reclamación de indemnización por daños y perjuicios derivados de enfermedad profesional (asbestosis) es el de la declaración de la gran invalidez, por agravación de la anteriormente declarada incapacidad permanente absoluta, y no desde que se declaró esta última situación. Dice la sentencia:

> En puridad, el plazo «no puede iniciarse hasta que el beneficiario tiene un cabal conocimiento de las secuelas del accidente y de las mermas que tales secuelas producen, tanto en su capacidad de ganancia, como en su patrimonio biológico». Y cuando se sigue un procedimiento judicial para la fijación de las lesiones padecidas, el plazo sólo comienza a correr desde que el mismo se agota, porque la resolución del INSS en vía previa «no fue firme hasta que recayó la citada sentencia de la Sala de lo Social, y sólo desde tal firmeza se pudo iniciar el cómputo del referido plazo prescriptivo», «pues sólo hasta ese momento se supo con certeza cuáles eran las dolencias y secuelas que el actor padece a consecuencia del accidente de autos»; y «obviamente, la solución sería otra si la parte se aquietase a la resolución administrativa de la Gestora respecto de la incapacidad reconocida, ya que en tal caso habría que estar el informe propuesta». Y en consecuencia, tal conocimiento —pleno y cabal— solamente se produce en la fecha en que se ha dictado la correspondiente resolución firme en proceso de IP, que es «cuando el beneficiario conoce cuáles van a ser las consecuencias que las secuelas le van a producir y cuáles los perjuicios que de ellas se van a derivar. Por tanto, debe ser el momento de conocimiento de esta resolución el punto de partida para el ejercicio de la acción de daños y perjuicios».
>
> A mayor abundamiento, esta tesis viene reforzada también por el hecho de que «existe un solo daño que hay que compensar o indemnizar» por las distintas reclamaciones y que «debe existir también, en principio, un límite en la reparación del daño», de modo que «del importe total de los daños han de deducirse las cantidades que, por prestaciones de la Seguridad Social, haya podido percibir el beneficiario y éstas cantidades no son conocidas hasta tanto sea firme la resolución que declara la invalidez del beneficiario, pues antes se ignorarán las cantidades a deducir del total importe de los perjuicios sufridos por el trabajador accidentado».

b) Dies a quo en caso de reclamación de daños por los herederos derivados del fallecimiento

37. En las reclamaciones de daños y perjuicios derivadas de fallecimiento del trabajador como consecuencia de la exposición al amianto, nos encontramos muy a menudo que el fallecimiento ha ocurrido mucho antes de la reclamación y ello como consecuencia de la revisión de la contingencia en la prestación de viudedad. Es en estas reclamaciones cuando el plazo para poder interponer la demanda se inicia con el carácter profesional de la pensión de viudedad y no del fallecimiento. Así lo fijó la STS (Social) de 9 de diciembre de 2015 (Rº 3191/2014), en un supuesto en el que tanto la fijación del origen profesional de la contingencia como la concesión de la prestación en su plenitud ocurren después del fallecimiento del trabajador causante.

> (...) el inicio del plazo prescriptorio no podía iniciarse hasta que no se dieran dos circunstancias concurrentes: la primera, que existiese resolución firme por la que se declarase que la contingencia de la que derivó la prestación discutida era profesional, en concreto, derivada de enfermedad profesional; y, la segunda, que también existiese resolución firme que fijase las cantidades que por prestaciones de Seguridad Social tenía derecho a percibir su beneficiario para que dichas cantidades pudieran deducirse del monto global que hubiera que reclamar a la entidad demandada. Ambas condiciones se produjeron en el caso de autos después del fallecimiento del causante, por lo que la prescripción del derecho de sus herederos a reclamar la oportuna indemnización de daños y perjuicios no pudo iniciarse con el fallecimiento del causante, dado que en dicha fecha se desconocían las dos circunstancias aludidas. Por tanto, el dies a quo quedó establecido en la fecha de la firmeza de la sentencia de fecha de 25 de julio de 2011 que reconoció la prestación de pago único derivada de viudedad la cónyuge supérstite. La demanda en reclamación de daños y perjuicios interpuesta el 18 de octubre de 2011 interrumpió la prescripción (artículo 1973 CC) aunque luego se desistiera pues la interrupción se produce con independencia del resultado del litigio, e incluso en los supuestos de desistimiento que sólo implica una renuncia a seguir en el proceso, pero no al ejercicio de la acción que se mantiene viva (...). Interpuesta, nuevamente, demanda que originó las presentes actuaciones el 5 de octubre de 2012, la acción no estaba prescrita".

38. Un supuesto distinto es el resuelto por la STS (Social) de 21 de junio de 2011 (Rº 3214/2010), en el que los herederos de un trabajador fallecido a consecuencia de una enfermedad profesional reclamaron la correspondiente indemnización de daños y perjuicios. En esa ocasión la Sala señaló que:

> "Si por los herederos... se reclaman daños y perjuicios derivados del fallecimiento de D. Modesto es incuestionable que la acción de reclamación de los mismos no pudo ejercitarse hasta que se produjo el citado fallecimiento, debiendo fijarse el "dies a quo" del cómputo del plazo de un año para el ejercicio de la acción, a tenor del artículo 59.2 del Estatuto de los Trabajadores, en el día en que la acción pudo ejercitarse, es decir, en el día de su fallecimiento". Sin embargo, los hechos que se encontraban en la base de tal pronunciamiento presentan notables diferencias con los contemplados en el supuesto de la presente sentencia y en los de la de contraste. Así, en la sentencia referida, tanto el origen profesional de la contingencia derivada de enfermedad profesional, como la prestación correspondiente derivada de dicha contingencia quedaron firmes poco tiempo antes del fallecimiento del causante y la pensión de viudedad concedida apenas seis días después de tal fallecimiento. En dicho supuesto el problema del inicio de la prescripción se planteaba entre la fecha de reconocimiento de la IPA para el causante y la posterior fecha de su fallecimiento".

C) Aplicación del baremo de circulación

39. Como ya hemos analizado en otros capítulos de este estudio, el Tribunal Supremo viene aceptando los criterios cuantitativos que resultan de la aplicación de los sistemas basados en la tasación legal, y, en especial, el que rige respecto de los daños corporales que son consecuencia de la circulación de vehículos de motor, para fijar los perjuicios y las consecuencias patrimoniales derivadas de daños corporales acaecidos en otros sectores de la actividad.

Ejemplo de ello es la STS (Social) de 28 de junio de 2023 en el caso de lesionado cancerígeno por amianto, con producción de secuelas y fallecimiento ulterior de resultas de la enfermedad incrementada en el tiempo. En este caso el fallecimiento del afectado tuvo lugar después de que se hubiera reclamado judicialmente la indemnización por secuelas, que cobraron los herederos, sucesores procesales del dañado, viuda e hijos, que después de cristalizado este crédito, reclaman adicionalmente los perjuicios básicos y lucro cesante iure propio como "perjudicados" específicos de la tabla 1 del baremo. El Tribunal Supremo estima la demanda de indemnización por causa de muerte, tanto en perjuicios básicos como en lucro cesante (un comentario crítico a la misma en Carrasco Perea: 2023).

D) Imposibilidad de descuento de indemnización por daño moral de las mejoras voluntarias de prestaciones

40. Reiterando abundante jurisprudencia anterior, la STS (Social) de 7 de febrero de 2019 (Rº 1680/2016), reconoce indemnización por daños y perjuicios a la viuda e hija del trabajador fallecido a consecuencia de asbestosis pulmonar, cuando se constata la existencia de amianto en la empresa, aunque no se demuestre que ésta fue la causa de la muerte, ya que cuando existe una enfermedad profesional relacionada con la exposición al amianto reconocida por el EVI, entidad que debe hacer frente al pago de la prestación por tal contingencia, resulta contradictorio poner en duda la conexión entre la severa patología pulmonar padecida y el contacto con el amianto. A efectos del cálculo de la indemnización, sigue lo dispuesto en la STS (Social) de 23 de junio de 2014 (Rº 1257/2013), que estableció que las indemnizaciones de la Tabla I del Baremo de circulación resarcen el daño moral, y por lo tanto no podían deducirse las mejoras voluntarias de las prestaciones por muerte y supervivencia por no guardar la necesaria homogeneidad, por lo que incrementa la indemnización a percibir.

"La determinación de esos importes no puede quedar afectada por las prestaciones de Seguridad Social percibidas por los causahabientes, como propone la empresa recurrida en su escrito de impugnación. En nuestra STS/4ª/Pleno de 23 junio 2014 (Rº. 1257/203) establecíamos que las indemnizaciones de la Tabla I del baremo de circulación resarcen, esencialmente, el daño moral. Sostuvimos allí que de ellas no podían deducirse las mejoras voluntarias de las prestaciones de muerte y supervivencia, por no guardar la necesaria homogeneidad conceptual, pues estas mejoras tienen como finalidad indemnizar a los familiares del causante por la pérdida definitiva de los ingresos que allegaba a la familia, esto es, compensar el llamado lucro cesante. Ese mismo criterio es aplicable al presente caso, puesto que la empresa no puede pretender que se minore la indemnización descontando prestaciones que obedecen a una finalidad distinta, sin homogeneidad con el daño moral cuya compensación se pretende con la cuantía reclamada".

E) Transmisión de la indemnización de daños (Remisión)

41. Al igual que en el recargo de prestaciones la STS (Social) de 8 de junio de 2016 (Rº 1103/2015) admite la transmisión de la obligación de pagar la indemnización de daños y perjuicios derivada de enfermedad profesional (asbestosis), a quien sucede a la empresa responsable de la misma por cualquier título válido para la transmisión de la empresa. Doctrina reiterada en SSTS (Social) de 21 de junio de 2017 y de 20 de abril de 2017 (Rº 1826/2015)

5. La reclamación de daños y perjuicios por los herederos del trabajador fallecido

A) Legitimación de los herederos del trabajador fallecido para reclamar de la empresa la correspondiente indemnización

42. Resuelve la STS (Social) de 10 de febrero de 2021 (Rº 4211/2018), la cuestión relativa a si los herederos de la trabajadora fallecida por enfermedad profesional, cuya contingencia profesional fue declarada judicialmente con posterioridad al fallecimiento, poseen o no legitimación para reclamar de la empresa la correspondiente indemnización que hubiera correspondido al trabajador por daño derivado de culpa contractual, en el sentido de que sí tienen legitimación (la sentencia de suplicación determinó que no). Alcanza dicha conclusión siguiendo lo dispuesto en la STS de 18 de julio de 2018 (Rº 1064/2017), en que se determinó que, conforme al art. 661 CC, los herederos suceden al difunto en todos sus derechos y obligaciones, entre las que se encuentra las acciones resarcitorias no ejercitas por el mismo y no prescritas al tiempo del fallecimiento, puesto que, conforme al art. 559 CC, la herencia comprende todos los derechos y obligaciones de una persona que no se extingan con la muerte. Como en el supuesto se trata de un derecho ya nacido del difunto, que forma parte de su patrimonio, y aunque se trata de daños morales, forman parte del caudal relicto, sin que se trate el derecho a ser indemnizado de un derecho personalísimo e intransmisible, sino que se esté en presencia del derecho a la reparación de daños y perjuicios sufridos por culpa de otro que viene obligado a repararlos en función de su cuantía a la persona perjudicada.

B) Legitimación por los herederos de la viuda fallecida del trabajador fallecido

43. Ante la cuestión de si tienen derecho a reclamar indemnización por daños y perjuicios como consecuencia del fallecimiento del trabajador por un mesotelioma pleural los herederos de la viuda de dicho trabajador que también falleció, la STS (Social) de 6 de marzo de 2019 (Rº. 1062/2017), siguiendo lo dispuesto en la STS (Social) de 18 de julio de 2018 (Rº 1064/2017), les otorga el derecho, teniendo en cuenta que conforme a los artículos 659 y 661 del CC, los herederos del causante pueden ejercitar las acciones que al mismo le correspondían por los daños y perjuicios sufridos por una contingencia profesional, al no tratarse de una acción personalísima. Añade la Sala que conforme al art. 558 del CC, la herencia comprende todos los derechos y obligaciones de una persona que no se extingan con su muerte, y el derecho a la reparación de daños y perjuicios sufridos por el causante se transmite a sus herederos cuando fallece antes de pedir u obtener la reparación de los mismos, y ello por cuanto se trata de un derecho ya nacido que forma parte de su patrimonio, aunque se trate de daños morales. Por último, considera que no se está en presencia de un derecho personalísimo e intransmisible.

C) No cabe apreciar cosa juzgada en la nueva demanda de la viuda e hijos del trabajador fallecido cuando éste había presentado con anterioridad otra junto con otros trabajadores en reclamación por daños y perjuicios

44. El trabajador, como consecuencia de su exposición al amianto, presentó junto con otros trabajadores reclamación por daños y perjuicios, dictándose sentencia desestimatoria de su pretensión por apreciar prescripción de la acción. Como consecuencia del fallecimiento del trabajador, presentan nueva demanda la viuda e hijos del trabajador fallecido, lo que se desestimó por sentencia de suplicación, por entender que la reclamación era la misma que la presentada en el proceso anterior, pero esta vez planteada por los herederos, siendo el objeto el mismo, por lo que los herederos están afectados por la cosa juzgada. Ante la cuestión de si la reclamación de indemnización por daños y perjuicios está afectada por la cosa juzgada, la STS (Social) de 4 de febrero de 2020 (R° 3630/2017), considera que no, ya que, siguiendo lo dispuesto en la STS (Social) de 21 de junio de 2011 (R° 3214/2010), señala que en el primer procedimiento era el trabajador el que reclamaba en su propio nombre, y ahora no reclaman los herederos en cuanto que sucesores del trabajador, sino en nombre propio, y no reclaman por la exposición a la enfermedad, sino por el fallecimiento del trabajador como consecuencia de la enfermedad profesional, por lo que ni los demandantes son los mismos ni tampoco lo es la pretensión ejercitada.

D) Compatibilidad de las indemnizaciones

45. La STS (Social) de 18 de mayo de 2023 (R° 2050/2020), admite la indemnización de daños y perjuicios a favor de los herederos del trabajador por fallecimiento de éste. Compatibilidad con la indemnización por daños y perjuicios percibida por el causante, por incapacidad permanente absoluta derivada de enfermedad profesional. El lucro cesante de la indemnización por fallecimiento a favor de la viuda no puede compensarse con el importe de las cantidades reconocidas al causante, correspondientes a daños morales.

IV. Responsabilidad frente a pasivos domésticos

46. Un primer grupo está formado por las esposas de trabajadores de industrias que empleaban amianto. Alegan haber contraído sus respectivas dolencias por la exposición al polvo del amianto de que venían impregnadas los monos y ropas de trabajo que empleaban sus maridos en el trabajo y que ellas eran las encargadas de lavar durante muchos años.

En el caso resuelto por la STS (Civil) de 3 de diciembre de 2015 (R° 558/2014), la falta de competencia de la jurisdicción civil en la responsabilidad por daños sufridos por el fallecimiento de los trabajadores y sus familiares por muerte de los trabajadores por el amianto no excluye su competencia en las reclamaciones de las esposas de los trabajadores y de los familiares por daños sufridos por ellas mismas, incluido el fallecimiento de una de ellas por el riesgo de la exposición al amianto al lavar las ropas de sus maridos. Se reconoce la competencia de la jurisdicción civil por el daño sufrido como consecuencia de la manipulación de la ropa de sus esposos, siendo de la social los daños originados en la prestación de servicios de los trabajadores y herederos de los fallecidos.

La Sala de lo Civil del Tribunal Supremo afirma que ello es así:

> "puesto que no le afecta la doctrina contenida en la jurisprudencia de esta Sala (en la sentencia de 15 enero 2008 se analiza el caso desde la perspectiva de los demandados y no de los demandantes). Con ello no se divide la continencia de la causa que justifique el conocimiento conjunto de las acciones ejercitadas en la jurisdicción civil evitando la existencia de sentencias injustificadamente discordantes. Las acciones no solo son distintas, sino que tampoco existe una conexión entra ellas en su aspecto fáctico y además su enjuiciamiento corresponde a jurisdicciones diferentes habiéndose acumulado en contra de lo dispuesto en el artículo 73 de la LEC, que tampoco cede por la vis atractiva de esta jurisdicción, conforme al artículo 9 LOPJ, puesto que ninguna de ellas está vinculada a una relación laboral, sino al daño que resulta de la culpa o negligencia de un tercero con el que ninguna relación tienen, o lo que es lo mismo, el daño no se imputa a un incumplimiento laboral, porque no son trabajadoras del causante del daño, sino a la responsabilidad del art. 1902 del CC, para cuyo enjuiciamiento no resulta competente la jurisdicción social".

Por otro lado, establece la responsabilidad de empresas que operaban con asbesto o amianto por los daños causados a los familiares de sus trabajadores en las labores de lavado y cuidado de sus ropas de trabajo por culpa y no por riesgo. De este modo, precisa que:

> "La jurisprudencia no ha llegado al extremo de erigir el riesgo como criterio de responsabilidad con fundamento en el art. 1902 CC (...), y ha declarado que la objetivación de la responsabilidad civil no se adecua a los principios que informan su regulación positiva. La aplicación de la doctrina del riesgo, cuya entidad está en consonancia con la importancia de los daños que pueden ocasionarse, se traduce en una acentuación de la diligencia exigible para adoptar las medidas que eviten los accidentes con consecuencias dañosas para las personas o las cosas, en una posición procesal más gravosa en el ámbito probatorio y una cierta presunción de culpabilidad o reproche culpabilístico, que facilitan las reclamaciones de los perjudicados debilitando la respuesta exculpatoria de la entidad titular del servicio (...).
>
> Siendo ello así, sí puede ser estimada la reclamación de estas personas. Desde el punto de vista de la imputación objetiva del resultado lesivo al agente, contrariamente a lo que se sostiene, la responsabilidad de las demandadas no se hace descansar únicamente en el riesgo creado por la utilización de un producto como el amianto, sino que, con absoluto respeto al sistema tradicional culpabilístico, se asienta en la omisión de la diligencia extrema que cabía exigirles en atención a un riesgo previsible, que se invoca para poner de manifiesto la conducta de los demandados y el peligro creado por el material empleado, lo que no les exime de responsabilidad en el ámbito de la culpa civil sobre la base de una causalidad debidamente fundamentada en lo material y en lo jurídico, y de un pronunciamiento sobre el fondo que sólo va a afectar a las tres demandantes en

la exclusiva condición de amas de casa, aunque represente una empresa o explotación permitida.

Y es que, no se trata de analizar si Uralita S.A cumplió o no con la normativa laboral en materia de prevención de riesgos por la manipulación de asbesto o amianto, lo que es propio de la jurisdicción social, sino si aquélla actuó frente a terceros ajenos a esta relación con la diligencia exigible una vez que a partir de los años cuarenta va teniendo un mayor conocimiento del riesgo que en general suponía la exposición al polvo de amianto, incluso para terceros ajenos a la relación laboral, que sabía que podían entrar en contacto con fibras de amianto por ocuparse del lavado y cuidado en su casa de la ropa, y no en la propia empresa, como ha sucedido en el supuesto enjuiciado".

V. Responsabilidad frente a pasivos ambientales

47. El último colectivo afectado está integrado por los denominados pasivos ambientales:

La demandada había desarrollado en la localidad de Cerdanyola del Vallés (Barcelona), entre 1907 y 1997, una actividad industrial consistente en la fabricación de elementos para la construcción mediante el uso de amianto. La inhalación de las fibras de dicho mineral es causante de distintas patologías para la salud, no sólo de los trabajadores que lo manipulan en el proceso industrial de su transformación, sino también para los familiares convivientes con éstos, que retornaban a sus respectivos domicilios con las ropas de trabajo contaminadas, resultando de esta manera igualmente afectados (pasivos domésticos), así como también las personas que vivían en las proximidades de la fábrica de la demandada por las emanaciones y residuos procedentes de la misma (pasivos ambientales). Los demandantes reclamaron en su condición de perjudicados por padecer alguna enfermedad relacionada con el amianto (ERA), así como en su condición de herederos de personas fallecidas por esas enfermedades.

La sentencia de primera instancia estimó en parte la demanda, considerando que la empresa no había respetado sus obligaciones legales y reglamentarias en cuanto a la protección de los trabajadores y que dicho incumplimiento la hacía responsable de las patologías sufridas por los familiares de los trabajadores de la empresa durante los años 1971 a 1977. Desestimó el resto de las pretensiones.

Contra la referida sentencia se interpusieron los correspondientes recursos de apelación, tanto por la parte actora como por la mercantil demandada. La Audiencia Provincial estimó el recurso de los demandantes y concluyó que Uralita, S.A., pese a conocer el peligro que conllevaba la inhalación de las fibras de amianto, no actuó con la diligencia exigible, al emitir sin control adecuado dichas fibras al ambiente exterior, por lo que incurrió en responsabilidad extracontractual. Como consecuencia de ello: (i) estimó la compatibilidad entre las reclamaciones de los herederos por las enfermedades de sus familiares fallecidos y las realizadas en nombre propio como perjudicados por las defunciones; (ii) moderó las indemnizaciones en atención a la edad de cada víctima y al tiempo en que padeció la enfermedad; (iii) también estimó la demanda en cuanto a los denominados pasivos ambientales, por tratarse de personas que vivían en las inmediaciones de la fábrica en un radio inferior a los 2000 metros; (iv) excluyó la indemnización por la presencia de placas pleurales, al considerarse como simples manifestaciones radiológicas o indicios de exposición al asbesto que, en la mayoría de los casos, no producen limitación alguna en la función pulmonar, ni condicionan tampoco la aparición de alguna de las enfermedades típicamente relacionadas con el amianto, como las asbestosis, el mesotelioma o los tumores, sin que el daño moral se encontrara justificado; todo ello, sin perjuicio de la reclamación procedente en el caso de contraerse ulteriormente alguna de las enfermedades derivadas del amianto.

48. El pleno de la Sala de lo Civil del Tribunal Supremo en la STS de 15 de marzo de 2021 (Rº 1235/2018), desestimó los recursos extraordinarios por infracción procesal y de casación interpuestos por la empresa Uralita, con su actual denominación y estimó en parte el recurso de casación de los demandantes.

Sobre los llamados pasivos ambientales, el Tribunal Supremo afirma que la empresa era consciente de que su actividad industrial era anormalmente peligrosa y ello le obligaba a extremar las precauciones debidas en un grado muy elevado y a adoptar medidas eficientes para evitar o disminuir los riesgos y garantizar la indemnidad de las personas. Las circunstancias acreditadas en el litigio indican que, lejos de observarse ese especial deber de cuidado exigible, se incrementó el riesgo en la gestión, no solo con deficiencias en el mantenimiento interno de los niveles de contaminación tolerables, sino también en la contaminación ambiental.

La condena, aclara la sentencia, no significa que Uralita deba hacerse cargo de la indemnización de todas las enfermedades derivadas del asbesto que sufran quienes habiten o hayan habitado en Cerdanyola, sino que se parte de una pormenorizada valoración de la situación individual de cada perjudicado reclamante, en atención a las coordenadas temporales, concernientes a los años de exposición al asbesto; a las espaciales, de proximidad al foco emisor; a las laborales, relativas a la inexistencia de otras fuentes alternativas de adquisición de la enfermedad; a las domésticas, derivadas de la convivencia con trabajadores de la demandada que llevaban la ropa contaminada a sus domicilios (Parra Lucán, 2021).

La Sala justifica las razones de la responsabilidad de la demandada con apoyo en varios argumentos: en los daños ambientales existe además el deber de actualizarse continuamente con el fin de utilizar las mejores técnicas para evitar los daños, siempre que se pueda acceder a las mismas en condiciones razonables. La contaminación de las personas que vivían en las proximidades de la fábrica no era inevitable, ni se hallaban obligadas a soportar pacientemente las graves repercusiones producidas en su salud. No es aplicable al caso la doctrina de los riesgos del progreso.

Uralita no obró con la diligencia exquisita que le era exigible en la gestión de una actividad anormalmente peligrosa para la salud de las personas como la que explotaba en su fábrica y los daños no eran objetivamente imprevisibles. Máxime incluso cuando no observó la normativa vigente al respecto, ni demostró un particular cuidado en la prevención de un daño, que le era perfectamente representable. La imposición de prevenciones a seguir por parte de la Administración inspectora constituye un significado indicativo de la pasividad de la demandada.

Se plantea además la cuestión de si los herederos de las víctimas podían reclamar al dañante no solo por los daños derivados de la pérdida del familiar sino también la indemnización por el daño corporal que el Supremo contesta afirmativamente:

> "el daño corporal sufrido por el causante antes del fallecimiento, pericialmente determinado, puede ser reclamado por los herederos y es compatible con el daño experimentado por éstos como perjudicados por su fallecimiento"

Y reconoce la existencia de daño moral derivado de la angustia provocada por el temor a que la enfermedad se desarrollase en el futuro

> "Es resarcible el daño moral como inherente a «la situación de agonía, zozobra, ansiedad y estrés» que sufre la víctima (sentencias 533/2000, de 31 de mayo; 810/2006, de 14 de julio; 521/2008, de 5 de junio; 217/2012, de 13 de abril o 232/2016, de 8 de abril entre otras). En este caso, según resulta de la sentencia de la Audiencia, las placas pleurales suponen una manifestación radiológica a la exposición del amianto, que implica un factor de riesgo. Se deduce de la resolución de la Audiencia que los demandantes sólo reclaman daño moral y no presentan afectación de la función pulmonar, aunque sí resulta de tales placas haber inhalado partículas de dicha sustancia nociva para la salud. Es cierto que ello no significa que se vaya a contraer una enfermedad derivada del asbesto, aunque no es descartable una posibilidad de tal clase, que la sentencia no niega, aunque sea proporcionalmente baja, y que no podemos considerar, en las circunstancias del pleito, como un riesgo general de la vida. Concurren además otras circunstancias a tener en cuenta; por un lado, que una patología como la expuesta puede tener manifestaciones fatales como el mesotelomia; en segundo lugar, que el periodo de incertidumbre se extiende considerablemente en el tiempo dado los largos periodos de latencia de la enfermedad; y, por último, que los demandantes viven en una población con un elevado

porcentaje de enfermedades de tal clase y natural repercusión en los habitantes de la misma. Es, por ello, que consideramos existe daño moral...".

VI. El Fondo de Compensación para las Víctimas del Amianto. Su necesaria implantación

49. La Ley 21/2022, de 19 de octubre, crea el fondo de compensación para las víctimas del amianto ("FCVA"). El objetivo principal del FCVA es proporcionar una compensación económica a las personas que han desarrollado enfermedades relacionadas con el amianto como resultado de su trabajo en lugares donde se utilizaba este material. Serán beneficiarias de la reparación íntegra a cargo del Fondo de Compensación para las Víctimas del Amianto por los daños y perjuicios sobre la salud resultantes de una exposición al amianto padecidos en ámbito laboral, doméstico o ambiental en España: a) Las personas que hayan obtenido el reconocimiento de una enfermedad profesional ocasionada por el amianto. b) Las personas con una enfermedad que no pueda ser reconocida como profesional, pero de la cual se haya determinado o pueda determinarse que su causa principal o coadyuvante haya sido su exposición al amianto. c) Las personas causahabientes de los beneficiarios mencionados en las letras anteriores, en los términos que se determinen reglamentariamente. El diagnóstico y la valoración de la enfermedad, su calificación y revisión, así como la determinación de su causa o del fallecimiento se realizarán por los equipos de valoración que se determinen reglamentariamente.

El procedimiento para la compensación se iniciará a solicitud de la persona perjudicada, o de los causahabientes en caso de fallecimiento de aquella, dirigida al Instituto Nacional de la Seguridad Social. Dicha solicitud deberá ir acompañada de los documentos acreditativos de la enfermedad y lesiones padecidas, así como de que han sido originadas o han podido serlo por la exposición al amianto, incluidos los certificados médicos, informe sanitario del PIVISTEA, así como todos los documentos necesarios para probar la realidad de la exposición al amianto. No obstante, cuando se hubiera determinado el origen profesional de la enfermedad, el solicitante adjuntará a la petición exclusivamente la resolución de reconocimiento.

En su caso, también se acompañará de la información relativa a las acciones judiciales y extrajudiciales que estén en curso en el momento de la solicitud, así como de las prestaciones o compensaciones reconocidas como consecuencia de su exposición al amianto.

El procedimiento se iniciará por la persona beneficiaria (aquellas que padezcan dolencias directamente vinculadas con el amianto, hayan tenido o no el reconocimiento como enfermedad profesional o sus causahabientes en caso de fallecimiento). La solicitud se dirigirá al INSS, acompañada de los documentos que acrediten las lesiones padecidas y su origen, indicando también la existencia de posibles acciones judiciales o de otras prestaciones reconocidas por la misma causa. El INSS dictará resolución en el plazo de tres meses, a contar desde la fecha de la solicitud. Esta resolución podrá ser objeto de recurso administrativo según lo dispuesto en la Ley 39/2015, de 1 de octubre, del Procedimiento Administrativo Común de las Administraciones Públicas.

El fondo, carente de personalidad jurídica, será gestionado por el Instituto Nacional de la Seguridad Social y será dotado económicamente a través de las transferencias que se determinen anualmente en la correspondiente Ley General de Presupuestos del Estado.

El FCVA es financiado por el gobierno y por las empresas que han utilizado amianto en el pasado. Las empresas que han utilizado amianto están obligadas por ley a contribuir al fondo y pagar una cantidad anual en función del número de trabajadores que emplearon y la cantidad de amianto que utilizaron. Esta contribución se utiliza para financiar las compensaciones a las víctimas y para pagar los gastos administrativos del fondo.

Para el cumplimiento de sus fines, el Fondo de Compensación para las Víctimas del Amianto dispondrá de los siguientes recursos económicos: a) Consignaciones o transferencias que se determinen cada año en la correspondiente Ley de Presupuestos Generales del Estado. b) Cantidades que se obtengan por subrogación de las personas afectadas por el amianto, o sus causahabientes, en vía judicial. c) Las aportaciones provenientes de las sanciones impuestas por la autoridad laboral correspondiente, a propuesta de la Inspección de Trabajo y Seguridad Social, por incumplimiento de las obligaciones en materia de seguridad y salud laborales relacionadas con el amianto, determinadas reglamentariamente en términos porcentuales. d) Rentas o frutos del propio Fondo. e) Cualesquiera otros previstos en las leyes.

50. La puesta en marcha e inicio de actividades del Fondo de Compensación para las Víctimas del Amianto tendrá lugar el mismo día en que entre en vigor el reglamento de desarrollo de la presente ley, el cual deberá dictarse en el plazo de tres meses desde la publicación de esta en el «Boletín Oficial del Estado».

En cuanto al articulado de la ley, prevé su desarrollo reglamentario a efectos de establecer el importe de las compensaciones que correspondan y los términos en que tales compensaciones se van a reconocer; los términos para reconocer condición de beneficiario; la determinación de los equipos de valoración que deben efectuar el diagnóstico y la valoración de la enfermedad; así como el procedimiento a seguir para reconocer, suspender y extinguir el derecho a las compensaciones a favor de las personas beneficiarias.

51. El Real Decreto 483/2025, de 17 de junio (BOE de 18 de junio), ha venido a desarrollar reglamentariamente la Ley 21/2022, de 19 de octubre, que crea un fondo de compensación destinado a personas afectadas por enfermedades derivadas de la exposición al amianto en el ámbito laboral, doméstico o ambiental en España. La norma establece los criterios de acceso, el procedimiento administrativo aplicable y la cuantía de las compensaciones económicas que podrán solicitarse a través del Instituto Nacional de la Seguridad Social (INSS), gestor del fondo.

La compensación regulada tiene carácter indemnizatorio y se concede por una sola vez (art. 2). Está dirigida a reparar los daños en la salud derivados de la exposición al amianto y no se integra en el régimen de prestaciones de la Seguridad Social. Su tramitación corresponde al INSS, que también puede subrogarse en los derechos de la persona beneficiaria frente a terceros responsables.

Podrán solicitar la compensación las siguientes personas (art. 3): (i) Quienes tengan reconocida una pensión de incapacidad permanente derivada de enfermedad profesional causada por exposición al amianto. (ii) Aquellas con sentencia firme que les haya reconocido indemnización por patologías asociadas, pero cuya ejecución no haya sido posible total o parcialmente. (iii) Quienes, estando inscritas en el Registro de Trabajadores Expuestos al Amianto (RETEA) o registro equivalente, hayan sido diagnosticadas de patologías compatibles (mesotelioma, asbestosis, cáncer de pulmón o laringe). (iv) Víctimas de exposición doméstica o ambiental con diagnóstico de mesotelioma o asbestosis severa. (v) Causahabientes (cónyuges, parejas de hecho y descendientes) de personas fallecidas que cumplieran los requisitos anteriores y no hubieran solicitado la compensación en vida.

El anexo I del real decreto establece un baremo económico asociado a las siguientes patologías: (i) Mesotelioma (todas las localizaciones): 96.621,24 euros. (ii) Cáncer de pulmón: 64.414,16 euros. (iii) Cáncer de laringe: 48.310,62 euros. (iv) Asbestosis con repercusión funcional moderada o severa: 32.207,08 euros. En el caso de que el afectado sufra varias patologías se aplicará el baremo que corresponda a la de mayor gravedad.

El procedimiento se articula en dos fases: (i) Certificación médica (arts. 7 y 8): emitida por los Equipos de Valoración de Víctimas del Amianto (EVVA), dependientes de las comunidades autónomas o del INGESA. Esta certificación es clave para acreditar tanto la patología como su origen. (ii) Solicitud de compensación (arts. 9 a 11): dirigida al Instituto Nacional de la Seguridad Social (INSS), que debe resolver en un plazo máximo de seis meses. En caso de silencio administrativo, se entenderá desestimada (art. 11.2), aunque se exige resolución expresa.

El art. 4 regula la prescripción del derecho, fijando un plazo de cinco años desde el reconocimiento de la pensión, la firmeza de la sentencia o el diagnóstico, según el caso. La solicitud del certificado interrumpe dicho plazo, lo que constituye una garantía adicional para las personas afectadas.

El real decreto entrará en vigor a los tres meses de su publicación (18 de septiembre de 2025). Inicialmente, sus efectos solo alcanzarán a los supuestos con reconocimiento administrativo o judicial firme de una pensión de incapacidad permanente derivada de contingencia profesional. La aplicación a otros colectivos dependerá de lo que establezcan las futuras leyes de presupuestos generales del Estado.

Capítulo 22

DAÑOS DERIVADOS DEL CAMBIO TECNOLÓGICO

Bibliografía: ÁLVAREZ OLALLA, P., *Propuesta de Reglamento en materia de responsabilidad civil por el uso de inteligencia artificial, del Parlamento europeo, de 20 de octubre de 2020*, Revista CESCO de Derecho de consumo, 2021, nº 38, versión digital. AYO FERRÁNDIZ, C.; SEIJO BAR, A.; GARRE ANGUERA DE SOJO, I.; GONZÁLEZ GUILLÉN, P. *Responsabilidad civil e inteligencia artificial.* Actualidad Jurídica Uría Menéndez, 2025, nº 67, pp. 29-56. BECK, U., *La sociedad del riesgo. Hacia una nueva modernidad*, Paidos, Barcelona, 1998. DÍAZ ALABART, S., *Robots y responsabilidad civil*, Madrid, Reus, 2018. DOMENECH PASCUAL, G., *Derechos fundamentales y riesgos tecnológicos*, Madrid, CEC, 2006. EBERS, M., *La utilización de agentes electrónicos inteligentes en el tráfico jurídico: ¿Necesitamos reglas especiales en el Derecho de la responsabilidad civil?*, InDret, 2016, julio. ERCILLA GARCÍA, J., *Normas de Derecho Civil y robótica*, Pamplona, Aranzadi, 2018. FIERRO RODRÍGUEZ, G. *Análisis de los daños derivados de infracciones administrativas del Reglamento General de Protección de Datos a la luz del asunto C-590/22*, Práctica de Derecho de Daños, 2024, nº 160. GOÑI HUARTE, E., *La causalidad incierta en la responsabilidad civil derivada de la Inteligencia Artificial*, Revista General de Derecho Europeo, 2022, nº 58. HERBOSA MARTÍNEZ, I., *Encaje de los sistemas de IA en la definición de producto en la legislación de productos defectuosos. Análisis de la legislación vigente con la vista puesta en la Propuesta de Directiva del Parlamento europeo y del Consejo de 28 de septiembre de 2022* (COM/2022/495), InDret: Revista para el Análisis del Derecho, 2024, nº 3. MARTÍN CASALS, M., *Las propuestas de la Unión Europea para regular la responsabilidad civil por los daños causados por sistemas de inteligencia artificial*, InDret: Revista para el Análisis del Derecho, 2023, nº 2, p. 75 MERCADER UGUINA, J. R. *Robótica y riesgos laborales*, Archivos de Prevención de Riesgos Laborales, 2018; 21 (3), pp. 121-122. Id. *Riesgos laborales y transformación digital: hacia una empresa tecnológicamente responsable*, Teoría & Derecho, 2018, nº 23, pp. 93-107. Id. *Riesgos, garantías y responsabilidades frente al uso de sistemas de inteligencia artificial*, en A. Abadías Selma y G. García González (Coord.), *Protección de los trabajadores e inteligencia artificial. La tutela de los derechos sociales en la cuarta revolución industrial*, Barcelona, Atelier, 2022, pp. 135-157. Id. *Sistema de responsabilidades por el uso de la inteligencia artificial. Un enfoque integral.* LABOS Revista De Derecho Del Trabajo Y Protección Social, 2024, nº 5, pp. 211-227. MERCADER UGUINA, J. R, MUÑOZ RUIZ, A. B., *Robotics and Health and Safety at Work*, International Journal of Swarm Intelligence and Evolutionary Computation, 2019, Volume 8, Issue 1, pp. 1-15. MOLINA NAVARRETE, C., *La responsabilidad civil por daño (culposo) profesional: el estado del arte judicial entre «conservación» y «progreso»*, Revista de Trabajo y Seguridad Social. CEF, 2020, nº 443, pp. 137-150. MUÑOZ RUIZ, A. El sistema normativo de la prevención de riesgos laborales, Valladolid, Lex Nova, 2009. Id. *Robótica y derecho del trabajo: una revisión de los primeros fallos judiciales*, Trabajo y Derecho, 2020, nº 62, pp. 67-77. NAVAS NAVARRO, S., *Sistemas expertos basados en inteligencia artificial y responsabilidad civil. Algunas cuestiones controvertidas*, Diario La Ley, 2019. ESTEVE PARDO, J., *Técnica, riesgo y Derecho. Tratamiento del riesgo tecnológico en el Derecho ambiental*, Barcelona, Ariel, 1999. ERCILLA GARCÍA, Normas de Derecho Civil y robótica, Pamplona, Aranzadi, 2018, p. 77G. ORMAZABAL SÁNCHEZ, G. Carga de la prueba y sociedad del riesgo, Madrid, Marcial Pons, 2004. Id. *La prueba en los procesos de responsabilidad civil por daños causados por sistemas de inteligencia artificial. Análisis del Derecho vigente y de las propuestas normativas de la UE*, InDret, 2024, nº 3.

I. Responsabilidades frente al riesgo futuro

1. El desarrollo tecnológico y del sistema de producción y consumo propicia la aparición de nuevos riesgos. Ello determina un cambio de época desde la sociedad industrial a la sociedad del riesgo. Los anteriores fenómenos junto con la terciarización de la economía ponen en marcha un proceso de mutación del riesgo. El clásico riesgo industrial experimenta fuertes cambios y se aproxima cada vez más al riesgo del terciario (Beck, 1998).

Algunos de los aspectos definitorios de esta sociedad del riesgo son, en primer lugar, el cambio en el potencial de los peligros actuales en relación con los de otras épocas. La sociedad actual se caracteriza por la existencia de riesgos que, junto a los peligros que amenazan con desastres naturales o plagas de otras épocas, añaden otros artificiales, en el sentido de que son producidos por la actividad del hombre y vinculados a una decisión de éste. Tales riesgos, además, son de grandes dimensiones, es decir, amenazan la existencia de la humanidad como tal, ya que, al tratarse de grandes riesgos tecnológicos, ligados a la explotación y manejo de energía nuclear, de productos químicos, de recursos alimenticios, de riesgos ecológicos, o de los que pueda llevar consigo la tecnología genética, suponen posibilidades de autodestrucción colectiva. Incide también de forma directa en el potencial de los peligros el fenómeno de la globalización, que abre la posibilidad de hablar de peligros globales dirigiéndonos entonces a una sociedad del riesgo mundial.

El segundo elemento caracterizador de la sociedad del riesgo se ha visto en la complejidad organizativa de las relaciones de responsabilidad. El considerable incremento de las interconexiones causales y su desconocimiento o las dificultades en su aclaración, junto con la creciente sustitución de contextos de acción individuales por otros de carácter colectivo, determina que la responsabilidad se ramifique cada vez más a través de procesos en los que contribuyen muchas personas, a veces integrados en un sistema de división del trabajo, pero otras sin relación entre ellos. El fenómeno alcanza tal magnitud que ha llegado a hablarse a este respecto de una irresponsabilidad organizada, en el sentido de que cuanto más compleja y perfeccionada es una organización, más intercambiable resulta el individuo y menor su sensación de responsabilidad, al considerar éste que su personal contribución al conjunto es sumamente reducida.

Los dos aspectos anteriormente señalados condicionan el tercero de los rasgos definitorios de la sociedad del riesgo, esto es, una sensación de inseguridad subjetiva. El binomio riesgo— inseguridad y, por tanto, la aversión al riesgo con la consiguiente aspiración a la seguridad, hace que los individuos reclamen de manera creciente del Estado la prevención al riesgo y la provisión de seguridad. Sin embargo, esta demanda de seguridad no solo es objetiva, esto es, seguridad frente a los riesgos y peligros actuales, sino que también se anhela el convencimiento interno de vivir en una sociedad segura.

El concepto de sociedad del riesgo, considerado de moda entre los sociólogos, filósofos o políticos, ha traspasado las fronteras del análisis social para incorporarse a los análisis propiamente jurídicos. A primera vista, el derecho parece presentar dificultades o limitaciones a la hora de atajar estos nuevos riesgos apuntándose por algunos una crisis en la capacidad de rendimiento del ordenamiento jurídico o crisis de prestación del mismo ante los nuevos riesgos. Como se observa cuando se emplean instrumentos jurídicos tradicionales para abarcar en toda su dimensión las consecuencias de la técnica o la ignorancia sobrevenida del avance científico o la infraestructura de que se vale el progreso tecnológico construida sobre organizaciones complejas y jerarquizadas.

II. Daños y robots

1. En busca de un marco jurídico para la prevención y reparación de los daños robóticos

2. Los robots pertenecen ya a nuestra realidad próxima. Los robots industriales y de servicios son frecuentes entre las grandes empresas. En 2022, aproximadamente 1 de cada 5 grandes empresas de la UE utilizaba robots industriales (utilizados para soldadura, corte por láser, etc.), mientras que sólo 1 de cada 10 utiliza robots de servicios (utilizados para vigilancia, transporte, etc.).

Los hechos de la STS (Social) de 20 de enero de 2010 (Rº 1239/2009) representan con toda su crudeza los riesgos laborales y daños derivados de la utilización de la robótica en la industria.

> El accidente tuvo lugar en la zona de esmaltado, en dicha zona hay diferentes máquinas, las cuales son entre otras: cinta transportadora de alimentación de ladrillos y brazo robot de entrada que tiene una pinza que atrapa los ladrillos desde la cinta de alimentación a la cinta transportadora de la cabina de esmaltado. Esta zona está parcialmente protegida por vallas de malla metálica y una puerta de acceso, no obstante, el acceso a todos los elementos móviles de la línea de esmaltado es posible a través de zonas que no tienen valla y a través de la puerta; asimismo dicha zona contaba con una escalera de

> acceso directo a las cintas transportadoras y zonas del brazo robot. El brazo robot donde ocurrió el accidente se mueve de manera automática cogiendo de la cinta transportadora los ladrillos perfectamente apilados y los lleva a la cinta de esmaltado. Cuando los ladrillos que tiene que coger no guardan el apilamiento preciso, el robot brazo detiene el movimiento y no baja a cogerlos, siendo preciso entonces que un operario manualmente los coloque correctamente. La reactivación de brazo robot, cuando se ha detenido por defecto de apilado, es automática una vez que ha detectado que el apilamiento es correcto, sin necesidad de orden expresa de reanudación. El día del accidente, el trabajador Sr. Everardo prestaba servicio en el turno de noche en el puesto de moldeo mientras que en puesto de esmaltado lo hacía el compañero Arturo. Una de las máquinas de la línea de esmaltado, en concreto el robot de salida, sufrió una avería, lo que provocó que hubiera de pararse toda la producción y dar aviso al encargado de taller Fermín para que reprogramara el robot. Cuando llegó el encargado de taller a la fábrica, encontró hablando a los dos operarios quienes le expusieron el problema existente. El encargado solucionó el problema del brazo robot de salida mediante una actuación en la consola-pupitre y a continuación puso toda la línea de esmaltado en funcionamiento para comprobar que la reparación era correcto, permaneciendo éste junto al operario Arturo en la consola y en un momento dado el brazo robot de entrada se paró, y al darse cuenta de ello ambos se desplazaron unos pasos para tener visibilidad de la zona comprobando que el brazo robot se había puesto en funcionamiento y tenía atrapado al Sr. Everardo por la cabeza, a quien había perdido de vista mientras comprobaban el funcionamiento de la línea de esmaltado. Dicho operario se percató de la causa de la parada del robot que no fue otra que la defectuosa colocación de los ladrillos, pasando a dicha zona del robot, procediendo a colocar los ladrillos, momento en el que el brazo robot reanudó el movimiento, atrapándole la cabeza, a consecuencia de lo cual falleció.

3. Los robots cuya actividad se desarrolla interactuando con seres humanos pueden causar daños directamente a éstos y daños de carácter patrimonial. Todos esos daños pueden proceder de algún defecto en la fabricación o programación de los robots, de falta de información sobre su funcionamiento o información incorrecta de, inadecuación del tipo de robot a las tareas que se le han asignado, o incluso del uso incorrecto de los mismos por el usuario

Por ello, la seguridad es una preocupación fundamental en la interacción humano-robot; con la adopción en 2023 del nuevo Reglamento Europeo de Máquinas (Reglamento (UE) 2023/1230) —aplicable a partir del 20 de enero de 2027 y que sustituye a la Directiva de Máquinas (Directiva 2006/42/CE)—, viene a actualizar los requisitos de seguridad de las máquinas (y productos relacionados) en el mercado de la UE. Además, el nuevo Reglamento pretende abordar los nuevos retos de seguridad que plantean las nuevas tecnologías digitales, especialmente en el campo de la IA y la robótica avanzada. Los sistemas robóticos con capacidades de IA incorporadas entran en la definición de "máquinas" y, por tanto, están sujetos a requisitos de salud y seguridad y a los procedimientos de evaluación de la conformidad pertinentes. La nueva normativa reconoce que los riesgos para la seguridad no se limitan a los daños físicos, sino que también incluyen el estrés psicológico que puede derivarse de la interacción con las máquinas.

La regulación sobre la responsabilidad por daños causados por productos defectuosos en la Unión Europea ha experimentado también una transformación estructural con la adopción de la Directiva (UE) 2024/2853 del Parlamento Europeo y del Consejo, del 23 de octubre de 2024 y también podrá sobre extenderse a los robots ya que también para ellos el criterio esencial es la seguridad, como hemos señalado, la seguridad.

Las nuevas formas robóticas han comenzado a encontrar acomodo a través de la normalización. En concreto, la ISO 8373-2012 y la ISO 10218-1 definen el robot industrial como un manipulador programable en tres o más ejes multipropósito, controlado automáticamente, reprogramable y multifuncional, programable en tres o más ejes, que puede ser fijo o móvil y que se utiliza en aplicaciones industriales automatizadas. Por su parte, las ISO 10218-1 e ISO 10218-2 fijan los requisitos de seguridad para los robots industriales; la primera de las normas orientada hacia la seguridad en el diseño y la construcción del robot y la segunda focalizada en las directrices para la seguridad del personal durante la integración del robot, su instalación, ensayos, programación, funcionamiento, mantenimiento y reparación. Como complemento y apoyo de las normas ISO anteriores, la especificación técnica ISO/TS 15066:2016 dedicada, en particular, a las aplicaciones con robots colaborativos, define más concretamente dichos modos de funcionamiento y sus correspondientes medidas de seguridad. Por robot colaborativo se entiende aquél que es diseñado para interaccionar directamente con un humano dentro de un espacio de trabajo colaborativo.

Dentro de las nuevas formas robóticas, el desarrollo tecnológico ha conseguido crear un nuevo tipo de dispositivos, los exoesqueletos, que empiezan a presentarse como una vía de intervención ergonómica y de mejora de las condiciones de trabajo, especialmente en lo que a la carga física se refiere. Las NTP 1162 (Exoesqueletos I: Definición y clasificación) y 1163 (Exoesqueletos II: Criterios para la selección e integración en la empresa), se ocupan desde la perspectiva preventiva del uso de exoesqueletos.

4. La jurisprudencia también se ha ocupado de esta cuestión y existen numerosos pronunciamientos en los que se analizan los daños sufridos por trabajadores como consecuencia del uso de robots (Muñoz Ruiz, 2020).

2. *La Resolución del Parlamento Europeo, de 16 de febrero de 2017, con recomendaciones destinadas a la Comisión sobre normas de Derecho civil sobre robótica*

5. La idea de responsabilidad y control del desarrollo tecnológico constituye la base sobre la que debe sustentarse el desarrollo tecnológico al que estamos asistiendo. La Resolución del Parlamento Europeo, de 16 de febrero de 2017, con recomendaciones destinadas a la Comisión sobre normas de Derecho civil sobre robótica (2015/2103(INL) es muestra de ello. La misma establece como principio general que "la Unión debe adoptar una actitud gradual, pragmática y prudente (...) a fin de asegurarse que no se ponen trabas a la innovación". En el nivel actual de desarrollo de los diferentes tipos de robots, es una cuestión fundamental que también debe analizarse y abordarse a escala de la Unión "la responsabilidad civil por los daños y perjuicios causados por robots". Se aboga por "crear a largo plazo una personalidad jurídica específica para los robots, de forma que como mínimo los robots autónomos más complejos puedan ser considerados personas electrónicas responsables de reparar los daños que puedan causar, y posiblemente aplicar la personalidad electrónica a aquellos supuestos en los que los robots tomen decisiones autónomas inteligentes o interactúen con terceros de forma independiente". La responsabilidad corre pareja a la seguridad.

A) La necesidad de un marco regulador: Actos o instrumentos legislativos

6. La Resolución "considera que la responsabilidad civil por los daños y perjuicios causados por robots es una cuestión fundamental que también debe analizarse y abordarse a escala de la Unión, con el fin de garantizar el mismo grado de eficiencia, transparencia y coherencia en la garantía de la seguridad jurídica en toda la Unión Europea en beneficio de los ciudadanos, los consumidores y las empresas" y es que, añade, "el desarrollo de la tecnología robótica requerirá una mayor comprensión de las bases comunes necesarias para la actividad conjunta humano-robótica, que debe basarse en dos relaciones de interdependencia básicas, a saber, la previsibilidad y la direccionalidad; señala que estas dos relaciones de interdependencia son fundamentales para determinar qué información debe ser compartida entre seres humanos y robots y cómo puede conseguirse una base común entre seres humanos y robots que permita una acción conjunta humano-robótica eficaz".

7. Sobre esta base pide a la Comisión que presente, sobre la base del art. 114 del TFUE, una propuesta de instrumentos legislativos sobre los aspectos jurídicos relacionados con el desarrollo y el uso de la robótica y la inteligencia artificial (...), junto con instrumentos no legislativos —por ejemplo, directrices y códigos de conducta— y fija, en relación con ellos una base común de actuación, dichos instrumentos legislativo "no deberían en modo alguno limitar el tipo o el alcance de los daños y perjuicios que puedan ser objeto de compensación, ni tampoco limitar la naturaleza de dicha compensación, por el único motivo de que los daños y perjuicios hayan sido causados por un agente no perteneciente a la especie humana".

B) ¿Responsabilidad objetiva o gestión de riesgos?

8. La Resolución considera que el futuro instrumento legislativo debe basarse en una evaluación en profundidad realizada por la Comisión que determine si debe aplicarse el enfoque de la responsabilidad objetiva o el de gestión de riesgos. Sobre esta base señala que "la responsabilidad objetiva únicamente exige probar que se ha producido un daño o perjuicio y el establecimiento de un nexo causal entre el funcionamiento perjudicial del robot y los daños o perjuicios causados a la persona que los haya sufrido". Por su parte, el enfoque de gestión de riesgos no se centra en la persona "que actuó de manera negligente" como personalmente responsable, sino en la persona que es capaz, en determinadas circunstancias, de minimizar los riesgos y gestionar el impacto negativo".

C) La atribución de responsabilidad: la personalidad robótica

9. En el actual marco jurídico los robots no pueden ser considerados responsables de los actos u omisiones que causen daños a terceros, sino que lo que se contempla es la posibilidad de atribuir dichos daños a un agente humano que podía haber previsto y evitado el resultado dañoso (Díaz Alabar, 2018: 71). Son los fabricantes, operadores, propietarios o usuarios quienes podrían ser considerados responsables de los actos u omisiones del robot.

A partir de lo anterior la Resolución "considera que, en principio, una vez que las partes en las que incumba la responsabilidad última hayan sido identificadas, dicha responsabilidad debería ser proporcional al nivel real de las instrucciones impartidas a los robots y a su grado de autonomía, de forma que cuanto mayor sea la capacidad de aprendizaje o la autonomía y cuanto más larga haya sido la «formación» del robot, mayor debiera ser la responsabilidad de su formador; observa en particular que, al determinar a quién incumbe realmente la responsabilidad de los daños o perjuicios causados por un robot, las competencias adquiridas a través de la «formación» de un robot no deberían confundirse con las competencias estrictamente dependientes de su capacidad de aprender de modo autónomo; señala que, al menos en la etapa actual, la responsabilidad debe recaer en un humano, y no en un robot".

D) Aseguramiento de los daños robóticos

10. Una posible solución a la complejidad de la asignación de responsabilidad por los daños y perjuicios causados por robots cada vez más autónomos, podría ser el establecimiento de un régimen de seguro obligatorio, como ya se aplica, por ejemplo, en el caso de los automóviles; observa no obstante que, a diferencia del régimen de seguros en la circulación por carretera, en el que el seguro cubre tanto las actuaciones humanas como los fallos mecánicos, un sistema de seguros para robots debería tener en cuenta todas las responsabilidades potenciales en la cadena. Considera que, tal como sucede con el seguro de vehículos de motor, dicho sistema podría completarse con un fondo que garantizara la reparación de daños en los casos de ausencia de una cobertura de seguro; pide al sector de los seguros que desarrolle nuevos productos y tipos de ofertas adaptados a los progresos de la robótica.

Igualmente, la Resolución pondera la posibilidad de "crear a largo plazo una personalidad jurídica específica para los robots, de forma que como mínimo los robots autónomos más complejos puedan ser considerados personas electrónicas responsables de reparar los daños que puedan causar, y posiblemente aplicar la personalidad electrónica a aquellos supuestos en los que los robots tomen decisiones autónomas inteligentes o interactúen con terceros de forma independiente".

Estamos de acuerdo con Díaz Alabart (2018: 76-77) en que "a primera vista no se ve la utilidad para los perjudicados de conceder esa pseudopersonalidad jurídica a los robots", no obstante, es una vía a explorar, no tanto por la idea de que los robots puedan ser entes a mitad de camino entre las personas y las cosas sino como un medio de soslayar las dificultades que se puedan presentar en cuanto a la indemnización por los daños que causen"

E) Elementos a valorar en una futura evaluación de impacto

11. Pide a la Comisión que, cuando realice una evaluación de impacto de su futuro instrumento legislativo, explore, analice y considere las implicaciones de todas las posibles soluciones jurídicas, tales como: a) establecer un régimen de seguro obligatorio en los casos en que sea pertinente y necesario para categorías específicas de robots, similar al existente para los automóviles, en el que los fabricantes o los propietarios de robots estarían obligados a suscribir un contrato de seguro por los posibles daños y perjuicios causados por sus robots. b) establecer un fondo de compensación que no solo garantice la reparación de los daños o perjuicios causados por un robot ante la ausencia de un seguro; c) permitir que el fabricante, el programador, el propietario o el usuario puedan beneficiarse de un régimen de responsabilidad limitada si contribuyen a un fondo de compensación o bien si suscriben conjuntamente un seguro que garantice la compensación de daños o perjuicios causados por un robot; d) decidir si conviene crear un fondo general para todos los robots autónomos inteligentes o crear un fondo individual para cada categoría de robot, así como la elección entre un canon único al introducir el robot en el mercado o pagos periódicos durante la vida del robot; e) crear un número de matrícula individual que figure en un registro específico de la Unión que asegure la asociación entre el robot y el fondo del que depende y que permita que cualquier persona que interactúe con el robot esté al corriente de la naturaleza del fondo, los límites de su responsabilidad en caso de daños materiales, los nombres y las funciones de los participantes y otros datos pertinentes.

Más recientemente, el "Informe sobre las repercusiones en materia de seguridad y responsabilidad civil de la inteligencia artificial, el internet de las cosas y la robótica" ha seguido dando pasos en este camino y abre futuros interrogantes. Subrayando, por ejemplo, que el "comportamiento" futuro de las aplicaciones de IA podría generar riesgos para la salud mental de los usuarios, derivados, por ejemplo, de su colaboración con robots y sistemas con IA humanoide, en el hogar o en entornos de trabajo. A este respecto, precisa, la seguridad se refiere normalmente a la percepción del usuario de una amenaza de daño físico que puede derivarse de la tecnología digital emergente. Igualmente, se pone sobre la mesa la posibilidad de errores algorítmicos que pueden hacer que los robots tomen una decisión errónea y acaben lesionando a una persona.

Como señala el informe al que nos venimos refiriendo, "las características de las tecnologías digitales emergentes, como la IA, el internet de las cosas y la robótica, ponen en entredicho aspectos de los marcos de responsabilidad civil nacionales y de la Unión y podrían menoscabar su eficacia. Algunas de estas características pueden dificultar la determinación de la relación causal entre los daños y un comportamiento humano, que es uno de los elementos necesarios para presentar una reclamación por responsabilidad subjetiva, de conformidad con las normas nacionales. Esto significa que, en las reclamaciones basadas en las normativas nacionales de responsabilidad civil, la cuestión probatoria puede ser gravosa o excesivamente onerosa y, por lo tanto, es posible que las víctimas no reciban una compensación adecuada". Como doctrinalmente se ha apuntado, la responsabilidad objetiva puede perder peso frente a estas nuevas realidades y dar lugar al nacimiento de otras "culpas" de los robots: "in codificando"; "in educanda"; "in curando" o la "culpa del robot" (Ercilla, 2018)).

III. Daños y nanomateriales

1. Nuevos productos, nuevos riesgos

12. La nanociencia y sus aplicaciones (nanotecnología) es un área de la ciencia de los materiales que aborda el estudio de objetos (una nanopartícula, NP) en escala nanométrica (orden de escala de centenares de nanometros, nm, 1 nm = 10-9). La OIT ha llamado la atención acerca del enorme desfase entre el conocimiento en las aplicaciones de la nanotecnología y el de su impacto en la salud, brecha que la Agencia Europea para la Seguridad y Salud en el Trabajo (EU-OSHA) cuantifica en 20 años, en su informe de 2013 titulado "Prioridades para la investigación sobre seguridad y salud laboral en Europa: 2013-2020". En 2009 el Comité Científico de los Riesgos Sanitarios Emergentes y Recientemente Identificados afirmaba: "se han demostrado los peligros que diversos nanomateriales fabricados entrañan para la salud y el medio ambiente. Los peligros identificados indican que los nanomateriales tienen efectos tóxicos potenciales en el ser humano y el medio ambiente. Sin embargo, es preciso señalar que no todos los nanomateriales inducen efectos tóxicos".

13. Un segundo ejemplo es el emergente de las Impresoras 3D. Según un estudio del Instituto de Tecnología de Illinois, cuando la impresora 3D trabaja con este material emite 20 mil millones de micro-partículas por minuto, que se depositan en los pulmones o el torrente sanguíneo y plantean riesgos para la salud, especialmente, para los enfermos de asma.

14. También plantea la posibilidad de nuevos riesgos el uso del glifosato. Se trata de un herbicida muy rentable, pero sobre el que se sospecha cada vez con más evidencia, aunque no la suficiente, y sobre el que se debate su prohibición o reautorización en la Unión Europea.

Gráficamente, se comprende la envergadura de estos riesgos si se recurre al ejemplo paradigmático del amianto (Capítulo 21).

2. *El polvo de sílice: Los daños del silestone*

15. El "Silestone" es un producto elaborado a base de Sílice, Cuarzo y Granito en un 90/95%, Resina de Poliéster y colorantes. Cae dentro de este ámbito, la que se ha calificado como la "tragedia del silestone", y que "también cuenta ya con un reguero de personas enfermas profesionalmente que están siendo, poco a poco, indemnizadas social y civilmente" (Molina Navarrete, 2020).

16. La STSJ de Andalucía, Granada, de 30 de mayo de 2019 (Rº 2521/2018), establece una indemnización por daños y perjuicios derivados de enfermedad profesional por exposición continuada del trabajador al polvo de sílice, en un caso en el que la empresa no realizó evaluación de riesgos laborales durante el tiempo que el trabajador estuvo expuesto al polvo de sílice ni adopto las medidas preventivas para evitar la aparición de la enfermedad profesional. Sobre esta base la sentencia concluye que:

> "No solo existe el incumplimiento empresarial imputado a la empresa., sino que también resulta que la enfermedad profesional que motiva el proceso de IT y la posterior declaración en situación de IPT derivada de enfermedad profesional es contraída por el trabajador a consecuencia de la exposición continuada al polvo de sílice en elevados índices que superan con creces los límites legalmente previstos, lo que conlleva a entender que la enfermedad profesional es consecuencia directa del incumplimiento de normas de seguridad imputadas a la empresa, y es que, de haber sido puesto en conocimiento del trabajador la existencia del riesgo por exposición a agentes químicos, se hubieran adoptado medidas de protección, tanto individuales, como colectivas, que hubieran sido del todo eficaces, así como si se hubiera aminorado el tiempo de exposición al polvo de sílice y reducido los índices de polvo de sílice por debajo de los límites legales, es más que seguro que el siniestro se hubiera evitado".

17. La STSJ del País Vasco de 2 de octubre de 2018 (Rº 1717/2018), constató el incumplimiento de las obligaciones preventivas ex art. 41 de la LPRL, precepto que dispone que

> *"1. Los fabricantes, importadores y suministradores de maquinaria, equipos, productos y útiles de trabajo están obligados a asegurar que éstos no constituyan una fuente de peligro para el trabajador, siempre que sean instalados y utilizados en las condiciones, forma y para los fines recomendados por ellos.*
>
> *Los fabricantes, importadores y suministradores de productos y sustancias químicas de utilización en el trabajo están obligados a envasar y etiquetar los mismos de forma que se permita su conservación y manipulación en condiciones de seguridad y se identifique*

claramente su contenido y los riesgos para la seguridad o la salud de los trabajadores que su almacenamiento o utilización comporten.

Los sujetos mencionados en los dos párrafos anteriores deberán suministrar la información que indique la forma correcta de utilización por los trabajadores, las medidas preventivas adicionales que deban tomarse y los riesgos laborales que conlleven tanto su uso normal, como su manipulación o empleo inadecuado. [...]"

En este caso, la sentencia descartó su responsabilidad en el recargo, que solo correspondió, eso sí, a la empleadora directa, dado que la empresa fabricante no era el sujeto empresarial infractor por no guardar relación ni directa ni indirecta (principal) con el trabajador que sufrió la enfermedad.

Es importante tener presente que el art. 41 de la LPRL no procede de la Directiva del Consejo, de 12 de junio de 1989, relativa a la aplicación de medidas para promover la mejora de la seguridad y de la salud de los trabajadores en el trabajo, en tanto éstas no son obligaciones de los empresarios respecto a sus trabajadores sino de quienes suministran sustancias y equipos a éstos, y cuya actividad se encuentra regulada principalmente por las normas llamadas "de mercado". Se incluye este mandato así en la LPRL, sin que tenga que existir un equivalente en el resto de leyes preventivas de los Estados miembros de la Unión Europea.

Por la especial naturaleza de sus destinatarios, el art. 41 de la LPRL tiene una aplicación limitada en el marco de la prevención de riesgos laborales, en tanto los fabricantes, suministradores e importadores ni siquiera son sujetos responsables por la comisión de infracciones a la normativa de prevención de riesgos laborales, de acuerdo con el art. 2 de la LISOS. Esta circunstancia hace que, pudiendo ser instrumentalmente consideradas normas preventivas conforme al art. 1 de la LPRL, las normas sobre fabricantes, importadores y suministradores tengan un cierto grado de autonomía plena respecto al bloque normativo de prevención de riesgos.

La ausencia de una sanción específica de prevención de riesgos laborales para los fabricantes, importadores y suministradores hace considerar que el art. 41 de la LPRL debe interpretarse como una declaración de principios y que las normas jurídicamente exigibles pertenecen a un bloque normativo diferente.

3. *Un supuesto particular: Nanopartículas, prevención de riesgos y daños potenciales*

18. La Sentencia del Juzgado de lo Social nº 4 de Navarra de 27 de octubre de 2017 (Proc. 658/2016), analiza por primera vez desde la prevención de riesgos laborales, la cuestión de los investigadores que se encuentran en contacto con las llamadas nanopartículas o nanomateriales.

> Un trabajador plantea demanda en reclamación de daños y perjuicios contra el Servicio de Prevención, la compañía aseguradora y la empresa, para que se le abonaran 37.900 euros en concepto de indemnización por no haber sido contratado para un puesto de trabajo a pesar de haber superado todas las fases del proceso de selección. Su no contratación se debió a un informe del Servicio de prevención, que le declaró no apto para trabajar con nanopartículas/nanomateriales dado que era un trasplantado renal. El trabajador ejercitó una acción de responsabilidad civil extracontractual para obtener la reparación del daño que, según él, le había producido la no contratación para el puesto que había solicitado, situándose por tanto en la fase previa al contrato de trabajo.

Indica el Juzgado que el informe emitido por el Servicio de prevención no puede calificarse como antijurídico por el hecho de que se declarara al trabajador especialmente sensible por su estado de salud no debiendo realizar tareas con riesgo de exposición a nanomateriales, productos considerados de nefrotóxicos o mutagénicos, radiaciones ionizantes o exposición a riesgo biológico. Tampoco puede calificarse como equivocado o erróneo, porque para calificar la opinión médica de dicho informe, deberá haber acreditado que la exposición a las nanopartículas no entraña riesgo especial en su condición de trasplantado renal. Se trata de una cuestión técnica, coincidiendo todos los informes en que en la actualidad no existen datos suficientes sobre los efectos de las nanopartículas sobre la función renal por cuanto que su potencial toxicidad —que no se discute— no puede medirse científicamente aún a día de hoy, tratándose de una materia novedosa. "En definitiva, cuando la ciencia no puede probar algo, ello no significa necesariamente que eso no es verdad, y ese axioma filosófico sirve para descartar que el informe médico al que se imputa el daño sea erróneo".

Por último, tampoco puede calificarse el informe de negligente. Ante la falta de evidencia científica sobre los riesgos para este trabajador, se valoró su especial sensibilidad y mayor predisposición a infecciones, al ser trasplantado de riñón. Luego, el informe no es negligente, sino todo lo contrario, pues atiende a la finalidad de proteger la salud del demandante. A lo que la sentencia añade: Esta juzgadora se hace cargo de la frustración del demandante, que se ha visto privado de un puesto de trabajo deseado en su país después de haber superado con seguridad numerosas dificultades debido a su dolencia renal que ha requerido incluso un trasplante. Sin embargo, el que haya sufrido un daño no implica que deba ser reparado a través de la responsabilidad extracontractual reclamada en su demanda y menos que deba declararse que el responsable de ese daño es un servicio y un facultativo médico que no han cometido ninguna conducta antijurídica reprochable, por lo que no merecen ser condenados a la indemnización reclamada".

El trabajador fue declarado "apto con limitaciones". Esta declaración no puede calificarse de discriminatoria, sino que se realizó con la finalidad de proteger su salud, siendo plenamente coherente con el resultado del informe del Servicio de prevención. Tampoco se aludieron a razones distintas a las de ser trasplantado renal.

Por otra parte, no se valora la actuación de la empresa en este caso, pues expresamente el propio demandante desistió de la petición de su condena, y por tanto queda su actuación en el caso fuera del objeto del pleito. En tales circunstancias, la demanda es desestimada, absolviendo a los demandados de cualquier pedimento de responsabilidad civil.

19. La STSJ Navarra de 8 de febrero de 2018 (Rº 11/2018) desestima el recurso de suplicación interpuesto por el actor frente a la sentencia del Juzgado de lo Social nº 4 de Navarra

IV. Responsabilidad por las cosas intangibles: daños provocados por sistemas de IA y su reparación

1. El último lado del "triángulo de oro" del RIA: La responsabilidad

20. La antropóloga Mary Douglas sostenía que las sociedades se definen a sí mismas por el modo en que caracterizan y gestionan sus riesgos. El desarrollo de la IA está asociado, de manera inescindible, a los múltiples riesgos que conlleva su incorporación a la dinámica económica y social en su más amplio sentido. Su control constituye la clave esencial en el que se asienta el Reglamento (UE) 2024/1689 del Parlamento Europeo y del Consejo, de 13 de junio de 2024, por el que se establecen normas armonizadas en materia de inteligencia artificial y por el que se modifican los Reglamentos (CE) n° 300/2008, (UE) n° 167/2013, (UE) n° 168/2013, (UE) 2018/858, (UE) 2018/1139 y (UE) 2019/2144 y las Directivas 2014/90/UE, (UE) 2016/797 y (UE) 2020/1828 ("RIA"). Y es que, si bien la incorporación de esta nueva realidad conlleva notables incertidumbres, se trata, en última instancia, de construir una incertidumbre medible.

21. El RIA sitúa, por ello, su centro de gravedad en la valoración del riesgo que conlleva el uso de los sistemas y modelos de IA. La noción de "riesgo", definida en dicha norma como "la combinación de la probabilidad de que se produzca un daño y la gravedad de dicho daño" (art. 3.2 del RIA), sirve de base para establecer una "pirámide de riesgos" ascendente (del riesgo medio/bajo hasta el riesgo inaceptable, pasando por el riesgo alto) que se emplea para clasificar una serie de prácticas y casos de uso de la IA en ámbitos específicos, lo que supone reconocer que no todos los tipos de IA suponen un riesgo y que no todos los riesgos son iguales o requieren las mismas medidas de mitigación. Por ello, y en recta correspondencia, el RIA crea un sistema de obligaciones, garantías y responsabilidades para todos los agentes que actúan dentro de este nuevo ecosistema (proveedores, fabricantes, responsables del despliegue y, en el sentido más amplio, afectados por el uso de estos sistemas). Se construye, de este modo, lo que venimos calificando como el "triángulo de oro" del RIA: aproximación desde el riesgo, garantías y responsabilidades.

22. El riesgo está asociado, de manera inescindible, a los cambios que lleva consigo la incorporación de los nuevos sistemas de IA. Así lo pone de manifiesto la RIA que articula su regulación, precisamente, sobre una aproximación desde la idea de "riesgo", definida como "la combinación de la probabilidad de que se produzca un daño y la gravedad de dicho daño". El Reglamento establece una jerarquía de riesgos en función del uso de la IA y sobre las categorías detectadas, establece una serie de obligaciones cuyas proyecciones sobre lo laboral resultan más que evidentes.

En este ámbito quedan directamente proscritos los sistemas de reconocimiento de emociones. El RIA expresamente prohíbe "la introducción en el mercado, la puesta en servicio o la utilización de sistemas de IA para inferir las emociones de una persona física en los ámbitos de la aplicación de la ley (...) en lugares de trabajo (...)" (art. 5.1 f) RIA). Igualmente se encuentra prohibida "la introducción en el mercado, la puesta en servicio para este fin específico o el uso de sistemas de categorización biométrica que clasifiquen individualmente a las personas físicas sobre la base de sus datos biométricos para deducir o inferir su raza, opiniones políticas, afiliación sindical, convicciones religiosas o filosóficas, vida sexual u orientación sexual (...)" (art. 5.1 g) RIA).

23. Pero la pieza esencial del sistema que construye el RIA se asienta en el establecimiento de límites al uso de los sistemas que califica de "alto riesgo" (art. 6.1 y 2 por relación con lo establecido en el Anexo III del RIA). Una noción que, como precisa el Considerando (46), se diseña tomando en cuenta sus efectos, por cuanto incluye entre tales sistemas aquellos que "tengan consecuencias perjudiciales importantes para la salud, la seguridad y los derechos fundamentales de las personas de la Unión, y dicha limitación reduce al mínimo cualquier posible restricción del comercio internacional, si la hubiera". Lo laboral ocupa, también aquí, un papel protagonista. Y es que, como viene a subrayar el considerando (48), "la magnitud de las consecuencias adversas de un sistema de IA para los derechos fundamentales protegidos por la Carta es especialmente importante a la hora de clasificar un sistema de IA como de alto riesgo. Entre dichos derechos se incluyen el derecho a la dignidad humana, el respeto de la vida privada y familiar, la protección de datos de carácter personal, la libertad de expresión y de información, la libertad de reunión y de asociación, la no discriminación, (y) los derechos de los trabajadores (...)".

24. El RIA incorpora un importante sistema de garantías que se anudan a los requisitos generales que deberán cumplir los sistemas de IA de alto riesgo "teniendo en cuenta sus finalidades previstas, así como el estado actual de la técnica generalmente reconocido en materia de IA" (art. 8). Ello lleva consigo el establecimiento, implantación, documentación y mantenimiento de un sistema de gestión de riesgos entendido como "un proceso iterativo continúo planificado y ejecutado durante todo el ciclo de vida de un sistema de IA de alto riesgo, que requerirá revisiones y actualizaciones sistemáticas periódicas" (art. 9). A ello se une la necesaria "gobernanza de los datos" (art. 10), las exigencias de un precisa documentación técnica (art. 11) y la necesidad de garantizar un nivel de trazabilidad del funcionamiento del sistema (art. 12). La transparencia suficiente para que los responsables del despliegue interpreten y usen correctamente la información de salida que incorporen los sistemas de IA, constituye un principio maestro (art. 13) al que se une la necesidad de que su diseño y desarrollo permita cumplir con el principio de humano al mando (art. 14). En fin, unos sistemas que se diseñarán y desarrollarán de modo que alcancen un nivel adecuado de precisión, solidez y ciberseguridad y funcionen de manera uniforme durante todo su ciclo de vida (art. 15). A ellas se unen el poderoso régimen de obligaciones para todos los sujetos actuantes en el ecosistema de la IA (art. 26-28 RIA).

La última pieza del sistema, el último lado del triángulo del RIA se centra en el régimen de responsabilidades.

2. *Responsabilidad por daños provocados por sistemas de IA*

25. A día de hoy, transformaciones tecnológicas al margen, el sistema de responsabilidad por el uso de sistemas de IA sigue reposando, en esencial, en los mecanismos que, con matizaciones, adaptaciones y ajustes, han servido a tales fines durante los períodos de cambio y transformación tecnológica que a lo largo de la historia se han sucedido hasta el presente: un modelo basado en sanciones.

El sistema de responsabilidades por el uso de la IA se encuentra integrado por dos subsistemas de diferente alcance y contenido: de un lado, el subsistema punitivo, basado en sanciones administrativas y asentado sobre una pluralidad de agentes que tutelan tal actividad de control; y, de otro, el subsistema reparador, asentado en la lógica que proporcional el derecho de daños.

Las dificultades a la hora de aplicar y hacer efectivas las técnicas de control y sanción son múltiples. La autonomía y el carácter opaco de los sistemas de IA, es decir, la dificultad de comprender y explicar cómo han tomado sus decisiones, por las propias características de la tecnología que utilizan, como sucede en el caso de algunos métodos de aprendizaje profundo (*deep learning*), dificulta de modo especial, tanto la proyección de régimen sancionador, como "la prueba no solo de la culpa sino también de la relación de causalidad" (Martín Casals, 2023: 75). La interconectividad es otra de las características distintivas de los productos que incorporan sistemas de IA que pueden plantear numerosos problemas a la hora de detectar y controlar su alcance.

El texto de la RIA aprobado por el Consejo no introduce disposiciones concretas sobre responsabilidad civil. Impone, ciertamente, un gran número de obligaciones a los así llamados «operadores» de sistemas de IA, expresión que incluye una gran variedad de sujetos: proveedores, distribuidores e importadores de sistemas de IA, responsables del despliegue de sistemas de IA, fabricantes de productos que introduzcan en el mercado o pongan en servicio un sistema de IA junto con su producto y con su propio nombre o marca; y representantes autorizados de los proveedores de sistemas o modelos de IA. La RIA, sin embargo, se limita a regular la supervisión gubernamental de la actividad de dichos operadores y a imponerles régimen sancionatorio administrativo por la transgresión de aquellas obligaciones en los términos que hemos analizado.

Pero el daño ha de diferenciarse de la infracción administrativa en cuanto que la misma puede servir para castigar la creación de riesgos que llegarán a generar daños o a quedarse, simplemente, en esferas de peligro que no se hayan llegado a concretar en daños efectivos. De este modo, las personas afectadas por una infracción del RIA deben tener también derecho a recibir una compensación por los daños efectivamente sufridos.

Las sanciones administrativas están diseñadas para castigar a las entidades que incumplen el reglamento y para disuadir futuras infracciones. Se basan en criterios que buscan asegurar el cumplimiento de las normas y prevenir comportamientos indebidos. En contraste, la indemnización tiene un objetivo reparador, orientado a compensar a las personas afectadas por el daño sufrido como resultado de la infracción.

26. Si bien con referencia al RGPD, pero con una proyección que alcanza también al esquema de responsabilidades que resulta aplicable a los sistemas de IA, la Sentencia del Tribunal de Justicia de la Unión Europea de 20 de junio de 2024, C-590/22, ha distinguido las distintas funciones y fines que poseen la indemnización por daños y perjuicios y las sanciones administrativas. El Tribunal de Justicia de la Unión Europea aclara que los criterios utilizados para imponer multas administrativas no deben aplicarse a la determinación del importe de la indemnización. La indemnización debe reflejar el daño real sufrido por la persona, mientras que las multas administrativas cumplen una función diferente, que es principalmente disuasoria y correctiva en relación con la conducta de las entidades responsables. Ciertamente, "al mantener esta distinción, el Tribunal de Justicia de la Unión Europea protege el derecho a una compensación adecuada para las víctimas sin que se vean afectadas por las medidas punitivas destinadas a los infractores. Ello también previene la posibilidad de que las entidades sean penalizadas en exceso por las mismas infracciones, ya que las sanciones administrativas y las indemnizaciones tienen propósitos distintos y deben aplicarse de manera separada" (Fierro Rodríguez, 2024).

3. Antecedentes: Resolución del Parlamento Europeo, de 20 de octubre de 2020, con recomendaciones destinadas a la Comisión sobre un régimen de responsabilidad civil en materia de inteligencia artificial

27. Los principios y objetivos de la Resolución del Parlamento Europeo, de 20 de octubre de 2020, con recomendaciones destinadas a la Comisión sobre un régimen de responsabilidad civil en materia de inteligencia artificial, que incorpora una Propuesta de Reglamento en esta materia (en adelante, "PR-RCIA") buscó tratar de alcanzar la seguridad jurídica a lo largo de la cadena de responsabilidad, en particular para el productor, el operador, la persona afectada y cualquier otro tercero.

El PR-RCIA definía un régimen de responsabilidad civil en materia de IA basado en el grado de control sobre un riesgo asociado al funcionamiento y la operación de un sistema de IA. Por ello, el cálculo de la responsabilidad entre los distintos agentes dependería de la interacción entre la finalidad de uso para la que se comercializa el sistema de IA, la forma en que se usa el sistema de IA, la gravedad del daño o perjuicio potencial, el grado de autonomía de la toma de decisiones que puede resultar en daños y de la probabilidad de que el riesgo se materialice. Además, la propuesta tiene sinergia y concordancia con las definiciones y principios de la Propuesta de Reglamento sobre Ley de Inteligencia Artificial, muestra de ello, son las definiciones que se plasman tanto en lo que debe entenderse por sistema de IA y su distinción como de "alto riesgo".

28. El régimen de responsabilidad se vertebraba desde la figura del operador de un sistema de IA. El «operador» es el «humano» que tiene el control sobre el sistema experto y que puede corresponder al usuario, al poseedor o al propietario. Es aquel que tiene el control del riesgo conectado con la operación de que se trate y que se beneficia de ella («risk management») (Navas Navarro, 2019). El Considerando (10) PR-RCIA afirmaba que "la responsabilidad civil del operador se justifica por el hecho de que controla un riesgo asociado al sistema de IA, comparable al del propietario de un automóvil" y, sobre esta base, entiende que, "debido a la complejidad y conectividad de un sistema de IA, el operador será, en muchos casos, el primer punto de contacto visible para la persona afectada". Sobre esta base el art. 3 de la Propuesta de Reglamento sobre un régimen de responsabilidad civil en materia de IA, distingue en operador inicial y final.

La PR-RCIA sentaba como premisa fundamental que "el operador de un sistema de IA de alto riesgo será objetivamente responsable de cualquier daño o perjuicio causado por una actividad física o virtual, un dispositivo o un proceso gobernado por dicho sistema de IA". Como se ha señalado, la responsabilidad objetiva de los sistemas de IA de alto riesgo es una responsabilidad objetiva estricta o pura (por riesgo) (Goñi Huarte, 2022: 349), "los operadores de un sistema de IA de alto riesgo no podrán eludir su responsabilidad civil alegando que actuaron con la diligencia debida o que el daño o perjuicio fue causado por una actividad, un dispositivo o un proceso autónomos gobernados por su sistema de IA. Los operadores no serán responsables si el daño o perjuicio ha sido provocado por un caso de fuerza mayor". El art. 4.4 PR-RCIA establecía que "el operador final de un sistema de IA de alto riesgo garantizará que las operaciones de dicho sistema de IA estén cubiertas por un seguro de responsabilidad civil adecuado en relación con los importes y el alcance de la indemnización previstos en los arts. 5 y 6 del presente Reglamento".

29. Especial relieve poseía el régimen de indemnizaciones. El art. 5 PR-RCIA establecía las cantidades máximas por las que respondería un operador de un sistema de IA de alto riesgo que hubiera sido considerado responsable de un daño o perjuicio en caso de fallecimiento o de daños causados a la salud o a la integridad física de una persona afectada como resultado del funcionamiento de un sistema de IA de alto riesgo; de los "daños morales significativos" que resultasen en una pérdida económica comprobable o en daños a bienes, también cuando distintos bienes propiedad de una persona afectada resulten dañados como resultado de un único funcionamiento de un único sistema de IA de alto riesgo; o, en fin, cuando la persona afectada dispusiera de un derecho a reclamar por responsabilidad contractual contra el operador en función de la cuantía de los perjuicios materiales o el daño moral. Y añadía que "cuando la indemnización combinada que deba abonarse a varias personas que sufran daños o perjuicios causados por el mismo funcionamiento de un mismo sistema de IA de alto riesgo supere los importes totales máximos previstos, los importes que deban abonarse a cada persona se reducirán proporcionalmente de forma que la indemnización combinada no supere los importes máximos establecidos". Dentro de los límites para el importe establecidos, se establecía un régimen particular para la indemnización en caso de daños físicos seguidos de la muerte de la persona afectada.

30. En materia de prueba, la PR-RCIA señalaba que tanto el operador como el perjudicado, podrán utilizar y disponer para demostrar la negligencia de los datos generados por el sistema de IA siempre bajo las salvaguardas del RGPD para hacer valer sus derechos en un proceso judicial ("Un operador considerado responsable podrá utilizar los datos generados por el sistema de IA para demostrar la negligencia concurrente de la persona afectada, de conformidad con el RGPD y otras leyes en materia de protección de datos relevantes. La persona afectada también podrá usar esos datos con fines probatorios o aclaratorios en la demanda por responsabilidad civil"). En el caso de que exista más de un operador todos ellos serán responsables solidarios.

31. En cuanto a los plazos de prescripción de las acciones, en el caso de que los daños afecten a la vida, salud o integridad física, el plazo de prescripción para el ejercicio de las acciones se establecía 30 años desde que se produjo el daño. En el caso de los daños materiales y morales se fijan unos plazos de prescripción especiales, siendo aplicable el que venza antes, y que consisten en: a) Diez años a partir de la fecha en que se produjo el menoscabo a los bienes o la pérdida económica comprobable resultante del daño moral significativo, respectivamente, o b) Treinta años a partir de la fecha en que tuvo lugar la operación del sistema de IA de alto riesgo que causó posteriormente el menoscabo a los bienes o el daño moral. Todo ello, sin perjuicio, de la interrupción de la prescripción conforme a las legislaciones de los Estados miembros.

4. La construcción bicéfala de la responsabilidad por daños de la IA

A) La Directiva (UE) 2024/2853 del Parlamento Europeo y del Consejo Productos sobre responsabilidad por los daños causados por productos defectuosos

32. Frustrada la anterior iniciativa, el 28 de septiembre de 2022 se adoptaron dos propuestas de Directivas, con diferente grado de especialización, llamadas a regular en un futuro próximo la responsabilidad por daños derivados de la inteligencia artificial, aunque su trayectoria o tramitación ha sido muy desigual. Por un lado, la Propuesta de Directiva del Parlamento europeo y del Consejo relativa a la adaptación de las normas de responsabilidad civil extracontractual a la inteligencia artificial (Directiva sobre responsabilidad en materia de IA), 28 de septiembre de 2022 (COM/2022/496 final) (en adelante, "PD-RCIA"), cuya tramitación se halla paralizada y la Propuesta de Directiva del Parlamento europeo y del Consejo sobre responsabilidad por los daños causados por productos defectuosos, 28 de septiembre de 2022 y que ha visto la luz bajo la forma de Directiva (UE) 2024/2853 del Parlamento Europeo y del Consejo, del 23 de octubre de 2024 (en adelante, DPD). Las instituciones europeas abandonan con estas dos últimas acciones normativas la pretensión de regular de forma unitaria la responsabilidad civil derivada de daños causados por la IA a través de un reglamento.

33. Por lo que hace al DPD, la proyección laboral es relativa. El mismo parte de que cuando un sistema de IA, por ser inseguro, produce daños que estén cubiertos por esta normativa, la víctima podrá ser indemnizada con arreglo a la misma. La misma proyectará sus efectos sobre los daños causados por aquellos bienes que adolecen de falta de seguridad, incluidos los sistemas de inteligencia artificial (Herbosa Martínez, 2024; 69). Es ésta, precisamente, una de las razones fundantes de esta nueva Directiva, tal y como expresa su Considerando (3) cuando dice: "La Directiva 85/374/CEE ha sido un instrumento eficaz e importante, pero debería revisarse a la luz de los avances relacionados con las nuevas tecnologías, incluida la inteligencia artificial (IA), los nuevos modelos de negocio de la economía circular y las nuevas cadenas de suministro mundiales, que han dado lugar a incoherencias e inseguridad jurídica, en particular en lo que respecta al significado del término «producto»".

34. La víctima podrá ser cualquier "persona perjudicada", lo que incluye tanto personas físicas como jurídicas, aunque la DPD limita su aplicación a los "daños sufridos por personas físicas". Así el art. 1 de la DPD establece que "la presente Directiva establece normas comunes sobre la responsabilidad de los operadores económicos por los daños sufridos por personas físicas causados por productos defectuosos y sobre la indemnización por esos daños". Desde un punto de vista pasivo, el sujeto responsable de indemnizar estos daños será, con carácter general, el fabricante del producto final (o la persona que se presenta como tal al comercializar el producto) así como el fabricante de una materia prima o de cualquier elemento integrado en dicho producto. Se entiende por fabricante, de acuerdo con la definición que le da el art. 4.10 de la DPD a "toda persona física o jurídica que: a) desarrolla, fabrica o produce un producto; b) tiene un producto diseñado o fabricado, o que, al poner su nombre, marca u otros elementos distintivos en dicho producto, se presenta como su fabricante, o c) desarrolla, fabrica o produce un producto para su propio uso". Una de las principales novedades surge en los escenarios de economía circular: si un tercero, ajeno al fabricante original, realiza reparaciones o mejoras en un producto, dicho agente será considerado responsable por las modificaciones realizadas.

35. La Directiva refuerza la responsabilidad objetiva de todos los agentes en la cadena de producción como un mecanismo para repartir los riesgos inherentes. Así lo deja sentando el Considerando (2) del DPD al señalar que: "la responsabilidad objetiva de los operadores económicos sigue siendo el único medio de abordar adecuadamente el problema de un reparto justo del riesgo inherente a la producción técnica moderna".

B) La Propuesta de Directiva del Parlamento europeo y del Consejo relativa a la adaptación de las normas de responsabilidad civil extracontractual a la inteligencia artificial

36. La PD-RCIA tiene por objeto establecer normas uniformes para facilitar el acceso a la información necesaria para probar los presupuestos de la responsabilidad extracontractual por culpa en los casos de daños causados por sistemas de inteligencia artificial y para facilitar la prueba, especialmente de la culpa y de la relación de causalidad, mediante el uso de presunciones y de otros elementos de facilitación probatoria (art. 1.1 a) y b) PD-RCIA).

Como resume Martín Casals, las particularidades que ofrece la PD-RCIA son las siguientes (Martín Casals, 2023: 69-71): (i) solo es aplicable a los sistemas de IA y, por regla general, solo a los de alto riesgo. (ii) Se aplicará en los casos que, de acuerdo con el Derecho del Estado miembro correspondiente, rija la responsabilidad por culpa y ante cualquier causante del daño. (iii) No altera las reglas nacionales de la distribución de la carga de la prueba ni del estándar probatorio. (iv) No se limita a un determinado tipo de daños, como los daños a las personas o a las cosas, sino que cubre todos los daños causados por ilícitos civiles que puedan dar lugar a responsabilidad de acuerdo con la legislación nacional aplicable. Así, por ejemplo, tales normas facilitarán el resarcimiento de daños causados por la intromisión en los derechos de la personalidad, como en caso de intromisión en la intimidad, o de derechos fundamentales, como, por ejemplo, la discriminación que pueda producirse en un proceso de contratación que use sistemas de IA para realizar la selección. (v) es una Directiva de armonización mínima, por lo que los Estados miembros pueden adoptar o mantener normas nacionales que sean más favorables para los demandantes, siempre que dichas normas sean compatibles con el Derecho de la Unión (cf. Art. 1.4 PD-RIA). Así, por ejemplo, las legislaciones nacionales podrían mantener la inversión de la carga de la prueba en el contexto de regímenes nacionales de responsabilidad por culpa o incluso establecer regímenes nacionales de responsabilidad objetiva.

Como señala la Exposición de Motivos de la PD-RCIA, "las características específicas de la IA, incluidas su complejidad, su autonomía y su opacidad (el denominado efecto de «caja negra»), pueden dificultar o hacer excesivamente costoso para las víctimas determinar cuál es la persona responsable y probar que se cumplen los requisitos para una demanda de responsabilidad civil admisible". Precisando su Considerando (3) que "*cuando la IA se interpone entre el acto u omisión de una persona y el daño, las características específicas de determinados sistemas de IA, como la opacidad, el comportamiento autónomo y la complejidad, pueden hacer excesivamente difícil, si no imposible, que el perjudicado satisfaga la carga de la prueba. En particular, puede resultar excesivamente difícil demostrar que un dato de entrada concreto del que es responsable la persona potencialmente responsable ha dado lugar a una información de salida específica de un sistema de IA que, a su vez, ha provocado el daño en cuestión*".

37. El art. 2.6 c) de la PD-RCIA establece que se puede interponer una demanda por daños y perjuicios por una persona que actúe en nombre de una o varias partes perjudicadas, de conformidad con el Derecho de la Unión o nacional. Esta disposición tendría por objeto "*brindar más posibilidades a las personas perjudicadas por un sistema de IA de que un tribunal conozca de su demanda, incluido en aquellos casos en interponer una demanda individual pueda parecer demasiado costoso o engorroso, o cuando una demanda conjunta*", como indica la Exposición de Motivos de la PD-RCIA.

a) La exhibición y aseguramiento de pruebas en la PD-RCIA

38. Señala la Exposición de Motivos de la PD-RCIA que: "*la presente Directiva pretende proporcionar a las personas que soliciten una indemnización por los daños causados por sistemas de IA de alto riesgo medios eficaces para determinar las personas potencialmente responsables y las pruebas pertinentes de cara a una demanda. Al mismo tiempo, estos medios sirven para excluir a posibles demandados determinados erróneamente, ahorrando tiempo y costes a las partes implicadas y reduciendo la carga de trabajo de los tribunales*".

A este respecto, el art. 3.1 de la PD-RCIA establece que un órgano jurisdiccional puede ordenar la exhibición de "*pruebas pertinentes que obran en su poder [del demandado actual o potencial] sobre un determinado sistema de IA de alto riesgo del que se sospeche que ha causado daños*". Las solicitudes de pruebas se dirigen al proveedor de un sistema de IA, a una persona sujeta a las obligaciones del proveedor establecidas en el art. 24 o el art. 28.1 RIA, o a un usuario con arreglo a la RIA (un empleador a nuestros efectos). De acuerdo con el art. 3.2 "*en apoyo de su solicitud, el demandante potencial deberá presentar hechos y pruebas suficientes para sustentar la viabilidad de una demanda de indemnización por daños y perjuicios*".

De conformidad con el art. 3.4 de la PD-RCIA el órgano jurisdiccional únicamente puede ordenar dicha exhibición en la medida necesaria para sustentar la demanda, dado que la información podría constituir una prueba fundamental para la demanda de la persona perjudicada en caso de daños en los que hayan mediado sistemas de IA. De este modo, se ha dicho que "con buen criterio, el legislador europeo trata de poner los medios para conjurar uno de los mayores peligros inherentes a los mecanismos de obtención de prueba, a saber, los quebrantos a la confidencialidad y la necesidad de reserva de ciertas informaciones y, particularmente, la necesidad de preservar el secreto empresarial, evitando que litigantes maliciosos abusen de las diligencias para realizar denostables fishing expeditions" (Ormazabal Sánchez, 2024: 432).

La negativa a secundar la orden de exhibición de pruebas dictada por el órgano judicial desencadenamiento de una presunción contra quien se muestra reacio a secundar la orden de exhibición. El art. 3.5 de la PD-RCIA dispone que "*cuando un demandado incumpla la orden de un órgano jurisdiccional nacional en una demanda por daños y perjuicios de exhibir o conservar las pruebas que obran en su poder con arreglo a los apartados 1 o 2, el órgano jurisdiccional nacional presumirá el incumplimiento por parte del demandado de un deber de diligencia pertinente, en particular en las circunstancias a que se refiere el artículo 4, apartados 2 o 3, que las pruebas solicitadas estaban destinadas a probar a efectos de la correspondiente demanda por daños y perjuicios. Al demandado le asistirá el derecho de refutar esa presunción*".

b) Presunción de relación de causalidad en caso de culpa

39. En lo que respecta a los daños causados por sistemas de IA, la PD-RCIA pretende proporcionar un fundamento eficaz para reclamar una indemnización en relación con la culpa consistente en el incumplimiento de un deber de diligencia en virtud del Derecho de la Unión o nacional.

Puede resultar difícil para los demandantes probar que existe un nexo causal entre dicho incumplimiento y la información de salida producida por el sistema de IA o la no producción de una información de salida por parte del sistema de IA que haya dado lugar a los daños en cuestión. El art. 4.1 de la PD-RCIA "introduce una compleja presunción" que debe reunir tres condiciones (Ormazabal Sánchez, 2024: 413):

– Que el demandante haya demostrado o el órgano jurisdiccional haya supuesto, de conformidad con el art. 3.5 de la PD-RCIA, la culpa del demandado o de una persona de cuyo comportamiento sea responsable el demandado, consistente en el incumplimiento de un deber de diligencia establecido por el Derecho de la Unión o nacional destinado directamente a proteger frente a los daños que se hayan producido.

– Que pueda considerarse razonablemente probable, basándose en las circunstancias del caso, que la culpa ha influido en los resultados producidos por el sistema de IA o en la no producción de resultados por parte del sistema de IA.

– Que el demandante haya demostrado que la información de salida producida por el sistema de IA o la no producción de una información de salida por parte del sistema de IA causó los daños.

Por último, el art. 4.7 de la PD-RCIA, establece que el demandado tiene derecho a refutar la presunción de causalidad la anterior presunción.

En el caso de los sistemas de IA de alto riesgo, tal como se definen en la Ley de IA, el art. 4.4 del PD-RCIA, establece una excepción a la presunción de causalidad cuando el demandado demuestre que el demandante puede acceder razonablemente a pruebas y conocimientos especializados suficientes para demostrar el nexo causal. Esta posibilidad puede incentivar a los demandados a cumplir sus obligaciones de exhibición, las medidas establecidas por la Ley de IA para garantizar un alto nivel de transparencia de la IA o los requisitos de documentación y registro.

En el caso de los sistemas de IA de riesgo no elevado, el art. 4.5 de la PD-RCIA, establece una condición para la aplicabilidad de la presunción de causalidad en virtud de la cual esta última está sujeta a que el órgano jurisdiccional determine que es excesivamente difícil para el demandante demostrar el nexo causal. Tales dificultades deben evaluarse a la luz de las características de determinados sistemas de IA, como la autonomía y la opacidad, que hacen muy difícil en la práctica la explicación del funcionamiento interno del sistema de IA, lo que afecta negativamente a la capacidad del demandante para demostrar el nexo causal entre la culpa del demandado y la información de salida de IA.

La función última de todas estas disposiciones, como recalca la Exposición de Motivos de la PD-RCIA es "ofrecer a todos los que participan en actividades relacionadas con sistemas de IA un incentivo adicional para cumplir sus obligaciones en relación con la conducta que se espera de ellos".

El programa de trabajo de la Comisión Europea para 2025 (*Commission work programme 2025 - Moving forward together: A Bolder, Simpler, Faster Union*) establece las estrategias clave, los planes de acción y las iniciativas legislativas que constituirán los elementos básicos para el trabajo futuro durante este mandato para responder a nuestra ambición de construir una Europa fuerte, segura y próspera. Entre las medidas propuestas se incluye la retirada del proyecto de este Proyecto de Directiva. La razón alegada es que no se considera previsible un acuerdo sobre el texto, por lo que la Comisión evaluará si debe presentarse otra propuesta u optar por otro tipo de enfoque.

Así, las cosas y a la espera de una normativa específica en esta materia, la responsabilidad extracontractual por daños generados por un sistema de IA deberá acudir al régimen que proporciona el art. 1902 del CC. No han faltado propuestas doctrinales que han considerado la aplicación analógica del art. 1905 del CC, que regula la responsabilidad por daños causados por animales, así como el art. 1908 del CC al referirse a la responsabilidad asociada a daños generados por máquina, pero ambas ofrecen evidentes insuficiencias. Parece claro, por ello, que cuando no resulte de aplicación el régimen de responsabilidad por producto defectuoso, se deberá acudir al régimen general de responsabilidad previsto en nuestro ordenamiento jurídico, que con carácter general será de carácter subjetivo y basado en la culpa o negligencia del demandado. En este ámbito, como acertadamente se ha dicho, "sin negar las particularidades y desafíos que supone la IA en esta materia, no existen suficientes razones que deban motivar un viraje hacia una objetivación generalizada de la responsabilidad por razón de la tecnología. Al contrario, el régimen de responsabilidad deberá ser el generalmente aplicable al tipo de daño o ámbito de actividad en que se produzca el daño" (Ayo Ferrándiz et altri, 2025: 55).

Capítulo 23

EL ASEGURAMIENTO DE LA RESPONSABILIDAD EMPRESARIAL

Bibliografía: ÁLVAREZ DE BENITO, P. *Prescripción de la acción de regreso de la Seguridad Social contra las entidades aseguradoras,* Revista Española de Derecho de Seguros, 1995, nº 82 pp. 69-77. ARRANZ MUÑECAS, E., *Responsabilidades en la Seguridad Social (Análisis del número 3 del artículo 97 de la Ley General de Seguridad Social),* Revista de Seguridad Social, 1984, nº 22, pp. 95-127. BADILLO ARIAS, J. M., *Accidentes de trabajo con vehículos a motor. Delimitación de responsabilidades y coberturas aseguradoras,* Santiago de Compostela, Fundación INADE, 2019. BEJARANO DÍAZ, I. *La asegurabilidad de las sanciones penales y administrativas a través del seguro de responsabilidad civil de administradores y directivos,* Diario LA LEY, 30 de enero de 2024, nº 10436. CABRERA BAZÁN, J., *La responsabilidad de tercero causante del daño y el nuevo régimen de Seguridad Social,* Revista de Política Social, 1964, nº 61, pp. 273-311. CANO MATA, A., *El ejercicio de acciones por las compañías aseguradoras de accidentes de trabajo,* ADC, 1968, pp. 807-821. CAÑIZARES RUBINI, F., y PAVELEK ZAMORA, E., *La responsabilidad civil patronal y su aseguramiento,* en Sánchez Calero, F—. (Dir.), *Estudios sobre el aseguramiento de la responsabilidad en la gran empresa,* Madrid, MUSINI, 1994, pp. 239-318. CORREA CARRASCO, M. *Accidente de trabajo, responsabilidad empresarial y aseguramiento,* Albacete, Bomarzo, 2008. DESDENTADO BONETE, A. *Responsabilidades por los accidentes de trabajo: prestaciones de la Seguridad Social, recargo e indemnización civil adicional,* en AA.VV., *La responsabilidad laboral del empresario: siniestralidad laboral,* Albacete, Bomarzo, 2011. Id. *El recargo de prestaciones de la Seguridad Social y su aseguramiento. Contribución a un debate,* Revista de Derecho Social, 2003, nº 21, pp. 11-28. ELGUERO MERINO, J. M., *La responsabilidad civil del empresario y sus seguros,* Vigo, Fundación INADE, 2017. FERNÁNDEZ DOMÍNGUEZ, J. J., *Protección social complementaria de accidentes de trabajo y enfermedades profesionales,* Valencia, Tirant lo Blanch, 1999. GARCÍA BARCOS, S. *Problemática en la aplicación del interés moratorio legal del artículo 20 de la ley de contrato de seguro (LCS) en las distintas jurisdicciones,* Diario La Ley, 6 de julio de 2018, nº 9233. GARRIGUES, J., *Contrato de seguro terrestre,* Madrid, Aguirre, 1983. GARCÍA DE LA SERRANA, J. J., *Seguro de responsabilidad civil patronal. Se considera delimitadora la cláusula que establece las condiciones acumulativas que determinan la cobertura,* Revista de Responsabilidad Civil y Seguro, 2004, nº 2. GARCÍA GONZÁLEZ, G., *Los inicios de la previsión social en España. Responsabilidad patronal y seguro de accidentes en la ley de accidentes del trabajo de 1900,* Lex social: revista de los derechos sociales, 2015, Vol. 5, nº 2, 2015, pp. 1-32. GONZÁLEZ CALVET, *El devengo de intereses en el pago de la indemnización por responsabilidad civil derivada de accidente de trabajo,* Revista de Derecho Social, 2017, nº 79, pp. 165-184. MARTÍN OSANTE, J. M., *El seguro de responsabilidad civil empresarial,* Madrid, Marcial Pons, 2018. MERCADER UGUINA, J. R., *Indemnizaciones derivadas del accidente de trabajo. Seguridad Social y Derecho de daños,* Madrid, La Ley-Actualidad, 2001. SÁNCHEZ CALERO, F., *Comentario al artículo 73,* en Sánchez Calero, F. (Dir.), *Ley de Contrato de seguro. Comentarios a la Ley 50/1980, de 8 de octubre, y a sus modificaciones,* Pamplona, Aranzadi, 1999, pp. 1117 a 1166. SOTO NIETO, F., *La exclusión del dolo. Daños dolosos como supuesto de exclusión de cobertura de carácter absoluto*", Documentación Jurídica, 1995, nº 81, pp. 261-276. VIDA SORIA, J., *Régimen jurídico de la protección contra accidentes de trabajo y enfermedades profesionales: estudio crítico,* Revista de Trabajo, 1970, nº 31, pp. 5-26. YZQUIERDO TOLSADA, M., *Responsabilidad civil por accidente de trabajo,* en L. F. Reglero Campos, J. M. Busto Lago (Coord.), *Tratado de responsabilidad civil,* Pamplona, Aranzadi, 2015, 5ª ed., pp. 1857-1935.

I. El sistema para el aseguramiento de los riesgos profesionales

1. *Un complejo marco normativo*

1. El cuadro normativo que sirve para definir el sistema de aseguramiento frente a los riesgos laborales es complejo y, como acertadamente se ha dicho, “nos remite a un elenco de mecanismos aseguradores de diversa índole, tanto de carácter público y obligatorio, como a fórmulas de naturaleza privada y voluntaria, distinguiendo dentro de estas últimas, la utilización de técnicas propias del seguro de personas y del seguro contra daños” (Correa, 2008: 107).

El art. 15.5 de la LPRL establece como marco de referencia una regla de enorme amplitud:

> *“Podrán concertar operaciones de seguro que tengan como fin garantizar como ámbito de cobertura la previsión de riesgos derivados del trabajo, la empresa respecto de sus trabajadores, los trabajadores autónomos respecto a ellos mismos y las sociedades cooperativas respecto a sus socios cuya actividad consista en la prestación de su trabajo personal”.*

Sobre esta base cabe encontrar un primer nivel básico y obligatorio de cobertura de la responsabilidad patrimonial garantizado para todos los trabajadores e integrado en el marco del sistema público de Seguridad Social. Un segundo nivel complementario y voluntario,” que garantiza la percepción de prestaciones trabajadores de aquellas empresas que lo asumen de forma voluntaria a través de seguros colectivos y que vienen establecidos a través de convenios colectivos”. Y, en fin, “también de forma voluntaria queda abierta la posibilidad de que el empresario contrate un seguro de daños para dar cobertura a las indemnizaciones suplementarias derivadas de las reclamaciones de responsabilidad civil derivados del accidente de trabajo” (Correa, 2008: 107).

2. *Seguro obligatorio de la responsabilidad empresarial por accidentes de trabajo*

A) Antecedentes

2. Característico de la responsabilidad objetiva, y con el fin de evitar el perjuicio de la víctima, se exige la concertación de un seguro obligatorio para cubrir los daños que pudieran producirse como consecuencia del ejercicio de la actividad que genera dicha responsabilidad objetiva. La noción de riesgo es contigua a la de su aseguramiento. Cuál sea el carácter y función de esta relación de seguro es una cuestión que, pese al largo tiempo transcurrido desde la implantación en nuestro país de un sistema de Seguridad Social de base pública, sigue suscitando dudas e interrogantes.

a) El seguro voluntario de responsabilidad civil por accidentes de trabajo

3. La imputación a estos empresarios de responsabilidad civil por accidentes de trabajo, fue la contratación masiva del seguro de responsabilidad civil patronal al amparo del art. 12 de la Ley de Accidentes de Trabajo de 30 de enero de 1900. Dicho precepto establecía:

> *"Los patronos podrán sustituir las obligaciones definidas en los artículos 4.°, 5.° y 10, ó cualquiera de ellas por el seguro hecho á su costa en cabeza del obrero de que se trate, de los riesgos á que se refiere cada uno de esos artículos respectivamente ó todos ellos, en una Sociedad de seguros debidamente constituida, que sea de las aceptadas para este efecto por el Ministerio de la Gobernación, pero siempre á condición de que la suma que el obrero reciba no sea inferior á la que correspondiera con arreglo á esta ley".*

Este precepto permitía a los patronos "sustituir" su responsabilidad derivada de accidentes laborales por la suscripción de un seguro que cubriera dicho riesgo. Este seguro era (García González, 2015: 15-17): voluntario o facultativo, privado, de responsabilidad civil patronal (no se trata de un seguro de accidentes laborales, sino de responsabilidad civil patronal. El empresario asegura un riesgo propio (su responsabilidad), él es el asegurado, no el trabajador), autónomo (asegurado-empresario sustituye su obligación de indemnizar con ese seguro de responsabilidad) y a cargo del empresario (éste asumía el pago de la prima y de los demás gastos derivados de su contratación).

Tras la intervención del legislador en este sector creciente de los seguros, mediante la Ley de 14 de mayo de 1908, "relativa a la inscripción en el registro que al efecto se establece de las Compañías, Sociedades, Asociaciones y, en general, todas las entidades que tengan por fin realizar operaciones de seguro", a fin de establecer un cierto control estatal sobre el mismo, se dicta, años después, la Ley de accidentes de trabajo de 10 de enero de 1922 que sustituyó a la de 1900. El art. 25 de la misma establecía que "Los patronos podrán sustituir las obligaciones definidas en los artículos (...) por el seguro, hecho a su costa, en favor del obrero, de los riesgos a que se refiere cada uno de esos artículos..." estableciendo dos posibilidades para contratar dicho seguro: mediante las mutualidades patronales o mediante las sociedades de seguros. En el caso de las mutualidades patronales, además, aclara que se trata de entidades especializadas en el aseguramiento de la responsabilidad objetiva del patrono. Además, su art. 28 vino a establecer un fondo especial de garantía que se encargará de gestionar el pago inmediato de las indemnizaciones en caso de que los obligados a ellos —patronos, mutualidades o compañías de seguro— no lo hagan.

b) *El seguro obligatorio*

4. El Código de Trabajo de 1926 dispuso también la responsabilidad del empresario, pero lo que es más importante, reguló en su art. 184 la constitución del Fondo de Garantía, bien que con medios muy limitados. La Ley de 4 de julio de 1932, que modificó el Código de Trabajo en referencia al aseguramiento. Esta Ley, junto con los Decretos de 8 de octubre de 1932 y de 31 de enero de 1933, establecieron la obligatoriedad en el contrato de seguros por parte de los patronos en materia de accidentes de trabajo. Al patrono se le impone la obligación de estar asegurado frente al riesgo de accidentes laborales de sus trabajadores que les ocasione la muerte o incapacidad permanente. Contrato que podían formalizar con una compañía privada de seguros, con la Mutua Patronal o con la Caja Nacional (entidad pública). Este nuevo cuerpo legal repetía las normas existentes en las Leyes de 1900 y 1922, reproducidas a su vez en el Código de Trabajo, señalando que el patrono es responsable de las prestaciones correspondientes a sus operarios víctimas de un accidente, pero en el art. 38 imponía con carácter general la obligación al patrono de asegurar estos riesgos en lo referente a invalidez permanente y muerte y, con carácter voluntario, al periodo de curación o incapacidad temporal.

Parece que "se trata de un peculiar seguro de accidentes que de forma complementaria libera —dentro de ciertos márgenes— al empresario de su responsabilidad civil por tales accidentes, en el que aparece como asegurado el patrono, cuya responsabilidad civil por determinados accidentes laborales queda de alguna manera cubierta, pero en el que también aparece como asegurado el propio trabajador frente al riesgo de accidente laboral que le ocasione la muerte o una incapacidad permanente"(Martín Osante, 2018).

5. El capítulo IV del Texto Refundido sobre accidentes de trabajo de 22 de junio de 1956 regulaba el seguro de los accidentes de trabajo, señalando en su primera norma —art. 29— la obligatoriedad del seguro para todos los riesgos. Este seguro obligatorio se extendió, además de al riesgo de muerte y de incapacidad permanente del trabajador derivada de accidente laboral, a las lesiones definitivas no constitutivas de incapacidad, incapacidad temporal y asistencia sanitaria. Esta norma era de inexcusable cumplimiento para todas las empresas y únicamente se permitía como excepción el prestar la asistencia sanitaria directamente por la empresa previa autorización específica concedida por el Ministerio de Trabajo. El art. 44 volvió a recoger la norma referente a la responsabilidad de la empresa, señalando que en el caso de que ésta no tuviera concertado el seguro se le impondría una multa y, además, si ocurría un siniestro, era responsable de las prestaciones debidas a la víctima.

c) *El aseguramiento de la responsabilidad por accidentes de trabajo en el sistema de Seguridad Social*

6. Es sobradamente conocido que el tránsito de los seguros sociales a la Seguridad Social se operó en virtud de la Ley de Seguridad Social de 1966 (LSS) (Texto Articulado I de la Ley de Bases de la Seguridad Social aprobado por D. 907/1966, de 21 de abril). La citada LSS imputaba la responsabilidad en orden a las prestaciones a las Entidades Gestoras o, en su caso, a las Mutuas o empresarios que colaborasen en la gestión de la Seguridad Social cuando se hubiesen cumplido las obligaciones de afiliación, alta y cotización, así como los requisitos particulares exigidos para cada prestación (art. 94.1). Por el contrario, en caso de falta de afiliación, alta y cotización (total o parcial), se imputaba la responsabilidad al empresario, respecto a los trabajadores a su servicio (art. 94.2). Asimismo, el Fondo de Garantía haría efectivas las prestaciones derivadas de accidente de trabajo y enfermedad profesional —y más limitadamente en caso de accidente no laboral ya que la responsabilidad subsidiaria del Fondo sólo alcanzaba a las prestaciones por invalidez permanente— a los trabajadores o sus derechohabientes cuando el empresario o la Mutua responsable resultare insolvente (art. 94.4 y 5). Finalmente, el alcance de la responsabilidad empresarial, el anticipo del pago por la Entidad Gestora y el procedimiento para la determinación y exigencia de responsabilidad, venían regulados en los artículos 95 y 96 de la misma Ley.

La normativa en esta materia gira en torno a dos principios fundamentales. Ante todo, el de responsabilidad directa del empresario por incumplimiento de las obligaciones en materia de afiliación, altas y bajas y de cotización "previa la fijación de los supuestos de imputación y de su alcance", como disponía el art. 96.2 del Decreto 2065/1974, de 30 de mayo, por el que se aprueba el texto refundido de la Ley General de la Seguridad Social (LGSS/1974), previendo el art. 94.2.b) del texto articulado de la LGSS que el empresario responderá de las prestaciones causadas por la "falta de ingreso de las cotizaciones a partir de la iniciación del segundo mes siguiente a la fecha en que expire el plazo reglamentario establecido para el pago", no quedando exonerado de responsabilidad ni siquiera en el caso en que el ingreso lo realice, pero fuera de plazo. Bien es verdad que el art. 95.4 del propio texto legal señala que "en el supuesto a que se refiere el apartado b) del número 2 del artículo anterior, podrá moderarse reglamentariamente el alcance de la responsabilidad empresarial cuando el empresario ingrese las cuotas correspondientes a la totalidad de sus trabajadores". Como principio complementario del anterior, rige el de automaticidad en el pago de las prestaciones, según el cual las Entidades Gestoras, Mutuas o Servicios comunes procederán, de acuerdo con sus respectivas competencias, al pago de las prestaciones a los beneficiarios en aquellos casos en los que así se determine reglamentariamente, con la consiguiente subrogación en los derechos y acciones de tales beneficiarios, según disponía el art. 96.3 de la LGSS/1974.

B) La protección social de las contingencias profesionales como seguro de responsabilidad empresarial

7. Aunque doctrinalmente se ha sostenido que la "responsabilidad empresarial" en el juego del sistema vigente de Seguridad Social es distinta radicalmente a la responsabilidad objetiva del antiguo sistema del Seguro de accidentes" (Vida Soria, 1970: 23), y, pese al hecho de que la Sala de lo Civil del Tribunal Supremo haya considerado en algunas sentencias que la Seguridad Social actúa en los accidentes de trabajo como un seguro personal del trabajador frente a los accidentes de trabajo, al margen de la responsabilidad empresarial, lo cierto es que sigue existiendo en el plano jurídico, un aseguramiento de la responsabilidad empresarial, de modo que en actual sistema de Seguridad Social por accidentes de trabajo de la Seguridad Social sigue funcionando en la práctica como un seguro de la responsabilidad empresarial (Alonso Olea, Desdentado, 2011). Y ello es así dado que los rasgos aseguradores también pueden apreciarse en otros aspectos de la relación que liga al asegurador con su asegurado:

(i) Así, si bien es cierto que en el ámbito del seguro de accidentes la obligación de concertar la cobertura nace de la ley, esto no afecta a la función que cumple el aseguramiento una vez que ha sido establecido, como sucede en general con todos los seguros obligatorios.

(ii) La imperatividad de sus normas, que impide a las partes contratantes su modificación o reducción, no le hace perder, como ocurre en el seguro obligatorio del automóvil, su carácter de seguro privado que, incluso en este último caso, conserva una relación de supletoriedad con la normativa de la LCS.

(iii) Se señala igualmente para negar la realidad del aseguramiento que, aunque éste no se haya producido, surge la cobertura a favor del trabajador a través del principio de automaticidad, pero tal posibilidad ya existía en el Seguro de Accidentes de Trabajo y en otros seguros. Por otra parte, este sistema mantiene la responsabilidad final del empresario incumplidor, pues el organismo gestor que paga la prestación se subroga en la posición del beneficiario para exigir el abono de la prestación anticipada.

(iv) Una solución de estas características, como explica Desdentado, "no es socialmente conveniente, pues tiene efectos negativos tanto desde la perspectiva de la redistribución (socializa un coste de producción del empresario), como desde la perspectiva de la prevención", de modo que "si se libera al empresario del coste de los accidentes, ese coste se "externaliza" y el incentivo de la prevención desaparece. Por ello, si socializamos la responsabilidad por los accidentes de trabajo no sólo estamos haciendo mala redistribución, hacemos también mala prevención. Lo que hay que socializar no es la responsabilidad, sino las garantías de la reparación".

8. En el sistema actual se conserva un acto empresarial de establecimiento de la cobertura (la afiliación y el alta), aunque sea de aceptación forzosa para la gestora o la mutua, y se abonan primas calculadas en función del riesgo de la actividad. Es el mismo mecanismo de transferencia del riesgo mediante el abono de un precio que constituye la esencia del aseguramiento. En este caso, el empresario asume a la vez el papel de tomador del seguro y de asegurado.

La responsabilidad deriva del propio contenido del contrato de trabajo, de la existencia en el mismo de una obligación de seguridad a cargo del empresario, cuyo incumplimiento determina la obligación de reparar. Los beneficiarios en cuanto destinatarios de la indemnización habrán de ser los terceros, pero, técnicamente, asegurado es el empresario, puesto que a él se refiere el riesgo cubierto: el nacimiento de una deuda de responsabilidad civil en su patrimonio a consecuencia de los daños causados por el hacer empresarial. Cuando el tomador celebra el seguro para cubrir la propia responsabilidad civil que emerge de una determinada obligación legal o contractual (p. ej. el empleador por los accidentes de trabajo del personal a su servicio), aquél estipula un seguro por cuenta propia a fin de que, verificándose el evento que constituye la fuente de su responsabilidad, sea el asegurador quien pague al damnificado la indemnización. Aquí, el interés del contrayente es el asegurado y el asegurador abonará la indemnización siempre y cuando exista responsabilidad civil del tomador por los daños ocurridos y en la medida de esa responsabilidad.

La cobertura a través del sistema de prestaciones de Seguridad Social parte de un acto empresarial de establecimiento de la cobertura (la afiliación y el alta) de aceptación forzosa para la gestora o la Mutua colaboradora y del abono de las cotizaciones correspondientes. La afiliación es el acto constitutivo de la relación aseguradora o acto mediante el que se reconoce a una persona la condición de asegurado. Las altas y las bajas materializan las alteraciones que sufre dicha relación. A través del cumplimiento de estas exigencias, el empresario asegura su riesgo quedando exonerado de cualquier responsabilidad derivada. Solo si existen incumplimientos empresariales en las referidas obligaciones éste deberá asumir directamente la responsabilidad objetiva por los daños que sufra el trabajador. Por su parte, éste se encuentra cubierto de forma real y plena frente a cualquier contingencia profesional derivada de su actuar en la esfera empresarial.

9. A partir de aquí, la responsabilidad en orden al pago de las prestaciones se imputará a las Entidades Gestoras o Mutuas colaboradoras de la Seguridad Social siempre que el empresario tenga asegurado el correspondiente riesgo, lo que supone que haya cumplido los requisitos generales y particulares exigidos para causar derecho a las mismas ex art. 45 de la LGSS que establece:

> *"1. Las entidades gestoras de la Seguridad Social serán responsables de las prestaciones cuya gestión les esté atribuida, siempre que se hayan cumplido los requisitos generales y particulares exigidos para causar derecho a las mismas en las normas establecidas en esta ley y en las específicas que sean aplicables a los distintos regímenes especiales.*
>
> *2. Para la imputación de responsabilidades en orden a las prestaciones contributivas, a entidades o personas distintas de las determinadas en el apartado anterior, se estará a lo dispuesto en la presente ley, en sus disposiciones de desarrollo y aplicación o en las normas reguladoras de los regímenes especiales".*

El aseguramiento surte, así, el efecto de derivar la responsabilidad hacia la Seguridad Social, que hará frente a esta responsabilidad objetiva haciéndose cargo, de la asistencia sanitaria, los tratamientos de rehabilitación, las prestaciones de incapacidad correspondientes y, en su caso, las posibles prestaciones derivadas del fallecimiento del trabajador. Por el contrario, el incumplimiento de las obligaciones en materia de afiliación, altas y bajas y cotización, determinará la exigencia de responsabilidad en cuanto al pago de las prestaciones a entidades o personas distintas a las anteriormente citadas —es decir, a las que pueda atribuirse el incumplimiento de que se trate—, previa la fijación de los supuestos de imputación y de su alcance y la regulación del procedimiento para hacerla efectiva (arts. 45 y 168.2 de la LGSS).

C) La protección privilegiada del riesgo profesional

10. Es importante tener presente que la tutela del riesgo profesional posee un carácter reforzado, "privilegiado", se ha llegado a decir, en relación con las contingencias de origen no profesional. Conviene recordar, en este punto, que el concepto de accidente de trabajo que manejan tanto doctrina como jurisprudencia posee un carácter expansivo y que dicha calificación repercute de manera trascendente en la relación de Seguridad Social sobre distintos aspectos que, en esencia, son los siguientes.

(I) Atenuando los requisitos para acceder a las prestaciones, ya que no se exige período de carencia, operando el principio de automaticidad de las prestaciones, y presumiéndose el alta del pleno derecho, aunque el empleador haya incumplido con tales obligaciones (art. 165.4 y 166.4 de la LGSS).

(II) Mejorando las bases de cotización, al incluir en las mismas las horas extraordinarias (art. 147.2 e) de la LGSS), y las prestaciones económicas, continuando vigente a los efectos del cálculo de la base reguladora el art. 60 del Reglamento de Accidentes de Trabajo de 1956.

(iii) Introduciendo prestaciones especiales para las contingencias profesionales, tales como las indemnizaciones por lesiones permanentes no invalidantes, y las indemnizaciones a tanto alzado por fallecimiento a favor del cónyuge y los huérfanos (art. 227.1 de la LGSS), traducidas en seis meses del importe de la base reguladora para el cónyuge y un mes para los huérfanos (art. 29 de la OM 13 de febrero de 1967); cuando no existieran otros familiares con derecho a pensión por muerte y supervivencia la indemnización a tanto alzado pasa al padre o la madre del fallecido cuando vivieran a expensas de éste (art. 227.2 de la LGSS).

(iv) Estableciéndose unas reglas especiales de financiación y aseguramiento, ya que, en las contingencias profesionales, el empresario asume la totalidad de la cotización a la Seguridad Social (art. 141.3 de la LGSS) (cotización unitaria y no bipartita), no cabe el fraccionamiento o aplazamiento (art. 23.2 de la LGSS) y es obligatorio el aseguramiento eligiendo entre la Mutua Colaboradora con la Seguridad Social o el INSS (art. 83.1 de la LGSS). Además, se prevé la reducción o el aumento de las primas según las empresas se hayan distinguido o no en la eficacia del cumplimiento de la normativa de seguridad y salud en el trabajo (art. 146.3 de la LGSS).

(v) Incorporando los Convenios Colectivos mejoras voluntarias de las prestaciones de Seguridad Social, contratando los empresarios pólizas colectivas de seguro de grupo por accidentes de trabajo, cuyo clausulado ha de interpretarse, en caso de silencio u oscuridad de los riesgos y contingencias protegidos, de conformidad a los conceptos fijados por la Seguridad Social básica (STS (Social) de 19 de julio de 1991, Rº 1341/90; 10 de julio de 1995 Rº 2739/94; 15 de marzo de 2002, Rº 4633/00 y 26 de junio de 2003, Rº 4518/2002, entre otras muchas).

En definitiva, el régimen jurídico de las contingencias comunes es distinto al de las profesionales, y pese a las buenas intenciones del legislador de unificar la protección con independencia del origen del riesgo, lo cierto y verdad es que ello no se ha plasmado en nuestro ordenamiento. La intensidad de la acción protectora es mayor en las contingencias profesionales que en las comunes lo que explica el importante número de litigios dilucidados ante la jurisdicción social pretendiendo conseguir la calificación de accidente de trabajo o de enfermedad profesional, sencillamente para obtener las consecuencias más favorables que el reconocimiento de estos comporta.

D) La acción de regreso de las entidades gestoras de la seguridad social y Mutuas colaboradoras contra las aseguradoras de terceros responsables

11. Veamos sobre la base de un hecho concreto los fundamentos de esta cuestión:

> Sobre las 7:40 horas del día 22 de septiembre de 2017, cuando Dª Aurora circulaba, conduciendo el vehículo Skoda Spacceback matrícula 222.ZGX de su esposo de camino a su puesto de trabajo, en la Avenida de los Naranjos de Valencia a la altura del cruce con la calle Luis Peiró, encontrándose parada, recibió un impacto por detrás del vehículo Ford Ka matrícula 333.-NJZ, habiendo resultado ambos vehículos con daños leves, pues el Ford Ka sufrió roces de carácter leve en el paragolpes delantero, con leve deformación en la matrícula y el vehículo Skoda tuvo roces muy leves en su parte trasera afectando únicamente a la pintura superficial del paragolpes, y Dª Aurora fue diagnosticada de cervicalgia postraumática, habiéndose practicado RX sin hallazgos patológicos agudos, y habiéndole pautado como tratamiento collarín cervical 2-3 días, calor local, reposo relativo, evitando esfuerzos y cargar pesos, analgesia habitual si dolor y control evolutivo por Mutua colaboradora de la Seguridad Social, Ibermutuamur.
>
> Doña Aurora presentó demanda por el accidente que fue turnada al Juzgado de Primera Instancia núm. 20 de Valencia, que dictó sentencia en la que tras declarar que el accidente se había producido por negligencia de la otra conductora, reconoció a doña Aurora una indemnización de 631,68 € por 21 días de perjuicio personal básico. Por su parte, Ibermutuamur emitió factura por importe de 5.113,45 € correspondientes a gastos de asistencia sanitaria por las lesiones sufridas por la Sra. Aurora a consecuencia del accidente. Esta factura se remitió a la TGSS que se la reclamó a Pelayo que la abonó y cuyo reintegro parcial reclamó posteriormente. Pelayo demandó, posteriormente, a Ibermutuamur solicitando que le reintegrara la cantidad de 4.989,45 euros, más intereses legales.
>
> El objeto del litigio consiste en determinar si la compañía de seguros Pelayo, en cuanto compañía aseguradora del vehículo causante del accidente de tráfico que ocasionó lesiones a la trabajadora doña Aurora, debe reintegrar a Ibermutuamur el importe íntegro de los gastos de asistencia sanitaria que prestó a la trabajadora derivados de ese accidente [el supuesto fue resuelto por la STSJ de la Comunidad Valenciana de 14 de junio de 2023 (Rº 2824/2022)].

a) *Bases históricas de la acción de regreso*

12. Los antecedentes de la denominada "acción de regreso" pueden hallarse en el art. 53 del Texto Refundido de la Legislación de Accidentes de Trabajo de 1956 y en el art. 189 del Reglamento de Accidentes de Trabajo. A tenor de los mismos se establecía que la entidad aseguradora o el patrono, en su caso, cumplirán sin demora las obligaciones relativas a la asistencia médico farmacéutica y al abono de las indemnizaciones procedentes, que serán exigibles inmediatamente por el trabajador o sus derechohabientes, sin perjuicio de las acciones simultáneas que procedan contra los responsables civil o criminalmente.

Para evitar la duplicidad de indemnizaciones a favor de la víctima, se preveía que, si aquellos fueran condenados, las indemnizaciones se aplicarán en primer término, a reintegrar a la entidad aseguradora o al patrono el coste de la asistencia o indemnizaciones que hubieren satisfecho, entregando el exceso, si lo hubiere, a sus derechohabientes. Para el ejercicio de este derecho preferente a la recuperación por parte de las entidades aseguradoras, "se reconocen a estas plenas facultades para que puedan personarse directamente en los procedimientos con todos los derechos que las Leyes de Enjuiciamiento vigentes conceden a los perjudicados".

Los referidos preceptos fueron, en un primer momento, estrictamente interpretados por la jurisprudencia afirmándose de este modo el principio de responsabilidad alternativa y no acumulativa a favor de la víctima. No obstante, con posterioridad, la jurisprudencia cambió el rumbo de la referida tesis fortaleciendo la posición de la víctima del accidente, partiendo de la idea de que el dolo, culpa o negligencia de un tercero no interrumpen el nexo causal lesión-trabajo, de lo que se extraía la conclusión de que a favor de la víctima existen dos responsabilidades distintas, de las que derivarían dos percepciones distintas y, por lo tanto, no alternativas sino acumulativas.

13. Este particular sistema de "detracciones parciales" (Cano Mata, 1968: 816) desapareció tras la entrada en vigor del art. 97.3 de la LSS que establecían reglas y principios distintos de aquellos que había establecido la Ley de Accidentes de Trabajo. La norma suponía un giro radical en relación con los antecedentes normativos antes expuestos. Por un lado, desaparecía de nuestro ordenamiento cualquier disposición que sentara la posibilidad de accionar por el asegurador de accidentes de trabajo contra las indemnizaciones concedidas a la víctima y si dirigiera tal acción, las mismas resultarían rechazadas pues, tal y como establecía el art. 97.3 de la LSS, las acciones que procedan deberían, necesariamente, dirigirse contra los responsables civiles, no, por tanto, ni el accidentado ni sus herederos, cuyo carácter es el de perjudicados. Por otra parte, la solución normativa consolidaba al seguro de accidentes de trabajo como un seguro de previsión y no estrictamente indemnizatorio al alterar el régimen de la acción subrogatoria típica del seguro de daños y aceptar la opción más restrictiva y limitada a la asistencia sanitaria que caracteriza al de personas.

14. Posteriormente, primero, el art. 127.3 y, ahora, el art. 168.3 de la LGSS señalan que:

> *"con independencia de las acciones que ejerciten los trabajadores o sus causahabientes, el Instituto Nacional de la Salud y, en su caso, las Mutuas de Accidentes de Trabajo y*

Enfermedades Profesionales de la Seguridad Social, tendrán derecho a reclamar al tercero responsable o, en su caso, al subrogado legal o contractualmente en sus obligaciones, el coste de las prestaciones sanitarias que hubiesen satisfecho. Igual derecho asistirá, en su caso, al empresario que colabore en la gestión de la asistencia sanitaria, conforme a lo previsto en la presente Ley.

Para ejercitar el derecho al resarcimiento a que se refiere el párrafo anterior, la Entidad gestora que en el mismo se señala y, en su caso, las Mutuas de Accidentes de Trabajo y enfermedades Profesionales o empresarios, tendrán plena facultad para personarse directamente en el procedimiento penal o civil seguido para hacer efectiva la indemnización, así como para promoverlo directamente, considerándose como terceros perjudicados al efecto del artículo 104 del Código Penal".

15. De igual forma el Anexo II del RD. 63/1995, de 20 de enero, sobre ordenación de prestaciones sanitarias del Sistema Nacional de Salud, establece que:

"los servicios públicos de salud reclamarán a los terceros obligados al pago el importe de la atenciones o prestaciones sanitarias facilitadas directamente a las personas, incluidos los transportes sanitarios, atenciones de urgencia, asistencia sanitaria hospitalaria o extrahospitalaria y rehabilitación (...)".

16. Por su parte, el Real Decreto 1630/2011, de 14 de noviembre, por el que se regula la prestación de servicios sanitarios y de recuperación por las mutuas de accidentes de trabajo y enfermedades profesionales de la Seguridad Social, en su capítulo V, relativo a la prestación de asistencia sanitaria a favor de personas que carezcan del derecho o cuando exista un tercero obligado a su pago, establece en su artículo 17.2 lo siguiente:

"Cuando, aun ostentando el beneficiario el derecho a la prestación sanitaria de la Seguridad Social, dicha prestación haya tenido como origen supuestos de hecho que impliquen responsabilidad criminal o civil de alguna persona, la mutua hará efectiva la prestación, pero tendrá derecho a reclamar al tercero responsable, al tercero obligado al pago o, en su caso, al subrogado legal o contractualmente en sus obligaciones, el coste de las prestaciones sanitarias que hubiese satisfecho".

En el caso de los accidentes de tráfico el derecho de repetición que asiste a las Mutuas nace, en este caso, de la responsabilidad extracontractual del conductor del vehículo causante del accidente de tráfico que se encuentra regulada en LRCSCVM, cuyo artículo 7.1 establece que: "*el asegurador, dentro del ámbito del aseguramiento obligatorio y con cargo al seguro de suscripción obligatoria, habrá de satisfacer al perjudicado el importe de los daños sufridos en su persona y en sus bienes, así como los gastos y otros perjuicios a los que tenga derecho según establece la normativa aplicable*".

b) El alcance objetivo de la subrogación: las prestaciones sanitarias

17. Los párrafos segundo y tercero del art. 168.3 de la LGSS regulan la posibilidad que tienen el INSS, la Mutua colaboradora, el INGESA o el Servicio Público de Salud o las empresas colaboradoras, al amparo del art. 102 de la LGSS, de reclamar la asistencia sanitaria satisfecha, cuando exista responsabilidad penal o civil, frente al tercero responsable o, en su caso, al subrogado legal o contractualmente en sus obligaciones (por ejemplo, la aseguradora).

En todos estos casos, las prestaciones sanitarias resultan de obligada asistencia, ya que por su carácter universal no puede efectuarse discriminación alguna por el origen culpabilístico del daño. El sistema de Seguridad Social se encuentra obligado, por ello, a afrontar las consecuencias económicas del daño infligido a sus asegurados, pese a existir un responsable civil individualizado que debería hacerlo en primer lugar. La razón de ser de esta regla se encuentra, precisamente, en este actuar inmediato de la Seguridad Social, en la concepción de ésta como un instrumento llamado a promover de forma autónoma, y al margen de toda consideración sobre el origen del daño, "a las formas de incapacidad que puedan afectar a los trabajadores asalariados o por cuenta ajena". Se ha dicho que "como los servicios sanitarios públicos o privados son fácil y rápidamente perceptibles, el asegurado recurrirá a ellos en lugar de reclamar el resarcimiento directamente al causante del daño. Una vez cubiertas sus necesidades sanitarias, no tendrá ya interés en perseguir al culpable en lo tocante, al menos, a las prestaciones recibidas, aunque lo haga por otra clase de resarcimiento moral o personal no satisfecho" (Álvarez de Benito, 1995: 70).

18. La jurisdicción civil y penal vienen declarando que se refiere exclusivamente a las prestaciones sanitarias (hospitalarias, médicas, farmacéuticas y similares), pero que no se extiende a las prestaciones económicas abonadas por IT o IP, puesto que estas responden a una obligación de aseguramiento forzoso y a un criterio de imputación de responsabilidad prácticamente objetiva en cuanto derivado del mero hecho de la calificación del suceso como AT, no pudiendo estimarse que tales prestaciones, con carácter general, puedan ser objeto de repetición, salvo en los casos del art. 167.2 de la LGSS.

No obstante, como ha señalado Yzquierdo Tolsada (2015: 1917), "el derecho de regreso por el importe de las prestaciones extrasanitarias puede encontrar una más cómoda ubicación en el derecho de subrogación del asegurador. Si, una vez pagada la indemnización, éste puede en los seguros de daños, "ejercitar los derechos y las acciones que por razón del siniestro correspondieran al asegurado frente las personas responsables, del mismo, hasta el límite de la indemnización" (art. 43 de la LCS), lo que no se puede es entender que el mecanismo protector de la Seguridad Social actúa plenamente como si de un mecanismo de seguro de personas se tratara, para con ello excluir la subrogación por conceptos que no sean los que atienden a gastos sanitarios. No es lo mismo el sistema público de cobertura por los accidentes laborales que el sistema de los típicos seguros de sumas o de personas: más bien lo que en aquél hay es un peculiar aseguramiento público contra daños patrimoniales".

c) *Plazo de prescripción*

19. La naturaleza de la acción prevista en el art. 168.3 de la LGSS tiene un papel determinante a los efectos de establecer el respectivo plazo de prescripción de la acción. De acuerdo con las SSTS (Civil) de 12 de diciembre de 2017 (Rº 1221/2015) y de 15 de diciembre de 2017 (Rº 1764/2015), la naturaleza de esta acción:

"responde a una acción de repetición o de reembolso de los gastos sufragados por la mutua. Se trata, por tanto, de una acción distinta e independiente de la que corresponde al trabajador afiliado frente al responsable, civil o criminalmente, del menoscabo de su salud; y su fundamento trae causa de la obligación ex lege que tiene las mutuas de prestar directamente la cobertura sanitaria a sus respectivos afiliados. Por lo que, en puridad, no cabe hablar de una acción de subrogación. Es precisamente esta naturaleza de la acción de repetición, como una acción ex lege, propia y diferenciada, la que determina su plazo de prescripción, pues, como señalara la sentencia de esta sala, de 1 de junio de 1981, al no estar establecido un plazo específico de esta acción, bien por la normativa aplicable de la Seguridad Social, o bien por otro precepto legal, su plazo de prescripción no puede ser otro que el establecido, con carácter general, por el Código Civil para las acciones que no tengan señalado un plazo especial de prescripción. Tal y como dispone el art. 1964 de dicho cuerpo legal, esto es, el de quince años según la redacción vigente que resulta de aplicación en el presente caso (en la actualidad son cinco años)"

Paralelamente, si la mutua reclama contra un tercero por razón de la asistencia sanitaria prestada a un beneficiario de la Seguridad Social, lo reclamado tiene la condición de recurso del sistema, así se extrae de lo establecido en el art. 84.2 de la LGSS cuando señala que:

"Los derechos de crédito que se generen a consecuencia de prestaciones o servicios que dispensen las mutuas a favor de personas no protegidas por las mismas o, cuando estando protegidas, corresponda a un tercero su pago por cualquier título, así como los originados por prestaciones indebidamente satisfechas, son recursos públicos del sistema de la Seguridad Social adscritos a aquellas.

El importe de estos créditos será liquidado por las mutuas, las cuales reclamarán su pago del sujeto obligado en la forma y condiciones establecidas en la norma o concierto del que nazca la obligación y hasta obtener su pago o, en su defecto, el título jurídico que habilite la exigibilidad del crédito, el cual comunicarán a la Tesorería General de la

Seguridad Social para su recaudación con arreglo al procedimiento establecido en esta ley y en sus normas de desarrollo (...)"

Por ello cuando se reclama el importe en vía voluntaria y/o ejecutiva por la TGSS, se considera que el plazo de prescripción es el cinco años establecido en el art. 53.1 de la LGSS.

d) *Competencia del orden social*

20. Las SSTS (Social) de 14 de julio (Rº 433/2015) y 23 de junio de 2016 (Rº 428/2015), con cita de doctrina precedente, afirman que la reclamación de gastos sanitarios al responsable de su pago es competencia del orden jurisdiccional social conforme al art. 2, apartados o) y s) de la LJS al estar ante la determinación de la existencia o no de la obligación de satisfacer los gastos derivados de la asistencia sanitaria, como prestación nacida de una contingencia profesional por parte de quien, en definitiva, asume la cobertura; sin que sea admisible distinguir la atribución competencial según se admita o no por la Mutua el origen del accidente, puesto que, calificado el mismo como laboral y asumida, en suma, la responsabilidad, los avatares del importe y abono de la prestación han de seguir el mismo cauce en el marco del orden social". En esta línea se sitúan también pronunciamientos posteriores como el de la STSJ de la Comunidad Valenciana de 14 de junio de 2023 (Rº 2824/2022).

3. El aseguramiento de las mejoras voluntarias

A) La competencia de las entidades aseguradoras

21. Dentro del relato de las diferentes formas de gestión de las mejoras voluntarias, el art. 240.1 de la LGSS hace referencia a "*montepíos y mutualidades de previsión social o entidades aseguradoras de cualquier clase*", que se presentan conjuntamente por tratarse, en realidad, de entidades de naturaleza aseguradora en todos los casos. Más en particular, la mejora directa de las prestaciones de Seguridad Social puede llevarse a cabo a través de un contrato de seguro (la mayor parte de las veces colectivo), cuyo tomador sea el empleador y asegurados los trabajadores. Por ello, junto a principios y reglas de carácter social (legislación laboral y de seguridad social), habrá de tenerse presente la LCS, sin que la utilización de un contrato mercantil de seguro para materializar la eficacia de la mejora no desvirtúa la naturaleza laboral de la relación jurídica y la atribución de la competencia al orden social de la jurisdicción.

Como resume la STS (Civil) de 29 de abril de 2024 (Rº 6490/2019):

> Prácticamente desde que se promulgó la Ley de Contrato de Seguro de 1980 se planteó si el conocimiento de los litigios sobre contratos de seguro que ofrecían la cobertura de mejoras voluntarias de la seguridad social competía a la jurisdicción civil o a la social. Y desde el primer momento, fueron múltiples las sentencias de la Sala Cuarta, de lo Social, del Tribunal Supremo, que consideraron que la competencia correspondía a dicho orden jurisdiccional social (...). Como resumió la sentencia de la Sala Cuarta de 27 de enero de 1987 (...) En el mismo sentido, las sentencias de la Sala Cuarta de 6 de octubre de 1998 y 15 de marzo de 1999 incidieron en la idea de que el contrato de seguro es una segunda vía por la que cabe instrumentar mejoras acordadas entre empresario y trabajador. Su origen se encuentra con frecuencia, como sucede en este caso, en una estipulación colectivamente pactada, mediante la cual el empresario asume la obligación de concertar una póliza de seguro, que garantizará al trabajador el percibo de una suma de dinero si ciertos acontecimientos ocurren, principalmente la incapacidad o la muerte que son consecuencia de un accidente de trabajo o una enfermedad profesional, aunque también cabe incluir las contingencias comunes. Por lo que, junto a principios y reglas de carácter social (legislación laboral y de seguridad social), habrá de tenerse presente la Ley 50/1980, de 8 de octubre, sobre contrato de seguro, pero sin que la utilización de un contrato mercantil de seguro para materializar la eficacia de la mejora desvirtúe la naturaleza laboral de la relación jurídica y la atribución de la competencia al orden social de la jurisdicción. A partir de esas sentencias de los años ochenta y noventa del pasado siglo, la cuestión ha permanecido pacífica y son múltiples las sentencias de la Sala Cuarta, de lo Social, del Tribunal Supremo que han resuelto sobre contratos de seguro de rentas para la prestación de mejoras voluntarias de la seguridad social (por ejemplo y sin pretensión de exhaustividad, sentencias 4566/2002, de 10 de noviembre; 1047/2016, de 12 de diciembre; 664/2017, de 12 de septiembre; 1101/2021, de 10 de noviembre; y 857/2023, de 27 de octubre). Por el contrario, no hay ninguna sentencia de esta Sala Primera, de lo Civil, del Tribunal Supremo, que afirme la competencia de la jurisdicción civil para el conocimiento de estos asuntos. En sentido opuesto, la única sentencia que trató indirectamente la cuestión, la núm. 206/2006, de 23 de febrero, admitió la competencia de la jurisdicción civil en un pleito entre un mutualista y una mutua precisamente porque la vinculación jurídica entre ellos no derivaba «de relación laboral ni de aplicación de convenio colectivo referido al ámbito de su prestación de trabajo".

B) Su configuración como seguro colectivo

22. La forma de instrumentalizar el compromiso convencional relativo a las mejoras es el seguro colectivo, formalizado a través de lo establecido sobre la base de los art. 80 y 81 de la LCS, quedaría incardinado en el régimen del seguro de personas

De acuerdo con el art. 80 de la LCS "el contrato de seguro sobre las personas comprende todos los riesgos que puedan afectar a la existencia, integridad corporal o salud del asegurado". Por su parte, el art. 81 de la LCS precisa que "el contrato puede celebrarse con referencia a riesgos relativos a una persona o a un grupo de ellas. Este grupo deberá estar delimitado por alguna característica común extraña al propósito de asegurarse".

El seguro de personas no se encuentra sometido al principio indemnizatorio ni existe posibilidad de subrogación a favor del asegurador (art. 82 LCS). Acudiendo a la teoría general del contrato de seguro, se concluye, respecto del segundo apartado, que, al separarse el seguro del principio indemnizatorio, se convierte en un contrato estrictamente aleatorio, en el que las primas se pagan para producir un enriquecimiento y no para cubrir un daño; por ello, es compatible con otra indemnización.

C) Abono de la mejora cuando póliza de aseguramiento no cubre totalidad obligaciones convencionales

23. En otro sentido, en muchas ocasiones se observan desajustes entre el contenido prestacional de las mejoras directas establecidas en el convenio y lo que el empresario tomador concierta con el asegurador, de forma que en la póliza de seguro se contienen restricciones o exclusiones que originariamente no estaban contempladas en el convenio colectivo, lo que plantea un eventual cumplimiento parcial de la obligación legal de la instrumentalización de las prestaciones mediante el seguro o, lo que es lo mismo, una insuficiencia de seguro. Determinar en estos casos a qué sujeto debe imputarse la responsabilidad por este incumplimiento no es tarea sencilla pues ello exigiría conocer la dinámica seguida en la concertación del seguro, cuya prueba habitualmente no estará al alcance de los eventuales beneficiarios.

Particularmente clarificadora es la STS (Social) de 29 de enero de 2019 (Rº 3326/2016):

> El referido pronunciamiento resuelve la cuestión de quién ha de asumir el pago de la indemnización prevista en el convenio colectivo (art. 60 del Convenio Colectivo Estatal de Empresas de Seguridad Privada) como mejora voluntaria de las prestaciones de Seguridad Social para el caso de declaración de incapacidad permanente derivada de accidente, que la empresa aseguró mediante la concertación de una póliza de seguros con una primera aseguradora y posteriormente con una segunda, aconteciendo el accidente de trabajo en un periodo temporal en que estuvo vigente la primera de las pólizas pero teniendo lugar la declaración de incapacidad permanente cuando ya había terminado su cobertura y estaba en vigor la póliza suscrita con la segunda aseguradora, disponiendo cada una de las pólizas de una regulación específica al respecto. Por sentencia de instancia se reconoció al trabajador el derecho a percibir la indemnización prevista en el convenio colectivo y se condena a la primera de las aseguradoras cuya póliza estaba vigente en la fecha del accidente. La sentencia de suplicación considera responsable

a la empresa, ya que ninguna de las dos pólizas de seguro concertadas sucesivamente contemplaba la cobertura de ese riesgo en función de lo estipulado en cada una de ellas respecto a la fecha a tener en cuenta a tal efecto.

La doctrina del Tribunal Supremo al respecto deja claro que ese tipo de mandatos de los convenios que imponen la obligación de su aseguramiento no impide que las empresas puedan formalizar con la compañía aseguradora un contrato que dispense menor o distinta protección de la pactada en el convenio en uso de la libertad contractual que le reconoce el art. 1255 del CC, pero en esos casos será la propia empresa directamente, la que responderá ante sus trabajadores. Lógicamente, en estos supuestos, la empresa no puede pretender a posteriori, que "se amplíen los términos del contrato de seguro pactado para dar cobertura, en contra de lo previsto en el art. 1283 del CC a una contingencia que no quiso asegurar", o que infraaseguró, puesto que lo contrario supondría romper el sinalagma contractual sin causa justificativa alguna.

Sobre estas bases, el Tribunal Supremo considera, en el caso de referencia, que la empresa no ha cumplido adecuadamente con la obligación que le impone el convenio colectivo, dado que ha pactado unas condiciones insuficientes en la cobertura de cada una de las sucesivas pólizas de seguros, que no alcanzan a los trabajadores que sufren el accidente bajo la vigencia de la primera de ellas y se les reconoce la incapacidad permanente cuando ya se encuentra en vigor la segunda, de lo que se desprende que es la propia empresa la que debe asumir directamente la responsabilidad en el pago de la indemnización, confirmándose así la sentencia objeto de recurso

4. *El seguro de responsabilidad civil de explotación y la garantía adicional de la responsabilidad civil patronal por accidente de trabajo*

A) Objeto de la garantía adicional de la responsabilidad civil patronal por accidente de trabajo

24. Como consecuencia de la adopción de este sistema público común de protección frente a los diferentes riesgos, parecería que no tendría demasiado sentido que el empresario formalizase con la aseguradora correspondiente un contrato privado de seguro de responsabilidad civil por accidentes de trabajo, dado que las consecuencias de dichos accidentes pasaban a ser asumidas por ese sistema público de protección. Pero lo cierto y verdad es que la regulación de la Seguridad Social no ha cerrado el sistema de responsabilidad del empresario al no existir un "principio de inmunidad" que lo garantice e instaurarse, por tanto, una perfecta compatibilidad entre las prestaciones de la Seguridad Social derivadas del accidente de trabajo con las indemnizaciones que puedan obtenerse a través de la exigencia de responsabilidad civil al empresario por dicho accidente en vía civil o en vía penal (Martín Osante, 2018).

Precisamente por ello la responsabilidad civil empresarial es susceptible de aseguramiento como una modalidad específica del seguro de responsabilidad civil, de modo que, como expresa la STS (Social) de 4 de mayo de 2015, el referido seguro cubre la responsabilidad civil "que para el asegurado resulte de lesiones o muerte sufridas por sus empleados a su servicio como consecuencia de un accidente de trabajo que reúna las características que en la póliza se detallan...". El seguro de responsabilidad civil patronal garantiza, por consiguiente, "a la empresa asegurada, dentro del límite indemnizatorio establecido, el pago de las indemnizaciones derivadas de su responsabilidad civil como patrono o empresario".

25. En la actualidad, dicho seguro se contrata al amparo, particularmente, de los arts. 73 a 76 LCS, incorporando una "garantía adicional" en el seguro de responsabilidad civil por explotación de industrias, siendo excepcional la contratación mediante una póliza específica que cubra tal riesgo (Cañizares y Pavelek, 1994: 297). Sirva como ejemplo, la siguiente cláusula:

> *Responsabilidad civil Patronal Las derivadas de la condición de Patrono o empleador del Asegurado frente a sus empleados. A estos efectos, los empleados del Asegurado tendrán la condición de Terceros y aquél será civilmente responsable de los daños personales y sus consecuencias que sean debidos a Accidentes de Trabajo y por los cuales el Asegurado o las personas que de él dependan resulten civilmente responsables. Esta cobertura se extiende también a las indemnizaciones que pudiera exigir el Instituto Nacional de Seguridad Social o, en su caso, las Mutuas de Accidentes de Trabajo y Enfermedades Profesionales por el coste de las prestaciones sanitarias que hubieren satisfecho en los casos anteriormente citados. No obstante, se excluyen, en todo caso, los recargos de las prestaciones económicas a las que se refiere el artículo 164 del Texto Refundido de la Ley General de la Seguridad Social.*

B) El trabajador como tercero

26. El titular del derecho a la indemnización de los daños y perjuicios derivados del ejercicio de una actividad empresarial debe ser un tercero. Este tercero es el perjudicado (o sus herederos) por el siniestro y, por tanto, el titular del derecho a la indemnización. Debe tratarse, por tanto, de un tercero ajeno a la relación contractual de seguro existente entre asegurador y asegurado, a fin de constatar que ese tercero no es el asegurado. Y es que, si el asegurado fuese el perjudicado, este dejaría de ser un tercero, y el siniestro no sería objeto de cobertura del seguro de responsabilidad civil empresarial, al faltar un elemento delimitador o un presupuesto del riesgo cubierto como es el tercero perjudicado.

En esta línea, la STS (Civil) de 18 de septiembre de 2002 (RJ 7498) entiende que el trabajador accidentado no es un tercero conforme establecen las condiciones generales y especiales de la póliza de responsabilidad civil suscrita por el empresario asegurado y que cubría también como asegurados a sus empleados: "En concepto de tercero que a los efectos de contrato se establece, teniendo en cuenta la prevenido en el art. 3 de la LCS, no puede ser otro que el expresado en el punto primero de las condiciones especiales de contrato, que fueron expresamente suscritas por el tomador, del que se desprende que el tercero es aquel que sufre un daño ocasionado por los empleados o maquinaria de la empresa, dentro del recinto de las obras que se estén realizando, con la expresa exclusión establecida en el párrafo tercero que dice "No se considerarán terceras personas las que contribuyan directamente a la ejecución de los trabajos", expresión que claramente excluye de dicho concepto al trabajador que sufre un perjuicio en el curso de su actividad laboral con el tomador del contrato...».

Para evitar el referido resultado, se procede a la extensión de la cobertura de la póliza a las responsabilidades exigibles con ocasión de accidentes laborales a través de "una cláusula específica que deroga la condición de tercero recogida en las condiciones generales del seguro. De este modo, los empleados del asegurado y sus causahabientes pasan, de legitimarse como parte perjudicada en un proceso de responsabilidad civil, que siempre lo son, a convertirse en "beneficiarios" de las indemnizaciones con cargo al seguro" (Cañizares y Pavelek, 1994: 298).

C) Cobertura del seguro

27. Mediante esta garantía adicional de la responsabilidad civil patronal queda cubierta la responsabilidad civil del empresario asegurado por los daños que sufran sus empleados y dependientes por accidentes de trabajo ocurridos en el ejercicio o con ocasión del ejercicio de su trabajo. De este modo, los trabajadores podrán reclamar, como terceros perjudicados, al empresario asegurado, los daños que hayan podido sufrir como consecuencia del accidente de trabajo.

Como ha explicado Badillo (2018: 118):

"La mayoría de las pólizas de responsabilidad civil empresarial de explotación o patronal, contienen límites generales por siniestro, pero también sublímites por víctima de

90000 o 150000 euros, de tal forma que, si ocurre un accidente con una o varias víctimas, las entidades aseguradoras indemnizarán a lo sumo las citadas cantidades por cada una de las víctimas. Por tanto, al incrementarse sustancialmente las indemnizaciones con la aplicación del actual sistema de valoración promulgado por la Ley 35/2015, es muy probable que las cantidades que resulten de su aplicación, sobre todo, en supuestos de lesionados graves y fallecidos, supere con creces los sublímites de cobertura.

En ese caso, las cantidades en exceso de los límites de cobertura de la aseguradora serán a cargo del patrimonio del empresario. Si a ello añadimos el recargo de prestaciones que también tiene que pagar el empresario, el panorama que se presenta es que algunos de ellos no pueden asumir estos pagos, poniendo en grave riesgo la viabilidad de la empresa. Por ello, durante los últimos años ha habido muchas voces que han abogado por el incremento de la suma asegurada por víctima en las pólizas de responsabilidad civil empresarial en sus distintas modalidades.

Por ejemplo, una persona que fallece en un accidente, casada, de 52 años con 17 años de convivencia, que deja viuda de 50 años y un hijo y dos padres, con un salario de 44000 euros, aplicando el baremo de 1995, la indemnización que debieran recibir los perjudicados era de 205.000 euros. En cambio, con el nuevo baremo de aprobado por la Ley 35/2015, sus perjudicados recibirán más del doble: 513.000 euros. En este caso, si el límite por víctima es de 150.000, con el anterior baremo el empresario debía añadir 55.000 euros, mientras que, con el nuevo, tendría que pagar la cantidad de 363.000 euros, inasumible para muchas empresas".

D) Los riesgos excluidos

28. Como doctrinalmente se ha resumido se encuentran excluidos de la cobertura de estos seguros (Cañizares y Pavelek, 1994: 300-302).

(i) *Reclamaciones por daños que no sean consecuencia de accidente de trabajo o aquellos otros excluidos de la cobertura de accidentes de trabajo.* Los accidentes que no puedan ser calificados como accidentes de trabajo quedarán fuera de la cobertura que proporciona la rc patronal. Ciertamente, las pólizas no suelen contemplar una definición de dichos accidentes, lo que puede dificultar la delimitación del perímetro del contrato de seguro. Esta ausencia de concepto en la póliza debe suplirse mediante el recurso a la definición del art. 156.1 LGSS,

(ii) L*as indemnizaciones y gastos de asistencia por enfermedad profesional o bien por enfermedades no profesionales que contraiga el trabajador con motivo de la realización de su trabajo,* así como el infarto de miocardio, trombosis, hemorragia cerebral y enfermedades de similar etiología

(iii) *Las reclamaciones por incumplimiento de las obligaciones generales del empresario.* En efecto, los incumplimientos del empresario de sus obligaciones generales en materia laboral, contractuales o extracontractuales, relativas al pago de los salarios, afiliación a la Seguridad Social, altas y bajas de los trabajadores, cotizaciones o incumplimientos de convenios, suelen excluirse de la cobertura de la póliza de responsabilidad civil patronal, por entenderse que no son daños personales y que constituyen riesgos que debe asumir el empresario, como parte de su riesgo económico empresarial. De modo similar, tampoco suelen cubrirse las indemnizaciones, recargos o mejoras voluntarias derivadas de obligaciones establecidas por convenios sectoriales o particulares para el supuesto de accidentes de trabajo o enfermedades profesionales.

(iv) *Los daños materiales.* Habitualmente se excluyen los daños materiales, si bien puede ampliarse el contenido de la póliza para incluir los daños a bienes propios de los empleados en ciertos casos particulares. Ciertamente, el objetivo principal de la póliza de rc patronal es el de proporcionar cobertura al empresario frente a las reclamaciones por lesiones o por fallecimiento del trabajador, lo que lleva a excluir a los daños materiales

(v) *La inasegurabilidad de las sanciones que derivan de conductas dolosas.* En el ámbito del derecho de seguros la no asegurabilidad del dolo es una constante. La responsabilidad asegurable es la responsabilidad objetiva o aquélla en la que media culpa o negligencia, pero nunca la que surja de la actuación dolosa. El art. 19 de la LCS, que dispone que "*el asegurador estará obligado al pago de la prestación, salvo en el supuesto de que el siniestro haya sido causado por mala fe del asegurado*". Es decir, la producción dolosa del siniestro por parte del asegurado comporta una excepción a la obligación del asegurador de pagar la prestación convenida en el contrato de seguro. En suma, el art. 19 de la LCS sienta el principio de no asegurabilidad del dolo, de forma que el asegurador no asumirá prestación alguna en caso de que el siniestro haya sido ocasionado dolosamente por el asegurado.

(vi) *El carácter inasegurable de las sanciones administrativas.* El art. 76.b) de la LCS dispone que «quedan excluidos de la cobertura del seguro de defensa jurídica el pago de multas y la indemnización de cualquier gasto originado por sanciones impuestas al asegurado por las autoridades administrativas o judiciales». Este es el único precepto de la LCS vigente que se pronuncia sobre la inasegurabilidad de las sanciones y multas. No obstante, su aplicación se acota al seguro de defensa jurídica, que se regula en los arts, 76.a) a 76.g) de la LCS. Por ello, una lectura sistemática y literal de la LCS lleva a concluir que la asegurabilidad de las multas y las sanciones no se encuentra expresamente prohibida para el resto de productos aseguradores.

(vii) *El carácter inasegurable del recargo.* Sabido es que el art. 164.2 de la LGSS contiene una prohibición específica de aseguramiento a tenor del cual "la responsabilidad del pago del recargo establecido en el apartado anterior recaerá directamente sobre el empresario infractor y no podrá ser objeto de seguro alguno, siendo nulo de pleno derecho cualquier pacto o contrato que se realice para cubrirla, compensarla o transmitirla".

(viii) *Vulneración de derechos fundamentales.* Alteraciones psicofísicas de la salud que tengan su origen o estén relacionadas con acciones u omisiones en el ámbito laboral, que vulneren los derechos constitucionales básicos de la persona en relación con el trabajo o derivados de la extinción del contrato de trabajo y en las relaciones de empleo, discriminación en general, acoso sexual, represalias, intimidad, y otros perjuicios en las relaciones laborales relacionados con la valoración de méritos en la promoción profesional, negación de empleo, privación de una carrera profesional o expedientes disciplinarios (Elguero Merino, 2017: 114).

(ix) *Reclamaciones basadas en un derecho o legislación extranjero en materia laboral o asimilada,* cualquiera que sea su denominación (como, por ejemplo: "Employer's Liability", "Faute Inexcusable", "Worker's Compensation", "Employee beneficts Liability", etc...) que quede supeditada a una regulación específica (Elguero Merino, 2017: 114).

E) La disciplina convencional: Cláusulas delimitadoras y limitativas, unas fronteras difusas

29. Como ya viene señalando la jurisprudencia del Tribunal Supremo, en el seguro de responsabilidad civil la definición legal del riesgo (art. 73 de la LCS) remite a la disciplina convencional, de manera que la regulación que sobre el particular se contenga en el propio contrato resulta imprescindible para la determinación del contenido de la obligación del asegurador. Es decir, dado que el riesgo cubierto en el seguro de responsabilidad civil es el nacimiento de la obligación de indemnizar derivada del acaecimiento de un hecho previsto en el contrato, será precisa la definición convencional —positiva y negativa— del mencionado evento, a fin de concretar el contenido de la obligación asumida por el asegurador.

Partiendo del análisis anterior, sobre la naturaleza del seguro ante el que nos encontramos, se diferencia entre cláusulas de delimitación de cobertura y cláusulas limitativas. A este respecto, recuerda la Sala Primera del Tribunal Supremo que, las primeras concretan el objeto del contrato y fijan los riesgos que, en caso de producirse, hacen surgir en el asegurado el derecho a la prestación por constituir el objeto del seguro. Mientras que las cláusulas limitativas restringen, condicionan o modifican el derecho del asegurado a la indemnización o a la prestación garantizada en el contrato, una vez que el riesgo objeto del seguro se ha producido.

En cuanto a las cláusulas delimitadoras, se trae a colación por la resolución, la STS (Civil) de 11 de septiembre de 2006 (Rº 3260/1999), que sienta una doctrina, recogida posteriormente en otras muchas resoluciones, según la cual son estipulaciones delimitadoras del riesgo aquellas que tienen por finalidad delimitar el objeto del contrato, de modo que concretan: qué riesgos constituyen dicho objeto; en qué cuantía; durante qué plazo; y en qué ámbito temporal.

Por su parte, las cláusulas limitativas de derechos se dirigen a condicionar o modificar el derecho del asegurado y por tanto la indemnización, cuando el riesgo objeto del seguro se hubiere producido. Deben cumplir los requisitos formales previstos en el art. 3 LCS, de manera que deben ser destacadas de un modo especial y han de ser expresamente aceptadas por escrito; formalidades que resultan esenciales para comprobar que el asegurado tuvo un exacto conocimiento del riesgo cubierto. Por tanto, de forma práctica, el concepto de cláusula limitativa, se debe referenciar al contenido natural del contrato, en relación con el alcance típico o usual que corresponde a su objeto, con arreglo a lo dispuesto en la ley o en la práctica aseguradora.

La reclamante tenía suscrito desde el 27 de diciembre de 2012, póliza de seguro de responsabilidad civil con la entidad aseguradora demandada que contenía la siguiente cláusula: "Responsabilidad civil patronal, entendiéndose por tal la que para el Asegurado resulte de lesiones o muertes sufridas por empleados a su servicio como consecuencia de un accidente de trabajo que reúna las siguientes características: (i) Incumplimiento, por parte del Asegurado, de alguna de sus obligaciones en materia de Seguridad e Higiene en el trabajo. (ii) Relación directa de causalidad entre la medida de seguridad transgredida y el accidente del trabajador. (iii) Existencia de un procedimiento sancionador ante el Instituto Nacional de la Seguridad Social o un Juzgado de lo Social conforme a lo previsto por el artículo 123 de la Ley General de la Seguridad Social (RDL 1/1994 de 20 de junio), sin que ello signifique la cobertura de la sanción".

El 2 de julio de 2013, se produjo un accidente en las instalaciones de la asegurada, consistente en que un trabajador de la empresa resultó herido por el impacto de una bola de golf lanzada por una jugadora mientras se celebraba un campeonato organizado por la Federación Española de Golf. El trabajador lesionado instó un procedimiento civil contra la empresa y la aseguradora de la Federación Española de Golf, que resultaron condenadas en sentencia firme a indemnizarlo en 15.961,20 €, más intereses y costas. En cumplimiento de dicha sentencia, la reclamante ha abonado 11.398,43 €, que, junto con los intereses y las costas, son el objeto de la presente reclamación interpuesta frente a su aseguradora. La demanda, se fundamentó en un primer momento, exclusivamente, en que la póliza ampara la responsabilidad civil de la actora, que fue condenada en un proceso de reclamación por daños personales, remitiéndose para ello a la Ley de Prevención de riesgos Laborales.

La STS (Civil) de 23 de octubre de 2023 (Rº 5499/2018), se centra en determinar si la cláusula contenida en el seguro de responsabilidad civil de la empresa, dentro de la cobertura de la responsabilidad patronal, que establece tres condiciones acumulativas para su prestación, es delimitadora o limitativa de los derechos del asegurado. El Tribunal Supremo, amparándose en la naturaleza convencional de este tipo de coberturas que se encuentran dentro del seguro de responsabilidad civil, y que carecen de regulación legal más allá de lo dispuesto en el art. 73 de la LCS, viene a considerar como delimitadora la cláusula objeto de debate, pues entiende que resulta preciso para la funcionalidad del seguro en cuestión, que el contrato describa cuál es la conducta infractora del empresario en relación con su empleado que, en caso de accidente, dará lugar a la cobertura por parte de la aseguradora y cuál no. De esta forma, se desestima el recurso y se absuelve a la aseguradora demandada, al concluirse que el accidente de trabajo que dio lugar a la indemnización del trabajador, no estaba cubierto por el seguro contratado para cubrir la responsabilidad patronal del empresario (Un comentario en López y García de la Serrana, 2024).

II. El seguro voluntario de responsabilidad civil y los daños laborales

1. Rasgos caracterizadores

30. El contrato de seguro de responsabilidad civil empresarial, también conocido como seguro de responsabilidad civil de explotación de industrias, seguro de responsabilidad civil de explotación de empresas. Se trata de un seguro de daños (Martín Osante, 2018), regulado por algunas de las normas de estos seguros y principalmente por las normas del seguro de responsabilidad civil de los arts. 73-76 de la LCS.

Tomando como base el mencionado concepto legal del art. 73, párrafo 1.º de la LCS, el seguro de responsabilidad civil empresarial (o de explotación, o de actividades económicas, etc.) se ha definido como:

> *"El seguro por el que el asegurador se obliga, dentro de los límites establecidos en la ley y en el contrato, a cubrir el riesgo del nacimiento a cargo del asegurado de la obligación de indemnizar a un tercero los daños y perjuicios causados por el ejercicio de una actividad empresarial, ocurridos en el desarrollo de la actividad asegurada, de cuyas consecuencias sea civilmente responsable el asegurado, conforme a Derecho".*

31. En el caso del seguro de responsabilidad civil empresarial, ninguna norma de rango legal o reglamentario impone con carácter general (es decir, para la totalidad de las actividades económicas organizadas) la contratación de dicho seguro, por lo que debe concluirse que se trata de un seguro voluntario.

Como resumen Martín Osante (2018):

La normativa básica de naturaleza privada en materia de seguro de responsabilidad civil empresarial es la que conforman los mencionados arts. 73 a 76 de la LCS. No obstante, el seguro de responsabilidad civil se rige asimismo por las disposiciones generales en materia de contrato de seguro de los arts. 1 a 24 de la LCS y por algunos —no todos— de los preceptos generales sobre seguro de daños de los arts. 25 a 44 de la LCS, en la medida que el seguro de responsabilidad civil es un seguro de daños. Sin embargo, y a pesar de su consideración como un seguro de daños, a estos seguros de responsabilidad civil empresarial no le son aplicables ciertas disposiciones relativas al seguro de daños como son las siguientes: la determinación del daño a efectos del resarcimiento (art. 26 de la LCS), fijación convencional de la indemnización (art. 28 de la LCS), mantenimiento durante la vigencia del contrato de la adecuación entre suma asegurada y valor del interés (art. 29 de la LCS), regulación de las situaciones de infraseguro (art. 30 de la LCS) y sobreseguro (art. 31 de la LCS) y la concreción de la posición jurídica de los acreedores hipotecarios, pignoraticios o privilegiados sobre los bienes asegurados (arts. 40, 41 y 42 de la LCS). En cualquier caso, sí se aplica el principio indemnizatorio del art. 26 de la LCS.

A diferencia de lo que sucede en la regulación legal de algunos tipos de seguro que contienen una precisa delimitación del riesgo objeto de cobertura, en el seguro de responsabilidad civil la definición legal del riesgo (art. 73 de la LCS) remite a la disciplina convencional, de manera que la regulación que sobre el particular se contenga en el propio contrato resulta imprescindible para la determinación del contenido de la obligación del asegurador.

2. *Conceptos asegurables*

32. La cobertura del seguro de responsabilidad civil empresarial, en principio, podría extenderse a la responsabilidad civil, tanto contractual como extracontractual. Sin embargo, las pólizas de responsabilidad civil empresarial que se emplean en la actualidad, al igual que la gran mayoría del resto de pólizas de responsabilidad civil, normalmente, cubren únicamente la responsabilidad civil extracontractual, excluyendo la contractual.

Quedan excluidas las responsabilidades no civiles. A saber, responsabilidades penales, administrativas, laborales en materia de prestaciones de seguridad social y laborales-administrativas de recargo de dichas prestaciones

3. *El tercero perjudicado*

33. La causación material puede atribuirse tanto al empresario-asegurado, a quien se le podría exigir una responsabilidad por actos propios al amparo del art. 1902 del CC, como a sus dependientes de cuyos actos deba responder el empresario-asegurado, a quien se le podría exigir una responsabilidad por actos ajenos (por disponerlo así, entre otros, el art. 1903. 4.º CC).

FBV LIMPIEZAS SL, y su trabajadora, Dª Leticia, fueron condenadas a pagar solidariamente la suma de 33.481'97 € a D. Antonio como indemnización de las lesiones que sufrió a consecuencia de la indebida manipulación por la segunda de un contenedor de basuras que manejaba en la realización del trabajo que la primera le había encomendado para la ejecución del contrato de limpieza que había concertado con terceros. OCASO SA, hizo pago de toda la indemnización al perjudicado como prestación debida por el contrato de seguro que había concertado con FBV LIMPIEZAS SL mediante póliza de responsabilidad civil general, y reclama a Dª Leticia la mitad de lo pagado, en ejercicio de la facultad subrogatoria que le otorga el art. 43 LCS y con base al artículo 1145 CC, a cuyo efecto afirma que reclama a la codeudora solidaria la parte proporcional de la deuda que le corresponde. La sentencia de la Audiencia Provincial de Zaragoza de 15 de septiembre de 2010 (Rº 502/2010) señala expresamente "la responsabilidad de la empresa de limpieza asegurada por la negligencia de su empleada es declarada en la sentencia de primer grado en atención a la relación de dependencia entre ellos que se contempla en el artículo 1903 del Código Civil, o dicho en otras palabras, la aseguradora fue condenada porque tenía que responder directamente por el daño causado por su dependiente, por así hallarse establecido en derecho; afirmación que nos conduce directamente a la excepción a la facultad de subrogación que viene establecida en el artículo 43 de la LCS que la aseguradora hace valer en su demanda como título legitimador para ejercitar la facultad de repetición que afirma corresponde a su asegurado frente a su trabajadora con base en el artículo 1145 del Código Civil, pues según el citado precepto de la ley especial, el asegurador no tendrá derecho a subrogación contra ninguna de las personas cuyos actos u omisiones den origen a la responsabilidad del asegurado, de acuerdo con la ley".

De acuerdo con el contenido del art. 73.1 de la LCS la responsabilidad civil cubierta por el asegurador queda definida con una gran amplitud, pues comprende tanto el daño emergente (daños materiales y personales, incluidos los daños morales) como el lucro cesante (art. 1106 del CC), sin exclusión alguna por razón del tipo de daño causado. De forma que las exclusiones de cobertura que se pretendan adoptar (daños materiales causados a bienes de los empleados y personal dependiente del asegurado, ruidos, vertidos, indemnizaciones y gastos de asistencia por enfermedad profesional, etc.) deberán incorporarse a la correspondiente póliza.

4. Aseguramiento de empresas contratistas y subcontratistas

34. En virtud de las cláusulas de responsabilidad civil cruzada "se pretende cubrir las responsabilidades de todas las personas que, conforme a la póliza, se configuran como asegurado por los daños y perjuicios que se originen entre sí acudiendo a la ficción de suponer que cada uno de ellos hubiera suscrito una póliza independiente en la que todos asimismo adquieran la consideración de terceros" (Cañizares y Pavelek, 1994: 313). De este modo, en aquellas actividades en las que es frecuente el uso de fórmulas de subcontratación, se suele ampliar la cobertura del seguro a través de las denominadas "cláusulas de responsabilidad civil cruzada", por medio de las cuales, "cada uno de los intervinientes en la ejecución de una obra ostenta, simultáneamente la condición de asegurado y tercero" (Correa, 2008: 164).

Como señalan (Cañizares y Pavelek, 1994: 298) la citada cláusula es de aplicación general cuando se trata de trabajos de construcción, primordialmente obras públicas, o de grandes montajes en los que participan una pluralidad de intervinientes, de modo que cada uno de ellos es asegurado y tercero. Aunque se trata de importaciones procedentes de pólizas de todo riesgo en el sector de la construcción, se ha generalizado su uso en el seguro de responsabilidad civil con objeto de amparar los riesgos derivados del accidente de trabajo.

La práctica aseguradora incluye la responsabilidad civil exigible al empresario asegurado por daños ocasionados por contratistas y subcontratistas, en lo que supondría en principio ir más allá del tenor legal de responsabilidad por actos de los dependientes. Como explica Yzquierdo Tolsada (2015: 1926), este incremento del ámbito subjetivo de los accidentados, "es algo fácil de entender, si se tiene encuentra que las obligaciones del empresario en relación con la prevención de riesgos laborales se nos presenta en el art. 24 de la LPRL como incumbencia que no se agota con los dependientes propios, sino que se amplía a los trabajadores de otras empresas que desarrollen su trabajo en el centro, así como a los que pertenezcan a empresas subcontratistas". Un modelo de estas cláusulas podría ser el siguiente:

"La Responsabilidad Civil Cruzada entendiéndose por tal las reclamaciones formuladas al Asegurado por daños corporales sufridos por los empleados de contratistas y/o subcontratistas. Para esta cobertura se establece un límite por víctima igual al límite de la suma asegurada para la garantía de Responsabilidad Civil patronal o en su defecto al de Responsabilidad Civil explotación".

III. Seguros obligatorio y voluntario del automóvil

1. *Seguro Obligatorio del Automóvil (SOA)*

35. En el caso de que el accidente de trabajo se considere también accidente de circulación, deberá aplicarse la legislación específica en este ámbito, que es el de la LRCSCVM, desarrollada reglamentariamente por el RD 1507/2008, de 12 de septiembre, que aprueba el Reglamento del Seguro Obligatorio del automóvil (RSOA). Para ello, es necesario que estemos ante un hecho de la circulación, ocasionado con un vehículo a motor.

Se trata de un seguro de responsabilidad civil, por lo que para estar cubierto el trabajador accidentado debe ser perjudicado, en los términos del art. 1 de la LRCSCVM y 73 de la LCS. El art. 2.6 de la LRCSCVM, se remite expresamente a la Ley de Contrato de Seguro, al disponer que:

> *"En todo lo no previsto expresamente en esta Ley y en sus normas reglamentarias de desarrollo, el contrato de seguro de responsabilidad civil derivada de la circulación de vehículos de motor se regirá por la Ley 50/1980, de 8 de octubre, de Contrato de Seguro".*

Siempre que el empresario disponga de vehículos que, según lo establecido en el art. 1 del RSOA, tengan la consideración de vehículos a motor, deberá suscribir el preceptivo seguro obligatorio de automóviles. Así lo dispone el artículo 2 de la LRCSCVM:

> *"Todo propietario de vehículos a motor que tenga su estacionamiento habitual en España estará obligado a suscribir y mantener en vigor un contrato de seguro por cada vehículo de que sea titular, que cubra, hasta la cuantía de los límites del aseguramiento obligatorio, la responsabilidad civil a que se refiere el artículo 1».*

Por tanto, "si un empresario tiene vehículos susceptibles de ocasionar accidentes de circulación, debe tener suscrito el SOA, con independencia de que también tenga suscrito un seguro de responsabilidad civil de explotación" (Badillo, 2018: 120)

36. El art. 5 de la LRCSCVM, regula el ámbito material y las exclusiones del SOA: a) Daños personales: solo estará excluidos las lesiones o fallecimiento del conductor responsable. b) Daños materiales la cobertura de SOA no alcanzará a los daños en los bienes sufridos por el vehículo asegurado, por las cosas en él transportadas ni por los bienes de los que resulten titulares el tomador, el asegurado, el propietario o el conductor, así como los del cónyuge o los parientes hasta el tercer grado de consanguinidad o afinidad de los anteriores. El asegurador no podrá oponer frente al perjudicado ninguna otra exclusión, pactada o no, de la cobertura distinta de las recogidas.

Como explica Badillo (2019: 123-125), los beneficios de este seguro se cifran en:

> (i) El sistema de responsabilidad civil de la LRCSCVM establece un modelo objetivo. El art. 1.1 de la LRCSCVM precisa que el riesgo es el título atributivo de la responsabilidad civil automovilística, al declarar que "el conductor de vehículos a motor es responsable, en virtud del riesgo creado por la conducción de éstos, de los daños causados a las personas o en los bienes con motivo de la circulación".
>
> (ii) Los límites del SOA, que son mucho más altos que los límites generales por siniestro y los sublímites por víctima de las pólizas de responsabilidad civil patronal. Según lo establecido en el art. 4.2 de la LRCSCVM, los importes de la cobertura del seguro obliga-

torio serán: a) En los daños a las personas, 70 millones de euros por siniestro, cualquiera que sea el número de víctimas y b) En los daños en los bienes, 15 millones de euros por siniestro.

(iii) Si el vehículo careciera de seguro, el art. 11 de la LRCSCVM, prevé que el Consorcio de Compensación de Seguros, dentro de los límites del SOA, deberá hacerse cargo de indemnizar a la víctima los daños causados. En este caso, esta entidad, podrá repetir lo pagado contra el conductor del vehículo y contra el propietario, por carecer del preceptivo seguro obligatorio de responsabilidad civil.

(iv) Al tratarse de un accidente de circulación, los daños serán valorados de forma vinculante por el sistema de valoración de daños personales. El art. 1.4 de la LRCSCVM, dispone que *"Los daños y perjuicios causados a las personas como consecuencia del daño corporal ocasionado por hechos de la circulación regulados en esta Ley, se cuantificarán en todo caso con arreglo a los criterios del Título IV y dentro de los límites indemnizatorios fijados en el Anexo"*.

2. *Seguro Voluntario del Automóvil*

37. Como señala Badillo (2019: 126), "es habitual que los vehículos tengan suscritos otras coberturas que pueden mejorar la situación de las víctimas de los accidentes de circulación". De este modo, el artículo 2.5 de la LRCSCVM, señala que "además de la cobertura indicada en el apartado 1, la póliza en que se formalice el contrato de seguro de responsabilidad civil de suscripción obligatoria podrá incluir, con carácter potestativo, las coberturas que libremente se pacten entre el tomador y la entidad aseguradora con arreglo a la legislación vigente". Por ello, continúa el referido autor, "prácticamente todas las pólizas de seguros de automóviles incluyen entre sus coberturas la responsabilidad civil voluntaria, hasta un máximo de 50 millones de euros, más allá de la obligatoria, y un seguro de ocupantes que cubre, en algunas ocasiones, solo al conductor del vehículo —excluido del SOA si es el responsable de accidente— y otras veces, también a los ocupantes del vehículo. Se trata, en este caso, de un seguro de accidentes, que suele garantizar asistencia sanitaria, fallecimiento y lesiones permanentes, hasta unos determinados límites".

IV. Incumplimiento por la aseguradora de la obligación de indemnizar: El devengo de intereses en el pago de la indemnización

1. *El marcado carácter sancionador y finalidad claramente preventiva de la indemnización del art. 20 LCS*

38. El art. 18 y el art. 20.3 de la LCS que establecen la obligación de indemnizar que pesa sobre el asegurador, así como el plazo temporal para el pago y liquidación del daño, reembolso o pago del capital garantizado o para su consignación en cualquiera de las formas. Se trata de dos los plazos que conviven: 40 días desde la declaración del siniestro para pagar o consignar al menos el importe de lo que estime que pueda deber al asegurado, al perjudicado o al beneficiario (en el caso de que la cantidad que considere indemnizar o reembolsar sea inferior a la reclamada) y en 3 meses desde la producción del siniestro para cumplir íntegramente la prestación reclamada.

Cuando la compañía aseguradora incumple su obligación de indemnizar y el plazo nace una responsabilidad por mora, prevista legalmente en el art. 20.3 de la LCS, teniendo el asegurado, el tomador, el tercer perjudicado o beneficiario no sólo la facultad de exigirle el pago de la indemnización derivada del siniestro, sino también el derecho a solicitar una indemnización por morosidad en concepto de intereses.

> El régimen especial de la mora del asegurador regulado en el art. 20 LCS toma del régimen general de la mora del deudor regulado en los art. 1.100 y siguientes del Código Civil. El deudor sólo se constituye en mora cuando: 1) existe una obligación con un contenido positivo, 2) la obligación es exigible, 3) el cumplimiento de la obligación es todavía posible y útil para el acreedor, 4) hay culpabilidad del deudor en el retraso y 5) se ha producido la interpelación del acreedor, salvo en los casos en que ésta se dispensa por la ley (Díez-Picazo, 1993: 626-634).

El régimen jurídico del interés moratorio establecido en el art. 20 LCS se caracteriza, en primer lugar, por el hecho de que él, se regula la mora del asegurador, esto es, de la compañía de seguros respecto del tomador del seguro o asegurado y, con carácter particular, la mora respecto del tercero perjudicado en el seguro de responsabilidad civil. De ello se extrae, como señaló la STS (Civil) de 12 de marzo de 2012 (Rº 1203/2008), que quedan excluidas de esta modalidad de intereses las reclamaciones entre compañías de seguro y de éstas frente al responsable de los hechos. De igual modo, tampoco procede la aplicación de los intereses del art. 20 de la LCS frente a la empleadora del beneficiario, la cual no tenía la condición de compañía aseguradora, como recordó la STS (Social) de 4 de mayo de 2011 (Rº 1534/2010) (González Calvet, 2017: 171).

Se trata de una responsabilidad civil adicional —de carácter sancionador— por los intereses moratorios. Esta responsabilidad civil adicional no procederá cuando exista una causa que justifique el retraso ya que la regla 8ª del artículo 20 de la LCS establece que "no habrá lugar a la indemnización por mora del asegurador cuando la falta de satisfacción de la indemnización o de pago del importe mínimo esté fundada en una causa justificada o que no le fuere imputable".

Como recuerda la STS (Civil) de 14 de marzo de 2018 (Rº 2583/2015), "la indemnización establecida en el artículo 20 de la Ley de Contrato de Seguro tiene desde su génesis un marcado carácter sancionador y una finalidad claramente preventiva, en la medida en que sirve de acicate y estímulo para el cumplimiento de la obligación principal que pesa sobre el asegurador, cual es la del oportuno pago de la correspondiente indemnización capaz de proporcionar la restitución íntegra del derecho o interés legítimo del perjudicado. La mora de la aseguradora únicamente desaparece cuando de las circunstancias concurrentes en el siniestro o del texto de la póliza surge una incertidumbre sobre la cobertura del seguro que hace precisa la intervención del órgano jurisdiccional".

2. *El dies a quo y el dies ad quem para el cómputo del pago de los intereses de demora*

39. El término inicial del cómputo de los intereses moratorios se regula en art. 20 de la LCS del siguiente modo: "Si el asegurador incurriere en mora en el cumplimiento de la prestación, la indemnización de daños y perjuicios, no obstante entenderse válidas las cláusulas contractuales que sean más beneficiosas para el asegurado, se ajustará a las siguientes reglas: (…) 6.º *Será término inicial del cómputo de dichos intereses la fecha del siniestro. No obstante, si por el tomador del seguro, el asegurado o el beneficiario no se ha cumplido el deber de comunicar el siniestro dentro del plazo fijado en la póliza o, subsidiariamente, en el de siete días de haberlo conocido, el término inicial del cómputo será el día de la comunicación del siniestro. Respecto del tercero perjudicado o sus herederos lo dispuesto en el párrafo primero de este número quedará exceptuado cuando el asegurador pruebe que no tuvo conocimiento del siniestro con anterioridad a la reclamación o al ejercicio de la acción directa por el perjudicado o sus herederos, en cuyo caso será término inicial la fecha de dicha reclamación o la del citado ejercicio de la acción directa*".

Pese a la claridad normativa, se mantenía como fuente de discusión y conflicto, principalmente en el seguro de accidentes y en el de responsabilidad civil y cuando es objeto de litigio la pretensión indemnizatoria por el daño corporal provocado por el siniestro, la fecha del inicio del cómputo de los intereses de demora, por cuanto con habilidad los aseguradores habían introducido además de la fecha del accidente —de la que parte la LCS—, la fecha de la estabilización lesional o, en el caso de recaer resolución del INSS, la declaración de invalidez.

La jurisprudencia civilista ha salido al paso de esta cuestión y resuelto la controversia bajo criterios de unificación de doctrina establecidos por el Pleno de la Sala de lo Civil del Tribunal Supremo en Sentencia de fecha 21 de diciembre de 2016 (Rº 1937/2014) señalando como "*dies a quo*" la fecha del accidente por cuanto la existencia de la incapacidad no concurre únicamente desde que se declara sino que se origina en el accidente y es consecuencia inherente al mismo, sin que el acaecimiento real del evento pueda confundirse con la declaración formal de sus consecuencias.

Sin embargo, pese a la unificación de la doctrina de la Sala de lo Civil del Tribunal Supremo, "en el ámbito jurisdiccional social (donde por ámbito competencial se ejercita la acción de resarcimiento de los daños corporales sufridos en un accidente laboral) continúa interpretando la norma imperativa a pesar también de su claridad, oscilando entre la fecha de la presentación de la demanda, a la fecha de la presentación del SMAC o a la fecha de la declaración de invalidez por entender que es cuando quedan fijadas las lesiones definitivas del actor y, por tanto, las consecuencias económicas del accidente". No obstante, "y pese al empeño de las compañías aseguradoras de seguir manteniendo una oposición al objeto de generar discusión sobre la interpretación de las reglas del art. 20 de la LCS, en la jurisdicción laboral parecer comenzar a dominar la doctrina civilista, siendo más las resoluciones de la Sala de lo Social del Tribunal Supremo que, asumiendo la doctrina asentada por la Sala de lo Civil y en aras a unificar doctrina con la misma, fija el pago del interés legal por mora desde la fecha del siniestro" (García Barcos, 2018).

La STS (Social) de 3 de mayo de 2017 (Rº 3452/2015), condena a la empresa y a la aseguradora a abonar intereses moratorios del art. 20 de la LCS desde la fecha del accidente, puesto que la aseguradora no desconocía del siniestro, no ofreció ninguna indemnización y se esgrimió como argumento para el no pago, que había que esperar al resultado del litigio en que se concretara la cantidad a indemnizar. El argumento de la sentencia es que si bien la existencia de causa justificada para el no abono de la indemnización implica la inexistencia de un retraso culpable e imputable al asegurador y le exonera de los intereses de demora, dicho criterio debe aplicarse de forma restrictiva, teniendo en cuenta el carácter sancionador que tienen los intereses, debiendo examinarse en los supuestos en que existe un proceso que se utiliza como excusa para alegar que existían dificultades en la determinación de la obligación de indemnización —de ahí el retraso en el pago—, cada caso en particular. Por su parte, la STS (Social) de 26-10-2022 (Rº 1108/2019) analizando una mejora voluntaria de Seguridad Social (la empresa celebra contrato de seguro de vida para caso de fallecimiento en cualquier tipo de accidente dentro y fuera de la jornada laboral) establece que la fecha de efectos de los intereses del art. 20 de la LCS es la fecha de solicitud, que coincide con la fecha del conocimiento del siniestro por parte de la entidad aseguradora.

40. Por lo que se refiere al *dies ad quem* el art. 20.7 de la LCS establece que: "*Será término final del cómputo de intereses en los casos de falta de pago del importe mínimo de lo que el asegurador pueda deber, el día en que con arreglo al número precedente comiencen a devengarse intereses por el importe total de la indemnización, salvo que con anterioridad sea pagado por el asegurador dicho importe mínimo, en cuyo caso será término final la fecha de este pago. Será término final* *del plazo de la obligación de abono de intereses de demora por la aseguradora en los restantes supuestos el día en que efectivamente satisfaga la indemnización, mediante pago, reparación o reposición, al asegurado, beneficiario o perjudicado*".

3. *La controvertida determinación de los intereses de la indemnización por mora*

41. Estamos en presencia de unos intereses de demora aplicables "ope legis", lo que conlleva la consecuencia jurídico-procesal de ser aplicables de oficio por el Juez o Tribunal, sin necesidad de que el asegurado, tomador, tercer perjudicado o beneficiario lo solicite entre sus pretensiones. El art. 20.4 de la LCS establece que "la indemnización por mora se impondrá de oficio por el órgano judicial y consistirá en el pago de un i*nterés anual igual al del interés legal del dinero vigente en el momento en que se devengue, incrementado en el 50 por 100; estos intereses se considerarán producidos por días, sin necesidad de reclamación judicial. No obstante, transcurridos dos años desde la producción del siniestro, el interés anual no podrá ser inferior al 20 por 100*".

Desde su publicación, la interpretación del apartado 4 del art. 20 LCS ha generado un intenso debate doctrinal, y en su aplicación por los Juzgados y Tribunales de la jurisdicción ordinaria dos eran las teorías que se venían siguiendo:

a) la llamada teoría del doble tramo, que postula que durante los dos primeros años contados a partir de la fecha del siniestro sólo es aplicable el interés legal del dinero incrementado en un 50%, cualquiera que sea la duración de la mora, mientras que el interés del 20% sólo se abona a partir de la fecha en que se cumplieron los dos años desde la producción del siniestro.

b) la teoría del tramo único que estima que el tipo del interés legal del dinero incrementado en el 50% sólo es aplicable en los casos en que la compañía de seguros cumple su obligación abonando al interesado o perjudicado la pertinente indemnización antes de que haya transcurrido el referido plazo de dos años, ya que, si el pago se produce una vez superado el referido plazo de 2 años, la aseguradora estará obligada a satisfacer un interés del 20% desde la fecha en que tuvo lugar el siniestro.

El Pleno de la Sala de lo Civil, en su STS de 1 de marzo de 2007, se decantó por la teoría del doble tramo, En el orden social, sin solución de continuidad, tras la referida sentencia, la teoría del doble tramo fue acogida igualmente por el Pleno de la Sala de lo Social del Tribunal Supremo en su STS de 16 de mayo de 2007 (Rº 2080/2005) y en doctrina que alcanza hasta la STS 20 de septiembre de 2023 (Rº 2295/2020) ha concluido, tras recordar que la interpretación del art. 20.4 de la LCS ha resultado siempre compleja que, durante los dos primeros años desde la producción del siniestro la indemnización por mora consistirá en el pago de un interés anual igual al del interés legal del dinero al tipo vigente cada día, que será el correspondiente a esa anualidad incrementado en un 50%. Y, a partir de esa fecha, el interés se devengará con un tipo mínimo del 20% si no lo supera y sin modificar, por tanto, los intereses ya devengados diariamente hasta dicho momento.

4. *Causas liberatorias y de exclusión de dicha responsabilidad por mora*

42. El art. 20.8 de la LCS establece que:

> *"No habrá lugar a la indemnización por mora del asegurador cuando la falta de satisfacción de la indemnización o de pago del importe mínimo esté fundada en una causa justificada o que no le fuere imputable".*

Establecido lo anterior, es interesante examinar la STS (Social) de 6 de junio de 2023 (Rº 1060/2020) que analiza cuando un retraso en el pago de la indemnización está justificado y no opera el pago de los intereses del art. 20 de la LCS.

> En este caso concreto se trata de un trabajador encargado de controlar la salida de bobinas en la descarga de un buque en la que, desobedeciendo las órdenes y lo que indica la prevención de riesgos laborales, accede al interior del buque donde es atropellado por una carretilla. El Juzgado de lo Social en primera instancia desestima la demanda de reclamación de una indemnización por considerar que la responsabilidad del accidente es exclusivamente del trabajador. Posteriormente, el Tribunal Superior de Justicia de lo Social entiende que existe concurrencia de culpas y considera una responsabilidad del 60% por parte de la empresa, y estima parcialmente la demanda incluyendo expresamente los intereses del artículo 20 de la LCS a la compañía aseguradora.
>
> Finalmente, el Tribunal Supremo, manteniendo el derecho al 60% de la indemnización no concede los intereses por mora, toda vez que la mora de la aseguradora desaparece cuando existe una causa que justifica el no abono de la indemnización, esto es, que de las circunstancias concurrentes en el siniestro o del texto de la póliza surge una incertidumbre sobre la cobertura del seguro que hace precisa la intervención del órgano jurisdiccional ante la discrepancia existente entre las partes al respecto.
>
> Por ello, el Tribunal considera justificada la negativa a pagar la indemnización por las dudas que genera el caso concreto, teniendo en cuenta que previa a la interposición de la demanda existe un acta de la inspección de trabajo que considera que la responsabilidad del accidente era exclusiva del trabajador. De hecho, esta resolución había sido también confirmada por el Juzgado de lo Social, por lo que estas dudas son las que permiten que la compañía de seguros no sea condenada a abonar los intereses del art. 20 de la LCS.